2005年中国大企业集团

中华人民共和国国家统计局　编

中国统计出版社
China Statistics Press

(京)新登字 041 号

图书在版编目(CIP)数据

2005 年中国大企业集团/中华人民共和国国家统计局编.
-北京:中国统计出版社. 2006.9
ISBN 7-5037-5083-9

Ⅰ. 2…
Ⅱ. 中…
Ⅲ. 企业集团-统计资料-中国-2005
Ⅳ. F279.244-66

中国版本图书馆 CIP 数据核字(2006)第 109701 号

2005 年中国大企业集团

作　　者/中华人民共和国国家统计局
封面设计/宝蕾元公司
E-mail/yearbook@stats.gov.cn
出版发行/中国统计出版社
通信地址/北京市西城区月坛南街 57 号　　邮政编码/100826
办公地址/北京市丰台区西三环南路甲 6 号
电　　话/邮购(010)63376907　　书店(010)68783172
印　　刷/北京京都六环印刷厂
经　　销/新华书店
开　　本/889×1194mm　1/16
字　　数/900 千字
印　　张/46.5　　彩页/4.375
印　　数/1-5000 册
版　　别/2006 年 9 月第 1 版
版　　次/2006 年 9 月第 1 次印刷
书　　号/ISBN 7-5037-5083-9/F·2388
定　　价:298.00 元

《2005年中国大企业集团》编委会和编辑部人员名单

编 辑 说 明

一、《2005年中国大企业集团》是一部全面、系统地反映中国企业集团改革与发展状况的统计年鉴。

二、书中的企业集团是指以母子公司为主体，通过投资及生产经营协作等多种方式，与众多的企事业单位共同组成的经济联合体。企业集团内部统计范围包括：企业集团的母公司、在中国境内和境外的全资子公司（单位)、绝对控股子公司（单位）和相对控股子公司（单位)；不包括参股和协作企业（单位)。

企业集团的调查范围包括：一是中央企业；二是由国务院批准的国家试点企业集团；三是由国务院主管部门批准的企业集团；四是由省、自治区、直辖市人民政府批准的企业集团；五是年营业收入（主营业务收入与其他业务收入之和，下同）和资产总计均在5亿元及以上的其他各类企业集团。

三、书中的统计指标解释及计算方法以现行国家统计报表制度规定为准。其中企业集团财务指标按财政部门有关“合并会计报表”的规定填报；但是，少数企业集团由于内部财务制度尚未完善，采用相加汇总的方法填报。

四、从2003年开始，企业集团统计调查执行新修订的《国民经济行业分类》(GB/T4754–2002)，书中2003年以前历年行业数据按新修订的分类标准进行了相应调整。

五、书中公布的企业集团名单中，不包括军工企业集团。

六、书中的符号使用说明：“0.00”表示数据不足本表最小单位数；“—”表示分类中企业集团（或成员单位）单位数为1的分类；“空格”表示该项统计指标无数据或数据不详。

七、书中统计数据来源于企业集团上报的年度报表，凡未注明年份的数据，是指2005年企业集团的数据。本书中未包括台湾省、香港特别行政区和澳门特别行政区。

目　录

一、综　合

二、行　业

四、经济类型

五、国家试点企业集团

六、省级企业集团

七、企业集团改革

以科学发展观为统领
进一步推进国有企业改革

中共中央政治局常委　国务院副总理　黄菊

过去的一年，各级国有资产监管机构和广大国有企业认真贯彻落实党的十六大和十六届历次全会精神，加大改革力度，加快改革步伐，克服种种困难，取得了可喜的进步和良好的工作业绩。国有企业改革和国有资产监管工作取得重要进展，国有资产监管体制不断完善，监管力度进一步加强；国有企业改革步伐明显加快，企业改制和产权转让得到了规范；国有经济布局结构调整力度加大，国有企业市场竞争能力增强；先进性教育活动成效显著，国有企业党建工作加强。国有企业改革和国有资产监管工作取得的成绩，为国民经济发展做出了积极贡献，也为进一步推进国有企业改革发展奠定了良好的基础。

今年是实施“十一五”规划的开局之年，各级国资监管机构要以邓小平理论和“三个代表”重要思想为指导，认真贯彻十六届五中全会和中央经济工作会议的要求，坚持以科学发展观统领经济社会发展全局，切实把科学发展理念贯彻落实到“十一五”经济社会发展的各个方面和整个过程。国有企业是国民经济的支柱，是实现经济社会科学发展的重要力量。各级国资监管机构担负着进一步搞好国有企业，推动国有经济布局结构战略性调整，发展壮大国有经济，实现国有资产保值增值的重要责任。必须进一步深化国有企业改革，以理顺产权关系为重点，加大股份制改革力度，实现体制机制创新；必须加快国有经济布局和结构调整，加快培育和发展一批拥有自主知识产权、知名品牌和国际竞争力的大公司大企业集团，实现资源优化配置，发挥国有经济的主导作用，增强国有经济的控制力、影响力和带动力；必须进一步转变发展观念，创新国有企业发展模式，提高发展质量，实现速度、质量和效益的统一；必须高度重视企业的稳定工作，正确处理改革发展稳定的关系，充分发挥企业党组织的政治核心作用，做深入细致的思想政治工作，既妥善解决职工的实际困难，又积极引导广大职工投入到改革中去，保持企业和社会的稳定。

要进一步完善国有资产管理体制。按照党的十六大和十六届二中、三中全会确定的方针政策，切实担负起责任，积极探索国有资产监管和经营的有效形式，建立科学的业绩考核体系，完善授权经营制度，加快建立国有资本经营预算制度；要加强对国有资产监管工作的指导和监督，按照《企业国有资产监督管理暂行条例》切实履行指导和监督职责，国务院国资委、省级国资委都要做好对下一级国资机构的指导和监督工作，各级国资委要加强协调，更好地为推进国有资产监督管理做出努力。

国有资产管理体制改革和国有企业改革发展任务光荣而艰巨。我们要在以胡锦涛同志为总书记的党中央领导下，全面贯彻落实科学发展观，锐意进取，开拓创新，扎实工作，多出新成绩，多做新贡献，努力把国有资产监督管理工作提高到一个新水平。

（根据黄菊副总理2006年1月18日致全国国有资产监督管理工作会议的贺信内容节选）

2005年我国企业集团改革与发展概述

国家统计局服务业调查中心

国家统计局对全国2845家[①]企业集团(以下称企业集团)的调查结果显示:2005年,我国企业集团通过深化改革,加强管理,积极实施“走出去”战略,增加技术创新投入,实现了经营规模再上台阶,经济效益稳步提升。

一、我国企业集团的结构状况与特点

截止2005年底,企业集团共有2845家,比上年增加81家。企业集团的结构变化有以下特点:

(一)资本进一步向东部集中,东部集团规模优势明显

2005年,我国东部地区企业集团的规模优势明显,资本进一步集中。从数量看,东部地区企业集团共计2034家,占企业集团的71.5%,比上年上升2.0个百分点;中部地区企业集团485家,占17.0%,下降1.1个百分点;西部地区企业集团326家,占11.5%,下降0.9个百分点;东中西部之比为6.2:1.5:1。从资产规模看,东部地区企业集团年末资产总计为194492亿元,占企业集团的84.3%,比上年上升0.4个百分点,中部地区企业集团22648亿元,占9.8%,下降0.4个百分点;西部地区企业集团13623亿元,占5.9%,与上年持平;东中西部之比为14.3:1.7:1;从经营规模看,东部地区企业集团实现营业收入130943亿元,占企业集团的84.2%,比上年下降0.3个百分点;中部地区企业集团16257亿元,占10.5%,上升0.3个百分点;西部地区企业集团8309亿元,占5.3%,与上年持平;东中西部之比为15.8:2:1。

图一　2005年分地区企业集团结构

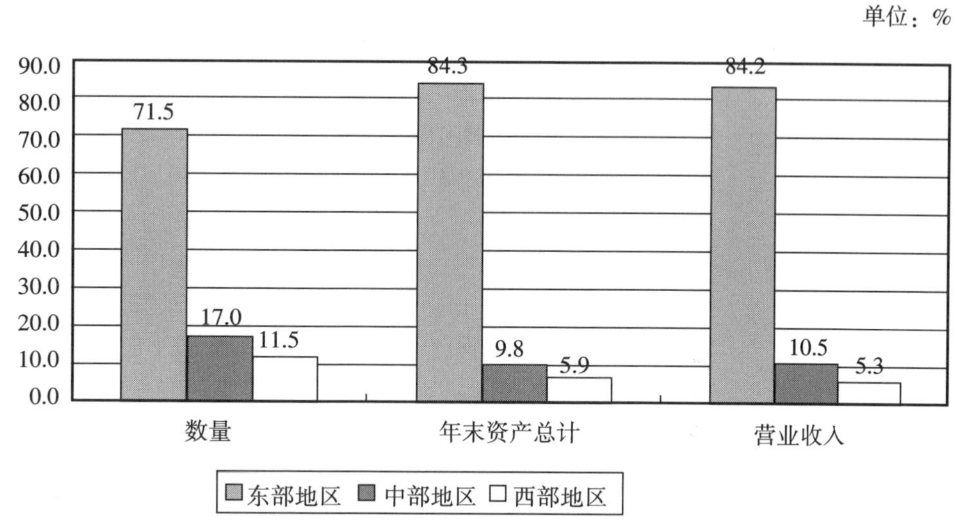

① 包括中央企业(集团),国务院批准的国家试点企业集团,国务院主管部门批准的企业集团,省级人民政府批准的企业集团,以及年营业收入和资产总计均在5亿元及以上的其他各类企业集团。

(二)国有及国有控股企业集团比重下降,非公有制企业集团比重上升的趋势仍在继续

2005年,国有及国有控股企业集团比重逐年下降,非公有制经济控股的企业集团逐年上升的趋势仍在继续。从数量看,国有及国有控股企业集团有1446家,占企业集团的50.8%,比上年下降5.1个百分点;非公有制经济控股的企业集团有1138家,占40.0%,上升5.2个百分点。从资产规模看,国有及国有控股企业集团年末资产总计为198046亿元,占企业集团的85.8%,比上年下降2.7个百分点;非公有制经济控股的企业集团年末资产总计为27623亿元,占12.0%,上升3.0个百分点。从经营规模看,国有及国有控股企业集团实现营业收入123760亿元,占企业集团的79.6%,比上年下降2.4个百分点;非公有制经济控股的企业集团实现营业收入25589亿元,占16.5%,上升3.0个百分点。

图二　分所有制企业集团数量比重变化趋势

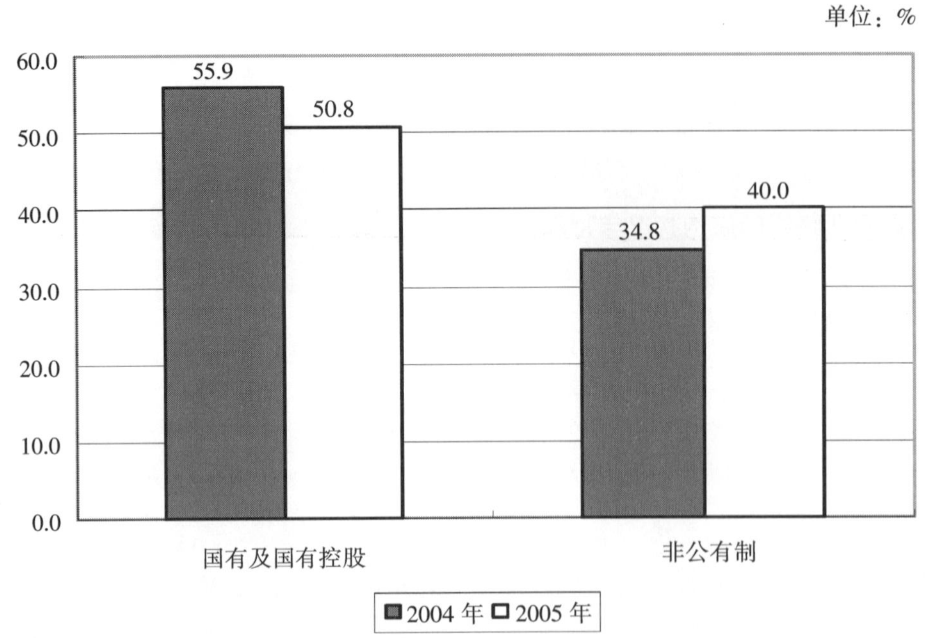

(三)第二产业比重继续下降,第三产业比重有所上升

2005年,以第一产业为主营业务的企业集团有36家,占企业集团的1.3%,比上年上升0.1个百分点;其年末资产总计3236亿元,占1.4%,下降0.1个百分点。以第二产业为主营业务的企业集团有1990家,占69.9%,比上年下降0.4个百分点;其年末资产总计148096亿元,占64.2%,下降0.7个百分点。同时,以第三产业为主营业务的企业集团共计819家,占28.8%,比上年上升0.3个百分点;其年末资产总计79431亿元,占34.4%,上升0.8个百分点。

表一　　2005年分产业企业集团规模构成

单位:亿元、%

类　　别	单位数(个)		年末资产总计		营业收入	
	2005年	比重	2005年	比重	2005年	比重
总　　计	2845	100.0	230763	100.0	155509	100.0
第一产业	36	1.3	3236	1.4	1899	1.2
第二产业	1990	69.9	148096	64.2	114311	73.5
工业	1790	62.9	137807	59.7	103332	66.4
采矿业	88	3.1	23001	10.0	13876	8.9
制造业	1617	56.8	82425	35.7	74932	48.2
电力、燃气及水的生产和供应业	85	3.0	32380	14.0	14524	9.3
建筑业	200	7.0	10290	4.5	10979	7.1

续表

类别	单位数（个）		年末资产总计		营业收入	
	2005 年	比重	2005 年	比重	2005 年	比重
第三产业	819	28.8	79431	34.4	39298	25.3
交通运输、仓储和邮政业	91	3.2	15679	6.8	6198	4.0
信息传输、计算机服务和软件业	11	0.4	16683	7.2	6278	4.0
批发和零售业	370	13.0	12687	5.5	18935	12.2
住宿和餐饮业	24	0.8	570	0.2	301	0.2
金融业	15	0.5	18579	8.1	2260	1.5
房地产业	188	6.6	6617	2.9	2118	1.4
其他	120	4.2	8616	3.7	3208	2.1

二、经营规模再上台阶，经济效益稳步提升

2005 年，企业集团的实力进一步增强，总体资产规模突破二十万亿，户均资产的聚集程度显著提高，同时经营规模持续大幅增长，利润总额稳步增长，主要经济效益指标趋好，净资产保值增值，劳动报酬与从业人员同步增长。

(一)资产规模突破二十万亿

2005 年，企业集团年末资产总计首次超过二十万亿，达到 230763 亿元，比上年增长 18.5%，增幅提高 4.1 个百分点；户均资产达到 81.1 亿元，比上年增加 10.7 亿元；74.3%的企业集团年末资产总计比上年有所增长，其中 37 家企业集团的资产超千亿元，比上年多 7 家。

1. 国有及国有控股企业集团资本实力进一步增强，非公有制企业集团资产规模继续保持高速增长。2005 年，国有及国有控股企业集团年末资产总计达到 198046 亿元，比上年增长 15.0%，户均资产规模达到 137.0 亿元，比上年增长 23.0%；非公有制经济控股的企业集团年末资产总计为 27623 亿元，比上年增长 57.6%，户均资产规模为 24.3 亿元，增长 33.4%。

2. 资产增速最快的三个行业均处于第三产业，制造业行业资产集中度不高。从资产增长速度看，最快的三个行业均处于第三产业，分别是：以住宿和餐饮业为主营行业的企业集团年末资产总计 570 亿元，比上年增长 63.8%；以金融业为主营业务的企业集团年末资产总计 18579 亿元，增长 41.7%；以交通运输、仓储和邮政业为主营业务的企业集团年末资产总计 15679 亿元，增长 27.1%。从行业集中度看，以信息传输、计算机服务和软件业为主营业务的企业集团户均年末资产总计 1516.6 亿元，以金融业为主营业务的企业集团户均年末资产总计 1238.6 亿元，户均资产超过千亿元；以电力、燃气及水的生产和供应业为主营业务的企业集团户均年末资产总计 380.9 亿元，以采矿业为主营业务的企业集团户均年末资产总计 261.4 亿元，以交通运输、仓储和邮政业为主营业务的企业集团户均年末资产总计 172.3 亿元，户均资产超过百亿元；以制造业为主营业务的企业集团户均年末资产总计 51.0 亿元，处于较低水平。

表二　　2005 年企业集团资产规模发展状况

单位：亿元、%

类别	单位数（个）	年末资产总计		户均年末资产总计	
		2005 年	比上年增长	2005 年	比上年增长
总计	2845	230763	18.5	81.1	15.1
按母公司控股情况分					
国有及国有控股	1446	198046	15.0	137.0	22.9
国有绝对控股	1298	190757	14.9	147.0	23.9
国有相对控股	148	7289	16.9	49.3	15.3
集体控股	261	5094	2.9	19.5	0.9
集体绝对控股	194	3969	6.2	20.5	5.1
集体相对控股	67	1126	–7.2	16.8	–11.3
其他	1138	27623	57.6	24.3	33.3

续表

类　别	单位数（个）	年末资产总计		户均年末资产总计	
		2005 年	比上年增长	2005 年	比上年增长
按企业集团主营行业分					
农、林、牧、渔业	36	3236	11.0	89.9	1.8
工业	1790	137807	17.4	77.0	15.1
采矿业	88	23001	23.3	261.4	23.3
制造业	1617	82425	15.4	51.0	13.6
电力、燃气及水的生产和供应业	85	32380	18.6	380.9	6.0
建筑业	200	10290	16.2	51.5	9.2
交通运输、仓储和邮政业	91	15679	27.1	172.3	17.3
信息传输、计算机服务和软件业	11	16683	6.1	1516.6	15.8
批发和零售业	370	12687	10.6	34.3	7.6
住宿和餐饮业	24	570	63.8	23.8	43.3
金融业	15	18579	41.7	1238.6	–5.5
房地产业	188	6617	22.2	35.2	11.2
其他	120	8616	20.7	71.8	29.8

(二)营业收入持续大幅增长

2005 年,企业集团共实现营业收入 155509 亿元,比上年增长 23.0%;平均每家企业集团实现营业收入 54.7 亿元,比上年增加 9.0 亿元;77.3%的企业集团实现增收,其中营业收入过千亿元的企业集团有 19 家,比上年多 6 家。

1. 中国大企业集团实力进一步增强,进入世界 500 强企业增多,排名上升。"培育和发展具有国际竞争力的大公司大企业集团"是我国经济发展的战略目标之一,经过多年发展,已逐步形成一批有一定竞争力的大企业集团。从美国《财富》杂志公布的 2006 年度全球 500 强企业名单看,2005 年有 14 家中国大企业集团榜上有名,比去年增加了中国铁路工程总公司、上海汽车工业(集团)总公司、中国铁道建筑总公司和中国建筑工程总公司;其中三家建筑业企业集团首次上榜;从行业看,除原有的石油、电力、通信、汽车制造等行业企业外,新增了建筑业企业;从登记注册类型看,进入世界 500 强的企业集团均为国有企业和国有独资公司。

同时,中国的大企业集团在世界 500 强企业中不仅占据了一席之地,而且排名提升。2005 年营业收入位于前三位的大企业集团中,中国石油化工集团公司在世界 500 强企业中名列第 23 位,比上年的 31 位提升了 8 位,取得了中国公司在世界 500 强排行榜上的最好名次;国家电网公司名列第 32 位,比上年提升 8 位;中国石油天然气集团公司名列第 39 位,比上年提升 7 位。

2. 大企业集团营业收入整体水平持续增长,进入营业收入前 1000 家的"门槛"提高。从面上看,我国企业集团积极开拓市场,经济实力普遍增强。其中,2005 年前 1000 家企业集团营业收入总计 141491 亿元,比上年增长 22.1%;第 1000 家企业集团的营业收入达到 20.7 亿元,进入营业收入前 1000 家企业集团的"门槛"比上年提高了 4.2 亿元。

(三)利润总额增长,但增幅放缓

2005 年,企业集团盈亏相抵后共实现利润总额 10391 亿元,比上年增长 25.3%,增幅下降 24.2 个百分点。

1. 建筑业、住宿和餐饮业、金融业利润总额增长最快。2005 年利润总额增长速度最快的三个行业是:以建筑业为主营业务的企业集团实现利润总额 257 亿元,比上年增长 58.6%;以住宿和餐饮业为主营业务的企业集团实现利润总额 20 亿元,比上年增长 81.8%;以金融业为主营业务的企业集团实现利润总额 133 亿元,比上年增长 95.6%。

2. 采矿业、交通运输及仓储和邮政业、房地产业利润总额增幅下降最多。利润总额增幅下降最多的三个行业是:以采矿业为主营业务的企业集团实现利润总额 2771 亿元,比上年增长 41.6%,增幅比上年下降 54.1 个百分点;交通运输业在经历了 2003 年"非典"影响带来的行业低迷,以及 2004 年运力紧张的利润暴涨后,2005 年利润总额增长速度恢复到较为合理的水平,因此,2005 年以交通运输、仓储及邮政业为主营业务的企业集团实现利润总额 571 亿元,增长 37.6%,增幅下降 250.3 个百分点;以房地产业为主营业务的企业集团实现利润总额 220 亿元,增长14.0%,增幅下降 59.9 个百分点。

表三　　2005 年分行业企业集团利润总额

主营行业	单位数（个）	利润总额（亿元）	比上年增长（%）	增幅上升（百分点）
总　计	2845	10391	25.3	–24.2
农、林、牧、渔业	36	52	52.9	31.5
工业	1790	7228	23.6	–22.5
采矿业	88	2771	41.6	–54.1
制造业	1617	3732	13.6	–16.5
电力、燃气及水的生产和供应业	85	725	19.0	–8.1
建筑业	200	257	58.6	8.6
交通运输、仓储和邮政业	91	571	37.6	–250.3
信息传输、计算机服务和软件业	11	1274	22.5	–4.2
批发和零售业	370	378	23.5	–31.0
住宿和餐饮业	24	20	81.8	–38.2
金融业	15	133	95.6	29.7
房地产业	188	220	14.0	–59.9
其他	120	259	19.9	–52.9

3. 亏损面与上年持平。2005 年，企业集团中出现亏损的有 442 家，亏损面为 15.5%，与上年持平，但不同类别的企业集团亏损情况有所不同。

分控股情况看，国有及国有控股企业集团有 287 家出现了亏损，占全部国有及国有控股企业集团的 19.8%，比上年扩大 1.0 个百分点；非公有制经济控股的企业集团亏损 123 家，亏损面为 10.8%，比上年下降 0.3 个百分点。

分行业看，十二个行业的亏损面升降各半。亏损面下降的六个行业有：以采矿业为主营业务的企业集团亏损面为 3.4%，比上年下降 2.3 个百分点；以建筑业为主营业务的企业集团亏损面为 11.5%，下降 0.2 个百分点；以信息传输及计算机服务和软件业为主营业务的企业集团亏损面为 27.3%，下降 6.0 个百分点；以住宿和餐饮业为主营业务的企业集团亏损面为 41.7%，下降 10.7 个百分点；以金融业为主营业务的企业集团亏损面为 13.3%，下降 6.7 个百分点；以房地产业为主营业务的企业集团亏损面为 16.0%，下降 9.1 个百分点；其他六个行业的亏损面有所扩大，其中有两个行业的亏损面扩大了 3 个以上百分点，分别是：以电力、燃气及水的生产和供应业为主营业务的企业集团亏损面为 14.1%，比上年扩大 3.6 个百分点；以交通运输、仓储和邮政业为主营业务的企业集团亏损面为 22.0%，扩大 3.0 个百分点。

分地区看，东部地区企业集团亏损面有所扩大，中部地区和西部地区亏损面下降。其中，东部地区企业集团的亏损面为 13.9%，比上年扩大 0.6 个百分点；中部地区企业集团亏损面为 20.4%，下降 0.4 个百分点；西部地区企业集团亏损面为 18.7%，下降 1.4 个百分点。

表四　　2005 年企业集团亏损情况

类　别	亏损单位数（个）	亏损面（%）	亏损面比上年下降（百分点）
总　计	442	15.5	0.0
按母公司控股情况分			
国有及国有控股	287	19.8	–1.0
国有绝对控股	257	19.8	–0.9
国有相对控股	30	20.3	–3.2
集体控股	32	12.3	–0.2
集体绝对控股	29	14.9	–0.3

续表

类　别	亏损单位数（个）	亏损面（%）	亏损面比上年下降（百分点）
集体相对控股	3	4.5	0.2
其他	123	10.8	0.3
按企业集团主营行业分			
农、林、牧、渔业	8	22.2	-1.0
工业	234	13.1	-0.5
采矿业	3	3.4	2.3
制造业	219	13.5	-0.4
电力、燃气、水的生产和供应业	12	14.1	-3.6
建筑业	23	11.5	0.2
交通运输、仓储和邮政业	20	22.0	-3.0
信息传输、计算机服务和软件业	3	27.3	6.0
批发和零售业	90	24.3	-1.0
住宿和餐饮业	10	41.7	10.7
金融业	2	13.3	6.7
房地产业	30	16.0	9.1
其他	22	18.3	-5.1
按地区分			0.0
东部地区	282	13.9	-0.6
中部地区	99	20.4	0.4
西部地区	61	18.7	1.4

（四）对境外投资逐年增加，出口销售总额稳步增长

近年来，越来越多的企业集团积极实施“走出去”战略，参与国际竞争。2005 年，有 58 家企业集团对境外进行了投资，比上年多 10 家，这些企业集团对境外投资额共计 258 亿元，比上年增长 10.7%。

图三　我国企业集团对境外投资额

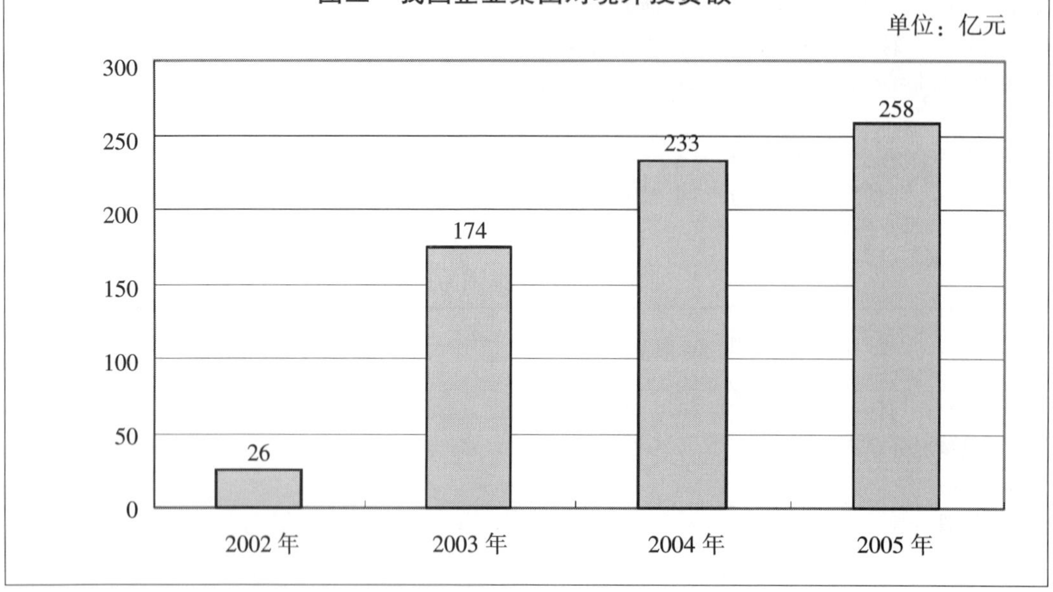

同时,2005 年企业集团在对外贸易中实现出口销售总额 11798 亿元,比上年增长 18.1%。其中增长较快的行业有:专用设备制造业实现出口销售总额 380 亿元,比上年增长 85.4%;商务服务业实现出口销售总额 424 亿元,增长 61.2%;有色金属冶炼及压延加工业实现出口销售总额 305 亿元,增长 57.2%。

(五)研究开发费用逐年增加,研发条件有所改善

2005 年,企业集团共支出研究开发费用 1507 亿元,比上年增长 25.5%。其中,以制造业为主营业务的企业集团研究开发费用支出为 1272 亿元,增长 22.9%;以采矿业为主营业务的企业集团研究开发费用支出为 110 亿元,比上年增长 23.6%。

图四　我国企业集团研究开发费用

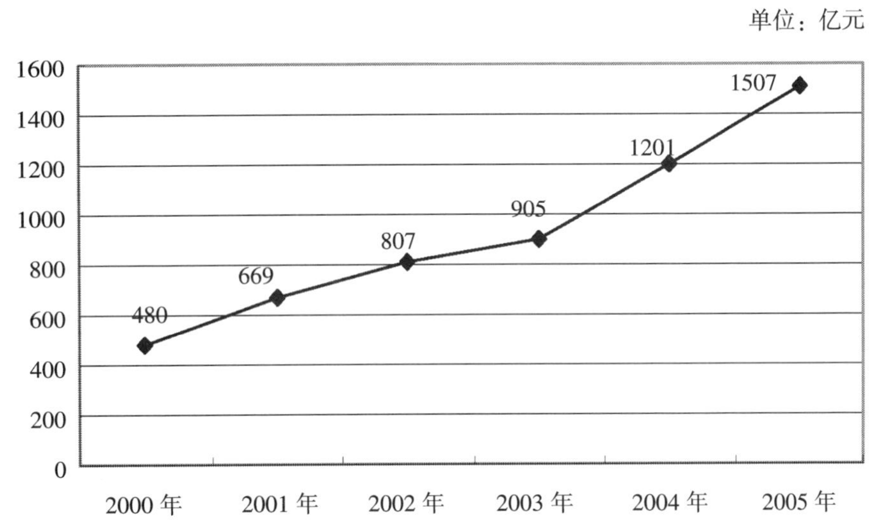

同时,企业集团从事研究开发的人数增加,收入大幅提高。截止 2005 年底,企业集团拥有研究开发人员 78 万人,比上年增长 9.9%。其中,58.8%的企业集团实行了科技人员收入分配激励机制,比上年上升 2.4 个百分点;研究开发人员的劳动报酬共计 275 亿元,比上年增长 26.7%;年人均劳动报酬为 3.5 万元,比上年增加 0.4 万元,高出全部从业人员年人均劳动报酬 1.0 万元。

此外,企业集团技术创新条件有所改善。2005 年,技术中心的设施、经费和人员完全满足和基本满足的企业集团共计 1521 家,占已成立技术中心的企业集团的 86.2%,比上年上升 2.7 个百分点。

近三年, 企业集团共获得国内专利四万多件, 其中 84.5%的专利已得到应用; 获得美国专利一千多件, 其中 98.3%的专利得到应用。另外,2005 年企业集团实现新产品销售收入 14943 亿元,比上年增长 30.5%;新产品销售收入占营业收入的 9.6%,比上年上升 0.5 个百分点。

(六)净资产快速增长,国有资本实现保值增值

2005 年,企业集团拥有年末股东权益总计 88559 亿元,资本保值增值率为 114.7%,比上年提高 2.2 个百分点;其中,国有及国有控股企业集团年末股东权益总计为 77178 亿元,资本保值增值率为 114.5%,比上年提高 2.6 个百分点,实现了国有资本保值增值。分行业看,资本保值增值率居前三位的是:以采矿业为主营业务的企业集团年末股东权益总计 13490 亿元,资本保值增值率为 130.5%,比上年提高 10.2 个百分点;以交通运输、仓储和邮政业为主营业务的企业集团年末股东权益总计 6315 亿元,资本保值增值率为 122.0%,提高 6.2 个百分点,以制造业为主营业务的企业集团年末股东权益总计 32647 亿元,资本保值增值率为 113.0%,提高 0.7 个百分点。

表五 2005年企业集团净资产

类　别	单位数（个）	净资产（亿元）	保值增值率（%）
总　计	2845	88559	114.7
按母公司控股情况分			
国有及国有控股	1446	77178	114.5
国有绝对控股	1298	74546	114.9
国有相对控股	148	2632	103.4
集体控股	261	2038	111.8
集体绝对控股	194	1612	110.8
集体相对控股	67	426	115.8
其他	1138	9344	117.2
按企业集团主营行业分			
农、林、牧、渔业	36	898	108.8
工业	1790	58334	116.1
采矿业	88	13490	130.5
制造业	1617	32647	113.0
电力、燃气、水的生产和供应业	85	12197	110.7
建筑业	200	2252	111.5
交通运输、仓储和邮政业	91	6315	122.0
信息传输、计算机服务和软件业	11	10010	110.0
批发和零售业	370	3977	112.6
住宿和餐饮业	24	229	93.5
金融业	15	1363	104.1
房地产业	188	1859	112.0
其他	120	3322	108.2

（七）主要经济效益指标趋好

2005年，企业集团主要经济效益指标均有所上升。企业集团平均净资产收益率为8.6%，比上年上升0.6个百分点；总资产报酬率为5.5%，上升0.2个百分点；销售利润率为6.7%，上升0.1个百分点；劳动生产率达到54.8万元/人，人均比上年增加7.5万元，劳动生产率得到显著提高。分控股情况看，非公有制经济控股的企业集团净资产收益率和总资产报酬率最高，分别为11.5%和6.2%；国有及国有控股企业集团的销售利润率最高，为7.1%；集体控股的企业集团劳动生产率最高，人均达到68.4万元。分登记注册类型看，国有企业各项经济效益指标均好于公司制企业，其平均净资产收益率为9.7%，比上年上升1.1个百分点；总资产报酬率为6.9%，上升0.8个百分点；销售利润率为9.2%，上升0.8个百分点；劳动生产率从去年的人均49.9万元提高到60.6万元。

表六 2005年企业集团主要经济效益指标

单位：%

类　别	单位数（个）	净资产收益率	总资产报酬率	销售利润率	劳动生产率（万元/人）
总　计	2845	8.6	5.5	6.7	54.8
按母公司控股情况分					
国有及国有控股	1446	8.2	5.4	7.1	54.9
国有绝对控股	1298	8.4	5.4	7.3	54.8
国有相对控股	148	3.3	3.6	2.8	57.2
集体控股	261	9.6	6.1	3.9	68.4

续表

类别	单位数（个）	净资产收益率	总资产报酬率	销售利润率	劳动生产率（万元/人）
集体绝对控股	194	8.7	5.6	3.6	70.0
集体相对控股	67	12.9	7.7	5.2	63.3
其他	1138	11.5	6.2	5.4	51.9
按母公司登记注册类型分					
国有企业	334	9.7	6.9	9.2	60.6
公司制企业小计	2347	7.6	4.6	5.3	50.9
国有独资企业	692	6.9	4.2	5.7	51.2
其他有限责任公司	1201	8.8	5.6	4.9	49.8
股份有限公司	392	8.4	4.2	4.6	53.6
中外合资企业	29	12.4	7.8	6.8	49.4
港澳台合资企业	33	13.0	7.4	6.0	54.4
其他	164	9.2	5.7	3.8	82.0

（八）从业人员与劳动报酬同步增长

2005年底，企业集团从业人员共计2836万人，比上年增长6.2%。从增长速度看，以建筑业为主营业务的企业集团年末从业人员达到328万人，增长15.5%；以服务业为主营业务的企业集团496万人，增长13.2%；以工业生产为主营业务的企业集团1786万人，增长3.7%；以农业生产为主营业务的企业集团225万人，比上年减少0.5%。

2005年，企业集团劳动报酬共计7032亿元，比上年增长20.7%；人均劳动报酬从上年的2.2万元提高到2.5万元，增长13.6%，实现了从业人员与劳动报酬同步增长。分行业看，人均劳动报酬排在前三名的行业依次为：以金融业为主营业务的企业集团为4.4万元，比上年提高0.7万元；以信息传输、计算机服务和软件业为主营业务的企业集团为4.2万元，与上年持平；以电力、燃气及水的生产和供应业为主营业务的企业集团为4.0万元，比上年提高0.4万元。

表七　　2005年企业集团从业人员及劳动报酬状况

类别	单位数（个）	年末从业人员（万人）		人均劳动报酬（万元/人）	
		2005年	比上年增长（%）	2005年	比上年提高
总计	2845	2836	6.2	2.5	0.3
按母公司控股情况分					
国有及国有控股	1446	2254	2.4	2.7	0.4
国有绝对控股	1298	2163	1.8	2.7	0.4
国有相对控股	148	90	15.4	2.5	0.7
集团控股	261	90	-15.1	1.5	0.1
集体绝对控股	194	69	-10.4	1.5	0.1
集体相对控股	67	21	-27.6	1.4	0.1
其他	1138	493	35.8	1.7	0.1
按企业集团主营行业分					
农、林、牧、渔业	36	225	-0.4	1.3	0.4
工业	1790	1786	3.7	2.5	0.3
采矿业	88	393	1.0	2.5	0.4
制造业	1617	1236	4.0	2.3	0.2
电力、燃气及水的生产和供应业	85	158	9.0	4.0	0.4

续表

类　　别	单位数（个）	年末从业人员（万人）		人均劳动报酬（万元/人）	
		2005 年	比上年增长（%）	2005 年	比上年提高
建筑业	200	328	15.5	2.1	0.1
交通运输、仓储和邮政业	91	119	11.2	3.5	0.5
信息传输、计算机服务和软件业	11	122	20.8	4.2	0.0
批发和零售业	370	145	12.4	2.4	0.1
住宿和餐饮业	24	12	71.4	2.4	0.4
金融业	15	22	46.7	4.4	0.7
房地产业	188	27	0.0	2.4	0.2
其他	120	50	-3.8	3.7	0.5

三、企业集团改制工作又有新进展

（一）母子公司体制已基本建立，母公司主体地位进一步加强

调查结果显示，截止 2005 年底，有 95.6%的企业集团已建立以产权关系为纽带的母子公司体制，比上年上升 0.5 个百分点；60.6%的企业集团母公司能够对研究和开发进行统一决策，上升 2.0 个百分点；87.4%的企业集团有统一的财务管理制度，上升 1.6 个百分点；65.0%的企业集团母公司能够对涉外贸易和经济技术合作统一决策，上升 0.6 个百分点；97.5%的企业集团母公司能够对集团发展战略进行统一决策，与上年基本持平；93.7%的企业集团母公司能够对重大投融资项目进行统一决策，与上年基本持平。

2005 年底，企业集团母公司出资人已得到明确的企业集团达 99.2%，比上年上升 0.7 个百分点。同时，93.3%的母公司出资人能够行使重大经营决策权，上升 1.2 个百分点；84.5%的母公司出资人有权选择企业经营者，上升 0.7 个百分点；75.0%的母公司能够获得资产收益，上升 2.1 个百分点。

图五　企业集团母公司产权情况

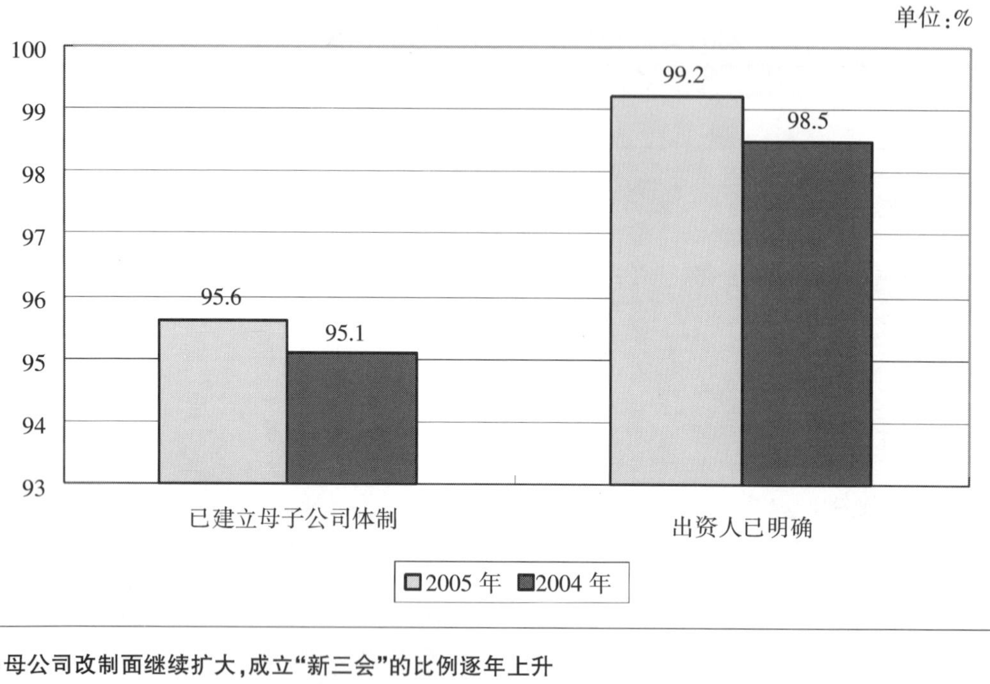

（二）母公司改制面继续扩大，成立“新三会”的比例逐年上升

截止 2005 年底，企业集团母公司的改制面已达到 82.5%，比上年上升 2.1 个百分点。其中，其他有限责任公司有 1201 家，占已改制企业集团母公司的 51.2%，比上年上升 3.2 个百分点；国有独资公司有 692 家，占 29.5%，下降 2.6 个百分点；股份有限公司 392 家，占 16.7%，下降 1.0 个百分点；中外合资及港、澳、台合资企业有 62 家，占 2.6%，上

升 0.4 个百分点。

调查结果显示，已改制母公司的公司治理结构进一步完善。2005 年底，依照《公司法》有关规定成立股东会的母公司共 1558 家，占应成立股东会的 94.1%，比上年上升 1.7 个百分点；有 2291 家集团母公司已成立董事会，占已改制母公司的 97.6%，与上年持平；有 1930 家母公司已成立监事会，占 82.2%，比上年上升 2.0 个百分点；母公司“新三会”按照《公司法》规定均已建立的有 1476 家，占应成立新三会母公司的 89.2%，上升 2.5 个百分点。其中，有独立董事的母公司董事会比例为 36.2%，上升 0.8 个百分点。

从依据《公司法》行使职权的情况看，83.5%的股东会、89.5%的董事会和全部监事会都能够全面行使相关职权，83.2%的企业集团母公司总经理可以全面行使自己的职权。

图六　企业集团母公司改制情况

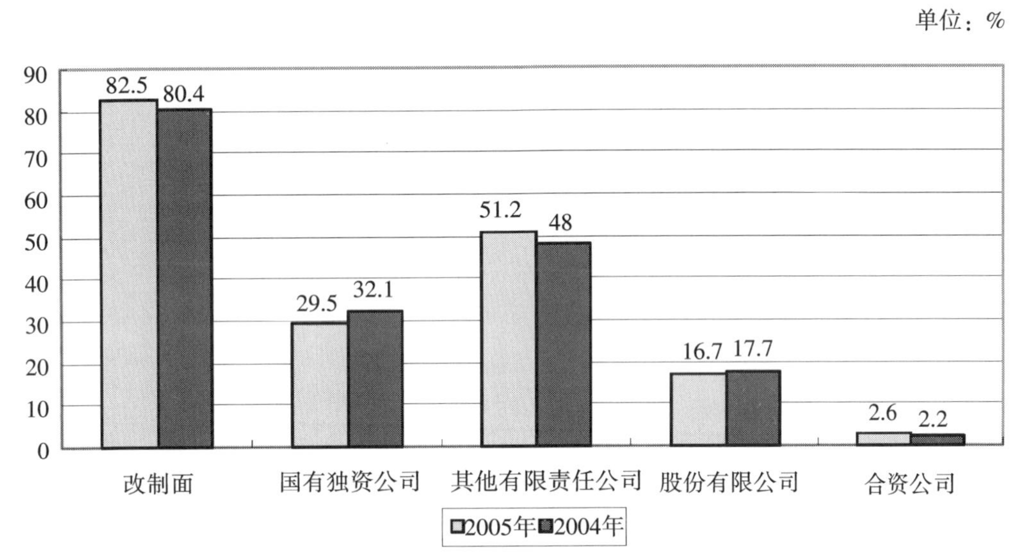

(三)企业集团内部各项制度进一步完善

调查结果显示，当前企业集团更加注重科学管理，各项制度进一步完善。从经营管理方面看，95.6%的企业集团有重大事项决策程序制度，比上年上升 0.4 个百分点；90.3%的企业集团有预算管理制度，上升 1.0 个百分点；64.6%的企业集团有财务总监委派制，上升 3.1 个百分点；56.7%的企业集团有产权代表管理制度，上升 1.7 个百分点。

从劳动人事及分配制度看，95.7%的企业集团已全面实行劳动合同制度，比上年上升 0.7 个百分点；87.4%的企业集团内部管理人员实行公开竞聘，上升 1.1 个百分点；64.6%的企业集团实行经营者年薪制，上升 4.4 个百分点；92.8%的企业集团实行以岗位工资为主的工资制，上升 0.4 个百分点。同时，94.9%的企业集团能够足额缴纳社会保险费，这一比例比上年上升 1.6 个百分点。

四、企业集团改革和发展中面临的主要问题

(一)公司治理结构有待进一步完善

目前，我国企业集团正在逐步发展壮大，在规模扩大的同时也带来管理层次过多的问题。据调查，目前企业集团母子公司有三个层次以上的达到 335 家，占已建立母子公司体制企业集团的 12.6%，其中 93.1%是年末资产总计超 10 亿元的企业集团。

另外，一些已改制的企业集团母公司虽然建立了“新三会”，但还不能全面行使职能，主要表现在：有 14.1%的股东会不能对发行公司债券作出决议，12.9%的董事会不能聘任或者解聘公司经理，12.3%的总经理不能提请聘任或解聘副总经理、财务负责人；同时，董事长和总经理由一人兼任的企业集团占 44.4%，不利于权利制衡机制的发挥。

(二)企业集团实施兼并重组中四大障碍并存

目前，企业集团在实施收购兼并、资产重组的主要障碍中，认为国有资产体制改革相对滞后的占 48.5%；资本市场及产权交易市场不健全的占 46.4%；无法安置被兼并企业职工的占 45.8%；有被兼并企业的银行历史欠账问题的

占41.4%。

(三)生产经营受资金短缺困扰

在被调查企业集团中,67.0%的企业集团反映资金短缺是目前影响生产经营的最主要因素。其主要原因:

一是88.5%的企业依靠银行贷款、新建项目来扩大规模,由此带来资产负债率的上升和利息负担的加重。2005年,企业集团平均资产负债率为61.6%,比上年上升0.5个百分点;利息支出为2254亿元,比上年增长15.6%。

二是能源、原材料市场的波动,产品价格竞争加剧,使企业主营业务成本上升,利润下降。2005年,企业集团主营业务成本为123430亿元,比上年增长24.1%;主营业务成本占主营业务收入的比重为81.5%,比上年上升0.6个百分点。

三是企业存货上升,回款不畅,使得企业流动资金紧张。2005年,企业集团存货为24834亿元,比上年增长21.9%;应收账款为12622亿元,增长11.7%。

(四)企业集团的研究开发能力较弱

调查结果显示,31.0%的企业集团认为目前企业的研究和开发能力弱,31.4%的企业集团认为产品缺乏竞争力。其中以制造业为主营业务的企业集团中,有77.7%的企业集团研究开发费用支出占营业收入比重不足2%,距国家规定的3—5%的目标尚有差距。

主要统计指标解释

1. 企业集团 以母子公司为主体,通过投资及生产经营协作等多种方式,与众多的企事业单位共同组成的经济联合体。

本年鉴企业集团的统计范围包括:一是中央企业;二是由国务院批准的国家试点企业集团;三是由国务院主管部门批准的企业集团;四是由省、自治区、直辖市人民政府批准的企业集团;五是年营业收入(主营业务收入与其他业务收入之和,下同)和资产总计均在5亿元及以上的其他各类企业集团。

企业集团的统计调查单位是以母子公司为整体的企业集团,即包括企业集团的母公司、在中国境内和境外的全资子公司(单位)、绝对控股子公司(单位)和相对控股子公司(单位);不包括参股和协作企业(单位)。

2. 资产总计 企业集团拥有或控制的全部资产,包括流动资产、长期投资、固定资产、无形资产、递延资产和其他资产等。

3. 固定资产原价 企业集团在建造、购置、安装、改建、扩建、技术改造某项固定资产时所支出的全部货币总额。

4. 累计折旧 企业集团截止报告期期末提取的固定资产折旧累计数。

5. 本年折旧 企业集团在本年度内提取的折旧。

6. 无形资产 指企业集团为生产商品或者提供劳务、出租给他人、或为管理目的而持有的、没有实物形态的非货币性长期资产。

7. 累计对外投资 企业集团母公司和子公司截止报告期期末历年对本集团以外的投资之和。

8. 本年对外投资 企业集团母公司和子公司在报告期内对本集团以外的全部投资。

9. 本年对境外投资 企业集团在报告期内对国外和港、澳、台的全部投资。

10. 长期投资 指企业集团截止报告期期末持有的时间准备超过1年(不含1年)的投资,包括各种股权性质的投资、不能变现或不准备变现的债券、其他债权投资和其他长期投资。

11. 短期投资 指企业集团截止报告期期末企业集团拥有的能够随时变现并且持有时间不准备超过1年(含1年)的投资,包括股票、债券、基金等。

12. 存货 企业集团在生产经营过程中为销售或者耗用而储存的各种资产。

13. 流动资产年平均余额 企业集团在年内全部流动资产的平均余额。计算公式为:

$$\text{流动资产年平均余额}=\frac{\sum(\text{月初流动资产余额}+\text{月末流动资产余额})}{24}$$

14. 应收帐款 企业集团因销售商品、产品、提供劳务,应向购货单位或接受劳务单位收取的款项。

15. 负债合计 企业集团所承担的能以货币计量,将以资产或劳务偿付的债务。负债一般按偿还期的长短分为流动负债和长期负债。

16. 流动负债 企业集团在一年内或超过一年的一个营业周期内需要偿还的债务，其中包括短期借款、应付票据、应付帐款、预收货款、应付工资、应付利润、其他应付款、预提费用等。

17. 股东(所有者)权益与少数股东权益总计 包括股东(所有者)权益合计和少数股东权益。

18. 少数股东权益 子公司所有者权益中由母公司以外的其他投资者拥有的份额。

19. 股东(所有者)权益合计 企业集团投资人对企业净资产的所有权,企业集团净资产等于企业集团全部资产减去负债合计和少数股东权益后的余额,其中包括企业投资人对企业的最初投入以及资本公积金、盈余公积金和未分配利润。

20. 股本(实收资本) 股份制企业集团是指以发行股票的方式筹集的资本。非股份制企业集团是指实际收到的投资人投入的资本。

21. 营业收入 企业集团从事各种生产、经营活动所取得的营业收入。计算公式为：

营业收入=主营业务收入+其他业务收入

22. 主营业务收入 企业集团从事主要生产经营活动所取得的营业收入。本项指标在各行业会计制度中的名称不同,但要求一律按各行业会计制度或报表定义的口径进行填报。在农业企业指“主营业务收入”;工业企业指“产品销售收入”;交通运输企业指“主营业务收入”;建筑企业指“工程结算收入”;批发零售贸易企业指“商品销售收入”;房地产企业指“房地产经营收入”;其他企业指“经营(营业)收入”。

23. 其他业务收入 企业集团除主营业务收入以外的其他销售或其他业务的收入。

24. 主营业务成本 企业集团从事主要生产经营活动而发生的成本支出。

25. 主营业务税金及附加 企业集团因从事生产经营活动按税法规定缴纳的应从主营业务收入中抵扣的税金和附加,包括产品税、消费税、营业税、城市维护建设税、资源税和教育费附加等。

26. 新产品销售收入 企业集团在主营业务收入和其他业务收入中销售新产品实现的收入。新产品是经政府有关部门认定并在有效期内的产品;也包括企业自行研制开发,未经政府有关部门认定,从投产之日起一年之内的新产品。新产品是指采用新技术原理、新设计构思研制生产,或结构、材质、工艺等某一方面有所突破或较原产品有明显改进,从而显著提高了产品性能或扩大了使用功能,对提高经济效益具有一定作用的产品,并且在一定区域或行业范围内具有先进性、新颖性和适用性的产品。

27. 出口销售总额 企业集团直接向国外、境外出口的商品总额。包括主营业务收入和其他业务收入中直接向国外、境外出口的商品总额。

28. 存货跌价损失和营业、管理、财务等费用 企业集团提取或转销的存货跌价损失;营业费用是指企业集团在销售商品和商业性公司在购入商品等过程中发生的费用;管理费用是指企业集团为组织和管理公司生产经营所发生的费用;财务费用是指企业集团为筹集生产经营所需资金等而发生的费用。

29. 税金 企业集团按规定从管理费用中支付的各种税金,包括房产税、土地使用税、车船使用税、印花税等。

30. 劳动、待业保险费 企业集团支付的劳动保险和待业保险的费用之和。

31. 职工教育费 指企业集团职工教育费用之和。

32. 广告费 指企业集团在商品销售过程中发生的广告费用之和。

33. 利息支出 企业集团生产经营期间发生的利息净支出(减利息收入)。

34. 投资收益 企业集团以各种方式对外投资所取得的收益。

35. 营业外收入　企业集团发生的与生产经营无直接关系的各项收入。

36. 利润总额　企业集团实现的盈亏总额。计算公式为：

利润总额=营业利润+补贴收入+投资收益+营业外收入-营业外支出

37. 应交所得税　企业集团本年利润应交的所得税。

38. 应交增值税　企业集团应交纳的增值税额合计。

39. 固定资产投资完成额　企业集团在年度内建造和购置固定资产及有关费用的支出合计。包括：①建筑工程投资，②安装工程投资，③设备工器具购置，④应分摊计入固定资产的费用等。

40. 研究开发费用　企业集团用于研究与发展活动(包括基础研究、应用研究、试验发展三类活动)的全部实际支出。包括用于研究与发展课题活动的直接支出，还包括间接用于研究与发展活动的一切支出(院、所、中心管理费，维持院、所、中心正常运转的必需费用和研究发展有关的基础建设支出)。

41. 从业人员　在企业集团(包括母公司和子公司，下同)工作并领取工资或其他形式的劳动报酬的全部人员数，包括在岗职工、再就业的离退休人员以及在企业集团中工作的外方人员和港澳台方人员、兼职人员、借用的外单位人员和第二职业者。不包括离开本企业集团仍保留劳动关系的职工。

42. 在岗职工　在本企业集团工作并由企业集团支付工资的人员，以及有工作岗位，但由于学习、病伤、产假等原因暂未工作，仍由企业集团支付工资的人员。

43. 其他从业人员　在企业集团工作并由企业集团支付劳动报酬的离退休人员以及在企业集团中工作的外方人员和港澳台方人员、兼职人员、借用的外单位人员和第二职业者。

44. 研究开发人员　企业集团从事研究与发展活动(包括基础研究、应用研究、试验发展三类活动)的人员。包括直接参加研究与发展三类项目活动的研究开发人员以及为此类活动专门从事科技管理工作和提供直接服务的人员。

45. 从业人员劳动报酬　企业集团直接支付给本企业集团全部从业人员的劳动报酬总额。包括本企业集团在岗职工工资总额和其他从业人员劳动报酬两部分。

46. 在岗职工劳动报酬　指企业集团直接支付给本企业集团全部在岗职工的劳动报酬总额。

47. 其他从业人员劳动报酬　指企业集团直接支付给本企业集团全部其他从业人员的劳动报酬总额。

48. 研究开发人员劳动报酬　指企业集团直接支付给本企业集团全部研究开发人员的劳动报酬总额。

49. 净资产收益率　企业集团净利润与所有者权益的比率。计算公式为：

$$\text{净资产收益率}=\frac{\text{净利润}}{\text{所有者权益}}\times 100\%$$

其中：净利润=利润总额-应交所得税

50. 总资产报酬率　企业集团利润总额和利息支出与资产总计的比率。计算公式为：

$$\text{总资产报酬率}=\frac{\text{利润总额}+\text{利息支出}}{\text{资产总计}}\times 100\%$$

51. 销售利润率　企业集团利润总额与营业收入的比率。计算公式为：

$$\text{销售利润率}=\frac{\text{利润总额}}{\text{营业收入}}\times 100\%$$

52. 资本保值增值率　企业集团本年股东权益与少数股东权益总计与上年股东权益与少数股东权益总计的比率。

$$\text{资本保值增值率}=\frac{\text{本年股东权益与少数股东权益总计}}{\text{上年股东权益与少数股东权益总计}}\times 100\%$$

53. 劳动生产率　企业集团营业收入与从业人员平均人数的比率。计算公式为：

$$劳动生产率=\frac{营业收入}{从业人员平均人数}$$

54. 成本费用利润率 企业集团利润总额与各项成本费用的比率。计算公式为：

$$成本费用利润率=\frac{利润总额}{主营业务成本+存货跌价损失和营业、管理、财务等费用}\times100\%$$

55. 资产利税率 企业集团利税总额与资产总计的比率。计算公式为：

$$资产利税率=\frac{利税总额}{资产总计}\times100\%$$

其中：利税总额=利润总额+主营业务税金及附加+应交增值税

56. 总资产使用率 企业集团主营业务收入与资产总计的比率。计算公式为：

$$总资产使用率=\frac{主营业务收入}{资产总计}\times100\%$$

57. 流动资产比率 企业集团流动资产与资产总计的比率。计算公式为：

$$流动资产比率=\frac{流动资产}{资产总计}\times100\%$$

58. 资金利润率 企业集团利润总额与资金（固定资产净值+流动资产平均余额）的比率。计算公式为：

$$资金利润率=\frac{利润总额}{固定资产净值+流动资产平均余额}\times100\%$$

其中：固定资产净值=固定资产原价−累计折旧

59. 资产负债率 企业集团负债合计与资产总计的比率。计算公式为：

$$资产负债率=\frac{负债合计}{资产总计}\times100\%$$

60. 长期负债与资产总计比率 企业集团长期负债与资产总计的比率。计算公式为：

$$长期负债与资产总计比率=\frac{长期负债}{资产总计}\times100\%$$

61. 已获利息倍数 企业集团息税前利润与利息支出的比值。计算公式为：

$$已获利息倍数=\frac{利润总额+利息支出}{利息支出}$$

62. 流动比率 企业集团流动资产同流动负债的比率。计算公式为：

$$流动比率=\frac{流动资产}{流动负债}\times100\%$$

63. 速动比率 企业集团速动资产（即流动资产−存货）与流动负债的比率。计算公式为：

$$速动比率=\frac{流动资产-存货}{流动负债}\times100\%$$

64. 新产品销售收入与营业收入比率 企业集团新产品销售收入与营业收入的比率。计算公式为：

$$新产品销售收入与营业收入比率=\frac{新产品销售收入}{营业收入}\times100\%$$

65. 研究开发费用与营业收入比率 企业集团研究开发费用与营业收入的比率。计算公式为：

$$研究开发费用与营业收入比率=\frac{研究开发费用}{营业收入}\times100\%$$

66. 研究开发费用与主营业务收入比率 企业集团研究开发费用与主营业务收入的比率。计算公式为：

$$研究开发费用与主营业务收入比率=\frac{研究开发费用}{主营业务收入}\times100\%$$

2005年中国大企业集团

一 综合

简要说明

一、本篇反映我国企业集团发展的基本状况，主要内容包括：

1. 1997—2005年企业集团的单位数、资产总计、营业收入、出口额、利润总额、研究开发费用和从业人员数等。

2. 企业集团主要财务、劳动工资以及经济效益指标。

3. 企业集团成员单位主要指标。

4. 企业集团按资产总计、营业收入、利润总额、从业人员规模分组的主要财务、劳动工资以及经济效益指标。

5. 营业收入和资产总计均在5亿元及以上企业集团主要财务、劳动工资以及经济效益指标。

二、企业集团各项指标统计原则

1. 企业集团的财务指标一般按财政部门制定的“企业集团合并会计报表”的有关数据填报，合并会计报表中没有的指标按母公司与各子公司（单位）相加汇总的数据填报；母公司和子公司（单位）的财务指标大部分直接取自于企业会计报表，少部分指标根据有关会计科目填报。

2. 企业集团概况、劳动工资、主要业务等统计指标一般按母公司与各子公司（单位）相加汇总的数据填报。

1.1 企业集团单位数

单位:个

类 别	1997年	1998年	1999年	2000年
全国总计	2369	2472	2757	2655
按企业集团审批部门分				
国务院	119	121	126	119
国务院主管部门	171	165	139	136
省级人民政府	1474	1778	1348	1212
省级政府主管部门			807	754
其 他	605	408	337	434
按母公司控股情况分				
国有绝对控股	1325	1565	1663	1605
国有相对控股	130	102	145	130
集体绝对控股	417	442	407	331
集体相对控股	56	77	90	77
其 他	441	286	452	512
按企业集团主营行业分				
农、林、牧、渔业	37	45	44	37
采矿业	43	67	75	72
制造业	1665	1692	1862	1733
电力、燃气及水的生产和供应业	40	45	55	59
建筑业	68	71	93	123
交通运输、仓储和邮政业	38	42	50	50
信息传输、计算机服务和软件业	9	8	7	11
批发和零售业	359	386	417	414
住宿和餐饮业	21	19	21	19
金融业	3	4	6	7
房地产业	70	73	95	100
其 他	16	20	32	30
按母公司登记注册类型分				
国有企业	750	572	453	460
国有独资公司	395	570	732	758
其他有限责任公司	466	590	731	688
股份有限公司	390	443	471	439
中外合资企业				30
港澳台合资企业				28
其 他	368	297	370	252

续表 单位:个

类　　别	2001年	2002年	2003年	2004年	2005年
全国总计	2710	2627	2692	2764	2845
按企业集团审批部门分					
国务院	119	116	113	168	148
国务院主管部门	198	186	204	149	159
省级人民政府	1153	1066	1020	1016	954
省级政府主管部门	723	699	682	660	666
其　　他	517	560	673	771	918
按母公司控股情况分					
国有绝对控股	1651	1553	1474	1400	1298
国有相对控股	135	131	145	146	148
集体绝对控股	278	252	207	192	194
集体相对控股	79	65	73	64	67
其　　他	567	626	793	962	1138
按企业集团主营行业分					
农、林、牧、渔业	40	39	39	33	36
采矿业	81	84	85	88	88
制造业	1665	1555	1578	1592	1617
电力、燃气及水的生产和供应业	57	64	75	76	85
建筑业	131	143	176	188	200
交通运输、仓储和邮政业	61	66	75	84	91
信息传输、计算机服务和软件业	11	16	12	12	11
批发和零售业	409	378	365	360	370
住宿和餐饮业	27	32	26	21	24
金融业	5	8	10	10	15
房地产业	123	136	145	171	188
其　　他	100	106	106	129	120
按母公司登记注册类型分					
国有企业	503	433	399	385	334
国有独资公司	801	788	749	712	692
其他有限责任公司	774	827	971	1067	1201
股份有限公司	379	375	390	394	392
中外合资企业	19	9	14	21	29
港澳台合资企业	21	20	23	27	33
其　　他	213	175	146	158	164

1.2 企业集团资产总计

单位:亿元

类　　别	1997 年	1998 年	1999 年	2000 年
全国总计	50346.72	66993.98	87322.59	106983.80
按企业集团审批部门分				
国 务 院	23086.63	33874.79	45437.79	45151.27
国务院主管部门	5446.96	5518.83	5708.94	23005.83
省级人民政府	16157.39	23286.21	22351.30	24375.14
省级政府主管部门			6526.41	7536.41
其　　他	5655.74	4314.15	7298.16	6915.11
按母公司控股情况分				
国有绝对控股	41529.81	61368.63	79555.80	98472.24
国有相对控股	1423.02	1201.69	1713.00	1848.82
集体绝对控股	1773.76	2046.70	2675.43	2825.19
集体相对控股	252.22	310.16	370.24	440.09
其　　他	5367.91	2066.80	3008.12	3397.43
按企业集团主营行业分				
农、林、牧、渔业	1445.89	1987.92	1768.54	1935.84
采 矿 业	1158.12	6688.52	9600.64	9529.91
制 造 业	26088.36	33481.44	41302.80	44911.41
电力、燃气及水的生产和供应业	9036.66	9708.66	11681.79	17140.26
建 筑 业	2262.85	2571.41	3321.27	3736.56
交通运输、仓储和邮政业	2658.95	3422.92	3929.13	4444.13
信息传输、计算机服务和软件业	169.95	703.42	2854.75	10070.76
批发和零售业	5683.22	6066.81	6800.66	7543.70
住宿和餐饮业	216.43	240.34	391.18	386.55
金 融 业	54.07	143.90	2921.50	4018.31
房地产业	1506.00	1875.13	2353.60	2748.29
其　　他	66.22	103.49	396.71	518.05
按母公司登记注册类型分				
国有企业	8907.67	31810.38	40461.19	56997.43
国有独资公司	3534.91	21028.49	31212.88	32491.50
其他有限责任公司	20737.16	7313.93	8237.06	9507.55
股份有限公司	14138.89	4116.72	4713.73	5115.90
中外合资企业				450.84
港澳台合资企业				285.41
其　　他	3028.10	2724.47	2697.72	2135.13

续表 单位:亿元

类　　别	2001年	2002年	2003年	2004年	2005年
全国总计	128045.10	142538.27	170169.93	194721.37	230762.80
按企业集团审批部门分					
国 务 院	48222.25	52738.52	59366.37	106138.27	118429.22
国务院主管部门	31960.37	30826.11	47785.83	13311.48	20970.77
省级人民政府	28967.78	31411.64	35497.54	41780.24	48888.55
省级政府主管部门	10086.16	11594.98	13597.96	16042.30	19930.44
其　　他	8808.56	15967.02	13922.22	17449.09	22543.82
按母公司控股情况分					
国有绝对控股	116664.70	127767.86	148702.07	166011.98	190756.54
国有相对控股	2529.25	3396.58	4840.75	6236.36	7289.28
集体绝对控股	3097.75	3574.91	3584.05	3737.05	3968.54
集体相对控股	660.61	698.05	1017.77	1212.56	1125.65
其　　他	5092.84	7100.86	12025.30	17523.41	27622.78
按企业集团主营行业分					
农、林、牧、渔业	2385.28	2450.50	2551.25	2915.04	3235.91
采 矿 业	11680.79	13176.43	15076.10	18659.42	23001.12
制 造 业	51407.89	55166.40	63340.46	71437.70	82425.19
电力、燃气及水的生产和供应业	18309.98	20380.43	25191.85	27309.21	32380.23
建 筑 业	5669.14	6888.91	8594.01	8856.52	10289.82
交通运输、仓储和邮政业	6347.93	6947.15	8836.09	12338.98	15679.27
信息传输、计算机服务和软件业	11150.01	13098.58	13960.72	15721.27	16683.12
批发和零售业	8663.83	9026.73	10301.22	11472.14	12686.94
住宿和餐饮业	372.82	460.71	501.50	347.76	569.64
金 融 业	5135.55	6092.36	11484.75	13113.07	18579.25
房地产业	2860.30	3456.48	5007.53	5413.45	6616.52
其　　他	4061.61	5393.58	5324.44	7136.82	8615.79
按母公司登记注册类型分					
国有企业	62870.45	49721.72	62316.82	78583.26	87778.74
国有独资公司	43790.45	66235.15	72913.04	73150.02	86706.28
其他有限责任公司	13160.66	16990.91	22958.57	28940.24	35019.92
股份有限公司	5463.94	6734.91	8698.94	9721.02	15170.34
中外合资企业	316.51	154.12	191.75	533.22	1062.26
港澳台合资企业	161.38	225.73	341.66	369.92	598.40
其　　他	2281.73	2475.72	2749.15	3423.69	4426.87

1.3 企业集团营业收入

单位:亿元

类　别	1997年	1998年	1999年	2000年
全国总计	28205.22	35076.75	43766.37	53259.87
按企业集团审批部门分				
国 务 院	11214.79	16082.77	21805.60	22871.71
国务院主管部门	3547.09	3355.23	3033.65	7750.69
省级人民政府	10282.32	13154.31	11622.85	13504.38
省级政府主管部门			3998.83	4665.64
其　他	3161.02	2484.44	3305.44	4467.45
按母公司控股情况分				
国有绝对控股	22410.15	30771.36	37857.32	46151.79
国有相对控股	878.35	677.27	1128.07	1337.27
集体绝对控股	1681.33	1955.99	2509.46	2757.58
集体相对控股	228.38	267.71	327.26	404.93
其　他	3007.02	1404.42	1944.26	2608.30
按企业集团主营行业分				
农、林、牧、渔业	791.15	963.07	822.08	881.34
采 矿 业	434.95	3253.31	4563.44	4479.43
制 造 业	15879.63	19629.35	23952.75	27357.33
电力、燃气及水的生产和供应业	2919.64	3062.85	3199.48	5041.31
建 筑 业	1576.05	1642.81	1964.63	2380.54
交通运输、仓储和邮政业	991.29	1034.83	1285.83	1609.22
信息传输、计算机服务和软件业	74.65	92.19	861.24	3310.98
批发和零售业	5120.12	4896.05	6077.36	6978.16
住宿和餐饮业	56.93	61.74	97.56	121.60
金 融 业	9.86	5.65	309.17	297.49
房地产业	318.82	403.65	495.60	633.69
其　他	32.12	31.21	137.22	168.76
按母公司登记注册类型分				
国有企业	5223.41	16756.73	19874.23	26852.08
国有独资公司	2308.75	9388.40	13721.11	14738.65
其他有限责任公司	10549.30	4297.23	4828.64	5388.11
股份有限公司	7883.21	2487.93	2998.60	3501.02
中外合资企业				337.75
港澳台合资企业				194.00
其　他	2240.55	2146.47	2343.80	2248.26

续表 单位:亿元

类 别	2001年	2002年	2003年	2004年	2005年
全国总计	65622.78	77120.04	100094.94	126386.97	155508.72
按企业集团审批部门分					
国务院	25425.80	29726.79	36874.00	61190.03	72438.31
国务院主管部门	12279.71	13672.91	20241.76	8955.17	12425.41
省级人民政府	16653.50	19027.56	24390.45	31157.92	37274.48
省级政府主管部门	5666.53	6605.14	8392.69	10668.56	13909.43
其 他	5597.24	8087.63	10196.04	14415.29	19461.09
按母公司控股情况分					
国有绝对控股	56311.13	64342.93	81018.26	99645.39	118611.94
国有相对控股	1743.95	2743.44	3833.56	4005.51	5147.98
集体绝对控股	2852.86	3484.00	3719.70	4397.75	4830.51
集体相对控股	586.11	608.94	915.04	1308.98	1329.17
其 他	4128.73	5940.72	10608.39	17029.35	25589.11
按企业集团主营行业分					
农、林、牧、渔业	1060.14	1158.86	1272.30	1398.81	1899.44
采矿业	5172.38	6107.12	8123.96	11118.75	13876.27
制造业	31345.36	36639.20	47767.06	60452.15	74931.60
电力、燃气及水的生产和供应业	5742.55	6564.95	10030.47	11389.03	14524.21
建筑业	3884.38	4832.03	6694.58	8770.11	10978.72
交通运输、仓储和邮政业	2085.56	2727.12	3457.09	4800.70	6197.73
信息传输、计算机服务和软件业	3819.96	4541.19	4962.76	5631.87	6277.77
批发和零售业	9807.12	11076.03	13459.08	16807.49	18935.42
住宿和餐饮业	160.39	187.49	203.72	153.26	301.14
金融业	595.39	745.06	1045.69	1258.10	2259.93
房地产业	683.90	919.68	1323.30	1705.00	2117.99
其 他	1265.67	1621.32	1754.92	2901.70	3208.49
按母公司登记注册类型分					
国有企业	29996.42	28222.52	35911.77	48715.68	56761.19
国有独资公司	20953.92	30102.64	37489.93	41247.72	50124.26
其他有限责任公司	8292.83	10520.32	15959.96	23034.58	31008.19
股份有限公司	3624.97	5157.79	7006.82	8049.81	10763.49
中外合资企业	259.05	155.22	179.31	589.08	1086.00
港澳台合资企业	87.84	140.92	216.11	251.43	598.19
其 他	2407.76	2820.64	3331.04	4498.68	5167.41

1.4 企业集团出口销售总额

单位:亿元

类　别	1997 年	1998 年	1999 年	2000 年
全国总计	2579.79	2685.08	3585.15	4578.73
按企业集团审批部门分				
国 务 院	743.01	816.31	1371.67	1464.79
国务院主管部门	486.08	420.67	453.36	553.68
省级人民政府	1027.64	1273.36	1048.76	1371.19
省级政府主管部门			385.40	609.70
其　　他	323.06	174.73	325.95	579.36
按母公司控股情况分				
国有绝对控股	2059.81	2321.89	2961.61	3671.67
国有相对控股	79.99	43.20	127.13	222.63
集体绝对控股	159.69	160.43	253.52	265.82
集体相对控股	20.22	30.54	41.52	54.59
其　　他	260.08	129.03	201.37	364.03
按企业集团主营行业分				
农、林、牧、渔业	35.35	32.48	45.00	43.46
采 矿 业	22.30	119.66	127.16	207.99
制 造 业	1367.70	1334.35	2050.47	2580.84
电力、燃气及水的生产和供应业	45.88	43.10	68.55	89.80
建 筑 业	7.96	18.13	13.97	27.91
交通运输、仓储和邮政业	1.44	4.89	2.94	4.56
信息传输、计算机服务和软件业	5.64	5.52	2.28	2.44
批发和零售业	1091.36	1120.66	1247.47	1552.14
住宿和餐饮业	0.02	2.66	0.31	1.27
金 融 业	1.26	0.00	12.27	25.60
房地产业	0.77	3.41	13.35	11.38
其　　他	0.09	0.21	1.38	31.34
按母公司登记注册类型分				
国有企业	411.43	976.12	1186.41	1611.54
国有独资公司	192.37	926.63	1283.69	1518.17
其他有限责任公司	979.78	356.89	469.92	590.21
股份有限公司	805.03	231.95	376.97	495.70
中外合资企业				66.85
港澳台合资企业				40.35
其　　他	191.17	193.50	268.16	255.92

续表

单位:亿元

类　别	2001年	2002年	2003年	2004年	2005年
全国总计	5404.01	6286.05	7538.19	9988.43	11798.49
按企业集团审批部门分					
国务院	1469.91	1802.37	1980.67	3325.41	3755.38
国务院主管部门	761.25	700.55	998.09	783.19	914.17
省级人民政府	1774.29	2052.65	2497.40	3364.41	3741.73
省级政府主管部门	717.30	840.84	972.34	923.25	1224.95
其　他	681.25	889.65	1089.69	1592.18	2162.26
按母公司控股情况分					
国有绝对控股	4329.22	4975.28	5172.87	6725.19	7864.61
国有相对控股	194.33	276.74	663.67	484.34	704.41
集体绝对控股	324.52	332.17	444.97	483.93	542.64
集体相对控股	73.42	84.27	195.72	246.99	197.34
其　他	482.52	617.60	1060.95	2047.98	2489.49
按企业集团主营行业分					
农、林、牧、渔业	35.84	42.41	90.68	101.38	206.47
采矿业	223.92	312.91	510.78	605.34	666.6
制造业	3036.85	3535.94	4562.32	6184.59	7434.03
电力、燃气及水的生产和供应业	60.47	62.15	55.88	67.35	77.17
建筑业	29.61	64.49	82.50	85.44	164.99
交通运输、仓储和邮政业	6.11	16.60	24.13	49.65	106.76
信息传输、计算机服务和软件业	1.11	2.17	0.62	10.22	5.25
批发和零售业	1930.30	2093.86	2123.85	2584.52	2645.54
住宿和餐饮业	0.68	0.47	2.55	2.04	3.63
金融业	17.72	13.81	0.25	0.00	12.55
房地产业	7.49	14.16	13.06	24.04	35.72
其　他	53.91	127.08	71.56	273.86	439.79
按母公司登记注册类型分					
国有企业	1940.23	1973.95	1885.03	2856.39	2752.22
国有独资公司	1858.21	2351.14	2434.88	3001.61	3952.04
其他有限责任公司	776.81	926.48	1651.03	2314.02	3029.07
股份有限公司	471.37	667.32	1037.95	1022.97	1109.67
中外合资企业	54.32	42.72	41.25	158.50	178.74
港澳台合资企业	11.75	14.44	45.88	65.61	123.94
其　他	291.30	309.99	442.17	569.34	652.81

1.5 企业集团利润总额

单位：亿元

类　　别	1997 年	1998 年	1999 年	2000 年
全国总计	1222.75	1090.71	1723.06	2903.08
按企业集团审批部门分				
国 务 院	442.23	351.33	742.17	1431.50
国务院主管部门	202.58	177.72	171.70	455.72
省级人民政府	426.97	460.79	468.95	585.54
省级政府主管部门			179.15	213.72
其　　他	150.96	100.87	161.10	216.59
按母公司控股情况分				
国有绝对控股	933.99	851.73	1371.36	2506.39
国有相对控股	46.89	37.66	55.12	82.03
集体绝对控股	113.08	124.98	152.51	132.73
集体相对控股	12.46	16.61	16.69	23.85
其　　他	116.33	59.73	127.39	158.08
按企业集团主营行业分				
农、林、牧、渔业	-8.97	-23.34	-20.07	14.99
采 矿 业	21.80	55.98	183.46	517.60
制 造 业	694.99	654.58	845.18	1235.86
电力、燃气及水的生产和供应业	225.96	232.21	251.58	360.27
建 筑 业	24.22	24.90	29.55	44.74
交通运输、仓储和邮政业	113.08	48.05	35.83	52.06
信息传输、计算机服务和软件业	6.09	7.49	259.97	469.87
批发和零售业	92.48	43.75	59.90	105.12
住宿和餐饮业	5.72	3.33	6.67	5.95
金 融 业	3.46	1.71	28.98	36.60
房地产业	40.32	36.59	36.89	49.63
其　　他	3.59	5.46	5.12	10.38
按母公司登记注册类型分				
国有企业	281.42	323.91	859.27	1834.62
国有独资公司	161.45	258.33	318.28	390.47
其他有限责任公司	416.51	261.57	243.60	340.48
股份有限公司	282.25	151.25	190.52	218.61
中外合资企业				20.13
港澳台合资企业				7.82
其　　他	81.12	95.64	111.39	90.95

续表 单位:亿元

类　　别	2001年	2002年	2003年	2004年	2005年
全国总计	3209.94	4178.88	5548.74	8295.53	10390.52
按企业集团审批部门分					
国务院	1456.60	2026.89	2682.25	5007.85	6191.02
国务院主管部门	614.08	619.99	822.72	543.29	877.47
省级人民政府	674.93	820.05	1084.40	1513.59	1672.90
省级政府主管部门	209.70	314.04	408.37	492.13	649.17
其　　他	254.62	397.91	550.99	738.66	999.95
按母公司控股情况分					
国有绝对控股	2693.45	3470.36	4539.28	6900.69	8623.49
国有相对控股	90.03	128.85	140.78	142.78	145.69
集体绝对控股	145.65	171.59	156.64	162.63	174.23
集体相对控股	24.50	39.26	54.75	77.05	69.00
其　　他	256.30	368.82	657.30	1012.38	1378.10
按企业集团主营行业分					
农、林、牧、渔业	4.16	15.09	27.58	33.80	51.87
采矿业	582.17	721.81	999.61	1956.72	2770.82
制造业	1183.93	1597.04	2524.65	3284.52	3732.33
电力、燃气及水的生产和供应业	420.48	493.31	479.49	608.58	724.62
建筑业	63.20	80.90	108.30	162.14	257.07
交通运输、仓储和邮政业	73.20	85.94	107.33	415.31	571.04
信息传输、计算机服务和软件业	581.66	787.19	821.12	1039.99	1273.67
批发和零售业	138.28	170.58	198.26	306.27	377.94
住宿和餐饮业	6.78	10.64	5.41	11.06	19.73
金融业	19.57	42.98	41.11	68.11	132.53
房地产业	50.02	60.84	111.11	193.49	219.91
其　　他	86.50	112.54	124.76	215.53	258.98
按母公司登记注册类型分					
国有企业	1699.98	1986.03	2550.49	4069.80	5245.31
国有独资公司	764.94	1199.07	1595.57	2434.78	2830.98
其他有限责任公司	459.68	590.91	922.58	1197.63	1512.51
股份有限公司	146.89	247.17	313.21	369.42	494.75
中外合资企业	23.85	12.05	13.05	34.58	74.20
港澳台合资企业	5.31	9.97	17.36	13.75	35.87
其　　他	109.28	133.68	136.47	175.57	196.90

1.6 企业集团研究开发费用

单位:亿元

类　别	1997年	1998年	1999年	2000年
全国总计	155.43	214.46	354.78	480.20
按企业集团审批部门分				
国 务 院	50.72	84.72	168.59	219.90
国务院主管部门	24.19	25.31	27.98	66.16
省级人民政府	59.41	80.54	102.60	125.53
省级政府主管部门			21.20	33.93
其　他	21.11	23.89	34.40	34.68
按母公司控股情况分				
国有绝对控股	110.27	177.29	288.23	408.17
国有相对控股	7.52	7.81	14.11	19.37
集体绝对控股	12.99	16.36	28.85	31.05
集体相对控股	1.91	2.98	2.23	2.47
其　他	22.73	10.03	21.36	19.14
按企业集团主营行业分				
农、林、牧、渔业	1.68	0.84	3.70	3.70
采 矿 业	11.29	13.83	19.98	23.16
制 造 业	131.71	181.88	303.37	417.35
电力、燃气及水的生产和供应业	5.69	4.90	19.10	25.99
建 筑 业	0.76	1.64	2.34	2.35
交通运输、仓储和邮政业	0.18	0.03	0.20	0.26
信息传输、计算机服务和软件业	0.83	0.98	1.00	1.94
批发和零售业	2.83	9.65	2.50	4.30
住宿和餐饮业	0.03	0.01	0.00	0.00
金 融 业	0.00	0.00	0.50	0.45
房地产业	0.38	0.52	0.57	0.55
其　他	0.06	0.17	1.54	0.13
按母公司登记注册类型分				
国有企业	37.96	90.97	130.35	191.92
国有独资公司	22.96	47.80	108.85	150.79
其他有限责任公司	47.44	26.37	38.76	45.71
股份有限公司	35.33	24.89	44.27	57.72
中外合资企业				8.59
港澳台合资企业				1.44
其　他	11.73	24.42	32.55	24.02

续表

单位:亿元

类　　别	2001 年	2002 年	2003 年	2004 年	2005 年
全国总计	669.13	806.67	905.29	1201.47	1507.28
按企业集团审批部门分					
国 务 院	265.57	355.97	386.40	561.45	761.14
国务院主管部门	100.73	80.14	106.97	77.28	102.76
省级人民政府	219.44	208.77	237.57	317.58	385.93
省级政府主管部门	47.04	50.65	59.59	85.48	111.19
其　　他	36.35	111.14	114.76	159.68	146.27
按母公司控股情况分					
国有绝对控股	509.28	614.56	663.91	881.98	1151.10
国有相对控股	32.02	43.99	64.20	52.68	65.17
集体绝对控股	54.49	57.92	52.13	52.26	62.65
集体相对控股	7.06	5.78	6.93	14.75	13.81
其　　他	66.28	84.41	118.12	199.81	214.55
按企业集团主营行业分					
农、林、牧、渔业	2.22	2.09	1.73	9.53	9.70
采 矿 业	40.08	58.51	60.95	88.95	110.24
制 造 业	584.35	689.87	800.95	1034.81	1272.14
电力、燃气及水的生产和供应业	14.15	17.58	4.80	5.15	30.27
建 筑 业	6.91	10.02	9.78	13.71	15.81
交通运输、仓储和邮政业	0.95	2.66	3.20	17.69	17.76
信息传输、计算机服务和软件业	5.00	10.31	5.35	6.30	12.45
批发和零售业	2.16	5.03	1.61	5.30	12.99
住宿和餐饮业	0.03	0.00	0.00	0.01	0.01
金 融 业	0.51	0.14	0.28	0.71	0.62
房地产业	0.60	0.90	0.39	0.37	0.96
其　　他	12.18	9.57	16.25	18.94	24.33
按母公司登记注册类型分					
国有企业	268.08	331.67	377.23	476.79	627.57
国有独资公司	165.39	213.24	193.17	263.55	358.20
其他有限责任公司	117.98	132.23	186.17	290.60	300.42
股份有限公司	57.27	74.20	90.28	88.58	119.60
中外合资企业	8.91	2.08	2.54	11.64	23.04
港澳台合资企业	0.67	0.50	0.39	0.88	3.55
其　　他	50.83	52.74	55.52	69.44	74.90

1.7 企业集团从业人员数

单位:万人

类　　别	1997 年	1998 年	1999 年	2000 年
全国总计	1850.43	2090.42	2342.12	2281.71
按企业集团审批部门分				
国 务 院	762.51	987.32	1124.35	991.44
国务院主管部门	180.98	185.67	139.10	248.80
省级人民政府	666.70	762.67	678.78	618.37
省级政府主管部门			257.90	247.27
其　　他	240.23	154.76	141.99	175.83
按母公司控股情况分				
国有绝对控股	1505.63	1894.93	2095.53	2042.33
国有相对控股	53.71	29.85	46.95	39.51
集体绝对控股	85.22	86.05	95.70	85.93
集体相对控股	11.76	14.32	15.02	15.78
其　　他	194.12	65.27	88.91	98.16
按企业集团主营行业分				
农、林、牧、渔业	247.23	274.69	264.11	230.27
采 矿 业	79.31	273.34	331.60	284.87
制 造 业	1058.23	1093.47	1252.81	1174.49
电力、燃气及水的生产和供应业	130.76	125.80	120.09	120.53
建 筑 业	130.56	108.97	133.40	149.60
交通运输、仓储和邮政业	58.82	65.24	63.31	74.37
信息传输、计算机服务和软件业	0.99	3.35	10.22	79.68
批发和零售业	122.62	120.65	126.31	124.17
住宿和餐饮业	5.41	5.40	8.05	8.03
金 融 业	0.32	0.22	5.72	6.05
房地产业	14.08	17.52	18.41	21.95
其　　他	2.11	1.76	8.08	7.68
按母公司登记注册类型分				
国有企业	414.36	981.11	902.00	1014.11
国有独资公司	142.34	671.46	946.45	848.12
其他有限责任公司	752.57	216.58	263.84	209.67
股份有限公司	388.58	135.29	145.87	129.18
中外合资企业				9.56
港澳台合资企业				7.60
其　　他	152.58	85.98	83.97	63.47

续表 单位：万人

类　别	2001年	2002年	2003年	2004年	2005年
全国总计	2524.43	2517.91	2585.48	2671.20	2835.86
按企业集团审批部门分					
国务院	926.48	884.79	897.04	1103.34	1090.17
国务院主管部门	431.66	459.04	468.96	261.57	297.75
省级人民政府	707.35	687.31	681.12	698.44	744.40
省级政府主管部门	258.28	264.64	294.71	310.91	332.91
其　他	200.66	222.13	243.66	296.95	370.64
按母公司控股情况分					
国有绝对控股	2235.39	2177.00	2142.40	2124.13	2163.16
国有相对控股	57.01	70.16	76.98	78.00	90.34
集体绝对控股	76.98	86.51	81.03	76.70	68.96
集体相对控股	23.46	17.53	25.55	29.47	20.66
其　他	131.60	166.71	259.53	362.89	492.74
按企业集团主营行业分					
农、林、牧、渔业	250.91	241.84	233.47	226.20	225.24
采矿业	328.64	342.92	350.43	388.96	392.56
制造业	1222.37	1163.16	1189.90	1189.16	1235.66
电力、燃气及水的生产和供应业	145.21	170.42	146.73	144.95	158.08
建筑业	226.22	227.65	266.12	284.21	327.99
交通运输、仓储和邮政业	82.63	79.80	97.62	106.73	118.88
信息传输、计算机服务和软件业	74.38	84.38	96.65	100.88	121.77
批发和零售业	117.71	115.01	116.69	128.87	145.34
住宿和餐饮业	9.16	10.08	11.38	7.00	11.89
金融业	10.12	11.05	13.38	15.23	22.12
房地产业	19.69	22.60	25.63	27.35	26.81
其　他	37.37	49.01	37.47	51.66	49.51
按母公司登记注册类型分					
国有企业	1098.94	821.25	963.60	977.05	935.79
国有独资公司	941.00	1143.99	940.64	897.08	979.42
其他有限责任公司	290.12	345.55	438.46	527.18	623.11
股份有限公司	127.17	139.46	175.18	183.98	201.09
中外合资企业	6.70	5.95	5.12	12.34	21.78
港澳台合资企业	3.36	4.42	6.91	6.86	11.44
其　他	57.15	57.30	55.57	66.72	63.23

1.8 企业集团主要财务指标

单位:亿元

类　别	单位数(个)	资　产总　计	固定资产原　价	累　计折　旧	本　年折　旧	无　形资　产	累计对外投　资
全国总计	2845	230762.80	127131.37	45306.14	7073.92	5662.51	13728.50
按企业集团审批部门分							
国 务 院	148	118429.22	78957.79	30105.72	4407.19	1982.96	5342.38
国务院主管部门	159	20970.77	8583.75	3322.99	669.15	441.91	3185.57
省级人民政府	954	48888.55	24292.23	7563.88	1255.65	1853.19	2919.93
省级政府主管部门	666	19930.44	7436.41	2117.62	354.25	631.75	1079.05
其　　他	918	22543.82	7861.19	2195.95	387.69	752.70	1201.58
按母公司控股情况分							
国有绝对控股	1298	190756.54	112048.53	40948.49	6140.97	4427.63	10125.28
国有相对控股	148	7289.28	4877.12	1706.47	364.29	206.16	206.13
集体绝对控股	194	3968.54	1385.75	397.67	70.13	102.12	215.45
集体相对控股	67	1125.65	440.60	113.71	35.94	39.37	35.90
其　　他	1138	27622.78	8379.37	2139.79	462.58	887.22	3145.75
按企业集团主营行业分							
农、林、牧、渔业	36	3235.91	1323.93	411.70	57.42	115.55	59.76
采 矿 业	88	23001.12	16121.86	7113.40	1106.81	733.05	1303.53
制 造 业	1617	82425.19	42257.38	15660.10	2299.33	2998.38	3598.96
电力、燃气及水的生产和供应业	85	32380.23	26787.54	8830.87	1500.92	226.52	1172.42
建 筑 业	200	10289.82	3312.80	822.74	137.75	186.88	364.17
交通运输、仓储和邮政业	91	15679.27	10821.62	2725.70	455.81	327.75	486.71
信息传输、计算机服务和软件业	11	16683.12	17985.48	7421.27	1140.62	149.66	122.82
批发和零售业	370	12686.94	3589.05	924.43	143.04	341.82	1081.07
住宿和餐饮业	24	569.64	380.65	149.52	18.07	27.42	42.94
金 融 业	15	18579.25	726.05	210.19	37.85	77.22	3799.37
房地产业	188	6616.52	796.13	150.70	28.39	123.97	270.58
其　　他	120	8615.79	3028.88	885.52	147.90	354.29	1426.17
按母公司登记注册类型分							
国有企业	334	87778.74	62094.51	23098.65	3491.32	1332.26	3371.68
国有独资公司	692	86706.28	42553.73	15374.54	2288.88	2380.20	6060.97
其他有限责任公司	1201	35019.92	16019.40	5064.64	986.21	1429.47	1574.13
股份有限公司	392	15170.34	4275.00	1147.06	203.32	369.23	2440.25
中外合资企业	29	1062.26	536.28	161.92	24.32	40.60	36.44
港澳台合资企业	33	598.40	188.57	57.27	12.83	11.82	12.93
其　　他	164	4426.87	1463.89	402.05	67.05	98.93	232.11

续表 1　　　　　　　　　　　　　　　　　　　　　　　　　　　　　　　单位:亿元

类　　别	本年对外投　　资	本年对境外投资	长期投资	短期投资	存货	流动资产年平均余额	应收帐款
全国总计	2641.61	258.15	17641.71	3253.33	24833.68	89508.46	12622.31
按企业集团审批部门分							
国务院	838.88	226.31	6624.40	2344.15	9526.22	40240.09	5285.24
国务院主管部门	879.90	28.00	3152.87	300.53	2283.42	8546.70	1146.85
省级人民政府	602.02	3.36	3960.83	285.56	6115.16	20280.02	3016.62
省级政府主管部门	170.44	1.51	2253.02	198.44	2811.60	9241.50	1239.35
其　　他	150.37	−1.04	1650.59	124.64	4097.29	11200.15	1934.25
按母公司控股情况分							
国有绝对控股	1637.69	226.06	13503.24	2874.27	18780.00	70615.31	9495.94
国有相对控股	58.24	6.98	295.80	43.36	789.72	2699.57	568.44
集体绝对控股	30.03	0.00	290.53	16.39	670.14	2202.02	355.84
集体相对控股	6.28	0.00	58.90	6.06	185.07	556.04	129.74
其　　他	909.37	25.10	3493.24	313.25	4408.77	13435.50	2072.35
按企业集团主营行业分							
农、林、牧、渔业	2.90	0.00	172.89	13.48	445.61	1503.77	165.94
采矿业	534.11	143.98	929.19	488.23	1495.32	7341.93	672.88
制造业	487.34	85.06	5581.99	623.07	12740.86	38320.28	5815.62
电力、燃气及水的生产和供应业	281.74	1.15	2003.05	294.81	768.45	6860.28	904.02
建筑业	46.54	1.34	482.98	31.20	2067.15	6784.46	2147.75
交通运输、仓储和邮政业	49.64	0.44	827.98	85.19	1099.97	3979.21	498.07
信息传输、计算机服务和软件业	4.73	0.00	241.93	8.81	151.39	4049.20	438.15
批发和零售业	254.88	1.86	1183.51	120.99	2218.78	7234.85	1090.95
住宿和餐饮业	5.30	0.00	60.73	2.64	32.27	209.86	12.83
金融业	664.61	23.80	4232.52	1390.20	170.74	5380.88	278.25
房地产业	50.79	0.22	471.11	32.82	2729.03	4248.77	204.58
其　　他	259.03	0.29	1453.83	161.89	914.10	3594.97	393.26
按母公司登记注册类型分							
国有企业	738.70	146.13	4794.11	941.69	7659.77	32584.18	4522.80
国有独资公司	787.95	79.27	7077.08	1791.62	9337.50	31290.61	3961.38
其他有限责任公司	265.73	7.35	2131.46	207.75	5125.80	15547.42	2602.28
股份有限公司	798.15	24.24	3245.60	254.31	1710.61	6845.55	956.21
中外合资企业	6.74	0.00	63.86	0.70	119.53	451.45	95.70
港澳台合资企业	1.18	0.00	19.47	0.83	121.96	350.20	76.44
其　　他	43.16	1.16	310.13	56.43	758.52	2439.05	407.49

续表 2

单位:亿元

类别	负债合计	流动负债	股东权益与少数股东权益总计	少数股东权益	股东权益合计	股本	营业收入
全国总计	142203.67	99286.95	88559.12	17873.45	70685.67	33679.22	155508.72
按企业集团审批部门分							
国务院	71989.92	49109.48	46439.30	9129.14	37310.17	17754.10	72438.31
国务院主管部门	13073.12	7986.78	7897.65	1939.02	5958.63	2466.20	12425.41
省级人民政府	29961.77	21694.22	18926.78	4214.87	14711.91	7162.11	37274.48
省级政府主管部门	12774.14	9026.98	7156.30	1333.66	5822.64	3100.62	13909.43
其他	14404.72	11469.49	8139.09	1256.76	6882.33	3196.20	19461.09
按母公司控股情况分							
国有绝对控股	116210.68	80474.66	74545.86	15417.90	59127.96	28834.79	118611.94
国有相对控股	4657.54	3457.53	2631.74	763.87	1867.87	855.47	5147.98
集体绝对控股	2356.44	2049.92	1612.10	225.74	1386.36	531.03	4830.51
集体相对控股	699.97	576.61	425.68	73.96	351.72	118.22	1329.17
其他	18279.04	12728.24	9343.75	1391.98	7951.76	3339.71	25589.11
按企业集团主营行业分							
农、林、牧、渔业	2337.81	1731.70	898.10	91.67	806.43	530.94	1899.44
采矿业	9510.78	6460.54	13490.34	1835.12	11655.23	4934.38	13876.27
制造业	49778.24	39248.38	32646.95	7319.99	25326.95	11872.16	74931.60
电力、燃气及水的生产和供应业	20183.64	9390.08	12196.59	2322.08	9874.52	5412.86	14524.21
建筑业	8038.10	7094.13	2251.73	459.01	1792.71	941.62	10978.72
交通运输、仓储和邮政业	9364.47	4763.94	6314.80	1638.35	4676.45	2613.40	6197.73
信息传输、计算机服务和软件业	6672.91	4891.44	10010.21	1780.24	8229.97	3453.53	6277.77
批发和零售业	8709.48	7185.79	3977.46	966.86	3010.60	1407.77	18935.42
住宿和餐饮业	341.03	284.00	228.61	50.39	178.22	88.87	301.14
金融业	17215.82	11323.44	1363.43	273.97	1089.46	538.56	2259.93
房地产业	4757.27	3631.52	1859.25	370.33	1488.92	731.11	2117.99
其他	5294.13	3281.99	3321.66	765.43	2556.23	1154.02	3208.49
按母公司登记注册类型分							
国有企业	48292.97	33325.22	39485.77	6981.94	32503.83	14735.07	56761.19
国有独资公司	57577.98	40339.91	29128.30	7285.33	21842.97	11313.83	50124.26
其他有限责任公司	22008.87	16915.09	13011.05	2639.32	10371.73	5181.78	31008.19
股份有限公司	10610.07	5692.16	4560.26	627.39	3932.87	1660.69	10763.49
中外合资企业	561.78	442.98	500.48	84.01	416.47	168.44	1086.00
港澳台合资企业	383.25	340.83	215.15	7.87	207.27	60.25	598.19
其他	2768.76	2230.76	1658.11	247.59	1410.52	559.16	5167.41

续表 3 单位:亿元

类　　别	主营业务收入	其他业务收入	主营业务成本	主营业务税金及附加	新产品销售收入	出口销售总额	存货跌价损失和营业、管理、财务等费用合计
全国总计	151459.89	4048.82	123429.74	2434.68	14942.65	11798.49	16386.86
按企业集团审批部门分							
国务院	70806.04	1632.28	56484.42	1181.37	5730.39	3755.38	7333.39
国务院主管部门	12081.51	343.89	8984.28	492.69	1067.81	914.17	1699.24
省级人民政府	36213.18	1061.30	30502.12	382.10	5031.18	3741.73	4150.98
省级政府主管部门	13470.31	439.13	11381.19	184.08	1257.48	1224.95	1402.54
其　　他	18888.86	572.23	16077.73	194.45	1855.79	2162.26	1800.70
按母公司控股情况分							
国有绝对控股	115522.05	3089.89	93162.34	2108.43	10450.94	7864.61	12967.48
国有相对控股	4997.03	150.95	3989.74	50.97	678.63	704.41	828.87
集体绝对控股	4745.59	84.92	4221.69	23.12	1076.53	542.64	365.89
集体相对控股	1268.08	61.09	1120.06	6.98	170.03	197.34	84.09
其　　他	24927.14	661.97	20935.91	245.20	2566.52	2489.49	2140.52
按企业集团主营行业分							
农、林、牧、渔业	1832.22	67.22	1530.03	17.15	17.47	206.47	268.40
采 矿 业	13109.62	766.65	8062.86	367.24	65.08	666.60	1757.32
制 造 业	72566.21	2365.39	60715.74	1060.53	14585.18	7434.03	7435.26
电力、燃气及水的生产和供应业	14395.35	128.86	12868.94	125.78	16.44	77.17	827.81
建 筑 业	10820.17	158.55	9655.14	307.31	16.58	164.99	632.90
交通运输、仓储和邮政业	6032.43	165.30	4727.42	117.09	0.16	106.76	1129.26
信息传输、计算机服务和软件业	6156.49	121.28	2859.00	192.50	21.61	5.25	1717.72
批发和零售业	18760.49	174.92	17241.46	59.09	15.12	2645.54	1319.52
住宿和餐饮业	300.30	0.84	181.76	8.28	0.00	3.63	96.43
金 融 业	2251.13	8.80	1499.24	44.06	0.00	12.55	422.87
房地产业	2074.93	43.06	1555.38	90.40	5.64	35.72	265.61
其　　他	3160.55	47.94	2532.77	45.26	199.36	439.79	513.78
按母公司登记注册类型分							
国有企业	55560.54	1200.65	43565.61	1140.29	3795.32	2752.22	5953.24
国有独资公司	48586.10	1538.16	40211.45	846.17	3948.99	3952.04	5664.63
其他有限责任公司	30009.35	998.83	25235.37	309.96	4440.96	3029.07	2983.12
股份有限公司	10597.54	165.96	8581.61	101.37	1418.75	1109.67	1259.48
中外合资企业	1052.92	33.08	851.42	10.41	171.12	178.74	118.31
港澳台合资企业	589.86	8.33	504.92	2.71	66.82	123.94	49.84
其　　他	5063.59	103.81	4479.38	23.78	1100.70	652.81	358.24

续表 4　　单位:亿元

类别	税金	劳动、待业保险费	职工教育费	广告费	利息支出	投资收益	营业外收入
全国总计	454.94	932.54	80.44	420.97	2253.92	850.30	427.60
按企业集团审批部门分							
国务院	225.81	461.30	38.14	138.56	1063.54	274.72	199.23
国务院主管部门	25.99	96.91	6.76	45.48	198.21	189.50	40.41
省级人民政府	107.82	233.68	20.39	121.26	527.81	178.79	107.79
省级政府主管部门	39.16	74.60	6.50	51.77	199.26	122.80	36.10
其他	56.16	66.06	8.65	63.89	265.10	84.49	44.06
按母公司控股情况分							
国有绝对控股	378.65	851.71	68.42	265.65	1748.58	667.93	364.34
国有相对控股	12.20	21.12	2.28	37.58	117.96	24.78	12.63
集体绝对控股	6.09	8.94	0.98	18.24	48.37	8.23	6.66
集体相对控股	3.07	1.37	0.35	1.33	17.87	1.93	2.67
其他	54.94	49.42	8.41	98.16	321.15	147.44	41.31
按企业集团主营行业分							
农、林、牧、渔业	15.54	38.35	1.36	5.54	45.28	2.24	18.17
采矿业	42.23	181.80	11.80	4.74	99.00	52.40	32.31
制造业	178.21	361.27	35.07	276.07	932.53	237.49	157.12
电力、燃气及水的生产和供应业	11.83	30.14	4.64	3.72	480.45	64.05	38.67
建筑业	50.34	83.45	5.19	3.48	87.51	21.40	17.08
交通运输、仓储和邮政业	69.00	55.61	6.56	2.99	167.67	75.02	54.85
信息传输、计算机服务和软件业	19.54	95.15	9.55	74.88	150.98	−0.11	20.33
批发和零售业	39.34	42.74	3.05	23.50	128.57	102.81	45.50
住宿和餐饮业	2.32	4.38	0.26	0.69	5.71	2.55	5.60
金融业	6.40	9.66	0.58	5.76	12.76	164.72	10.32
房地产业	8.70	5.59	0.73	12.09	46.34	18.88	11.03
其他	11.49	24.41	1.66	7.51	97.12	108.85	16.61
按母公司登记注册类型分							
国有企业	203.54	373.44	30.31	124.56	802.64	250.03	152.40
国有独资公司	131.66	393.17	30.28	102.96	797.18	332.02	184.66
其他有限责任公司	80.79	121.68	12.92	99.02	443.09	99.19	58.15
股份有限公司	26.00	30.17	5.43	54.06	137.52	154.84	23.48
中外合资企业	4.64	3.10	0.35	15.91	9.00	1.73	0.73
港澳台合资企业	0.55	1.67	0.07	3.67	8.17	1.95	2.31
其他	7.76	9.32	1.09	20.79	56.31	10.53	5.87

续表 5

单位:亿元

类　　别	利　润 总　额	应　交 所得税	应　交 增值税	固定资产 投　资 完成额	研究开发 费　用
全国总计	10390.52	2794.60	4375.48	18522.49	1507.28
按企业集团审批部门分					
国务院	6191.02	1763.52	2423.42	11210.85	761.14
国务院主管部门	877.47	205.82	344.55	1433.02	102.76
省级人民政府	1672.90	407.86	951.50	3750.62	385.93
省级政府主管部门	649.17	172.93	326.15	973.95	111.19
其　　他	999.95	244.48	329.85	1154.03	146.27
按母公司控股情况分					
国有绝对控股	8623.49	2382.46	3722.38	16397.73	1151.10
国有相对控股	145.69	60.03	81.19	594.97	65.17
集体绝对控股	174.23	34.22	72.40	149.12	62.65
集体相对控股	69.00	14.22	30.04	72.02	13.81
其　　他	1378.10	303.66	469.47	1308.64	214.55
按企业集团主营行业分					
农、林、牧、渔业	51.87	6.34	31.34	243.62	9.70
采矿业	2770.82	745.70	941.16	3307.59	110.24
制造业	3732.33	999.93	2287.55	5856.63	1272.14
电力、燃气及水的生产和供应业	724.62	224.69	873.34	4501.32	30.27
建筑业	257.07	65.54	32.13	310.58	15.81
交通运输、仓储和邮政业	571.04	140.74	19.31	1306.48	17.76
信息传输、计算机服务和软件业	1273.67	385.08	9.72	2070.72	12.45
批发和零售业	377.94	96.51	116.01	337.13	12.99
住宿和餐饮业	19.73	5.77	1.27	28.12	0.01
金融业	132.53	11.65	8.45	35.63	0.62
房地产业	219.91	63.34	2.97	230.25	0.96
其　　他	258.98	49.30	52.23	294.41	24.33
按母公司登记注册类型分					
国有企业	5245.31	1421.72	1745.47	9026.99	627.57
国有独资公司	2830.98	825.22	1662.02	6325.35	358.20
其他有限责任公司	1512.51	371.51	676.43	2347.24	300.42
股份有限公司	494.75	111.51	175.24	507.05	119.60
中外合资企业	74.20	12.05	27.87	77.70	23.04
港澳台合资企业	35.87	8.32	8.40	18.67	3.55
其　　他	196.90	44.27	80.04	219.49	74.90

1.9 企业集团主要劳动工资指标

类　别	单位数（个）	从业人员（万人）	在岗职工（万人）	其他从业人员（万人）	研究开发人员（万人）
全国总计	2845	2835.86	2584.31	251.55	78.23
按企业集团审批部门分					
国 务 院	148	1090.17	982.32	107.85	33.31
国务院主管部门	159	297.75	254.57	43.18	6.69
省级人民政府	954	744.40	693.49	50.91	20.71
省级政府主管部门	666	332.91	315.67	17.24	6.77
其　　他	918	370.64	338.26	32.39	10.75
按母公司控股情况分					
国有绝对控股	1298	2163.16	1957.48	205.67	60.37
国有相对控股	148	90.34	77.32	13.02	3.27
集体绝对控股	194	68.96	65.38	3.57	2.02
集体相对控股	67	20.66	20.05	0.60	0.59
其　　他	1138	492.74	464.07	28.68	11.98
按企业集团主营行业分					
农、林、牧、渔业	36	225.24	193.09	32.15	0.70
采 矿 业	88	392.56	381.04	11.52	7.73
制 造 业	1617	1235.66	1184.77	50.89	63.51
电力、燃气及水的生产和供应业	85	158.08	154.03	4.04	0.31
建 筑 业	200	327.99	253.85	74.14	1.52
交通运输、仓储和邮政业	91	118.88	110.29	8.59	0.27
信息传输、计算机服务和软件业	11	121.77	79.32	42.45	0.94
批发和零售业	370	145.34	132.47	12.87	0.42
住宿和餐饮业	24	11.89	10.01	1.88	0.01
金 融 业	15	22.12	19.36	2.75	0.00
房地产业	188	26.81	21.69	5.12	0.18
其　　他	120	49.51	44.38	5.13	2.62
按母公司登记注册类型分					
国有企业	334	935.79	809.14	126.65	27.38
国有独资公司	692	979.42	916.42	62.99	24.37
其他有限责任公司	1201	623.11	577.96	45.15	15.23
股份有限公司	392	201.09	188.24	12.85	6.97
中外合资企业	29	21.78	21.67	0.11	1.33
港澳台合资企业	33	11.44	11.21	0.23	0.38
其　　他	164	63.23	59.66	3.56	2.57

续表

类　别	从业人员劳动报酬（亿元）	在岗职工劳动报酬（亿元）	其他从业人员劳动报酬（亿元）	研究开发人员劳动报酬（亿元）
全国总计	7032.34	6657.06	375.28	274.85
按企业集团审批部门分				
国 务 院	3503.26	3311.04	192.21	112.41
国务院主管部门	703.52	654.21	49.31	29.46
省级人民政府	1539.87	1470.21	69.66	65.29
省级政府主管部门	582.01	561.75	20.26	19.42
其　　他	703.69	659.85	43.84	48.27
按母公司控股情况分				
国有绝对控股	5850.75	5538.40	312.36	213.99
国有相对控股	226.51	208.75	17.76	15.01
集体绝对控股	100.63	95.81	4.83	6.83
集体相对控股	30.02	29.40	0.63	1.93
其　　他	824.42	784.72	39.70	37.08
按企业集团主营行业分				
农、林、牧、渔业	283.85	261.44	22.41	1.71
采 矿 业	988.32	974.38	13.94	31.17
制 造 业	2791.39	2704.87	86.52	210.67
电力、燃气及水的生产和供应业	635.47	628.72	6.75	0.99
建 筑 业	686.44	567.88	118.56	6.10
交通运输、仓储和邮政业	419.67	402.00	17.66	1.59
信息传输、计算机服务和软件业	509.20	446.07	63.12	7.82
批发和零售业	342.41	325.45	16.96	1.69
住宿和餐饮业	28.54	26.10	2.44	0.01
金 融 业	97.10	91.61	5.48	0.01
房地产业	66.13	60.92	5.21	0.54
其　　他	183.81	167.60	16.21	12.55
按母公司登记注册类型分				
国有企业	2905.83	2712.10	193.74	87.50
国有独资公司	2366.14	2267.42	98.72	85.18
其他有限责任公司	1196.02	1137.01	59.00	49.22
股份有限公司	409.31	391.63	17.68	34.85
中外合资企业	39.23	38.99	0.24	7.69
港澳台合资企业	18.32	17.98	0.34	1.16
其　　他	97.49	91.94	5.55	9.25

1.10 企业集团主要经济效益指标

单位:%

类　别	净资产收益率	总资产报酬率	销售利润率	资本保值增值率	劳动生产率(万元/人)	成本费用利润率
全国总计	8.58	5.48	6.68	114.72	54.84	7.43
按企业集团审批部门分						
国务院	9.53	6.13	8.55	115.64	66.45	9.70
国务院主管部门	8.50	5.13	7.06	117.51	41.73	8.21
省级人民政府	6.68	4.50	4.49	111.58	50.07	4.83
省级政府主管部门	6.65	4.26	4.67	115.87	41.78	5.08
其　他	9.28	5.61	5.14	113.42	52.51	5.59
按母公司控股情况分						
国有绝对控股	8.37	5.44	7.27	114.94	54.83	8.13
国有相对控股	3.26	3.62	2.83	103.39	56.98	3.02
集体绝对控股	8.68	5.61	3.61	110.78	70.05	3.80
集体相对控股	12.87	7.72	5.19	115.67	64.35	5.73
其　他	11.50	6.15	5.39	117.22	51.93	5.97
按企业集团主营行业分						
农、林、牧、渔业	5.07	3.00	2.73	108.81	8.43	2.88
采矿业	15.01	12.48	19.97	130.47	35.35	28.22
制造业	8.37	5.66	4.98	112.97	60.64	5.48
电力、燃气及水的生产和供应业	4.10	3.72	4.99	110.65	91.88	5.29
建筑业	8.51	3.35	2.34	111.53	33.47	2.50
交通运输、仓储和邮政业	6.81	4.71	9.21	122.00	52.13	9.75
信息传输、计算机服务和软件业	8.88	8.54	20.29	110.03	51.55	27.83
批发和零售业	7.08	3.99	2.00	112.62	130.28	2.04
住宿和餐饮业	6.11	4.47	6.55	93.18	25.33	7.09
金融业	8.87	0.78	5.86	104.11	102.18	6.90
房地产业	8.42	4.02	10.38	112.03	78.99	12.08
其　他	6.31	4.13	8.07	108.21	64.80	8.50
按母公司登记注册类型分						
国有企业	9.68	6.89	9.24	115.61	60.66	10.59
国有独资公司	6.89	4.18	5.65	113.91	51.18	6.17
其他有限责任公司	8.77	5.58	4.88	114.69	49.76	5.36
股份有限公司	8.40	4.17	4.60	111.32	53.53	5.03
中外合资企业	12.42	7.83	6.83	118.83	49.86	7.65
港澳台合资企业	12.80	7.36	6.00	119.36	52.29	6.47
其　他	9.21	5.72	3.81	116.17	81.73	4.07

续表 1　　单位:%

类　　别	资　产 利税率	总资产 使用率	流动资产 比　　率	资　金 利润率	资　产 负债率	长期负债 与资产 总计比率
全国总计	7.45	65.63	38.79	6.06	61.62	18.60
按企业集团审批部门分						
国 务 院	8.27	59.79	33.98	6.95	60.79	19.32
国务院主管部门	8.18	57.61	40.76	6.36	62.34	24.25
省级人民政府	6.15	74.07	41.48	4.52	61.29	16.91
省级政府主管部门	5.82	67.59	46.37	4.46	64.09	18.80
其　　他	6.76	83.79	49.68	5.93	63.90	13.02
按母公司控股情况分						
国有绝对控股	7.58	60.56	37.02	6.09	60.92	18.73
国有相对控股	3.81	68.55	37.03	2.48	63.90	16.46
集体绝对控股	6.80	119.58	55.49	5.46	59.38	7.72
集体相对控股	9.42	112.65	49.40	7.82	62.18	10.96
其　　他	7.58	90.24	48.64	7.00	66.17	20.10
按企业集团主营行业分						
农、林、牧、渔业	3.10	56.62	46.47	2.15	72.25	18.73
采 矿 业	17.73	57.00	31.92	16.95	41.35	13.26
制 造 业	8.59	88.04	46.49	5.75	60.39	12.78
电力、燃气及水的生产和供应业	5.32	44.46	21.19	2.92	62.33	33.33
建 筑 业	5.80	105.15	65.93	2.77	78.12	9.17
交通运输、仓储和邮政业	4.51	38.47	25.38	4.73	59.73	29.34
信息传输、计算机服务和软件业	8.85	36.90	24.27	8.72	40.00	10.68
批发和零售业	4.36	147.87	57.03	3.82	68.65	12.01
住宿和餐饮业	5.14	52.72	36.84	4.48	59.87	10.01
金 融 业	1.00	12.12	28.96	2.25	92.66	31.71
房地产业	4.73	31.36	64.21	4.49	71.90	17.01
其　　他	4.14	36.68	41.73	4.51	61.45	23.35
按母公司登记注册类型分						
国有企业	9.26	63.30	37.12	7.33	55.02	17.05
国有独资公司	6.16	56.04	36.09	4.84	66.41	19.88
其他有限责任公司	7.14	85.69	44.40	5.71	62.85	14.55
股份有限公司	5.08	69.86	45.12	4.96	69.94	32.42
中外合资企业	10.59	99.12	42.50	8.99	52.89	11.18
港澳台合资企业	7.85	98.57	58.52	7.45	64.05	7.09
其　　他	6.79	114.38	55.10	5.62	62.54	12.15

续表 2

单位:%

类　　别	已获利息倍　　数（倍）	流　动比　率	速　动比　率	新产品销售收入与营业收入比重	研究开发费用与营业收入比重	研究开发费用与主营业务收入比　　重
全国总计	5.61	90.15	65.14	9.61	0.97	1.00
按企业集团审批部门分						
国 务 院	6.82	81.94	62.54	7.91	1.05	1.07
国务院主管部门	5.43	107.01	78.42	8.59	0.83	0.85
省级人民政府	4.17	93.48	65.29	13.50	1.04	1.07
省级政府主管部门	4.26	102.38	71.23	9.04	0.80	0.83
其　　他	4.77	97.65	61.93	9.54	0.75	0.77
按母公司控股情况分						
国有绝对控股	5.93	87.75	64.41	8.81	0.97	1.00
国有相对控股	2.24	78.08	55.24	13.18	1.27	1.30
集体绝对控股	4.60	107.42	74.73	22.29	1.30	1.32
集体相对控股	4.86	96.43	64.34	12.79	1.04	1.09
其　　他	5.29	105.56	70.92	10.03	0.84	0.86
按企业集团主营行业分						
农、林、牧、渔业	2.15	86.84	61.11	0.92	0.51	0.53
采 矿 业	28.99	113.64	90.50	0.47	0.79	0.84
制 造 业	5.00	97.64	65.17	19.46	1.70	1.75
电力、燃气及水的生产和供应业	2.51	73.06	64.88	0.11	0.21	0.21
建 筑 业	3.94	95.63	66.50	0.15	0.14	0.15
交通运输、仓储和邮政业	4.41	83.53	60.44	0.00	0.29	0.29
信息传输、计算机服务和软件业	9.44	82.78	79.69	0.34	0.20	0.20
批发和零售业	3.94	100.68	69.81	0.08	0.07	0.07
住宿和餐饮业	4.46	73.89	62.53	0.00	0.00	0.00
金 融 业	11.38	47.52	46.01	0.00	0.03	0.03
房地产业	5.75	117.00	41.85	0.27	0.05	0.05
其　　他	3.67	109.54	81.68	6.21	0.76	0.77
按母公司登记注册类型分						
国有企业	7.54	97.78	74.79	6.69	1.11	1.13
国有独资公司	4.55	77.57	54.42	7.88	0.71	0.74
其他有限责任公司	4.41	91.91	61.61	14.32	0.97	1.00
股份有限公司	4.60	120.26	90.21	13.18	1.11	1.13
中外合资企业	9.24	101.91	74.93	15.76	2.12	2.19
港澳台合资企业	5.39	102.75	66.96	11.17	0.59	0.60
其　　他	4.50	109.34	75.33	21.30	1.45	1.48

1.11 企业集团成员单位主要指标

单位:亿元

类　别	单位数（个）	注册资本合　计	资　产总　计	负　债合　计
全国总计	30324	592452.64	556859.67	214240.10
按企业登记注册类型分				
国有企业	5952	22289.28	137655.71	53930.39
国有独资公司	3122	13376.08	65320.59	36892.20
其他有限责任公司	14235	11963.96	61885.35	39009.53
股份有限公司	2195	7290.06	269782.92	33137.86
中外合资企业	1692	2631.37	8393.29	4795.06
港澳台合资企业	827	648.21	3996.39	40518.65
其　他	2301	1046.31	9825.42	5956.41
按企业主营行业分				
农、林、牧、渔业	681	461.67	3380.15	2373.36
采 矿 业	608	6134.54	32594.65	12895.55
制 造 业	12819	17754.10	329114.49	52462.72
电力、燃气及水的生产和供应业	832	8936.31	41286.09	23494.79
建 筑 业	1809	1613.87	11390.40	9340.91
交通运输、仓储和邮政业	1358	4225.79	18276.60	9963.23
信息传输、计算机服务和软件业	308	5542.91	24252.79	9655.59
批发和零售业	5078	3343.08	17367.39	11797.46
住宿和餐饮业	700	320.74	1179.64	636.38
金 融 业	275	1466.33	23209.34	20683.19
房地产业	2178	1747.09	11627.65	46125.07
其　他	3678	7698.84	43180.48	14811.85

续表 单位:亿元

类　别	营业收入	主营业务收入	其他业务收入	利润总额	从业人员(万人)
全国总计	279349.24	273957.98	5391.26	14380.82	3233.10
按企业登记注册类型分					
国有企业	55749.53	53659.81	2089.71	5535.37	1215.85
国有独资公司	31860.39	31081.27	779.12	2496.78	555.98
其他有限责任公司	112257.65	110926.57	1331.08	2053.38	721.54
股份有限公司	59389.39	58673.25	716.14	2898.31	483.57
中外合资企业	9023.33	8742.47	280.86	496.55	98.28
港澳台合资企业	2924.41	2875.02	49.38	154.07	42.56
其　他	8144.54	7999.59	144.96	746.36	115.32
按企业主营行业分					
农、林、牧、渔业	1471.14	1412.49	58.65	47.63	272.88
采矿业	13680.24	12936.34	743.90	2774.96	399.07
制造业	109113.13	106564.39	2548.75	4302.34	1200.49
电力、燃气及水的生产和供应业	16268.98	16200.35	68.63	916.20	186.07
建筑业	11456.47	11283.50	172.97	309.09	344.86
交通运输、仓储和邮政业	5802.20	5418.70	383.50	688.24	125.47
信息传输、计算机服务和软件业	8622.75	8469.91	152.84	2158.56	160.07
批发和零售业	97009.10	96663.87	345.23	632.42	147.96
住宿和餐饮业	343.51	333.24	10.26	29.86	20.44
金融业	2677.04	2664.66	12.38	691.48	20.95
房地产业	2915.53	2874.65	40.88	437.01	33.69
其　他	9989.14	9135.87	853.27	1393.03	321.14

1.12 企业集团成员单位主要经济效益指标

单位：%

类　别	资产负债率	劳动生产率（万元/人）	销售利润率	总资产使用率
全国总计	38.47	86.40	5.15	49.20
按企业登记注册类型分				
国有企业	39.18	45.85	9.93	38.98
国有独资公司	56.48	57.31	7.84	47.58
其他有限责任公司	63.04	155.58	1.83	179.25
股份有限公司	12.28	122.81	4.88	21.75
中外合资企业	57.13	91.81	5.50	104.16
港澳台合资企业	1013.88	68.71	5.27	71.94
其　他	60.62	70.63	9.16	81.42
按企业主营行业分				
农、林、牧、渔业	70.21	5.39	3.24	41.79
采矿业	39.56	34.28	20.28	39.69
制造业	15.94	90.89	3.94	32.38
电力、燃气及水的生产和供应业	56.91	87.44	5.63	39.24
建筑业	82.01	33.22	2.70	99.06
交通运输、仓储和邮政业	54.51	46.25	11.86	29.65
信息传输、计算机服务和软件业	39.81	53.87	25.03	34.92
批发和零售业	67.93	655.66	0.65	556.58
住宿和餐饮业	53.95	16.81	8.69	28.25
金融业	89.12	127.76	25.83	11.48
房地产业	396.68	86.53	14.99	24.72
其　他	34.30	31.11	13.95	21.16

1.13 企业集团母公司主要指标

单位:%

类　　别	单位数(个)	注册资本合　　计	资　产总　计	负　债合　计
全国总计	2845	25868.44	110252.78	46454.46
按企业登记注册类型分				
国有企业	349	11286.89	46673.63	14949.92
国有独资公司	676	8869.40	36397.25	16483.54
其他有限责任公司	1202	3910.49	17249.43	9904.12
股份有限公司	390	1386.15	6996.49	3539.98
中外合资企业	29	136.84	650.62	308.46
港澳台合资企业	33	29.75	329.74	214.25
其　　他	166	248.92	1955.62	1054.18
按企业主营行业分				
农、林、牧、渔业	26	161.30	2134.92	1579.09
采 矿 业	83	2577.00	16514.12	6191.10
制 造 业	1308	6192.77	30233.98	15102.74
电力、燃气及水的生产和供应业	67	3969.04	12178.81	3686.78
建 筑 业	185	657.80	3523.71	2073.80
交通运输、仓储和邮政业	69	1782.14	6389.86	2868.06
信息传输、计算机服务和软件业	10	3243.06	11754.84	2863.70
批发和零售业	307	834.59	4771.47	2642.99
住宿和餐饮业	11	57.36	224.43	85.72
金 融 业	11	444.50	1555.74	572.98
房地产业	143	475.08	3000.07	2004.15
其　　他	625	5473.80	17970.83	6783.35

续表 单位:亿元

类　别	营　业 收　入	主营业务 收　　入	其他业务 收　　入	利　润 总　额	从业人员 (万人)
全国总计	29990.41	28350.15	1640.26	4323.46	777.38
按企业登记注册类型分					
国有企业	6930.04	6582.52	347.52	1567.97	182.76
国有独资公司	8114.87	7624.18	490.69	1687.65	271.11
其他有限责任公司	9551.44	8924.88	626.56	676.42	209.89
股份有限公司	3692.13	3585.26	106.86	291.97	84.09
中外合资企业	478.76	452.55	26.22	38.67	6.74
港澳台合资企业	248.94	245.03	3.91	15.21	5.50
其　　他	974.24	935.74	38.50	45.58	17.28
按企业主营行业分					
农、林、牧、渔业	1004.39	970.64	33.76	28.53	132.77
采 矿 业	2273.62	1922.59	351.04	165.59	142.45
制 造 业	14893.37	13954.55	938.83	1325.54	240.27
电力、燃气及水的生产和供应业	1116.77	1108.34	8.43	191.38	17.90
建 筑 业	2421.83	2370.33	51.51	153.72	103.36
交通运输、仓储和邮政业	987.11	940.90	46.21	119.36	40.03
信息传输、计算机服务和软件业	2127.45	2068.47	58.98	793.32	48.87
批发和零售业	2827.02	2776.60	50.42	152.84	26.44
住宿和餐饮业	8.37	8.24	0.12	6.59	0.27
金 融 业	116.02	109.79	6.23	514.50	0.50
房地产业	488.93	479.14	9.79	99.11	2.42
其　　他	1725.53	1640.57	84.96	772.98	22.10

1.14 企业集团母公司主要经济效益指标

单位：%

类　别	资　产 负债率	劳动生产率 （万元/人）	销　售 利润率	总资产 使用率
全国总计	42.13	38.58	14.42	25.71
按企业登记注册类型分				
国有企业	32.03	37.92	22.63	14.10
国有独资公司	45.29	29.93	20.80	20.95
其他有限责任公司	57.42	45.51	7.08	51.74
股份有限公司	50.60	43.91	7.91	51.24
中外合资企业	47.41	71.06	8.08	69.56
港澳台合资企业	64.98	45.26	6.11	74.31
其　他	53.91	56.37	4.68	47.85
按企业主营行业分				
农、林、牧、渔业	73.96	7.57	2.84	45.46
采 矿 业	37.49	15.96	7.28	11.64
制 造 业	49.95	61.99	8.90	46.16
电力、燃气及水的生产和供应业	30.27	62.39	17.14	9.10
建 筑 业	58.85	23.43	6.35	67.27
交通运输、仓储和邮政业	44.88	24.66	12.09	14.72
信息传输、计算机服务和软件业	24.36	43.53	37.29	17.60
批发和零售业	55.39	106.90	5.41	58.19
住宿和餐饮业	38.19	30.66	78.70	3.67
金 融 业	36.83	231.85	443.47	7.06
房地产业	66.80	202.45	20.27	15.97
其　他	37.75	78.07	44.80	9.13

1.15 企业集团子公司主要指标

单位:亿元

类　　别	单位数（个）	注册资本合计	资　产总　计	负　债合　计
全国总计	27479	33376.82	446606.89	167785.64
按企业登记注册类型分				
国有企业	5603	11002.38	90982.08	38980.46
国有独资公司	2446	4506.68	28923.34	20408.66
其他有限责任公司	13033	8053.47	44635.92	29105.41
股份有限公司	1805	5903.91	262786.43	29597.88
中外合资企业	1663	2494.53	7742.67	4486.60
港澳台合资企业	794	618.46	3666.64	40304.39
其　　他	2135	797.39	7869.80	4902.23
按企业主营行业分				
农、林、牧、渔业	655	300.37	1245.22	794.27
采 矿 业	525	3557.54	16080.53	6704.45
制 造 业	11511	11561.33	298880.52	37359.98
电力、燃气及水的生产和供应业	765	4967.27	29107.28	19808.01
建 筑 业	1624	956.07	7866.69	7267.11
交通运输、仓储和邮政业	1289	2443.65	11886.75	7095.17
信息传输、计算机服务和软件业	298	2299.85	12497.95	6791.89
批发和零售业	4771	2508.49	12595.92	9154.48
住宿和餐饮业	689	263.38	955.21	550.66
金 融 业	264	1021.83	21653.60	20110.21
房地产业	2035	1272.00	8627.58	44120.92
其　　他	3053	2225.04	25209.65	8028.50

续表

单位:亿元

类别	营业收入	主营业务收入	其他业务收入	利润总额	从业人员(万人)
全国总计	249358.83	245607.83	3751.01	10057.36	2455.71
按企业登记注册类型分					
国有企业	48819.49	47077.29	1742.19	3967.40	1033.09
国有独资公司	23745.52	23457.09	288.43	809.13	284.86
其他有限责任公司	102706.22	102001.69	704.53	1376.97	511.64
股份有限公司	55697.27	55087.99	609.28	2606.34	399.48
中外合资企业	8544.57	8289.92	254.64	457.88	91.54
港澳台合资企业	2675.47	2629.99	45.48	138.86	37.06
其　　他	7170.30	7063.85	106.45	700.78	98.03
按企业主营行业分					
农、林、牧、渔业	466.75	441.85	24.90	19.10	140.12
采矿业	11406.62	11013.76	392.86	2609.37	256.62
制造业	94219.76	92609.84	1609.92	2976.80	960.23
电力、燃气及水的生产和供应业	15152.21	15092.01	60.20	724.82	168.17
建筑业	9034.63	8913.17	121.46	155.37	241.50
交通运输、仓储和邮政业	4815.09	4477.80	337.30	568.88	85.44
信息传输、计算机服务和软件业	6495.30	6401.44	93.86	1365.24	111.20
批发和零售业	94182.08	93887.27	294.81	479.58	121.51
住宿和餐饮业	335.14	325.00	10.14	23.27	20.16
金融业	2561.02	2554.87	6.15	176.99	20.45
房地产业	2426.60	2395.51	31.09	337.90	31.28
其　　他	8263.61	7495.30	768.31	620.05	299.04

1.16 企业集团子公司主要经济效益指标

单位:%

类 别	资产负债率	劳动生产率(万元/人)	销售利润率	总资产使用率
全国总计	37.57	101.54	4.03	54.99
按企业登记注册类型分				
国有企业	42.84	47.26	8.13	51.74
国有独资公司	70.56	83.36	3.41	81.10
其他有限责任公司	65.21	200.74	1.34	228.52
股份有限公司	11.26	139.42	4.68	20.96
中外合资企业	57.95	93.34	5.36	107.07
港澳台合资企业	1099.22	72.19	5.19	71.73
其 他	62.29	73.14	9.77	89.76
按企业主营行业分				
农、林、牧、渔业	63.79	3.33	4.09	35.48
采 矿 业	41.69	44.45	22.88	68.49
制 造 业	12.50	98.12	3.16	30.99
电力、燃气及水的生产和供应业	68.05	90.10	4.78	51.85
建 筑 业	92.38	37.41	1.72	113.30
交通运输、仓储和邮政业	59.69	56.36	11.81	37.67
信息传输、计算机服务和软件业	54.34	58.41	21.02	51.22
批发和零售业	72.68	775.08	0.51	745.38
住宿和餐饮业	57.65	16.62	6.94	34.02
金 融 业	92.87	125.22	6.91	11.80
房地产业	511.39	77.58	13.92	27.77
其 他	31.85	27.63	7.50	29.73

1.17 按规模分组企业集团主要财务指标

单位：亿元

类别	单位数(个)	资产总计	固定资产原价	累计折旧	本年折旧	无形资产	累计对外投资
全国总计	2845	230762.80	127131.37	45306.14	7073.92	5662.51	13728.50
按营业收入和资产总计分							
50亿元及以上	404	179528.97	107100.18	39295.20	6117.49	3727.22	10935.05
5—50亿元	1372	25525.60	10071.01	3193.28	500.83	1015.82	1231.77
0.5—5亿元	303	807.36	348.86	121.21	17.91	31.83	30.99
其　他	766	24900.87	9611.32	2696.45	437.69	887.64	1530.69
按资产总计分							
1000亿元及以上	37	101961.44	69882.51	26900.08	4067.10	1347.90	6144.14
500—1000亿元	37	25588.93	13535.46	4412.14	684.87	663.33	1497.02
100—500亿元	239	49268.83	22166.70	7228.32	1245.21	1622.12	3150.79
50—100亿元	293	20330.42	8529.21	2669.36	433.60	699.77	1267.15
5—50亿元	1781	32457.67	12537.55	3933.07	619.56	1284.54	1621.79
0.5—5亿元	437	1149.18	477.15	162.07	23.77	44.76	47.39
0.5亿元以下	21	6.32	2.79	1.10	−0.17	0.09	0.23
按营业收入分							
100亿元及以上	275	162945.60	99353.85	36850.76	5716.92	3225.13	9730.07
50—100亿元	237	20307.57	9076.90	2808.87	474.66	611.92	1380.59
5—50亿元	1624	43060.84	17132.18	5124.58	817.37	1626.72	2276.44
1—5亿元	499	3572.95	1352.90	450.02	56.89	172.82	260.71
0.5—1亿元	93	487.78	126.46	42.08	4.49	11.58	41.58
0.1—0.5亿元	95	312.43	74.02	25.35	3.65	12.21	20.07
0.1亿元以下	22	75.63	15.05	4.49	−0.06	2.13	19.04
按利润总额分							
10亿元及以上	134	131135.35	87615.77	32844.81	5038.51	2478.50	7827.24
5—10亿元	113	18230.86	7503.88	2365.50	451.83	494.66	969.59
1—5亿元	693	44132.29	16393.70	5122.41	889.37	1370.19	3109.56
0.5—1亿元	399	10617.48	4103.40	1237.51	187.31	366.90	561.77
0.1—0.5亿元	678	11345.35	4328.39	1366.30	188.67	426.30	533.46
0.05—0.1亿元	141	1538.25	649.23	190.82	26.41	61.39	76.61
0.05亿元以下	687	13763.21	6536.99	2178.79	291.83	464.57	650.27
按从业人员分							
10万人及以上	38	71626.49	59460.91	23118.03	3539.46	1228.54	2037.29
5—10万人	65	39310.81	19163.24	7649.62	1165.17	800.30	2323.60
1—5万人	375	62554.55	26850.21	8416.64	1369.43	1693.11	5686.50
0.5—1万人	393	21123.46	9361.53	2589.02	427.16	747.28	1496.25
0.1—0.5万人	1328	27337.83	10529.15	3134.93	509.96	916.09	1693.39
0.05—0.1万人	324	5560.55	1366.60	302.61	47.56	125.65	265.54
0.05万人以下	322	3249.10	399.74	95.31	15.18	151.53	225.93

续表 1

单位:亿元

类　　别	本年对外投　　资	本 年 对境外投资	长　期投　资	短　期投　资	存　货	流动资产年 平 均余　　额	应　收帐　款
全国总计	2641.61	258.15	17641.71	3253.33	24833.68	89508.46	12622.31
按营业收入和资产总计分							
50 亿元及以上	2182.12	254.21	13572.42	2927.83	16885.81	64733.17	8542.77
5—50 亿元	191.55	3.46	1782.35	146.31	4203.16	13158.51	2374.12
0.5—5 亿元	2.93	0.04	58.76	2.42	123.30	380.63	96.70
其　　他	265.01	0.44	2228.18	176.77	3621.41	11236.15	1608.72
按资产总计分							
1000 亿元及以上	1238.03	242.86	7977.59	2288.46	5386.25	29370.66	3136.21
500—1000 亿元	332.05	9.25	1618.41	281.59	3454.23	10447.91	1596.31
100—500 亿元	554.15	3.53	4024.28	373.72	7355.22	22361.42	2984.41
50—100 亿元	264.09	-1.20	1632.50	113.66	3144.53	10032.67	1741.26
5—50 亿元	247.79	3.66	2303.44	191.67	5319.08	16747.83	3026.52
0.5—5 亿元	5.48	0.04	85.00	4.21	173.45	544.80	136.67
0.5 亿元以下	0.02	0.00	0.50	0.02	0.93	3.18	0.93
按营业收入分							
100 亿元及以上	1978.01	255.57	11987.57	2796.00	14688.19	57655.77	7496.09
50—100 亿元	236.34	-1.22	1818.69	157.41	2838.25	9137.75	1441.66
5—50 亿元	319.02	3.70	3350.26	277.25	6673.55	20694.18	3306.90
1—5 亿元	101.37	0.09	355.09	10.39	520.97	1609.23	318.62
0.5—1 亿元	2.56	0.00	78.01	11.54	50.79	221.95	31.96
0.1—0.5 亿元	3.98	0.00	28.73	0.68	48.10	157.08	23.33
0.1 亿元以下	0.34	0.00	23.38	0.05	13.83	32.50	3.74
按利润总额分							
10 亿元及以上	1748.58	247.18	9954.06	2384.77	9949.38	40645.25	5003.78
5—10 亿元	134.36	2.65	1292.24	143.08	3253.81	8784.03	1278.11
1—5 亿元	525.38	5.84	3724.43	511.78	6104.18	21390.83	2967.40
0.5—1 亿元	137.89	0.73	755.28	41.87	1751.99	5822.62	903.13
0.1—0.5 亿元	40.48	0.04	808.75	52.05	1924.31	5819.69	1142.63
0.05—0.1 亿元	9.83	0.04	103.27	6.66	209.30	679.36	147.37
0.05 亿元以下	45.09	1.68	1003.68	113.11	1640.71	6366.69	1179.88
按从业人员分							
10 万人及以上	563.16	222.28	3082.83	433.04	5594.08	23794.66	2961.20
5—10 万人	277.36	5.03	3493.92	1326.02	2874.70	11020.38	1819.19
1—5 万人	1207.01	25.27	6148.79	963.08	7216.76	27469.94	3685.70
0.5—1 万人	213.87	1.29	1742.20	242.84	2984.81	9251.10	1423.36
0.1—0.5 万人	311.60	3.09	2380.55	198.22	4240.73	13377.53	2193.77
0.05—0.1 万人	42.27	1.19	409.47	57.82	1183.67	2729.98	326.58
0.05 万人以下	26.35	0.00	383.95	32.30	738.93	1864.88	212.50

续表 2 单位:亿元

类　　别	负　债 合　计	流　动 负　债	股东权益 与少数 股东权益 总　计	少数股东 权　　益	股东权益 合　　计	股　本	营　业 收　入
全国总计	142203.67	99286.95	88559.12	17873.45	70685.67	33679.22	155508.72
按营业收入和资产总计分							
50 亿元及以上	110518.01	74398.21	69010.97	14813.96	54197.01	24720.64	117635.79
5—50 亿元	16028.20	13419.51	9497.40	1412.29	8085.11	4226.19	21813.91
0.5—5 亿元	482.22	406.26	325.14	9.64	315.50	235.86	617.59
其　　他	15175.24	11062.97	9725.61	1637.56	8088.05	4496.53	15441.43
按资产总计分							
1000 亿元及以上	60722.24	37554.49	41239.20	7593.39	33645.80	14923.06	51155.01
500—1000 亿元	16778.73	10680.48	8810.21	2513.06	6297.15	3307.36	17802.38
100—500 亿元	30658.57	23081.01	18610.25	4603.46	14006.80	6615.03	37131.27
50—100 亿元	12925.59	10336.80	7404.83	1381.05	6023.78	3064.75	17345.96
5—50 亿元	20436.21	17050.61	12021.46	1767.97	10253.49	5408.32	30997.41
0.5—5 亿元	676.68	579.84	472.50	14.48	458.02	356.09	1067.91
0.5 亿元以下	5.65	3.72	0.67	0.03	0.64	4.61	8.77
按营业收入分							
100 亿元及以上	99906.04	66400.89	63039.56	13539.27	49500.29	22189.73	109816.95
50—100 亿元	12876.68	9964.74	7430.89	1490.59	5940.30	3007.42	16184.13
5—50 亿元	26537.79	20726.47	16523.06	2686.95	13836.11	7415.76	28036.80
1—5 亿元	2292.11	1761.59	1280.84	145.37	1135.47	809.23	1369.81
0.5—1 亿元	308.74	220.82	179.04	7.08	171.95	122.76	72.59
0.1—0.5 亿元	219.86	170.35	92.57	3.11	89.46	100.16	27.43
0.1 亿元以下	62.45	42.08	13.17	1.09	12.09	34.16	1.01
按利润总额分							
10 亿元及以上	76108.07	46979.98	55027.28	11380.31	43646.98	18385.62	78890.22
5—10 亿元	11507.45	8663.34	6723.40	1281.02	5442.38	2755.76	16137.94
1—5 亿元	29728.03	24125.41	14404.25	2976.13	11428.12	5783.52	34387.23
0.5—1 亿元	7032.34	5342.39	3585.14	712.20	2872.93	1485.01	8317.26
0.1—0.5 亿元	7229.08	5886.61	4116.28	593.35	3522.93	2057.78	8801.80
0.05—0.1 亿元	963.32	783.86	574.93	56.97	517.96	356.15	1161.86
0.05 亿元以下	9635.38	7505.36	4127.84	873.47	3254.37	2855.39	7812.41
按从业人员分							
10 万人及以上	37408.38	26105.21	34218.11	5415.94	28802.18	12511.49	48362.00
5—10 万人	27844.64	16958.52	11466.17	3485.01	7981.16	4245.30	20738.27
1—5 万人	41587.80	29276.30	20966.75	5506.37	15460.38	7343.89	43727.34
0.5—1 万人	12609.92	9204.07	8513.54	1363.39	7150.15	3457.33	15754.19
0.1—0.5 万人	16828.96	13392.20	10508.88	1687.65	8821.23	4499.04	22168.66
0.05—0.1 万人	3762.21	2660.70	1798.35	301.52	1496.82	1044.03	3079.25
0.05 万人以下	2161.77	1689.94	1087.33	113.58	973.75	578.13	1679.01

续表 3　　单位：亿元

类　别	主营业务收　入	其他业务收　入	主营业务成　本	主营业务税　金及附加	新产品销　售收　入	出口销售总　额	存货跌价损失和营业、管理、财务等费用合计
全国总计	151459.89	4048.82	123429.74	2434.68	14942.65	11798.49	16386.86
按营业收入和资产总计分							
50 亿元及以上	114449.66	3186.13	92348.64	1979.35	11493.81	7322.18	12069.98
5—50 亿元	21301.44	512.47	17854.30	259.32	2062.30	2618.24	2287.17
0.5—5 亿元	607.34	10.25	500.18	9.48	43.47	79.96	79.61
其　他	15101.45	339.97	12726.62	186.53	1343.07	1778.11	1950.10
按资产总计分							
1000 亿元及以上	50045.25	1109.77	37518.95	1031.75	2665.32	1249.91	5650.83
500—1000 亿元	17570.51	231.87	15064.10	298.06	2213.81	1460.47	1648.57
100—500 亿元	35888.22	1243.05	30020.99	566.20	5189.72	3180.90	4240.97
50—100 亿元	16547.88	798.08	14086.08	183.44	1748.05	1763.69	1782.54
5—50 亿元	30344.52	652.90	25850.65	342.85	3053.14	3969.99	2944.63
0.5—5 亿元	1054.81	13.11	881.83	12.15	72.62	171.27	118.65
0.5 亿元以下	8.72	0.05	7.13	0.24	0.00	2.25	0.67
按营业收入分							
100 亿元及以上	107024.67	2792.28	86433.27	1797.41	10714.90	6929.64	10874.73
50—100 亿元	15673.91	510.21	13306.74	247.57	1718.21	1665.58	1640.87
5—50 亿元	27326.13	710.67	22558.97	361.48	2414.20	3040.15	3563.36
1—5 亿元	1337.71	32.09	1054.60	25.93	92.46	154.31	266.92
0.5—1 亿元	69.93	2.66	54.63	1.59	2.51	5.80	23.11
0.1—0.5 亿元	26.70	0.73	21.09	0.67	0.37	2.93	14.70
0.1 亿元以下	0.83	0.18	0.44	0.04	0.00	0.08	3.16
按利润总额分							
10 亿元及以上	77069.82	1820.39	59880.21	1525.82	6302.57	3113.16	8339.73
5—10 亿元	15731.31	406.64	13289.80	236.09	1891.56	1573.64	1498.57
1—5 亿元	33262.24	1124.99	28146.51	376.40	4091.82	4075.00	3526.51
0.5—1 亿元	8098.42	218.83	6933.45	107.67	669.84	876.24	805.95
0.1—0.5 亿元	8591.58	210.21	7534.73	91.42	579.90	962.32	904.33
0.05—0.1 亿元	1118.41	43.45	1002.06	8.87	45.85	163.76	102.14
0.05 亿元以下	7588.11	224.30	6643.00	88.41	1361.12	1034.37	1209.63
按从业人员分							
10 万人及以上	47070.19	1291.81	36320.16	980.15	2556.43	1270.87	5259.09
5—10 万人	20231.62	506.65	16653.01	205.95	2618.09	1737.13	2290.95
1—5 万人	42479.11	1248.22	35223.56	612.88	6084.78	3812.58	4792.91
0.5—1 万人	15412.75	341.44	12886.09	323.21	1417.91	1662.44	1490.62
0.1—0.5 万人	21563.93	604.72	18235.78	253.74	2137.89	2634.44	2149.14
0.05—0.1 万人	3038.42	40.83	2698.04	32.81	96.32	468.72	261.68
0.05 万人以下	1663.87	15.15	1413.10	25.95	31.24	212.32	142.47

续表 4　　　　单位:亿元

类别	税金	劳动、待业保险费	职工教育费	广告费	利息支出	投资收益	营业外收入
全国总计	454.94	932.54	80.44	420.97	2253.92	850.30	427.60
按营业收入和资产总计分							
50 亿元及以上	340.67	723.55	58.96	292.95	1695.97	670.95	309.57
5—50 亿元	66.19	112.77	10.94	80.16	310.86	70.64	65.86
0.5—5 亿元	2.91	5.03	0.49	2.95	9.56	1.40	3.40
其　他	45.17	91.19	10.05	44.91	237.53	107.31	48.77
按资产总计分							
1000 亿元及以上	139.85	305.92	27.81	123.12	840.82	332.54	128.63
500—1000 亿元	66.10	102.59	7.61	18.41	310.96	110.70	59.35
100—500 亿元	116.54	272.84	23.04	112.01	466.06	236.61	109.90
50—100 亿元	44.01	106.72	7.71	57.06	228.20	77.56	48.86
5—50 亿元	84.63	137.99	13.64	105.17	394.93	91.12	77.01
0.5—5 亿元	3.76	6.44	0.62	5.19	12.88	1.76	3.84
0.5 亿元以下	0.05	0.05	0.00	0.01	0.07	0.00	0.01
按营业收入分							
100 亿元及以上	307.86	629.79	53.42	260.60	1504.96	602.84	271.74
50—100 亿元	45.78	108.73	7.47	53.62	235.98	77.25	45.42
5—50 亿元	92.45	178.08	18.24	99.97	461.58	155.99	103.26
1—5 亿元	7.71	13.78	1.18	6.01	43.41	7.65	6.12
0.5—1 亿元	0.72	1.34	0.08	0.50	5.21	5.18	0.74
0.1—0.5 亿元	0.36	0.62	0.05	0.21	2.48	0.90	0.24
0.1 亿元以下	0.05	0.21	0.00	0.05	0.30	0.48	0.09
按利润总额分							
10 亿元及以上	171.74	444.43	43.11	178.92	1184.22	507.68	209.66
5—10 亿元	56.01	96.39	7.29	57.42	188.33	64.54	34.86
1—5 亿元	89.33	215.11	17.66	110.26	449.16	202.71	83.35
0.5—1 亿元	19.02	46.91	4.35	23.85	118.98	34.48	23.20
0.1—0.5 亿元	26.21	58.23	4.18	23.38	126.79	33.25	30.41
0.05—0.1 亿元	3.43	8.25	0.56	1.26	16.63	3.09	5.01
0.05 亿元以下	89.20	63.22	3.29	25.88	169.80	4.55	41.10
按从业人员分							
10 万人及以上	114.61	365.12	30.71	124.89	634.59	110.60	116.44
5—10 万人	70.20	143.15	10.65	33.43	345.75	152.43	51.12
1—5 万人	160.99	255.23	23.25	124.20	627.03	365.01	140.34
0.5—1 万人	41.66	74.38	5.65	48.55	249.79	71.54	44.40
0.1—0.5 万人	56.05	84.46	8.93	80.25	313.75	113.80	62.28
0.05—0.1 万人	7.96	7.21	1.00	7.00	55.98	16.08	6.98
0.05 万人以下	3.47	3.00	0.25	2.64	27.03	20.84	6.05

续表 5　　单位:亿元

类　别	利　润 总　额	应　交 所得税	应　交 增值税	固定资产 投　资 完 成 额	研究开发 费　用
全国总计	10390.52	2794.60	4375.48	18522.49	1507.28
按营业收入和资产总计分					
50 亿元及以上	8708.86	2340.71	3564.80	15838.22	1212.62
5—50 亿元	990.41	270.21	476.23	1246.55	171.32
0.5—5 亿元	22.57	6.88	15.57	25.68	3.69
其　他	668.68	176.80	318.88	1412.04	119.65
按资产总计分					
1000 亿元及以上	5698.31	1625.98	2058.44	10807.30	425.97
500—1000 亿元	860.09	219.42	287.65	1368.84	203.45
100—500 亿元	1829.20	420.47	1021.33	3694.38	468.27
50—100 亿元	704.05	169.83	367.08	1108.04	169.15
5—50 亿元	1264.53	348.12	618.70	1508.22	233.99
0.5—5 亿元	33.84	10.56	21.97	35.70	6.46
0.5 亿元以下	0.50	0.23	0.31	0.00	0.00
按营业收入分					
100 亿元及以上	8266.99	2226.10	3312.20	14941.41	1134.96
50—100 亿元	728.70	180.53	372.46	1092.47	134.44
5—50 亿元	1384.24	368.60	651.70	2380.90	228.24
1—5 亿元	18.76	18.06	36.85	101.43	9.32
0.5—1 亿元	0.88	0.83	1.64	4.35	0.19
0.1—0.5 亿元	–6.29	0.42	0.63	1.91	0.13
0.1 亿元以下	–2.78	0.05	–0.01	0.01	0.00
按利润总额分					
10 亿元及以上	7919.65	2101.13	2715.25	13203.07	739.49
5—10 亿元	767.15	175.59	399.41	1079.77	186.91
1—5 亿元	1557.21	365.66	759.21	2627.65	349.47
0.5—1 亿元	288.27	70.62	154.69	480.40	56.85
0.1—0.5 亿元	182.63	52.97	158.36	427.99	49.38
0.05—0.1 亿元	10.32	3.96	17.70	45.32	5.44
0.05 亿元以下	–334.71	24.66	170.86	658.29	119.74
按从业人员分					
10 万人及以上	4518.42	1325.11	1719.80	8093.08	494.85
5—10 万人	1273.62	323.75	833.70	3854.83	279.49
1—5 万人	2563.95	604.76	924.59	3741.91	424.66
0.5—1 万人	808.67	213.71	389.32	1089.71	134.72
0.1—0.5 万人	1050.19	271.81	471.17	1466.56	164.97
0.05—0.1 万人	84.98	32.92	28.60	224.42	6.65
0.05 万人以下	90.69	22.55	8.30	51.99	1.93

1.18 按规模分组企业集团主要劳动工资指标

类　　别	单位数（个）	从业人员（万人）	在岗职工（万人）	其他从业人员（万人）	研究开发人员（万人）
全国总计	2845	2835.86	2584.31	251.55	78.23
按营业收入和资产总计分					
50亿元及以上	404	1846.02	1662.14	183.88	51.72
5—50亿元	1372	569.94	527.76	42.19	16.31
0.5—5亿元	303	36.45	33.72	2.73	0.61
其　　他	766	383.45	360.69	22.75	9.59
按资产总计分					
1000亿元及以上	37	729.98	639.65	90.33	16.62
500—1000亿元	37	216.48	199.80	16.68	7.74
100—500亿元	239	755.20	688.48	66.72	22.87
50—100亿元	293	371.10	345.42	25.68	10.27
5—50亿元	1781	714.31	665.28	49.03	19.87
0.5—5亿元	437	48.22	45.13	3.09	0.84
0.5亿元以下	21	0.58	0.54	0.03	0.01
按营业收入分					
100亿元及以上	275	1602.61	1434.84	167.77	46.67
50—100亿元	237	336.52	315.64	20.88	7.35
5—50亿元	1624	805.26	747.37	57.89	22.30
1—5亿元	499	80.90	76.68	4.22	1.78
0.5—1亿元	93	6.83	6.20	0.63	0.07
0.1—0.5亿元	95	3.39	3.25	0.14	0.06
0.1亿元以下	22	0.35	0.34	0.02	0.00
按利润总额分					
10亿元及以上	134	1029.39	912.18	117.22	32.12
5—10亿元	113	302.08	284.98	17.10	8.08
1—5亿元	693	751.65	689.98	61.67	20.70
0.5—1亿元	399	212.17	199.71	12.46	5.45
0.1—0.5亿元	678	261.46	238.50	22.96	6.30
0.05—0.1亿元	141	36.78	34.31	2.47	0.70
0.05亿元以下	687	242.33	224.65	17.69	4.88
按从业人员分					
10万人及以上	38	924.68	804.02	120.65	22.06
5—10万人	65	463.01	422.67	40.35	13.22
1—5万人	375	786.46	729.48	56.98	20.18
0.5—1万人	393	278.89	263.64	15.25	8.75
0.1—0.5万人	1328	350.45	333.84	16.61	13.20
0.05—0.1万人	324	24.12	22.86	1.26	0.68
0.05万人以下	322	8.24	7.79	0.45	0.13

续表

类　别	从业人员劳动报酬（亿元）	在岗职工劳动报酬（亿元）	其他从业人员劳动报酬（亿元）	研究开发人员劳动报酬（亿元）
全国总计	7032.34	6657.06	375.28	274.85
按营业收入和资产总计分				
50 亿元及以上	5296.35	5006.53	289.82	194.25
5—50 亿元	953.79	895.20	58.59	47.01
0.5—5 亿元	42.07	39.07	3.00	1.10
其　他	740.13	716.26	23.87	32.49
按资产总计分				
1000 亿元及以上	2494.46	2334.39	160.07	62.46
500—1000 亿元	766.86	736.02	30.84	33.26
100—500 亿元	1768.71	1686.19	82.52	82.51
50—100 亿元	741.90	706.88	35.01	37.19
5—50 亿元	1201.91	1138.45	63.46	57.80
0.5—5 亿元	58.04	54.68	3.36	1.63
0.5 亿元以下	0.47	0.46	0.01	0.01
按营业收入分				
100 亿元及以上	4771.13	4503.57	267.56	178.56
50—100 亿元	700.61	675.42	25.18	23.69
5—50 亿元	1441.46	1364.05	77.41	68.65
1—5 亿元	106.11	101.53	4.59	3.73
0.5—1 亿元	8.50	8.11	0.38	0.12
0.1—0.5 亿元	4.13	3.98	0.15	0.10
0.1 亿元以下	0.40	0.39	0.01	0.00
按利润总额分				
10 亿元及以上	3500.48	3300.59	199.89	120.50
5—10 亿元	642.28	619.22	23.07	32.35
1—5 亿元	1549.31	1479.34	69.97	72.33
0.5—1 亿元	437.99	422.51	15.48	16.56
0.1—0.5 亿元	424.94	394.48	30.46	16.40
0.05—0.1 亿元	49.70	46.26	3.44	1.55
0.05 亿元以下	427.63	394.66	32.96	15.16
按从业人员分				
10 万人及以上	2537.14	2360.57	176.57	71.71
5—10 万人	1263.50	1201.71	61.79	41.86
1—5 万人	1955.23	1865.95	89.29	85.76
0.5—1 万人	542.28	519.84	22.44	32.87
0.1—0.5 万人	664.83	642.04	22.78	40.70
0.05—0.1 万人	49.96	48.23	1.72	1.55
0.05 万人以下	19.40	18.71	0.69	0.40

1.19 按规模分组企业集团主要经济效益指标

单位:%

类　　别	净资产收益率	总资产报酬率	销　售利润率	资本保值增值率	劳　动生产率(万元/人)	成本费用利润率
全国总计	8.58	5.48	6.68	114.72	54.84	7.43
按营业收入和资产总计分						
50 亿元及以上	9.23	5.80	7.40	115.82	63.72	8.34
5—50 亿元	7.58	5.10	4.54	109.43	38.27	4.92
0.5—5 亿元	4.83	3.98	3.65	104.41	16.94	3.89
其　　他	5.06	3.64	4.33	112.79	20.16	4.56
按资产总计分						
1000 亿元及以上	9.87	6.41	11.14	117.02	70.08	13.20
500—1000 亿元	7.27	4.58	4.83	114.14	82.24	5.15
100—500 亿元	7.57	4.66	4.93	114.51	49.17	5.34
50—100 亿元	7.21	4.59	4.06	113.34	46.74	4.44
5—50 亿元	7.62	5.11	4.08	109.34	43.39	4.39
0.5—5 亿元	4.93	4.07	3.17	104.40	22.15	3.38
0.5 亿元以下	41.58	9.12	5.75	22.14	15.22	6.47
按营业收入分						
100 亿元及以上	9.58	6.00	7.53	115.94	68.52	8.50
50—100 亿元	7.38	4.75	4.50	115.61	48.09	4.88
5—50 亿元	6.15	4.29	4.94	111.32	34.82	5.30
1—5 亿元	0.05	1.74	1.37	101.80	16.93	1.42
0.5—1 亿元	0.03	1.25	1.22	104.99	10.63	1.14
0.1—0.5 亿元	–7.25	–1.22	–22.93	92.00	8.10	–17.57
0.1 亿元以下	–21.51	–3.28	–276.32	59.77	2.85	–77.02
按利润总额分						
10 亿元及以上	10.57	6.94	10.04	117.69	76.64	11.61
5—10 亿元	8.80	5.24	4.75	117.20	53.42	5.19
1—5 亿元	8.27	4.55	4.53	114.44	45.75	4.92
0.5—1 亿元	6.07	3.84	3.47	109.03	39.20	3.72
0.1—0.5 亿元	3.15	2.73	2.07	105.02	33.66	2.16
0.05—0.1 亿元	1.11	1.75	0.89	111.26	31.59	0.93
0.05 亿元以下	–8.71	–1.20	–4.28	94.00	32.24	–4.26
按从业人员分						
10 万人及以上	9.33	7.19	9.34	114.78	52.30	10.87
5—10 万人	8.28	4.12	6.14	118.70	44.79	6.72
1—5 万人	9.34	5.10	5.86	117.00	55.60	6.41
0.5—1 万人	6.99	5.01	5.13	110.98	56.49	5.62
0.1—0.5 万人	7.41	4.99	4.74	110.29	63.26	5.15
0.05—0.1 万人	2.89	2.53	2.76	114.15	127.65	2.87
0.05 万人以下	6.27	3.62	5.40	105.84	203.80	5.83

续表 1

单位：%

类　　别	资　产 利税率	总资产 使用率	流动资产 比　　率	资　金 利润率	资　产 负债率	长期负债 与资产 总计比率
全国总计	7.45	65.63	38.79	6.06	61.62	18.60
按营业收入和资产总计分						
50 亿元及以上	7.94	63.75	36.06	6.57	61.56	20.12
5—50 亿元	6.76	83.45	51.55	4.94	62.79	10.22
0.5—5 亿元	5.90	75.23	47.15	3.71	59.73	9.41
其　　他	4.72	60.65	45.12	3.68	60.94	16.51
按资产总计分						
1000 亿元及以上	8.62	49.08	28.81	7.88	59.55	22.72
500—1000 亿元	5.65	68.66	40.83	4.39	65.57	23.83
100—500 亿元	6.93	72.84	45.39	4.90	62.23	15.38
50—100 亿元	6.17	81.39	49.35	4.43	63.58	12.73
5—50 亿元	6.86	93.49	51.60	4.99	62.96	10.43
0.5—5 亿元	5.91	91.79	47.41	3.94	58.88	8.43
0.5 亿元以下	16.70	137.91	50.25	10.36	89.40	30.63
按营业收入分						
100 亿元及以上	8.21	65.68	35.38	6.88	61.31	20.56
50—100 亿元	6.64	77.18	45.00	4.73	63.41	14.34
5—50 亿元	5.57	63.46	48.06	4.23	61.63	13.50
1—5 亿元	2.28	37.44	45.04	0.75	64.15	14.85
0.5—1 亿元	0.84	14.34	45.50	0.29	63.30	18.02
0.1—0.5 亿元	−1.60	8.55	50.28	−3.06	70.37	15.85
0.1 亿元以下	−3.63	1.09	42.97	−6.45	82.58	26.94
按利润总额分						
10 亿元及以上	9.27	58.77	30.99	8.30	58.04	22.21
5—10 亿元	7.69	86.29	48.18	5.51	63.12	15.60
1—5 亿元	6.10	75.37	48.47	4.77	67.36	12.70
0.5—1 亿元	5.19	76.27	54.84	3.32	66.23	15.92
0.1—0.5 亿元	3.81	75.73	51.30	2.08	63.72	11.83
0.05—0.1 亿元	2.40	72.71	44.16	0.91	62.62	11.67
0.05 亿元以下	−0.55	55.13	46.26	−3.12	70.01	15.48
按从业人员分						
10 万人及以上	10.08	65.72	33.22	7.51	52.23	15.78
5—10 万人	5.88	51.47	28.03	5.65	70.83	27.69
1—5 万人	6.56	67.91	43.91	5.59	66.48	19.68
0.5—1 万人	7.20	72.97	43.80	5.05	59.70	16.12
0.1—0.5 万人	6.49	78.88	48.93	5.06	61.56	12.57
0.05—0.1 万人	2.63	54.64	49.10	2.24	67.66	19.81
0.05 万人以下	3.85	51.21	57.40	4.18	66.53	14.52

续表 2

单位:%

类 别	已获利息倍数（倍）	流动比率	速动比率	新产品销售收入与营业收入比重	研究开发费用与营业收入比重	研究开发费用与主营业务收入比重
全国总计	5.61	90.15	65.14	9.61	0.97	1.00
按营业收入和资产总计分						
50 亿元及以上	6.14	87.01	64.31	9.77	1.03	1.06
5—50 亿元	4.19	98.06	66.73	9.45	0.79	0.80
0.5—5 亿元	3.36	93.69	63.34	7.04	0.60	0.61
其 他	3.82	101.57	68.83	8.70	0.77	0.79
按资产总计分						
1000 亿元及以上	7.78	78.21	63.87	5.21	0.83	0.85
500—1000 亿元	3.77	97.82	65.48	12.44	1.14	1.16
100—500 亿元	4.92	96.88	65.02	13.98	1.26	1.30
50—100 亿元	4.09	97.06	66.64	10.08	0.98	1.02
5—50 亿元	4.20	98.22	67.03	9.85	0.75	0.77
0.5—5 亿元	3.63	93.96	64.04	6.80	0.60	0.61
0.5 亿元以下	7.95	85.49	60.57	0.00	0.04	0.04
按营业收入分						
100 亿元及以上	6.49	86.83	64.71	9.76	1.03	1.06
50—100 亿元	4.09	91.70	63.22	10.62	0.83	0.86
5—50 亿元	4.00	99.84	67.65	8.61	0.81	0.84
1—5 亿元	1.43	91.35	61.78	6.75	0.68	0.70
0.5—1 亿元	1.17	100.51	77.51	3.46	0.26	0.27
0.1—0.5 亿元	−1.54	92.21	63.97	1.36	0.46	0.47
0.1 亿元以下	−8.26	77.23	44.37	0.00	0.22	0.27
按利润总额分						
10 亿元及以上	7.69	86.52	65.34	7.99	0.94	0.96
5—10 亿元	5.07	101.39	63.83	11.72	1.16	1.19
1—5 亿元	4.47	88.67	63.36	11.90	1.02	1.05
0.5—1 亿元	3.42	108.99	76.20	8.05	0.68	0.70
0.1—0.5 亿元	2.44	98.86	66.17	6.59	0.56	0.57
0.05—0.1 亿元	1.62	86.67	59.97	3.95	0.47	0.49
0.05 亿元以下	−0.97	84.83	62.97	17.42	1.53	1.58
按从业人员分						
10 万人及以上	8.12	91.15	69.72	5.29	1.02	1.05
5—10 万人	4.68	64.98	48.03	12.62	1.35	1.38
1—5 万人	5.09	93.83	69.18	13.92	0.97	1.00
0.5—1 万人	4.24	100.51	68.08	9.00	0.86	0.87
0.1—0.5 万人	4.35	99.89	68.22	9.64	0.74	0.77
0.05—0.1 万人	2.52	102.60	58.12	3.13	0.22	0.22
0.05 万人以下	4.35	110.35	66.63	1.86	0.12	0.12

1.20 营业收入和资产总计均在5亿元及以上企业集团主要财务指标

单位:亿元

类　别	单位数(个)	资　产总　计	固定资产原　价	累　计折　旧	本　年折　旧	无　形资　产	累计对外投　资
全国总计	2082	226124.97	125485.67	44760.59	7004.62	5456.99	13377.08
按企业集团审批部门分							
国务院	143	118344.96	78925.43	30092.95	4406.42	1980.91	5336.12
国务院主管部门	140	20844.40	8550.06	3310.93	665.40	438.22	3182.54
省级人民政府	655	46855.62	23546.41	7306.39	1229.17	1764.68	2714.50
省级政府主管部门	426	18768.59	6992.29	1970.17	332.84	585.40	1025.83
其　他	718	21311.40	7471.48	2080.16	370.79	687.79	1118.09
按母公司控股情况分							
国有绝对控股	1032	188694.27	111236.45	40666.60	6109.90	4333.33	9904.11
国有相对控股	109	6940.92	4712.03	1649.92	356.97	169.21	192.24
集体绝对控股	112	3588.02	1251.66	354.59	64.14	89.36	180.38
集体相对控股	45	1040.19	413.65	104.72	34.83	34.44	29.91
其　他	784	25861.56	7871.88	1984.77	438.79	830.65	3070.44
按企业集团主营行业分							
农、林、牧、渔业	23	3185.12	1299.35	403.28	56.52	111.82	55.23
采矿业	81	22959.39	16104.36	7108.07	1105.73	728.63	1303.37
制造业	1195	80330.65	41274.09	15306.47	2256.71	2874.52	3478.85
电力、燃气及水的生产和供应业	70	32053.86	26662.63	8801.24	1495.72	221.71	1064.33
建筑业	158	10062.83	3268.92	811.73	135.94	166.76	359.92
交通运输、仓储和邮政业	68	15509.81	10712.47	2690.31	452.41	319.57	479.07
信息传输、计算机服务和软件业	10	16681.68	17985.11	7421.02	1140.59	149.66	122.82
批发和零售业	266	12196.07	3449.25	886.40	138.52	328.41	1057.65
住宿和餐饮业	6	454.46	321.95	127.44	15.82	20.20	40.01
金融业	13	18528.50	724.40	209.94	37.80	76.03	3798.68
房地产业	106	5812.43	721.76	132.80	25.38	114.04	234.58
其　他	86	8350.16	2961.38	861.91	143.48	345.65	1382.56
按母公司登记注册类型分							
国有企业	256	87341.80	61921.13	23036.58	3484.39	1311.71	3334.52
国有独资公司	567	85592.21	42139.69	15235.94	2273.64	2336.89	5908.11
其他有限责任公司	813	33005.05	15359.30	4852.53	955.45	1351.47	1470.63
股份有限公司	294	14392.21	3976.80	1045.92	190.60	316.14	2386.75
中外合资企业	27	1045.20	530.10	160.31	24.14	40.22	36.44
港澳台合资企业	21	542.11	178.59	52.98	12.35	11.03	12.32
其　他	104	4206.39	1380.05	376.34	64.07	89.55	228.31

续表1 单位:亿元

类　别	本年对外投资	本年对境外投资	长期投资	短期投资	存货	流动资产年平均余额	应收帐款
全国总计	2531.26	258.05	17145.54	3229.32	24170.81	87391.73	12218.97
按企业集团审批部门分							
国务院	838.27	226.31	6618.26	2344.13	9514.34	40185.94	5272.41
国务院主管部门	879.74	28.00	3141.18	300.02	2266.15	8490.47	1132.19
省级人民政府	509.89	3.33	3672.77	278.55	5878.22	19420.29	2852.33
省级政府主管部门	159.85	1.51	2178.50	194.86	2637.28	8698.41	1127.93
其　他	143.52	-1.10	1534.83	111.76	3874.81	10596.61	1834.10
按母公司控股情况分							
国有绝对控股	1544.98	225.97	13239.01	2867.14	18553.22	69676.30	9325.85
国有相对控股	55.88	6.98	275.50	43.27	742.72	2532.71	536.50
集体绝对控股	29.61	0.00	250.45	14.27	607.16	2041.31	324.21
集体相对控股	3.87	0.00	50.49	5.99	172.87	514.08	120.65
其　他	896.92	25.10	3330.10	298.64	4094.84	12627.33	1911.76
按企业集团主营行业分							
农、林、牧、渔业	2.46	0.00	167.56	13.40	441.08	1484.45	164.09
采矿业	534.05	143.98	928.24	488.08	1491.41	7320.67	668.08
制造业	475.51	85.06	5412.20	619.21	12443.90	37338.71	5586.85
电力、燃气及水的生产和供应业	199.00	1.15	1894.28	293.27	764.87	6795.81	897.88
建筑业	46.49	1.34	472.50	28.61	2029.42	6650.95	2105.84
交通运输、仓储和邮政业	49.03	0.44	816.80	84.59	1095.20	3931.97	494.25
信息传输、计算机服务和软件业	4.73	0.00	241.54	8.81	151.37	4048.73	438.13
批发和零售业	251.43	1.83	1137.70	118.94	2167.64	7000.59	1034.81
住宿和餐饮业	5.28	0.00	51.57	2.62	22.05	156.37	10.46
金融业	664.55	23.80	4230.07	1387.73	170.16	5352.67	277.32
房地产业	42.96	0.17	386.05	32.31	2497.05	3842.56	153.57
其　他	255.76	0.29	1407.03	151.74	896.64	3468.24	387.71
按母公司登记注册类型分							
国有企业	734.60	146.13	4752.10	940.46	7612.17	32374.79	4490.44
国有独资公司	700.54	79.23	6892.35	1786.61	9226.40	30799.45	3875.51
其他有限责任公司	255.79	7.29	1964.24	199.93	4769.46	14648.34	2416.79
股份有限公司	789.51	24.24	3164.74	253.54	1609.34	6467.84	880.05
中外合资企业	6.74	0.00	62.80	0.70	116.25	446.29	94.38
港澳台合资企业	1.02	0.00	17.65	0.83	107.62	305.51	72.43
其　他	43.07	1.16	291.67	47.25	729.56	2349.51	389.37

续表 2

单位:亿元

类别	负债合计	流动负债	股东权益与少数股东权益总计	少数股东权益	股东权益合计	股本	营业收入
全国总计	139215.50	96997.32	86909.47	17714.03	69195.45	32555.63	153608.16
按企业集团审批部门分							
国务院	71919.37	49055.89	46425.58	9126.62	37298.97	17731.50	72422.48
国务院主管部门	12989.96	7916.89	7854.44	1935.99	5918.45	2426.83	12370.24
省级人民政府	28611.98	20718.73	18243.64	4140.20	14103.44	6665.53	36554.67
省级政府主管部门	12039.56	8445.96	6729.03	1296.61	5432.42	2821.73	13318.04
其他	13654.62	10859.85	7656.78	1214.61	6442.17	2910.04	18942.72
按母公司控股情况分							
国有绝对控股	114784.62	79442.46	73909.65	15327.27	58582.39	28348.10	117981.10
国有相对控股	4423.91	3253.70	2517.01	752.64	1764.36	778.36	5037.35
集体绝对控股	2131.54	1874.48	1456.49	213.97	1242.52	431.36	4653.48
集体相对控股	652.94	536.36	387.25	72.57	314.68	97.13	1276.93
其他	17222.48	11890.32	8639.08	1347.58	7291.50	2900.68	24659.29
按企业集团主营行业分							
农、林、牧、渔业	2300.69	1699.14	884.43	90.65	793.79	516.80	1880.88
采矿业	9486.45	6438.96	13472.93	1834.26	11638.67	4926.05	13852.56
制造业	48467.62	38189.38	31863.03	7239.03	24624.01	11307.20	73816.10
电力、燃气及水的生产和供应业	19985.55	9323.44	12068.31	2295.12	9773.19	5336.88	14490.14
建筑业	7885.94	6955.61	2176.89	457.69	1719.21	899.63	10866.68
交通运输、仓储和邮政业	9263.24	4699.35	6246.57	1627.93	4618.65	2571.20	6147.41
信息传输、计算机服务和软件业	6672.36	4890.89	10009.32	1780.24	8229.08	3451.99	6277.77
批发和零售业	8335.86	6857.21	3860.21	955.10	2905.11	1280.97	18618.76
住宿和餐饮业	241.09	197.69	213.37	48.20	165.17	67.24	275.93
金融业	17185.52	11310.93	1342.98	273.91	1069.06	524.26	2259.07
房地产业	4226.62	3250.91	1585.82	355.32	1230.50	596.97	1982.48
其他	5164.55	3183.82	3185.61	756.59	2429.01	1076.46	3140.39
按母公司登记注册类型分							
国有企业	48008.10	33096.61	39333.70	6964.22	32369.49	14640.33	56570.89
国有独资公司	56800.70	39808.99	28791.51	7227.70	21563.81	11036.12	49835.16
其他有限责任公司	20748.95	15937.79	12256.10	2578.12	9677.99	4670.38	30013.66
股份有限公司	10122.08	5283.58	4270.14	606.58	3663.56	1500.18	10492.98
中外合资企业	552.98	434.58	492.22	84.01	408.21	161.75	1080.00
港澳台合资企业	342.34	312.28	199.77	7.87	191.89	46.53	576.25
其他	2640.36	2123.50	1566.03	245.53	1320.51	500.34	5039.21

续表3　　单位:亿元

类　别	主营业务收入	其他业务收入	主营业务成本	主营业务税金及附加	新产品销售收入	出口销售总额	存货跌价损失和营业、管理、财务等费用合计
全国总计	149597.13	4011.03	121932.75	2404.33	14818.50	11546.27	16048.06
按企业集团审批部门分							
国务院	70790.71	1631.77	56471.44	1181.06	5730.26	3754.25	7327.36
国务院主管部门	12026.84	343.40	8942.23	491.62	1064.35	912.28	1688.07
省级人民政府	35510.14	1044.53	29931.57	370.22	4982.05	3662.39	4004.94
省级政府主管部门	12888.88	429.16	10907.76	175.84	1214.05	1107.58	1311.49
其　他	18380.56	562.16	15679.75	185.59	1827.80	2109.77	1716.22
按母公司控股情况分							
国有绝对控股	114910.55	3070.55	92682.60	2098.41	10411.43	7781.44	12819.56
国有相对控股	4889.63	147.72	3903.76	49.29	667.74	693.89	792.33
集体绝对控股	4571.32	82.16	4074.05	20.58	1069.65	528.43	346.02
集体相对控股	1216.82	60.11	1082.17	5.85	167.52	194.28	76.74
其　他	24008.80	650.49	20190.17	230.20	2502.16	2348.21	2013.40
按企业集团主营行业分							
农、林、牧、渔业	1814.61	66.27	1515.31	16.93	17.47	204.71	264.54
采矿业	13086.51	766.05	8045.98	366.83	65.08	666.60	1753.43
制造业	71470.92	2345.18	59823.61	1047.74	14462.79	7245.39	7240.59
电力、燃气及水的生产和供应业	14361.50	128.65	12843.08	125.41	16.44	76.85	817.07
建筑业	10709.72	156.95	9557.26	303.99	16.51	163.99	623.41
交通运输、仓储和邮政业	5984.51	162.90	4690.31	115.64	0.14	106.76	1118.52
信息传输、计算机服务和软件业	6156.48	121.28	2859.00	192.50	21.61	5.25	1717.66
批发和零售业	18451.34	167.42	16981.81	57.08	14.57	2588.17	1272.80
住宿和餐饮业	275.27	0.66	170.94	7.17	0.00	3.43	81.31
金融业	2250.35	8.72	1498.92	44.03	0.00	12.55	422.34
房地产业	1941.70	40.78	1462.11	83.72	4.71	34.59	239.64
其　他	3094.22	46.17	2484.41	43.28	199.17	437.99	496.75
按母公司登记注册类型分							
国有企业	55374.28	1196.62	43421.72	1136.45	3793.01	2718.71	5917.31
国有独资公司	48307.55	1527.62	39984.77	842.32	3926.06	3912.62	5585.40
其他有限责任公司	29029.12	984.54	24437.45	293.92	4372.90	2909.74	2847.72
股份有限公司	10334.29	158.69	8385.26	96.67	1391.17	1082.76	1189.63
中外合资企业	1046.92	33.08	846.34	10.39	171.12	178.74	117.80
港澳台合资企业	568.11	8.14	486.57	2.36	65.56	122.47	47.02
其　他	4936.86	102.35	4370.65	22.20	1098.68	621.24	343.19

续表 4　　　　单位：亿元

类　别	税　金	劳动、待业保险费	职工教育费	广告费	利息支出	投资收益	营业外收入
全国总计	445.44	915.64	79.03	412.02	2200.06	835.76	420.17
按企业集团审批部门分							
国务院	225.66	461.07	38.12	138.55	1061.62	274.65	199.17
国务院主管部门	25.70	96.36	6.65	45.18	196.97	189.08	40.28
省级人民政府	103.72	225.54	19.79	118.51	502.00	171.13	102.95
省级政府主管部门	35.83	70.12	6.16	48.97	187.12	119.86	33.78
其　他	54.54	62.54	8.31	60.81	252.36	81.05	43.99
按母公司控股情况分							
国有绝对控股	374.54	840.81	67.82	264.39	1726.24	661.09	362.01
国有相对控股	11.21	19.34	2.16	36.95	110.81	24.63	10.96
集体绝对控股	5.65	8.11	0.89	17.93	45.48	7.50	6.03
集体相对控股	2.66	1.22	0.33	1.17	17.28	1.32	2.65
其　他	51.38	46.17	7.84	91.58	300.24	141.22	38.51
按企业集团主营行业分							
农、林、牧、渔业	15.27	37.97	1.35	5.52	44.91	2.12	18.06
采矿业	42.17	181.42	11.76	4.74	98.63	52.40	32.24
制造业	173.01	352.40	34.28	269.25	901.49	232.16	155.21
电力、燃气及水的生产和供应业	11.41	29.67	4.60	3.68	477.74	62.87	38.49
建筑业	50.18	82.72	5.08	3.45	85.06	21.12	16.60
交通运输、仓储和邮政业	68.33	54.13	6.48	2.97	166.40	74.75	54.25
信息传输、计算机服务和软件业	19.54	95.15	9.55	74.88	150.98	−0.11	20.33
批发和零售业	38.37	40.63	2.96	23.14	123.40	101.35	43.71
住宿和餐饮业	1.92	3.87	0.23	0.48	3.61	2.74	4.51
金融业	6.33	9.62	0.57	5.76	12.69	164.52	10.31
房地产业	7.93	4.70	0.66	10.75	40.24	15.62	10.06
其　他	10.98	23.34	1.50	7.41	94.92	106.22	16.39
按母公司登记注册类型分							
国有企业	202.51	370.55	30.08	124.24	799.27	246.77	150.87
国有独资公司	129.24	387.53	30.03	102.28	785.60	329.62	182.14
其他有限责任公司	77.25	116.68	12.27	92.75	420.29	94.52	57.21
股份有限公司	24.06	27.38	5.22	52.63	124.80	151.54	22.47
中外合资企业	4.63	3.08	0.35	15.89	8.82	1.73	0.73
港澳台合资企业	0.48	1.60	0.06	3.66	7.46	1.36	1.54
其　他	7.26	8.82	1.02	20.57	53.81	10.23	5.22

续表 5

单位:亿元

类　　别	利　润 总　额	应　交 所得税	应　交 增值税	固定资产 投　资 完成额	研究开发 费　用
全国总计	10365.28	2771.72	4330.39	18406.19	1494.94
按企业集团审批部门分					
国 务 院	6194.42	1763.27	2423.03	11210.34	761.05
国务院主管部门	877.36	205.37	344.00	1430.56	102.02
省级人民政府	1673.64	399.24	931.97	3696.06	381.98
省级政府主管部门	638.37	166.26	311.57	937.73	106.86
其　　他	981.49	237.58	319.83	1131.50	143.03
按母公司控股情况分					
国有绝对控股	8633.11	2375.81	3707.48	16352.47	1146.28
国有相对控股	156.54	58.89	77.31	590.29	64.23
集体绝对控股	167.48	32.05	68.51	138.71	62.30
集体相对控股	65.11	12.91	28.19	65.74	13.56
其　　他	1343.04	292.06	448.90	1258.98	208.57
按企业集团主营行业分					
农、林、牧、渔业	51.84	6.24	31.17	243.10	9.69
采 矿 业	2769.04	744.92	939.89	3304.88	110.05
制 造 业	3727.14	987.35	2249.35	5807.81	1260.56
电力、燃气及水的生产和供应业	720.92	224.14	870.99	4477.16	30.26
建 筑 业	254.23	64.27	32.00	308.51	15.80
交通运输、仓储和邮政业	570.57	139.88	19.21	1290.85	17.76
信息传输、计算机服务和软件业	1273.72	385.08	9.72	2070.72	12.45
批发和零售业	382.98	95.33	114.08	333.50	12.93
住宿和餐饮业	21.77	5.29	1.01	26.92	0.00
金 融 业	132.40	11.57	8.45	35.62	0.62
房地产业	206.24	60.05	2.81	215.52	0.79
其　　他	254.43	47.61	51.71	291.59	24.03
按母公司登记注册类型分					
国有企业	5237.48	1418.65	1742.60	9015.69	626.51
国有独资公司	2841.51	822.71	1654.54	6297.75	355.67
其他有限责任公司	1478.92	359.53	655.21	2298.38	294.38
股份有限公司	505.57	108.03	165.38	488.15	117.08
中外合资企业	73.84	11.99	27.77	77.70	23.04
港澳台合资企业	34.63	8.18	7.81	17.67	3.53
其　　他	193.33	42.63	77.08	210.85	74.72

1.21 营业收入和资产总计均在5亿元及以上企业集团主要劳动工资指标

类　别	单位数（个）	从业人员（万人）	在岗职工（万人）	其他从业人员（万人）	研究开发人员（万人）
全国总计	2082	2735.22	2488.93	246.29	76.12
按企业集团审批部门分					
国 务 院	143	1088.81	981.10	107.71	33.27
国务院主管部门	140	295.64	252.54	43.09	6.59
省级人民政府	655	705.24	655.97	49.28	19.77
省级政府主管部门	426	300.84	284.71	16.14	6.22
其　　他	718	344.69	314.62	30.07	10.28
按母公司控股情况分					
国有绝对控股	1032	2120.13	1917.84	202.29	59.36
国有相对控股	109	83.41	70.65	12.76	3.06
集体绝对控股	112	60.52	57.16	3.36	1.96
集体相对控股	45	18.30	17.90	0.41	0.57
其　　他	784	452.87	425.38	27.48	11.18
按企业集团主营行业分					
农、林、牧、渔业	23	223.56	191.68	31.89	0.70
采 矿 业	81	389.96	378.69	11.27	7.70
制 造 业	1195	1172.95	1124.09	48.86	61.60
电力、燃气及水的生产和供应业	70	155.67	151.74	3.93	0.29
建 筑 业	158	319.65	246.69	72.96	1.52
交通运输、仓储和邮政业	68	113.14	104.70	8.45	0.27
信息传输、计算机服务和软件业	10	121.77	79.32	42.45	0.94
批发和零售业	266	137.05	124.86	12.20	0.41
住宿和餐饮业	6	9.99	8.18	1.82	0.00
金 融 业	13	22.07	19.32	2.75	0.00
房地产业	106	23.06	18.16	4.90	0.16
其　　他	86	46.34	41.52	4.82	2.52
按母公司登记注册类型分					
国有企业	256	925.13	799.89	125.24	27.15
国有独资公司	567	958.25	896.33	61.92	23.79
其他有限责任公司	813	577.19	534.31	42.88	14.36
股份有限公司	294	185.54	173.02	12.52	6.60
中外合资企业	27	21.65	21.54	0.11	1.33
港澳台合资企业	21	10.80	10.59	0.21	0.38
其　　他	104	56.66	53.25	3.41	2.50

续表

类　别	从业人员劳动报酬（亿元）	在岗职工劳动报酬（亿元）	其他从业人员劳动报酬（亿元）	研究开发人员劳动报酬（亿元）
全国总计	6900.22	6530.29	369.92	270.42
按企业集团审批部门分				
国务院	3500.84	3308.71	192.13	112.21
国务院主管部门	699.13	649.95	49.18	29.28
省级人民政府	1490.23	1422.11	68.12	63.36
省级政府主管部门	540.21	520.90	19.31	18.33
其　他	669.82	628.62	41.19	47.25
按母公司控股情况分				
国有绝对控股	5789.76	5480.67	309.09	211.77
国有相对控股	217.48	200.05	17.42	14.61
集体绝对控股	90.64	86.09	4.55	6.68
集体相对控股	27.53	26.99	0.54	1.90
其　他	774.80	736.48	38.32	35.46
按企业集团主营行业分				
农、林、牧、渔业	282.13	259.94	22.19	1.71
采矿业	984.69	971.28	13.41	31.10
制造业	2717.27	2632.47	84.80	206.86
电力、燃气及水的生产和供应业	631.80	625.19	6.61	0.97
建筑业	674.66	557.64	117.02	6.09
交通运输、仓储和邮政业	410.75	393.19	17.56	1.59
信息传输、计算机服务和软件业	509.18	446.06	63.12	7.82
批发和零售业	332.30	315.75	16.54	1.64
住宿和餐饮业	25.35	23.00	2.35	0.00
金融业	96.87	91.39	5.48	0.01
房地产业	59.54	54.58	4.95	0.50
其　他	175.68	159.80	15.88	12.13
按母公司登记注册类型分				
国有企业	2887.21	2694.58	192.63	86.88
国有独资公司	2337.91	2240.08	97.82	84.02
其他有限责任公司	1137.55	1081.39	56.16	47.52
股份有限公司	391.41	374.04	17.37	34.03
中外合资企业	39.06	38.82	0.24	7.68
港澳台合资企业	17.53	17.21	0.32	1.15
其　他	89.54	84.16	5.38	9.14

1.22 营业收入和资产总计均在5亿元及以上企业集团主要经济效益指标

单位：%

类别	净资产收益率	总资产报酬率	销售利润率	资本保值增值率	劳动生产率（万元/人）	成本费用利润率
全国总计	8.74	5.56	6.75	115.00	56.16	7.51
按企业集团审批部门分						
国务院	9.54	6.13	8.55	115.65	66.52	9.71
国务院主管部门	8.56	5.15	7.09	117.64	41.84	8.25
省级人民政府	6.99	4.64	4.58	112.04	51.83	4.93
省级政府主管部门	7.02	4.40	4.79	116.75	44.27	5.22
其他	9.72	5.79	5.18	114.19	54.96	5.64
按母公司控股情况分						
国有绝对控股	8.47	5.49	7.32	115.11	55.65	8.18
国有相对控股	3.88	3.85	3.11	104.30	60.39	3.33
集体绝对控股	9.30	5.94	3.60	111.70	76.90	3.79
集体相对控股	13.48	7.92	5.10	116.65	69.77	5.62
其他	12.17	6.35	5.45	118.08	54.45	6.05
按企业集团主营行业分						
农、林、牧、渔业	5.16	3.04	2.76	109.13	8.41	2.91
采矿业	15.02	12.49	19.99	130.49	35.52	28.26
制造业	8.60	5.76	5.05	113.38	62.93	5.56
电力、燃气及水的生产和供应业	4.12	3.74	4.98	110.38	93.08	5.28
建筑业	8.73	3.37	2.34	111.96	34.00	2.50
交通运输、仓储和邮政业	6.89	4.75	9.28	122.32	54.33	9.82
信息传输、计算机服务和软件业	8.88	8.54	20.29	110.03	51.56	27.83
批发和零售业	7.45	4.15	2.06	113.53	135.85	2.10
住宿和餐饮业	7.72	5.58	7.89	101.79	27.61	8.63
金融业	9.00	0.78	5.86	104.17	102.36	6.89
房地产业	9.22	4.24	10.40	111.82	85.97	12.12
其他	6.49	4.18	8.10	108.58	67.77	8.53
按母公司登记注册类型分						
国有企业	9.71	6.91	9.26	115.70	61.15	10.62
国有独资公司	7.01	4.24	5.70	113.99	52.01	6.24
其他有限责任公司	9.13	5.75	4.93	115.54	52.00	5.42
股份有限公司	9.31	4.38	4.82	112.71	56.55	5.28
中外合资企业	12.57	7.91	6.84	119.33	49.89	7.66
港澳台合资企业	13.24	7.76	6.01	119.28	53.36	6.49
其他	9.62	5.88	3.84	116.98	88.94	4.10

续表 1　　单位：%

类　别	资　产 利税率	总资产 使用率	流动资产 比　率	资　金 利润率	资　产 负债率	长期负债 与资产 总计比率
全国总计	7.56	66.16	38.65	6.17	61.57	18.67
按企业集团审批部门分						
国务院	8.28	59.82	33.96	6.96	60.77	19.32
国务院主管部门	8.22	57.70	40.73	6.39	62.32	24.34
省级人民政府	6.35	75.79	41.45	4.69	61.06	16.85
省级政府主管部门	6.00	68.67	46.35	4.65	64.15	19.15
其　他	6.98	86.25	49.72	6.14	64.07	13.11
按母公司控股情况分						
国有绝对控股	7.65	60.90	36.93	6.16	60.83	18.73
国有相对控股	4.08	70.45	36.49	2.80	63.74	16.86
集体绝对控股	7.15	127.41	56.89	5.70	59.41	7.16
集体相对控股	9.53	116.98	49.42	7.91	62.77	11.21
其　他	7.82	92.84	48.83	7.25	66.59	20.62
按企业集团主营行业分						
农、林、牧、渔业	3.14	56.97	46.61	2.18	72.23	18.89
采矿业	17.75	57.00	31.89	16.97	41.32	13.27
制造业	8.74	88.97	46.48	5.89	60.34	12.79
电力、燃气及水的生产和供应业	5.36	44.80	21.20	2.92	62.35	33.26
建筑业	5.87	106.43	66.09	2.79	78.37	9.25
交通运输、仓储和邮政业	4.55	38.59	25.35	4.77	59.73	29.43
信息传输、计算机服务和软件业	8.85	36.91	24.27	8.72	40.00	10.68
批发和零售业	4.54	151.29	57.40	4.00	68.35	12.12
住宿和餐饮业	6.59	60.57	34.41	6.20	53.05	9.55
金融业	1.00	12.15	28.89	2.26	92.75	31.71
房地产业	5.04	33.41	66.11	4.65	72.72	16.79
其　他	4.18	37.06	41.54	4.57	61.85	23.72
按母公司登记注册类型分						
国有企业	9.29	63.40	37.07	7.35	54.97	17.07
国有独资公司	6.24	56.44	35.98	4.92	66.36	19.85
其他有限责任公司	7.36	87.95	44.38	5.88	62.87	14.58
股份有限公司	5.33	71.80	44.94	5.38	70.33	33.62
中外合资企业	10.72	100.17	42.70	9.05	52.91	11.33
港澳台合资企业	8.27	104.80	56.36	8.03	63.15	5.55
其　他	6.96	117.37	55.86	5.77	62.77	12.29

续表 2

单位:%

类　别	已获利息倍数(倍)	流动比率	速动比率	新产品销售收入与营业收入比重	研究开发费用与营业收入比重	研究开发费用与主营业务收入比重
全国总计	5.71	90.10	65.18	9.65	0.97	1.00
按企业集团审批部门分						
国务院	6.83	81.92	62.52	7.91	1.05	1.08
国务院主管部门	5.45	107.25	78.62	8.60	0.82	0.85
省级人民政府	4.33	93.73	65.36	13.63	1.04	1.08
省级政府主管部门	4.41	102.99	71.76	9.12	0.80	0.83
其　他	4.89	97.58	61.90	9.65	0.76	0.78
按母公司控股情况分						
国有绝对控股	6.00	87.71	64.35	8.82	0.97	1.00
国有相对控股	2.41	77.84	55.01	13.26	1.27	1.31
集体绝对控股	4.68	108.90	76.51	22.99	1.34	1.36
集体相对控股	4.77	95.85	63.62	13.12	1.06	1.11
其　他	5.47	106.20	71.76	10.15	0.85	0.87
按企业集团主营行业分						
农、林、牧、渔业	2.15	87.36	61.41	0.93	0.52	0.53
采矿业	29.07	113.69	90.53	0.47	0.79	0.84
制造业	5.13	97.77	65.19	19.59	1.71	1.76
电力、燃气及水的生产和供应业	2.51	72.89	64.69	0.11	0.21	0.21
建筑业	3.99	95.62	66.44	0.15	0.15	0.15
交通运输、仓储和邮政业	4.43	83.67	60.37	0.00	0.29	0.30
信息传输、计算机服务和软件业	9.44	82.78	79.69	0.34	0.20	0.20
批发和零售业	4.10	102.09	70.48	0.08	0.07	0.07
住宿和餐饮业	7.04	79.10	67.95	0.00	0.00	0.00
金融业	11.44	47.32	45.82	0.00	0.03	0.03
房地产业	6.13	118.20	41.39	0.24	0.04	0.04
其　他	3.68	108.93	80.77	6.34	0.77	0.78
按母公司登记注册类型分						
国有企业	7.55	97.82	74.82	6.70	1.11	1.13
国有独资公司	4.62	77.37	54.19	7.88	0.71	0.74
其他有限责任公司	4.52	91.91	61.98	14.57	0.98	1.01
股份有限公司	5.05	122.41	91.95	13.26	1.12	1.13
中外合资企业	9.37	102.70	75.95	15.84	2.13	2.20
港澳台合资企业	5.64	97.83	63.37	11.38	0.61	0.62
其　他	4.59	110.64	76.29	21.80	1.48	1.51

2005年中国大企业集团

二 行业

简要说明

一、本篇反映各行业企业集团发展的基本状况，主要内容包括：

1. 按《国民经济行业分类》（GB/T 4754–2002）主要大类行业分企业集团主要指标。
2. 农、林、牧、渔业企业集团主要财务、劳动工资以及经济效益指标。
3. 工业企业集团主要财务、劳动工资以及经济效益指标。
4. 建筑业企业集团主要财务、劳动工资以及经济效益指标。
5. 交通运输、仓储和邮政业企业集团主要财务、劳动工资以及经济效益指标。
6. 批发和零售业企业集团主要财务、劳动工资以及经济效益指标。
7. 房地产业企业集团主要财务、劳动工资以及经济效益指标。

二、企业集团的行业划分

企业集团是由多个成员企事业单位共同组成的经济联合体。确定一个企业集团的行业类别时，是将其各母子公司（单位）主营业务收入按行业小类分别汇总后，把主营业务收入合计最大的行业小类确定为该企业集团的主营行业小类。

2.1 各行业企业集团主要指标

国民经济行业分类	单位数（个）	资产总计（亿元）	营业收入（亿元）	从业人员（万人）
全国总计	2845	230762.80	155508.72	2835.86
农　　业	15	2432.76	1556.81	154.00
林　　业	7	546.75	153.63	65.40
畜 牧 业	5	80.91	46.10	1.75
渔　　业	7	141.81	119.19	3.77
农、林、牧、渔服务业	2	33.69	23.71	0.33
煤炭开采和洗选业	66	8386.76	4988.69	266.19
石油和天然气开采业	3	13985.44	8417.97	109.92
黑色金属矿采选业	6	82.49	97.88	1.80
有色金属矿采选业	9	385.17	289.86	9.79
非金属矿采选业	4	161.27	81.88	4.87
农副食品加工业	73	1189.45	1743.59	33.58
食品制造业	47	1000.54	823.99	23.69
饮料制造业	58	1607.14	1208.30	29.96
烟草制品业	8	1414.56	932.57	4.80
纺 织 业	132	2761.63	2859.99	83.42
纺织服装、鞋、帽制造业	55	952.17	1116.19	26.51
皮革、毛皮、羽毛(绒)及其制品业	27	253.53	343.77	12.63
木材加工及木、竹、藤、棕、草制品业	11	155.36	137.40	2.85
家具制造业	9	183.62	185.87	2.61
造纸及纸制品业	34	925.19	730.59	13.97
印刷业和记录媒介的复制业	17	221.13	95.25	3.63
文教体育用品制造业	10	137.12	136.61	3.01
石油加工、炼焦及核燃料加工业	22	7818.10	9221.67	74.97
化学原料及化学制品制造业	150	5186.28	3868.03	82.41
医药制造业	93	3329.48	2726.09	51.99
化学纤维制造业	27	894.31	923.37	13.59
橡胶制品业	18	451.21	494.33	10.80
塑料制品业	28	652.53	563.42	6.88
非金属矿物制品业	131	2911.90	1835.91	50.64
黑色金属冶炼及压延加工业	90	14334.91	13848.68	174.22
有色金属冶炼及压延加工业	49	3335.38	2815.02	49.34
金属制品业	43	707.79	954.15	16.60
通用设备制造业	88	3219.77	2411.24	46.15
专用设备制造业	66	4213.20	3269.63	86.39
交通运输设备制造业	92	12839.32	10341.00	171.21
电气机械及器材制造业	118	4061.59	4728.22	61.69
通信设备、计算机及其他电子设备制造业	92	5720.78	5891.68	73.91
仪器仪表及文化、办公用机械制造业	13	658.34	439.11	11.81
工艺品及其他制造业	16	1288.87	285.95	12.40

续表

国民经济行业分类	单位数（个）	资产总计（亿元）	营业收入（亿元）	从业人员（万人）
电力、热力的生产和供应业	68	31017.04	14031.42	146.47
燃气生产和供应业	9	818.31	399.74	9.18
水的生产和供应业	8	544.88	93.04	2.43
房屋和土木工程建筑业	190	10024.41	10714.80	319.06
建筑安装业	6	206.66	216.33	7.35
建筑装饰业	4	58.75	47.60	1.58
铁路运输业	4	1039.55	343.84	17.58
道路运输业	18	3677.68	546.31	12.97
城市公共交通业	19	1347.23	297.70	33.93
水上运输业	25	4221.41	2814.81	30.34
航空运输业	16	4177.15	1940.76	21.48
装卸搬运和其他运输服务业	3	139.16	13.18	0.33
仓储业	6	1077.10	241.14	2.26
电信和其他信息传输服务业	7	16552.94	6221.14	120.26
计算机服务业	2	55.45	21.00	0.20
软 件 业	2	74.73	35.64	1.30
批 发 业	257	10259.83	15746.75	100.89
零 售 业	113	2427.11	3188.66	44.45
住 宿 业	17	544.71	295.20	11.29
餐 饮 业	7	24.93	5.94	0.60
银 行 业	1	5523.67	174.71	1.43
证 券 业	3	167.38	77.88	0.82
保 险 业	2	4423.00	1185.00	9.82
其他金融活动业	9	8465.20	822.33	10.05
房地产业	188	6616.52	2117.99	26.81
商务服务业	65	7409.14	2509.26	29.19
研究与试验发展业	10	203.68	142.52	3.40
专业技术服务业	11	185.29	156.42	4.32
科技交流和推广服务业	1	9.65	1.59	0.14
地质勘查业	2	65.59	49.86	3.04
水利管理业	2	74.51	26.60	0.47
环境管理业	5	80.96	12.06	1.26
公共设施管理业	3	72.57	11.44	0.81
其他服务业	4	51.60	67.84	0.62
教 育 业	1	9.56	7.61	0.41
新闻出版业	10	237.90	146.93	3.85
广播、电视、电影和音像业	3	196.73	70.64	1.70
体 育	1	5.98	2.50	0.03
娱 乐 业	2	12.61	3.19	0.26

2.2 农、林、牧、渔业企业集团主要财务指标

单位：亿元

类　别	单位数（个）	资产总计	固定资产原价	累计折旧	本年折旧	无形资产	累计对外投资
全国总计	36	3235.91	1323.93	411.70	57.42	115.55	59.76
按企业集团审批部门分							
国务院	5	1833.17	714.97	221.25	30.39	7.52	4.99
国务院主管部门	4	542.86	272.59	82.96	14.77	7.71	12.26
省级人民政府	16	704.08	274.09	91.83	9.45	98.41	39.42
省级政府主管部门	6	135.90	51.31	12.04	2.27	0.91	2.51
其　他	5	19.90	10.97	3.61	0.54	1.00	0.58
按母公司控股情况分							
国有绝对控股	29	3148.06	1296.47	404.91	55.72	113.44	59.75
国有相对控股	1	—	—	—	—	—	—
集体绝对控股	3	3.94	1.72	0.42	0.05	0.73	0.01
集体相对控股	0	0.00	0.00	0.00	0.00	0.00	0.00
其　他	3	81.07	24.33	6.18	1.64	0.83	0.00
按母公司登记注册类型分							
国有企业	10	825.69	418.81	120.16	17.82	11.62	28.46
国有独资公司	16	1943.99	759.94	239.01	32.00	14.17	21.08
其他有限责任公司	6	447.13	135.78	49.00	7.00	88.19	10.22
股份有限公司	2	13.02	7.29	2.61	0.38	1.09	0.00
中外合资企业	0	0.00	0.00	0.00	0.00	0.00	0.00
港澳台合资企业	0	0.00	0.00	0.00	0.00	0.00	0.00
其　他	2	6.08	2.10	0.92	0.21	0.47	0.01

续表 1 单位:亿元

类别	本年对外投资	本年对境外投资	长期投资	短期投资	存货	流动资产年平均余额	应收帐款
全国总计	2.90	0.00	172.89	13.48	445.61	1503.77	165.94
按企业集团审批部门分							
国务院	0.00	0.00	84.79	8.50	206.85	852.84	108.06
国务院主管部门	1.49	0.00	33.52	0.12	111.16	273.15	26.33
省级人民政府	0.96	0.00	38.86	4.55	117.66	341.05	27.36
省级政府主管部门	0.40	0.00	13.62	0.31	7.26	29.64	3.55
其他	0.05	0.00	2.10	0.00	2.67	7.08	0.64
按母公司控股情况分							
国有绝对控股	2.90	0.00	170.23	13.48	441.05	1492.21	163.97
国有相对控股	—	—	—	—	—	—	—
集体绝对控股	0.00	0.00	0.12	0.00	0.38	0.41	0.15
集体相对控股	0.00	0.00	0.00	0.00	0.00	0.00	0.00
其他	0.00	0.00	2.54	0.00	4.11	10.76	1.81
按母公司登记注册类型分							
国有企业	1.69	0.00	51.63	0.75	134.79	390.70	40.56
国有独资公司	1.16	0.00	108.39	8.36	223.04	915.37	108.42
其他有限责任公司	0.05	0.00	10.64	4.37	84.55	190.17	16.16
股份有限公司	0.00	0.00	1.53	0.00	2.29	4.81	0.61
中外合资企业	0.00	0.00	0.00	0.00	0.00	0.00	0.00
港澳台合资企业	0.00	0.00	0.00	0.00	0.00	0.00	0.00
其他	0.00	0.00	0.70	0.00	0.93	2.70	0.19

续表 2 单位:亿元

类别	负债合计	流动负债	股东权益与少数股东权益总计	少数股东权益	股东权益合计	股本	营业收入
全国总计	2337.81	1731.70	898.10	91.67	806.43	530.94	1899.44
按企业集团审批部门分							
国务院	1442.49	974.30	390.68	33.43	357.26	285.02	802.16
国务院主管部门	382.16	325.75	160.70	14.80	145.89	106.27	477.78
省级人民政府	438.95	369.14	265.13	42.32	222.81	101.87	531.81
省级政府主管部门	59.00	48.25	76.90	0.49	76.41	32.25	77.37
其他	15.20	14.26	4.70	0.64	4.06	5.53	10.32
按母公司控股情况分							
国有绝对控股	2301.11	1698.09	846.95	90.42	756.53	516.71	1860.86
国有相对控股	—	—	—	—	—	—	—
集体绝对控股	1.54	0.99	2.39	0.00	2.39	1.35	5.03
集体相对控股	0.00	0.00	0.00	0.00	0.00	0.00	0.00
其他	33.76	32.18	47.31	1.25	46.05	12.32	33.43
按母公司登记注册类型分							
国有企业	559.93	439.58	265.76	15.35	250.41	170.66	588.93
国有独资公司	1508.58	1061.53	435.41	27.63	407.78	305.02	957.78
其他有限责任公司	256.20	219.52	190.93	47.45	143.48	49.23	341.04
股份有限公司	10.88	9.89	2.14	0.62	1.52	4.95	8.42
中外合资企业	0.00	0.00	0.00	0.00	0.00	0.00	0.00
港澳台合资企业	0.00	0.00	0.00	0.00	0.00	0.00	0.00
其他	2.22	1.18	3.86	0.63	3.23	1.07	3.27

续表 3 单位:亿元

类　别	主营业务收　入	其他业务收　入	主营业务成　本	主营业务税　金及附加	新产品销　售收　入	出口销售总　额	存货跌价损失和营业、管理、财务等费用合计
全国总计	1832.22	67.22	1530.03	17.15	17.47	206.47	268.40
按企业集团审批部门分							
国务院	787.02	15.14	658.00	10.61	10.48	160.03	114.80
国务院主管部门	455.94	21.84	412.89	1.00	2.47	7.99	57.95
省级人民政府	524.70	7.11	416.15	5.35	4.52	23.06	82.14
省级政府主管部门	54.89	22.48	34.95	0.10	0.00	15.13	11.54
其　他	9.66	0.65	8.05	0.08	0.00	0.27	1.96
按母公司控股情况分							
国有绝对控股	1793.92	66.94	1505.50	17.02	17.47	200.80	263.23
国有相对控股	—	—	—	—	—	—	—
集体绝对控股	4.92	0.11	4.50	0.08	0.00	0.08	0.14
集体相对控股	0.00	0.00	0.00	0.00	0.00	0.00	0.00
其　他	33.26	0.17	19.93	0.05	0.00	5.59	4.96
按母公司登记注册类型分							
国有企业	546.71	42.22	486.75	1.42	2.47	21.61	74.37
国有独资公司	937.48	20.30	777.73	12.36	15.00	170.09	135.32
其他有限责任公司	336.49	4.55	255.63	3.31	0.00	14.48	57.28
股份有限公司	8.36	0.06	7.22	0.05	0.00	0.29	1.01
中外合资企业	0.00	0.00	0.00	0.00	0.00	0.00	0.00
港澳台合资企业	0.00	0.00	0.00	0.00	0.00	0.00	0.00
其　他	3.19	0.08	2.70	0.02	0.00	0.00	0.42

续表 4 单位:亿元

类别	税金	劳动、待业保险费	职工教育费	广告费	利息支出	投资收益	营业外收入
全国总计	15.54	38.35	1.36	5.54	45.28	2.24	18.17
按企业集团审批部门分							
国务院	12.73	25.24	0.85	3.07	31.50	2.44	14.05
国务院主管部门	0.31	5.24	0.14	0.69	8.21	–0.12	1.42
省级人民政府	2.25	6.60	0.31	1.75	4.63	–0.20	2.38
省级政府主管部门	0.08	1.23	0.05	0.01	0.53	0.10	0.26
其他	0.17	0.04	0.00	0.01	0.41	0.02	0.07
按母公司控股情况分							
国有绝对控股	15.47	38.05	1.35	5.52	44.88	2.15	18.15
国有相对控股	—	—	—	—	—	—	—
集体绝对控股	0.00	0.01	0.00	0.01	0.02	0.00	0.00
集体相对控股	0.00	0.00	0.00	0.00	0.00	0.00	0.00
其他	0.07	0.29	0.00	0.00	0.38	0.09	0.02
按母公司登记注册类型分							
国有企业	0.43	7.98	0.20	0.77	10.14	0.31	1.74
国有独资公司	13.02	27.75	1.06	4.61	33.46	3.11	14.73
其他有限责任公司	2.02	2.58	0.10	0.15	1.32	–1.28	1.69
股份有限公司	0.01	0.02	0.00	0.00	0.35	0.02	0.02
中外合资企业	0.00	0.00	0.00	0.00	0.00	0.00	0.00
港澳台合资企业	0.00	0.00	0.00	0.00	0.00	0.00	0.00
其他	0.06	0.02	0.00	0.00	0.00	0.07	0.00

续表 5　　单位:亿元

类　别	利　润 总　额	应　交 所得税	应　交 增值税	固定资产 投　资 完 成 额	研究开发 费　用
全国总计	51.87	6.34	31.34	243.62	9.70
按企业集团审批部门分					
国 务 院	10.83	0.69	16.01	163.67	8.77
国务院主管部门	5.08	0.61	5.76	50.46	0.44
省级人民政府	22.88	4.94	9.22	20.69	0.18
省级政府主管部门	12.89	0.03	0.34	8.70	0.31
其　他	0.18	0.08	0.02	0.11	0.00
按母公司控股情况分					
国有绝对控股	39.17	6.31	31.30	239.55	9.40
国有相对控股	—	—	—	—	—
集体绝对控股	0.37	0.00	0.00	0.12	0.01
集体相对控股	0.00	0.00	0.00	0.00	0.00
其　他	12.37	0.03	0.04	3.95	0.30
按母公司登记注册类型分					
国有企业	6.77	0.63	7.22	61.21	0.49
国有独资公司	17.00	1.38	17.33	166.78	8.77
其他有限责任公司	27.79	4.30	6.76	15.63	0.44
股份有限公司	0.12	0.01	0.00	0.00	0.00
中外合资企业	0.00	0.00	0.00	0.00	0.00
港澳台合资企业	0.00	0.00	0.00	0.00	0.00
其　他	0.19	0.01	0.03	0.00	0.00

2.3 农、林、牧、渔业企业集团主要劳动工资指标

类　　别	单位数（个）	从业人员（万人）	在岗职工（万人）	其他从业人员（万人）	研究开发人员（万人）
全国总计	36	225.24	193.09	32.15	0.70
按企业集团审批部门分					
国 务 院	5	117.84	117.15	0.69	0.36
国务院主管部门	4	57.57	34.37	23.20	0.07
省级人民政府	16	41.66	33.75	7.91	0.25
省级政府主管部门	6	7.84	7.60	0.24	0.02
其　　他	5	0.33	0.22	0.11	0.00
按母公司控股情况分					
国有绝对控股	29	223.61	191.56	32.06	0.70
国有相对控股	1	—	—	—	—
集体绝对控股	3	0.12	0.11	0.01	0.00
集体相对控股	0	0.00	0.00	0.00	0.00
其　　他	3	1.49	1.41	0.09	0.00
按母公司登记注册类型分					
国有企业	10	75.22	50.11	25.11	0.08
国有独资公司	16	138.14	134.27	3.87	0.48
其他有限责任公司	6	11.58	8.49	3.09	0.14
股份有限公司	2	0.21	0.13	0.09	0.00
中外合资企业	0	0.00	0.00	0.00	0.00
港澳台合资企业	0	0.00	0.00	0.00	0.00
其　　他	2	0.10	0.09	0.00	0.00

续表

类　别	从业人员劳动报酬（亿元）	在岗职工劳动报酬（亿元）	其他从业人员劳动报酬（亿元）	研究开发人员劳动报酬（亿元）
全国总计	283.85	261.44	22.41	1.71
按企业集团审批部门分				
国 务 院	185.03	184.33	0.70	0.88
国务院主管部门	51.05	34.73	16.32	0.19
省级人民政府	39.92	34.97	4.94	0.63
省级政府主管部门	7.24	6.96	0.28	0.02
其　　他	0.61	0.46	0.16	0.00
按母公司控股情况分				
国有绝对控股	281.46	259.20	22.26	1.70
国有相对控股	—	—	—	—
集体绝对控股	0.10	0.09	0.01	0.00
集体相对控股	0.00	0.00	0.00	0.00
其　　他	2.27	2.14	0.13	0.01
按母公司登记注册类型分				
国有企业	131.92	114.41	17.52	0.20
国有独资公司	134.23	133.18	1.05	1.13
其他有限责任公司	17.16	13.45	3.71	0.38
股份有限公司	0.40	0.27	0.13	0.00
中外合资企业	0.00	0.00	0.00	0.00
港澳台合资企业	0.00	0.00	0.00	0.00
其　　他	0.13	0.13	0.00	0.00

2.4 农、林、牧、渔业企业集团主要经济效益指标

单位:%

类　　别	净资产收益率	总资产报酬率	销　售利润率	资本保值增值率	劳　动生产率(万元/人)	成本费用利润率
全国总计	5.07	3.00	2.73	108.81	8.43	2.88
按企业集团审批部门分						
国务院	2.60	2.31	1.35	116.02	6.81	1.40
国务院主管部门	2.79	2.45	1.06	94.44	8.30	1.08
省级人民政府	6.77	3.91	4.30	105.70	12.77	4.59
省级政府主管部门	16.73	9.88	16.67	121.72	9.87	27.74
其　　他	2.21	2.98	1.75	104.61	31.42	1.80
按母公司控股情况分						
国有绝对控股	3.88	2.67	2.11	107.55	8.32	2.21
国有相对控股	-2.44	-1.25	-28.29	97.56	8.10	-22.05
集体绝对控股	15.39	9.86	7.32	110.17	40.58	7.95
集体相对控股	0.00	0.00	0.00	0.00	0.00	0.00
其　　他	26.08	15.73	37.00	138.12	22.40	49.68
按母公司登记注册类型分						
国有企业	2.31	2.05	1.15	100.99	7.83	1.21
国有独资公司	3.59	2.60	1.78	113.88	6.93	1.86
其他有限责任公司	12.30	6.51	8.15	109.47	29.46	8.88
股份有限公司	4.93	3.60	1.38	120.18	39.38	1.41
中外合资企业	0.00	0.00	0.00	0.00	0.00	0.00
港澳台合资企业	0.00	0.00	0.00	0.00	0.00	0.00
其　　他	4.55	3.13	5.83	103.96	34.17	6.11

续表 1

单位:%

类别	资产利税率	总资产使用率	流动资产比率	资金利润率	资产负债率	长期负债与资产总计比率
全国总计	3.10	56.62	46.47	2.15	72.25	18.73
按企业集团审批部门分						
国务院	2.04	42.93	46.52	0.80	78.69	25.54
国务院主管部门	2.18	83.99	50.32	1.10	70.40	10.39
省级人民政府	5.32	74.52	48.44	4.37	62.34	9.92
省级政府主管部门	9.81	40.39	21.81	18.71	43.42	7.92
其他	1.39	48.56	35.57	1.25	76.38	4.71
按母公司控股情况分						
国有绝对控股	2.78	56.98	47.40	1.64	73.10	19.16
国有相对控股	-1.21	4.41	13.37	-2.22	48.97	33.41
集体绝对控股	11.61	124.94	10.44	21.53	39.17	14.10
集体相对控股	0.00	0.00	0.00	0.00	0.00	0.00
其他	15.36	41.03	13.28	42.78	41.65	1.96
按母公司登记注册类型分						
国有企业	1.87	66.21	47.32	0.98	67.81	14.58
国有独资公司	2.40	48.22	47.09	1.18	77.60	23.00
其他有限责任公司	8.47	75.26	42.53	10.03	57.30	8.20
股份有限公司	1.25	64.20	36.98	1.22	83.55	7.61
中外合资企业	0.00	0.00	0.00	0.00	0.00	0.00
港澳台合资企业	0.00	0.00	0.00	0.00	0.00	0.00
其他	3.80	52.35	44.40	4.90	36.55	17.11

续表 2　　单位:%

类　　别	已获利息倍数（倍）	流动比率	速动比率	新产品销售收入与营业收入比重	研究开发费用与营业收入比重	研究开发费用与主营业务收入比重
全国总计	2.15	86.84	61.11	0.92	0.51	0.53
按企业集团审批部门分						
国务院	1.34	87.53	66.30	1.31	1.09	1.11
国务院主管部门	1.62	83.85	49.73	0.52	0.09	0.10
省级人民政府	5.95	92.39	60.52	0.85	0.03	0.03
省级政府主管部门	25.38	61.44	46.40	0.00	0.40	0.57
其　　他	1.44	49.63	30.88	0.00	0.00	0.00
按母公司控股情况分						
国有绝对控股	1.87	87.88	61.90	0.94	0.51	0.52
国有相对控股	0.00	85.96	70.02	0.00	0.00	0.00
集体绝对控股	19.90	41.63	3.27	0.00	0.20	0.20
集体相对控股	0.00	0.00	0.00	0.00	0.00	0.00
其　　他	33.42	33.45	20.67	0.00	0.88	0.89
按母公司登记注册类型分						
国有企业	1.67	88.88	58.22	0.42	0.08	0.09
国有独资公司	1.51	86.23	65.22	1.57	0.92	0.94
其他有限责任公司	22.07	86.63	48.11	0.00	0.13	0.13
股份有限公司	1.33	48.70	25.54	0.00	0.00	0.00
中外合资企业	0.00	0.00	0.00	0.00	0.00	0.00
港澳台合资企业	0.00	0.00	0.00	0.00	0.00	0.00
其　　他	0.00	228.34	149.41	0.00	0.00	0.00

2.5 工业企业集团主要财务指标

单位:亿元

类　别	单位数(个)	资　产总　计	固定资产原　价	累　计折　旧	本　年折　旧	无　形资　产	累计对外投　资
全国总计	1790	137806.54	85166.79	31604.38	4907.07	3957.95	6074.91
按企业集团审批部门分							
国务院	77	72562.07	53572.19	20840.63	3076.09	1529.84	2567.20
国务院主管部门	82	9003.63	3234.53	1433.54	267.39	341.32	589.69
省级人民政府	643	33062.63	18120.33	6128.65	1022.21	1168.67	1702.97
省级政府主管部门	439	10718.77	5260.90	1641.28	272.45	441.51	553.69
其　他	549	12459.44	4978.83	1560.27	268.93	476.61	661.36
按母公司控股情况分							
国有绝对控股	721	112908.95	75080.48	28882.83	4348.71	3030.57	4842.60
国有相对控股	99	3976.39	1785.62	528.31	82.80	154.08	166.26
集体绝对控股	137	3104.02	1217.81	350.19	63.26	88.48	180.03
集体相对控股	52	975.71	407.10	104.52	34.19	37.84	30.61
其　他	781	16841.48	6675.77	1738.53	378.11	646.98	855.42
按母公司登记注册类型分							
国有企业	129	52215.55	36398.46	13839.05	2160.61	835.00	1949.45
国有独资公司	394	49838.34	32796.46	12889.95	1870.78	1655.61	2405.15
其他有限责任公司	836	23715.27	10990.82	3475.75	626.78	1092.90	1115.47
股份有限公司	265	7044.81	3056.75	848.99	154.58	262.34	368.27
中外合资企业	26	894.51	463.60	145.65	21.73	30.41	27.86
港澳台合资企业	21	410.79	155.28	49.05	11.38	8.21	7.95
其　他	119	3687.26	1305.41	355.94	61.21	73.48	200.76

续表 1　　　　单位:亿元

类　　别	本年对外投　资	本年对境外投资	长期投资	短期投资	存　货	流动资产年平均余额	应收帐款
全国总计	1303.19	230.19	8514.23	1406.10	15004.64	52522.49	7392.52
按企业集团审批部门分							
国 务 院	641.04	223.72	3798.18	992.81	6403.69	24082.94	2825.08
国务院主管部门	78.57	3.77	601.14	67.25	1320.34	4043.27	589.92
省级人民政府	401.85	2.96	2319.18	200.27	4070.04	13503.05	1967.96
省级政府主管部门	105.47	1.49	749.37	81.05	1308.22	4681.49	782.49
其　　他	76.27	−1.75	1046.36	64.73	1902.35	6211.74	1227.07
按母公司控股情况分							
国有绝对控股	1076.16	222.45	6784.96	1243.94	11403.32	40388.68	5092.18
国有相对控股	53.18	6.98	241.09	41.51	514.39	1917.64	441.86
集体绝对控股	22.73	0.00	243.09	10.82	457.75	1650.33	284.34
集体相对控股	3.76	0.00	49.99	5.91	150.39	483.88	116.84
其　　他	147.37	0.76	1195.11	103.93	2478.80	8081.95	1457.31
按母公司登记注册类型分							
国有企业	537.76	143.00	2973.47	768.05	4467.93	18271.96	1968.99
国有独资公司	466.80	78.85	3256.00	401.70	5637.67	17481.52	2336.40
其他有限责任公司	189.80	7.27	1537.12	146.02	3139.24	10757.84	1902.51
股份有限公司	64.55	−0.09	413.63	43.50	975.98	3388.76	707.88
中外合资企业	5.98	0.00	52.36	0.70	97.84	390.85	77.61
港澳台合资企业	0.23	0.00	15.51	0.76	88.24	240.30	67.37
其　　他	38.08	1.16	266.15	45.39	597.72	1991.24	331.77

续表2 单位:亿元

类别	负债合计	流动负债	股东权益与少数股东权益总计	少数股东权益	股东权益合计	股本	营业收入
全国总计	79472.65	55099.00	58333.88	11477.19	46856.70	22219.41	103332.08
按企业集团审批部门分							
国务院	40982.51	25561.69	31579.57	6026.15	25553.42	11981.77	48940.05
国务院主管部门	4826.99	3644.72	4176.64	905.51	3271.13	1445.29	5849.96
省级人民政府	19818.11	14599.06	13244.51	3083.31	10161.20	5096.92	27168.42
省级政府主管部门	6344.36	4986.55	4374.41	756.29	3618.12	1744.72	9001.31
其他	7500.69	6306.98	4958.75	705.93	4252.83	1950.71	12372.34
按母公司控股情况分							
国有绝对控股	64362.80	42794.32	48546.15	9852.67	38693.48	18770.69	76595.43
国有相对控股	2594.64	2058.45	1381.74	396.91	984.83	552.25	3402.15
集体绝对控股	1709.57	1471.70	1394.44	210.16	1184.28	418.20	3899.33
集体相对控股	626.63	507.25	349.07	69.54	279.53	95.89	1179.65
其他	10179.00	8267.28	6662.48	947.91	5714.57	2382.37	18255.52
按母公司登记注册类型分							
国有企业	28701.51	18462.73	23514.04	3595.68	19918.37	8862.76	31608.09
国有独资公司	28977.18	19335.55	20861.16	5471.12	15390.04	8147.80	35777.69
其他有限责任公司	14619.90	11521.15	9095.37	1709.60	7385.77	3594.33	23603.71
股份有限公司	4185.01	3355.14	2859.81	408.29	2451.52	973.59	6621.96
中外合资企业	487.11	394.69	407.41	59.97	347.44	147.61	1004.18
港澳台合资企业	253.64	239.59	157.15	6.21	150.94	42.24	357.81
其他	2248.32	1790.15	1438.94	226.32	1212.62	451.09	4358.64

续表 3　　单位:亿元

类　别	主营业务收入	其他业务收入	主营业务成本	主营业务税金及附加	新产品销售收入	出口销售总额	存货跌价损失和营业、管理、财务等费用合计
全国总计	100071.18	3260.90	81647.53	1553.55	14666.70	8177.80	10020.38
按企业集团审批部门分							
国务院	47578.84	1361.21	38334.53	757.68	5679.53	2463.81	4500.66
国务院主管部门	5611.99	237.97	3965.44	395.90	888.76	505.56	750.69
省级人民政府	26281.17	887.26	22026.51	233.46	5005.34	2591.14	2697.24
省级政府主管部门	8672.10	329.21	7202.62	97.27	1245.18	912.17	914.46
其　他	11927.09	445.25	10118.44	69.23	1847.90	1705.11	1157.34
按母公司控股情况分							
国有绝对控股	74121.40	2474.03	59446.59	1419.33	10202.33	4628.25	7650.56
国有相对控股	3311.77	90.38	2801.11	12.69	678.63	626.10	436.29
集体绝对控股	3822.47	76.86	3368.18	15.57	1076.44	373.99	315.70
集体相对控股	1120.09	59.55	997.78	4.93	169.20	187.07	71.72
其　他	17695.44	560.08	15033.88	101.03	2540.11	2362.38	1546.12
按母公司登记注册类型分							
国有企业	30754.70	853.39	24066.90	679.96	3747.24	1436.48	3027.14
国有独资公司	34476.31	1301.38	28075.07	658.89	3749.34	2150.95	3569.77
其他有限责任公司	22762.61	841.11	19267.78	158.93	4429.70	2828.13	2143.43
股份有限公司	6495.16	126.79	5405.04	30.07	1403.27	994.73	823.97
中外合资企业	972.12	32.06	797.34	8.63	171.05	174.79	110.99
港澳台合资企业	350.34	7.47	293.90	0.95	66.82	120.74	33.33
其　他	4259.95	98.69	3741.50	16.12	1099.30	471.98	311.77

续表 4

单位:亿元

类　　别	税　金	劳动、待业保险费	职工教育费	广告费	利息支出	投资收益	营业外收入
全国总计	232.26	573.21	51.50	284.53	1511.98	353.94	228.10
按企业集团审批部门分							
国 务 院	83.11	253.53	21.97	63.23	725.81	151.54	95.78
国务院主管部门	19.50	61.72	4.53	22.23	87.13	34.19	14.38
省级人民政府	68.75	168.85	13.68	110.62	399.38	88.50	69.41
省级政府主管部门	26.94	50.54	4.75	43.15	133.76	38.06	23.62
其　　他	33.97	38.57	6.57	45.29	165.90	41.65	24.91
按母公司控股情况分							
国有绝对控股	178.77	522.05	42.52	166.20	1139.64	270.00	184.90
国有相对控股	5.38	11.22	1.48	21.47	67.16	22.76	8.60
集体绝对控股	4.37	7.11	0.86	17.99	40.37	6.43	4.38
集体相对控股	2.72	1.10	0.33	1.18	16.50	0.93	2.47
其　　他	41.02	31.72	6.32	77.69	248.30	53.82	27.74
按母公司登记注册类型分							
国有企业	63.69	169.58	14.35	51.49	459.82	120.92	69.59
国有独资公司	77.42	281.15	21.34	78.80	549.06	124.93	98.71
其他有限责任公司	60.71	93.64	10.28	72.14	337.62	73.33	40.89
股份有限公司	20.42	18.40	4.23	42.46	102.85	24.13	12.71
中外合资企业	2.78	2.83	0.29	15.81	7.98	0.63	0.69
港澳台合资企业	0.30	0.24	0.04	3.56	6.17	0.85	1.16
其　　他	6.94	7.37	0.97	20.27	48.48	9.16	4.35

续表 5

单位:亿元

类　　别	利　润 总　额	应　交 所得税	应　交 增值税	固定资产 投　　资 完 成 额	研究开发 费　　用
全国总计	7227.77	1970.33	4102.05	13665.54	1412.65
按企业集团审批部门分					
国 务 院	4257.78	1264.12	2317.15	8667.82	721.80
国务院主管部门	552.03	133.97	300.48	782.62	83.60
省级人民政府	1310.68	311.19	883.91	2824.90	377.36
省级政府主管部门	484.17	121.01	303.18	684.06	94.03
其　　他	623.12	140.04	297.33	706.14	135.87
按母公司控股情况分					
国有绝对控股	5926.46	1689.75	3490.28	12166.28	1081.32
国有相对控股	74.98	26.13	74.31	220.32	60.68
集体绝对控股	153.33	29.17	69.27	138.63	62.54
集体相对控股	56.68	11.65	28.83	61.39	13.64
其　　他	1016.32	213.63	439.36	1078.92	194.48
按母公司登记注册类型分					
国有企业	3190.08	873.45	1629.00	6388.57	586.87
国有独资公司	2308.81	708.16	1557.82	4981.86	330.64
其他有限责任公司	1175.01	268.71	643.97	1631.53	282.69
股份有限公司	293.17	67.00	158.22	393.99	115.72
中外合资企业	57.06	10.17	26.56	66.92	18.57
港澳台合资企业	25.86	4.29	7.21	13.71	3.53
其　　他	177.78	38.54	79.28	188.96	74.63

2.6　工业企业集团主要劳动工资指标

类　别	单位数（个）	从业人员（万人）	在岗职工（万人）	其他从业人员（万人）	研究开发人员（万人）
全国总计	1790	1786.30	1719.84	66.45	71.56
按企业集团审批部门分					
国 务 院	77	660.93	633.36	27.58	31.27
国务院主管部门	82	150.84	147.31	3.53	4.56
省级人民政府	643	541.06	519.13	21.93	19.52
省级政府主管部门	439	223.00	215.04	7.96	6.47
其　　他	549	210.46	205.00	5.46	9.73
按母公司控股情况分					
国有绝对控股	721	1339.13	1285.44	53.69	54.86
国有相对控股	99	59.69	56.68	3.01	2.69
集体绝对控股	137	57.74	54.70	3.04	2.01
集体相对控股	52	18.49	18.09	0.40	0.58
其　　他	781	311.25	304.92	6.33	11.42
按母公司登记注册类型分					
国有企业	129	494.28	475.05	19.23	24.43
国有独资公司	394	644.42	614.96	29.46	22.12
其他有限责任公司	836	449.49	437.38	12.11	14.74
股份有限公司	265	117.19	114.54	2.65	6.56
中外合资企业	26	18.79	18.69	0.10	0.79
港澳台合资企业	21	9.03	8.94	0.09	0.38
其　　他	119	53.11	50.29	2.82	2.54

续表

类　别	从业人员劳动报酬（亿元）	在岗职工劳动报酬（亿元）	其他从业人员劳动报酬（亿元）	研究开发人员劳动报酬（亿元）
全国总计	4415.19	4307.97	107.21	242.83
按企业集团审批部门分				
国 务 院	2205.19	2152.81	52.38	104.07
国务院主管部门	374.76	367.61	7.15	18.53
省级人民政府	1083.57	1052.59	30.99	60.63
省级政府主管部门	368.05	359.97	8.08	18.00
其　　他	383.61	375.00	8.61	41.60
按母公司控股情况分				
国有绝对控股	3689.97	3602.90	87.08	189.84
国有相对控股	150.26	144.57	5.69	10.12
集体绝对控股	81.86	77.73	4.13	6.79
集体相对控股	26.31	25.91	0.40	1.91
其　　他	466.79	456.87	9.92	34.17
按母公司登记注册类型分				
国有企业	1550.26	1515.17	35.09	74.25
国有独资公司	1672.12	1626.27	45.85	75.25
其他有限责任公司	843.08	824.76	18.32	47.56
股份有限公司	225.10	221.40	3.70	32.55
中外合资企业	31.56	31.40	0.16	2.89
港澳台合资企业	12.87	12.74	0.13	1.15
其　　他	80.19	76.23	3.96	9.19

2.7 工业企业集团主要经济效益指标

单位:%

类　别	净资产收益率	总资产报酬率	销　售利润率	资本保值增值率	劳　动生产率(万元/人)	成本费用利润率
全国总计	9.01	6.34	6.99	116.06	57.85	7.88
按企业集团审批部门分						
国务院	9.48	6.87	8.70	117.03	74.05	9.94
国务院主管部门	10.01	7.10	9.44	125.43	38.78	11.71
省级人民政府	7.55	5.17	4.82	112.52	50.21	5.30
省级政府主管部门	8.30	5.76	5.38	116.14	40.36	5.96
其　他	9.74	6.33	5.04	112.47	58.79	5.53
按母公司控股情况分						
国有绝对控股	8.73	6.26	7.74	116.41	57.20	8.83
国有相对控股	3.54	3.57	2.20	104.33	56.99	2.32
集体绝对控股	8.90	6.24	3.93	112.13	67.53	4.16
集体相对控股	12.90	7.50	4.80	116.91	63.81	5.30
其　他	12.05	7.51	5.57	117.05	58.65	6.13
按母公司登记注册类型分						
国有企业	9.85	6.99	10.09	117.55	63.95	11.77
国有独资公司	7.67	5.73	6.45	115.89	55.52	7.30
其他有限责任公司	9.96	6.38	4.98	114.79	52.51	5.49
股份有限公司	7.91	5.62	4.43	108.48	56.50	4.71
中外合资企业	11.51	7.27	5.68	116.86	53.46	6.28
港澳台合资企业	13.73	7.80	7.23	123.08	39.64	7.90
其　他	9.68	6.14	4.08	117.82	82.07	4.39

续表 1　　　　单位:%

类　别	资　产 利税率	总资产 使用率	流动资产 比　率	资　金 利润率	资　产 负债率	长期负债 与资产 总计比率
全国总计	9.35	72.62	38.11	6.81	57.67	17.69
按企业集团审批部门分						
国务院	10.11	65.57	33.19	7.49	56.48	21.25
国务院主管部门	13.87	62.33	44.91	9.45	53.61	13.13
省级人民政府	7.34	79.49	40.84	5.14	59.94	15.79
省级政府主管部门	8.25	80.91	43.68	5.83	59.19	12.67
其　他	7.94	95.73	49.86	6.47	60.20	9.58
按母公司控股情况分						
国有绝对控股	9.60	65.65	35.77	6.84	57.00	19.10
国有相对控股	4.07	83.29	48.23	2.36	65.25	13.48
集体绝对控股	7.67	123.15	53.17	6.09	55.08	7.66
集体相对控股	9.27	114.80	49.59	7.21	64.22	12.24
其　他	9.24	105.07	47.99	7.81	60.44	11.35
按母公司登记注册类型分						
国有企业	10.53	58.90	34.99	7.81	54.97	19.61
国有独资公司	9.08	69.18	35.08	6.18	58.14	19.35
其他有限责任公司	8.34	95.98	45.36	6.43	61.65	13.07
股份有限公司	6.83	92.20	48.10	5.24	59.41	11.78
中外合资企业	10.31	108.68	43.69	8.05	54.46	10.33
港澳台合资企业	8.28	85.28	58.50	7.46	61.74	3.42
其　他	7.41	115.53	54.00	6.05	60.98	12.43

续表 2

单位:%

类　　别	已获利息倍　　数（倍）	流　动比　率	速　动比　率	新产品销售收入与营业收入比重	研究开发费用与营业收入比重	研究开发费用与主营业务收入比　　重
全国总计	5.78	95.32	68.09	14.19	1.37	1.41
按企业集团审批部门分						
国 务 院	6.87	94.21	69.16	11.61	1.47	1.52
国务院主管部门	7.34	110.94	74.71	15.19	1.43	1.49
省级人民政府	4.28	92.49	64.61	18.42	1.39	1.44
省级政府主管部门	4.62	93.88	67.65	13.83	1.04	1.08
其　　他	4.76	98.49	68.33	14.94	1.10	1.14
按母公司控股情况分						
国有绝对控股	6.20	94.38	67.73	13.32	1.41	1.46
国有相对控股	2.12	93.16	68.17	19.95	1.78	1.83
集体绝对控股	4.80	112.14	81.03	27.61	1.60	1.64
集体相对控股	4.44	95.39	65.75	14.34	1.16	1.22
其　　他	5.09	97.76	67.78	13.91	1.07	1.10
按母公司登记注册类型分						
国有企业	7.94	98.97	74.77	11.86	1.86	1.91
国有独资公司	5.21	90.41	61.25	10.48	0.92	0.96
其他有限责任公司	4.48	93.37	66.13	18.77	1.20	1.24
股份有限公司	3.85	101.00	71.91	21.19	1.75	1.78
中外合资企业	8.15	99.03	74.24	17.03	1.85	1.91
港澳台合资企业	5.19	100.30	63.47	18.67	0.99	1.01
其　　他	4.67	111.23	77.84	25.22	1.71	1.75

2.8 建筑业企业集团主要财务指标

单位:亿元

类　别	单位数(个)	资产总计	固定资产原价	累计折旧	本年折旧	无形资产	累计对外投资
全国总计	200	10289.82	3312.80	822.74	137.75	186.88	364.17
按企业集团审批部门分							
国务院	9	4534.95	2201.88	461.18	78.33	52.55	81.27
国务院主管部门	11	918.33	217.89	81.24	12.53	15.71	33.73
省级人民政府	42	2377.12	436.42	151.50	22.16	38.18	195.52
省级政府主管部门	44	725.87	121.76	37.07	6.29	20.46	27.02
其　他	94	1733.55	334.85	91.75	18.43	59.97	26.63
按母公司控股情况分							
国有绝对控股	82	8150.00	2961.13	715.56	117.31	122.15	307.43
国有相对控股	7	145.25	24.54	5.54	1.23	18.81	1.92
集体绝对控股	14	143.92	19.92	5.39	1.13	1.50	6.33
集体相对控股	2	35.42	6.00	2.13	0.70	0.05	0.45
其　他	95	1815.23	301.21	94.12	17.37	44.36	48.04
按母公司登记注册类型分							
国有企业	29	5632.62	2379.89	531.91	89.04	63.13	212.57
国有独资公司	42	2134.34	419.80	131.55	21.07	39.49	79.19
其他有限责任公司	92	1837.62	404.49	128.46	22.17	58.04	55.14
股份有限公司	28	592.64	84.32	26.20	4.68	23.11	16.97
中外合资企业	1	—	—	—	—	—	—
港澳台合资企业	0	0.00	0.00	0.00	0.00	0.00	0.00
其　他	8	72.35	19.54	2.74	0.65	3.03	0.29

续表 1 单位:亿元

类别	本年对外投资	本年对境外投资	长期投资	短期投资	存货	流动资产年平均余额	应收帐款
全国总计	46.54	1.34	482.98	31.20	2067.15	6784.46	2147.75
按企业集团审批部门分							
国务院	21.01	0.80	126.40	9.53	891.62	3174.04	988.26
国务院主管部门	2.71	0.00	33.93	4.72	216.74	623.39	129.35
省级人民政府	14.04	0.00	226.14	8.32	492.32	1512.45	487.62
省级政府主管部门	4.43	0.01	31.29	3.15	153.49	540.95	153.31
其他	4.35	0.53	65.22	5.49	312.98	933.63	389.21
按母公司控股情况分							
国有绝对控股	36.52	0.80	393.49	18.27	1556.21	5494.82	1709.06
国有相对控股	0.54	0.01	4.52	0.00	19.97	75.03	35.22
集体绝对控股	1.34	0.00	8.76	1.62	42.15	109.63	15.04
集体相对控股	0.05	0.00	1.84	0.14	11.45	9.17	6.10
其他	8.08	0.53	74.37	11.17	437.36	1095.82	382.32
按母公司登记注册类型分							
国有企业	21.49	0.80	280.36	11.64	1061.93	3877.39	1208.32
国有独资公司	14.34	0.00	94.03	5.71	441.46	1408.19	439.65
其他有限责任公司	5.95	0.01	82.13	9.58	370.31	1085.96	396.10
股份有限公司	4.46	0.53	25.26	4.22	169.90	381.67	94.46
中外合资企业	—	—	—	—	—	—	—
港澳台合资企业	0.00	0.00	0.00	0.00	0.00	0.00	0.00
其他	0.29	0.00	1.19	0.05	23.28	20.93	6.03

续表 2 单位:亿元

类别	负债合计	流动负债	股东权益与少数股东权益总计	少数股东权益	股东权益合计	股本	营业收入
全国总计	8038.10	7094.13	2251.73	459.01	1792.71	941.62	10978.72
按企业集团审批部门分							
国务院	3712.95	3223.41	822.00	265.15	556.85	346.00	5356.30
国务院主管部门	718.78	613.93	199.55	42.14	157.42	71.63	954.19
省级人民政府	1825.23	1685.30	551.89	99.46	452.43	197.04	2055.54
省级政府主管部门	530.36	479.18	195.51	29.71	165.80	100.18	871.45
其他	1250.78	1092.31	482.77	22.56	460.21	226.78	1741.24
按母公司控股情况分							
国有绝对控股	6539.01	5741.25	1611.00	401.54	1209.46	674.93	8525.85
国有相对控股	101.72	95.12	43.53	3.12	40.41	19.40	118.77
集体绝对控股	105.14	101.03	38.78	0.00	38.78	24.97	125.86
集体相对控股	19.90	19.84	15.52	0.14	15.38	4.70	25.09
其他	1272.34	1136.89	542.90	54.21	488.69	217.62	2183.14
按母公司登记注册类型分							
国有企业	4527.99	3974.94	1104.64	282.10	822.54	448.89	6286.63
国有独资公司	1724.91	1533.98	409.43	78.32	331.11	178.14	1932.33
其他有限责任公司	1283.87	1152.55	553.75	82.10	471.65	226.97	2101.98
股份有限公司	437.34	386.19	155.29	10.59	144.70	73.95	579.52
中外合资企业	—	—	—	—	—	—	—
港澳台合资企业	0.00	0.00	0.00	0.00	0.00	0.00	0.00
其他	53.61	41.78	18.73	4.71	14.02	10.27	54.28

续表 3

单位:亿元

类别	主营业务收入	其他业务收入	主营业务成本	主营业务税金及附加	新产品销售收入	出口销售总额	存货跌价损失和营业、管理、财务等费用合计
全国总计	10820.17	158.55	9655.14	307.31	16.58	164.99	632.90
按企业集团审批部门分							
国务院	5316.67	39.63	4749.66	142.29	16.34	157.11	333.28
国务院主管部门	948.91	5.28	839.57	31.07	0.00	0.54	62.78
省级人民政府	1986.48	69.06	1789.58	59.40	0.07	4.71	126.25
省级政府主管部门	853.18	18.27	765.87	25.80	0.03	1.30	38.56
其他	1714.93	26.31	1510.45	48.74	0.14	1.33	72.02
按母公司控股情况分							
国有绝对控股	8416.07	109.77	7522.59	236.70	16.34	162.16	539.46
国有相对控股	117.96	0.81	108.43	3.78	0.00	0.96	5.11
集体绝对控股	125.19	0.68	111.17	3.49	0.07	0.00	6.75
集体相对控股	25.07	0.02	21.14	0.71	0.00	0.00	1.57
其他	2135.88	47.26	1891.80	62.64	0.17	1.86	80.00
按母公司登记注册类型分							
国有企业	6225.66	60.97	5563.15	169.92	16.34	158.95	400.01
国有独资公司	1898.04	34.29	1711.80	58.64	0.00	3.20	111.66
其他有限责任公司	2042.75	59.22	1793.46	56.91	0.24	2.52	95.93
股份有限公司	575.51	4.01	518.70	19.72	0.00	0.12	20.53
中外合资企业	—	—	—	—	—	—	—
港澳台合资企业	0.00	0.00	0.00	0.00	0.00	0.00	0.00
其他	54.24	0.04	47.45	1.56	0.00	0.00	3.44

续表 4

单位:亿元

类　别	税　金	劳动、待业保险费	职工教育费	广告费	利息支出	投资收益	营业外收入
全国总计	50.34	83.45	5.19	3.48	87.51	21.40	17.08
按企业集团审批部门分							
国务院	45.06	47.21	2.76	1.64	39.45	6.22	6.54
国务院主管部门	0.84	8.31	0.43	0.22	8.89	2.45	1.04
省级人民政府	2.33	19.33	1.16	0.62	19.79	7.47	6.00
省级政府主管部门	0.49	3.16	0.37	0.45	7.37	1.77	1.18
其　他	1.61	5.44	0.47	0.56	12.00	3.49	2.32
按母公司控股情况分							
国有绝对控股	48.63	77.87	4.28	2.35	71.94	16.42	14.82
国有相对控股	0.11	0.38	0.05	0.03	1.47	–0.03	0.15
集体绝对控股	0.14	0.36	0.05	0.02	0.69	0.52	0.04
集体相对控股	0.01	0.01	0.00	0.00	0.32	0.06	0.05
其　他	1.44	4.82	0.82	1.08	13.07	4.44	2.02
按母公司登记注册类型分							
国有企业	46.05	56.40	3.22	1.70	50.50	12.91	10.28
国有独资公司	2.20	16.84	0.84	0.59	17.10	2.83	4.15
其他有限责任公司	1.75	9.05	0.90	0.84	14.61	4.87	2.24
股份有限公司	0.29	1.05	0.19	0.26	4.32	0.72	0.41
中外合资企业	—	—	—	—	—	—	—
港澳台合资企业	0.00	0.00	0.00	0.00	0.00	0.00	0.00
其　他	0.04	0.04	0.01	0.09	0.82	0.07	–0.01

续表 5

单位:亿元

类　别	利润总额	应交所得税	应交增值税	固定资产投资完成额	研究开发费用
全国总计	257.07	65.54	32.13	310.58	15.81
按企业集团审批部门分					
国务院	96.10	17.68	15.36	205.51	9.93
国务院主管部门	22.53	5.66	2.64	16.26	0.87
省级人民政府	29.94	8.59	6.77	23.43	3.71
省级政府主管部门	25.45	7.75	1.06	5.56	0.48
其　他	83.05	25.87	6.29	59.82	0.82
按母公司控股情况分					
国有绝对控股	135.81	30.72	24.92	276.14	14.44
国有相对控股	2.86	1.05	0.06	0.36	0.02
集体绝对控股	4.94	1.27	0.14	0.73	0.05
集体相对控股	1.81	0.34	0.00	0.00	0.00
其　他	111.64	32.15	7.01	33.35	1.29
按母公司登记注册类型分					
国有企业	116.78	21.99	19.53	211.42	11.08
国有独资公司	17.66	7.65	4.67	55.02	2.26
其他有限责任公司	98.81	28.38	6.35	22.48	2.07
股份有限公司	20.57	6.64	0.69	10.69	0.28
中外合资企业	—	—	—	—	—
港澳台合资企业	0.00	0.00	0.00	0.00	0.00
其　他	1.83	0.52	0.57	10.90	0.11

2.9 建筑业企业集团主要劳动工资指标

类　别	单位数（个）	从业人员（万人）	在岗职工（万人）	其他从业人员（万人）	研究开发人员（万人）
全国总计	200	327.99	253.85	74.14	1.52
按企业集团审批部门分					
国 务 院	9	116.68	81.54	35.14	0.81
国务院主管部门	11	23.51	17.54	5.97	0.11
省级人民政府	42	58.45	49.88	8.57	0.42
省级政府主管部门	44	41.62	39.08	2.54	0.04
其　　他	94	87.73	65.82	21.91	0.13
按母公司控股情况分					
国有绝对控股	82	200.88	145.76	55.12	1.38
国有相对控股	7	6.44	6.38	0.05	0.00
集体绝对控股	14	5.04	4.76	0.28	0.00
集体相对控股	2	0.76	0.63	0.13	0.00
其　　他	95	114.88	96.32	18.56	0.14
按母公司登记注册类型分					
国有企业	29	141.74	102.55	39.20	0.86
国有独资公司	42	45.83	35.04	10.79	0.37
其他有限责任公司	92	102.01	85.62	16.38	0.24
股份有限公司	28	33.64	26.46	7.18	0.04
中外合资企业	1	—	—	—	—
港澳台合资企业	0	0.00	0.00	0.00	0.00
其　　他	8	2.76	2.17	0.59	0.01

续表

类　别	从业人员劳动报酬（亿元）	在岗职工劳动报酬（亿元）	其他从业人员劳动报酬（亿元）	研究开发人员劳动报酬（亿元）
全国总计	686.44	567.88	118.56	6.10
按企业集团审批部门分				
国 务 院	281.15	214.91	66.24	3.36
国务院主管部门	50.24	42.85	7.39	0.40
省级人民政府	130.95	118.35	12.60	1.68
省级政府主管部门	70.07	67.15	2.92	0.16
其　他	154.02	124.62	29.41	0.50
按母公司控股情况分				
国有绝对控股	458.17	365.51	92.66	5.54
国有相对控股	9.49	9.40	0.09	0.00
集体绝对控股	9.53	9.10	0.43	0.01
集体相对控股	1.44	1.32	0.12	0.00
其　他	207.81	182.54	25.26	0.55
按母公司登记注册类型分				
国有企业	334.28	263.00	71.28	3.76
国有独资公司	99.60	84.24	15.36	1.29
其他有限责任公司	193.24	172.63	20.61	0.84
股份有限公司	54.13	44.26	9.87	0.17
中外合资企业	—	—	—	—
港澳台合资企业	0.00	0.00	0.00	0.00
其　他	4.29	2.85	1.43	0.03

2.10 建筑业企业集团主要经济效益指标

单位：%

类　　别	净资产收益率	总资产报酬率	销　售利润率	资本保值增值率	劳　动生产率(万元/人)	成本费用利润率
全国总计	8.51	3.35	2.34	111.53	33.47	2.50
按企业集团审批部门分						
国务院	9.54	2.99	1.79	115.17	45.91	1.89
国务院主管部门	8.46	3.42	2.36	111.76	40.58	2.50
省级人民政府	3.87	2.09	1.46	103.18	35.17	1.56
省级政府主管部门	9.06	4.52	2.92	108.59	20.94	3.16
其　　他	11.84	5.48	4.77	117.24	19.85	5.25
按母公司控股情况分						
国有绝对控股	6.52	2.55	1.59	108.89	42.44	1.68
国有相对控股	4.15	2.98	2.41	114.92	18.45	2.52
集体绝对控股	9.46	3.92	3.93	96.31	24.98	4.19
集体相对控股	9.49	6.02	7.21	110.33	33.10	7.97
其　　他	14.64	6.87	5.11	121.37	19.00	5.66
按母公司登记注册类型分						
国有企业	8.58	2.97	1.86	110.81	44.35	1.96
国有独资公司	2.44	1.63	0.91	106.72	42.17	0.97
其他有限责任公司	12.72	6.17	4.70	117.58	20.61	5.23
股份有限公司	8.97	4.20	3.55	109.08	17.23	3.81
中外合资企业	10.83	7.81	5.93	101.93	11.88	6.50
港澳台合资企业	0.00	0.00	0.00	0.00	0.00	0.00
其　　他	6.99	3.66	3.36	121.00	19.69	3.59

续表 1

单位:%

类　别	资　产 利税率	总资产 使用率	流动资产 比　率	资　金 利润率	资　产 负债率	长期负债 与资产 总计比率
全国总计	5.80	105.15	65.93	2.77	78.12	9.17
按企业集团审批部门分						
国务院	5.60	117.24	69.99	1.96	81.87	10.79
国务院主管部门	6.12	103.33	67.88	2.96	78.27	11.42
省级人民政府	4.04	83.57	63.63	1.67	76.78	5.89
省级政府主管部门	7.21	117.54	74.52	4.07	73.07	7.05
其　他	7.97	98.93	53.86	7.06	72.15	9.14
按母公司控股情况分						
国有绝对控股	4.88	103.26	67.42	1.75	80.23	9.79
国有相对控股	4.61	81.21	51.66	3.04	70.03	4.54
集体绝对控股	5.96	86.98	76.18	3.98	73.05	2.85
集体相对控股	7.10	70.78	25.89	13.88	56.19	0.18
其　他	9.99	117.66	60.37	8.57	70.09	7.46
按母公司登记注册类型分						
国有企业	5.44	110.53	68.84	2.04	80.39	9.82
国有独资公司	3.79	88.93	65.98	1.04	80.82	8.95
其他有限责任公司	8.82	111.16	59.10	7.25	69.87	7.15
股份有限公司	6.92	97.11	64.40	4.68	73.80	8.63
中外合资企业	11.43	118.35	50.98	10.79	51.17	27.99
港澳台合资企业	0.00	0.00	0.00	0.00	0.00	0.00
其　他	5.46	74.97	28.93	4.84	74.11	16.36

续表 2　　单位：%

类别	已获利息倍数（倍）	流动比率	速动比率	新产品销售收入与营业收入比重	研究开发费用与营业收入比重	研究开发费用与主营业务收入比重
全国总计	3.94	95.63	66.50	0.15	0.14	0.15
按企业集团审批部门分						
国务院	3.44	98.47	70.81	0.31	0.19	0.19
国务院主管部门	3.53	101.54	66.24	0.00	0.09	0.09
省级人民政府	2.51	89.74	60.53	0.00	0.18	0.19
省级政府主管部门	4.45	112.89	80.86	0.00	0.05	0.06
其他	7.92	85.47	56.82	0.01	0.05	0.05
按母公司控股情况分						
国有绝对控股	2.89	95.71	68.60	0.19	0.17	0.17
国有相对控股	2.94	78.88	57.88	0.00	0.02	0.02
集体绝对控股	8.11	108.51	66.79	0.06	0.04	0.04
集体相对控股	6.62	46.23	-11.51	0.00	0.00	0.00
其他	9.54	96.39	57.92	0.01	0.06	0.06
按母公司登记注册类型分						
国有企业	3.31	97.55	70.83	0.26	0.18	0.18
国有独资公司	2.03	91.80	63.02	0.00	0.12	0.12
其他有限责任公司	7.76	94.22	62.09	0.01	0.10	0.10
股份有限公司	5.76	98.83	54.84	0.00	0.05	0.05
中外合资企业	9.99	219.89	214.15	0.00	0.06	0.06
港澳台合资企业	0.00	0.00	0.00	0.00	0.00	0.00
其他	3.22	50.10	-5.62	0.00	0.20	0.20

2.11 交通运输、仓储和邮政业企业集团主要财务指标

单位:亿元

类　　别	单位数（个）	资　产总　计	固定资产原　　价	累　计折　旧	本　年折　旧	无　形资　产	累计对外投　　资
全国总计	91	15679.27	10821.62	2725.70	455.81	327.75	486.71
按企业集团审批部门分							
国 务 院	13	6980.79	5342.68	1721.43	261.57	95.19	157.97
国务院主管部门	3	615.47	281.60	85.76	15.80	6.61	6.89
省级人民政府	33	4672.09	3202.56	517.39	100.86	114.74	175.03
省级政府主管部门	17	1731.55	979.02	185.97	36.52	50.92	51.63
其　　他	25	1679.37	1015.76	215.15	41.06	60.29	95.19
按母公司控股情况分							
国有绝对控股	75	14925.57	10363.89	2615.27	434.24	288.32	420.54
国有相对控股	0	0.00	0.00	0.00	0.00	0.00	0.00
集体绝对控股	3	25.34	11.02	4.46	0.52	1.31	0.03
集体相对控股	0	0.00	0.00	0.00	0.00	0.00	0.00
其　　他	13	728.36	446.71	105.97	21.04	38.12	66.14
按母公司登记注册类型分							
国有企业	25	6580.02	5440.71	1683.58	265.10	97.29	173.94
国有独资公司	36	6678.91	4050.12	791.30	148.94	143.25	226.75
其他有限责任公司	19	1550.76	833.03	120.35	22.85	41.53	51.46
股份有限公司	8	762.17	427.27	106.85	16.36	31.59	29.49
中外合资企业	1	—	—	—	—	—	—
港澳台合资企业	0	0.00	0.00	0.00	0.00	0.00	0.00
其　　他	2	19.72	18.79	11.33	0.68	6.74	0.48

续表 1 单位:亿元

类　　别	本年对外投资	本年对境外投资	长期投资	短期投资	存货	流动资产年平均余额	应收帐款
全国总计	49.64	0.44	827.98	85.19	1099.97	3979.21	498.07
按企业集团审批部门分							
国务院	11.85	0.40	305.06	34.87	896.24	2294.87	352.00
国务院主管部门	5.49	0.00	66.15	18.19	7.31	149.25	23.12
省级人民政府	22.53	0.04	285.07	14.89	61.88	841.62	76.78
省级政府主管部门	3.66	0.00	57.26	7.79	58.77	346.11	15.79
其　他	6.11	0.00	114.44	9.45	75.77	347.37	30.39
按母公司控股情况分							
国有绝对控股	43.28	0.44	770.63	76.53	1055.91	3757.99	484.92
国有相对控股	0.00	0.00	0.00	0.00	0.00	0.00	0.00
集体绝对控股	0.00	0.00	2.29	0.00	3.88	10.89	1.45
集体相对控股	0.00	0.00	0.00	0.00	0.00	0.00	0.00
其　他	6.35	0.00	55.07	8.66	40.18	210.33	11.70
按母公司登记注册类型分							
国有企业	12.31	0.40	342.56	31.90	277.37	1686.08	345.47
国有独资公司	25.36	0.04	368.94	39.53	738.53	1752.86	106.22
其他有限责任公司	4.13	0.00	40.37	9.41	43.03	292.45	16.02
股份有限公司	6.67	0.00	67.55	4.35	28.46	218.62	24.86
中外合资企业	—	—	—	—	—	—	—
港澳台合资企业	0.00	0.00	0.00	0.00	0.00	0.00	0.00
其　他	0.41	0.00	1.07	0.00	0.19	4.01	0.27

续表 2 单位:亿元

类　别	负债合计	流动负债	股东权益与少数股东权益总计	少数股东权益	股东权益合计	股本	营业收入
全国总计	9364.47	4763.94	6314.80	1638.35	4676.45	2613.40	6197.73
按企业集团审批部门分							
国务院	4449.20	2360.42	2531.59	758.43	1773.16	1061.54	4380.32
国务院主管部门	351.80	246.75	263.67	43.07	220.60	74.12	129.27
省级人民政府	2727.56	1272.52	1944.53	407.96	1536.57	755.05	899.83
省级政府主管部门	947.24	456.27	784.31	222.18	562.14	500.51	368.84
其　他	888.67	427.98	790.70	206.72	583.98	222.19	419.48
按母公司控股情况分							
国有绝对控股	8858.19	4470.20	6067.38	1518.74	4548.64	2545.27	5918.29
国有相对控股	0.00	0.00	0.00	0.00	0.00	0.00	0.00
集体绝对控股	13.48	11.02	11.87	0.96	10.91	6.91	8.19
集体相对控股	0.00	0.00	0.00	0.00	0.00	0.00	0.00
其　他	492.81	282.72	235.55	118.66	116.89	61.21	271.25
按母公司登记注册类型分							
国有企业	3726.43	2126.28	2853.59	872.83	1980.76	1049.58	4119.72
国有独资公司	4370.95	1965.59	2307.96	440.57	1867.40	862.70	1453.02
其他有限责任公司	844.70	375.48	706.06	222.90	483.16	446.68	307.47
股份有限公司	370.09	267.17	392.08	78.99	313.09	242.49	268.08
中外合资企业	—	—	—	—	—	—	—
港澳台合资企业	0.00	0.00	0.00	0.00	0.00	0.00	0.00
其　他	11.37	4.73	8.36	0.22	8.14	6.95	17.23

续表3 单位:亿元

类　别	主营业务收　入	其他业务收　入	主营业务成　本	主营业务税　金及附加	新产品销　售收　入	出口销售总　额	存货跌价损失和营业、管理、财务等费用合计
全国总计	6032.43	165.30	4727.42	117.09	0.16	106.76	1129.26
按企业集团审批部门分							
国务院	4274.74	105.58	3509.95	59.80	0.00	100.85	461.64
国务院主管部门	126.08	3.19	79.37	3.49	0.00	0.00	30.19
省级人民政府	876.72	23.11	572.46	30.48	0.07	4.71	494.02
省级政府主管部门	355.49	13.35	297.09	10.44	0.02	0.93	81.22
其　他	399.40	20.08	268.55	12.88	0.07	0.27	62.18
按母公司控股情况分							
国有绝对控股	5755.99	162.30	4508.04	108.23	0.07	103.94	1079.16
国有相对控股	0.00	0.00	0.00	0.00	0.00	0.00	0.00
集体绝对控股	8.19	0.00	5.71	0.32	0.00	0.00	2.19
集体相对控股	0.00	0.00	0.00	0.00	0.00	0.00	0.00
其　他	268.25	3.00	213.67	8.53	0.09	2.82	47.91
按母公司登记注册类型分							
国有企业	4017.02	102.70	3197.97	64.73	0.00	96.83	432.67
国有独资公司	1398.20	54.82	1084.64	33.60	0.00	6.84	585.10
其他有限责任公司	301.82	5.66	240.39	9.50	0.09	2.09	60.16
股份有限公司	266.52	1.56	174.61	7.61	0.00	0.73	46.14
中外合资企业	—	—	—	—	—	—	—
港澳台合资企业	0.00	0.00	0.00	0.00	0.00	0.00	0.00
其　他	17.22	0.01	14.58	0.59	0.00	0.00	1.71

续表 4

单位:亿元

类别	税金	劳动、待业保险费	职工教育费	广告费	利息支出	投资收益	营业外收入
全国总计	69.00	55.61	6.56	2.99	167.67	75.02	54.85
按企业集团审批部门分							
国务院	62.09	29.14	2.12	1.68	89.65	30.33	40.98
国务院主管部门	0.04	0.53	0.04	0.00	6.53	3.02	5.65
省级人民政府	2.27	10.12	3.64	1.04	38.93	22.19	4.06
省级政府主管部门	2.60	8.30	0.37	0.15	15.12	4.59	2.80
其他	2.00	7.51	0.40	0.13	17.43	14.88	1.36
按母公司控股情况分							
国有绝对控股	68.62	53.91	6.46	2.07	152.73	69.48	53.97
国有相对控股	0.00	0.00	0.00	0.00	0.00	0.00	0.00
集体绝对控股	0.16	0.07	0.01	0.00	0.48	0.36	0.03
集体相对控股	0.00	0.00	0.00	0.00	0.00	0.00	0.00
其他	0.22	1.63	0.10	0.92	14.46	5.18	0.85
按母公司登记注册类型分							
国有企业	63.91	31.77	2.06	1.74	86.88	29.89	29.32
国有独资公司	2.75	19.50	4.20	0.15	61.38	36.60	18.42
其他有限责任公司	1.92	1.29	0.09	0.85	13.22	3.89	0.78
股份有限公司	0.27	2.24	0.17	0.18	5.79	3.47	6.25
中外合资企业	—	—	—	—	—	—	—
港澳台合资企业	0.00	0.00	0.00	0.00	0.00	0.00	0.00
其他	0.11	0.60	0.02	0.00	0.23	0.08	0.03

续表 5

单位:亿元

类　别	利　润 总　额	应　交 所得税	应　交 增值税	固定资产 投　资 完 成 额	研究开发 费　用
全国总计	571.04	140.74	19.31	1306.48	17.76
按企业集团审批部门分					
国 务 院	353.87	79.02	13.17	304.75	1.75
国务院主管部门	23.92	8.29	0.71	2.74	0.00
省级人民政府	120.89	32.73	2.25	694.16	1.30
省级政府主管部门	-6.37	2.37	1.86	170.64	14.62
其　他	78.74	18.33	1.33	134.18	0.09
按母公司控股情况分					
国有绝对控股	563.14	138.25	18.47	1256.30	3.21
国有相对控股	0.00	0.00	0.00	0.00	0.00
集体绝对控股	0.36	0.17	0.01	0.58	0.00
集体相对控股	0.00	0.00	0.00	0.00	0.00
其　他	7.54	2.32	0.83	49.59	14.55
按母公司登记注册类型分					
国有企业	379.81	93.45	13.76	385.40	2.71
国有独资公司	125.94	34.17	3.97	686.69	0.44
其他有限责任公司	1.45	3.15	0.93	186.12	14.56
股份有限公司	50.71	8.65	0.22	31.61	0.00
中外合资企业	—	—	—	—	—
港澳台合资企业	0.00	0.00	0.00	0.00	0.00
其　他	0.27	0.07	0.01	5.95	0.00

2.12 交通运输、仓储和邮政业企业集团主要劳动工资指标

类　别	单位数（个）	从业人员（万人）	在岗职工（万人）	其他从业人员（万人）	研究开发人员（万人）
全国总计	91	118.88	110.29	8.59	0.27
按企业集团审批部门分					
国务院	13	47.70	44.23	3.47	0.09
国务院主管部门	3	4.17	4.16	0.01	0.00
省级人民政府	33	29.44	27.21	2.23	0.16
省级政府主管部门	17	22.32	19.80	2.52	0.01
其　他	25	15.25	14.89	0.36	0.01
按母公司控股情况分					
国有绝对控股	75	110.25	102.56	7.69	0.26
国有相对控股	0	0.00	0.00	0.00	0.00
集体绝对控股	3	0.52	0.52	0.00	0.00
集体相对控股	0	0.00	0.00	0.00	0.00
其　他	13	8.11	7.22	0.90	0.02
按母公司登记注册类型分					
国有企业	25	55.98	52.32	3.66	0.11
国有独资公司	36	45.42	42.35	3.07	0.14
其他有限责任公司	19	6.98	6.31	0.68	0.02
股份有限公司	8	9.52	8.35	1.18	0.00
中外合资企业	1	—	—	—	—
港澳台合资企业	0	0.00	0.00	0.00	0.00
其　他	2	0.79	0.79	0.00	0.00

续表

类别	从业人员劳动报酬（亿元）	在岗职工劳动报酬（亿元）	其他从业人员劳动报酬（亿元）	研究开发人员劳动报酬（亿元）
全国总计	419.67	402.00	17.66	1.59
按企业集团审批部门分				
国 务 院	220.11	211.30	8.82	0.74
国务院主管部门	15.28	15.27	0.01	0.00
省级人民政府	95.26	90.99	4.27	0.79
省级政府主管部门	49.43	45.37	4.06	0.05
其　　他	39.59	39.08	0.51	0.02
按母公司控股情况分				
国有绝对控股	401.09	384.60	16.49	1.55
国有相对控股	0.00	0.00	0.00	0.00
集体绝对控股	1.03	1.03	0.00	0.00
集体相对控股	0.00	0.00	0.00	0.00
其　　他	17.54	16.37	1.17	0.04
按母公司登记注册类型分				
国有企业	224.56	216.35	8.20	0.84
国有独资公司	142.76	136.06	6.70	0.69
其他有限责任公司	16.04	15.42	0.63	0.05
股份有限公司	34.02	31.95	2.07	0.00
中外合资企业	—	—	—	—
港澳台合资企业	0.00	0.00	0.00	0.00
其　　他	1.23	1.23	0.00	0.00

2.13 交通运输、仓储和邮政业企业集团主要经济效益指标

单位：%

类　别	净资产收益率	总资产报酬率	销　售利润率	资本保值增值率	劳　动生产率（万元/人）	成本费用利润率
全国总计	6.81	4.71	9.21	122.00	52.13	9.75
按企业集团审批部门分						
国务院	10.86	6.35	8.08	121.72	91.83	8.91
国务院主管部门	5.92	4.95	18.50	117.09	31.03	21.83
省级人民政府	4.53	3.42	13.44	121.16	30.56	11.34
省级政府主管部门	-1.11	0.51	-1.73	133.37	16.53	-1.68
其　他	7.64	5.73	18.77	116.64	27.50	23.81
按母公司控股情况分						
国有绝对控股	7.00	4.80	9.52	121.85	53.68	10.08
国有相对控股	0.00	0.00	0.00	0.00	0.00	0.00
集体绝对控股	1.62	3.34	4.41	107.92	15.76	4.58
集体相对控股	0.00	0.00	0.00	0.00	0.00	0.00
其　他	2.22	3.02	2.78	127.03	33.44	2.88
按母公司登记注册类型分						
国有企业	10.03	7.09	9.22	119.51	73.59	10.46
国有独资公司	3.98	2.80	8.67	118.34	31.99	7.54
其他有限责任公司	-0.24	0.95	0.47	138.46	44.02	0.48
股份有限公司	10.73	7.41	18.92	139.49	28.15	22.97
中外合资企业	24.84	14.85	39.93	117.98	179.86	68.80
港澳台合资企业	0.00	0.00	0.00	0.00	0.00	0.00
其　他	2.41	2.54	1.55	115.29	21.91	1.64

续表 1

单位:%

类别	资产利税率	总资产使用率	流动资产比率	资金利润率	资产负债率	长期负债与资产总计比率
全国总计	4.51	38.47	25.38	4.73	59.73	29.34
按企业集团审批部门分						
国务院	6.11	61.24	32.87	5.98	63.73	29.92
国务院主管部门	4.57	20.49	24.25	6.93	57.16	17.07
省级人民政府	3.29	18.76	18.01	3.43	58.38	31.14
省级政府主管部门	0.34	20.53	19.99	−0.56	54.70	28.35
其他	5.53	23.78	20.68	6.86	52.92	27.43
按母公司控股情况分						
国有绝对控股	4.62	38.56	25.18	4.89	59.35	29.40
国有相对控股	0.00	0.00	0.00	0.00	0.00	0.00
集体绝对控股	2.73	32.31	42.96	2.07	53.17	9.68
集体相对控股	0.00	0.00	0.00	0.00	0.00	0.00
其他	2.32	36.83	28.88	1.37	67.66	28.84
按母公司登记注册类型分						
国有企业	6.96	61.05	25.62	6.98	56.63	24.32
国有独资公司	2.45	20.93	26.24	2.51	65.44	36.01
其他有限责任公司	0.77	19.46	18.86	0.14	54.47	30.26
股份有限公司	7.68	34.97	28.68	9.41	48.56	13.50
中外合资企业	16.36	36.10	28.71	19.91	46.69	18.53
港澳台合资企业	0.00	0.00	0.00	0.00	0.00	0.00
其他	4.39	87.30	20.33	2.33	57.63	33.64

续表 2

单位：%

类　　别	已获利息倍　　数（倍）	流　动比　率	速　动比　率	新产品销售收入与营业收入比重	研究开发费用与营业收入比重	研究开发费用与主营业务收入比　　重
全国总计	4.41	83.53	60.44	0.00	0.29	0.29
按企业集团审批部门分						
国务院	4.95	97.22	59.25	0.00	0.04	0.04
国务院主管部门	4.66	60.49	57.52	0.00	0.00	0.00
省级人民政府	4.11	66.14	61.27	0.01	0.14	0.15
省级政府主管部门	0.58	75.86	62.98	0.00	3.96	4.11
其　　他	5.52	81.16	63.46	0.02	0.02	0.02
按母公司控股情况分						
国有绝对控股	4.69	84.07	60.45	0.00	0.05	0.06
国有相对控股	0.00	0.00	0.00	0.00	0.00	0.00
集体绝对控股	1.75	98.78	63.59	0.00	0.00	0.00
集体相对控股	0.00	0.00	0.00	0.00	0.00	0.00
其　　他	1.52	74.39	60.18	0.03	5.36	5.42
按母公司登记注册类型分						
国有企业	5.37	79.30	66.25	0.00	0.07	0.07
国有独资公司	3.05	89.18	51.60	0.00	0.03	0.03
其他有限责任公司	1.11	77.89	66.43	0.03	4.74	4.83
股份有限公司	9.76	81.83	71.17	0.00	0.00	0.00
中外合资企业	81.48	101.97	51.79	0.21	0.15	0.15
港澳台合资企业	0.00	0.00	0.00	0.00	0.00	0.00
其　　他	2.15	84.78	80.82	0.00	0.02	0.02

2.14 批发和零售业企业集团主要财务指标

单位：亿元

类别	单位数（个）	资产总计	固定资产原价	累计折旧	本年折旧	无形资产	累计对外投资
全国总计	370	12686.94	3589.05	924.43	143.04	341.82	1081.07
按企业集团审批部门分							
国务院	18	3004.52	666.97	185.12	18.38	78.20	259.49
国务院主管部门	23	2236.78	886.04	221.66	44.18	18.53	238.21
省级人民政府	127	3630.90	919.29	244.64	36.54	108.14	355.75
省级政府主管部门	83	1590.54	446.89	119.62	16.56	48.31	98.87
其他	119	2224.20	669.85	153.40	27.39	88.63	128.76
按母公司控股情况分							
国有绝对控股	212	9576.47	2853.96	760.68	112.92	235.55	798.28
国有相对控股	23	363.11	154.00	39.00	6.37	10.37	20.37
集体绝对控股	25	537.32	113.92	32.35	4.28	9.21	26.06
集体相对控股	8	53.72	18.80	4.14	0.70	1.41	2.01
其他	102	2156.33	448.37	88.27	18.77	85.28	234.35
按母公司登记注册类型分							
国有企业	69	4791.77	1400.15	357.83	54.09	111.83	421.67
国有独资公司	119	4181.50	1307.01	368.61	54.26	114.07	323.27
其他有限责任公司	108	2053.40	450.34	98.85	18.18	79.24	124.57
股份有限公司	49	1165.51	322.55	72.84	12.81	26.15	190.60
中外合资企业	0	0.00	0.00	0.00	0.00	0.00	0.00
港澳台合资企业	3	104.37	24.40	4.69	0.90	2.87	3.16
其他	22	390.38	84.60	21.62	2.81	7.66	17.80

续表 1　　单位:亿元

类别	本年对外投资	本年对境外投资	长期投资	短期投资	存货	流动资产年平均余额	应收帐款
全国总计	254.88	1.86	1183.51	120.99	2218.78	7234.85	1090.95
按企业集团审批部门分							
国务院	90.84	1.39	216.07	62.42	735.68	1969.59	345.24
国务院主管部门	19.15	0.15	239.78	20.54	294.05	1003.50	139.60
省级人民政府	123.74	0.20	442.22	22.66	500.21	2109.07	312.34
省级政府主管部门	10.71	0.00	117.47	7.21	277.26	928.45	133.52
其他	10.44	0.12	167.97	8.17	411.58	1224.25	160.26
按母公司控股情况分							
国有绝对控股	156.68	1.85	833.90	111.40	1660.54	5497.81	901.89
国有相对控股	2.18	0.00	24.15	1.60	62.84	193.48	14.13
集体绝对控股	4.52	0.00	29.16	2.92	117.60	344.02	46.96
集体相对控股	0.29	0.00	4.08	0.02	6.45	26.68	2.71
其他	91.22	0.01	292.22	5.05	371.35	1172.87	125.26
按母公司登记注册类型分							
国有企业	93.34	1.65	404.50	63.58	826.71	2749.85	452.85
国有独资公司	44.47	0.20	372.16	46.39	743.96	2428.38	398.74
其他有限责任公司	27.66	0.01	178.92	7.19	400.98	1157.94	128.58
股份有限公司	87.54	0.00	202.25	1.75	159.92	601.87	48.21
中外合资企业	0.00	0.00	0.00	0.00	0.00	0.00	0.00
港澳台合资企业	0.36	0.00	0.78	0.07	12.19	49.78	4.74
其他	1.52	0.00	24.90	2.01	75.03	247.04	57.82

续表 2　　　　单位:亿元

类　别	负债合计	流动负债	股东权益与少数股东权益总计	少数股东权益	股东权益合计	股本	营业收入
全国总计	8709.48	7185.79	3977.46	966.86	3010.60	1407.77	18935.42
按企业集团审批部门分							
国务院	2147.40	1831.20	857.13	210.03	647.10	254.36	6125.00
国务院主管部门	1360.95	1004.81	875.83	285.92	589.91	249.97	2139.67
省级人民政府	2629.83	2096.41	1001.07	251.76	749.31	412.22	5151.03
省级政府主管部门	1053.60	918.26	536.94	90.96	445.98	207.78	2019.00
其　他	1517.70	1335.11	706.49	128.20	578.29	283.45	3500.71
按母公司控股情况分							
国有绝对控股	6491.57	5469.31	3084.90	805.89	2279.01	1048.73	14682.50
国有相对控股	265.72	249.38	97.39	23.58	73.80	49.32	565.50
集体绝对控股	410.85	360.57	126.47	9.38	117.09	57.02	706.21
集体相对控股	34.72	32.47	18.99	0.82	18.17	10.36	97.68
其　他	1506.62	1074.06	649.71	127.19	522.53	242.34	2883.53
按母公司登记注册类型分							
国有企业	3359.60	2730.26	1432.17	431.28	1000.89	518.88	7462.90
国有独资公司	2800.16	2453.23	1381.34	336.87	1044.47	458.70	6372.41
其他有限责任公司	1333.40	1144.92	720.01	118.76	601.25	269.99	2679.27
股份有限公司	866.79	544.85	298.72	69.59	229.13	96.78	1637.32
中外合资企业	0.00	0.00	0.00	0.00	0.00	0.00	0.00
港澳台合资企业	70.84	62.81	33.53	1.19	32.34	2.79	185.78
其　他	278.69	249.71	111.69	9.17	102.52	60.64	597.74

续表 3 单位:亿元

类　别	主营业务收　入	其他业务收　入	主营业务成　本	主营业务税　金及附加	新产品销　售收　入	出口销售总　额	存货跌价损失和营业、管理、财务等费用合计
全国总计	18760.49	174.92	17241.46	59.09	15.12	2645.54	1319.52
按企业集团审批部门分							
国务院	6102.31	22.69	5775.27	9.71	0.30	799.11	244.68
国务院主管部门	2125.40	14.26	1917.17	10.98	0.00	75.10	247.98
省级人民政府	5099.34	51.69	4627.48	14.78	10.82	1074.18	385.71
省级政府主管部门	1997.93	21.07	1810.44	8.97	2.89	279.38	160.01
其　他	3435.51	65.20	3111.11	14.64	1.11	417.77	281.13
按母公司控股情况分							
国有绝对控股	14567.94	114.56	13427.88	41.03	14.05	2308.24	981.59
国有相对控股	554.04	11.46	500.62	2.30	0.00	63.20	54.06
集体绝对控股	699.31	6.90	656.29	1.68	0.02	167.75	36.12
集体相对控股	96.31	1.37	85.60	0.27	0.00	9.41	7.46
其　他	2842.90	40.63	2571.07	13.81	1.05	96.94	240.29
按母公司登记注册类型分							
国有企业	7419.04	43.86	6898.91	21.47	0.30	960.64	408.94
国有独资公司	6306.00	66.42	5757.23	16.37	13.73	1244.86	527.59
其他有限责任公司	2646.77	32.49	2399.31	13.48	0.50	163.46	186.37
股份有限公司	1608.66	28.66	1460.72	5.59	0.02	96.70	153.31
中外合资企业	0.00	0.00	0.00	0.00	0.00	0.00	0.00
港澳台合资企业	185.27	0.51	164.00	0.72	0.00	0.00	12.69
其　他	594.76	2.98	561.30	1.45	0.57	179.88	30.62

续表 4　　单位:亿元

类　别	税　金	劳动、待业保险费	职工教育费	广告费	利息支出	投资收益	营业外收入
全国总计	39.34	42.74	3.05	23.50	128.57	102.81	45.50
按企业集团审批部门分							
国务院	2.98	8.74	0.91	5.04	31.00	22.98	11.78
国务院主管部门	1.25	3.30	0.23	2.88	24.00	44.69	10.92
省级人民政府	20.50	13.98	0.85	3.33	31.83	23.71	10.88
省级政府主管部门	3.26	6.76	0.38	2.33	16.42	2.46	2.32
其　他	11.35	9.96	0.68	9.93	25.34	8.97	9.60
按母公司控股情况分							
国有绝对控股	26.57	34.66	2.25	14.64	96.42	84.54	37.62
国有相对控股	2.42	1.57	0.11	0.84	5.49	0.35	0.76
集体绝对控股	1.33	1.29	0.07	0.18	5.76	0.75	1.79
集体相对控股	0.28	0.14	0.02	0.10	0.86	0.22	0.02
其　他	8.74	5.09	0.60	7.75	20.05	16.95	5.31
按母公司登记注册类型分							
国有企业	4.93	12.44	0.98	5.16	55.94	61.84	17.22
国有独资公司	21.17	19.39	1.13	9.12	38.33	20.60	19.67
其他有限责任公司	10.05	4.81	0.56	5.50	17.08	8.01	5.04
股份有限公司	2.52	3.73	0.29	3.53	11.89	11.54	2.04
中外合资企业	0.00	0.00	0.00	0.00	0.00	0.00	0.00
港澳台合资企业	0.15	1.32	0.02	0.08	0.98	0.31	0.14
其　他	0.51	1.05	0.06	0.11	4.35	0.50	1.38

续表 5 单位:亿元

类　别	利　润 总　额	应　交 所得税	应　交 增值税	固定资产 投　资 完成额	研究开发 费　用
全国总计	377.94	96.51	116.01	337.13	12.99
按企业集团审批部门分					
国务院	113.81	21.83	20.57	50.81	6.91
国务院主管部门	89.64	11.55	22.77	172.34	0.05
省级人民政府	67.66	26.31	34.61	61.18	1.74
省级政府主管部门	29.56	15.04	16.41	20.51	0.31
其　他	77.26	21.79	21.65	32.29	3.98
按母公司控股情况分					
国有绝对控股	297.90	71.73	87.02	287.07	12.24
国有相对控股	2.92	3.85	5.50	0.95	0.00
集体绝对控股	11.89	3.03	2.87	8.04	0.04
集体相对控股	1.62	0.44	1.16	2.65	0.01
其　他	63.61	17.47	19.46	38.42	0.69
按母公司登记注册类型分					
国有企业	189.20	33.06	38.56	209.06	7.68
国有独资公司	96.43	31.90	45.56	64.63	4.51
其他有限责任公司	58.60	15.10	15.67	27.55	0.17
股份有限公司	21.48	9.99	15.15	25.39	0.58
中外合资企业	0.00	0.00	0.00	0.00	0.00
港澳台合资企业	5.08	3.78	1.11	4.19	0.01
其　他	7.15	2.70	-0.05	6.32	0.04

2.15 批发和零售业企业集团主要劳动工资指标

类　别	单位数（个）	从业人员（万人）	在岗职工（万人）	其他从业人员（万人）	研究开发人员（万人）
全国总计	370	145.34	132.47	12.87	0.42
按企业集团审批部门分					
国 务 院	18	20.93	17.09	3.84	0.04
国务院主管部门	23	22.09	21.43	0.66	0.04
省级人民政府	127	45.34	40.46	4.88	0.10
省级政府主管部门	83	19.54	18.17	1.37	0.05
其　　他	119	37.44	35.32	2.12	0.19
按母公司控股情况分					
国有绝对控股	212	98.59	87.75	10.84	0.35
国有相对控股	23	5.09	4.63	0.46	0.00
集体绝对控股	25	4.65	4.44	0.21	0.01
集体相对控股	8	1.11	1.10	0.01	0.00
其　　他	102	35.90	34.55	1.35	0.06
按母公司登记注册类型分					
国有企业	69	42.80	39.41	3.39	0.13
国有独资公司	119	51.33	44.18	7.15	0.21
其他有限责任公司	108	20.79	19.29	1.50	0.04
股份有限公司	49	25.09	24.39	0.70	0.03
中外合资企业	0	0.00	0.00	0.00	0.00
港澳台合资企业	3	1.87	1.85	0.02	0.00
其　　他	22	3.47	3.35	0.12	0.01

续表

类　　别	从业人员劳动报酬（亿元）	在岗职工劳动报酬（亿元）	其他从业人员劳动报酬（亿元）	研究开发人员劳动报酬（亿元）
全国总计	342.41	325.45	16.96	1.69
按企业集团审批部门分				
国 务 院	66.64	61.09	5.56	0.17
国务院主管部门	65.88	64.78	1.10	0.19
省级人民政府	100.23	93.45	6.77	0.32
省级政府主管部门	41.07	39.71	1.36	0.16
其　　他	68.59	66.41	2.18	0.84
按母公司控股情况分				
国有绝对控股	260.91	245.88	15.03	1.41
国有相对控股	8.62	8.30	0.32	0.00
集体绝对控股	6.85	6.67	0.19	0.03
集体相对控股	1.46	1.44	0.01	0.00
其　　他	64.57	63.15	1.41	0.24
按母公司登记注册类型分				
国有企业	132.34	127.52	4.82	0.56
国有独资公司	114.44	104.78	9.66	0.78
其他有限责任公司	43.14	41.24	1.89	0.24
股份有限公司	42.10	41.70	0.40	0.09
中外合资企业	0.00	0.00	0.00	0.00
港澳台合资企业	4.44	4.37	0.07	0.00
其　　他	5.95	5.83	0.12	0.01

2.16 批发和零售业企业集团主要经济效益指标

单位：%

类　别	净资产收益率	总资产报酬率	销　售利润率	资本保值增值率	劳　动生产率(万元/人)	成本费用利润率
全国总计	7.08	3.99	2.00	112.62	130.28	2.04
按企业集团审批部门分						
国务院	10.73	4.82	1.86	125.87	292.65	1.89
国务院主管部门	8.92	5.08	4.19	116.21	96.85	4.14
省级人民政府	4.13	2.74	1.31	104.39	113.62	1.35
省级政府主管部门	2.70	2.89	1.46	102.90	103.30	1.50
其　他	7.85	4.61	2.21	114.61	93.51	2.28
按母公司控股情况分						
国有绝对控股	7.33	4.12	2.03	113.67	148.92	2.07
国有相对控股	-0.96	2.31	0.52	90.72	111.10	0.53
集体绝对控股	7.00	3.28	1.68	104.48	151.74	1.72
集体相对控股	6.25	4.61	1.66	111.91	88.34	1.74
其　他	7.10	3.88	2.21	113.47	80.32	2.26
按母公司登记注册类型分						
国有企业	10.90	5.12	2.54	120.81	174.38	2.59
国有独资公司	4.67	3.22	1.51	107.31	124.15	1.53
其他有限责任公司	6.04	3.69	2.19	114.98	128.86	2.27
股份有限公司	3.85	2.86	1.31	102.85	65.27	1.33
中外合资企业	0.00	0.00	0.00	0.00	0.00	0.00
港澳台合资企业	3.88	5.80	2.73	103.60	99.46	2.87
其　他	3.99	2.94	1.20	101.51	172.26	1.21

续表 1

单位：%

类　别	资　产 利税率	总资产 使用率	流动资产 比　率	资　金 利润率	资　产 负债率	长期负债 与资产 总计比率
全国总计	4.36	147.87	57.03	3.82	68.65	12.01
按企业集团审批部门分						
国 务 院	4.80	203.10	65.55	4.64	71.47	10.52
国务院主管部门	5.52	95.02	44.86	5.37	60.84	15.92
省级人民政府	3.22	140.44	58.09	2.43	72.43	14.69
省级政府主管部门	3.45	125.61	58.37	2.35	66.24	8.51
其　他	5.11	154.46	55.04	4.44	68.24	8.21
按母公司控股情况分						
国有绝对控股	4.45	152.12	57.41	3.92	67.79	10.67
国有相对控股	2.95	152.58	53.28	0.95	73.18	4.50
集体绝对控股	3.06	130.15	64.02	2.79	76.46	9.36
集体相对控股	5.70	179.29	49.66	3.93	64.64	4.19
其　他	4.49	131.84	54.39	4.15	69.87	20.06
按母公司登记注册类型分						
国有企业	5.20	154.83	57.39	4.99	70.11	13.13
国有独资公司	3.79	150.81	58.07	2.86	66.97	8.30
其他有限责任公司	4.27	128.90	56.39	3.88	64.94	9.18
股份有限公司	3.62	138.02	51.64	2.52	74.37	27.62
中外合资企业	0.00	0.00	0.00	0.00	0.00	0.00
港澳台合资企业	6.63	177.51	47.69	7.31	67.88	7.69
其　他	2.19	152.35	63.28	2.31	71.39	7.42

续表 2

单位:%

类　别	已获利息倍数(倍)	流动比率	速动比率	新产品销售收入与营业收入比重	研究开发费用与营业收入比重	研究开发费用与主营业务收入比重
全国总计	3.94	100.68	69.81	0.08	0.07	0.07
按企业集团审批部门分						
国务院	4.67	107.56	67.38	0.00	0.11	0.11
国务院主管部门	4.74	99.87	70.61	0.00	0.00	0.00
省级人民政府	3.13	100.60	76.74	0.21	0.03	0.03
省级政府主管部门	2.80	101.11	70.92	0.14	0.02	0.02
其　他	4.05	91.70	60.87	0.03	0.11	0.12
按母公司控股情况分						
国有绝对控股	4.09	100.52	70.16	0.10	0.08	0.08
国有相对控股	1.53	77.58	52.38	0.00	0.00	0.00
集体绝对控股	3.06	95.41	62.79	0.00	0.01	0.01
集体相对控股	2.90	82.15	62.29	0.00	0.01	0.01
其　他	4.17	109.20	74.63	0.04	0.02	0.02
按母公司登记注册类型分						
国有企业	4.38	100.72	70.44	0.00	0.10	0.10
国有独资公司	3.52	98.99	68.66	0.22	0.07	0.07
其他有限责任公司	4.43	101.14	66.12	0.02	0.01	0.01
股份有限公司	2.81	110.46	81.11	0.00	0.04	0.04
中外合资企业	0.00	0.00	0.00	0.00	0.00	0.00
港澳台合资企业	6.19	79.25	59.84	0.00	0.01	0.01
其　他	2.64	98.93	68.88	0.10	0.01	0.01

2.17 房地产业企业集团主要财务指标

单位:亿元

类　别	单位数（个）	资产总计	固定资产原价	累计折旧	本年折旧	无形资产	累计对外投资
全国总计	188	6616.52	796.13	150.70	28.39	123.97	270.58
按企业集团审批部门分							
国务院	0	0.00	0.00	0.00	0.00	0.00	0.00
国务院主管部门	6	370.62	101.68	15.85	4.45	10.45	10.48
省级人民政府	41	1704.00	177.30	37.53	4.89	43.18	64.02
省级政府主管部门	42	1628.58	161.65	31.82	7.50	43.46	51.93
其　他	99	2913.32	355.49	65.50	11.55	26.89	144.15
按母公司控股情况分							
国有绝对控股	50	3264.34	398.88	71.29	10.26	54.41	127.24
国有相对控股	10	318.70	37.56	10.93	1.58	8.18	9.78
集体绝对控股	8	128.36	11.15	2.53	0.43	0.62	2.98
集体相对控股	4	56.55	7.94	2.54	0.31	0.07	2.83
其　他	116	2848.57	340.61	63.41	15.81	60.70	127.75
按母公司登记注册类型分							
国有企业	14	1247.35	106.69	29.46	4.35	40.45	44.19
国有独资公司	23	1525.75	184.99	26.83	4.15	10.71	68.71
其他有限责任公司	109	2699.99	327.58	58.15	15.49	52.14	116.66
股份有限公司	29	890.94	152.53	29.14	3.42	13.79	29.22
中外合资企业	0	0.00	0.00	0.00	0.00	0.00	0.00
港澳台合资企业	6	72.70	5.46	2.33	0.33	0.17	1.82
其　他	7	179.79	18.88	4.78	0.66	6.71	9.97

续表 1 单位:亿元

类别	本年对外投资	本年对境外投资	长期投资	短期投资	存货	流动资产年平均余额	应收帐款
全国总计	50.79	0.22	471.11	32.82	2729.03	4248.77	204.58
按企业集团审批部门分							
国务院	0.00	0.00	0.00	0.00	0.00	0.00	0.00
国务院主管部门	2.96	0.01	30.56	0.65	62.62	201.91	19.64
省级人民政府	10.56	0.16	152.80	2.31	730.21	1068.85	41.52
省级政府主管部门	15.64	0.00	103.08	18.89	767.45	1097.39	53.51
其他	21.63	0.06	184.67	10.97	1168.75	1880.61	89.92
按母公司控股情况分							
国有绝对控股	12.36	0.22	244.94	23.84	1469.58	2253.60	96.32
国有相对控股	2.37	0.00	13.04	0.15	150.16	177.57	13.35
集体绝对控股	1.44	0.00	6.14	1.02	41.82	74.32	6.97
集体相对控股	2.18	0.00	2.99	0.00	16.78	32.80	4.09
其他	32.44	0.00	204.00	7.81	1050.70	1710.47	83.85
按母公司登记注册类型分							
国有企业	5.63	0.01	108.36	14.70	575.55	961.61	29.97
国有独资公司	6.37	0.16	114.16	7.64	730.40	1037.66	44.25
其他有限责任公司	30.59	0.06	174.37	10.02	1005.77	1573.06	88.03
股份有限公司	4.77	0.00	58.43	0.44	348.38	499.63	31.42
中外合资企业	0.00	0.00	0.00	0.00	0.00	0.00	0.00
港澳台合资企业	0.59	0.00	2.74	0.00	19.66	54.07	3.53
其他	2.85	0.00	13.05	0.03	49.27	122.75	7.38

续表2　　单位:亿元

类别	负债合计	流动负债	股东权益与少数股东权益总计	少数股东权益	股东权益合计	股本	营业收入
全国总计	4757.27	3631.52	1859.25	370.33	1488.92	731.11	2117.99
按企业集团审批部门分							
国务院	0.00	0.00	0.00	0.00	0.00	0.00	0.00
国务院主管部门	280.42	223.22	90.21	14.15	76.05	61.48	111.70
省级人民政府	1183.17	840.53	520.83	114.38	406.45	172.59	454.47
省级政府主管部门	1177.99	969.85	450.59	127.18	323.41	158.20	613.69
其他	2115.69	1597.93	797.63	114.62	683.01	338.84	938.13
按母公司控股情况分							
国有绝对控股	2345.79	1851.77	918.55	224.17	694.38	383.84	816.84
国有相对控股	210.71	175.44	107.99	18.06	89.93	35.02	147.13
集体绝对控股	98.87	88.41	29.49	5.24	24.25	14.75	51.88
集体相对控股	15.73	14.06	40.82	3.46	37.36	6.77	24.95
其他	2086.18	1501.85	762.40	119.41	642.99	290.72	1077.19
按母公司登记注册类型分							
国有企业	921.73	774.33	325.61	104.10	221.51	129.93	337.37
国有独资公司	1096.71	817.29	429.04	113.46	315.57	151.05	347.86
其他有限责任公司	2003.25	1477.50	696.75	121.74	575.00	304.59	966.90
股份有限公司	559.09	433.13	331.84	26.04	305.81	117.86	348.84
中外合资企业	0.00	0.00	0.00	0.00	0.00	0.00	0.00
港澳台合资企业	53.45	34.07	19.25	0.17	19.09	12.09	41.27
其他	123.04	95.20	56.75	4.81	51.94	15.60	75.76

续表 3

单位:亿元

类　　别	主营业务收　　入	其他业务收　　入	主营业务成　　本	主营业务税　　金及附加	新产品销　售收　入	出口销售总　　额	存货跌价损失和营业、管理、财务等费用合计
全国总计	2074.93	43.06	1555.38	90.40	5.64	35.72	265.61
按企业集团审批部门分							
国 务 院	0.00	0.00	0.00	0.00	0.00	0.00	0.00
国务院主管部门	111.42	0.28	80.30	5.39	0.02	4.80	15.57
省级人民政府	448.56	5.91	343.72	18.01	0.00	6.06	69.21
省级政府主管部门	584.80	28.89	449.98	24.84	4.74	0.05	56.23
其　　他	930.15	7.98	681.38	42.15	0.89	24.80	124.60
按母公司控股情况分							
国有绝对控股	784.34	32.50	590.24	33.58	0.02	11.18	126.11
国有相对控股	144.67	2.45	103.36	7.13	0.00	4.89	18.92
集体绝对控股	51.52	0.36	43.92	1.86	0.00	0.83	4.06
集体相对控股	24.80	0.15	14.78	0.97	0.83	0.85	2.97
其　　他	1069.60	7.60	803.08	46.86	4.80	17.97	113.55
按母公司登记注册类型分							
国有企业	310.50	26.87	223.45	16.51	0.02	2.81	47.13
国有独资公司	344.31	3.55	275.14	11.51	0.00	1.79	52.77
其他有限责任公司	957.51	9.38	721.40	40.93	4.75	16.51	106.26
股份有限公司	347.68	1.16	243.13	17.15	0.83	11.30	49.79
中外合资企业	0.00	0.00	0.00	0.00	0.00	0.00	0.00
港澳台合资企业	41.09	0.19	35.18	1.00	0.00	3.20	2.80
其　　他	73.85	1.91	57.08	3.31	0.05	0.11	6.86

续表 4 单位:亿元

类别	税金	劳动、待业保险费	职工教育费	广告费	利息支出	投资收益	营业外收入
全国总计	8.70	5.59	0.73	12.09	46.34	18.88	11.03
按企业集团审批部门分							
国务院	0.00	0.00	0.00	0.00	0.00	0.00	0.00
国务院主管部门	0.38	0.27	0.05	0.37	1.79	-1.87	0.11
省级人民政府	1.17	1.27	0.14	1.35	10.94	4.63	3.45
省级政府主管部门	3.93	1.50	0.13	2.97	10.75	7.30	2.42
其他	3.22	2.55	0.42	7.41	22.85	8.82	5.05
按母公司控股情况分							
国有绝对控股	5.53	3.14	0.31	3.73	20.27	10.83	4.24
国有相对控股	0.55	0.26	0.04	1.21	3.60	1.59	2.12
集体绝对控股	0.08	0.08	0.00	0.03	0.56	0.18	0.42
集体相对控股	0.05	0.09	0.01	0.04	0.17	0.70	0.12
其他	2.48	2.02	0.37	7.08	21.75	5.58	4.14
按母公司登记注册类型分							
国有企业	3.88	1.16	0.13	2.26	8.47	5.05	1.08
国有独资公司	1.30	1.36	0.11	1.22	9.11	4.40	2.91
其他有限责任公司	2.37	2.15	0.37	5.09	16.29	2.25	5.38
股份有限公司	1.00	0.73	0.11	3.18	9.83	5.82	0.62
中外合资企业	0.00	0.00	0.00	0.00	0.00	0.00	0.00
港澳台合资企业	0.06	0.08	0.01	0.03	1.01	0.79	0.99
其他	0.09	0.12	0.01	0.30	1.63	0.59	0.06

续表 5　　　　单位：亿元

类　　别	利　润 总　额	应　交 所得税	应　交 增值税	固定资产 投　　资 完 成 额	研究开发 费　　用
全国总计	219.91	63.34	2.97	230.25	0.96
按企业集团审批部门分					
国 务 院	0.00	0.00	0.00	0.00	0.00
国务院主管部门	9.09	3.36	0.04	1.08	0.00
省级人民政府	38.28	9.41	0.60	48.09	0.05
省级政府主管部门	65.89	21.08	1.05	68.05	0.00
其　　他	106.65	29.49	1.28	113.03	0.90
按母公司控股情况分					
国有绝对控股	72.22	25.36	1.18	79.44	0.33
国有相对控股	17.78	4.89	0.15	38.66	0.06
集体绝对控股	2.52	0.58	0.10	1.00	0.00
集体相对控股	7.54	1.35	0.05	7.98	0.16
其　　他	119.84	31.16	1.50	103.17	0.41
按母公司登记注册类型分					
国有企业	33.52	14.17	0.86	31.94	0.07
国有独资公司	23.81	7.76	0.24	28.97	0.23
其他有限责任公司	103.78	28.15	1.45	124.64	0.42
股份有限公司	46.71	11.28	0.29	37.70	0.24
中外合资企业	0.00	0.00	0.00	0.00	0.00
港澳台合资企业	4.46	0.20	0.08	0.77	0.00
其　　他	7.63	1.78	0.05	6.23	0.00

2.18 房地产业企业集团主要劳动工资指标

类　别	单位数（个）	从业人员（万人）	在岗职工（万人）	其他从业人员（万人）	研究开发人员（万人）
全国总计	188	26.81	21.69	5.12	0.18
按企业集团审批部门分					
国 务 院	0	0.00	0.00	0.00	0.00
国务院主管部门	6	1.74	1.51	0.24	0.00
省级人民政府	41	5.51	3.73	1.78	0.04
省级政府主管部门	42	6.08	5.32	0.76	0.01
其　　他	99	13.48	11.13	2.35	0.14
按母公司控股情况分					
国有绝对控股	50	9.81	7.32	2.49	0.10
国有相对控股	10	2.54	1.42	1.12	0.04
集体绝对控股	8	0.44	0.41	0.03	0.00
集体相对控股	4	0.28	0.21	0.07	0.00
其　　他	116	13.74	12.33	1.41	0.04
按母公司登记注册类型分					
国有企业	14	3.82	3.17	0.65	0.01
国有独资公司	23	3.16	1.94	1.22	0.08
其他有限责任公司	109	14.36	11.43	2.93	0.03
股份有限公司	29	3.49	3.31	0.19	0.05
中外合资企业	0	0.00	0.00	0.00	0.00
港澳台合资企业	6	0.43	0.32	0.11	0.00
其　　他	7	1.54	1.53	0.02	0.00

续表

类　　别	从业人员劳动报酬（亿元）	在岗职工劳动报酬（亿元）	其他从业人员劳动报酬（亿元）	研究开发人员劳动报酬（亿元）
全国总计	66.13	60.92	5.21	0.54
按企业集团审批部门分				
国 务 院	0.00	0.00	0.00	0.00
国务院主管部门	4.57	4.12	0.44	0.00
省级人民政府	16.13	15.09	1.03	0.09
省级政府主管部门	13.27	12.37	0.90	0.01
其　　他	32.17	29.34	2.84	0.44
按母公司控股情况分				
国有绝对控股	29.25	26.01	3.23	0.31
国有相对控股	5.96	5.83	0.13	0.09
集体绝对控股	0.90	0.82	0.08	0.00
集体相对控股	0.75	0.66	0.09	0.01
其　　他	29.28	27.60	1.68	0.14
按母公司登记注册类型分				
国有企业	11.67	10.90	0.77	0.05
国有独资公司	10.12	8.56	1.56	0.26
其他有限责任公司	30.87	28.61	2.26	0.10
股份有限公司	9.77	9.31	0.45	0.13
中外合资企业	0.00	0.00	0.00	0.00
港澳台合资企业	0.80	0.66	0.14	0.01
其　　他	2.90	2.87	0.02	0.00

2.19 房地产业企业集团主要经济效益指标

单位：%

类　　别	净资产收益率	总资产报酬率	销　售利润率	资本保值增 值 率	劳　动生产率（万元/人）	成本费用利 润 率
全国总计	8.42	4.02	10.38	112.03	78.99	12.08
按企业集团审批部门分						
国 务 院	0.00	0.00	0.00	0.00	0.00	0.00
国务院主管部门	6.36	2.94	8.14	126.31	64.02	9.48
省级人民政府	5.54	2.89	8.42	108.23	82.49	9.27
省级政府主管部门	9.94	4.71	10.74	115.69	100.93	13.02
其　　他	9.67	4.45	11.37	111.18	69.61	13.23
按母公司控股情况分						
国有绝对控股	5.10	2.83	8.84	106.68	83.25	10.08
国有相对控股	11.94	6.71	12.09	108.79	58.02	14.54
集体绝对控股	6.59	2.40	4.86	102.63	117.10	5.26
集体相对控股	15.16	13.64	30.24	108.13	88.73	42.51
其　　他	11.63	4.97	11.13	120.48	78.39	13.07
按母公司登记注册类型分						
国有企业	5.94	3.37	9.94	112.86	88.27	12.39
国有独资公司	3.74	2.16	6.84	103.78	110.08	7.26
其他有限责任公司	10.85	4.45	10.73	118.00	67.33	12.54
股份有限公司	10.68	6.35	13.39	110.63	99.85	15.95
中外合资企业	0.00	0.00	0.00	0.00	0.00	0.00
港澳台合资企业	22.12	7.52	10.81	125.72	95.69	11.75
其　　他	10.31	5.15	10.08	109.45	49.07	11.94

续表 1

单位:%

类　　别	资　产 利税率	总资产 使用率	流动资产 比　　率	资　金 利润率	资　产 负债率	长期负债 与 资 产 总计比率
全国总计	4.73	31.36	64.21	4.49	71.90	17.01
按企业集团审批部门分						
国 务 院	0.00	0.00	0.00	0.00	0.00	0.00
国务院主管部门	3.92	30.06	54.48	3.16	75.66	15.43
省级人民政府	3.34	26.32	62.73	3.17	69.43	20.11
省级政府主管部门	5.64	35.91	67.38	5.37	72.33	12.78
其　　他	5.15	31.93	64.55	4.91	72.62	17.77
按母公司控股情况分						
国有绝对控股	3.28	24.03	69.04	2.80	71.86	15.13
国有相对控股	7.87	45.39	55.72	8.71	66.12	11.07
集体绝对控股	3.49	40.14	57.90	3.04	77.02	8.15
集体相对控股	15.14	43.86	58.01	19.75	27.81	2.95
其　　他	5.90	37.55	60.05	6.03	73.24	20.51
按母公司登记注册类型分						
国有企业	4.08	24.89	77.09	3.23	73.90	11.82
国有独资公司	2.33	22.57	68.01	1.99	71.88	18.31
其他有限责任公司	5.41	35.46	58.26	5.63	74.19	19.47
股份有限公司	7.20	39.02	56.08	7.50	62.75	14.14
中外合资企业	0.00	0.00	0.00	0.00	0.00	0.00
港澳台合资企业	7.62	56.51	74.37	7.80	73.52	26.66
其　　他	6.11	41.07	68.27	5.58	68.43	15.48

续表 2 单位：%

类别	已获利息倍数（倍）	流动比率	速动比率	新产品销售收入与营业收入比重	研究开发费用与营业收入比重	研究开发费用与主营业务收入比重
全国总计	5.75	117.00	41.85	0.27	0.05	0.05
按企业集团审批部门分						
国务院	0.00	0.00	0.00	0.00	0.00	0.00
国务院主管部门	6.07	90.46	62.40	0.01	0.00	0.00
省级人民政府	4.50	127.16	40.29	0.00	0.01	0.01
省级政府主管部门	7.13	113.15	34.02	0.77	0.00	0.00
其他	5.67	117.69	44.55	0.10	0.10	0.10
按母公司控股情况分						
国有绝对控股	4.56	121.70	42.34	0.00	0.04	0.04
国有相对控股	5.95	101.21	15.63	0.00	0.04	0.04
集体绝对控股	5.49	84.07	36.76	0.00	0.00	0.00
集体相对控股	46.04	233.38	114.03	3.33	0.63	0.64
其他	6.51	113.89	43.93	0.45	0.04	0.04
按母公司登记注册类型分						
国有企业	4.96	124.19	49.86	0.00	0.02	0.02
国有独资公司	3.61	126.96	37.59	0.00	0.07	0.07
其他有限责任公司	7.37	106.47	38.40	0.49	0.04	0.04
股份有限公司	5.75	115.35	34.92	0.24	0.07	0.07
中外合资企业	0.00	0.00	0.00	0.00	0.00	0.00
港澳台合资企业	5.44	158.71	100.99	0.00	0.01	0.01
其他	5.69	128.93	77.18	0.07	0.00	0.00

2005年中国大企业集团

三 地区

简要说明

一、本篇反映各地区企业集团发展的基本状况，主要内容包括：

1. 1997—2005年各地区企业集团的单位数、资产总计、营业收入、利润总额、研究开发费用和从业人员数等。

2. 各地区企业集团主要财务、劳动工资以及经济效益指标。

3. 各地区按控股情况分企业集团主要财务、劳动工资以及经济效益指标。

4. 各地区按登记注册类型分企业集团主要财务、劳动工资以及经济效益指标。

5. 各地区营业收入和资产总计均在5亿元及以上企业集团主要财务、劳动工资以及经济效益指标。

二、确定企业集团所在地时以母公司所在地为准。

3.1 各地区企业集团单位数

单位:个

地　区	1997 年	1998 年	1999 年	2000 年
全国总计	2369	2472	2757	2655
北　京	129	125	135	136
天　津	212	215	160	173
河　北	50	33	50	59
山　西	25	26	37	40
内蒙古	20	22	29	30
辽　宁	73	71	68	67
吉　林	36	36	40	42
黑龙江	127	129	115	105
上　海	99	126	126	106
江　苏	74	112	139	148
浙　江	271	271	291	281
安　徽	39	49	67	69
福　建	156	63	248	257
江　西	45	80	65	50
山　东	344	394	407	345
河　南	118	156	183	171
湖　北	107	128	128	44
湖　南	28	25	31	31
广　东	137	87	106	138
广　西	28	27	32	25
海　南	7	12	11	12
重　庆	18	23	21	44
四　川	60	78	88	88
贵　州	6	6	11	12
云　南	33	29	27	30
西　藏	5	5	5	5
陕　西	38	56	57	60
甘　肃	10	12	21	21
青　海	23	24	24	24
宁　夏	19	20	21	22
新　疆	32	32	14	20

续表　　单位:个

地　　区	2001 年	2002 年	2003 年	2004 年	2005 年
全国总计	2710	2627	2692	2764	2845
北　京	207	202	246	274	280
天　津	172	174	176	175	162
河　北	62	66	61	75	69
山　西	44	39	45	46	52
内蒙古	28	24	23	24	22
辽　宁	68	70	66	65	73
吉　林	47	49	41	39	36
黑龙江	88	79	79	72	41
上　海	132	138	165	158	153
江　苏	179	181	178	182	202
浙　江	269	262	276	287	329
安　徽	70	70	64	76	75
福　建	245	228	239	249	240
江　西	37	48	48	48	48
山　东	339	299	292	283	330
河　南	118	112	108	115	116
湖　北	45	44	41	43	57
湖　南	40	38	39	38	38
广　东	154	144	143	135	159
广　西	20	25	25	27	29
海　南	9	10	10	10	8
重　庆	49	48	50	48	46
四　川	83	75	67	80	78
贵　州	13	14	12	13	15
云　南	35	34	34	40	36
西　藏	4	5	6	6	6
陕　西	64	57	58	54	51
甘　肃	23	27	31	32	29
青　海	24	24	24	24	24
宁　夏	21	18	19	19	16
新　疆	21	23	26	27	25

3.2 各地区企业集团资产总计

单位:亿元

地　区	1997 年	1998 年	1999 年	2000 年
全国总计	50346.72	66993.98	87322.59	106983.80
北　京	10233.76	20583.62	33804.79	53266.18
天　津	1616.32	1912.16	1920.62	2148.62
河　北	1065.37	1063.48	1434.22	1673.37
山　西	551.32	715.01	1007.20	1142.59
内蒙古	221.98	506.34	832.18	911.50
辽　宁	3117.77	4831.98	68.00	2698.41
吉　林	1534.84	1107.46	1414.71	1289.75
黑龙江	1112.47	1614.97	1710.34	1774.34
上　海	7398.08	8447.28	11667.64	9143.71
江　苏	1877.61	2076.59	2388.25	2910.86
浙　江	1414.05	1589.29	2253.34	2462.70
安　徽	883.32	1159.75	1115.13	1220.12
福　建	590.84	454.53	1120.21	1375.33
江　西	209.67	713.20	863.12	915.01
山　东	3239.63	3543.84	4210.22	4106.49
河　南	1156.87	1494.71	1785.74	1894.67
湖　北	2702.25	2964.71	3424.57	2054.75
湖　南	505.40	588.37	558.11	653.86
广　东	5923.22	5833.50	6846.67	8478.60
广　西	315.27	331.10	453.30	360.55
海　南	68.91	102.69	128.01	152.05
重　庆	433.31	570.02	380.06	546.76
四　川	1020.00	1213.03	1444.22	1537.45
贵　州	335.21	343.55	349.81	338.40
云　南	779.75	815.12	953.02	1328.58
西　藏	16.22	14.23	18.05	24.38
陕　西	890.53	1170.64	1415.73	788.45
甘　肃	147.02	217.49	307.98	346.67
青　海	98.38	110.68	122.93	120.81
宁　夏	72.00	120.68	131.34	206.30
新　疆	815.37	783.98	860.11	1112.51

续表　　　　单位:亿元

地　区	2001年	2002年	2003年	2004年	2005年
全国总计	128045.10	142538.27	170169.93	194721.37	230762.80
北　京	64571.08	71491.70	85022.05	96951.02	112731.41
天　津	2329.95	2739.64	3296.80	3726.85	4115.73
河　北	1879.93	2080.64	2174.44	2768.86	2827.76
山　西	1533.94	1577.75	2092.04	2650.18	3334.21
内蒙古	975.24	24.00	1277.32	1154.00	1154.29
辽　宁	3066.48	3207.59	3324.15	3786.47	4710.00
吉　林	1554.26	1628.02	1827.74	1864.72	1946.05
黑龙江	1983.71	1997.20	2466.26	2479.17	2613.08
上　海	10203.53	12192.79	15105.06	17036.00	18372.93
江　苏	4107.89	5164.37	6105.16	6837.01	8774.92
浙　江	2862.54	3533.27	4607.70	6352.25	8592.67
安　徽	1395.67	1542.89	1820.58	2394.67	2733.73
福　建	1504.44	1652.95	1987.12	2297.67	2621.57
江　西	784.00	825.81	874.85	784.50	938.38
山　东	5067.18	5585.10	6548.35	7904.51	11811.19
河　南	1992.07	2116.10	2480.11	2950.03	3400.06
湖　北	2924.07	3237.39	3822.58	4472.41	5193.49
湖　南	744.23	748.80	911.82	1081.21	1334.86
广　东	10908.23	11237.28	14269.46	14256.10	18488.46
广　西	376.17	558.40	528.09	754.48	847.63
海　南	265.74	376.14	478.77	598.34	597.38
重　庆	727.38	780.29	975.57	1269.61	1523.81
四　川	1680.80	1849.70	2116.43	3159.58	3625.48
贵　州	341.11	354.05	396.22	455.69	940.33
云　南	1245.64	1323.58	1346.69	1692.28	1897.81
西　藏	22.04	26.67	39.19	30.22	31.79
陕　西	958.32	1236.28	1423.95	1605.45	1957.42
甘　肃	433.10	508.70	633.93	711.89	806.09
青　海	175.75	197.82	248.94	287.29	310.24
宁　夏	228.03	252.31	329.88	373.43	315.22
新　疆	1202.61	1430.84	1638.66	2035.48	2214.77

3.3 各地区企业集团营业收入

单位:亿元

地　　区	1997年	1998年	1999年	2000年
全国总计	28205.22	35076.75	43766.37	53259.87
北　京	5225.51	10475.60	16169.71	22612.89
天　津	1113.49	1125.35	990.76	1079.57
河　北	532.63	472.26	736.13	880.58
山　西	213.26	235.69	367.70	459.40
内蒙古	108.12	219.12	303.18	346.56
辽　宁	1204.38	1832.53	68.00	1070.05
吉　林	858.21	584.61	867.14	914.54
黑龙江	464.96	649.10	620.26	647.55
上　海	4089.82	4512.66	5208.23	4808.76
江　苏	1516.06	1570.65	2060.06	2512.09
浙　江	1421.83	1515.77	1976.05	2477.35
安　徽	438.41	534.33	471.55	550.00
福　建	381.96	295.54	713.50	889.33
江　西	109.66	293.68	321.57	297.94
山　东	2565.62	2432.87	2879.85	3331.94
河　南	710.39	807.64	905.68	997.38
湖　北	1268.42	1375.53	1470.59	1055.21
湖　南	328.36	333.65	296.70	370.79
广　东	2931.58	2764.48	3433.06	4348.61
广　西	184.07	181.25	260.76	253.31
海　南	23.96	32.89	34.91	46.43
重　庆	248.37	315.39	216.25	329.85
四　川	598.33	681.02	775.49	844.13
贵　州	185.57	186.43	186.56	196.22
云　南	476.05	541.53	457.11	625.87
西　藏	5.85	4.33	4.96	5.44
陕　西	372.66	390.17	488.67	389.15
甘　肃	52.35	63.20	105.55	116.76
青　海	33.83	38.59	39.88	47.05
宁　夏	40.92	62.56	63.05	89.54
新　疆	500.59	548.34	493.77	665.55

续表 单位:亿元

地　区	2001 年	2002 年	2003 年	2004 年	2005 年
全国总计	65622.78	77120.04	100094.94	126386.97	155508.72
北　京	29365.77	33905.14	42511.35	53959.94	65846.96
天　津	1104.93	1338.68	1901.83	2212.01	2433.79
河　北	1000.74	1202.22	1457.23	2379.14	2391.85
山　西	613.92	723.49	1070.97	1620.89	2262.87
内蒙古	375.45	24.00	570.66	677.00	845.59
辽　宁	1239.66	1443.55	1964.49	2472.91	3532.57
吉　林	989.86	1197.22	1610.49	1756.07	1906.01
黑龙江	650.32	694.78	903.46	1038.78	1332.98
上　海	5455.11	7085.96	9551.40	10931.36	11901.24
江　苏	3598.61	4641.64	5859.52	7736.87	9876.83
浙　江	2852.83	3745.23	5237.28	7089.98	9240.79
安　徽	671.10	794.34	1121.55	1784.69	2123.15
福　建	950.77	1049.24	1417.34	1820.51	2166.34
江　西	396.25	472.19	615.51	679.82	834.27
山　东	4173.54	4692.27	5948.00	8074.82	11357.63
河　南	1047.28	1169.97	1588.37	2233.56	2887.06
湖　北	1198.73	1416.38	1971.72	2357.32	3038.20
湖　南	447.53	460.44	592.35	755.88	1027.09
广　东	5643.62	6093.71	8567.80	9281.01	11301.05
广　西	253.72	305.66	400.43	583.78	721.94
海　南	64.62	125.48	184.31	255.08	171.54
重　庆	440.86	501.99	605.27	929.70	1087.52
四　川	923.46	1109.39	1324.38	1839.53	2488.00
贵　州	129.13	151.91	178.67	231.43	438.54
云　南	573.74	607.99	608.18	945.79	1159.36
西　藏	5.83	6.25	18.05	7.81	13.99
陕　西	481.84	627.12	795.86	959.14	1112.39
甘　肃	152.56	182.71	312.09	426.96	507.67
青　海	62.36	70.76	84.36	109.28	136.52
宁　夏	96.21	113.11	154.35	206.92	170.81
新　疆	662.45	773.60	967.67	1029.00	1194.18

3.4 各地区企业集团利润总额

单位：亿元

地　区	1997 年	1998 年	1999 年	2000 年
全国总计	1222.75	1090.71	1723.06	2903.08
北　京	230.71	236.83	644.17	1546.80
天　津	42.86	22.71	13.15	15.02
河　北	28.06	19.65	25.29	31.80
山　西	9.73	4.48	2.21	5.83
内蒙古	1.90	3.75	7.91	13.13
辽　宁	23.53	53.99	68.00	29.08
吉　林	5.87	11.50	28.68	33.44
黑龙江	11.77	16.41	0.43	11.84
上　海	155.27	136.49	224.26	215.66
江　苏	56.45	50.81	79.08	117.04
浙　江	51.72	56.58	96.50	122.54
安　徽	23.05	19.67	13.78	21.79
福　建	16.32	7.29	21.91	28.07
江　西	1.05	1.70	6.42	8.37
山　东	134.72	106.04	109.28	118.44
河　南	26.80	16.07	20.02	31.44
湖　北	38.41	29.67	37.26	45.96
湖　南	5.85	4.26	10.58	12.01
广　东	230.62	168.20	247.70	322.78
广　西	3.42	0.78	5.84	9.47
海　南	−0.61	0.58	1.79	2.06
重　庆	−5.12	3.41	3.92	13.76
四　川	40.73	42.31	39.88	41.08
贵　州	4.67	2.98	6.72	6.25
云　南	77.81	71.38	51.15	45.51
西　藏	0.50	0.37	0.47	0.51
陕　西	6.80	−1.16	10.98	23.16
甘　肃	2.89	2.72	5.72	7.16
青　海	−3.12	−3.01	−2.41	1.48
宁　夏	1.09	1.58	0.63	1.61
新　疆	−1.02	2.69	−10.73	19.97

续表

单位:亿元

地 区	2001年	2002年	2003年	2004年	2005年
全国总计	3209.94	4178.88	5548.74	8295.53	10390.52
北 京	1783.78	2189.92	2734.68	4417.11	5890.28
天 津	22.55	26.51	54.16	68.98	95.97
河 北	26.46	37.13	64.63	94.52	81.02
山 西	14.34	15.13	40.64	85.44	110.79
内蒙古	8.43	24.00	20.65	32.22	50.26
辽 宁	23.53	40.59	54.46	162.52	186.03
吉 林	43.75	61.60	90.98	72.13	38.87
黑龙江	5.22	12.10	2.46	10.00	23.53
上 海	152.55	332.87	577.92	827.51	772.46
江 苏	162.23	190.18	249.33	323.94	420.29
浙 江	155.31	206.80	292.57	387.38	474.84
安 徽	22.92	29.80	74.90	95.91	90.39
福 建	28.02	43.66	78.05	82.52	102.13
江 西	6.03	11.39	18.12	31.62	48.90
山 东	168.77	201.41	259.46	382.45	555.04
河 南	34.69	50.64	79.30	113.63	145.36
湖 北	60.02	96.39	142.85	244.38	245.73
湖 南	21.93	20.77	30.34	35.15	29.05
广 东	322.34	406.15	429.99	458.23	488.66
广 西	12.42	6.77	22.94	40.83	29.61
海 南	3.07	7.88	–8.84	3.18	0.26
重 庆	12.48	13.56	20.75	31.70	35.50
四 川	45.73	52.54	62.94	70.53	153.62
贵 州	6.39	8.61	14.69	18.51	33.11
云 南	35.47	40.54	49.26	90.88	99.49
西 藏	0.34	–0.08	0.73	0.59	–0.09
陕 西	13.26	29.62	36.05	64.88	111.73
甘 肃	4.30	6.01	12.92	15.94	30.15
青 海	1.69	3.05	4.95	8.05	14.07
宁 夏	2.42	2.47	3.18	1.46	6.14
新 疆	9.51	24.33	33.69	23.34	27.34

3.5 各地区企业集团研究开发费用

单位:亿元

地　区	1997 年	1998 年	1999 年	2000 年
全国总计	155.43	214.46	354.78	480.20
北　京	17.81	46.93	122.33	181.64
天　津	10.97	3.04	1.95	2.55
河　北	2.98	2.95	5.70	7.11
山　西	0.76	0.68	0.71	2.20
内蒙古	0.44	0.54	0.86	1.29
辽　宁	7.98	9.60	68.00	6.74
吉　林	4.35	3.73	7.02	3.36
黑龙江	2.01	1.77	2.29	4.21
上　海	20.14	30.05	41.49	73.88
江　苏	15.64	13.55	20.41	22.17
浙　江	5.12	7.95	13.51	13.20
安　徽	2.51	2.90	7.08	6.59
福　建	0.83	0.72	1.55	2.01
江　西	1.55	2.11	1.97	1.76
山　东	20.34	26.44	46.90	53.47
河　南	3.05	5.22	7.48	10.58
湖　北	7.91	7.27	8.16	4.96
湖　南	1.89	1.80	1.55	1.84
广　东	13.23	15.11	31.45	56.18
广　西	0.33	0.91	0.95	0.85
海　南	0.00	0.01	0.01	0.15
重　庆	1.40	3.11	1.79	4.24
四　川	5.76	16.04	8.92	6.99
贵　州	1.49	1.79	0.61	0.93
云　南	0.89	2.41	0.83	2.67
西　藏	0.00	0.00	0.02	0.04
陕　西	4.03	4.26	6.43	3.96
甘　肃	1.83	2.76	3.57	4.11
青　海	0.07	0.29	0.28	0.10
宁　夏	0.13	0.36	0.52	0.36
新　疆	0.00	0.16	0.20	0.05

续表

单位:亿元

地　区	2001 年	2002 年	2003 年	2004 年	2005 年
全国总计	669.13	806.67	905.29	1201.47	1507.28
北　京	248.76	297.04	327.92	393.23	568.28
天　津	2.92	4.22	8.38	10.28	24.15
河　北	10.32	15.32	12.88	29.00	29.47
山　西	3.82	8.24	8.14	11.66	21.84
内蒙古	2.18	24.00	7.53	6.77	9.37
辽　宁	10.64	18.18	18.67	44.47	78.18
吉　林	10.01	26.54	19.46	17.30	25.49
黑龙江	3.79	3.11	5.33	4.25	6.81
上　海	61.33	65.09	68.38	79.80	104.61
江　苏	33.02	46.49	56.21	65.04	76.74
浙　江	20.83	25.74	45.04	48.70	72.99
安　徽	11.60	15.42	11.03	20.52	25.68
福　建	6.21	5.69	8.26	9.83	14.47
江　西	2.52	4.06	5.15	3.18	10.17
山　东	90.51	91.91	101.61	139.06	164.99
河　南	11.55	11.93	14.92	25.28	25.06
湖　北	17.29	24.94	30.18	37.09	45.68
湖　南	7.71	4.56	6.02	11.78	13.13
广　东	81.65	86.38	92.92	125.44	93.77
广　西	1.99	2.24	5.75	4.81	5.62
海　南	0.04	1.16	0.28	20.64	14.39
重　庆	5.30	6.42	8.88	18.52	13.35
四　川	11.75	22.53	22.42	31.47	28.14
贵　州	1.41	1.54	0.65	1.91	2.90
云　南	2.83	3.03	5.48	8.76	7.34
西　藏	0.03	0.05	0.03	0.12	0.00
陕　西	5.82	6.38	8.64	15.98	9.05
甘　肃	2.73	2.47	2.39	3.24	2.78
青　海	0.15	0.34	0.55	1.02	1.13
宁　夏	0.32	0.70	1.32	0.83	0.72
新　疆	0.13	1.12	0.86	11.50	10.99

3.6 各地区企业集团从业人员数

单位:万人

地　区	1997 年	1998 年	1999 年	2000 年
全国总计	1850.43	2090.42	2342.12	2281.71
北　京	227.20	454.73	657.52	706.87
天　津	80.76	68.66	54.08	51.28
河　北	53.37	40.16	49.84	60.36
山　西	34.66	39.63	53.83	53.32
内蒙古	24.35	34.18	39.44	38.08
辽　宁	118.70	121.20	68.00	68.52
吉　林	60.01	41.91	47.58	42.67
黑龙江	113.80	168.30	159.38	144.67
上　海	163.78	153.05	152.01	119.73
江　苏	58.36	66.69	74.41	72.77
浙　江	56.58	53.92	67.94	71.98
安　徽	32.80	50.23	58.14	56.72
福　建	24.49	15.36	34.09	38.37
江　西	16.46	28.96	32.85	30.46
山　东	146.81	149.77	164.78	159.76
河　南	80.68	91.27	104.01	99.85
湖　北	114.47	104.83	100.42	57.44
湖　南	24.26	23.50	19.66	19.53
广　东	101.06	94.64	105.43	115.90
广　西	19.72	19.12	23.08	13.70
海　南	1.50	1.57	1.48	2.18
重　庆	17.95	18.79	12.36	14.23
四　川	56.12	54.29	61.58	56.81
贵　州	14.94	12.26	13.35	13.57
云　南	35.29	33.45	33.82	36.57
西　藏	0.11	0.15	0.14	0.26
陕　西	35.35	38.25	37.85	25.84
甘　肃	8.36	9.75	12.40	11.73
青　海	5.77	5.07	4.72	4.14
宁　夏	8.83	9.40	9.00	12.66
新　疆	113.89	87.35	85.14	81.72

续表　　　　　　　　　　　　　　　　　　　　　　　　　　　　　　　单位:万人

地　区	2001年	2002年	2003年	2004年	2005年
全国总计	2524.43	2517.91	2585.48	2671.20	2835.86
北　京	859.91	869.77	881.54	901.32	945.35
天　津	45.84	42.68	44.19	42.28	41.85
河　北	64.13	66.67	63.43	68.95	64.40
山　西	67.86	61.91	69.27	76.46	82.09
内蒙古	35.39	24.00	31.40	30.06	29.67
辽　宁	71.58	69.09	63.63	62.48	69.53
吉　林	40.57	39.17	36.39	35.40	32.79
黑龙江	145.56	139.14	146.41	145.20	139.43
上　海	130.84	133.09	143.71	140.40	135.93
江　苏	104.23	117.06	121.95	131.70	153.59
浙　江	74.82	82.24	103.74	117.01	144.72
安　徽	56.49	56.60	56.79	62.43	62.11
福　建	39.53	39.28	44.81	49.80	53.76
江　西	35.23	35.24	32.68	22.29	24.86
山　东	177.78	168.37	169.50	174.80	201.78
河　南	90.20	84.42	85.44	88.99	93.30
湖　北	52.47	51.11	48.80	48.22	56.84
湖　南	23.99	22.50	22.30	23.60	25.13
广　东	130.70	124.77	137.17	141.59	156.35
广　西	13.32	15.66	14.54	15.52	17.27
海　南	1.34	2.33	2.40	3.42	3.21
重　庆	19.66	17.93	21.17	28.61	34.14
四　川	54.34	53.01	50.78	57.88	69.43
贵　州	16.01	16.34	15.53	16.37	18.60
云　南	33.18	31.93	29.81	32.97	35.09
西　藏	0.27	0.41	0.65	0.62	0.45
陕　西	24.76	25.34	25.63	30.99	31.77
甘　肃	14.60	16.03	17.50	17.38	16.99
青　海	4.60	4.56	4.10	6.33	4.99
宁　夏	12.28	12.72	14.13	15.35	9.20
新　疆	82.94	84.90	86.10	82.80	81.22

3.7 各地区企业集团主要财务指标

单位:亿元

地区	单位数(个)	资产总计	固定资产原价	累计折旧	本年折旧	无形资产	累计对外投资
全国总计	2845	230762.80	127131.37	45306.14	7073.92	5662.51	13728.50
北京	280	112731.41	70940.75	27377.88	4114.81	1843.31	6265.58
天津	162	4115.73	1328.30	405.56	59.69	129.56	286.09
河北	69	2827.76	1665.48	601.59	97.36	83.67	77.21
山西	52		1945.24	724.26	111.19	24.00	129.20
内蒙古	22	1154.29	68.00	291.40	47.12	45.58	23.99
辽宁	73	4710.00	2886.09	1045.78	185.37	169.25	165.15
吉林	36	1946.05	956.49	380.94	55.56	66.37	75.19
黑龙江	41	2613.08	1117.96	362.19	86.34	59.17	202.76
上海	153	18372.93	7497.17	2774.83	404.41	649.01	1061.51
江苏	202	8774.92	3664.09	951.69	186.92	278.88	596.34
浙江	329	8592.67	3111.35	860.80	168.01	251.98	449.28
安徽	75	2733.73	1576.06	480.68	88.56	157.30	134.37
福建	240	2621.57	958.16	293.27	45.58	78.48	176.96
江西	48	938.38	514.46	199.27	23.15	44.07	25.52
山东	330	11811.19	5383.45	1460.54	280.97	403.09	487.64
河南	116	3400.06	1940.29	665.11	108.47	136.89	91.31
湖北	57	5193.49	3024.58	854.34	131.57	101.87	131.04
湖南	38	1334.86	653.36	203.92	35.99	76.56	32.24
广东	159	18488.46	9976.65	2998.72	464.72	373.85	2561.46
广西	29	847.63	417.80	139.09	20.48	28.60	70.84
海南	8	597.38	378.82	80.96	13.68	18.96	19.49
重庆	46	1523.81	625.73	211.36	28.66	79.44	58.23
四川	78	3625.48	1858.85	658.81	70.85	113.09	279.62
贵州	15	940.33	453.12	120.88	19.58	24.59	47.39
云南	36	1897.81	904.66	322.60	73.91	75.46	144.97
西藏	6	31.79	13.96	2.92	0.24	1.48	0.91
陕西	51	1957.42	1077.89	348.93	64.29	72.90	69.93
甘肃	29	806.09	465.53	159.06	29.83	53.07	11.03
青海	24	310.24	157.49	44.12	8.02	11.96	10.35
宁夏	16	315.22	127.00	35.61	5.79	15.74	9.23
新疆	25	2214.77	768.98	249.06	42.81	83.95	33.68

续表 1 单位:亿元

地　　区	本年对外投　　资	本 年 对境外投资	长　期投　资	短　期投　资	存　货	流动资产年 平 均余　　额	应　收帐　款
全国总计	2641.61	258.15	17641.71	3253.33	24833.68	89508.46	12622.31
北　京	1035.32	222.27	6974.20	2076.06	9598.00	38484.07	5295.10
天　津	52.25	0.17	469.27	42.36	594.48	1860.97	283.21
河　北	13.91	-0.02	166.98	17.35	352.40	1223.18	176.58
山　西	22.83	0.00	130.04	13.13	306.46	1257.26	210.84
内蒙古	5.90	0.07	43.48	1.34	145.64	482.93	51.17
辽　宁	9.25	0.03	237.66	9.47	644.00	1950.10	335.37
吉　林	29.23	0.06	101.96	22.45	297.28	980.30	109.86
黑龙江	87.78	0.00	236.81	1.60	386.95	1702.76	180.79
上　海	180.52	7.62	2506.10	418.40	2783.23	8428.40	899.55
江　苏	85.27	0.01	786.43	40.52	1170.25	3855.60	797.34
浙　江	67.87	1.08	598.46	69.08	1589.55	4291.03	689.16
安　徽	25.00	0.00	113.38	15.58	284.19	958.45	133.00
福　建	20.05	0.00	225.12	7.80	397.61	1216.98	223.58
江　西	3.73	0.00	27.78	1.85	158.53	423.89	63.93
山　东	76.98	2.31	646.25	80.51	1524.36	5540.53	799.73
河　南	23.81	0.01	160.34	37.42	422.30	1485.36	244.18
湖　北	12.60	1.94	539.99	67.95	516.87	1680.39	223.64
湖　南	3.56	-1.93	46.90	6.13	186.21	577.49	81.07
广　东	702.37	24.02	2701.19	238.18	1388.92	6682.35	833.43
广　西	11.20	0.00	81.98	1.28	129.36	390.67	72.11
海　南	1.25	0.00	22.37	4.11	16.19	155.67	12.66
重　庆	11.29	0.13	74.08	11.08	226.79	721.86	129.04
四　川	113.45	0.34	290.94	20.27	531.26	1612.30	265.82
贵　州	13.28	0.00	47.27	10.51	85.33	344.80	46.90
云　南	10.37	0.03	153.33	12.92	340.42	860.67	83.02
西　藏	0.03	0.00	3.28	0.00	1.64	7.27	4.64
陕　西	13.40	0.00	85.06	5.47	217.73	751.21	140.97
甘　肃	0.58	0.00	35.23	6.88	129.61	285.90	32.48
青　海	2.04	0.00	11.68	2.19	32.93	107.44	14.10
宁　夏	2.41	0.00	9.44	0.52	52.38	128.85	28.55
新　疆	4.07	0.00	114.73	10.92	322.80	1059.77	160.47

续表 2 单位：亿元

地　区	负　债合　计	流　动负　债	股东权益与少数股东权益总　计	少数股东权　益	股东权益合　计	股　本	营　业收　入
全国总计	142203.67	99286.95	88559.12	17873.45	70685.67	33679.22	155508.72
北　京	68966.83	47399.88	43764.58	9131.39	34633.19	15952.50	65846.96
天　津	2706.13	2041.56	1409.60	79.82	1329.78	891.47	2433.79
河　北	1855.82	1450.69	971.94	237.49	734.44	462.87	2391.85
山　西	2155.17	1510.55	1179.04	231.18	947.86	607.77	2262.87
内蒙古	638.07	453.21	516.22	115.33	400.89	259.52	845.59
辽　宁	2767.67	2077.89	1942.33	275.74	1666.59	858.31	3532.57
吉　林	1318.05	1162.99	628.00	208.69	419.32	220.04	1906.01
黑龙江	1905.42	1407.62	707.66	130.97	576.70	454.87	1332.98
上　海	10714.00	7189.07	7658.93	1856.07	5802.85	2722.26	11901.24
江　苏	5353.75	4275.60	3421.17	576.19	2844.98	1197.74	9876.83
浙　江	5412.58	4252.14	3180.09	599.80	2580.29	1101.25	9240.79
安　徽	1693.23	1167.01	1040.50	329.27	711.23	432.58	2123.15
福　建	1484.70	1225.32	1136.87	196.93	939.95	549.66	2166.34
江　西	585.44	483.20	352.94	129.36	223.58	146.84	834.27
山　东	7878.18	6154.85	3933.01	619.45	3313.56	1286.99	11357.63
河　南	2169.85	1707.60	1230.20	219.24	1010.96	605.11	2887.06
湖　北	2685.84	1787.03	2507.65	332.34	2175.31	1034.72	3038.20
湖　南	799.25	642.34	535.61	104.90	430.71	154.63	1027.09
广　东	11601.53	6041.42	6886.93	1390.36	5496.57	2716.25	11301.05
广　西	479.32	384.72	368.31	46.73	321.58	128.00	721.94
海　南	418.40	213.30	178.99	104.73	74.26	57.05	171.54
重　庆	940.84	724.41	582.98	111.74	471.24	275.98	1087.52
四　川	2285.64	1666.50	1339.85	324.78	1015.07	396.32	2488.00
贵　州	574.70	383.91	365.64	93.02	272.62	113.00	438.54
云　南	918.29	713.70	979.52	152.74	826.78	241.64	1159.36
西　藏	18.09	14.59	13.70	3.43	10.27	5.59	13.99
陕　西	1282.63	848.57	674.79	93.59	581.20	233.20	1112.39
甘　肃	517.58	437.51	288.51	28.16	260.35	168.08	507.67
青　海	186.84	121.71	123.40	38.37	85.03	58.54	136.52
宁　夏	210.44	152.85	104.78	28.05	76.72	39.92	170.81
新　疆	1679.40	1195.22	535.37	83.59	451.78	306.52	1194.18

续表 3　　　　单位:亿元

地　区	主营业务收　入	其他业务收　入	主营业务成　本	主营业务税　金及附加	新产品销　售收　入	出口销售总　额	存货跌价损失和营业、管理、财务等费用合计
全国总计	151459.89	4048.82	123429.74	2434.68	14942.65	11798.49	16386.86
北　京	64602.01	1244.95	51003.42	1154.85	3120.05	3016.96	7047.93
天　津	2366.07	67.72	2015.36	23.58	171.10	151.48	274.23
河　北	2214.78	177.07	1888.31	14.67	231.76	130.36	243.56
山　西	2178.08	84.78	1666.73	24.11	115.11	151.24	262.28
内蒙古	838.41	7.18	644.47	7.34	64.55	38.37	133.45
辽　宁	3382.60	149.97	2849.24	29.46	489.79	416.37	344.99
吉　林	1786.09	119.91	1499.79	54.99	840.80	53.14	219.56
黑龙江	1268.93	64.04	1050.40	6.53	118.69	44.34	204.59
上　海	11692.07	209.17	9550.84	243.75	1127.89	882.37	1710.60
江　苏	9360.45	516.38	8154.09	59.63	1345.22	1114.96	646.28
浙　江	9091.27	149.51	7944.76	93.17	1144.84	1515.19	663.05
安　徽	2062.82	60.34	1744.66	18.43	210.25	137.69	220.21
福　建	2138.75	27.59	1838.33	19.17	134.30	453.41	200.20
江　西	819.75	14.52	680.03	7.71	102.45	48.70	84.76
山　东	10963.85	393.78	9377.47	139.88	2159.65	1038.56	937.86
河　南	2759.24	127.82	2223.94	73.83	299.36	208.68	302.72
湖　北	2938.99	99.22	2353.62	72.88	712.45	141.38	323.77
湖　南	1003.76	23.34	840.14	8.12	224.87	98.46	139.17
广　东	11107.32	193.74	9118.35	130.72	1366.47	1586.08	1292.85
广　西	694.10	27.84	572.09	5.60	98.52	23.82	76.98
海　南	168.89	2.64	132.66	4.48	0.21	0.40	36.15
重　庆	1056.07	31.44	888.23	15.76	206.38	71.78	125.52
四　川	2334.50	153.50	1831.55	37.86	435.55	123.68	312.43
贵　州	424.90	13.64	315.77	13.73	33.09	17.35	58.25
云　南	1141.11	18.25	787.46	124.24	48.87	73.54	140.17
西　藏	13.96	0.04	12.09	0.09	0.00	0.01	3.11
陕　西	1095.08	17.31	825.98	27.43	81.38	36.12	122.43
甘　肃	496.68	11.00	386.74	4.09	27.07	29.84	69.77
青　海	134.33	2.19	100.61	1.95	5.61	3.56	18.61
宁　夏	153.60	17.21	126.85	1.66	11.22	15.84	23.56
新　疆	1171.44	22.74	1005.79	14.99	15.13	174.83	147.82

续表 4

单位:亿元

地　区	税　金	劳动、待业保险费	职工教育费	广告费	利息支出	投资收益	营业外收入
全国总计	454.94	932.54	80.44	420.97	2253.92	850.30	427.60
北　京	141.25	395.08	32.37	134.80	971.63	357.32	212.96
天　津	7.36	13.59	0.99	10.51	38.85	11.02	10.41
河　北	3.66	28.07	1.48	4.85	36.62	1.08	3.14
山　西	20.15	36.44	2.29	1.61	34.90	2.14	3.61
内蒙古	3.42	3.81	0.36	13.22	8.26	0.59	1.09
辽　宁	20.39	35.39	1.96	4.62	51.71	5.32	7.19
吉　林	4.70	7.80	0.73	15.08	21.59	2.83	4.03
黑龙江	2.63	21.34	1.02	10.23	22.52	9.45	10.44
上　海	58.50	56.35	7.14	12.74	128.91	162.05	42.95
江　苏	15.80	21.29	3.15	21.93	93.37	44.93	11.96
浙　江	15.41	19.02	2.91	32.19	115.90	29.29	21.49
安　徽	4.95	19.52	1.68	3.24	33.60	0.80	2.07
福　建	4.28	9.43	0.65	9.49	28.56	10.18	3.97
江　西	2.17	4.68	0.49	5.09	10.57	0.43	1.80
山　东	27.09	56.54	4.81	39.93	152.75	17.28	16.75
河　南	6.63	25.22	2.22	5.65	50.49	5.02	5.21
湖　北	7.39	14.56	2.75	14.75	59.64	9.28	7.45
湖　南	3.55	6.95	0.55	2.57	18.94	6.23	2.36
广　东	64.88	58.69	6.74	43.79	193.89	143.68	36.70
广　西	3.46	10.87	0.35	2.10	9.30	2.87	1.16
海　南	0.06	0.08	0.02	0.30	11.74	4.15	0.55
重　庆	2.83	9.88	0.80	5.91	14.27	3.77	2.96
四　川	7.53	19.76	1.64	13.32	36.22	9.09	7.75
贵　州	2.05	8.83	0.40	3.50	9.75	−1.39	0.49
云　南	2.41	12.21	0.77	2.84	18.67	3.60	2.19
西　藏	0.01	0.05	0.00	0.00	0.27	0.15	0.04
陕　西	2.17	8.62	0.48	2.81	22.72	2.92	1.64
甘　肃	1.73	4.19	0.42	0.25	10.75	−2.51	0.46
青　海	4.88	0.45	0.02	0.03	3.45	2.29	0.21
宁　夏	0.91	1.54	0.12	0.11	3.69	2.62	0.33
新　疆	12.69	22.29	1.13	3.50	40.38	3.81	4.25

续表 5 单位:亿元

地 区	利 润 总 额	应 交 所得税	应 交 增值税	固定资产 投 资 完 成 额	研究开发 费 用
全国总计	10390.52	2794.60	4375.48	18522.49	1507.28
北 京	5890.28	1625.78	1996.63	10579.20	568.28
天 津	95.97	24.62	40.97	164.57	24.15
河 北	81.02	25.85	88.28	179.15	29.47
山 西	110.79	37.56	117.91	411.90	21.84
内蒙古	50.26	9.66	38.13	116.57	9.37
辽 宁	186.03	56.89	110.64	406.30	78.18
吉 林	38.87	11.35	67.53	152.47	25.49
黑龙江	23.53	11.00	33.66	119.10	6.81
上 海	772.46	203.60	274.98	978.24	104.61
江 苏	420.29	102.90	165.02	640.91	76.74
浙 江	474.84	127.70	141.60	337.96	72.99
安 徽	90.39	21.12	82.56	322.08	25.68
福 建	102.13	21.31	32.53	118.85	14.47
江 西	48.90	9.23	31.86	55.62	10.17
山 东	555.04	153.34	301.72	951.05	164.99
河 南	145.36	48.79	115.24	306.06	25.06
湖 北	245.73	68.40	123.45	440.17	45.68
湖 南	29.05	9.45	22.95	90.14	13.13
广 东	488.66	122.55	267.11	1094.82	93.77
广 西	29.61	5.90	25.86	68.70	5.62
海 南	0.26	0.81	0.62	46.70	14.39
重 庆	35.50	6.17	32.58	98.21	13.35
四 川	153.62	31.39	80.01	168.21	28.14
贵 州	33.11	11.80	26.86	41.52	2.90
云 南	99.49	23.19	69.12	122.84	7.34
西 藏	–0.09	0.06	0.54	0.00	0.00
陕 西	111.73	11.20	30.31	208.14	9.05
甘 肃	30.15	5.58	24.10	89.22	2.78
青 海	14.07	2.71	2.83	25.62	1.13
宁 夏	6.14	0.88	3.94	6.55	0.72
新 疆	27.34	3.81	25.94	181.60	10.99

3.8 各地区企业集团主要劳动工资指标

地　区	单位数（个）	从业人员（万人）	在岗职工（万人）	其他从业人员（万人）	研究开发人员（万人）
全国总计	2845	2835.86	2584.31	251.55	78.23
北　京	280	945.35	827.36	117.99	29.66
天　津	162	41.85	39.61	2.24	0.78
河　北	69	64.40	62.63	1.78	2.03
山　西	52	82.09	81.43	0.66	2.47
内蒙古	22	29.67	29.08	0.58	0.58
辽　宁	73	69.53	68.00	1.06	2.69
吉　林	36	32.79	32.75	0.04	0.48
黑龙江	41	139.43	115.32	24.11	1.37
上　海	153	135.93	109.05	26.88	2.64
江　苏	202	153.59	141.62	11.98	3.95
浙　江	329	144.72	133.96	10.76	3.70
安　徽	75	62.11	59.97	2.14	1.86
福　建	240	53.76	52.70	1.05	1.12
江　西	48	24.86	22.63	2.24	0.33
山　东	330	201.78	191.35	10.43	7.71
河　南	116	93.30	90.96	2.34	2.77
湖　北	57	56.84	53.35	3.50	1.83
湖　南	38	25.13	24.53	0.60	1.22
广　东	159	156.35	146.75	9.60	3.93
广　西	29	17.27	16.78	0.48	0.31
海　南	8	3.21	3.20	0.01	0.03
重　庆	46	34.14	34.08	0.06	1.50
四　川	78	69.43	59.71	9.72	2.60
贵　州	15	18.60	17.74	0.85	0.30
云　南	36	35.09	33.91	1.18	0.46
西　藏	6	0.45	0.33	0.12	0.00
陕　西	51	31.77	27.70	4.07	0.82
甘　肃	29	16.99	15.23	1.77	0.34
青　海	24	4.99	4.72	0.27	0.06
宁　夏	16	9.20	7.73	1.47	0.16
新　疆	25	81.22	79.65	1.57	0.54

续表

地　区	从业人员劳动报酬（亿元）	在岗职工劳动报酬（亿元）	其他从业人员劳动报酬（亿元）	研究开发人员劳动报酬（亿元）
全国总计	7032.34	6657.06	375.28	274.85
北　京	3127.61	2920.25	207.36	101.32
天　津	95.38	91.59	3.79	2.00
河　北	117.62	115.92	1.70	5.96
山　西	179.99	179.46	0.53	7.80
内蒙古	24.00	107.04	0.88	1.23
辽　宁	151.64	150.07	1.57	11.51
吉　林	55.81	55.77	0.05	1.33
黑龙江	139.37	121.82	17.55	4.02
上　海	503.03	453.06	49.97	18.48
江　苏	289.91	278.51	11.40	13.58
浙　江	283.48	267.00	16.48	13.86
安　徽	123.95	121.68	2.27	5.76
福　建	90.85	89.17	1.68	3.81
江　西	39.98	37.54	2.44	0.94
山　东	334.64	321.18	13.47	22.33
河　南	148.08	145.35	2.73	5.94
湖　北	129.83	124.24	5.59	5.81
湖　南	54.45	53.39	1.07	3.90
广　东	511.08	499.18	11.90	25.87
广　西	39.99	39.65	0.33	1.07
海　南	9.31	9.30	0.01	0.04
重　庆	58.22	58.07	0.15	3.95
四　川	120.99	109.21	11.78	7.50
贵　州	36.55	35.53	1.01	0.78
云　南	66.68	65.49	1.19	1.75
西　藏	0.63	0.54	0.08	0.00
陕　西	51.46	48.27	3.19	2.02
甘　肃	29.44	28.04	1.40	0.67
青　海	8.37	8.06	0.30	0.09
宁　夏	11.98	10.45	1.53	0.28
新　疆	114.10	112.22	1.88	1.26

3.9 各地区企业集团主要经济效益指标

单位:%

地　区	净资产收益率	总资产报酬率	销　售利润率	资本保值增值率	劳　动生产率(万元/人)	成本费用利润率
全国总计	8.58	5.48	6.68	114.72	54.84	7.43
北　京	9.74	6.09	8.95	116.77	69.65	10.15
天　津	5.06	3.28	3.94	109.50	58.15	4.19
河　北	5.68	4.16	3.39	109.97	37.14	3.80
山　西	6.21	4.37	4.90	113.96	27.57	24.00
内蒙古	7.87	5.07	68.00	124.81	28.50	6.46
辽　宁	6.65	5.05	5.27	114.17	50.81	5.82
吉　林	4.38	3.11	2.04	97.62	58.14	2.26
黑龙江	1.77	1.76	1.76	126.42	9.56	1.87
上　海	7.43	4.91	6.49	116.25	87.55	6.86
江　苏	9.28	5.85	4.26	116.54	64.30	4.78
浙　江	10.92	6.87	5.14	112.59	63.85	5.52
安　徽	6.66	4.54	4.26	110.17	34.18	4.60
福　建	7.11	4.99	4.71	112.32	40.30	5.01
江　西	11.24	6.34	5.86	120.93	33.56	6.39
山　东	10.21	5.99	4.89	113.27	56.29	5.38
河　南	7.85	5.76	5.03	111.61	30.94	5.75
湖　北	7.07	5.88	8.09	112.76	53.45	9.18
湖　南	3.66	3.60	2.83	113.96	40.87	2.97
广　东	5.32	3.69	4.32	104.92	72.28	4.69
广　西	6.44	4.59	4.10	107.27	41.81	4.56
海　南	(0.31)	2.01	0.15	139.00	53.48	0.15
重　庆	5.03	3.27	3.26	118.04	31.85	3.50
四　川	9.12	5.24	6.17	114.89	35.83	7.16
贵　州	5.83	4.56	7.55	114.13	23.58	8.85
云　南	7.79	6.23	8.58	113.49	33.04	10.73
西　藏	(1.10)	0.56	–0.65	103.92	30.99	–0.60
陕　西	14.90	6.87	10.04	125.49	35.01	11.78
甘　肃	8.52	5.07	5.94	111.54	29.88	6.60
青　海	9.20	5.65	10.31	113.66	27.38	11.80
宁　夏	5.02	3.12	3.59	133.35	18.56	4.08
新　疆	4.40	3.06	2.29	118.67	14.70	2.37

续表 1

单位:%

地　区	资　产 利税率	总资产 使用率	流动资产 比　率	资　金 利润率	资　产 负债率	长期负债 与资产 总计比率
全国总计	7.45	65.63	38.79	6.06	61.62	18.60
北　京	8.02	57.31	34.14	7.18	61.18	19.13
天　津	3.90	57.49	45.22	3.45	65.75	16.15
河　北	6.51	78.32	43.26	3.54	65.63	14.33
山　西	7.58	65.33	37.71	4.47	64.64	19.33
内蒙古	8.29	72.63	41.84	5.39	55.28	16.02
辽　宁	6.92	71.82	41.40	4.91	58.76	14.64
吉　林	8.29	91.78	50.37	2.50	67.73	7.97
黑龙江	2.44	48.56	65.16	0.96	72.92	19.05
上　海	7.03	63.64	45.87	5.87	58.31	19.19
江　苏	7.35	106.67	43.94	6.40	61.01	12.29
浙　江	8.26	105.80	49.94	7.26	62.99	13.51
安　徽	7.00	75.46	35.06	4.40	61.94	19.25
福　建	5.87	81.58	46.42	5.43	56.63	9.89
江　西	9.43	87.36	45.17	6.62	62.39	10.90
山　东	8.44	92.83	46.91	5.87	66.70	14.59
河　南	9.84	81.15	43.69	5.27	63.82	13.60
湖　北	8.51	56.59	32.36	6.38	51.72	17.31
湖　南	4.50	75.20	43.26	2.83	59.88	11.75
广　东	4.79	60.08	36.14	3.58	62.75	30.07
广　西	7.20	81.89	46.09	4.42	56.55	11.16
海　南	0.90	28.27	26.06	0.06	70.04	34.33
重　庆	5.50	69.30	47.37	3.12	61.74	14.20
四　川	7.49	64.39	44.47	5.46	63.04	17.08
贵　州	7.84	45.19	36.67	4.89	61.12	20.29
云　南	15.43	60.13	45.35	6.90	48.39	10.78
西　藏	1.69	43.91	22.88	−0.50	56.90	11.01
陕　西	8.66	55.95	38.38	7.55	65.53	22.17
甘　肃	7.24	61.62	35.47	5.09	64.21	9.93
青　海	6.08	43.30	34.63	6.37	60.22	20.99
宁　夏	3.72	48.73	40.88	2.79	66.76	18.27
新　疆	3.08	52.89	47.85	1.73	75.83	21.86

续表 2

单位:%

地　区	已获利息倍　数(倍)	流　动比　率	速　动比　率	新产品销售收入与营业收入比重	研究开发费用与营业收入比重	研究开发费用与主营业务收入比　重
全国总计	5.61	90.15	65.14	9.61	0.97	1.00
北　京	7.06	81.19	60.94	4.74	0.86	0.88
天　津	3.47	91.15	62.04	7.03	0.99	1.02
河　北	3.21	84.32	60.03	9.69	1.23	1.33
山　西	4.17	83.23	62.94	5.09	0.96	1.00
内蒙古	7.08	106.56	74.42	7.63	1.11	1.12
辽　宁	4.60	93.85	62.86	13.87	2.21	2.31
吉　林	2.80	84.29	58.73	44.11	1.34	1.43
黑龙江	2.04	120.97	93.48	8.90	0.51	0.54
上　海	6.99	117.24	78.52	9.48	0.88	0.89
江　苏	5.50	90.18	62.81	13.62	0.78	0.82
浙　江	5.10	100.91	63.53	12.39	0.79	0.80
安　徽	3.69	82.13	57.78	9.90	1.21	1.24
福　建	4.58	99.32	66.87	6.20	0.67	0.68
江　西	5.63	87.73	54.92	12.28	1.22	1.24
山　东	4.63	90.02	65.25	19.01	1.45	1.50
河　南	3.88	86.99	62.25	10.37	0.87	0.91
湖　北	5.12	94.03	65.11	23.45	1.50	1.55
湖　南	2.53	89.90	60.91	21.89	1.28	1.31
广　东	3.52	110.61	87.62	12.09	0.83	0.84
广　西	4.18	101.55	67.92	13.65	0.78	0.81
海　南	1.02	72.98	65.39	0.12	8.39	8.52
重　庆	3.49	99.65	68.34	18.98	1.23	1.26
四　川	5.24	96.75	64.87	17.51	1.13	1.21
贵　州	4.40	89.81	67.59	7.55	0.66	0.68
云　南	6.33	120.59	72.89	4.22	0.63	0.64
西　藏	0.66	49.87	38.64	0.00	0.03	0.03
陕　西	5.92	88.53	62.87	7.32	0.81	0.83
甘　肃	3.80	65.35	35.72	5.33	0.55	0.56
青　海	5.08	88.27	61.22	4.11	0.83	0.84
宁　夏	2.66	84.30	50.03	6.57	0.42	0.47
新　疆	1.68	88.67	61.66	1.27	0.92	0.94

3.10 各地区国有控股企业集团主要财务指标

单位:亿元

地　区	单位数(个)	资　产 总　计	固定资产原　价	累　计 折　旧	本　年 折　旧	无　形 资　产	累计对外 投　资
全国总计	1446	198045.82	116925.65	42654.97	6505.26	4633.79	10331.41
北　京	220	111807.51	70779.50	27339.42	4105.57	1817.01	6240.42
天　津	68	3198.77	1128.39	359.69	51.10	94.58	226.17
河　北	42	2284.22	1447.42	538.15	82.67	63.88	55.56
山　西	28	2787.24	1663.25	668.19	100.08	24.00	113.23
内蒙古	14	777.36	68.00	262.65	40.18	11.50	6.88
辽　宁	45	3696.03	2604.02	984.81	169.75	148.27	125.23
吉　林	28	1787.56	894.79	366.60	53.23	59.48	67.34
黑龙江	24	1834.77	931.89	326.66	81.49	45.86	23.58
上　海	95	16506.23	7068.92	2662.10	376.43	614.80	904.46
江　苏	74	4280.55	2013.17	495.90	83.63	153.42	343.78
浙　江	57	3057.09	1451.51	404.35	72.41	52.76	126.41
安　徽	47	2489.71	1489.35	452.80	83.06	142.78	117.99
福　建	75	1538.14	584.04	188.11	26.73	49.49	127.17
江　西	24	801.10	467.95	190.93	21.47	35.86	19.95
山　东	126	6416.10	3231.38	943.30	155.81	227.26	314.67
河　南	68	2708.63	1629.95	582.67	91.18	92.99	71.74
湖　北	42	5011.73	2968.23	838.29	129.17	95.93	116.55
湖　南	29	1110.89	583.22	182.69	31.97	66.04	25.53
广　东	108	13647.45	9238.18	2765.55	422.44	303.45	720.86
广　西	22	766.68	375.11	125.13	18.52	22.94	69.71
海　南	4	82.59	51.69	10.99	0.53	2.29	0.95
重　庆	29	1282.22	578.06	199.70	25.63	64.62	50.48
四　川	41	2852.98	1568.42	575.56	55.38	73.43	218.93
贵　州	14	926.88	446.72	118.75	19.53	24.06	47.39
云　南	21	1687.88	834.26	300.03	69.32	68.12	120.05
西　藏	4	17.52	9.98	2.25	0.12	0.25	0.00
陕　西	38	1628.08	974.79	331.11	60.70	50.15	35.21
甘　肃	23	740.33	428.89	150.91	28.26	49.82	10.28
青　海	10	272.64	142.07	41.06	7.64	10.07	10.25
宁　夏	12	258.35	95.50	27.66	4.55	13.52	3.06
新　疆	14	1788.58	638.58	218.98	36.75	51.73	17.55

续表 1

单位:亿元

地　区	本年对外投　资	本年对境外投资	长期投资	短期投资	存　货	流动资产年平均余额	应收帐款
全国总计	1695.93	233.05	13799.04	2917.62	19569.71	73314.89	10064.38
北　京	1029.32	222.27	6928.49	2059.63	9371.74	37962.69	5234.18
天　津	43.88	0.17	358.52	32.02	443.64	1441.86	214.44
河　北	6.51	–0.02	132.20	17.26	271.54	979.84	138.10
山　西	18.23	0.00	105.14	12.42	251.39	1050.09	180.04
内蒙古	0.00	0.00	25.89	1.22	97.06	324.97	30.96
辽　宁	4.77	0.03	137.15	8.37	457.97	1388.09	250.29
吉　林	28.15	0.06	91.52	22.45	273.45	910.92	93.15
黑龙江	4.31	0.00	50.77	1.48	342.13	1364.73	151.50
上　海	159.37	7.60	2341.69	410.74	2209.72	7303.81	802.99
江　苏	41.24	0.01	421.14	31.36	451.86	1658.44	282.54
浙　江	12.00	0.52	200.12	27.20	465.86	1284.35	163.98
安　徽	20.45	0.00	96.98	14.89	238.35	829.56	102.94
福　建	12.96	0.00	154.54	6.73	240.72	749.64	115.74
江　西	2.66	0.00	20.74	1.67	136.65	358.87	53.21
山　东	48.49	0.19	369.66	33.66	723.63	2860.51	374.47
河　南	19.13	0.00	130.26	33.65	321.89	1160.28	180.50
湖　北	8.58	1.94	521.00	66.91	492.56	1575.78	202.72
湖　南	5.42	0.00	39.01	5.30	146.09	442.72	49.39
广　东	78.61	0.11	954.37	65.29	993.79	4496.50	625.08
广　西	11.20	0.00	76.05	1.28	112.79	357.09	67.75
海　南	0.00	0.00	1.76	0.01	5.55	30.40	5.67
重　庆	10.56	0.00	61.04	10.70	159.34	563.98	100.68
四　川	99.13	0.14	214.93	14.48	403.63	1217.63	207.86
贵　州	13.28	0.00	47.21	10.39	83.71	339.37	45.49
云　南	7.68	0.03	131.00	7.86	302.66	760.64	74.84
西　藏	0.00	0.00	1.85	0.00	1.07	0.00	3.03
陕　西	4.01	0.00	48.28	2.21	149.89	608.21	120.79
甘　肃	0.43	0.00	32.83	6.32	124.82	268.56	29.66
青　海	1.95	0.00	10.68	2.14	25.31	92.57	10.72
宁　夏	0.33	0.00	4.66	0.36	44.89	107.45	25.65
新　疆	3.26	0.00	89.53	9.63	226.00	825.32	126.01

续表 2

单位:亿元

地区	负债合计	流动负债	股东权益与少数股东权益总计	少数股东权益	股东权益合计	股本	营业收入
全国总计	120868.22	83932.18	77177.60	16181.77	60995.83	29690.25	123759.93
北京	68321.12	46858.63	43486.39	9068.98	34417.41	15858.53	65076.84
天津	2120.72	1602.25	1078.05	72.48	1005.57	705.34	1825.65
河北	1529.94	1188.85	754.28	228.14	526.14	356.19	1758.27
山西	1827.67	1257.51	959.57	218.96	740.61	520.50	1860.43
内蒙古	429.69	302.69	347.68	53.56	294.11	203.69	522.46
辽宁	2137.66	1598.78	1558.37	252.02	1306.35	678.31	2760.73
吉林	1234.84	1102.01	552.72	208.66	344.06	190.37	1682.60
黑龙江	1366.61	1192.09	468.16	75.30	392.86	368.80	987.30
上海	9415.06	6121.83	7091.17	1705.43	5385.74	2544.46	10446.98
江苏	2682.00	1904.49	1598.55	359.77	1238.78	569.17	3423.67
浙江	1924.38	1324.38	1132.71	315.04	817.66	336.37	2655.67
安徽	1552.93	1046.46	936.78	315.60	621.18	382.19	1838.94
福建	891.63	715.28	646.51	155.16	491.35	274.33	1348.49
江西	504.10	416.26	297.00	123.26	173.74	126.20	728.41
山东	4333.10	3424.94	2083.00	358.08	1724.92	801.90	5284.76
河南	1738.04	1346.70	970.60	193.54	777.06	519.29	2154.23
湖北	2586.41	1702.63	2425.32	327.82	2097.50	1000.16	2866.26
湖南	668.48	522.40	442.41	73.01	369.40	126.80	811.45
广东	7826.91	4685.99	5820.54	1223.98	4596.56	2472.41	8546.61
广西	438.49	351.89	328.19	40.28	287.91	112.40	667.12
海南	38.99	23.88	43.60	6.99	36.61	16.61	26.31
重庆	785.76	599.12	496.46	108.09	388.37	236.48	826.51
四川	1850.76	1313.94	1002.22	259.76	742.46	305.28	1699.76
贵州	567.41	379.45	359.47	93.02	266.45	110.70	431.88
云南	797.54	640.21	890.34	137.66	752.68	192.07	1047.00
西藏	11.07	7.87	6.45	1.44	5.01	4.02	6.29
陕西	1080.28	703.22	547.80	70.07	477.74	198.21	825.59
甘肃	478.41	411.09	261.92	25.91	236.02	156.33	489.25
青海	165.43	104.36	107.22	38.26	68.96	46.42	108.46
宁夏	175.25	125.77	83.10	21.67	61.43	33.54	137.98
新疆	1387.53	957.22	401.05	49.84	351.21	243.18	914.04

续表 3　　　　　　　　　　　　　　　　　　　　　　　　　单位:亿元

地　　区	主营业务收　　入	其他业务收　　入	主营业务成　　本	主营业务税　　金及附加	新产品销　售收　入	出口销售总　　额	存货跌价损失和营业、管理、财务等费用合计
全国总计	120519.08	3240.85	97152.09	2159.39	11129.57	8569.02	13796.35
北　京	63839.89	1236.95	50366.75	1142.29	3092.19	3006.63	6965.85
天　津	1770.02	55.62	1528.22	17.58	162.26	133.39	207.09
河　北	1596.82	161.45	1361.26	11.01	185.97	112.01	191.43
山　西	1777.70	82.74	1336.39	22.08	114.54	135.25	226.88
内蒙古	517.78	4.68	413.57	4.90	1.33	18.86	73.89
辽　宁	2631.85	128.88	2210.90	20.19	437.20	364.26	283.53
吉　林	1562.89	119.71	1314.25	53.96	837.87	51.52	197.75
黑龙江	926.45	60.85	748.87	3.92	113.47	42.35	154.85
上　海	10247.72	199.27	8328.07	219.90	1117.08	813.94	1594.68
江　苏	3301.07	122.61	2809.96	25.10	577.46	529.45	289.29
浙　江	2610.16	45.51	2275.94	27.21	277.27	494.57	186.75
安　徽	1781.60	57.35	1505.72	16.14	160.79	125.67	189.99
福　建	1331.43	17.06	1165.21	13.19	51.89	269.14	116.57
江　西	714.19	14.22	600.52	5.24	100.12	43.55	66.33
山　东	5001.28	283.49	4110.61	107.07	1041.74	483.21	552.12
河　南	2047.58	106.65	1661.71	66.91	188.82	159.69	227.63
湖　北	2769.18	97.07	2205.86	70.76	703.31	139.22	310.11
湖　南	794.71	16.74	672.38	6.65	181.61	78.29	104.48
广　东	8397.93	148.68	7151.54	105.30	1033.70	1108.88	958.99
广　西	639.65	27.47	536.30	4.92	90.56	23.33	66.21
海　南	26.08	0.23	19.73	0.28	0.21	0.20	2.64
重　庆	801.53	24.98	671.03	9.76	112.49	16.06	105.62
四　川	1566.64	133.12	1233.33	26.78	339.36	105.06	227.35
贵　州	418.24	13.63	312.71	13.66	31.50	17.35	56.59
云　南	1029.30	17.70	702.88	121.57	48.86	64.43	124.74
西　藏	6.25	0.03	5.61	0.06	0.00	0.01	1.45
陕　西	810.26	15.32	579.19	23.46	79.76	36.12	95.78
甘　肃	478.38	10.87	372.87	3.19	25.89	29.75	66.21
青　海	107.11	1.35	81.17	1.76	2.72	0.00	16.30
宁　夏	121.06	16.92	101.84	1.25	9.14	9.28	17.48
新　疆	894.33	19.71	767.70	13.32	10.48	157.56	117.79

续表 4 单位:亿元

地区	税金	劳动、待业保险费	职工教育费	广告费	利息支出	投资收益	营业外收入
全国总计	390.85	872.82	70.69	303.23	1866.53	692.71	376.96
北京	140.17	394.38	32.15	132.03	966.19	355.31	211.27
天津	6.60	11.63	0.80	8.78	31.33	8.48	9.48
河北	3.07	26.55	1.32	1.83	31.10	0.56	2.47
山西	19.83	36.08	2.20	1.37	27.56	1.69	3.22
内蒙古	2.98	3.33	0.23	7.69	1.67	−0.02	0.78
辽宁	18.92	34.11	1.72	2.38	37.50	3.10	4.66
吉林	4.47	7.59	0.72	13.26	20.23	2.74	3.94
黑龙江	1.89	20.58	0.89	10.18	17.30	−0.15	9.34
上海	53.35	52.19	6.80	10.57	112.82	149.68	40.05
江苏	7.30	13.19	1.59	7.91	31.59	32.70	5.56
浙江	3.89	8.90	0.63	4.61	34.44	13.57	6.54
安徽	4.34	18.12	1.44	2.26	30.60	1.77	1.62
福建	2.59	7.45	0.45	4.55	16.06	6.97	2.91
江西	1.69	4.40	0.43	4.89	8.58	−0.04	1.32
山东	13.41	45.79	2.81	18.92	71.68	6.99	9.90
河南	5.61	23.52	1.79	3.11	36.66	5.26	4.65
湖北	6.17	14.11	2.55	13.97	57.44	8.81	7.40
湖南	3.32	5.54	0.44	1.42	14.94	4.65	1.98
广东	56.91	52.96	6.25	32.11	175.03	76.34	34.11
广西	3.23	10.49	0.31	0.57	8.47	2.57	1.03
海南	0.04	0.03	0.01	0.30	0.99	0.28	0.07
重庆	2.34	9.63	0.74	3.34	12.47	2.45	2.57
四川	4.78	16.55	1.35	8.11	25.50	0.85	3.87
贵州	1.05	8.83	0.40	2.98	9.61	−1.43	0.49
云南	2.10	11.82	0.70	1.12	17.34	3.49	1.87
西藏	0.00	0.04	0.00	0.00	0.08	0.01	0.04
陕西	1.84	7.74	0.42	1.64	17.96	2.25	1.38
甘肃	1.68	4.19	0.42	0.23	10.26	−2.62	0.44
青海	4.84	0.38	0.01	0.00	3.21	2.28	0.15
宁夏	0.86	1.21	0.09	0.11	3.09	0.90	0.23
新疆	11.57	21.51	1.03	3.00	34.83	3.27	3.63

续表 5　　　　单位:亿元

地　区	利润总额	应交所得税	应交增值税	固定资产投资完成额	研究开发费用
全国总计	8769.18	2442.49	3803.57	16992.70	1216.27
北　京	5850.57	1617.08	1992.08	10569.00	564.11
天　津	58.24	16.13	29.36	152.94	22.52
河　北	44.72	20.84	73.10	151.79	26.64
山　西	85.93	32.97	99.99	385.25	20.47
内蒙古	23.30	4.07	28.49	70.23	5.41
辽　宁	141.98	46.84	101.51	369.52	73.25
吉　林	22.58	9.25	61.92	147.74	25.00
黑龙江	24.08	8.55	30.26	102.29	5.52
上　海	672.87	181.02	258.73	928.49	103.28
江　苏	119.31	37.73	66.67	400.58	33.89
浙　江	146.07	49.63	28.52	82.54	18.53
安　徽	78.74	17.61	76.52	309.56	21.74
福　建	44.61	12.69	17.11	65.08	8.34
江　西	41.68	7.88	29.06	50.08	9.48
山　东	244.53	80.37	165.09	509.07	72.92
河　南	103.06	38.32	93.97	256.79	19.48
湖　北	241.45	66.73	120.93	427.22	44.70
湖　南	24.98	7.40	16.92	82.14	8.28
广　东	368.34	106.05	233.35	1017.93	66.08
广　西	21.99	4.78	21.84	66.97	4.88
海　南	1.42	0.36	0.59	4.01	0.01
重　庆	20.88	3.52	29.62	83.05	8.77
四　川	101.70	20.34	60.47	132.36	21.81
贵　州	31.92	11.47	25.86	41.41	2.89
云　南	89.41	21.08	64.58	113.70	7.09
西　藏	0.15	0.06	0.35	0.00	0.00
陕　西	102.11	9.12	23.80	187.89	8.13
甘　肃	30.09	5.54	23.46	88.05	2.72
青　海	12.50	2.40	2.28	24.39	1.07
宁　夏	2.89	0.61	3.05	4.14	0.56
新　疆	17.08	2.05	24.09	168.50	8.71

3.11　各地区国有控股企业集团主要劳动工资指标

地　区	单位数（个）	从业人员（万人）	在岗职工（万人）	其他从业人员（万人）	研究开发人员（万人）
全国总计	1446	2253.50	2034.80	218.70	63.64
北　京	220	934.10	816.49	117.61	29.38
天　津	68	31.85	29.73	2.11	0.70
河　北	42	48.06	46.82	1.24	1.77
山　西	28	72.50	72.06	0.44	2.36
内蒙古	14	21.96	21.81	0.15	0.40
辽　宁	45	56.27	68.00	0.59	2.36
吉　林	28	30.05	30.04	0.01	0.41
黑龙江	24	128.24	104.20	24.04	1.05
上　海	95	114.38	91.51	22.87	2.47
江　苏	74	56.21	51.76	4.44	1.96
浙　江	57	22.40	21.88	0.52	0.92
安　徽	47	55.69	54.00	1.69	1.59
福　建	75	22.24	21.49	0.75	0.50
江　西	24	21.40	19.33	2.07	0.19
山　东	126	100.14	93.66	6.48	4.25
河　南	68	74.17	72.81	1.36	2.18
湖　北	42	51.09	47.64	3.45	1.70
湖　南	29	19.00	18.48	0.51	0.61
广　东	108	114.80	107.31	7.49	2.80
广　西	22	14.95	14.47	0.48	0.21
海　南	4	0.88	0.87	0.01	0.03
重　庆	29	29.10	29.05	0.05	1.28
四　川	41	53.42	44.06	9.36	2.20
贵　州	14	18.39	17.54	0.85	0.30
云　南	21	30.23	29.14	1.09	0.41
西　藏	4	0.33	0.22	0.11	0.00
陕　西	38	28.09	24.13	3.97	0.76
甘　肃	23	15.80	14.04	1.76	0.32
青　海	10	3.70	3.47	0.23	0.04
宁　夏	12	8.12	6.72	1.40	0.14
新　疆	14	75.94	74.40	1.54	0.35

续表

地　　区	从业人员劳动报酬（亿元）	在岗职工劳动报酬（亿元）	其他从业人员劳动报酬（亿元）	研究开发人员劳动报酬（亿元）
全国总计	6077.26	5747.14	330.12	229.00
北　京	3103.03	2896.21	206.82	99.88
天　津	79.36	75.71	3.65	1.80
河　北	101.72	100.39	1.33	5.42
山　西	167.84	167.62	0.22	7.58
内蒙古	24.00	96.93	0.30	0.69
辽　宁	128.52	127.59	0.93	10.71
吉　林	52.78	52.75	0.02	1.20
黑龙江	118.18	100.68	17.50	2.70
上　海	458.37	414.54	43.83	17.94
江　苏	112.80	110.68	2.12	7.31
浙　江	64.14	62.88	1.26	3.43
安　徽	115.48	113.84	1.65	4.78
福　建	49.29	47.95	1.34	2.07
江　西	36.20	33.93	2.27	0.66
山　东	205.04	196.69	8.35	13.99
河　南	127.75	126.47	1.29	4.80
湖　北	122.86	117.32	5.54	5.58
湖　南	41.45	40.47	0.98	1.58
广　东	409.79	401.29	8.50	20.44
广　西	36.88	36.55	0.33	0.73
海　南	1.58	1.57	0.01	0.04
重　庆	50.86	50.74	0.11	3.12
四　川	99.75	88.23	11.52	6.55
贵　州	36.30	35.29	1.01	0.78
云　南	60.90	59.80	1.09	1.60
西　藏	0.47	0.40	0.06	0.00
陕　西	46.66	43.57	3.09	1.82
甘　肃	28.51	27.12	1.40	0.63
青　海	6.98	6.70	0.28	0.07
宁　夏	10.38	8.93	1.45	0.23
新　疆	106.16	104.31	1.85	0.90

3.12 各地区国有控股企业集团主要经济效益指标

单位:%

地　区	净资产收益率	总资产报酬率	销　售利润率	资本保值增 值 率	劳　动生产率（万元/人）	成本费用利 润 率
全国总计	8.20	5.37	7.09	114.51	54.92	7.90
北　京	9.74	6.10	8.99	116.80	69.67	10.20
天　津	3.91	2.80	3.19	108.54	57.32	3.36
河　北	3.17	3.32	2.54	107.15	36.59	2.88
山　西	5.52	4.07	4.62	113.14	25.66	24.00
内蒙古	5.53	3.21	68.00	120.00	23.79	4.78
辽　宁	6.10	4.86	5.14	115.51	49.06	5.69
吉　林	2.41	2.40	1.34	95.55	55.99	1.49
黑龙江	3.32	2.26	2.44	137.29	7.70	2.66
上　海	6.94	4.76	6.44	116.46	91.34	6.78
江　苏	5.10	3.53	3.48	110.88	60.91	3.85
浙　江	8.51	5.90	5.50	105.39	118.54	5.93
安　徽	6.53	4.39	4.28	109.24	33.02	4.64
福　建	4.94	3.94	3.31	109.87	60.63	3.48
江　西	11.38	6.27	5.72	120.31	34.03	6.25
山　东	7.88	4.93	4.63	108.13	52.77	5.24
河　南	6.67	5.16	4.78	111.53	29.05	5.45
湖　北	7.20	5.96	8.42	112.66	56.10	9.60
湖　南	3.97	3.59	3.08	117.15	42.72	3.22
广　东	4.51	3.98	4.31	104.67	74.45	4.54
广　西	5.24	3.97	3.30	107.43	44.62	3.65
海　南	2.43	2.91	5.39	102.84	30.00	6.34
重　庆	3.50	2.60	2.53	115.77	28.41	2.69
四　川	8.12	4.46	5.98	113.17	31.82	6.96
贵　州	5.69	4.48	7.39	113.61	23.48	8.64
云　南	7.68	6.32	8.54	114.61	34.64	10.80
西　藏	1.41	1.30	2.35	109.15	19.01	2.10
陕　西	16.97	7.38	12.37	134.82	29.39	15.13
甘　肃	9.37	5.45	6.15	111.78	30.96	6.85
青　海	9.42	5.76	11.53	113.27	29.34	12.83
宁　夏	2.75	2.32	2.10	137.56	16.99	2.42
新　疆	3.75	2.90	1.87	124.09	12.04	1.93

续表 1

单位:%

地区	资产利税率	总资产使用率	流动资产比率	资金利润率	资产负债率	长期负债与资产总计比率
全国总计	7.44	60.85	37.02	5.94	61.03	18.65
北京	8.04	57.10	33.95	7.19	61.11	19.20
天津	3.29	55.33	45.08	2.63	66.30	16.21
河北	5.64	69.91	42.90	2.37	66.98	14.93
山西	7.46	63.78	37.67	4.20	65.57	20.46
内蒙古	7.29	66.61	41.80	3.48	55.27	16.34
辽宁	7.13	71.21	37.56	4.72	57.84	14.58
吉林	7.75	87.43	50.96	1.57	69.08	7.43
黑龙江	3.18	50.49	74.38	1.22	74.48	9.51
上海	6.98	62.08	44.25	5.75	57.04	19.95
江苏	4.93	77.12	38.74	3.76	62.66	18.16
浙江	6.60	85.38	42.01	6.26	62.95	19.63
安徽	6.88	71.56	33.32	4.22	62.37	20.34
福建	4.87	86.56	48.74	3.89	57.97	11.47
江西	9.48	89.15	44.80	6.55	62.93	10.97
山东	8.05	77.95	44.58	4.75	67.53	14.15
河南	9.74	75.59	42.84	4.67	64.17	14.45
湖北	8.64	55.25	31.44	6.52	51.61	17.63
湖南	4.37	71.54	39.85	2.96	60.18	13.15
广东	5.18	61.53	32.95	3.36	57.35	23.01
广西	6.36	83.43	46.58	3.62	57.19	11.30
海南	2.77	31.58	36.81	2.00	47.21	18.30
重庆	4.70	62.51	43.98	2.22	61.28	14.56
四川	6.62	54.91	42.68	4.60	64.87	18.82
贵州	7.71	45.12	36.61	4.78	61.22	20.28
云南	16.33	60.98	45.06	6.91	47.25	9.32
西藏	3.18	35.68	0.00	1.91	63.17	18.26
陕西	9.17	49.77	37.36	8.16	66.35	23.16
甘肃	7.66	64.62	36.28	5.51	64.62	9.09
青海	6.07	39.28	33.95	6.46	60.67	22.40
宁夏	2.79	46.86	41.59	1.65	67.83	19.15
新疆	3.05	50.00	46.14	1.37	77.58	24.06

续表 2

单位:%

地区	已获利息倍数(倍)	流动比率	速动比率	新产品销售收入与营业收入比重	研究开发费用与营业收入比重	研究开发费用与主营业务收入比重
全国总计	5.70	87.35	64.03	8.99	0.98	1.01
北京	7.06	81.02	61.02	4.75	0.87	0.88
天津	2.86	89.99	62.30	8.89	1.23	1.27
河北	2.44	82.42	59.58	10.58	1.52	1.67
山西	4.12	83.51	63.51	6.16	1.10	1.15
内蒙古	14.92	107.36	75.29	0.25	1.04	1.04
辽宁	4.79	86.82	58.18	15.84	2.65	2.78
吉林	2.12	82.66	57.85	49.80	1.49	1.60
黑龙江	2.39	114.48	85.78	11.49	0.56	0.60
上海	6.96	119.31	83.21	10.69	0.99	1.01
江苏	4.78	87.08	63.35	16.87	0.99	1.03
浙江	5.24	96.98	61.80	10.44	0.70	0.71
安徽	3.57	79.27	56.50	8.74	1.18	1.22
福建	3.78	104.80	71.15	3.85	0.62	0.63
江西	5.86	86.21	53.39	13.74	1.30	1.33
山东	4.41	83.52	62.39	19.71	1.38	1.46
河南	3.81	86.16	62.26	8.77	0.90	0.95
湖北	5.20	92.55	63.62	24.54	1.56	1.61
湖南	2.67	84.75	56.78	22.38	1.02	1.04
广东	3.10	95.96	74.75	12.09	0.77	0.79
广西	3.60	101.48	69.43	13.58	0.73	0.76
海南	2.44	127.32	104.06	0.79	0.04	0.04
重庆	2.67	94.13	67.54	13.61	1.06	1.09
四川	4.99	92.67	61.95	19.97	1.28	1.39
贵州	4.32	89.44	67.38	7.29	0.67	0.69
云南	6.16	118.81	71.53	4.67	0.68	0.69
西藏	2.85	0.00	–13.63	0.00	0.00	0.00
陕西	6.69	86.49	65.18	9.66	0.99	1.00
甘肃	3.93	65.33	34.97	5.29	0.56	0.57
青海	4.89	88.70	64.45	2.51	0.99	1.00
宁夏	1.94	85.43	49.74	6.63	0.41	0.46
新疆	1.49	86.22	62.61	1.15	0.95	0.97

3.13 各地区集体控股企业集团主要财务指标

单位：亿元

地　　区	单位数（个）	资　产 总　计	固定资产 原　价	累　计 折　旧	本　年 折　旧	无　形 资　产	累计对外 投　资
全国总计	261	5094.19	1826.36	511.38	106.08	141.49	251.35
北　京	17	231.16	31.43	8.35	1.81	1.96	3.37
天　津	32	131.77	36.25	13.20	1.40	3.69	3.67
河　北	5	65.13	29.76	9.79	1.55	2.32	0.00
山　西	4	88.50	44.82	13.05	2.83	24.00	10.04
内蒙古	0	0.00	68.00	0.00	0.00	0.00	0.00
辽　宁	2	44.54	6.49	1.31	0.14	0.85	17.41
吉　林	3	63.44	37.51	8.96	1.50	1.76	5.94
黑龙江	5	37.15	14.33	4.31	0.51	2.28	3.67
上　海	10	186.39	33.18	9.92	1.42	2.45	9.01
江　苏	16	776.53	216.33	57.69	15.18	11.59	82.96
浙　江	42	821.70	297.30	86.83	16.49	33.82	31.24
安　徽	6	66.02	23.03	9.94	1.04	5.49	0.79
福　建	17	48.69	18.44	4.72	0.52	0.22	0.73
江　西	2	5.24	1.45	0.37	0.05	0.17	0.00
山　东	54	1422.29	631.29	161.53	37.43	36.87	39.56
河　南	9	105.74	57.97	20.49	5.10	3.93	0.36
湖　北	4	53.54	17.48	3.93	0.52	0.50	4.13
湖　南	0	0.00	0.00	0.00	0.00	0.00	0.00
广　东	10	474.99	170.02	53.23	11.10	15.33	16.68
广　西	2	25.55	17.19	6.69	0.92	2.08	0.22
海　南	0	0.00	0.00	0.00	0.00	0.00	0.00
重　庆	2	13.76	5.93	1.27	0.32	0.59	0.81
四　川	3	48.16	11.58	5.48	0.52	3.18	1.98
贵　州	0	0.00	0.00	0.00	0.00	0.00	0.00
云　南	2	58.89	17.27	4.26	1.15	0.33	8.32
西　藏	1	—	—	—	—	—	—
陕　西	2	84.87	32.06	7.02	1.43	6.51	4.10
甘　肃	2	36.27	23.63	4.55	0.91	0.85	0.00
青　海	5	10.49	5.43	1.42	0.21	0.53	0.09
宁　夏	1	—	—	—	—	—	—
新　疆	3	178.22	39.25	11.00	1.60	3.16	5.88

续表 1　　　　单位:亿元

地　区	本年对外投　资	本年对境外投资	长期投资	短期投资	存　货	流动资产年平均余额	应收帐款
全国总计	36.31	0.00	349.42	22.45	855.20	2758.07	485.58
北　京	0.48	0.00	9.02	0.13	69.68	97.23	18.78
天　津	0.40	0.00	11.96	0.26	24.43	66.20	12.35
河　北	0.00	0.00	3.92	0.00	15.04	32.71	6.62
山　西	3.24	0.00	10.58	0.15	14.40	36.94	4.56
内蒙古	0.00	0.00	0.00	0.00	0.00	0.00	0.00
辽　宁	0.30	0.00	6.47	0.05	5.36	30.29	6.30
吉　林	0.93	0.00	5.99	0.00	8.63	21.22	4.19
黑龙江	0.01	0.00	4.66	0.00	2.25	16.49	3.65
上　海	1.97	0.00	17.46	1.31	47.17	136.87	7.84
江　苏	16.16	0.00	91.23	1.21	103.14	451.99	90.27
浙　江	3.93	0.00	56.89	3.45	133.62	451.93	83.10
安　徽	0.29	0.00	0.64	0.38	14.48	38.73	10.26
福　建	0.00	0.00	2.26	0.06	13.68	27.35	4.41
江　西	0.00	0.00	0.12	0.00	0.84	2.82	0.18
山　东	1.91	0.00	77.27	11.24	197.63	734.86	136.97
河　南	0.11	0.00	4.12	0.09	12.88	48.80	6.03
湖　北	2.12	0.00	4.13	0.51	9.39	31.34	6.84
湖　南	0.00	0.00	0.00	0.00	0.00	0.00	0.00
广　东	1.34	0.00	16.05	1.42	92.92	283.52	49.59
广　西	0.00	0.00	4.89	0.00	2.39	7.34	1.58
海　南	0.00	0.00	0.00	0.00	0.00	0.00	0.00
重　庆	0.00	0.00	0.81	0.00	3.71	9.89	1.46
四　川	0.01	0.00	1.99	0.11	11.45	31.72	2.85
贵　州	0.00	0.00	0.00	0.00	0.00	0.00	0.00
云　南	0.06	0.00	7.14	1.18	7.33	16.38	0.74
西　藏	—	—	—	—	—	—	—
陕　西	2.92	0.00	4.27	0.00	18.79	40.95	2.16
甘　肃	0.00	0.00	0.68	0.00	1.42	5.11	1.65
青　海	0.09	0.00	0.09	0.00	1.46	3.16	0.79
宁　夏	—	—	—	—	—	—	—
新　疆	0.05	0.00	5.88	0.91	39.75	125.37	20.77

续表 2　　　　单位:亿元

地　区	负　债合　计	流　动负　债	股东权益与少数股东权益总　计	少数股东权　益	股东权益合　计	股　本	营　业收　入
全国总计	3056.41	2626.53	2037.78	299.70	1738.07	649.26	6159.68
北　京	175.75	149.10	55.41	3.56	51.85	28.81	146.69
天　津	77.55	61.45	54.22	0.17	54.06	37.72	91.73
河　北	40.05	33.95	25.08	0.97	24.12	10.56	120.78
山　西	47.23	38.03	41.26	0.00	41.26	19.58	79.50
内蒙古	0.00	0.00	0.00	0.00	0.00	0.00	0.00
辽　宁	30.19	27.19	14.35	3.64	10.71	10.04	18.05
吉　林	31.18	26.99	32.26	0.00	32.26	15.29	63.26
黑龙江	21.37	19.55	15.78	0.00	15.78	11.70	10.42
上　海	112.62	104.60	73.77	7.22	66.55	24.91	151.79
江　苏	432.86	401.83	343.67	63.62	280.05	107.40	1053.54
浙　江	478.05	411.74	343.65	39.80	303.86	121.78	1119.78
安　徽	34.60	33.11	31.42	2.40	29.02	23.01	89.33
福　建	26.66	22.25	22.03	0.00	22.03	12.43	64.90
江　西	3.23	3.23	2.02	0.00	2.02	1.32	4.56
山　东	798.06	670.51	624.24	109.20	515.03	111.31	2182.32
河　南	63.87	45.14	41.87	0.00	41.87	12.44	143.71
湖　北	17.60	14.80	35.94	1.08	34.86	9.29	27.24
湖　南	0.00	0.00	0.00	0.00	0.00	0.00	0.00
广　东	327.67	280.52	147.32	47.60	99.72	33.06	467.53
广　西	13.20	11.87	12.36	0.00	12.36	6.24	16.51
海　南	0.00	0.00	0.00	0.00	0.00	0.00	0.00
重　庆	9.96	7.42	3.80	0.00	3.80	1.24	6.50
四　川	31.11	27.64	17.05	6.19	10.86	6.04	19.66
贵　州	0.00	0.00	0.00	0.00	0.00	0.00	0.00
云　南	33.61	18.89	25.28	6.80	18.48	13.09	10.62
西　藏	—	—	—	—	—	—	—
陕　西	66.03	58.73	18.84	0.78	18.06	4.94	123.26
甘　肃	19.09	10.41	17.19	0.00	17.19	7.17	6.52
青　海	5.61	4.76	4.88	0.00	4.88	3.86	8.32
宁　夏	—	—	—	—	—	—	—
新　疆	149.42	133.33	28.80	5.58	23.23	12.71	117.80

续表 3　　　　单位:亿元

地　区	主营业务收　入	其他业务收　入	主营业务成　本	主营业务税　金及附加	新产品销　售收　入	出口销售总　额	存货跌价损失和营业、管理、财务等费用合计
全国总计	6013.67	146.01	5341.74	30.09	1246.56	739.98	449.99
北　京	145.60	1.08	131.28	2.78	3.15	4.35	8.52
天　津	91.09	0.64	80.03	0.72	3.55	9.72	7.24
河　北	119.64	1.14	96.66	0.15	0.00	3.99	16.55
山　西	79.36	0.13	70.93	0.15	0.57	0.44	4.52
内蒙古	0.00	0.00	0.00	0.00	0.00	0.00	0.00
辽　宁	17.96	0.09	16.51	0.05	0.00	0.33	1.84
吉　林	63.16	0.10	56.31	0.82	0.00	0.00	6.15
黑龙江	10.26	0.16	9.24	0.06	0.19	0.14	0.67
上　海	151.06	0.74	128.62	2.09	0.00	18.68	11.27
江　苏	962.54	91.00	876.31	2.97	186.52	87.59	49.49
浙　江	1108.64	11.14	1008.15	4.27	125.07	249.83	64.59
安　徽	88.45	0.87	73.81	0.44	31.88	2.58	13.32
福　建	64.54	0.36	56.59	0.72	2.19	5.97	4.51
江　西	4.54	0.02	3.96	0.09	0.00	0.00	0.24
山　东	2162.07	20.24	1926.66	6.43	747.75	163.74	148.56
河　南	135.32	8.39	109.37	2.85	0.73	0.26	23.41
湖　北	27.06	0.19	20.48	0.22	8.36	1.41	2.97
湖　南	0.00	0.00	0.00	0.00	0.00	0.00	0.00
广　东	460.92	6.61	395.08	2.45	130.78	184.48	55.51
广　西	16.35	0.16	13.02	0.22	3.68	0.05	2.20
海　南	0.00	0.00	0.00	0.00	0.00	0.00	0.00
重　庆	6.14	0.36	5.37	0.16	0.00	0.00	0.87
四　川	19.47	0.19	13.29	1.02	0.00	0.03	4.57
贵　州	0.00	0.00	0.00	0.00	0.00	0.00	0.00
云　南	10.56	0.06	7.67	0.47	0.00	0.00	0.77
西　藏	—	—	—	—	—	—	—
陕　西	122.31	0.95	115.60	0.36	0.00	0.00	4.48
甘　肃	6.52	0.00	5.72	0.02	0.00	0.00	1.14
青　海	7.64	0.68	5.84	0.08	2.14	1.54	0.99
宁　夏	—	—	—	—	—	—	—
新　疆	117.15	0.65	103.21	0.21	0.00	3.12	12.72

续表 4

单位:亿元

地　　区	税　金	劳动、待业保险费	职工教育费	广告费	利息支出	投资收益	营业外收入
全国总计	9.15	10.30	1.34	19.57	66.24	10.15	9.32
北　京	0.22	0.28	0.02	0.03	1.67	0.10	0.41
天　津	0.06	0.30	0.02	0.03	0.92	0.16	0.14
河　北	0.06	0.12	0.01	0.06	0.90	0.00	0.05
山　西	0.06	0.01	0.02	0.04	2.10	0.04	0.01
内蒙古	0.00	0.00	0.00	0.00	0.00	0.00	0.00
辽　宁	0.03	0.04	0.01	0.03	0.47	−0.14	0.01
吉　林	0.02	0.19	0.01	0.32	1.04	0.09	0.05
黑龙江	0.01	0.05	0.01	0.01	0.09	0.00	0.02
上　海	0.10	0.31	0.01	0.04	0.77	1.51	0.70
江　苏	1.45	0.95	0.09	0.70	9.78	4.13	2.13
浙　江	0.82	1.52	0.26	0.81	14.74	1.00	2.20
安　徽	0.15	0.88	0.08	0.50	0.60	−1.70	0.14
福　建	0.07	0.14	0.01	0.13	0.53	0.08	0.02
江　西	0.01	0.01	0.00	0.03	0.00	0.00	0.00
山　东	3.40	3.74	0.41	13.93	15.74	0.85	2.34
河　南	0.40	0.13	0.08	0.82	5.64	0.01	0.05
湖　北	0.43	0.13	0.12	0.07	0.28	0.35	0.03
湖　南	0.00	0.00	0.00	0.00	0.00	0.00	0.00
广　东	0.69	0.39	0.08	1.60	5.47	1.55	0.43
广　西	0.04	0.15	0.01	0.01	0.29	0.26	0.05
海　南	0.00	0.00	0.00	0.00	0.00	0.00	0.00
重　庆	0.01	0.01	0.01	0.02	0.19	0.02	0.02
四　川	0.06	0.14	0.01	0.27	0.66	0.72	0.10
贵　州	0.00	0.00	0.00	0.00	0.00	0.00	0.00
云　南	0.03	0.01	0.00	0.01	0.09	0.68	0.08
西　藏	—	—	—	—	—	—	—
陕　西	0.09	0.27	0.03	0.04	1.12	0.04	0.03
甘　肃	0.00	0.00	0.00	0.00	0.13	0.00	0.01
青　海	0.02	0.01	0.01	0.01	0.10	0.00	0.00
宁　夏	—	—	—	—	—	—	—
新　疆	0.89	0.28	0.03	0.07	2.78	0.36	0.26

续表 5 单位:亿元

地　区	利　润 总　额	应　交 所得税	应　交 增值税	固定资产 投　资 完成额	研究开发 费　用
全国总计	243.23	48.45	102.44	221.14	76.46
北　京	5.20	1.28	0.21	0.27	0.27
天　津	3.31	0.94	1.20	0.48	0.01
河　北	6.07	0.74	1.46	2.79	0.23
山　西	3.65	0.70	3.93	5.95	0.48
内蒙古	0.00	0.00	0.00	0.00	0.00
辽　宁	–0.62	0.07	0.10	0.01	0.02
吉　林	0.26	0.28	1.72	3.23	0.02
黑龙江	–0.50	0.02	0.18	0.27	0.01
上　海	11.75	1.53	0.83	5.63	0.15
江　苏	43.34	6.02	14.35	38.56	5.11
浙　江	43.15	8.37	15.40	33.58	4.21
安　徽	1.13	0.73	1.78	3.15	2.52
福　建	2.87	0.52	0.69	1.14	0.10
江　西	0.33	0.11	0.09	0.13	0.00
山　东	90.17	19.49	39.10	85.23	55.21
河　南	5.33	1.03	2.81	3.25	0.16
湖　北	1.85	0.62	0.69	6.14	0.26
湖　南	0.00	0.00	0.00	0.00	0.00
广　东	14.43	2.75	10.34	14.55	5.31
广　西	1.31	0.17	1.05	1.25	0.16
海　南	0.00	0.00	0.00	0.00	0.00
重　庆	0.52	0.12	0.16	0.17	0.00
四　川	1.40	0.94	0.11	0.18	0.00
贵　州	0.00	0.00	0.00	0.00	0.00
云　南	2.45	0.65	0.58	6.73	0.00
西　藏	—	—	—	—	—
陕　西	2.87	0.21	3.62	8.19	0.02
甘　肃	–0.40	0.00	0.10	0.02	0.00
青　海	0.63	0.13	0.33	0.22	0.05
宁　夏	—	—	—	—	—
新　疆	2.53	0.91	1.24	0.00	2.15

3.14 各地区集体控股企业集团主要劳动工资指标

地 区	单位数（个）	从业人员（万人）	在岗职工（万人）	其他从业人员（万人）	研究开发人员（万人）
全国总计	261	89.61	85.44	4.18	2.61
北 京	17	3.89	3.74	0.15	0.03
天 津	32	2.75	2.69	0.06	0.01
河 北	5	3.24	3.05	0.18	0.06
山 西	4	1.68	1.65	0.03	0.02
内蒙古	0	0.00	0.00	0.00	0.00
辽 宁	2	0.19	68.00	0.00	0.01
吉 林	3	1.48	1.48	0.00	0.02
黑龙江	5	0.84	0.83	0.01	0.00
上 海	10	1.82	1.45	0.37	0.01
江 苏	16	9.87	9.58	0.29	0.26
浙 江	42	13.80	13.63	0.17	0.24
安 徽	6	1.09	1.07	0.02	0.09
福 建	17	1.64	1.61	0.03	0.02
江 西	2	0.41	0.36	0.05	0.00
山 东	54	26.89	24.47	2.42	1.29
河 南	9	4.06	3.99	0.07	0.05
湖 北	4	0.77	0.77	0.00	0.02
湖 南	0	0.00	0.00	0.00	0.00
广 东	10	8.97	8.83	0.14	0.25
广 西	2	0.78	0.78	0.00	0.07
海 南	0	0.00	0.00	0.00	0.00
重 庆	2	0.32	0.31	0.01	0.00
四 川	3	0.86	0.71	0.15	0.01
贵 州	0	0.00	0.00	0.00	0.00
云 南	2	0.14	0.14	0.00	0.00
西 藏	1	—	—	—	—
陕 西	2	1.12	1.12	0.00	0.00
甘 肃	2	0.61	0.61	0.00	0.00
青 海	5	0.47	0.46	0.01	0.01
宁 夏	1	—	—	—	—
新 疆	3	1.57	1.56	0.01	0.16

续表

地　区	从业人员劳动报酬（亿元）	在岗职工劳动报酬（亿元）	其他从业人员劳动报酬（亿元）	研究开发人员劳动报酬（亿元）
全国总计	130.66	125.20	5.46	8.76
北　京	6.63	6.44	0.18	0.10
天　津	3.36	3.30	0.05	0.02
河　北	2.20	2.08	0.12	0.07
山　西	2.21	2.16	0.04	0.04
内蒙古	24.00	0.00	0.00	0.00
辽　宁	0.22	0.22	0.00	0.02
吉　林	1.50	1.50	0.00	0.02
黑龙江	0.74	0.74	0.01	0.01
上　海	4.97	4.55	0.42	0.03
江　苏	16.50	16.09	0.41	0.97
浙　江	24.46	24.17	0.29	0.70
安　徽	1.62	1.62	0.01	0.47
福　建	1.61	1.58	0.03	0.06
江　西	0.45	0.38	0.07	0.00
山　东	34.58	31.22	3.36	4.05
河　南	3.09	3.01	0.08	0.05
湖　北	0.88	0.88	0.00	0.06
湖　南	0.00	0.00	0.00	0.00
广　东	17.48	17.21	0.27	1.52
广　西	1.08	1.08	0.00	0.23
海　南	0.00	0.00	0.00	0.00
重　庆	0.39	0.37	0.02	0.00
四　川	1.04	0.99	0.05	0.01
贵　州	0.00	0.00	0.00	0.00
云　南	0.42	0.42	0.00	0.00
西　藏	—	—	—	—
陕　西	1.57	1.57	0.00	0.02
甘　肃	0.29	0.29	0.00	0.00
青　海	0.50	0.49	0.01	0.01
宁　夏	—	—	—	—
新　疆	2.53	2.52	0.01	0.29

3.15 各地区集体控股企业集团主要经济效益指标

单位：%

地 区	净资产收益率	总资产报酬率	销售利润率	资本保值增值率	劳动生产率（万元/人）	成本费用利润率
全国总计	9.56	6.07	3.95	111.77	68.74	4.20
北 京	7.06	2.97	3.54	96.86	37.69	3.72
天 津	4.37	3.21	3.61	103.58	33.35	3.79
河 北	21.24	10.71	5.03	114.18	37.33	5.36
山 西	7.13	6.49	4.59	106.81	47.26	24.00
内蒙古	0.00	0.00	68.00	0.00	0.00	0.00
辽 宁	–4.76	–0.33	–3.42	104.41	93.57	-3.36
吉 林	–0.07	2.04	0.40	118.31	42.79	0.41
黑龙江	–3.29	–1.09	–4.77	100.02	12.33	-5.02
上 海	13.85	6.72	7.74	111.25	83.43	8.40
江 苏	10.86	6.84	4.11	113.41	106.78	4.68
浙 江	10.12	7.04	3.85	111.36	81.12	4.02
安 徽	1.25	2.62	1.26	116.48	81.97	1.29
福 建	10.67	6.98	4.42	104.47	39.57	4.70
江 西	11.04	6.40	7.29	112.97	11.09	7.91
山 东	11.32	7.45	4.13	118.68	81.14	4.35
河 南	10.27	10.37	3.71	91.87	35.41	4.02
湖 北	3.43	3.98	6.80	103.53	35.29	7.90
湖 南	0.00	0.00	0.00	0.00	0.00	0.00
广 东	7.93	4.19	3.09	106.65	52.14	3.20
广 西	9.18	6.27	7.93	107.36	21.26	8.61
海 南	0.00	0.00	0.00	0.00	0.00	0.00
重 庆	10.54	5.17	7.99	91.02	20.52	8.32
四 川	2.72	4.28	7.13	104.28	22.90	7.85
贵 州	0.00	0.00	0.00	0.00	0.00	0.00
云 南	7.12	4.31	23.06	98.80	74.07	29.03
西 藏	–2.15	–0.70	–3.39	92.75	29.51	-3.31
陕 西	14.14	4.70	2.33	125.42	109.58	2.39
甘 肃	–2.36	–0.75	–6.20	100.95	10.69	-5.90
青 海	10.36	7.01	7.61	125.61	17.85	9.27
宁 夏	2.90	2.60	1.61	102.02	45.33	1.67
新 疆	5.65	2.98	2.15	113.88	74.95	2.19

续表 1

单位:%

地区	资产利税率	总资产使用率	流动资产比率	资金利润率	资产负债率	长期负债与资产总计比率
全国总计	7.38	118.05	54.14	5.97	60.00	8.44
北京	3.55	62.99	42.06	4.32	76.03	11.53
天津	3.97	69.13	50.24	3.71	58.85	12.22
河北	11.80	183.68	50.23	11.52	61.49	9.37
山西	8.73	89.68	41.74	5.31	53.37	10.40
内蒙古	0.00	0.00	0.00	0.00	0.00	0.00
辽宁	-1.06	40.32	68.02	-1.74	67.79	6.74
吉林	4.41	99.56	33.45	0.51	49.15	6.60
黑龙江	-0.70	27.62	44.39	-1.88	57.52	4.89
上海	7.87	81.04	73.43	7.34	60.42	4.30
江苏	7.81	123.96	58.21	7.10	55.74	4.00
浙江	7.65	134.92	55.00	6.51	58.18	8.07
安徽	5.08	133.99	58.67	2.18	52.41	2.25
福建	8.79	132.53	56.16	6.99	54.75	9.05
江西	9.84	86.61	53.83	8.51	61.54	0.00
山东	9.54	152.01	51.67	7.49	56.11	8.97
河南	10.39	127.97	46.15	6.18	60.40	17.71
湖北	5.16	50.53	58.54	4.13	32.87	5.23
湖南	0.00	0.00	0.00	0.00	0.00	0.00
广东	5.73	97.04	59.69	3.60	68.98	9.93
广西	10.10	63.98	28.72	7.34	51.64	5.21
海南	0.00	0.00	0.00	0.00	0.00	0.00
重庆	6.10	44.62	71.89	3.57	72.39	18.46
四川	5.25	40.43	65.87	3.71	64.60	7.21
贵州	0.00	0.00	0.00	0.00	0.00	0.00
云南	5.94	17.93	27.82	8.34	57.07	24.98
西藏	-0.78	34.04	0.00	-6.15	46.40	10.58
陕西	8.08	144.12	48.26	4.35	77.80	8.61
甘肃	-0.79	17.99	14.10	-1.67	52.62	23.92
青海	9.93	72.83	30.14	8.84	53.46	8.09
宁夏	6.64	112.33	68.05	1.78	68.34	1.09
新疆	2.24	65.73	70.34	1.65	83.84	9.02

续表 2　　　　单位:%

地　区	已获利息倍数(倍)	流动比率	速动比率	新产品销售收入与营业收入比重	研究开发费用与营业收入比重	研究开发费用与主营业务收入比重
全国总计	4.67	105.01	72.45	20.24	1.24	1.27
北　京	4.11	65.21	18.47	2.15	0.19	0.19
天　津	4.58	107.74	67.99	3.87	0.01	0.01
河　北	7.71	96.37	52.07	0.00	0.19	0.19
山　西	2.74	97.14	59.26	0.72	0.61	0.61
内蒙古	0.00	0.00	0.00	0.00	0.00	0.00
辽　宁	-0.31	111.43	91.72	0.00	0.13	0.13
吉　林	1.25	78.62	46.63	0.00	0.03	0.03
黑龙江	-4.35	84.34	72.82	1.78	0.11	0.11
上　海	16.20	130.85	85.76	0.00	0.10	0.10
江　苏	5.43	112.48	86.82	17.70	0.48	0.53
浙　江	3.93	109.76	77.31	11.17	0.38	0.38
安　徽	2.87	116.95	73.24	35.69	2.82	2.85
福　建	6.44	122.89	61.40	3.38	0.15	0.15
江　西	104.88	87.47	61.46	0.00	0.06	0.06
山　东	6.73	109.60	80.12	34.26	2.53	2.55
河　南	1.95	108.12	79.59	0.51	0.11	0.12
湖　北	7.61	211.74	148.29	30.67	0.96	0.97
湖　南	0.00	0.00	0.00	0.00	0.00	0.00
广　东	3.64	101.07	67.95	27.97	1.14	1.15
广　西	5.47	61.86	41.69	22.29	0.98	0.99
海　南	0.00	0.00	0.00	0.00	0.00	0.00
重　庆	3.71	133.31	83.33	0.00	0.03	0.04
四　川	3.13	114.78	73.37	0.00	0.00	0.00
贵　州	0.00	0.00	0.00	0.00	0.00	0.00
云　南	28.65	86.70	47.89	0.00	0.00	0.00
西　藏	-1.56	0.00	-2.58	0.00	0.00	0.00
陕　西	3.56	69.74	37.74	0.00	0.02	0.02
甘　肃	-2.01	49.13	35.45	0.00	0.00	0.00
青　海	7.18	66.41	35.75	25.75	0.55	0.60
宁　夏	3.35	101.19	62.99	0.00	0.00	0.00
新　疆	1.91	94.02	64.21	0.00	1.82	1.83

3.16 各地区母公司为国有企业的企业集团主要财务指标

单位：亿元

地区	单位数（个）	资产总计	固定资产原价	累计折旧	本年折旧	无形资产	累计对外投资
全国总计	334	87778.74	62094.51	23098.65	3491.32	1332.26	3371.68
北京	137	68725.56	51069.33	19435.84	2940.06	850.79	2429.60
天津	4	38.10	6.84	2.39	0.13	0.47	3.69
河北	4	52.33	27.53	12.06	1.48	0.78	4.61
山西	3	150.94	20.02	6.05	0.64	24.00	0.20
内蒙古	1	—	68.00	—	—	—	—
辽宁	4	812.06	803.77	351.82	56.44	53.41	4.55
吉林	2	1077.07	579.34	274.27	36.62	22.37	45.65
黑龙江	8	571.86	283.53	90.44	16.12	5.72	1.73
上海	17	3424.40	1758.57	680.83	106.45	99.67	208.95
江苏	12	589.12	233.88	81.04	11.28	10.21	106.32
浙江	7	958.14	520.10	93.23	20.32	10.13	24.90
安徽	2	201.56	88.13	25.77	3.76	24.99	2.81
福建	16	28.28	11.40	5.21	0.51	0.62	3.42
江西	10	510.83	338.45	143.17	16.43	24.56	8.92
山东	24	903.85	448.72	126.39	22.49	51.73	51.93
河南	11	372.03	206.16	65.98	10.59	2.25	3.96
湖北	9	3901.40	2337.23	640.42	103.73	39.34	73.94
湖南	4	41.10	17.84	4.86	0.81	4.26	2.62
广东	28	3749.20	2573.49	744.45	107.30	66.05	338.66
广西	2	21.01	12.58	4.40	0.87	0.18	0.48
海南	2	30.66	19.10	9.72	0.26	0.30	0.95
重庆	2	21.00	8.56	3.82	1.57	1.11	1.58
四川	6	1013.29	524.61	229.36	26.60	34.68	32.40
贵州	1	—	—	—	—	—	—
云南	4	53.91	38.98	15.67	2.02	1.07	2.82
西藏	3	13.01	9.06	1.83	0.08	0.03	0.00
陕西	8	347.72	81.27	29.70	3.37	14.23	11.79
甘肃	1	—	—	—	—	—	—
青海	2	17.28	9.57	2.78	0.35	0.36	1.21
宁夏	0	0.00	0.00	0.00	0.00	0.00	0.00
新疆	0	0.00	0.00	0.00	0.00	0.00	0.00

续表 1

单位:亿元

地　　区	本年对外投　　资	本年对境外投资	长　期投　资	短　期投　资	存　货	流动资产年平均余　额	应　收帐　款
全国总计	738.70	146.13	4794.11	941.69	7659.77	32584.18	4522.80
北　京	648.97	143.63	3186.67	716.80	5368.95	24712.08	3637.94
天　津	0.00	0.00	10.21	0.00	11.05	18.17	2.56
河　北	1.82	0.00	4.07	0.54	8.22	31.79	5.38
山　西	0.06	0.00	3.36	0.01	15.38	110.34	46.40
内蒙古	—	—	—	—	—	—	—
辽　宁	0.47	0.03	5.01	0.00	99.38	230.33	22.48
吉　林	23.71	0.00	46.02	20.97	181.27	611.79	31.51
黑龙江	0.04	0.00	19.62	0.01	135.92	695.03	46.33
上　海	27.18	0.40	380.52	104.18	450.59	1651.12	166.15
江　苏	0.53	0.00	113.04	3.37	80.14	240.76	21.97
浙　江	1.24	0.11	39.90	7.88	118.38	252.19	9.57
安　徽	0.46	0.00	2.87	0.11	40.01	78.50	9.60
福　建	0.10	0.00	3.56	0.53	4.10	16.17	1.94
江　西	0.06	0.00	9.61	0.16	86.22	203.57	30.46
山　东	2.71	0.00	32.69	3.56	110.61	392.72	60.45
河　南	0.51	0.00	22.04	10.05	65.71	188.03	19.54
湖　北	5.43	1.94	461.94	62.92	327.07	1109.51	116.86
湖　南	1.72	0.00	2.98	0.30	5.37	20.78	3.23
广　东	18.39	0.00	386.85	6.00	230.58	1083.78	140.90
广　西	0.00	0.00	2.85	0.00	1.86	7.83	1.23
海　南	0.00	0.00	1.07	0.00	5.18	11.86	1.42
重　庆	0.02	0.00	2.43	0.00	0.19	8.21	0.98
四　川	4.59	0.00	35.81	2.73	202.42	561.54	75.57
贵　州	—	—	—	—	—	—	—
云　南	0.37	0.00	2.68	0.82	4.85	21.81	3.46
西　藏	0.00	0.00	0.18	0.00	1.04	0.00	2.30
陕　西	0.12	0.00	12.70	0.72	91.87	248.75	53.57
甘　肃	—	—	—	—	—	—	—
青　海	0.20	0.00	1.31	0.00	0.66	5.99	0.44
宁　夏	0.00	0.00	0.00	0.00	0.00	0.00	0.00
新　疆	0.00	0.00	0.00	0.00	0.00	0.00	0.00

续表 2

单位:亿元

地　区	负债合计	流动负债	股东权益与少数股东权益总计	少数股东权益	股东权益合计	股本	营业收入
全国总计	48292.97	33325.22	39485.77	6981.94	32503.83	14735.07	56761.19
北　京	37423.18	25154.59	31302.38	5096.94	26205.44	11661.36	43540.95
天　津	27.77	25.80	10.33	0.36	9.97	13.81	11.59
河　北	33.41	28.46	18.92	5.75	13.17	12.58	56.72
山　西	138.60	134.62	12.34	2.77	9.57	14.27	178.76
内蒙古	—	—	—	—	—	—	—
辽　宁	348.28	260.39	463.78	83.75	380.03	120.78	734.04
吉　林	761.63	714.46	315.44	164.42	151.03	50.14	1300.24
黑龙江	421.19	362.56	150.68	14.43	136.24	107.39	440.01
上　海	1627.15	1207.20	1797.25	443.44	1353.81	411.94	2447.88
江　苏	349.33	256.46	239.79	43.04	196.75	108.42	371.84
浙　江	580.31	304.80	377.84	117.13	260.71	76.41	424.67
安　徽	136.76	89.71	64.80	29.56	35.24	25.27	220.04
福　建	12.47	11.65	15.81	3.02	12.79	5.41	26.55
江　西	336.83	278.63	174.00	78.58	95.42	82.33	510.42
山　东	637.77	517.58	266.08	47.71	218.37	105.63	786.71
河　南	255.33	213.21	116.70	6.42	110.28	63.36	252.47
湖　北	1855.24	1169.77	2046.16	201.03	1845.13	860.98	2121.55
湖　南	18.14	16.80	22.96	8.23	14.73	5.30	30.96
广　东	2112.08	1536.90	1637.12	520.37	1116.75	812.96	2274.82
广　西	14.01	11.35	7.00	1.60	5.40	4.73	9.83
海　南	14.10	11.35	16.56	0.89	15.67	2.16	19.01
重　庆	14.74	11.91	6.26	0.86	5.41	1.86	5.54
四　川	769.08	686.47	244.21	87.58	156.63	72.16	712.66
贵　州	—	—	—	—	—	—	—
云　南	20.11	17.71	33.80	4.70	29.10	20.84	26.30
西　藏	8.15	5.05	4.86	1.44	3.42	2.35	6.11
陕　西	265.82	237.21	81.91	16.22	65.68	49.27	199.76
甘　肃	—	—	—	—	—	—	—
青　海	11.32	4.45	5.96	0.33	5.64	5.38	2.66
宁　夏	0.00	0.00	0.00	0.00	0.00	0.00	0.00
新　疆	0.00	0.00	0.00	0.00	0.00	0.00	0.00

续表 3　　单位：亿元

地　　区	主营业务收　　入	其他业务收　　入	主营业务成　　本	主营业务税　　金及附加	新产品销　售收　入	出口销售总　　额	存货跌价损失和营业、管理、财务等费用合计
全国总计	55560.54	1200.65	43565.61	1140.29	3795.32	2752.22	5953.24
北　京	42868.82	672.13	33291.00	767.18	688.11	1809.34	4540.57
天　津	11.18	0.41	8.77	0.36	0.08	0.00	2.14
河　北	54.91	1.82	48.47	0.12	0.00	31.16	6.43
山　西	174.26	4.50	155.26	1.97	0.00	39.54	9.89
内蒙古	—	—	—	—	—	—	—
辽　宁	690.67	43.36	523.21	7.50	167.58	109.90	62.83
吉　林	1189.28	110.97	1000.59	50.30	820.37	11.40	135.24
黑龙江	418.63	21.38	377.93	0.71	3.97	5.13	53.62
上　海	2359.17	88.71	1726.86	141.86	591.21	157.97	318.76
江　苏	366.01	5.83	322.33	3.98	32.46	30.94	31.20
浙　江	417.80	6.87	337.84	7.03	6.67	28.58	31.02
安　徽	217.29	2.75	193.57	1.15	4.59	10.85	10.49
福　建	26.33	0.23	22.23	0.10	0.14	16.51	2.78
江　西	507.50	2.92	444.35	2.40	48.78	19.43	29.19
山　东	780.27	6.44	653.98	12.33	88.37	109.65	72.19
河　南	251.31	1.16	155.34	52.36	2.29	9.80	28.90
湖　北	2043.41	78.14	1660.15	23.19	655.51	100.08	213.69
湖　南	30.14	0.82	25.98	0.20	0.00	13.23	3.96
广　东	2197.62	77.19	1833.42	56.31	495.12	174.15	276.78
广　西	9.67	0.15	8.28	0.03	0.00	1.64	1.85
海　南	18.82	0.19	14.64	0.17	0.21	0.20	0.76
重　庆	5.39	0.14	2.81	0.31	0.00	0.00	1.50
四　川	642.35	70.31	523.83	6.06	154.49	50.41	80.41
贵　州	—	—	—	—	—	—	—
云　南	26.09	0.21	21.01	0.27	6.06	0.08	3.56
西　藏	6.09	0.02	5.51	0.06	0.00	0.00	1.22
陕　西	196.19	3.57	166.66	3.42	29.17	21.86	26.17
甘　肃	—	—	—	—	—	—	—
青　海	2.65	0.01	1.67	0.01	0.00	0.00	0.82
宁　夏	0.00	0.00	0.00	0.00	0.00	0.00	0.00
新　疆	0.00	0.00	0.00	0.00	0.00	0.00	0.00

续表 4

单位:亿元

地　区	税　金	劳动、待业保险费	职　工教育费	广告费	利　息支　出	投　资收　益	营业外收　入
全国总计	203.54	373.44	30.31	124.56	802.64	250.03	152.40
北　京	110.87	283.02	22.93	78.59	612.80	177.26	127.12
天　津	0.13	0.12	0.01	0.01	0.32	0.36	0.36
河　北	0.10	0.25	0.02	0.08	0.25	0.15	0.07
山　西	0.08	0.93	0.03	0.02	0.92	0.03	0.08
内蒙古	—	—	—	—	—	—	—
辽　宁	2.41	12.62	0.52	0.31	5.03	–0.46	1.31
吉　林	1.66	4.15	0.53	12.39	10.99	3.56	1.17
黑龙江	0.35	5.11	0.18	0.56	8.01	–0.09	0.72
上　海	26.07	6.33	0.56	2.31	26.98	33.77	5.15
江　苏	1.07	1.57	0.12	0.16	3.27	9.41	0.67
浙　江	1.04	1.58	0.15	0.38	13.44	1.74	0.45
安　徽	0.11	1.58	0.08	0.01	4.05	–0.11	0.14
福　建	0.15	0.23	0.01	0.09	0.02	0.18	0.06
江　西	0.85	3.18	0.23	0.12	6.22	–0.69	0.56
山　东	3.22	8.30	0.41	1.02	8.89	0.63	1.15
河　南	0.81	2.04	0.17	0.90	5.30	0.42	0.19
湖　北	3.72	7.83	2.06	11.99	41.31	8.37	5.21
湖　南	0.17	0.14	0.02	0.01	0.56	–0.43	0.06
广　东	47.82	20.82	1.36	14.31	43.97	14.46	5.57
广　西	0.00	0.06	0.00	0.00	0.53	0.21	0.01
海　南	0.02	0.01	0.01	0.30	–0.03	0.03	0.03
重　庆	0.07	0.07	0.08	0.01	0.52	–0.18	0.01
四　川	2.22	9.64	0.69	0.16	5.49	0.58	1.58
贵　州	—	—	—	—	—	—	—
云　南	0.11	0.13	0.05	0.01	0.24	–0.40	0.09
西　藏	0.00	0.04	0.00	0.00	0.08	0.00	0.04
陕　西	0.44	2.12	0.08	0.81	3.07	1.00	0.45
甘　肃	—	—	—	—	—	—	—
青　海	0.04	0.09	0.00	0.00	0.23	0.00	0.05
宁　夏	0.00	0.00	0.00	0.00	0.00	0.00	0.00
新　疆	0.00	0.00	0.00	0.00	0.00	0.00	0.00

续表 5 单位：亿元

地　区	利　润 总　额	应　交 所得税	应　交 增值税	固定资产 投　资 完成额	研究开发 费　用
全国总计	5245.31	1421.72	1745.47	9026.99	627.57
北　京	4429.61	1199.00	1312.52	7572.94	446.85
天　津	1.04	0.18	0.07	0.00	0.00
河　北	0.35	0.39	0.77	1.40	0.62
山　西	3.04	1.62	0.15	0.26	0.03
内蒙古	—	—	—	—	—
辽　宁	99.78	30.58	35.96	136.87	34.43
吉　林	22.93	6.37	50.87	99.04	22.16
黑龙江	5.09	0.95	5.18	52.89	1.07
上　海	212.47	50.04	100.79	312.99	47.96
江　苏	14.78	4.25	9.21	28.32	1.54
浙　江	47.95	15.95	5.68	21.02	1.20
安　徽	13.12	0.76	6.46	14.68	0.50
福　建	1.30	0.55	0.58	0.14	0.20
江　西	26.14	4.82	19.72	40.55	6.74
山　东	42.06	15.13	16.62	105.00	9.67
河　南	15.30	3.54	17.81	11.72	0.72
湖　北	222.01	59.65	95.24	385.94	39.98
湖　南	−0.07	0.21	0.24	1.53	0.30
广　东	45.79	18.88	36.82	151.99	4.42
广　西	0.03	0.13	0.22	0.17	0.00
海　南	0.71	0.22	0.59	−0.03	0.01
重　庆	−0.06	0.01	0.00	1.04	0.00
四　川	37.01	6.97	25.18	75.43	5.40
贵　州	—	—	—	—	—
云　南	0.75	0.17	0.73	1.78	0.13
西　藏	0.33	0.06	0.34	0.00	0.00
陕　西	2.78	1.29	3.20	4.99	3.63
甘　肃	—	—	—	—	—
青　海	0.32	0.02	0.03	0.17	0.00
宁　夏	0.00	0.00	0.00	0.00	0.00
新　疆	0.00	0.00	0.00	0.00	0.00

3.17 各地区母公司为国有企业的企业集团主要劳动工资指标

地　区	单位数（个）	从业人员（万人）	在岗职工（万人）	其他从业人员（万人）	研究开发人员（万人）
全国总计	334	935.79	809.14	126.65	27.38
北　京	137	668.45	580.67	87.77	21.93
天　津	4	0.39	0.38	0.01	0.00
河　北	4	1.10	0.95	0.15	0.08
山　西	3	2.16	2.10	0.06	0.00
内蒙古	1	—	—	—	—
辽　宁	4	12.37	68.00	0.06	0.25
吉　林	2	11.68	11.68	0.00	0.21
黑龙江	8	58.11	35.05	23.07	0.29
上　海	17	22.65	18.15	4.50	0.75
江　苏	12	5.53	5.27	0.26	0.08
浙　江	7	3.64	3.55	0.10	0.05
安　徽	2	2.96	2.84	0.11	0.07
福　建	16	0.49	0.49	0.00	0.01
江　西	10	11.79	11.47	0.32	0.03
山　东	24	12.70	11.29	1.41	0.38
河　南	11	4.32	4.26	0.06	0.05
湖　北	9	32.90	29.89	3.01	1.39
湖　南	4	0.73	0.62	0.11	0.07
广　东	28	45.01	39.97	5.05	0.21
广　西	2	0.36	0.36	0.00	0.00
海　南	2	0.83	0.82	0.01	0.03
重　庆	2	0.43	0.43	0.00	0.00
四　川	6	18.05	17.93	0.12	1.17
贵　州	1	—	—	—	—
云　南	4	0.75	0.75	0.00	0.03
西　藏	3	0.31	0.20	0.11	0.00
陕　西	8	5.00	4.77	0.23	0.29
甘　肃	1	—	—	—	—
青　海	2	0.65	0.52	0.12	0.00
宁　夏	0	0.00	0.00	0.00	0.00
新　疆	0	0.00	0.00	0.00	0.00

续表

地　　区	从业人员劳动报酬（亿元）	在岗职工劳动报酬（亿元）	其他从业人员劳动报酬（亿元）	研究开发人员劳动报酬（亿元）
全国总计	2905.83	2712.10	193.74	87.50
北　京	2221.11	2072.25	148.86	66.33
天　津	0.66	0.65	0.01	0.00
河　北	1.99	1.92	0.07	0.20
山　西	6.61	6.55	0.06	0.00
内蒙古	24.00	—	—	—
辽　宁	32.66	32.61	0.05	0.87
吉　林	30.65	30.65	0.00	0.79
黑龙江	50.56	34.26	16.30	0.55
上　海	108.38	93.96	14.43	5.36
江　苏	11.72	11.43	0.29	0.31
浙　江	11.96	11.65	0.30	0.19
安　徽	4.99	4.91	0.08	0.15
福　建	1.07	1.07	0.00	0.04
江　西	21.58	21.40	0.18	0.03
山　东	27.58	25.80	1.78	1.40
河　南	10.25	10.16	0.09	0.22
湖　北	92.24	87.18	5.05	4.68
湖　南	1.47	1.35	0.13	0.22
广　东	132.81	127.57	5.23	1.22
广　西	0.51	0.51	0.00	0.00
海　南	1.44	1.43	0.01	0.04
重　庆	0.95	0.95	0.00	0.00
四　川	44.46	44.20	0.26	4.25
贵　州	—	—	—	—
云　南	2.64	2.64	0.00	0.09
西　藏	0.42	0.35	0.06	0.00
陕　西	8.89	8.62	0.27	0.55
甘　肃	—	—	—	—
青　海	0.87	0.72	0.15	0.00
宁　夏	0.00	0.00	0.00	0.00
新　疆	0.00	0.00	0.00	0.00

3.18 各地区母公司为国有企业的企业集团主要经济效益指标

单位:%

地　区	净资产收益率	总资产报酬率	销　售利润率	资本保值增值率	劳　动生产率(万元/人)	成本费用利润率
全国总计	9.68	6.89	9.24	115.61	60.66	10.59
北　京	10.32	7.34	10.17	116.92	65.14	11.71
天　津	8.33	3.56	8.94	131.49	29.44	9.51
河　北	−0.22	1.15	0.61	86.66	51.37	0.63
山　西	11.46	2.62	1.70	60.42	82.79	24.00
内蒙古	1.84	0.68	68.00	122.67	2.50	3.59
辽　宁	14.92	12.91	13.59	120.31	59.34	17.03
吉　林	5.25	3.15	1.76	96.48	111.32	2.02
黑龙江	2.75	2.29	1.16	99.78	7.57	1.18
上　海	9.04	6.99	8.68	112.62	108.09	10.39
江　苏	4.39	3.06	3.97	104.92	67.26	4.18
浙　江	8.47	6.41	11.29	110.67	116.55	13.00
安　徽	19.07	8.52	5.96	126.29	74.44	6.43
福　建	4.69	4.66	4.88	101.28	53.80	5.18
江　西	12.25	6.33	5.12	122.33	43.28	5.52
山　东	10.12	5.64	5.35	131.58	61.97	5.79
河　南	10.08	5.54	6.06	119.24	58.40	8.30
湖　北	7.94	6.75	10.46	113.76	64.48	11.85
湖　南	−1.22	1.20	−0.23	108.12	42.49	−0.24
广　东	1.64	2.39	2.01	104.09	50.54	2.17
广　西	−1.38	2.68	0.29	104.99	27.58	0.28
海　南	2.93	2.21	3.72	102.94	23.02	4.60
重　庆	−1.06	2.19	−1.05	97.24	12.97	−1.35
四　川	12.30	4.19	5.19	120.37	39.48	6.13
贵　州	0.10	0.16	0.04	113.87	8.60	0.04
云　南	1.70	1.83	2.85	100.38	35.11	3.05
西　藏	5.70	3.14	5.46	117.53	20.04	4.96
陕　西	1.82	1.68	1.39	101.87	39.96	1.44
甘　肃	−1.65	1.39	−2.85	106.26	11.11	−2.40
青　海	5.06	3.17	11.92	89.76	4.10	12.75
宁　夏	0.00	0.00	0.00	0.00	0.00	0.00
新　疆	0.00	0.00	0.00	0.00	0.00	0.00

续表 1

单位:%

地　　区	资　产 利税率	总资产 使用率	流动资产 比　　率	资　金 利润率	资　产 负债率	长期负债 与资产 总计比率
全国总计	9.26	63.30	37.12	7.33	55	17.05
北　京	9.47	62.38	35.96	7.86	54	17.85
天　津	3.84	29.36	47.71	4.58	73	5.18
河　北	2.36	104.92	60.75	0.73	64	9.46
山　西	3.42	115.45	73.10	2.44	92	2.64
内蒙古	1.17	19.97	41.70	0.87	63	36.29
辽　宁	17.64	85.05	28.36	14.62	43	10.82
吉　林	11.52	110.42	56.80	2.50	71	4.38
黑龙江	1.92	73.20	121.54	0.57	74	10.25
上　海	13.29	68.89	48.22	7.79	48	12.26
江　苏	4.75	62.13	40.87	3.75	59	15.76
浙　江	6.33	43.61	26.32	7.06	61	28.75
安　徽	10.28	107.81	38.95	9.31	68	23.34
福　建	7.00	93.11	57.19	5.80	44	2.92
江　西	9.45	99.35	39.85	6.55	66	11.39
山　东	7.86	86.33	43.45	5.88	71	13.30
河　南	22.97	67.55	50.54	4.66	69	11.32
湖　北	8.73	52.38	28.44	7.91	48	17.57
湖　南	0.89	73.33	50.56	−0.21	44	3.26
广　东	3.71	58.62	28.91	1.57	56	15.34
广　西	1.28	46.03	37.25	0.18	67	12.65
海　南	4.77	61.40	38.69	3.33	46	8.97
重　庆	1.19	25.68	39.10	−0.45	70	13.45
四　川	6.74	63.39	55.42	4.32	76	8.15
贵　州	3.00	87.31	69.41	0.04	77	2.35
云　南	3.25	48.39	40.45	1.66	37	4.45
西　藏	5.67	46.83	0.00	4.62	63	23.83
陕　西	2.70	56.42	71.54	0.93	76	8.23
甘　肃	0.21	21.21	45.38	−0.89	62	3.01
青　海	2.05	15.32	34.68	2.48	66	39.74
宁　夏	0.00	0.00	0.00	0.00	0	0.00
新　疆	0.00	0.00	0.00	0.00	0	0.00

续表 2

单位:%

地区	已获利息倍数(倍)	流动比率	速动比率	新产品销售收入与营业收入比重	研究开发费用与营业收入比重	研究开发费用与主营业务收入比重
全国总计	7.54	97.78	74.79	6.69	1.11	1.13
北京	8.23	98.24	76.90	1.58	1.03	1.04
天津	4.25	70.45	27.62	0.70	0.00	0.00
河北	2.36	111.70	82.82	0.00	1.09	1.13
山西	4.29	81.96	70.53	0.00	0.02	0.02
内蒙古	0.00	155.86	125.96	0.00	0.00	0.00
辽宁	20.82	88.46	50.29	22.83	4.69	4.98
吉林	3.09	85.63	60.26	63.09	1.70	1.86
黑龙江	1.64	191.70	154.21	0.90	0.24	0.26
上海	8.88	136.77	99.45	24.15	1.96	2.03
江苏	5.52	93.88	62.63	8.73	0.41	0.42
浙江	4.57	82.74	43.90	1.57	0.28	0.29
安徽	4.24	87.51	42.91	2.09	0.23	0.23
福建	61.29	138.86	103.67	0.53	0.74	0.74
江西	5.20	73.06	42.12	9.56	1.32	1.33
山东	5.73	75.88	54.51	11.23	1.23	1.24
河南	3.89	88.19	57.37	0.91	0.28	0.29
湖北	6.37	94.85	66.89	30.90	1.88	1.96
湖南	0.87	123.68	91.74	0.00	0.96	0.98
广东	2.04	70.52	55.51	21.77	0.19	0.20
广西	1.05	68.94	52.60	0.00	0.00	0.00
海南	-21.62	104.51	58.90	1.09	0.05	0.05
重庆	0.89	68.93	67.30	0.00	0.00	0.00
四川	7.74	81.80	52.31	21.68	0.76	0.84
贵州	1.29	92.67	81.98	0.00	0.00	0.00
云南	4.14	123.10	95.71	23.06	0.49	0.49
西藏	5.45	0.00	-20.66	0.00	0.00	0.00
陕西	1.90	104.87	66.14	14.60	1.82	1.85
甘肃	0.69	77.02	50.79	8.17	1.86	1.93
青海	2.37	134.58	119.65	0.00	0.00	0.00
宁夏	0.00	0.00	0.00	0.00	0.00	0.00
新疆	0.00	0.00	0.00	0.00	0.00	0.00

3.19 各地区母公司为国有独资公司的企业集团主要财务指标

单位:亿元

地区	单位数(个)	资产总计	固定资产原价	累计折旧	本年折旧	无形资产	累计对外投资
全国总计	692	86706.28	42553.73	15374.54	2288.88	2380.20	6060.97
北京	68	39649.40	16747.60	6745.08	893.77	797.27	3764.97
天津	51	2852.05	951.36	296.10	39.51	88.83	209.32
河北	33	1862.60	1157.16	426.50	68.49	44.63	47.28
山西	14	1899.98	1165.63	440.30	72.59	24.00	86.86
内蒙古	7	496.62	68.00	222.14	33.92	4.96	0.00
辽宁	28	2134.60	1357.99	462.89	92.60	53.93	99.94
吉林	12	202.92	78.87	26.02	4.35	7.15	6.91
黑龙江	11	1113.85	581.16	211.73	61.75	38.50	13.95
上海	44	7782.03	3941.87	1657.40	233.98	340.89	436.24
江苏	37	2719.09	1406.34	267.82	50.28	106.56	154.89
浙江	27	1548.62	687.34	241.59	37.72	30.17	73.79
安徽	32	1916.29	1155.52	368.48	65.62	104.47	107.72
福建	46	1313.64	523.70	169.13	23.53	38.49	107.93
江西	6	177.10	85.65	32.19	3.57	7.31	5.74
山东	60	4159.76	2031.09	615.92	96.99	136.60	217.66
河南	25	960.75	583.04	191.44	31.16	27.68	18.18
湖北	16	542.91	290.25	102.04	12.09	25.94	22.49
湖南	14	407.56	225.71	76.07	10.61	21.53	3.02
广东	45	7344.35	5304.72	1513.32	248.32	191.37	259.65
广西	13	681.53	335.26	107.34	16.44	17.74	64.40
海南	0	0.00	0.00	0.00	0.00	0.00	0.00
重庆	20	960.32	419.73	147.07	19.48	39.58	37.78
四川	18	1219.45	710.69	238.61	9.94	20.58	167.33
贵州	5	170.78	104.61	39.48	6.09	7.73	6.28
云南	12	1489.57	726.46	266.33	65.45	51.86	113.39
西藏	1	—	—	—	—	—	—
陕西	16	1058.12	791.63	269.27	52.91	25.27	10.74
甘肃	10	184.39	92.70	32.11	4.21	27.85	6.95
青海	3	105.86	64.64	15.57	4.29	2.27	8.28
宁夏	8	170.25	57.27	16.84	2.21	6.22	2.87
新疆	10	1577.39	515.83	175.36	26.95	30.34	6.39

续表 1 单位:亿元

地 区	本年对外投资	本年对境外投资	长期投资	短期投资	存货	流动资产年平均余额	应收帐款
全国总计	787.95	79.27	7077.08	1791.62	9337.50	31290.61	3961.38
北 京	380.00	78.63	3688.72	1341.26	3813.92	12465.55	1400.43
天 津	37.64	0.16	315.12	29.62	388.66	1276.78	194.09
河 北	4.39	–0.02	121.72	15.73	214.18	802.52	104.77
山 西	11.05	0.00	83.87	10.21	180.19	659.90	90.77
内蒙古	0.00	0.00	14.50	1.18	71.51	209.87	14.29
辽 宁	4.01	0.00	106.17	7.20	273.18	831.97	153.48
吉 林	0.21	0.00	19.89	0.23	31.01	119.86	24.06
黑龙江	2.67	0.00	22.84	1.48	191.01	592.56	87.89
上 海	79.77	0.16	842.35	218.46	1285.89	3476.29	357.04
江 苏	37.44	0.00	223.72	17.32	240.64	837.09	121.90
浙 江	9.09	0.00	125.11	16.57	242.33	747.53	101.05
安 徽	19.28	0.00	86.68	10.21	161.80	630.60	79.07
福 建	7.80	0.00	126.03	6.09	196.04	624.63	104.08
江 西	1.81	0.00	5.51	1.35	18.56	89.05	12.90
山 东	41.68	0.19	274.11	28.63	452.69	1889.94	221.67
河 南	1.44	0.00	36.45	10.89	126.18	394.55	53.21
湖 北	2.04	0.00	21.62	0.19	109.15	262.03	61.15
湖 南	0.19	0.00	13.29	1.76	67.06	184.34	26.83
广 东	21.18	0.08	415.23	33.95	385.25	2184.13	264.87
广 西	11.14	0.00	67.04	0.49	103.07	313.70	59.15
海 南	0.00	0.00	0.00	0.00	0.00	0.00	0.00
重 庆	10.17	0.00	45.73	10.57	110.54	430.34	83.93
四 川	91.96	0.04	165.84	5.74	98.63	334.45	71.39
贵 州	0.74	0.00	6.60	0.23	16.27	62.33	9.14
云 南	5.84	0.03	123.90	6.19	270.66	673.92	63.51
西 藏	—	—	—	—	—	—	—
陕 西	2.87	0.00	21.61	1.46	34.54	261.21	43.95
甘 肃	0.34	0.00	12.52	4.19	15.19	60.26	13.71
青 海	1.73	0.00	6.61	2.02	6.23	26.57	4.96
宁 夏	0.21	0.00	4.07	0.36	33.08	90.68	18.04
新 疆	1.32	0.00	78.55	8.06	200.00	757.96	119.32

续表 2

单位:亿元

地区	负债合计	流动负债	股东权益与少数股东权益总计	少数股东权益	股东权益合计	股本	营业收入
全国总计	57577.98	40339.91	29128.30	7285.33	21842.97	11313.83	50124.26
北京	28691.01	20258.59	10958.40	3526.74	7431.66	3965.58	19173.67
天津	1933.72	1440.85	918.33	64.31	854.02	608.27	1525.21
河北	1242.94	951.55	619.66	197.35	422.31	261.08	1390.57
山西	1178.10	785.59	721.88	171.86	550.02	374.65	1172.06
内蒙古	258.39	195.76	238.23	42.81	195.41	156.07	321.42
辽宁	1282.22	960.12	852.38	121.73	730.66	410.95	1576.92
吉林	142.44	115.20	60.49	11.55	48.94	47.81	117.85
黑龙江	870.54	758.20	243.31	27.43	215.88	215.22	446.36
上海	4196.12	3108.19	3585.90	862.11	2723.79	1088.68	5195.14
江苏	1699.79	1077.41	1019.30	266.28	753.02	278.92	1808.21
浙江	966.51	685.05	582.11	167.48	414.63	186.46	1624.61
安徽	1176.97	793.66	739.32	215.23	524.09	324.64	1298.16
福建	758.77	602.38	554.87	138.40	416.48	240.14	1085.21
江西	103.48	89.05	73.62	32.93	40.69	24.67	152.20
山东	2803.95	2208.61	1355.81	260.30	1095.51	499.81	2988.71
河南	626.74	487.19	334.01	111.32	222.70	120.11	920.78
湖北	356.27	267.75	186.64	49.97	136.67	75.94	338.16
湖南	236.71	197.22	170.85	50.23	120.62	57.32	348.81
广东	4294.22	2193.21	3050.13	474.56	2575.57	1357.30	4400.04
广西	394.06	313.28	287.47	36.46	251.01	90.34	624.57
海南	0.00	0.00	0.00	0.00	0.00	0.00	0.00
重庆	564.96	426.57	395.36	86.03	309.34	202.69	627.64
四川	789.35	373.69	430.10	100.94	329.16	166.83	450.21
贵州	87.63	59.89	83.15	38.08	45.06	28.03	86.20
云南	697.62	554.36	791.95	114.12	677.82	148.88	934.09
西藏	—	—	—	—	—	—	—
陕西	653.32	356.60	404.80	48.99	355.81	91.28	487.24
甘肃	110.70	91.93	73.70	9.37	64.33	50.20	88.04
青海	74.31	39.24	31.55	14.75	16.80	12.42	42.23
宁夏	121.80	89.69	48.44	10.57	37.87	25.90	107.27
新疆	1262.43	856.25	314.96	33.42	281.54	201.97	792.52

续表 3

单位:亿元

地区	主营业务收入	其他业务收入	主营业务成本	主营业务税金及附加	新产品销售收入	出口销售总额	存货跌价损失和营业、管理、财务等费用合计
全国总计	48586.10	1538.16	40211.45	846.17	3948.99	3952.04	5664.63
北京	18656.48	517.20	15325.37	347.01	1370.61	1059.96	1967.27
天津	1478.26	46.95	1277.96	14.61	98.23	119.36	180.93
河北	1239.50	151.07	1046.20	8.03	173.05	72.79	154.44
山西	1114.13	57.93	882.30	14.36	107.41	31.59	145.91
内蒙古	317.32	4.10	273.43	3.38	0.00	16.33	26.37
辽宁	1515.93	60.99	1331.73	9.53	223.79	222.47	160.77
吉林	112.00	5.86	98.57	0.63	5.12	31.72	26.21
黑龙江	407.14	39.21	304.13	2.29	96.07	34.57	72.78
上海	5120.67	74.47	4248.18	49.94	412.88	395.15	939.26
江苏	1736.92	71.29	1422.82	15.00	121.81	296.49	158.27
浙江	1606.96	17.65	1419.73	16.21	110.84	271.78	106.58
安徽	1246.04	52.12	1037.08	13.75	134.64	82.38	148.67
福建	1070.15	15.05	940.03	11.94	46.04	205.61	95.31
江西	141.94	10.25	112.12	2.41	45.70	11.86	22.33
山东	2762.46	226.25	2195.07	67.02	539.02	293.75	372.77
河南	905.09	15.68	787.60	5.91	97.86	85.05	81.04
湖北	337.81	0.35	218.41	44.65	35.68	20.26	49.04
湖南	343.13	5.69	283.76	3.97	29.31	30.11	50.14
广东	4356.34	43.70	3840.52	36.65	37.64	393.82	391.05
广西	599.00	25.57	502.64	4.70	81.95	21.07	59.24
海南	0.00	0.00	0.00	0.00	0.00	0.00	0.00
重庆	604.72	22.92	506.51	8.32	82.02	10.46	79.37
四川	437.96	12.25	328.61	9.89	17.77	11.10	74.87
贵州	85.76	0.44	62.05	1.99	7.45	9.48	16.36
云南	919.61	14.48	616.01	120.54	23.58	48.56	107.19
西藏	—	—	—	—	—	—	—
陕西	477.24	10.00	299.29	19.26	28.47	6.18	45.39
甘肃	84.86	3.19	68.83	0.37	10.66	5.84	15.46
青海	41.26	0.97	32.42	0.80	0.00	0.00	6.39
宁夏	91.92	15.35	78.28	1.17	0.91	8.43	13.17
新疆	775.35	17.17	671.72	11.82	10.48	155.86	97.85

续表 4　　　　单位:亿元

地　区	税　金	劳动、待业保险费	职工教育费	广告费	利息支出	投资收益	营业外收入
全国总计	131.66	393.17	30.28	102.96	797.18	332.02	184.66
北　京	27.70	103.33	8.61	39.41	314.48	175.05	79.03
天　津	6.06	8.91	0.63	7.10	26.67	7.01	3.83
河　北	2.45	20.11	1.03	1.66	25.79	0.35	1.99
山　西	7.19	21.36	1.37	0.65	18.06	0.76	2.25
内蒙古	1.75	1.52	0.14	0.02	0.26	−0.42	0.52
辽　宁	7.67	15.96	0.83	1.89	19.99	3.18	2.38
吉　林	0.33	1.52	0.07	0.02	2.71	−1.31	0.43
黑龙江	1.15	14.92	0.61	0.10	7.37	0.29	12.20
上　海	23.27	37.65	5.12	4.03	58.67	52.74	27.05
江　苏	2.12	6.00	0.83	4.39	15.41	14.46	2.76
浙　江	1.32	5.40	0.30	2.80	14.29	10.96	3.92
安　徽	3.45	16.06	1.26	1.99	19.49	1.58	1.30
福　建	2.20	6.55	0.38	4.33	13.70	7.05	2.48
江　西	0.64	0.58	0.12	1.21	1.47	0.79	0.65
山　东	6.81	32.75	1.94	15.25	43.64	5.11	5.88
河　南	3.08	6.80	0.42	1.81	12.61	0.60	2.23
湖　北	1.02	3.22	0.30	0.98	7.85	−0.13	1.04
湖　南	1.54	3.26	0.33	0.93	4.66	0.60	1.62
广　东	6.92	26.61	2.70	6.16	95.52	41.04	23.76
广　西	3.14	10.13	0.27	0.50	7.42	2.18	0.91
海　南	0.00	0.00	0.00	0.00	0.00	0.00	0.00
重　庆	1.89	7.09	0.52	1.86	7.57	1.80	1.76
四　川	1.32	3.87	0.42	1.56	14.55	1.04	0.93
贵　州	0.42	2.63	0.14	0.03	1.44	−0.15	0.08
云　南	1.83	10.12	0.60	1.05	15.57	3.80	1.52
西　藏	—	—	—	—	—	—	—
陕　西	0.94	4.88	0.26	0.13	11.52	0.30	0.74
甘　肃	0.20	1.49	0.12	0.11	2.83	−0.35	0.12
青　海	3.21	0.15	0.00	0.00	0.28	−0.10	0.05
宁　夏	0.81	0.90	0.07	0.10	1.79	0.93	0.20
新　疆	11.22	19.38	0.91	2.89	31.56	2.83	3.03

续表 5

单位:亿元

地区	利润总额	应交所得税	应交增值税	固定资产投资完成额	研究开发费用
全国总计	2830.98	825.22	1662.02	6325.35	358.20
北京	1340.78	387.13	666.41	2639.99	89.08
天津	38.41	11.11	21.76	144.80	16.49
河北	40.03	18.67	57.90	120.09	25.41
山西	60.11	22.40	69.79	301.70	11.56
内蒙古	12.84	1.18	19.91	46.40	2.98
辽宁	32.10	10.31	49.90	202.51	23.47
吉林	-7.92	0.34	1.36	5.50	1.26
黑龙江	15.09	6.29	17.87	46.13	3.45
上海	364.79	112.75	137.67	418.76	38.86
江苏	71.70	23.83	29.69	333.10	14.10
浙江	80.25	28.03	16.50	26.40	5.67
安徽	51.46	12.25	59.87	256.98	19.04
福建	35.67	8.50	15.45	56.96	7.20
江西	9.87	1.75	6.04	6.84	2.35
山东	144.57	48.15	108.38	238.16	42.64
河南	31.40	14.39	31.12	96.99	5.57
湖北	13.50	4.80	19.15	23.06	3.37
湖南	10.22	3.25	12.20	15.41	1.95
广东	213.91	67.40	158.88	718.96	11.13
广西	21.67	4.50	20.03	63.18	4.72
海南	0.00	0.00	0.00	0.00	0.00
重庆	15.44	2.67	20.56	62.40	5.16
四川	31.92	5.51	18.30	29.07	4.36
贵州	2.34	0.69	4.90	15.23	0.72
云南	83.93	20.03	60.80	106.02	5.39
西藏	—	—	—	—	—
陕西	99.06	6.45	16.78	174.53	2.51
甘肃	0.18	0.52	3.11	13.15	0.57
青海	3.29	0.61	0.52	18.02	0.19
宁夏	1.58	0.51	1.51	2.87	0.31
新疆	12.96	1.19	15.66	142.14	8.67

3.20 各地区母公司为国有独资公司的企业集团主要劳动工资指标

地　区	单位数（个）	从业人员（万人）	在岗职工（万人）	其他从业人员（万人）	研究开发人员（万人）
全国总计	692	979.42	916.42	62.99	24.37
北　京	68	239.88	218.65	21.23	7.15
天　津	51	26.95	25.01	1.94	0.63
河　北	33	36.66	36.53	0.13	1.52
山　西	14	43.67	43.56	0.11	1.49
内蒙古	7	9.74	9.64	0.10	0.34
辽　宁	28	31.36	68.00	0.36	1.18
吉　林	12	7.79	7.78	0.01	0.13
黑龙江	11	67.41	66.47	0.94	0.52
上　海	44	54.66	44.21	10.45	1.12
江　苏	37	34.74	30.86	3.87	1.03
浙　江	27	11.14	10.89	0.25	0.37
安　徽	32	47.51	45.97	1.54	1.41
福　建	46	20.09	19.44	0.65	0.41
江　西	6	5.37	4.60	0.77	0.07
山　东	60	65.89	62.10	3.79	2.64
河　南	25	20.57	19.64	0.93	0.42
湖　北	16	7.47	7.39	0.08	0.15
湖　南	14	10.72	10.42	0.30	0.34
广　东	45	44.96	43.72	1.23	0.62
广　西	13	13.22	12.75	0.48	0.16
海　南	0	0.00	0.00	0.00	0.00
重　庆	20	23.97	23.94	0.03	1.14
四　川	18	20.44	14.38	6.06	0.32
贵　州	5	5.64	5.24	0.39	0.14
云　南	12	25.52	24.62	0.89	0.18
西　藏	1	—	—	—	—
陕　西	16	18.62	15.33	3.29	0.28
甘　肃	10	5.77	5.42	0.35	0.20
青　海	3	1.21	1.14	0.07	0.02
宁　夏	8	6.44	5.04	1.40	0.07
新　疆	10	71.99	70.67	1.32	0.31

续表

地　区	从业人员劳动报酬（亿元）	在岗职工劳动报酬（亿元）	其他从业人员劳动报酬（亿元）	研究开发人员劳动报酬（亿元）
全国总计	2366.14	2267.42	98.72	85.18
北　京	766.26	720.21	46.05	26.66
天　津	64.61	61.49	3.13	1.62
河　北	76.30	76.05	0.24	4.71
山　西	104.72	104.64	0.08	4.75
内蒙古	24.00	18.32	0.21	0.55
辽　宁	66.33	65.63	0.71	4.12
吉　林	6.85	6.84	0.02	0.24
黑龙江	62.60	61.43	1.17	1.67
上　海	218.53	201.26	17.27	7.58
江　苏	66.61	65.20	1.41	3.49
浙　江	36.48	35.90	0.58	1.80
安　徽	103.24	101.72	1.52	4.35
福　建	44.85	43.77	1.08	1.78
江　西	7.72	6.88	0.83	0.17
山　东	140.33	135.30	5.03	9.62
河　南	38.66	37.67	0.99	1.20
湖　北	13.23	13.07	0.16	0.45
湖　南	21.95	21.19	0.77	0.82
广　东	188.20	185.69	2.50	2.24
广　西	33.96	33.63	0.33	0.60
海　南	0.00	0.00	0.00	0.00
重　庆	39.55	39.47	0.08	2.75
四　川	35.47	27.69	7.78	0.91
贵　州	11.40	10.89	0.51	0.31
云　南	51.96	51.05	0.92	0.65
西　藏	—	—	—	—
陕　西	30.82	28.30	2.52	0.81
甘　肃	8.87	8.71	0.16	0.36
青　海	2.72	2.62	0.10	0.03
宁　夏	8.05	6.60	1.45	0.12
新　疆	97.25	96.12	1.13	0.81

3.21 各地区母公司为国有独资公司的企业集团主要经济效益指标

单位:%

地　区	净资产收益率	总资产报酬率	销　售利润率	资本保值增值率	劳　动生产率(万元/人)	成本费用利润率
全国总计	6.89	4.18	5.65	113.91	51.18	6.17
北　京	8.70	4.17	6.99	117.64	79.93	7.75
天　津	2.97	2.28	2.52	108.19	56.58	2.63
河　北	3.45	3.53	2.88	109.84	37.93	3.33
山　西	5.22	4.11	5.13	112.85	26.84	24.00
内蒙古	4.90	2.64	68.00	121.24	33.00	4.28
辽　宁	2.56	2.44	2.04	113.75	50.29	2.15
吉　林	-13.65	-2.57	-6.72	87.58	15.13	-6.35
黑龙江	3.62	2.02	3.38	177.98	6.62	4.00
上　海	7.03	5.44	7.02	114.56	95.05	7.03
江　苏	4.70	3.20	3.97	116.09	52.06	4.53
浙　江	8.97	6.11	4.94	104.70	145.80	5.26
安　徽	5.30	3.70	3.96	109.17	27.33	4.34
福　建	4.90	3.76	3.29	111.04	54.02	3.45
江　西	11.03	6.40	6.49	121.37	28.32	7.34
山　东	7.11	4.52	4.84	106.91	45.36	5.63
河　南	5.09	4.58	3.41	106.63	44.76	3.61
湖　北	4.66	3.93	3.99	112.00	45.26	5.05
湖　南	4.08	3.65	2.93	104.46	32.54	3.06
广　东	4.80	4.21	4.86	104.47	97.87	5.06
广　西	5.97	4.27	3.47	108.66	47.23	3.86
海　南	0.00	0.00	0.00	0.00	0.00	0.00
重　庆	3.23	2.40	2.46	115.04	26.18	2.64
四　川	6.14	3.81	7.09	113.57	22.03	7.91
贵　州	1.99	2.22	2.72	107.00	15.30	2.99
云　南	8.07	6.68	8.98	114.84	36.61	11.60
西　藏	-11.67	-4.02	-108.40	89.65	6.70	-58.22
陕　西	22.88	10.45	20.33	153.97	26.17	28.74
甘　肃	-0.47	1.63	0.20	110.71	15.27	0.21
青　海	8.49	3.37	7.80	102.27	34.94	8.48
宁　夏	2.22	1.98	1.47	107.79	16.66	1.73
新　疆	3.74	2.82	1.64	122.00	11.01	1.68

续表 1

单位:%

地　区	资　产 利税率	总资产 使用率	流动资产 比　率	资　金 利润率	资　产 负债率	长期负债 与资产 总计比率
全国总计	6.16	56.04	36.09	4.84	66.41	19.88
北　京	5.94	47.05	31.44	5.97	72.36	21.27
天　津	2.62	51.83	44.77	1.99	67.80	17.28
河　北	5.69	66.55	43.09	2.61	66.73	15.64
山　西	7.59	58.64	34.73	4.34	62.01	20.66
内蒙古	7.28	63.90	42.26	2.87	52.03	12.61
辽　宁	4.29	71.02	38.98	1.86	60.07	15.09
吉　林	-2.92	55.19	59.07	-4.58	70.19	13.42
黑龙江	3.16	36.55	53.20	1.57	78.16	10.09
上　海	7.10	65.80	44.67	6.33	53.92	13.98
江　苏	4.28	63.88	30.79	3.63	62.51	22.89
浙　江	7.29	103.77	48.27	6.73	62.41	18.17
安　徽	6.53	65.02	32.91	3.63	61.42	20.00
福　建	4.80	81.46	47.55	3.64	57.76	11.91
江　西	10.34	80.15	50.29	6.93	58.43	8.15
山　东	7.69	66.41	45.43	4.37	67.41	14.31
河　南	7.12	94.21	41.07	3.99	65.23	14.53
湖　北	14.24	62.22	48.26	3.00	65.62	16.31
湖　南	6.47	84.19	45.23	3.06	58.08	9.69
广　东	5.57	59.32	29.74	3.58	58.47	28.61
广　西	6.81	87.89	46.03	4.00	57.82	11.85
海　南	0.00	0.00	0.00	0.00	0.00	0.00
重　庆	4.62	62.97	44.81	2.20	58.83	14.41
四　川	4.93	35.91	27.43	3.96	64.73	34.09
贵　州	5.41	50.22	36.50	1.84	51.31	16.24
云　南	17.81	61.74	45.24	7.40	46.83	9.62
西　藏	-4.00	3.50	0.00	-36.93	64.66	2.19
陕　西	12.77	45.10	24.69	12.64	61.74	28.04
甘　肃	1.98	46.02	32.68	0.15	60.03	10.18
青　海	4.36	38.97	25.10	4.35	70.20	33.13
宁　夏	2.50	53.99	53.26	1.21	71.54	18.86
新　疆	2.56	49.15	48.05	1.18	80.03	25.75

续表 2

单位:%

地　　区	已获利息倍　　数（倍）	流　动比　率	速　动比　率	新产品销售收入与营业收入比重	研究开发费用与营业收入比重	研究开发费用与主营业务收入比　　重
全国总计	4.55	77.57	54.42	7.88	0.71	0.74
北　京	5.26	61.53	42.71	7.15	0.46	0.48
天　津	2.44	88.61	61.64	6.44	1.08	1.12
河　北	2.55	84.34	61.83	12.44	1.83	2.05
山　西	4.33	84.00	61.06	9.16	0.99	1.04
内蒙古	50.64	107.21	70.68	0.00	0.93	0.94
辽　宁	2.61	86.65	58.20	14.19	1.49	1.55
吉　林	-1.92	104.05	77.13	4.34	1.07	1.12
黑龙江	3.05	78.15	52.96	21.52	0.77	0.85
上　海	7.22	111.84	70.47	7.95	0.75	0.76
江　苏	5.65	77.69	55.36	6.74	0.78	0.81
浙　江	6.61	109.12	73.75	6.82	0.35	0.35
安　徽	3.64	79.45	59.07	10.37	1.47	1.53
福　建	3.60	103.69	71.15	4.24	0.66	0.67
江　西	7.71	100.01	79.16	30.03	1.55	1.66
山　东	4.31	85.57	65.07	18.04	1.43	1.54
河　南	3.49	80.99	55.09	10.63	0.61	0.62
湖　北	2.72	97.87	57.10	10.55	1.00	1.00
湖　南	3.19	93.47	59.46	8.40	0.56	0.57
广　东	3.24	99.59	82.02	0.86	0.25	0.26
广　西	3.92	100.13	67.23	13.12	0.76	0.79
海　南	0.00	0.00	0.00	0.00	0.00	0.00
重　庆	3.04	100.88	74.97	13.07	0.82	0.85
四　川	3.19	89.50	63.11	3.95	0.97	1.00
贵　州	2.62	104.07	76.90	8.65	0.84	0.84
云　南	6.39	121.57	72.74	2.52	0.58	0.59
西　藏	-37.73	0.00	-1.01	0.00	0.00	0.00
陕　西	9.60	73.25	63.56	5.84	0.52	0.53
甘　肃	1.06	65.55	49.02	12.11	0.65	0.68
青　海	12.90	67.72	51.84	0.00	0.45	0.46
宁　夏	1.88	101.10	64.22	0.85	0.29	0.34
新　疆	1.41	88.52	65.16	1.32	1.09	1.12

3.22 各地区母公司为其他有限责任公司的企业集团主要财务指标

单位:亿元

地　区	单位数(个)	资产总计	固定资产原价	累计折旧	本年折旧	无形资产	累计对外投资
全国总计	1201	35019.92	16019.40	5064.64	986.21	1429.47	1574.13
北　京	60	4089.44	3074.79	1182.41	279.07	190.60	64.75
天　津	92	1018.36	269.06	83.19	15.57	27.06	59.49
河　北	19	582.07	340.50	124.39	17.10	25.62	5.36
山　西	25	1074.85	629.77	246.13	32.69	24.00	39.10
内蒙古	8	324.08	68.00	29.99	4.44	23.93	14.15
辽　宁	28	1222.78	542.35	191.03	25.60	53.93	35.84
吉　林	12	402.65	184.39	53.73	10.19	14.14	6.89
黑龙江	12	110.93	46.80	16.64	2.06	5.75	5.38
上　海	67	4316.97	1146.30	244.35	40.43	162.99	336.49
江　苏	102	3725.39	1469.31	441.68	95.11	117.73	216.70
浙　江	198	3709.04	1195.34	339.70	70.20	153.01	201.24
安　徽	27	498.86	288.67	74.88	16.74	24.48	16.21
福　建	124	811.43	249.80	72.22	14.07	25.33	33.39
江　西	21	110.79	40.53	11.37	1.53	6.08	2.85
山　东	156	3800.15	1660.67	393.27	100.10	155.54	119.00
河　南	49	1571.11	930.28	341.30	56.08	72.27	52.68
湖　北	16	448.32	256.90	77.61	10.96	25.43	22.76
湖　南	8	679.06	332.14	96.05	20.70	40.10	20.29
广　东	36	2202.93	1217.28	442.78	66.54	56.75	118.16
广　西	10	96.73	48.26	19.08	2.30	8.99	1.61
海　南	3	479.44	322.28	68.62	12.93	14.92	18.54
重　庆	17	406.08	154.08	48.97	6.10	20.54	11.93
四　川	33	1070.46	458.84	143.54	27.47	39.75	71.92
贵　州	7	405.50	181.42	62.08	8.34	13.80	21.21
云　南	11	226.08	97.39	25.39	4.40	14.21	16.45
西　藏	2	14.26	3.98	0.67	0.12	1.23	0.91
陕　西	18	418.31	149.29	33.12	5.28	24.63	34.34
甘　肃	13	542.93	326.00	117.30	23.35	21.94	3.55
青　海	12	87.60	47.52	12.24	1.74	1.23	0.86
宁　夏	5	48.91	28.31	8.58	1.42	1.74	0.68
新　疆	10	524.38	207.00	62.32	13.60	48.90	21.41

续表 1 单位:亿元

地　区	本年对外投　资	本年对境外投资	长　期投　资	短　期投　资	存　货	流动资产年平均余　额	应　收帐　款
全国总计	265.73	7.35	2131.46	207.75	5125.80	15547.42	2602.28
北　京	5.28	0.00	88.88	6.92	337.31	1206.72	239.63
天　津	9.76	0.00	125.82	12.00	179.67	480.57	74.87
河　北	0.37	0.00	14.44	0.99	85.79	248.02	49.36
山　西	11.48	0.00	38.94	2.74	91.30	403.02	57.55
内蒙古	4.83	0.07	20.88	0.13	40.40	127.02	13.88
辽　宁	3.63	0.00	107.72	2.23	160.25	608.45	104.42
吉　林	0.25	0.06	18.34	1.24	45.47	140.71	32.31
黑龙江	1.26	0.00	6.59	0.00	14.18	51.72	9.46
上　海	56.80	5.25	369.51	43.80	904.88	2118.77	219.49
江　苏	20.05	0.01	299.40	14.96	550.05	1822.83	478.09
浙　江	39.10	0.44	239.67	31.71	703.41	1987.13	337.39
安　徽	3.47	0.00	16.50	5.18	65.16	184.13	25.44
福　建	3.98	0.00	49.33	0.13	107.36	351.04	80.88
江　西	0.89	0.00	5.24	0.15	20.70	56.25	10.84
山　东	20.34	0.97	192.48	9.95	537.27	1789.99	264.76
河　南	17.91	0.00	81.69	14.99	152.34	655.03	127.60
湖　北	2.24	0.00	31.67	3.70	47.17	178.36	23.13
湖　南	2.72	0.00	21.86	3.22	81.68	251.39	24.15
广　东	31.54	0.11	156.34	27.14	296.62	943.05	170.65
广　西	0.01	0.00	7.85	0.05	18.84	43.48	8.73
海　南	1.25	0.00	14.44	4.10	7.16	121.79	2.46
重　庆	0.70	0.13	16.92	0.50	92.40	214.69	31.64
四　川	15.68	0.30	79.07	10.88	179.79	558.55	96.58
贵　州	1.69	0.00	20.55	0.99	61.46	209.44	23.36
云　南	1.48	0.00	15.48	2.03	36.00	101.64	9.08
西　藏	0.03	0.00	1.43	0.00	0.57	7.27	1.61
陕　西	5.81	0.00	36.93	3.25	76.23	178.32	37.24
甘　肃	0.24	0.00	20.66	2.13	107.95	204.49	14.91
青　海	0.12	0.00	1.57	0.00	11.72	37.68	3.51
宁　夏	0.13	0.00	0.77	0.10	8.38	23.13	4.13
新　疆	2.69	0.00	30.48	2.52	104.33	242.73	25.12

续表 2 单位:亿元

地　区	负债合计	流动负债	股东权益与少数股东权益总计	少数股东权益	股东权益合计	股本	营业收入
全国总计	22008.87	16915.09	13011.05	2639.32	10371.73	5181.78	31008.19
北　京	2685.64	1851.70	1403.80	493.25	910.56	288.98	2938.59
天　津	632.94	478.70	385.41	8.00	377.41	232.75	822.46
河　北	394.20	323.65	187.87	26.64	161.23	104.28	599.13
山　西	713.40	494.31	361.44	50.27	311.17	185.92	764.27
内蒙古	185.66	130.61	138.43	68.32	70.11	56.92	190.36
辽　宁	792.46	581.25	430.33	57.97	372.36	272.57	819.04
吉　林	266.83	218.68	135.82	26.16	109.66	78.44	242.37
黑龙江	80.81	69.55	30.12	5.37	24.74	20.82	55.82
上　海	2722.04	2059.51	1594.93	440.31	1154.62	812.42	3070.82
江　苏	2340.39	2064.72	1385.00	191.59	1193.41	561.69	4979.46
浙　江	2344.76	1919.03	1364.29	203.59	1160.69	491.54	4215.76
安　徽	307.77	221.86	191.09	82.51	108.58	65.49	466.81
福　建	435.90	391.32	375.52	34.05	341.48	214.36	586.27
江　西	56.59	43.55	54.20	4.21	49.99	22.04	85.36
山　东	2495.72	1986.71	1304.44	137.82	1166.62	448.08	4223.16
河　南	971.29	736.54	599.82	76.25	523.56	366.42	1168.43
湖　北	294.72	196.03	153.60	62.20	91.40	59.86	344.27
湖　南	408.87	306.62	270.20	27.49	242.71	60.47	445.93
广　东	1303.31	884.38	899.63	233.14	666.48	209.25	1839.83
广　西	49.86	40.40	46.86	6.61	40.25	25.45	55.86
海　南	353.84	166.86	125.60	97.67	27.93	20.39	139.49
重　庆	266.59	216.97	139.49	22.48	117.01	55.07	389.44
四　川	522.60	440.67	547.86	114.56	433.30	116.98	1068.48
贵　州	215.90	188.67	189.61	34.94	154.67	57.95	258.22
云　南	118.46	88.21	107.62	31.37	76.25	52.03	128.87
西　藏	7.02	6.72	7.25	1.99	5.26	1.57	7.71
陕　西	273.15	176.92	145.15	23.66	121.49	71.86	311.14
甘　肃	363.36	314.65	179.57	14.33	165.24	103.60	394.89
青　海	33.25	19.76	54.35	12.80	41.55	24.14	36.46
宁　夏	29.46	23.87	19.45	7.30	12.15	7.93	34.46
新　疆	342.06	272.66	182.32	42.47	139.84	92.49	325.02

续表 3　　　　单位:亿元

地　区	主营业务收　入	其他业务收　入	主营业务成　本	主营业务税　金及附加	新产品销　售收　入	出口销售总　额	存货跌价损失和营业、管理、财务等费用合计
全国总计	30009.35	998.83	25235.37	309.96	4440.96	3029.07	2983.12
北　京	2885.72	52.88	2238.43	36.51	1047.40	145.98	511.43
天　津	802.61	19.85	671.08	7.23	71.60	30.42	79.94
河　北	582.23	16.90	506.63	4.71	13.12	10.78	55.52
山　西	746.26	18.01	525.23	6.93	1.29	63.74	86.59
内蒙古	187.72	2.65	123.40	1.83	45.17	20.23	40.64
辽　宁	789.66	29.38	670.92	7.27	48.35	65.29	87.38
吉　林	239.85	2.53	205.33	2.33	12.10	9.49	26.21
黑龙江	54.88	0.94	50.27	0.90	0.60	0.14	4.96
上　海	3032.70	38.12	2637.07	31.40	73.24	208.21	289.42
江　苏	4637.89	341.57	4057.87	29.95	797.93	510.90	293.87
浙　江	4132.37	83.39	3568.38	43.13	669.17	520.69	338.04
安　徽	462.75	4.06	395.41	2.65	59.78	27.48	47.61
福　建	579.47	6.80	480.32	5.04	55.89	90.51	62.69
江　西	84.31	1.05	57.02	2.27	3.24	16.84	16.52
山　东	4114.42	108.73	3608.63	45.70	598.79	348.75	255.93
河　南	1069.53	98.91	820.80	12.22	90.97	64.24	148.11
湖　北	330.70	13.57	284.50	3.85	18.81	9.79	26.91
湖　南	437.43	8.50	373.99	2.16	148.61	37.12	45.54
广　东	1796.61	43.22	1524.31	10.40	227.63	665.86	185.32
广　西	53.92	1.94	41.82	0.61	10.44	0.84	10.06
海　南	137.11	2.38	108.54	4.05	0.00	0.20	29.80
重　庆	382.22	7.21	329.98	6.65	118.68	54.06	30.57
四　川	1002.66	65.82	794.96	19.86	238.20	47.79	119.65
贵　州	246.94	11.28	177.88	10.24	24.04	7.87	32.41
云　南	126.93	1.94	97.23	1.20	12.78	16.14	20.73
西　藏	7.71	0.00	6.48	0.02	0.00	0.00	1.66
陕　西	308.85	2.29	261.80	3.93	22.64	7.50	35.70
甘　肃	387.28	7.61	299.70	3.04	16.25	23.79	48.14
青　海	35.42	1.04	21.32	0.69	2.90	3.56	5.57
宁　夏	32.86	1.60	24.92	0.34	6.69	5.05	5.92
新　疆	320.34	4.68	271.14	2.85	4.65	15.85	40.27

续表 4 单位:亿元

地　区	税　金	劳动、待业保险费	职工教育费	广告费	利息支出	投资收益	营业外收入
全国总计	80.79	121.68	12.92	99.02	443.09	99.19	58.15
北　京	2.39	8.08	0.73	16.13	43.30	4.32	5.80
天　津	1.01	3.42	0.27	3.28	10.10	3.32	1.08
河　北	0.79	6.92	0.33	0.39	6.82	0.06	0.62
山　西	12.69	13.65	0.82	0.34	12.48	1.04	1.13
内蒙古	0.30	0.48	0.08	0.65	5.97	0.57	0.30
辽　宁	5.16	5.99	0.44	0.85	17.81	2.56	2.84
吉　林	1.96	1.78	0.12	1.30	4.13	0.31	2.26
黑龙江	0.22	0.27	0.04	0.01	1.55	0.01	–3.24
上　海	8.31	8.59	0.81	4.41	32.11	22.07	8.25
江　苏	8.85	8.45	1.75	10.99	54.28	14.16	6.38
浙　江	6.89	7.52	1.80	21.65	54.85	9.54	9.40
安　徽	1.12	1.59	0.30	1.14	8.56	–1.22	0.53
福　建	1.27	1.54	0.16	3.82	8.13	1.98	0.72
江　西	0.39	0.46	0.06	0.07	1.49	0.13	0.10
山　东	9.91	8.69	1.45	6.39	58.22	6.13	6.10
河　南	2.09	14.58	1.40	1.40	25.49	4.28	2.38
湖　北	0.88	2.56	0.22	0.28	5.68	0.05	0.56
湖　南	0.97	2.30	0.08	0.06	10.07	4.95	0.47
广　东	7.23	3.49	0.51	5.07	30.17	12.70	4.32
广　西	0.27	0.39	0.05	0.48	0.96	0.44	0.20
海　南	0.00	0.00	0.00	0.00	10.41	3.84	0.45
重　庆	0.72	2.41	0.17	2.56	3.97	0.84	0.84
四　川	2.19	4.42	0.39	10.89	10.39	5.88	4.12
贵　州	0.60	5.44	0.22	2.95	2.83	–1.37	0.18
云　南	0.31	1.81	0.08	1.62	1.69	0.46	0.41
西　藏	0.00	0.01	0.00	0.00	0.19	0.14	0.00
陕　西	0.53	1.16	0.09	1.60	5.51	1.30	0.41
甘　肃	0.72	2.48	0.29	0.13	7.03	–2.20	0.31
青　海	1.57	0.07	0.01	0.02	1.14	2.06	0.06
宁　夏	0.07	0.45	0.04	0.01	0.64	0.19	0.07
新　疆	1.36	2.66	0.19	0.54	7.09	0.61	1.12

续表 5

单位:亿元

地　区	利润总额	应交所得税	应交增值税	固定资产投资完成额	研究开发费用
全国总计	1512.51	371.51	676.43	2347.24	300.42
北　京	106.57	35.48	15.57	343.19	30.49
天　津	46.95	9.76	18.55	18.00	7.58
河　北	18.30	3.72	18.55	35.73	0.75
山　西	40.24	11.45	39.49	95.72	8.45
内蒙古	24.69	4.79	8.11	35.67	3.87
辽　宁	31.83	10.57	19.25	46.47	11.97
吉　林	8.17	2.67	8.55	41.85	0.96
黑龙江	−1.82	0.10	2.28	2.64	0.10
上　海	116.36	32.07	30.75	196.78	5.94
江　苏	218.85	49.00	91.11	199.65	40.69
浙　江	212.08	51.48	76.99	174.04	42.70
安　徽	20.39	6.59	13.20	45.90	4.70
福　建	43.76	6.64	11.30	24.79	4.39
江　西	9.21	1.84	3.82	3.70	0.64
山　东	216.46	56.86	112.63	404.28	39.70
河　南	72.52	24.57	51.98	159.93	12.03
湖　北	6.98	2.14	4.45	17.54	1.59
湖　南	23.42	3.53	5.91	65.86	7.21
广　东	103.79	16.26	43.43	125.44	29.51
广　西	2.29	0.42	2.89	4.21	0.35
海　南	1.53	0.41	0.00	42.68	14.37
重　庆	18.26	3.10	9.56	33.00	7.33
四　川	72.32	16.24	29.97	50.50	15.73
贵　州	24.05	8.98	14.80	26.18	2.17
云　南	8.40	1.96	5.60	14.10	1.68
西　藏	−0.24	0.00	0.20	0.00	0.00
陕　西	11.71	2.29	6.77	22.32	2.87
甘　肃	29.79	4.91	19.70	75.69	2.11
青　海	12.56	1.76	0.36	0.94	0.07
宁　夏	2.15	0.31	1.17	2.74	0.28
新　疆	10.92	1.62	9.51	37.68	0.17

3.23 各地区母公司为其他有限责任公司的企业集团主要劳动工资指标

地　区	单位数（个）	从业人员（万人）	在岗职工（万人）	其他从业人员（万人）	研究开发人员（万人）
全国总计	1201	623.11	577.96	45.15	15.23
北　京	60	32.42	23.64	8.78	0.40
天　津	92	12.50	12.27	0.23	0.14
河　北	19	17.45	16.33	1.12	0.22
山　西	25	31.15	30.71	0.44	0.83
内蒙古	8	4.59	4.51	0.08	0.17
辽　宁	28	20.71	68.00	0.63	0.44
吉　林	12	10.52	10.51	0.00	0.05
黑龙江	12	2.74	2.65	0.09	0.01
上　海	67	37.98	29.76	8.21	0.47
江　苏	102	73.39	66.13	7.25	1.77
浙　江	198	77.51	73.64	3.87	2.00
安　徽	27	8.85	8.38	0.47	0.26
福　建	124	22.80	22.56	0.24	0.40
江　西	21	4.20	3.48	0.72	0.12
山　东	156	81.42	78.84	2.58	2.60
河　南	49	55.96	54.77	1.19	1.81
湖　北	16	11.34	11.21	0.13	0.22
湖　南	8	7.13	7.03	0.10	0.50
广　东	36	33.42	30.37	3.05	0.77
广　西	10	2.45	2.45	0.00	0.12
海　南	3	2.18	2.18	0.00	0.00
重　庆	17	7.68	7.67	0.01	0.29
四　川	33	23.87	20.51	3.36	0.83
贵　州	7	9.27	8.82	0.46	0.16
云　南	11	4.92	4.76	0.16	0.19
西　藏	2	0.12	0.11	0.02	0.00
陕　西	18	6.37	6.12	0.25	0.24
甘　肃	13	9.77	8.37	1.41	0.10
青　海	12	1.45	1.40	0.04	0.01
宁　夏	5	1.14	1.07	0.07	0.03
新　疆	10	7.82	7.62	0.19	0.07

续表

地　区	从业人员劳动报酬（亿元）	在岗职工劳动报酬（亿元）	其他从业人员劳动报酬（亿元）	研究开发人员劳动报酬（亿元）
全国总计	1196.02	1137.01	59.00	49.22
北　京	128.17	116.03	12.15	7.27
天　津	25.55	24.97	0.58	0.35
河　北	30.49	29.28	1.21	0.56
山　西	62.85	62.52	0.33	2.81
内蒙古	24.00	6.10	0.04	0.52
辽　宁	39.25	38.46	0.80	1.03
吉　林	14.67	14.67	0.00	0.09
黑龙江	3.29	3.21	0.08	0.03
上　海	110.60	98.83	11.77	1.64
江　苏	143.09	134.36	8.73	6.25
浙　江	146.55	139.99	6.57	6.71
安　徽	12.24	11.58	0.66	0.89
福　建	29.21	28.95	0.26	1.08
江　西	6.08	4.92	1.16	0.25
山　东	114.48	111.59	2.88	5.46
河　南	84.96	83.48	1.48	3.45
湖　北	18.41	18.27	0.14	0.54
湖　南	18.42	18.34	0.08	1.55
广　东	72.09	68.56	3.54	3.18
广　西	3.64	3.63	0.00	0.38
海　南	7.42	7.42	0.00	0.00
重　庆	14.57	14.55	0.02	1.00
四　川	31.13	27.55	3.59	1.80
贵　州	17.59	17.10	0.50	0.47
云　南	7.69	7.57	0.12	0.82
西　藏	0.16	0.14	0.02	0.00
陕　西	9.27	9.02	0.25	0.63
甘　肃	18.99	17.77	1.23	0.23
青　海	2.58	2.53	0.05	0.03
宁　夏	1.82	1.74	0.08	0.07
新　疆	14.60	13.90	0.69	0.16

3.24 各地区母公司为其他有限责任公司的企业集团主要经济效益指标

单位:%

地　　区	净资产收益率	总资产报酬率	销售利润率	资本保值增值率	劳动生产率(万元/人)	成本费用利润率
全国总计	8.77	5.58	4.88	114.69	49.76	5.36
北　京	5.06	3.66	3.63	107.64	90.65	3.88
天　津	9.65	5.60	5.71	112.86	65.81	6.25
河　北	7.76	4.32	3.05	102.29	34.34	3.26
山　西	7.96	4.91	5.26	118.13	24.53	24.00
内蒙古	14.37	9.46	68.00	145.01	41.46	15.05
辽　宁	4.94	4.06	3.89	105.38	39.55	4.20
吉　林	4.05	3.05	3.37	97.25	23.05	3.53
黑龙江	−6.36	−0.24	−3.25	107.98	20.34	−3.29
上　海	5.28	3.44	3.79	119.20	80.86	3.98
江　苏	12.26	7.33	4.40	118.46	67.85	5.03
浙　江	11.77	7.20	5.03	114.62	54.39	5.43
安　徽	7.22	5.80	4.37	107.30	52.77	4.60
福　建	9.89	6.40	7.46	116.66	25.71	8.06
江　西	13.58	9.66	10.79	123.08	20.31	12.52
山　东	12.24	7.23	5.13	116.18	51.87	5.60
河　南	7.99	6.24	6.21	113.48	20.88	7.48
湖　北	3.15	2.82	2.03	123.43	30.35	2.24
湖　南	7.36	4.93	5.25	133.76	62.54	5.58
广　东	9.73	6.08	5.64	110.39	55.05	6.07
广　西	3.99	3.36	4.10	102.62	22.77	4.41
海　南	0.89	2.49	1.10	168.26	64.05	1.11
重　庆	10.87	5.47	4.69	121.24	50.73	5.07
四　川	10.24	7.73	6.77	116.04	44.77	7.91
贵　州	7.95	6.63	9.31	110.52	27.84	11.44
云　南	5.99	4.47	6.52	113.15	26.21	7.12
西　藏	−3.34	−0.34	−3.11	99.67	63.76	−2.94
陕　西	6.49	4.12	3.76	96.58	48.85	3.94
甘　肃	13.85	6.78	7.54	111.97	40.40	8.56
青　海	19.87	15.64	34.45	153.18	25.17	46.70
宁　夏	9.49	5.71	6.24	109.27	30.27	6.98
新　疆	5.10	3.44	3.36	115.32	41.58	3.51

续表 1

单位:%

地　　区	资　产 利税率	总资产 使用率	流动资产 比　　率	资　金 利润率	资　产 负债率	长期负债 与 资 产 总计比率
全国总计	7.14	85.69	44.40	5.71	62.85	14.55
北　京	3.88	70.57	29.51	3.44	65.67	20.39
天　津	7.14	78.81	47.19	7.05	62.15	15.15
河　北	7.14	100.03	42.61	3.94	67.72	12.12
山　西	8.06	69.43	37.50	5.12	66.37	20.38
内蒙古	10.68	57.92	39.19	11.37	57.29	16.99
辽　宁	4.77	64.58	49.76	3.32	64.81	17.27
吉　林	4.73	59.57	34.95	3.01	66.27	11.96
黑龙江	1.23	49.48	46.62	−2.22	72.85	10.15
上　海	4.13	70.25	49.08	3.85	63.05	15.35
江　苏	9.12	124.49	48.93	7.68	62.82	7.40
浙　江	8.96	111.41	53.58	7.46	63.22	11.48
安　徽	7.27	92.76	36.91	5.12	61.70	17.22
福　建	7.41	71.41	43.26	8.28	53.72	5.49
江　西	13.81	76.10	50.78	10.78	51.08	11.77
山　东	9.86	108.27	47.10	7.08	65.67	13.39
河　南	8.70	68.07	41.69	5.83	61.82	14.94
湖　北	3.41	73.77	39.78	1.95	65.74	22.01
湖　南	4.64	64.42	37.02	4.81	60.21	15.06
广　东	7.16	81.56	42.81	6.04	59.16	19.02
广　西	5.98	55.74	44.95	3.15	51.55	9.79
海　南	1.17	28.60	25.40	0.41	73.80	39.00
重　庆	8.49	94.12	52.87	5.71	65.65	12.22
四　川	11.41	93.67	52.18	8.28	48.82	7.65
贵　州	12.10	60.90	51.65	7.31	53.24	6.71
云　南	6.72	56.14	44.96	4.84	52.40	13.38
西　藏	−0.13	54.02	50.99	−2.26	49.20	2.11
陕　西	5.36	73.83	42.63	3.98	65.30	23.01
甘　肃	9.68	71.33	37.66	7.21	66.93	8.97
青　海	15.54	40.43	43.01	17.22	37.96	15.40
宁　夏	7.49	67.18	47.28	5.02	60.23	11.42
新　疆	4.44	61.09	46.29	2.82	65.23	13.23

续表 2　　单位:%

地区	已获利息倍数(倍)	流动比率	速动比率	新产品销售收入与营业收入比重	研究开发费用与营业收入比重	研究开发费用与主营业务收入比重
全国总计	4.41	91.91	61.61	14.32	0.97	1.00
北京	3.46	65.17	46.95	35.64	1.04	1.06
天津	5.65	100.39	62.86	8.71	0.92	0.94
河北	3.68	76.63	50.13	2.19	0.12	0.13
山西	4.22	81.53	63.06	0.17	1.11	1.13
内蒙古	5.14	97.25	66.32	23.73	2.03	2.06
辽宁	2.79	104.68	77.11	5.90	1.46	1.52
吉林	2.98	64.35	43.55	4.99	0.39	0.40
黑龙江	-0.17	74.36	53.97	1.07	0.18	0.19
上海	4.62	102.88	58.94	2.39	0.19	0.20
江苏	5.03	88.28	61.64	16.02	0.82	0.88
浙江	4.87	103.55	66.89	15.87	1.01	1.03
安徽	3.38	82.99	53.62	12.81	1.01	1.01
福建	6.38	89.71	62.27	9.53	0.75	0.76
江西	7.18	129.16	81.64	3.80	0.75	0.76
山东	4.72	90.10	63.06	14.18	0.94	0.96
河南	3.84	88.93	68.25	7.79	1.03	1.13
湖北	2.23	90.98	66.92	5.46	0.46	0.48
湖南	3.33	81.99	55.35	33.33	1.62	1.65
广东	4.44	106.63	73.09	12.37	1.60	1.64
广西	3.38	107.63	61.00	18.69	0.62	0.65
海南	1.15	72.99	68.70	0.00	10.30	10.48
重庆	5.60	98.95	56.37	30.47	1.88	1.92
四川	7.96	126.75	85.95	22.29	1.47	1.57
贵州	9.48	111.01	78.43	9.31	0.84	0.88
云南	5.97	115.22	74.41	9.92	1.30	1.32
西藏	-0.25	108.29	99.87	0.00	0.05	0.05
陕西	3.12	100.79	57.70	7.28	0.92	0.93
甘肃	5.24	64.99	30.68	4.11	0.53	0.54
青海	11.99	190.65	131.34	7.94	0.20	0.21
宁夏	4.37	96.88	61.79	19.40	0.81	0.85
新疆	2.54	89.02	50.76	1.43	0.05	0.05

3.25 各地区母公司为股份有限公司的企业集团主要财务指标

单位:亿元

地 区	单位数(个)	资 产 总 计	固定资产原 价	累 计 折 旧	本 年 折 旧	无 形 资 产	累计对外投 资
全国总计	392	15170.34	4275.00	1147.06	203.32	369.23	2440.25
北 京	7	178.32	29.32	7.73	0.85	2.77	1.60
天 津	11	115.04	66.81	18.49	4.30	2.61	11.20
河 北	8	262.82	111.27	28.08	8.95	8.11	19.88
山 西	8	173.94	100.21	29.68	4.46	24.00	3.03
内蒙古	5	154.53	68.00	18.35	5.06	16.34	6.02
辽 宁	9	308.46	101.14	26.28	4.47	4.85	20.75
吉 林	8	199.60	75.45	16.71	3.16	21.48	12.03
黑龙江	8	691.82	150.40	24.29	3.40	7.56	175.08
上 海	20	2753.62	647.75	191.76	23.37	45.44	72.26
江 苏	22	633.49	199.78	61.11	11.53	17.80	50.68
浙 江	62	1569.42	468.82	116.78	24.93	42.16	71.81
安 徽	11	83.20	31.78	8.10	1.76	2.75	4.97
福 建	16	320.24	113.02	28.40	5.38	12.60	29.69
江 西	6	87.53	35.19	10.87	1.08	2.78	4.94
山 东	48	880.57	494.41	122.03	29.45	26.27	24.53
河 南	21	334.75	135.81	40.33	6.90	24.15	15.56
湖 北	16	300.86	140.20	34.28	4.79	11.16	11.85
湖 南	12	207.14	77.67	26.94	3.86	10.67	6.31
广 东	36	4565.39	605.51	190.75	30.34	36.32	1825.68
广 西	4	48.37	21.70	8.27	0.87	1.68	4.35
海 南	1	—	—	—	—	—	—
重 庆	5	127.95	42.65	11.17	1.47	17.84	6.68
四 川	14	202.76	121.80	37.40	5.39	10.40	5.18
贵 州	1	—	—	—	—	—	—
云 南	8	113.88	39.72	14.24	1.94	8.26	11.95
西 藏	0	0.00	0.00	0.00	0.00	0.00	0.00
陕 西	9	133.27	55.70	16.84	2.74	8.76	13.06
甘 肃	3	56.56	37.65	6.99	1.83	0.87	0.05
青 海	6	98.61	35.39	13.41	1.63	7.95	0.00
宁 夏	3	96.06	41.43	10.19	2.16	7.78	5.68
新 疆	4	99.21	41.03	10.03	1.94	4.44	5.55

续表 1

单位:亿元

地区	本年对外投资	本年对境外投资	长期投资	短期投资	存货	流动资产年平均余额	应收帐款
全国总计	798.15	24.24	3245.60	254.31	1710.61	6845.55	956.21
北京	0.59	0.00	4.12	2.11	58.93	52.44	11.96
天津	4.85	0.01	13.19	0.73	7.86	40.90	8.90
河北	7.33	0.00	21.65	0.08	30.05	108.62	12.83
山西	0.24	0.00	3.87	0.18	15.78	74.68	13.65
内蒙古	1.05	0.00	4.31	0.00	16.39	73.64	13.16
辽宁	1.15	0.00	12.69	0.05	73.78	159.47	24.52
吉林	4.18	0.00	13.99	0.00	31.04	93.76	19.07
黑龙江	83.43	0.00	181.13	0.12	31.09	299.79	24.61
上海	15.20	1.81	905.74	51.94	100.70	1124.31	150.02
江苏	5.90	0.00	56.28	3.65	129.58	347.11	55.83
浙江	7.32	0.53	103.66	5.11	367.45	856.68	140.85
安徽	1.79	0.00	4.67	0.09	13.02	46.75	12.38
福建	7.94	0.00	40.69	0.77	54.08	154.54	17.17
江西	0.67	0.00	5.92	0.16	26.57	51.04	7.99
山东	3.28	0.00	33.18	0.35	115.24	363.20	72.54
河南	3.51	0.00	17.33	1.46	56.56	171.61	34.22
湖北	2.89	0.00	24.76	1.15	33.48	130.49	22.50
湖南	-1.07	-1.93	8.78	0.84	32.10	120.98	26.85
广东	627.08	23.82	1711.36	170.93	374.19	2102.50	204.99
广西	0.06	0.00	4.24	0.75	5.60	25.66	3.00
海南	—	—	—	—	—	—	—
重庆	0.24	0.00	8.75	0.00	19.10	60.19	12.24
四川	0.25	0.00	7.16	0.22	26.32	90.07	10.83
贵州	—	—	—	—	—	—	—
云南	2.69	0.00	10.91	3.87	27.70	53.72	6.21
西藏	0.00	0.00	0.00	0.00	0.00	0.00	0.00
陕西	4.61	0.00	13.81	0.04	15.09	62.93	6.21
甘肃	0.00	0.00	0.70	0.00	3.51	11.11	2.80
青海	0.00	0.00	2.15	0.16	14.21	36.84	5.16
宁夏	2.08	0.00	4.60	0.05	10.93	15.04	6.39
新疆	0.05	0.00	5.37	0.35	16.13	50.32	14.17

续表 2

单位:亿元

地　区	负　债 合　计	流　动 负　债	股东权益与少数股东权益总　计	少数股东权　益	股东权益合　计	股　本	营　业 收　入
全国总计	10610.07	5692.16	4560.26	627.39	3932.87	1660.69	10763.49
北　京	100.72	73.35	77.60	11.01	66.59	24.20	133.68
天　津	44.77	41.56	70.27	6.59	63.69	31.36	47.35
河　北	146.46	112.24	116.36	7.76	108.60	67.58	264.14
山　西	103.91	83.92	70.03	6.27	63.76	22.81	111.15
内蒙古	86.20	69.96	68.33	3.92	64.41	11.41	201.90
辽　宁	223.26	167.60	85.20	12.29	72.91	28.45	288.55
吉　林	113.48	96.56	86.12	6.56	79.57	25.82	93.81
黑龙江	481.60	168.73	210.22	52.88	157.34	70.47	294.05
上　海	2096.60	760.21	657.02	108.26	548.75	396.93	1147.82
江　苏	381.57	354.40	251.92	30.27	221.65	98.52	1167.82
浙　江	1026.62	911.81	542.80	65.98	476.82	184.81	1756.71
安　徽	53.76	45.00	29.44	1.93	27.51	10.75	93.55
福　建	198.59	149.02	121.65	18.87	102.79	49.03	290.18
江　西	49.89	38.58	37.65	10.98	26.67	13.52	38.65
山　东	560.45	446.53	320.12	49.16	270.96	76.98	1104.86
河　南	205.40	176.68	129.36	17.41	111.95	35.62	387.88
湖　北	179.61	153.49	121.26	19.15	102.11	37.94	234.21
湖　南	135.53	121.70	71.60	18.95	52.66	31.55	201.40
广　东	3531.28	1109.72	1034.11	100.96	933.15	278.11	2237.65
广　西	21.38	19.69	26.98	2.06	24.92	7.48	31.68
海　南	—	—	—	—	—	—	—
重　庆	88.32	67.05	39.64	2.38	37.26	14.80	62.95
四　川	132.93	106.46	69.83	10.89	58.94	27.57	157.25
贵　州	—	—	—	—	—	—	—
云　南	70.16	45.29	43.72	2.54	41.18	16.77	67.34
西　藏	0.00	0.00	0.00	0.00	0.00	0.00	0.00
陕　西	90.33	77.84	42.94	4.72	38.21	20.79	114.25
甘　肃	29.29	18.10	27.27	1.16	26.11	11.07	15.96
青　海	67.40	57.98	31.21	10.49	20.72	16.37	54.43
宁　夏	59.18	39.28	36.88	10.18	26.70	6.09	29.08
新　疆	64.69	56.53	34.52	7.70	26.82	9.99	64.33

续表 3　　单位:亿元

地　区	主营业务收　入	其他业务收　入	主营业务成　本	主营业务税　金及附加	新产品销　售收　入	出口销售总　额	存货跌价损失和营业、管理、财务等费用合计
全国总计	10597.54	165.96	8581.61	101.37	1418.75	1109.67	1259.48
北　京	131.60	2.08	96.42	2.75	10.01	0.00	22.71
天　津	47.08	0.27	32.21	1.13	1.19	1.70	7.34
河　北	258.21	5.93	213.86	1.63	45.52	11.63	23.01
山　西	107.29	3.86	83.53	0.68	6.41	16.37	17.83
内蒙古	201.33	0.57	147.26	1.92	6.93	1.09	42.42
辽　宁	272.86	15.69	229.45	4.99	50.07	12.63	27.16
吉　林	93.34	0.47	59.60	0.82	3.22	0.54	25.94
黑龙江	291.80	2.25	255.21	1.95	4.62	1.85	46.67
上　海	1140.58	7.23	906.77	18.67	50.56	121.05	161.45
江　苏	1147.14	20.69	1025.10	6.98	139.49	82.94	79.14
浙　江	1727.45	29.25	1535.15	21.35	263.35	302.55	103.91
安　徽	93.24	0.31	79.26	0.84	9.79	16.84	10.97
福　建	287.83	2.36	242.90	1.26	8.63	57.16	27.21
江　西	38.44	0.21	25.04	0.29	4.72	0.57	11.86
山　东	1081.64	23.21	956.54	5.57	191.60	100.31	73.94
河　南	380.45	7.42	328.13	1.24	86.00	31.47	33.58
湖　北	227.06	7.15	190.55	1.19	2.45	11.26	34.13
湖　南	193.06	8.34	156.42	1.80	46.95	18.01	39.54
广　东	2219.24	18.40	1487.55	19.37	444.09	293.53	366.34
广　西	31.51	0.17	19.35	0.27	6.13	0.27	5.84
海　南	—	—	—	—	—	—	—
重　庆	61.79	1.17	47.31	0.45	5.68	7.26	13.60
四　川	154.20	3.04	126.25	1.50	17.42	5.81	28.97
贵　州	—	—	—	—	—	—	—
云　南	65.72	1.62	51.39	2.17	6.45	8.76	8.06
西　藏	0.00	0.00	0.00	0.00	0.00	0.00	0.00
陕　西	112.80	1.45	98.23	0.82	1.10	0.58	15.17
甘　肃	15.90	0.06	11.94	0.09	0.03	0.00	4.14
青　海	54.29	0.15	44.60	0.45	2.72	0.00	5.72
宁　夏	28.82	0.26	23.65	0.15	3.62	2.36	4.48
新　疆	63.56	0.76	52.49	0.30	0.00	3.12	9.15

续表4 单位:亿元

地　区	税　金	劳动、待业保险费	职工教育费	广告费	利息支出	投资收益	营业外收入
全国总计	26.00	30.17	5.43	54.06	137.52	154.84	23.48
北　京	0.20	0.38	0.08	0.64	0.32	0.67	0.19
天　津	0.08	1.13	0.08	0.11	1.47	0.32	5.11
河　北	0.24	0.62	0.08	2.04	2.92	0.50	0.32
山　西	0.17	0.51	0.06	0.60	2.97	0.16	0.15
内蒙古	1.21	0.36	0.09	8.08	1.82	0.26	0.15
辽　宁	3.27	0.82	0.17	1.14	5.83	0.04	0.61
吉　林	0.59	0.34	0.01	1.05	2.92	0.26	0.12
黑龙江	0.69	0.60	0.12	0.05	4.37	9.61	0.72
上　海	0.83	3.77	0.65	1.95	10.99	52.73	2.51
江　苏	0.75	2.44	0.27	4.58	8.19	4.43	0.96
浙　江	4.94	2.56	0.38	4.42	18.62	3.87	4.69
安　徽	0.24	0.18	0.02	0.09	1.24	0.11	0.08
福　建	0.39	0.62	0.06	0.35	5.56	0.82	0.60
江　西	0.15	0.27	0.06	3.59	0.61	–0.11	0.08
山　东	3.93	1.92	0.40	2.91	15.36	1.92	1.50
河　南	0.29	1.08	0.19	1.10	4.43	–0.01	0.32
湖　北	1.78	0.95	0.17	1.50	4.80	0.99	0.63
湖　南	0.86	1.25	0.12	1.57	3.65	1.11	0.21
广　东	2.12	6.44	2.06	14.64	19.70	73.01	2.45
广　西	0.05	0.30	0.04	1.11	0.38	0.03	0.03
海　南	—	—	—	—	—	—	—
重　庆	0.15	0.30	0.03	1.47	2.16	0.71	0.31
四　川	1.61	1.37	0.11	0.54	4.38	0.94	1.01
贵　州	—	—	—	—	—	—	—
云　南	0.16	0.15	0.05	0.17	0.91	–0.27	0.17
西　藏	0.00	0.00	0.00	0.00	0.00	0.00	0.00
陕　西	0.26	0.46	0.04	0.27	2.61	0.32	0.05
甘　肃	0.79	0.22	0.01	0.01	0.47	–0.09	0.02
青　海	0.05	0.13	0.00	0.00	1.80	0.33	0.05
宁　夏	0.04	0.19	0.02	0.00	1.26	1.50	0.07
新　疆	0.10	0.19	0.03	0.08	1.48	0.33	0.09

续表 5

单位:亿元

地　区	利　润 总　额	应　交 所得税	应　交 增值税	固定资产 投　资 完成额	研究开发 费　用
全国总计	494.75	111.51	175.24	507.05	119.60
北　京	12.69	3.71	1.37	21.64	1.47
天　津	12.17	3.44	0.59	1.47	0.08
河　北	20.20	2.81	9.82	19.18	2.55
山　西	6.04	1.64	6.71	14.22	1.80
内蒙古	5.65	3.01	6.63	16.04	1.97
辽　宁	11.12	3.19	4.51	14.11	3.90
吉　林	6.49	0.83	2.54	2.88	0.88
黑龙江	−1.02	2.37	1.43	14.15	1.18
上　海	74.88	7.82	5.77	44.35	11.85
江　苏	50.27	11.40	16.92	16.15	9.51
浙　江	87.85	20.78	24.38	72.46	9.17
安　徽	3.29	1.13	1.83	2.12	0.84
福　建	12.36	4.36	2.57	28.32	1.59
江　西	1.94	0.62	1.89	1.58	0.39
山　东	55.20	12.08	24.07	101.22	12.59
河　南	18.02	4.58	9.83	21.52	6.43
湖　北	3.23	1.82	4.61	13.63	0.73
湖　南	−4.52	2.46	4.59	7.34	3.68
广　东	92.43	15.30	17.29	62.30	42.44
广　西	5.62	0.86	2.72	1.14	0.55
海　南	—	—	—	—	—
重　庆	1.44	0.40	2.45	1.32	0.86
四　川	6.11	1.31	5.77	10.28	1.75
贵　州	—	—	—	—	—
云　南	6.15	1.03	2.00	0.93	0.15
西　藏	0.00	0.00	0.00	0.00	0.00
陕　西	−1.82	1.18	3.55	6.30	0.04
甘　肃	−0.11	0.15	0.80	0.39	0.07
青　海	−2.12	0.33	1.90	6.49	0.87
宁　夏	2.40	0.06	1.26	0.94	0.13
新　疆	2.52	0.92	1.25	0.57	2.15

3.26 各地区母公司为股份有限公司的企业集团主要劳动工资指标

地　区	单位数（个）	从业人员（万人）	在岗职工（万人）	其他从业人员（万人）	研究开发人员（万人）
全国总计	392	201.09	188.24	12.85	6.97
北　京	7	1.71	1.60	0.10	0.14
天　津	11	1.16	1.12	0.05	0.01
河　北	8	6.12	5.75	0.38	0.15
山　西	8	4.62	4.57	0.05	0.15
内蒙古	5	2.92	2.53	0.39	0.05
辽　宁	9	3.55	68.00	0.01	0.28
吉　林	8	1.65	1.62	0.03	0.04
黑龙江	8	9.11	9.11	0.00	0.30
上　海	20	19.43	16.22	3.21	0.29
江　苏	22	22.46	22.24	0.22	0.46
浙　江	62	37.92	31.60	6.31	0.65
安　徽	11	2.43	2.41	0.02	0.09
福　建	16	2.73	2.64	0.10	0.20
江　西	6	2.28	1.91	0.37	0.08
山　东	48	16.81	16.61	0.21	0.70
河　南	21	8.30	8.21	0.09	0.42
湖　北	16	5.12	4.85	0.27	0.08
湖　南	12	6.55	6.46	0.09	0.31
广　东	36	26.41	26.15	0.26	1.94
广　西	4	1.23	1.23	0.00	0.03
海　南	1	—	—	—	—
重　庆	5	2.01	1.98	0.02	0.07
四　川	14	4.78	4.60	0.17	0.19
贵　州	1	—	—	—	—
云　南	8	3.85	3.72	0.13	0.06
西　藏	0	0.00	0.00	0.00	0.00
陕　西	9	1.79	1.48	0.30	0.01
甘　肃	3	1.01	1.01	0.00	0.03
青　海	6	1.62	1.62	0.00	0.02
宁　夏	3	1.62	1.62	0.00	0.06
新　疆	4	1.13	1.07	0.05	0.16

续表

地　区	从业人员劳动报酬（亿元）	在岗职工劳动报酬（亿元）	其他从业人员劳动报酬（亿元）	研究开发人员劳动报酬（亿元）
全国总计	409.31	391.63	17.68	34.85
北　京	7.19	6.99	0.20	0.95
天　津	3.65	3.59	0.06	0.03
河　北	6.75	6.57	0.17	0.39
山　西	5.27	5.21	0.06	0.25
内蒙古	24.00	5.28	0.57	0.13
辽　宁	6.84	6.83	0.01	0.70
吉　林	2.27	2.24	0.03	0.12
黑龙江	18.51	18.51	0.00	1.29
上　海	62.85	57.69	5.17	3.91
江　苏	37.89	37.53	0.36	1.48
浙　江	62.31	53.56	8.75	2.24
安　徽	2.84	2.83	0.01	0.29
福　建	5.58	5.31	0.27	0.58
江　西	3.27	3.07	0.20	0.46
山　东	20.08	19.67	0.41	1.60
河　南	9.81	9.74	0.07	0.95
湖　北	5.95	5.73	0.22	0.15
湖　南	12.60	12.51	0.09	1.32
广　东	100.12	99.67	0.45	16.65
广　西	1.88	1.88	0.00	0.09
海　南	—	—	—	—
重　庆	3.08	3.03	0.05	0.19
四　川	7.12	6.97	0.15	0.42
贵　州	—	—	—	—
云　南	4.23	4.08	0.15	0.19
西　藏	0.00	0.00	0.00	0.00
陕　西	2.47	2.32	0.16	0.03
甘　肃	0.98	0.98	0.00	0.04
青　海	2.16	2.16	0.00	0.03
宁　夏	2.11	2.10	0.00	0.08
新　疆	1.96	1.91	0.06	0.29

3.27 各地区母公司为股份有限公司的企业集团主要经济效益指标

单位:%

地　区	净资产收益率	总资产报酬率	销售利润率	资本保值增值率	劳动生产率(万元/人)	成本费用利润率
全国总计	8.40	4.17	4.60	111.32	53.53	5.03
北　京	11.58	7.30	9.50	115.40	78.31	10.66
天　津	12.43	11.85	25.70	112.70	40.70	30.77
河　北	14.94	8.80	7.65	136.84	43.13	8.53
山　西	6.29	5.18	5.44	122.11	24.07	24.00
内蒙古	3.87	4.83	68.00	107.94	69.24	2.98
辽　宁	9.30	5.49	3.85	113.58	81.21	4.33
吉　林	6.58	4.72	6.92	101.96	56.91	7.59
黑龙江	–1.61	0.48	–0.35	106.48	32.27	–0.34
上　海	10.21	3.12	6.52	130.30	59.08	7.01
江　苏	15.43	9.23	4.30	119.76	51.99	4.55
浙　江	12.36	6.78	5.00	115.91	46.33	5.36
安　徽	7.36	5.45	3.52	115.45	38.53	3.65
福　建	6.58	5.60	4.26	105.68	106.18	4.58
江　西	3.50	2.91	5.01	107.42	16.92	5.25
山　东	13.47	8.01	5.00	109.74	65.71	5.36
河　南	10.39	6.71	4.65	110.11	46.72	4.98
湖　北	1.17	2.67	1.38	90.31	45.73	1.44
湖　南	–9.75	–0.42	–2.25	86.08	30.75	–2.31
广　东	7.46	2.46	4.13	102.19	84.72	4.99
广　西	17.63	12.40	17.73	101.94	25.71	22.30
海　南	2.38	3.60	10.41	103.09	200.97	10.96
重　庆	2.63	2.82	2.29	148.85	31.38	2.36
四　川	6.87	5.18	3.89	99.49	32.90	3.94
贵　州	4.62	3.34	8.67	130.46	87.95	9.55
云　南	11.71	6.20	9.13	100.65	17.48	10.34
西　藏	0.00	0.00	0.00	0.00	0.00	0.00
陕　西	–6.98	0.59	–1.59	97.28	63.94	–1.61
甘　肃	–0.92	0.64	–0.67	104.01	15.84	–0.66
青　海	–7.85	–0.33	–3.90	88.42	33.64	–4.22
宁　夏	6.35	3.81	8.27	232.99	17.91	8.55
新　疆	4.63	4.03	3.92	106.96	57.10	4.09

续表 1

单位:%

地　区	资　产 利税率	总资产 使用率	流动资产 比　率	资　金 利润率	资　产 负债率	长期负债 与资产 总计比率
全国总计	5.08	69.86	45.12	4.96	69.94	32.42
北　京	9.43	73.80	29.40	17.15	56.48	15.35
天　津	12.07	40.93	35.55	13.64	38.92	2.79
河　北	12.04	98.24	41.33	10.53	55.73	13.02
山　西	7.72	61.68	42.93	4.16	59.74	11.49
内蒙古	9.19	130.29	47.66	4.65	55.78	10.51
辽　宁	6.69	88.46	51.70	4.75	72.38	18.05
吉　林	4.94	46.76	46.97	4.26	56.85	8.48
黑龙江	0.34	42.18	43.33	–0.24	69.61	45.22
上　海	3.61	41.42	40.83	4.74	76.14	48.53
江　苏	11.71	181.08	54.79	10.35	60.23	4.29
浙　江	8.51	110.07	54.59	7.27	65.41	7.32
安　徽	7.18	112.07	56.18	4.68	64.61	10.53
福　建	5.06	89.88	48.26	5.17	62.01	15.48
江　西	4.71	43.92	58.31	2.57	56.99	12.92
山　东	9.63	122.83	41.25	7.50	63.65	12.94
河　南	8.69	113.65	51.26	6.75	61.36	8.58
湖　北	3.00	75.47	43.37	1.37	59.70	8.68
湖　南	0.90	93.20	58.40	–2.63	65.43	6.68
广　东	2.83	48.61	46.05	3.67	77.35	53.04
广　西	17.80	65.15	53.06	14.37	44.21	3.50
海　南	1.76	14.54	37.00	1.55	47.88	23.26
重　庆	3.39	48.29	47.04	1.57	69.02	16.62
四　川	6.60	76.05	44.42	3.50	65.56	13.05
贵　州	3.81	19.20	15.13	2.93	75.10	40.88
云　南	9.06	57.71	47.17	7.76	61.61	21.84
西　藏	0.00	0.00	0.00	0.00	0.00	0.00
陕　西	1.92	84.64	47.22	–1.79	67.78	9.37
甘　肃	1.38	28.10	19.65	–0.25	51.79	19.79
青　海	0.23	55.05	37.36	–3.61	68.35	9.56
宁　夏	3.97	30.00	15.66	5.20	61.60	20.71
新　疆	4.11	64.07	50.72	3.10	65.20	8.23

续表 2

单位:%

地　区	已获利息倍数（倍）	流动比率	速动比率	新产品销售收入与营业收入比重	研究开发费用与营业收入比重	研究开发费用与主营业务收入比重
全国总计	4.60	120.26	90.21	13.18	1.11	1.13
北　京	40.20	71.49	-8.86	7.49	1.10	1.12
天　津	9.30	98.42	79.51	2.51	0.17	0.17
河　北	7.92	96.77	70.00	17.23	0.97	0.99
山　西	3.04	88.99	70.19	5.77	1.62	1.67
内蒙古	4.11	105.27	81.84	3.43	0.97	0.98
辽　宁	2.91	95.15	51.13	17.35	1.35	1.43
吉　林	3.22	97.10	64.96	3.43	0.94	0.94
黑龙江	0.77	177.67	159.25	1.57	0.40	0.40
上　海	7.81	147.90	134.65	4.40	1.03	1.04
江　苏	7.14	97.94	61.38	11.94	0.81	0.83
浙　江	5.72	93.95	53.65	14.99	0.52	0.53
安　徽	3.65	103.88	74.96	10.47	0.90	0.90
福　建	3.22	103.70	67.41	2.97	0.55	0.55
江　西	4.19	132.29	63.42	12.22	1.02	1.02
山　东	4.59	81.34	55.53	17.34	1.14	1.16
河　南	5.07	97.13	65.12	22.17	1.66	1.69
湖　北	1.67	85.02	63.20	1.05	0.31	0.32
湖　南	-0.24	99.41	73.03	23.31	1.83	1.90
广　东	5.69	189.46	155.74	19.85	1.90	1.91
广　西	15.77	130.33	101.91	19.34	1.73	1.74
海　南	1.73	150.25	147.71	0.00	0.00	0.00
重　庆	1.67	89.78	61.29	9.02	1.36	1.39
四　川	2.40	84.61	59.89	11.08	1.11	1.13
贵　州	2.04	44.22	40.76	0.00	0.00	0.00
云　南	7.76	118.61	57.44	9.58	0.22	0.23
西　藏	0.00	0.00	0.00	0.00	0.00	0.00
陕　西	0.30	80.84	61.45	0.96	0.04	0.04
甘　肃	0.77	61.41	42.01	0.21	0.45	0.45
青　海	-0.18	63.55	39.04	4.99	1.59	1.60
宁　夏	2.91	38.30	10.48	12.44	0.44	0.45
新　疆	2.71	89.01	60.49	0.00	3.33	3.37

3.28 各地区营业收入和资产总计均在5亿元及以上企业集团主要财务指标

单位：亿元

地　区	单位数（个）	资　产总　计	固定资产原　价	累　计折　旧	本　年折　旧	无　形资　产	累计对外投　资
全国总计	2082	226124.97	125485.67	44760.59	7004.62	5456.99	13377.08
北　京	217	112298.36	70836.92	27346.65	4110.73	1837.64	6246.25
天　津	56	3580.92	1208.76	365.99	55.49	115.45	256.45
河　北	57	2690.01	1620.04	583.08	95.93	74.31	71.51
山　西	45	3257.70	1904.29	711.38	109.55	24.00	128.33
内蒙古	17	1099.38	68.00	280.92	46.09	43.71	23.99
辽　宁	64	4623.47	2843.34	1031.17	183.50	165.96	145.62
吉　林	20	1776.08	912.63	369.50	53.06	45.18	73.08
黑龙江	25	2516.98	1079.54	347.60	84.88	55.93	196.39
上　海	153	18372.93	7497.17	2774.83	404.41	649.01	1061.51
江　苏	193	8704.49	3633.05	937.16	185.29	272.52	588.46
浙　江	275	8355.02	3013.92	824.74	163.27	245.50	439.13
安　徽	54	2613.50	1533.46	467.74	85.89	152.21	123.75
福　建	62	1976.40	750.50	231.97	35.88	64.66	129.85
江　西	18	838.03	473.09	188.23	21.74	35.53	23.90
山　东	284	11581.36	5283.53	1428.17	277.47	391.50	483.03
河　南	97	3216.29	1852.68	630.69	105.76	124.87	84.25
湖　北	49	5116.84	2990.51	845.02	130.35	98.84	126.14
湖　南	27	1230.33	603.16	184.15	34.15	61.11	19.26
广　东	147	18311.86	9923.32	2973.19	462.44	369.40	2542.29
广　西	23	812.69	407.68	134.54	20.09	23.29	69.25
海　南	3	540.89	361.14	76.49	13.43	15.88	19.49
重　庆	26	1303.82	555.68	190.31	23.66	71.08	39.94
四　川	52	3339.15	1755.62	627.19	66.68	100.35	189.18
贵　州	15	940.33	453.12	120.88	19.58	24.59	47.39
云　南	22	1765.14	855.83	307.13	70.83	65.96	132.90
西　藏	1	—	—	—	—	—	—
陕　西	32	1830.92	1023.37	327.69	62.17	64.39	61.13
甘　肃	14	718.24	418.09	143.10	28.07	46.35	7.61
青　海	5	247.12	127.53	37.24	6.58	9.64	8.51
宁　夏	10	277.33	109.09	28.25	5.20	14.12	8.81
新　疆	19	2177.30	752.62	245.10	42.36	83.62	28.77

续表1　　　　单位:亿元

地区	本年对外投资	本年对境外投资	长期投资	短期投资	存货	流动资产年平均余额	应收帐款
全国总计	2531.26	258.05	17145.54	3229.32	24170.81	87391.73	12218.97
北京	1032.33	222.27	6935.39	2064.11	9508.61	38243.20	5257.57
天津	48.31	0.17	409.68	41.73	501.89	1616.01	225.02
河北	12.40	–0.02	157.50	17.33	329.52	1148.81	161.43
山西	22.83	0.00	127.80	12.98	299.70	1226.96	200.92
内蒙古	5.90	0.07	39.38	1.33	141.52	463.73	49.47
辽宁	8.95	0.03	228.06	9.42	634.99	1910.22	327.49
吉林	29.09	0.00	97.20	22.44	273.29	909.89	101.57
黑龙江	86.49	0.00	227.20	1.60	374.84	1652.35	170.55
上海	180.52	7.62	2506.10	418.40	2783.23	8428.40	899.55
江苏	85.17	0.01	778.88	40.42	1156.01	3818.64	790.88
浙江	66.99	1.08	578.43	68.30	1562.84	4175.85	659.52
安徽	23.04	0.00	103.18	15.19	261.90	897.52	121.61
福建	15.43	0.00	159.58	4.32	306.94	935.88	167.97
江西	3.06	0.00	22.92	1.30	141.59	379.95	57.93
山东	76.66	2.31	634.09	79.34	1491.81	5417.54	780.09
河南	23.80	0.01	150.50	37.42	401.78	1396.47	222.22
湖北	10.46	1.94	533.90	67.95	509.24	1647.10	214.40
湖南	1.85	–1.93	31.25	6.09	175.80	535.92	71.06
广东	701.92	24.02	2652.94	237.64	1374.83	6601.79	827.72
广西	10.31	0.00	80.39	1.28	120.01	369.98	70.31
海南	1.25	0.00	16.08	4.11	9.77	151.44	7.48
重庆	9.60	0.13	56.02	10.92	193.12	616.71	114.34
四川	33.28	0.30	195.93	19.05	500.12	1526.50	254.00
贵州	13.28	0.00	47.27	10.51	85.33	344.80	46.90
云南	9.37	0.03	142.94	11.14	327.79	803.32	79.69
西藏	—	—	—	—	—	—	—
陕西	11.30	0.00	74.96	5.42	197.43	684.74	126.29
甘肃	0.31	0.00	30.30	6.80	119.18	248.43	23.38
青海	1.73	0.00	8.49	2.14	24.31	84.48	9.82
宁夏	2.34	0.00	8.63	0.42	44.41	104.32	21.81
新疆	3.27	0.00	109.66	10.21	318.47	1043.52	157.35

续表 2

单位:亿元

地　　区	负债合计	流动负债	股东权益与少数股东权益总计	少数股东权益	股东权益合计	股本	营业收入
全国总计	139215.50	96997.32	86909.47	17714.03	69195.45	32555.63	153608.16
北京	68672.35	47162.58	43626.01	9120.49	34505.52	15861.94	65706.72
天津	2350.78	1783.21	1230.14	75.31	1154.83	750.53	2239.73
河北	1728.54	1354.16	961.48	231.30	730.18	436.29	2354.02
山西	2098.74	1481.09	1158.96	219.57	939.39	593.57	2241.09
内蒙古	606.08	430.36	493.30	108.65	384.65	253.86	833.57
辽宁	2709.99	2028.73	1913.48	271.67	1641.82	833.08	3501.15
吉林	1223.18	1093.78	552.90	207.12	345.79	189.11	1879.70
黑龙江	1820.67	1337.18	696.31	126.86	569.45	436.03	1310.58
上海	10714.00	7189.07	7658.93	1856.07	5802.85	2722.26	11901.24
江苏	5305.24	4228.49	3399.25	574.97	2824.28	1173.70	9815.48
浙江	5275.96	4137.59	3079.06	595.37	2483.69	1043.20	9064.26
安徽	1616.30	1102.67	997.20	320.96	676.24	409.57	2061.31
福建	1137.85	940.22	838.55	180.23	658.32	343.32	1723.99
江西	527.67	437.31	310.35	124.60	185.76	125.69	776.54
山东	7695.74	5996.75	3885.62	618.02	3267.60	1241.43	11214.02
河南	2045.64	1607.46	1170.65	216.64	954.00	561.94	2814.73
湖北	2640.09	1750.46	2476.75	329.50	2147.25	1021.46	3014.45
湖南	730.80	587.42	499.54	100.55	398.99	124.71	1000.11
广东	11510.56	5957.73	6801.30	1385.70	5415.61	2676.99	11262.66
广西	450.53	362.30	362.15	43.65	318.50	123.03	712.23
海南	384.38	186.15	156.51	103.77	52.74	35.33	161.96
重庆	807.48	643.75	496.34	102.19	394.16	231.27	1034.38
四川	2103.88	1580.22	1235.27	312.63	922.64	330.01	2432.15
贵州	574.70	383.91	365.64	93.02	272.62	113.00	438.54
云南	841.29	666.16	923.84	142.39	781.46	212.51	1121.04
西藏	—	—	—	—	—	—	—
陕西	1180.77	765.01	650.14	84.18	565.97	205.34	1071.60
甘肃	465.27	393.36	252.97	24.89	228.07	141.22	477.29
青海	150.33	96.72	96.79	37.50	59.28	38.25	101.12
宁夏	180.37	129.03	96.96	22.46	74.50	34.66	152.50
新疆	1660.31	1178.52	517.00	81.78	435.21	291.83	1183.04

续表 3

单位：亿元

地　区	主营业务收　入	其他业务收　入	主营业务成　本	主营业务税　金及附加	新产品销　售收　入	出口销售总　额	存货跌价损失和营业、管理、财务等费用合计
全国总计	149597.13	4011.03	121932.75	2404.33	14818.50	11546.27	16048.06
北　京	64467.58	1239.15	50893.81	1151.71	3118.26	3011.80	7020.81
天　津	2175.25	64.48	1864.09	20.23	163.52	130.24	239.87
河　北	2177.45	176.58	1856.15	14.36	230.40	115.69	235.36
山　西	2157.29	83.80	1648.60	23.88	114.54	151.24	257.02
内蒙古	826.74	6.84	635.29	6.86	64.24	38.37	129.35
辽　宁	3353.57	147.59	2824.15	29.09	488.50	414.86	339.37
吉　林	1761.18	118.53	1481.50	54.49	839.07	52.06	206.33
黑龙江	1246.65	63.93	1031.84	6.00	118.51	43.11	198.46
上　海	11692.07	209.17	9550.84	243.75	1127.89	882.37	1710.60
江　苏	9299.53	515.95	8109.43	59.35	1341.51	1112.53	639.34
浙　江	8916.84	147.42	7800.55	91.15	1130.55	1485.36	644.06
安　徽	2003.00	58.31	1698.45	16.20	206.00	130.12	208.72
福　建	1700.50	23.48	1469.53	13.91	97.48	342.15	155.93
江　西	762.46	14.08	633.95	6.90	100.78	43.46	76.87
山　东	10821.50	392.52	9257.16	136.65	2147.54	1026.89	918.31
河　南	2687.88	126.85	2168.01	72.79	296.07	207.46	288.67
湖　北	2915.80	98.65	2338.30	72.66	710.97	135.32	317.64
湖　南	977.12	22.99	819.36	7.48	224.26	96.35	122.67
广　东	11071.14	191.52	9092.00	130.09	1363.53	1583.59	1279.33
广　西	684.45	27.78	564.75	5.41	98.50	22.00	73.15
海　南	159.35	2.61	125.68	4.19	0.21	0.20	31.85
重　庆	1004.97	29.41	850.12	14.46	201.49	68.81	114.69
四　川	2279.71	152.44	1791.91	36.94	432.62	119.80	295.96
贵　州	424.90	13.64	315.77	13.73	33.09	17.35	58.25
云　南	1104.58	16.46	760.35	123.59	48.42	72.58	132.82
西　藏	—	—	—	—	—	—	—
陕　西	1055.38	16.21	795.42	26.96	71.69	32.37	110.54
甘　肃	466.64	10.65	363.96	3.43	22.23	27.55	62.17
青　海	100.21	0.91	76.20	1.68	2.72	0.00	14.55
宁　夏	135.78	16.72	112.40	1.60	8.77	7.81	18.19
新　疆	1160.68	22.36	997.40	14.76	15.13	174.83	145.56

续表 4　　　　　　　　　　　　　　　　　　　　　　　　　　　单位:亿元

地　　区	税　金	劳动、待业保险费	职　工教育费	广告费	利　息支　出	投　资收　益	营业外收　入
全国总计	445.44	915.64	79.03	412.02	2200.06	835.76	420.17
北　京	140.59	393.01	32.27	134.32	968.26	356.38	209.91
天　津	6.94	11.46	0.85	9.79	34.71	10.80	9.56
河　北	3.55	27.55	1.46	4.71	33.71	0.95	3.02
山　西	20.02	36.14	2.28	1.60	33.18	2.20	3.59
内蒙古	3.23	3.55	0.34	13.18	7.33	0.38	1.05
辽　宁	20.17	34.97	1.94	4.57	50.74	5.46	7.09
吉　林	4.06	7.33	0.71	15.08	19.83	2.92	3.96
黑龙江	2.57	21.08	1.00	10.20	20.92	9.29	13.95
上　海	58.50	56.35	7.14	12.74	128.91	162.05	42.95
江　苏	15.69	20.77	3.12	21.57	92.47	44.90	11.84
浙　江	14.73	18.09	2.81	31.26	113.20	28.65	20.55
安　徽	4.65	19.07	1.60	3.19	31.20	0.42	1.90
福　建	2.82	7.85	0.48	6.68	22.39	6.55	3.36
江　西	1.42	4.30	0.47	4.85	9.37	0.44	1.32
山　东	26.37	55.73	4.65	39.66	148.37	17.26	15.61
河　南	6.42	24.42	2.14	5.57	48.76	4.97	4.53
湖　北	7.11	14.40	2.73	14.40	58.64	8.91	7.09
湖　南	3.22	6.53	0.53	2.26	16.97	5.37	2.27
广　东	64.54	58.07	6.71	43.63	192.21	139.01	36.39
广　西	3.28	10.70	0.34	1.99	8.20	2.82	1.13
海　南	0.04	0.03	0.01	0.30	11.40	4.14	0.50
重　庆	2.44	9.15	0.67	5.55	12.56	3.09	2.63
四　川	7.12	19.11	1.59	13.18	33.45	8.77	7.34
贵　州	2.05	8.83	0.40	3.50	9.75	−1.39	0.49
云　南	2.22	12.09	0.74	1.97	17.79	2.79	1.86
西　藏	—	—	—	—	—	—	—
陕　西	1.81	7.91	0.45	2.65	20.05	2.97	1.40
甘　肃	1.59	3.53	0.37	0.05	9.94	−2.38	0.34
青　海	4.79	0.13	0.00	0.00	2.92	2.28	0.08
宁　夏	0.86	1.34	0.11	0.09	2.71	2.11	0.30
新　疆	12.66	22.15	1.12	3.50	39.93	3.54	4.15

续表 5　　单位:亿元

地　区	利　润 总　额	应　交 所得税	应　交 增值税	固定资产 投　资 完 成 额	研究开发 费　用
全国总计	10365.28	2771.72	4330.39	18406.19	1494.94
北　京	5887.94	1623.93	1995.21	10576.10	567.99
天　津	89.78	22.53	37.98	161.28	23.59
河　北	83.15	25.65	87.66	178.98	29.36
山　西	113.48	37.40	116.33	410.96	21.75
内蒙古	51.25	9.59	37.70	115.94	9.36
辽　宁	186.85	56.69	110.17	405.19	77.62
吉　林	42.22	10.96	66.96	151.71	24.94
黑龙江	27.44	10.94	32.74	118.67	6.81
上　海	772.46	203.60	274.98	978.24	104.61
江　苏	422.15	102.58	164.42	640.18	76.05
浙　江	463.35	124.52	136.02	326.04	71.62
安　徽	87.49	19.68	80.81	318.15	25.16
福　建	78.93	15.65	24.08	98.91	11.57
江　西	45.57	8.30	30.70	52.12	9.79
山　东	556.33	152.35	298.43	943.99	164.58
河　南	143.63	47.42	112.71	298.16	24.53
湖　北	244.96	68.21	122.88	435.02	45.33
湖　南	42.00	9.31	21.68	88.49	12.95
广　东	487.34	122.02	266.45	1093.95	93.66
广　西	31.94	5.77	25.57	68.10	5.61
海　南	2.63	0.70	0.59	46.69	14.38
重　庆	32.49	5.57	31.30	75.13	13.01
四　川	152.09	31.02	77.46	165.64	27.38
贵　州	33.11	11.80	26.86	41.52	2.90
云　南	96.20	22.41	67.45	115.36	7.22
西　藏	—	—	—	—	—
陕　西	114.36	10.96	28.87	206.33	8.31
甘　肃	29.81	5.35	22.87	87.40	2.43
青　海	12.13	2.36	2.10	23.90	0.88
宁　夏	7.47	0.76	3.39	3.92	0.56
新　疆	26.91	3.69	25.81	180.12	10.99

3.29 各地区营业收入和资产总计均在5亿元及以上企业集团主要劳动工资指标

地　区	单位数（个）	从业人员（万人）	在岗职工（万人）	其他从业人员（万人）	研究开发人员（万人）
全国总计	2082	2735.22	2488.93	246.29	76.12
北　京	217	940.23	823.03	117.20	29.60
天　津	56	32.76	30.89	1.87	0.62
河　北	57	61.61	59.99	1.62	2.00
山　西	45	80.07	79.46	0.61	2.46
内蒙古	17	28.48	28.00	0.48	0.56
辽　宁	64	67.16	68.00	0.99	2.57
吉　林	20	30.78	30.75	0.03	0.39
黑龙江	25	137.21	113.20	24.02	1.35
上　海	153	135.93	109.05	26.88	2.64
江　苏	193	151.39	139.50	11.89	3.85
浙　江	275	138.85	128.15	10.70	3.59
安　徽	54	58.49	56.82	1.67	1.78
福　建	62	34.52	33.69	0.84	0.78
江　西	18	20.62	19.32	1.29	0.26
山　东	284	195.28	184.93	10.35	7.44
河　南	97	87.61	85.39	2.22	2.71
湖　北	49	55.52	52.03	3.49	1.81
湖　南	27	23.18	22.78	0.39	1.14
广　东	147	155.10	145.51	9.59	3.92
广　西	23	16.73	16.25	0.48	0.30
海　南	3	2.52	2.52	0.01	0.03
重　庆	26	30.62	30.57	0.05	1.46
四　川	52	65.59	56.30	9.30	2.48
贵　州	15	18.60	17.74	0.85	0.30
云　南	22	32.97	31.96	1.01	0.45
西　藏	1	—	—	—	—
陕　西	32	28.57	24.64	3.93	0.70
甘　肃	14	13.66	11.98	1.68	0.26
青　海	5	2.56	2.49	0.07	0.02
宁　夏	10	8.13	6.77	1.36	0.11
新　疆	19	80.37	78.95	1.43	0.54

续表

地　区	从业人员劳动报酬（亿元）	在岗职工劳动报酬（亿元）	其他从业人员劳动报酬（亿元）	研究开发人员劳动报酬（亿元）
全国总计	6900.22	6530.29	369.92	270.42
北　京	3115.32	2908.79	206.53	101.03
天　津	84.22	80.85	3.38	1.65
河　北	115.26	113.61	1.65	5.90
山　西	177.92	177.43	0.49	7.78
内蒙古	24.00	105.59	0.67	1.21
辽　宁	148.63	147.12	1.51	11.35
吉　林	53.44	53.41	0.03	1.19
黑龙江	136.96	119.49	17.47	4.00
上　海	503.03	453.06	49.97	18.48
江　苏	287.09	275.73	11.37	13.35
浙　江	274.03	257.62	16.41	13.54
安　徽	119.97	118.31	1.66	5.63
福　建	66.08	64.71	1.38	3.00
江　西	35.02	33.81	1.21	0.86
山　东	328.83	315.45	13.39	21.90
河　南	141.49	138.85	2.64	5.79
湖　北	128.40	122.82	5.58	5.76
湖　南	51.90	50.99	0.91	3.72
广　东	507.40	495.54	11.86	25.81
广　西	39.32	38.99	0.33	1.07
海　南	8.02	8.01	0.01	0.04
重　庆	52.58	52.45	0.13	3.85
四　川	116.36	104.81	11.55	7.23
贵　州	36.55	35.53	1.01	0.78
云　南	63.73	62.69	1.04	1.72
西　藏	—	—	—	—
陕　西	47.57	44.50	3.07	1.74
甘　肃	25.90	24.58	1.32	0.55
青　海	5.46	5.34	0.12	0.04
宁　夏	10.26	8.83	1.43	0.19
新　疆	113.08	111.29	1.79	1.26

3.30 各地区营业收入和资产总计均在5亿元及以上企业集团主要经济效益指标

单位:%

地 区	净资产收益率	总资产报酬率	销售利润率	资本保值增值率	劳动生产率(万元/人)	成本费用利润率
全国总计	8.74	5.56	6.75	115.00	56.16	7.51
北 京	9.77	6.11	8.96	116.84	69.88	10.17
天 津	5.47	3.48	4.01	109.44	68.36	4.27
河 北	5.98	4.34	3.53	111.07	38.21	3.98
山 西	6.56	4.50	5.06	114.70	27.99	24.00
内蒙古	8.44	5.33	68.00	126.04	29.27	6.70
辽 宁	6.80	5.14	5.34	114.45	52.13	5.91
吉 林	5.65	3.49	2.25	98.79	61.07	2.50
黑龙江	2.37	1.92	2.09	127.58	9.55	2.23
上 海	7.43	4.91	6.49	116.25	87.55	6.86
江 苏	9.40	5.91	4.30	116.90	64.84	4.83
浙 江	11.00	6.90	5.11	112.77	65.28	5.49
安 徽	6.80	4.54	4.24	110.28	35.24	4.59
福 建	7.55	5.13	4.58	114.51	49.94	4.86
江 西	12.01	6.56	5.87	121.75	37.67	6.41
山 东	10.40	6.08	4.96	113.91	57.43	5.47
河 南	8.22	5.98	5.10	112.61	32.13	5.85
湖 北	7.14	5.93	8.13	112.83	54.29	9.22
湖 南	6.54	4.79	4.20	118.84	43.15	4.46
广 东	5.37	3.71	4.33	105.00	72.62	4.70
广 西	7.23	4.94	4.48	107.85	42.56	5.01
海 南	1.23	2.59	1.62	149.55	64.18	1.67
重 庆	5.42	3.45	3.14	117.58	33.78	3.37
四 川	9.80	5.56	6.25	113.22	37.08	7.28
贵 州	5.83	4.56	7.55	114.13	23.58	8.85
云 南	7.99	6.46	8.58	114.27	34.00	10.77
西 藏	-3.56	-0.27	-3.08	101.12	72.74	-2.90
陕 西	15.90	7.34	10.67	128.04	37.50	12.62
甘 肃	9.67	5.54	6.25	114.93	34.94	7.00
青 海	10.10	6.09	12.00	115.52	39.47	13.37
宁 夏	6.92	3.67	4.90	139.44	18.76	5.72
新 疆	4.49	3.07	2.27	119.60	14.72	2.35

续表 1

单位:%

地区	资产利税率	总资产使用率	流动资产比率	资金利润率	资产负债率	长期负债与资产总计比率
全国总计	7.56	66.16	38.65	6.17	61.57	18.67
北京	8.05	57.41	34.05	7.20	61.15	19.15
天津	4.13	60.75	45.13	3.65	65.65	15.85
河北	6.88	80.95	42.71	3.80	64.26	13.92
山西	7.79	66.22	37.66	4.69	64.42	18.96
内蒙古	8.71	75.20	42.18	5.79	55.13	15.98
辽宁	7.05	72.53	41.32	5.02	58.61	14.73
吉林	9.22	99.16	51.23	2.91	68.87	7.29
黑龙江	2.63	49.53	65.65	1.15	72.34	19.21
上海	7.03	63.64	45.87	5.87	58.31	19.19
江苏	7.42	106.84	43.87	6.48	60.95	12.37
浙江	8.26	106.72	49.98	7.28	63.15	13.63
安徽	7.06	76.64	34.34	4.46	61.84	19.65
福建	5.92	86.04	47.35	5.43	57.57	10.00
江西	9.92	90.98	45.34	6.85	62.97	10.78
山东	8.56	93.44	46.78	6.00	66.45	14.67
河南	10.23	83.57	43.42	5.49	63.60	13.62
湖北	8.61	56.98	32.19	6.46	51.60	17.39
湖南	5.78	79.42	43.56	4.40	59.40	11.65
广东	4.83	60.46	36.05	3.60	62.86	30.32
广西	7.74	84.22	45.53	4.97	55.44	10.86
海南	1.37	29.46	28.00	0.60	71.06	36.65
重庆	6.00	77.08	47.30	3.31	61.93	12.56
四川	7.98	68.27	45.72	5.73	63.01	15.68
贵州	7.84	45.19	36.67	4.89	61.12	20.29
云南	16.27	62.58	45.51	7.12	47.66	9.92
西藏	–0.02	57.61	60.16	–2.11	49.70	0.58
陕西	9.30	57.64	37.40	8.28	64.49	22.71
甘肃	7.81	64.97	34.59	5.70	64.78	10.01
青海	6.44	40.55	34.18	6.94	60.83	21.69
宁夏	4.49	48.96	37.61	4.03	65.04	18.51
新疆	3.10	53.31	47.93	1.74	76.26	22.13

续表 2

单位:%

地　　区	已获利息倍　　数（倍）	流　动比　率	速　动比　率	新产品销售收入与营业收入比重	研究开发费用与营业收入比重	研究开发费用与主营业务收入比　　重
全国总计	5.71	90.10	65.18	9.65	0.97	1.00
北　京	7.08	81.09	60.93	4.75	0.86	0.88
天　津	3.59	90.62	62.48	7.30	1.05	1.08
河　北	3.47	84.84	60.50	9.79	1.25	1.35
山　西	4.42	82.84	62.61	5.11	0.97	1.01
内蒙古	7.99	107.75	74.87	7.71	1.12	1.13
辽　宁	4.68	94.16	62.86	13.95	2.22	2.31
吉　林	3.13	83.19	58.20	44.64	1.33	1.42
黑龙江	2.31	123.57	95.54	9.04	0.52	0.55
上　海	6.99	117.24	78.52	9.48	0.88	0.89
江　苏	5.57	90.31	62.97	13.67	0.77	0.82
浙　江	5.09	100.92	63.15	12.47	0.79	0.80
安　徽	3.80	81.40	57.64	9.99	1.22	1.26
福　建	4.53	99.54	66.89	5.65	0.67	0.68
江　西	5.86	86.88	54.51	12.98	1.26	1.28
山　东	4.75	90.34	65.46	19.15	1.47	1.52
河　南	3.95	86.87	61.88	10.52	0.87	0.91
湖　北	5.18	94.10	65.00	23.59	1.50	1.55
湖　南	3.48	91.23	61.31	22.42	1.29	1.33
广　东	3.54	110.81	87.73	12.11	0.83	0.85
广　西	4.89	102.12	69.00	13.83	0.79	0.82
海　南	1.23	81.35	76.10	0.13	8.88	9.03
重　庆	3.59	95.80	65.80	19.48	1.26	1.29
四　川	5.55	96.60	64.95	17.79	1.13	1.20
贵　州	4.40	89.81	67.59	7.55	0.66	0.68
云　南	6.41	120.59	71.38	4.32	0.64	0.65
西　藏	−0.18	122.48	113.29	0.00	0.05	0.05
陕　西	6.70	89.51	63.70	6.69	0.78	0.79
甘　肃	4.00	63.16	32.86	4.66	0.51	0.52
青　海	5.15	87.34	62.21	2.69	0.87	0.88
宁　夏	3.75	80.84	46.43	5.75	0.37	0.41
新　疆	1.67	88.54	61.52	1.28	0.93	0.95

2005年中国大企业集团

四　经济类型

简要说明

一、本篇反映各种经济类型企业集团发展的基本状况，主要内容包括：

1. 国有控股企业集团主要财务、劳动工资以及经济效益指标。
2. 集体控股企业集团主要财务、劳动工资以及经济效益指标。
3. 按登记注册类型分企业集团主要财务、劳动工资以及经济效益指标。

二、经济类型划分以反映国有企业改革状况为主，重点反映企业建立公司制的情况。公司制企业主要包括：国有独资公司、其他有限责任公司、股份有限公司、中外合资企业和港澳台合资企业等。

4.1 国有控股企业集团主要财务指标

单位：亿元

类　别	单位数（个）	资　产 总　计	固定资产 原　价	累　计 折　旧	本　年 折　旧	无　形 资　产	累计对外 投　资
全国总计	1446	198045.82	116925.65	42654.97	6505.26	4633.79	10331.41
按企业集团审批部门分							
国 务 院	144	118040.32	78807.19	30065.69	4396.24	1968.45	5290.74
国务院主管部门	117	16683.76	8092.78	3210.95	642.57	385.84	1356.25
省级人民政府	596	39467.38	20630.02	6576.78	1048.69	1573.85	2332.14
省级政府主管部门	280	12766.92	4849.85	1466.45	219.82	356.94	698.41
其　　他	309	11087.44	4545.81	1335.10	197.95	348.72	653.87
按企业集团主营行业分							
农、林、牧、渔业	30	3150.91	1297.88	405.10	55.73	113.98	59.75
采 矿 业	77	22824.13	16051.08	7094.77	1102.47	721.09	1295.00
制 造 业	677	63129.87	34524.63	13605.22	1851.68	2264.03	2664.47
电力、燃气及水的生产和供应业	66	30931.34	26290.39	8711.14	1477.35	199.53	1049.38
建 筑 业	89	8295.25	2985.67	721.10	118.54	140.96	309.35
交通运输、仓储和邮政业	75	14925.57	10363.89	2615.27	434.24	288.32	420.54
信息传输、计算机服务和软件业	7	16575.12	17956.97	7412.86	1138.70	148.10	107.70
批发和零售业	235	9939.57	3007.95	799.68	119.28	245.91	818.65
住宿和餐饮业	17	543.41	372.70	146.83	17.61	25.63	42.02
金 融 业	11	15670.78	648.56	186.28	32.14	74.03	2011.23
房地产业	60	3583.04	436.44	82.22	11.84	62.59	137.02
其　　他	102	8476.84	2989.49	874.49	145.66	349.60	1416.29
按母公司登记注册类型分							
国有企业	334	87778.74	62094.51	23098.65	3491.32	1332.26	3371.68
国有独资公司	692	86706.28	42553.73	15374.54	2288.88	2380.20	6060.97
其他有限责任公司	261	16479.76	9780.89	3457.12	615.54	713.16	691.40
股份有限公司	142	6424.21	2180.48	608.29	93.35	183.78	184.02
中外合资企业	6	427.31	231.69	83.09	11.76	16.22	21.27
港澳台合资企业	4	64.44	5.99	2.13	0.10	0.00	0.00
其　　他	7	165.09	78.35	31.15	4.32	8.18	2.08

续表 1 单位:亿元

类别	本年对外投资	本年对境外投资	长期投资	短期投资	存货	流动资产年平均余额	应收帐款
全国总计	1695.93	233.05	13799.04	2917.62	19569.71	73314.89	10064.38
按企业集团审批部门分							
国务院	832.74	226.11	6561.63	2337.83	9477.11	40083.38	5267.43
国务院主管部门	251.02	4.14	1454.23	126.73	2019.99	6788.76	1021.63
省级人民政府	454.10	1.43	3222.55	214.76	4637.96	15603.68	2314.33
省级政府主管部门	86.80	1.18	1769.88	160.23	1706.72	5742.27	624.82
其他	71.26	0.18	790.75	78.07	1727.93	5096.80	836.16
按企业集团主营行业分							
农、林、牧、渔业	2.90	0.00	170.23	13.48	441.12	1492.59	163.98
采矿业	529.46	143.98	914.24	486.08	1480.55	7267.50	661.84
制造业	339.49	85.45	4229.78	538.20	9843.58	28830.09	4045.31
电力、燃气及水的生产和供应业	260.39	0.00	1882.02	261.18	593.58	6208.74	826.88
建筑业	37.06	0.81	398.00	18.27	1576.18	5569.85	1744.29
交通运输、仓储和邮政业	43.28	0.44	770.63	76.53	1055.91	3757.99	484.92
信息传输、计算机服务和软件业	0.16	0.00	214.50	6.68	145.97	4018.80	433.11
批发和零售业	158.86	1.85	858.06	113.00	1723.39	5691.29	916.02
住宿和餐饮业	5.30	0.00	58.83	2.64	27.23	196.21	12.38
金融业	45.69	0.01	2607.59	1224.88	162.51	4331.96	276.23
房地产业	14.73	0.22	257.98	23.99	1619.74	2431.17	109.67
其他	258.61	0.29	1437.18	152.72	899.96	3518.70	389.75
按母公司登记注册类型分							
国有企业	738.70	146.13	4794.11	941.69	7659.77	32584.18	4522.80
国有独资公司	787.95	79.27	7077.08	1791.62	9337.50	31290.61	3961.38
其他有限责任公司	113.37	5.80	808.92	117.83	1776.48	6267.16	1062.01
股份有限公司	51.31	1.85	1081.07	66.48	718.87	2872.93	464.36
中外合资企业	4.18	0.00	29.30	0.00	54.06	176.70	39.23
港澳台合资企业	0.00	0.00	1.02	0.00	10.60	40.67	4.18
其他	0.43	0.00	7.54	0.01	12.43	82.64	10.41

续表 2

单位:亿元

类别	负债合计	流动负债	股东权益与少数股东权益总计	少数股东权益	股东权益合计	股本	营业收入
全国总计	120868.22	83932.18	77177.60	16181.77	60995.83	29690.25	123759.93
按企业集团审批部门分							
国务院	71785.70	48938.79	46254.62	9086.17	37168.45	17674.51	71979.85
国务院主管部门	9683.43	7011.20	7000.33	1839.61	5160.72	2169.15	10334.76
省级人民政府	24008.77	17221.08	15458.61	3623.69	11834.92	6091.29	27158.26
省级政府主管部门	8294.29	5421.19	4472.63	919.38	3553.25	2066.42	7293.89
其他	7096.04	5339.93	3991.41	712.91	3278.50	1688.89	6993.16
按企业集团主营行业分							
农、林、牧、渔业	2302.50	1698.53	848.40	90.42	757.98	517.26	1860.98
采矿业	9404.33	6373.76	13419.80	1825.97	11593.83	4905.77	13714.37
制造业	38444.17	29755.14	24685.70	6208.58	18477.12	9161.45	52334.42
电力、燃气及水的生产和供应业	19108.95	8723.88	11822.39	2215.03	9607.35	5255.72	13948.79
建筑业	6640.72	5836.36	1654.53	404.66	1249.86	694.33	8644.62
交通运输、仓储和邮政业	8858.19	4470.20	6067.38	1518.74	4548.64	2545.27	5918.29
信息传输、计算机服务和软件业	6615.56	4835.55	9959.56	1770.83	8188.73	3425.76	6241.03
批发和零售业	6757.29	5718.69	3182.29	829.47	2352.81	1098.05	15248.00
住宿和餐饮业	323.72	269.60	219.70	49.48	170.22	81.08	295.40
金融业	14650.11	11019.81	1020.66	268.42	752.24	472.12	1534.22
房地产业	2556.51	2027.22	1026.54	242.22	784.31	418.86	963.97
其他	5206.18	3203.45	3270.66	757.94	2512.72	1114.57	3055.84
按母公司登记注册类型分							
国有企业	48292.97	33325.22	39485.77	6981.94	32503.83	14735.07	56761.19
国有独资公司	57577.98	40339.91	29128.30	7285.33	21842.97	11313.83	50124.26
其他有限责任公司	10261.54	7431.92	6218.23	1487.43	4730.79	2688.28	12137.17
股份有限公司	4411.08	2563.10	2013.13	365.99	1647.14	830.07	4233.89
中外合资企业	182.87	150.31	244.45	58.79	185.65	89.37	309.87
港澳台合资企业	41.41	33.56	23.03	0.00	23.03	3.94	71.87
其他	100.38	88.15	64.71	2.29	62.42	29.68	121.69

续表 3　　单位:亿元

类别	主营业务收入	其他业务收入	主营业务成本	主营业务税金及附加	新产品销售收入	出口销售总额	存货跌价损失和营业、管理、财务等费用合计
全国总计	120519.08	3240.85	97152.09	2159.39	11129.57	8569.02	13796.35
按企业集团审批部门分							
国务院	70348.92	1630.93	56070.33	1178.36	5708.19	3679.06	7304.80
国务院主管部门	10016.42	318.34	7562.63	473.21	916.36	757.10	1478.31
省级人民政府	26307.85	850.41	21879.85	325.26	3223.85	2551.75	3347.13
省级政府主管部门	7021.90	271.99	5872.95	114.54	492.05	644.93	859.95
其他	6823.98	169.18	5766.33	68.02	789.12	936.19	806.15
按企业集团主营行业分							
农、林、牧、渔业	1794.04	66.94	1505.59	17.02	17.47	200.80	263.30
采矿业	12955.64	758.73	7966.15	365.46	64.43	662.62	1728.40
制造业	50654.76	1679.66	41902.93	946.85	10800.09	4523.36	5584.80
电力、燃气及水的生产和供应业	13822.77	126.02	12378.62	119.71	16.44	68.38	773.65
建筑业	8534.03	110.59	7631.02	240.48	16.34	163.12	544.57
交通运输、仓储和邮政业	5755.99	162.30	4508.04	108.23	0.07	103.94	1079.16
信息传输、计算机服务和软件业	6119.80	121.22	2838.62	191.89	1.30	3.52	1703.71
批发和零售业	15121.98	126.02	13928.51	43.33	14.05	2371.44	1035.65
住宿和餐饮业	294.59	0.80	179.04	7.96	0.00	3.43	93.92
金融业	1527.77	6.45	1212.17	34.38	0.00	12.55	350.64
房地产业	929.02	34.95	693.60	40.71	0.02	16.07	145.03
其他	3008.68	47.16	2407.81	43.36	199.36	439.79	493.54
按母公司登记注册类型分							
国有企业	55560.54	1200.65	43565.61	1140.29	3795.32	2752.22	5953.24
国有独资公司	48586.10	1538.16	40211.45	846.17	3948.99	3952.04	5664.63
其他有限责任公司	11698.09	439.07	9578.73	129.78	2684.06	1269.75	1482.51
股份有限公司	4174.92	58.96	3405.20	37.75	660.36	559.46	631.71
中外合资企业	307.51	2.36	231.47	3.02	38.34	28.25	45.04
港澳台合资企业	71.39	0.48	58.04	0.39	0.02	0.00	6.17
其他	120.53	1.16	101.59	1.99	2.47	7.31	13.05

续表 4 单位:亿元

类 别	税 金	劳动、待业保险费	职工教育费	广告费	利息支出	投资收益	营业外收入
全国总计	390.85	872.82	70.69	303.23	1866.53	692.71	376.96
按企业集团审批部门分							
国务院	225.54	460.49	38.02	138.34	1056.19	272.15	198.48
国务院主管部门	24.02	92.07	6.33	39.98	181.64	128.16	38.65
省级人民政府	92.24	217.47	17.38	78.36	398.63	151.08	94.58
省级政府主管部门	24.11	59.58	4.26	28.54	105.10	97.35	23.51
其 他	24.94	43.20	4.71	18.02	124.96	43.96	21.75
按企业集团主营行业分							
农、林、牧、渔业	15.47	38.05	1.35	5.52	44.88	2.15	18.15
采矿业	41.97	181.06	11.67	4.64	96.54	50.53	32.14
制造业	131.99	323.26	27.88	180.21	651.14	186.79	123.57
电力、燃气及水的生产和供应业	10.19	28.96	4.46	2.81	459.13	55.44	37.79
建筑业	48.74	78.25	4.32	2.38	73.41	16.39	14.97
交通运输、仓储和邮政业	68.62	53.91	6.46	2.07	152.73	69.48	53.97
信息传输、计算机服务和软件业	19.51	94.83	9.49	74.37	150.07	-0.13	19.73
批发和零售业	28.99	36.23	2.36	15.48	101.91	84.88	38.38
住宿和餐饮业	2.09	4.34	0.26	0.59	5.51	2.35	5.64
金融业	5.82	6.31	0.47	3.13	12.22	105.87	9.75
房地产业	6.08	3.40	0.35	4.94	23.86	12.42	6.36
其 他	11.37	24.23	1.64	7.09	95.15	106.54	16.52
按母公司登记注册类型分							
国有企业	203.54	373.44	30.31	124.56	802.64	250.03	152.40
国有独资公司	131.66	393.17	30.28	102.96	797.18	332.02	184.66
其他有限责任公司	40.98	88.17	6.54	36.66	199.30	37.75	26.88
股份有限公司	11.95	14.06	3.31	29.19	62.82	71.56	11.90
中外合资企业	2.43	1.29	0.14	9.79	3.05	0.63	0.29
港澳台合资企业	0.01	1.01	0.00	0.01	0.28	0.01	0.73
其 他	0.27	1.69	0.12	0.06	1.27	0.70	0.10

续表 5 单位:亿元

类别	利润总额	应交所得税	应交增值税	固定资产投资完成额	研究开发费用
全国总计	8769.18	2442.49	3803.57	16992.70	1216.27
按企业集团审批部门分					
国务院	6175.37	1758.42	2417.49	11190.05	753.89
国务院主管部门	742.93	188.03	324.62	1369.22	94.51
省级人民政府	1218.40	306.84	740.83	3187.80	238.15
省级政府主管部门	311.08	100.33	197.84	613.05	52.14
其他	321.41	88.85	122.79	632.58	77.58
按企业集团主营行业分					
农、林、牧、渔业	39.14	6.31	31.30	239.55	9.40
采矿业	2743.61	739.45	932.21	3296.03	110.00
制造业	2569.46	758.59	1776.59	4661.70	1003.15
电力、燃气及水的生产和供应业	688.37	217.84	855.80	4428.87	28.84
建筑业	138.67	31.77	24.98	276.50	14.46
交通运输、仓储和邮政业	563.14	138.25	18.47	1256.30	3.21
信息传输、计算机服务和软件业	1272.29	384.13	9.10	2070.30	9.83
批发和零售业	300.82	75.58	92.52	288.02	12.24
住宿和餐饮业	19.59	5.67	1.22	27.64	0.00
金融业	93.34	7.09	8.45	35.63	0.46
房地产业	90.00	30.25	1.33	118.10	0.39
其他	250.75	47.55	51.60	294.07	24.29
按母公司登记注册类型分					
国有企业	5245.31	1421.72	1745.47	9026.99	627.57
国有独资公司	2830.98	825.22	1662.02	6325.35	358.20
其他有限责任公司	486.66	143.73	307.19	1370.50	145.95
股份有限公司	170.37	43.56	74.93	236.54	76.56
中外合资企业	27.98	3.80	10.96	24.55	7.77
港澳台合资企业	2.89	2.95	0.30	0.74	0.00
其他	5.00	1.51	2.69	8.04	0.22

4.2 国有控股企业集团主要劳动工资指标

类　别	单位数（个）	从业人员（万人）	在岗职工（万人）	其他从业人员（万人）	研究开发人员（万人）
全国总计	1446	2253.50	2034.80	218.70	63.64
按企业集团审批部门分					
国 务 院	144	1084.33	976.83	107.51	32.75
国务院主管部门	117	263.48	220.58	42.91	6.24
省级人民政府	596	585.77	539.61	46.16	15.54
省级政府主管部门	280	189.44	176.21	13.23	3.57
其　他	309	130.47	121.57	8.90	5.54
按企业集团主营行业分					
农、林、牧、渔业	30	223.63	191.57	32.06	0.70
采 矿 业	77	388.34	377.09	11.25	7.69
制 造 业	677	858.49	816.59	41.90	49.65
电力、燃气及水的生产和供应业	66	152.00	148.45	3.55	0.20
建 筑 业	89	207.31	152.14	55.17	1.38
交通运输、仓储和邮政业	75	110.25	102.56	7.69	0.26
信息传输、计算机服务和软件业	7	120.97	78.52	42.45	0.65
批发和零售业	235	103.68	92.38	11.30	0.35
住宿和餐饮业	17	11.32	9.46	1.85	0.00
金 融 业	11	17.61	14.85	2.75	0.00
房地产业	60	12.35	8.74	3.61	0.14
其　他	102	47.56	42.45	5.11	2.61
按母公司登记注册类型分					
国有企业	334	935.79	809.14	126.65	27.38
国有独资公司	692	979.42	916.42	62.99	24.37
其他有限责任公司	261	262.08	236.56	25.52	7.38
股份有限公司	142	65.87	62.40	3.47	3.66
中外合资企业	6	4.82	4.80	0.03	0.81
港澳台合资企业	4	0.92	0.90	0.02	0.00
其　他	7	4.60	4.59	0.01	0.04

续表

类　别	从业人员劳动报酬（亿元）	在岗职工劳动报酬（亿元）	其他从业人员劳动报酬（亿元）	研究开发人员劳动报酬（亿元）
全国总计	6077.26	5747.14	330.12	229.00
按企业集团审批部门分				
国务院	3493.71	3301.92	191.78	110.43
国务院主管部门	628.03	579.15	48.87	28.06
省级人民政府	1296.54	1233.99	62.55	50.23
省级政府主管部门	363.86	348.65	15.21	9.16
其　他	295.13	283.42	11.71	31.12
按企业集团主营行业分				
农、林、牧、渔业	281.48	259.22	22.26	1.70
采矿业	981.68	968.29	13.39	31.04
制造业	2232.92	2159.86	73.07	168.31
电力、燃气及水的生产和供应业	625.63	619.32	6.31	0.60
建筑业	467.66	374.92	92.75	5.54
交通运输、仓储和邮政业	401.09	384.60	16.49	1.55
信息传输、计算机服务和软件业	504.23	441.11	63.12	5.91
批发和零售业	269.53	254.18	15.35	1.41
住宿和餐饮业	27.86	25.44	2.42	0.00
金融业	71.73	66.24	5.48	0.01
房地产业	35.21	31.84	3.36	0.40
其　他	178.24	162.12	16.11	12.53
按母公司登记注册类型分				
国有企业	2905.83	2712.10	193.74	87.50
国有独资公司	2366.14	2267.42	98.72	85.18
其他有限责任公司	603.42	571.19	32.22	26.51
股份有限公司	173.51	168.35	5.16	24.24
中外合资企业	15.90	15.71	0.19	5.47
港澳台合资企业	2.90	2.82	0.07	0.00
其　他	9.56	9.55	0.01	0.11

4.3 国有控股企业集团主要经济效益指标

单位：%

类　　别	净资产收益率	总资产报酬率	销　售利润率	资本保值增值率	劳　动生产率（万元/人）	成本费用利润率
全国总计	8.20	5.37	7.09	114.51	54.92	7.90
按企业集团审批部门分						
国务院	9.55	6.13	8.58	115.66	66.38	9.74
国务院主管部门	7.93	5.54	7.19	117.63	39.22	8.22
省级人民政府	5.90	4.10	4.49	111.40	46.36	4.83
省级政府主管部门	4.71	3.26	4.26	114.53	38.50	4.62
其　　他	5.83	4.03	4.60	108.59	53.60	4.89
按企业集团主营行业分						
农、林、牧、渔业	3.87	2.67	2.10	107.53	8.32	2.21
采矿业	14.93	12.44	20.01	130.43	35.32	28.30
制造业	7.34	5.10	4.91	111.97	60.96	5.41
电力、燃气及水的生产和供应业	3.98	3.71	4.93	110.57	91.77	5.23
建筑业	6.46	2.56	1.60	109.04	41.70	1.70
交通运输、仓储和邮政业	7.00	4.80	9.52	121.85	53.68	10.08
信息传输、计算机服务和软件业	8.92	8.58	20.39	109.99	51.59	28.01
批发和零售业	7.08	4.05	1.97	112.80	147.07	2.01
住宿和餐饮业	6.34	4.62	6.63	93.15	26.10	7.18
金融业	8.45	0.67	6.08	102.77	87.14	5.97
房地产业	5.82	3.18	9.34	106.90	78.07	10.73
其　　他	6.21	4.08	8.21	108.21	64.25	8.64
按母公司登记注册类型分						
国有企业	9.68	6.89	9.24	115.61	60.66	10.59
国有独资公司	6.89	4.18	5.65	113.91	51.18	6.17
其他有限责任公司	5.52	4.16	4.01	111.33	46.31	4.40
股份有限公司	6.30	3.63	4.02	111.30	64.28	4.22
中外合资企业	9.89	7.26	9.03	125.73	64.27	10.12
港澳台合资企业	–0.27	4.92	4.02	94.54	78.23	4.50
其　　他	5.39	3.79	4.11	104.23	26.45	4.36

续表 1　　　　单位:%

类　　别	资　产利税率	总资产使用率	流动资产比　率	资　金利润率	资　产负债率	长期负债与资产总计比率
全国总计	7.44	60.85	37.02	5.94	61.03	18.65
按企业集团审批部门分						
国务院	8.28	59.60	33.96	6.95	60.81	19.36
国务院主管部门	9.24	60.04	40.69	6.37	58.04	16.02
省级人民政府	5.79	66.66	39.54	4.11	60.83	17.20
省级政府主管部门	4.88	55.00	44.98	3.41	64.97	22.50
其　　他	4.62	61.55	45.97	3.87	64.00	15.84
按企业集团主营行业分						
农、林、牧、渔业	2.78	56.94	47.37	1.64	73.07	19.17
采矿业	17.71	56.76	31.84	16.91	41.20	13.28
制造业	8.38	80.24	45.67	5.16	60.90	13.76
电力、燃气及水的生产和供应业	5.38	44.69	20.07	2.89	61.78	33.57
建筑业	4.87	102.88	67.14	1.77	80.05	9.70
交通运输、仓储和邮政业	4.62	38.56	25.18	4.89	59.35	29.40
信息传输、计算机服务和软件业	8.89	36.92	24.25	8.74	39.91	10.74
批发和零售业	4.39	152.14	57.26	3.81	67.98	10.45
住宿和餐饮业	5.29	54.21	36.11	4.64	59.57	9.96
金融业	0.87	9.75	27.64	1.95	93.49	23.17
房地产业	3.69	25.93	67.85	3.23	71.35	14.77
其　　他	4.08	35.49	41.51	4.45	61.42	23.63
按母公司登记注册类型分						
国有企业	9.26	63.30	37.12	7.33	55.02	17.05
国有独资公司	6.16	56.04	36.09	4.84	66.41	19.88
其他有限责任公司	5.60	70.98	38.03	3.87	62.27	17.17
股份有限公司	4.41	64.99	44.72	3.83	68.66	28.77
中外合资企业	9.82	71.96	41.35	8.60	42.79	7.62
港澳台合资企业	5.56	110.79	63.12	6.49	64.26	12.18
其　　他	5.86	73.01	50.06	3.85	60.80	7.40

续表 2 单位:%

类　别	已获利息倍数(倍)	流动比率	速动比率	新产品销售收入与营业收入比重	研究开发费用与营业收入比重	研究开发费用与主营业务收入比重
全国总计	5.70	87.35	64.03	8.99	0.98	1.01
按企业集团审批部门分						
国务院	6.85	81.91	62.54	7.93	1.05	1.07
国务院主管部门	5.09	96.83	68.02	8.87	0.91	0.94
省级人民政府	4.06	90.61	63.68	11.87	0.88	0.91
省级政府主管部门	3.96	105.92	74.44	6.75	0.71	0.74
其　他	3.57	95.45	63.09	11.28	1.11	1.14
按企业集团主营行业分						
农、林、牧、渔业	1.87	87.88	61.90	0.94	0.51	0.52
采矿业	29.42	114.02	90.79	0.47	0.80	0.85
制造业	4.95	96.89	63.81	20.64	1.92	1.98
电力、燃气及水的生产和供应业	2.50	71.17	64.37	0.12	0.21	0.21
建筑业	2.89	95.43	68.43	0.19	0.17	0.17
交通运输、仓储和邮政业	4.69	84.07	60.45	0.00	0.05	0.06
信息传输、计算机服务和软件业	9.48	83.11	80.09	0.02	0.16	0.16
批发和零售业	3.95	99.52	69.38	0.09	0.08	0.08
住宿和餐饮业	4.56	72.78	62.68	0.00	0.00	0.00
金融业	8.64	39.31	37.84	0.00	0.03	0.03
房地产业	4.77	119.93	40.03	0.00	0.04	0.04
其　他	3.64	109.84	81.75	6.52	0.79	0.81
按母公司登记注册类型分						
国有企业	7.54	97.78	74.79	6.69	1.11	1.13
国有独资公司	4.55	77.57	54.42	7.88	0.71	0.74
其他有限责任公司	3.44	84.33	60.42	22.11	1.20	1.25
股份有限公司	3.71	112.09	84.04	15.60	1.81	1.83
中外合资企业	10.19	117.55	81.59	12.37	2.51	2.53
港澳台合资企业	11.27	121.19	89.61	0.03	0.00	0.00
其　他	4.95	93.74	79.64	2.03	0.18	0.18

4.4 集体控股企业集团主要财务指标

单位:亿元

类 别	单位数(个)	资产总计	固定资产原价	累计折旧	本年折旧	无形资产	累计对外投资
全国总计	261	5094.19	1826.36	511.38	106.08	141.49	251.35
按企业集团审批部门分							
国 务 院	1	—	—	—	—	—	—
国务院主管部门	4	289.86	68.98	12.80	4.03	18.50	4.27
省级人民政府	110	2431.63	983.31	281.47	61.18	52.15	111.98
省级政府主管部门	68	1053.91	371.87	99.13	22.72	32.58	44.30
其 他	78	1295.21	387.69	113.33	17.46	36.74	90.60
按企业集团主营行业分							
农、林、牧、渔业	3	3.94	1.72	0.42	0.05	0.73	0.01
采 矿 业	2	18.21	6.83	2.36	0.22	0.17	0.00
制 造 业	183	3848.90	1551.39	441.14	94.25	122.52	164.37
电力、燃气及水的生产和供应业	4	212.62	66.70	11.21	2.99	3.62	46.27
建 筑 业	16	179.34	25.92	7.51	1.84	1.55	6.78
交通运输、仓储和邮政业	3	25.34	11.02	4.46	0.52	1.31	0.03
信息传输、计算机服务和软件业	0	0.00	0.00	0.00	0.00	0.00	0.00
批发和零售业	33	591.04	132.72	36.48	4.99	10.62	28.08
住宿和餐饮业	0	0.00	0.00	0.00	0.00	0.00	0.00
金 融 业	1	—	—	—	—	—	—
房地产业	12	184.91	19.08	5.07	0.74	0.68	5.81
其 他	4	16.26	7.82	1.85	0.39	0.27	0.00
按母公司登记注册类型分							
国有企业	0	0.00	0.00	0.00	0.00	0.00	0.00
国有独资公司	0	0.00	0.00	0.00	0.00	0.00	0.00
其他有限责任公司	152	2421.43	886.34	269.74	63.53	85.37	127.39
股份有限公司	44	664.35	254.88	62.89	13.99	24.62	35.64
中外合资企业	0	0.00	0.00	0.00	0.00	0.00	0.00
港澳台合资企业	2	41.32	8.89	3.37	0.64	0.24	0.00
其 他	63	1967.09	676.25	175.38	27.91	31.26	88.32

续表 1

单位:亿元

类　别	本年对外投　资	本年对境外投资	长期投资	短期投资	存货	流动资产年平均余额	应收帐款
全国总计	36.31	0.00	349.42	22.45	855.20	2758.07	485.58
按企业集团审批部门分							
国务院	—	—	—	—	—	—	—
国务院主管部门	0.00	0.00	10.45	0.07	44.26	131.78	22.64
省级人民政府	13.96	0.00	164.07	12.05	406.83	1319.69	235.25
省级政府主管部门	8.09	0.00	58.06	4.87	176.40	585.29	80.33
其　他	14.26	0.00	111.99	5.46	225.35	714.75	145.87
按企业集团主营行业分							
农、林、牧、渔业	0.00	0.00	0.12	0.00	0.38	0.41	0.15
采矿业	0.00	0.00	0.56	2.14	1.48	11.31	3.52
制造业	26.07	0.00	247.93	13.09	594.69	2055.31	382.99
电力、燃气及水的生产和供应业	0.42	0.00	44.59	1.49	11.97	67.60	14.66
建筑业	1.39	0.00	10.60	1.76	53.60	118.80	21.14
交通运输、仓储和邮政业	0.00	0.00	2.29	0.00	3.88	10.89	1.45
信息传输、计算机服务和软件业	0.00	0.00	0.00	0.00	0.00	0.00	0.00
批发和零售业	4.81	0.00	33.24	2.94	124.05	370.69	49.67
住宿和餐饮业	0.00	0.00	0.00	0.00	0.00	0.00	0.00
金融业	—	—	—	—	—	—	—
房地产业	3.62	0.00	9.13	1.02	58.60	107.13	11.06
其　他	0.00	0.00	0.98	0.02	0.07	7.63	0.14
按母公司登记注册类型分							
国有企业	0.00	0.00	0.00	0.00	0.00	0.00	0.00
国有独资公司	0.00	0.00	0.00	0.00	0.00	0.00	0.00
其他有限责任公司	11.68	0.00	181.87	12.58	413.20	1251.37	203.91
股份有限公司	7.22	0.00	37.95	1.74	97.61	308.11	61.63
中外合资企业	0.00	0.00	0.00	0.00	0.00	0.00	0.00
港澳台合资企业	0.00	0.00	1.86	0.00	7.80	33.04	22.25
其　他	17.41	0.00	127.75	8.13	336.58	1165.54	197.79

续表 2

单位：亿元

类别	负债合计	流动负债	股东权益与少数股东权益总计	少数股东权益	股东权益合计	股本	营业收入
全国总计	3056.41	2626.53	2037.78	299.70	1738.07	649.26	6159.68
按企业集团审批部门分							
国务院	—	—	—	—	—	—	—
国务院主管部门	190.91	154.55	98.95	12.64	86.31	38.16	218.82
省级人民政府	1364.65	1185.60	1066.98	188.06	878.92	285.96	3456.66
省级政府主管部门	709.56	572.28	344.35	43.55	300.80	143.46	1026.45
其他	779.23	703.06	515.98	55.45	460.52	175.94	1444.02
按企业集团主营行业分							
农、林、牧、渔业	1.54	0.99	2.39	0.00	2.39	1.35	5.03
采矿业	9.33	8.83	8.87	0.05	8.82	2.63	11.52
制造业	2192.15	1886.35	1656.75	264.93	1391.82	476.04	4999.74
电力、燃气及水的生产和供应业	134.73	83.76	77.89	14.72	63.17	35.42	67.71
建筑业	125.04	120.87	54.30	0.14	54.16	29.67	150.96
交通运输、仓储和邮政业	13.48	11.02	11.87	0.96	10.91	6.91	8.19
信息传输、计算机服务和软件业	0.00	0.00	0.00	0.00	0.00	0.00	0.00
批发和零售业	445.58	393.05	145.46	10.20	135.26	67.37	803.89
住宿和餐饮业	0.00	0.00	0.00	0.00	0.00	0.00	0.00
金融业	—	—	—	—	—	—	—
房地产业	114.59	102.46	70.32	8.70	61.61	21.53	76.83
其他	10.27	9.78	5.98	0.00	5.98	5.00	3.58
按母公司登记注册类型分							
国有企业	0.00	0.00	0.00	0.00	0.00	0.00	0.00
国有独资公司	0.00	0.00	0.00	0.00	0.00	0.00	0.00
其他有限责任公司	1520.38	1282.79	901.04	161.69	739.35	358.31	2425.96
股份有限公司	384.14	296.76	280.21	18.71	261.50	86.03	664.32
中外合资企业	0.00	0.00	0.00	0.00	0.00	0.00	0.00
港澳台合资企业	26.04	25.88	15.28	0.00	15.28	1.19	55.69
其他	1125.86	1021.10	841.24	119.30	721.94	203.74	3013.70

续表 3

单位:亿元

类　　别	主营业务收入	其他业务收入	主营业务成本	主营业务税金及附加	新产品销售收入	出口销售总额	存货跌价损失和营业、管理、财务等费用合计
全国总计	6013.67	146.01	5341.74	30.09	1246.56	739.98	449.99
按企业集团审批部门分							
国务院	—	—	—	—	—	—	—
国务院主管部门	217.64	1.18	186.83	2.16	14.65	30.05	18.73
省级人民政府	3391.31	65.35	3041.93	10.49	916.74	416.69	240.55
省级政府主管部门	979.89	46.57	865.37	9.48	48.15	72.27	69.63
其　　他	1411.26	32.76	1236.71	7.81	263.33	220.91	119.31
按企业集团主营行业分							
农、林、牧、渔业	4.92	0.11	4.50	0.08	0.00	0.08	0.14
采矿业	11.42	0.10	6.12	0.23	0.00	0.00	2.44
制造业	4863.73	136.02	4298.63	19.84	1245.64	561.06	380.02
电力、燃气及水的生产和供应业	67.42	0.29	61.21	0.43	0.00	0.00	4.96
建筑业	150.26	0.70	132.32	4.20	0.07	0.00	8.32
交通运输、仓储和邮政业	8.19	0.00	5.71	0.32	0.00	0.00	2.19
信息传输、计算机服务和软件业	0.00	0.00	0.00	0.00	0.00	0.00	0.00
批发和零售业	795.62	8.27	741.89	1.95	0.02	177.16	43.58
住宿和餐饮业	0.00	0.00	0.00	0.00	0.00	0.00	0.00
金融业	—	—	—	—	—	—	—
房地产业	76.32	0.51	58.69	2.83	0.83	1.68	7.03
其　　他	3.57	0.01	1.86	0.20	0.00	0.00	0.85
按母公司登记注册类型分							
国有企业	0.00	0.00	0.00	0.00	0.00	0.00	0.00
国有独资公司	0.00	0.00	0.00	0.00	0.00	0.00	0.00
其他有限责任公司	2352.37	73.59	2053.66	17.40	278.30	280.57	194.73
股份有限公司	654.97	9.36	576.91	4.63	32.79	51.94	46.24
中外合资企业	0.00	0.00	0.00	0.00	0.00	0.00	0.00
港澳台合资企业	54.71	0.98	48.50	0.02	41.57	34.18	5.57
其　　他	2951.63	62.08	2662.67	8.05	893.90	373.30	203.44

续表 4 单位:亿元

类　别	税　金	劳动、待业保险费	职工教育费	广告费	利息支出	投资收益	营业外收入
全国总计	9.15	10.30	1.34	19.57	66.24	10.15	9.32
按企业集团审批部门分							
国务院	—	—	—	—	—	—	—
国务院主管部门	0.19	0.06	0.04	0.15	5.69	0.25	0.53
省级人民政府	4.06	6.09	0.68	14.65	28.00	0.27	4.08
省级政府主管部门	2.85	2.06	0.37	1.71	15.26	2.36	2.73
其　他	2.02	2.01	0.24	3.05	16.99	7.02	1.95
按企业集团主营行业分							
农、林、牧、渔业	0.00	0.01	0.00	0.01	0.02	0.00	0.00
采矿业	0.02	0.21	0.02	0.00	0.01	0.00	0.00
制造业	6.98	7.83	1.13	19.14	54.30	2.79	6.74
电力、燃气及水的生产和供应业	0.10	0.16	0.03	0.04	2.55	4.57	0.11
建筑业	0.15	0.38	0.05	0.02	1.02	0.57	0.09
交通运输、仓储和邮政业	0.16	0.07	0.01	0.00	0.48	0.36	0.03
信息传输、计算机服务和软件业	0.00	0.00	0.00	0.00	0.00	0.00	0.00
批发和零售业	1.61	1.43	0.09	0.28	6.62	0.98	1.81
住宿和餐饮业	0.00	0.00	0.00	0.00	0.00	0.00	0.00
金融业	—	—	—	—	—	—	—
房地产业	0.13	0.17	0.01	0.07	0.73	0.88	0.54
其　他	0.01	0.02	0.00	0.02	0.14	0.00	0.01
按母公司登记注册类型分							
国有企业	0.00	0.00	0.00	0.00	0.00	0.00	0.00
国有独资公司	0.00	0.00	0.00	0.00	0.00	0.00	0.00
其他有限责任公司	3.74	4.64	0.72	3.81	38.26	7.44	5.30
股份有限公司	2.44	1.54	0.27	0.38	9.58	0.72	0.41
中外合资企业	0.00	0.00	0.00	0.00	0.00	0.00	0.00
港澳台合资企业	0.05	0.01	0.01	0.25	0.86	0.01	0.07
其　他	2.91	4.11	0.33	15.13	17.54	1.98	3.54

续表 5　　单位:亿元

类　别	利　润总　额	应　交所得税	应　交增值税	固定资产投　资完成额	研究开发费　用
全国总计	243.23	48.45	102.44	221.14	76.46
按企业集团审批部门分					
国 务 院	—	—	—	—	—
国务院主管部门	10.71	1.67	2.00	11.19	0.28
省级人民政府	121.55	25.36	57.17	107.33	62.60
省级政府主管部门	41.27	7.74	17.55	50.72	2.59
其　他	68.59	13.57	24.67	51.22	10.83
按企业集团主营行业分					
农、林、牧、渔业	0.37	0.00	0.00	0.12	0.01
采 矿 业	3.44	1.23	1.23	0.14	0.00
制 造 业	200.16	38.60	95.34	187.42	76.12
电力、燃气及水的生产和供应业	6.41	0.98	1.53	12.46	0.06
建 筑 业	6.75	1.61	0.14	0.73	0.05
交通运输、仓储和邮政业	0.36	0.17	0.01	0.58	0.00
信息传输、计算机服务和软件业	0.00	0.00	0.00	0.00	0.00
批发和零售业	13.51	3.47	4.03	10.69	0.05
住宿和餐饮业	0.00	0.00	0.00	0.00	0.00
金 融 业	—	—	—	—	—
房地产业	10.07	1.93	0.14	8.97	0.16
其　他	1.57	0.45	0.01	0.02	0.00
按母公司登记注册类型分					
国有企业	0.00	0.00	0.00	0.00	0.00
国有独资公司	0.00	0.00	0.00	0.00	0.00
其他有限责任公司	115.60	24.06	46.55	119.10	17.07
股份有限公司	32.29	7.10	15.44	29.14	3.81
中外合资企业	0.00	0.00	0.00	0.00	0.00
港澳台合资企业	0.88	0.03	0.32	0.47	1.32
其　他	94.46	17.25	40.13	72.43	54.27

4.5 集体控股企业集团主要劳动工资指标

类　别	单位数（个）	从业人员（万人）	在岗职工（万人）	其他从业人员（万人）	研究开发人员（万人）
全国总计	261	89.61	85.44	4.18	2.61
按企业集团审批部门分					
国 务 院	1	—	—	—	—
国务院主管部门	4	4.69	4.62	0.07	0.02
省级人民政府	110	43.36	40.68	2.68	1.61
省级政府主管部门	68	17.94	17.34	0.60	0.22
其　他	78	23.02	22.20	0.82	0.69
按企业集团主营行业分					
农、林、牧、渔业	3	0.12	0.11	0.01	0.00
采 矿 业	2	0.94	0.94	0.00	0.00
制 造 业	183	74.50	71.09	3.41	2.58
电力、燃气及水的生产和供应业	4	0.79	0.77	0.02	0.01
建 筑 业	16	5.80	5.39	0.41	0.00
交通运输、仓储和邮政业	3	0.52	0.52	0.00	0.00
信息传输、计算机服务和软件业	0	0.00	0.00	0.00	0.00
批发和零售业	33	5.76	5.54	0.22	0.01
住宿和餐饮业	0	0.00	0.00	0.00	0.00
金 融 业	1	—	—	—	—
房地产业	12	0.72	0.62	0.10	0.00
其　他	4	0.33	0.33	0.00	0.00
按母公司登记注册类型分					
国有企业	0	0.00	0.00	0.00	0.00
国有独资公司	0	0.00	0.00	0.00	0.00
其他有限责任公司	152	47.29	46.15	1.14	0.87
股份有限公司	44	11.38	11.04	0.35	0.26
中外合资企业	0	0.00	0.00	0.00	0.00
港澳台合资企业	2	1.02	1.02	0.00	0.06
其　他	63	29.92	27.24	2.69	1.42

续表

类　别	从业人员劳动报酬（亿元）	在岗职工劳动报酬（亿元）	其他从业人员劳动报酬（亿元）	研究开发人员劳动报酬（亿元）
全国总计	130.66	125.20	5.46	8.76
按企业集团审批部门分				
国 务 院	—	—	—	—
国务院主管部门	10.27	10.14	0.13	0.07
省级人民政府	55.87	52.22	3.65	5.61
省级政府主管部门	26.00	25.47	0.53	0.58
其　　他	37.68	36.55	1.13	2.27
按企业集团主营行业分				
农、林、牧、渔业	0.10	0.09	0.01	0.00
采 矿 业	1.68	1.68	0.00	0.00
制 造 业	104.62	100.13	4.49	8.63
电力、燃气及水的生产和供应业	1.87	1.83	0.04	0.07
建 筑 业	10.97	10.42	0.55	0.01
交通运输、仓储和邮政业	1.03	1.03	0.00	0.00
信息传输、计算机服务和软件业	0.00	0.00	0.00	0.00
批发和零售业	8.31	8.11	0.20	0.04
住宿和餐饮业	0.00	0.00	0.00	0.00
金 融 业	—	—	—	—
房地产业	1.65	1.48	0.17	0.01
其　　他	0.36	0.36	0.00	0.00
按母公司登记注册类型分				
国有企业	0.00	0.00	0.00	0.00
国有独资公司	0.00	0.00	0.00	0.00
其他有限责任公司	69.85	68.50	1.35	2.97
股份有限公司	14.59	14.14	0.44	0.53
中外合资企业	0.00	0.00	0.00	0.00
港澳台合资企业	1.36	1.36	0.00	0.23
其　　他	44.87	41.20	3.66	5.03

4.6 集体控股企业集团主要经济效益指标

单位:%

类　　别	净资产收益率	总资产报酬率	销　售利润率	资本保值增值率	劳　动生产率(万元/人)	成本费用利润率
全国总计	9.56	6.07	3.95	111.77	68.74	4.20
按企业集团审批部门分						
国务院	8.70	5.94	8.07	106.63	22.86	8.74
国务院主管部门	9.13	5.66	4.90	110.95	46.68	5.21
省级人民政府	9.02	6.15	3.52	111.71	79.71	3.70
省级政府主管部门	9.74	5.36	4.02	111.48	57.22	4.41
其　　他	10.66	6.61	4.75	112.35	62.72	5.06
按企业集团主营行业分						
农、林、牧、渔业	15.39	9.86	7.32	110.17	40.58	7.95
采矿业	24.96	18.99	29.91	140.11	12.28	40.26
制造业	9.75	6.61	4.00	113.78	67.11	4.28
电力、燃气及水的生产和供应业	6.97	4.22	9.47	97.67	85.53	9.69
建筑业	9.47	4.33	4.47	99.94	26.04	4.80
交通运输、仓储和邮政业	1.62	3.34	4.41	107.92	15.76	4.58
信息传输、计算机服务和软件业	0.00	0.00	0.00	0.00	0.00	0.00
批发和零售业	6.90	3.41	1.68	105.39	139.57	1.72
住宿和餐饮业	0.00	0.00	0.00	0.00	0.00	0.00
金融业	15.09	6.96	1.84	99.56	247.35	1.90
房地产业	11.57	5.84	13.10	105.75	106.08	15.32
其　　他	18.63	10.51	43.76	116.62	10.83	57.80
按母公司登记注册类型分						
国有企业	0.00	0.00	0.00	0.00	0.00	0.00
国有独资公司	0.00	0.00	0.00	0.00	0.00	0.00
其他有限责任公司	10.16	6.35	4.77	110.35	51.30	5.14
股份有限公司	8.99	6.30	4.86	109.57	58.36	5.18
中外合资企业	0.00	0.00	0.00	0.00	0.00	0.00
港澳台合资企业	5.51	4.19	1.57	95.67	54.86	1.62
其　　他	9.18	5.69	3.13	114.45	100.72	3.30

续表 1 单位:%

类别	资产利税率	总资产使用率	流动资产比率	资金利润率	资产负债率	长期负债与资产总计比率
全国总计	7.38	118.05	54.14	5.97	60.00	8.44
按企业集团审批部门分						
国务院	9.79	57.56	27.82	6.75	51.13	4.27
国务院主管部门	5.13	75.09	45.46	5.70	65.86	12.54
省级人民政府	7.78	139.47	54.27	6.01	56.12	7.36
省级政府主管部门	6.48	92.98	55.54	4.81	67.33	13.03
其他	7.80	108.96	55.18	6.93	60.16	5.88
按企业集团主营行业分						
农、林、牧、渔业	11.61	124.94	10.44	21.53	39.17	14.10
采矿业	26.94	62.70	62.10	21.84	51.26	2.74
制造业	8.19	126.37	53.40	6.32	56.96	7.94
电力、燃气及水的生产和供应业	3.93	31.71	31.80	5.21	63.37	23.97
建筑业	6.19	83.79	66.24	4.92	69.72	2.33
交通运输、仓储和邮政业	2.73	32.31	42.96	2.07	53.17	9.68
信息传输、计算机服务和软件业	0.00	0.00	0.00	0.00	0.00	0.00
批发和零售业	3.30	134.61	62.72	2.89	75.39	8.89
住宿和餐饮业	0.00	0.00	0.00	0.00	0.00	0.00
金融业	4.43	236.18	60.82	5.62	71.13	2.15
房地产业	7.05	41.27	57.94	8.31	61.97	6.56
其他	10.93	21.97	46.95	11.52	63.20	3.03
按母公司登记注册类型分						
国有企业	0.00	0.00	0.00	0.00	0.00	0.00
国有独资公司	0.00	0.00	0.00	0.00	0.00	0.00
其他有限责任公司	7.41	97.15	51.68	6.19	62.79	9.81
股份有限公司	7.88	98.59	46.38	6.46	57.82	13.15
中外合资企业	0.00	0.00	0.00	0.00	0.00	0.00
港澳台合资企业	2.96	132.40	79.97	2.27	63.01	0.39
其他	7.25	150.05	59.25	5.67	57.23	5.33

续表 2

单位:%

类　　别	已获利息倍数(倍)	流动比率	速动比率	新产品销售收入与营业收入比重	研究开发费用与营业收入比重	研究开发费用与主营业务收入比重
全国总计	4.67	105.01	72.45	20.24	1.24	1.27
按企业集团审批部门分						
国务院	4.79	59.37	38.01	26.81	1.18	1.20
国务院主管部门	2.88	85.26	56.62	6.70	0.13	0.13
省级人民政府	5.34	111.31	77.00	26.52	1.81	1.85
省级政府主管部门	3.70	102.27	71.45	4.69	0.25	0.26
其　他	5.04	101.66	69.61	18.24	0.75	0.77
按企业集团主营行业分						
农、林、牧、渔业	19.90	41.63	3.27	0.00	0.20	0.20
采矿业	276.53	127.97	111.24	0.00	0.00	0.00
制造业	4.69	108.96	77.43	24.91	1.52	1.57
电力、燃气及水的生产和供应业	3.51	80.71	66.42	0.00	0.09	0.09
建筑业	7.64	98.29	53.94	0.05	0.04	0.04
交通运输、仓储和邮政业	1.75	98.78	63.59	0.00	0.00	0.00
信息传输、计算机服务和软件业	0.00	0.00	0.00	0.00	0.00	0.00
批发和零售业	3.04	94.31	62.75	0.00	0.01	0.01
住宿和餐饮业	0.00	0.00	0.00	0.00	0.00	0.00
金融业	2.67	88.17	19.22	0.00	0.00	0.00
房地产业	14.80	104.55	47.36	1.08	0.21	0.21
其　他	12.06	78.04	77.29	0.00	0.00	0.00
按母公司登记注册类型分						
国有企业	0.00	0.00	0.00	0.00	0.00	0.00
国有独资公司	0.00	0.00	0.00	0.00	0.00	0.00
其他有限责任公司	4.02	97.55	65.34	11.47	0.70	0.73
股份有限公司	4.37	103.82	70.93	4.94	0.57	0.58
中外合资企业	0.00	0.00	0.00	0.00	0.00	0.00
港澳台合资企业	2.02	127.70	97.54	74.65	2.36	2.40
其　他	6.39	114.15	81.18	29.66	1.80	1.84

4.7 母公司为国有企业的企业集团主要财务指标

单位:亿元

类　别	单位数(个)	资产总计	固定资产原价	累计折旧	本年折旧	无形资产	累计对外投资
全国总计	334	87778.74	62094.51	23098.65	3491.32	1332.26	3371.68
按企业集团审批部门分							
国务院	92	74609.41	56846.13	21489.81	3229.12	1012.41	2258.49
国务院主管部门	57	5239.18	2015.54	624.54	103.47	56.14	553.53
省级人民政府	76	4223.16	1849.98	611.22	99.73	164.83	453.25
省级政府主管部门	54	1884.11	557.53	167.64	24.12	43.82	49.82
其　他	55	1822.88	825.33	205.44	34.89	55.05	56.59
按企业集团主营行业分							
农、林、牧、渔业	10	825.69	418.81	120.16	17.82	11.62	28.46
采矿业	12	14217.91	11367.72	5196.20	719.01	256.17	998.22
制造业	106	19955.99	9022.04	3461.93	469.20	499.88	766.09
电力、燃气及水的生产和供应业	11	18041.65	16008.71	5180.92	972.40	78.95	185.14
建筑业	29	5632.62	2379.89	531.91	89.04	63.13	212.57
交通运输、仓储和邮政业	25	6580.02	5440.71	1683.58	265.10	97.29	173.94
信息传输、计算机服务和软件业	4	13710.30	14579.93	6124.65	827.05	139.00	103.42
批发和零售业	69	4791.77	1400.15	357.83	54.09	111.83	421.67
住宿和餐饮业	5	84.87	49.13	13.03	1.78	2.03	1.78
金融业	0	0.00	0.00	0.00	0.00	0.00	0.00
房地产业	14	1247.35	106.69	29.46	4.35	40.45	44.19
其　他	49	2690.57	1320.74	398.98	71.47	31.91	436.19

续表 1

单位:亿元

类别	本年对外投资	本年对境外投资	长期投资	短期投资	存货	流动资产年平均余额	应收帐款
全国总计	738.70	146.13	4794.11	941.69	7659.77	32584.18	4522.80
按企业集团审批部门分							
国务院	634.19	145.59	3451.90	836.37	5499.59	26098.10	3661.47
国务院主管部门	75.54	0.42	548.26	45.33	902.67	2752.13	388.72
省级人民政府	18.85	0.01	561.95	20.32	448.89	1812.35	272.39
省级政府主管部门	6.20	0.00	144.33	27.91	546.76	1132.59	78.96
其他	3.91	0.11	87.67	11.77	261.86	789.01	121.26
按企业集团主营行业分							
农、林、牧、渔业	1.69	0.00	51.63	0.75	134.79	390.70	40.56
采矿业	441.01	141.02	594.10	431.90	1061.28	4598.38	335.50
制造业	82.35	1.98	1445.15	178.76	3136.35	10076.50	1229.15
电力、燃气及水的生产和供应业	14.39	0.00	934.21	157.40	270.30	3597.08	404.34
建筑业	21.49	0.80	280.36	11.64	1061.93	3877.39	1208.32
交通运输、仓储和邮政业	12.31	0.40	342.56	31.90	277.37	1686.08	345.47
信息传输、计算机服务和软件业	0.26	0.00	208.27	6.65	109.49	3679.06	352.15
批发和零售业	93.34	1.65	404.50	63.58	826.71	2749.85	452.85
住宿和餐饮业	0.02	0.00	8.15	0.10	4.17	32.05	1.32
金融业	0.00	0.00	0.00	0.00	0.00	0.00	0.00
房地产业	5.63	0.01	108.36	14.70	575.55	961.61	29.97
其他	66.21	0.27	416.82	44.33	201.82	935.47	123.18

续表 2

单位:亿元

类　别	负　债 合　计	流　动 负　债	股东权益 与少数 股东权益 总　计	少数股东 权　益	股东权益 合　计	股　本	营　业 收　入
全国总计	48292.97	33325.22	39485.77	6981.94	32503.83	14735.07	56761.19
按企业集团审批部门分							
国务院	40153.94	26878.75	34455.47	5653.36	28802.11	13027.99	47278.21
国务院主管部门	3207.12	2569.31	2032.06	495.73	1536.33	736.72	4317.34
省级人民政府	2349.23	1885.08	1873.92	545.69	1328.23	537.48	2988.01
省级政府主管部门	1368.95	1172.39	515.17	105.09	410.07	218.04	1179.97
其　他	1213.73	819.68	609.15	182.06	427.09	214.84	997.66
按企业集团主营行业分							
农、林、牧、渔业	559.93	439.58	265.76	15.35	250.41	170.66	588.93
采矿业	4447.33	3099.04	9770.58	1064.40	8706.18	3306.14	8821.14
制造业	12792.61	9860.40	7163.38	1747.01	5416.37	2441.07	13923.87
电力、燃气及水的生产和供应业	11461.57	5503.30	6580.08	784.26	5795.82	3115.55	8863.08
建筑业	4527.99	3974.94	1104.64	282.10	822.54	448.89	6286.63
交通运输、仓储和邮政业	3726.43	2126.28	2853.59	872.83	1980.76	1049.58	4119.72
信息传输、计算机服务和软件业	4842.63	3869.75	8867.67	1453.68	7414.00	3098.00	5236.36
批发和零售业	3359.60	2730.26	1432.17	431.28	1000.89	518.88	7462.90
住宿和餐饮业	44.35	41.56	40.52	1.11	39.42	4.75	17.42
金融业	0.00	0.00	0.00	0.00	0.00	0.00	0.00
房地产业	921.73	774.33	325.61	104.10	221.51	129.93	337.37
其　他	1608.81	905.80	1081.76	225.81	855.95	451.62	1103.76

续表3 单位:亿元

类别	主营业务收入	其他业务收入	主营业务成本	主营业务税金及附加	新产品销售收入	出口销售总额	存货跌价损失和营业、管理、财务等费用合计
全国总计	55560.54	1200.65	43565.61	1140.29	3795.32	2752.22	5953.24
按企业集团审批部门分							
国务院	46307.76	970.45	35890.65	856.94	2985.91	2056.02	4989.59
国务院主管部门	4250.66	66.68	3469.47	177.72	189.89	177.49	479.78
省级人民政府	2902.25	85.76	2452.44	55.54	527.27	291.70	286.94
省级政府主管部门	1119.37	60.60	920.13	33.78	63.52	142.20	112.39
其他	980.50	17.16	832.91	16.31	28.73	84.81	84.54
按企业集团主营行业分							
农、林、牧、渔业	546.71	42.22	486.75	1.42	2.47	21.61	74.37
采矿业	8511.73	309.41	5011.43	285.57	0.00	377.41	963.74
制造业	13478.32	445.54	10998.84	319.92	3747.24	1041.38	1671.77
电力、燃气及水的生产和供应业	8764.64	98.44	8056.63	74.47	0.00	17.70	391.63
建筑业	6225.66	60.97	5563.15	169.92	16.34	158.95	400.01
交通运输、仓储和邮政业	4017.02	102.70	3197.97	64.73	0.00	96.83	432.67
信息传输、计算机服务和软件业	5180.52	55.85	2305.60	164.83	0.00	0.03	1375.79
批发和零售业	7419.04	43.86	6898.91	21.47	0.30	960.64	408.94
住宿和餐饮业	17.41	0.01	5.69	0.80	0.00	0.00	9.58
金融业	0.00	0.00	0.00	0.00	0.00	0.00	0.00
房地产业	310.50	26.87	223.45	16.51	0.02	2.81	47.13
其他	1088.99	14.77	817.18	20.66	28.96	74.86	177.59

续表 4 单位:亿元

类　别	税　金	劳动、待　业保险费	职　工教育费	广告费	利　息支　出	投　资收　益	营业外收　入
全国总计	203.54	373.44	30.31	124.56	802.64	250.03	152.40
按企业集团审批部门分							
国 务 院	178.22	309.76	26.31	98.80	668.52	145.47	120.47
国务院主管部门	9.11	26.63	1.71	16.38	59.37	60.60	17.00
省级人民政府	8.06	22.66	1.39	5.61	35.15	34.14	9.93
省级政府主管部门	6.27	7.83	0.49	2.14	17.44	7.24	2.37
其　　他	1.88	6.56	0.41	1.62	22.16	2.58	2.63
按企业集团主营行业分							
农、林、牧、渔业	0.43	7.98	0.20	0.77	10.14	0.31	1.74
采 矿 业	12.44	58.07	3.51	3.85	11.59	38.00	21.66
制 造 业	48.33	109.23	9.26	47.33	172.81	66.50	32.50
电力、燃气及水的生产和供应业	2.93	2.27	1.58	0.30	275.42	16.41	15.43
建 筑 业	46.05	56.40	3.22	1.70	50.50	12.91	10.28
交通运输、仓储和邮政业	63.91	31.77	2.06	1.74	86.88	29.89	29.32
信息传输、计算机服务和软件业	16.35	83.47	8.44	59.69	99.48	-0.09	18.87
批发和零售业	4.93	12.44	0.98	5.16	55.94	61.84	17.22
住宿和餐饮业	0.15	0.56	0.03	0.09	0.33	-0.08	0.07
金 融 业	0.00	0.00	0.00	0.00	0.00	0.00	0.00
房地产业	3.88	1.16	0.13	2.26	8.47	5.05	1.08
其　　他	4.14	10.09	0.91	1.64	31.07	19.28	4.25

续表 5　　　　单位:亿元

类　　别	利　润 总　额	应　交 所得税	应　交 增值税	固定资产 投　　资 完 成 额	研究开发 费　　用
全国总计	5245.31	1421.72	1745.47	9026.99	627.57
按企业集团审批部门分					
国 务 院	4741.07	1291.68	1538.42	8316.95	578.57
国务院主管部门	223.53	54.98	103.59	319.15	21.58
省级人民政府	161.83	32.63	63.47	280.68	19.94
省级政府主管部门	61.20	23.78	25.59	79.76	3.76
其　　他	57.68	18.66	14.40	30.46	3.73
按企业集团主营行业分					
农、林、牧、渔业	6.77	0.63	7.22	61.21	0.49
采 矿 业	2214.92	603.28	627.17	2134.42	69.58
制 造 业	673.95	165.42	480.54	1381.41	495.66
电力、燃气及水的生产和供应业	301.21	104.75	521.29	2872.74	21.62
建 筑 业	116.78	21.99	19.53	211.42	11.08
交通运输、仓储和邮政业	379.81	93.45	13.76	385.40	2.71
信息传输、计算机服务和软件业	1226.63	360.95	7.93	1642.82	4.95
批发和零售业	189.20	33.06	38.56	209.06	7.68
住宿和餐饮业	1.45	0.59	0.06	0.93	0.00
金 融 业	0.00	0.00	0.00	0.00	0.00
房地产业	33.52	14.17	0.86	31.94	0.07
其　　他	101.06	23.41	28.55	95.62	13.74

4.8 母公司为国有企业的企业集团主要劳动工资指标

类　别	单位数（个）	从业人员（万人）	在岗职工（万人）	其他从业人员（万人）	研究开发人员（万人）
全国总计	334	935.79	809.14	126.65	27.38
按企业集团审批部门分					
国 务 院	92	718.45	629.17	89.28	24.30
国务院主管部门	57	120.14	92.90	27.24	1.69
省级人民政府	76	51.50	46.72	4.78	0.75
省级政府主管部门	54	21.27	18.20	3.07	0.30
其　　他	55	24.44	22.16	2.28	0.35
按企业集团主营行业分					
农、林、牧、渔业	10	75.22	50.11	25.11	0.08
采 矿 业	12	121.99	121.02	0.98	2.36
制 造 业	106	278.62	261.90	16.72	22.06
电力、燃气及水的生产和供应业	11	93.66	92.13	1.53	0.01
建 筑 业	29	141.74	102.55	39.20	0.86
交通运输、仓储和邮政业	25	55.98	52.32	3.66	0.11
信息传输、计算机服务和软件业	4	98.00	64.70	33.29	0.12
批发和零售业	69	42.80	39.41	3.39	0.13
住宿和餐饮业	5	0.89	0.77	0.11	0.00
金 融 业	0	0.00	0.00	0.00	0.00
房地产业	14	3.82	3.17	0.65	0.01
其　　他	49	23.07	21.05	2.02	1.64

续表

类　别	从业人员劳动报酬（亿元）	在岗职工劳动报酬（亿元）	其他从业人员劳动报酬（亿元）	研究开发人员劳动报酬（亿元）
全国总计	2905.83	2712.10	193.74	87.50
按企业集团审批部门分				
国 务 院	2455.15	2296.96	158.18	75.51
国务院主管部门	235.61	212.33	23.28	7.44
省级人民政府	124.10	118.00	6.10	2.88
省级政府主管部门	47.44	43.84	3.59	0.73
其　　他	43.54	40.96	2.58	0.95
按企业集团主营行业分				
农、林、牧、渔业	131.92	114.41	17.52	0.20
采 矿 业	416.41	414.82	1.58	14.98
制 造 业	749.62	719.09	30.53	59.24
电力、燃气及水的生产和供应业	384.24	381.26	2.98	0.03
建 筑 业	334.28	263.00	71.28	3.76
交通运输、仓储和邮政业	224.56	216.35	8.20	0.84
信息传输、计算机服务和软件业	434.13	383.34	50.79	1.09
批发和零售业	132.34	127.52	4.82	0.56
住宿和餐饮业	2.39	2.16	0.23	0.00
金 融 业	0.00	0.00	0.00	0.00
房地产业	11.67	10.90	0.77	0.05
其　　他	84.28	79.25	5.03	6.74

4.9 母公司为国有企业的企业集团主要经济效益指标

单位:%

类　　别	净资产收益率	总资产报酬率	销　售利润率	资本保值增值率	劳　动生产率(万元/人)	成本费用利润率
全国总计	9.68	6.89	9.24	115.61	60.66	10.59
按企业集团审批部门分						
国 务 院	10.01	7.25	10.03	116.13	65.81	11.60
国务院主管部门	8.29	5.40	5.18	114.85	35.94	5.66
省级人民政府	6.89	4.66	5.42	110.43	58.02	5.91
省级政府主管部门	7.26	4.17	5.19	110.77	55.47	5.93
其　　他	6.41	4.38	5.78	110.20	40.82	6.29
按企业集团主营行业分						
农、林、牧、渔业	2.31	2.05	1.15	100.99	7.83	1.21
采 矿 业	16.49	15.66	25.11	126.18	72.31	37.07
制 造 业	7.10	4.24	4.84	113.15	49.97	5.32
电力、燃气及水的生产和供应业	2.99	3.20	3.40	110.97	94.63	3.57
建 筑 业	8.58	2.97	1.86	110.81	44.35	1.96
交通运输、仓储和邮政业	10.03	7.09	9.22	119.51	73.59	10.46
信息传输、计算机服务和软件业	9.76	9.67	23.43	110.91	53.43	33.32
批发和零售业	10.90	5.12	2.54	120.81	174.38	2.59
住宿和餐饮业	2.13	2.10	8.33	104.10	19.68	9.50
金 融 业	0.00	0.00	0.00	0.00	0.00	0.00
房地产业	5.94	3.37	9.94	112.86	88.27	12.39
其　　他	7.18	4.91	9.16	108.80	47.85	10.16

续表 1

单位:%

类　别	资　产 利税率	总资产 使用率	流动资产 比　率	资　金 利润率	资　产 负债率	长期负债 与资产 总计比率
全国总计	9.26	63.30	37.12	7.33	55.02	17.05
按企业集团审批部门分						
国务院	9.57	62.07	34.98	7.71	53.82	17.79
国务院主管部门	9.64	81.13	52.53	5.40	61.21	12.17
省级人民政府	6.65	68.72	42.91	5.30	55.63	10.99
省级政府主管部门	6.40	59.41	60.11	4.02	72.66	10.43
其　他	4.85	53.79	43.28	4.09	66.58	21.62
按企业集团主营行业分						
农、林、牧、渔业	1.87	66.21	47.32	0.98	67.81	14.58
采矿业	22.00	59.87	32.34	20.57	31.28	9.48
制造业	7.39	67.54	50.49	4.31	64.10	14.69
电力、燃气及水的生产和供应业	4.97	48.58	19.94	2.09	63.53	33.03
建筑业	5.44	110.53	68.84	2.04	80.39	9.82
交通运输、仓储和邮政业	6.96	61.05	25.62	6.98	56.63	24.32
信息传输、计算机服务和软件业	10.21	37.79	26.83	10.11	35.32	7.10
批发和零售业	5.20	154.83	57.39	4.99	70.11	13.13
住宿和餐饮业	2.72	20.51	37.76	2.13	52.25	3.29
金融业	0.00	0.00	0.00	0.00	0.00	0.00
房地产业	4.08	24.89	77.09	3.23	73.90	11.82
其　他	5.59	40.47	34.77	5.44	59.79	26.13

续表 2 单位：%

类　别	已获利息倍数（倍）	流动比率	速动比率	新产品销售收入与营业收入比重	研究开发费用与营业收入比重	研究开发费用与主营业务收入比重
全国总计	7.54	97.78	74.79	6.69	1.11	1.13
按企业集团审批部门分						
国务院	8.09	97.10	76.63	6.32	1.22	1.25
国务院主管部门	4.77	107.12	71.98	4.40	0.50	0.51
省级人民政府	5.60	96.14	72.33	17.65	0.67	0.69
省级政府主管部门	4.51	96.60	49.97	5.38	0.32	0.34
其　他	3.60	96.26	64.31	2.88	0.37	0.38
按企业集团主营行业分						
农、林、牧、渔业	1.67	88.88	58.22	0.42	0.08	0.09
采矿业	192.14	148.38	114.14	0.00	0.79	0.82
制造业	4.90	102.19	70.38	26.91	3.56	3.68
电力、燃气及水的生产和供应业	2.09	65.36	60.45	0.00	0.24	0.25
建筑业	3.31	97.55	70.83	0.26	0.18	0.18
交通运输、仓储和邮政业	5.37	79.30	66.25	0.00	0.07	0.07
信息传输、计算机服务和软件业	13.33	95.07	92.24	0.00	0.09	0.10
批发和零售业	4.38	100.72	70.44	0.00	0.10	0.10
住宿和餐饮业	5.38	77.11	67.08	0.00	0.00	0.00
金融业	0.00	0.00	0.00	0.00	0.00	0.00
房地产业	4.96	124.19	49.86	0.00	0.02	0.02
其　他	4.25	103.28	81.00	2.62	1.25	1.26

4.10 母公司为国有独资公司的企业集团主要财务指标

单位:亿元

类别	单位数(个)	资产总计	固定资产原价	累计折旧	本年折旧	无形资产	累计对外投资
全国总计	692	86706.28	42553.73	15374.54	2288.88	2380.20	6060.97
按企业集团审批部门分							
国务院	34	40181.21	20394.94	8034.95	1092.31	709.23	2849.20
国务院主管部门	40	7652.37	2549.72	1204.91	226.59	284.30	750.15
省级人民政府	379	28035.99	14946.08	4675.83	759.31	1022.16	1619.50
省级政府主管部门	102	4657.95	2127.33	701.74	107.47	179.15	396.75
其他	137	6178.75	2535.66	757.11	103.19	185.36	445.36
按企业集团主营行业分							
农、林、牧、渔业	16	1943.99	759.94	239.01	32.00	14.17	21.08
采矿业	44	7068.49	3635.95	1480.66	317.18	406.14	242.48
制造业	312	31451.26	20057.62	8262.97	1102.32	1149.02	1390.04
电力、燃气及水的生产和供应业	38	11318.60	9102.89	3146.33	451.28	100.45	772.62
建筑业	42	2134.34	419.80	131.55	21.07	39.49	79.19
交通运输、仓储和邮政业	36	6678.91	4050.12	791.30	148.94	143.25	226.75
信息传输、计算机服务和软件业	1	—	—	—	—	—	—
批发和零售业	119	4181.50	1307.01	368.61	54.26	114.07	323.27
住宿和餐饮业	9	418.05	299.63	127.00	15.12	22.71	39.91
金融业	9	14125.71	598.68	170.46	30.66	71.26	2007.13
房地产业	23	1525.75	184.99	26.83	4.15	10.71	68.71
其他	43	5315.55	1557.95	448.18	69.28	308.86	889.78

续表 1　　　　单位:亿元

类　别	本年对外投　资	本年对境外投资	长期投资	短期投资	存　货	流动资产年平均余额	应收帐款
全国总计	787.95	79.27	7077.08	1791.62	9337.50	31290.61	3961.38
按企业集团审批部门分							
国务院	160.49	75.27	2968.25	1457.81	3577.69	12450.60	1283.73
国务院主管部门	158.00	3.01	814.14	59.30	933.98	3030.95	428.24
省级人民政府	362.10	0.99	2277.73	161.89	3319.61	10907.20	1588.24
省级政府主管部门	52.80	0.00	508.03	58.56	604.93	2213.74	242.23
其　他	54.56	0.00	508.92	54.05	901.28	2688.13	418.94
按企业集团主营行业分							
农、林、牧、渔业	1.16	0.00	108.39	8.36	223.04	915.37	108.42
采矿业	66.58	2.95	264.04	41.92	321.04	2115.44	251.81
制造业	195.89	75.90	2120.46	287.23	5052.01	13110.25	1723.44
电力、燃气及水的生产和供应业	204.32	0.00	871.51	72.56	264.62	2255.83	361.16
建筑业	14.34	0.00	94.03	5.71	441.46	1408.19	439.65
交通运输、仓储和邮政业	25.36	0.04	368.94	39.53	738.53	1752.86	106.22
信息传输、计算机服务和软件业	—	—	—	—	—	—	—
批发和零售业	44.47	0.20	372.16	46.39	743.96	2428.38	398.74
住宿和餐饮业	5.28	0.00	50.22	2.54	22.11	143.99	10.99
金融业	45.52	0.00	1786.91	1192.51	162.35	3724.50	238.97
房地产业	6.37	0.16	114.16	7.64	730.40	1037.66	44.25
其　他	178.64	0.02	924.30	87.24	632.08	2331.33	254.09

续表 2　　单位:亿元

类　别	负债合计	流动负债	股东权益与少数股东权益总计	少数股东权益	股东权益合计	股本	营业收入
全国总计	57577.98	40339.91	29128.30	7285.33	21842.97	11313.83	50124.26
按企业集团审批部门分							
国务院	29405.51	20472.19	10775.70	3038.37	7737.34	4382.84	21518.60
国务院主管部门	4206.85	2903.37	3445.52	897.32	2548.20	915.31	4076.17
省级人民政府	17153.53	11931.69	10882.46	2515.46	8367.00	4278.65	18551.10
省级政府主管部门	2849.05	2161.92	1808.91	469.26	1339.65	736.83	2488.36
其　他	3963.04	2870.73	2215.71	364.93	1850.78	1000.20	3490.02
按企业集团主营行业分							
农、林、牧、渔业	1508.58	1061.53	435.41	27.63	407.78	305.02	957.78
采矿业	4028.38	2610.45	3040.11	677.26	2362.85	1215.22	3782.20
制造业	18208.67	13870.70	13242.59	3481.58	9761.01	4942.26	27404.38
电力、燃气及水的生产和供应业	6740.13	2854.41	4578.47	1312.28	3266.19	1990.32	4591.11
建筑业	1724.91	1533.98	409.43	78.32	331.11	178.14	1932.33
交通运输、仓储和邮政业	4370.95	1965.59	2307.96	440.57	1867.40	862.70	1453.02
信息传输、计算机服务和软件业	—	—	—	—	—	—	—
批发和零售业	2800.16	2453.23	1381.34	336.87	1044.47	458.70	6372.41
住宿和餐饮业	230.89	180.37	187.16	48.37	138.79	73.26	275.48
金融业	13175.35	10748.79	950.36	262.09	688.27	427.46	1025.03
房地产业	1096.71	817.29	429.04	113.46	315.57	151.05	347.86
其　他	3301.76	2074.49	2013.79	506.83	1506.96	557.41	1825.32

续表 3

单位:亿元

类　别	主营业务收入	其他业务收入	主营业务成本	主营业务税金及附加	新产品销售收入	出口销售总额	存货跌价损失和营业、管理、财务等费用合计
全国总计	48586.10	1538.16	40211.45	846.17	3948.99	3952.04	5664.63
按企业集团审批部门分							
国务院	20903.07	615.53	17494.47	311.37	1250.50	1167.35	1935.48
国务院主管部门	3949.14	127.03	2865.03	238.56	505.11	493.12	558.83
省级人民政府	17958.32	592.79	14990.45	230.72	1750.79	1570.40	2377.85
省级政府主管部门	2375.95	112.41	1963.87	35.05	137.65	253.61	362.62
其　他	3399.62	90.40	2897.63	30.48	304.95	467.56	429.85
按企业集团主营行业分							
农、林、牧、渔业	937.48	20.30	777.73	12.36	15.00	170.09	135.32
采矿业	3435.12	347.08	2278.87	65.64	63.07	189.97	608.02
制造业	26469.98	934.40	21842.69	551.02	3671.05	1944.39	2645.98
电力、燃气及水的生产和供应业	4571.20	19.91	3953.51	42.23	15.22	16.59	315.77
建筑业	1898.04	34.29	1711.80	58.64	0.00	3.20	111.66
交通运输、仓储和邮政业	1398.20	54.82	1084.64	33.60	0.00	6.84	585.10
信息传输、计算机服务和软件业	—	—	—	—	—	—	—
批发和零售业	6306.00	66.42	5757.23	16.37	13.73	1244.86	527.59
住宿和餐饮业	274.82	0.66	172.47	7.04	0.00	3.43	80.64
金融业	1019.16	5.86	755.21	24.94	0.00	12.55	285.32
房地产业	344.31	3.55	275.14	11.51	0.00	1.79	52.77
其　他	1794.65	30.66	1493.27	19.69	169.62	358.33	292.15

续表 4 单位:亿元

类　别	税　金	劳动、待　业保险费	职　工教育费	广告费	利　息支　出	投　资收　益	营业外收　入
全国总计	131.66	393.17	30.28	102.96	797.18	332.02	184.66
按企业集团审批部门分							
国 务 院	43.35	139.76	10.84	26.91	333.38	113.76	72.22
国务院主管部门	11.49	42.13	2.98	7.02	72.19	68.62	10.84
省级人民政府	56.74	158.51	13.07	50.85	273.89	93.49	71.23
省级政府主管部门	9.62	27.72	1.81	8.23	47.74	22.42	13.58
其　　他	10.47	25.04	1.58	9.96	69.98	33.73	16.79
按企业集团主营行业分							
农、林、牧、渔业	13.02	27.75	1.06	4.61	33.46	3.11	14.73
采 矿 业	14.76	89.60	5.94	0.62	72.24	10.67	8.61
制 造 业	56.40	167.72	12.72	75.85	325.10	78.30	68.81
电力、燃气及水的生产和供应业	6.25	23.84	2.67	2.34	151.71	35.96	21.28
建 筑 业	2.20	16.84	0.84	0.59	17.10	2.83	4.15
交通运输、仓储和邮政业	2.75	19.50	4.20	0.15	61.38	36.60	18.42
信息传输、计算机服务和软件业	—	—	—	—	—	—	—
批发和零售业	21.17	19.39	1.13	9.12	38.33	20.60	19.67
住宿和餐饮业	1.89	3.70	0.23	0.50	3.73	2.80	4.51
金 融 业	5.36	6.22	0.25	1.94	12.22	56.77	9.62
房地产业	1.30	1.36	0.11	1.22	9.11	4.40	2.91
其　　他	6.52	13.22	0.64	5.31	60.68	79.89	11.85

续表 5　　　　单位:亿元

类　别	利　润 总　额	应　交 所得税	应　交 增值税	固定资产 投　资 完成额	研究开发 费　用
全国总计	2830.98	825.22	1662.02	6325.35	358.20
按企业集团审批部门分					
国 务 院	1339.20	446.94	810.20	2738.43	126.71
国务院主管部门	429.42	95.54	182.96	645.83	44.66
省级人民政府	833.49	215.03	518.32	2310.54	142.91
省级政府主管部门	86.84	26.31	85.89	185.29	16.15
其　　他	142.03	41.41	64.64	445.26	27.77
按企业集团主营行业分					
农、林、牧、渔业	17.00	1.38	17.33	166.78	8.77
采 矿 业	462.27	109.97	236.08	977.61	27.24
制 造 业	1523.80	496.60	1020.93	2540.13	298.57
电力、燃气及水的生产和供应业	322.74	101.59	300.82	1464.12	4.83
建 筑 业	17.66	7.65	4.67	55.02	2.26
交通运输、仓储和邮政业	125.94	34.17	3.97	686.69	0.44
信息传输、计算机服务和软件业	—	—	—	—	—
批发和零售业	96.43	31.90	45.56	64.63	4.51
住宿和餐饮业	20.67	5.08	1.16	26.70	0.00
金 融 业	78.20	7.09	8.45	35.63	0.46
房地产业	23.81	7.76	0.24	28.97	0.23
其　　他	140.48	21.22	22.77	179.05	10.42

4.11 母公司为国有独资公司的企业集团主要劳动工资指标

类　　别	单位数（个）	从业人员（万人）	在岗职工（万人）	其他从业人员（万人）	研究开发人员（万人）
全国总计	692	979.42	916.42	62.99	24.37
按企业集团审批部门分					
国 务 院	34	323.60	306.61	16.99	6.76
国务院主管部门	40	88.45	84.84	3.61	3.61
省级人民政府	379	412.01	378.75	33.26	10.74
省级政府主管部门	102	91.59	85.86	5.73	1.27
其　　他	137	63.76	60.35	3.41	1.99
按企业集团主营行业分					
农、林、牧、渔业	16	138.14	134.27	3.87	0.48
采 矿 业	44	196.10	186.01	10.09	3.74
制 造 业	312	395.48	378.08	17.40	18.27
电力、燃气及水的生产和供应业	38	52.84	50.87	1.97	0.11
建 筑 业	42	45.83	35.04	10.79	0.37
交通运输、仓储和邮政业	36	45.42	42.35	3.07	0.14
信息传输、计算机服务和软件业	1	—	—	—	—
批发和零售业	119	51.33	44.18	7.15	0.21
住宿和餐饮业	9	10.14	8.41	1.72	0.00
金 融 业	9	12.01	9.97	2.04	0.00
房地产业	23	3.16	1.94	1.22	0.08
其　　他	43	21.52	18.70	2.82	0.96

续表

类　　别	从业人员劳动报酬（亿元）	在岗职工劳动报酬（亿元）	其他从业人员劳动报酬（亿元）	研究开发人员劳动报酬（亿元）
全国总计	2366.14	2267.42	98.72	85.18
按企业集团审批部门分				
国 务 院	880.57	849.97	30.60	24.42
国务院主管部门	258.65	248.91	9.74	15.06
省级人民政府	906.19	860.13	46.06	35.79
省级政府主管部门	170.03	162.59	7.44	3.12
其　　他	150.70	145.82	4.89	6.78
按企业集团主营行业分				
农、林、牧、渔业	134.23	133.18	1.05	1.13
采 矿 业	423.40	411.96	11.44	11.50
制 造 业	1028.06	996.80	31.26	63.36
电力、燃气及水的生产和供应业	220.66	217.51	3.15	0.39
建 筑 业	99.60	84.24	15.36	1.29
交通运输、仓储和邮政业	142.76	136.06	6.70	0.69
信息传输、计算机服务和软件业	—	—	—	—
批发和零售业	114.44	104.78	9.66	0.78
住宿和餐饮业	25.09	22.92	2.17	0.00
金 融 业	60.80	56.02	4.78	0.01
房地产业	10.12	8.56	1.56	0.26
其　　他	87.03	76.32	10.71	5.76

4.12 母公司为国有独资公司的企业集团主要经济效益指标

单位:%

类　别	净资产收益率	总资产报酬率	销售利润率	资本保值增值率	劳动生产率(万元/人)	成本费用利润率
全国总计	6.89	4.18	5.65	113.91	51.18	6.17
按企业集团审批部门分						
国务院	8.28	4.16	6.22	114.56	66.50	6.89
国务院主管部门	9.69	6.55	10.53	126.35	46.08	12.54
省级人民政府	5.68	3.95	4.49	110.83	45.03	4.80
省级政府主管部门	3.35	2.89	3.49	111.34	27.17	3.73
其　　他	4.54	3.43	4.07	111.02	54.73	4.27
按企业集团主营行业分						
农、林、牧、渔业	3.59	2.60	1.78	113.88	6.93	1.86
采矿业	11.59	7.56	12.22	149.67	19.29	16.01
制造业	7.76	5.88	5.56	112.16	69.29	6.22
电力、燃气及水的生产和供应业	4.83	4.19	7.03	110.00	86.89	7.56
建筑业	2.44	1.63	0.91	106.72	42.17	0.97
交通运输、仓储和邮政业	3.98	2.80	8.67	118.34	31.99	7.54
信息传输、计算机服务和软件业	0.78	2.59	1.26	101.50	21.12	1.49
批发和零售业	4.67	3.22	1.51	107.31	124.15	1.53
住宿和餐饮业	8.33	5.84	7.50	101.51	27.17	8.17
金融业	7.48	0.64	7.63	98.50	85.32	7.52
房地产业	3.74	2.16	6.84	103.78	110.08	7.26
其　　他	5.92	3.78	7.70	108.54	84.83	7.87

续表 1　　　　单位:%

类　别	资　产 利税率	总资产 使用率	流动资产 比　率	资　金 利润率	资　产 负债率	长期负债 与资产 总计比率
全国总计	6.16	56.04	36.09	4.84	66.41	19.88
按企业集团审批部门分						
国 务 院	6.12	52.02	30.99	5.40	73.18	22.23
国务院主管部门	11.12	51.61	39.61	9.81	54.97	17.03
省级人民政府	5.64	64.05	38.90	3.94	61.18	18.63
省级政府主管部门	4.46	51.01	47.53	2.39	61.17	14.75
其　　他	3.84	55.02	43.51	3.18	64.14	17.68
按企业集团主营行业分						
农、林、牧、渔业	2.40	48.22	47.09	1.18	77.60	23.00
采 矿 业	10.81	48.60	29.93	10.82	56.99	20.06
制 造 业	9.84	84.16	41.68	6.12	57.89	13.79
电力、燃气及水的生产和供应业	5.88	40.39	19.93	3.93	59.55	34.33
建 筑 业	3.79	88.93	65.98	1.04	80.82	8.95
交通运输、仓储和邮政业	2.45	20.93	26.24	2.51	65.44	36.01
信息传输、计算机服务和软件业	0.95	25.20	12.28	0.43	71.95	40.87
批发和零售业	3.79	150.81	58.07	2.86	66.97	8.30
住宿和餐饮业	6.91	65.74	34.44	6.53	55.23	12.09
金 融 业	0.79	7.21	26.37	1.88	93.27	17.18
房地产业	2.33	22.57	68.01	1.99	71.88	18.31
其　　他	3.44	33.76	43.86	4.08	62.12	23.09

续表 2 单位:%

类　　别	已获利息倍　　数（倍）	流　动比　率	速　动比　率	新产品销售收入与营业收入比重	研究开发费用与营业收入比重	研究开发费用与主营业务收入比　　重
全国总计	4.55	77.57	54.42	7.88	0.71	0.74
按企业集团审批部门分						
国 务 院	5.02	60.82	43.34	5.81	0.59	0.61
国务院主管部门	6.95	104.39	72.23	12.39	1.10	1.13
省级人民政府	4.04	91.41	63.59	9.44	0.77	0.80
省级政府主管部门	2.82	102.40	74.42	5.53	0.65	0.68
其　　他	3.03	93.64	62.24	8.74	0.80	0.82
按企业集团主营行业分						
农、林、牧、渔业	1.51	86.23	65.22	1.57	0.92	0.94
采 矿 业	7.40	81.04	68.74	1.67	0.72	0.79
制 造 业	5.69	94.52	58.10	13.40	1.09	1.13
电力、燃气及水的生产和供应业	3.13	79.03	69.76	0.33	0.11	0.11
建 筑 业	2.03	91.80	63.02	0.00	0.12	0.12
交通运输、仓储和邮政业	3.05	89.18	51.60	0.00	0.03	0.03
信息传输、计算机服务和软件业	1.16	39.52	36.03	0.83	0.30	0.35
批发和零售业	3.52	98.99	68.66	0.22	0.07	0.07
住宿和餐饮业	6.54	79.83	67.57	0.00	0.00	0.00
金 融 业	7.40	34.65	33.14	0.00	0.04	0.04
房地产业	3.61	126.96	37.59	0.00	0.07	0.07
其　　他	3.31	112.38	81.91	9.29	0.57	0.58

4.13 母公司为其他有限责任公司的企业集团主要财务指标

单位:亿元

类　别	单位数(个)	资产总计	固定资产原价	累计折旧	本年折旧	无形资产	累计对外投资
全国总计	1201	35019.92	16019.40	5064.64	986.21	1429.47	1574.13
按企业集团审批部门分							
国 务 院	19	3308.22	1597.46	544.27	77.96	255.97	174.98
国务院主管部门	35	4182.61	3562.07	1359.36	314.73	81.20	67.13
省级人民政府	306	9716.34	4685.59	1512.40	270.79	488.04	404.86
省级政府主管部门	342	8213.47	3243.58	835.38	152.53	258.10	434.51
其　　他	499	9599.28	2930.69	813.23	170.20	346.16	492.65
按母公司控股情况分							
国有绝对控股	200	12111.13	6142.88	2095.77	305.93	607.52	603.36
国有相对控股	61	4368.63	3638.01	1361.35	309.61	105.64	88.04
集体绝对控股	114	1763.66	603.19	192.85	36.75	59.83	103.68
集体相对控股	38	657.77	283.15	76.89	26.79	25.54	23.71
其　　他	788	16118.74	5352.16	1337.79	307.14	630.94	755.34
按企业集团主营行业分							
农、林、牧、渔业	6	447.13	135.78	49.00	7.00	88.19	10.22
采 矿 业	26	1551.31	1042.37	413.95	64.65	64.18	62.24
制 造 业	792	20851.35	8992.52	2733.56	515.65	1010.81	938.62
电力、燃气及水的生产和供应业	18	1312.60	955.93	328.25	46.49	17.90	114.61
建 筑 业	92	1837.62	404.49	128.46	22.17	58.04	55.14
交通运输、仓储和邮政业	19	1550.76	833.03	120.35	22.85	41.53	51.46
信息传输、计算机服务和软件业	3	2299.93	2792.01	1107.99	269.46	6.43	6.43
批发和零售业	108	2053.40	450.34	98.85	18.18	79.24	124.57
住宿和餐饮业	10	66.72	31.89	9.48	1.17	2.68	1.24
金 融 业	2	11.18	1.82	0.26	0.07	1.93	0.03
房地产业	109	2699.99	327.58	58.15	15.49	52.14	116.66
其　　他	16	337.92	51.65	16.36	3.04	6.39	92.91

续表 1 单位:亿元

类　别	本年对外投　资	本年对境外投资	长期投资	短期投资	存货	流动资产年平均余额	应收帐款
全国总计	265.73	7.35	2131.46	207.75	5125.80	15547.42	2602.28
按企业集团审批部门分							
国务院	31.66	5.45	147.04	43.51	407.85	1531.56	319.52
国务院主管部门	15.15	0.07	107.09	8.70	284.04	1176.90	190.95
省级人民政府	87.33	1.18	563.07	43.63	1459.35	4212.87	591.47
省级政府主管部门	71.85	0.43	528.57	71.09	1098.62	3650.57	582.91
其　他	59.75	0.22	785.70	40.82	1875.93	4975.52	917.43
按母公司控股情况分							
国有绝对控股	90.25	0.65	665.32	104.06	1491.00	4984.85	789.77
国有相对控股	23.12	5.15	143.60	13.77	285.47	1282.31	272.24
集体绝对控股	8.87	0.00	141.22	7.65	305.14	937.62	141.18
集体相对控股	2.81	0.00	40.65	4.93	108.06	313.75	62.73
其　他	140.69	1.54	1140.67	77.34	2936.12	8028.90	1336.36
按企业集团主营行业分							
农、林、牧、渔业	0.05	0.00	10.64	4.37	84.55	190.17	16.16
采矿业	26.51	0.00	59.43	14.26	101.55	570.85	77.33
制造业	132.92	7.27	1381.65	107.95	2972.07	9846.38	1776.61
电力、燃气及水的生产和供应业	30.37	0.00	96.04	23.81	65.62	340.61	48.56
建筑业	5.95	0.01	82.13	9.58	370.31	1085.96	396.10
交通运输、仓储和邮政业	4.13	0.00	40.37	9.41	43.03	292.45	16.02
信息传输、计算机服务和软件业	−0.09	0.00	6.79	0.03	22.60	266.55	48.97
批发和零售业	27.66	0.01	178.92	7.19	400.98	1157.94	128.58
住宿和餐饮业	0.00	0.00	2.35	0.00	5.99	33.82	0.52
金融业	0.00	0.00	1.71	0.00	0.38	3.40	0.18
房地产业	30.59	0.06	174.37	10.02	1005.77	1573.06	88.03
其　他	7.64	0.00	97.08	21.13	52.95	186.20	5.20

续表 2

单位:亿元

类 别	负债合计	流动负债	股东权益与少数股东权益总计	少数股东权益	股东权益合计	股本	营业收入
全国总计	22008.87	16915.09	13011.05	2639.32	10371.73	5181.78	31008.19
按企业集团审批部门分							
国务院	2266.95	1621.10	1041.27	374.60	666.67	250.96	3280.12
国务院主管部门	2564.25	1768.96	1618.36	509.37	1108.98	518.67	2422.45
省级人民政府	6078.57	4747.52	3637.77	666.64	2971.13	1487.57	9191.67
省级政府主管部门	4904.40	3636.34	3309.07	585.43	2723.64	1525.55	6410.81
其 他	6194.70	5141.16	3404.59	503.28	2901.31	1399.03	9703.13
按母公司控股情况分							
国有绝对控股	7422.22	5399.54	4688.91	946.64	3742.27	2253.90	9342.47
国有相对控股	2839.31	2032.38	1529.32	540.80	988.52	434.38	2794.70
集体绝对控股	1098.80	924.34	664.86	100.97	563.89	290.16	1636.94
集体相对控股	421.58	358.46	236.19	60.72	175.47	68.15	789.02
其 他	10226.95	8200.38	5891.78	990.20	4901.59	2135.18	16445.06
按企业集团主营行业分							
农、林、牧、渔业	256.20	219.52	190.93	47.45	143.48	49.23	341.04
采矿业	952.31	683.16	599.00	84.42	514.58	393.80	1148.49
制造业	12912.53	10501.13	7938.83	1531.98	6406.84	3081.26	21990.94
电力、燃气及水的生产和供应业	755.06	336.87	557.54	93.19	464.35	119.27	464.28
建筑业	1283.87	1152.55	553.75	82.10	471.65	226.97	2101.98
交通运输、仓储和邮政业	844.70	375.48	706.06	222.90	483.16	446.68	307.47
信息传输、计算机服务和软件业	1391.40	809.86	908.53	319.11	589.43	169.06	827.44
批发和零售业	1333.40	1144.92	720.01	118.76	601.25	269.99	2679.27
住宿和餐饮业	65.79	62.08	0.93	0.91	0.01	10.87	8.24
金融业	6.32	5.07	4.86	0.00	4.86	2.29	5.56
房地产业	2003.25	1477.50	696.75	121.74	575.00	304.59	966.90
其 他	204.05	146.97	133.87	16.76	117.11	107.77	166.59

续表 3

单位:亿元

类　别	主营业务收入	其他业务收入	主营业务成本	主营业务税金及附加	新产品销售收入	出口销售总额	存货跌价损失和营业、管理、财务等费用合计
全国总计	30009.35	998.83	25235.37	309.96	4440.96	3029.07	2983.12
按企业集团审批部门分							
国务院	3235.14	44.98	2800.35	10.79	1480.55	461.82	360.42
国务院主管部门	2279.60	142.85	1651.94	59.22	352.25	107.07	460.75
省级人民政府	8940.20	251.47	7539.24	60.18	1300.10	1235.43	831.70
省级政府主管部门	6215.26	195.55	5270.01	83.20	543.41	366.94	530.98
其　他	9339.15	363.98	7973.83	96.57	764.66	857.80	799.28
按母公司控股情况分							
国有绝对控股	9017.75	324.72	7495.31	93.31	2378.17	911.11	995.50
国有相对控股	2680.35	114.35	2083.42	36.47	305.89	358.64	487.01
集体绝对控股	1616.68	20.25	1404.84	13.39	164.65	143.44	145.78
集体相对控股	735.69	53.34	648.81	4.01	113.65	137.13	48.96
其　他	15958.89	486.17	13602.98	162.78	1478.59	1478.75	1305.88
按企业集团主营行业分							
农、林、牧、渔业	336.49	4.55	255.63	3.31	0.00	14.48	57.28
采矿业	1038.85	109.64	684.34	14.73	2.01	98.13	171.57
制造业	21262.30	728.65	18221.48	141.73	4427.56	2691.75	1917.44
电力、燃气及水的生产和供应业	461.46	2.82	361.96	2.46	0.13	38.24	54.41
建筑业	2042.75	59.22	1793.46	56.91	0.24	2.52	95.93
交通运输、仓储和邮政业	301.82	5.66	240.39	9.50	0.09	2.09	60.16
信息传输、计算机服务和软件业	782.67	44.77	411.42	23.80	5.68	1.69	302.63
批发和零售业	2646.77	32.49	2399.31	13.48	0.50	163.46	186.37
住宿和餐饮业	8.07	0.17	3.59	0.45	0.00	0.20	6.20
金融业	5.41	0.14	4.10	0.57	0.00	0.00	1.08
房地产业	957.51	9.38	721.40	40.93	4.75	16.51	106.26
其　他	165.25	1.33	138.28	2.08	0.00	0.00	23.78

续表 4 单位:亿元

类　别	税　金	劳动、待　业保险费	职　工教育费	广告费	利　息支　出	投　资收　益	营业外收　入
全国总计	80.79	121.68	12.92	99.02	443.09	99.19	58.15
按企业集团审批部门分							
国 务 院	3.87	10.49	0.83	3.25	54.61	13.83	6.24
国务院主管部门	3.22	22.47	1.57	18.41	55.84	1.51	6.37
省级人民政府	28.18	38.88	4.09	20.52	133.38	18.42	17.19
省级政府主管部门	13.84	27.24	2.65	20.97	83.84	31.87	14.15
其　　他	31.67	22.59	3.78	35.88	115.42	33.56	14.21
按母公司控股情况分							
国有绝对控股	35.48	74.84	5.25	20.98	123.73	27.58	18.78
国有相对控股	5.50	13.33	1.29	15.68	75.57	10.17	8.10
集体绝对控股	2.92	3.91	0.56	2.99	27.68	5.94	3.08
集体相对控股	0.82	0.73	0.16	0.82	10.58	1.50	2.22
其　　他	36.07	28.87	5.66	58.55	205.53	53.99	25.97
按企业集团主营行业分							
农、林、牧、渔业	2.02	2.58	0.10	0.15	1.32	−1.28	1.69
采 矿 业	13.83	33.01	2.19	0.19	13.87	2.39	1.97
制 造 业	46.37	59.01	7.92	71.80	297.72	62.72	38.16
电力、燃气及水的生产和供应业	0.51	1.62	0.17	0.16	26.03	8.22	0.76
建 筑 业	1.75	9.05	0.90	0.84	14.61	4.87	2.24
交通运输、仓储和邮政业	1.92	1.29	0.09	0.85	13.22	3.89	0.78
信息传输、计算机服务和软件业	1.32	7.35	0.56	13.93	38.53	−0.11	0.78
批发和零售业	10.05	4.81	0.56	5.50	17.08	8.01	5.04
住宿和餐饮业	0.28	0.12	0.01	0.10	1.65	−0.17	1.02
金 融 业	0.02	0.16	0.00	0.00	0.01	0.01	0.00
房地产业	2.37	2.15	0.37	5.09	16.29	2.25	5.38
其　　他	0.35	0.54	0.05	0.42	2.77	8.40	0.33

续表 5

单位:亿元

类别	利润总额	应交所得税	应交增值税	固定资产投资完成额	研究开发费用
全国总计	1512.51	371.51	676.43	2347.24	300.42
按企业集团审批部门分					
国务院	96.79	19.88	65.32	140.64	51.45
国务院主管部门	111.72	41.92	44.31	431.28	25.01
省级人民政府	436.52	97.48	255.54	791.68	109.69
省级政府主管部门	351.93	86.90	140.84	520.45	58.47
其他	515.54	125.33	170.43	463.18	55.81
按母公司控股情况分					
国有绝对控股	396.74	108.35	277.56	908.60	125.02
国有相对控股	89.92	35.38	29.63	461.90	20.93
集体绝对控股	75.29	15.82	28.18	70.54	7.59
集体相对控股	40.31	8.23	18.37	48.56	9.47
其他	910.25	203.73	322.69	857.64	137.40
按企业集团主营行业分					
农、林、牧、渔业	27.79	4.30	6.76	15.63	0.44
采矿业	75.49	28.11	73.24	175.03	12.97
制造业	1035.05	231.27	543.13	1386.17	267.25
电力、燃气及水的生产和供应业	64.48	9.32	27.60	70.33	2.47
建筑业	98.81	28.38	6.35	22.48	2.07
交通运输、仓储和邮政业	1.45	3.15	0.93	186.12	14.56
信息传输、计算机服务和软件业	39.11	22.10	0.59	327.45	0.02
批发和零售业	58.60	15.10	15.67	27.55	0.17
住宿和餐饮业	-2.39	0.10	0.05	0.49	0.01
金融业	0.39	0.12	0.00	0.00	0.00
房地产业	103.78	28.15	1.45	124.64	0.42
其他	9.96	1.41	0.65	11.36	0.04

4.14 母公司为其他有限责任公司的企业集团主要劳动工资指标

类　别	单位数（个）	从业人员（万人）	在岗职工（万人）	其他从业人员（万人）	研究开发人员（万人）
全国总计	1201	623.11	577.96	45.15	15.23
按企业集团审批部门分					
国 务 院	19	43.47	42.01	1.46	1.75
国务院主管部门	35	64.21	52.09	12.12	0.99
省级人民政府	306	184.22	175.15	9.06	5.36
省级政府主管部门	342	148.64	143.55	5.09	3.09
其　　他	499	182.58	165.16	17.42	4.03
按母公司控股情况分					
国有绝对控股	200	206.58	192.20	14.39	6.14
国有相对控股	61	55.50	44.36	11.14	1.24
集体绝对控股	114	34.94	34.19	0.75	0.55
集体相对控股	38	12.36	11.96	0.39	0.32
其　　他	788	313.73	295.25	18.49	6.98
按企业集团主营行业分					
农、林、牧、渔业	6	11.58	8.49	3.09	0.14
采 矿 业	26	71.25	70.89	0.36	1.58
制 造 业	792	372.80	361.19	11.61	13.14
电力、燃气及水的生产和供应业	18	5.44	5.29	0.15	0.02
建 筑 业	92	102.01	85.62	16.38	0.24
交通运输、仓储和邮政业	19	6.98	6.31	0.68	0.02
信息传输、计算机服务和软件业	3	14.82	6.52	8.30	0.00
批发和零售业	108	20.79	19.29	1.50	0.04
住宿和餐饮业	10	0.86	0.82	0.05	0.01
金 融 业	2	0.10	0.10	0.00	0.00
房地产业	109	14.36	11.43	2.93	0.03
其　　他	16	2.11	2.00	0.12	0.01

续表

类　　别	从业人员劳动报酬（亿元）	在岗职工劳动报酬（亿元）	其他从业人员劳动报酬（亿元）	研究开发人员劳动报酬（亿元）
全国总计	1196.02	1137.01	59.00	49.22
按企业集团审批部门分				
国 务 院	157.04	153.84	3.20	10.75
国务院主管部门	135.63	119.93	15.70	2.95
省级人民政府	333.82	322.36	11.46	15.30
省级政府主管部门	251.73	246.09	5.64	8.06
其　　他	317.81	294.81	23.00	12.15
按母公司控股情况分				
国有绝对控股	462.55	445.47	17.07	23.28
国有相对控股	140.87	125.72	15.15	3.23
集体绝对控股	50.49	49.52	0.97	1.67
集体相对控股	19.35	18.97	0.38	1.30
其　　他	522.75	497.33	25.43	19.74
按企业集团主营行业分				
农、林、牧、渔业	17.16	13.45	3.71	0.38
采 矿 业	141.95	141.28	0.67	4.49
制 造 业	685.50	668.05	17.44	42.96
电力、燃气及水的生产和供应业	15.63	15.43	0.20	0.10
建 筑 业	193.24	172.63	20.61	0.84
交通运输、仓储和邮政业	16.04	15.42	0.63	0.05
信息传输、计算机服务和软件业	44.65	33.20	11.45	0.02
批发和零售业	43.14	41.24	1.89	0.24
住宿和餐饮业	1.06	1.02	0.04	0.01
金 融 业	0.31	0.31	0.00	0.00
房地产业	30.87	28.61	2.26	0.10
其　　他	6.46	6.36	0.10	0.02

4.15 母公司为其他有限责任公司的企业集团主要经济效益指标

单位:%

类　　别	净资产收益率	总资产报酬率	销　售利润率	资本保值增值率	劳　动生产率(万元/人)	成本费用利润率
全国总计	8.77	5.58	4.88	114.69	49.76	5.36
按企业集团审批部门分						
国 务 院	7.39	4.58	2.95	108.96	75.46	3.06
国务院主管部门	4.31	4.01	4.61	107.06	37.73	5.29
省级人民政府	9.32	5.87	4.75	114.94	49.90	5.21
省级政府主管部门	8.01	5.31	5.49	121.02	43.13	6.07
其　　他	11.46	6.57	5.31	114.33	53.14	5.88
按母公司控股情况分						
国有绝对控股	6.15	4.30	4.25	114.29	45.22	4.67
国有相对控股	3.57	3.79	3.22	103.14	50.36	3.50
集体绝对控股	8.94	5.84	4.60	106.61	46.85	4.86
集体相对控股	13.58	7.74	5.11	122.46	63.86	5.78
其　　他	11.99	6.92	5.54	119.21	52.42	6.11
按企业集团主营行业分						
农、林、牧、渔业	12.30	6.51	8.15	109.47	29.46	8.88
采 矿 业	7.91	5.76	6.57	118.63	16.12	8.82
制 造 业	10.12	6.39	4.71	114.88	58.99	5.14
电力、燃气及水的生产和供应业	9.89	6.90	13.89	109.73	85.37	15.49
建 筑 业	12.72	6.17	4.70	117.58	20.61	5.23
交通运输、仓储和邮政业	-0.24	0.95	0.47	138.46	44.02	0.48
信息传输、计算机服务和软件业	1.87	3.38	4.73	100.78	55.84	5.48
批发和零售业	6.04	3.69	2.19	114.98	128.86	2.27
住宿和餐饮业	-268.41	-1.11	-29.00	4.21	9.53	-24.39
金 融 业	5.54	3.64	7.07	101.98	54.09	7.58
房地产业	10.85	4.45	10.73	118.00	67.33	12.54
其　　他	6.39	3.77	5.98	110.96	78.78	6.15

续表 1

单位:%

类　　别	资　产 利税率	总资产 使用率	流动资产 比　　率	资　金 利润率	资　产 负债率	长期负债 与 资 产 总计比率
全国总计	7.14	85.69	44.40	5.71	62.85	14.55
按企业集团审批部门分						
国 务 院	5.23	97.79	46.30	3.74	68.52	19.52
国务院主管部门	5.15	54.50	28.14	3.31	61.31	19.01
省级人民政府	7.74	92.01	43.36	5.91	62.56	13.70
省级政府主管部门	7.01	75.67	44.45	5.81	59.71	15.44
其　　他	8.15	97.29	51.83	7.27	64.53	10.98
按母公司控股情况分						
国有绝对控股	6.34	74.46	41.16	4.39	61.28	16.70
国有相对控股	3.57	61.35	29.35	2.53	64.99	18.47
集体绝对控股	6.63	91.67	53.16	5.59	62.30	9.89
集体相对控股	9.53	111.85	47.70	7.75	64.09	9.60
其　　他	8.66	99.01	49.81	7.56	63.45	12.57
按企业集团主营行业分						
农、林、牧、渔业	8.47	75.26	42.53	10.03	57.30	8.20
采 矿 业	10.54	66.97	36.80	6.29	61.39	17.35
制 造 业	8.25	101.97	47.22	6.43	61.93	11.56
电力、燃气及水的生产和供应业	7.20	35.16	25.95	6.66	57.52	31.86
建 筑 业	8.82	111.16	59.10	7.25	69.87	7.15
交通运输、仓储和邮政业	0.77	19.46	18.86	0.14	54.47	30.26
信息传输、计算机服务和软件业	2.76	34.03	11.59	2.00	60.50	25.29
批发和零售业	4.27	128.90	56.39	3.88	64.94	9.18
住宿和餐饮业	-2.84	12.09	50.70	-4.25	98.61	5.57
金 融 业	8.59	48.42	30.44	7.92	56.53	11.22
房地产业	5.41	35.46	58.26	5.63	74.19	19.47
其　　他	3.75	48.90	55.10	4.50	60.38	16.89

续表 2 单位：%

类　　别	已获利息倍　　数（倍）	流　动比　率	速　动比　率	新产品销售收入与营业收入比重	研究开发费用与营业收入比重	研究开发费用与主营业务收入比　　重
全国总计	4.41	91.91	61.61	14.32	0.97	1.00
按企业集团审批部门分						
国 务 院	2.77	94.48	69.32	45.14	1.57	1.59
国务院主管部门	3.00	66.53	50.47	14.54	1.03	1.10
省级人民政府	4.27	88.74	58.00	14.14	1.19	1.23
省级政府主管部门	5.20	100.39	70.18	8.48	0.91	0.94
其　　他	5.47	96.78	60.29	7.88	0.58	0.60
按母公司控股情况分						
国有绝对控股	4.21	92.32	64.71	25.46	1.34	1.39
国有相对控股	2.19	63.09	49.05	10.95	0.75	0.78
集体绝对控股	3.72	101.44	68.42	10.06	0.46	0.47
集体相对控股	4.81	87.53	57.38	14.40	1.20	1.29
其　　他	5.43	97.91	62.10	8.99	0.84	0.86
按企业集团主营行业分						
农、林、牧、渔业	22.07	86.63	48.11	0.00	0.13	0.13
采 矿 业	6.44	83.56	68.70	0.18	1.13	1.25
制 造 业	4.48	93.76	65.46	20.13	1.22	1.26
电力、燃气及水的生产和供应业	3.48	101.11	81.63	0.03	0.53	0.54
建 筑 业	7.76	94.22	62.09	0.01	0.10	0.10
交通运输、仓储和邮政业	1.11	77.89	66.43	0.03	4.74	4.83
信息传输、计算机服务和软件业	2.02	32.91	30.12	0.69	0.00	0.00
批发和零售业	4.43	101.14	66.12	0.02	0.01	0.01
住宿和餐饮业	-0.45	54.49	44.84	0.00	0.08	0.09
金 融 业	29.27	67.17	59.61	0.00	0.00	0.00
房地产业	7.37	106.47	38.40	0.49	0.04	0.04
其　　他	4.59	126.70	90.66	0.00	0.03	0.03

4.16 母公司为股份有限公司的企业集团主要财务指标

单位:亿元

类 别	单位数(个)	资产总计	固定资产原价	累计折旧	本年折旧	无形资产	累计对外投资
全国总计	392	15170.34	4275.00	1147.06	203.32	369.23	2440.25
按企业集团审批部门分							
国务院	1	—	—	—	—	—	—
国务院主管部门	17	3712.52	403.34	117.05	21.53	15.43	1811.99
省级人民政府	141	4276.05	1892.18	504.44	85.06	142.72	303.11
省级政府主管部门	109	4255.42	1125.66	298.04	53.04	110.74	181.67
其 他	124	2880.35	842.61	225.63	43.45	99.67	140.50
按母公司控股情况分							
国有绝对控股	63	3743.52	1035.17	290.48	43.46	87.76	77.95
国有相对控股	79	2680.68	1145.31	317.82	49.89	96.02	106.07
集体绝对控股	22	280.22	120.40	32.92	6.12	11.38	23.71
集体相对控股	22	384.13	134.48	29.97	7.87	13.24	11.92
其 他	206	8081.78	1839.64	475.88	95.98	160.83	2220.60
按企业集团主营行业分							
农、林、牧、渔业	2	13.02	7.29	2.61	0.38	1.09	0.00
采矿业	3	95.42	39.13	10.55	3.59	6.07	0.00
制造业	248	6120.20	2602.24	763.53	132.77	240.01	308.95
电力、燃气及水的生产和供应业	14	829.19	415.39	74.90	18.22	16.25	59.33
建筑业	28	592.64	84.32	26.20	4.68	23.11	16.97
交通运输、仓储和邮政业	8	762.17	427.27	106.85	16.36	31.59	29.49
信息传输、计算机服务和软件业	2	68.94	18.18	4.88	0.93	1.41	8.98
批发和零售业	49	1165.51	322.55	72.84	12.81	26.15	190.60
住宿和餐饮业	0	0.00	0.00	0.00	0.00	0.00	0.00
金融业	2	4423.00	120.52	38.13	6.84	4.03	1792.21
房地产业	29	890.94	152.53	29.14	3.42	13.79	29.22
其 他	7	209.31	85.58	17.41	3.32	5.71	4.50

续表 1

单位:亿元

类　　别	本年对外投　　资	本年对境外投资	长　期投　资	短　期投　资	存　货	流动资产年平均余　额	应　收帐　款
全国总计	798.15	24.24	3245.60	254.31	1710.61	6845.55	956.21
按企业集团审批部门分							
国 务 院	—	—	—	—	—	—	—
国务院主管部门	630.93	24.52	1674.43	187.03	129.60	1497.50	107.20
省级人民政府	110.22	0.03	377.82	19.09	461.39	1849.22	330.94
省级政府主管部门	35.99	1.09	1027.39	40.30	420.72	1802.26	244.80
其　　他	14.55	-1.39	162.97	7.71	689.88	1662.91	272.00
按母公司控股情况分							
国有绝对控股	16.57	0.02	944.97	36.89	245.20	1577.12	195.02
国有相对控股	34.74	1.83	136.10	29.59	473.67	1295.82	269.34
集体绝对控股	3.75	0.00	22.75	0.61	36.16	124.27	21.63
集体相对控股	3.47	0.00	15.20	1.13	61.45	183.84	40.00
其　　他	739.61	22.39	2126.57	186.09	894.12	3664.50	430.22
按企业集团主营行业分							
农、林、牧、渔业	0.00	0.00	1.53	0.00	2.29	4.81	0.61
采 矿 业	0.00	0.00	8.39	0.15	5.75	30.81	5.73
制 造 业	40.40	-0.09	346.44	33.47	937.85	3136.85	653.39
电力、燃气及水的生产和供应业	24.15	0.00	58.80	9.88	32.39	221.10	48.77
建 筑 业	4.46	0.53	25.26	4.22	169.90	381.67	94.46
交通运输、仓储和邮政业	6.67	0.00	67.55	4.35	28.46	218.62	24.86
信息传输、计算机服务和软件业	4.56	0.00	20.90	2.13	4.37	11.67	3.71
批发和零售业	87.54	0.00	202.25	1.75	159.92	601.87	48.21
住宿和餐饮业	0.00	0.00	0.00	0.00	0.00	0.00	0.00
金 融 业	619.09	23.80	2443.46	197.69	0.96	1641.16	37.52
房地产业	4.77	0.00	58.43	0.44	348.38	499.63	31.42
其　　他	6.52	0.00	12.57	0.23	20.34	97.35	7.52

续表 2 单位:亿元

类　别	负债合计	流动负债	股东权益与少数股东权益总计	少数股东权益	股东权益合计	股本	营业收入
全国总计	10610.07	5692.16	4560.26	627.39	3932.87	1660.69	10763.49
按企业集团审批部门分							
国务院	—	—	—	—	—	—	—
国务院主管部门	2980.27	640.14	732.25	31.03	701.22	245.48	1402.93
省级人民政府	2694.48	1844.69	1581.57	313.39	1268.18	616.38	3378.81
省级政府主管部门	3089.49	1586.74	1165.93	149.42	1016.51	466.29	2735.89
其　他	1814.63	1590.80	1065.72	128.57	937.16	326.06	3227.54
按母公司控股情况分							
国有绝对控股	2702.49	1231.94	1041.04	173.85	867.18	468.24	2036.33
国有相对控股	1708.59	1331.17	972.09	192.13	779.96	361.83	2197.55
集体绝对控股	161.52	129.11	118.70	5.47	113.22	43.81	237.52
集体相对控股	222.61	167.66	161.51	13.24	148.28	42.22	426.81
其　他	5814.86	2832.30	2266.93	242.70	2024.23	744.59	5865.28
按企业集团主营行业分							
农、林、牧、渔业	10.88	9.89	2.14	0.62	1.52	4.95	8.42
采矿业	45.57	30.81	49.85	9.04	40.81	6.67	51.31
制造业	3589.01	3024.07	2531.19	335.04	2196.15	848.50	6327.98
电力、燃气及水的生产和供应业	550.42	300.26	278.77	64.21	214.55	118.42	242.67
建筑业	437.34	386.19	155.29	10.59	144.70	73.95	579.52
交通运输、仓储和邮政业	370.09	267.17	392.08	78.99	313.09	242.49	268.08
信息传输、计算机服务和软件业	24.02	23.85	44.92	7.39	37.53	21.73	31.00
批发和零售业	866.79	544.85	298.72	69.59	229.13	96.78	1637.32
住宿和餐饮业	0.00	0.00	0.00	0.00	0.00	0.00	0.00
金融业	4022.19	558.26	400.81	11.58	389.23	104.95	1185.00
房地产业	559.09	433.13	331.84	26.04	305.81	117.86	348.84
其　他	134.66	113.68	74.65	14.31	60.34	24.39	83.35

续表 3

单位:亿元

类　　别	主营业务收　　入	其他业务收　　入	主营业务成　　本	主营业务税　　金及附加	新产品销　售收　入	出口销售总　　额	存货跌价损失和营业、管理、财务等费用合计
全国总计	10597.54	165.96	8581.61	101.37	1418.75	1109.67	1259.48
按企业集团审批部门分							
国 务 院	—	—	—	—	—	—	—
国务院主管部门	1398.65	4.28	815.19	16.41	0.31	73.43	184.19
省级人民政府	3322.58	56.23	2750.03	24.50	599.14	315.06	443.38
省级政府主管部门	2698.15	37.74	2299.39	25.60	406.82	306.84	314.64
其　　他	3160.24	67.30	2702.82	34.28	412.48	414.34	313.74
按母公司控股情况分							
国有绝对控股	2013.21	23.12	1607.93	24.40	302.76	226.28	322.51
国有相对控股	2161.71	35.84	1797.26	13.35	357.60	333.17	309.20
集体绝对控股	233.65	3.87	204.82	1.91	18.50	28.31	18.90
集体相对控股	421.31	5.49	372.09	2.72	14.29	23.62	27.35
其　　他	5767.65	97.63	4599.50	58.99	725.60	498.27	581.53
按企业集团主营行业分							
农、林、牧、渔业	8.36	0.06	7.22	0.05	0.00	0.29	1.01
采 矿 业	50.78	0.53	28.13	0.63	0.00	0.84	7.42
制 造 业	6207.10	120.88	5190.51	26.49	1402.18	989.47	783.35
电力、燃气及水的生产和供应业	237.28	5.39	186.40	2.95	1.09	4.42	33.21
建 筑 业	575.51	4.01	518.70	19.72	0.00	0.12	20.53
交通运输、仓储和邮政业	266.52	1.56	174.61	7.61	0.00	0.73	46.14
信息传输、计算机服务和软件业	31.00	0.00	14.80	0.57	14.63	0.04	12.46
批发和零售业	1608.66	28.66	1460.72	5.59	0.02	96.70	153.31
住宿和餐饮业	0.00	0.00	0.00	0.00	0.00	0.00	0.00
金 融 业	1182.33	2.68	698.12	18.54	0.00	0.00	135.49
房地产业	347.68	1.16	243.13	17.15	0.83	11.30	49.79
其　　他	82.32	1.03	59.26	2.08	0.00	5.76	16.78

续表 4 单位:亿元

类　　别	税　金	劳动、待　业保险费	职　工教育费	广告费	利　息支　出	投　资收　益	营业外收　入
全国总计	26.00	30.17	5.43	54.06	137.52	154.84	23.48
按企业集团审批部门分							
国 务 院	—	—	—	—	—	—	—
国务院主管部门	1.98	5.10	0.47	3.14	9.37	58.72	6.09
省级人民政府	10.12	8.66	1.33	23.54	53.89	28.45	5.77
省级政府主管部门	6.80	7.51	1.19	15.70	38.60	59.22	4.27
其　　他	7.07	8.71	2.43	11.63	35.15	7.84	7.34
按母公司控股情况分							
国有绝对控股	7.33	6.81	2.42	16.90	23.24	57.37	8.14
国有相对控股	4.62	7.24	0.89	12.29	39.58	14.19	3.75
集体绝对控股	0.38	0.98	0.09	0.14	3.66	0.33	0.10
集体相对控股	2.06	0.56	0.18	0.24	5.92	0.39	0.31
其　　他	11.61	14.57	1.85	24.48	65.12	82.57	11.17
按企业集团主营行业分							
农、林、牧、渔业	0.01	0.02	0.00	0.00	0.35	0.02	0.02
采 矿 业	1.00	0.09	0.03	0.04	0.50	0.15	0.01
制 造 业	18.61	16.76	4.07	42.29	88.74	21.65	11.88
电力、燃气及水的生产和供应业	0.82	1.54	0.12	0.12	13.61	2.33	0.81
建 筑 业	0.29	1.05	0.19	0.26	4.32	0.72	0.41
交通运输、仓储和邮政业	0.27	2.24	0.17	0.18	5.79	3.47	6.25
信息传输、计算机服务和软件业	0.02	0.29	0.06	0.50	0.17	0.00	0.60
批发和零售业	2.52	3.73	0.29	3.53	11.89	11.54	2.04
住宿和餐饮业	0.00	0.00	0.00	0.00	0.00	0.00	0.00
金 融 业	1.03	3.25	0.33	3.82	0.16	107.94	0.70
房地产业	1.00	0.73	0.11	3.18	9.83	5.82	0.62
其　　他	0.44	0.45	0.04	0.12	2.15	1.21	0.13

续表 5　　单位:亿元

类　别	利润总额	应交所得税	应交增值税	固定资产投资完成额	研究开发费用
全国总计	494.75	111.51	175.24	507.05	119.60
按企业集团审批部门分					
国务院	—	—	—	—	—
国务院主管部门	105.83	12.31	11.07	29.62	9.60
省级人民政府	126.47	38.97	68.39	242.48	50.21
省级政府主管部门	104.43	22.16	50.20	131.10	22.47
其　他	157.47	37.77	45.52	103.85	37.31
按母公司控股情况分					
国有绝对控股	126.06	21.27	31.89	108.07	37.77
国有相对控股	44.31	22.29	43.04	128.47	38.79
集体绝对控股	8.18	1.85	5.06	8.30	0.83
集体相对控股	24.11	5.25	10.38	20.85	2.98
其　他	292.10	60.84	84.86	241.37	39.23
按企业集团主营行业分					
农、林、牧、渔业	0.12	0.01	0.00	0.00	0.00
采矿业	12.96	3.36	1.69	11.71	0.37
制造业	261.50	58.99	141.47	334.81	114.07
电力、燃气及水的生产和供应业	18.71	4.65	15.06	47.47	1.29
建筑业	20.57	6.64	0.69	10.69	0.28
交通运输、仓储和邮政业	50.71	8.65	0.22	31.61	0.00
信息传输、计算机服务和软件业	3.09	0.96	0.58	0.42	2.60
批发和零售业	21.48	9.99	15.15	25.39	0.58
住宿和餐饮业	0.00	0.00	0.00	0.00	0.00
金融业	52.74	4.39	0.00	0.00	0.16
房地产业	46.71	11.28	0.29	37.70	0.24
其　他	6.17	2.60	0.09	7.24	0.00

4.17 母公司为股份有限公司的企业集团主要劳动工资指标

类　　别	单位数（个）	从业人员（万人）	在岗职工（万人）	其他从业人员（万人）	研究开发人员（万人）
全国总计	392	201.09	188.24	12.85	6.97
按企业集团审批部门分					
国 务 院	1	—	—	—	—
国务院主管部门	17	18.68	18.49	0.19	0.31
省级人民政府	141	68.25	66.83	1.42	2.46
省级政府主管部门	109	48.96	45.84	3.12	1.52
其　　他	124	64.87	56.86	8.01	2.69
按母公司控股情况分					
国有绝对控股	63	34.55	32.96	1.59	2.40
国有相对控股	79	31.32	29.44	1.88	1.26
集体绝对控股	22	5.25	5.02	0.24	0.06
集体相对控股	22	6.13	6.02	0.11	0.20
其　他	206	123.84	114.80	9.03	3.06
按企业集团主营行业分					
农、林、牧、渔业	2	0.21	0.13	0.09	0.00
采 矿 业	3	1.37	1.29	0.08	0.02
制 造 业	248	110.96	108.73	2.23	6.38
电力、燃气及水的生产和供应业	14	4.87	4.53	0.34	0.16
建 筑 业	28	33.64	26.46	7.18	0.04
交通运输、仓储和邮政业	8	9.52	8.35	1.18	0.00
信息传输、计算机服务和软件业	2	0.71	0.71	0.00	0.29
批发和零售业	49	25.09	24.39	0.70	0.03
住宿和餐饮业	0	0.00	0.00	0.00	0.00
金 融 业	2	9.82	9.11	0.71	0.00
房地产业	29	3.49	3.31	0.19	0.05
其　　他	7	1.42	1.25	0.17	0.00

续表

类　别	从业人员劳动报酬（亿元）	在岗职工劳动报酬（亿元）	其他从业人员劳动报酬（亿元）	研究开发人员劳动报酬（亿元）
全国总计	409.31	391.63	17.68	34.85
按企业集团审批部门分				
国务院	—	—	—	—
国务院主管部门	63.12	62.58	0.55	3.62
省级人民政府	137.47	134.73	2.74	6.91
省级政府主管部门	78.56	75.35	3.21	5.39
其　他	129.33	118.37	10.96	18.93
按母公司控股情况分				
国有绝对控股	99.28	96.73	2.55	17.73
国有相对控股	74.23	71.63	2.61	6.50
集体绝对控股	6.63	6.33	0.30	0.13
集体相对控股	7.95	7.81	0.14	0.40
其　他	221.21	209.13	12.08	10.09
按企业集团主营行业分				
农、林、牧、渔业	0.40	0.27	0.13	0.00
采矿业	2.66	2.43	0.23	0.05
制造业	211.01	207.73	3.28	32.07
电力、燃气及水的生产和供应业	11.43	11.24	0.19	0.43
建筑业	54.13	44.26	9.87	0.17
交通运输、仓储和邮政业	34.02	31.95	2.07	0.00
信息传输、计算机服务和软件业	4.78	4.78	0.00	1.91
批发和零售业	42.10	41.70	0.40	0.09
住宿和餐饮业	0.00	0.00	0.00	0.00
金融业	35.76	35.06	0.70	0.00
房地产业	9.77	9.31	0.45	0.13
其　他	3.25	2.90	0.35	0.00

4.18 母公司为股份有限公司的企业集团主要经济效益指标

单位：%

类　　别	净资产收益率	总资产报酬率	销　售利润率	资本保值增值率	劳　动生产率（万元/人）	成本费用利润率
全国总计	8.40	4.17	4.60	111.32	53.53	5.03
按企业集团审批部门分						
国务院	1.65	2.29	2.99	98.96	55.40	3.09
国务院主管部门	12.77	3.10	7.54	112.38	75.09	10.59
省级人民政府	5.53	4.22	3.74	109.89	49.50	3.96
省级政府主管部门	7.06	3.36	3.82	112.75	55.89	4.00
其　　他	11.23	6.69	4.88	111.41	49.76	5.22
按母公司控股情况分						
国有绝对控股	10.07	3.99	6.19	124.83	58.94	6.53
国有相对控股	2.27	3.13	2.02	99.72	70.17	2.10
集体绝对控股	5.33	4.23	3.44	109.94	45.21	3.66
集体相对控股	11.68	7.82	5.65	109.29	69.63	6.04
其　　他	10.20	4.42	4.98	111.57	47.36	5.64
按企业集团主营行业分						
农、林、牧、渔业	4.93	3.60	1.38	120.18	39.38	1.41
采 矿 业	19.27	14.11	25.26	135.93	37.54	36.46
制 造 业	8.00	5.72	4.13	107.09	57.03	4.38
电力、燃气及水的生产和供应业	5.04	3.90	7.71	118.20	49.86	8.52
建 筑 业	8.97	4.20	3.55	109.08	17.23	3.81
交通运输、仓储和邮政业	10.73	7.41	18.92	139.49	28.15	22.97
信息传输、计算机服务和软件业	4.74	4.73	9.96	161.85	43.96	11.32
批发和零售业	3.85	2.86	1.31	102.85	65.27	1.33
住宿和餐饮业	0.00	0.00	0.00	0.00	0.00	0.00
金 融 业	12.06	1.20	4.45	120.31	120.70	6.33
房地产业	10.68	6.35	13.39	110.63	99.85	15.95
其　　他	4.78	3.98	7.40	89.19	58.88	8.12

续表 1

单位:%

类　别	资　产利税率	总资产使用率	流动资产比　率	资　金利润率	资　产负债率	长期负债与资产总计比率
全国总计	5.08	69.86	45.12	4.96	69.94	32.42
按企业集团审批部门分						
国务院	2.57	38.94	73.19	1.28	67.83	3.06
国务院主管部门	3.59	37.67	40.34	5.93	80.28	63.03
省级人民政府	5.13	77.70	43.25	3.91	63.01	19.87
省级政府主管部门	4.24	63.40	42.35	3.97	72.60	35.31
其　他	8.24	109.72	57.73	6.91	63.00	7.77
按母公司控股情况分						
国有绝对控股	4.87	53.78	42.13	5.43	72.19	39.28
国有相对控股	3.76	80.64	48.34	2.09	63.74	14.08
集体绝对控股	5.41	83.38	44.35	3.86	57.64	11.57
集体相对控股	9.69	109.68	47.86	8.36	57.95	14.31
其　他	5.39	71.37	45.34	5.81	71.95	36.90
按企业集团主营行业分						
农、林、牧、渔业	1.25	64.20	36.98	1.22	83.55	7.61
采矿业	16.01	53.22	32.29	21.83	47.75	15.46
制造业	7.02	101.42	51.25	5.26	58.64	9.23
电力、燃气及水的生产和供应业	4.43	28.62	26.66	3.33	66.38	30.17
建筑业	6.92	97.11	64.40	4.68	73.80	8.63
交通运输、仓储和邮政业	7.68	34.97	28.68	9.41	48.56	13.50
信息传输、计算机服务和软件业	6.15	44.96	16.93	12.36	34.85	0.25
批发和零售业	3.62	138.02	51.64	2.52	74.37	27.62
住宿和餐饮业	0.00	0.00	0.00	0.00	0.00	0.00
金融业	1.61	26.73	37.11	3.06	90.94	78.32
房地产业	7.20	39.02	56.08	7.50	62.75	14.14
其　他	3.99	39.33	46.51	3.73	64.34	10.02

续表2

单位:%

类别	已获利息倍数(倍)	流动比率	速动比率	新产品销售收入与营业收入比重	研究开发费用与营业收入比重	研究开发费用与主营业务收入比重
全国总计	4.60	120.26	90.21	13.18	1.11	1.13
按企业集团审批部门分						
国务院	2.09	113.00	82.73	0.00	0.00	0.00
国务院主管部门	12.29	233.93	213.69	0.02	0.68	0.69
省级人民政府	3.35	100.25	75.23	17.73	1.49	1.51
省级政府主管部门	3.71	113.58	87.07	14.87	0.82	0.83
其他	5.48	104.53	61.17	12.78	1.16	1.18
按母公司控股情况分						
国有绝对控股	6.42	128.02	108.12	14.87	1.85	1.88
国有相对控股	2.12	97.34	61.76	16.27	1.77	1.79
集体绝对控股	3.24	96.26	68.24	7.79	0.35	0.36
集体相对控股	5.07	109.65	73.00	3.35	0.70	0.71
其他	5.49	129.38	97.81	12.37	0.67	0.68
按企业集团主营行业分						
农、林、牧、渔业	1.33	48.70	25.54	0.00	0.00	0.00
采矿业	26.93	99.98	81.32	0.00	0.72	0.72
制造业	3.95	103.73	72.72	22.16	1.80	1.84
电力、燃气及水的生产和供应业	2.37	73.64	62.85	0.45	0.53	0.54
建筑业	5.76	98.83	54.84	0.00	0.05	0.05
交通运输、仓储和邮政业	9.76	81.83	71.17	0.00	0.00	0.00
信息传输、计算机服务和软件业	18.71	48.94	30.61	47.19	8.40	8.40
批发和零售业	2.81	110.46	81.11	0.00	0.04	0.04
住宿和餐饮业	0.00	0.00	0.00	0.00	0.00	0.00
金融业	326.13	293.98	293.81	0.00	0.01	0.01
房地产业	5.75	115.35	34.92	0.24	0.07	0.07
其他	3.87	85.64	67.74	0.00	0.00	0.00

2005年中国大企业集团

五　国家试点企业集团

简要说明

一、本篇反映国家试点企业集团发展的基本状况，主要内容包括：

1. 1997—2005年国家试点企业集团的单位数、资产总计、营业收入、利润总额、研究开发费用和从业人员数等。

2. 国家试点企业集团主要财务、劳动工资以及经济效益指标。

二、国家试点企业集团是指1991年以来经国务院批准成立的试点企业集团。

5.1 国家试点企业集团单位数

单位:个

类　　别	1997 年	1998 年	1999 年	2000 年
全国总计	119	121	126	119
按母公司控股情况分				
国有绝对控股	102	117	122	116
国有相对控股	3	0	0	0
集体绝对控股	2	2	2	2
集体相对控股	1	1	0	0
其　　他	11	1	2	1
按企业集团主营行业分				
农、林、牧、渔业	8	9	7	8
采 矿 业	4	5	7	5
制 造 业	68	67	71	69
电力、燃气及水的生产和供应业	8	7	8	3
建 筑 业	5	6	7	7
交通运输、仓储和邮政业	8	8	8	8
信息传输、计算机服务和软件业	0	1	1	3
批发和零售业	18	18	17	16
住宿和餐饮业	0	0	0	0
金 融 业	0	0	0	0
房地产业	0	0	0	0
其　　他	0	0	0	0
按母公司登记注册类型分				
国有企业	16	69	67	61
国有独资公司	6	33	48	48
其他有限责任公司	56	10	6	5
股份有限公司	36	6	3	3
中外合资企业				0
港澳台合资企业				0
其　　他	5	3	2	2

续表

单位：个

类　别	2001年	2002年	2003年	2004年	2005年
全国总计	119	116	113	111	110
按母公司控股情况分					
国有绝对控股	115	112	107	105	103
国有相对控股	0	0	2	1	2
集体绝对控股	0	1	0	1	1
集体相对控股	1	1	0	0	0
其　他	3	2	4	4	4
按企业集团主营行业分					
农、林、牧、渔业	10	10	10	9	9
采 矿 业	5	5	4	4	5
制 造 业	71	70	65	65	63
电力、燃气及水的生产和供应业	1	1	2	2	2
建 筑 业	6	5	7	7	6
交通运输、仓储和邮政业	8	7	7	7	7
信息传输、计算机服务和软件业	3	4	4	4	4
批发和零售业	11	10	10	10	11
住宿和餐饮业	0	0	0	0	0
金 融 业	0	0	0	0	0
房地产业	0	0	0	0	0
其　他	4	4	4	3	3
按母公司登记注册类型分					
国有企业	63	57	58	52	48
国有独资公司	43	43	36	37	34
其他有限责任公司	9	13	16	19	24
股份有限公司	2	2	2	2	2
中外合资企业	0	0	0	0	1
港澳台合资企业	0	0	0	0	0
其　他	2	1	1	1	1

5.2 国家试点企业集团资产总计

单位:亿元

类　别	1997年	1998年	1999年	2000年
全国总计	23086.63	33874.79	45437.79	45151.27
按母公司控股情况分				
国有绝对控股	20679.12	33228.09	45260.59	45001.90
国有相对控股	100.48	0.00	0.00	0.00
集体绝对控股	92.85	99.99	75.70	92.56
集体相对控股	8.02	10.19	0.00	0.00
其　他	2206.16	536.53	101.49	56.81
按企业集团主营行业分				
农、林、牧、渔业	1239.16	1683.14	1353.07	1456.72
采矿业	484.85	5622.54	7882.30	7662.00
制造业	9685.30	13140.48	18042.69	19048.77
电力、燃气及水的生产和供应业	6607.16	7294.85	8939.57	1733.47
建筑业	1069.56	1265.68	1449.56	1469.76
交通运输、仓储和邮政业	2411.99	2697.75	2984.47	3122.30
信息传输、计算机服务和软件业	0.00	645.46	2793.00	8525.42
批发和零售业	1588.60	1524.90	1993.12	2132.83
住宿和餐饮业	0.00	0.00	0.00	0.00
金融业	0.00	0.00	0.00	0.00
房地产业	0.00	0.00	0.00	0.00
其　他	0.00	0.00	0.00	0.00
按母公司登记注册类型分				
国有企业	1230.41	22650.80	33148.26	35622.30
国有独资公司	234.81	8883.53	11220.52	8407.93
其他有限责任公司	11559.46	1436.40	737.05	786.78
股份有限公司	8704.12	297.95	256.26	241.71
中外合资企业				0.00
港澳台合资企业				0.00
其　他	1357.83	606.12	75.70	92.56

续表 单位:亿元

类　　别	2001年	2002年	2003年	2004年	2005年
全国总计	48222.25	52738.52	59366.37	66814.95	76379.41
按母公司控股情况分					
国有绝对控股	47986.68	52467.45	58972.56	66340.81	75699.47
国有相对控股	0.00	0.00	61.46	37.21	157.53
集体绝对控股	0.00	26.19	0.00	23.24	23.57
集体相对控股	50.86	67.70	0.00	0.00	0.00
其　　他	184.71	177.18	332.35	413.69	498.83
按企业集团主营行业分					
农、林、牧、渔业	1820.50	1944.21	2086.80	2483.20	2702.64
采 矿 业	8252.36	8868.09	9720.03	11176.83	14366.43
制 造 业	21026.34	23282.58	25201.41	28233.62	31829.93
电力、燃气及水的生产和供应业	498.60	546.24	2013.52	2136.80	2843.79
建 筑 业	1490.86	1382.29	1845.37	2174.86	2337.40
交通运输、仓储和邮政业	3346.69	3505.05	3761.54	4520.49	4931.93
信息传输、计算机服务和软件业	9215.60	10594.89	11741.27	12912.74	13710.30
批发和零售业	1707.96	1661.32	1958.48	2141.68	2492.70
住宿和餐饮业	0.00	0.00	0.00	0.00	0.00
金 融 业	0.00	0.00	0.00	0.00	0.00
房地产业	0.00	0.00	0.00	0.00	0.00
其　　他	863.33	953.85	1037.93	1034.73	1164.29
按母公司登记注册类型分					
国有企业	33990.53	34241.88	39913.49	44272.39	48545.00
国有独资公司	13133.91	14730.23	16982.09	19243.91	23475.59
其他有限责任公司	898.94	3580.86	2262.79	3065.51	3989.96
股份有限公司	77.19	72.64	79.65	87.20	84.48
中外合资企业	0.00	0.00	0.00	0.00	115.91
港澳台合资企业	0.00	0.00	0.00	0.00	0.00
其　　他	121.69	112.91	128.34	145.93	168.47

5.3 国家试点企业集团营业收入

单位：亿元

类　别	1997年	1998年	1999年	2000年
全国总计	11214.79	16082.77	21805.60	22871.71
按母公司控股情况分				
国有绝对控股	10082.97	15621.89	21676.30	22728.02
国有相对控股	59.39	0.00	0.00	0.00
集体绝对控股	70.44	92.76	64.95	90.59
集体相对控股	14.65	17.31	0.00	0.00
其　他	987.34	350.80	64.35	53.09
按企业集团主营行业分				
农、林、牧、渔业	672.22	820.63	634.56	669.04
采 矿 业	147.59	2845.77	3962.65	3751.48
制 造 业	5201.69	7397.03	10085.13	10548.92
电力、燃气及水的生产和供应业	2053.51	2173.16	2168.35	210.27
建 筑 业	767.70	834.27	843.57	868.12
交通运输、仓储和邮政业	924.09	857.52	1074.73	1321.52
信息传输、计算机服务和软件业	0.00	50.66	819.79	2983.49
批发和零售业	1447.99	1103.73	2216.82	2518.87
住宿和餐饮业	0.00	0.00	0.00	0.00
金 融 业	0.00	0.00	0.00	0.00
房地产业	0.00	0.00	0.00	0.00
其　他	0.00	0.00	0.00	0.00
按母公司登记注册类型分				
国有企业	517.76	11746.79	16227.48	17809.02
国有独资公司	146.54	3163.29	5121.02	4547.63
其他有限责任公司	5410.42	609.31	287.55	311.32
股份有限公司	4327.22	160.08	104.61	113.15
中外合资企业				0.00
港澳台合资企业				0.00
其　他	812.84	403.29	64.95	90.59

续表 单位:亿元

类 别	2001年	2002年	2003年	2004年	2005年
全国总计	25425.80	29726.79	36874.00	45080.76	54237.60
按母公司控股情况分					
国有绝对控股	25232.46	29473.11	36518.43	44630.64	53620.34
国有相对控股	0.00	0.00	26.55	15.62	105.78
集体绝对控股	0.00	50.43	0.00	11.15	13.72
集体相对控股	24.32	28.84	0.00	0.00	0.00
其 他	169.02	174.42	329.01	423.34	497.76
按企业集团主营行业分					
农、林、牧、渔业	775.84	891.05	1004.58	1145.40	1558.25
采 矿 业	3841.59	4315.14	5529.87	6783.27	8415.74
制 造 业	11488.29	13924.27	17649.07	21881.32	26874.97
电力、燃气及水的生产和供应业	56.67	72.47	556.38	640.58	843.71
建 筑 业	1005.06	1070.34	1398.03	1883.36	2316.33
交通运输、仓储和邮政业	1500.53	1639.76	1970.75	2767.33	3351.11
信息传输、计算机服务和软件业	3352.43	3705.49	4220.22	4710.14	5236.36
批发和零售业	3269.30	3905.37	4329.69	5005.56	5330.09
住宿和餐饮业	0.00	0.00	0.00	0.00	0.00
金 融 业	0.00	0.00	0.00	0.00	0.00
房地产业	0.00	0.00	0.00	0.00	0.00
其 他	136.11	202.89	215.40	263.80	311.04
按母公司登记注册类型分					
国有企业	16514.33	18386.53	22893.95	26940.37	30792.87
国有独资公司	7955.75	9679.91	12241.77	15621.86	19471.17
其他有限责任公司	812.73	1512.31	1554.13	2279.36	3597.05
股份有限公司	28.18	29.47	31.66	29.87	33.45
中外合资企业	0.00	0.00	0.00	0.00	90.26
港澳台合资企业	0.00	0.00	0.00	0.00	0.00
其 他	114.82	118.58	152.50	209.29	252.80

5.4 国家试点企业集团利润总额

单位:亿元

类　别	1997 年	1998 年	1999 年	2000 年
全国总计	442.23	351.33	742.17	1431.50
按母公司控股情况分				
国有绝对控股	394.40	333.85	734.72	1420.58
国有相对控股	2.50	0.00	0.00	0.00
集体绝对控股	8.17	7.63	4.67	6.52
集体相对控股	—	—	0.00	0.00
其　他	36.31	—	2.77	—
按企业集团主营行业分				
农、林、牧、渔业	-11.24	-22.75	-18.03	8.65
采 矿 业	10.46	55.20	180.75	509.49
制 造 业	180.82	136.44	146.75	381.80
电力、燃气及水的生产和供应业	123.00	124.94	138.79	26.87
建 筑 业	9.14	9.65	11.48	10.00
交通运输、仓储和邮政业	108.85	33.42	15.15	24.73
信息传输、计算机服务和软件业	0.00	—	—	440.79
批发和零售业	21.19	9.74	11.39	29.16
住宿和餐饮业	0.00	0.00	0.00	0.00
金 融 业	0.00	0.00	0.00	0.00
房地产业	0.00	0.00	0.00	0.00
其　他	0.00	0.00	0.00	0.00
按母公司登记注册类型分				
国有企业	29.31	178.25	682.56	1352.17
国有独资公司	2.13	117.52	15.84	27.33
其他有限责任公司	172.52	39.96	33.69	38.48
股份有限公司	223.23	1.90	5.41	7.01
中外合资企业				0.00
港澳台合资企业				0.00
其　他	15.04	13.71	4.67	6.52

续表 单位:亿元

类　别	2001 年	2002 年	2003 年	2004 年	2005 年
全国总计	1456.60	2026.89	2682.25	4231.85	5303.98
按母公司控股情况分					
国有绝对控股	1439.42	2009.12	2660.57	4204.70	5278.90
国有相对控股	0.00	0.00	0.08	—	5.99
集体绝对控股	0.00	—	0.00	—	1.11
集体相对控股	—	—	0.00	0.00	0.00
其　他	13.28	12.12	21.61	25.22	17.98
按企业集团主营行业分					
农、林、牧、渔业	2.44	13.02	22.28	29.25	30.69
采 矿 业	459.13	567.77	770.38	1435.69	2026.55
制 造 业	381.83	566.30	915.01	1270.06	1397.82
电力、燃气及水的生产和供应业	—	—	93.30	96.89	108.49
建 筑 业	14.60	9.13	13.91	41.35	61.84
交通运输、仓储和邮政业	17.63	14.94	28.04	236.22	309.58
信息传输、计算机服务和软件业	520.86	784.15	777.27	1009.41	1226.63
批发和零售业	33.24	36.15	44.68	82.42	99.33
住宿和餐饮业	0.00	0.00	0.00	0.00	0.00
金 融 业	0.00	0.00	0.00	0.00	0.00
房地产业	0.00	0.00	0.00	0.00	0.00
其　他	6.71	15.21	17.39	30.56	43.06
按母公司登记注册类型分					
国有企业	1167.06	1563.67	1953.97	3111.62	3862.39
国有独资公司	245.49	341.77	622.32	1034.74	1301.90
其他有限责任公司	34.70	113.26	95.72	72.02	125.88
股份有限公司	0.58	0.68	0.70	0.84	0.40
中外合资企业	0.00	0.00	0.00	0.00	5.81
港澳台合资企业	0.00	0.00	0.00	0.00	0.00
其　他	8.77	—	—	—	7.59

5.5 国家试点企业集团研究开发费用

单位:亿元

类　别	1997 年	1998 年	1999 年	2000 年
全国总计	50.72	84.72	168.59	219.90
按母公司控股情况分				
国有绝对控股	38.58	81.65	166.96	218.19
国有相对控股	0.82	0.00	0.00	0.00
集体绝对控股	0.21	0.71	0.54	0.69
集体相对控股	0.03	0.00	0.00	0.00
其　他	11.08	2.36	1.09	1.02
按企业集团主营行业分				
农、林、牧、渔业	0.21	0.68	0.49	0.47
采 矿 业	0.38	12.54	14.73	18.60
制 造 业	43.84	66.29	139.28	197.46
电力、燃气及水的生产和供应业	4.96	3.70	12.47	0.38
建 筑 业	0.16	0.80	1.19	1.28
交通运输、仓储和邮政业	0.11	0.02	0.07	0.15
信息传输、计算机服务和软件业	0.00	0.00	0.00	0.12
批发和零售业	1.06	0.69	0.36	1.45
住宿和餐饮业	0.00	0.00	0.00	0.00
金 融 业	0.00	0.00	0.00	0.00
房地产业	0.00	0.00	0.00	0.00
其　他	0.00	0.00	0.00	0.00
按母公司登记注册类型分				
国有企业	3.26	65.26	111.33	133.37
国有独资公司	1.87	11.04	53.53	70.26
其他有限责任公司	25.31	5.16	2.25	2.28
股份有限公司	17.62	0.65	0.94	13.29
中外合资企业				0.00
港澳台合资企业				0.00
其　他	2.65	2.62	0.54	0.69

续表

单位:亿元

类　别	2001 年	2002 年	2003 年	2004 年	2005 年
全国总计	265.57	355.97	386.40	499.19	680.54
按母公司控股情况分					
国有绝对控股	262.46	350.70	377.21	491.26	669.27
国有相对控股	0.00	0.00	0.34	0.06	1.03
集体绝对控股	0.00	1.97	0.00	0.23	0.16
集体相对控股	0.79	1.09	0.00	0.00	0.00
其　他	2.32	2.20	8.85	7.63	10.07
按企业集团主营行业分					
农、林、牧、渔业	0.74	0.69	0.67	9.14	9.08
采 矿 业	28.12	35.38	42.13	49.45	62.60
制 造 业	231.01	313.67	335.97	430.98	594.81
电力、燃气及水的生产和供应业	0.08	0.30	0.64	0.24	2.53
建 筑 业	1.76	1.50	2.25	4.65	4.64
交通运输、仓储和邮政业	0.87	0.97	0.87	0.61	0.67
信息传输、计算机服务和软件业	2.65	3.41	3.54	3.75	4.95
批发和零售业	0.22	0.03	0.14	0.23	1.09
住宿和餐饮业	0.00	0.00	0.00	0.00	0.00
金 融 业	0.00	0.00	0.00	0.00	0.00
房地产业	0.00	0.00	0.00	0.00	0.00
其　他	0.11	0.01	0.19	0.15	0.16
按母公司登记注册类型分					
国有企业	177.56	263.54	293.96	377.01	484.37
国有独资公司	60.64	67.67	59.23	72.75	121.66
其他有限责任公司	26.14	23.96	31.81	48.23	70.06
股份有限公司	0.00	0.00	0.52	0.05	0.04
中外合资企业	0.00	0.00	0.00	0.00	1.00
港澳台合资企业	0.00	0.00	0.00	0.00	0.00
其　他	1.23	0.80	0.89	1.15	3.41

5.6 国家试点企业集团从业人员数

单位：万人

类　别	1997年	1998年	1999年	2000年
全国总计	762.51	987.32	1124.35	991.44
按母公司控股情况分				
国有绝对控股	689.90	970.25	1120.94	988.94
国有相对控股	4.44	0.00	0.00	0.00
集体绝对控股	1.73	2.15	1.52	1.79
集体相对控股	0.66	0.61	0.00	0.00
其　他	65.78	14.32	1.89	0.71
按企业集团主营行业分				
农、林、牧、渔业	216.10	237.61	217.48	198.95
采 矿 业	24.73	177.62	194.48	142.54
制 造 业	299.38	365.10	506.61	459.29
电力、燃气及水的生产和供应业	107.80	101.80	94.83	10.90
建 筑 业	47.66	42.60	39.85	44.53
交通运输、仓储和邮政业	49.63	45.45	41.77	44.43
信息传输、计算机服务和软件业	0.00	2.53	9.54	70.07
批发和零售业	17.21	14.59	19.79	20.74
住宿和餐饮业	0.00	0.00	0.00	0.00
金 融 业	0.00	0.00	0.00	0.00
房地产业	0.00	0.00	0.00	0.00
其　他	0.00	0.00	0.00	0.00
按母公司登记注册类型分				
国有企业	52.03	695.28	732.43	732.54
国有独资公司	7.64	233.08	375.73	248.30
其他有限责任公司	444.78	35.00	3.84	6.20
股份有限公司	180.69	7.56	10.83	2.62
中外合资企业				0.00
港澳台合资企业				0.00
其　他	77.38	16.38	1.52	1.79

续表

单位:万人

类　别	2001 年	2002 年	2003 年	2004 年	2005 年
全国总计	926.48	884.79	897.04	888.50	901.88
按母公司控股情况分					
国有绝对控股	922.04	879.49	888.24	878.92	891.08
国有相对控股	0.00	0.00	0.90	0.71	2.61
集体绝对控股	0.00	1.05	0.00	0.54	0.60
集体相对控股	1.75	2.03	0.00	0.00	0.00
其　他	2.69	2.22	7.90	8.32	7.59
按企业集团主营行业分					
农、林、牧、渔业	194.21	189.33	185.49	182.71	181.01
采 矿 业	133.65	131.89	130.05	137.35	138.01
制 造 业	431.93	415.48	390.90	379.75	367.12
电力、燃气及水的生产和供应业	0.46	0.48	4.76	4.68	7.04
建 筑 业	40.75	37.68	47.95	49.92	51.67
交通运输、仓储和邮政业	42.89	43.30	41.68	40.47	40.41
信息传输、计算机服务和软件业	69.26	54.23	84.37	79.73	98.00
批发和零售业	8.37	8.25	7.51	9.99	13.02
住宿和餐饮业	0.00	0.00	0.00	0.00	0.00
金 融 业	0.00	0.00	0.00	0.00	0.00
房地产业	0.00	0.00	0.00	0.00	0.00
其　他	4.96	4.15	4.33	3.89	5.60
按母公司登记注册类型分					
国有企业	620.84	518.43	615.77	595.02	545.88
国有独资公司	283.10	338.02	244.42	240.07	288.70
其他有限责任公司	19.33	25.90	32.80	49.20	62.11
股份有限公司	1.33	1.06	0.87	0.91	0.87
中外合资企业	0.00	0.00	0.00	0.00	1.88
港澳台合资企业	0.00	0.00	0.00	0.00	0.00
其　他	1.88	1.39	3.17	3.29	2.44

5.7 国家试点企业集团主要财务指标

单位：亿元

类别	单位数（个）	资产总计	固定资产原价	累计折旧	本年折旧	无形资产	累计对外投资
全国总计	110	76379.41	54769.51	23013.19	3095.04	1899.89	3051.55
按企业集团审批部门分							
国有绝对控股	103	75699.47	54503.68	22936.44	3078.83	1879.82	2985.31
国有相对控股	2	157.53	78.58	27.14	4.11	5.25	6.94
集体绝对控股	1	—	—	—	—	—	—
集体相对控股	0	0.00	0.00	0.00	0.00	0.00	0.00
其他	4	498.83	172.74	44.94	11.42	13.30	59.11
按企业集团主营行业分							
农、林、牧、渔业	9	2702.64	1072.85	338.22	49.12	102.50	25.83
采矿业	5	14366.43	11322.50	5414.38	749.73	384.39	1120.98
制造业	63	31829.93	18959.04	8030.44	1040.77	1062.64	1086.25
电力、燃气及水的生产和供应业	2	2843.79	2549.61	988.13	139.63	17.22	167.36
建筑业	6	2337.40	594.96	203.50	25.08	30.48	50.38
交通运输、仓储和邮政业	7	4931.93	4437.98	1567.16	211.85	74.42	103.28
信息传输、计算机服务和软件业	4	13710.30	14579.93	6124.65	827.05	139.00	103.42
批发和零售业	11	2492.70	557.94	148.76	15.92	76.56	231.59
住宿和餐饮业	0	0.00	0.00	0.00	0.00	0.00	0.00
金融业	0	0.00	0.00	0.00	0.00	0.00	0.00
房地产业	0	0.00	0.00	0.00	0.00	0.00	0.00
其他	3	1164.29	694.71	197.96	35.91	12.69	162.46
按母公司登记注册类型分							
国有企业	48	48545.00	37335.20	15511.69	2085.86	832.87	1819.45
国有独资公司	34	23475.59	15377.77	6755.09	910.50	730.34	991.37
其他有限责任公司	24	3989.96	1925.18	702.63	90.70	329.87	181.03
股份有限公司	2	84.48	23.31	9.01	0.42	2.14	2.98
中外合资企业	1	—	—	—	—	—	—
港澳台合资企业	0	0.00	0.00	0.00	0.00	0.00	0.00
其他	1	—	—	—	—	—	—

续表 1

单位:亿元

类　　别	本年对外投　　资	本年对境外投资	长　期投　资	短　期投　资	存　货	流动资产年平均余　额	应　收帐　款
全国总计	744.33	221.72	3786.66	774.22	7794.81	28744.71	3708.36
按企业集团审批部门分							
国有绝对控股	735.75	221.46	3707.76	767.78	7701.50	28446.50	3676.13
国有相对控股	0.38	0.00	8.47	0.01	17.83	76.22	12.42
集体绝对控股	—	—	—	—	—	—	—
集体相对控股	0.00	0.00	0.00	0.00	0.00	0.00	0.00
其　　他	8.20	0.26	65.58	6.43	73.12	215.42	18.31
按企业集团主营行业分							
农、林、牧、渔业	1.42	0.00	126.89	11.85	391.90	1285.00	147.19
采 矿 业	461.90	143.79	638.64	225.04	1078.06	4217.69	292.69
制 造 业	141.45	77.54	2013.92	362.89	4778.89	14248.35	1758.89
电力、燃气及水的生产和供应业	14.83	0.00	139.21	28.15	72.31	437.13	101.91
建 筑 业	7.97	0.00	96.74	3.60	539.40	1603.61	507.20
交通运输、仓储和邮政业	10.58	0.40	248.37	29.87	155.11	1337.51	263.91
信息传输、计算机服务和软件业	0.26	0.00	208.27	6.65	109.49	3679.06	352.15
批发和零售业	86.23	0.00	184.17	61.83	626.42	1604.86	238.78
住宿和餐饮业	0.00	0.00	0.00	0.00	0.00	0.00	0.00
金 融 业	0.00	0.00	0.00	0.00	0.00	0.00	0.00
房地产业	0.00	0.00	0.00	0.00	0.00	0.00	0.00
其　　他	19.69	0.00	130.45	44.32	43.23	331.49	45.65
按母公司登记注册类型分							
国有企业	589.30	143.39	2229.16	445.55	4158.50	18288.73	2248.08
国有独资公司	116.73	77.96	1328.53	277.55	3103.78	8442.97	1106.16
其他有限责任公司	25.78	0.36	165.12	44.65	487.21	1827.60	331.80
股份有限公司	6.46	0.00	9.63	0.17	13.26	59.25	3.06
中外合资企业	—	—	—	—	—	—	—
港澳台合资企业	0.00	0.00	0.00	0.00	0.00	0.00	0.00
其　　他	—	—	—	—	—	—	—

续表 2

单位：亿元

类　别	负债合计	流动负债	股东权益与少数股东权益总计	少数股东权益	股东权益合计	股本	营业收入
全国总计	40584.19	28979.98	35795.21	7341.18	28454.03	12247.39	54237.60
按企业集团审批部门分							
国有绝对控股	40233.86	28688.90	35465.62	7217.56	28248.06	12079.84	53620.34
国有相对控股	70.99	65.70	86.54	36.88	49.66	49.87	105.78
集体绝对控股	—	—	—	—	—	—	—
集体相对控股	0.00	0.00	0.00	0.00	0.00	0.00	0.00
其　他	267.29	214.33	231.54	86.74	144.80	111.95	497.76
按企业集团主营行业分							
农、林、牧、渔业	2023.23	1470.24	679.40	88.31	591.09	415.09	1558.25
采矿业	4788.63	3213.64	9577.80	1127.35	8450.45	2856.31	8415.74
制造业	19616.58	14559.19	12213.35	3098.20	9115.15	4392.73	26874.97
电力、燃气及水的生产和供应业	1879.58	683.87	964.21	514.56	449.64	237.33	843.71
建筑业	1877.21	1596.66	460.19	164.27	295.92	124.84	2316.33
交通运输、仓储和邮政业	2989.49	1784.29	1942.44	601.26	1341.18	764.13	3351.11
信息传输、计算机服务和软件业	4842.63	3869.75	8867.67	1453.68	7414.00	3098.00	5236.36
批发和零售业	1748.15	1489.53	744.55	195.06	549.49	182.47	5330.09
住宿和餐饮业	0.00	0.00	0.00	0.00	0.00	0.00	0.00
金融业	0.00	0.00	0.00	0.00	0.00	0.00	0.00
房地产业	0.00	0.00	0.00	0.00	0.00	0.00	0.00
其　他	818.68	312.81	345.61	98.49	247.12	176.48	311.04
按母公司登记注册类型分							
国有企业	23614.58	17483.93	24930.42	4103.88	20826.54	8432.49	30792.87
国有独资公司	14154.12	9500.73	9321.47	2756.65	6564.82	3271.63	19471.17
其他有限责任公司	2629.16	1840.05	1360.80	416.77	944.02	439.55	3597.05
股份有限公司	54.01	47.63	30.47	6.07	24.40	17.89	33.45
中外合资企业	—	—	—	—	—	—	—
港澳台合资企业	0.00	0.00	0.00	0.00	0.00	0.00	0.00
其　他	—	—	—	—	—	—	—

续表3 单位:亿元

类　别	主营业务收入	其他业务收入	主营业务成本	主营业务税金及附加	新产品销售收入	出口销售总额	存货跌价损失和营业、管理、财务等费用合计
全国总计	52770.73	1466.87	40549.22	931.27	5848.46	3399.30	6111.24
按企业集团审批部门分							
国有绝对控股	52156.96	1463.38	40024.16	927.38	5767.68	3305.72	6045.63
国有相对控股	104.47	1.31	69.69	0.76	14.74	3.77	28.57
集体绝对控股	—	—	—	—	—	—	—
集体相对控股	0.00	0.00	0.00	0.00	0.00	0.00	0.00
其　他	495.73	2.03	444.48	2.98	62.36	89.75	35.26
按企业集团主营行业分							
农、林、牧、渔业	1516.92	41.33	1285.17	14.59	12.95	172.78	218.03
采矿业	8068.01	347.73	4704.94	259.15	0.39	392.42	974.91
制造业	25991.29	883.67	21659.59	367.53	5834.82	1904.81	2743.60
电力、燃气及水的生产和供应业	843.08	0.63	651.85	4.63	0.00	41.83	95.65
建筑业	2302.14	14.19	2043.10	62.34	0.00	146.37	136.26
交通运输、仓储和邮政业	3252.39	98.72	2616.98	48.07	0.00	100.85	340.23
信息传输、计算机服务和软件业	5180.52	55.85	2305.60	164.83	0.00	0.03	1375.79
批发和零售业	5310.60	19.49	5059.01	6.25	0.30	583.97	177.96
住宿和餐饮业	0.00	0.00	0.00	0.00	0.00	0.00	0.00
金融业	0.00	0.00	0.00	0.00	0.00	0.00	0.00
房地产业	0.00	0.00	0.00	0.00	0.00	0.00	0.00
其　他	305.78	5.26	222.99	3.89	0.00	56.25	48.80
按母公司登记注册类型分							
国有企业	29981.99	810.89	21587.08	615.79	2884.35	1568.71	3973.33
国有独资公司	18878.17	593.00	15688.57	295.54	1331.33	1279.85	1686.42
其他有限责任公司	3535.71	61.34	2961.66	17.62	1619.03	479.32	401.58
股份有限公司	32.71	0.73	27.12	0.63	0.31	1.22	5.55
中外合资企业	—	—	—	—	—	—	—
港澳台合资企业	0.00	0.00	0.00	0.00	0.00	0.00	0.00
其　他	—	—	—	—	—	—	—

续表 4

单位:亿元

类别	税金	劳动、待业保险费	职工教育费	广告费	利息支出	投资收益	营业外收入
全国总计	174.73	394.45	31.30	135.05	661.61	163.41	163.05
按企业集团审批部门分							
国有绝对控股	174.08	392.74	31.09	124.81	650.70	160.86	162.03
国有相对控股	0.28	0.66	0.08	9.52	1.95	–0.17	0.11
集体绝对控股	—	—	—	—	—	—	—
集体相对控股	0.00	0.00	0.00	0.00	0.00	0.00	0.00
其他	0.35	0.97	0.13	0.72	8.67	2.46	0.88
按企业集团主营行业分							
农、林、牧、渔业	13.57	31.78	1.06	3.71	40.26	1.17	17.02
采矿业	11.79	67.47	4.19	3.93	31.61	26.36	21.93
制造业	68.71	160.16	13.57	60.03	292.57	63.33	49.79
电力、燃气及水的生产和供应业	1.39	5.25	0.38	0.09	59.82	10.37	1.30
建筑业	1.47	16.43	1.11	1.24	20.64	6.04	2.60
交通运输、仓储和邮政业	58.23	22.87	1.75	1.67	68.69	29.03	38.99
信息传输、计算机服务和软件业	16.35	83.47	8.44	59.69	99.48	–0.09	18.87
批发和零售业	2.19	5.12	0.61	4.49	25.73	20.04	11.23
住宿和餐饮业	0.00	0.00	0.00	0.00	0.00	0.00	0.00
金融业	0.00	0.00	0.00	0.00	0.00	0.00	0.00
房地产业	0.00	0.00	0.00	0.00	0.00	0.00	0.00
其他	1.02	1.92	0.20	0.20	22.82	7.16	1.31
按母公司登记注册类型分							
国有企业	124.65	248.40	20.73	98.45	330.69	86.52	92.16
国有独资公司	44.65	121.66	8.97	23.68	276.25	67.20	61.85
其他有限责任公司	5.02	22.94	1.44	3.27	47.32	8.03	8.61
股份有限公司	0.06	0.36	0.02	0.08	0.82	0.61	0.13
中外合资企业	—	—	—	—	—	—	—
港澳台合资企业	0.00	0.00	0.00	0.00	0.00	0.00	0.00
其他	—	—	—	—	—	—	—

续表 5 　　　　单位:亿元

类别	利润总额	应交所得税	应交增值税	固定资产投资完成额	研究开发费用
全国总计	5303.98	1494.07	1667.51	7196.82	680.54
按企业集团审批部门分					
国有绝对控股	5278.90	1486.85	1652.57	7151.80	669.27
国有相对控股	5.99	1.40	7.41	7.40	1.03
集体绝对控股	—	—	—	—	—
集体相对控股	0.00	0.00	0.00	0.00	0.00
其　他	17.98	5.72	6.48	36.96	10.07
按企业集团主营行业分					
农、林、牧、渔业	30.69	5.51	27.60	222.38	9.08
采 矿 业	2026.55	542.64	617.23	2152.06	62.60
制 造 业	1397.82	458.58	896.83	2473.89	594.81
电力、燃气及水的生产和供应业	108.49	21.27	78.52	417.44	2.53
建 筑 业	61.84	12.89	6.65	25.33	4.64
交通运输、仓储和邮政业	309.58	67.98	4.82	195.68	0.67
信息传输、计算机服务和软件业	1226.63	360.95	7.93	1642.82	4.95
批发和零售业	99.33	16.57	2.34	33.98	1.09
住宿和餐饮业	0.00	0.00	0.00	0.00	0.00
金 融 业	0.00	0.00	0.00	0.00	0.00
房地产业	0.00	0.00	0.00	0.00	0.00
其　他	43.06	7.70	25.61	33.24	0.16
按母公司登记注册类型分					
国有企业	3862.39	1037.79	881.50	4733.43	484.37
国有独资公司	1301.90	423.33	687.41	2238.89	121.66
其他有限责任公司	125.88	27.85	88.64	209.48	70.06
股份有限公司	0.40	0.38	0.54	0.20	0.04
中外合资企业	—	—	—	—	—
港澳台合资企业	0.00	0.00	0.00	0.00	0.00
其　他	—	—	—	—	—

5.8 国家试点企业集团主要劳动工资指标

类　别	单位数（个）	从业人员（万人）	在岗职工（万人）	其他从业人员（万人）	研究开发人员（万人）
全国总计	110	901.88	789.11	112.77	29.16
按企业集团审批部门分					
国有绝对控股	103	891.08	778.69	112.39	28.23
国有相对控股	2	2.61	2.61	0.00	0.25
集体绝对控股	1	—	—	—	—
集体相对控股	0	0.00	0.00	0.00	0.00
其　他	4	7.59	7.21	0.38	0.60
按企业集团主营行业分					
农、林、牧、渔业	9	181.01	154.04	26.97	0.56
采 矿 业	5	138.01	136.93	1.08	2.75
制 造 业	63	367.12	348.77	18.35	25.16
电力、燃气及水的生产和供应业	2	7.04	7.03	0.01	0.00
建 筑 业	6	51.67	24.24	27.44	0.48
交通运输、仓储和邮政业	7	40.41	37.43	2.98	0.04
信息传输、计算机服务和软件业	4	98.00	64.70	33.29	0.12
批发和零售业	11	13.02	10.53	2.49	0.04
住宿和餐饮业	0	0.00	0.00	0.00	0.00
金 融 业	0	0.00	0.00	0.00	0.00
房地产业	0	0.00	0.00	0.00	0.00
其　他	3	5.60	5.44	0.17	0.00
按母公司登记注册类型分					
国有企业	48	545.88	450.35	95.52	18.74
国有独资公司	34	288.70	275.16	13.55	7.62
其他有限责任公司	24	62.11	58.52	3.59	2.28
股份有限公司	2	0.87	0.75	0.12	0.02
中外合资企业	1	—	—	—	—
港澳台合资企业	0	0.00	0.00	0.00	0.00
其　他	1	—	—	—	—

续表

类　　别	从业人员劳动报酬（亿元）	在岗职工劳动报酬（亿元）	其他从业人员劳动报酬（亿元）	研究开发人员劳动报酬（亿元）
全国总计	2676.11	2496.09	180.02	109.21
按企业集团审批部门分				
国有绝对控股	2658.54	2478.96	179.59	106.27
国有相对控股	5.19	5.19	0.00	0.51
集体绝对控股	—	—	—	—
集体相对控股	0.00	0.00	0.00	0.00
其　　他	11.54	11.11	0.43	2.20
按企业集团主营行业分				
农、林、牧、渔业	246.72	226.00	20.73	1.42
采 矿 业	459.95	458.27	1.68	16.59
制 造 业	1108.84	1069.37	39.47	87.89
电力、燃气及水的生产和供应业	47.12	47.10	0.02	0.00
建 筑 业	137.01	81.99	55.02	1.87
交通运输、仓储和邮政业	182.17	173.96	8.21	0.12
信息传输、计算机服务和软件业	434.13	383.34	50.79	1.09
批发和零售业	43.42	39.69	3.73	0.22
住宿和餐饮业	0.00	0.00	0.00	0.00
金 融 业	0.00	0.00	0.00	0.00
房地产业	0.00	0.00	0.00	0.00
其　　他	16.76	16.38	0.38	0.00
按母公司登记注册类型分				
国有企业	1754.62	1603.54	151.08	67.06
国有独资公司	737.15	712.75	24.40	27.73
其他有限责任公司	172.87	168.56	4.31	12.62
股份有限公司	1.80	1.57	0.23	0.06
中外合资企业	—	—	—	—
港澳台合资企业	0.00	0.00	0.00	0.00
其　　他	—	—	—	—

5.9　国家试点企业集团主要经济效益指标

单位：%

类　　别	净资产收益率	总资产报酬率	销　售利润率	资本保值增 值 率	劳　动生产率(万元/人)	成本费用利 润 率
全国总计	10.64	7.81	9.78	117.94	60.14	11.37
按企业集团审批部门分						
国有绝对控股	10.69	7.83	9.84	117.90	60.17	11.46
国有相对控股	5.30	5.04	5.66	146.32	40.50	6.09
集体绝对控股	8.70	5.94	8.07	106.63	22.86	8.74
集体相对控股	0.00	0.00	0.00	0.00	0.00	0.00
其　　他	5.30	5.34	3.61	116.06	65.58	3.75
按企业集团主营行业分						
农、林、牧、渔业	3.71	2.63	1.97	109.18	8.61	2.04
采 矿 业	15.49	14.33	24.08	130.22	60.98	35.68
制 造 业	7.69	5.31	5.20	114.39	73.21	5.73
电力、燃气及水的生产和供应业	9.05	5.92	12.86	120.54	119.80	14.51
建 筑 业	10.64	3.53	2.67	114.76	44.83	2.84
交通运输、仓储和邮政业	12.44	7.67	9.24	122.48	82.92	10.47
信息传输、计算机服务和软件业	9.76	9.67	23.43	110.91	53.43	33.32
批发和零售业	11.12	5.02	1.86	125.53	409.53	1.90
住宿和餐饮业	0.00	0.00	0.00	0.00	0.00	0.00
金 融 业	0.00	0.00	0.00	0.00	0.00	0.00
房地产业	0.00	0.00	0.00	0.00	0.00	0.00
其　　他	10.23	5.66	13.84	108.02	55.50	15.84
按母公司登记注册类型分						
国有企业	11.33	8.64	12.54	116.90	56.41	15.11
国有独资公司	9.43	6.72	6.69	121.69	67.44	7.49
其他有限责任公司	7.20	4.34	3.50	111.68	57.92	3.74
股份有限公司	0.07	1.45	1.21	96.47	38.50	1.23
中外合资企业	6.68	6.06	6.44	165.34	48.04	7.00
港澳台合资企业	0.00	0.00	0.00	0.00	0.00	0.00
其　　他	4.94	7.67	3.00	115.37	103.52	3.09

续表 1　　单位：%

类　　别	资　产 利税率	总资产 使用率	流动资产 比　　率	资　金 利润率	资　产 负债率	长期负债 与 资 产 总计比率
全国总计	10.35	69.09	37.63	8.77	53.13	15.19
按企业集团审批部门分						
国有绝对控股	10.38	68.90	37.58	8.80	53.15	15.25
国有相对控股	8.99	66.32	48.38	4.69	45.07	3.36
集体绝对控股	9.79	57.56	27.82	6.75	51.13	4.27
集体相对控股	0.00	0.00	0.00	0.00	0.00	0.00
其　　他	5.50	99.38	43.19	5.24	53.58	10.62
按企业集团主营行业分						
农、林、牧、渔业	2.70	56.13	47.55	1.52	74.86	20.46
采 矿 业	20.21	56.16	29.36	20.01	33.33	10.96
制 造 业	8.36	81.66	44.76	5.55	61.63	15.89
电力、燃气及水的生产和供应业	6.74	29.65	15.37	5.43	66.09	42.05
建 筑 业	5.60	98.49	68.61	3.10	80.31	12.00
交通运输、仓储和邮政业	7.35	65.95	27.12	7.36	60.61	24.44
信息传输、计算机服务和软件业	10.21	37.79	26.83	10.11	35.32	7.10
批发和零售业	4.33	213.05	64.38	4.93	70.13	10.37
住宿和餐饮业	0.00	0.00	0.00	0.00	0.00	0.00
金 融 业	0.00	0.00	0.00	0.00	0.00	0.00
房地产业	0.00	0.00	0.00	0.00	0.00	0.00
其　　他	6.23	26.26	28.47	5.20	70.32	43.45
按母公司登记注册类型分						
国有企业	11.04	61.76	37.67	9.63	48.64	12.63
国有独资公司	9.73	80.42	35.96	7.63	60.29	19.82
其他有限责任公司	5.82	88.62	45.81	4.13	65.89	19.78
股份有限公司	1.87	38.72	70.13	0.55	63.94	7.56
中外合资企业	11.54	77.66	52.37	6.20	41.63	2.16
港澳台合资企业	0.00	0.00	0.00	0.00	0.00	0.00
其　　他	6.61	149.67	38.86	7.19	49.90	13.16

续表 2

单位:%

类　　别	已获利息倍　数(倍)	流　动比　率	速　动比　率	新产品销售收入与营业收入比重	研究开发费用与营业收入比重	研究开发费用与主营业务收入比　　重
全国总计	9.02	99.19	72.29	10.78	1.25	1.29
按企业集团审批部门分						
国有绝对控股	9.11	99.16	72.31	10.76	1.25	1.28
国有相对控股	4.07	116.01	88.87	13.93	0.98	0.99
集体绝对控股	4.79	59.37	38.01	26.81	1.18	1.20
集体相对控股	0.00	0.00	0.00	0.00	0.00	0.00
其　　他	3.07	100.51	66.40	12.53	2.02	2.03
按企业集团主营行业分						
农、林、牧、渔业	1.76	87.40	60.74	0.83	0.58	0.60
采 矿 业	65.11	131.24	97.70	0.00	0.74	0.78
制 造 业	5.78	97.86	65.04	21.71	2.21	2.29
电力、燃气及水的生产和供应业	2.81	63.92	53.35	0.00	0.30	0.30
建 筑 业	4.00	100.44	66.65	0.00	0.20	0.20
交通运输、仓储和邮政业	5.51	74.96	66.27	0.00	0.02	0.02
信息传输、计算机服务和软件业	13.33	95.07	92.24	0.00	0.09	0.10
批发和零售业	4.86	107.74	65.69	0.01	0.02	0.02
住宿和餐饮业	0.00	0.00	0.00	0.00	0.00	0.00
金 融 业	0.00	0.00	0.00	0.00	0.00	0.00
房地产业	0.00	0.00	0.00	0.00	0.00	0.00
其　　他	2.89	105.97	92.15	0.00	0.05	0.05
按母公司登记注册类型分						
国有企业	12.68	104.60	80.82	9.37	1.57	1.62
国有独资公司	5.71	88.87	56.20	6.84	0.62	0.64
其他有限责任公司	3.66	99.32	72.85	45.01	1.95	1.98
股份有限公司	1.49	124.39	96.56	0.94	0.11	0.11
中外合资企业	5.82	132.69	101.42	14.88	1.11	1.12
港澳台合资企业	0.00	0.00	0.00	0.00	0.00	0.00
其　　他	2.42	105.76	77.06	0.00	1.35	1.35

六　省级企业集团

简要说明

一、本篇反映省级企业集团发展的基本状况，主要内容包括：

1. 1997—2005年省级企业集团的单位数、资产总计、营业收入、利润总额、研究开发费用和从业人员数等。
2. 省级企业集团主要财务、劳动工资以及经济效益指标。
3. 各地区省级企业集团主要财务、劳动工资以及经济效益指标。
4. 各地区营业收入和资产总计均在5亿元及以上的省级企业集团主要财务、劳动工资以及经济效益指标。

二、省级企业集团包括：

1. 各省、自治区、直辖市人民政府批准的企业集团。
2. 各省级人民政府主管部门批准的企业集团。

6.1 省级企业集团单位数

单位:个

类　别	1997年	1998年	1999年	2000年
全国总计	1474	1778	2155	1966
按母公司控股情况分				
国有绝对控股	772	1048	1207	1113
国有相对控股	81	82	116	106
集体绝对控股	305	353	356	279
集体相对控股	38	72	84	71
其　他	278	223	392	397
按企业集团主营行业分				
农、林、牧、渔业	20	32	32	25
采矿业	25	44	55	51
制造业	1096	1234	1463	1309
电力、燃气及水的生产和供应业	17	26	39	39
建筑业	32	46	69	82
交通运输、仓储和邮政业	16	28	37	32
信息传输、计算机服务和软件业	3	3	4	5
批发和零售业	206	270	320	303
住宿和餐饮业	12	15	20	18
金融业	3	4	4	4
房地产业	38	57	85	75
其　他	6	19	27	23
按母公司登记注册类型分				
国有企业	477	359	294	286
国有独资公司	263	383	544	534
其他有限责任公司	260	475	612	554
股份有限公司	232	335	384	337
中外合资企业				26
港澳台合资企业				24
其　他	242	226	321	205

续表 单位:个

类　　别	2001年	2002年	2003年	2004年	2005年
全国总计	1876	1765	1702	1676	1620
按母公司控股情况分					
国有绝对控股	1077	992	898	847	785
国有相对控股	99	102	99	94	91
集体绝对控股	223	193	150	139	131
集体相对控股	63	50	57	51	47
其　　他	414	428	498	545	566
按企业集团主营行业分					
农、林、牧、渔业	25	23	23	19	22
采 矿 业	55	57	56	60	62
制 造 业	1218	1114	1077	1036	968
电力、燃气及水的生产和供应业	39	47	47	48	52
建 筑 业	78	85	95	91	86
交通运输、仓储和邮政业	38	39	44	49	50
信息传输、计算机服务和软件业	6	6	2	3	3
批发和零售业	272	238	217	208	210
住宿和餐饮业	23	25	20	17	20
金 融 业	2	5	5	7	9
房地产业	75	74	69	82	83
其　　他	45	52	47	56	55
按母公司登记注册类型分					
国有企业	250	200	157	155	130
国有独资公司	580	565	520	494	481
其他有限责任公司	552	558	622	627	648
股份有限公司	290	285	289	281	250
中外合资企业	15	4	7	11	14
港澳台合资企业	16	15	14	16	15
其　　他	173	138	93	92	82

6.2　省级企业集团资产总计

单位:亿元

类　别	1997年	1998年	1999年	2000年
全国总计	16157.39	23286.21	28877.71	31911.56
按母公司控股情况分				
国有绝对控股	11916.94	19425.86	23113.87	25890.05
国有相对控股	830.37	978.50	1167.20	1256.76
集体绝对控股	1044.36	1351.12	1991.33	2009.89
集体相对控股	179.14	296.21	305.80	334.64
其　他	2186.57	1234.53	2299.51	2420.22
按企业集团主营行业分				
农、林、牧、渔业	171.41	291.82	386.50	411.99
采 矿 业	370.28	431.06	1186.84	1057.40
制 造 业	10193.16	14131.80	16542.07	18156.25
电力、燃气及水的生产和供应业	1385.91	1708.80	2009.22	2433.77
建 筑 业	768.20	962.01	1274.91	1518.82
交通运输、仓储和邮政业	172.94	665.62	861.04	1014.79
信息传输、计算机服务和软件业	33.06	37.18	45.29	52.35
批发和零售业	2128.21	2942.04	3637.42	3970.58
住宿和餐饮业	183.86	210.87	390.60	385.63
金 融 业	54.07	143.90	195.72	332.89
房地产业	676.32	1682.52	2154.76	2233.63
其　他	19.97	78.58	193.33	343.44
按母公司登记注册类型分				
国有企业	4312.42	6659.59	5311.22	5605.66
国有独资公司	2036.68	8248.00	13209.13	15759.27
其他有限责任公司	5064.65	4049.87	5262.04	5079.99
股份有限公司	3883.41	2824.45	3197.16	3315.80
中外合资企业				402.08
港澳台合资企业				248.79
其　他	860.23	1504.30	1898.17	1499.97

续表

单位:亿元

类　　别	2001 年	2002 年	2003 年	2004 年	2005 年
全国总计	39053.94	43006.62	49095.51	57822.53	68818.99
按母公司控股情况分					
国有绝对控股	31363.20	33566.82	36407.53	42448.97	49236.16
国有相对控股	1516.83	2236.30	2333.03	2339.10	2998.14
集体绝对控股	2228.58	2472.04	2676.11	2781.63	2699.36
集体相对控股	437.27	443.30	730.40	929.94	786.18
其　　他	3508.05	4288.16	6948.44	9322.90	13099.14
按企业集团主营行业分					
农、林、牧、渔业	479.87	440.77	442.90	709.68	839.98
采 矿 业	1732.32	2134.71	2525.51	3269.93	5028.81
制 造 业	20970.33	21825.57	24952.78	29031.00	32146.54
电力、燃气及水的生产和供应业	2966.65	3616.47	4495.40	4744.06	6606.05
建 筑 业	2294.82	3405.57	3671.32	2851.94	3102.99
交通运输、仓储和邮政业	2165.61	1710.61	2997.15	4965.43	6403.64
信息传输、计算机服务和软件业	53.71	106.60	40.87	47.45	70.38
批发和零售业	4052.81	4006.18	4727.27	4890.06	5221.44
住宿和餐饮业	347.62	414.23	441.22	325.41	547.19
金 融 业	330.68	329.46	262.08	1355.80	1985.56
房地产业	1611.98	1874.48	2629.90	3015.70	3332.58
其　　他	2047.55	3141.97	1909.09	2616.08	3533.83
按母公司登记注册类型分					
国有企业	5458.16	4135.50	4336.70	5187.75	6107.27
国有独资公司	21132.57	24150.50	25528.48	28146.84	32693.95
其他有限责任公司	7124.93	8650.17	11695.97	15097.76	17929.81
股份有限公司	3610.88	4152.03	5496.79	6914.04	8531.47
中外合资企业	125.45	40.82	104.82	261.28	456.26
港澳台合资企业	72.79	118.09	143.50	139.19	169.51
其　　他	1529.15	1759.51	1789.24	2075.67	2930.72

6.3　省级企业集团营业收入

单位：亿元

类　别	1997 年	1998 年	1999 年	2000 年
全国总计	10282.32	13154.31	15621.68	18170.02
按母公司控股情况分				
国有绝对控股	7005.58	10274.39	11262.77	13146.23
国有相对控股	558.37	534.36	700.18	873.29
集体绝对控股	1104.13	1302.68	1917.35	1996.07
集体相对控股	152.90	247.05	259.14	288.78
其　他	1461.35	795.84	1482.25	1865.64
按企业集团主营行业分				
农、林、牧、渔业	106.28	135.84	168.16	191.08
采 矿 业	114.51	130.14	436.40	435.39
制 造 业	6756.27	8531.63	9667.45	11342.67
电力、燃气及水的生产和供应业	484.29	587.18	699.07	888.00
建 筑 业	477.90	592.06	789.28	963.40
交通运输、仓储和邮政业	49.66	169.18	188.49	214.77
信息传输、计算机服务和软件业	19.74	21.22	22.02	20.28
批发和零售业	2091.61	2546.61	2993.12	3325.02
住宿和餐饮业	49.31	50.08	97.44	121.42
金 融 业	9.86	5.65	15.41	14.33
房地产业	112.49	361.29	456.61	522.60
其　他	10.38	23.42	88.22	131.04
按母公司登记注册类型分				
国有企业	2689.53	3526.85	2462.74	3127.71
国有独资公司	1352.40	4153.30	6297.79	7562.70
其他有限责任公司	2799.19	2552.46	3148.29	3284.34
股份有限公司	2561.87	1719.53	1990.31	2139.30
中外合资企业				274.78
港澳台合资企业				162.49
其　他	879.33	1202.17	1722.56	1618.69

续表　　　　　　　　　　　　　　　　　　　　　　　　　　　　　　　　　单位:亿元

类　别	2001年	2002年	2003年	2004年	2005年
全国总计	22320.03	25632.70	32783.14	41826.48	51183.91
按母公司控股情况分					
国有绝对控股	15969.63	17654.04	21559.60	27112.24	32131.14
国有相对控股	1152.05	1841.60	1900.09	1761.19	2321.02
集体绝对控股	2162.65	2472.06	2974.17	3638.34	3590.69
集体相对控股	392.05	388.17	628.00	988.23	892.42
其　他	2643.64	3276.83	5721.28	8326.48	12248.64
按企业集团主营行业分					
农、林、牧、渔业	248.40	249.86	256.87	488.59	609.18
采矿业	680.95	951.59	1195.97	1878.42	3262.56
制造业	13548.56	15244.23	19835.32	25772.97	30849.99
电力、燃气及水的生产和供应业	1178.17	1463.44	1841.63	1396.16	2057.18
建筑业	1340.59	1757.07	2211.58	2520.99	2926.99
交通运输、仓储和邮政业	451.03	407.91	630.67	961.03	1268.67
信息传输、计算机服务和软件业	22.77	76.49	21.24	25.92	31.01
批发和零售业	3713.42	3968.01	5370.20	6215.58	7170.04
住宿和餐饮业	142.92	164.26	184.42	145.23	288.05
金融业	15.25	8.89	14.21	515.53	696.10
房地产业	386.55	488.02	677.91	893.08	1068.16
其　他	591.42	852.94	543.13	1012.98	955.98
按母公司登记注册类型分					
国有企业	3067.96	2697.30	2741.76	3455.85	4167.98
国有独资公司	10201.61	12058.21	14929.83	17718.67	21039.46
其他有限责任公司	4828.73	5373.78	8247.79	12137.67	15602.49
股份有限公司	2330.52	3260.72	4385.18	5044.33	6114.70
中外合资企业	71.22	25.71	53.34	301.30	481.76
港澳台合资企业	35.30	76.79	81.79	81.29	221.52
其　他	1784.70	2140.20	2343.45	3087.36	3556.00

6.4　省级企业集团利润总额

单位：亿元

类　别	1997 年	1998 年	1999 年	2000 年
全国总计	426.97	460.79	648.10	799.27
按母公司控股情况分				
国有绝对控股	262.30	300.79	387.16	519.07
国有相对控股	24.96	27.47	38.01	51.26
集体绝对控股	70.14	84.08	119.63	93.02
集体相对控股	9.43	15.43	14.52	19.31
其　　他	60.15	33.02	88.78	116.62
按企业集团主营行业分				
农、林、牧、渔业	0.77	–0.68	–3.53	6.78
采 矿 业	5.36	2.74	10.10	7.96
制 造 业	283.81	289.52	417.87	489.13
电力、燃气及水的生产和供应业	78.64	95.56	101.46	130.93
建 筑 业	8.76	9.50	13.56	22.87
交通运输、仓储和邮政业	4.43	11.89	17.21	16.31
信息传输、计算机服务和软件业	1.33	1.65	2.96	4.84
批发和零售业	18.50	6.98	37.78	54.80
住宿和餐饮业	4.36	2.13	6.68	5.95
金 融 业	3.46	1.71	2.67	3.31
房地产业	16.94	35.06	35.20	47.99
其　　他	0.61	4.71	6.13	8.41
按母公司登记注册类型分				
国有企业	114.03	104.76	106.99	169.87
国有独资公司	91.31	94.44	172.35	236.58
其他有限责任公司	145.16	113.95	160.18	171.87
股份有限公司	32.83	105.64	132.63	132.42
中外合资企业				17.32
港澳台合资企业				5.97
其　　他	43.63	42.00	75.95	65.23

续表 单位:亿元

类　别	2001年	2002年	2003年	2004年	2005年
全国总计	884.63	1134.09	1492.77	2005.73	2322.08
按母公司控股情况分					
国有绝对控股	546.35	706.11	928.58	1310.44	1479.41
国有相对控股	55.23	86.27	75.49	55.02	50.07
集体绝对控股	110.97	120.35	120.33	130.45	117.71
集体相对控股	8.77	24.72	35.36	50.43	45.11
其　他	163.33	196.64	333.02	459.38	629.77
按企业集团主营行业分					
农、林、牧、渔业	1.38	2.76	5.05	16.81	35.77
采 矿 业	17.47	27.75	56.73	126.12	264.26
制 造 业	506.22	632.43	996.89	1244.53	1322.76
电力、燃气及水的生产和供应业	154.45	219.15	168.81	204.08	207.83
建 筑 业	26.53	40.38	45.27	44.77	55.40
交通运输、仓储和邮政业	39.91	37.04	41.52	110.09	114.52
信息传输、计算机服务和软件业	3.99	5.83	2.39	2.40	3.03
批发和零售业	49.40	59.60	65.81	93.63	97.23
住宿和餐饮业	6.16	8.37	5.67	11.07	18.60
金 融 业	2.08	4.08	0.73	4.18	23.80
房地产业	24.62	33.43	62.09	86.54	104.17
其　他	52.43	63.26	41.81	61.51	74.71
按母公司登记注册类型分					
国有企业	64.89	80.54	88.95	143.12	223.03
国有独资公司	386.87	512.90	679.08	891.96	920.33
其他有限责任公司	241.88	278.39	417.32	644.88	788.46
股份有限公司	102.13	154.74	205.00	202.14	230.91
中外合资企业	4.85	1.00	2.69	15.91	27.80
港澳台合资企业	1.35	4.24	4.36	–4.07	6.10
其　他	82.68	102.28	95.37	111.78	125.46

6.5 省级企业集团研究开发费用

单位：亿元

类　别	1997 年	1998 年	1999 年	2000 年
全国总计	59.41	80.54	123.81	159.46
按母公司控股情况分				
国有绝对控股	33.58	52.63	79.02	105.49
国有相对控股	5.18	6.56	9.60	10.94
集体绝对控股	9.60	13.53	24.36	27.74
集体相对控股	1.74	2.98	2.04	1.93
其　他	9.30	4.85	8.79	13.35
按企业集团主营行业分				
农、林、牧、渔业	0.46	0.16	3.18	3.18
采 矿 业	1.40	0.79	4.24	2.82
制 造 业	55.18	75.20	107.95	142.33
电力、燃气及水的生产和供应业	0.32	0.43	4.89	7.04
建 筑 业	0.21	0.61	0.93	0.68
交通运输、仓储和邮政业	0.00	0.01	0.07	0.09
信息传输、计算机服务和软件业	0.13	0.27	0.62	0.63
批发和零售业	1.45	2.38	1.31	2.16
住宿和餐饮业	0.00	0.00	0.00	0.00
金 融 业	0.00	0.00	0.00	0.00
房地产业	0.22	0.51	0.54	0.41
其　他	0.03	0.17	0.07	0.12
按母公司登记注册类型分				
国有企业	18.32	12.24	12.99	18.95
国有独资公司	11.75	23.54	38.17	52.56
其他有限责任公司	10.58	15.81	21.78	30.56
股份有限公司	11.40	17.67	31.89	26.50
中外合资企业				8.43
港澳台合资企业				1.42
其　他	7.36	11.27	18.98	21.05

续表 单位:亿元

类　别	2001年	2002年	2003年	2004年	2005年
全国总计	266.48	259.43	297.16	403.06	497.11
按母公司控股情况分					
国有绝对控股	136.39	148.50	160.25	212.56	250.99
国有相对控股	18.52	27.68	33.76	31.52	39.30
集体绝对控股	50.73	51.73	50.13	50.02	56.05
集体相对控股	5.62	2.77	4.62	10.80	9.13
其　他	55.23	28.74	48.40	98.15	141.64
按企业集团主营行业分					
农、林、牧、渔业	1.39	1.31	0.99	0.30	0.49
采矿业	5.93	12.28	6.95	12.68	22.19
制造业	252.49	235.14	282.78	366.01	447.04
电力、燃气及水的生产和供应业	0.45	1.94	0.74	0.82	2.15
建筑业	2.86	3.73	2.37	3.93	4.19
交通运输、仓储和邮政业	0.04	0.08	0.12	15.56	15.92
信息传输、计算机服务和软件业	1.16	1.10	1.48	2.20	2.61
批发和零售业	1.73	2.77	1.20	1.27	2.05
住宿和餐饮业	0.01	0.00	0.00	0.01	0.01
金融业	0.00	0.00	0.00	0.00	0.05
房地产业	0.10	0.30	0.11	0.09	0.06
其　他	0.32	0.77	0.42	0.20	0.35
按母公司登记注册类型分					
国有企业	16.05	17.00	12.44	14.21	23.70
国有独资公司	86.72	97.01	91.80	138.72	159.06
其他有限责任公司	79.40	49.11	79.59	132.61	168.15
股份有限公司	36.80	46.22	67.29	53.44	72.68
中外合资企业	0.70	0.35	0.43	8.45	11.11
港澳台合资企业	0.20	0.43	0.19	0.27	0.20
其　他	46.62	49.32	45.43	55.36	62.20

6.6 省级企业集团从业人员数

单位：万人

类　别	1997 年	1998 年	1999 年	2000 年
全国总计	666.70	762.67	936.68	865.64
按母公司控股情况分				
国有绝对控股	480.85	626.67	744.00	689.84
国有相对控股	32.53	22.80	33.08	30.85
集体绝对控股	52.94	60.63	76.20	64.31
集体相对控股	7.97	13.18	12.77	11.74
其　他	92.41	39.39	70.63	68.90
按企业集团主营行业分				
农、林、牧、渔业	26.84	35.70	44.92	29.71
采 矿 业	20.07	22.71	93.33	75.99
制 造 业	482.16	529.36	576.33	538.10
电力、燃气及水的生产和供应业	13.31	13.95	16.72	19.21
建 筑 业	47.45	47.92	71.46	69.54
交通运输、仓储和邮政业	4.30	18.84	19.76	23.94
信息传输、计算机服务和软件业	0.50	0.44	0.45	0.55
批发和零售业	62.01	73.81	83.96	80.05
住宿和餐饮业	4.20	4.48	8.03	8.01
金 融 业	0.32	0.22	0.48	0.41
房地产业	4.40	13.76	15.20	14.02
其　他	1.13	1.48	6.03	6.12
按母公司登记注册类型分				
国有企业	213.92	211.80	127.79	137.97
国有独资公司	80.69	275.81	454.88	442.49
其他有限责任公司	182.03	130.92	189.19	139.08
股份有限公司	146.64	91.81	101.61	87.41
中外合资企业				6.70
港澳台合资企业				6.40
其　他	43.41	52.33	63.21	45.60

续表

单位:万人

类　别	2001年	2002年	2003年	2004年	2005年
全国总计	965.63	951.95	975.83	1009.35	1077.30
按母公司控股情况分					
国有绝对控股	766.46	727.93	704.25	693.95	729.16
国有相对控股	36.57	49.89	43.90	40.94	46.06
集体绝对控股	58.13	60.71	62.21	59.62	47.24
集体相对控股	16.91	10.73	20.21	24.21	14.06
其　他	87.56	102.70	145.27	190.62	240.79
按企业集团主营行业分					
农、林、牧、渔业	54.68	51.24	47.62	48.90	49.50
采 矿 业	117.91	127.71	130.34	145.16	189.79
制 造 业	561.06	530.91	541.09	544.42	547.50
电力、燃气及水的生产和供应业	21.20	22.86	24.37	20.92	26.78
建 筑 业	85.95	93.28	98.55	94.26	100.07
交通运输、仓储和邮政业	30.50	21.69	39.22	46.94	51.76
信息传输、计算机服务和软件业	0.75	1.36	0.38	0.46	0.71
批发和零售业	62.83	55.82	62.31	66.05	64.88
住宿和餐饮业	8.53	9.14	10.31	6.34	11.26
金 融 业	0.38	0.43	0.55	5.56	8.57
房地产业	7.58	8.37	9.75	12.82	11.59
其　他	14.25	29.15	11.35	17.52	14.90
按母公司登记注册类型分					
国有企业	149.96	103.01	95.37	74.66	72.77
国有独资公司	497.39	507.54	469.67	473.29	503.60
其他有限责任公司	185.94	200.07	255.98	297.15	332.86
股份有限公司	87.17	95.92	115.67	116.73	117.21
中外合资企业	2.60	0.66	1.72	5.08	11.81
港澳台合资企业	1.97	2.63	2.87	3.53	3.92
其　他	40.59	42.11	34.54	38.92	35.14

6.7 省级企业集团主要财务指标

单位:亿元

类　别	单位数(个)	资　产 总　计	固定资产 原　价	累　计 折　旧	本　年 折　旧	无　形 资　产	累计对外 投　资
全国总计	1620	68818.99	31728.64	9681.49	1609.90	2484.94	3998.98
按母公司控股情况分							
国有绝对控股	785	49236.16	24144.81	7674.87	1207.64	1824.51	2929.89
国有相对控股	91	2998.14	1335.07	368.36	60.87	106.27	100.65
集体绝对控股	131	2699.36	1013.64	296.21	53.55	55.14	127.34
集体相对控股	47	786.18	341.54	84.38	30.35	29.59	28.94
其　　他	566	13099.14	4893.60	1257.67	257.48	469.42	812.15
按企业集团主营行业分							
农、林、牧、渔业	22	839.98	325.40	103.88	11.72	99.31	41.93
采 矿 业	62	5028.81	3385.21	1212.21	244.83	259.59	130.05
制 造 业	968	32146.54	16146.27	5310.37	880.72	1256.11	1442.18
电力、燃气及水的生产和供应业	52	6606.05	3849.76	1247.36	169.10	94.48	684.44
建 筑 业	86	3102.99	558.19	188.57	28.45	58.65	222.54
交通运输、仓储和邮政业	50	6403.64	4181.59	703.35	137.38	165.66	226.66
信息传输、计算机服务和软件业	3	70.38	18.55	5.13	0.96	1.41	8.98
批发和零售业	210	5221.44	1366.18	364.26	53.10	156.46	454.62
住宿和餐饮业	20	547.19	361.28	140.51	17.26	26.75	40.95
金 融 业	9	1985.56	197.47	57.04	7.87	9.04	66.16
房地产业	83	3332.58	338.96	69.34	12.39	86.64	115.95
其　　他	55	3533.83	999.79	279.46	46.11	270.83	564.55
按母公司登记注册类型分							
国有企业	130	6107.27	2407.51	778.86	123.85	208.65	503.06
国有独资公司	481	32693.95	17073.40	5377.57	866.78	1201.31	2016.25
其他有限责任公司	648	17929.81	7929.17	2347.78	423.32	746.14	839.37
股份有限公司	250	8531.47	3017.84	802.48	138.10	253.46	484.77
中外合资企业	14	456.26	237.20	52.59	8.85	20.23	10.43
港澳台合资企业	15	169.51	58.82	27.38	2.64	5.63	4.22
其　　他	82	2930.72	1004.70	294.83	46.35	49.53	140.86

续表 1 单位:亿元

类　　别	本年对外投资	本年对境外投资	长期投资	短期投资	存货	流动资产年平均余额	应收帐款
全国总计	772.46	4.88	6213.85	484.00	8926.75	29521.52	4255.97
按母公司控股情况分							
国有绝对控股	503.35	1.49	4824.99	353.87	5924.93	20025.59	2661.66
国有相对控股	37.55	1.12	167.43	21.12	419.75	1320.36	277.50
集体绝对控股	18.92	0.00	176.92	12.07	469.13	1539.17	251.45
集体相对控股	3.13	0.00	45.21	4.85	114.10	365.82	64.13
其　　他	209.52	2.27	999.29	92.09	1998.84	6270.58	1001.24
按企业集团主营行业分							
农、林、牧、渔业	1.36	0.00	52.48	4.86	124.92	370.70	30.91
采 矿 业	53.99	0.19	155.32	31.46	265.15	1729.89	215.02
制 造 业	217.89	3.11	2132.34	154.19	4771.63	14549.17	2278.78
电力、燃气及水的生产和供应业	235.45	1.15	780.89	95.66	341.49	1905.47	256.65
建 筑 业	18.47	0.01	257.42	11.46	645.81	2053.41	640.93
交通运输、仓储和邮政业	26.19	0.04	342.33	22.67	120.65	1187.73	92.56
信息传输、计算机服务和软件业	4.56	0.00	21.29	2.13	4.40	12.14	3.74
批发和零售业	134.45	0.20	559.68	29.87	777.47	3037.51	445.85
住宿和餐饮业	5.30	0.00	58.57	2.64	31.97	201.93	12.12
金 融 业	5.79	0.01	893.37	38.36	31.63	763.81	60.81
房地产业	26.20	0.16	255.88	21.20	1497.66	2166.24	95.03
其　　他	42.81	0.01	704.27	69.49	313.99	1543.52	123.56
按母公司登记注册类型分							
国有企业	25.06	0.01	706.28	48.22	995.65	2944.94	351.36
国有独资公司	414.90	0.99	2785.76	220.46	3924.54	13120.93	1830.47
其他有限责任公司	159.17	1.61	1091.64	114.72	2557.98	7863.44	1174.39
股份有限公司	146.21	1.12	1405.21	59.39	882.11	3651.47	575.74
中外合资企业	1.97	0.00	21.43	0.60	38.53	177.36	37.67
港澳台合资企业	0.23	0.00	6.28	0.61	35.88	101.44	8.99
其　　他	24.92	1.15	197.26	40.00	492.07	1661.93	277.35

续表 2　　单位:亿元

类　　别	负　债 合　计	流　动 负　债	股东权益与少数股东权益总　计	少数股东权　益	股东权益合　计	股　本	营　业 收　入
全国总计	42735.91	30721.20	26083.08	5548.54	20534.55	10262.73	51183.91
按母公司控股情况分							
国有绝对控股	30316.63	21130.39	18919.54	4314.96	14604.58	7742.14	32131.14
国有相对控股	1986.43	1511.88	1011.71	228.12	783.59	415.57	2321.02
集体绝对控股	1563.95	1343.27	1135.42	170.49	964.92	346.47	3590.69
集体相对控股	510.27	414.60	275.92	61.12	214.80	82.95	892.42
其　　他	8358.64	6321.06	4740.51	773.85	3966.66	1675.60	12248.64
按企业集团主营行业分							
农、林、牧、渔业	497.96	417.38	342.02	42.80	299.22	134.12	609.18
采 矿 业	3073.87	2242.28	1954.95	310.97	1643.98	932.70	3262.56
制 造 业	19385.49	15473.38	12761.05	2793.84	9967.20	4703.88	30849.99
电力、燃气及水的生产和供应业	3703.12	1869.94	2902.93	734.79	2168.14	1205.07	2057.18
建 筑 业	2355.59	2164.48	747.40	129.17	618.23	297.21	2926.99
交通运输、仓储和邮政业	3674.80	1728.79	2728.84	630.14	2098.70	1255.56	1268.67
信息传输、计算机服务和软件业	24.57	24.39	45.81	7.39	38.42	23.27	31.01
批发和零售业	3683.43	3014.67	1538.01	342.72	1195.29	619.99	7170.04
住宿和餐饮业	327.73	277.16	219.46	50.05	169.41	82.90	288.05
金 融 业	1689.09	410.82	296.47	29.84	266.63	135.81	696.10
房地产业	2361.17	1810.38	971.42	241.56	729.86	330.79	1068.16
其　　他	1959.10	1287.52	1574.73	235.28	1339.45	541.43	955.98
按母公司登记注册类型分							
国有企业	3718.18	3057.48	2389.09	650.78	1738.31	755.52	4167.98
国有独资公司	20002.58	14093.61	12691.37	2984.72	9706.65	5015.48	21039.46
其他有限责任公司	10982.97	8383.87	6946.84	1252.07	5694.77	3013.12	15602.49
股份有限公司	5783.97	3431.44	2747.49	462.81	2284.68	1082.67	6114.70
中外合资企业	276.45	205.60	179.81	10.25	169.56	51.28	481.76
港澳台合资企业	118.38	101.54	51.12	4.05	47.07	16.57	221.52
其　　他	1853.36	1447.67	1077.36	183.86	893.50	328.08	3556.00

续表 3 单位:亿元

类别	主营业务收入	其他业务收入	主营业务成本	主营业务税金及附加	新产品销售收入	出口销售总额	存货跌价损失和营业、管理、财务等费用合计
全国总计	49683.49	1500.42	41883.31	566.18	6288.66	4966.68	5553.52
按母公司控股情况分							
国有绝对控股	31068.06	1063.08	25852.78	424.92	3270.95	2809.47	3906.44
国有相对控股	2261.70	59.32	1900.01	14.88	444.95	387.21	300.64
集体绝对控股	3531.97	58.73	3168.07	14.68	861.10	351.07	254.93
集体相对控股	839.23	53.19	739.24	5.29	103.79	137.89	55.24
其　　他	11982.53	266.11	10223.21	106.41	1607.87	1281.04	1036.27
按企业集团主营行业分							
农、林、牧、渔业	579.59	29.59	451.09	5.46	4.52	38.18	93.68
采矿业	2980.19	282.37	2046.43	50.69	35.97	118.91	499.46
制造业	29935.74	914.26	25533.87	253.62	6213.45	3365.63	2897.02
电力、燃气及水的生产和供应业	2037.33	19.85	1648.83	26.42	1.09	18.76	215.21
建筑业	2839.66	87.33	2555.46	85.21	0.10	6.01	164.82
交通运输、仓储和邮政业	1232.21	36.46	869.55	40.92	0.09	5.64	575.24
信息传输、计算机服务和软件业	31.00	0.00	14.80	0.57	14.63	0.04	12.51
批发和零售业	7097.27	72.76	6437.92	23.75	13.71	1353.56	545.72
住宿和餐饮业	287.35	0.70	176.41	7.76	0.00	3.43	90.36
金融业	693.47	2.63	617.40	11.41	0.00	11.47	163.40
房地产业	1033.36	34.80	793.70	42.86	4.74	6.12	125.44
其　　他	936.31	19.68	737.86	17.51	0.36	38.92	170.66
按母公司登记注册类型分							
国有企业	4021.62	146.36	3372.57	89.31	590.79	433.89	399.33
国有独资公司	20334.26	705.20	16954.32	265.76	1888.44	1824.02	2740.47
其他有限责任公司	15155.46	447.02	12809.25	143.37	1843.50	1602.37	1362.67
股份有限公司	6020.73	93.97	5049.42	50.10	1005.96	621.90	758.01
中外合资企业	454.97	26.80	377.74	1.82	70.61	104.00	48.07
港澳台合资企业	219.70	1.81	192.33	1.45	5.37	5.56	19.39
其　　他	3476.74	79.26	3127.68	14.34	883.99	374.93	225.58

续表 4　　单位:亿元

类　别	税　金	劳动、待　业保险费	职　工教育费	广告费	利　息支　出	投　资收　益	营业外收　入
全国总计	146.98	308.27	26.89	173.03	727.07	301.58	143.90
按母公司控股情况分							
国有绝对控股	111.53	269.33	20.77	96.27	455.34	228.53	111.37
国有相对控股	4.82	7.73	0.87	10.63	48.39	19.90	6.71
集体绝对控股	4.50	7.10	0.77	15.57	31.02	1.03	4.66
集体相对控股	2.41	1.04	0.28	0.79	12.24	1.60	2.15
其　他	23.72	23.07	4.20	49.77	180.07	50.53	19.00
按企业集团主营行业分							
农、林、牧、渔业	2.34	7.83	0.36	1.76	5.15	–0.10	2.64
采 矿 业	24.86	80.72	5.55	0.47	46.27	3.60	6.12
制 造 业	65.78	128.94	11.93	150.61	412.11	92.99	70.21
电力、燃气及水的生产和供应业	5.05	9.72	0.96	2.69	74.76	29.96	16.70
建 筑 业	2.82	22.49	1.52	1.07	27.16	9.24	7.18
交通运输、仓储和邮政业	4.87	18.42	4.01	1.18	54.06	26.78	6.86
信息传输、计算机服务和软件业	0.02	0.29	0.06	0.50	0.17	0.00	0.60
批发和零售业	23.76	20.73	1.23	5.66	48.24	26.17	13.19
住宿和餐饮业	2.19	4.09	0.24	0.66	5.53	2.45	5.50
金 融 业	3.88	1.04	0.26	1.24	1.97	53.11	0.96
房地产业	5.11	2.76	0.27	4.32	21.69	11.93	5.87
其　他	6.30	11.22	0.49	2.87	29.93	45.45	8.07
按母公司登记注册类型分							
国有企业	14.32	30.49	1.88	7.75	52.59	41.37	12.30
国有独资公司	66.36	186.23	14.88	59.08	321.63	115.91	84.82
其他有限责任公司	42.03	66.12	6.73	41.49	217.23	50.30	31.34
股份有限公司	16.92	16.17	2.52	39.24	92.50	87.67	10.04
中外合资企业	1.52	1.00	0.16	5.64	5.05	0.74	0.29
港澳台合资企业	0.19	1.22	0.03	2.15	2.37	1.40	0.95
其　他	5.64	7.03	0.69	17.69	35.70	4.19	4.16

续表 5 单位:亿元

类　别	利　润 总　额	应　交 所得税	应　交 增值税	固定资产 投　资 完成额	研究开发 费　用
全国总计	2322.08	580.78	1277.65	4724.58	497.11
按母公司控股情况分					
国有绝对控股	1479.41	382.82	888.50	3596.52	250.99
国有相对控股	50.07	24.36	50.16	204.33	39.30
集体绝对控股	117.71	22.67	53.37	100.65	56.05
集体相对控股	45.11	10.43	21.35	57.40	9.13
其　他	629.77	140.51	264.26	765.68	141.64
按企业集团主营行业分					
农、林、牧、渔业	35.77	4.97	9.56	29.39	0.49
采 矿 业	264.26	69.93	188.37	623.02	22.19
制 造 业	1322.76	307.71	894.41	2463.72	447.04
电力、燃气及水的生产和供应业	207.83	54.55	104.32	422.23	2.15
建 筑 业	55.40	16.34	7.83	29.00	4.19
交通运输、仓储和邮政业	114.52	35.09	4.11	864.80	15.92
信息传输、计算机服务和软件业	3.03	0.96	0.58	0.42	2.61
批发和零售业	97.23	41.35	51.02	81.70	2.05
住宿和餐饮业	18.60	5.31	1.26	28.07	0.01
金 融 业	23.80	1.72	2.55	20.99	0.05
房地产业	104.17	30.49	1.65	116.14	0.06
其　他	74.71	12.36	12.01	45.11	0.35
按母公司登记注册类型分					
国有企业	223.03	56.40	89.06	360.44	23.70
国有独资公司	920.33	241.34	604.21	2495.83	159.06
其他有限责任公司	788.46	184.38	396.38	1312.14	168.15
股份有限公司	230.91	61.13	118.59	373.58	72.68
中外合资企业	27.80	5.59	11.20	44.62	11.11
港澳台合资企业	6.10	4.05	2.63	3.45	0.20
其　他	125.46	27.89	55.58	134.53	62.20

6.8 省级企业集团主要劳动工资指标

类　别	单位数（个）	从业人员（万人）	在岗职工（万人）	其他从业人员（万人）	研究开发人员（万人）
全国总计	1620	1077.30	1009.16	68.14	27.48
按母公司控股情况分					
国有绝对控股	785	729.16	672.89	56.26	17.46
国有相对控股	91	46.06	42.94	3.12	1.65
集体绝对控股	131	47.24	44.40	2.84	1.51
集体相对控股	47	14.06	13.62	0.44	0.32
其　他	566	240.79	235.31	5.47	6.54
按企业集团主营行业分					
农、林、牧、渔业	22	49.50	41.35	8.15	0.27
采 矿 业	62	189.79	180.60	9.19	3.77
制 造 业	968	547.50	528.24	19.26	21.95
电力、燃气及水的生产和供应业	52	26.78	25.34	1.44	0.28
建 筑 业	86	100.07	88.95	11.11	0.47
交通运输、仓储和邮政业	50	51.76	47.01	4.75	0.17
信息传输、计算机服务和软件业	3	0.71	0.71	0.00	0.29
批发和零售业	210	64.88	58.63	6.25	0.15
住宿和餐饮业	20	11.26	9.41	1.85	0.01
金 融 业	9	8.57	7.74	0.83	0.00
房地产业	83	11.59	9.06	2.53	0.04
其　他	55	14.90	12.13	2.77	0.09
按母公司登记注册类型分					
国有企业	130	72.77	64.92	7.85	1.05
国有独资公司	481	503.60	464.62	38.99	12.01
其他有限责任公司	648	332.86	318.70	14.15	8.45
股份有限公司	250	117.21	112.67	4.54	3.98
中外合资企业	14	11.81	11.76	0.06	0.29
港澳台合资企业	15	3.92	3.89	0.03	0.11
其　他	82	35.14	32.60	2.53	1.60

续表

类　　别	从业人员劳动报酬（亿元）	在岗职工劳动报酬（亿元）	其他从业人员劳动报酬（亿元）	研究开发人员劳动报酬（亿元）
全国总计	2121.87	2031.96	89.92	84.71
按母公司控股情况分				
国有绝对控股	1573.35	1498.68	74.66	54.94
国有相对控股	87.05	83.96	3.09	4.45
集体绝对控股	61.35	57.59	3.76	4.93
集体相对控股	20.53	20.10	0.43	1.26
其　　他	379.60	371.62	7.98	19.13
按企业集团主营行业分				
农、林、牧、渔业	47.16	41.93	5.22	0.65
采 矿 业	373.19	364.07	9.11	11.30
制 造 业	1005.00	976.62	28.39	66.47
电力、燃气及水的生产和供应业	73.43	71.87	1.56	0.86
建 筑 业	201.02	185.50	15.52	1.84
交通运输、仓储和邮政业	144.68	136.36	8.33	0.84
信息传输、计算机服务和软件业	4.79	4.79	0.00	1.92
批发和零售业	141.30	133.17	8.13	0.48
住宿和餐饮业	26.94	24.54	2.40	0.01
金 融 业	19.39	18.41	0.99	0.01
房地产业	29.39	27.46	1.93	0.11
其　　他	55.57	47.23	8.34	0.24
按母公司登记注册类型分				
国有企业	171.54	161.84	9.69	3.61
国有独资公司	1076.22	1022.73	53.50	38.91
其他有限责任公司	585.54	568.45	17.10	23.36
股份有限公司	216.03	210.08	5.95	12.30
中外合资企业	13.12	13.08	0.04	0.55
港澳台合资企业	6.82	6.73	0.09	0.24
其　　他	52.60	49.05	3.55	5.73

6.9 省级企业集团主要经济效益指标

单位:%

类　别	净资产收益率	总资产报酬率	销售利润率	资本保值增值率	劳动生产率(万元/人)	成本费用利润率
全国总计	6.68	4.43	4.54	112.73	47.51	4.90
按母公司控股情况分						
国有绝对控股	5.80	3.93	4.60	112.58	44.07	4.97
国有相对控股	2.54	3.28	2.16	103.72	50.39	2.28
集体绝对控股	8.37	5.51	3.28	110.47	76.01	3.44
集体相对控股	12.57	7.29	5.05	116.82	63.47	5.68
其　他	10.32	6.18	5.14	115.81	50.87	5.59
按企业集团主营行业分						
农、林、牧、渔业	9.01	4.87	5.87	108.92	12.31	6.57
采 矿 业	9.94	6.18	8.10	139.93	17.19	10.38
制 造 业	7.95	5.40	4.29	110.89	56.35	4.65
电力、燃气及水的生产和供应业	5.28	4.28	10.10	110.30	76.82	11.15
建 筑 业	5.23	2.66	1.89	104.54	29.25	2.04
交通运输、仓储和邮政业	2.91	2.63	9.03	124.43	24.51	7.93
信息传输、计算机服务和软件业	4.53	4.56	9.78	159.60	43.69	11.10
批发和零售业	3.63	2.79	1.36	103.86	110.51	1.39
住宿和餐饮业	6.05	4.41	6.46	93.13	25.58	6.97
金 融 业	7.45	1.30	3.42	122.33	81.22	3.05
房地产业	7.58	3.78	9.75	111.57	92.16	11.33
其　他	3.96	2.96	7.82	103.50	64.17	8.22
按母公司登记注册类型分						
国有企业	6.97	4.51	5.35	110.50	57.28	5.91
国有独资公司	5.35	3.80	4.37	110.90	41.78	4.67
其他有限责任公司	8.70	5.61	5.05	117.76	46.87	5.56
股份有限公司	6.18	3.79	3.78	111.09	52.17	3.98
中外合资企业	12.35	7.20	5.77	115.25	40.78	6.53
港澳台合资企业	4.01	4.99	2.75	101.31	56.50	2.88
其　他	9.06	5.50	3.53	112.92	101.21	3.74

续表 1 单位:%

类别	资产利税率	总资产使用率	流动资产比率	资金利润率	资产负债率	长期负债与资产总计比率
全国总计	6.05	72.19	42.90	4.50	62.10	17.46
按母公司控股情况分						
国有绝对控股	5.67	63.10	40.67	4.05	61.57	18.66
国有相对控股	3.84	75.44	44.04	2.19	66.26	15.83
集体绝对控股	6.88	130.84	57.02	5.22	57.94	8.18
集体相对控股	9.13	106.75	46.53	7.24	64.90	12.17
其　　他	7.64	91.48	47.87	6.36	63.81	15.56
按企业集团主营行业分						
农、林、牧、渔业	6.05	69.00	44.13	6.04	59.28	9.59
采 矿 业	10.01	59.26	34.40	6.77	61.13	16.54
制 造 业	7.69	93.12	45.26	5.21	60.30	12.17
电力、燃气及水的生产和供应业	5.13	30.84	28.84	4.61	56.06	27.75
建 筑 业	4.78	91.51	66.18	2.29	75.91	6.16
交通运输、仓储和邮政业	2.49	19.24	18.55	2.45	57.39	30.39
信息传输、计算机服务和软件业	5.94	44.05	17.25	11.87	34.91	0.25
批发和零售业	3.29	135.93	58.17	2.41	70.54	12.81
住宿和餐饮业	5.05	52.51	36.90	4.40	59.89	9.24
金 融 业	1.90	34.93	38.47	2.63	85.07	64.38
房地产业	4.46	31.01	65.00	4.28	70.85	16.53
其　　他	2.95	26.50	43.68	3.30	55.44	19.00
按母公司登记注册类型分						
国有企业	6.57	65.85	48.22	4.88	60.88	10.82
国有独资公司	5.48	62.20	40.13	3.71	61.18	18.07
其他有限责任公司	7.41	84.53	43.86	5.86	61.26	14.50
股份有限公司	4.68	70.57	42.80	3.94	67.80	27.57
中外合资企业	8.95	99.72	38.87	7.68	60.59	15.53
港澳台合资企业	6.01	129.61	59.84	4.59	69.84	9.94
其　　他	6.67	118.63	56.71	5.29	63.24	13.84

续表 2

单位:%

类　别	已获利息倍数(倍)	流动比率	速动比率	新产品销售收入与营业收入比重	研究开发费用与营业收入比重	研究开发费用与主营业务收入比重
全国总计	4.19	96.09	67.04	12.29	0.97	1.00
按母公司控股情况分						
国有绝对控股	4.25	94.77	66.73	10.18	0.78	0.81
国有相对控股	2.03	87.33	59.57	19.17	1.69	1.74
集体绝对控股	4.80	114.58	79.66	23.98	1.56	1.59
集体相对控股	4.68	88.23	60.71	11.63	1.02	1.09
其　他	4.50	99.20	67.58	13.13	1.16	1.18
按企业集团主营行业分						
农、林、牧、渔业	7.94	88.81	58.89	0.74	0.08	0.09
采矿业	6.71	77.15	65.32	1.10	0.68	0.74
制造业	4.21	94.03	63.19	20.14	1.45	1.49
电力、燃气及水的生产和供应业	3.78	101.90	83.64	0.05	0.10	0.11
建筑业	3.04	94.87	65.03	0.00	0.14	0.15
交通运输、仓储和邮政业	3.12	68.70	61.72	0.01	1.26	1.29
信息传输、计算机服务和软件业	18.40	49.75	31.73	47.19	8.41	8.41
批发和零售业	3.02	100.76	74.97	0.19	0.03	0.03
住宿和餐饮业	4.36	72.86	61.32	0.00	0.00	0.00
金融业	13.06	185.92	178.22	0.00	0.01	0.01
房地产业	5.80	119.66	36.93	0.44	0.01	0.01
其　他	3.50	119.88	95.50	0.04	0.04	0.04
按母公司登记注册类型分						
国有企业	5.24	96.32	63.76	14.17	0.57	0.59
国有独资公司	3.86	93.10	65.25	8.98	0.76	0.78
其他有限责任公司	4.63	93.79	63.28	11.82	1.08	1.11
股份有限公司	3.50	106.41	80.71	16.45	1.19	1.21
中外合资企业	6.50	86.26	67.52	14.66	2.31	2.44
港澳台合资企业	3.58	99.91	64.57	2.42	0.09	0.09
其　他	4.51	114.80	80.81	24.86	1.75	1.79

6.10 各地区省级企业集团主要财务指标

单位:亿元

地 区	单位数(个)	资产总计	固定资产原价	累计折旧	本年折旧	无形资产	累计对外投资
全国总计	1620	68818.99	31728.64	9681.49	1609.90	2484.94	3998.98
北 京	80	5523.03	2006.03	604.30	91.65	100.65	550.38
天 津	121	2535.87	692.73	240.45	28.65	76.55	143.69
河 北	46	2174.63	1295.30	468.49	77.40	67.08	66.20
山 西	38	2456.82	1441.65	531.49	78.79	93.11	118.79
内蒙古	13	717.28	564.13	244.79	40.14	35.51	5.84
辽 宁	26	1708.03	1205.44	449.98	85.36	54.66	58.78
吉 林	25	584.23	279.42	81.58	15.07	22.22	23.69
黑龙江	27	1228.43	531.46	177.85	59.69	46.90	189.80
上 海	74	9119.54	2741.38	801.01	115.31	427.81	643.06
江 苏	97	4952.02	2364.09	578.55	116.68	165.83	384.02
浙 江	169	4381.94	1626.14	511.37	87.53	113.77	220.68
安 徽	39	1147.76	622.19	205.19	36.10	69.64	39.70
福 建	143	1666.46	634.67	200.62	30.96	47.70	115.68
江 西	29	825.87	478.05	189.17	21.67	37.81	22.05
山 东	229	8903.20	4177.10	1077.79	214.29	269.59	330.29
河 南	69	2161.83	1195.03	377.33	60.47	77.63	51.04
湖 北	24	662.75	357.34	102.92	14.76	27.20	32.85
湖 南	28	1012.56	529.48	174.51	29.85	62.02	22.30
广 东	75	7101.19	3773.35	1073.94	158.08	253.21	445.97
广 西	19	631.45	321.79	104.41	16.57	21.13	62.49
海 南	4	541.49	362.71	72.14	13.17	16.60	18.54
重 庆	36	1223.67	476.09	157.04	21.87	69.91	52.69
四 川	45	1878.79	1051.15	338.01	30.10	45.71	207.21
贵 州	12	747.22	354.69	82.38	13.74	19.49	38.03
云 南	23	1210.69	628.44	191.72	31.47	53.16	49.88
西 藏	4	28.26	12.84	2.60	0.22	1.27	0.91
陕 西	45	1623.27	1006.76	323.60	61.44	58.04	50.55
甘 肃	27	798.47	459.97	158.58	29.61	53.07	11.03
青 海	20	294.50	153.47	43.43	7.90	11.02	10.35
宁 夏	15	308.17	121.53	33.90	5.56	15.37	9.22
新 疆	18	669.54	264.22	82.36	15.80	71.32	23.29

续表 1 单位:亿元

地区	本年对外投资	本年对境外投资	长期投资	短期投资	存货	流动资产年平均余额	应收帐款
全国总计	772.46	4.88	6213.85	484.00	8926.75	29521.52	4255.97
北京	117.03	0.36	682.49	42.89	1141.87	2792.55	351.28
天津	14.58	0.16	356.79	30.69	367.34	1247.47	227.69
河北	11.97	–0.02	114.38	15.60	277.05	938.29	115.83
山西	21.18	0.00	110.62	12.08	204.72	931.66	168.26
内蒙古	0.02	0.00	11.57	1.19	98.02	300.57	25.85
辽宁	3.25	0.00	71.77	1.78	211.31	624.17	121.94
吉林	4.44	0.00	49.60	0.34	84.13	263.60	41.93
黑龙江	84.70	0.00	197.72	0.21	71.10	512.70	59.54
上海	105.67	1.34	1754.50	135.51	1165.27	3776.68	328.48
江苏	58.54	0.01	489.31	19.84	553.66	1903.00	301.30
浙江	36.11	0.41	303.69	31.23	833.22	2280.66	327.78
安徽	10.39	0.00	40.68	2.14	141.92	447.95	65.98
福建	13.98	0.00	131.54	5.81	231.60	774.48	137.17
江西	3.26	0.00	24.92	1.67	138.57	368.04	56.15
山东	58.98	2.12	438.06	68.31	1117.00	4137.62	588.73
河南	12.19	0.00	105.07	28.58	256.67	920.11	148.63
湖北	1.82	0.00	35.50	2.99	93.28	302.19	40.04
湖南	5.13	0.00	35.33	5.80	133.04	409.87	45.76
广东	41.85	0.11	655.19	17.59	687.29	2854.02	495.87
广西	10.25	0.00	67.29	0.50	79.87	273.33	53.29
海南	1.25	0.00	15.25	4.11	10.25	139.96	7.23
重庆	11.29	0.13	65.40	10.93	181.72	593.52	110.05
四川	101.98	0.24	215.23	10.51	174.96	629.65	103.83
贵州	12.36	0.00	37.93	10.25	55.98	248.97	32.40
云南	9.08	0.03	59.44	6.86	182.39	469.27	53.17
西藏	0.03	0.00	2.76	0.00	1.53	7.27	3.26
陕西	12.11	0.00	56.36	4.73	111.43	543.40	108.14
甘肃	0.58	0.00	34.63	6.88	129.47	285.90	32.08
青海	2.04	0.00	10.98	2.14	28.71	99.07	13.04
宁夏	2.41	0.00	9.42	0.52	51.79	127.06	28.06
新疆	3.98	0.00	30.44	2.28	111.60	318.49	63.19

续表 2 单位:亿元

地　区	负债合计	流动负债	股东权益与少数股东权益总计	少数股东权益	股东权益合计	股本	营业收入
全国总计	42735.91	30721.20	26083.08	5548.54	20534.55	10262.73	51183.91
北　京	3594.19	2733.02	1928.84	476.43	1452.42	798.53	2681.17
天　津	1616.07	1286.81	919.80	18.64	901.16	604.31	1519.56
河　北	1409.16	1111.38	765.46	214.12	551.34	345.70	1837.73
山　西	1620.87	1120.62	835.95	164.23	671.71	458.44	1562.71
内蒙古	382.06	292.54	335.22	56.62	278.60	168.18	631.55
辽　宁	1006.87	725.48	701.16	134.88	566.29	333.73	1398.53
吉　林	387.18	315.32	197.05	38.09	158.96	122.16	348.01
黑龙江	901.58	525.86	326.85	56.29	270.55	213.40	519.48
上　海	5398.70	3131.27	3720.84	871.92	2848.92	1479.75	4810.61
江　苏	2914.70	2191.14	2037.32	417.77	1619.54	617.66	5043.17
浙　江	2754.43	2159.71	1627.51	340.26	1287.26	571.30	4818.41
安　徽	637.39	470.20	510.37	149.30	361.08	195.68	928.45
福　建	937.71	764.72	728.75	114.08	614.67	342.53	1140.70
江　西	509.96	421.10	315.91	124.64	191.27	132.83	742.67
山　东	5945.75	4619.79	2957.45	470.69	2486.76	939.74	8997.34
河　南	1414.20	1071.70	747.63	151.80	595.83	302.60	1851.84
湖　北	448.91	324.11	213.84	59.12	154.71	91.58	432.87
湖　南	618.35	491.13	394.22	52.57	341.64	111.80	772.28
广　东	4070.44	2732.21	3030.75	865.14	2165.61	964.12	5263.75
广　西	358.99	274.95	272.46	35.71	236.75	88.48	541.23
海　南	382.40	182.03	159.09	104.66	54.43	33.72	149.53
重　庆	746.84	567.17	476.83	87.39	389.44	241.42	852.07
四　川	1097.06	616.02	781.73	139.03	642.70	230.21	1088.97
贵　州	456.70	290.39	290.52	58.21	232.30	89.13	308.04
云　南	725.63	565.01	485.06	131.38	353.68	208.74	804.52
西　藏	16.56	13.58	11.70	3.43	8.27	4.08	12.45
陕　西	1052.39	667.13	570.88	71.84	499.04	194.70	918.41
甘　肃	513.13	433.57	285.34	28.16	257.18	166.13	504.15
青　海	177.08	114.54	117.42	38.37	79.05	54.00	131.27
宁　夏	206.74	150.98	101.43	27.50	73.93	39.25	168.54
新　疆	433.83	357.70	235.71	46.26	189.45	118.82	403.90

续表 3

单位:亿元

地区	主营业务收入	其他业务收入	主营业务成本	主营业务税金及附加	新产品销售收入	出口销售总额	存货跌价损失和营业、管理、财务等费用合计
全国总计	49683.49	1500.42	41883.31	566.18	6288.66	4966.68	5553.52
北京	2610.86	70.31	2162.10	73.14	381.81	155.22	383.12
天津	1480.29	39.27	1270.93	15.77	141.45	121.15	147.02
河北	1691.63	146.10	1446.33	11.04	200.96	100.33	176.05
山西	1518.91	43.80	1129.34	18.77	29.51	113.66	200.79
内蒙古	627.39	4.16	505.74	5.20	20.71	16.79	86.90
辽宁	1326.62	71.92	1178.78	8.31	148.70	114.44	119.04
吉林	339.30	8.71	273.54	2.20	20.44	36.28	63.65
黑龙江	489.36	30.11	395.36	4.25	5.22	3.13	89.47
上海	4677.96	132.65	3940.60	63.37	137.13	224.42	928.64
江苏	4879.61	163.56	4201.40	36.55	590.03	577.12	311.55
浙江	4745.46	72.95	4173.83	44.74	624.24	686.61	342.55
安徽	914.87	13.58	764.93	9.78	154.26	68.00	91.25
福建	1125.59	15.11	937.06	12.39	77.59	202.70	126.16
江西	728.40	14.27	609.98	5.29	102.23	45.24	70.32
山东	8707.16	290.18	7529.76	66.31	1924.34	799.46	723.48
河南	1800.47	51.37	1484.75	26.29	180.55	160.14	183.14
湖北	426.24	6.63	367.08	2.30	19.58	34.77	48.02
湖南	758.27	14.01	640.29	4.60	203.26	74.31	103.80
广东	5142.00	121.75	4362.78	57.12	881.30	1170.39	642.26
广西	518.71	22.52	426.88	4.57	60.88	13.97	56.81
海南	147.10	2.42	115.67	4.23	0.00	0.00	32.07
重庆	822.13	29.94	692.19	13.14	147.32	49.20	99.13
四川	1033.57	55.40	805.14	22.31	62.92	31.56	131.09
贵州	295.27	12.77	210.64	9.58	25.64	11.10	40.94
云南	795.51	9.01	636.73	7.80	37.71	69.02	104.04
西藏	12.41	0.03	10.66	0.05	0.00	0.01	2.99
陕西	904.37	14.05	674.31	25.53	62.83	23.09	89.91
甘肃	493.25	10.91	384.12	3.96	27.07	29.84	68.99
青海	129.21	2.06	96.72	1.88	5.61	3.56	17.90
宁夏	151.34	17.20	125.08	1.65	10.70	15.00	23.11
新疆	390.24	13.66	330.58	4.04	4.65	16.18	49.33

续表 4

单位:亿元

地　区	税　金	劳动、待业保险费	职工教育费	广告费	利息支出	投资收益	营业外收入
全国总计	146.98	308.27	26.89	173.03	727.07	301.58	143.90
北　京	6.71	25.26	1.63	16.06	48.47	23.03	40.05
天　津	2.17	9.72	0.63	9.21	15.31	12.03	4.31
河　北	2.56	17.48	0.98	4.09	29.04	0.79	2.29
山　西	14.90	30.35	1.77	1.48	25.65	1.74	2.20
内蒙古	2.17	1.98	0.26	12.60	2.76	–0.43	0.73
辽　宁	11.46	16.64	0.96	0.63	16.57	4.49	1.96
吉　林	1.26	2.38	0.18	1.12	7.76	–0.83	2.63
黑龙江	1.34	8.63	0.64	0.04	10.90	8.19	1.71
上　海	24.05	25.49	4.75	7.09	46.49	109.21	16.61
江　苏	6.57	9.99	1.54	8.82	48.07	23.49	6.43
浙　江	8.04	8.77	1.28	16.11	55.85	18.73	9.69
安　徽	1.99	5.47	0.63	2.15	10.78	–0.67	0.89
福　建	2.29	6.86	0.46	5.55	18.66	2.79	1.76
江　西	1.95	4.37	0.45	4.92	9.30	0.13	1.30
山　东	19.65	40.47	3.58	35.22	116.42	9.45	11.95
河　南	4.61	10.89	1.16	3.73	35.39	4.55	3.01
湖　北	1.51	2.33	0.36	1.03	9.44	0.46	1.20
湖　南	2.65	5.78	0.33	1.40	13.62	4.56	1.99
广　东	7.66	19.31	1.76	20.69	86.84	56.97	20.98
广　西	2.91	8.52	0.21	1.84	6.99	2.44	0.85
海　南	0.02	0.02	0.00	0.00	11.43	4.08	0.52
重　庆	2.48	7.38	0.57	4.31	10.06	3.63	2.40
四　川	3.68	6.19	0.62	6.85	20.94	8.54	2.23
贵　州	1.78	5.40	0.27	3.49	7.81	–1.25	0.40
云　南	1.75	11.16	0.64	1.82	17.26	0.57	1.88
西　藏	0.01	0.05	0.00	0.00	0.26	0.15	0.03
陕　西	1.78	7.10	0.40	1.96	19.58	1.49	1.46
甘　肃	1.73	3.95	0.41	0.25	10.73	–2.51	0.45
青　海	4.86	0.42	0.02	0.02	3.36	2.30	0.21
宁　夏	0.90	1.54	0.12	0.11	3.62	2.62	0.32
新　疆	1.57	4.41	0.29	0.44	7.73	0.84	1.45

续表 5 单位:亿元

地　区	利　润 总　额	应　交 所得税	应　交 增值税	固定资产 投　资 完成额	研究开发 费　用
全国总计	2322.08	580.78	1277.65	4724.58	497.11
北　京	74.79	25.01	52.95	320.10	14.00
天　津	48.98	10.64	28.78	77.78	20.37
河　北	69.46	21.74	71.77	156.28	21.83
山　西	70.63	27.16	81.91	254.77	15.35
内蒙古	25.95	4.10	29.30	73.88	6.21
辽　宁	34.13	10.99	50.18	147.08	21.42
吉　林	4.72	3.28	10.92	46.63	2.89
黑龙江	5.26	6.95	18.26	39.78	1.35
上　海	231.68	51.10	50.18	413.40	14.84
江　苏	227.42	56.95	85.51	422.43	36.54
浙　江	233.32	62.87	74.38	157.91	39.93
安　徽	53.08	9.91	36.58	118.58	11.52
福　建	61.97	13.77	25.60	86.33	7.61
江　西	43.78	8.31	29.70	51.15	10.06
山　东	416.93	111.79	236.52	731.89	138.40
河　南	84.47	27.53	65.12	198.92	16.21
湖　北	7.92	3.39	8.78	32.69	1.91
湖　南	18.53	7.04	16.02	77.34	7.83
广　东	227.19	53.30	104.03	585.26	55.55
广　西	19.07	4.09	18.27	62.33	3.29
海　南	2.69	0.62	0.00	46.72	14.37
重　庆	25.67	5.11	23.07	69.61	8.25
四　川	85.85	15.74	35.68	56.67	9.59
贵　州	31.42	11.19	23.75	32.16	2.18
云　南	49.48	7.46	32.67	107.62	5.92
西　藏	–0.07	0.06	0.54	0.00	0.00
陕　西	105.46	9.55	25.66	194.11	4.91
甘　肃	30.13	5.58	24.10	89.22	2.78
青　海	13.44	2.62	2.81	25.24	1.13
宁　夏	6.03	0.87	3.87	6.06	0.68
新　疆	12.69	2.07	10.76	42.63	0.19

6.11　各地区省级企业集团主要劳动工资指标

地　区	单位数（个）	从业人员（万人）	在岗职工（万人）	其他从业人员（万人）	研究开发人员（万人）
全国总计	1620	1077.30	1009.16	68.14	27.48
北　京	80	61.70	55.93	5.78	1.10
天　津	121	30.40	28.69	1.71	0.67
河　北	46	43.72	41.99	1.73	1.45
山　西	38	62.43	61.83	0.59	1.93
内蒙古	13	15.26	15.11	0.14	0.43
辽　宁	26	30.46	30.24	0.21	1.09
吉　林	25	13.12	13.08	0.04	0.21
黑龙江	27	39.22	38.40	0.82	0.32
上　海	74	69.80	52.34	17.46	0.72
江　苏	97	83.34	78.72	4.63	1.49
浙　江	169	57.38	56.31	1.07	1.82
安　徽	39	26.56	25.15	1.41	1.05
福　建	143	34.51	33.81	0.70	0.62
江　西	29	20.60	19.43	1.17	0.27
山　东	229	147.30	141.01	6.29	6.45
河　南	69	49.77	49.28	0.49	1.68
湖　北	24	11.86	10.06	1.80	0.16
湖　南	28	18.08	17.59	0.50	0.63
广　东	75	72.81	67.40	5.41	1.73
广　西	19	12.12	11.68	0.44	0.13
海　南	4	2.58	2.58	0.00	0.00
重　庆	36	28.33	28.31	0.03	1.25
四　川	45	34.39	28.05	6.34	0.53
贵　州	12	12.64	12.47	0.17	0.16
云　南	23	29.22	28.18	1.04	0.38
西　藏	4	0.32	0.30	0.03	0.00
陕　西	45	27.66	23.86	3.80	0.62
甘　肃	27	16.12	14.40	1.72	0.34
青　海	20	4.70	4.46	0.24	0.05
宁　夏	15	9.08	7.61	1.47	0.16
新　疆	18	11.83	10.90	0.93	0.05

续表

地　区	从业人员劳动报酬（亿元）	在岗职工劳动报酬（亿元）	其他从业人员劳动报酬（亿元）	研究开发人员劳动报酬（亿元）
全国总计	2121.87	2031.96	89.92	84.71
北　京	173.61	158.52	15.09	5.42
天　津	66.15	63.11	3.04	1.75
河　北	82.67	81.08	1.59	4.34
山　西	137.59	137.16	0.43	6.18
内蒙古	27.84	27.60	0.24	0.75
辽　宁	62.83	62.53	0.30	3.36
吉　林	16.51	16.47	0.04	0.42
黑龙江	58.28	57.20	1.07	1.32
上　海	199.72	174.24	25.48	2.91
江　苏	162.18	159.74	2.44	4.93
浙　江	115.20	113.17	2.03	6.71
安　徽	49.67	48.25	1.41	3.64
福　建	56.68	55.62	1.06	1.90
江　西	34.51	33.64	0.87	0.86
山　东	234.05	225.54	8.51	18.96
河　南	75.95	75.60	0.34	3.34
湖　北	14.71	12.84	1.87	0.27
湖　南	38.76	37.84	0.92	1.57
广　东	189.78	183.56	6.22	6.81
广　西	29.92	29.66	0.26	0.53
海　南	8.36	8.35	0.00	0.00
重　庆	45.21	45.16	0.05	3.02
四　川	51.42	43.40	8.02	1.30
贵　州	24.20	23.95	0.26	0.47
云　南	51.66	50.62	1.04	1.36
西　藏	0.53	0.51	0.02	0.00
陕　西	44.37	41.44	2.93	1.43
甘　肃	28.41	27.05	1.35	0.67
青　海	8.04	7.75	0.29	0.09
宁　夏	11.78	10.26	1.52	0.27
新　疆	21.30	20.07	1.23	0.14

6.12 各地区省级企业集团主要经济效益指标

单位:%

地　区	净资产收益率	总资产报酬率	销　售利润率	资本保值增 值 率	劳　动生产率(万元/人)	成本费用利 润 率
全国总计	6.68	4.43	4.54	112.73	47.51	4.90
北　京	2.58	2.23	2.79	101.18	43.45	2.94
天　津	4.17	2.54	3.22	109.76	49.99	3.45
河　北	6.23	4.53	3.78	115.36	42.04	4.28
山　西	5.20	3.92	4.52	114.18	25.03	5.31
内蒙古	6.52	4.00	4.11	123.96	41.40	4.38
辽　宁	3.30	2.97	2.44	115.10	45.92	2.63
吉　林	0.73	2.13	1.35	99.26	26.53	1.40
黑龙江	–0.52	1.32	1.01	142.16	13.25	1.09
上　海	4.85	3.05	4.82	117.79	68.92	4.76
江　苏	8.37	5.56	4.51	113.54	60.51	5.04
浙　江	10.47	6.60	4.84	110.22	83.97	5.17
安　徽	8.46	5.56	5.72	114.46	34.95	6.20
福　建	6.61	4.84	5.43	109.58	33.05	5.83
江　西	11.23	6.43	5.89	119.97	36.06	6.43
山　东	10.32	5.99	4.63	114.33	61.08	5.05
河　南	7.62	5.54	4.56	112.27	37.21	5.06
湖　北	2.12	2.62	1.83	102.93	36.51	1.91
湖　南	2.92	3.17	2.40	116.68	42.71	2.49
广　东	5.74	4.42	4.32	103.70	72.30	4.54
广　西	5.50	4.13	3.52	104.63	44.67	3.94
海　南	1.30	2.61	1.80	148.38	57.97	1.82
重　庆	4.31	2.92	3.01	118.79	30.07	3.24
四　川	8.97	5.68	7.88	116.43	31.67	9.17
贵　州	6.96	5.25	10.20	116.51	24.37	12.49
云　南	8.66	5.51	6.15	120.05	27.53	6.68
西　藏	–1.12	0.67	–0.58	101.95	38.63	–0.53
陕　西	16.80	7.70	11.48	132.23	33.20	13.80
甘　肃	8.60	5.12	5.98	112.28	31.27	6.65
青　海	9.22	5.71	10.24	113.25	27.91	11.73
宁　夏	5.09	3.13	3.58	134.73	18.57	4.07
新　疆	4.50	3.05	3.14	120.73	34.15	3.34

续表 1

单位:%

地　区	资　产利税率	总资产使用率	流动资产比　率	资　金利润率	资　产负债率	长期负债与资产总计比率
全国总计	6.05	72.19	42.90	4.50	62.10	17.46
北　京	3.64	47.27	50.56	1.78	65.08	15.59
天　津	3.69	58.37	49.19	2.88	63.73	12.98
河　北	7.00	77.79	43.15	3.93	64.80	13.69
山　西	6.97	61.82	37.92	3.83	65.97	20.36
内蒙古	8.43	87.47	41.90	4.19	53.26	12.48
辽　宁	5.42	77.67	36.54	2.47	58.95	16.47
吉　林	3.05	58.08	45.12	1.02	66.27	12.30
黑龙江	2.26	39.84	41.74	0.61	73.39	30.59
上　海	3.79	51.30	41.41	4.05	59.20	24.86
江　苏	7.06	98.54	38.43	6.17	58.86	14.61
浙　江	8.04	108.30	52.05	6.87	62.86	13.57
安　徽	8.66	79.71	39.03	6.14	55.53	14.57
福　建	6.00	67.54	46.47	5.13	56.27	10.38
江　西	9.54	88.20	44.56	6.66	61.75	10.76
山　东	8.08	97.80	46.47	5.76	66.78	14.89
河　南	8.14	83.28	42.56	4.86	65.42	15.84
湖　北	2.87	64.31	45.60	1.42	67.74	18.83
湖　南	3.87	74.89	40.48	2.42	61.07	12.56
广　东	5.47	72.41	40.19	4.09	57.32	18.85
广　西	6.64	82.15	43.29	3.89	56.85	13.31
海　南	1.28	27.17	25.85	0.63	70.62	37.00
重　庆	5.06	67.19	48.50	2.81	61.03	14.68
四　川	7.66	55.01	33.51	6.39	58.39	25.60
贵　州	8.66	39.52	33.32	6.03	61.12	22.26
云　南	7.43	65.71	38.76	5.46	59.94	13.27
西　藏	1.86	43.92	25.74	−0.41	58.61	10.56
陕　西	9.65	55.71	33.48	8.60	64.83	23.73
甘　肃	7.29	61.77	35.81	5.13	64.26	9.96
青　海	6.16	43.87	33.64	6.43	60.13	21.24
宁　夏	3.75	49.11	41.23	2.81	67.09	18.10
新　疆	4.11	58.28	47.57	2.54	64.79	11.37

续表 2　　　　　　　　　　　　　　　　　　　　　　　　　　单位:%

地　区	已获利息倍数(倍)	流动比率	速动比率	新产品销售收入与营业收入比重	研究开发费用与营业收入比重	研究开发费用与主营业务收入比重
全国总计	4.19	96.09	67.04	12.29	0.97	1.00
北　京	2.54	102.18	60.40	14.24	0.52	0.54
天　津	4.20	96.94	68.40	9.31	1.34	1.38
河　北	3.39	84.43	59.50	10.94	1.19	1.29
山　西	3.75	83.14	64.87	1.89	0.98	1.01
内蒙古	10.42	102.74	69.24	3.28	0.98	0.99
辽　宁	3.06	86.04	56.91	10.63	1.53	1.61
吉　林	1.61	83.60	56.92	5.87	0.83	0.85
黑龙江	1.48	97.50	83.98	1.00	0.26	0.28
上　海	5.98	120.61	83.40	2.85	0.31	0.32
江　苏	5.73	86.85	61.58	11.70	0.72	0.75
浙　江	5.18	105.60	67.02	12.96	0.83	0.84
安　徽	5.92	95.27	65.09	16.61	1.24	1.26
福　建	4.32	101.28	70.99	6.80	0.67	0.68
江　西	5.71	87.40	54.49	13.76	1.35	1.38
山　东	4.58	89.56	65.38	21.39	1.54	1.59
河　南	3.39	85.85	61.91	9.75	0.88	0.90
湖　北	1.84	93.24	64.46	4.52	0.44	0.45
湖　南	2.36	83.45	56.36	26.32	1.01	1.03
广　东	3.62	104.46	79.30	16.74	1.06	1.08
广　西	3.73	99.41	70.36	11.25	0.61	0.63
海　南	1.24	76.89	71.25	0.00	9.61	9.77
重　庆	3.55	104.65	72.61	17.29	0.97	1.00
四　川	5.10	102.21	73.81	5.78	0.88	0.93
贵　州	5.02	85.74	66.46	8.32	0.71	0.74
云　南	3.87	83.06	50.77	4.69	0.74	0.74
西　藏	0.72	53.57	42.27	0.00	0.03	0.03
陕　西	6.39	81.45	64.75	6.84	0.53	0.54
甘　肃	3.81	65.94	36.08	5.37	0.55	0.56
青　海	5.00	86.50	61.43	4.28	0.86	0.87
宁　夏	2.67	84.16	49.85	6.35	0.40	0.45
新　疆	2.64	89.04	57.84	1.15	0.05	0.05

6.13 各地区营业收入和资产总计均在5亿元及以上省级企业集团主要财务指标

单位:亿元

地　区	单位数(个)	资　产总　计	固定资产原　价	累　计折　旧	本　年折　旧	无　形资　产	累计对外投　资
全国总计	1081	65624.21	30538.70	9276.56	1562.01	2350.07	3740.33
北　京	47	5364.84	1954.88	587.68	89.55	98.00	545.51
天　津	43	2163.84	599.00	208.75	25.38	65.92	123.00
河　北	36	2072.02	1262.76	455.32	76.21	57.79	60.50
山　西	32	2395.95	1412.12	522.48	77.59	92.14	117.92
内蒙古	8	662.37	525.10	234.31	39.11	33.64	5.84
辽　宁	24	1694.97	1195.34	446.44	84.86	54.11	58.78
吉　林	11	490.98	248.89	72.03	13.13	17.24	21.96
黑龙江	13	1148.74	505.49	169.00	58.78	43.80	183.42
上　海	74	9119.54	2741.38	801.01	115.31	427.81	643.06
江　苏	94	4931.25	2350.83	572.68	116.24	164.21	382.42
浙　江	117	4150.98	1531.60	476.54	83.00	107.35	210.87
安　徽	27	1081.97	597.04	196.80	34.23	65.75	32.57
福　建	38	1233.36	514.30	162.98	24.88	39.78	82.41
江　西	13	767.65	449.92	182.30	20.76	31.81	20.83
山　东	183	8673.36	4077.18	1045.43	210.78	258.00	325.67
河　南	58	2077.23	1145.78	358.30	59.15	76.32	50.40
湖　北	19	624.16	337.46	96.75	13.93	25.85	31.12
湖　南	19	928.79	490.25	158.33	28.47	50.27	11.75
广　东	66	6945.20	3724.27	1050.63	155.96	248.89	430.23
广　西	14	606.64	312.78	100.07	16.24	15.83	60.91
海　南	2	524.44	351.67	69.36	13.16	15.82	18.54
重　庆	21	1040.43	422.52	141.57	19.66	62.14	35.34
四　川	24	1664.09	976.73	313.07	27.53	35.15	122.47
贵　州	12	747.22	354.69	82.38	13.74	19.49	38.03
云　南	18	1130.56	598.48	182.50	29.75	51.31	40.80
西　藏	1	—	—	—	—	—	—
陕　西	26	1496.77	952.25	302.35	59.32	49.53	41.75
甘　肃	14	718.24	418.09	143.10	28.07	46.35	7.61
青　海	5	247.12	127.53	37.24	6.58	9.64	8.51
宁　夏	10	277.33	109.09	28.25	5.20	14.12	8.81
新　疆	12	632.08	247.86	78.40	15.35	70.99	18.38

续表 1 单位:亿元

地区	本年对外投资	本年对境外投资	长期投资	短期投资	存货	流动资产年平均余额	应收帐款
全国总计	669.74	4.84	5851.27	473.41	8515.51	28118.70	3980.26
北京	116.02	0.36	671.27	42.11	1104.64	2726.99	340.74
天津	11.89	0.16	313.66	30.34	311.78	1085.41	181.29
河北	10.46	-0.02	104.97	15.58	264.08	886.99	103.15
山西	21.18	0.00	108.41	11.93	199.08	908.15	159.95
内蒙古	0.02	0.00	7.47	1.17	93.90	281.37	24.16
辽宁	3.25	0.00	71.75	1.78	210.20	619.74	120.09
吉林	4.36	0.00	45.31	0.33	67.93	214.77	38.07
黑龙江	83.41	0.00	190.20	0.21	60.37	469.06	52.99
上海	105.67	1.34	1754.50	135.51	1165.27	3776.68	328.48
江苏	58.54	0.01	488.06	19.74	549.49	1892.47	300.88
浙江	35.28	0.41	284.37	30.44	807.20	2169.12	299.40
安徽	8.70	0.00	33.97	1.76	136.10	419.57	58.64
福建	10.04	0.00	92.99	2.79	171.81	584.29	97.94
江西	2.76	0.00	21.49	1.25	131.76	346.80	53.09
山东	58.66	2.12	425.89	67.15	1084.44	4014.63	569.08
河南	12.19	0.00	101.95	28.58	250.67	887.01	143.60
湖北	1.82	0.00	32.57	2.98	89.49	284.32	33.74
湖南	3.42	0.00	22.56	5.77	123.36	371.76	38.49
广东	41.40	0.11	611.02	17.06	674.94	2787.63	491.52
广西	9.37	0.00	65.70	0.50	78.38	262.01	51.51
海南	1.25	0.00	15.13	4.11	7.39	139.58	6.64
重庆	9.60	0.13	49.13	10.77	153.05	508.43	98.08
四川	21.96	0.20	130.15	10.43	160.68	574.28	95.15
贵州	12.36	0.00	37.93	10.25	55.98	248.97	32.40
云南	8.55	0.03	50.88	5.23	176.69	435.04	52.02
西藏	—	—	—	—	—	—	—
陕西	10.01	0.00	46.26	4.69	91.13	476.92	93.47
甘肃	0.31	0.00	30.30	6.80	119.18	248.43	23.38
青海	1.73	0.00	8.49	2.14	24.31	84.48	9.82
宁夏	2.34	0.00	8.63	0.42	44.41	104.32	21.81
新疆	3.18	0.00	25.37	1.56	107.27	302.23	60.08

续表 2

单位:亿元

地　区	负债合计	流动负债	股东权益与少数股东权益总计	少数股东权益	股东权益合计	股本	营业收入
全国总计	40651.54	29164.70	24972.68	5436.81	19535.86	9487.26	49872.71
北　京	3494.15	2652.18	1870.70	474.14	1396.56	757.76	2608.31
天　津	1364.82	1109.00	799.01	16.18	782.84	511.30	1369.14
河　北	1321.04	1039.31	750.98	208.44	542.54	323.59	1804.95
山　西	1569.55	1095.43	826.39	158.60	667.80	444.91	1545.59
内蒙古	350.06	269.69	312.31	49.94	262.36	162.53	619.53
辽　宁	1001.37	721.20	693.60	134.88	558.73	329.02	1389.22
吉　林	319.25	266.43	171.73	36.52	135.21	96.50	329.21
黑龙江	825.75	463.66	322.99	55.00	267.99	198.68	504.89
上　海	5398.70	3131.27	3720.84	871.92	2848.92	1479.75	4810.61
江　苏	2902.04	2179.26	2029.22	416.70	1612.52	610.89	5030.54
浙　江	2620.94	2048.29	1530.04	335.89	1194.15	515.77	4649.70
安　徽	597.22	437.75	484.75	145.46	339.29	181.42	893.55
福　建	698.45	573.54	534.91	103.77	431.13	213.15	888.21
江　西	481.36	400.00	286.29	120.87	165.42	119.68	710.27
山　东	5763.31	4461.69	2910.05	469.26	2440.79	894.18	8853.72
河　南	1353.86	1029.37	723.37	150.18	573.19	284.14	1815.68
湖　北	422.86	304.64	201.30	58.05	143.26	83.77	419.19
湖　南	560.23	439.74	368.56	48.22	320.34	91.29	750.66
广　东	3996.05	2664.80	2949.15	861.25	2087.90	927.57	5231.46
广　西	337.24	255.44	269.40	32.63	236.77	86.53	532.82
海　南	375.64	178.20	148.79	103.77	45.02	33.17	146.17
重　庆	639.04	505.54	401.39	78.70	322.69	199.69	815.16
四　川	953.31	557.15	710.79	132.50	578.28	178.25	1045.59
贵　州	456.70	290.39	290.52	58.21	232.30	89.13	308.04
云　南	681.32	541.10	449.24	122.03	327.22	189.02	792.23
西　藏	—	—	—	—	—	—	—
陕　西	950.54	583.57	546.23	62.42	483.81	166.84	877.62
甘　肃	465.27	393.36	252.97	24.89	228.07	141.22	477.29
青　海	150.33	96.72	96.79	37.50	59.28	38.25	101.12
宁　夏	180.37	129.03	96.96	22.46	74.50	34.66	152.50
新　疆	414.74	341.00	217.33	44.45	172.88	104.13	392.76

续表 3

单位：亿元

地区	主营业务收入	其他业务收入	主营业务成本	主营业务税金及附加	新产品销售收入	出口销售总额	存货跌价损失和营业、管理、财务等费用合计
全国总计	48399.02	1473.69	40839.33	546.05	6196.09	4769.97	5316.42
北京	2541.43	66.88	2102.54	71.98	380.01	151.64	370.87
天津	1332.67	36.48	1150.19	13.71	135.17	100.10	120.64
河北	1659.33	145.61	1416.96	10.96	199.60	85.86	170.50
山西	1502.71	42.89	1114.89	18.60	28.94	113.66	196.40
内蒙古	615.71	3.82	496.56	4.73	20.40	16.79	82.80
辽宁	1318.56	70.66	1171.61	8.31	148.70	114.38	118.33
吉林	321.83	7.38	261.24	1.88	18.70	35.24	53.52
黑龙江	474.87	30.02	383.50	3.78	5.04	1.90	85.10
上海	4677.96	132.65	3940.60	63.37	137.13	224.42	928.64
江苏	4867.10	163.44	4191.52	36.39	588.57	576.10	309.43
浙江	4578.84	70.87	4036.04	42.74	611.97	657.08	324.46
安徽	881.62	11.93	737.05	9.10	150.81	65.41	85.15
福建	875.12	13.09	727.98	8.59	58.95	129.33	101.47
江西	696.28	14.00	585.01	4.82	100.78	43.46	65.00
山东	8564.80	288.92	7409.45	63.08	1912.23	787.79	703.93
河南	1764.48	51.20	1455.29	25.68	177.98	159.92	177.74
湖北	412.78	6.41	357.85	2.26	18.93	29.46	46.06
湖南	736.91	13.76	624.29	3.97	202.66	72.42	87.98
广东	5111.48	119.97	4341.25	56.51	878.36	1168.01	630.14
广西	510.36	22.46	420.46	4.47	60.86	12.16	53.28
海南	143.75	2.42	113.31	4.13	0.00	0.00	31.55
重庆	786.73	28.43	665.23	12.31	145.28	46.29	91.54
四川	991.20	54.38	772.74	22.00	60.16	27.68	118.87
贵州	295.27	12.77	210.64	9.58	25.64	11.10	40.94
云南	783.49	8.74	628.83	7.51	37.70	68.90	100.51
西藏	—	—	—	—	—	—	—
陕西	864.67	12.95	643.75	25.07	53.14	19.34	78.03
甘肃	466.64	10.65	363.96	3.43	22.23	27.55	62.17
青海	100.21	0.91	76.20	1.68	2.72	0.00	14.55
宁夏	135.78	16.72	112.40	1.60	8.77	7.81	18.19
新疆	379.47	13.29	322.19	3.81	4.65	16.18	47.06

续表 4

单位:亿元

地　区	税　金	劳动、待业保险费	职工教育费	广告费	利息支出	投资收益	营业外收入
全国总计	139.55	295.66	25.95	167.49	689.11	290.99	136.73
北　京	6.33	24.25	1.57	15.94	47.05	22.53	38.22
天　津	1.83	7.70	0.54	8.92	11.94	11.98	3.62
河　北	2.48	16.96	0.97	4.08	27.46	0.67	2.20
山　西	14.80	30.14	1.76	1.47	23.97	1.79	2.19
内蒙古	1.98	1.72	0.24	12.56	1.83	–0.64	0.69
辽　宁	11.45	16.58	0.96	0.62	16.30	4.50	1.96
吉　林	0.71	2.10	0.16	1.11	7.07	–0.60	2.58
黑龙江	1.29	8.47	0.63	0.02	9.61	8.28	1.60
上　海	24.05	25.49	4.75	7.09	46.49	109.21	16.61
江　苏	6.52	9.74	1.52	8.76	47.78	23.48	6.40
浙　江	7.38	7.88	1.18	15.30	53.24	18.09	8.79
安　徽	1.79	5.21	0.61	2.13	9.02	–1.03	0.76
福　建	1.26	5.82	0.35	3.84	15.56	0.92	1.62
江　西	1.28	4.10	0.43	4.75	8.42	0.13	1.21
山　东	18.93	39.66	3.42	34.95	112.03	9.43	10.81
河　南	4.55	10.38	1.11	3.72	34.80	4.55	2.91
湖　北	1.27	2.28	0.35	0.95	9.01	0.38	1.17
湖　南	2.36	5.44	0.31	1.10	11.76	3.86	1.90
广　东	7.35	18.86	1.73	20.53	85.19	52.96	20.90
广　西	2.87	8.35	0.20	1.82	5.94	2.39	0.82
海　南	0.02	0.02	0.00	0.00	11.43	4.09	0.49
重　庆	2.15	6.78	0.53	4.16	9.18	2.97	2.11
四　川	3.32	5.58	0.58	6.81	19.22	8.28	1.85
贵　州	1.78	5.40	0.27	3.49	7.81	–1.25	0.40
云　南	1.62	11.08	0.63	0.98	17.05	–0.23	1.65
西　藏	—	—	—	—	—	—	—
陕　西	1.42	6.38	0.37	1.81	16.91	1.54	1.22
甘　肃	1.59	3.53	0.37	0.05	9.94	–2.38	0.34
青　海	4.79	0.13	0.00	0.00	2.92	2.28	0.08
宁　夏	0.86	1.34	0.11	0.09	2.71	2.11	0.30
新　疆	1.54	4.27	0.28	0.43	7.28	0.57	1.35

续表 5 单位:亿元

地区	利润总额	应交所得税	应交增值税	固定资产投资完成额	研究开发费用
全国总计	2312.01	565.50	1243.53	4633.79	488.84
北京	74.01	24.36	51.86	318.28	13.82
天津	45.63	9.07	26.24	75.15	19.85
河北	70.80	21.68	71.16	156.12	21.71
山西	73.41	27.07	80.76	253.84	15.26
内蒙古	26.94	4.03	28.87	73.25	6.20
辽宁	33.90	10.94	50.02	147.04	21.36
吉林	8.31	3.13	10.41	46.18	2.34
黑龙江	8.29	6.90	17.87	39.35	1.34
上海	231.68	51.10	50.18	413.40	14.84
江苏	228.37	56.84	84.83	422.32	36.45
浙江	222.37	59.76	69.12	146.29	38.71
安徽	52.12	9.42	35.84	116.49	11.19
福建	46.91	10.21	20.48	74.20	6.05
江西	41.72	7.62	29.07	48.83	9.73
山东	418.22	110.79	233.23	724.82	138.00
河南	83.57	26.95	63.75	192.71	16.12
湖北	7.74	3.29	8.48	32.57	1.86
湖南	31.48	6.90	14.85	75.69	7.66
广东	225.93	52.78	103.50	584.39	55.45
广西	21.43	3.97	17.98	61.72	3.28
海南	2.32	0.55	0.00	46.72	14.37
重庆	23.55	4.68	22.20	48.23	8.13
四川	84.40	15.50	34.00	54.52	8.85
贵州	31.42	11.19	23.75	32.16	2.18
云南	47.95	7.03	31.69	100.87	5.87
西藏	—	—	—	—	—
陕西	108.09	9.31	24.23	192.31	4.16
甘肃	29.81	5.35	22.87	87.40	2.43
青海	12.13	2.36	2.10	23.90	0.88
宁夏	7.47	0.76	3.39	3.92	0.56
新疆	12.26	1.95	10.64	41.15	0.19

6.14 各地区营业收入和资产总计均在5亿元及以上省级企业集团主要劳动工资指标

地区	单位数（个）	从业人员（万人）	在岗职工（万人）	其他从业人员（万人）	研究开发人员（万人）
全国总计	1081	1006.09	940.67	65.41	25.98
北京	47	59.41	53.83	5.58	1.08
天津	43	22.49	21.11	1.38	0.53
河北	36	41.33	39.75	1.58	1.42
山西	32	60.86	60.31	0.55	1.92
内蒙古	8	14.07	14.03	0.04	0.41
辽宁	24	30.23	30.02	0.21	1.08
吉林	11	11.64	11.61	0.03	0.12
黑龙江	13	37.58	36.82	0.76	0.30
上海	74	69.80	52.34	17.46	0.72
江苏	94	82.35	77.72	4.63	1.45
浙江	117	51.74	50.72	1.01	1.72
安徽	27	24.70	23.37	1.33	0.99
福建	38	22.64	22.08	0.56	0.47
江西	13	19.11	18.05	1.06	0.24
山东	183	140.81	134.59	6.21	6.19
河南	58	46.52	46.11	0.40	1.67
湖北	19	10.91	9.12	1.79	0.14
湖南	19	16.53	16.16	0.37	0.56
广东	66	71.80	66.40	5.40	1.72
广西	14	11.63	11.19	0.44	0.12
海南	2	2.13	2.13	0.00	0.00
重庆	21	25.77	25.75	0.02	1.23
四川	24	31.17	25.24	5.93	0.42
贵州	12	12.64	12.47	0.17	0.16
云南	18	28.36	27.42	0.94	0.37
西藏	1	—	—	—	—
陕西	26	24.46	20.80	3.66	0.50
甘肃	14	13.66	11.98	1.68	0.26
青海	5	2.56	2.49	0.07	0.02
宁夏	10	8.13	6.77	1.36	0.11
新疆	12	10.98	10.20	0.78	0.05

续表

地　区	从业人员劳动报酬（亿元）	在岗职工劳动报酬（亿元）	其他从业人员劳动报酬（亿元）	研究开发人员劳动报酬（亿元）
全国总计	2030.44	1943.01	87.43	81.69
北　京	167.87	153.10	14.76	5.35
天　津	56.83	54.14	2.69	1.41
河　北	80.72	79.18	1.54	4.28
山　西	135.92	135.51	0.41	6.16
内蒙古	26.18	26.14	0.03	0.73
辽　宁	62.58	62.28	0.30	3.34
吉　林	15.00	14.98	0.03	0.28
黑龙江	56.26	55.24	1.02	1.30
上　海	199.72	174.24	25.48	2.91
江　苏	161.09	158.65	2.44	4.87
浙　江	106.06	104.10	1.96	6.44
安　徽	47.79	46.43	1.36	3.56
福　建	41.28	40.43	0.85	1.53
江　西	32.91	32.13	0.79	0.82
山　东	228.24	219.81	8.43	18.53
河　南	72.16	71.88	0.29	3.33
湖　北	13.86	11.99	1.86	0.25
湖　南	36.75	35.92	0.83	1.40
广　东	186.67	180.49	6.18	6.75
广　西	29.32	29.05	0.26	0.52
海　南	7.46	7.45	0.00	0.00
重　庆	41.15	41.11	0.04	2.98
四　川	47.56	39.76	7.80	1.05
贵　州	24.20	23.95	0.26	0.47
云　南	50.35	49.36	0.98	1.35
西　藏	—	—	—	—
陕　西	40.48	37.67	2.81	1.15
甘　肃	25.90	24.58	1.32	0.55
青　海	5.46	5.34	0.12	0.04
宁　夏	10.26	8.83	1.43	0.19
新　疆	20.28	19.14	1.14	0.14

6.15 各地区营业收入和资产总计均在5亿元及以上省级企业集团主要经济效益指标

单位:%

地　区	净资产收益率	总资产报酬率	销　售利润率	资本保值增值率	劳　动生产率(万元/人)	成本费用利润率
全国总计	6.99	4.57	4.64	113.27	49.57	5.01
北　京	2.65	2.26	2.84	101.14	43.90	2.99
天　津	4.58	2.66	3.33	110.14	60.88	3.59
河　北	6.54	4.74	3.92	116.96	43.67	4.46
山　西	5.61	4.06	4.75	115.19	25.40	5.60
内蒙古	7.34	4.34	4.35	125.81	44.04	4.65
辽　宁	3.31	2.96	2.44	115.38	45.95	2.63
吉　林	3.01	3.13	2.52	103.79	28.29	2.64
黑龙江	0.43	1.56	1.64	143.67	13.44	1.77
上　海	4.85	3.05	4.82	117.79	68.92	4.76
江　苏	8.45	5.60	4.54	113.68	61.09	5.07
浙　江	10.63	6.64	4.78	110.44	89.87	5.10
安　徽	8.81	5.65	5.83	115.08	36.18	6.34
福　建	6.86	5.07	5.28	110.32	39.24	5.66
江　西	11.91	6.53	5.87	120.85	37.17	6.42
山　东	10.56	6.11	4.72	115.22	62.88	5.15
河　南	7.83	5.70	4.60	112.74	39.03	5.12
湖　北	2.21	2.68	1.85	102.42	38.42	1.92
湖　南	6.67	4.66	4.19	123.41	45.41	4.42
广　东	5.87	4.48	4.32	103.81	72.86	4.54
广　西	6.48	4.51	4.02	105.26	45.81	4.52
海　南	1.19	2.62	1.59	153.17	68.60	1.60
重　庆	4.70	3.15	2.89	117.80	31.63	3.11
四　川	9.69	6.23	8.07	113.16	33.55	9.47
贵　州	6.96	5.25	10.20	116.51	24.37	12.49
云　南	9.11	5.75	6.05	122.25	27.93	6.57
西　藏	-3.56	-0.27	-3.08	101.12	72.74	-2.90
陕　西	18.08	8.35	12.32	135.97	35.87	14.97
甘　肃	9.67	5.54	6.25	114.93	34.94	7.00
青　海	10.10	6.09	12.00	115.52	39.47	13.37
宁　夏	6.92	3.67	4.90	139.44	18.76	5.72
新　疆	4.74	3.09	3.12	123.23	35.76	3.32

续表 1 单位:%

地　区	资　产 利税率	总资产 使用率	流动资产 比　率	资　金 利润率	资　产 负债率	长期负债 与资产 总计比率
全国总计	6.25	73.75	42.85	4.68	61.95	17.50
北　京	3.69	47.37	50.83	1.81	65.13	15.69
天　津	3.96	61.59	50.16	3.09	63.07	11.82
河　北	7.38	80.08	42.81	4.18	63.76	13.60
山　西	7.21	62.72	37.90	4.08	65.51	19.79
内蒙古	9.14	92.96	42.48	4.71	52.85	12.13
辽　宁	5.44	77.79	36.56	2.48	59.08	16.53
吉　林	4.19	65.55	43.74	2.12	65.02	10.76
黑龙江	2.61	41.34	40.83	1.03	71.88	31.52
上　海	3.79	51.30	41.41	4.05	59.20	24.86
江　苏	7.09	98.70	38.38	6.22	58.85	14.66
浙　江	8.05	110.31	52.26	6.90	63.14	13.80
安　徽	8.97	81.48	38.78	6.36	55.20	14.74
福　建	6.16	70.95	47.37	5.01	56.63	10.13
江　西	9.85	90.70	45.18	6.79	62.71	10.60
山　东	8.24	98.75	46.29	5.94	66.45	15.01
河　南	8.33	84.94	42.70	4.99	65.18	15.62
湖　北	2.96	66.13	45.55	1.47	67.75	18.94
湖　南	5.42	79.34	40.03	4.47	60.32	12.97
广　东	5.56	73.60	40.14	4.14	57.54	19.17
广　西	7.23	84.13	43.19	4.51	55.59	13.48
海　南	1.23	27.41	26.61	0.55	71.63	37.65
重　庆	5.58	75.62	48.87	2.98	61.42	12.83
四　川	8.44	59.56	34.51	6.82	57.29	23.81
贵　州	8.66	39.52	33.32	6.03	61.12	22.26
云　南	7.71	69.30	38.48	5.63	60.26	12.40
西　藏	–0.02	57.61	60.16	–2.11	49.70	0.58
陕　西	10.51	57.77	31.86	9.59	63.51	24.52
甘　肃	7.81	64.97	34.59	5.70	64.78	10.01
青　海	6.44	40.55	34.18	6.94	60.83	21.69
宁　夏	4.49	48.96	37.61	4.03	65.04	18.51
新　疆	4.23	60.04	47.82	2.60	65.62	11.67

续表 2 单位:%

地 区	已获利息倍数(倍)	流动比率	速动比率	新产品销售收入与营业收入比重	研究开发费用与营业收入比重	研究开发费用与主营业务收入比重
全国总计	4.36	96.41	67.22	12.42	0.98	1.01
北 京	2.57	102.82	61.17	14.57	0.53	0.54
天 津	4.82	97.87	69.76	9.87	1.45	1.49
河 北	3.58	85.34	59.93	11.06	1.20	1.31
山 西	4.06	82.90	64.73	1.87	0.99	1.02
内蒙古	15.74	104.33	69.51	3.29	1.00	1.01
辽 宁	3.08	85.93	56.79	10.70	1.54	1.62
吉 林	2.17	80.61	55.11	5.68	0.71	0.73
黑龙江	1.86	101.16	88.14	1.00	0.27	0.28
上 海	5.98	120.61	83.40	2.85	0.31	0.32
江 苏	5.78	86.84	61.63	11.70	0.72	0.75
浙 江	5.18	105.90	66.49	13.16	0.83	0.85
安 徽	6.78	95.85	64.76	16.88	1.25	1.27
福 建	4.01	101.87	71.92	6.64	0.68	0.69
江 西	5.96	86.70	53.76	14.19	1.37	1.40
山 东	4.73	89.98	65.67	21.60	1.56	1.61
河 南	3.40	86.17	61.82	9.80	0.89	0.91
湖 北	1.86	93.33	63.95	4.52	0.44	0.45
湖 南	3.68	84.54	56.49	27.00	1.02	1.04
广 东	3.65	104.61	79.28	16.79	1.06	1.08
广 西	4.60	102.57	71.89	11.42	0.62	0.64
海 南	1.20	78.33	74.18	0.00	9.83	10.00
重 庆	3.57	100.57	70.30	17.82	1.00	1.03
四 川	5.39	103.07	74.24	5.75	0.85	0.89
贵 州	5.02	85.74	66.46	8.32	0.71	0.74
云 南	3.81	80.40	47.75	4.76	0.74	0.75
西 藏	-0.18	122.48	113.29	0.00	0.05	0.05
陕 西	7.39	81.72	66.11	6.06	0.47	0.48
甘 肃	4.00	63.16	32.86	4.66	0.51	0.52
青 海	5.15	87.34	62.21	2.69	0.87	0.88
宁 夏	3.75	80.84	46.43	5.75	0.37	0.41
新 疆	2.68	88.63	57.17	1.18	0.05	0.05

2005年中国大企业集团

七　企业集团改革

简要说明

一、本篇反映企业集团改革的基本状况，主要内容包括：

1. 企业集团建立母子公司体制状况。
2. 企业集团母公司建立公司制状况。
3. 企业集团母公司出资人状况。
4. 企业集团改革状况。

二、本篇资料来源于企业集团问卷调查。

7.1 建立母子公司体制的各类企业集团单位数

单位:个

类　别	1997年	1998年	1999年	2000年
全国总计	1916	2063	2346	2316
按企业集团审批部门分				
国务院	92	102	108	103
国务院主管部门	143	145	123	114
省级人民政府	1218	1481	1163	1084
省级政府主管部门			672	634
其　他	463	335	280	381
按母公司控股情况分				
国有绝对控股	1062	1299	1414	1406
国有相对控股	112	93	133	115
集体绝对控股	347	363	333	289
集体相对控股	50	68	84	69
其　他	345	240	382	437
按企业集团主营行业分				
农、林、牧、渔业	27	36	35	29
采矿业	28	55	59	55
制造业	1372	1414	1591	1515
电力、燃气及水的生产和供应业	28	40	47	50
建筑业	56	62	87	111
交通运输、仓储和邮政业	32	34	43	43
信息传输、计算机服务和软件业	8	8	6	10
批发和零售业	274	313	340	356
住宿和餐饮业	16	15	17	18
金融业	3	3	4	6
房地产业	58	63	86	94
其　他	14	20	31	29
按母公司登记注册类型分				
国有企业	649	419	346	355
国有独资公司	346	512	660	703
其他有限责任公司	396	521	639	621
股份有限公司	240	382	405	392
中外合资企业				25
港澳台合资企业				22
其　他	285	229	296	198

续表　　　　　　　　　　　　　　　　　　　　　　　　　　　　　　　　　　　　　　　单位:个

类　别	2001 年	2002 年	2003 年	2004 年	2005 年
全国总计	2400	2390	2522	2628	2719
按企业集团审批部门分					
国务院	105	104	105	162	142
国务院主管部门	163	157	182	139	148
省级人民政府	1056	993	966	966	911
省级政府主管部门	613	626	630	624	636
其　他	463	510	639	737	882
按母公司控股情况分					
国有绝对控股	1454	1409	1373	1328	1236
国有相对控股	124	120	140	143	146
集体绝对控股	250	233	195	185	185
集体相对控股	67	62	70	63	65
其　他	505	566	744	71	1087
按企业集团主营行业分					
农、林、牧、渔业	35	37	36	31	35
采矿业	64	77	76	80	85
制造业	1479	1419	1476	1508	1545
电力、燃气及水的生产和供应业	52	62	73	75	84
建筑业	121	134	167	179	193
交通运输、仓储和邮政业	53	55	71	82	85
信息传输、计算机服务和软件业	10	15	12	12	11
批发和零售业	351	323	335	340	350
住宿和餐饮业	26	30	24	21	24
金融业	5	8	10	10	15
房地产业	119	133	142	165	178
其　他	85	97	100	125	114
按母公司登记注册类型分					
国有企业	399	347	344	350	303
国有独资公司	754	755	728	692	673
其他有限责任公司	693	768	915	1022	1158
股份有限公司	349	353	369	379	377
中外合资企业	13	6	13	20	29
港澳台合资企业	18	19	20	27	32
其　他	174	142	133	138	147

7.2 建立母子公司体制的各地区企业集团单位数

单位:个

地　区	1997 年	1998 年	1999 年	2000 年
全国总计	1916	2063	2346	2316
北　京	96	98	113	115
天　津	175	153	132	166
河　北	49	33	50	57
山　西	15	20	29	34
内蒙古	16	18	26	28
辽　宁	62	62	64	64
吉　林	33	31	34	38
黑龙江	86	102	90	86
上　海	88	118	122	102
江　苏	68	99	122	134
浙　江	232	244	262	251
安　徽	30	42	62	63
福　建	136	58	211	203
江　西	31	56	48	40
山　东	284	335	341	288
河　南	83	121	133	134
湖　北	88	107	112	43
湖　南	23	21	28	27
广　东	121	83	97	129
广　西	26	20	25	20
海　南	3	9	9	11
重　庆	16	19	19	37
四　川	54	70	74	78
贵　州	3	4	10	9
云　南	29	22	18	24
西　藏	4	5	4	5
陕　西	29	46	48	53
甘　肃	7	10	17	20
青　海	10	19	17	20
宁　夏	17	16	17	19
新　疆	2	22	12	18

续表

单位:个

地　区	2001年	2002年	2003年	2004年	2005年
全国总计	2400	2390	2522	2628	2719
北　京	166	167	220	259	272
天　津	167	172	176	174	153
河　北	59	63	60	73	67
山　西	35	34	41	43	51
内蒙古	28	24	23	24	22
辽　宁	63	66	61	62	71
吉　林	43	46	40	38	34
黑龙江	77	74	73	66	35
上　海	127	130	164	154	149
江　苏	160	162	175	179	201
浙　江	243	240	265	280	323
安　徽	62	64	61	71	72
福　建	206	195	222	235	226
江　西	32	42	40	43	43
山　东	301	268	270	264	308
河　南	98	105	83	96	104
湖　北	43	41	37	40	50
湖　南	37	37	39	38	37
广　东	142	135	136	129	157
广　西	15	23	24	25	28
海　南	8	9	10	10	8
重　庆	40	41	48	46	45
四　川	76	67	63	75	72
贵　州	10	11	11	13	15
云　南	28	30	31	39	33
西　藏	4	5	6	6	6
陕　西	55	54	55	53	48
甘　肃	21	26	30	30	27
青　海	16	19	18	18	22
宁　夏	20	17	15	18	16
新　疆	18	23	25	26	24

7.3 母公司建立公司制的各类企业集团单位数

单位：个

类别	1997年	1998年	1999年	2000年
全国总计	1251	1603	1934	1943
按企业集团审批部门分				
国务院	98	49	57	56
国务院主管部门	99	97	91	102
省级人民政府	755	1193	984	927
省级政府主管部门			556	548
其他	299	264	246	310
按母公司控股情况分				
国有绝对控股	915	978	1198	1137
国有相对控股	101	100	137	128
集体绝对控股	64	273	221	199
集体相对控股	19	59	67	62
其他	152	193	311	417
按企业集团主营行业分				
农、林、牧、渔业	23	23	26	17
采矿业	24	43	55	57
制造业	795	1117	1321	1271
电力、燃气及水的生产和供应业	26	35	42	44
建筑业	43	42	62	89
交通运输、仓储和邮政业	25	22	29	32
信息传输、计算机服务和软件业	5	6	4	8
批发和零售业	251	231	272	292
住宿和餐饮业	12	8	17	17
金融业	2	3	6	6
房地产业	37	58	78	87
其他	8	15	22	23
按母公司登记注册类型分				
国有企业				
国有独资公司	395	570	732	758
其他有限责任公司	466	590	731	688
股份有限公司	390	443	471	439
中外合资企业				30
港澳台合资企业				28
其他				

续表

单位：个

类　　别	2001 年	2002 年	2003 年	2004 年	2005 年
全国总计	1994	2019	2147	2221	2347
按企业集团审批部门分					
国 务 院	54	58	54	67	55
国务院主管部门	85	74	82	78	97
省级人民政府	907	880	881	879	837
省级政府主管部门	546	547	571	550	571
其　　他	402	460	559	647	787
按母公司控股情况分					
国有绝对控股	1143	1116	1069	1008	960
国有相对控股	134	130	143	142	145
集体绝对控股	174	170	147	137	137
集体相对控股	67	53	68	58	61
其　　他	476	550	720	71	1044
按企业集团主营行业分					
农、林、牧、渔业	20	23	25	21	24
采 矿 业	64	67	71	75	73
制 造 业	1281	1229	1316	1333	1397
电力、燃气及水的生产和供应业	43	58	64	65	72
建 筑 业	95	111	143	150	163
交通运输、仓储和邮政业	39	43	50	60	64
信息传输、计算机服务和软件业	7	11	6	8	7
批发和零售业	267	264	261	263	279
住宿和餐饮业	19	24	19	15	19
金 融 业	5	7	10	10	14
房地产业	107	125	129	153	167
其　　他	47	57	53	68	68
按母公司登记注册类型分					
国有企业					
国有独资公司	801	788	749	712	692
其他有限责任公司	774	827	971	1067	1201
股份有限公司	379	375	390	394	392
中外合资企业	19	9	14	21	29
港澳台合资企业	21	20	23	27	33
其　　他					

7.4 母公司建立公司制的各地区企业集团单位数

单位:个

地　区	1997 年	1998 年	1999 年	2000 年
全国总计	1251	1603	1934	1943
北　京	99	57	60	84
天　津	58	163	130	147
河　北	16	30	44	53
山　西	16	22	31	34
内蒙古	12	18	21	24
辽　宁	49	53	54	53
吉　林	17	29	34	34
黑龙江	74	74	82	72
上　海	87	71	83	83
江　苏	38	68	95	102
浙　江	95	151	190	206
安　徽	32	33	58	61
福　建	58	35	146	162
江　西	24	28	37	21
山　东	177	273	235	223
河　南	72	106	153	131
湖　北	75	87	102	40
湖　南	17	16	28	26
广　东	91	57	72	85
广　西	10	11	23	19
海　南	7	8	8	10
重　庆	4	23	21	40
四　川	37	71	83	78
贵　州	3	3	9	11
云　南	25	18	20	23
西　藏	2	4	4	4
陕　西	19	40	46	46
甘　肃	4	6	17	12
青　海	8	14	17	20
宁　夏	8	17	19	21
新　疆	17	17	12	18

续表

单位:个

地　区	2001 年	2002 年	2003 年	2004 年	2005 年
全国总计	1994	2019	2147	2221	2347
北　京	63	62	93	110	136
天　津	150	163	167	167	156
河　北	55	57	51	67	62
山　西	39	35	43	43	47
内蒙古	27	23	22	23	21
辽　宁	60	62	58	59	68
吉　林	38	39	33	34	33
黑龙江	64	61	64	60	32
上　海	92	115	141	132	131
江　苏	134	136	146	152	171
浙　江	218	214	243	254	293
安　徽	65	63	58	71	70
福　建	157	159	180	195	194
江　西	14	24	32	31	34
山　东	234	213	228	228	272
河　南	93	97	96	98	98
湖　北	40	40	34	36	48
湖　南	34	30	34	34	34
广　东	105	106	105	101	125
广　西	15	21	22	23	27
海　南	7	8	8	8	5
重　庆	46	45	47	44	44
四　川	73	72	64	70	66
贵　州	11	12	11	12	14
云　南	27	30	28	34	32
西　藏	3	3	4	3	3
陕　西	53	48	48	44	43
甘　肃	15	22	25	27	27
青　海	22	21	21	18	21
宁　夏	21	17	18	19	16
新　疆	19	21	23	24	24

7.5 母公司出资人明确的各类企业集团单位数

单位:个

类　别	1997 年	1998 年	1999 年	2000 年
全国总计	721	1220	1691	1865
按企业集团审批部门分				
国 务 院	45	37	45	49
国务院主管部门	53	74	75	100
省级人民政府	454	904	861	890
省级政府主管部门			483	525
其　　他	169	205	227	301
按母公司控股情况分				
国有绝对控股	498	731	1013	1088
国有相对控股	74	78	131	126
集体绝对控股	50	199	192	188
集体相对控股	14	46	61	59
其　　他	85	166	294	404
按企业集团主营行业分				
农、林、牧、渔业	9	12	22	16
采 矿 业	16	33	35	52
制 造 业	475	840	1149	1213
电力、燃气及水的生产和供应业	11	25	36	41
建 筑 业	35	39	57	88
交通运输、仓储和邮政业	11	21	29	29
信息传输、计算机服务和软件业	2	4	4	7
批发和零售业	121	173	240	287
住宿和餐饮业	7	6	17	17
金 融 业	1	2	6	6
房地产业	28	52	75	86
其　　他	5	13	21	23
按母公司登记注册类型分				
国有企业				
国有独资公司	317	413	620	727
其他有限责任公司	279	439	637	661
股份有限公司	125	368	434	422
中外合资企业				27
港澳台合资企业				28
其　　他				

续表

单位：个

类　别	2001年	2002年	2003年	2004年	2005年
全国总计	1993	1996	2144	2221	2347
按企业集团审批部门分					
国 务 院	53	52	52	67	55
国务院主管部门	85	74	82	78	97
省级人民政府	907	868	881	879	837
省级政府主管部门	546	545	570	550	571
其　他	402	457	559	647	787
按母公司控股情况分					
国有绝对控股	1142	1099	1066	1008	960
国有相对控股	134	127	143	142	145
集体绝对控股	174	168	147	137	137
集体相对控股	67	52	68	58	61
其　他	476	550	720	71	1044
按企业集团主营行业分					
农、林、牧、渔业	20	22	24	21	24
采 矿 业	64	66	71	75	73
制 造 业	1280	1211	1315	1333	1397
电力、燃气及水的生产和供应业	43	57	63	65	72
建 筑 业	95	111	143	150	163
交通运输、仓储和邮政业	39	42	50	60	64
信息传输、计算机服务和软件业	7	11	6	8	7
批发和零售业	267	263	261	263	279
住宿和餐饮业	19	24	19	15	19
金 融 业	5	7	10	10	14
房地产业	107	125	129	153	167
其　他	47	57	53	68	68
按母公司登记注册类型分					
国有企业					
国有独资公司	800	777	748	712	692
其他有限责任公司	774	818	969	1067	1201
股份有限公司	379	372	390	394	392
中外合资企业	19	9	14	21	29
港澳台合资企业	21	20	23	27	33
其　他					

7.6 母公司出资人明确的各地区企业集团单位数

单位:个

地　区	1997 年	1998 年	1999 年	2000 年
全国总计	721	1220	1691	1865
北　京	47	42	52	78
天　津	31	113	115	142
河　北	13	28	42	53
山　西	11	18	25	31
内蒙古	5	12	21	24
辽　宁	26	40	50	53
吉　林	10	20	26	33
黑龙江	39	55	72	71
上　海	58	57	77	82
江　苏	27	52	86	97
浙　江	59	124	174	197
安　徽	23	32	51	60
福　建	30	35	146	162
江　西	8	20	27	20
山　东	88	166	185	202
河　南	48	89	129	119
湖　北	43	62	87	37
湖　南	13	12	25	26
广　东	65	52	70	83
广　西	4	10	16	17
海　南	5	8	7	10
重　庆	4	18	17	40
四　川	22	59	65	74
贵　州	0	0	6	11
云　南	20	15	18	23
西　藏	1	4	4	4
陕　西	11	36	43	46
甘　肃	2	5	16	12
青　海	4	9	12	20
宁　夏	3	12	16	21
新　疆	1	15	11	17

续表 单位：个

地　区	2001年	2002年	2003年	2004年	2005年
全国总计	1993	1996	2144	2221	2347
北　京	62	61	93	110	136
天　津	150	161	167	167	156
河　北	55	56	51	67	62
山　西	39	34	42	43	47
内蒙古	27	23	22	23	21
辽　宁	60	61	58	59	68
吉　林	38	39	33	34	33
黑龙江	64	60	63	60	32
上　海	92	114	141	132	131
江　苏	134	135	146	152	171
浙　江	218	211	243	254	293
安　徽	65	63	58	71	70
福　建	157	159	180	195	194
江　西	14	24	32	31	34
山　东	234	206	228	228	272
河　南	93	96	96	98	98
湖　北	40	40	34	36	48
湖　南	34	30	34	34	34
广　东	105	105	104	101	125
广　西	15	20	22	23	27
海　南	7	8	8	8	5
重　庆	46	45	47	44	44
四　川	73	72	64	70	66
贵　州	11	11	11	12	14
云　南	27	30	28	34	32
西　藏	3	3	4	3	3
陕　西	53	48	48	44	43
甘　肃	15	22	25	27	27
青　海	22	21	21	18	21
宁　夏	21	17	18	19	16
新　疆	19	21	23	24	24

7.7　各类企业集团母公司统一决策状况

单位:个,%

类　别	单位数	企业集团发展战略统一决策状况		重大投融资项目统一决策	
		单位数	比例	单位数	比例
全国总计	2845	2773	97.47	2667	93.74
按企业集团审批部门分					
国 务 院	148	147	99.32	146	98.65
国务院主管部门	159	157	98.74	156	98.11
省级人民政府	954	933	97.80	895	93.82
省级政府主管部门	666	648	97.30	614	92.19
其　他	918	888	96.73	856	93.25
按母公司控股情况分					
国有绝对控股	1298	1275	98.23	1233	94.99
国有相对控股	148	146	98.65	145	97.97
集体绝对控股	194	184	94.85	171	88.14
集体相对控股	67	63	94.03	60	89.55
其　他	1138	1105	97.10	1058	92.97
按企业集团主营行业分					
农、林、牧、渔业	36	35	97.22	34	94.44
采 矿 业	88	86	97.73	83	94.32
制 造 业	1617	1577	97.53	1508	93.26
电力、燃气及水的生产和供应业	85	84	98.82	81	95.29
建 筑 业	200	195	97.50	189	94.50
交通运输、仓储和邮政业	91	90	98.90	89	97.80
信息传输、计算机服务和软件业	11	11	100.00	11	100.00
批发和零售业	370	365	98.65	344	92.97
住宿和餐饮业	24	23	95.83	23	95.83
金 融 业	15	15	100.00	14	93.33
房地产业	188	178	94.68	179	95.21
其　他	120	114	95.00	112	93.33
按母公司登记注册类型分					
国有企业	334	326	97.60	310	92.81
国有独资公司	692	681	98.41	664	95.95
其他有限责任公司	1201	1166	97.09	1118	93.09
股份有限公司	392	385	98.21	377	96.17
中外合资企业	29	29	100.00	28	96.55
港澳台合资企业	33	32	96.97	32	96.97
其　他	164	154	93.90	138	84.15

续表

单位:个,%

类　别	涉外贸易和经济技术合作统一决策		科研开发统一决策		财务管理制度统一决策	
	单位数	比例	单位数	比例	单位数	比例
全国总计	1850	65.03	1724	60.60	2487	87.42
按企业集团审批部门分						
国务院	113	76.35	96	64.86	135	91.22
国务院主管部门	104	65.41	97	61.01	143	89.94
省级人民政府	625	65.51	586	61.43	817	85.64
省级政府主管部门	421	63.21	410	61.56	590	88.59
其　他	587	63.94	535	58.28	802	87.36
按母公司控股情况分						
国有绝对控股	899	69.26	777	59.86	1110	85.52
国有相对控股	99	66.89	93	62.84	132	89.19
集体绝对控股	117	60.31	107	55.15	166	85.57
集体相对控股	39	58.21	71	62.69	55	82.09
其　他	696	61.16	705	61.95	1024	89.98
按企业集团主营行业分						
农、林、牧、渔业	22	61.11	23	63.89	30	83.33
采矿业	65	73.86	66	75.00	81	92.05
制造业	1131	69.94	1133	70.07	1385	85.65
电力、燃气及水的生产和供应业	54	63.53	49	57.65	77	90.59
建筑业	112	56.00	110	55.00	181	90.50
交通运输、仓储和邮政业	61	67.03	45	49.45	82	90.11
信息传输、计算机服务和软件业	9	81.82	7	63.64	10	90.91
批发和零售业	217	58.65	151	40.81	339	91.62
住宿和餐饮业	15	62.50	10	41.67	21	87.50
金融业	9	60.00	6	40.00	10	66.67
房地产业	93	49.47	71	37.77	169	89.89
其　他	62	51.67	53	44.17	102	85.00
按母公司登记注册类型分						
国有企业	216	64.67	179	53.59	288	86.23
国有独资公司	495	71.53	421	60.84	591	85.40
其他有限责任公司	758	63.11	742	61.78	1061	88.34
股份有限公司	249	63.52	252	64.29	351	89.54
中外合资企业	23	79.31	22	75.86	28	96.55
港澳台合资企业	20	60.61	18	54.55	31	93.94
其　他	89	54.27	90	54.88	137	83.54

7.8 各类企业集团母公司出资人行使主要权利状况

单位:个,%

类别	单位数	企业重大经营决策权		选择企业经营者权		收取资产收益权	
		单位数	比例	单位数	比例	单位数	比例
全国总计	2347	2201	93.78	1989	84.75	1792	76.35
按企业集团审批部门分							
国 务 院	55	50	90.91	54	98.18	45	81.82
国务院主管部门	97	94	96.91	84	86.60	73	75.26
省级人民政府	837	771	92.11	724	86.50	619	73.95
省级政府主管部门	571	538	94.22	457	80.04	430	75.31
其　　他	787	748	95.04	670	85.13	625	79.42
按母公司控股情况分							
国有绝对控股	960	872	90.83	833	86.77	723	75.31
国有相对控股	145	133	91.72	122	84.14	125	86.21
集体绝对控股	137	130	94.89	107	78.10	98	71.53
集体相对控股	61	58	95.08	52	85.25	47	77.05
其　　他	1044	1008	96.55	875	83.81	799	76.53
按企业集团主营行业分							
农、林、牧、渔业	24	24	100.00	22	91.67	16	66.67
采 矿 业	73	69	94.52	66	90.41	56	76.71
制 造 业	1397	1307	93.56	1144	81.89	1044	74.73
电力、燃气及水的生产和供应业	72	67	93.06	61	84.72	62	86.11
建 筑 业	163	154	94.48	147	90.18	129	79.14
交通运输、仓储和邮政业	64	59	92.19	60	93.75	53	82.81
信息传输、计算机服务和软件业	7	7	100.00	5	71.43	4	57.14
批发和零售业	279	261	93.55	250	89.61	222	79.57
住宿和餐饮业	19	18	94.74	18	94.74	15	78.95
金 融 业	14	13	92.86	13	92.86	11	78.57
房地产业	167	159	95.21	148	88.62	129	77.25
其　　他	68	63	92.65	55	80.88	51	75.00
按母公司登记注册类型分							
国有企业							
国有独资公司	692	622	89.88	603	87.14	514	74.28
其他有限责任公司	1201	1149	95.67	1010	84.10	910	75.77
股份有限公司	392	372	94.90	330	84.18	324	82.65
中外合资企业	29	28	96.55	23	79.31	23	79.31
港澳台合资企业	33	30	90.91	23	69.70	21	63.64
其　　他							

7.9 各类企业集团母公司组织机构建立状况

单位：个，%

类别	单位数	成立股东会		成立董事会		成立监事会	
		单位数	比例	单位数	比例	单位数	比例
全国总计	2347	1558	66.38	2291	97.61	1930	82.23
按企业集团审批部门分							
国务院	55	15	27.27	42	76.36	38	69.09
国务院主管部门	97	53	54.64	92	94.85	80	82.47
省级人民政府	837	431	51.49	812	97.01	694	82.92
省级政府主管部门	571	447	78.28	564	98.77	460	80.56
其他	787	612	77.76	781	99.24	658	83.61
按母公司控股情况分							
国有绝对控股	960	240	25.00	906	94.38	734	76.46
国有相对控股	145	138	95.17	145	100.00	141	97.24
集体绝对控股	137	128	93.43	137	100.00	124	90.51
集体相对控股	61	60	98.36	61	100.00	57	93.44
其他	1044	992	95.02	1042	99.81	874	83.72
按企业集团主营行业分							
农、林、牧、渔业	24	8	33.33	21	87.50	16	66.67
采矿业	73	27	36.99	70	95.89	62	84.93
制造业	1397	1015	72.66	1384	99.07	1177	84.25
电力、燃气及水的生产和供应业	72	30	41.67	68	94.44	64	88.89
建筑业	163	119	73.01	158	96.93	138	84.66
交通运输、仓储和邮政业	64	28	43.75	59	92.19	48	75.00
信息传输、计算机服务和软件业	7	6	85.71	7	100.00	7	100.00
批发和零售业	279	158	56.63	267	95.70	216	77.42
住宿和餐饮业	19	9	47.37	18	94.74	14	73.68
金融业	14	3	21.43	13	92.86	11	78.57
房地产业	167	133	79.64	162	97.01	128	76.65
其他	68	22	32.35	64	94.12	49	72.06
按母公司登记注册类型分							
国有企业							
国有独资公司	692	8	1.16	643	92.92	480	69.36
其他有限责任公司	1201	1126	93.76	1195	99.50	1023	85.18
股份有限公司	392	388	98.98	392	100.00	391	99.74
中外合资企业	29	17	58.62	29	100.00	19	65.52
港澳台合资企业	33	19	57.58	32	96.97	17	51.52
其他							

7.10 各类企业集团配套政策落实情况

单位：个，%

类别	单位数	有投资自主权		有境外融资权		有对外担保权	
		单位数	比例	单位数	比例	单位数	比例
全国总计	2845	2614	91.88	861	30.26	2171	76.31
按企业集团审批部门分							
国务院	148	143	96.62	70	47.30	133	89.86
国务院主管部门	159	143	89.94	62	38.99	122	76.73
省级人民政府	954	874	91.61	276	28.93	748	78.41
省级政府主管部门	666	611	91.74	201	30.18	503	75.53
其他	918	843	91.83	252	27.45	665	72.44
按母公司控股情况分							
国有绝对控股	1298	1137	87.60	349	26.89	967	74.50
国有相对控股	148	141	95.27	33	22.30	112	75.68
集体绝对控股	194	184	94.85	61	31.44	141	72.68
集体相对控股	67	63	94.03	21	31.34	53	79.10
其他	1138	1089	95.69	397	34.89	898	78.91
按企业集团主营行业分							
农、林、牧、渔业	36	35	97.22	6	16.67	22	61.11
采矿业	88	80	90.91	21	23.86	74	84.09
制造业	1617	1506	93.14	562	34.76	1291	79.84
电力、燃气及水的生产和供应业	85	77	90.59	31	36.47	62	72.94
建筑业	200	181	90.50	43	21.50	144	72.00
交通运输、仓储和邮政业	91	84	92.31	32	35.16	70	76.92
信息传输、计算机服务和软件业	11	11	100.00	6	54.55	8	72.73
批发和零售业	370	326	88.11	81	21.89	264	71.35
住宿和餐饮业	24	20	83.33	5	20.83	16	66.67
金融业	15	12	80.00	7	46.67	10	66.67
房地产业	188	174	92.55	42	22.34	121	64.36
其他	120	108	90.00	25	20.83	89	74.17
按母公司登记注册类型分							
国有企业	334	284	85.03	93	27.84	236	70.66
国有独资公司	692	609	88.01	178	25.72	526	76.01
其他有限责任公司	1201	1128	93.92	378	31.47	928	77.27
股份有限公司	392	378	96.43	137	34.95	311	79.34
中外合资企业	29	29	100.00	14	48.28	25	86.21
港澳台合资企业	33	33	100.00	12	36.36	25	75.76
其他	164	153	93.29	49	29.88	120	73.17

续表 1

单位:个,%

类　别	有自营产品进出口权		有合并纳税权		有对外工程承包与劳动合作权	
	单位数	比例	单位数	比例	单位数	比例
全国总计	2089	73.43	892	31.35	1589	55.85
按企业集团审批部门分						
国 务 院	138	93.24	71	47.97	115	77.70
国务院主管部门	123	77.36	57	35.85	93	58.49
省级人民政府	717	75.16	290	30.40	528	55.35
省级政府主管部门	465	69.82	211	31.68	362	54.35
其　　他	646	70.37	263	28.65	491	53.49
按母公司控股情况分						
国有绝对控股	957	73.73	405	31.20	758	58.40
国有相对控股	113	76.35	52	35.14	66	44.59
集体绝对控股	138	71.13	62	31.96	103	53.09
集体相对控股	71	79.10	28	41.79	39	58.21
其　　他	828	72.76	345	30.32	623	54.75
按企业集团主营行业分						
农、林、牧、渔业	31	86.11	15	41.67	21	58.33
采 矿 业	50	56.82	33	37.50	62	70.45
制 造 业	1444	89.30	533	32.96	922	57.02
电力、燃气及水的生产和供应业	38	44.71	36	42.35	54	63.53
建 筑 业	84	42.00	65	32.50	168	84.00
交通运输、仓储和邮政业	36	39.56	37	40.66	50	54.95
信息传输、计算机服务和软件业	7	63.64	8	72.73	5	45.45
批发和零售业	265	71.62	93	25.14	134	36.22
住宿和餐饮业	10	41.67	2	8.33	8	33.33
金 融 业	7	46.67	4	26.67	5	33.33
房地产业	56	29.79	39	20.74	106	56.38
其　　他	61	50.83	27	22.50	54	45.00
按母公司登记注册类型分						
国有企业	241	72.16	114	34.13	184	55.09
国有独资公司	501	72.40	189	27.31	406	58.67
其他有限责任公司	876	72.94	375	31.22	656	54.62
股份有限公司	300	76.53	148	37.76	224	57.14
中外合资企业	26	89.66	12	41.38	14	48.28
港澳台合资企业	25	75.76	6	18.18	14	42.42
其　　他	120	73.17	48	29.27	91	55.49

续表 2　　单位：个，%

类　别	有外事审批权		已建立技术研究开发中心		成立财务公司	
	单位数	比例	单位数	比例	单位数	比例
全国总计	469	16.49	1765	62.04	63	2.21
按企业集团审批部门分						
国 务 院	116	78.38	114	77.03	48	32.43
国务院主管部门	61	38.36	102	64.15	5	3.14
省级人民政府	113	11.84	610	63.94	5	0.52
省级政府主管部门	74	11.11	417	62.61	4	0.60
其　他	105	11.44	522	56.86	1	0.11
按母公司控股情况分						
国有绝对控股	269	20.72	784	60.40	56	4.31
国有相对控股	20	13.51	90	60.81	1	0.68
集体绝对控股	21	10.82	104	53.61	2	1.03
集体相对控股	8	11.94	47	70.15	0	0.00
其　他	151	13.27	740	65.03	4	0.35
按企业集团主营行业分						
农、林、牧、渔业	8	22.22	21	58.33	1	2.78
采 矿 业	14	15.91	71	80.68	3	3.41
制 造 业	260	16.08	1348	83.36	35	2.16
电力、燃气及水的生产和供应业	20	23.53	41	48.24	9	10.59
建 筑 业	27	13.50	83	41.50	2	1.00
交通运输、仓储和邮政业	21	23.08	25	27.47	4	4.40
信息传输、计算机服务和软件业	6	54.55	9	81.82	0	0.00
批发和零售业	58	15.68	82	22.16	4	1.08
住宿和餐饮业	0	0.00	6	25.00	1	4.17
金 融 业	2	13.33	5	33.33	0	0.00
房地产业	11	5.85	37	19.68	2	1.06
其　他	42	35.00	37	30.83	2	1.67
按母公司登记注册类型分						
国有企业	136	40.72	178	53.29	31	9.28
国有独资公司	97	14.02	418	60.40	20	2.89
其他有限责任公司	150	12.49	770	64.11	7	0.58
股份有限公司	61	15.56	264	67.35	2	0.51
中外合资企业	3	10.34	23	79.31	0	0.00
港澳台合资企业	1	3.03	21	63.64	0	0.00
其　他	21	12.80	91	55.49	3	1.83

7.11 各地区企业集团母公司统一决策状况

单位:个,%

地　区	单位数	企业集团发展战略统一决策		重大投融资项目统一决策		涉外贸易和经济技术合作统一决策		科研开发统一决策		财务管理制度统一决策	
		单位数	比例	单位数	比例	单位数	比例	单位数	比例	单位数	比例
全国总计	2845	2773	97.47	2667	93.74	1850	65.03	1724	60.60	2487	87.42
北　京	280	273	97.50	271	96.79	174	62.14	138	49.29	250	89.29
天　津	162	150	92.59	137	84.57	86	53.09	75	46.30	131	80.86
河　北	69	68	98.55	67	97.10	58	84.06	46	66.67	63	91.30
山　西	52	51	98.08	51	98.08	35	67.31	41	78.85	51	98.08
内蒙古	22	21	95.45	21	95.45	13	59.09	14	63.64	18	81.82
辽　宁	73	73	100.00	72	98.63	62	84.93	58	79.45	69	94.52
吉　林	36	34	94.44	34	94.44	28	77.78	25	69.44	32	88.89
黑龙江	41	41	100.00	38	92.68	30	73.17	28	68.29	33	80.49
上　海	153	149	97.39	151	98.69	100	65.36	79	51.63	136	88.89
江　苏	202	199	98.51	184	91.09	148	73.27	139	68.81	175	86.63
浙　江	329	321	97.57	310	94.22	190	57.75	71	58.36	285	86.63
安　徽	75	74	98.67	71	94.67	46	61.33	51	68.00	62	82.67
福　建	240	234	97.50	206	85.83	113	47.08	116	48.33	195	81.25
江　西	48	47	97.92	44	91.67	31	64.58	31	64.58	45	93.75
山　东	330	322	97.58	310	93.94	242	73.33	240	72.73	296	89.70
河　南	116	110	94.83	111	95.69	77	66.38	72	62.07	101	87.07
湖　北	57	57	100.00	55	96.49	35	61.40	35	61.40	52	91.23
湖　南	38	38	100.00	35	92.11	26	68.42	21	55.26	33	86.84
广　东	159	158	99.37	152	95.60	121	76.10	97	61.01	147	92.45
广　西	29	28	96.55	26	89.66	22	75.86	19	65.52	25	86.21
海　南	8	6	75.00	8	100.00	2	25.00	4	50.00	5	62.50
重　庆	46	45	97.83	45	97.83	25	54.35	20	43.48	41	89.13
四　川	78	77	98.72	73	93.59	57	73.08	47	60.26	70	89.74
贵　州	15	14	93.33	15	100.00	9	60.00	10	66.67	12	80.00
云　南	36	36	100.00	35	97.22	29	80.56	27	75.00	29	80.56
西　藏	6	6	100.00	4	66.67	0	0.00	2	33.33	3	50.00
陕　西	51	51	100.00	50	98.04	35	68.63	34	66.67	48	94.12
甘　肃	29	29	100.00	29	100.00	18	62.07	23	79.31	24	82.76
青　海	24	22	91.67	23	95.83	12	50.00	14	58.33	20	83.33
宁　夏	16	14	87.50	14	87.50	9	56.25	9	56.25	12	75.00
新　疆	25	25	100.00	25	100.00	17	68.00	17	68.00	24	96.00

7.12 各地区企业集团母公司出资人行使主要权利状况

单位:个,%

地　区	单位数	企业重大经营决策权		选择企业经营者权		收取资产收益权	
		单位数	比例	单位数	比例	单位数	比例
全国总计	2347	2201	93.78	1989	84.75	1792	76.35
北　京	136	128	94.12	121	88.97	100	73.53
天　津	156	139	89.10	125	80.13	94	60.26
河　北	62	57	91.94	56	90.32	49	79.03
山　西	47	44	93.62	44	93.62	40	85.11
内蒙古	21	18	85.71	18	85.71	15	71.43
辽　宁	68	66	97.06	58	85.29	55	80.88
吉　林	33	28	84.85	25	75.76	25	75.76
黑龙江	32	31	96.88	27	84.38	26	81.25
上　海	131	126	96.18	118	90.08	115	87.79
江　苏	171	158	92.40	146	85.38	138	80.70
浙　江	293	287	97.95	250	85.32	237	80.89
安　徽	70	65	92.86	57	81.43	48	68.57
福　建	194	184	94.85	149	76.80	139	71.65
江　西	34	27	79.41	24	70.59	22	64.71
山　东	272	261	95.96	229	84.19	193	70.96
河　南	98	88	89.80	77	78.57	72	73.47
湖　北	48	43	89.58	35	72.92	36	75.00
湖　南	34	33	97.06	31	91.18	28	82.35
广　东	125	115	92.00	118	94.40	116	92.80
广　西	27	23	85.19	23	85.19	21	77.78
海　南	5	3	60.00	4	80.00	4	80.00
重　庆	44	43	97.73	38	86.36	35	79.55
四　川	66	63	95.45	58	87.88	50	75.76
贵　州	14	13	92.86	12	85.71	10	71.43
云　南	32	31	96.88	29	90.63	25	78.13
西　藏	3	3	100.00	2	66.67	2	66.67
陕　西	43	41	95.35	38	88.37	32	74.42
甘　肃	27	25	92.59	23	85.19	21	77.78
青　海	21	20	95.24	18	85.71	13	61.90
宁　夏	16	15	93.75	15	93.75	12	75.00
新　疆	24	23	95.83	21	87.50	19	79.17

7.13 各地区企业集团母公司组织机构建立状况

单位：个，%

地　　区	单位数	成立股东会		成立董事会		成立监事会	
		单位数	比例	单位数	比例	单位数	比例
全国总计	2347	1558	66.38	2291	97.61	1930	82.23
北　京	136	67	49.26	123	90.44	90	66.18
天　津	156	89	57.05	151	96.79	118	75.64
河　北	62	28	45.16	61	98.39	50	80.65
山　西	47	33	70.21	47	100.00	41	87.23
内蒙古	21	14	66.67	19	90.48	16	76.19
辽　宁	68	36	52.94	68	100.00	59	86.76
吉　林	33	21	63.64	32	96.97	28	84.85
黑龙江	32	20	62.50	31	96.88	27	84.38
上　海	131	81	61.83	122	93.13	115	87.79
江　苏	171	132	77.19	171	100.00	154	90.06
浙　江	293	258	88.05	293	100.00	270	92.15
安　徽	70	36	51.43	67	95.71	63	90.00
福　建	194	138	71.13	194	100.00	86	44.33
江　西	34	28	82.35	34	100.00	28	82.35
山　东	272	207	76.10	266	97.79	247	90.81
河　南	98	59	60.20	97	98.98	84	85.71
湖　北	48	32	66.67	47	97.92	38	79.17
湖　南	34	19	55.88	32	94.12	30	88.24
广　东	125	71	56.80	124	99.20	108	86.40
广　西	27	13	48.15	27	100.00	25	92.59
海　南	5	5	100.00	5	100.00	5	100.00
重　庆	44	22	50.00	44	100.00	39	88.64
四　川	66	42	63.64	66	100.00	54	81.82
贵　州	14	7	50.00	14	100.00	13	92.86
云　南	32	19	59.38	31	96.88	27	84.38
西　藏	3	2	66.67	3	100.00	3	100.00
陕　西	43	27	62.79	40	93.02	35	81.40
甘　肃	27	12	44.44	24	88.89	24	88.89
青　海	21	18	85.71	21	100.00	18	85.71
宁　夏	16	8	50.00	14	87.50	12	75.00
新　疆	24	14	58.33	23	95.83	23	95.83

7.14 各地区企业集团配套政策落实情况

单位:个,%

地　　区	单位数	有投资自主权		有境外融资权		有对外担保权		有自营产品进出口权	
		单位数	比例	单位数	比例	单位数	比例	单位数	比例
全国总计	2845	2614	91.88	861	30.26	2171	76.31	2089	73.43
北　京	280	252	90.00	89	31.79	218	77.86	188	67.14
天　津	162	146	90.12	43	26.54	105	64.81	99	61.11
河　北	69	63	91.30	30	43.48	55	79.71	56	81.16
山　西	52	49	94.23	20	38.46	49	94.23	39	75.00
内蒙古	22	22	100.00	6	27.27	17	77.27	16	72.73
辽　宁	73	70	95.89	34	46.58	65	89.04	63	86.30
吉　林	36	36	100.00	15	41.67	30	83.33	25	69.44
黑龙江	41	36	87.80	11	26.83	27	65.85	29	70.73
上　海	153	137	89.54	34	22.22	120	78.43	100	65.36
江　苏	202	184	91.09	57	28.22	164	81.19	177	87.62
浙　江	329	316	96.05	101	30.70	278	84.50	71	80.55
安　徽	75	68	90.67	18	24.00	51	68.00	60	80.00
福　建	240	214	89.17	63	26.25	163	67.92	161	67.08
江　西	48	44	91.67	7	14.58	34	70.83	28	58.33
山　东	330	310	93.94	115	34.85	271	82.12	266	80.61
河　南	116	108	93.10	40	34.48	88	75.86	87	75.00
湖　北	57	55	96.49	20	35.09	47	82.46	45	78.95
湖　南	38	36	94.74	12	31.58	31	81.58	31	81.58
广　东	159	146	91.82	56	35.22	107	67.30	119	74.84
广　西	29	27	93.10	4	13.79	19	65.52	21	72.41
海　南	8	6	75.00	2	25.00	3	37.50	5	62.50
重　庆	46	42	91.30	10	21.74	28	60.87	22	47.83
四　川	78	71	91.03	20	25.64	58	74.36	58	74.36
贵　州	15	11	73.33	6	40.00	10	66.67	10	66.67
云　南	36	33	91.67	9	25.00	23	63.89	24	66.67
西　藏	6	4	66.67	1	16.67	4	66.67	5	83.33
陕　西	51	47	92.16	7	13.73	38	74.51	34	66.67
甘　肃	29	26	89.66	9	31.03	23	79.31	17	58.62
青　海	24	20	83.33	9	37.50	17	70.83	12	50.00
宁　夏	16	13	81.25	6	37.50	10	62.50	11	68.75
新　疆	25	22	88.00	7	28.00	18	72.00	16	64.00

续表

单位：个，%

地区	有合并纳税权		有对外工程承包与劳动合作权		有外事审批权		已建立技术研究开发中心		成立财务公司	
	单位数	比例	单位数	比例	单位数	比例	单位数	比例	单位数	比例
全国总计	892	31.35	1589	55.85	469	16.49	1765	62.04	63	2.21
北京	84	30.00	157	56.07	134	47.86	134	47.86	27	9.64
天津	37	22.84	76	46.91	14	8.64	70	43.21	1	0.62
河北	18	26.09	45	65.22	7	10.14	49	71.01	2	2.90
山西	20	38.46	35	67.31	8	15.38	39	75.00	0	0.00
内蒙古	8	36.36	19	86.36	2	9.09	17	77.27	0	0.00
辽宁	27	36.99	58	79.45	12	16.44	54	73.97	2	2.74
吉林	18	50.00	26	72.22	7	19.44	21	58.33	2	5.56
黑龙江	12	29.27	27	65.85	6	14.63	25	60.98	1	2.44
上海	46	30.07	78	50.98	26	16.99	68	44.44	6	3.92
江苏	55	27.23	101	50.00	25	12.38	154	76.24	0	0.00
浙江	102	31.00	193	58.66	54	16.41	233	70.82	1	0.30
安徽	0	0.00	45	60.00	0	0.00	57	76.00	0	0.00
福建	48	20.00	79	32.92	26	10.83	101	42.08	0	0.00
江西	14	29.17	23	47.92	5	10.42	24	50.00	2	4.17
山东	139	42.12	213	64.55	54	16.36	235	71.21	2	0.61
河南	45	38.79	73	62.93	10	8.62	93	80.17	2	1.72
湖北	33	57.89	39	68.42	13	22.81	40	70.18	4	7.02
湖南	16	42.11	20	52.63	4	10.53	27	71.05	0	0.00
广东	45	28.30	83	52.20	27	16.98	96	60.38	6	3.77
广西	8	27.59	16	55.17	0	0.00	20	68.97	0	0.00
海南	1	12.50	4	50.00	0	0.00	5	62.50	0	0.00
重庆	22	47.83	24	52.17	5	10.87	24	52.17	0	0.00
四川	30	38.46	47	60.26	9	11.54	55	70.51	2	2.56
贵州	7	46.67	9	60.00	1	6.67	13	86.67	1	6.67
云南	10	27.78	19	52.78	6	16.67	24	66.67	0	0.00
西藏	2	33.33	3	50.00	1	16.67	1	16.67	0	0.00
陕西	15	29.41	31	60.78	3	5.88	35	68.63	2	3.92
甘肃	9	31.03	14	48.28	3	10.34	24	82.76	0	0.00
青海	9	37.50	13	54.17	2	8.33	13	54.17	0	0.00
宁夏	2	12.50	5	31.25	0	0.00	7	43.75	0	0.00
新疆	10	40.00	14	56.00	5	20.00	7	28.00	0	0.00

中国大企业集团

Large Corporations of China

集锦

中国
CHINA

石油化工集团公司
PETROCHEMICAL CORPORATION

中国石油化工集团公司（简称中国石化集团公司，英文缩写 Sinopec Group）是 1998 年 7 月国家在原中国石油化工总公司基础上重组成立的特大型石油石化企业集团，是国家独资设立的国有公司、国家授权投资的机构和国家控股公司。中国石化集团公司注册资本 1049 亿元，总经理为法定代表人，总部设在北京。

中国石化集团公司对其全资企业、控股企业、参股企业的有关国有资产行使资产受益、重大决策和选择管理者等出资人的权力，对国有资产依法进行经营、管理和监督，并相应承担保值增值责任。中国石化集团公司控股的中国石油化工股份有限公司先后于 2000 年 10 月和 2001 年 8 月在境外境内发行 H 股和 A 股，并分别在香港、纽约、伦敦和上海上市。2005 年底，中国石化股份公司总股本 867 亿股，中国石化集团公司持股占 71.23%，国家开发银行和国有资产管理公司持股占 6.2%，外资股占 19.35%，国内公众股占 3.23%。

中国石化集团公司主营业务范围包括：实业投资及投资管理；石油、天然气的勘探、开采、储运（含管道运输）、销售和综合利用；石油炼制；汽油、煤油、柴油的批发；石油化工及其他化工产品的生产、销售、储存、运输；石油石化工程的勘探设计、施工、建筑安装；石油石化设备检修维修；机电设备制造；技术及信息、替代能源产品的研究、开发、应用、咨询服务；自营和代理各类商品和技术的进出口（国家限定公司经营或禁止进出口的商品和技术除外）。

中国石化集团公司在《财富》2005 年度全球 500 强企业中排名第 23 位。

炼油化工

勘探开发

宝钢注重环境保护，全面推行清洁生产，建设生态型钢铁企业。宝钢是中国冶金系统第一家通过ISO－14001环境认证的企业，各项环境保护指标均已达到世界一流水平，获得“国家环境友好企业”称号，厂区空气质量达到国家风景区标准。

总经理 秦家铭

党委书记 石大华

中国铁路工程总公司

深圳南海大酒店

香港地铁

深圳雅园立交桥

中国铁路工程总公司是集勘察设计、施工安装、工业制造、科研咨询、工程监理、资本经营和外经外贸于一体的多功能、特大型企业集团，现有成员企业40多家，员工30万人。公司秉承“大经营”、“大科技”、“大政工”三大格局和“资本化”、“多元化”、“国际化”、“跨地区”、“跨行业”、“跨所有制”、“跨国经营”的“三化四跨”经营战略和“视野市场化、经营商业化、管理科学化、竞争合作化、资源属地化、班子一体化”的经营管理理念，连续实现了企业的跨越式发展。公司先后荣获“全国优秀施工企业”、“全国企业信息化建设典型示范单位”、“全国企业信息工作先进单位”、“全国信息化建设先进单位”、“全国环保先进单位”、“中国品牌国际市场开拓奖”等称号，并入选美国《财富》杂志组织的“全球最受赞赏的公司”排行榜，在入选的中国公司中位列第5位。2003年以来，营业收入连续三年名列国内建筑业首位。2006年，营业收入进入中央企业前10名，并以中国建筑业企业第一名的身份进入“世界企业500强”，名列第441位，在全球最大承包商中排名第4位，在亚洲最大承包商中排名第1位，“中铁工程”品牌价值518.76亿元，作为中国6个品牌之一，入选“世界品牌500强”，排名第476位。成为双进“世界500强”的两家国内企业之一。

青藏铁路铺架

首钢集团公司

党委书记、董事长　朱继民

党委副书记、副董事长　王青海

首钢始建于1919年，解放前30年累计产铁28.6万吨。解放后，1958年建起了侧吹转炉，结束了首钢有铁无钢的历史，1964年建成了我国第一座30吨氧气顶吹转炉，在我国最早采用高炉喷吹煤技术，70年代末首钢二号高炉采用37项国内外新技术，成为当时我国最先进的高炉。改革开放以来首钢获得了巨大发展，成为以钢铁业为主，兼营采矿、机械、电子、建筑、房地产、服务业、海外贸易等多种行业，跨地区、跨所有制、跨国经营的大型企业集团。首钢总公司为母公司，下属股份公司、新钢公司、高新技术公司、机电公司、特钢公司、国际贸易工程公司、房地产公司、建工集团、军工集团、实业公司等子公司，在香港有上市公司，在南美洲有秘鲁铁矿等海外企业。

2005年2月，国务院批复了首钢钢铁业搬迁调整方案，要在逐步压缩北京地区钢产量的同时，在河北曹妃甸建设体现循环经济要求、具有21世纪国际先进水平的钢铁精品生产基地。“十一五”时期，首钢要以科学发展观统领改革发展全局，在优化结构、提高效益和降低资源消耗的基础上，到2010年，集团销售收入和海外营业额、实现利润、在岗职工人均年收入，分别比2005年翻一番；钢产量2000万吨，吨钢综合能耗、吨钢耗新水和环境治理达到国内外先进水平；其他产业做强做大。把首钢建设成为自主创新型、运行高效型、循环经济型、和谐发展型企业，在钢铁业和综合经济实力方面居国内一流行列。

首钢厂东门喷泉广场

中国五矿集团公司

CHINA MINMETALS CORPORATION

总裁　周中枢

中国五矿集团公司成立于1950年，是以金属、矿产品和机电产品的生产和经营为主，兼具金融、房地产、货运、招标、承包工程和投资业务，实行跨国经营的大型企业集团。1992年，中国五矿集团公司被国务院确定为全国首批55家企业集团试点和7家国有资产授权经营单位之一。1999年，中国五矿集团公司被列入由中央管理的44 家国有重要骨干企业。2005年，集团公司的总经营额为178.5亿美元，在中国最大500家企业排名中列第11位。

中国五矿集团公司拥有全球化的营销网络，在国内20个省区建有168家全资或合资企业，控股和参股14家国内上市公司，控股香港"五矿资源"和"东方有色"两家红筹股上市公司，在世界主要国家和地区设有50家海外企业。中国五矿集团公司以诚信为本，在平等互利、重合同、守信用的原则下，广泛开展"双赢"和"多赢"合作，在中国和世界各地的客户达8000家以上，其中绝大多数是长期稳定的贸易伙伴。中国五矿集团公司与国内外各大商业银行保持密切的合作关系，从1996年开始，集团公司连续数年在美国成功发行和续发了共计6亿美元的商业票据，获国际权威信用评级机构好评；2001年，集团公司首获国际银团1亿美元3年期贷款。

为了提高核心竞争力，中国五矿集团公司积极实施新的企业发展战略，按照钢铁、原材料、有色金属、综合贸易、金融、房地产及服务六大板块，运输、招标二大单元，以及黑色冶金采选业务进行专业化经营，促进了各项业务的持续健康发展，实现了国有资产不断增值的目标。在新的世纪里，中国五矿集团公司以贸易为基础，集约多元，充分发展营销网络；以客户为中心，技术创新，积极提供增值服务；努力发展成为提供全球化优质服务的企业集团。

China Minmetals Corporation established in 1950, is a large-size international producing and trading group of metals, minerals and electrical products. Meanwhile it is also engaged in finance, real estate, shipping, bidding and tendering, engineering projects and investment. In 1992, according to the decision by the State Council, Minmetals was formed as one of the 55 group enterprises as the first trial batch in the whole country and one of the 7 groups with the authorization to operate the state-owned assets. In 1999, Minmetals was listed among the 44 "key enterprise" managed by the Central Government. In 2005, Minmetals' total revenue reached over US $17.85 billion which made it rank No.11 among China top 500 enterprises.

Minmetals' sales network is worldwide. The Corporation owns 168 solely or jointly funded ventures in 20 provinces and special zones in China. It holds majority or minority shares in 14 domestic public companies and two red chip companies, Minmetals Resources and ONFEM Holdings listed in the Hong Kong stock market. Minmetals has established 50 overseas companies in the major countries and regions in the world.Minmetals believes in sincerity and upholds the principle of equality and mutual benefit. The Corporation always seeks for win-win co-operation. Over 8,000 clients of Minmetals are scattered both in China and other countries and regions, most of whom are Minmetals' long-term and stable partners. Minmetals' credit has been well rated by prestigious international rating agencies as the Corporation maintains close ties with major Chinese and international commercial banks. Commercial paper issued by Minmetals in the United States since 1996 has totaled US $600 million. In 2001, the Corporation received a 3-year term loan of US $100 million from an international banking syndicate.

To raise its competitiveness, Minmetals has been actively implementing a new strategy that intensifies operations in six major business areas: iron and steel, raw materials for the steel-making and industrial minerals, non-ferrous metals, trade of metal products and electrical products, finance and real estate and the service industry, and in two business units: shipping and tendering, as well as in mining. The Corporation has been on the way to a sustainable and healthy development and has realized its goal to increase the value of its state-owned assets and will continue to do so. Good results have already been booked and growth in all these six areas, two units and the metallurgical mining is encouragingly visible so that the state-owned assets have more values. In this new century, Minmetals will further develop its major trading business as well as its diversified operations and expand its marketing network. With the clients foremost in its mind, Minmetals will do its utmost to innovate technically and provide value-added services in a bid to become a global high quality service provider to its customers.

珍　惜　有　限　中国五矿集团公司 CHINA MINMETALS CORPORATION　创　造　无　限

东风汽车公司

DFM DONGFENG MOTOR CORPORATION

东风汽车公司始建于1969年，是中国汽车行业骨干企业“三强”之一。经过30多年的建设，已陆续建成十堰（主要以中、重型商用车、零部件、汽车装备事业为主）、襄樊（以轻型商用车、乘用车为主）、武汉（以乘用车为主）和广州（以乘用车为主）等主要生产基地，公司总部运营中心设在武汉。公司主营业务包括全系列商用车、乘用车、 汽车零部件和汽车装备。截至2005年底，公司总资亿元，净资产704亿元，员工11.05万人。

自开工建设以来，东风公司先后经历了艰苦创业（1969～1978）、发展壮大（1979～1993）、改革调整（1994～2000）、跨越发展（2001至今）四个发展阶段。

进入新世纪以来，东风公司着眼参与国际竞争，按照“融入发展，合作竞争，做强做大，优先做强”的发展方略，积极推进与跨国公司的战略合作，先后扩大和提升与法国标致-雪铁龙集团的合作；与日产进行全面合资重组；与本田拓展合作领域；整合重组悦达起亚等。在基本完成主业国际合作之后，东风公司又积极谋划主业整体海外上市，借此将集团层面的东风打造成一个按国际通行规则规范运行的公司。经过两年艰苦而有效的努力，2005年12月，东风汽车公司成功实现在香港联交所挂牌上市。全面合资重组和整体海外上市后，东风公司的体制和机制再次发生深刻变革。按照现代企业制度和国际惯例，构建起较为规范的母子公司体制框架，东风公司成为投资与经营管控型的国际化汽车集团。

东风公司已构建完整的研发体系，在研发领域开展广泛的对外合作，搭建起全系列商用车、乘用车研发平台及其支撑系统，进一步完善了商品计划和研发流程。东风在消化、吸收国内外先进技术的基础上不断强化自身研发能力，提升核心竞争力。

展望未来，“十一五”期间，公司将以建设“永续发展的百年东风，面向世界的国际化东风，在开放中自主发展的东风”为愿景，着力转变增长方式，精心培育自主创新能力，把东风打造成为国内最强、国际一流的汽车制造商；创造国际居前、中国领先的盈利率；实现持续增长，为股东、客户、员工和社会长期创造价值。

地址：湖北省武汉市武汉经济技术开发区东风大道特1号
邮编：430056
电话：027-84285000
传真：027-84285288
http://www.dfmc.com.cn

东风汽车公司向国家测绘局
2005 年珠峰高程测量项目
捐 赠 车 辆 仪 式
2005年3月 北京
307

中国铝业公司

地址：北京市西直门北大街62号　邮编：100088
电话：010-82298080
传真：010-82298081
企业网址：www.chinalco.com.cn

总经理　肖亚庆

中国铝业公司成立于2001年2月，是国家授权的投资管理机构和控股公司，是中央直接管理的国有重要骨干企业。公司固定资产增值保值率、净资产收益率在中央企业中连续多年名列前茅。公司控股的中国铝业股份有限公司（简称中国铝业）于2001年12月分别在纽约和香港上市，被投资者誉为“世界铝业第一股”；在香港证券市场，中国铝业荣获2005年亚洲最佳投资者关系奖中国公司冠军。连续几年来，公司的信用等级一直被标准普尔评为BBB＋级。目前，公司主要产品氧化铝产量位居世界第二，钼生产加工能力位居亚洲前列，电解铝、铝加工材和钛材产能在国内居首位，为国民经济发展、国防军工及航空航天事业做出积极贡献。

公司坚定不移地实施“科技兴企”战略，不断加强新技术、新工艺、新产品、新材料的研发和产业化。从铝土矿开采、氧化铝制取、电解铝冶炼到铝的深加工，已形成了一整套达到世界先进水平、具有自主知识产权的核心技术。公司广泛借鉴、吸收国际先进企业的管理体制、管理理念和管理方法，结合实际大胆创新，夯实了管理基础，形成了一套具有中铝特色的管理体系。大力推进结构调整，实施清洁生产，开展节能降耗，促进经济增长方式的转变，把发展循环经济视为创建一流企业的根本途径。

根据世界铝工业的发展趋势、结合中国铝工业的现状和公司自身的实际，根据科学发展观的精神，确定了“创建世界一流企业、打造中铝百年老店”的发展目标，“优先发展氧化铝，有条件发展电解铝，跨越式发展铝加工，有选择地发展非铝产品”的发展方针，“坚持发展是第一要务，坚持可持续发展，坚持以人为本，坚持有所为有所不为，坚持统一规划、协调发展，坚持综合平衡、兼顾各方”的发展原则，“振兴中铝，报效国家，回报股东，造福员工，惠泽社会”的发展理念，把公司建设成内具凝聚力、外具竞争力，具有规模效益良好增长性的资源型、科技型、综合性的世界一流企业。

中国第一条代表世界铝加工先进水平的“1+4”热连轧铝材生产线

现代大型预焙铝电解工艺及装备技术产业化，为我国淘汰传统自焙槽做出了贡献，在节能环保及资源综合利用方面取得了重大成果

公司是中国最大的原铝生产商，拥有国内最先进的电解铝技术

具有世界先进水平的260吨转炉

2130冷轧线

鞍钢热轧2150生产线

鞍山钢铁集团

鞍山钢铁集团董事会推进委员会主席、鞍钢集团党委书记、总经理、中国科协副主席、中国工程院院士　刘　玠

鞍山钢铁集团公司总部坐落在辽宁省鞍山市，鞍山地区铁矿石资源丰富，已探明储量约占全国储量的1/4，周围还蕴藏着丰富的菱美石矿、石灰石矿、粘土矿、锰矿等，为黑色冶金提供了难得的辅助原料。

鞍钢始建于1916年，前身是日伪时期的鞍山制铁所和昭和制钢所。1948年鞍山钢铁公司成立，翌年7月9日在废墟上开工，迅速恢复了生产，并进行了大规模技术改造和基本建设。鞍钢是新中国第一个恢复建设的大型钢铁联合企业和最早建成的钢铁生产基地，被喻为“中国钢铁工业的摇篮”、“共和国钢铁工业的长子”。

经过近60年的建设和发展，目前鞍钢已形成从采矿、选矿、炼铁、炼钢到轧钢综合配套，以及焦化、耐火、动力、运输、冶金机械、建设、技术研发、设计、自动化、综合利用等辅助单位组成的大型钢铁企业集团。能够生产700多个品种、25000多个规格的钢铁产品。形成年生产铁1600万吨，钢1600万吨，钢材1500万吨的综合生产能力。

“九五”以来，鞍钢按照“改革、改组、改造、加强企业管理”的要求，加快改革发展，发生了“旧貌换新颜”的历史巨变。通过不断探索公有制多种实现形式，组建了鞍钢集团新轧钢股份有限公司。鞍钢不断进行大规模技术改造，走出了一条“高起点、少投入、快产出、高效益”的技术改造新路子，主体生产工艺和技术装备达到国际先进水平。实施“建精品基地，创世界品牌”战略，建成年产1600万吨钢精品基地。形成了从热轧板、冷轧板到镀锌板、彩涂板，冷轧硅钢、重轨、无缝钢管、型材、建材等完整产品系列。建成了以汽车板、家电板、集装箱板、造船板、管线钢、冷轧硅钢为主导的板材精品生产基地。成为目前国内能够生产高档轿车面板的钢铁企业之一和全球最大的集装箱钢板供货企业。

鞍钢依靠自主创新，开发出拥有自主知识产权的短流程中薄板坯连铸连轧带钢技术，并成功输出山东济钢，实现了由产品输出到成套技术输出的转变，改写了我国冶金重大成套设备依赖进口的历史。企业综合竞争力进入国际先进企业行列，国际影响力显著增强。

鞍钢全面通过ISO9002质量体系认证，船用钢通过9国船级社认证，石油管通过API认证，建筑材料获英国劳氏公司CE标志认证书，钢铁主体通过ISO14000环境管理体系认证和OSHMS职业安全健康管理体系认证。钢材产品按国际先进水平标准组织生产有了可靠保证。

鞍钢已确定了今后一个时期“壮大钢铁主体、做强相关产业、推进跨国经营、实现持续发展”的总体发展战略和到2010年进入世界500强，成为最具国际竞争力的钢铁企业的奋斗目标。鞍钢正加快发展步伐，向新的宏伟目标奋进。

鞍钢高炉群

百联集团有限公司

董事长、党委书记　薛全荣

百联集团有限公司于2003年4月24日正式揭牌，由原上海一百（集团）有限公司、华联（集团）有限公司、上海友谊（集团）有限公司、上海物资（集团）总公司合并而成，注册资金10亿元。作为国有独资企业，百联集团经营范围涵盖国有资产经营、资产重组、投资开发、国内贸易、生产资料及企业管理、房地产开发等。2005年，百联集团销售规模1385.87亿元，主营业务收入592.84亿元，并连续多年位列中国零售百强前列。

百联集团目前拥有G百联、G友谊、G物贸、G一医和联华超市等多家上市公司；拥有联华、华联、快客等众多知名企业品牌。现有营业网点约7000家，遍布全国25个省市。

百联集团的业务不仅涉及商超、百货、专业专卖、购物中心、大型折扣购物广场(OUTLETS)等现代零售业态，还涉及金属、燃料、机电、木材、化工原料、汽车贸易等生产资料流通贸易等。目前，集团的众多业务都已经实现连锁经营，其连锁规模、经营能力及IT系统等均处于国内领先水平。

百联第一八佰伴

百联集团努力加快核心业务的发展，扩大核心业务的规模。目前，集团成功开展了一系列并购活动：成功收购了石家庄万利福超市公司、广西佳友集团、无锡中百超市的控股权等，并积极与国内其他零售商业集团开展合作谈判。同时，百联的一些重点发展项目也开展顺利，如百联成都天府购物中心、百联上海西郊购物中心、百联常州东方商厦、百联世贸国际广场、百联青浦桥桯湾购物中心等都已顺利开业，百联中环购物广场、重庆世纪金源购物中心、宁波长发商厦、长沙东方商厦等项目正在施工，百联参与投资建设的俄罗斯圣彼德堡波罗地海明珠项目也已成功启动。

近年来，百联集团一直紧扣市场脉搏，把握市场机遇，不断加强自主创新和科技创新。集团时刻关注国际市场新型零售业的发展动向，并结合国内市场特点，积极进行本土化创新。除成功开发了社区型购物中心外，百联集团和香港九龙仓（中国）共同投资了以国际、国内时尚品牌折扣服饰为主，集休闲、餐饮、娱乐为一体的上海奥特莱斯品牌直销广场（OUTLETS），并于2006年4月28日顺利开业。此外，百联正在充分利用集团的网点资源，加快发展电子商务等其他业态。

百联OUTLETS

百联世纪联华

综采煤机

神华集团公司

神华集团公司是于1995年10月成立的中央直管的国有重点骨干企业，是以煤炭生产销售、电力生产供应，煤制油及煤化工，相关铁路、港口等运输服务为主营业务的综合性能源企业，也是我国唯一集煤、电、路、港、油一体化开发，实现跨地区、跨行业、多元化经营的特大型能源企业。现有全资及控股子公司30家，在册职工14.8万人，总资产1888亿元。全资及控股54个煤矿、1300多公里的自营铁路、年吞吐能力8000万吨的港口、运营和在建装机容量达到1918万千瓦的电厂。

神华集团成立10年来，在党中央和国务院的正确领导下，在国家有关部委的指导和国资委的监管下，依靠改革和自主创新，已经初步走出一条可持续快速发展之路,企业产销量和经济贡献率连续5年名列行业第一。2005年，神华原煤产量实现连续7年以千万吨级的速度增长，达到1.5亿吨，销售1.7亿吨，发电488亿千瓦时，铁路运输货运周转量为828亿吨·公里，港口吞吐量达到6700万吨。实现主营业务收入达到605亿元，在中国最大500家企业排名第32位，利润221亿元，分别比成立时增长81倍和312倍，利润总额名列中央企业第6，利润增长率在特大型中央企业中名列前茅。

广东国华粤电台山发电有限公司

朔黄铁路一景

广州丰田总装车间看板管理

广州汽车工业集团有限公司

广州丰田首款产品凯美瑞

董事长　张房有

广汽丰田发动机整机下线

广州汽车工业集团有限公司（下称“广汽工业集团”）成立于2000年6月8日，是广州市政府国有资产授权经营企业集团，是广东省、广州市重点扶持发展的大型企业集团，在2005年中国企业500强中排名第51位，在广东工业企业中排名第3位，在广州市工业企业中排名第1位。

目前，广汽工业集团拥有独资或控股等各类企业113家，主要有广州汽车集团股份有限公司、广州摩托集团公司、广州本田汽车有限公司、广州丰田汽车有限公司等。主要产品有广州本田雅阁、奥德赛、飞度、思迪系列轿车，广州丰田凯美瑞轿车，广州五十铃多种系列豪华大、中型客车，珠江牌系列大、中型客车，羊城牌轻型客车、货车、专用车，五羊牌和五羊－本田牌摩托车、广汽丰田发动机，以及多种汽车、摩托车零配件产品。

近年来，广汽工业集团通过大力拓展与国际著名厂商的合作获得了长足的发展。目前，广汽工业集团已经与日本本田汽车公司、丰田汽车公司、五十铃汽车公司和韩国现代汽车公司建立了战略合作关系。

2005年，广汽工业集团实现工业总产值457.6亿元，同比增长12.83%；生产汽车25.4万辆，同比增长18.6%；销售汽车25.1万辆，同比增长17.8%；产销摩托车66万、67万辆，实现销售收入477.09亿元，同比增长11.21%。企业的发展速度、经济效益、综合实力居中国汽车行业前列，在全国15家汽车重点生产企业中，广汽工业集团的工业经济效益综合指数排名第1位，综合评价指标有7项指标排名行业第1位，其余指标均排在前6位。

按照规划，到2007年，广汽集团将实现产销汽车近50万辆，销售收入超1000亿元；到2010年，实现产销汽车超100万辆，销售收入近2000亿元。

关注环保、节能、安全，竭尽全力以合理的价格向社会提供高质量的产品，并适应时代的发展和满足市场的需求是广汽工业集团孜孜追求的目标。广汽工业集团将抓住发展的大好时机，学习和借鉴国内外先进的技术与管理经验，不断提升企业管理水平，积极参与国内外两个市场的竞争与合作，加快形成产业结构新格局，实现广州汽车工业的持续、快速、健康发展。

集团党组书记、总经理　周大兵

中国国电集团公司

中国国电集团公司是全国性发电集团，目前，在全国设有10个分公司，拥有3个全资企业、25个内部核算单位、65个控股企业和12个参股企业，其中控股公司国电电力发展股份有限公司、长源电力股份有限公司为国内A股上市公司。2005年，在党中央、国务院的正确领导之下，在国家有关部门的指导和各地方政府的大力支持下，中国国电集团公司坚持“做实、做新、做大、做强”的工作方针，牢固树立和落实科学发展观，深入开展“强化管理，提高效益”活动，保持了生产经营安全稳定，实现了经济效益快速增长。2005年，集团公司全年全口径发电量完成1904亿千瓦时，同比增长13.3%；全年新增发电容量575万千瓦，同比增长45.2%；全年实现产品销售收入428亿元，同比增长28.3%；实现利润总额23.52亿元，纳税总额55.13亿元，全面完成了国资委下达给集团公司的四项资产经营考核指标。到2005年底，国电集团资产总额1322.9亿元，同比增加318亿元，保持了国有资产保值增值；在全国23个省（自治区、直辖市）拥有电源点，加上在建和规划项目，则在全国29个省（自治区、直辖市）拥有电源点。截至2006年8月底，国电集团拥有可控装机容量突破4000万千瓦，为4037.6万千瓦，其中，火电装机容量3614万千瓦，占89.5%，水电装机容量393.8万千瓦，占9.75%，风电装机容量24.17万千瓦，占0.6%，其它5.6万千瓦，占0.15%。

“十一五”期间，中国国电集团公司将以科学发展观统领全局，以市场需求为导向，以深化改革为动力，以经济效益为中心，优化资源配置，以发电为主，兼顾多元，立足国内市场，开拓国际市场，通过制度创新、管理创新、科技创新、观念创新，努力打造“中国国电”品牌，把国电集团建设成为“投资控股型、规模效益型、资源节约型，集团化、市场化、现代化、国际先进”的大型企业集团。

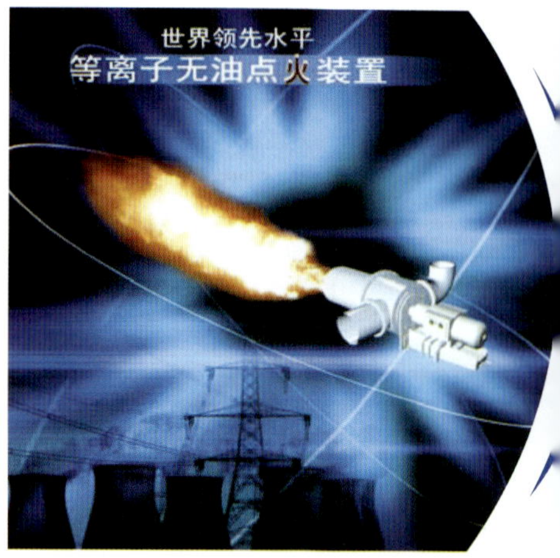

自主研发的等离子点火及稳燃技术填补了国际空白

国电集团最大的水电开发基地—大渡河流域最大的水电站—瀑布沟电站（6×550MW）开工典礼

国电集团第一台100万千瓦机组——泰州电厂开工典礼

国电集团成立后开工建设的首座百万电厂——国电常州发电有限公司（2台600MW超临界机组）

珠海振戎公司

总经理　杨庆龙

珠海振戎公司是经国家批准，于1994年成立的执行国家专项任务的国有重点企业，现由国务院国有资产监督管理委员会管理。公司成立十多年来，以增强国防综合实力、振兴国家能源工业为任，发扬自力更生、艰苦奋斗的创业精神，锐意进取、不断开拓。2003年，公司共完成进出口贸易额近26亿美元，位列全国进出口500强第22位，并以营业收入荣列全国500家大企业集团第52位。2004年，公司完成进出（转）口贸易额近38亿美元，再次位列全国进出口500强第22位，并以营业收入荣列全国500家大企业集团第73位。2005年，公司进口原油1215万吨，完成进出（转）口贸易额超过50亿美元，各项排名有望再创新高。截至2005年底，公司共进口原油超过8000万吨，贸易额超过180亿美元，不仅为国防科技事业和国家能源建设做出了重大贡献，还在伊朗等中东国家创建了一个长期稳定的原油供货渠道，并带动了国内相关产品对这些国家的出口。

公司主营业务为政府项下的伊朗原油进口业务，公司还涉足石油产品的贸易业务，包括燃料油、成品油的进、转口贸易及其他产品的进出口贸易等；公司同时涉足高新技术领域，如通讯软件开发应用、咨询服务等。

珠海振戎公司总部设在北京，内设十多个部室，下设广东振戎能源有限公司、北京振戎融通通讯技术有限公司、北京康巴拉科技有限公司、北京帅府饭庄及西萨摩亚振戎有限公司、香港振戎国际石油有限公司、香港天宝能源有限公司、与中石化合资组建的中石化振戎云南石油化工有限公司，以及驻伊朗、伊拉克、莫斯科办事处等十几个子公司和办事处。

在经济全球化，我国成功加入WTO的新形势下，公司将继续发扬“团结、自强、人格、奉献”的企业精神，不断聚敛内功，进一步吸收国内外先进经验，多方位拓展公司业务，力争把公司塑造成为一个现代化的、具有国际竞争力的国有重点企业，为国防科技事业和国家能源建设再铸辉煌。

杨庆龙总经理站在公司的巨型油轮前

www.zhzr.cn

总部地址：北京市朝阳区大屯里121号振戎大厦　　邮　编：100108

电　　话：8610—52025900　　传　　真：8610—52025900

电子邮箱：zhzr@zhzr.cn

美的集团

创建于1968年的美的集团是一家以家电业为主，涉足房产、物流等领域的大型综合性现代化企业集团，是中国最具规模的家电生产基地和出口基地之一。

1980年，美的正式进入家电业；1981年开始使用美的品牌；2001年，美的转制为民营企业；2004年，美的相继并购合肥荣事达和广州华凌，继续将家电业做大做强。

目前，美的集团员工达7万人，拥有美的、威灵等十余个品牌，除顺德总部外，还在广州、中山、安徽芜湖、湖北武汉、江苏淮安、云南昆明、湖南长沙、安徽合肥、重庆、江苏苏州等地建有十大生产基地，总占地面积超过10000亩，营销网络遍布全国各地，并在美国、德国、日本、香港、韩国、加拿大、俄罗斯等地设有10个分支机构。

美的集团主要产品有各种日用家电及大小家电和压缩机、电机、磁控管、变压器、漆包线等家电配套产品。美的拥有中国最大最完整的空调产业链和微波炉产业链和最大最完整的小家电产品和厨房用具产业集群。

在2005年8月国家商务部公布的“2004年中国出口额最大的200家企业”名单中，美的位列第57位。2005年9月，国家统计局中国行业企业信息发布中心公布的“2004年度中国最大500家大企业（集团）”中，美的荣列第59位。

美德工业园

在保持高速增长的同时，美的集团也为地方经济发展做出了积极的贡献，从1990年代至今上交税收超过58亿元，为社会福利、教育事业捐赠超过7000万元。

物流

美的集团一直保持着健康、稳定、快速的增长。80年代平均增长速度为60%，90年代平均增长速度为50%。新世纪以来，年均增长速度超过30%。

2005年，美的集团整体实现销售收入达456亿元，同比增长40%，其中出口额超过17.6亿美元，同比增长65%。在最近揭晓的“2005年中国最有价值品牌”的评定中，美的品牌价值已从2004年的201.18亿元跃升到272.15亿元，位居全国最有价值品牌第7位。

展望未来，美的将持续稳定发展，形成产业多元化、发展规模化、经营专业化、业务区域化、管理差异化的产业格局。以企业整体价值最大化为目标，进一步完善企业组织架构和管理模式，争取在2010年成为运作管理规范、治理结构清晰，年销售额突破1000亿元人民币的国际化消费类电器制造企业集团。

大同煤矿集团公司

董事长　刘随生

总经理　吴永平

大同煤矿集团公司前身为大同矿务局，成立于1949年，2000年改制为有限责任公司。现有总资产405亿元，煤炭年产销能力1亿吨。同煤集团以大同、宁武、河东（北部）煤田为资源基地，煤田储量892亿吨，现有47对矿井，70万员工家属，是一个以煤炭生产为主，电力、机械制修、冶金、工程建设、化工、建材、物业、旅游等多产业综合发展的特大型企业集团。企业成立57年来，累计产煤14亿吨，居全国前列；累计上缴利税193亿元，是国家投资的3.9倍。曾荣获国家企业管理最高奖"金马奖"、"中国煤炭采选大王"、全国"五一"劳动奖状等多项荣誉。2005年中国企业500强排名第140位。

近年来，同煤集团坚定不移地走现代化、集团化、洁净化、多元化、国际化的发展道路，将企业打造成具有国际竞争力和抵御风险能力的特大型煤、电、化能源集团。在"十一五"期间，按照"做强同煤，造福员工"的总体思路，要再造一个同煤：预计到2010年，总资产由2005年末的405亿元增加到1000亿元；销售收入由2005年的258亿元增加到500亿元；规划煤炭产销量1.5亿吨，力争全部入洗；投产和在建电厂装机容量300万千瓦；建成100万吨氧化铝、60万吨甲醇、高岭土等大型化工项目。

同煤集团"十一五"规划总体思路概括就是"12345"。即：建设一个煤电化能源大集团；抓好两大任务（做强同煤，造福员工）；建成三个基地（商品煤、出口煤、煤炭深加工基地）；实现四个同煤（绿色同煤、科技同煤、诚信同煤、小康同煤）；走五化道路（现代化、集团化、洁净化、多元化、国际化道路）。"十一五"规划目标就是实现"11115"工程：到2010年，煤炭产销量达到1.5亿吨；总资产达到1000亿元（比2005年的405亿元翻一番）；新建1000多栋住宅楼（通过棚户区改造和采煤沉陷区综合治理，使矿区9万多户30多万员工家属的居住条件得到彻底改善）；员工人均收入平均每年提高10%左右；销售收入增加到500亿元（比2005年的258亿元翻一番）。

同煤集团总部

千万吨级矿井建设

陕西延长石油（集

董事长、党委书记　才玮辉

丛式井

团）有限责任公司

陕西延长石油（集团）有限责任公司(简称延长石油)始创于1905年，1907年打成中国陆上第一口油井。延长石油隶属于陕西省人民政府，是国内具有合法勘探开采资质的四家大型石油企业之一，下设油田股份、炼化、管输、销售4个石油专业公司和一个财务中心，以及陕西兴化、陕西化建、西安延炼工贸、陕西精密4个子公司，主要生产经营单位包括22个采油厂、3个炼油厂、2个油品经销公司；主要产品有汽油、柴油、煤油、石脑油、石油液化气、聚丙烯、合成氨、系列硝铵、纯碱、铁粉、特气等。

截至2006年6月底，集团公司总资产536亿元，职工6.36万人。2006年1—6月份，生产原油452万吨，比上年同期增长16%；加工原油468万吨，同比增长25%；实现销售收入189亿元，同比增长629%；实现税金50亿元，同比增长66%；实现利润44亿元，同比增长57%。

“十一五”期间，延长石油将坚持油气并举、“走出去”、多元发展、科技创新、人才兴企、文化引领等战略，强化勘探，优化开发，深化加工，扩大营销，力争到2010年，原油产量和加工量均达到1200万吨的规模，为陕北老区和全省社会经济发展做出新贡献。

集输站

炼油装置

中国陆上第一井

中国储备粮管理总公司

党组书记、总经理 林军

中国储备粮管理总公司（简称中储粮总公司）是经国务院批准组建的涉及国家安全和国民经济命脉的国有大型骨干企业，是国家授权投资机构的试点单位，享受国务院确定的国有大中型重点联系企业的有关政策，在国家计划、财政中实行单列。中储粮总公司实行总经理负责制，总经理为公司的法定代表人。中储粮总公司的注册资本为166.8亿元。

中储粮总公司受国务院委托，具体负责中央储备粮（含中央储备油，下同）的经营管理，并对中央储备粮的总量、质量和储存安全负总责。中储粮总公司的经营范围为：中央储备粮的收购、存储、运输、加工、销售及相关业务。

中储粮总公司对中央储备粮实行垂直管理。根据经营管理的需要，总公司在粮食主产区和主销区设立若干分公司。目前，已在北京等地设立24个分公司，在嫩江拥有62万亩耕地的农业生产基地。经国务院同意，中储粮总公司划转上收一定规模的直属库，统一管理其领导班子、财务和国有资产。到目前为止，中央储备粮直属库达到251个。除充分利用直属库存储中央储备粮外，中储粮总公司还委托一部分地方粮库和社会仓库代储中央储备粮。

高速线材厂外景

青岛钢铁控股集团有限责任公司

QINGDAO IRON AND STEEL GROUP HOLDING CO. LTD.

推动持续创新　构建强势企业

青岛钢铁控股集团有限责任公司（以下简称青钢）始建于1958年，是全国重点钢铁企业之一。产品包括焊接用钢、弹簧扁钢、冷镦钢、预应力钢丝及钢绞线用钢等11大系列，主导产品焊接用钢、弹簧扁钢国内市场占有率分别为第一位、第二位；连年获得“冶金产品金杯奖”、“国家免检产品”、“中国质量过硬服务放心信誉品牌”、“中国质量、服务、信誉AAA级企业”、“全国产品质量售后服务信誉双保障企业”、“中国钢铁市场产品质量用户满意第一品牌”、“全国用户满意产品”等荣誉称号。

党委书记、董事长、首席执行官　王玉科

“九五”初期，企业曾因产品技术落后、管理基础差，缺乏市场竞争能力，处于严重亏损、濒临倒闭边缘。自1997年始，青钢在党委书记、董事长、首席执行官王玉科同志的带领下，舍命以赴、励精图治，崇尚企业以人为本的管理理念和科学的管理方法，创造了“五个日”全控联动管理模式，塑造了大气而厚重的企业文化；坚持走“质量、品种、效益”型发展道路，以“求新、求异、求变”的企业精神实施创新活动，产品市场占有率和企业的核心竞争能力不断提高，2005年再次获得中国500最具价值品牌，品牌价值达64亿元人民币。

“十五”期间，青钢走出了一条可持续发展的普转优、优转特、废弃物资源化的新型工业化道路。

一、完善工艺流程，提高工艺技术装备水平

近年来，加强资源的有效配置，形成焦化、烧结、炼铁、脱硫、顶底复吹转炉、LF钢包精炼炉、连铸、高线等配套完善的工艺流程，生产能力和工艺技术水平得以提升，部分达到国内先进水平。

二、新产品开发与创新取得丰硕成果

积极发展优特钢生产，相继成功开发了82B、超细晶粒热轧带肋钢筋、冷镦钢、双槽扁钢等22个高附加值新产品，有许多填补了省内空白，高附加值品种钢比率提高到78%以上。

三、技术经济指标取得长足进步

实行标杆管理，对照先进标准、先进企业寻找差距，挖掘内部潜力，主要技术经济指标进入全国同类型企业的先进水平。2005年28项交流指标，进入全国前三名的有8项，占28.6%；进入全国前五名的有12项，占42.8%。

四、大力发展循环经济，建设生态旅游型工厂

2004年通过ISO14001环境管理体系认证，并持续开展资源综合利用，积极营造节约资源、利国利民的文化氛围，推动企业向资源节约型、环境友好型、生产流程清洁型转变。

至“十五”末，全面推行清洁生产通过政府验收，资源综合利用率达到95%以上，污染物综合排放合格率达到93.6%，万元产值能耗由2000年的3.08吨标煤降为1.19吨标煤。2006年被青岛市认定为“资源节约型”企业。

五、发展规划与措施

1. **加强企业技术中心建设**　力争“十一五”末晋升为国家级企业技术中心。

2. **大力推进产学研协作**　继续做好与各院校进行的“产学研”合作，加速科技成果转化，加快技术创新和技术改造步伐，以不断提高企业的核心竞争能力。

3. **实施管理创新，深化细化“五个日”全控联动管理**　管理是企业的总导演。把“卓越绩效”管理标准纳入“五个日”全控联动管理，在全公司范围内建立起以“五个日”管理为核心的绩效评价体系，以“日目标”绩效的滚动发展来改进和提高整体绩效。

4. **创新销售理念，产销研一体化**　遵循“市场为家、用户为王”的方针和“诚信+共赢”的经营理念，以市场为基点、以顾客为中心，不断开发高效新品种，构建产销研一体化的快速反应机制。

5. **推动持续创新，建设强势企业**　坚持科学的发展观，走新型工业化道路，通过管理与技术创新，努力建设一个“技术水平先进、环境保护领先、资源利用充分、经济效益突出”的现代化钢铁企业。

华芳集团是一家以纺织为主业，棉纺为核心，集棉纺织染、针纺织染、毛纺织染、制衣于一体，兼有酒店、房地产业的大型股份制企业，也是江苏省重点企业集团。拥有总资产80多亿元，占地面积300多万平方米，员工35000余名。

集团下辖棉纺公司、色织公司、织染公司、纺织股份公司（为上市公司股票代码600273）、毛纺织染公司、纺织品销售公司、进出口公司、棉业公司、热电公司、房地产公司、五星级华芳金陵国际酒店以及在山东夏津、新疆石河子建有纺织工业园等分支机构，主体产业分布六大城镇。集团获得了ISO9001国际质量体系认证、ISO14001环保体系认证。“华芳”牌产品以其过硬的质量，较高的知名度畅销国内外市场，并且先后被评为中国名牌产品、国家免检产品，同时被认定为中国驰名商标。

集团2005年实现主营业务收入超百亿元，产品外贸自营出口额2.5亿美元。集团综合实力在全国同行业中具有领先地位，并具有强大的国际竞争优势，其中棉纺产业规模已处于亚洲第二，毛纺织产业规模能力位居世界第一。集团先后获得了“全国纺织行业质量效益型先进企业”、“全国自营出口先进企业”、“全国最佳企业形象AAA企业”、“全国诚信守法企业”等荣誉称号。2005年度，集团在中国工业企业500强中排名第174位，在中国民营企业500强中排名第8位，在江苏省工业企业50强中排名第13位、在江苏省民营企业50强中排名第5位。

崛立中国纺织产业，力创行业一流品牌。跨入“十一五”，华芳集团将秉承“我们总在超越”的企业理念，永不满足，坚持做大做强。2006年，力争以棉纱40万吨、各类棉织布近2亿米、呢绒3000万米、服装600万件（套）的年规模产出能力，确保完成主营业务收入超110亿元，自营出口额3.5亿美元。华芳也将不断超越，加速同世界经济接轨，把集团建设成为既有市场竞争实力，更有品牌经营能力的现代国际化大集团，努力跻身于世界纺织强企行列。

地址：江苏张家港市塘桥人民南路1号　　邮编：215611
Http：//www.hfang.com　　E-mail：hfang@hfang.com.cn

江苏悦达集团有限公司

董事局主席　胡友林

江苏悦达集团是在我国改革开放大潮中迅速成长起来的全国520户重点国有企业之一。经过27年的拼搏努力，目前在国内外拥有30多家分公司，20000名员工、资产总额125亿元，形成了以汽车、纺织两大产业支柱为主导的经营体系，构建了机械制造、纺织服装、基础设施、现代服务等四大集群的产业框架于一体的大型企业集团，业务范围遍及世界100多个国家和地区。1994年起，悦达跻身于全国最大工业企业500强，2003年进入江苏省规模企业前20强、利税前8位，2005年中国企业500强第147位、中国制造业企业500强第68位、汽车及零配件制造业第9位。2005年实现综合销售额206.6亿元、利税12.4亿元，成为苏中、苏北第一家超200亿元的企业集团。

目前，在机械制造板块，东风悦达起亚汽车有限公司已具备15万辆汽车的生产能力。2007年将形成45万辆的年生产能力，成为江苏最大、全国重要的轿车生产基地。在纺织服装领域，1993年，悦达与具有百年历史的欧洲著名时装企业德国黛安芬集团合资兴办了盐城国际妇女时装有限公司，生产享誉世界的“黛安芬”（Triumph）牌妇女内衣及相关产品，成为黛安芬在世界上最大的高档妇女内衣生产基地。2003年7月，悦达纺织工业园一期工程开工建设。未来几年，悦达将充分利用优势，与法国家乐福、韩国现代、德国艾文德等国际知名企业实现密切合作，引进世界先进技术设备，形成棉花购销、纺纱、织布、印染、后整理和家纺、服装加工一条龙产业链。在基础设施投资方面，悦达控股、参股经营的高等级公路已有7条。2004年，悦达集团收购了黄陵二号矿年产1000万吨矿井46%股权，此项目是苏陕两省最大的经济合作项目。未来几年间，悦达煤炭开采、调运总量将达2000万吨。现代服务业方面，悦达与全球第二大零售商法国家乐福合作，成为家乐福在江苏、安徽、河南、山西、河北、重庆五省一市唯一的合作伙伴。悦达在房地产开发、金融证券等诸多领域已全面融入上海，并将在上海这个国际大都市寻求更大的发展空间。

回首过去，豪情满怀；展望未来，信心百倍。在2005年实现综合销售额超200亿元的基础上，到2007年，悦达将力争实现综合销售额超450亿元，2010年达1000亿元，跻身世界知名企业行列。

五粮液集团有限公司

五粮液集团有限公司位于“万里长江第一城”——中国西南腹地的四川省宜宾市北面的岷江之滨。其前由50年代初几家古传酿酒作坊联合组建而成的“中国专卖公司四川省宜宾酒厂”，1959年正式命名为“宜宾五粮液酒厂”，1998年改制为“五粮液集团有限公司”。粮液集团有限公司是以五粮液及其系列酒的生产经营为主，同时生产经营精密塑胶制品、成套小汽车模具、大中小高精尖注射和冲压模具，以及生物工程、药业、印刷、电子、物流运输和相关服务业等多元发展，具有深厚企业文化的现代企业集团。2005年，实现销售收入156.65亿元。集团公司现有职工30000余人，科技开发和生产经营的建筑设施错落有致地掩映在9平方公里的花园般厂区中。

五粮液集团有限公司的成名产品“五粮液酒”是浓香型白酒的杰出代表。她以高粱、大米、糯米、小麦和玉米五种粮食为原料，以“包包曲”为动力，经陈年老窖发酵，长年陈酿,精心勾兑而成。她以“香气悠久、味醇厚、入口甘美、入喉净爽、各味谐调、恰到好处、酒味全面”的独特风格闻名于世，以独有的自然生态环境、638年的明代古窖、五种粮食配方、酿造工艺、中庸品质、“十里酒城”等六大优势，成为当今酒类产品中出类拔萃的珍品。自1915年代表中国产品首获“巴拿马万国博览会”金奖以来，五粮液酒又相继在世界各地的博览会上共获38次金奖，1995年在“第十三届巴拿马国际食品博览会”上又再获金奖，铸造了五粮液“八十年金牌不倒”的辉煌业绩，并被第五十届世界统计大会评为“中国酒业大王”。数年来“五粮液”品牌连续在中国白酒制造业和食品行业“最有价值品牌”中排位第一，2005年其品牌价值达338.03亿元，具有领导市场的影响力。五粮液股份有限公司于2003年再度获得“全国质量管理奖”，成为我国酒类行业唯一两度获得国家级质量管理奖的企业。

公司系统研制开发了五粮春、五粮神、五粮醇、长三角、两湖春、现代人、金六福、浏阳河、老作坊、京酒等几十种不同档次、不同口味，满足不同区域、不同文化背景、不同层次消费者需求的系列产品。

为了给广大消费者提供更多更好的优质产品，满足社会各阶层的不同需求，将我们历史文化中的瑰宝发扬光大，公司不断将现代科技与古老的传统工艺相结合，在提高产品质量的同时扩大企业的生产能力，以适应国内外市场发展的需求。

以塑胶制品和现代模具制造为主的五粮液普什集团公司迅速地成长壮大起来。其在防伪瓶盖、PET原料及成型制品、塑胶管材管件等几大类产品的生产和销售上都取得了优异的业绩。

以生产各种玻璃制品和包装材料为主的环球集团公司在通过了ISO9001：2000国际标准质量体系认证后，多类产品的质量已经达到四川省的最好水平。其业务也逐步从单一的玻璃制造向玻璃产业的其它领域探索，不断以新产品引导、创造新的消费，

起步于为集团公司配套服务的安吉物流集团公司通过近年来不断加强对其基础管理和服务水平的提升，获得了中国质量认证中心的授牌认证，成为中国物流行业首家通过ISO9001质量、ISO14001环境、OHSAS18001职业健康安全三个国际管理标准认证的企业，被评为交通部道路物资运输二级企业，而且完成了由单一的运输企业向现代化物流企业的转化，成为四川省自建GPS全球卫星定位系统容量最大，入网车辆最多的物流企业。

以经营和代理各类商品及技术等进出口业务的五粮液进出口公司系五粮液集团公司下属全资子公司，该公司在合同的商订及履行等各环节都设置了完善的机构，建立了科学有效的运作和管理系统，并充分发挥“五粮液”的品牌优势，努力开拓国际市场，其出口的五粮液系列白酒、青梅果酒、纺织品、鞋类、化工、机电等产品，已远销港澳、美、英、南非等六十几个国家和地区。“五粮液”亦成为首个进入国际免税商场的中国酒类品牌。

此外，以环保、保健、饮料、药业、精化、电子、家纺等为配套发展产业，以进出口贸易、投资咨询、维修服务等为配套服务产业，五粮液集团有限公司至今已经发展成为了拥有多个全资或控股子公司的具有规模效益优势和巨大发展潜力的特大型企业集团。

五粮液人用智慧、勤劳和创新求进、永争第一、不断追求卓越的精神，创造着五粮液卓尔不凡的美，创造着五粮液集团博大精深的企业文化，创造着五粮液集团优秀品质的产品和服务，创造着五粮液人卓越的经济效益、环境效益和社会效益。

五粮液集团有限公司诚谢社会各界的关心、关怀和厚爱。

优美整洁的现代化厂区

金川集团有限公司

金川集团有限公司是采、选、冶配套的大型有色冶金、化工联合企业，镍和铂族金属产量均占国内总产量的 90% 以上，是国内较大的镍、钴及铂族金属提炼中心，也是中国北方较大的铜生产企业。

公司拥有的金川镍矿是世界著名的超大型多金属共生硫化镍铜矿床，公司的综合技术实力居世界同行业前列。经过 40 多年的建设，公司已形成年产镍 13 万吨、铜 20 万吨、钴 6000 吨、铂族贵金属 3500 公斤及 120 万吨无机化工产品的综合生产能力。

2005 年，金川集团公司实现营业收入 206.06 亿元，比上年增长 37. 2 %；实现利税 38.11 亿元，其中利润 20.71 亿元，分别比上年增长 41.9% 和 71.02%。

展望未来，在“十一五”期间，公司将贯彻科学发展观，走新型工业化道路，坚持抓好重点项目建设，坚持扩大资源拥有量和有效利用，建设节能型企业，发展循环经济，狠抓新产品开发，延伸产品链，提高产品附加值；抓好公司确定并有一定基础的相关产业的加速发展；通过投资、融资、并购、资产重组等方式，进入公司具有比较优势的新产业领域；在国外以有色金属、稀有金属资源开发为重点，不断提升公司的国际竞争力；依靠科技进步，立点足全球发展，实施国际化经营，把公司建设成世界知名的大型企业集团。

中水处理系统

“金驼”牌高纯阴极铜

清华控股有限公司

董事长　宋军

清华控股有限公司是经国务院批准，清华大学出资设立的国有独资有限责任公司。清华大学作为公司的出资人，依法行使出资人的权利，并以其全部出资额为限，对公司承担有限责任。公司是自主经营、自负盈亏、自我发展、自我约束的企业法人实体。公司与所投资企业以资本为纽带建立母子公司关系，依法经营在所投资企业中投资形成的国有资产和国有股权，主要从事科技成果产业化、高科技企业孵化、技术信息咨询、投资管理、资产运营和资本运作等业务。公司在制定清华大学科技产业发展战略、整合资产、调整结构、协调利益等方面发挥主导作用，是清华大学科技企业投融资、科技开发、成果转化、高新技术企业孵化、对外贸易及经济技术合作交流等重大经营活动的决策和管理中心。

清华控股有限公司注册资本为人民币 20 亿元。清华控股有限公司所出资企业有“同方股份”“紫光股份”“诚志股份”等数家直接或间接控股的上市公司和“启迪股份”“阳光能源”“紫光集团”“博奥生物”“中核能源”“科技创投”“源兴生物”等 30 余家控股公司。清华控股有限公司所出资企业主要涉及信息技术产业、生命科技产业、能源化工环保产业、科技服务及其他产业。形成了“同方威视集装箱检查系统”、“阳光集热管及热水器”、“同方电脑”、“紫光笔记本电脑”、“博奥生物芯片”、“源兴基因药物”等一系列品牌产品。

科技园区建设、科技成果孵化、高新技术企业培育等科技服务型业务也是公司产业的主要组成部分。清华科技园作为清华大学实现科技成果转化、创新企业孵化及创新人才培养的重要基地，为科技产业的发展构建完善的软硬件平台，拓展产业发展的空间，致力于科技园区的制度建设、中介组织创新和文化氛围的营造。清华科技园是首批被科技部、教育部确认的惟一 A 类国家大学科技园。目前，园区已有 400 多家高新技术企业，近 150 家各类研发机构，其中 6 家是世界 500 强；研发人员 2 万名，年研发经费 30 多亿元；培育了 200 多家拥有核心技术的创新创业企业，拥有专利和专有技术近千项，承担国家各类科技项目近 400 项。

❶ 2005年7月，清华科技园70万平方米园区建设基本完成，2005年12月，清华控股搬入主园区的标志性建筑——科技大厦。

❷ 来自国际权威市场研究机构IDC的全球市场台式电脑销售排行榜显示：2006年第一季度，同方电脑销量达325,000台，稳居全球十大PC厂商行列。

❸ 截至2005年初，同方威视股份已为30多个国家和地区提供集装箱检测系统设备超过100套。

❹ 博奥生物用于基因、蛋白分析及药物筛选的各种领先芯片

首旅集团
BEIJING TOURISM GROUP

董事长　段强

总裁　梅蕴新

首旅集团十大品牌
BTG'S THE TEN BRANDS

北京首都旅游股份有限公司 BEIJING CAPITAL TOURISM CO.,LTD

全聚德 QUANJUDE

北京新燕莎集团 Beijing New Yansha Group

首旅建国 BTG-JIANGUO Hotels & Resorts

中国康辉 CHINA COMFORT TRAVEL

首旅集团 BEIJING TOURISM GROUP

神舟国旅集团 BTG International Travel & Tours

HOME INN 如家

古玩城集团 ANTIQUE-CITY GROUP

東來順 BEIJING DONGLAISHUN GROUP

首汽股份 Shou Qi Co., Ltd.

首旅集团，是1998年初经北京市政府批准成立并授权经营管理国有资产的大型集团公司，是以经营旅游业为主，涵盖酒店、旅行社、汽车服务、旅游商业、餐饮、景点景区等业务的现代化企业。

2004年，首旅集团与新燕莎集团、全聚德集团、东来顺集团、古玩城集团合并重组，新的首旅集团以五大集团重组为契机，积极推进流程再造，进一步完善“吃、住、行、游、购、娱”旅游六大要素的产业链，导入全新的经营理念，发挥品牌集聚效应，强化网络管理，对酒店服务业、旅游商业、餐饮服务业、旅游旅行业、汽车运营业、景点景区业六大板块进行业务整合，实现板块互动。整合后，首旅集团掌控的资产总量超过200亿元。

五大集团合并重组后，首旅集团提出了全新的发展目标：力争用五年时间，实现首旅集团资产总量、营业收入和利润总额翻一番。再用五年左右的时间，实现首旅集团在跨国经营上的重大突破，成为国际上有较大影响并带动全市旅游服务业共同发展的跨地区、跨所有制和跨国经营的特大型旅游企业集团。

首旅集团——**您可信赖的朋友！**

董事长 陈峰

海航集团

海航集团是2000年1月经国家工商行政管理局批准组建，以航空运输业为主体，向上下游产业延伸发展而成的集航空运输业、机场管理业、酒店管理业、旅游服务业和其他相关产业为一体的企业集团，海航集团对所从事的产业实行专业性产业管理模式。目前，集团资产总值近500亿元人民币，员工26000余人。

航空运输业以海南航空股份有限公司为龙头企业，所辖企业有中国新华航空有限责任公司、长安航空有限责任公司、山西航空有限责任公司、扬子江快运航空有限公司、祥鹏航空有限公司等。

机场管理业是海航集团机场产业系统，海航机场集团有限公司所辖企业有海南美兰国际机场股份有限公司、三亚凤凰国际机场有限责任公司、宜昌三峡机场有限责任公司、潍坊南苑机场有限责任公司、东营永安机场有限责任公司、满洲里西郊机场有限责任公司等。

酒店管理业是海航集团酒店产业系统，海航酒店集团所辖企业有：海航酒店控股集团有限公司、海航酒店（集团）有限公司、上海海航国际酒店管理有限公司等。

旅游服务业是以幸运金鹿航空旅游集团有限公司为核心企业的旅游产业系统，幸运金鹿航空旅游集团有限公司所辖企业有幸运国际旅行社有限公司、金鹿公务机有限公司、吉林省旅游集团有限责任公司、海航思福汽车租赁有限公司等。

海航集团的其它相关产业有海航集团财务有限公司、西安民生集团股份有限公司、宝鸡商场集团股份有限公司、扬子江地产集团有限公司、海南海航航空进出口有限公司、海南海航航空信息系统有限公司等。

海航集团倡导“内修中华传统文化精粹，外融西方先进科学技术”的中西合璧企业文化，以“诚信、业绩、创新”为企业管理理念，以“至诚、至善、至精、至美”为企业目标，以“大众认同、大众参与、大众成就、大众分享”为企业宗旨，以“为他人做点事，为社会做点事”的企业理念鼓励员工追求社会和个人双向价值的实现。

海航集团在取得自身迅速发展的同时还积极担当起企业应负的社会责任，向希望工程、教育事业、环保事业、贫困地区、灾区和民族、卫生等领域直接捐款数额累计已达数千万元人民币。

海南新国宾馆

美兰机场

海航海口基地

山西晋城无烟煤矿业集团有限责任公司

董事长兼党委书记　袁宗本

总经理　朱晓明

山西晋城无烟煤矿业集团有限责任公司是山西省国有资产监督管理委员会、国家开发银行、中国信达资产管理公司和中国建设银行四个股东持股的有限责任公司，是国家规划的13个大型煤炭基地中晋东煤炭基地的重要组成部分，是19个首批煤炭国家规划矿区之一，是我国优质无烟煤重要的生产基地。公司实行母子公司管理体制，现有23个控股子公司、9个分公司。截至2005年底，企业总资产256.7亿元，企业生产经营总额181.7亿元，利润10.34亿元。

公司现有古书院矿、王台铺矿、凤凰山矿、成庄矿、寺河矿、长平矿六对生产矿井，2005年核定总生产能力为3060万吨/年。设计生产能力600万吨/年的赵庄矿已投入试生产。公司所产煤炭为中等变质程度的优质无烟煤，主要产品有洗中块、洗小块、洗末煤和优末煤等7个品种，具有热稳定性好、发热量高、机械强度高、低灰、低硫、低挥发份等特点，是优质的化工原料煤和火力发电、高炉喷吹、烧结、建材用煤，属稀有煤种，国家实行保护性开采。

进入新世纪以来，晋城煤业集团紧紧围绕“煤、气、电、化综合发展，建设环保型绿色矿山”的企业中长期发展战略，着力优化产业产品结构，构建矿区循环经济体系，初步形成了以煤炭为主，煤—气、煤—电、煤—化三大主导产业为龙头，煤气电化、矿路港航、煤机制造、其它非煤产业“四大板块”竞相发展、相互支撑的产业结构。

目前，公司正以科学发展观统领全局，围绕建设全国最大的优质无烟煤生产基地、煤层气开发利用基地、煤电基地和煤化工基地的目标，突出煤气（煤和煤层气）、煤电、煤化三大主导产业，实现产业结构和组织结构的根本转变，构建起具有明显循环经济特色的主业突出、多元发展的特大型现代企业集团。

煤—气

煤—电

煤—化

煤炭主业

阳泉煤业(集团)有限责任公司

董事长、总经理　王体轩　　　　党委书记、副董事长　石盛奎

阳泉煤业(集团)有限责任公司(原名阳泉矿务局)成立于1950年1月，1997年12月，改制为国有独资公司。阳煤集团是一个以煤炭生产为主，集电力、铝业、磁材、建材、化工、机修制造、房地产开发、建筑施工等为一体的特大型企业集团，是国家首批确认的特大型企业和全国500家最大工业企业之一，位列2005年度中国500强企业227位、中国最大500家企业第182位、首届中国大企业竞争力500强第128位、全国煤炭工业100强第12位。阳煤集团矿区井田规划总面积1387.8平方公里，地质储量142亿吨，可采储量79.68亿吨，年产煤炭3200万吨以上，是全国最大的无烟煤生产企业、最大的冶金喷吹煤生产基地和无烟煤出口基地，是国家规划的13个大型煤炭基地之一——晋东煤炭基地的重要组成部分，也是首批19个国家煤炭规划矿区之一。截至2005年底，集团拥有9个分公司，21个控股子公司（包括1个全资子公司，1个上市公司和19个控股子公司），2个参股公司，现有职工9万人，企业总资产220亿元。

阳煤集团地处中国最重要的能源重化工基地——华北地区，距离中国首都北京400公里，中国的铁路大动脉石太线和骨干高速公路太旧路经过主要生产区和生活区，地理位置优越，交通便捷畅通。

阳煤集团以盛产“阳优”牌无烟煤驰名中外，素有“太行明珠”之美称。“阳优”品牌作为煤炭行业首家拥有的煤炭商标，1997年在国家商标局注册。其主要产品有块炭、末煤、精煤、冶金喷吹煤等23个品种，其中有16个荣获国家、部、省优质产品称号，是电力、冶金、化工、建材和民用的上好燃料和原料，在全国设有便捷高效的销售网络，行销华北、华南、华东、东北、华中、江浙等地区的大钢厂、大电厂以及化工、建材、化肥企业，并出口巴西、日本、韩国等国的特大型钢铁企业。

多年来，阳煤集团先后获得“首届中国煤炭工业优秀企业奖”、“煤炭工业优秀奖——金石奖”、“质量标准化、现代化矿务局”、“AAA级信用度企业”、“国家级守合同重信用企业”、“山西省优秀企业”、“山西省经济结构调整突出贡献企业”、“山西省精神文明建设先进企业”、“全国五一劳动奖状”等荣誉称号。

阳煤集团“十一五”宏图已经绘就，在做大做强煤炭基础产业的同时，规模化发展非煤产业，坚持“煤与非煤并重，做大与做优并举”，形成“1－3－5”产业格局：“1”即煤炭基础产业，“3”即电力、铝业、煤化工三个非煤主导产业，“5”即建筑房地产、煤机制造、磁材、建材、煤层气开发利用五个支持产业，到2010年，集团公司的年营业总收入达到380亿元，奋斗500亿元。

阳煤集团新景矿

公司总部办公大

多彩梦幻
触摸时尚生活
春兰
梦幻
系列空调
多彩的面板，优雅的外观，创新的LED动感显示……尽显钻石般高贵迷人气质。春兰梦幻系列空调，凝聚了人性科技与工业设计之精髓，集节能、静音、健康技术于一体，更有灵性触摸感应按键，轻轻一触，给你带来至尊无上的享受。
Chunlan
兰创造新生活
春兰24小时金牌服务
春兰服务 全心照顾
24小时全国免费热线电话:8008286888
江苏春兰电子商务有限公司 地址:江苏省泰州市青年路18号 电话:0523-6612261 传真:0523-6219570
邮编:225300 网址:Http://www.chunlan.com 春兰电子商务网站:Http://www.echunlan.com

www.yuchai.com

YUCHAI 玉柴机器

新玉柴 新思维 新发展

中国驰名商标　绿色发展　和谐共赢

董事长　晏平

玉柴集团创建于1951年，现有员工万余人。是一家多种所有制经济成份并存，跨地区、跨行业、多品种、多元化经营的企业集团，拥有全资、控股、参股子公司27家。主要从事柴油机、工程机械、汽车化工、汽车零部件制造和商贸物流等业务。

玉柴营销公司拥有 40 多家子（分）公司、近2000家配送中心、专卖店、终端服务网点，业务遍布亚、欧、美、非四大洲。

玉柴集团2005年拥有总资产105亿元，销售收入超过121亿元，居全国同行业前列。

2005年玉柴集团荣获中国品牌年度大奖（NO.1）、全国质量管理奖、中国名牌产品、中国驰名商标、全国文明单位、全面建设小康社会百佳诚信单位、全国用户满意服务、全国企业道德先进单位、标准化良好行为企业、全国企业培训工作先进单位等一系列国家级荣誉，其中"全国质量管理奖"是中国企业经营管理的最高奖项。玉柴是广西、也是全国内燃机行业第一家获此殊荣的企业。

2006年玉柴集团位列中国机械500强第25位，比2005年的37位上升了12位；中国汽车零部件百强企业第3位；中国500最具价值品牌第119位，品牌价值46.82亿元，是广西壮族自治区和中国动力的知名品牌。

玉柴集团未来十年的发展目标是：以全面展开国内、国际间的合资合作和加速高新技术引进、应用为主要手段，围绕经营主业拓展产业链，重点发展柴油机、工程机械、专用汽车、汽车化工、汽车零部件和商贸物流等相关产业产品，构建年销售额为1000亿元的经营平台，进一步提升国际市场竞争力，成为具有世界知名品牌的大型跨国企业集团。

拥有世界先进技术水平的重机车间

动力大厦

中国首台欧Ⅳ柴油机

广东省广弘资产经营有限公司

GUANGDONG GUANGHONG ASSETS MANAGEMENT CO., Ltd.

广东省广弘资产经营有限公司（以下简称广弘公司）是经广东省人民政府批准于 2000 年 9 月组建成立，是广东省属三大国有资产经营公司之一，属下拥有食品、医药、国际贸易、教育发行、粮食、体育、旅游酒店和建筑房地产等产业。

广弘公司历经五年多快速而稳健的发展，经济效益实现高速增长，被国家统计局评定为“全国 500 强企业”，并跻身广东 50 强。

广弘公司拥有广阔的商贸流通市场，特别是在食品、医药、国际贸易、教育发行、建筑等行业占有领先优势。融资渠道宽广，企业信誉良好，与多家商业银行建立了长期稳定的合作关系。机制灵活，管理先进，经营高效，汇聚了一批事业心强、管理水平高、经营能力强的高素质人才。公司目前已逐步发展成为拥有若干个核心竞争力较强，管理水平较高，主业比较突出的产业集团，为进一步实现超常规、跨越式发展奠定了良好的基础。

广弘公司今后的发展方向是：坚持走贸工技发展道路，坚持低成本发展战略，继续推动体制创新、机制创新，大力发展医药、食品、国际贸易三大成长性高、竞争力强、市场领域宽的支柱产业，并带动其他产业全面协调、多元发展。医药——经营业务涵盖中西药批发、制药工业、医疗器械、连锁经营和医药进出口业务等，拥有广东省最广泛的市场营销网络，是全国最大的医药代理商之一。广东省本草药业连锁有限公司是广东省政府重点扶持的连锁龙头企业，在广东省各个地市已开设连锁药店 800 多家。同时，充分利用自身拥有的市场网络优势，以兼并、合作方式在云南、贵州等地建立了多家药品生产加工基地，目前正在投资兴建全国最大的医药市场——广州国际医药港，全力打造一个拥有自有工业基地、自主知识产权、产业链完整的大型医药企业。食品——拥有一个较大型的多功能的冻品集散市场，形成以食品冷藏加工、粮油加工贸易、饲料生产销售的大型产业链。食品业通过合作方式在四川省建立了冻肉加工货源基地，拥有华南地区最大的食品冷藏库，肉类冷冻食品在广东市场的占有率位居第一，进入全国 50 强，依托冷库优势建立的冻品批发市场是全省重点批发市场之一；粮食饲料市场，粮油业重点发展粮油贸易、粮油连锁经营和粮油加工，拥有全省和全国广泛的营销网络，依托市场优势在广西等省建立了粮油加工基地，全面提升了市场竞争力；饲料业拥有“家乐”、“旺乡”、“三宝”等著名品牌，产品质量达到全国同行业乃至国际先进水平，获得全国饲料行业的最高质量奖——银质奖章。国际贸易——大力开拓铜材、铁合金、锌锭、化工原料等原材料市场以及家电、服装、玩具等进出口贸易业务，通过与内地厂家合资、合作，在深圳、贵州、福建等省建立了高档家电、锌、铝、铜、铁合金生产加工基地，迅速成长为主营业务突出、在行业有一定影响力的大型贸易集团。

广弘公司秉承“团结创新、坚韧不拔、勇争一流”的企业精神，将进一步树立和落实科学发展观，不懈进行体制创新和经营变革，努力创建体制先进、机制灵活、管理高效、竞争力强、有自主创新能力的大型商贸集团。广弘公司竭诚与广大企业合作，谋求共同发展与繁荣，欢迎大家前来进行经贸洽谈、投资合作，共创美好的未来。

地址：广州市广州大道北680号大院
电话：020-87732038　传真：020-87228300
邮编：510500

Add: No.680 Guangzhou Road (North.) Guangzhou
Tel: 020-87732038　Fax: 020-87228300
Post Code：510500

走向国际化的永煤集团

董事长、党委书记　陈雪枫

永城煤电集团有限责任公司（简称永煤集团）是河南省国有大型煤炭企业，本部永城矿区为中国六大无烟煤基地之一。1997年首对矿井投产后曾出现严重亏损，2000年亏损达1.2亿元，为全省第二亏损大户。2000年7月现任领导班子上任后，紧扣改革发展主题，按照“以煤炭和有色金属矿业为主，适度相关多元化”的发展思路，加快产品、产业和产权三个结构的调整，使企业步入持续快速良性发展的轨道。

目前煤炭产业拥有8个控股子公司，生产矿井10对，在建矿井3对，选煤厂4座（其中在建1座）。非煤产业拥有金属矿物采选、煤化工、发供电、机制、轴承制造、铁路运输、矿建、商贸等子、分公司33个。是全国煤炭工业优秀企业、全国工业重点行业效益十佳企业、河南工业突出贡献企业。

通过产品结构调整，改进了采煤工艺，原煤产量由2000年的208万吨增加到2005年的1091万吨，年均增长39.3%。全面推行“三化”管理，改革洗煤工艺，提高精煤率和块煤率，增加产品品种，2005年盈利13.13亿元，实现销售收入116.54亿元，资产总额由2000年的36亿元增加到2005年的134亿元，年均增长30.06%。通过产业结构调整，壮大了煤炭主业，先后在省内外整合多块煤田，控制煤炭资源70多亿吨。同时大力发展钼、铝等有色金属矿物开采和洗选加工，力争在3-5年内，使有色金属矿业产值占永煤集团经济总量的1/3以上。通过煤化工和煤电的就地转化拉长产业链条，总投资75.87亿元，分二期建设、被列为河南五大煤化工基地之一的永城煤化工项目一期工程正在建设。稳步发展电力，五年内拥有或控制电力生产能力达200万千瓦。配套发展水泥、粉煤灰和煤矸石制砖等建材业，建设循环经济。通过产权结构调整，2003年3月与上海宝钢成功签约，这是全国首例煤钢合作项目，在国内外引起了极大的反响。吸纳国际资本，加快国际化进程，把经营空间渗透到国内外更广阔的领域。

永煤集团将按照整体规划，加快市场化、科学化、国际化经营步伐，做精做强做长做大做稳企业，规划在3-5年把永煤集团建成以矿业、化工、电力为主要支柱产业的跨地区、跨行业、跨所有制、跨国经营的新型国际化大型股份制企业集团。

◀永煤集团生产矿井工业广场

▼中美氧化铝开工

江铃汽车集团公司

董事长　王锡高

江铃汽车集团公司是中国500强企业、中国汽车行业重点骨干企业、国家汽车整车出口基地企业和中国商用车领域最大的企业之一。其上市公司——江铃汽车股份有限公司连续三年位列中国上市公司百强、2005年被评为中国最具竞争力的汽车类上市公司第一名、中国最受尊敬的上市公司。

江铃集团现有总资产101亿元，净资产达45.6亿元。拥有汽车发动机、变速箱、车身、车架、前桥、后桥等六大总成制造工艺设备，整车制造能力13万台套/年。近几年，江铃通过与美国福特汽车公司、日本五十铃汽车公司等多家世界优强企业展开合资合作，充分借鉴国内外大公司的制造、工艺技术和经营管理理念，主动与国际惯例接轨，实现了销售、采购、物流、产品开发体制的不断创新。江铃坚持“科技强企”。公司先后通过ISO9002、QS9000、ISO9001质量体系认证和ISO14001环境管理体系认证。江铃汽车股份有限公司率先在汽车行业完成管理一体化认证。目前，江铃拥有集整车、发动机设计开发，工艺材料开发，试制实验于一身的国家级企业技术中心和博士后科研工作站，在汽车震动噪声、道路仿真、发动机增压等技术性能及分析方面具有国内领先水平，具备产品自主开发能力和强大的技术后方，主导产品已发展到涵盖全顺、JMC轻卡、JMC匹卡、陆风四大系列530多个品种。江铃JMC品牌被评为中国驰名商标和国家免检产品、全国用户满意产品、中国环境标志产品，并被中国商务部选定为仅有的两家商用车重点扶持出口品牌之一。全顺商用车连续三年荣获福特全球顾客满意度金奖。

2004年江铃销售收入首超百亿元，“十五”期间，江铃累计销售汽车30万辆，累计完成销售收入385亿元。2006年前七个月销售汽车56321辆，与去年同期相比增长9.86%；完成销售收入75.02亿元，同比增长18.6%；实现利税10.48亿元，同比增长9.52%；实现利润5.0189亿元，同比增长9.52%。

预期到2010年，江铃集团可实现年产销整车30万辆，其中商务车、乘用车各15万辆。按照国家新的汽车产业政策要求，江西江铃控股有限公司将为2010年挤占中国汽车15%的市场份额，进入中国汽车制造企业前五强而努力。

06新款全顺汽车

陆风风尚

陆风X6

江铃宝典

董事长、党委书记　皇新海

徐州矿务集团有限公司

徐矿集团是由原徐州矿务局改制而成的国有独资企业，是江苏省人民政府授权的国有资产投资主体，具有124年的煤炭开采历史，是江苏省和华东地区重要的煤炭生产基地。全公司现有25个分公司、29个全资（控股）子公司和6个事业法人单位，年产煤炭1500余万吨，总资产近150亿元。荣列全国500家大企业集团和中国煤炭百强企业，连续多年被评为“信用江苏诚信单位”，并被多家资信评估机构和金融机构评为资信AAA等级企业，荣获“全国五一劳动奖状”、被评为“全国创建学习型组织优秀单位”、“江苏省文明单位”。

长期以来，徐矿集团始终坚持以煤为主、多业并进的发展思路，初步形成了集煤炭开采、电力、机械制造、工程施工、房地产、化工、建材、商贸、物流于一体的跨行业、跨地区的经营格局。

近几年来，徐矿集团抢抓机遇，加快发展，企业经营规模不断壮大，经济实力明显增强。2005年，全集团实现营业总收入108.13亿元，比上年增长23.21%；实现利税11.29亿元，比上年增长28.15%；完成工业增加值50.5亿元，比上年增加8.8亿元；在岗职工人均收入25935元/年，同比增长35.58%。安全形势稳步好转，全公司原煤百万吨死亡率为0.21%，达到全国重点煤矿先进水平。异地煤炭资源开发和生产基地建设稳步推进，拥有异地煤炭资源30多亿吨，初步构建了新疆、陕甘、贵州三大板块；电力产业发展取得新突破，控股和参股已建成电厂的权益容量达到599MW；煤化工产业进入技术研究和开发第一方阵。“走出去”创业步伐进一步加快，全集团承包生产、技术服务和劳务经济等各类异地创业项目达50多个，外出创业人员7800余人。党建精神文明建设取得明显成效，被江苏省委评为先进基层党组织、全省纪检监察先进集体。保持共产党员先进性教育活动得到了中央、省、市巡视组、督导组的高度评价。

“十一五”期间，徐矿集团将深入贯彻落实科学发展，抓住区域经济发展和产业结构调整机遇，以发展为主题，以调整为主线，以创新为动力，走煤与非煤并重、产品经营与资本经营并举、国有资本与民营资本并存、实体经济与虚拟经济互促之路，推动企业在新的平台上又快又好和可持续发展，力争到“十一五”末，全集团总资产、营业总收入实现双200亿元，尽快建成极具创新力和竞争力的特大型能源企业集团。

云天化集团

董事长、党委书记 董 华

总经理 他盛华

云天化集团是以云天化集团有限责任公司为母公司，全资、控股一批生产经营型子公司的产业集团。云天化集团有限责任公司的前身云南天然气化工厂是中国70年代引进国外成套设备建成的13家大化肥企业之一，始建于1974年，1977年建成投产。1997年，整体改制为云南省人民政府授权经营的国有独资有限责任公司。集团总部2000年由云南水富县搬迁至昆明市，2003年迁入滇池路现址办公。

改制前的云南天然气化工厂是一家以氮肥生产和经销为主营业务的化肥生产企业，改制以后，企业在搞好生产经营的前提下，通过技术改造、新项目建设、资本运作和产业整合等重要手段，走低成本扩张的道路发展壮大企业。通过多年的努力，云天化已经从一家产品单一的氮肥生产企业发展成为今天以化肥为主业，以有机化工、玻纤新材料、盐及盐化工、磷矿采选和磷化工为重要发展方向、拥有69家全资、控股及参股子公司的母子公司体制的企业集团。截至2006年6月，云天化集团拥有总资产234.97亿元，资产84.83亿元，年末销售收入可达130亿元，利润总额13亿元，利税20亿元。

云天化是国家一级企业，也是国家520户重点企业之一、云南省政府重点支持的工业企业集团之一和国家统计局公布的500大企业集团之一。2005年销售收入和综合效益居全国化工行业前10强。

今后几年，云天化集团将按科学发展观，坚持走新型工业化道路，紧紧围绕全面提高企业竞争力这一中心，继续实施“以肥为主，相关多元”的产业发展战略，继续做大做强化肥、有机化工、玻纤新材料、盐及盐化工、磷矿石采选和磷化工六大产业，并按照“专业化经营，集团化发展”的思路，不断实现云天化在市场化、国际化大环境下的规模化、集约化和集团化的大发展。

到2008年，云天化集团主要产品生产能力将再上一个新台阶，力争成为全球最大的高浓度磷复肥生产基地之一，同时带动其他产业发展，形成在国内外具有比较优势的产业结构。到2010年，云天化集团将全面实现销售收入在2004年基础上翻两番的目标，达到300亿元为集团的更大发展奠定坚实基础。

内蒙古蒙牛乳业（集团）股份有限公司

作为中国成长企业“百强之冠”、UHT 牛奶销量“全球之冠”的蒙牛乳业集团公司，创业至今只有 7 年历史。

蒙牛的总部建在内蒙古和林格尔县盛乐经济园区。1999 年 1 月 13 日，蒙牛正式起航。当时，除了超前的运作模式和胆略智慧，创业者们一无所有。“先建市场，后建工厂”，3 个月建起全国营销网，半年多“虚拟联合”8 家乳品企业，盘活了 7.8 亿元不良资产，全年完成销售收入 3700 多万元，并创出了一个崭新的民族品牌。

品牌助推速度。截至 2005 年底，总资产已由 0.1 亿元增加到近 60 亿元，主营业务收入由 0.37 亿元增加到 108 亿元，年递增幅度高达 158%，主要产品的市场占有率达到 30% 以上，净利润由 53 万元增加到 5.5 亿元，年度纳税额由 100 万元增加到 4.87 亿元，年度收奶量由 2 万吨增加到 200 万吨，在全国同行业的排名由 1116 名上升到第二名，并取得了 UHT 牛奶销量全球第一、液体奶和冰淇淋销量全国第一的优异成绩。

速度成就品牌。2002 年，“蒙牛”被认定为“中国驰名商标”，液态奶跻身“中国名牌”和“国家免检”行列。2003 年，蒙牛产品成为唯一的“中国航天员专用乳制品”。2004 年，成为国家体育总局训练局运动员的特选产品。2005 年，酸酸乳超级女声唱红大江南北，再次被评为“香港超市最受消费者欢迎的十大品牌”之一，是唯一与可口可乐等世界品牌比肩而立的内地品牌……

7 年来，蒙牛集团获得了“国家重点农业产业化龙头企业”、“全国绿色食品加工企业”、“全国绿色加工生产线样板单位”、“全国农产品加工业示范企业”、“中国企业 500 强”第 294 位、“中国企业信息化 500 强”第 59 位、“中国 500 最具价值品牌”第 57 位、“2005 中国品牌建设年度十大案例”（位列第 2 名）、“中国最具生命力百强企业”第 10 位、“2005 年度中国食品工业百强企业”第 8 位、“2005 年中国最具创造力企业”第 4 位和“全国乳业领袖奖”等荣誉和称号。

蒙牛建起近 4000 个现代化挤奶站，首创“运奶车桑拿浴车间”，让奶源更加洁净；引进世界一流技术和设备，建成中国唯一的“全球样板工厂”和规模最大的“国际示范牧场”，拥有全球放置生产线数量最多、处理鲜奶能力最大、智能化程度最高的单体车间，将“产品等于人品”的理念做到了极致；通过绿色食品认证和 ISO9001、ISO14001、OHSAS18001、GMP、HACCP 五大体系认证，添加“闪蒸”工艺，在 100% 原奶的基础上再剔除掉一定比例的水分，让产品更加浓香。

2004 年 6 月 10 日，蒙牛在香港联交所主板成功上市，成为我国首家在海外上市的乳品企业。上市当天，涨幅达 24.2%，创造了当年二季度全球发行的最高散户投资者和机构投资者超额认购率，并夺得 2004 香港最佳 IPO 桂冠。

身前有亿万消费者，身后是百万农牧民。作为全国农业产业化重点龙头企业，蒙牛仅 2005 年一年就向农牧民发放奶款 40 多亿元。2006 年一季度，他们的收奶量在全国率先突破 8000 吨 / 日大关，为打造“中国乳都”填绘了亮丽的色彩。

诚信的蒙牛，已把根深深扎在了农牧民和消费者的心底。

创新的蒙牛，正在“与自己较劲”，整合资源，规避风险，抢占先机，引领潮流。

自信的蒙牛，要确保到 2010 年跻身世界乳业 20 强，要调动全部能力打造“百年老店”。

蒙牛，与乳都同在；蒙牛，与世界共舞。

挤奶过程

机器人挤奶

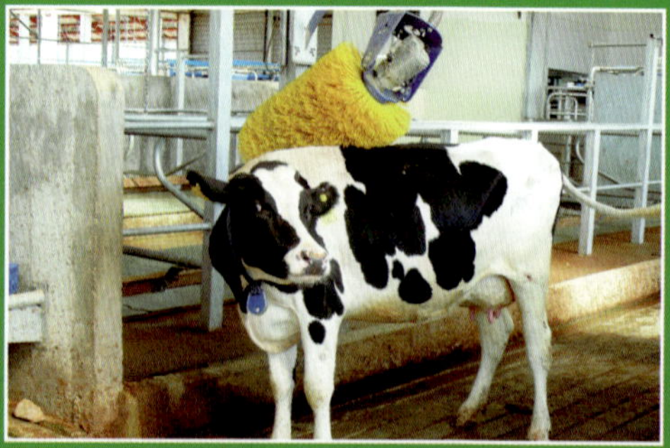

蒙牛工业园区－澳亚国际牧场－自动挠痒机

生产线

自动转盘式挤奶平台

宣化钢铁集团有限责任公司

董事长　刘明哲

总经理　李贵阳

宣化钢铁集团有限责任公司（企业前身为龙烟铁矿股份公司）创建于1919年，是国家重点大型钢铁企业。2005年，宣钢名列“中国500强企业”第236位、“全国大型工业企业”第143位，钢产量在全国钢铁行业名列21位、在世界钢铁企业排名69位，在河北“百强企业”名列第5位。2004年荣获“全国五一劳动奖状”，2005年荣获省先进基层党组织称号。

宣钢是新中国建国初期第一批恢复生产的大型冶金企业，作为华北地区最大的地下黑色冶金矿山和生铁基地，为我国钢铁工业的发展做出了历史性的贡献。特别是“九五”、“十五”期间，宣钢依靠党和国家为企业创造的良好环境，大力发扬“诚信、奋进、创新、图强”的企业精神，持续推进科技进步和管理创新，着力调整产品结构，全力提升工艺装备水平，走出了一条内涵挖潜、跨越式发展的成功之路。

宣钢坐落在塞外历史文化古城宣化，东距北京150公里，厂区紧傍京包铁路和京张高速公路，交通发达，通讯便利，当地矿产资源丰富，现有在岗职工2.1万人，2005年末资产总额78亿元。集团公司下属烧结、焦化、炼铁、炼钢、轧钢、动力、运输等10个钢铁主体生产厂、12个辅助生产单位。宣钢主导产品有线材、棒材、小型材、型材、热轧带钢、焊管等，炼钢生铁、热轧带钢、螺纹钢、焊管等荣获河北省名牌产品，螺纹钢荣获国家冶金产品实物质量“金杯奖”。“诚信为本，商德为魂，服务为上，质量为优”，宣钢的铁、钢、材产品以其优良的性能和可靠的信誉深受广大用户的青睐，部分产品还出口到日本、韩国、俄罗斯、东南亚、欧美等国家和地区。

“十一五”期间，宣钢将继续坚持科学发展观，以优化品种结构、提升产品档次为重点，全面发展循环经济，将宣钢建设成年产钢800万吨综合配套生产能力的资源节约型、环境友好型、产品附加值高、具有抗御市场风险能力的现代化钢铁联合企业，成为华北地区重要的优质钢结构用钢精品基地。

宣钢将以“绿色钢铁”、清洁生产的新形象、新业绩，在构建和谐社会、打造和谐企业、实现可持续发展中发挥越来越重要的作用。

宣钢1800立方米高炉夜景

炼钢转炉

高速线材

高速线材生产线

雨润集团

雨润集团总部坐落在南京市建邺区，是一家集食品、房地产、旅游、百货业、商贸物流等五大产业于一体的集团性企业，下属近60家分（子）公司，分别设立在江苏、安徽、北京、上海、河北、广西、新疆、黑龙江等28个省、直辖市。集团现有雨润、旺润、福润、大众肉联等四大品牌十大系列共1000多个品种的产品在全国大中城市销售，并出口俄罗斯、朝鲜及东南亚、港澳等国家和地区。

1993年，雨润集团现任董事长祝义才带着创业初期积累的300万元资金把公司从安徽迁到了江苏，企业主要以生产低温肉制品为主，由于找准了市场切入点，公司当年销售额翻了3番，达1000多万元。1996年，随着国有企业改革改制步伐的加快，雨润凭借以往的经验，成功收购了南京罐头厂，随后又连续收购了十余家大中型国有企业。在此期间，“雨润”在食品业从单一的低温肉制品的生产扩展到高温、生鲜、冷冻肉制品。截至目前，雨润集团已形成年屠宰生猪1000万头，初步形成了以华东为根据地，辐射全国的区域战略格局。

多年来，雨润的发展得到了社会各界的认可。早在1999年2月，雨润食品在全国肉食品行业中率先通过ISO9001国际质量体系认证；2002年10月，一次性顺利通过了HACCP认证，同年雨润低温肉制品通过了出口卫生注册，标志着雨润低温肉制品走出国门；2003年7月，雨润又率先在食品行业通过ISO14001环境管理体系认证和QS质量安全市场准入认证；“福润”牌猪肉获“无公害”农产品认证；根据国家权威部门统计，2004年，全国工业企业500强中排名为327位；民营企业500强中列25位；2005年，在全国民营企业工业制造业50强中，雨润集团被列入第35位。2005年10月3日，经过12年的发展，“中国雨润”在香港联交所主板正式挂牌交易，股票代码“1068”。截止目前，雨润集团已拥有香港上市公司东成控股（0735.HK）、和A股市场的南京中央商场（600280.SH）和中国雨润（1068.HK）三家上市公司。

“创新、开放、回报”是雨润人追求的核心价值观。作为国家级农业产业化重点龙头企业，雨润集团总资产达90亿元，职工总数达30000多名，2005年仅食品业就实现销售收入103亿元，纳税总额达6.1亿元；从企业创业初期到2006年的13个年头里，雨润累积向社会各界捐款总额达两千余万元；2006年，集团董事长荣登胡润中国慈善家排行榜第92位。

今后，雨润人将继续奉行“真诚如雨，滋润万家，不断创新，赶超一流”的质量方针，为广大消费者奉献更安全、健康、营养、美味的食品，为实现“创造中国食品工业辉煌”的目标而努力奋斗。

挂炉烤肉

美派培根

牛肉火腿

新北京风味圆火腿

无锡威孚集团有限公司

Wuxi Weifu Group Co., Ltd.

无锡威孚集团有限公司简介

无锡威孚集团有限公司为国家大型现代企业集团，核心产业为汽车、工程机械柴油燃油喷射系统产品，同时从事汽车尾气净化器、汽车空调、弹簧、各类汽车零部件的制造和国际进出口贸易业务。威孚集团的核心企业——无锡威孚高科技股份有限公司为国内业绩优良的A、B股上市公司。

从1958年制造第一付国产喷油嘴偶件到今天和德国博世公司的战略合作，威孚历经半个世纪的创业发展，已成为国内柴油燃油喷射系统的最大生产厂商，拥有雄厚的研发力量、先进的制造技术和完善的销售服务网络。在中国，50%以上的车用柴油机使用威孚产品。“国家级企业技术中心”、“博士后科研工作站”、“国家高技术研究发展计划成果产业化基地”的建立，正把威孚技术创新工程推向一个新的历史发展阶段。

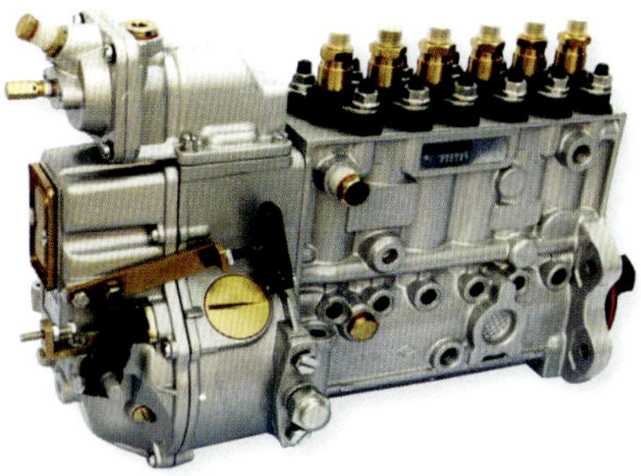

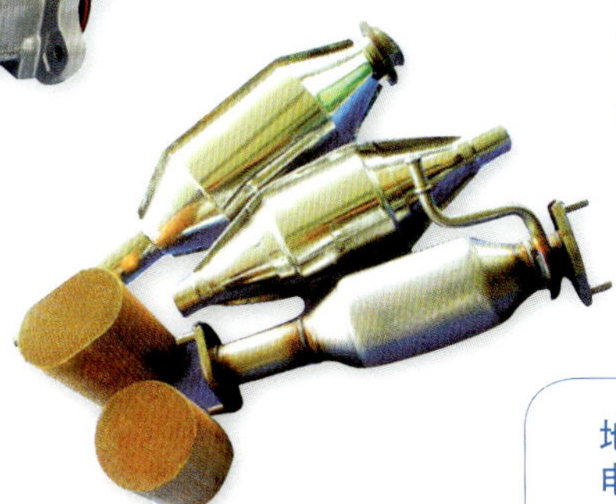

Wuxi Weifu Group Co., Ltd. Overview

As a large modern enterprise, Wuxi Weifu Group Co., Ltd. Principally produces diesel fuel injection system for automobile and engineering machines. Besides, it is also engaged in production of automotive exhaust catalytic converter, automotive air-conditional systems, various springs as well as accessories and parts, along with international import &export business. Weifu High Technology Co., ltd., the core enterprise, has become an outstanding listed company in Securities Exchange of A and B shares.

Through nearly half a century of development, since the first local-made nozzle to today's electric-control fuel injection technology, Weifu group, with its advanced processing technology, perfect sales and service network and strong R&D bases, now is the largest fuel injection system manufacturer in China and more than 50% of automotive engines is equipped with Weifu's products. The establishment of the State Technical Center, Post-Doctor Working Station and the State Base of Industrialization in Weifu is enhancing the innovation of Weifu to a new historical period.

Wuxi Weifu Group Co., Ltd.

地址：江苏省无锡市人民西路107号　邮编：214031
电话：（0510）8270 8345　传真：（0510）8270 2740
网址：www.weifu.com.cn

公司董事长、总经理、党委书记　许良飞

北京燕京啤酒集团公司

总经理　李福成

北京燕京啤酒集团公司是以1980年建厂的原北京燕京啤酒厂为核心发展组建起来的国有大型一档企业，国家一级企业，1997年完成股份制改造，以股权置换方式由北京市人民政府统一运作的、集中北京市八家企业在香港“北京控股”的红筹股上市；而后，由北京燕京啤酒有限公司、北京西单商场股份有限公司、北京市牛栏山酒厂三家企业募集设立的北京燕京啤酒股份有限公司在国内A上市，具备了“A股身份、红筹背景”这样一个独特而优秀的股权结构模式，给企业注入了活力。燕京经过20多年来的发展，已经成为中国最大的啤酒企业集团之一。2005年啤酒产销量311万千升、销售收入80.89亿元、实现利税16.9亿元、利润3.71亿元、拥有有形资产96亿元、商标商誉价值152.44亿元，员工25500人，占地389万平方米，拥有控股子公司（厂）28个，其中啤酒生产企业20个，相关和附属产品企业8家。燕京总部是亚洲最大的啤酒生产基地。德国克朗斯总裁称，燕京用20年的时间跨越了世界啤酒业100年的发展历程。

燕京啤酒集团公司是全国最大啤酒生产企业和中国100家最大饮料制造企业之一。连年被评为全国500家最佳经济效益工业企业，中国行业百强企业。燕京严格的按照“以全优的质量取信于民，以独特的风味取悦于民，以诚挚的态度服务于民”的质量宗旨，是燕京不断赢得消费者的信赖，不断赢得市场。燕京按照“巩固北京市场，扩大华北市场，开发全国市场，进入国际市场”的市场战略快速稳定发展企业，目前已取得了在北京市场92%，华北市场46%，全国市场12%的市场占有率。公司积极开拓国际、国内两个市场，出口美洲、欧洲及东南亚市场。

燕京啤酒集团公司拥有雄厚的技术力量，先进的成套设备及工艺和国内最先进的产品检测仪器。产品全部按国际标准组织生产，有8、10、11纯生啤酒、黑啤酒、无醇啤酒、12、11精品啤酒、11、12特制啤酒、11清爽啤酒、10干啤酒、扎啤以及茶饮料、纳豆、芒果汁、矿泉水、燕京可乐、调味品、酵母粉、商标、瓶盖、饲料等六大类四十多个品种。

燕京啤酒酒液清亮透明，泡沫洁白、细腻、持久挂杯、口味纯正、柔和爽口，是国家首批质量认证产品，并被指定为人民大会堂国宴特供酒，中国国际航空公司空中配餐专用酒，“燕京牌”啤酒注册商标是中国驰名商标，2005年9月10日燕京啤酒成为北京2008年奥运会国内啤酒赞助商。

燕京啤酒集团公司下属有：北京燕京啤酒股份有限公司、北京燕达皇冠盖有限公司、北京长亿人参饮料有限公司、北京双燕彩色印刷厂、北京航星调味品有限责任公司、北京燕京中科生物技术有限。

燕京啤酒集团公司将进一步借鉴国内外先进的管理经验，积极参与国内外市场竞争，创造最佳社会效益和经济效益，把燕京啤酒集团公司建成一个具有先进技术水平、一定的生产规模、经济效益好的大型综合企业集团，“十一五”期间总产量将达300万吨，争取进入世界啤酒前十强，为民族啤酒工业的振兴做出自己的贡献，在中国啤酒行业建立真正意义上的航空母舰。在发展啤酒业的同时，燕京将按积极而稳妥的方针，搞好资本运营，并向生物工程领域进军，培育新的经济增长点，使企业保持快速、健康、稳定的发展。

通威集团有限公司

稳步跨越 再创辉煌

总裁、董事长 刘汉元

通威集团是以饲料工业为主并在化工、IT、生物工程、国际贸易、宠物食品、建筑与房地产、大农业开发等行业快速发展的大型民营科技型企业。集团现拥有包括乐山永祥树脂公司、好主人宠物食品公司、西辰软件、新锐科技、通力建设等非饲料板块以及饲料板块的天津、重庆、四川、广东、厦门、武汉、无锡通威等近八十家分、子公司，股份公司年生产能力逾500万吨，是全球最大的水产饲料生产企业及主要的畜禽饲料生产企业。其中，通威水产饲料2005年在全国的市场占有率已超过15%，已连续第十个年头位居全国前列。

2006年9月，通威荣膺“中国名牌”殊荣，成为中国饲料行业首批获得“中国名牌”的企业，更是中国目前为数不多的同时拥有“中国驰名商标”、“国家免检产品”、“中国名牌”三项最高殊荣的饲料企业。

通威还先后被评为中国民营上市公司 100 强、中国最具竞争力民营企业 50 强、中国民营企业品牌竞争力 50 强，被国家农业部等多个部门联合评为“农业产业化国家重点龙头企业”，2006年6月，通威商标以价值39亿再次入列“中国 500 最具价值品牌”榜，同时也是中国饲料行业13000多家企业中，唯一获得行业标志性品牌的企业。

通威投资数亿元在成都建设规模宏大、科技含量高、功能齐全、配套完善，在亚洲乃至世界都将是最大的“通威水产科技园”，并全面启动通威“416计划”，在国际上首开淡水鱼类的基因测序工程，为国内及世界水产业的发展谱写新的篇章。通威以“改善人类生活品质，成就世界水产品牌”为己任，积极响应国家大力发展无公害水产品的号召，推进水产业结构的战略性调整，让广大消费者吃上健康、安全的放心鱼，使“通威鱼”成为名副其实的中国乃至世界水产的第一品牌。

通威在获得自身稳健发展的同时，始终坚持 “诚信正一”的经营理念，情系民生，饮水思源，用真情和爱心回馈社会各界的厚爱，积极参与社会公益事业和光彩事业。1992年，通威捐资50万元创立了“通威——希望工程奖励基金”。1988年洪水肆虐华夏大地，通威毅然捐资300多万送到灾区。迄今，通威各种捐款捐物总额已超过了3000 万元。

通威集团始终会时刻保持清醒和冷静，稳步跨越。在未来的发展中将进一步稳固企业在行业的龙头地位，占领更大的市场空间，挖掘市场潜力，打造和构建完整产业链，确保整个集团的良性、稳健、快速发展，发挥行业领头羊的作用，为社会做出更大的贡献！

蓉崃通威外

杭州橡胶（集团）公司

董事长兼总经理　沈金荣

杭州橡胶（集团）公司，其前身是成立于1958年的杭州橡胶总厂。公司总部位于浙江省政府所在地杭州市海潮路1号，是省"五个一批企业"、杭州市骨干企业。自1992年合资成立杭州中策橡胶有限公司以来，企业连续多年入选全国500家最大经营规模企业行列，在全国橡胶加工企业中首家荣获国家质量管理奖。历年荣获杭州市纳税贡献大户和省、市出口先进企业。中策橡胶主要生产各种规格的载重汽车轮胎（包括载重全钢子午线轮胎、载重斜交轮胎）、轿车轮胎、农业轮胎、工程机械轮胎、工业车辆轮胎、摩托车轮胎、力车轮胎、实心轮胎、胶鞋、胶管、橡胶履带、输送带等产品。公司目前所生产的"朝阳"牌全钢子午线轮胎被评为"中国名牌产品"，"朝阳"商标被国家工商总局认定为"中国驰名商标"。除此之外，"朝阳"产品连续多年被评为浙江省名牌产品，"朝阳"车胎被列为国家重点保护名优产品，"朝阳"商标在2004年被评为浙江省著名商标。

2005年，公司荣获了"杭州市功勋企业"荣誉称号，并再次进入中国500强企业行列（454位），在全球轮胎企业排名中位列第18位。企业的主要经济指标继续保持了稳步快速的增长，公司全年完成工业总产值102.66亿元，同比增长27.7%；销售收入76.25亿元，同比增长28.6%；实现利税5.41亿元，同比增长12.5%；外贸收购值2.5亿美元，同比增长70.1%；生产各种轮胎1255万套（其中半钢子午线轮胎589万套、全钢子午线轮胎250万套、斜交轮胎415万套）、自行车胎4608万条、力车内胎4839.5万条、橡胶履带10.6万条、运输带60万平方米、胶管673万米、炭黑5.31万吨。2006年，公司再次进入中国500强企业行列（404位），并在橡胶制品行业中名列第2位，在全球轮胎生产企业中排名第18位。

公司已于1995年通过ISO9002质量体系认证和中国轮胎产品质量认证，2002年，公司又通过了2000版的ISO9001质量体系认证。2002年通过了ISO14001：1996环境管理体系认证。2004年公司通过了ISO/TS16949汽车行业质量管理体系认证，从体系上有效地保证了产品的质量。轮胎产品通过了中国轮胎产品质量认证，并获国际权威机构美国国家交通运输部（DOT）、欧洲经济委员会（ECE）及巴西INMETRO的质量认证。2004年"朝阳"牌全钢子午线轮胎被评为"中国名牌产品"，"朝阳"商标被国家工商总局认定为"中国驰名商标"，"朝阳"牌产品复盖了全国（除台湾省以外）的所有省市，还远销欧、美、亚洲、中东等100余个国家和地区。

公司车间一角

公司大门口

郑州宇通集团有限公司

总裁　汤玉祥

郑州宇通集团有限公司（简称“宇通集团”）是一家涵盖客车及汽车零部件、工程机械和房地产多行业的大型企业集团，总部位于河南省郑州市，2005年位居国家统计局“中国最大500家企业集团”第333位，是唯一一家进入中国企业500强的客车企业。宇通集团销售收入突破94亿元，国内客车市场占有率达到22%以上；宇通集团客车产品实现出口1098台、出口额8000万美元，分别占当年全国客车总出口量和出口额的19.98%和34.4%。以客车为主，宇通集团工程机械、专用车、零部件各类产品均出口到美国、突尼斯、巴基斯坦、坦桑尼亚、赞比亚等20多个国家和地区。

2005年，宇通集团客车产品销售突破20000辆，销售收入达66亿元人民币。集团核心企业郑州宇通客车股份有限公司(下称“宇通客车”)已发展成为亚洲生产规模最大、工艺技术条件最先进的大中型客车生产企业，单厂大中型客车产量位居世界前列。宇通客车（股票代码600066），主要经济指标连续十余年快速增长，连续八年获得中国工商银行AAA级信用等级，并被世界客车联盟BAAV授予“2002年度最佳客车制造商”、“2003年度最佳豪华级旅游车奖”、“2005年度最佳客车制造商”和“2006年度最佳客车制造商”等殊荣。2005年11月宇通荣获“中国上市公司最佳治理100强”，并荣获2005年“中国25家最受尊敬上市公司”等称号。2006年7月通过国家质量检验检疫总局的严格审核，在汽车行业内率先获得“出口产品免验”证书。

宇通集团经营宗旨明确，发展战略清晰。今后，宇通集团将以产品为龙头，以资本为纽带，以企业文化和管理模式为核心，形成涵盖客车、工程机械、汽车零部件等行业的，集制造、科研、投资、贸易于一体的，跨区域、多元化、高科技、国际化的大型企业集团，成为世界客车业的知名品牌。

新形势下，宇通集团长远发展目标是到2008年，形成以大中客车为主的新兴产业集团，实现销售目标180亿元。到2012年，宇通集团将成为中国一流的以商用车为主的新兴产业集团，进入世界知名品牌前列。

四川省川威集团有限公司

川威集团开发的蔚蓝花城一角

四川省川威集团有限公司是1998年5月由原威远钢铁厂改制组建而成的混合所有股份制企业，始建于1929年，是四川冶金工业的鼻祖。1997年以来，川威集团从濒临破产的单一的钢铁业发展到现今的钢铁、水泥、房地产等领域，销售收入、利税由1997年的5亿元、3000万元分别增长到2005年的101亿元、10余亿元。2006年销售收入预期实现110亿元，利税12亿元。按2005年数据，名列中国制造业企业500强第167位、中国企业500强第300位，跻身四川制造业企业第4强，是四川省首批循环经济试点单位。

近几年来，川威集团始终坚持“不熟悉不做和关联度不强不做”的原则，不断夯实钢铁、水泥产业基础，大力实施低成本战略和区域市场战略，形成了钢铁、水泥、房地产三大产业发展的格局。

西部第一条、中国第四条中宽带生产线

目前，川威钢铁产业已建成精品钢铁生产基地，现拥有年产铁290万吨、钢300万吨、钢材310万吨、机焦110万吨、金属制品60万吨的综合生产能力，产钢规模位居四川省第2位，形成了一定的经济规模，全员劳动生产率、钢铁料消耗、轧钢成材率等十余项经济技术指标均位于同行业前列。与之配套的物流、贸易产业也布局完善、渠道畅通，为钢铁产业的发展提供了服务、保障与支撑。

川威水泥产业是省内水泥行业前3强。该产业是川威集团走资源综合利用的基础产业，具备年产水泥360万吨（其中内江地区230万吨以上、凉山州地区130万吨）的生产能力。川威主要是以炼铁炉渣和炼钢炉渣为原料生产高标号水泥，采用国际先进的旋窑生产技术，拥有目前亚洲最大的辊式立磨矿渣水泥生产线。

房地产行业已成为新的利润增长点。2005年销售收入突破3.5亿元，荣获“四川房地产开发企业最大市场占有份额10强称号”。与之相关的工程技术产业也初具规模，效益明显。

川威集团棒材连轧生产线

未来5年集团公司发展的奋斗目标是：2010年达到销售收入150亿元以上，利税20亿元以上，进入四川省工业企业前4名，在中国企业500强中排名更靠前。

国庆晚会

迎青年学子加盟川威集团文艺晚会

www.stcic.com

上海电信实业(集团)

董事长　张维华

总经理　袁金陵

上海电信实业（集团）有限公司是由中国电信集团公司和上海市电信公司共同出资组建的大型国有集团企业，于2000年10月成立，注册资金21.33亿元。

公司主要提供工程、设计、监理、放开电信业务、末梢电信服务、物业、网络配套等服务，为通信运营商提供一揽子、差异化服务。目前，公司所辖企业多数已通过ISO9001：2000质量体系、ISO14001环境体系、OHSAS18001职业安全健康管理体系等资格认证，能为客户提供专业化、全方位、高质量的运营支撑服务，在电信运营主产业链各服务环节中占有优势竞争地位。

成立迄今，公司始终以改革为主线，以发展为第一要务，立足电信运营，面向信息产业，经营收入保持稳步增长，规模不断扩大，综合竞争实力不断提升。公司已经连续三年跻身中国500家大企业集团排行榜，是上海市百强集团企业，集团所辖企业中有10家单位被评为上海市文明单位，多次荣膺上海市“重合同、守信用”AAA级和A类纳税信用单位称号。

求变谋思路，求新创价值。目前，遵循中国电信的总体发展思路，公司正在积极推进企业转型，深化业务整合，优化资源配置，发展优势行业，发挥品牌价值，大力培育专业品牌形象，致力于打造成效益突出、结构合理、管理高效、机制灵活、具有核心竞争力的中国领先的通信运营商的服务商。

东方电话设备公司接受德国西门子公司产品认证

上海电信实业（集团）有限公司　　公司地址：上海市江苏路500号

限公司

德律风物业公司工作人员在北泰电信大楼内的工作场景

电信工程公司施工人员在安哥拉进行通信工程建设

通贸进出口公司“第三空间”商务会所

共联公司“电信世界”进社区便民服务

邮电设计院设计的洋山深水港通信综合塔、综合通信局房

造老百姓买得起的好车 让吉利汽车走遍全世界

——浙江吉利控股集团有限公司简介

董事长　李书福

浙江吉利控股集团有限公司是中国汽车行业十强中唯一一家民营轿车生产经营企业，始建于1986年，经过二十年的建设与发展，在汽车、摩托车、汽车发动机、变速器、汽车电子电气及汽车零部件方面取得辉煌业绩。现资产总值超过90亿元，连续三年进入全国企业500强，被评为“中国汽车工业50年发展速度最快、成长最好”的企业，跻身于国内汽车行业十强。

浙江吉利控股集团有限公司总部设在浙江省省会杭州，在浙江省的临海、宁波、路桥和上海等地建有四个专门从事汽车整车和动力总成生产的制造基地，现已拥有年生产20万辆整车、20万台发动机和20万台变速器的生产能力。

浙江吉利控股集团有限公司现有吉利豪情、美日、优利欧、SRV、美人豹、华普、自由舰、吉利金刚等八大系列30多个品种的轿车；拥有1.0L（三缸）、1.0L（四缸）、1.0LVVT-1、1.3L、1.5L、1.6L、1.8L、1.8LVVT-1等八大系列发动机；拥有JLS160、JLS160A、JLS110、JLS170、JLS90、Z110、Z130、Z170等八大系列变速器。上述产品均通过国家的3C认证，达到欧III排放标准，其中4G18、4G10发动机已经达到欧IV标准。吉利拥有上述产品的完全自主知识产权。

浙江吉利控股集团有限公司在国内建立了完善的营销网络，现拥有286个4S店、489家品牌经销商和569家服务站。2005年共销售各类吉利轿车近15万辆，同比增长50%以上；出口近7000辆，同比增长60%以上；实现销售收入近66亿元，同比增长40%以上；实现利税近9亿元，同比增长35%以上；全国轿车市场占有率达到5.25%，经济型轿车市场占有率达到23.78%；全国轿车销量排名第九，1.5L以下轿车销量排名第二。自2001年吉利汽车正式列入国家汽车产品公告并开始市场销售以来，累计销售各类吉利轿车近45万辆，所销售的轿车均属于自主创新产品。2004年，吉利牌系列轿车被授予浙江省名牌产品；2005年，吉利商标获得浙江省著名商标；2005年10月，吉利商标被认定为中国驰名商标。

浙江吉利汽车控股集团有限公司投资数亿元建立了吉利汽车研究院，其总部设在临海，在杭州建有分院，在宁波建有发动机研究所、变速器研究所，在路桥建有电子电气研究所。吉利汽车研究院拥有较强的轿车整车、发动机、变速器和汽车电子电器的开发能力，每年可以推出2-3款全新车型和机型。在汽车造型设计开发、发动机、变速器和汽车电子电气设计开发方面拥有行业顶尖的技术专家和技术力量，累计获得各种专利120项，发明专利13项；自主开发的4G18发动机，升功率达到57.2kw，处于国际先进水平；自主研发的自动变速器，填补了国内汽车领域的空白；自主研发的EPS，开创了国产品牌的汽车电子助力转向系统先河。2005年，吉利集团被评定为“国家级企业技术中心”和“省级高新技术研究开发中心”；2006年，经国家人事部批准，设立了博士后科研工作站；并成为国家科学技术部、国务院国资委和中华全国总工会联合发布的首批“创新型企业试点”之一。

浙江吉利控股集团有限公司及其下属子公司现已全部通过了ISO9000质量体系认证，为了适应国际市场的需要和集团的战略发展，集团和各子公司全面启动了TS16949体系建设与认证、欧盟的ECE认证、美国的DOT和EPA等认证工作。

浙江吉利控股集团有限公司为实施国际化战略，已制定出未来十年的规划蓝图：即到2010年，将推出十五款全新车型，八款发动机，六款手动变速器，六款自动变速器，三款电子无级变速器，一个油电混合动力项目和一个赛车项目；到2010年，将实现产销100万辆目标，其中国内市场份额达到8%，吉利汽车将成为国内经济型轿车的首选品牌；到2015年，将实现产销200万辆，其中三分之二出口，在国际市场份额将达到2.5%，吉利汽车将成为国际知名品牌。为实现上述战略目标，吉利集团已经在品牌营销规划、业务流程再造、经营管理创新、人力资源整合、企业文化建设、全面实施信息化等方面展开卓有成效的工作。

浙江吉利控股集团有限公司本着“总体跟随、局部超越、重点突破、招贤纳士、合纵联横、后来居上”的战略思想，发扬“敬业、创新、沟通、拼搏”的企业精神，持续进行技术创新和管理创新，积极参与国际竞争与合作，以先进的技术、优质的产品和细微的服务，全心全意地圆中国老百姓的汽车梦，为中国汽车工业自主品牌的崛起，为实现“造老百姓买得起的好车，让吉利汽车走遍全世界”的美好理想而拼搏奋斗！

深圳市燃氣集團有限公司

SHENZHEN GAS CORPORATION LTD.

深圳市燃气集团有限公司创立于 1982 年，2004 年改制为中外合资企业，注册资金为 77200 万元，主营业务为燃气批发、管道和瓶装燃气供应、燃气输配管网的投资和建设，是深圳市燃气供应的主导企业。

深圳燃气弘扬“**开拓、创新、高效、服务**”的企业精神，坚持“**安全供气，优质服务**”的经营理念，综合实力迅速发展壮大。目前，管道燃气用户年平均增长超过 30%，瓶装燃气经营独家推行 12 公斤安全型钢瓶，进口液化石油气批发连续五年居全国前列，用户总数 146 万标准户。公司连续三年进入中国最大 500 家大企业集团阵营，居全国燃气行业前列。

深圳燃气大力推动企业的管理创新、经营创新、科技创新和服务创新，使企业现代化管理水平跃上新台阶。集团公司全面推行了信息化管理，实现办公、人事、财务、物流、安全和服务管理自动化；推出 www.5199999.com 燃气网站和“25199999、83800000”24 小时服务热线；率先在国内同行业中开发和使用的“城市燃气企业信息化管理系统”，通过了建设部主持的“国家十五科技攻关计划项目”验收；在燃气专业化管理、客户服务和技术研究等方面取得了多项创新成果，“城市燃气调度系统”、“城市燃气管网安全评估系统”和“中国燃气企业安全信息管理系统”均为国家部级重点科研项目并广泛应用于安全生产，提高了安全和服务工作的技术含量，连续多年安全生产无重大责任事故。

董事长、党委书记　包德元

面向未来，深圳燃气将致力于天然气事业，优化能源结构、改善城市环境，进一步优化管理模式，提升科研技术能力，以创造客户价值为导向塑造燃气服务文化，推动企业持续成长为管理先进、技术领先的现代能源服务企业。

华安气站

瓶装加气站

陕西龙门钢铁(集团)有限责任公司

董事长、总经理　张丹力

国家免检奖

质量金杯奖

五机五流连铸机

窄带钢生产线

陕西龙门钢铁（集团）有限责任公司位于中国历史文化名城——韩城市，北依龙门，东临黄河，交通便捷，水电充足，资源丰富。公司现年产300万钢，年销售收入近百亿元，是陕西省最大的钢铁联合企业和重点发展的大型企业集团，也是西北地区三大钢铁集团之一，中国大型工业企业500强。

公司主要产品有小型材、带钢、钢坯、生铁、焦炭等，其中生铁、焦炭均为省优产品，“禹龙”牌系列钢材为陕西省名牌产品、全国用户满意产品、中国建材质量信得过品牌、国家免检产品，Ⅲ级钢荣获国家冶金产品实物质量“金杯奖”，产品出口日本、韩国、越南等东南亚地区，畅销陕西及周边地区，并成为三峡、溪洛渡等大型工程的指定用材。1999年企业通过了ISO9002国际质量体系认证，2002年顺利通过ISO9001-2000版标准换证复审，2002年企业被国家质检总局授予“国家级完善计量检测体系合格单位”，2005年通过ISO14000环境管理体系认证，2006年通过GB/T28001-2001职业健康安全管理体系认证。

公司先后被评为国家“重合同、守信用”企业、全国500家最佳经济效益工业企业、全国思想政治工作优秀企业、全国模范职工之家、建设银行AAA资信企业、陕西省十大利税工业企业、陕西省经济明星企业、陕西省产学研先进单位、陕西省质量效益型先进企业、陕西省先进集体等。

地址：陕西省韩城市　邮编：715405　电话：（0913）518 2222　传真：（0913）518 2345

E-mail：lgxmf@163.com　http：//www.lm-steel.com

YIMEIJITUAN

董事长、党委书　付永水

总经理　宋广太

跨越发展抓机遇　五年一百五十亿

豫西煤仓——义马煤业（集团）有限责任公司

义马煤业（集团）有限责任公司是全国特大型煤炭企业，在河南省综合实力百强企业中排名第10位。义马矿区煤炭资源丰富，煤种齐全，素有“豫西煤仓”之称，煤炭地质储量31.2亿吨，可采储量22亿吨。公司现有职工50000人，企业总资产100亿元，年生产能力1600万吨，所产长焰煤、焦煤、贫瘦煤、洗精煤广泛应用于发电、造气、工业锅炉、炼焦、建材和民用，产品行销河南、湖北、江西等13个省区。

近几年来，义煤集团紧紧围绕“二次创业，重铸辉煌”的宏伟目标，狠抓煤炭生产，加快结构调整，深化内部改革，强化经营管理，推进科技兴煤，公司上下精神振奋，原煤产量节节攀升，经济效益显著提高，职工生活明显改善，矿区安定团结，义煤进入了历史上最好的发展时期。2005年，企业煤炭产销量双双突破1600万吨，生产经营总额达到59.79亿元，实现利税7.3亿元，有29项经济技术指标再创历史新高。

义煤集团在第四届中国河南国际投资贸易洽谈会上签下引资1.5亿美元的第一大单

按照国民经济发展的要求，结合矿区资源状况，义煤集团确立了“做大做强煤电铝化建，做精做优煤基产业链”的总体发展战略，提出了“创建卓越企业，构建和谐矿区”的宏伟愿景。2006年，企业经济总量将达到80亿元以上，并有可能实现100亿元的新突破。

义煤集团董事长、党委书记付永水和总经理宋广太携公司全体员工诚邀各界朋友到义煤参观考察、投资兴业，共创美好明天！

义煤新貌

五洋建设集团股份有限公司

董事长、总裁　陈志樟

五洋建设集团股份有限公司成立于1962年，是一家具有房屋建筑施工总承包特级资质的大型建设集团。现有职工2万多人，注册资金为30128万元，集团总资产达77.2亿元。集团公司历经四十多年的发展，凭借科学决策、高效管理和充满生机活力的企业机制，以高瞻远瞩的战略眼光，通过在省内外建造的一幢幢精品工程、形象工程，凸显了五洋人孜孜以求，以卓越突显品质，以伟业树立丰碑的企业内涵。五洋建设集团同时还拥有地基基础、建筑装饰、钢结构网架、机电设备安装、消防等五项专业施工一级资质，市政总承包二级和园林古建、绿化、起重设备安装专业施工二级资质，具备从设计、采购、施工（EPC）交钥匙总承包的能力。

近年来，集团坚持“一业为主、多业并举”的发展思路，经营范围涉及建筑施工、房地产开发、旅游业、能源、监理、咨询、国内外贸易、矿产开发、矿石销售等，业务范围遍布国内各大中心城市以及香港、新加坡、印尼等市场。目前集团共有17个子公司，其中有4家房产公司、3个四星标准酒店和一个度假村，另外能源公司在新疆拥有高达2亿吨的煤炭储量，矿业公司拥有三个合资股份控股公司，分别管理着三个金矿和一个白灰矿。集团公司经营业绩以年超过30%的速度持续发展。公司位列2005年全国民营企业500强第87位，2005年中国承包商企业60强第44位，进入2005年中国企业500强。

多年来，集团始终坚持“质量第一、用户至上”的经营宗旨，全面执行ISO9001、ISO14001、OHSAS18001的质量、环境、职业安全卫生“三合一”保证体系，争做精品工程的制造基地。荣获中国建筑工程“鲁班奖”、全国用户满意工程、“中国钢结构金奖”，上海市“白玉兰”杯、“金钢奖”、“申安杯”、“上海市用户满意工程”，浙江省“钱江杯”、“西湖杯”、“甬江杯”、“九龙杯”、“兰花杯”、“南湖杯”，吉林市“江城杯”、重庆市“三峡杯”等优质工程160余项；创全国建筑安全奖、上海市文明工地、浙江省文明标化工地、江苏省文明工地、重庆市文明工地、吉林省文明工地、陕西省文明工地等地市以上文明标化工地230余项。集团先后多次荣获“全国优秀施工企业”、“全国质量管理优秀企业（金屋奖）”、“全国用户满意企业”、“浙江省建筑先进企业”、“浙江省文明单位”、“浙江省‘守合同、重信用’AAA级企业”、“浙江省建筑业诚信企业”荣誉称号，是浙江省建筑业重点骨干企业。

2005年五洋集团承接了西南第一高楼——77层377米高的重庆万豪国际金融中心项目，承接了北京奥运项目——媒体村B5区工程，这两项工程的承接，打破了浙江省民营企业在项目承包高度及奥运总承包项目上的新纪录，标志着五洋建设集团已站在一个新的发展高度。

上海印钞厂

北京奥运媒体村B5工程

重庆万豪国际金融中心

湖南出版投资控股集团

HUNAN PUBLISHING NVESTMENT HOLDING GROUP CO.,LTD

集团董事长、党委书记、总经理 朱建纲

湖南出版投资控股集团有限公司前身为湖南出版集团，2004年9月整体转制为国有大一类企业，是湖南省政府授权投资经营管理机构。目前集团下属27家子（分）公司，业务涉及出版、发行、印刷、酒店、房地产和高科技等行业，构建了多媒体互动发展、编印发一条龙服务的完整产业体系。

集团成立以来，坚持以发展为第一要务，大力实施“一主两翼”发展战略，推出了《大中华文库》、《魏源全集》、《波斯经典文库》等一大批精品力作，打造了音乐图书、古典名著、科普图书、潇湘晨报等湘版知名品牌，自主研发了9科18套全国新课标教材，建设了占地1500多亩的湖南出版科技园，初步形成了主业领先、“两翼”齐飞的多元产业格局。2005年，集团实现销售收入59.6亿元，总资产60亿元，比2000年翻了一番，已连续4年入围中国最大企业500强。据北京大学发布的行业调研报告，集团位居全国文化企业50强第4位。

风雨兼程，励精图治。面对新形势新要求，“十一五”期间，集团将全面贯彻科学发展观，以积累文化、传承文明为己任，以“我们提供阅读”为主要诉求，深化改革，加快发展，努力把集团建设成为机制灵活、主业突出、效益显著、国内一流的大型传媒产业集团。

地　址:中国湖南省长沙市营盘东路38号
ADD: NO 38 Yingpan East Road, Changsha, Hunan,China.
电　话（TEL）:0086 731 4302638 4302523
传　真（FAX）:0086 731 4302518 4302627
邮　编（Post Code）:410005

湘书书香

第12届北京国际图书博览会(右为集团董事长、党委书记、总经理朱建纲)

湖南出版投资控股集团总部

青岛建设集团

全国质量管理奖——鲁班奖

以色列贝尔沙瓦市政府办公楼

2008奥运会帆船中心工程

青岛建设集团是一家集建筑安装工程总承包、房地产开发、路桥施工、装饰装潢、设计科研、实业投资、国际经济技术合作、工程咨询于一体的大型综合跨国企业集团，为山东省首家获得房屋建筑施工总承包特级资质企业。

集团凭借管理、技术和人才等方面的优势，连续六年荣列中国企业500强，被评为中国建筑业企业18强之一，先后获得“全国优秀施工企业”、“全国用户满意企业”、“全国质量效益型企业”、“全国工程建设质量管理优秀企业”等荣誉，并于2005年获得“全国质量管理奖”，是全国获此殊荣的第三家建筑企业。

集团具有良好的资信，为山东省重合同、守信用企业，被评为省AAA信誉等级企业，被中国建设银行等多家银行评定为AAA级信用等级企业，是招商银行战略合作伙伴，并被商务部授予中国首批16家“中国信用示范单位”。

集团先后获得中国建筑工程质量最高奖——鲁班奖10项、全国用户满意建筑工程6项、全国建筑工程装饰金奖11项、全国公共建筑装饰设计类奖2项、山东省工程质量最高奖“泰山杯”等44项殊荣。

集团经过20多年的海外开拓，目前在十几个国家设有分支机构。集团被国家商务部认定为中国外经企业20强之一，被中国对外承包工程商会授予全国13家“2000—2002年度对外承包工程特别奖”之一，被省建设厅授予“对外开拓优秀企业”荣誉称号，被山东省评为实施“走出去”战略先进单位。

青岛建设集团将秉承“诚信敬业、创造卓越、合作共赢、和谐发展”的企业精神，致力于“建筑艺术精品、创造和谐空间”，努力成为一个顾客满意、员工自豪、公众尊敬的国内一流、世界知名的建设品牌。

阿尔及利亚
奥兰喜来登酒店

地址：青岛市南海支路5号　Add：No.5 Nanhai Zhi Road,Qingdao　邮编（P.C）：266071
电话（Tel）：（0532）8825 7777　传真（Fax）：（0532）8825 7700　网址：http://www.qdcg.com
客户服务电话：800 918 6299（主叫免费电话）（0532）8825 6666

青岛流亭国际机场航站楼

正太集团

董事长　范宏甫

正太集团为江苏省重点建筑企业集团，系建设部试点企业集团单位，拥有7家控股子公司，18个驻外公司和3个海外公司。母子公司注册总资本5.8亿元，集团资产25亿元。集团在册职工46535万名。2005年营业收入558984万元，利润总额23324万元。

集团核心企业正太集团有限公司，房屋建筑工程施工总承包特级资质；市政公用工程施工总承包、建筑装修装饰工程专业承包、机电设备安装工程专业承包一级资质；消防设施工程、桥梁工程二级资质，获对外经营签约权。公司注册资本金3.06亿元，已通过ISO9001质量管理体系、ISO14001环境管理体系、GB/T28001职业健康安全管理体系认证，是集建筑、商贸房地产开发于一体的产业复合型企业，具有综合承担土木结构、桩基基础、装修装饰、市政路桥、工业设备安装及水利、园林、防水防腐等各类工程的施工能力。

正太集团市场分布广泛，施工队伍覆盖国内20多个省、市、自治区的150多个大、中城市，每年向新加坡、纳米比亚、博茨瓦纳等国输出劳务人员1000人以上。

在多年的市场竞争中，正太集团凭借良好的内部管理和强劲的开拓精神，跻身市场角逐，取得了令人瞩目的非凡成就，近年来，集团先后完成各类高层次、大跨度工程项目400多项，有6项独立承建或参与施工的工程获鲁班奖。2005年，正太集团跻身全国1000家最大企业集团，列477位。

正太集团办公楼

武汉怡景花园（2005年鲁班奖,面积75000平米）

上海亿润苑
（2005度白玉兰杯,面积57000平米）

董事长 钱月宝

钱月宝董事长与员工交流讲座心得

金梦兰产品展示

钱月宝董事长向梦兰村的老人们了解生活情况

梦兰集团缝纫车间

江苏梦兰集团

科技创新引领梦兰走向未来

江苏梦兰集团是一个以专业生产床上用品为主的企业集团，从一个靠8根绣花针起家的村办小厂到跻身全国家纺行业“十强”，全国纺织服装行业销售、出口“双百强”的企业，已经走过了30多年的历程。依靠诚信至上、自主创新，“梦兰”床上用品品牌在全国家纺行业创出了中国驰名商标、中国文化品牌，也进入了第一批中国名牌产品；“梦兰”产品还在同行业中率先被认定为国家免检产品和国家商务部重点培育和发展的出口名牌，创出了位居全国家纺行业榜首的中国最具影响力品牌、中国最具价值品牌，品牌价值达到72.88亿元。近几年来，产品在国内外两个市场的覆盖率、占有率逐年提高，在日益激烈的市场竞争中，保持了品牌和企业形象在同行业中的领先地位。2005年，集团实现销售53.34亿元，比上年增长131.6%；利税3.75亿元，增长87.5%。

面对传统产业进入世界性的微利时代，企业的生存环境发生了巨大变化，机会竞争正在向实力竞争转变，自主创新、科技创业成为企业加快发展的必然选择。梦兰适时提出品牌带动的发展战略，在一手推进主体产业品牌提升的同时，一手推进品牌经营的延伸，特别是与中科院联合组建龙芯产业化基地为里程碑，开始了从传统产业向高科技领域的跨越。

龙芯是国家863计划重点项目之一，龙芯课题组确定研发的高性能通用处理器是所有芯片中的珠穆朗玛峰。我国龙芯核心技术的研发从2001年开始起步，仅用不到5年时间，就实现了通用芯片从无到有的跨越，而且已经赶上世界先进水平。然而，龙芯核心技术价值的真正体现还在于加快科技成果的转化和产业化步伐。2005年4月18日，“龙跃神州，芯动中国”龙芯2号成果发布及龙芯产业化基地成立大会在北京人民大会堂隆重召开，龙芯产业化从这一天起开始在梦兰起步。经过一年多的艰苦努力，已经在主攻核心技术和关键技术、应用技术的结合上取得重大突破，研制开发的龙芯网络视频监控器、税控收款机、税控专用芯片、三网合一机顶盒等新产品、新技术可以广泛应用于各个领域，尤其是第一台自主研发、自主设计、自主制造的低成本电脑问世，以其高性能、低成本和低耗电的特点，可以面向农村信息化、城乡学校教育，面向八亿农民和中小学生消费群体，在国内外市场都有较强的竞争优势。

集团厂景

内蒙古鄂尔多斯羊绒集团有限责任公司

鄂尔多斯集团是在改革开放之初的1981年通过补偿贸易方式建立起来的羊绒制品加工企业。经过二十多年的持续高额盈利、滚动式发展，现已壮大成为拥有成员企业96家、员工2.4万、总资产逾133.5亿元、年销售收入近62亿元，同时经营羊绒、商贸、电力、冶金等多种产业的大型现代企业集团。集团被第50届世界统计大会授予“中国羊绒制品大王”称号，1997年经国务院批准成为全国120家试点企业集团之一。“鄂尔多斯”是中国羊绒纺织业第一个获得中国驰名商标称号的品牌，品牌价值达61.09亿元，连续六年位列中国最有价值品牌前二十名之列。“鄂尔多斯”牌羊绒衫获得过国家优质产品金质奖两次、部优奖9次、省优奖34次，先后获得“中国名牌产品”、“市场最有竞争力和影响力产品”等上百种荣誉，并多次获得“全国用户满意产品”、“消费者信得过产品”等称号。目前鄂尔多斯集团羊绒制品的生产营销能力目前占到中国的40%和世界的30%。2005年，集团公司实现销售收入62亿元，创汇1.92亿美金，利税6.53亿元。

集团公司目前的主要产品年生产能力为：羊绒制品1000万件，无毛绒1200吨，羊绒纱1800吨，羊绒面料70万米，羊绒围巾、披肩100万条，羊绒服装5万套，羊绒衬衫110万件，精纺羊毛衫60万件。

鄂尔多斯集团公司坚持内外销并举的营销战略，目前，集团公司在全国设有34个销售公司、19个业务代表处、33家配送中心和3500家营销网点，形成了自营店、加盟店、商场专厅有机配合的营销格局，成为国内纺织行业最大的企业营销网络之一。产品在畅销国内的同时，远销日本、美国、欧共体等30多个国家和地区，年出口能力在400万件以上。

鄂尔多斯集团公司积极推动技术进步，始终注重产品质量，坚持以技术进步带动产品创新和质量创新。从建厂伊始，集团就一直坚持行业国际标准，形成了50多道检验工序、60多个检测点，配备了500多名专职原料、半成品、成品检验人员。1995年以来，引入国际ISO9001质量管理标准，建立了从原料、设计、生产、包装到售后服务全过程的质量保证体系，现在，该体系正式通过了中国进出口商品质量认证中心的审核，取得了“ISO14000国际质量保证体系认证资格证书”。1999年鄂尔多斯集团进入国家重点支持技术创新的33家 行业排头兵企业行列。2001年，鄂尔多斯集团技术中心被国家经贸委等单位认定为国家级企业技术中心。

总裁　王林祥

2003年集团公司斥巨资建设煤电联产项目，该项目是鄂尔多斯集团在新世纪积极寻求新的经济增长点，适时向第二支柱产业进军，把鄂尔多斯集团进一步做强做大，实现集团二次创业宏伟战略目标的一项重大战略举措。该项目的建成，对于充分发挥地方资源优势，促进资源优势向经济优势转变，保护当地生态环境，推动地方及内蒙古经济迅速发展具有非常重大的意义。

鄂尔多斯集团在二十年的发展历程中形成了自身独具特色的企业文化。在“立民族志气，创世界名牌”的远大理想和“集智、放胆、拓荒、创新”的企业精神的指引和支持下，集团的各项事业取得了长足的进步，特别是1999年以来，根据国内外市场形势的变化，集团公司审时度势地进行了产权制度改革，向建立现代企业制度和科学的法人治理结构迈出了重要步伐。中国加入WTO后，随着配额等贸易壁垒的逐步取消，给中国纺织服装业带来了前所未有的发展机遇。鄂尔多斯将以振兴民族工业为己任，满怀信心地迎接新世纪的挑战。鄂尔多斯的战略构想是：经过几年的发展，要在羊绒、煤电双业并举的基础上，进一步培育大化工产业，逐步形成羊绒、煤炭、电力、高载能、化工五业并举协同发展的产业发展格局，力争早日将鄂尔多斯集团打造成一个多元化经营的跨国企业集团，实现鄂尔多斯创世界名牌的宏伟理想。

总部地址：内蒙古鄂尔多斯市东胜区达拉特南路102号
电话：0086-477-8543265/3275
传真：0086-477-8535342
邮编：017000
E-mail：erdos@chinaerdos.com

北京总部：北京市昌平区科技园区永安路49号
电话：0086-10-89715755
传真：0086-10-89715740
邮编：102200

http://www.chinaerdos.com

党委书记、董事长李湘平事迹简介

凭借着青年人特有的锐气和敢闯的精神，仅用4年时间，通过整合优势资源、调整发展思路、大胆改革创新，山东东明石化集团有限公司党委书记、董事长李湘平带领企业一班人，先后筹集资金近20亿元，建设了10多个大型石油化工项目，使一家频临破产，年加工能力不足30万吨的地方炼化小企业快速发展成为年原油年加工能力300万吨、销售收入过50亿元、拥有资产32亿元的国家大型综合石油化工企业。

用诚信经营市场，用智慧管理企业，用胆略建设项目。在李湘平的带领下，企业资产在4年间增长了5倍，营业收入增长了10倍，形成了拥有20多套生产装置、10多个子（分）公司、产品涉及油品、化工、电力等多种、产权多元化的综合型石油化工企业，企业经济效益、管理水平、信用等级跻身全国同行业前列，闯出了一条经济欠发达地区企业“超常规、跨越式”发展的新路子。

企业先后被评为“中国化工百强企业”、“全国重合同守信用企业”、“全国精神文明建设先进单位”、“山东省行业效益排头兵”，李湘平本人先后被授予“中国二十世纪杰出成功人才”、“全国劳动模范”、“山东省十大杰出青年企业家”等多项荣誉。

目前，李湘平又确立了新一轮企业发展规划：油气并举、油化互补，发展石油化工、天然气化工、煤化工和精细化工，以市场为导向，充分发挥区位、资源优势，形成多品种、系列化的化工格局，努力将山东东明石化建设成山东省第三个石油化工基地，力争“十一五”末企业实现销售收入300亿元，利税30亿元，跨入中国特大型企业行列。

鲁西南经济明珠——东明石化

地处山东省西南部、中原油田腹地的山东东明石化集团是依托当地油气资源发展起来的一家大型石油化工企业集团，现有员工2100人，总资产32亿元，主要生产销售高标号汽油、柴油、石油液化气、溶剂油、液体石蜡、丙烯、聚丙烯、丙烯酸树脂、苯、甲苯、二甲苯、MTBE、高等级道路沥青、热能、电力等。

近年来，山东东明石化集团沿着“油化并举、油气互补”的发展思路，走出了一条地方炼化企业跨越式发展之路。从2001年实现销售收入6.4亿元，到2005年销售收入突破50.2亿元，4年时间，销售收入以平均每年171%速度递增，经济效益连年翻番，发展速度迅猛，预计2006年该公司销售收入将突破60亿元。

“十五”期间，该企业高速度、高质量地建设了150万/年吨常减压、60万吨/年催化裂解、100万吨/年延迟加焦化、85万吨/年加氢、15万吨/年气分馏等多套大型化工装置，逐步形成了300万吨/年原油加工能力、240万吨/年重油加工能力以及100万吨/年重交沥青生产能力，化工产品生产能力提高的同时，产品结构不断优化，产品种类不断增多。5年时间，累计投资30多个亿，使企业规模迅速壮大，效益不断提高。近3年，累计实现销售收入102.9亿元，实现利税8.1亿元，销售收入年递增121.3 %，利税增长80%，企业核心竞争力明显增强，生产经营形成了良性循环，实现了超常规、跳跃式发展，成为鲁西欠发达地区经济发展中的一支奇葩。

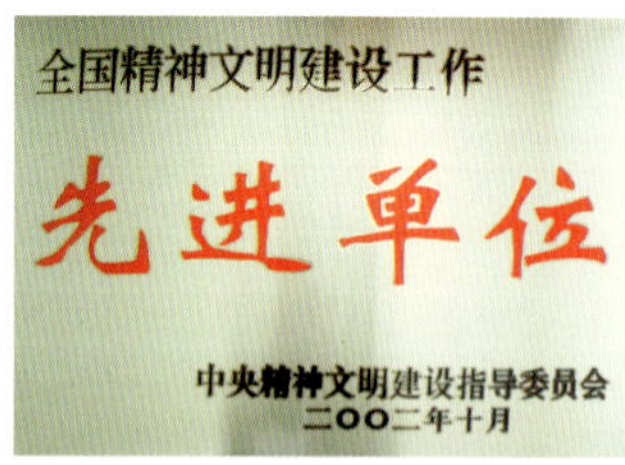

企业先后成为全国精神文明建设先进单位、全国“重合同守信用”单位、中国化工百强企业、AAA级银行信用企业、山东省工业百强企业，2004年“全国化工百强企业”中排名71位，2004年“山东省百强企业”中排名第79位，在2005年“中国制造业500强”中排名第324位，2006年在全国最大500家企业的排名中位居第495位，成为山东省西南部一颗璀璨的经济明珠。

四川九洲电器

集团有限责任公司

四川九洲电器集团有限责任公司（以下简称九洲集团）是国家520户重点国有企业之一，主要从事二次雷达、数字电视设备、有线电视宽带综合业务信息网络系统、电线电缆光缆、应用电子系统、电子政务和电子商务软件等的开发、制造、经营和服务，以及保险代理、房地产开发、LED、教育等产业领域。九洲集团占地面积约87万平方米，是国家军、民用二次雷达系统产品的科研生产基地，全国首批获得信息产业部军工电子装备科研生产许可证的单位，是我国技术先进、规模最大的有线电视宽带综合业务信息网络系统的科研开发生产经营基地，是国家科学技术部、中国科学院认定的高新技术企业。

董事长兼总经理　张正贵

建业47年来，在广大职工的共同努力下，九洲集团实现了持续稳定的发展。特别是“十五”期间，九洲集团工业总产值、销售收入、利润总额、上缴税金年平均增长速度分别为47.38%、50.54%、50.98%、46.34%，达到了平均每两年翻一番的增幅。2005年，九洲集团实现工业总产值283930万元、销售收入256393万元、利润总额24358万元、上缴税金10187万元，位列2006年中国电子信息百强企业第62位，2006年中国最大1000家企业第837位，中国大企业竞争力500强第190位，是2006年四川企业100强、四川工业企业最大规模30强、四川工业企业最佳效益50强、四川电子及通信制造业工业企业最大规模10强、四川电子及通信制造业工业企业最佳效益首强。

在发展过程中，九洲集团始终坚持“科技兴企”、“人才兴企”发展战略。九洲集团每年用于科研开发能力建设和产品研发的经费占销售收入的10%左右，大大提升了企业的科研开发能力和核心竞争能力。九洲集团企业技术中心于2001年被国家四部委认定为国家级企业技术中心，同年获国家人事部批准设立博士后科研工作站，开展博士后科研工作。在注重科研开发的同时，九洲集团非常重视人才队伍的建设和培养，1999年开始实施“人才工程”，2004年底进一步推行“专家工程”，建立了一支高素质的职工队伍，现有各类专业技术人员2500余人，各类高层次人员839人。

九洲国家级企业技术中心挂牌

九洲集团注重企业文化和精神文明建设，形成了“团结、勤奋、求实、创新”的企业精神和“向更新迈进”的企业经营理念。多年保持省级文明单位称号，被评为2003－2004年度省级最佳文明单位，2005年被评为全国文明单位。荣获2005年度中国企业文化建设先进单位称号。

九洲集团现已步入快速发展、良性发展的轨道，将以“创百亿企业，建九洲百年基业”为目标，走规模效益型的发展道路，抓住机遇、乘势而上，力争2010年实现产值100亿元。

万丰集团

董事长、总裁　楼增明

2005年，浙江万丰企业集团坚持以科学发展观为指导，按照“解放思想、干在实处、走在前列”的要求，紧紧依靠广大干部员工，突出创新发展主题，不断深化改革，切实加强管理，合力打造开放、合作、诚信、发展、和谐的现代企业新形象，继续保持了经济、文化健康协调发展的良好势头。经济与社会效益跃上新平台，全年实现销售23.6亿元，利润2570万元，综合经济效益4836万元，分别比“十五”期初翻了3番、7番和6番。在企业快速发展的同时，不忘回报国家和社会，2005年度上缴税费总额3426.8万元，社会贡献额11112万元，分别比“十五”期初翻了2番、和4番。去年万丰集团在连续五年荣获杭州市AAA级信用企业、全省供销社先进单位和杭州市文明单位以及萧山区百强企业的同时，首次荣膺浙江省和杭州市百强企业，被萧山区委、区政府授予“特别贡献奖”，并被国家统计局授予全国最大1000家大企业集团，位列全国批发业第121位。

通过近几年的深化改革和业态调整，浙江万丰企业集团已构筑起以资本为纽带、产权清晰、权责明确、行业多元、机制灵活的现代企业制度，培育并形成了商贸连锁、工业外贸、市场物流和房地产四大主业板块的产业发展构架，继续呈现较快发展势头，集团核心竞争力和可持续发展力有了新提升。为农服务进一步强化，助农增收再创新佳绩，集团在服务于社会主义新农村建设中，形象不断改善，得到区委、区政府领导的充分肯定。“四化”管理战略大力度推进，经济管控取得新进展，万丰集团的经济运行质量日趋优化，构建人才高地深入人心，职业化队伍建设彰显新活力。近三年来共引进大专以上学历的人才197名，其中，博士后1名，硕士生4名。

站在新的历史起点上，在推进“十一五”规划的伟大实践中，万丰面对全球化的新挑战、推进万丰发展的新实践、对万丰走在前列的新期待，时刻激励我们意气风发的万丰人将以永不满足的精神姿态，认真落实科学发展观，坚持不懈地在科技、人才、管理、机制、营销等方面勇于开拓、富于创新，切实转变经济增长方式，脚踏实地地把企业做大做强做优，全面提高企业市场竞争能力和科学管理水平，为继续打造开放、合作、诚信、发展、和谐的现代企业新形象，努力实现传统规模型大企业向现代品牌型强集团的历史性跨越，推进集团经济快速稳定发展再立新功。

杭州集嘉纺织有限公司

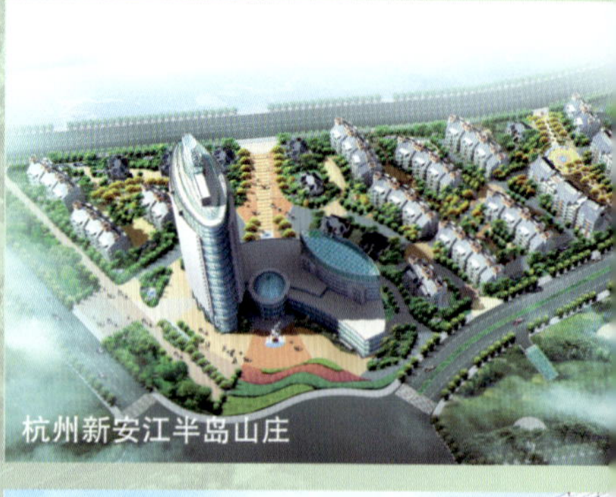
杭州新安江半岛山庄

万丰集团办公大楼

万丰河浜路综合市场开业

四川剑南春集团有限责任公司

四川剑南春集团有限责任公司位于西蜀历史文化名城——绵竹。公司以酒类经营为主业，具有年生产、销售8万吨名优白酒能力。现有员工6600余人。多年来，剑南春集团公司保持了持续稳步发展的好势头，自1998年至今，公司总体经营实力，投入产出效率、盈利能力、偿债能力、营运能力和发展能力等名列前茅，被誉为“中国白酒行业三巨头”之一。

董事长、党委书记、总经理　乔天明

公司荣获全国首批重合同守信用企业、中国最具竞争力大企业集团、全国质量效益型先进企业特别奖、全国精神文明建设工作先进单位等称号，公司入选“2004年度中国纳税五百强”。公司已通过ISO9001质量管理体系认证、ISO14001环境管理体系认证和国家级原产地标记注册。公司享有产品经营出口权。

公司主导产品剑南春酒早在1200年前就成为宫廷御酒而记载于《唐.德宗本纪》，中书舍人李肇所著的《唐国史补》中也将其列为当时的天下名酒。

剑南春“天益老号”酒坊遗址入选为2004年度“中国考古十大新发现”。该遗址从绵竹城西北的诸葛祠向东南抵至王麻巷口，长约500米，宽约240米，总面积120，000平方米，相当于16个足球场大小。其规模之宏大、生产要素之齐全、保存之完整，并且是仍在使用的活文物原址，举世罕见，是中国近代工业考古的重大发现。

数千年来，剑南春酒以其经典的品质、尊贵的贡酒地位和独特的品位饮醉了无数的华夏儿女，留下了诸多诗词和佳话。作为传承至今的盛唐宫廷御酒，剑南春被国家授予“中国名酒”称号，“剑南春”牌被国家工商局认定为“中国驰名商标”。

剑南春酒的生产工艺代表着当今中国白酒酿造技术的最高水平。秉承传统工艺，并加以不断改进和和创新，剑南春酒以其独特的酒体风格受到中外消费者的喜爱。2005年5月中国食品工业协会向四川剑南春（集团）有限责任公司颁发了“纯粮固态发酵白酒认证标志”，成为国内第一个允许使用“纯粮固态发酵白酒”标志的企业。“纯粮固态发酵白酒标志”正式在白酒行业内的使用和推广，也标志着中国高级白酒有了自己的身份证。2005年7月印有“纯粮固态发酵白酒标志”、同时防伪升级的新包装剑南春全面上市，很受消费者青睐。

公司完善的质量管理体系保证产品实现了全优。剑南春及其系列品牌东方红、金剑南、银剑南、剑南老窖、剑南福、绵竹大曲等30多个品牌，多次获得国家级、部级、省级质量奖，产品知名度、美誉度节节攀升，市场占有份额不断扩大，始终保持了畅销的强势势头。

剑南春行政办公楼景观

广州无线电集团

创 建 可 持 续 发 展 的 高 科 技 企 业

董事长　赵友永

总裁　张招兴

广州无线电集团有限公司的前身广州无线电厂始建于1956年，至今已有50年的发展历史。集团经过近10余年的改革创新、产业调整和技术创新，如今已发展成为国内行业领域内具有一定实力和较强竞争优势的高科技产业集团。集团先后被列为国家520户重点企业、中国电子信息百强企业、广东省技术创新优势企业和广东省20家重点装备制造企业之一，为广州市重点扶持发展的装备制造业企业集团之一。集团拥有国家级企业技术中心、博士后科研工作站，与国内外科研院所、企事业单位建立了广泛的合作关系，打下了扎实的持续发展基础。

集团目前投资经营业务涉及无线电通信、货币自助服务终端、智能交通、模具制造、机械加工、房地产开发、物业经营与管理、计量检测服务和进出口贸易等多个领域。现有成员企业12家，其中：广州市高新技术企业7家，广东省软件企业3家，国家重点软件企业1家。员工总数3000余人。集团经济近年来一直保持持续、平稳、快速增长发展态势，年均增长速度超过20%，为中国电子信息百强企业中盈利最好的企业之一，集团经济步入持续、快速增长的良性发展轨道。

“创建可持续发展的高科技企业”是集团追求的长远目标。根据集团“十一五”发展战略目标，未来5年，集团在我国建设创新型国家的大政方针指引下，抓住当前有利时机，通过对企业体制、机制、管理和技术等方面的不断创新，以及采取各种有效措施，有望取得快速发展和实现更高层次的跨越。

自动柜员机

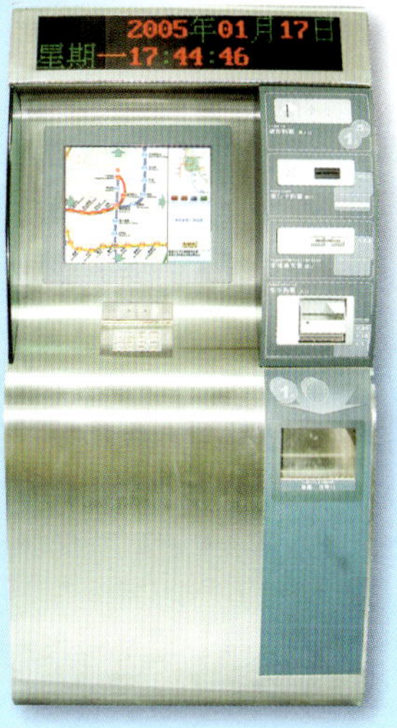

地铁自动售票机

发射机

广州无线电集团
GUANGZHOU RADIO GROUP

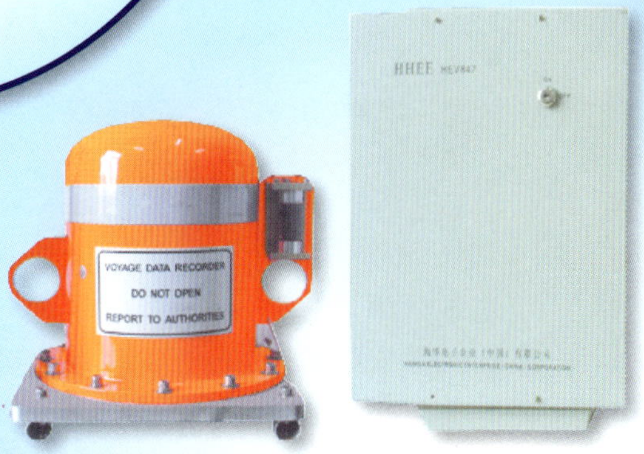

船舶航行数据记

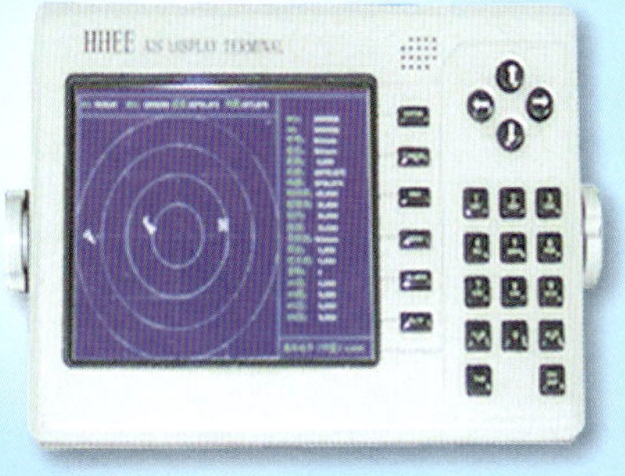

船舶自动识别系统

齐鲁制药有限公司

齐鲁制药有限公司位于山东省济南市，主要从事治疗肿瘤、感染、心脑血管、精神神经等疾病的化学药、生化药、生物技术药及其制剂的研究、生产和经营，是实力雄厚的大型综合性现代化制药企业集团。

集团下辖齐鲁制药（海南）有限公司、齐鲁安替制药有限公司、山东齐发药业有限公司、齐鲁动物保健品有限公司等10家子公司，建立了科研制剂、化学合成与生物技术、抗生素发酵等五大生产基地，生产设施设备均达国内一流及国际先进水平。产品拥有六大系列300多个品种，在主要产品领域建立了专业化、正规化销售团队，多项产品市场占有率领先国内，部分产品通过了美国FDA、欧洲COS认证及其它国家的质量认证，销往欧美及东南亚多个国家和地区，被评为医药行业2006年中国十大最具成长力企业。

董事长、总经理　李伯涛

国家级技术开发中心
——新产品研制实验楼

从意大利引进粉针生产线的制剂楼

抗生素发酵生产基地

齐鲁制药创立于1958年，起步发展于80年代。二十多年来，在李伯涛董事长的带领下，坚持以人才为根本、以科技求发展、以质量求生存、以管理求效益的经营理念，使公司得以不断发展壮大。

齐鲁制药的跨越式发展得益于强大的技术创新能力、高效的创新战略、广泛的国内外合作及持续的人才引进。十几年来相继开发成功卡铂、昂丹司琼、重组人白介素-11、重组人G-CSF、多西他赛、单唾液酸四已糖神经节苷脂等近百个国家级新药。在肿瘤、心脑血管等领域有多个产品引领国内开发方向，多项产品获得国家、省级科技进步奖，填补了国内空白，取得了良好的经济效益和社会效益。随着创新能力的加强，在拥有丰富的在研产品线的同时，涉足了抗肿瘤疫苗以及其它生物技术药、化学药及制剂的创新研究，形成了"生产一代、开发一代、储存一代"的良性循环，为企业发展奠定了雄厚的基础，齐鲁制药也因此被认定为国家级技术中心企业。

齐鲁制药的发展还得益于严格高效的管理和科学的决策。公司建立了现代化企业管理架构和基础管理制度，药品生产严格执行GMP管理，并通过完善的计算机网络系统实现高效的辅助管理，这些管理措施的实施切实提高了企业管理效率。

高速度的发展为企业赢得了荣誉。齐鲁制药连续多年荣获"中国一百家最大医药工业企业"和"全国五百家最佳经济效益工业企业"称号，被评为"全国高新技术百强企业"，荣获"全国五一劳动奖状"，是山东省重点企业集团之一。

瞻望未来，齐鲁制药将继续深化改革，坚持科技发展，集技术、人才、品牌及企业文化之优势，专注高、精、尖发展领域，为医药事业发展、为全人类的健康做出突出的贡献。

泰丰纺织集团有限公司

董事长　刘庆平

泰丰纺织集团有限公司是集纺纱、染色、织布、服装、家纺、热电为一体的国家大型纺织企业集团，在香港、澳大利亚设有分公司，企业通过了ISO9001、ISO14001、OHSAS18001管理体系认证和Oeko-Tex Standard100欧盟生态纺织品认证，具有自营进出权、两纱两布出口权，拥有保税仓库，是中国海关AA类出口加工企业。

高支高密纯棉系列产品

公司坚持“高起点引进、高水平开发、高效益发展”的指导方针。在技术改造方面，先后引进了意大利萨维奥公司的自动络筒机，德国祖克公司的浆纱机和瑞士贝宁格公司的整经机，日本津田驹和比利时毕加诺公司的喷气织机，法国史陶比尔和英国博纳斯公司的提花机，日本服装生产线。在产品开发方面，先后开发了多种系列的产品填补省内、国内空白，并获“国家级新产品”和“高新技术产品”称号，泰丰牌纱、布被认定为“山东省名牌产品”；2006年，公司生产的高支高密纯棉坯布产品获“中国名牌”荣誉称号。公司技术研发中心跻身山东省技术中心行列，企业被国家授于“高新技术企业”称号。

企业现有规模为：环纺46万锭，特阔幅电子提花喷气织机680台、剑杆织机420台、平缝织机1000台，年产棉纱68000万吨，坯布5000万米，色织布1000万米，服装、床上用品500万件/套。企业各项经济指标在全国同行业名列前茅，2005年实现销售收入26.7亿元，出口创汇6655多万美元。产品出口美国、欧盟、日本、新加坡、澳大利亚、中东、非洲等国家和地区。

“推行国际管理模式，引导纺织市场潮流”是企业的永恒追求。面对全球经济一体化、全球市场一体化的发展趋势，公司将以胸怀世界的气度，立马沧海，挑战未来，铸造辉煌的明天。

设备照片

厂貌

集锦

- 中国石油化工集团公司
- 宝钢集团有限公司
- 中国铁路工程总公司
- 首钢集团公司
- 中国五矿集团公司
- 东风汽车公司
- 中国铝业公司
- 鞍山钢铁集团
- 百联集团有限公司
- 神华集团公司
- 广州汽车工业集团有限公司
- 中国外运综合物流
- 中国国电集团公司
- 珠海振戎公司
- 美的集团
- 大同煤矿集团公司
- 陕西延长石油（集团）有限责任公司
- 中国储备粮管理总公司
- 青岛钢铁控股集团有限责任公司
- 中国华芳集团
- 江苏悦达集团有限公司
- 五粮液集团有限公司
- 金川集团有限公司
- 清华控股有限公司
- 首旅集团
- 海航集团
- 山西晋城无烟煤矿业集团有限责任公司
- 阳泉煤业（集团）有限责任公司
- 春兰集团
- 广西玉柴机器集团有限公司
- 广东省广弘资产经营有限公司
- 永城煤电集团有限责任公司
- 江铃汽车集团公司
- 徐州矿务集团有限公司
- 云天化集团
- 内蒙古蒙牛乳业（集团）股份有限公司
- 宣化钢铁集团有限责任公司
- 雨润集团
- 无锡威孚集团有限公司
- 北京金隅集团有限责任公司
- 北京燕京啤酒集团公司
- 通威集团有限公司
- 杭州橡胶（集团）公司
- 郑州宇通集团有限公司
- 四川省川威集团有限公司
- 上海电信实业（集团）有限公司
- 浙江吉利控股集团有限公司
- 深圳市燃气集团有限公司
- 陕西龙门钢铁（集团）有限责任公司
- 义马煤业（集团）有限责任公司
- 五洋建设集团股份有限公司
- 湖南出版投资控股集团
- 青岛建设集团
- 正太集团
- 江苏梦兰集团
- 内蒙古鄂尔多斯羊绒集团有限责任公司
- 山东东明石化集团
- 四川九洲电器集团有限责任公司
- 浙江万丰企业集团
- 四川剑南春集团有限责任公司
- 广州无线电集团
- 齐鲁制药有限公司
- 泰丰纺织集团有限公司

2005年中国大企业集团

八 特定规模以上企业集团名单

简要说明

一、本篇提供了特定规模以上企业集团名单及主要指标，分为三个部分：

1. 营业收入和资产总计均在5亿元及以上企业集团名单。
2. 各行业营业收入和资产总计均在5亿元及以上企业集团名单。
3. 各地区营业收入和资产总计均在5亿元及以上企业集团名单。

二、本篇资料来源于企业集团上报的年报。

三、本篇提供的财务指标，一般采用“合并会计报表”的数据。但是，少数企业集团由于内部财务制度尚未完善，采用相加汇总的数据。

四、本篇公布的企业集团名单中未包括以军工生产为主的企业集团。

五、本篇公布的企业集团地址是指企业集团母公司的地址。

8.1 营业收入和资产总计均在5亿元及以上企业集团名单

序　号	企业集团名称	营业收入（万元）	资产总计（万元）	从业人员（人）
1	中国石油化工集团公司	85720183	72985318	693958
2	中国石油天然气集团公司	72255888	116022473	1002481
3	国家电网公司	72102853	116969844	671654
4	中国移动通信集团公司	23578982	54128968	301902
5	中国南方电网有限责任公司	19286033	27011890	158574
6	中国电信集团公司	18991432	54677305	407982
7	宝钢集团有限公司	17680446	21404690	92682
8	中国中化集团公司	17308244	6308081	16094
9	中国第一汽车集团公司	12998429	10739810	116653
10	中国铁路工程总公司	12625555	10142232	267663
11	中国粮油食品(集团)有限公司	12070294	7268085	50722
12	上海汽车工业(集团)总公司	11824051	13035362	82675
13	中国五矿集团	11750780	5690976	33174
14	东风汽车公司	11662245	12981335	129025
15	中国铁道建筑总公司	11657974	8201477	210941
16	中国建筑工程总公司	11571164	10558312	335450
17	中国远洋运输集团	11445639	13720008	44239
18	联想集团	10818936	6225452	27033
19	海尔集团	10393583	4214278	52835
20	中国网络通信集团公司	9689494	27768143	267834
21	中国海洋石油总公司	8887523	19142827	40995
22	中国联合通信有限公司	8216971	22608790	147218
23	中国华润总公司	7984141	13687542	143500
24	华能集团公司	7363959	22688634	63875
25	首钢集团	7075888	7781499	79385
26	鞍山钢铁集团公司	6978947	7572957	107078
27	中国新建集团	6926883	13861196	671112
28	中国冶金科工集团公司	6915933	5586278	103299
29	中国平安保险(集团)股份有限公司	6759315	28810374	42381
30	中国中信集团公司	6500963	80245663	70588
31	中国铝业公司	6290651	10785190	162563
32	神华集团有限责任公司	6123839	18881400	89559
33	中国华源集团有限公司	6067640	5314477	112863
34	百联集团有限公司	6021085	2812817	53060
35	中国港湾建设(集团)总公司	5783823	5020611	47464
36	中国大唐集团公司	5551182	18300669	81184
37	武汉钢铁(集团)公司	5520876	7109864	95824
38	中国海运(集团)总公司	5399485	6423026	40503
39	中国电子信息产业集团公司	5368227	5763532	60203
40	中国中煤能源集团公司	5225055	4587985	85100

邮政编码	地　址	电　话
100029	北京市朝阳区惠新东街甲 6 号	010-64999249
100724	北京市西城区六铺炕街 6 号	010-62094929
100031	北京市西城区西长安街 86 号	010-66598109
100032	北京市西城区金融大街 29 号	010-66006688-1926
510623	广东省广州市天河区珠江新城华穗路 6 号	020-38865670
100032	北京市西城区金融大街 31 号	010-58501688
200122	上海市浦东新区浦电路 370 号	021-58358888
100045	北京市复兴门外大街 A2 号	010-88079936
130011	吉林省长春市东风大街 2259 号	043-15730701
100055	北京市西客站南广场中铁工程大厦	010-51871631
100005	北京市建国门内大街 8 号中粮广场 A 座	010-65268888
200031	上海市徐汇区武康路 390 号	021-24011000
100044	北京市海淀区三里河路五号	010-68495888
430015	湖北省武汉市汉口建设大道 747 号	027-84285000
100855	北京市复兴路四十号大院	010-51888114
100037	北京市海淀区三里河路 15 号中建大厦 A 座	010-88082860
100031	北京市西城区复兴门内大街 158 号 F11-12	010-66493388
100080	北京市海淀区科学院南路 2 号融科资讯中心 A 座 10 层	010-62509440
266103	山东省青岛市高科园海尔路 1 号	0532-88938999
100031	北京市复兴门内大街 156 号 C 座	010-66169571
100027	北京市东城区东直门外小街 6 号	010-84521999
100032	北京市西城区西单北大街甲 133 号	010-66505588
100005	北京市东城区建国门北大街 8 号华润大厦 27 层	010-85192661
100088	北京市海淀区学院南路 40 号	010-62291888
100041	北京市石景山区	010-88293520
114021	辽宁省鞍山市铁西区环钢路 1 号	0412-6723090
830002	新疆乌鲁木齐市光明路 15 号	0991-2890755
100081	北京市海淀区高梁桥斜街 11 号	010-82169530
518029	广东省深圳市福田区八卦三路平安大厦	0755-82262888
100004	北京市朝阳区新源南路 6 号	010-64661710
100088	北京市西直门北大街 62 号	010-82298888
100011	北京市东城区安定门西滨河路 22 号	010-58131817
200063	上海市普陀区中山北路 1958 号华源世界广场	021-62031188
200120	上海市浦东新区张杨路 501 号 19 楼	021-58363636
100027	北京市东城区东直门外春秀路 9 号	010-64154455
100032	北京市西城区广宁伯街 1 号	010-66586076
430083	湖北省武汉市青山区厂前	027-86863718
200080	上海市虹口区东大名路 700 号	021-65966666
100846	北京市海淀区万寿路 27 号	010-68207131
100011	北京市朝阳区黄寺大街 1 号	010-82256688

续表 1

序　号	企业集团名称	营业收入（万元）	资产总计（万元）	从业人员（人）
41	TCL 集团股份有限公司	5214954	2951693	65506
42	中国铁路物资总公司	5138286	1890963	8069
43	广州汽车工业集团有限公司	5091115	4688949	17959
44	中国太平洋保险(集团)股份有限公司	5090727	15419584	55799
45	上海电气(集团)总公司	5028192	8917841	69733
46	北京汽车工业控股有限责任公司	4792047	2750684	34880
47	中国华电集团公司	4520648	14671015	84402
48	浙江物产集团	4418092	1423759	6234
49	中国对外贸易运输集团	4405261	3332502	32211
50	攀钢集团	4385280	4910293	112269
51	珠海振戎公司	4359185	239649	1238
52	中国国电集团公司	4301974	13229045	77239
53	美的集团有限公司	4233504	2608041	73000
54	中国航空集团	4113696	7675413	37426
55	苏宁电器集团	4074092	677353	74650
56	江苏沙钢集团有限公司	4059532	3453543	10039
57	上海埃力生(集团)有限公司	4034811	2289694	6873
58	中国南方航空集团公司	3959763	7678044	42005
59	莱芜钢铁集团有限公司	3938486	3401745	37861
60	济南钢铁集团	3860828	3373483	19214
61	中国电力投资集团公司	3856312	13834242	84527
62	黑龙江北大荒农垦集团总公司	3823884	4171046	544052
63	唐山钢铁集团	3768847	3760743	35483
64	太原钢铁集团	3746986	3956055	51397
65	海信集团	3587066	1576488	11688
66	中国化工集团公司	3575257	5221012	115410
67	山东魏桥创业集团有限公司	3566927	2569088	110257
68	中国航空油料集团公司	3478151	1457058	7685
69	中国机械工业集团公司	3443491	3267921	46625
70	马钢集团	3374883	4408987	61887
71	广州铁路(集团)公司	3236866	9585805	167496
72	邯郸钢铁集团	3232504	3046143	35566
73	上海复星高科技(集团)有限公司	3219836	3717552	29058
74	中国水利水电建设集团	3208030	3435879	125503
75	中国东方航空集团	3193646	6355533	28949
76	湖南华菱钢铁集团有限责任公司	3187338	4503778	44607
77	江苏华西集团公司	3096647	1458709	19428
78	中国国际海运集装箱(集团)股份有限公司	3095931	1717307	31208
79	太平洋建设集团	3066025	1266710	101630
80	陕西延长石油(集团)有限责任公司	3036333	4689066	55728

邮政编码	地　址	电　话
516001	广东省惠州市惠城区鹅岭南路 6 号	0752-2288333
100032	北京市西城区华远街 11 号	010-51895160
510030	广东省广州市越秀区东风中路 448 号成悦大厦 19 楼	020-83150505
200120	上海市浦东新区银城中路 190 号	021-58776688
200002	上海市黄浦区四川中路 110 号	021-63215530
100021	北京市朝阳东三环南路 25 号	010-67699888-6601
100035	北京市西城区西直门内大街 273 号	010-62256666
310006	浙江省杭州市凤起路 78 号	0571-87054509
100044	北京市海淀区西直门北大街甲 43 号金运大厦 A 座	010-62295584
617024	四川省攀枝花市东区向阳村	0812-3394261
100108	北京市朝阳区大屯里 121 号华悦国际公寓 J 座	010-52025900-6577
100034	北京市西城区阜城门北大街 6-8 号	010-58682001
528311	广东省佛山市顺德区北窖	0757-26339097
100027	北京市朝阳区霄云路 36 号	010-84488888
210005	江苏省南京市淮海路 68 号	025-84418888
215625	江苏省苏州市张家港市锦丰镇	0512-58568800
200010	上海市黄浦区福佑路 8 号埃力生国际大厦 2 楼	021-51118818
510405	广东省广州市白云区机场路 278 号	020-86134168
271104	山东省莱芜市钢城区友谊大街 38 号	0634-6821260
250101	山东省济南市历城区工业北路 21 号	0531-88869748
100053	北京市西城区金融大街 28 号院 3 号楼	010-66298806
150036	黑龙江省哈尔滨市香坊区红旗大街 175 号	0451-55198365
063016	河北省唐山市路北区滨河路 9 号	0315-2702409
030003	山西省太原市尖草坪街 2 号	0351-3012615
266071	山东省青岛市市南区东海西路 17 号	0532-83878888
100080	北京海淀区北四环西路 62 号	010-82677234
256200	山东省滨州市邹平县经济技术开发区魏纺路 1 号	0543-4161111
100088	北京市海淀区马甸中航油大厦	010-82001153
100080	北京市海淀区丹棱街 3 号	010-82688765
243003	安徽省马鞍山市雨山区红旗路 8 号	0555-2883492
510088	广东省广州市中山一路 151 号	020-61322159
056015	河北省邯郸市复兴区复兴路 232 号	0310-6072140
200010	上海市黄浦区复兴东路 2 号	021-63325858
100044	北京市海淀区车公庄西路 22 号	010-58382876
200335	上海市长宁区虹桥路 2550 号	021-62686868
410011	湖南省长沙市芙蓉路二段 111 号华菱大厦 20 楼	0731-2565997
214420	江苏省无锡市江阴市华士镇华西村	0510-6216292
518067	广东省深圳市南山区蛇口港湾大道 2 号	0755-26691130
210029	江苏省南京市五台山一号	025-57911111
719000	陕西省延安市宝塔区七里铺	0911-2493001

续表 2

序　号	企业集团名称	营业收入（万元）	资产总计（万元）	从业人员（人）
81	北台钢铁(集团)有限责任公司	2988765	2627608	26632
82	本钢集团	2885946	4027374	66521
83	南京钢铁集团有限公司	2857138	2127486	15140
84	上海农工商(集团)有限公司	2854347	3361596	56922
85	包钢(集团)公司	2815746	3662259	62393
86	熊猫电子集团	2810595	1911172	11628
87	红塔烟草(集团)有限责任公司	2770575	5590226	13498
88	上海建工(集团)总公司	2762333	2944222	33159
89	中国路桥(集团)总公司	2747940	2274435	27349
90	上海华谊(集团)公司	2720239	3307625	42057
91	兖矿集团	2642029	4450874	92695
92	上海烟草(集团)公司	2638031	4078256	6993
93	中国医药集团总公司	2583498	1489166	14713
94	大同煤矿集团	2580628	3378239	154196
95	广厦控股创业投资有限公司	2567002	1673798	56723
96	广东省粤电集团有限公司	2564415	7206368	12063
97	杭州钢铁集团	2557140	2459417	14887
98	广东省广新外贸集团有限公司	2529197	1010071	7878
99	万向集团	2527976	1684710	24420
100	广东物资集团公司	2510339	1104306	4153
101	山西焦煤集团有限责任公司	2484700	4391113	136730
102	北京北大方正集团公司	2448860	2552813	17982
103	江西省冶金集团公司	2395894	2030028	48099
104	东方国际集团	2376527	940728	3410
105	厦门建发集团	2376332	1727467	10592
106	青岛钢铁控股集团有限责任公司	2371843	1306140	14646
107	浙江省能源集团有限公司	2345659	5568883	10578
108	天津渤海化工集团公司	2327000	3261737	49794
109	中国南方机车车辆工业集团	2302330	2845960	95937
110	东方集团	2275920	4418917	68117
111	山东鲁能集团有限公司	2272336	7380494	567
112	中国储备粮管理总公司	2258531	9551608	19048
113	浙江省兴合集团	2201517	928031	6084
114	中兴通讯股份有限公司	2159170	2177913	25577
115	安徽海螺集团	2117368	2342407	19435
116	中国北方机车车辆工业集团公司	2103159	2690349	97009
117	江西铜业集团公司	2101204	1857346	31752
118	江苏悦达集团	2093956	1282590	15225
119	天津天铁冶金集团	2040138	1486646	26391
120	安阳钢铁集团	2040000	1750000	33194

邮政编码	地　　址	电　　话
117022	辽宁省本溪市明山区环山路 36 号	0414-4868855
117000	辽宁省本溪市平山区人民路 16 号	0414-7827523
210035	江苏省南京市六合区卸甲甸	025-57056780
200040	上海市静安区华山路 263 弄 7 号	021-62474500
014010	内蒙古包头市昆区河西工业区	0472-2189134
210002	江苏省南京市中山东路 301 号	025-84801442
653100	云南省玉溪市红塔区红塔大道 118 号	0877-2968165
200120	上海市浦东新区福山路 33 号	021-58885666
100001	北京市东城区安外大街丙 88 号	010-64285687
200025	上海市卢湾区徐家汇路 560 号	021-64736060-3303
273500	山东省邹城市凫山南路 298 号	053-75383848
200082	上海市杨浦区许昌路 1061 号	021-61666868
100088	北京市海淀区知春路 20 号	010-62019988-1053
037003	山西省大同市矿区新平旺东门街 11 号	0352-7014368
310013	浙江省杭州市西湖区玉古路 166 号	0571-87970891
510630	广东省广州市天河区天河东路 2 号粤电广场	020-85136269
310022	浙江省杭州市拱墅区半山路 178 号	0571-88144380
510087	广东省广州市越秀区东风东路 774 号广东外贸大厦 7-8 楼	020-87337022
311215	浙江省杭州市萧山经济技术开发区	0571-82832999
510050	广东省广州市越秀区北较场横路 12 号	020-83834274
030024	山西省太原市万柏林区新晋祠路一段 1 号	0351-8305033
100871	北京市海淀区成府路 298 号	010-82529966
330046	江西省南昌市北京西路 118 号	0791-6260984
200336	上海市长宁区娄山关路 85 号 A 座	021-62789999
361001	福建省厦门市思明区鹭江道 52 号海滨大厦 9 层	0592-2263660
266043	山东省青岛市李沧区遵义路 5 号	0532-84816857
310006	浙江省杭州市华浙广场 1 号华浙大厦 9 层	0571-86669566
300040	天津市和平区湖北路 10 号	022-23393621
100038	北京市海淀区羊坊店路 11 号	010-51862033
150001	黑龙江省哈尔滨市南岗区花园街 235 号	0451-53967766
250001	山东省济南市经三路 61 号	0531-86932341
100044	北京市西城区西外大街甲 143 号	010-88016900
310006	浙江省杭州市延安路 312 号	0571-87074290
518057	广东省深圳市南山区科技南路中兴通讯大厦	0755-26770000
241000	安徽省芜湖市镜湖区北京东路 207 号	0553-3118688-8560
100038	北京市海淀区羊坊店路 11 号	010-51862200
335424	江西省鹰潭市贵溪冶金大道 15 号	0701-3777070
224002	江苏省盐城市开放大道 78 号	0515-8202912
300050	天津市和平区马场道 148 号	022-23243512
455004	河南省安阳市殷都区梅园庄	0372-3122219

续表 3

序　号	企业集团名称	营业收入（万元）	资产总计（万元）	从业人员（人）
121	铜陵有色金属集团	2024888	1850526	22404
122	河南省漯河市双汇实业集团	2018654	609400	35501
123	哈尔滨电站设备集团公司	2018191	3816924	25757
124	华芳集团有限公司	2011731	704367	34503
125	北京控股集团有限公司	1991260	4277535	54503
126	珠海格力集团公司	1988581	1834374	20222
127	招商局集团	1961093	7704027	21302
128	四川省宜宾五粮液集团有限公司	1953451	1925405	29209
129	中国长江航运集团	1870428	2224359	48719
130	天津泰达投资控股有限公司	1856602	7547149	12760
131	国投集团	1853673	9358899	47649
132	广州钢铁企业集团	1851023	2280236	14672
133	中国东方电气集团公司	1845641	3673102	23224
134	金川集团有限公司	1832309	1728066	31561
135	中国邮电器材集团公司	1827326	891456	14111
136	四川长虹电子集团有限公司	1811114	1528073	39103
137	北京电子控股有限责任公司	1809341	3865871	34445
138	中国工艺品进出口总公司	1787529	526980	2393
139	中国光大(集团)总公司	1747145	55236711	14335
140	山东晨鸣纸业集团	1739299	1780385	16754
141	清华控股有限公司	1735180	2361742	21766
142	酒泉钢铁(集团)有限责任公司	1734079	2859159	38675
143	徐州工程机械集团有限公司	1731718	679043	15736
144	中国远大集团公司	1731525	641739	488
145	新兴铸管集团有限公司	1707679	1904175	71321
146	广西柳州钢铁集团公司	1687435	1430324	16190
147	广东省韶关钢铁集团有限公司	1687036	1689609	19240
148	南京斯威特集团有限公司	1685714	1900203	26014
149	雅戈尔集团	1676696	1502531	28640
150	华侨城集团公司	1674765	2916502	29404
151	江苏永钢集团有限公司	1674008	726477	3911
152	四川新希望集团	1638809	968901	37266
153	平顶山煤业集团	1631709	1919209	134407
154	天津钢铁有限公司	1626839	2075543	16021
155	枣庄矿业(集团)有限责任公司	1622836	1523377	55688
156	江苏三房巷集团有限公司	1603859	918960	6800
157	中国铁通集团有限公司	1573452	5441369	74508
158	中国中纺集团公司	1558789	707204	9849
159	山东海化集团	1557148	1396207	18971

邮政编码	地　址	电　话
244000	安徽省铜陵市	0562-5860108
462000	河南省漯河市双汇路 1 号	0395-2676321
150040	黑龙江省哈尔滨市三大动力路 39 号	0451-82135807
215611	江苏省苏州市张家港市塘桥人民南路一号	0512-58438803
100031	北京市西城金融街 19 号富凯大厦 B 座 9 层	010-66573888-8078
519020	广东省珠海市石花西路 211 号	0756-8131888
100022	北京市朝阳区建国路 118 号	010-65687548
644007	四川省宜宾市岷江西路 150 号	0831-3553988
430021	湖北省武汉市沿江大道 69 号	027-82833391
300457	天津市开发区宏达街 19 号	022-25202580
100034	北京市阜成门北大街 6-6 号	010-66579097
510381	广东省广州市荔湾区芳村白鹤洞芳村大道一号	020-81891212
610036	四川省成都蜀汉路 333 号	028-87583075
737100	甘肃省金昌市金川区金川路 98 号	0935-8812230
100031	北京市复兴门内大街 156 号 D 座	010-66426031
621000	四川省绵阳市绵兴东路 35 号	0816-2418378
100027	北京市朝阳三里屯西大街 6 号	010-84544208
100020	北京市朝阳门外吉祥里 103 号	010-65531074
100045	北京市复兴门外大街 6 号光大大厦	010-68560088
262700	山东省潍坊市寿光市晨鸣工业园	0536-2158000
100084	北京市海淀清华科技园科技大厦 A 座 25 层	010-82150915
735100	甘肃省嘉峪关市雄关东路 12 号	0937-6712394
221006	江苏省徐州市苏堤北路 5 号	0516-87739418
100101	北京市朝阳慧忠路 5 号远大中心	010-84891818-6216
100070	北京市丰台新村一里 15 号	010-63790493
545002	广西柳州北雀路 117 号	0772-2592651
510160	广东省广州市西增路内协和路 10 号	020-86521341
210006	江苏省南京市秦淮区集庆路 198 号	025-52207772
315153	浙江省宁波市鄞县大道西段 2 号	0574-88252695
518053	广东省深圳南山区华侨城	075-526600248
215628	江苏省苏州市张家港市永联工业园区	0512-58619328
610041	四川省成都市航空路 7 号华尔兹广场 B 幢四楼	028-85236660
467000	河南省平顶山市矿工中路 21 号	0375-2921770
300180	天津市河东区富民路街张达庄 1 号	022-84366833
277000	山东省枣庄市薛城区	0632-4081134
214423	江苏省无锡市江阴市周庄镇三房巷村	0510-86229580
100045	北京市西城区月坛北街 2 号	010-51890088
100005	北京市东城区建国门内大街 19 号中纺大厦	010-65281122
262737	山东省潍坊市滨海经济开发区	0536-5329888

续表 4

序　号	企业集团名称	营业收入（万元）	资产总计（万元）	从业人员（人）
160	深圳华强集团有限公司	1551176	888617	33000
161	天津荣程联合钢铁集团	1547161	437155	7601
162	云南铜业(集团)有限公司	1531816	1434913	13100
163	新汶矿业集团	1528160	2436329	77100
164	中国恒天集团公司	1520381	1740271	44366
165	江苏阳光集团有限公司	1518234	903764	12100
166	中国重型汽车集团有限公司	1515820	1896801	15836
167	正泰集团	1506432	507055	15000
168	浙江省建设投资集团	1496866	631932	8674
169	上海绿地集团	1489480	1897747	10212
170	横店集团	1486616	1666842	43889
171	北京城建集团有限责任公司	1479011	2585443	26674
172	北京首都旅游集团有限责任公司	1461725	1837119	40061
173	北京物美投资集团有限公司	1418133	608051	14459
174	昆明钢铁控股有限公司	1412512	2150578	25164
175	江苏国泰国际集团有限公司	1406671	481338	10680
176	杭州娃哈哈集团	1406492	886720	5187
177	广州市建筑集团	1402006	640173	9007
178	中国长江三峡工程开发总公司	1400267	15000705	9151
179	山西晋城无烟煤矿业集团有限责任公司	1394503	2567148	68336
180	广东省交通集团	1393164	11753679	38738
181	海航集团有限公司	1389994	4753531	20951
182	阳泉煤业(集团)有限责任公司	1389928	2500532	94863
183	中国建筑材料集团公司	1388407	2020136	31289
184	山东金锣企业集团总公司	1367061	392687	22829
185	北京京城机电控股有限责任公司	1357666	2643806	26396
186	山西潞安矿业(集团)有限责任公司	1356087	1710056	49476
187	广东格兰仕集团有限公司	1352682	834582	30295
188	厦门国贸集团	1351347	414160	1244
189	福建省冶金(控股)有限责任公司	1350880	1362859	20578
190	中国化学工程集团公司	1343563	1034186	38144
191	江苏交通控股有限公司	1324462	10306301	17000
192	中谷粮油集团	1283396	1327341	4448
193	中国诚通控股公司	1270968	1210740	10840
194	南山集团	1260991	1734525	35602
195	淮南矿业集团	1259814	2194605	71271
196	浪潮集团有限公司	1258725	359867	3950
197	安徽江淮汽车集团	1255606	914716	11381
198	北京建工集团有限责任公司	1248907	1898395	15423
199	春兰集团	1237159	1601987	8285

邮政编码	地　　址	电　　话
518031	广东省深圳市深南中路华强路口华强集团一号楼	0755-83030111
300352	天津市津南区葛沽镇冶金工业园区	022-28697370
650051	云南省昆明市人民东路 111 号	0871-3175096
271233	山东省泰安市新泰新汶办事处	0538-7872199
100020	北京市朝阳区建国路 99 号中服大厦	010-65816688
214426	江苏省无锡市江阴市新桥镇	0510-6121888-6518
250002	山东省济南市市中区英雄山路 165 号	0531-85582114
325604	浙江省温州乐清市柳市镇工业区正泰大厦	0577-62877777
310012	浙江省杭州市文三路 20 号	0571-88238886
200063	上海市普陀区宁夏路 201 号	021-52352832
322118	浙江省金华市东阳市横店镇	0579-6551511-2416
100088	北京市海淀区北太平庄路 18 号	010-62091875
100020	北京市北京朝阳雅宝路 10 号	010-85629988-8606
100049	北京市石景山玉泉大厦	010-88259488-1611
650302	云南省安宁市郎家庄	0871-8603459
215600	江苏省苏州市张家港市国泰大厦 32 楼	0512-58696128
310018	浙江省杭州市杭州经济技术开发区 12 号大街 5 号	0571-86032866
510030	广东省广州市越秀区广卫路 4 号建工大厦	020-83339431
443002	湖北省宜昌市西坝建设路 1 号	0717-6276666
048006	山西省晋城市城区北石店镇	0356-3665954
510101	广东省广州市越秀区白云路 27 号	020-83730155
570206	海南省海口市海秀路 29 号	0898-66799901
045000	山西省阳泉市北大西街 5 号	0353-7073112
100044	北京市海淀区紫竹院南路 2 号	010-88416688-6318
276036	山东省临沂市兰山区半程镇	0539-2977800
100022	北京市朝阳东三环中路 59 号京城机电大厦(富力双子座 A 座)	010-67756668
046204	山西省长治市襄垣县侯堡镇	0355-5923000
528305	广东省佛山市顺德区容桂大道南 25 号	0757-28886389
361004	福建省厦门市思明区湖滨南路 388 号国贸大厦 8-18 层	0592-5898537
350001	福建省福州市省府路 1 号	0591-87553584
100029	北京市朝阳区安苑路 20 号	010-84897684
210049	江苏省南京市马群街 38 号	025-84363920
100036	北京市西三环中路 5 号	010-88518866-6398
100070	北京市南四环西路 188 号总部基地 6 区 17 号楼	010-83673073
265718	山东省烟台市龙口市东江镇南山村	0535-8616001
232001	安徽省淮南市田家庵区洞山中路 1 号	0554-7625555
250014	山东省济南市历下区山大路 224 号	0531-85106276
230022	安徽省合肥市包河区东流路 176 号	0551-2296747
100055	北京市宣武广莲路 1 号	010-63928996
225300	江苏省泰州市口泰路 68 号	0523-6227410

续表 5

序　号	企业集团名称	营业收入（万元）	资产总计（万元）	从业人员（人）
200	广东省广弘资产经营有限公司	1229109	467626	7654
201	内蒙古伊利实业集团股份有限公司	1218412	545046	10369
202	广西玉柴机器集团有限公司	1213750	958865	14030
203	天津隆庆集团	1194955	971047	9755
204	德力西集团	1186330	514350	14200
205	四川华西集团	1185759	875183	57343
206	惠州市德赛集团有限公司	1185713	652568	21408
207	淮北矿业集团	1184546	1866141	106691
208	东北特殊钢集团	1178212	1700242	19856
209	广东省丝绸(集团)公司	1176748	340435	2879
210	开滦集团	1175679	1693774	90299
211	红豆集团有限公司	1173014	648001	16594
212	天津市医药集团	1168349	1568150	20952
213	中国材料工业科工集团公司	1167077	1846610	32243
214	山东时风集团	1166781	316614	26077
215	海亮集团	1166270	260170	3215
216	永城煤电集团	1165397	1340243	25251
217	重庆钢铁集团	1162467	1422911	25975
218	广州医药集团有限公司	1158120	871971	16068
219	宁波金田铜业集团	1156378	231320	5056
220	中天钢铁集团有限公司	1156112	780784	3689
221	申能(集团)有限公司	1155912	3761820	12136
222	上海贝尔阿尔卡特股份有限公司	1155337	1627057	6044
223	山东如意科技集团	1155240	660591	13715
224	上海有色金属(集团)有限公司	1154552	1111800	9922
225	华立集团	1146809	1083676	12332
226	重庆商社集团	1125655	654064	13891
227	江铃汽车集团公司	1123467	1009468	16587
228	浙江东方集团控股有限公司	1115714	438253	1153
229	武汉烟草集团	1107034	1127383	5458
230	云天化集团有限责任公司	1105496	2044292	28011
231	大连大商集团有限公司	1104198	1003536	25752
232	奥克斯集团	1096993	685541	11141
233	广东省广晟资产经营有限公司	1086958	2718424	25823
234	广州万宝集团有限公司	1085801	805309	14652
235	海澜集团公司	1085185	790128	15000
236	徐州矿务集团有限公司	1082969	1487237	57249
237	中天建设集团	1081608	451141	57249
238	内蒙古蒙牛乳业(集团)股份有限公司	1081169	599064	28900
239	江阴澄星实业集团有限公司	1075362	655956	4100

邮政编码	地　址	电　话
510031	广东省广州市越秀区东风中路 305 号省府大院 8 号楼	020-87732048
010080	内蒙古呼和浩特市金川开发区金四路 8 号	0471-3601621
537005	广西玉林市天桥路 168 号	0775-3287020
300102	天津市东丽区空港物流加工区	022-27372110
325604	浙江省温州乐清市柳市镇车站路 183 号	0577-62723888
610081	四川省成都市解放路二段 95 号	028-83332050
516003	广东省惠州市惠城区江北云山西路十二号二十三楼	0752-2833888
235006	安徽省淮北市相山区孟山路 1 号	0561-4951956
116031	辽宁省大连市甘井子区工兴路 4 号	0411-86674909
510180	广东省广州市越秀区东风西路 198 号	020-83337448
063018	河北省唐山市新华东道 70 号	0315-3022914
214199	江苏省无锡市锡山区东港镇	051-088358218
300204	天津市河西区友谊北路 29 号	022-23268813
100035	北京市西城区西直门内北顺城街 11 号	010-82229208
252800	山东省聊城市高唐县时风路 1 号	0635-3953153
311814	浙江省绍兴市诸暨市店口镇湄池江东路 107 号	0575-7068887
476600	河南省永城市光明路中段	0370-5197886
400080	重庆市大渡口区大堰三村 1 栋 1 号	023-68843548
510130	广东省广州市荔湾区沙面北街 45 号	020-81218046
315034	浙江省宁波市江北区慈城城西路 1 号	0574-87597760
213011	江苏省常州市遥观镇印墅村 312 国道旁	0519-8771301
200021	上海市卢湾区复兴中路 1 号 24 层	021-63900888
201206	上海市浦东新区宁桥路 388 号	021-58541240
272073	山东省济宁市高新区如意工业园	0537-2933032
200083	上海市虹口区中山北一路 82 号	021-65873399
310005	浙江省杭州市莫干山路 501 号	0571-88900723
400010	重庆市渝中区青年路 18 号	023-63803262
330001	江西省南昌市迎宾北大道 666 号	0791-5229200
310006	浙江省杭州市上城区庆春路 199 号	0571-87214482
430051	湖北省武汉市汉阳区广升路 22 号	027-68848384
650228	云南省昆明市滇池路 1417 号	0871-6242631
116001	辽宁省大连市中山区青三街一号	0411-83880502
315104	浙江省宁波市鄞州区鄞州大道 566 号	0574-88220157
510600	广东省广州市越秀区广州大道中明一路广州凯旋华美达大酒店 15 楼	020-87369545
510220	广东省广州市海珠区江南大道中 111 号	020-89093689
214426	江苏省无锡市江阴市新桥镇	0510-86121388-3256
221006	江苏省徐州市泉山区淮海西路 235 号	0516-85320593
310008	浙江省杭州市之江中路中天商务楼	0571-28801612
011517	内蒙古呼和浩特市和林县盛乐经济园区	0471-7391108
214432	江苏省无锡市江阴市澄张路 18 号	0510-86276565

续表 6

序　号	企业集团名称	营业收入（万元）	资产总计（万元）	从业人员（人）
240	通用技术集团	1073540	1823973	5084
241	中国广东核电集团	1073163	5749270	6549
242	安徽省徽商集团	1071483	519036	7236
243	山西煤炭进出口集团公司	1067667	676468	5055
244	江苏舜天国际集团	1063579	564679	1069
245	宣化钢铁集团	1054952	782943	30888
246	新疆广汇实业投资(集团)有限责任公司	1050748	1197839	15536
247	浙江恒逸集团	1049813	633369	4122
248	山东滨化集团	1043139	321661	2839
249	天津一商集团	1042581	394987	5473
250	广东粤港投资控股有限公司	1042043	4226577	8824
251	浙江省交通投资集团有限公司	1037878	6395285	11945
252	大连冰山集团有限公司	1037050	1065140	13039
253	宁波电子信息集团	1036399	505907	3179
254	惠州市华阳集团有限公司	1035712	324540	19672
255	上海华冶钢铁集团有限公司	1032893	370787	611
256	江苏雨润食品产业集团有限公司	1032368	803120	18242
257	上海工业投资(集团)有限公司	1030721	1639484	1996
258	广东省建筑工程集团	1029594	712577	15068
259	江苏文峰集团	1018960	222946	6988
260	无锡威孚集团有限公司	1016109	438786	9888
261	青岛啤酒集团	1013565	1095247	27397
262	扬子江药业集团	1011728	421483	1249
263	西洋集团	1010979	726057	15501
264	上海地产(集团)有限公司	1007350	3422550	3240
265	长春大成实业集团	997300	193960	2600
266	浙江中大集团控股有限公司	992866	678859	823
267	三联集团	986490	1063993	6351
268	南京医药产业集团	984317	807960	11133
269	中国葛洲坝水利水电工程集团	980000	1530000	34933
270	沈阳机电装备工业集团	976856	1880937	25917
271	维维集团	975326	450064	13890
272	桐昆集团	974686	280673	6205
273	跃进汽车集团	973458	1174416	14224
274	新疆八一钢铁集团有限责任公司	972560	1648239	30804
275	苏州创元(集团)有限公司	968215	642118	17519
276	法尔胜集团公司	955808	507752	3058
277	上海城建(集团)公司	955320	1117580	11067
278	上海国际港务(集团)股份有限公司	955006	4548742	24522
279	深圳市能源集团有限公司	938913	2093028	2750

邮政编码	地　址	电　话
100055	北京市丰台区西三环中路90号通用技术大厦	010-63349980
518031	广东省深圳市福田区上步中路1001号科技大厦19层	0755-83699860
230061	安徽省合肥市包河区芜湖路258号	0551-2862307
030002	山西省太原市府西街36号	0351-2025016
210004	江苏省南京市建邺路98号	025-84201781
075103	河北省张家口市宣化区牌楼东街30号	0313-8674421
830001	新疆乌鲁木齐市新华南路68号	0991-2871172
311209	浙江省杭州市萧山区衙前镇	0571-82797666
256600	山东省滨州市黄河五路560号	0543-2118069
300171	天津市和平区唐山道54号	022-24381008
510045	广东省广州市越秀区东风东路555号粤海集团大厦31楼	020-83843933
310014	浙江省杭州市文晖路303号	0571-85391291
116033	辽宁省大连市沙河口区西南路888号	0411-86538888
315010	浙江省宁波市海曙区龙湾新村27号	0574-87293061
516007	广东省惠州市惠城区演达一路化阳大厦23楼	0752-2556607
200941	上海市宝山区锦乐路288号	021-56391539
210041	江苏省南京市建邺区雨润路17号	025-86800888
200002	上海市黄浦区江西中路181号	021-33134633
510635	广东省广州市天河区天润路87号	020-38486634
226007	江苏省南通市崇川区青年东路5号	0513-85011556
214031	江苏省无锡市人民西路107号	0510-82708345
266071	山东省青岛市香港中路青啤大厦	0532-85711991
225321	江苏省泰州市高港区扬子江南路1号	0523-6914769
114213	辽宁省鞍山市海城英落镇西洋村	0412-3599510
200031	上海市徐汇区东湖路9号	021-54050999
130111	吉林省长春市宽城区西环城路886号	0431-7870773
310003	浙江省杭州市中大广场A坐	0571-85777388
250011	山东省济南市趵突泉北路12号	0531-86086351-66658
210002	江苏省南京市中山东路486号	025-84547589
443002	湖北省宜昌市清波路1#	0717-6712923
110004	辽宁省沈阳市和平区文化路41号	024-23880708
221111	江苏省徐州市云龙区维维大道300号	0516-83398890
314500	浙江省嘉兴市桐乡市开发区光明路	0573-8187776
210037	江苏省南京市鼓楼区中央路331号	025-83409029
830022	新疆乌鲁木齐市头屯河区八一路	0991-3893186
215007	江苏省苏州市南门东二路四号	0512-65206601
214433	江苏省无锡市江阴市通江北路203号	0510-86105518
200023	上海市卢湾区蒙自路654号	021-63017388
200082	上海市虹口区杨树浦路18号	021-63290660-41342
518031	广东省深圳市福田区深南中路2068号	0755-83684127

续表 7

序　号	企业集团名称	营业收入（万元）	资产总计（万元）	从业人员（人）
280	上海世博(集团)有限公司	938842	726701	3717
281	中国工艺美术(集团)公司	934529	338472	2236
282	河北敬业企业集团	927741	304253	6468
283	上海永达控股(集团)有限公司	925749	216048	2368
284	锦江国际(集团)有限公司	922529	1504311	42375
285	天津家世界连锁商业集团	918664	813370	19951
286	华盛江泉集团	917990	816232	18000
287	首都机场集团公司	916365	5360415	26166
288	吉林省通化钢铁集团	912545	1573262	19128
289	钱江集团	911715	862942	11043
290	陕西煤业集团有限责任公司	906765	1533531	85020
291	大连大显集团	906757	1205512	15175
292	广州轻工工贸企业集团	903316	1420698	13619
293	淄博矿业集团有限责任公司	903100	1046800	20955
294	哈药集团	902647	1159063	18789
295	上海兰生(集团)有限公司	892963	309788	2868
296	深圳市赛格集团有限公司	891098	1332457	9373
297	宁波富邦控股集团	880254	651484	12736
298	重庆机电控股(集团)公司	870427	1156588	33211
299	中国节能投资公司	867169	1488129	9619
300	广东省广业资产经营有限公司	863316	847011	14959
301	北京燕京啤酒集团公司	860898	1346442	29514
302	南京物资实业集团总公司	855434	432780	2666
303	承德钢铁集团	853114	1200466	15365
304	红星家具集团有限公司	852511	478598	10091
305	北京金隅集团有限责任公司	851078	1397529	15228
306	通威集团	841100	253764	5138
307	江苏省苏中建设集团	831989	727574	60686
308	申达集团有限公司	831448	655542	2982
309	杉杉投资控股有限公司	830281	590163	13310
310	人民电器集团	818605	160447	5289
311	日照钢铁控股集团有限公司	818013	617328	3846
312	深圳长城开发科技股份有限公司	815141	427212	6245
313	颐中集团	810648	1346089	8214
314	山东省高速公路集团有限公司	808528	4300783	12306
315	上海市糖业烟酒(集团)有限公司	807459	691471	6512
316	上海航空股份有限公司	804247	932333	6331
317	湘火炬汽车集团股份有限公司	802411	823651	19613
318	上海外高桥(集团)有限公司	799721	1485238	720
319	重庆化医控股(集团)公司	799224	1066745	24878

邮政编码	地　址	电　话
200041	上海市浦东新区张杨路 655 号 706 室	021-62892666-8426
100031	北京市西城区复兴门内大街 101 号	010-66012255
050400	河北省石家庄市平山县南甸镇	0311-82872391
200023	上海市卢湾区瑞金南路 299 号	021-63026789
200002	上海市黄浦区延安东路 100 号 23 楼	021-63264000
300300	天津市东丽经济开发区二经路一号	022-24993636-3801
276017	山东省临沂市罗庄区工业大道东	0539-7100006
100621	北京朝阳北京首都机场航安路	010-64597024
134003	吉林省通化市二道江区东盛路 14 号	0435-3793130
317500	浙江省台州市温岭市太平镇万昌路 318 号	0576-6139001
710054	陕西省西安市太乙路 182 号	029-87859051
116620	辽宁省大连市双 D 港辽河东路 2 号	0411-87407788
510120	广东省广州市越秀区沿江西路 147 号	020-83343392
255120	山东省淄博市淄川区江洪山镇般阳东路 215 号	0533-5851344
150018	黑龙江省哈尔滨市道里区友谊路 431 号	0451-84851994
200021	上海市卢湾区淮海中路 8 号 32-33 楼	021-63191010
518028	广东省深圳市华强北路赛格科技工业园 4 栋 11 楼	0755-83768999
315010	浙江省宁波市海曙区长春路 2 号	0574-87307334
400015	重庆市渝中区中山三路 155 号	023-63891163
100037	北京市西城区阜外大街 1 号四川大厦东塔	010-62247336
510030	广东省广州市越秀区东风中路 350 号瑞兴大厦 22 楼	020-83484617
101300	北京市顺义双河路九号	010-89492241
210002	江苏省南京市白下区中山东路 416 号	025-84569506
067002	河北省承德市双滦区滦河镇	0314-4073272
213017	江苏省常州市北环路 32 号	0519-5312328
100031	北京市西城宣武门西大街甲 129 号	010-66411587
610041	四川省成都市高新区创业路 2 号	028-85188888
226600	江苏省南通市海安县海安镇中坝南路 18 号	0513-88826120
214443	江苏省无锡市江阴申港镇澄江路 999#	0510-86621666
200122	上海浦东张江高科技园区郭守敬路 351 号楼 673-01 室	0574-88323708
325604	浙江省温州乐清市经济开发区柳市人民工业区	0577-62730631
276806	山东省日照市黄海一路 86 号	0633-8188088
518035	广东省深圳市福田区彩田路 7006 号	0755-83032149
266021	山东省青岛市市北区华阳路 20 号	0532-83804552
250002	山东省济南市舜耕路 21 号	0531-85693533
200032	上海市徐汇区大木桥路 620 号	021-64188188
200041	上海市静安区江宁路 212 号	021-62558888
412001	湖南省株洲市石峰区	0733-8450478
200131	上海市浦东新区外高桥保税区富特西一路 159 号	021-58668577
400010	重庆市渝中区五四路 28 号赛格尔大厦 8 楼	023-89887261

续表 8

序　号	企业集团名称	营业收入（万元）	资产总计（万元）	从业人员（人）
320	双星集团	798887	600912	20276
321	云南冶金集团总公司	796862	1091770	18385
322	中国第一拖拉机工程机械集团	795688	755687	22136
323	中国轻工业品进出口总公司	795548	379179	1992
324	郑州宇通企业集团	789738	599216	10370
325	广州发展集团	787454	2117218	3838
326	浙江中成控股集团	785383	400148	38858
327	大连机床集团公司	773838	485231	7740
328	山东工程机械集团	772792	677933	9134
329	天津市建工集团	771415	545772	14926
330	浙江红山集团	765736	674769	8295
331	重庆力帆实业集团有限公司	763678	477562	9010
332	杭州橡胶集团	760308	558602	13929
333	大连万达集团股份有限公司	759366	1368261	802
334	四川宏达(集团)有限公司	755174	988452	15285
335	河北金牛能源集团	751819	1086563	40380
336	华泰集团有限公司	751289	819269	5860
337	江苏淮钢集团有限公司	750434	615030	3520
338	江苏输变电设备集团有限公司	748697	443949	5537
339	石家庄三鹿集团	747306	203269	7912
340	万杰集团	746368	1320623	11300
341	江苏省农垦集团有限公司	741455	316983	96559
342	江门市大长江集团	736584	417437	8938
343	天正集团	722603	211257	6348
344	山东石横特钢集团有限公司	714566	361385	4769
345	广西建工集团有限责任公司	714279	557088	42167
346	江苏开元国际集团	712832	333631	1585
347	江苏新长江实业集团公司	712564	661989	4118
348	北京市市政工程总公司	712098	1058705	14240
349	重庆建工集团	709566	558173	12376
350	四川省川威集团有限公司	704258	484436	7432
351	荣盛化纤集团有限公司	703463	381470	2660
352	山西海鑫钢铁集团有限公司	701908	687945	9860
353	宁波维科集团	699736	465484	7800
354	江苏双良集团有限公司	694483	736497	4371
355	苏州进出口(集团)有限公司	694377	94544	697
356	将军烟草集团	693617	829907	3887
357	山东成山橡胶集团	690459	297088	5382
358	山东太阳纸业集团	688447	489153	6490
359	株洲冶炼集团有限责任公司	687053	466016	6027

邮政编码	地　址	电　话
266002	山东省青岛市贵州路5号	0532-82680528
650051	云南省昆明市盘龙区白塔路208号	0871-3162041
471004	河南省洛阳市涧西区建设路154号	0379-64967280
100021	北京市朝阳区劲松9区910号	010-67766688
450061	河南省郑州市管城区十八里河宇通工业园	0371-66718892
510045	广东省广州市越秀区东风中路509号建银大厦28-29楼	020-37850852
312000	浙江省绍兴市中兴中路375号	0575-8268360
116022	辽宁省大连市西岗区鞍山路38号	0411-87549118
250014	山东济宁市吴泰闸东路71号	0531-82623818
300384	天津新技术产业园区华苑产业区开华道1号	022-58393228
311234	浙江省杭州市萧山区红山农场	0571-82699006
400037	重庆市沙坪坝区上桥张家湾60号	023-61663112
310008	浙江省杭州市上城区海潮路1号	0571-86053939
116001	辽宁省大连市西岗区长江路539号	0411-82813858
618408	四川省什邡市民主镇	028-86129918
054021	河北省邢台市桥西区中兴西大街191号	0319-2068223
257335	山东省东营市广饶县潍高路251号	0546-6888721-8853
223002	江苏省淮安市清浦区化工路53号	0517-3630253
213002	江苏省常州市常新路145号	0519-3266537
050071	河北省石家庄市和平西路539号	0311-88615365
255213	山东省淄博市博山经济开发区	0533-4654114
210008	江苏省南京市新街口街道珠江路4号	025-57715852
529030	广东省江门市建达北路5号	0750-3288999
325604	浙江省温州乐清市柳市镇东风工业区	0577-62777313
271612	山东省泰安市肥城市石横镇	0538-3692510
530012	广西南宁市朝阳路49号	0771-2827902
210004	江苏省南京市建邺路100号	025-84464466-1411
214442	江苏省无锡市江阴市戛港镇长江村	0510-86167999
100045	北京市西城南礼士路17号	010-68052447
400013	重庆市渝中区捍卫路8号	023-63529606
642469	四川省内江市威远县连界镇	0832-8833145
311247	浙江省杭州市萧山区益农镇红阳路98号	0571-82520089
043801	山西省运城市闻喜县东镇	0359-7302916
315010	浙江省宁波市海曙区和义路99号	0574-87260679
214444	江苏省无锡市江阴市利港镇西利路88号	0510-86638803
215004	江苏省苏州市西环路1638号经贸大厦18楼	0512-68262677
250100	山东省济南市历城区将军路80号	0531-88776007
264300	山东省威海市荣成市南山北路98号	0631-7523999
272100	山东省济宁市兖州市西关大街66	0537-3658710
412004	湖南省株洲市石峰区清水塘	0733-8391231

续表 9

序　号	企业集团名称	营业收入（万元）	资产总计（万元）	从业人员（人）
360	华北制药集团有限责任公司	683915	1401308	19194
361	纵横控股集团	680584	504321	5800
362	四川省投资集团	679016	5459989	13971
363	浙江吉利控股集团	678669	904497	7114
364	中国化工供销(集团)总公司	678357	174325	841
365	辽宁忠旺集团	677369	1461392	6251
366	青岛澳柯玛集团	673650	893388	5812
367	长治钢铁(集团)有限公司	673583	530172	15121
368	伊川电力集团	673446	1571626	5238
369	江苏汇鸿国际集团	673443	91318	675
370	宁波海田集团	672306	281293	504
371	山东三箭集团	671168	581982	48781
372	中国农业发展集团总公司	669700	881202	28248
373	黑龙江龙煤矿业集团有限责任公司	669228	2122094	93071
374	深圳市燃气集团有限公司	667487	311218	3487
375	春风实业集团	666530	235806	20962
376	青岛广源发集团	666177	395535	3855
377	凌源钢铁集团有限责任公司	662106	494827	9463
378	波司登股份有限公司	659454	430454	10340
379	龙元建设集团	659434	543451	58000
380	中国黄金集团公司	659366	703008	31723
381	山东信发铝电集团	658202	1131049	9256
382	三九企业集团(深圳南方制药厂)	655543	752213	21882
383	安徽丰原集团	653900	1132207	19974
384	上海电信实业(集团)有限公司	653696	557895	4691
385	新华鲁抗药业集团有限责任公司	652521	631226	14267
386	陕西建工集团	648673	898526	17690
387	江苏省海外企业集团有限公司	648659	410166	790
388	山东鲁北企业集团总公司	648383	527135	3196
389	中国保利集团公司	643779	2278670	7099
390	浙江省商业集团	640504	693121	2706
391	湖北宜化集团	638194	696217	9071
392	浙江远东化纤集团	637086	494348	3019
393	贵州金元集团	637034	3238233	7243
394	中国西电集团	634786	956073	16286
395	江苏凤凰传媒集团有限公司	634602	460618	7073
396	水城钢铁(集团)有限责任公司	634043	826801	22558
397	杭州汽轮动力集团	631493	509877	3738
398	山西晋能集团有限公司	630723	611477	8437
399	江苏南通二建集团	630471	497872	38344

邮政编码	地　址	电　话
050015	河北省石家庄市和平东路 388 号	0311-85992038
312071	浙江省绍兴市袍江工业区	0575-8030163
610015	四川省成都市小南街 23 号	028-86098891
318050	浙江省台州市路桥区吉利大道	0571-87700136
100013	北京市东城区和平里七区 4 号楼	010-84250872
111003	辽宁省辽阳市宏伟区曙光乡徐家村	0419-4150232
266510	山东省青岛经济技术开发区前湾港路 315 号	0532-86765688
046031	山西省长治市故县东大街九号	0355-5087774
471300	河南省洛阳市伊川县城人民西路 12 号	0379-68303221
210001	江苏省南京市白下区白下路 91 号	025-84691010
315000	浙江省宁波市海曙区老实巷 66 号	0574-87195360
250100	山东省济南市历城区东外环路中段 2668 号	0531-88326038
100032	北京市西城区西单民丰胡同 31 号	010-88067008
150090	黑龙江省哈尔滨市南岗区闽江路 237 号	0451-82279208
518040	广东省深圳市福田区深南大道 6021 号	0755-83459791
053200	河北省冀州市冀新西路 86 号	0318-8313833
266107	山东省青岛市城阳区夏庄街道	0532-87785168
122500	辽宁省凌源市钢铁路 3 号	0421-6838003
215532	江苏省苏州市常熟市古里镇白茆	0512-52532888
200434	上海市虹口区逸仙路 768 号	021-65442225
100011	北京市东城区安外青年湖北街 1 号	010-84123635
252100	山东省聊城市茌平县北顺河街 241 号	0635-4281517
518029	广东省深圳市福田区北环大道 1028 号	0755-83360999
233010	安徽省蚌埠市大庆路 73 号	0552-4927833
200050	上海市长宁区江苏路 500 号 19-25 楼	021-62253551
255032	山东省淄博市张店区新村西路 109 号	0533-2211359
710003	陕西省西安市莲湖区北大街 199 号	029-87231922
210005	江苏省南京市中山路 55 号新华大厦	025-84795805
251909	山东省滨州市无棣县埕口镇	0543-6451265
100027	北京市东直门南大街 14 号保利大厦	010-65003334-630
310002	浙江省杭州市上城区惠民路 56 号	0571-87071624
443000	湖北省宜昌市西陵区东山大道 102 号	0717-6443782
312072	浙江省绍兴市绍兴县马鞍镇	0575-4817206
550004	贵州省贵阳市瑞金北路 136 号	0851-6992890
710077	陕西省西安市莲湖区丰登北路 29 号	029-84261442
210000	江苏省南京市中央路 165 号	025-83244573
553028	贵州省六盘水市钟山区	0858-8922795
310004	浙江省杭州市环城北路 167 号	0571-85096860
030001	山西省太原市南肖墙 12 号	0351-4012108
226200	江苏省南通市启东市人民中路 683 号	0513-83316463

续表10

序　号	企业集团名称	营业收入（万元）	资产总计（万元）	从业人员（人）
400	石家庄制药集团	630394	971148	13550
401	巨化集团	630281	917483	17271
402	浙江省丝绸集团	628441	364235	9482
403	上海文化广播影视集团	626599	1588395	13863
404	山东省商业集团总公司	625781	1046694	11000
405	新奥集团	624729	1508122	16168
406	陕西龙门钢铁集团	621826	460104	8224
407	北京首都创业集团有限公司	618213	4968694	7750
408	江南百兴集团	615232	164468	3172
409	安徽省皖北煤电集团	614620	1247622	40688
410	广州纺织工贸企业集团有限公司	614309	380295	4855
411	上海申达(集团)有限公司	613460	419341	8220
412	陕西东岭集团	610742	388581	3024
413	三角集团	605415	377895	6015
414	厦门夏商集团	601327	218313	2931
415	义马煤业(集团)	597919	892187	48858
416	中国神马集团	597036	750018	13644
417	纳爱斯集团	596439	341908	3298
418	湖南出版投资控股集团有限公司	594993	601669	12404
419	新华锦集团	592897	342063	3660
420	云南建工集团总公司	590533	412922	33475
421	上海交通投资(集团)有限公司	588527	1306415	56073
422	中国新兴(集团)总公司	586442	669053	11913
423	利群集团	583601	260036	4713
424	天津城建集团	581630	858620	10284
425	辽宁成大集团有限公司	581336	316153	270
426	北京城市开发集团有限责任公司	580067	2301458	4470
427	洛阳新安电力集团	578841	723407	9671
428	吉林粮食集团	577973	318869	2694
429	云南锡业集团有限责任公司	576477	892225	29964
430	辽宁华锦化工(集团)有限责任公司	571500	974852	10646
431	青岛港集团	571120	1534021	14598
432	大连重工起重集团有限公司	567895	718470	4774
433	泰州陵光石化集团	564665	216346	1655
434	广州佳都集团有限公司	563073	184541	1045
435	宗申产业集团有限公司	561409	444184	9975
436	五洋建设集团	560040	598552	21978
437	大亚科技集团有限公司	559005	683610	9326
438	正太集团	558984	248289	46535
439	沈阳机床(集团)有限责任公司	557304	657016	12773

邮政编码	地　址	电　话
050051	河北省石家庄市中山西路 276 号	0311-87037015
324004	浙江省衢州市巨化集团公司	0570-3096668
310004	浙江省杭州市体育场路 117 号	0571-85193899
200002	上海市黄浦区北京东路 2 号	021-53088177
250014	山东省济南市山师东路四号	0531-83175723
065001	河北省廊坊市开发区平祥路 2 号	0316-6079711
715405	陕西省渭南市韩城市龙门镇	0913-5182310
100027	北京市东城朝阳门北大街 6 号首创大厦	010-58385566-1545
213176	江苏省常州市武进区礼嘉镇	0519-6233888
234000	安徽省宿州市西昌路 159 号	0557-3915461
510040	广东省广州市越秀区东风中路 438 号广德大厦	020-83348898-1106
200042	上海市静安区余姚路 288 号 5A	021-62325221
721004	陕西省宝鸡市渭滨区马营路东段	0917-3452431
264200	山东省威海市青岛中路 56 号	0631-5305566
361004	福建省厦门市思明区厦禾路 939 号 17-18 楼	0592-5891182
472300	河南省三门峡市义马市千秋路 6 号	0398-5898365
467000	河南省平顶山市建设路中段 63 号	0375-3921901
323000	浙江省丽水市莲都区上水南 3 号	0578-2179983
410005	湖南省长沙市营盘东路 38 号	0731-4302555
266071	山东省青岛市东海中路 11 号甲	0532-85967066
650051	云南省昆明市东风东路 36 号	0871-3173712
200025	上海市卢湾区建国东路 525 号巴士大厦 16-18 楼	021-63860658
100036	北京市海淀区西三环中路 17 号	010-68166688-8603
266102	山东省青岛市崂山区崂山路 67 号	0532-88807070
300073	天津市和平区成都道 133 号	022-23050282
116001	辽宁省大连市中山区人民路 71 号	0411-82512345
100045	北京市西城复兴门内大街 156 号	010-66428080
471832	河南省洛阳市新安县铁门镇	0379-67332057
130022	吉林省长春市南关区人民大街 7008 号	0431-5598015
661000	云南省红河州个旧市金湖东路 121 号	0873-2123381
124021	辽宁省盘锦市双台子区红旗大街	0427-5855113
266011	山东省青岛市港青路 6 号	0532-82982780
116013	辽宁省大连市西岗区八一路 169 号	0411-86852159
225300	江苏省泰州市江洲北路 36 号	0523-6558888
510665	广东省广州市天河区建中路 48-50 号	020-85529888
400054	重庆市巴南区花溪镇民主村宗申工业园	023-66372897
310009	浙江省杭州市上城区庆春路 1 号凯旋门商业中心 5 楼	0571-87234888-527
212300	江苏省镇江市丹阳市开发区金陵西路 95 号	0511-6882222
225500	江苏省省镇江市姜堰市三水大道 188 号	0523-8280515
110025	辽宁省沈阳市铁西区北二东路 10-1 号	024-25878003

续表 11

序　号	企业集团名称	营业收入（万元）	资产总计（万元）	从业人员（人）
440	铁法煤业(集团)有限责任公司	555042	931317	41152
441	江苏省国信资产管理集团有限公司	553877	3148143	8095
442	四川化工控股集团	553589	971587	16827
443	香江集团有限公司	550146	803553	20000
444	科达集团股份有限公司	549103	393504	10160
445	江苏锡兴集团有限公司	548918	289503	3990
446	山东五征集团	548699	111365	6805
447	青岛建设集团	546771	627457	9778
448	上海良友(集团)有限公司	546554	974103	7405
449	河南神火集团	545688	857568	17119
450	峰峰集团	544421	776283	42633
451	浙江卡森集团	537940	544643	11923
452	北京市公共交通控股(集团)公司	537004	1572424	94453
453	广东省农垦集团	536117	1250816	69482
454	北京能源投资(集团)有限公司	535651	3480328	5296
455	大连华农集团	534398	168125	850
456	北京天鸿集团公司	534372	2634006	5144
457	江苏梦兰集团有限公司	533538	219249	2329
458	广西柳工集团有限公司	530860	404556	7131
459	内蒙古鄂尔多斯羊绒集团有限责任公司	530286	1334990	23589
460	山西建筑工程(集团)总公司	530232	632167	14343
461	金龙铜管集团	530087	418544	3610
462	山东招金集团	530000	523489	11918
463	南通三建集团	528362	277502	50894
464	青铜峡铝业集团有限公司	528152	857743	8230
465	常州塑料集团公司	527940	325703	4478
466	武汉中百集团	527843	305389	8923
467	隆鑫控股集团	527478	253963	4971
468	南京金鹰国际集团有限公司	525934	808076	4227
469	葫芦岛有色金属集团有限公司	525296	1092764	14081
470	利华益集团	522829	396036	3060
471	山东博汇集团有限公司	522241	550328	9350
472	中国有色矿业集团有限公司	521741	702366	13405
473	四平红嘴集团	520018	444084	8936
474	内蒙古伊泰集团有限公司	520002	492367	2527
475	太极集团有限公司	519601	709402	12500
476	云南煤化工集团有限公司	518419	1161580	24552
477	许继集团	518129	1059222	4636
478	江苏新科电子集团有限公司	516861	391096	9051
479	福建省煤炭工业集团	516371	830111	22771

邮政编码	地　址	电　话
112700	辽宁省调兵山市	0410-6835417
210005	江苏省南京市长江路 88 号	025-84784769
610041	四川省成都市二环路南三段 15 号天华大厦	028-85144033-4096
511442	广东省广州市海珠区江南大道南 411 号	020-34761998
257335	山东省东营市广饶县大王镇	0546-6872883
214151	江苏省无锡市惠山区钱桥镇钱威路 65 号	0510-83215502
262300	山东省日照市五莲县长青路 23 号	0633-5321166
266071	山东省青岛市市南区南海支路 5 号	0532-88257767
200122	上海市浦东新区张杨路 88 号	021-68871118
476600	河南省商丘市永城市光明路中段	0370-5982995
056201	河北省邯郸市峰峰矿区峰峰镇太中路 2 号	0310-7710305
314403	浙江省嘉兴市海宁市斜桥镇华丰村	0573-7218002
100073	北京市丰台莲花西里 29 号	010-63960088
510612	广东省广州市天河区粤垦路 88 号省农垦总局大院	020-87290231
100031	北京市西城复兴门南大街甲 2 号	010-66419966-6003
116101	辽宁省大连市金州区石河镇 138 号	0411-87262269
100009	北京市东城沙滩后街 22 号	010-64059761
215500	江苏省苏州市常熟市虞山镇梦兰村	0512-52831886
545007	广西柳州市柳南区柳太路一号	0772-3886001
017000	内蒙古鄂尔多斯市达拉特南路 102 号	0477-8543668
030006	山西省太原市新建路 9 号	0351-2021831
453000	河南省新乡市人民西路 191 号	0373-2682802
265400	山东省烟台市招远市文化路 2 号	0535-8227500
226100	江苏省南通市海门市海门镇狮山路 131 号	0513-82315288
751603	宁夏青铜峡市	0953-3034161
213003	江苏省常州市博爱路 129 号	0519-6635402
430021	湖北省武汉市江汉路 129 号	027-82842067
400051	重庆市九龙坡区石坪桥横街特 5 号	023-89062152
210029	江苏省南京市汉中路 89 号	025-84708898
125003	辽宁省葫芦岛市龙港区锌厂路 24 号	0429-2025040
257400	山东省东营市利津县大桥路 29 号	0546-5621310
256405	山东省淄博市桓台县马桥镇	0533-8530542
100055	北京市西客站南广场中国有色大厦	010-51809051
136000	吉林省四平市铁西区红嘴路 28 号	0434-3611194
017000	内蒙古鄂尔多斯市东胜区天骄北路	0477-8565623
408000	重庆市涪陵区百花路	023-72800613
650041	云南省昆明市东风东路 118 号	0871-3331459
461000	河南省许昌市许继大道 38 号	0374-3212286
213161	江苏省常州市武进区古方东路 1 号	0519-6563668-8041
350001	福建省福州市省府路 1 号	0591-87550044

续表 12

序　号	企业集团名称	营业收入（万元）	资产总计（万元）	从业人员（人）
480	山东寿光巨能电力集团	516008	355423	2181
481	万利达集团	514942	329767	12691
482	江苏远东集团有限公司	513837	276324	2756
483	广西投资(集团)有限公司	513459	1531127	9054
484	华东电子集团	511890	719526	8649
485	北京京煤集团有限责任公司	511812	741337	26856
486	山东黄金集团	511623	825286	19038
487	浙江大东南集团	510166	296043	2250
488	金花企业集团	509344	800480	4870
489	江苏综艺集团	508916	318364	6000
490	江苏隆力奇集团有限公司	506872	213149	4895
491	宝胜集团	506239	271187	5532
492	许昌卷烟总厂	506002	477898	4053
493	山东泰山钢铁集团	505881	323774	7364
494	山东东明石化集团	505361	279707	2060
495	南金兆集团有限公司	504930	650974	4019
496	厦门象屿集团	504179	404711	1852
497	彩虹集团公司	503925	798967	22430
498	福建省汽车工业集团	502973	467605	3353
499	山东淄博付山企业集团有限公司	500959	320833	6493
500	宝业集团股份有限公司	498407	418754	43050
501	西安海星科技投资控股(集团)有限公司	496678	457576	5718
502	北京住总集团有限责任公司	496537	1077349	9886
503	河南新郑烟草(集团)公司	495582	397294	3655
504	大华集团	494697	1273390	6558
505	西子电梯集团	494155	642101	4618
506	万达集团股份有限公司	490626	306879	3182
507	东方希望集团有限公司	488848	605772	4607
508	广州广日集团有限公司	485862	607031	3572
509	鹤壁煤业(集团)	481578	564177	43838
510	杭州华东医药集团	479310	368833	3999
511	北京京客隆超市连锁集团有限公司	477998	209787	4548
512	上海浦东新区东昌企业(集团)有限公司	477423	564129	5506
513	福建建工集团	476218	603155	17107
514	重庆煤炭(集团)有限责任公司	475435	701299	54543
515	北京外企服务集团有限责任公司	475007	232269	10186
516	天津劝业华联集团	469415	372051	3600
517	抚顺矿业集团有限责任公司	468248	728112	27687
518	深圳市机场(集团)有限公司	467641	710575	4709
519	中国华孚贸易发展集团公司	465987	390625	2967

邮政编码	地　　址	电　　话
262700	山东省潍坊市寿光市圣城街办渤海路 268 号	0536-5223888
361006	福建省厦门市湖里区嘉禾路 618 号	0592-5700999
214257	江苏省无锡市宜兴市范道镇远东路 6 号	0510-87242001
530022	广西南宁市民族大道 109 号	0771-5533059
210028	江苏省南京市栖霞区迈皋桥华电路 1 号	025-84700090-268
102300	北京市门头沟新桥南大街 2 号	010-69842461-21215
250014	山东省济南市解放路 16 号	0531-88561860
311800	浙江省绍兴市诸暨市城关跨湖路 65 号	0575-7215790
710068	陕西省西安市雁塔区振兴路 1 号	029-88404188
226376	江苏省南通市通州市兴东镇综艺数码城	0513-86639999
215555	江苏省苏州市常熟市隆力奇生物工业园	0512-52482515
225800	江苏省盐城市宝应县宝胜中路 1 号	0514-8238888
461000	河南省许昌市帝豪路 666 号	0374-3351268
271100	山东莱芜莱城新甫路 1 号	0634-6114430
274500	山东省菏泽市东明县石化大道 27 号	0530-7281888
255419	山东省淄博市临淄区宏鲁工业园	0533-7606789
361006	福建省厦门市湖里区象屿保税区银盛大厦九楼	0592-5603359
712021	北京市海淀区	0910-3334138
350003	福建省福州市华林路 212 号	0591-87843267
255084	山东省淄博市高新区卫固镇付山村	0533-3785716
312030	浙江省绍兴市绍兴县柯桥	0575-4135836
710075	陕西省西安市高新区科技二路 62 号	029-82307529
100020	北京市朝阳东三环中路 25 号	010-65061425
451150	河南省郑州市新郑市烟厂大街 16 号	0371-62619838
200442	上海市宝山区华灵路 698 号	021-66344153
310003	浙江省杭州市凤起路 420 号	0571-85178111
257506	山东省东营市垦利县胜坨镇永莘路 68 号	0546-2063989
200120	上海市浦东新区松林路 57 号	021-68768730
510030	广东省广州市越秀区越华路 185 号 6 楼	020-83647263
458000	河南省鹤壁市山城区红旗街 98 号	0392-2911012
310011	浙江省杭州市莫干山路 866 号	0571-89903388
100027	北京市朝阳新源街 45 号	010-64688233
200122	上海市浦东新区峨山路 91 弄 160 号	021-50586633
350001	福建省福州市五四路 89 号置地广场 36 层	0591-83170000
400060	重庆市南坪北路 5 号(西南大酒店)	023-62659442
100020	北京市朝阳朝阳门南大街 14 号	010-85611575
300051	天津市和平区贵州路 4 号	022-27828552
113008	辽宁省抚顺市新抚区中央大街 25 号	0413-2533377
518128	广东省深圳市宝安区宝安国际机场	0755-27776789
100044	北京市西直门外大街 110 号	010-68360727

续表 13

序 号	企业集团名称	营业收入（万元）	资产总计（万元）	从业人员（人）
520	内蒙古草原兴发集团	465673	415396	5247
521	中国电力工程顾问集团公司	465274	498927	8393
522	人人乐连锁商业(集团)有限公司	463378	135927	11927
523	山东华星石油化工集团有限公司	463157	333449	1061
524	陕西汽车集团	462658	515594	10920
525	恒力集团	461503	511176	7212
526	北方国际集团	460490	448035	3686
527	肥城矿业集团	460164	759050	22270
528	广州百货企业集团	458840	367542	4693
529	上海协通(集团)有限公司	457997	197451	3571
530	太原重型机械集团有限公司	457294	838454	18876
531	三环集团	456428	731287	17108
532	无锡市国联发展(集团)有限公司	455342	1506200	6726
533	武汉武商集团	454877	327440	7683
534	上海新世界(集团)有限公司	454653	901277	11167
535	中国国旅集团公司	454456	350544	5248
536	皖能集团	454426	1216660	4513
537	山东西王集团有限公司	454296	424103	4005
538	佛山塑料集团股份有限公司	454260	466326	4843
539	郑州煤炭工业(集团)	454179	722134	38185
540	长丰集团	453347	626075	6134
541	河北滦河实业集团	452643	235078	5894
542	新疆特变电工股份有限公司	451445	678394	8000
543	江苏澳洋实业集团有限公司	450883	271858	5977
544	中国国际技术智力合作公司	450290	82824	1287
545	山东省供销社集团总公司	450282	494063	877
546	新世纪控股集团	450157	51410	396
547	新疆建工(集团)有限责任公司	446627	708721	18233
548	苏源集团有限公司	446453	537165	397
549	湖南泰格林纸集团	445990	959815	10060
550	力诺集团有限责任公司	445321	684235	10858
551	三一集团有限公司	444361	777938	10267
552	吉林亚泰集团	444105	759038	5672
553	柳州五菱汽车有限责任公司	443279	376071	5225
554	山东省机械进出口集团	443186	228398	596
555	天津金耀集团	442835	1098885	4035
556	青岛泰发集团	442818	98349	9300
557	成都建筑工程集团	441305	635968	29206
558	上海海立(集团)股份有限公司	440592	351372	7258
559	浙江昆仑控股集团	440106	296456	17626

邮政编码	地　　址	电　　话
024076	内蒙古赤峰市元宝山区平庄镇英河街中段	0476-3512279
100011	北京市西城区安德路 65 号	010-58388308
518052	广东省深圳市南山区前海路心语家园二层	0755-86058139
257335	山东省东营市广饶县大王镇	0546-6872758
710043	陕西省西安市新城区幸福北路 39 号	029-83388330
215226	江苏省苏州市吴江市盛泽镇南麻经济开发区恒力路 1 号	0512-63837111
300050	天津市和平区常德道 49 号	022-23133578
271608	山东省泰安市肥城市王瓜店镇	0538-3127230
510030	广东省广州市越秀区西湖路 12 号 23 楼	020-83323815
200001	上海市嘉定区曹安路 4671 号	021-63511888
030024	山西省太原市万柏林区玉河街 53 号	0351-6361214
430070	湖北省武汉市武昌区武珞路 356 号	027-87300033
214002	江苏省无锡市县前东街 8 号	0510-82830188
430022	湖北省武汉市汉口解放大道 688 号武汉广场 47 楼	027-85714846
200001	上海市黄浦区九江路 619 号	021-63606090
100027	北京东城区东直门外小街甲 2 号-1	010-84478866
230011	安徽省合肥市马鞍山路 99 号	0551-2225706
256209	山东省滨州市邹平县西王工业园	0543-4610571
528000	广东省佛山市禅城区汾江中路 82 号	0757-83988188
452371	河南省郑州市郑州矿区西街一号	0371-69782700
410011	湖南省长沙市芙蓉中路 111 号	0731-2881697
063021	河北省唐山市场开平区滦河大厦	0315-3382149
831100	新疆昌吉市延安南路 52 号	0994-6553016
215618	江苏省苏州市张家港市杨舍镇塘市	0512-58591299
100004	北京市朝阳区光华路七号汉威大厦	010-65613920
250013	山东省济南市历下区解放路 26 号	0531-88596607
318000	浙江省台州市椒江区工人西路 618 号	0576-8322530
830002	新疆乌鲁木齐市青年路 19 号	0991-8844060
210024	江苏省南京市北京西路 20 号	025-85083293
410100	湖南省长沙市星沙技术开发区	0731-4025821
250103	山东省济南市经十东路 8169 号	0531-88729031
410100	湖南省长沙经济技术开发区	0731-4031888
130031	吉林省长春市二道区吉林大路 1801 号	0431-4973120
545007	广西柳州河西路 18 号	0772-3750455
266002	山东省青岛市市南区瞿塘峡路 1 号	0532-82661672
300171	天津市河东区八纬路 109 号	022-24160853
266431	山东青岛市胶南市隐珠镇	0532-83195608
610031	四川省成都市八宝街 111 号	028-86635512
201206	上海市浦东新区宁桥路 888 号	021-58547777
310007	浙江省杭州市西湖区体育场路 580 号	0571-85151190

续表 14

序 号	企业集团名称	营业收入（万元）	资产总计（万元）	从业人员（人）
560	中山市张家边企业集团有限公司	439888	491283	20188
561	盾安控股集团	437636	214826	4785
562	山西国际电力集团有限公司	436881	2222920	8114
563	青岛海湾集团	433162	565913	13337
564	江苏张铜集团有限公司	431527	160767	2424
565	焦作煤业(集团)有限责任公司	431353	450785	32516
566	中国贵州茅台酒厂有限责任公司	430681	1091517	9246
567	广州珠江啤酒集团有限公司	429457	542162	5657
568	江苏省丝绸集团	429080	178521	435
569	河南济源钢铁(集团)	427964	320460	4772
570	江苏吴中集团有限公司	422538	631668	4025
571	保定天威集团	422391	450132	4713
572	中国化工建设总公司	420628	271798	1904
573	中国盐业总公司	420047	862557	19933
574	潍坊钢铁集团公司	419356	587903	4658
575	浙江赐富化纤集团	419258	457708	2647
576	上海益民食品一厂(集团)有限公司	418465	704348	12264
577	北京二商集团有限责任公司	418378	485415	11948
578	四川省达州钢铁集团有限公司	417039	216153	5617
579	厦门厦工集团	416142	362474	6279
580	中国水电工程顾问集团公司	413966	583438	12273
581	传化集团	413629	483504	4132
582	东北制药集团有限责任公司	412408	583641	8342
583	江苏丰立集团有限公司	411969	414435	1130
584	重庆轻纺控股(集团)公司	411431	717652	28678
585	中国江苏国际集团	411365	186968	14593
586	河南安彩集团	411131	1111503	10138
587	烟台万华合成革集团	410415	579731	3480
588	新疆自治区棉花企业集团	410101	842714	6760
589	江苏骏马集团	409663	403865	4642
590	福建省轻纺(控股)有限责任公司	408233	673131	11495
591	浙江省手工业合作社联合社	408160	220232	1541
592	重庆庆铃汽车集团	406042	1034098	4071
593	江苏宏图三胞高科技术股份有限公司	405318	93668	4248
594	浙江龙盛控股集团	405037	289354	3511
595	升华集团	404198	372758	5207
596	世纪金源投资集团	403535	1060063	6721
597	七台河矿业精煤(集团)有限责任公司	403518	693045	65034
598	大众交通(集团)股份有限公司	402657	689745	45344
599	河南豫光金铅集团	402173	270092	4947

邮政编码	地　址	电　话
528436	广东省中山市火炬开发区康乐大道 51 号	0760-5596078
310009	浙江省杭州市滨江区泰安路	0571-87899610
030009	山西省太原市杏花岭区东缉虎营 37 号	0351-3111510
266071	山东省青岛市香港中路 52 号时代广场	0532-85759200
215600	江苏省苏州市张家港市杨舍经济开发区	0512-58987039
454002	河南省焦作市解放中路 239 号	0391-3532715
564501	贵州省仁怀市茅台镇	0852-2386074
510308	广东省广州市海珠区新港东路磨碟沙	020-84206636
210005	江苏省南京市白下区中山南路 8 号	025-84785101
454650	河南省济源市天坛区济水大街 205 号	0391-6688018
215128	江苏省苏州市宝带东路 388 号	0512-65258984
071056	河北省保定市高新区化纤北路 128 号	0312-3308672
100029	北京市安贞西里三区十五楼	010-64419045
100055	北京市丰台区莲花池	010-63273366
261201	山东省潍坊市奎文区钢城街办	0536-7673828
312072	浙江省绍兴市绍兴县马鞍镇车站南路 102 号	0575-5101428-8847
200031	上海市徐汇区肇嘉浜路 376 号	021-64159898
100053	北京宣武槐柏树街 2 号	010-63021825
635002	四川省达州市通川区西河路 25 号	0818-2520361-9416
361004	福建省厦门市思明区禾祥东路 11 号	0592-5170733
100011	北京市西城区六铺炕一区北小街 2 号	010-62364496
311215	浙江省杭州市萧山区宁围镇宁新村	0571-82602688-8141
110026	辽宁省沈阳市铁西区重工北街 37 号	024-25806555
215636	江苏省苏州市张家港市大新镇沿江开发区渡泾港东侧	0512-58715622
400015	重庆市渝中区上清寺嘉陵桥东村 56 号	023-63861350
210008	江苏省南京市北京西路 5 号	025-83309288
455000	河南省安阳市中州路南段	0372-3932916
264002	山东省烟台市芝罘区幸福南路 2 号	0535-6837888
830000	新疆乌鲁木齐市奇台路 134 号银星大酒店	0991-5821780
215617	江苏省苏州市张家港市杨舍镇乘航河东路 80 号	0512-58140216
350001	福建省福州市省府路 1 号金皇大厦 18 楼	0591-87552758
310009	浙江省杭州市佑圣观路 74 号	0571-87810253
400052	重庆市九龙坡区中梁山协兴村 1 号	023-65262233
210009	江苏省南京市中山北路 219 号	025-83274999
312368	浙江省绍兴市上虞市道墟镇	0575-2042127
313220	浙江省湖州市德清县钟管镇南湖路	0572-8401888
100089	北京市海淀蓝晴路甲 1 号	010-88468888-215
154600	黑龙江省七台河市桃山区东进街 43 号	0464-8790234
200235	上海市徐汇区中山西路 1515 号	021-64288888
454650	河南省济源市济水大街中段 525 号	0391-665979

续表 15

序　号	企业集团名称	营业收入（万元）	资产总计（万元）	从业人员（人）
600	深圳海王集团股份有限公司	401164	697256	8982
601	山东山水水泥集团有限公司	400729	440916	5971
602	山东省建设建工(集团)有限责任公司	400000	407331	20476
603	煤炭科学研究总院	399695	434263	6564
604	青海省投资集团有限公司	397460	1005699	7921
605	河北唐山半壁店钢铁集团	391226	347532	6040
606	江苏苏钢集团有限公司	390373	526555	3902
607	正和集团股份有限公司	389241	176367	2031
608	河南省莲花味精集团	388015	605850	15952
609	浙江永通染织集团	386972	148475	7361
610	青岛即发集团	386747	223983	11943
611	亚邦化工集团有限公司	386688	270141	3440
612	江苏森达集团有限公司	386573	282797	15422
613	河南新飞电器(集团)	386566	380214	5308
614	龙口矿业集团	385996	403632	13696
615	山西安泰集团股份有限责任公司	382947	555105	7100
616	宜宾天原股份有限公司	382138	402604	6860
617	中国成套设备进出口(集团)总公司	382104	601220	2756
618	天津摩托集团	382037	276515	6342
619	福建龙工集团	381587	178041	3628
620	中国华星集团公司	379719	509420	2055
621	瓦房店轴承集团有限责任公司	379414	457432	13592
622	中国华录集团	376516	370536	4287
623	登封电厂集团	375344	633732	8135
624	河南轮胎集团	374464	391620	5255
625	红太阳集团有限公司	372881	464271	4022
626	上海仪电控股(集团)公司	371733	1307244	14957
627	山东聊城鲁西化工集团	371520	452967	8595
628	山东潍坊百货集团股份有限公司	369804	110767	5144
629	中国轻骑集团	369380	679502	7279
630	大化集团	368198	946970	10246
631	江苏倪家巷集团有限公司	368196	277575	4065
632	华孚集团	368150	242681	10800
633	洛阳栾川钼业集团	368064	242594	3882
634	湖南物资产业集团有限公司	368060	253611	2307
635	佛山电建集团公司	367291	1060925	760
636	北京三元集团有限责任公司	366425	884087	13841
637	中轻集团	365852	188911	1631
638	中华棉花集团有限公司	365681	610153	508
639	上海建筑材料(集团)总公司	365197	893832	11247

邮政编码	地　　址	电　　话
518054	广东省深圳市南山区南油大道海王大厦26层	0755-26649838
250307	山东省济南市长请区崮山山水工业园	0531-88360186
250014	山东省济南市济王路164号	0531-88934871-3023
100013	北京市朝阳区和平里青年沟路5号	010-84262316
810008	青海省西宁市新宁路36号	0971-6363892
063021	河北省唐山市开平区半壁店村	0315-3389776
215151	江苏省苏州市高新区浒墅关镇	0512-65391619
257342	山东省东营市广饶县石村	0546-6261074-2025
466200	河南省周口市项城市莲花大道18号	0394-4298868
312025	浙江省绍兴市绍兴县钱清镇车站路30号	0575-4056011
266221	山东省青岛即墨市黄河二路即发工业基地	0532-87569666
213163	江苏省常州市武进区牛塘镇	0519-6396718
224700	江苏省盐城市建湖县建宝路888号	0515-6290088
453002	河南省新乡市红旗区北干道370号	0373-5119701
265700	山东省烟台市龙口振兴路249号	0535-8658830
032002	山西省晋中市介休市义安镇安泰工业区	0354-7531002
644004	四川省宜宾市翠屏区下江北	0831-3608263
100011	北京市东城区西滨河路9号	010-64219796
300113	天津市南开区红旗路204号	022-27644582
364000	福建省龙岩市新罗区石桥红岭路11号	0597-2522188
100055	北京市广安门外大街180号新纪元大厦6层	010-63260501
116300	辽宁省大连市瓦房店市北共济街一段一号	0411-88922747
116023	辽宁省大连市高新园区华路1号	0411-84790599
452477	河南省郑州市登封市阳城工业区	0371-2952301
454003	河南省焦作市焦东南路48号	0391-3999331
211300	江苏省南京市高淳县宝塔路269号	025-57885868
200030	上海市徐汇区肇嘉浜路746号	021-64676000
252000	山东聊城市鲁化路68号	0635-8334515
261041	山东省潍坊市胜利东街甲1号	0536-8580007
250014	山东省济南市和平路34号	0531-86599533
116032	辽宁省大连市甘井子区工兴路10号	0411-86892623
214423	江苏省无锡市江阴市周庄镇倪家巷	0510-86221608
310009	浙江省杭州市解放路26号19F	0571-87853566
471500	河南省洛阳市栾川县城君山西路374号	0379-66819822
410011	湖南省长沙市芙蓉区五一大道33号	0731-4425648
528000	广东省佛山市禅城区季华五路22号	075783383003-882
100029	北京市西城裕民中路4号	010-62003668
100027	北京市东城区新中西街2号	010-65073857
100032	北京市西城金融街33号通泰大厦C段11层	010-88086853-210/11
200002	上海市黄浦区北京东路240号	021-63217238

续表 16

序　号	企业集团名称	营业收入（万元）	资产总计（万元）	从业人员（人）
640	沈阳化工集团有限公司	364827	411909	5600
641	四川省煤炭产业集团	363686	820823	61627
642	上海浦东发展(集团)有限公司	363360	3247602	8445
643	中国龙江森林工业(集团)总公司	362579	1868704	291897
644	江苏常发实业集团有限公司	362324	553403	4725
645	中国烟草机械集团有限责任公司	361895	489026	4704
646	沈阳煤业(集团)有限责任公司	360860	566695	25142
647	江苏省惠隆资产管理有限公司	360859	118296	441
648	西安高科集团	359777	1113948	4594
649	江苏无锡商业大厦集团有限公司	359082	168782	1872
650	江苏华尔润集团	358644	521436	8400
651	无锡庆丰集团有限公司	358102	267098	7169
652	西林钢铁集团	357654	380545	10329
653	中科实业集团(控股)公司	357510	754856	1670
654	营口青花耐火材料集团	356899	130042	4136
655	天地集团	354808	352003	4520
656	广西物资集团	354511	173401	4290
657	吉林化纤集团	353673	464722	10779
658	上海紫江企业集团股份有限公司	352981	708318	4621
659	上海久隆电力(集团)有限公司	350389	502462	1698
660	日照港(集团)有限公司	350354	1117330	7497
661	天津实发集团	349598	447152	7813
662	泸天化(集团)有限责任公司	349581	652239	6073
663	天津天士力集团	348749	670173	4942
664	大连亿达集团	348697	840811	13756
665	唐山三友集团	347771	605750	9551
666	河南物资集团	346743	235166	3406
667	光宇集团	346534	770133	3517
668	湖北圣泽集团	345608	163401	1376
669	中国北京同仁堂(集团)有限责任公司	345142	522060	6421
670	三花控股集团	343124	392195	6238
671	苏州市相城区江南化纤集团有限公司	342823	317785	2927
672	上海龙头(集团)股份有限公司	342731	368757	8198
673	电信科学技术研究院	342603	983407	10497
674	江苏索普(集团)有限公司	342452	342816	4216
675	蓝剑(集团)有限责任公司	340027	401273	7305
676	升汇投资集团	339923	711240	8917
677	浙江翔盛集团有限公司	339782	201185	2293
678	中国铁路通信信号集团公司	338554	447405	20421
679	广东万和集团有限公司	338406	108328	4983

邮政编码	地　址	电　话
110006	辽宁省沈阳市和平区高雄路 2 号	024-23865035
610031	四川省成都市青羊区过街楼街 99 号	028-68086608
200120	上海市浦东新区浦东大道 288 号 5-8 楼	021-58793088
150008	黑龙江省哈尔滨市南岗区文昌街 66 号	0451-82600332
213022	江苏省常州市武进区礼加镇	0519-5119680
100055	北京宣武广外大街 9 号	010-63601471
110122	辽宁省沈阳市新城子区虎石台镇	024-62540246
210003	江苏省南京市中山北路 283 号	025-83435415
710075	陕西省西安市高新区沣惠南路水晶岛写字楼 5 层	029-88337385
214001	江苏省无锡市中山路 343 号	0510-82766978
215625	江苏省苏州市张家港市锦丰镇	0512-58550102
214008	江苏省无锡市锡沪西路 203 号	0510-82830188
153025	黑龙江省伊春市西林区	0458-3788278
100080	北京市海淀中关村大街 22 号	010-62563334
115100	辽宁省营口市大石桥市青花区	0417-5631826
210008	江苏省南京市北京东路和平大厦 21 楼	025-86882777
530012	广西南宁市新民路 43 号	0771-2282821
132115	吉林省吉林市昌邑区九站街 516-1 号	0432-3502708
201108	上海市闵行区申富路 618 号	021-54421100
200070	上海市闸北区民立路 183 号	021-63547110
276826	山东省日照市黄海一路 91 号	0633-8382461
300074	天津市河西区宾友道 1 号	022-28356929
646300	四川省泸州市纳溪区安富镇	0830-4122121
300402	天津市北辰科技园区辽河东路 1 号	022-26736130
116021	辽宁省大连市沙河口区东北路 99 号	0411-84547635
063305	河北省唐山市南堡开发区	0315-8511297
450008	河南省郑州市政七街 4 号	0371-65953441
312028	浙江省绍兴市绍兴县杨汛桥镇	0575-4501681
430015	湖北省武汉市汉口建设大道建银大厦 30F	027-59502222
100062	北京市崇问区东兴隆街 52 号	010-67171762
312500	浙江省绍兴市新昌县城关镇下礼泉	0575-6225025
215143	江苏省苏州市相城区黄埭镇	0512-65715240
200030	上海市徐汇区肇嘉浜路 736 号	021-34061116
100083	北京市海淀区学院路 40 号	010-62301913
212006	江苏省镇江市京口区长岗	0511-8995088
618400	四川省德阳市什邡蓝剑大道	0838-8202507
361003	福建省厦门市思明区厦禾路海岸街 59 号	0592-5891302
311245	浙江省杭州市萧山区党山镇工业园区	0571-82525278
100071	北京市丰台区西四环南路乙 49 号	010-51846662
528305	广东省佛山市顺德区容桂红旗中路 80 号	0757-28982663

续表 17

序　号	企业集团名称	营业收入（万元）	资产总计（万元）	从业人员（人）
680	上海舜业钢铁集团	338235	141426	219
681	山东临清彩虹集团	338147	237607	2292
682	人本集团	338086	168797	8765
683	山东只楚集团	335300	170463	4500
684	唐山宝业实业集团	334045	265625	2152
685	恒安集团	331943	410647	19397
686	江苏金浦集团	331874	310065	3000
687	北京北辰实业集团公司	331679	1091032	9067
688	合肥荣事达集团	330553	348078	4368
689	江苏弘业国际集团有限公司	328922	184957	509
690	河南省南街村集团	328281	182008	13322
691	浙江化纤联合集团	327068	264576	2133
692	中国航空器材进出口集团	324794	248869	751
693	杭州锦江集团	324621	821794	5275
694	山东里能集团	324477	769374	3545
695	江苏苏化集团有限公司	324128	285294	3972
696	石家庄常山纺织集团	324017	642895	30390
697	富通集团	323266	387008	2896
698	安徽国风集团	323185	436658	2849
699	山东石大科技集团	322435	78352	1321
700	河北旭日集团	322299	136461	1303
701	中国南山开发(集团)股份有限公司	322124	876894	1791
702	长春建工集团	321529	400235	9393
703	浙江富春江通信集团	320905	321130	3016
704	汉江水利水电集团	320351	537542	9734
705	铜陵精达铜材集团	319902	216680	1090
706	山东西水橡胶集团有限公司	319789	226034	6300
707	宁波银亿集团	319366	325087	2565
708	浙江康桥汽车工贸集团	318762	173769	2600
709	宁波建工集团	317795	223536	1943
710	得利斯集团有限公司	317682	277601	4316
711	江苏省方源集团有限公司	317334	351871	22597
712	新疆农资(集团)有限责任公司	316422	261100	956
713	天元建设集团	316013	319216	23239
714	深圳市东部开发(集团)有限公司	315046	424936	12430
715	北京顺鑫农业发展集团	314884	370456	7548
716	山东九发集团	314112	289394	3580
717	大连港集团	314051	2029165	7062
718	修正药业集团	313637	270937	2618
719	中国华诚集团	313514	542635	30172

邮政编码	地　　址	电　　话
200437	上海市虹口区中山北一路1250号2号楼7楼	021-65364545
252600	山东省聊城市临清市西门里街384号	0635-2433520
325011	浙江省温州市经济技术开发区5号小区	0577-86555012
264002	山东省烟台市芝罘区只楚路75号	0535-6530635
063021	河北省唐山市开平区半壁店村	0315-3384125
362261	福建省晋江市安海镇恒安工业城	0595-85708713
210009	江苏省南京市鼓楼区马台街99号	025-83799972
100101	北京市朝阳北四环中路8号	010-84980325
230088	安徽省合肥市高新区科学大道96号	0551-5318332
210001	江苏省南京市中华路50号弘业大厦	025-52301288
462600	河南省漯河市临颍县城关镇南街村	0395-8851353
312000	浙江省绍兴市会稽路243号	0575-8368272
100022	北京市顺义区空港工业区天柱路乙8号	010-65682255
310005	浙江省杭州市湖墅南路111号锦江大厦	0571-88389111
273517	山东省济宁市邹城市太平镇里彦	0537-2910011
215007	江苏省苏州市南门路1号	0512-65251605
050011	河北省石家庄市和平东路260号	0311-86046786
311400	浙江省杭州市富阳市富通路18号	0571-63322660
230001	安徽省合肥市长江东路46号	0551-4322111-3109
257061	山东省东营市北二路能源巷1号	0546-83951596
053202	河北省冀州市和平路8号	0318-8613039
518068	广东省深圳市南山区蛇口区赤湾	0755-26831032
130041	吉林省长春市南关区解放大路338号	0431-8688050
311400	浙江省杭州市富阳市江滨东大道5号	0571-63371406
442700	湖北省十堰市丹江口市环形街3号	0719-5375229
244000	安徽省铜陵经济开发区	0562-2806425
257336	山东省东营市广饶县西水磨村	0546-6980800
315010	浙江省宁波市海曙区永丰路199弄8号	0574-87243433
310015	浙江省杭州市大关路301号	0571-88283386
315040	浙江省宁波市江东区兴宁路46号	0574-87889898
262216	山东省维坊市诸城市昌城镇得利斯工业园区	0536-6339999
210036	江苏省南京市江东北路188号	025-86256026
830002	新疆乌鲁木齐市中山路185号	0991-2834456
276003	山东省临沂市银雀山路63号	0539-8115585
518046	广东省深圳市红岭大厦三座	0755-25866988
101300	北京市顺义站前西街2号	010-81485990
264100	山东省烟台市牟平区牟玉路1号	0535-4798203
116011	辽宁省大连市中山区港湾街一号	0411-82622139
134000	吉林省通化市修正路36号	0435-3943029
100013	北京市朝阳区和平街13区35号煤炭大厦11层	010-184264706

续表 18

序 号	企业集团名称	营业收入（万元）	资产总计（万元）	从业人员（人）
720	宁波联合集团	312961	383988	904
721	烟台张裕集团	312701	282838	3265
722	江苏新华昌集团有限公司	312070	207799	3587
723	山西潞宝集团有限责任公司	310963	213803	2811
724	河北建设集团	309472	327397	4472
725	贵州前进轮胎(集团)有限公司	308403	340506	7796
726	上海外经贸投资(集团)有限公司	308204	159759	496
727	紫金矿业集团	307693	561786	4418
728	江苏锡钢集团有限公司	307516	238829	3154
729	福建省电子信息集团	307169	556657	5437
730	山东丛林集团	306742	385580	4231
731	华峰集团	306459	219405	1731
732	中国生物技术集团公司	305195	511347	9264
733	河北省冀东水泥集团	304944	819548	9043
734	山东凤祥集团	304870	321574	12023
735	山东鲁花集团有限公司	304649	295370	2950
736	郑州卷烟总厂	304245	298514	2221
737	中国第一铅笔股份有限公司	303962	160738	1951
738	中条山有色金属集团有限公司	303905	300092	10240
739	北京一商集团有限责任公司	303853	440327	5490
740	杭州制氧机集团	303473	365140	3942
741	中国第二重型机械集团	303350	655800	11859
742	河南黄河实业集团	302697	224260	4125
743	上海陆家嘴(集团)有限公司	302099	1779582	3468
744	上海水产(集团)总公司	301158	182839	4286
745	武汉锅炉集团	300941	565055	3346
746	山东胜通集团股份有限公司	300172	150789	2200
747	杭州道远化纤集团有限公司	300057	99352	696
748	盘江煤电(集团)有限责任公司	300021	685024	28076
749	山东航空集团	298594	729462	2656
750	浙江航民实业集团	297317	263749	8344
751	锦化化工(集团)有限责任公司	297023	589027	10872
752	龙达集团有限公司	296431	120393	970
753	南风化工集团股份有限公司	295774	369189	11101
754	江阴江东集团公司	295653	153015	6250
755	福建三安集团	295491	597450	2714
756	四川公路桥梁建设集团	295396	485831	7968
757	合肥美菱集团	295269	373012	5415
758	浙江国泰建设集团有限公司	293995	155805	24541
759	欧美投资集团	293794	164751	2335

邮政编码	地　址	电　话
315803	浙江省宁波市北仑区小港东海路 1 号	0574-86221328
264000	山东省烟台市芝罘区世回尧路 174 号	0535-6691243
213102	江苏省常州市东门外遥观镇	0519-8701088-5007
046000	山西省长治市潞城市店上镇常庄村	0355-2033897
071051	河北省保定市五四西路 139 号	0312-3311011
550008	贵州省贵阳市白花大道 41 号	0851-4767448
200041	上海市静安区江宁路 445 号 12 楼	021-62185008
364200	福建省龙岩市上杭县紫金大道 1 号	0597-3833105
214026	江苏省无锡市塘南路 124 号	0510-85750341
350005	福建省福州市五一北路 169 号福日大厦	0591-83379833
265705	山东省烟台市龙口诸由观镇政府驻地	0535-8563138
325206	浙江省温州瑞安市莘塍镇工业园区	0577-65178888
100037	北京市西城区阜外大街甲 28 号京润大厦 17 层	010-68041929
063031	河北省唐山市丰润区林荫路	0315-3083305
252325	山东省聊城市阳谷凤祥工业园	0635-6779260
265200	山东省烟台市莱阳龙门东路 39 号	0535-7288568
450000	河南省郑州市陇海东路 72 号	0371-66393238
201206	上海市浦东新区川桥路 1295 号	021-58549624
043700	山西省运城市垣曲县	0359-6031386
100010	北京市东城钱粮胡同 38 号	010-64033603
310004	浙江省杭州市下城区东新路 388 号	0571-85869038
618013	四川省德阳市旌阳区	0838-234119
461500	河南省许昌市长葛市人民路 200 号	0374-6108891
200135	上海市浦东新区浦东大道 981 号	021-58878888
200082	上海市杨浦区丹东路 18 号	021-55211060
430070	湖北省武汉市武昌区武珞路 586 号	027-87657139
257506	山东省东营市垦利县胜坨镇	0546-2065328
311217	浙江省杭州市萧山区新街镇新盛村	0571-82855913
553536	贵州省盘县红果镇干沟桥	0858-3700356
250014	山东省济南市二环东路 5746 号	0531-85698673
311241	浙江省杭州市萧山区瓜沥镇航民村	0571-82551588-2128
125001	辽宁省葫芦岛市连山区化工街	0429-2709197
311217	浙江省杭州市萧山区新街镇山未址村	0571-82617798
044000	山西省运城市盐湖区解放路 294 号	0359-8967022
214423	江苏省无锡市江阴市周庄镇北新东路 75 号	0510-86228788
361009	福建省厦门市思明区吕岭路 1721-1725 号	0592-5937086
610041	四川省成都市高新区九兴大道 12 号	028-85126078
230001	安徽省合肥市包河区芜湖路 48 号	0551-2869268
311201	浙江省杭州市萧山区金惠路 398 号	0571-82896102
266071	山东省青岛市市南区东海路 35 号 4 栋 12 层	0532-85717919

续表 19

序　号	企业集团名称	营业收入（万元）	资产总计（万元）	从业人员（人）
760	辽宁富虹油品集团	293579	202995	1740
761	福耀玻璃工业集团	293378	655051	6072
762	江苏吴江丝绸集团有限公司	290484	372352	5508
763	福马集团	290261	335526	5018
764	北京一轻控股有限责任公司	290083	860841	8155
765	青岛变压器集团	289650	253162	7139
766	震雄铜业集团有限公司	289604	128282	1900
767	广州港集团有限公司	289307	1109616	12687
768	润华集团股份有限公司	288979	250803	667
769	唐山市冀东物贸集团	288841	165728	1832
770	亨通集团有限公司	288617	459090	3567
771	河南豫联能源集团	288480	436557	4404
772	上海南部投资(集团)有限公司	287660	129532	78
773	浙江久立集团	287558	121972	1540
774	北京城乡建设集团有限责任公司	287190	423705	3659
775	华茂集团	286056	166036	2359
776	临沂矿务局	284953	363413	10963
777	鸡西矿业(集团)有限责任公司	284269	480278	61683
778	吉林森工集团总公司	284212	402023	45246
779	中国第一重型机械集团	284170	746793	11931
780	宏安集团	283762	204995	1280
781	福建石油化工集团	283574	531729	8412
782	鲁能泰山电缆电器有限责任公司	282840	501398	4567
783	江苏省纺织(集团)总公司	282709	105984	724
784	江苏三木集团有限公司	282540	161409	2800
785	盼盼集团	281344	126752	7303
786	上海城开(集团)有限公司	281129	760750	7240
787	无锡化工集团有限责任公司	280640	139828	2844
788	四川汇源集团	280054	218395	4020
789	重庆市物资集团	279308	85138	1765
790	长白计算机集团公司	278409	363140	2301
791	北京阳光壹佰置业集团有限公司	278086	451866	145
792	湖北联谊实业集团	276268	127963	305
793	天龙控股集团	274967	215057	3585
794	华联发展集团	274860	998913	2253
795	宜华企业(集团)有限公司	274753	247464	3100
796	安徽辉隆农资集团	273456	93345	473
797	焦作市万方集团	271934	355275	3732
798	福建三木集团	271420	294940	635
799	汕头海洋集团	271239	209875	1508

邮政编码	地　　址	电　　话
111000	辽宁省辽阳市白塔区胜利路 5–6 段	0419–2268815
350301	福建省福清市福耀工业村	0591–85363312
215228	江苏省苏州市吴江市盛泽镇市场路丝绸大厦 A 座	0512–63527951
100029	北京市朝阳区安苑路 20 号世纪兴源大厦	010–84898622
100050	北京市宣武东经路 5 号	010–63157941
266109	山东省青岛市城阳区长城路南段	0532–87716888
215332	江苏省苏州市昆山市花桥镇花园路	0512–57695808
510700	广东省广州市黄埔区港前路 531 号	020–82279412
250117	山东省济南市经十西路 239 号	0531–87527579
063700	河北省唐山市滦县火车站广场东侧	0315–7181556
215234	江苏省苏州市吴江市七都镇	0512–63435216
451200	河南省郑州市巩义市新华路 31 号	0371–64569068
200080	上海市虹口区黄浦路 53 号 13 楼	021–53931180
313012	浙江省湖州市南浔区镇西	0572–7362999
100067	北京市丰台草桥东路 8 号院 7 号楼	010–87888866
315175	浙江省宁波市鄞州区高桥镇望春工业区	0574–88055778
276017	山东省临沂市罗庄区龙潭路东段	0539–7108076
158100	黑龙江省鸡西市鸡冠区红旗路 10 号	0467–2723531
130021	吉林省长春市人民大街 4036 号	0431–8916094
161042	黑龙江省齐市富区重机厂前路九号	0452–6811075
264400	山东省威海文登市横山路 88 号	0631–8088602
350001	福建省福州市东街 33 号武夷中心十一层	0591–87525308
271000	山东省泰安市泰山区普照寺路 5 号	0538–8539818
210002	江苏省南京市中山东路 482 号	025–84507344
214258	江苏省无锡市宜兴官林镇都山村	0510–87233008
115116	辽宁省大石桥市水源镇	0417–5179131
200032	上海市徐汇区肇嘉浜路 333 号 9–10f	021–64222666
214041	江苏省无锡市锡澄路 274 号	0510–83101601–8111
610041	四川省成都市蜀西路 28 号	028–66602888
400013	重庆市渝中区领事巷 15 号	023–89037715
110003	辽宁省沈阳市和平区三好街 55 号	024–23988382
100026	北京市朝阳光华路 2 号阳光 100 写字楼	010–65060100–130
430071	湖北省武汉市武昌区中北路 1 号楚天都市花园 B 区 21 层	027–87312188–8101
312003	浙江省绍兴市绍兴县华舍街道	0575–4086889
518031	广东省深圳市深南中路 2008 号华联大厦	0755–83667175
515834	广东省汕头市澄海区莲下大坪工业区	0754–5164898
230061	安徽省合肥市庐江路 123 号	0551–2611667
454003	河南省焦作市塔南路 160 号	0391–3903899
350005	福建省福州市群众路 93 号	0591–83341508
515041	广东省汕头市龙眼路 85 号	0754–8250515

续表 20

序　号	企业集团名称	营业收入（万元）	资产总计（万元）	从业人员（人）
800	顺天通开发集团有限公司	271224	534449	804
801	上海交运(集团)公司	270021	487085	18326
802	中国高新投资集团公司	269030	466417	3025
803	大连实德集团	268161	1042240	2367
804	深圳市特发集团有限公司	267798	572900	5418
805	山西兰花煤炭实业集团有限公司	266869	525816	17233
806	中国地质工程集团公司	266799	267994	12049
807	山东金升有色集团有限公司	266054	92882	600
808	辽宁曙光汽车集团股份有限公司	265826	250961	5640
809	浙江万马集团	265173	380607	4024
810	方远建设集团	265025	122117	9995
811	山东东岳集团	264650	202596	2380
812	中国水利投资公司	264291	721816	2718
813	宁波华丰建设集团	264127	203793	9995
814	华新集团	263949	626254	7599
815	北京粮食集团有限责任公司	263690	418745	3644
816	云南医药集团有限公司	263668	299095	1955
817	胜达集团	263660	113098	4236
818	青岛黄海橡胶集团	263415	776280	8741
819	大全集团有限公司	262378	239300	4223
820	江苏神羊投资集团有限公司	262105	230083	1966
821	西宁特殊钢集团有限责任公司	261873	717854	7390
822	中国四联仪器仪表集团有限公司	261285	297659	9846
823	精功集团	261186	416153	5058
824	天脊煤化工集团有限公司	261058	629096	11940
825	开氏集团有限公司	260474	187020	2162
826	龙大食品集团	260208	195716	20903
827	中国大恒(集团)有限公司	259720	115287	1189
828	柳州华锡集团有限责任公司	259678	418761	14194
829	山东德棉集团	259051	241896	13542
830	上海强生集团有限公司	258512	573687	14200
831	鹤岗矿业集团有限责任公司	257979	412949	50332
832	金地(集团)股份有限公司	257766	660741	3698
833	铜陵化学工业集团	256541	395137	7569
834	江苏旋力集团股份有限公司	256492	340391	2993
835	四川九洲电器企业集团	256393	395642	6988
836	东软集团有限公司	256232	598011	8000
837	广州化工集团有限公司	256083	325350	6094
838	四川新华发行集团	255535	341878	7570
839	成都神钢工程机械集团	255413	245335	2708

邮政编码	地　址	电　话
102218	北京市房山长沟镇房易路西侧 10 米	010-84816642
200070	上海市闸北区恒丰路 288 号	021-32109588
100055	北京市宣武区广外大街南滨河路 1 号高新大厦	010-63288611
116011	辽宁省大连市西岗区高尔基路 38 号	0411-83622218
518057	广东省深圳市南山区科技园科丰路 2 号特发信息大厦 6-7 楼	0755-26934270
048000	山西省晋城市凤台东街 2288 号	0356-2189513
100093	北京市海淀区西五道口 45 号乙	010-82408536
276037	山东省临沂市兰山区南坊	0539-8611213
118001	辽宁省丹东市振安区曙光路 50 号	0415-4139255
311300	浙江省杭州市临安市锦城万马路 1 号	0571-63757133
318000	浙江省台州市椒江区中山西路 56-2 号	0576-8816962
256401	山东省淄博市桓台县唐山镇	0533-8520204
100053	北京市宣武区白广路二条 12 号	010-63581188-2841
315040	浙江省宁波市科技园区江南公路 1017 号	0574-87900898
435002	湖北省黄石市黄石港区华新路 16 号	0714-6328808
100022	北京市朝阳东三环中路 16 号	010-51672099
650051	云南省昆明市北京路 547 号	0871-3134771
311215	浙江省杭州市萧山区经济技术开发区北塘河 2 号	0571-82875076
266041	山东省青岛市李沧区沧安路 1 号	0532-84678777
212111	江苏省镇江市扬中新坝镇南街 66 号	0511-8411200
214107	江苏省无锡市锡山区羊尖镇	0510-8731238
810005	青海省西宁市柴达木路 57 号	0971-5295006
400700	重庆市北碚区碚峡路人民村 1 号	023-68862766
312030	浙江省绍兴市绍兴县柯桥镇精工大厦	0575-4138675
047507	山西省长治市潞城市中华东大街	0355-6898259
311209	浙江省杭州市萧山区衙前镇里东徐村	0571-82783388
265209	山东省烟台市莱阳市龙旺庄街道办事处龙大工业园	0535-7717011
100080	北京市海淀中关村路 29 号	010-82827856
545006	广西柳州市桂中大道华锡大厦	0772-2610111
253002	山东省德州市顺河西路 18 号	0534-2436001
200041	上海市静安区南京西路 920 号	021-62151515
154100	黑龙江省鹤岗市向阳区红军街 188 号	0468-3733838
518048	广东省深圳市福田区福强路金地商业大楼	0755-83844338
244023	安徽省铜陵市沿江路 10 号	0562-3801769
215511	江苏省苏州市常熟市梅李镇梅南路 26 号	0512-52261628
621000	四川省绵阳市涪城区跃进路 16 号	0816-2468306
110179	辽宁省沈阳市浑南产业开发区东大软件园	024-83662766
510055	广东省广州市越秀区较场东路 19 号 9 楼	020-83750819
610016	四川省成都市人民南路一段 86 号城市之心 12 楼	028-86202126
610110	四川省成都市龙泉驿区洪河中路 1 号	028-82854867

续表 21

序　号	企业集团名称	营业收入（万元）	资产总计（万元）	从业人员（人）
840	广东省出版集团	255281	381967	2788
841	安徽省粮油食品进出口集团	255212	138172	615
842	钢铁研究总院	255125	417878	4071
843	安徽楚江集团	254978	85055	3122
844	中国冶金地质勘查工程总局	254894	349967	13039
845	四川科伦实业集团	254175	132186	5679
846	北京对外经贸控股有限责任公司	253809	600578	1815
847	湖北楚源集团	252614	141195	5810
848	合肥百货大楼集团	252087	207594	5138
849	山东齐星集团	251044	583133	3445
850	福州建工集团	250231	161462	9968
851	山东香驰豆业集团	250011	83498	416
852	上海昊元(集团)有限公司	249967	115821	480
853	烟台市振华百货集团	249927	118825	2219
854	健康元药业集团股份有限公司	249453	439920	8020
855	广东省开平涤纶企业集团	249401	515914	2086
856	云南农垦集团有限责任公司	249352	550999	91329
857	北京市自来水集团有限责任公司	249260	1176240	6479
858	武汉邮电科学研究院	248350	595181	6825
859	上海东亚(集团)有限公司	248246	277449	1263
860	河南省华中医药集团	248036	249228	4370
861	陕西东盛集团	247685	540099	8017
862	好孩子集团有限公司	246201	162672	5544
863	中国房地产开发集团	245828	1390621	6723
864	广东省机场管理集团公司	245724	1638530	12532
865	济宁矿业集团	245714	494422	9910
866	福建大丰投资集团	245668	98181	22600
867	太原化学工业集团有限公司	245237	698670	9497
868	北京市热力集团有限责任公司	244871	1374816	7029
869	江西钨业集团有限公司	244708	237151	11007
870	中国高科集团股份有限公司	244321	108950	560
871	富可达控股股份有限公司	243841	75627	3906
872	中国煤炭地质总局	243685	305936	17368
873	山东华乐集团公司	243503	101203	3600
874	山东联盟化工集团有限公司	243214	160258	3121
875	深圳市粮食集团有限公司	242970	260109	946
876	湖南友谊阿波罗股份有限公司	242736	165412	4460
877	大汉控股集团有限公司	242659	139763	716
878	株洲硬质合金集团有限公司	242355	302799	8122
879	河南省定角企业集团	241355	148121	3500

邮政编码	地　　址	电　　话
510075	广东省广州市越秀区水荫路 11 号	020-37606288-225
230061	安徽省合肥市庐阳区金寨路 389-399 盛安广场	0551-2831091
100081	北京市海淀区学院南路 76 号	010-62182602
241008	安徽省芜湖市鸠江区九华北路 778 号	0553-5313232
100028	北京市朝阳区西坝河东里甲 16 号	010-84515546
610072	四川省成都市锦里西路 107 号南 18 楼	028-86131122
100013	北京市朝阳和平里小黄庄北街 2 号	010-84282855
434400	湖北省荆州石首市高新技术园区	0716-7225753
230001	安徽省合肥市长江中路 150 号	0551-2686000
256200	山东省滨州市邹平县黛溪三路 69 号	0543-4301168
350004	福建省福州市台江区群众东路 99 号	0591-83305759
256505	山东省滨州市博兴县博城五路 172 号	0543-2510047
200070	上海市闸北区恒丰路 1 号	021-63817043
264000	山东省烟台市芝罘区西大街八号	0535-6584288
518008	广东省深圳市罗湖区地王大厦 23 层	0755-82463888
529325	广东省江门市开平市沙冈区美华路 1 号	0750-2213758
650041	云南省昆明市东风东路 11 号	0871-3344645
100031	北京市西城宣武门西大街甲 121 号	010-66411763
430074	湖北省武汉市洪山区邮科院路 88 号	027-87694020
200030	上海市徐汇区零陵路 800 号东亚大厦 1511 室	021-64390437
463000	河南省驻马店市光明路 2 号	0396-3823266
710075	陕西省西安市雁塔区高新区唐延路 23 号	029-88332288
215331	江苏省苏州市昆山市陆家镇陆溪路 20 号	0512-57871070
100037	北京市海淀区首体南路 38 号八层	010-58892214
510406	广东省广州市白云区机场路 282 号	020-86120719
272000	山东省济宁市供销路 25 号	0537-2379009
350018	福建省福州市仓山城门排下洋	0591-83497668
030021	山西省太原市晋源区义井街 20 号	0351-6071451
100026	北京市朝阳西大望路 1 号温特莱中心 A 座	010-65339500
330046	江西省南昌市北京西路 88 号	0791-6277864
201206	上海市浦东新区新金桥路 1122 号 9、10 楼	021-61462222
311256	浙江省杭州市萧山区义桥镇东方路 88 号	0571-82407888
100039	北京市丰台区靛厂 299 号	010-88246688
253614	山东省德州市乐陵市寨头堡乡	0534-6708838
262700	山东省潍坊市寿光市建新街 199 号	0536-5201201
518033	广东省深圳市福虹路 9 号世界贸易广场 A 座 13 楼	0755-83778300
410001	湖南省长沙市车站中路 345 号	0731-2299448-3071
417009	湖南省娄底市娄星北路	0738-8658710
412000	湖南省株洲市荷塘区钻石路	0733-8260305
456592	河南省林州市姚村定角	0372-6518580

续表 22

序　号	企业集团名称	营业收入（万元）	资产总计（万元）	从业人员（人）
880	河南华英禽业集团	240911	81760	5800
881	山东冠鲁集团	239839	202514	20182
882	泸州老窖集团有限责任公司	239559	290094	3316
883	上海华申国际企业(集团)有限公司	238941	191581	5961
884	浙江万丰企业集团	238754	111407	1757
885	杭州金鱼电器集团	238351	142155	3168
886	天津市金桥焊材集团	238229	66171	1147
887	天津港集团	237971	639065	3376
888	中国内蒙古森林工业集团有限责任公司	237938	1191575	95313
889	贵州建工集团总公司	237484	267824	27602
890	内蒙古东达蒙古王集团有限公司	237470	173033	4720
891	河南辅仁集团	237198	256054	8786
892	宁波韵升股份有限公司	236716	160081	2056
893	浙江海正集团	236235	360134	3452
894	武汉中商集团	236218	234112	4946
895	厦门港务控股有限公司	236063	989871	11658
896	贵州开磷有限责任公司	235816	348425	6186
897	河北建工集团	235349	177188	9766
898	山东沂州水泥集团总公司	235061	207968	4380
899	山东(临清)银河纸业集团	234735	246079	5150
900	广东省航运集团	234529	429952	2883
901	浙江闰土化工集团	234165	117150	2812
902	中国建筑科学研究院	233555	139293	2528
903	中青旅控股股份有限公司	232916	304051	2202
904	宏润建设集团	232772	105229	14861
905	山东大海集团有限公司	232441	195723	4200
906	安徽建工集团	232321	227616	13419
907	中国林业国际合作集团公司	231925	269404	5289
908	山西常平集团有限公司	231812	251757	4800
909	苏州高新区经济发展集团总公司	231647	1430863	2624
910	河北宝硕集团	231013	371697	6138
911	重庆新华书店集团	231009	188546	5411
912	福建超大现代农业发展有限公司	230942	644842	12280
913	中国南玻集团股份有限公司	230549	552333	4900
914	四川金路集团股份有限公司	230201	317792	5461
915	亿利资源集团公司	230200	484501	3197
916	广州市宏宇集团股份有限公司	230111	430920	1418
917	中国丝绸进出口总公司	229908	165611	1970
918	福建省交通运输(控股)有限责任公司	229357	532333	9811
919	四川剑南春集团有限责任公司	228553	389932	5872

邮政编码	地　址	电　话
465150	河南省信阳市潢川县跃进东路 308 号	0397-3931030
273300	山东省临沂市平邑县浚河路 207 号	0539-4228668
646000	四川省泸州市江阳区国窖广场	0830-2398873
200090	上海市杨浦区黄兴路 156 号 10 楼	021-55808005
311203	浙江省杭州市萧山区城厢街道人民路 51 号	0571-82622956
310014	浙江省杭州市拱墅区长板巷 115 号	0571-88083986
300300	天津市东丽区六经路 1 号	022-24994924
300456	天津市塘沽区新港二号路	022-25705404
022150	内蒙古牙克石市兴安中街 29 号	0470-7425729
550001	贵州省贵阳市延安中路 81 号	0851-6907010
014300	内蒙古鄂尔多斯市达拉特旗树林召镇	0477-5295311
466334	河南省周口市鹿邑县玄武经济开发区	0394-7585084
315040	浙江省宁波市江东区民安路 348 号	0574-87777229
318000	浙江省台州市椒江区外沙路 46 号	0576-8827890
430071	湖北省武汉市武昌区中南路 9 号	027-87824232
361012	福建省厦门市湖里区东渡路 127 号	0592-6013616
550002	贵州省贵阳市开阳县金中镇	0851-5861104
050051	河北省石家庄市友谊北大街 146 号	0311-87084344-3212
276018	山东省临沂市罗庄区付庄镇	0539-8928027
252600	山东省聊城市临清市西门里街 297 号	0635-2432919
510111	广东省广州市越秀区八旗二马路 48 号广东航运大厦	020-83295476
312368	浙江省绍兴市上虞市道墟镇	0575-2042973
100013	北京市朝阳区北三环东路 30 号	010-84272233-2985
100007	北京市东城东直门南大街 5 号	010-58158888
200235	上海市徐汇区龙漕路 200 弄 28 号	021-64081888
257336	山东省东营市广饶县稻庄镇	0546-6495320
230001	安徽省合肥市包河区芜湖路 325 号	0551-2865001
100714	北京市东城区和平里东街 18 号	010-84238342
047300	山西省长治市壶关县常平村	0355-8778215
215011	江苏省苏州市高新区狮山路 35 号金河国际大厦 36 楼	0512-68096173
071005	河北保定向阳南路 117 号	0312-3209683
400010	重庆市渝中区民权路 10 号	023-63814724
350003	福建省福州市鼓楼区铜盘路 29 号	0591-87835933-3135
518067	广东省深圳市蛇口工业六路一号	0755-26860666
618009	四川省德阳市岷江西路二段 57 号	0838-2207116
017000	内蒙古鄂尔多斯市鄂尔多斯西街 30 号	0477-8372290
510075	广东省广州市天河区天河北路 189 号中国市长大厦 1803	020-87552828
100006	北京市东城区北河沿大街 105 号	010-65262110
350001	福建省福州市鼓楼区东水路交通综合大楼东楼 21-23f	0591-87077999
618200	四川省绵竹市春溢街 289 号	0838-6202206

续表 23

序　号	企业集团名称	营业收入（万元）	资产总计（万元）	从业人员（人）
920	华鲁控股集团有限公司	228031	472181	3771
921	江苏三笑集团	227403	82191	5510
922	江苏扬农化工集团	227358	231714	3065
923	河南省商电铝业集团	226907	250699	4640
924	鲁泰集团	226812	441568	11260
925	天津市燃气集团	226449	513732	7875
926	柳桥集团有限公司	226385	169374	3036
927	青岛汉缆集团	226247	102312	1845
928	漯河市汇通集团	224852	100585	3652
929	万丰奥特控股集团	224737	213029	4856
930	重庆华宇集团	224305	319564	3799
931	华亭煤业集团有限责任公司	224173	573510	17845
932	浙江新湖集团股份有限公司	223996	482864	440
933	上海家化(集团)有限公司	222974	333258	2543
934	江苏江动集团	222548	263190	6559
935	青岛市胶州建设集团有限公司	222528	161746	20346
936	陕西鼓风机集团	222337	344782	3407
937	华凌集团有限公司	222194	235753	3094
938	江苏大生集团	221710	227627	9741
939	石家庄北国人百集团	221229	147541	4630
940	咸阳偏转集团公司	221104	289525	6606
941	常州常化集团	221008	212385	1801
942	江苏常乐建工集团有限公司	220894	224179	11476
943	威海市金猴集团	220129	80492	2680
944	江苏金土木建设集团	219891	239479	13997
945	北京市朝阳田华建筑集团公司	219611	144031	9110
946	青岛益佳国际贸易集团	219290	187094	632
947	湖南唐人神集团	219251	74390	3376
948	湖南高岭建设集团	218777	79206	21822
949	湖南通用电气集团	218006	314116	11446
950	广东新协力集团有限公司	217568	103428	1407
951	温州中城建设集团	217380	307337	9912
952	江西省建工集团公司	217206	273959	14352
953	永鼎集团有限公司	216168	218550	1054
954	奥康集团有限公司	215895	91946	5320
955	江苏江南实业集团有限公司	215750	200234	3646
956	天津农垦集团	215621	487983	4901
957	潍坊巨龙化纤集团	215228	426229	8059
958	腾达建设集团	214746	173519	7701
959	中国乐凯胶片集团公司	214732	367676	7847

邮政编码	地　址	电　话
250000	山东省济南市榜棚街	0531-86118827
225111	江苏省扬州市邗江区杭集镇	0514-7278478
225009	江苏省扬州市文峰路 39 号	0514-7568841
476000	河南省商丘市青年路 251 号	0370-2806860
255100	山东省淄博市淄川区松龄路 81 号	0533-5285166
300070	天津市和平区吴家窑二号路 44 号	022-23348515
311201	浙江省杭州市萧山区大通路 851 号	0571-82727286
266102	山东省青岛市崂山区汉河	0532-88818466
462000	河南省漯河市漯舞路 106 号	0395-2116398
312500	浙江省绍兴市新昌县万丰科技园	0575-6298205
400039	重庆市九龙坡区陈家坪朝田村 118 号	023-68857864
744100	甘肃省平凉市华亭县东大街 132 号	0933-7731421
310004	浙江省杭州市体育场四家桥 2 号	0571-85173431
200080	上海市虹口区天潼路 133 号	021-63242288
224001	江苏省盐城市环城西路 213 号	0515-8881888
266300	山东省青岛市胶州市福州南路 92 号	0532-87212796
710611	陕西省西安市临潼区代王镇	029-81392410
510515	广东省广州市白云区沙河同和	020-37241762
226002	江苏省南通市港闸区唐闸镇南市街 14 号	0513-85551171
050011	河北省石家庄市中山东路 188 号	0311-85261928
712021	陕西省咸阳市渭阳西路 70 号	0910-3628114
213004	江苏省常州市清凉路 165 号	0519-8811413
226124	江苏省南通市海门市常乐镇玉竹村	0513-82603105
264200	山东省威海市和平路 106 号	0631-5289210
215500	江苏省苏州市常熟市李闸路 102 号	0512-52876699
100026	北京市朝阳金台里甲 25 号楼	010-85995936
266071	山东省青岛市香港中路 6 号世贸中心 A 座	0532-85918278
412002	湖南省株洲市芦淞区	0733-8591298
410153	湖南省长沙市开福区捞刀河镇彭家巷 468 号	0731-6672381
411101	湖南省湘潭市下摄司街 302 号	0732-8595919
528300	广东省佛山市顺德区大良广珠公路	0757-22337333-209
325005	浙江省温州将军桥长城大厦二楼	0577-88521213
330046	江西省南昌市北京西路 176 号	0791-6224205
215211	江苏省苏州市吴江市芦墟镇	0512-63271972
325101	浙江省温州市永嘉县瓯北镇千石工业园	0577-67284444
213119	江苏省常州市武进区横山桥镇王一村	0519-8601794-8158
300074	天津市河西区气象台路 96 号	022-23331630
261100	山东省潍坊市寒亭区海龙路 555 号	0536-2275129
318050	浙江省台州市路桥区路桥大道	0576-2522526
071054	河北省保定市乐凯南大街 6 号	0312-7923000

续表 24

序　号	企业集团名称	营业收入（万元）	资产总计（万元）	从业人员（人）
960	福建省农资集团	214017	122642	655
961	好当家集团	213994	244702	3385
962	合肥钢铁集团	213975	379017	12877
963	佛山市南海龙光集团公司	213964	200268	1804
964	甘肃省物产集团	213081	97625	2833
965	中国农垦(集团)总公司	212942	280778	2472
966	内蒙古平庄煤业(集团)有限责任公司	212158	527528	21721
967	青岛喜盈门集团	211725	238656	4820
968	杭州旅游集团	211665	210970	2844
969	飞跃集团	211056	208170	2772
970	大兴安岭林业集团公司	210018	1008249	74862
971	亿阳集团	209898	540186	2004
972	天洁集团	209590	129030	2026
973	江苏新城实业集团有限公司	209398	426462	1550
974	华伦集团	209265	238309	4462
975	山东东辰实业集团有限公司	208939	96286	610
976	河北圣仑进出口集团	208402	59355	514
977	河北沧州化工实业集团	208386	415000	3922
978	天津中迈投资集团	208254	710921	6368
979	金洲集团	207917	173040	1841
980	河南鞋城皮革集团	207904	157629	4827
981	辽宁物产集团有限责任公司	207877	69555	242
982	深圳市深南石油(集团)有限公司	207674	168809	1111
983	湖州市建工集团	207353	110013	2125
984	中国宝安集团股份有限公司	207315	488813	628
985	抚顺罕王实业集团有限公司	207256	244579	3623
986	镇江江奎集团有限公司	207002	130330	810
987	山东九羊企业集团总公司	206894	351868	3800
988	山东泸河集团有限公司	206655	100887	2482
989	青岛捷能电工电子集团	206592	321620	3537
990	卧龙控股集团	205998	276592	4548
991	江西纺织集团公司	205882	316159	8664
992	山东翔龙实业集团	205283	143157	3396
993	月星集团有限公司	205000	121993	2450
994	青岛九联集团股份有限公司	204904	80974	7800
995	烟台冰轮集团	204840	194095	4579
996	江西丰源电力(集团)有限责任公司	204190	360152	4618
997	广州无线电集团	204168	289942	3342
998	武汉新八建筑集团	204126	54081	13140
999	山东蓝星玻璃集团	204053	211001	4807

邮政编码	地　址	电　话
350001	福建省福州市鼓楼区尚宾路 32 号	0591-87551020
264305	山东省威海市荣成市好当家工业园区	0631-7438002
230011	安徽省合肥市瑶海区和平路 1 号	0551-4401241
528212	广东省佛山市南海区南海大道 29 号	0757-86822168
730030	甘肃省兰州市城关区酒泉路 181 号	0931-8459349
100810	北京市西城西四砖塔胡同 56 号	010-66181153
024076	内蒙古赤峰市元宝山区平庄镇哈河街中段	0476-3324318
266109	山东省青岛市城阳区正阳街 188 号	0532-87869888
310006	浙江省杭州市延安路 484 号 2 号楼 6 楼	0571-85155427
318000	浙江省台州市椒江机场中路 109 号	0576-8155828
165000	黑龙江省加格达奇	0457-2730325
150090	黑龙江省哈尔滨市南岗区嵩山路创业中心 1 号楼	0451-82326789
311825	浙江省绍兴市诸暨市牌头镇	0575-7051717
213003	江苏省常州市武进湖塘人民中路 187 号	0519-8151156
311400	浙江省杭州市富阳市迎宾北路 199-200 号	0571-87223158
257506	山东省东营市垦利县胜坨镇	0546-2068589
050061	河北省石家庄市和平西路 499 号	0311-88618887
061000	河北省沧州市南环路 18 号	0317-3042644
300384	天津市南开区华苑产业区梅苑路 6 号 18 层	022-83718511
313000	浙江省湖州市二里桥路 57 号	0572-2072542
477293	河南省周口市鹿邑县玄武镇	0394-7588189
110003	辽宁省沈阳市和平区三好街 54 号	024-23899802
518067	广东省深圳市蛇口新街蛇口大厦七楼	0755-26862000
313000	浙江省湖州市劳动路 127 号	0572-2022066
518020	广东省深圳市罗湖区笋岗东路 1002 号宝安广场 A-28	0755-25170370
113001	辽宁省抚顺市经济开发区丹东路西段 21 号	0413-6693355
212009	江苏省镇江市经济技术开发区经八路 53 号	0511-88888188
271118	山东莱芜莱城	0634-6521333
262216	山东省维坊市诸城市昌城镇道口	0536-6336001
266042	山东省青岛市四方区四流南路 102 号	0532-86125356
312300	浙江省绍兴市上虞市经济开发区	0575-2219460
330029	江西省南昌市东湖区北京东路 125 号	0791-8334133
276004	山东省临沂市沂蒙路 352 号	0539-8328689
213004	江苏省常州市光华路 198 号	0519-8859918
266611	山东省青岛莱西市上海西路	0532-87461243
264000	山东省烟台市芝罘区西山路 80 号	0535-6243451
330029	江西省南昌市高新开发区火炬大街 188 号	0791-8113839
510656	广东省广州市天河区黄埔大道西平云路 163 号	020-38699999
430033	湖北省武汉市桥口区中山大道 228 号	027-83781798
264205	山东省威海市经区环山路西	0631-5997778

续表 25

序　号	企业集团名称	营业收入（万元）	资产总计（万元）	从业人员（人）
1000	西湖电子集团	204034	260524	1151
1001	浙江三狮集团	203961	340230	4327
1002	广州市市政集团	203926	152721	2498
1003	安徽叉车集团	203795	239402	5355
1004	宁波浙东建材集团	203750	100786	3109
1005	浙江大东吴集团	203309	113229	7586
1006	青岛万福集团	203099	72977	3112
1007	华翔集团	202858	435653	4500
1008	山东龙喜集团	202564	153726	2570
1009	浙江中南建设集团	202418	145934	3639
1010	上海白猫(集团)有限公司	202249	123112	3178
1011	星星集团	201982	218880	6012
1012	中国海洋航空集团公司	201759	258284	5600
1013	江苏通润机电集团有限公司	201714	128528	1996
1014	广州造纸集团	201457	501098	2901
1015	青岛星火纺机纺织集团股份有限公司	201369	74664	2108
1016	广州天马集团有限公司	201228	79218	2887
1017	沈阳远大铝业集团有限公司	201169	135589	4062
1018	天津通信广播集团	201089	185720	1814
1019	山东阳谷电缆集团	200715	169487	2005
1020	金融街控股股份有限公司	200490	732238	363
1021	浙江华瑞集团	200424	115043	194
1022	江苏华昌(集团)有限公司	200298	287329	3775
1023	大杨企业集团	199918	121923	7950
1024	中国中旅(集团〕公司	199686	296371	3744
1025	安徽天大集团	199482	186988	4400
1026	福建省船舶工业集团	198537	426557	3785
1027	山西丰喜肥业(集团)股份有限公司	198403	336814	9794
1028	盛虹集团有限公司	197222	254309	6600
1029	烟台建设集团有限公司	196904	187580	1632
1030	烟台有色金属集团	196880	194077	1647
1031	富丽达集团	196805	291177	4360
1032	安徽宁国亚夏集团	196353	55482	1226
1033	常柴集团有限公司	195509	317199	4612
1034	浙江元立金属制品集团	195418	139004	4667
1035	山东北金集团有限公司	195293	118215	2500
1036	浙江兴惠化纤集团有限公司	195120	103826	2012
1037	上海广厦(集团)有限公司	194858	106681	1310
1038	自贡鸿鹤化工(集团)有限责任公司	194282	275785	9138
1039	萍乡矿业集团	194257	436842	26300

邮政编码	地　　址	电　　话
310012	浙江省杭州市教工路 1 号	0571-88271000
310003	浙江省杭州市凤起路 422 号	0571-85068496
510060	广东省广州市越秀区环市东路 338 号	020-83862335
230022	安徽省合肥市蜀山区望江西路 15 号	0551-3632133
315101	浙江省宁波市鄞州区邱隘盛莫路 42 号	0574-88359779
313000	浙江省湖州市东门外三里桥路 685 号	0572-2568919
266600	山东省青岛市莱西市威海路 68 号	0532-88438762
315722	浙江省宁波市象山县西周镇安路 104 号	0574-65837888
265705	山东省烟台市龙口市诸由观镇西台村	0535-8565858
310052	浙江省杭州市滨江区长河街道江边	0571-86624038
200231	上海市徐汇区龙吴路 1900 号	021-54098000
318015	浙江省台州市椒江区洪家	0576-8022888
100036	北京市海淀区翠微路 36 号	010-63984675
215500	江苏省苏州市常熟市枫林路 19 号	0512-52880518-3222
510281	广东省广州市海珠区工业大道广纸路 40 号	020-84336888
266425	山东省青岛市胶南市王台镇	0532-83131059
510925	广东省广州市从化市江埔街从樟路 3 号	020-87982688
110161	辽宁省沈阳市东陵区东陵路 30-2 号	024-88456522
300140	天津市河北区新大路 185 号	022-26237420
252311	山东省聊城市阳谷县西湖 14 号	0635-2155325
100032	北京市西城金融大街 19 号富凯大厦 B 座 5 层	010-88086154
311201	浙江省杭州市萧山区瓜沥镇友谊路 89 号	0571-82718253-831
215600	江苏省苏州市张家港市杨舍镇城北路 28 号	0512-58683240-2005
116215	辽宁省大连市普兰店市杨树房经济开发小区	0411-82561888-8800
100028	北京市北三环东路 2 号中旅大厦 7 层	010-64612508
239311	安徽省滁州市天长市铜城镇振兴路	0550-7518555
350004	福建省福州市群众路 27 号	0591-83333969
044000	山西省运城市黄河大道 279 号	0359-2168144
215228	江苏省苏州市盛泽镇坛丘新东村	0512-63551949
264000	山东省烟台市芝罘南洪街 100 号	0535-6657689
264002	山东省烟台市芝罘区幸福中路 178 号	0535-6530629
311228	浙江省杭州市萧山区新湾镇东农二场	0571-82127258
242300	安徽省宣城市宁国市经济开发区亚夏汽车城	0563-4181222
213003	江苏省常州市西横街 61 号	0519-6621320
323302	浙江省丽水市遂昌县妙高镇庄山	0578-8195017
255419	山东省淄博市临淄区凤凰镇北金村	0533-7602106
311209	浙江省杭州市萧山区衙前镇吟龙村	0571-82784830
201108	上海市闵行区颛兴东路 1675 号	021-64423925
643000	四川省自贡市自流井区鸿鹤坝	0813-4665830
337000	江西省萍乡市昭萍东路 27 号	0799-6333803

续表 26

序　号	企业集团名称	营业收入（万元）	资产总计（万元）	从业人员（人）
1040	齐鲁制药有限公司(集团)	194225	258659	3988
1041	中大集团	194085	107690	5750
1042	福建厦门经贸集团	193705	76890	442
1043	深圳市新天下集团有限公司	193458	126199	2766
1044	华龙日清食品有限公司	193405	246259	9700
1045	唐山市荣贸实业集团	193251	123981	3210
1046	平高集团	193181	467998	4529
1047	江苏八菱集团有限公司	192983	421845	2475
1048	大连友谊集团有限公司	192471	317808	3218
1049	山西杏花村汾酒集团有限责任公司	191784	242139	7582
1050	湖南正虹科技发展股份公司	191319	137959	1867
1051	上海海欣集团股份有限公司	191207	381274	8499
1052	山东省交通工业集团总公司	191109	274600	4942
1053	江苏沃得机电集团有限公司	190289	235153	6000
1054	深圳市水务(集团)有限公司	189893	769361	2219
1055	新牟国际集团	189715	330580	5425
1056	山西省物资产业集团公司	189699	200762	2193
1057	吉林延边林业集团	189357	425741	54952
1058	山东照东方纸业集团	189293	144601	2600
1059	河北汽车集团	188914	133010	975
1060	浙江省经协集团有限公司	188846	76831	108
1061	正海集团	188770	341472	1752
1062	开元旅业集团有限公司	187712	496121	7055
1063	金星啤酒集团	187685	157124	5324
1064	福建省商业集团	187495	105296	1854
1065	伟星集团	187288	229345	5820
1066	沙隆达集团	187119	235804	5570
1067	花园工贸集团	187028	172885	5300
1068	汕头市建安(集团)公司	186829	173123	10212
1069	云南官房企业集团	186129	476805	25016
1070	河南蓝天集团	185777	705130	4439
1071	哈尔滨工大集团股份有限公司	185358	1294427	11700
1072	中国大连国际经济技术合作集团	185056	332032	1343
1073	山西阳光焦化(集团)有限公司	184497	291507	3390
1074	中国新时代控股(集团)公司	184290	223876	2533
1075	江阴模塑集团有限公司	184097	322185	3600
1076	江苏康泰化学集团有限公司	183668	82360	1256
1077	长江经济联合发展(集团)股份有限公司	183162	460029	3306
1078	上海上实(集团)有限公司	182928	1946111	247
1079	北京西单友谊集团	182917	300575	6564

邮政编码	地　址	电　话
250100	山东省济南市高新区七里河路北段 2 号	0531-83126883
224003	江苏省盐城市开放大道 100 号	0515-8333888
361012	福建省厦门市思明区湖滨北路 10 号新港广场 11 层	0592-5312205
518112	广东省深圳市龙岗区坂雪岗工业区新天下工业城	0755-84710100
055350	河北省邢台市莲子镇东范村	0319-6598505
064405	河北省迁安市马兰庄镇	0315-7033136
467001	河南省平顶山市南环东路 22 号	0375-3804582
224001	江苏省盐城市人民中路 17 号	0515-8316215
116001	辽宁省大连市中山区人民路 8-1 号	0411-82825888
032205	山西省吕梁地区汾阳市杏花村	0358-7229920
414418	湖南省岳阳市屈原管理区	0730-5728005
201619	上海市松江区洞泾镇长兴路 688 号	021-57698905
250031	山东省济南市天桥区济洛路 168 号	0531-88321317
212311	江苏省镇江市丹阳埤城工业园区	0511-6348222
518031	广东省深圳市福田区深南中路 1019 号	0755-82137284
264100	山东省烟台市牟平区通海路 250 号	0535-4259560
030006	山西省太原市小店区长风街 11 号	0351-7040638
133001	吉林省延边州延吉市长白路 323 号	0433-2909956
253109	山东省德州市平原县王凤楼工业	0534-2168015
050031	河北省石家庄市裕华东路 456 号	0311-85969967
310005	浙江省杭州市米市巷潮王路 208 号	0571-88388230
264006	山东省烟台市经济技术开发区珠江路 22 号	0535-6397105
311202	浙江省杭州市萧山区市心中路 818 号 17 楼	0571-82888888
450009	河南省郑州市管城区新郑路 188 号	0371-66720053
350003	福建省福州市中山路 23 号商业大厦八楼	0591-87850476
317025	浙江省台州市临海市尤溪镇	0576-5125009
434001	湖北省荆州市北京东路 93 号	0716-8208718
322121	浙江省金华市东阳市南马花园	0579-6270288
515041	广东省汕头市中山路 167 号	0754-8561023
650233	云南省昆明市关上宝海路 219 号	0871-5619888-61919
463000	河南省驻马店解放路 68 号	0396-2958011
150006	黑龙江省哈尔滨市南岗区西大直街 118 号	0451-86245017
116011	辽宁省大连市西岗区黄河路 219 号	0411-83780098
043300	山西省运城市河津市清涧街道办事处	0359-5250099
100088	北京市海淀区花园路 7 号新时代大厦	010-82803366
214423	江苏省无锡市江阴市周庄镇长青路 8 号	0510-86904988
213225	江苏省常州金坛市儒林镇	0519-2561216
200052	上海市长宁区新华路 315 号	021-62800565
200021	上海市卢湾区淮海中路 98 号 21 楼	021-53828866
100031	北京市西城西单北大街 120 号	010-66565511

续表 27

序　号	企业集团名称	营业收入（万元）	资产总计（万元）	从业人员（人）
1080	漯河银鸽实业集团	182840	196353	3997
1081	浙江大华集团	182706	174669	8708
1082	正邦集团有限公司	182604	74582	2087
1083	湖北山河建工集团	182382	85179	14301
1084	森马集团有限公司	182320	54635	2193
1085	江苏天工集团有限公司	182039	140646	6816
1086	青岛维客集团	182039	89360	2367
1087	中国金茂(集团)股份有限公司	181866	601191	2592
1088	广东兴发集团有限公司	181808	167317	2900
1089	宁波太平鸟投资集团	181512	73175	2684
1090	报喜鸟集团	181366	106278	2753
1091	泰丰纺织集团	181330	146279	6300
1092	中国深圳对外贸易(集团)有限公司	181314	235326	1230
1093	辽宁时代集团有限责任公司	181205	116115	4885
1094	上海徐家汇商城(集团)有限公司	180860	209291	1725
1095	江西省电子集团公司	180794	348411	14315
1096	天津建筑材料集团	180745	686440	7274
1097	河南新野纺织集团	180544	139592	8535
1098	广东风华高新科技集团有限公司	179835	489359	8404
1099	河南粮油食品进出口集团	178699	91083	812
1100	上海宝闽钢铁集团有限公司	178308	57116	231
1101	河南省西保集团	178236	105268	2687
1102	云南新华书店集团有限公司	177723	111353	3816
1103	中国中钢集团公司	177578	602686	14678
1104	广东新会美达锦纶股份有限公司	177422	210687	3154
1105	中国耀华玻璃集团	177337	348237	6763
1106	长江润发集团有限公司	176944	152192	3421
1107	河南天冠企业集团	176873	235595	4820
1108	上海市机械设备成套(集团)有限公司	176690	75507	180
1109	天津星河工贸集团	176529	86488	1715
1110	福建经纬集团	176416	104758	4340
1111	佛山市顺德区乐从供销集团有限公司	176272	152363	2848
1112	中商企业集团公司	176246	316057	2753
1113	秦皇岛市化工集团	175820	62272	2110
1114	中煤第三建设集团	175518	165032	7156
1115	济南华达企业集团总公司	175201	190601	1564
1116	北京韩建集团有限公司	174871	273163	5315
1117	山东岱银纺织集团	174670	82367	5720
1118	中国振华电子集团	174366	417143	10689
1119	常州服装集团有限公司	174091	117437	10315

邮政编码	地　址	电　话
462000	河南省漯河市人民东路 95 号	0395-2355016
311300	浙江省杭州市临安市锦城街道钱王街 751 号	0571-63759698
330006	江西省南昌市东湖区南京西路 277 号	0791-6397601
438800	湖北省黄冈市团风县团方大道 11 号	0713-6158988
325006	浙江省温州市六虹桥路 1189 号森马大厦	0577-88098660
212312	江苏省镇江市丹阳后巷镇前巷村	0511-6322030
266100	山东省青岛市李沧区向阳路 65 号	0532-87618888-3072
200121	上海市浦东新区世纪大道 88 号 8 楼	021-50476688
528061	广东省佛山市禅城区南庄镇人和路	0757-85387606
315011	浙江省宁波市海曙区环城西路南段 826 号	0574-87471888
325105	浙江省温州市永嘉县报喜鸟工业区	0577-67315987
271100	山东省莱芜市大桥路 63 号	0634-8856668
518001	广东省深圳市罗湖区中兴路 239 号 A 座外贸集团大厦 7-8 楼	0755-82287788
116001	辽宁省大连市中山区港湾街 7 号时代大厦	0411-82798360
200030	上海市徐汇区肇嘉浜路 1000 号 A-10F	021-64269090
330029	江西省南昌市高新技术产业开发区京东答道 168 号	0791-8161868
300051	天津市和平区贵州路 4 号	022-23046666
473500	河南省南阳市新野县书院路 15 号	0377-66221552
526020	广东省肇庆市风华路 18 号	0758-2847084
450002	河南省郑州市经七路 23 号	0371--63944901
200434	上海市杨浦区逸仙路 661 号新海商务大厦 16 楼	021-51269061
474500	河南省南阳市西峡县仲景路 412 号	0377-64691030
650051	云南省昆明市吴井路 269 号	0871-3194057
100031	北京市西城区西长安街乙 17 号	010-66067733
529100	广东省江门市新会区会城镇江会路上浅口	0750-6103333
066013	河北省秦皇岛市海港区	0335-3285206
215633	江苏省苏州市张家港市金港镇长江西路 98 号	0512-58318168
473000	河南省南阳市建设路 16 号	0377-63036626
200060	上海市普陀区长寿路 285 号恒达大厦	021-62270300
300282	天津市大港区太平镇郭庄子村	022-63105127
350211	福建省长乐市金峰镇六林路	0591-28672101
528315	广东省佛山市顺德区乐从镇乐从供销大厦	0757-28333617
100045	北京市西城区三里河东路 5 号	010-68535009
066001	河北省秦皇岛市海港区燕山大街 61 号	0335-3601251-8501
234000	安徽省宿州市汴河路 181 号	0557-2177380
250014	山东省济南市历下和平路中段燕山小区中心公建	0531-88932999
100073	北京市海淀区吴家村路 6 号	010-63484017
271000	山东省泰安市泰山区东岳大街东首	0538-6122011
550018	贵州省贵阳市新天大道北段 268 号	0851-6301046
213001	江苏省常州市兰陵路 34 号-2	0519-6657992

续表 28

序　号	企业集团名称	营业收入（万元）	资产总计（万元）	从业人员（人）
1120	新疆药业(集团)有限责任公司	174029	161459	4239
1121	中国民航信息集团公司	173973	616682	2507
1122	福建天成集团	173957	136863	4418
1123	四川富临实业集团有限公司	173759	283516	3693
1124	苏泊尔集团	173545	238502	6556
1125	后英集团	173530	251798	7351
1126	山东省高唐蓝山集团	173058	120883	2088
1127	上海中环投资开发(集团)有限公司	172983	340252	1244
1128	广州恒运企业集团	172937	351331	831
1129	武汉建工集团	172892	285367	1602
1130	北京雪花电器集团公司	172791	240709	2295
1131	水城矿业(集团)有限责任公司	172585	498547	23566
1132	上海九百(集团)有限公司	172266	404038	2512
1133	浙江华鼎集团有限责任公司	172154	129370	8489
1134	湖南省轻工盐业集团	171787	178359	6169
1135	山东亚光纺织集团	171306	252812	6762
1136	天津市粮油集团	171033	387249	3266
1137	徐州环宇钼业集团	170910	156735	2413
1138	苏州二建建筑集团有限公司	170827	154415	1886
1139	泰开电气集团有限公司	170090	121505	3254
1140	山东金宇建筑集团	169934	185262	9486
1141	广东塔牌集团有限公司	168650	227216	2966
1142	西上海(集团)有限公司	168621	177918	2100
1143	福建六建建工集团	168326	112591	6276
1144	吉兰泰盐化集团有限公司	168308	314880	4639
1145	四川龙蟒集团有限责任公司	168266	201489	6582
1146	河南省中联集团	168004	365993	19574
1147	上海服装(集团)有限公司	167685	127578	4437
1148	宁夏建设集团有限责任公司	167336	200651	16317
1149	宁波洛兹集团	167228	99185	3352
1150	浙江万利工具集团有限公司	167081	58296	1468
1151	西安解放集团	166796	116264	1089
1152	云南力帆骏马车辆有限公司	166717	68865	4160
1153	广州机电集团(控股)有限公司	166242	532467	3793
1154	柳州凤山糖业集团有限责任公司	166096	156385	7480
1155	天津纺织集团	165657	255448	9268
1156	大连金广建设集团	165527	264886	21081
1157	山东恒源石油化工集团	165214	149044	2387
1158	青海盐湖工业集团有限公司	165130	569096	5218
1159	天津万隆集团	164924	805339	452

邮政编码	地　　址	电　　话
830002	新疆乌鲁木齐市新民路 9 号	0991-2629919
100710	北京市东城区东四西大街 155 号乙东厅	010-84099742
350001	福建省福州市东街 33 号武夷中心 19 层	0591-87503388
621000	四川省绵阳市高新区富普明东路北段 588 号	0816-2531367
317604	浙江省台州市玉环县陈屿镇	0571-85380101
114213	辽宁省鞍山海城市英落镇后英村	0412-3273056
252800	山东省聊城市高唐滨湖北路 2 号	0635-3962186
200060	上海市普陀区长寿路 468 号	021-62770068
510730	广东省广州市萝岗区开发大道 789 号	020-82068019
430022	湖北省武汉市汉口火车站财神广场	027-85878866
102600	北京市大兴黄村镇兴华大街三段 1 号	010-69243911-8609
553000	贵州省六盘水市钟山区开拓路 16 号	0858-8179800
200041	上海市静安区南京路 993 号 19 楼	021-62181063
311100	浙江省杭州市余杭区经济开发区北沙东路 56 号	0571-86259003
410005	湖南省长沙市建湘路 519 号	0731-4449289
256651	山东省滨州市滨城区滨北镇经二路 8 号	0543-3512878
300041	天津市和平区解放北路 34 号	022-23035284
221003	江苏省徐州市九里区临黄村	0516-82185971
215131	江苏省苏州市相城区澄阳路 88 号	0512-65798521
271000	山东省泰安市泰山区高新技术开发区	0538-8514044
257335	山东省东营市广饶县大王镇	0546-6858986
514100	广东省梅州市蕉岭县桂岭大道中	0753-7887029
201805	上海市嘉定区安亭镇曹安路 5555 号	021-39570402
350005	福建省福州市鼓楼区龙庭路 10 号	0591-83334613
750333	内蒙古阿拉善盟左旗吉兰泰镇	0483-8826602
618200	四川省绵竹市南轩南路	0838-6101476
450003	河南省郑州市经四路 3 号	0371-65990898
200336	上海市长宁区茅台路 567 号	021-62748598
750021	宁夏银川市西夏区怀远路 201 号	0951-2080209
315153	浙江省宁波市鄞州区石契东路	0574-88443622
310052	浙江省杭州市滨江区长河街道	0571-86624183
710001	陕西省西安市东大街解放市场 6 号	029-87217854
671005	云南省大理市凤仪镇	0872-2494917
510120	广东省广州市越秀区大德路 187 号	020-83337404
545002	广西壮族自治区柳州市北雀路 45-2 号	0772-2362379
300041	天津市和平区赤峰道 33 号	022-23317846
116011	辽宁省大连市西岗区新开路 89 号	0411-83787080
251500	山东省德州市临邑县恒源路 111 号	0534-4233715
816000	青海省格尔木市黄河路 1 号	0979-8448091
300171	天津市河东区十一经路 78 号	022-84180502

续表 29

序　号	企业集团名称	营业收入（万元）	资产总计（万元）	从业人员（人）
1160	山东省冠县冠星纺织集团	164867	59158	3050
1161	昆明云内动力(集团)公司	164683	209828	3402
1162	康恩贝集团	164663	284053	3498
1163	东莞东糖集团	164533	286714	1803
1164	曙光控股集团	163798	105205	12754
1165	天津滨江集团	163734	255122	2373
1166	江苏新潮科技集团有限公司	163562	313832	3130
1167	河北沧州大化集团	163425	357917	6903
1168	世纪阳光控股集团	163425	166473	5360
1169	宜昌兴发集团	163136	312447	4607
1170	安徽古井集团	163068	339432	8736
1171	焦作市黄河集团	162941	79745	5000
1172	武汉地产开发投资集团	162650	555628	632
1173	山东新郎希努尔集团股份有限公司	162386	155728	3658
1174	湖南株洲化工集团有限责任公司	162133	242658	5406
1175	浙江省轻纺集团	162120	311051	766
1176	新疆友好(集团)股份有限公司	161674	206941	2087
1177	浙江大港纺织印染集团	161518	111167	1355
1178	安徽华茂集团	160643	236524	7177
1179	新疆美克投资集团有限公司	160504	195158	6022
1180	山西省医药集团有限责任公司	160087	158096	4345
1181	福建省亿力电力集团	159909	284248	543
1182	新乡白鹭化纤集团	158841	393348	9320
1183	上海青年实业(集团)有限公司	158547	78958	2331
1184	中达国际经贸集团有限责任公司	158121	67209	1872
1185	山东靖海实业集团	158116	63210	3300
1186	菱花集团	158103	130749	6800
1187	椰树集团有限公司	157849	164492	3928
1188	辽宁省供销社集团总公司	157217	187196	409
1189	浙江永利实业集团	157101	223723	2458
1190	浙江中国小商品城集团	157074	485718	3124
1191	杭州诺贝尔集团有限公司	156924	190447	5533
1192	天津有色金属集团	156769	87289	816
1193	辽宁万兴达集团	156669	58956	905
1194	青岛康大外贸集团有限公司	156555	70941	981
1195	江门甘化企业集团	156418	270250	5734
1196	天瑞集团有限公司	156240	369238	8525
1197	辽渔集团	156148	159512	3123
1198	杜邦中国集团有限公司	156107	194049	309
1199	巨石集团	155952	322881	6396

邮政编码	地　址	电　话
252500	山东省聊城市冠县冠城镇振兴东路 221 号	0635-5281013
650224	云南省昆明市穿金路 715 号	0871-5633185-3331
310052	浙江省杭州市滨江区长河镇滨康路 568 号	0571-87774393
523120	广东省东莞市东城区莞樟路 8 号	0769-22613931
317500	浙江省台州市温岭市三星大道 158 号	0576-6208878
300022	天津市和平区滨江道 193 号	022-27118152
214431	江苏省无锡市江阴市滨江中路 275 号	0510-86854189-215
061000	河北省沧州市北环路	0317-3556486
312300	浙江省绍兴市上虞市凤山路 485 号	0575-2218580
443711	湖北省宜昌市兴山县古夫镇	0717-2587777
236820	安徽省亳州市古井镇	0558-5710760
454981	河南省焦作市武陟县西陶镇西滑封村	0391-7566639
430022	湖北省武汉市汉口新华路 25 号伟业大厦	027-68855314
262200	山东省维坊市诸城市东外环路北首	0536-6081356
412004	湖南省株洲市清水塘	0733-2382393
310009	浙江省杭州市梅花碑 8 号	0571-87805083
830000	新疆乌鲁木齐市友好南路 30 号	0991-4554702
313008	浙江省湖州市吴兴区织里镇吴兴大道 88 号	0572-3193518
246018	安徽安庆市纺织南路 80 号	0556-5919891
830011	新疆乌鲁木齐市北京南路 26 号	0991-3628188
030012	山西省太原市双塔寺街 155 号	0351-4048995
350003	福建省福州市北大路 133 号省物价大厦 7 层	0591-87023850
453011	河南省新乡市凤泉区锦园路	0373-3978902
200052	上海市长宁区延安西路 1088 号 202 室	021-62110248
100738	北京市东城东长安街 1 号东方广场 E2 座 15 层	010-85183888-527
264307	山东省威海市荣成市人和镇沙窝岛	0631-7461294
272073	山东省济宁市开发区柳行	0537-2085100
570102	海南省海口市龙华路 41 号	0898-66796000-5110
110031	辽宁省沈阳市皇姑区黄河南大街 48 号	024-86842863
312028	浙江省绍兴市绍兴县杨汛桥镇	0575-4069469
322000	浙江省金华市义乌市宾王路 158 号	0579-5182869
311122	浙江省杭州市余杭区闲林西路 36 号	0571-88686818
300110	天津市南开区长江道 94 号	022-27683062
111200	辽宁省辽阳市辽阳县首山乡兰唐路 43 号	0419-7470555-8013
266400	山东省青岛市胶南经济开发区	0532-86172907
529075	广东省江门市蓬江区甘化路 62 号	0750-3119888
467500	河南省汝州市丹阳路 28 号	0375-6032203
116113	辽宁省大连市甘井子区大连湾街 8 号	0411-87127000
518040	广东省深圳市车公庙工业区第五小区	0755-83307848
314500	浙江省嘉兴市桐乡市梧桐经济开发区	0573-8181099

续表 30

序　号	企业集团名称	营业收入（万元）	资产总计（万元）	从业人员（人）
1200	湖南华升工贸进出口(集团)公司	155839	209674	9797
1201	京卫医药科技集团有限公司	155741	83332	775
1202	中国洛阳浮法玻璃集团	155149	416272	7328
1203	山西三维华邦集团有限公司	155141	278349	2957
1204	上海精文置业(集团)有限公司	155091	304390	259
1205	广西农垦糖业集团	154384	301662	7387
1206	红蜻蜓集团	154296	68784	4506
1207	陕西华远医药商业集团	154104	52083	1291
1208	山东华夏集团	154074	75690	1500
1209	开封机电集团	154070	101620	402
1210	北京华普产业集团有限公司	153870	433178	3021
1211	北京华都集团有限责任公司	152822	151321	6611
1212	上海由由(集团)股份有限公司	152773	299444	2436
1213	北京化学工业集团	152692	442781	7590
1214	新疆有色金属工业(集团)有限责任公司	152679	402539	8549
1215	山东绮丽集团	152675	86377	2363
1216	北京市房山城建集团有限公司	152383	88388	9070
1217	金河集团实业有限公司	152379	102769	1944
1218	中利科技集团有限公司	152322	96724	1617
1219	山东华金集团	152051	181072	4478
1220	浙江省耀江实业集团	151859	847119	557
1221	西峡县龙成集团	151683	164233	2535
1222	金轮集团	151307	293192	6441
1223	广东佛陶集团股份有限公司	151290	384751	5382
1224	中国金币总公司	151220	289405	344
1225	江苏金鼎电动工具集团有限公司	151084	76963	5561
1226	重庆市博赛矿业集团	150790	134312	3862
1227	中国出国人员服务总公司	150685	171334	1443
1228	上工申贝(集团)股份有限公司	150606	244215	4712
1229	浙江日月首饰集团	150597	153364	1050
1230	山西大昌汽车集团有限公司	150463	69151	531
1231	江苏省盐业集团有限责任公司	150390	276814	18972
1232	上海淮海商业(集团)有限公司	150283	115275	4152
1233	庄吉集团	150235	89399	2498
1234	山东华丰企业集团	150168	156542	4660
1235	康奈集团	150025	62146	3831
1236	山东金顺达集团有限公司	150017	158055	2306
1237	山东金沂蒙集团有限公司	150016	67394	2002
1238	南京晨光集团有限责任公司	149592	282032	4658
1239	山东隆基集团有限公司	149436	76701	3200

邮政编码	地　址	电　话
410015	湖南省长沙市芙蓉中路三段 420 号	0731-5237802
100070	北京市丰台海鹰路 3 号	010-63716688
471009	河南省洛阳市西工区唐宫中路 9 号	0379-63908632
041603	山西省临汾市洪洞县赵城镇	0357-6663422
200125	上海市浦东新区临沂路 63-67 号	021-66283514
530022	广西南宁市民族大道 82 号	0771-2814653
325105	浙江省温州市永嘉县瓯北镇三桥工业区	0577-67370058
710032	陕西省西安市新城区兴庆路 60 号	029-83222399
264205	山东省威海市经济技术开发区华夏工业园	0631-5983619
475002	河南省开封市东京大道路北	0378-2585909
100020	北京市朝阳 19 号华普大厦 17 层	010-65803388
100088	北京市西城德外冰窖口胡同 75 号	010-82079047
200127	上海市浦东新区浦建路 929 号	021-58758888-1408
100176	北京市亦庄经济技术开发区西环北路 23 号	010-67883888-612
830000	新疆乌鲁木齐市友好北路 8 号	0991-4840582
266071	山东省青岛市市南区南京路 2 号	0532-85797010
102400	北京市房山房山燕房路 1 号北 2	010-69310254
010200	内蒙古呼和浩特市托县双河镇新坪路 71 号	0471-8511111
215542	江苏省苏州市常熟市东南经济技术开发区	0512-52571188
273201	山东省济宁市泗水县金庄	0537-4036821
310007	浙江省杭州市杭大路 15 号嘉华国际商务中心 16 楼	0571-87168670
474500	河南省南阳市西峡县仲景大道	0377-64693899
315301	浙江省宁波市慈溪市宗汉街道金轮开发区	0574-63218808
528031	广东省佛山市禅城区和平路 5 号	0757--82261034
100052	北京市宣武宣外大街 6 号庄胜广场北楼东区 14 层	010-63102266
213151	江苏省常州市武进区湟里镇	0519-3341245
400010	重庆市渝中区邹容路 131 号世界贸易中心 47 楼	023-63886310
100029	北京市朝阳区惠新东街 4 号	010-84639084
200122	上海市浦东新区世纪大道 1500 号	021-68407700
312046	浙江省绍兴市绍兴县福全镇	0575-4025665
030031	山西省太原市太榆路 88 号	0351-8728038
210036	江苏省南京市鼓楼区定淮门大街 9 号	025-86216687
200020	上海市卢湾区淮海中路 700 号	021-63867700
325011	浙江省温州经济开发区 2 号小区	0577-86666666
276005	山东省临沂市兰山区	0539-8295971
325007	浙江省温州市双屿中国鞋都产业园康奈工业园	0577-88768819
255419	山东省淄博市临淄区凤凰镇东召西村	0533-7600849
276700	山东省临沂市临沭县兴大西街 99 号	0539-6268012
210006	江苏省南京市中华门外正学路 1 号	025-52407124
265700	山东省烟台市龙港开发区隆基路 1 号	0535-8842175

续表 31

序 号	企业集团名称	营业收入（万元）	资产总计（万元）	从业人员（人）
1240	吉林炭素集团	149388	325989	5996
1241	郑州交通运输集团	149234	147379	7196
1242	广州越秀水泥集团有限公司	149191	414686	2906
1243	上海三毛企业(集团)股份有限公司	148614	84902	2169
1244	马鞍山市山鹰纸业集团	148454	197984	1396
1245	中国(福建)对外贸易中心集团	148377	253186	695
1246	富润控股集团	148044	223844	4191
1247	万事利集团	147971	166928	2068
1248	中国包装总公司	147953	133693	3924
1249	攀华集团有限公司	147803	142541	865
1250	深圳中联广深医药(集团)股份有限公司	147751	52611	2118
1251	中国(杭州)青春宝集团有限公司	147509	178159	3491
1252	翠微大厦股份有限公司	147264	125546	1965
1253	南瑞集团	146935	238766	1596
1254	山东金岭集团公司	146700	116247	1568
1255	青岛红星化工集团	146673	331520	6119
1256	山东华瑞集团	146625	105221	2032
1257	宁夏天净电能开发集团有限公司	146356	129692	3229
1258	山东汽车工业集团有限公司	146301	135194	6691
1259	华天实业控股集团有限公司	146081	350690	9029
1260	上海张江(集团)有限公司	145391	1402194	849
1261	浙江金鹰集团	145309	233106	14970
1262	山东华力电机集团	145272	63526	2227
1263	深圳市振业(集团)股份有限公司	145033	255307	1604
1264	重庆燃气(集团)有限责任公司	144589	164469	2521
1265	天津天狮集团	143880	234838	1890
1266	天津优联投资发展集团	143832	270631	80
1267	天津市自来水集团	143366	595968	4874
1268	中国绍兴黄酒集团	142948	394674	4223
1269	浙江中强建工集团	142880	108600	7800
1270	济南四建(集团)有限责任公司	142637	169474	13079
1271	湖北双环化工集团	142529	338010	3551
1272	宁波四海集团	142469	158065	2029
1273	西湖汽车零部件集团	142379	88153	2050
1274	河南森源集团公司	142108	55823	2746
1275	广东万家乐股份有限公司	141681	268776	2778
1276	上海申通地铁集团有限公司	141659	7751435	840
1277	汕头超声电子(集团)公司	141558	249467	3769
1278	金晶(集团)有限公司	140970	312187	1814
1279	日照市水产集团总公司	140823	106750	3835

邮政编码	地　址	电　话
132002	吉林省吉林市昌邑区和平街 9 号	0432-2749897
450052	河南省郑州市二七区交通路 133 号	0371-66776900
510160	广东省广州市荔湾区西湾路 148 号	020-86521262
200023	上海市卢湾区斜土路 791 号 B 楼	021-63028180
243021	安徽省马鞍山市金家庄区勤俭路 3 号	0555-2810496
350001	福建省福州市五四路 71 号国贸广场 31 层	0591-87533575
311800	浙江省绍兴市诸暨市陶朱南路 12 号	0575-7113268
310021	浙江省杭州市江干区机场路 309 号	0571-85148888
100037	北京西城区百万庄大街 8 号凌奇宾馆	010-68303335
215634	江苏省苏州市张家港保税区十字港东	0512-58387217
518002	广东省深圳市罗湖区深南东路 2023 号广深大厦四.五楼	0755-82354461
310023	浙江省杭州市西湖区西溪路 555 号	0571-85121024
100036	北京市海淀复兴路 33 号	010-68132614
210003	江苏省南京市南瑞路 8 号	025-83429900
257335	山东省东营市广饶县大王镇	0546-6881718
266011	山东省青岛市济阳路 8 号	0532-82850016
274012	山东省菏泽市丹阳路 204 号	0530-5335371
640104	宁夏银川市开发区	0951-4918800
250011	山东省济南市历下区泺源大街 53 号	0531-86155069
410011	湖南省长沙市解放东路 300 号	0731-4442888-80933
201203	上海市浦东新区张江路 69 号	021-50801818
316051	浙江省舟山市定海区小沙镇	0580-8020089
264300	山东省威海市荣成市明珠路 89 号	0631-7551153
518008	广东省深圳市宝安南路振业大厦 B 座 11-16 层	0755-25863016
400020	重庆市江北区小苑一村 30 号	023-67850685
301700	天津市武清经济开发区源泉路 6 号	022-82124400
300171	天津市河东区十一经路 78 号万隆太平洋大厦 6 层	022-24215688
300040	天津市和平区建设路 54 号	022-2339-1067
312000	浙江省绍兴市越城区北海桥	0575-5176051
311256	浙江省杭州市萧山区东方路 76 号	0571-82408008
250031	山东省济南市济洛路 163 号	0531-85953151
432407	湖北省孝感应城市东马坊	0712-3591215
315300	浙江省宁波市慈溪市浒山街道朱家桥路 21 号	0574-63813531
311000	浙江省杭州市余杭区运河镇道墩坝工业区	0571-86183939
461500	河南省许昌市长葛市人民路北段	0374-6108359
528333	广东省佛山市顺德区峰山工业区	0757-22321220
200031	上海市徐汇区衡山路 12 号	021-63189188
515041	广东省汕头市金平区兴业路 21 号	0754-8245666-4305
255200	山东省淄博市博山区双山街 216 号	0533-4180805
276826	山东省日照市北京路 231 号	0633-2219668

续表 32

序 号	企业集团名称	营业收入（万元）	资产总计（万元）	从业人员（人）
1280	绿城房地产集团	140275	1031190	750
1281	山东桑莎制衣集团	140201	96005	2085
1282	郑州煤矿机械集团	139993	122572	3246
1283	深圳兰光电子集团有限公司	139549	202532	1860
1284	华夏董氏兄弟商贸(集团)有限责任公司	139354	54985	375
1285	南京栖霞建设集团	139270	441112	1129
1286	成都国腾实业集团	138771	178546	940
1287	上海金桥(集团)有限公司	138695	702451	190
1288	广东昭信企业集团有限公司	138569	62554	9548
1289	深圳巴士集团股份有限公司	138379	155248	12122
1290	河南环宇集团	138257	174505	8760
1291	上海国际集团有限公司	137975	2061253	1363
1292	江苏天能集团公司	137923	138005	13009
1293	福建省物资集团	137693	96221	816
1294	黑牡丹(集团)股份有限公司	137606	145883	2559
1295	河南省郸城财鑫集团	137430	81010	3028
1296	深圳市南光(集团)股份有限公司	137247	147573	4537
1297	广西贵糖企业集团	137213	235684	6002
1298	浙江东南网架集团	137155	336826	2858
1299	兰州兰石集团有限公司	137095	215679	5501
1300	浙江漓铁集团	137093	66178	1370
1301	天津大桥焊材集团	136837	52829	2000
1302	成都三和企业集团	136215	69884	812
1303	宝龙集团	136074	285451	2520
1304	安徽星马汽车集团	135961	203436	1777
1305	山东德齐龙化工集团	135868	174202	2500
1306	宁波天安集团	135794	181168	2967
1307	潍坊亚星集团	135495	250360	2685
1308	山东渤海活塞集团有限责任公司	135461	172986	4571
1309	沈阳九星企业集团	135221	54920	521
1310	宁夏农垦企业集团有限责任公司	135062	189240	28554
1311	三门峡天元铝业(集团)	134643	180747	2305
1312	北京有色金属研究总院	134461	225215	2967
1313	湖南省粮油食品进出口集团有限公司	134356	107152	998
1314	济南华联商厦集团股份有限公司	134288	89857	648
1315	江苏老三集团公司	134174	61045	6039
1316	利君企业集团	133934	179453	4133
1317	杭州前进齿轮箱集团	133696	141634	4710
1318	均瑶集团	133480	164208	2300
1319	江苏东恒国际集团有限公司	133401	103734	410

邮政编码	地　址	电　话
310007	浙江省杭州市杭大路1号黄龙世纪广场A座10楼	0571-88988888
262200	山东省维坊市诸城市广场路16号	0536-6212934
450013	河南省郑州市华山路105号	0371-67891059
518031	广东省深圳市振华路56号兰光大厦	0755-61357848
100010	北京市东城隆福寺街99号金隆基大厦11D-10	010-84095959
210037	江苏省南京市龙蟠路218号	025-85506648
611731	四川省成都市高新西区国腾园	028-87827222
201206	上海市浦东新区新金桥路27号	021-50301818
528251	广东省佛山市南海平洲南港大道昭信广场	0757-86775882
508036	广东省深圳市福田区莲花支路一号	0755-83643576
453002	河南省新乡市环宇大道三里桥	0373-2688066
200002	上海市黄浦区九江路111号	021-63231111
221006	江苏省徐州市泉山区淮海西路182号	0516-85735500
350003	福建省福州市五四路239号	0591-87851343
213001	江苏省常州市和平南路47号	0519-8111238
477150	河南省周口市郸城县城关镇东环路37号	0394-3196638
518031	广东省深圳市福田区深南中路3024号航空大厦32层	0755-83689888-13225
537102	广西贵港市幸福路100号	077-54201504
311209	浙江省杭州市萧山区衙前镇	0571-82783998
730050	甘肃省兰州市七里河区西津西路194号	0931-2333465
312041	浙江省绍兴市绍兴县漓诸镇东矿	0575-4600190
300381	天津市西青区大寺镇	022-23971632
610041	四川省成都市高新区机场路新加坡工业园新园南一路2号	028-85176666
361012	福建省厦门市思明区嘉禾路305号宝龙中心二期	0592-5211111
243061	安徽省马鞍山市经济技术开发区	0555-8323550
253100	山东省德州市平原县立交东路15号	0534-4381625
315709	浙江省宁波市象山县天安路1118号	0574-65728118
261031	山东省潍坊市奎文区鸢飞路899号	0536-8591026
256602	山东省滨州市渤海二十路999号	0543-3289000
110141	辽宁省沈阳市于洪区洪湖北街78-6号	024-25315710
750001	宁夏银川市兴庆区民族北街	0951-3971913
472000	河南省三门峡市东风南路10号	0398-2916517
100088	北京市西城区新街口外大街2号	010-82241878
410001	湖南省长沙市竹园路7号	0731-2280475
250021	山东省济南市经二路571号	0531-87082966
213018	江苏省常州市凤凰路9号	0519-8829184
710077	陕西省西安市汉城南路151号	029-84271417
311203	浙江省杭州市萧山区萧金路45号	0571-82673888
200000	上海市徐汇区肇嘉浜路789号	021-51155505
210001	江苏省南京市中华路50号	025-52327631

续表 33

序　号	企业集团名称	营业收入（万元）	资产总计（万元）	从业人员（人）
1320	德华集团	133256	137666	5182
1321	河南省淅川铝业(集团)有限公司	132958	72375	1152
1322	山东华阳农药化工集团	132958	192346	8478
1323	黑龙江黑化集团	132920	293690	6344
1324	兰雁集团	132905	175447	4838
1325	山东德州百货大楼(集团)有限责任公司	132860	52369	2100
1326	浙江无名皮塑集团	132761	70492	1317
1327	永恩集团	132587	87524	3957
1328	烟台东方电子信息产业集团	132438	219425	2002
1329	无锡山禾集团有限公司	132128	118563	2920
1330	威海北洋电气集团	132056	88655	2693
1331	福建新华发行集团	131771	150481	3995
1332	石家庄东方热电集团	131322	517622	3372
1333	江苏通鼎集团	131266	53151	518
1334	百大集团	131037	96336	1024
1335	河南众品食业股份有限公司	130983	59079	1250
1336	安徽皖维集团	130934	204611	4362
1337	合肥四方集团	130869	113158	3540
1338	江苏苏州一建建设工程集团	130817	76767	1614
1339	陕西省高速公路建设集团	130800	2590811	4910
1340	苏州金螳螂企业(集团)有限公司	130733	123949	3626
1341	福建省机电(控股)有限责任公司	130203	156148	4537
1342	无锡新中润国际集团有限公司	130104	51568	171
1343	济南锅炉集团有限公司	130090	308281	2075
1344	山东宏祥化纤集团	129889	55454	426
1345	步阳集团	129806	97384	2600
1346	四川圣达集团	129728	164329	2150
1347	上海恒大(集团)有限公司	129541	249956	1018
1348	云南南天电子信息产业股份公司	129400	113239	1304
1349	大连美罗集团	129388	320998	1913
1350	河北省高营企业集团	129266	128471	5597
1351	安徽省交通投资集团	129110	1196126	2898
1352	山东天府集团公司	128917	100117	2100
1353	联通租赁集团	128881	97685	220
1354	上海现代建筑设计(集团)有限公司	128764	115696	3599
1355	浙江三弘集团有限公司	128681	81092	2400
1356	祥生实业集团	128260	176581	558
1357	浙江尖峰集团	128182	240503	3639
1358	中国长江动力集团	128000	258353	3115
1359	宁夏美利纸业集团有限责任公司	127899	566956	7819

邮政编码	地　址	电　话
313200	浙江省湖州市德清县武康镇永安街 199 号	0572-8067823
474450	河南省南阳市淅川县灌河路 406 号	0377-64260907
271411	山东省泰安市宁阳县磁窑镇	0538-5826001
161041	黑龙江省齐齐哈尔市富拉尔基区向阳大街 2 号	0452-8927904
255300	山东省淄博市周村区东门路 161 号	0533-6432862
253013	山东省德州市湖滨南路 14 号	0534-2693702
312046	浙江省绍兴市绍兴县福全镇青店头	0575-4029818
351100	福建省莆田市荔城区畅林村	0594-2782722
264000	山东省烟台市芝罘区市世回尧路 228 号	0535-6582508
214031	江苏省无锡市人民西路 94 号	0510-2734183
264200	山东省威海市新威路 11 号	0631-5231031
350001	福建省福州市鼓楼区五一北路 126 号	0591-87501312
050031	河北省石家庄市建华南大街 161 号	0311-85053924
215233	江苏省苏州市吴江市震泽镇八都经济开发区小平大道 18 号	0512-63877888
310006	浙江省杭州市下城区延安路 546 号	0571-85158800
461500	河南省许昌市长葛市长社路 21 号	0374-6226316
238002	安徽省巢湖市巢维路 56 号	0565-2386497
230022	安徽省合肥市蜀山区祁门路 12 号	0551-3515000
215002	江苏省苏州市锦帆路 49 号	0512-65241884
710054	陕西省西安市碑林区友谊东路 428 号	029-87832119
215004	江苏省苏州市西环路 888 号	0512-68262030
350001	福建省福州市省府路 1 号 11 座三层	0591-87619395
214001	江苏省无锡市中山路 395 号	0510-82708858
250023	山东省济南市天桥区黄岗路 8 号	0531-85974222-6452
253500	山东省德州市陵县经济开发区	0534-8261351
321300	浙江省金华市永康市汤店山 88 号	0579-7271166
610041	四川省成都市高新区天府大道北段 20 号高新国际广场 B 座	028-85322966
200126	上海市浦东新区成山路 216 号	021-58478577
650041	云南省昆明市环城东路 455 号	0871-3332302
116025	辽宁省大连市高新园区七贤岭敬贤街 29 号	0411-84790666-301
050034	河北省石家庄市高营大街	0311-85068417
230011	安徽省合肥市瑶海区长江东路 1157 号	0551-4298910
265217	山东省烟台市莱阳市团旺镇驻地	0535-7541002
310007	浙江省杭州市曙光路 122 号世贸中心 16 楼	0571-87950260
200041	上海市静安区石门二路 258 号	021-52524567
311251	浙江省杭州市萧山区临浦镇新大桥西侧 1-1 号	0571-82475666
311800	浙江省绍兴市诸暨市暨阳街道 17 号	0575-7020137
321000	浙江省金华市婺江东路 88 号	0579-2326868-3806
430074	湖北省武汉市洪山区关山一路 124 号	027-87801035
755000	宁夏吴忠市中卫市美利街	0955-7679417

续表 34

序　号	企业集团名称	营业收入（万元）	资产总计（万元）	从业人员（人）
1360	武汉市公共交通集团	127879	161091	18243
1361	上海中路(集团)有限公司	127704	128287	1528
1362	露露集团	127525	213499	2156
1363	宜宾丝丽雅集团有限公司	127490	300325	6161
1364	上海新长宁(集团)有限公司	127475	1250057	2081
1365	青岛海晶化工集团	127191	112857	2078
1366	山东省鲁州食品集团有限公司	127173	73539	3885
1367	赤山集团	126970	122349	3000
1368	广州工程总承包集团有限公司	126840	108934	2636
1369	天津市万达轮胎集团	126719	72510	4250
1370	浙江中誉(控股)集团	126676	198484	790
1371	江西济民可信集团有限公司	126560	79795	3054
1372	吉林省长春皓月集团	126504	194138	2513
1373	浙江菲达机电集团	126425	192166	1753
1374	焦作电力集团	126423	93769	907
1375	宁夏英利特电力集团股份有限公司	126131	302038	4362
1376	仪化集团	125921	188833	3524
1377	河南省华林塑料集团	125877	356316	1857
1378	四川大西洋集团有限责任公司	125871	146231	2962
1379	成都人民商场集团	125519	127798	4754
1380	威高集团	125252	175560	5696
1381	中国农业机械华北集团	125215	106085	595
1382	浙江威陵金属集团有限公司	125131	96643	3484
1383	嘉晨集团有限公司	125097	168024	3200
1384	杭州解百集团	124937	75498	1219
1385	江苏新雅鹿集团有限公司	124848	134015	3390
1386	长沙矿冶研究院	124771	162837	3573
1387	上海凯泉泵业(集团)有限公司	124732	109445	2007
1388	青岛纺联集团	124495	203500	9661
1389	青岛泰能燃气集团	123901	448772	2416
1390	信义集团公司	123690	138659	2016
1391	黄山永佳集团	123646	100642	2397
1392	河北三太子实业集团	123607	79887	8500
1393	双菱集团	123431	145419	1785
1394	解放日报报业集团	123298	204483	2009
1395	新疆玛纳斯新玛实业集团	123155	137919	2865
1396	江门市金羚企业集团	123114	100216	2057
1397	柳州化学工业集团有限公司	122892	198269	3621
1398	山西华宇集团有限公司	122882	198590	2700
1399	浙江天马印染集团	122808	109033	2281

邮政编码	地　址	电　话
430034	湖北省武汉市桥口区长丰乡	027-83302885
201204	上海市浦东新区花木路 832 号	021-50591378
067000	河北省承德市高新技术产业开发西区 6 号	0314-2059098
644002	四川省宜宾市南岸航天路中段	0831-2360048
200336	上海市长宁区仙霞路 618 号	021-62625600
266042	山东省青岛市四方区唐河路 8 号	0532-88086216
276400	山东省临沂市沂水县鲁州路 18 号	0539-2323019
264308	山东省威海市荣成市黄海中路 218 号	0631-7321100
510620	广东省广州市天河区体育东路体育东横街 3 号	020-87548428
300402	天津市北辰区宜兴埠	022-26990915
311217	浙江省杭州市萧山区市心北路 299 号	0571-82619506
330029	江西省南昌市青山湖区顺外路 98 号	0791-8161363
130021	吉林省长春市绿园区长农公路零公里	0431-2611649
311800	浙江省绍兴市诸暨市望云路	0575-7212055
454001	河南省焦作市解放区建设西路 1 号	0391-3522578
750001	宁夏银川市长城路	0951-4912585
211900	江苏省扬州市仪征市胥浦镇	0514-3235595
466700	河南省周口市淮阳县西城区华林工业园	0394-2678088
643010	四川省自贡市大安区马冲口街 2 号	0813-5103714
610011	四川省成都市锦江区东御街 19 号	028-86660965
264209	山东省威海市世昌大道 312	0631-5622517
300041	天津市和平区赤峰道 10 号	022-85586615-688
310051	浙江省杭州市滨江区滨安路 175 号	0571-86685988
115101	辽宁省大石桥市分水	0417-5330888
310001	浙江省杭州市上城区解放路 251 号	0571-87016888
215428	江苏省苏州市太仓市璜泾镇	0512-53820580
410012	湖南省长沙市麓山南路 966 号	0731-8657357
201804	上海市嘉定区黄渡镇联西村	021-69591918
266011	山东省青岛市市北区馆陶路 3 号	0532-82801164
266071	山东省青岛市宁夏路 123 号	0532-86688882
257335	山东省东营市广饶县大王镇	0546-6881189
245061	安徽省黄山市徽州区永佳大道 668 号	0559-3511142
055350	河北省邢台市隆尧县莲子镇村	0319-6597862
318050	浙江省台州市路桥新安南街 689 号	0576-2410216
200001	上海市黄浦区汉口路 300 号	021-63516141
832200	新疆昌吉州玛纳斯县中华路 336 号	0994-6661234
529040	广东省江门市江海区江翠路 162 号	0750-3811611
545002	广西柳州柳北区北雀路 67 号	0772-2514313
030002	山西省太原市开化寺街 87 号	0351-8308036
312072	浙江省绍兴市绍兴县马鞍镇姚家埠	0575-5625857

续表 35

序 号	企业集团名称	营业收入（万元）	资产总计（万元）	从业人员（人）
1400	上海机场(集团)有限公司	122746	2699873	11494
1401	北京汇源饮料食品集团有限公司	122676	420106	5434
1402	襄汾县星原钢铁集团有限公司	122305	57095	2193
1403	中国建筑设计研究院集团	122199	123104	4127
1404	广西八一铁合金(集团)有限责任公司	122009	165628	3383
1405	江苏常恒集团有限公司	121711	155278	6156
1406	河南省科迪食品集团	121596	163650	5580
1407	深圳市天略发展集团有限公司	121169	57232	521
1408	内蒙古伊化集团	120900	330959	4230
1409	山东大成化工集团有限公司	120566	162731	4972
1410	帅康集团	120526	107874	3083
1411	南益集团	120434	248015	22581
1412	山东金麒麟集团	120399	105372	1950
1413	山东中大空调集团	120067	95816	1899
1414	山东常林机械集团	119874	69558	3798
1415	浙江新澳集团	119839	50528	1468
1416	江苏宏宝集团有限公司	119631	104360	3910
1417	深圳泰然(集团)股份有限公司	119168	197873	1533
1418	上海南汇建工(集团)公司	119073	68163	2797
1419	上海致达科技(集团)股份有限公司	118979	291767	5294
1420	广东明珠企业集团	118570	177660	2634
1421	机械科学研究总院	118528	203465	3970
1422	中国海诚国际工程投资总院	117948	77864	5104
1423	浙江丝得莉集团	117745	61121	2449
1424	云南物资集团	117608	115710	554
1425	北京怀建集团有限公司	117429	51145	3599
1426	河南省北徐(集团)	117332	89439	2758
1427	芜湖恒鑫集团	117313	69023	750
1428	河南嵩岳集团	117084	208419	15748
1429	青岛正进集团	116812	145269	4878
1430	成都地奥集团	116592	238026	4363
1431	浙江华达集团	116551	136658	1093
1432	北京市华远集团	116443	453307	704
1433	福建二建建设集团	116441	105890	5324
1434	江西江中制药(集团)有限责任公司	116171	391650	4571
1435	京山轻机集团	116131	173927	2773
1436	北京雪莲毛纺服装集团公司	116052	179371	4247
1437	上海静安地产(集团)有限公司	115720	285921	537
1438	江苏琼花集团	114898	129365	2160
1439	北京发行集团有限责任公司	114892	202376	3697

邮政编码	地　址	电　话
201206	上海市浦东新区新金桥路 18 号	021-50554618
101315	北京市顺义北小营镇	010-60483388-8709
041500	山西省临汾市襄汾县	0357-5500811
100044	北京市西城区车公庄大街 19 号	010-88374340
546102	广西来宾市兴宾区凤凰镇	0772-6689888
213127	江苏省常州市新北区春江镇新华村	0519-5712670
476343	河南省商丘市虞城县利民镇工贸区 18 号	0370-4471305
518026	广东省深圳市福田区彩田南路中深花园 A 栋 01、03、05、06、08 室	0755-82996644
017000	内蒙古鄂尔多斯市鄂尔多斯西街 6 号	0477-8537417
255009	山东省淄博市张店区洪沟路 25 号	0533-2111999
315491	浙江省宁波市余姚市低塘镇历山	0574-62243888
362000	福建省泉州市丰泽区田安北路	0595-22916995
253600	山东省德州市乐陵枣城北大街 84 号	0534-2119918
253022	山东省德州市经济开发区晶华路	0534-2299210
276700	山东省临沂市临沭县常林西大街 112 号	0539-6260989
314511	浙江省嘉兴市桐乡市崇福镇西门	0573-8455868
215636	江苏省苏州市张家港市大新镇	0512-58715128
518040	广东省深圳市福田区车公庙泰然四路劲松大厦 21 楼	0755-83890881
201300	上海市南汇区沪南路 9999 号	021-68009802
200042	上海市静安区延平路 121 号 29 楼	021-62462233
514500	广东省梅州市兴宁市兴城赤巷口	0753-3337950
100044	北京市海淀区首体南路 2 号	010-88301811
100026	北京市朝阳区白家庄东里 42 号院	010-88855952
313012	浙江省湖州市南浔区双林镇丝得莉工业园	0572-3600313
650031	云南省昆明市五华区翠湖北路 76 号	0871-5320930
101400	北京市怀柔青春路 44 号	010-69644121-8030
462609	河南省漯河市临颍县杜曲镇北徐庄村	0395-8166053
241009	安徽省芜湖市鸠江区褐山北路	0553-5810111
450007	河南省郑州市棉纺西路 1-1 号	0371-67974917
266109	山东省青岛市城阳区双元路 18 号	0532-87726633
610041	四川省成都市高新区创业路 26 号	028-82900686
311400	浙江省杭州市富阳市富春街道文教路 88 号	0571-63366299
100037	北京市西城南礼士路 36 号华远大厦七层	010-68037025
350003	福建省福州市鼓楼区冶山路 105 号	0591-87823324
330077	江西省南昌市高新区火炬大道 888 号	0791-8520040
431800	湖北省荆门市京山县工业园区	0724-7224900
100021	北京市朝阳区松榆南路 107 号	010-87311909
200040	上海市静安区富民路 118 号	021-54050088
225111	江苏省扬州市邗江区杭集镇	0514-7271301-8012
100031	北京市西城西长安街丙 17 号	010-66012263

续表 36

序　号	企业集团名称	营业收入（万元）	资产总计（万元）	从业人员（人）
1440	威海建设集团	114593	127803	3108
1441	金可达集团	114523	128356	2355
1442	洛阳白马集团	114450	152554	6136
1443	南阳纺织集团	114355	134003	7325
1444	广东省商业企业集团	114072	164530	1743
1445	杭州老板实业集团	114003	62885	1146
1446	浙江永泰纸业集团股份有限公司	113995	119586	1692
1447	邢台机械轧辊集团	113833	147647	5124
1448	宁波市政工程建设集团	113823	108172	3320
1449	秦川机床集团有限公司	113625	163392	3760
1450	大连金港集团有限公司	113330	228248	6300
1451	安徽八一化工集团	113241	102849	2587
1452	厦门银鹭集团	113124	159200	2457
1453	邹平怡康集团有限公司	113016	141449	729
1454	上海汇成(集团)有限公司	112979	194862	1164
1455	贵州钢绳(集团)有限责任公司	112953	178633	5873
1456	湛江港集团有限公司	112691	484344	10022
1457	石家庄宝石集团	112663	382632	4333
1458	河南省中原大化集团	112632	242499	2318
1459	长春一汽四环集团	112590	182346	5698
1460	上海盛勤(集团)有限公司	112567	66148	1287
1461	德仁集团	112532	109942	2323
1462	深圳鹏基(集团)有限公司	112457	291051	5716
1463	深圳市光明集团有限公司	112319	95098	3536
1464	上海西部企业(集团)有限公司	112134	658454	5422
1465	昌泰集团	112019	199673	2630
1466	广州珠江钢琴集团有限公司	111925	170135	3144
1467	浙江富轮橡胶化工集团	111856	139877	1735
1468	浙江汇宇营建集团	111796	129693	2518
1469	合肥华泰集团	111511	98849	8050
1470	中国标准缝纫机集团	111391	184185	3114
1471	天津顺驰集团	111227	208507	502
1472	湖北孝棉实业集团	111095	104780	5200
1473	山东乐悟集团	110876	121823	2000
1474	浙江华东钢业集团有限公司	110857	57959	544
1475	深圳市盐田港集团有限公司	110603	1267571	1884
1476	上海瀛通(集团)有限公司	110520	278932	3343
1477	鲁南制药集团股份有限公司	110399	256849	2816
1478	南海能兴(控股)集团有限公司	110367	207434	2384
1479	日照兴业集团有限公司	110357	115746	1712

邮政编码	地　　址	电　　话
264200	山东省威海市昆明路 13 号	0631-5224880
325003	浙江省温州市垟儿路 47 号	0577-88829028
471009	河南省洛阳市纱厂西路 60 号	0379-63171224
473125	河南省南阳市长江路 200 号	0377-63112659
510080	广东省广州市越秀区新河浦路 66 号	020-87775852
311100	浙江省杭州市余杭区临平大道 592 号	0571-89176332
311421	浙江省杭州市富阳市春江街道新建村	0571-63587918
054025	河北省邢台市桥西区新兴路 1 号	0319-2116296
315012	浙江省宁波市海曙区新典路 21 号	0574-87471999
721009	陕西省宝鸡市渭滨区姜谭路 22 号	0917-3670665
116620	辽宁省大连市开发区辽河中路 59#	0411-87305991
233000	安徽省蚌埠市淮滨路 379 号	0552-3023735
361111	福建省厦门市同安区银鹭高科技园区	0592-7177936
256200	山东省滨州市邹平会仙二路 1208	0543-4306596
200030	上海市徐汇区淮海中路 1857 弄 63 号	021-64313920
563000	贵州省遵义市红花岗区桃溪路 47 号	0852-8419283
524027	广东省湛江市霞山区友谊路 1 号	0759-2250136
050035	河北省石家庄市黄河大道 9 号	0311-85054586
457004	河南省濮阳市人民路 98 号	0393-8956436
130011	吉林省长春市绿园区锦程大街 69 号	0431-5988911-3229
200025	上海市卢湾区重庆南路 310 号 1401 室	021-64451350
317000	浙江省台州市临海经济开发区	0576-5125630
518029	广东省深圳市福田区八卦二路 611 栋	0755-82263757
518107	广东省深圳市宝安区光明街道办光明大街	0755-27400080
200060	上海市普陀区长寿路 767 号	021-62327111
325028	浙江省温州经济开发区 13 号小区	0577-88336803
510388	广东省广州市荔湾区花地大道南渔尾西路 8 号	020-81502729
311402	浙江省杭州市富阳市高桥镇高富路 1 号	0571-63435111
311200	浙江省杭州市萧山区通惠南路 2 号	0571-56122609
230601	安徽省合肥经济技术开发区莲花路 1307 号	0551-7122828
710068	陕西省西安市太白南路 335 号	029-88279353
300381	天津市南开区卫津南路 76 号	022-23930326
432000	湖北省孝感市广砀街交通路 293 号	0712-2060208
253500	山东省德州市陵县经济开发区	0534-8228396
311201	浙江省杭州市萧山区萧然东路 318 号	0571-22888060
518081	广东省深圳市盐田区盐田港海港大厦 21-26 层	0755-25291050
202150	上海市崇明县城桥镇北门路 328 号	021-69616431
276005	山东省临沂市红旗路 209 号	0539-8336079
528200	广东省佛山市南海区桂城佛平二路 99 号	0757-86329999
276800	山东省日照市海曲东路 70 号	0633-3698876

续表 37

序　号	企业集团名称	营业收入（万元）	资产总计（万元）	从业人员（人）
1480	四川空分设备(集团)有限责任公司	110282	167573	2713
1481	深圳劲嘉彩印集团股份有限公司	110158	147406	2663
1482	大连海昌集团有限公司	110121	338745	181
1483	武汉华中科技大产业集团	109643	233595	5695
1484	江苏省粮食集团有限责任公司	109082	197644	833
1485	北京实创高科技发展总公司	108931	365884	1494
1486	河北路桥集团	108582	167123	870
1487	中煤国际工程设计研究总院	108474	99832	3704
1488	河南省龙云集团	108472	79314	2726
1489	上海开开(集团)有限公司	108435	181182	4465
1490	东冠通信集团	108384	121490	2727
1491	江苏扬力集团	108383	79359	2785
1492	北京龙建集团有限公司	108312	102444	12788
1493	广东新广国际集团有限公司	107956	258827	713
1494	重庆城建控股集团	107789	161384	5297
1495	深圳国有免税商品(集团)有限公司	107756	140964	813
1496	青海数码网络投资(集团)股份有限公司	107687	95822	2652
1497	江苏省国有资产经营(控股)有限公司	107658	742855	1774
1498	南宁化工集团有限公司	107562	150435	3602
1499	正兴车轮集团	107404	143173	2448
1500	山西三联技术产业集团有限公司	107386	127628	2065
1501	浙江华欣控股集团有限公司	107283	58729	1312
1502	唐山百货大楼集团	107159	63341	3122
1503	安徽全柴集团	106764	160409	3146
1504	四川沱牌集团有限公司	106515	292724	7949
1505	青特集团有限公司	106381	162024	2012
1506	重庆市公共交通控股(集团)有限公司	106340	198262	21542
1507	吉林省一建集团	106245	181072	2948
1508	东港工贸集团	106030	105355	1623
1509	重庆南方集团有限公司	105747	166720	3017
1510	山西振兴集团有限公司	105511	319728	4168
1511	江苏宏大集团	105490	92721	3050
1512	湖南郴电国际发展股份有限公司	105449	205594	2296
1513	九芝堂股份有限公司	105222	130332	2324
1514	恒柏集团	105048	86247	1868
1515	安徽天康集团	105003	66681	1560
1516	山东鲁通集团	104840	197483	2863
1517	浙江野风集团	104722	332963	2552
1518	临沂市医药集团总公司	104652	69664	3480
1519	文汇新民联合报业集团	104647	430154	2774

邮政编码	地　　址	电　　话
641400	四川省简阳市建设中路 239 号	0832-3186015
518103	广东省深圳市宝安区福永街道怀德南路怀德工业区 1 栋	0755-27300555
116001	辽宁省大连市中山区人民路 86 号	0411-82825666
430074	湖北省武汉市武昌区珞瑜路 243 号华工科技产业大厦 A 座楼	027-87407996
210005	江苏省南京市长江路 99 号 17 楼	025-84798926
100085	北京市海淀上地信息路 22 号	010-62981808
050011	河北省石家庄市建设南大街 70 号	0311-86011909
100011	北京市西城区安德路 67 号	010-62015762
462600	河南省漯河市临颍县杜曲镇	0395-8166086
200041	上海市静安区南京西路 819 号 7 楼	021-52138127
310053	浙江省杭州市滨江区江南大道 4288 号	0571-87796132
225127	江苏省扬州市扬子江中路 99 号	0514-7848295
102488	北京市房山良乡月华大街 3 号	010-89367735
510600	广东省广州市越秀区寺右新马路 111-115 号五羊新城广场 20 楼	020-61225088
400015	重庆市渝中区人民支路 2 号	023-63617226
518002	广东省深圳市文锦渡春风路联城大厦一至三楼	0755-25103004
810000	青海省西宁市五四大街 39 号	0971-6144912
210008	江苏省南京市中山路 348 号中信大厦 20 层	025-83192139
530031	广西南宁市江南区亭洪路 80 号	0771-4821025
363000	福建省漳州市北环城国道 319 线 73 公里右侧	0596-2600928
043300	山西省运城市河津市铸造工业园区	0359-5288123
311222	浙江省杭州市萧山区河庄工业园区	0571-82174881
063000	河北省唐山市路北区新华东道 125 号	0315-2821672
239500	安徽省滁州市全椒县建设东路 70 号	0550-5018888
629209	四川省遂宁市射洪县柳树镇中街 149 号	0825-6618698
266109	山东省青岛市城阳区不其路 25 号	0532-87865678
400014	重庆市渝中区长江一路 1 号	023-63893167
130061	吉林省长春市朝阳区东民主大街 222 号	0431-8926277
318000	浙江省台州市椒江区解放北路 83 号	0576-8894755
400041	重庆市高新区科园四路 195 号	023-68521111
043300	山西省运城市河津市樊村镇干涧村	0359-5301027
224015	江苏省盐城市仓头路 8 号	0515-8594188
423000	湖南省郴州市青年路万国大厦	0735-2339236
410008	湖南省长沙市芙蓉中路一段 129 号	0731-4499738
312026	浙江省绍兴市绍兴县夏履镇	0575-4061150
239300	安徽省滁州市天长市仁和南路 20 号	0550-7308865
250001	山东省济南市经三路 77 号	0531-86052191
322105	浙江省金华市东阳市歌山镇	0579-6730191
276003	山东省临沂市解放路东段	0539-8211709
200040	上海市静安区威海路 755 号	021-52921234

续表 38

序　号	企业集团名称	营业收入（万元）	资产总计（万元）	从业人员（人）
1520	广州橡胶企业集团公司	104456	218942	5868
1521	杭州民生药业集团	104407	102881	2993
1522	华仪电器集团	103938	82208	2289
1523	中国卫星通信集团公司	103721	528598	2253
1524	江苏航空产业集团有限责任公司	103565	192115	379
1525	绵阳启明星集团有限公司	103376	166796	3759
1526	浙江山鹰建材集团	103337	152487	1190
1527	山东崔军集团公司	103317	62545	3960
1528	建业住宅集团	103297	264989	1455
1529	厦门国际航空港集团	103234	480455	3707
1530	福建吉马集团	103179	88584	1416
1531	邯郸建工集团	103143	133162	11261
1532	浙江大普集团	103110	124914	869
1533	东方科学仪器进出口集团有限公司	103012	95663	377
1534	东华纺织集团有限公司	103000	74256	2027
1535	福建省建材(控股)有限责任公司	102914	181561	2620
1536	山西金业煤焦化集团有限公司	102887	643617	2649
1537	江苏邗建集团有限公司	102819	110023	14800
1538	鲁丽集团有限公司	102811	80779	3500
1539	安阳化学工业集团	102787	184602	3453
1540	浙江春晖集团	102698	115818	2100
1541	思奇科技控股有限公司	102674	215541	1456
1542	长沙通程实业集团有限公司	102660	200379	2023
1543	哈尔滨中央红集团股份有限公司	102641	69055	2960
1544	南阳防爆集团	102568	75945	3021
1545	浙江泰仑电力集团	102557	128577	1763
1546	烟台氨纶集团	102290	154327	907
1547	德州晶华集团	102207	377452	8458
1548	山东谷神集团	101808	58304	1268
1549	深圳市越众(集团)股份有限公司	101803	56778	1889
1550	山东禹王集团	101514	56581	966
1551	明园集团有限公司	101494	106990	242
1552	甘肃亚盛集团	101483	442084	15190
1553	济南一建集团	101431	193415	8724
1554	江苏鸿联集团	101273	97780	4500
1555	天津塑料集团	100993	132625	2960
1556	烟台恒邦集团	100901	94196	2165
1557	长城电器集团	100844	69231	2018
1558	山东贺友集团	100648	83813	1359
1559	山东通裕集团	100640	70861	690

邮政编码	地　址	电　话
510250	广东省广州市海珠区金沙路 9 号	020-84340559
310011	浙江省杭州市余杭塘路 108 号	0571-88886119
325600	浙江省温州市乐清市宁康西路 138 号	0577-62558836
100083	北京市海淀区学院路 42 号	010-62303569
210029	江苏省南京市汉中路 180 号星汉大厦 27 楼	025-86500407
621000	四川省绵阳市涪城区新益大厦南二楼	0816-2432266
313116	浙江省湖州市长兴县小浦镇	0572-6307222
255051	山东省淄博市张店区南定镇崔军村	0533-2982414
450002	河南省郑州市建业路建业城市花园 88 号	0371-66529216
361006	福建省厦门市湖里区高崎国际机场	0592-5708161
363000	福建省漳州市东岳新村 33 幢 3-4 楼	0596-2945380
056001	河北省邯郸市中华南大街 11 号	0310-3022832
312361	浙江省绍兴市上虞市丰慧镇	0575-2820895
100036	北京市海淀阜成路 67 号银都大厦	010-68729910
213161	江苏省常州市武进高新区古方路 1 号	0519-6555497
350001	福建省福州市北大路 242 号	0591-87853455
030012	山西省太原市长治路西巷四号	0351-5623384
225009	江苏省扬州市邗江中路 326 号	0514-7891005
262724	山东省潍坊市寿光市侯镇西河南村	0536-5361300
455133	河南省安阳市龙安区漳武街	0372-5400888
312352	浙江省绍兴市上虞市曹娥街道	0575-2164484
100016	北京市朝阳霄云路 26 号鹏润大厦 A 座 2301 室	010-84580599-808
410007	湖南省长沙市劳动路 589 号	0731-5551143
150070	黑龙江省哈尔滨市道里区埃德蒙顿路 73 号	0451-84885117
473008	河南省南阳市仲景路	0377-63258302
313000	浙江省湖州市南街 161 号	0572-2427777
264006	山东省烟台市开发区黑龙江路 10 号	0535-6375445
253007	山东省德州市湖滨南路 55 号	0534-2612213
253500	山东省德州市陵县经济开发区	0534-8321437
518040	广东省深圳市福田区竹子林紫竹六道 9 号	0755-83718599
251200	山东省德州地区禹城市通衢路北首	0534-7420820
200031	上海市徐汇区复兴中路 1199 号	021-64661199
730030	甘肃省兰州市城关区南滨河东路 753 号	0931-4603398
250100	山东省济南市工业北路 295 号	0531-88617000
213101	江苏省常州市武进区横林镇古槐路 125 号	0519-8780568
300381	天津市西青区梨园头津淄公路	022-83968682
264100	山东省烟台市牟平区北关大街 33 号	0535-4266539
325604	浙江省温州乐清市柳市长城大厦	0577-62722888
251200	山东省德州地区禹城市贺友路 1 号	0534-2128132
251200	山东省德州地区禹城市房寺镇	0534-7520698

续表 39

序　号	企业集团名称	营业收入（万元）	资产总计（万元）	从业人员（人）
1560	环宇集团	100575	56293	3111
1561	广东粤财投资控股有限公司	100426	616466	1825
1562	江苏远宇电子集团公司	100320	74724	5000
1563	浙江中财招商投资集团	100182	108419	1681
1564	北京用友软件股份有限公司	100118	149248	5049
1565	江苏中东集团有限公司	99832	77925	2100
1566	天津住宅建设发展集团	99321	474281	1768
1567	石狮市富贵鸟集团	99061	50399	5025
1568	山东省鲁信投资控股集团有限公司	98776	2111703	418
1569	黄石东贝机电集团	98646	133862	4095
1570	新乡新亚纸业集团	98610	115730	3580
1571	民丰集团	98365	266781	2799
1572	吉林省吴太医药集团	98178	128531	3031
1573	无锡开源机床集团有限公司	97888	109971	3184
1574	阳泉市南庄煤炭集团有限责任公司	97836	135593	8674
1575	四川银河汽车集团	97586	73343	1119
1576	福建省黎明企业集团	97181	87289	1518
1577	杭州电化集团	96994	72224	1468
1578	青岛金王集团	96832	71659	2129
1579	浙江永翔集团有限公司	96737	152409	3690
1580	河南六建建筑集团	96530	91084	10464
1581	深圳市物业发展(集团)股份有限公司	96497	179254	1781
1582	重庆乌江实业(集团)有限公司	96242	324258	1636
1583	上海大祥(集团)公司	96174	78726	1013
1584	广东健力宝集团有限公司	96076	379275	3700
1585	上海中恒(集团)有限公司	96070	119784	1291
1586	天津三源电力集团	96029	144171	1526
1587	菏泽交通集团总公司	95968	101940	8179
1588	湖北天发集团	95889	521267	2552
1589	鲁中冶金矿业集团公司	95843	113891	4949
1590	瑞立集团	95839	187266	2692
1591	安徽省皖中集团	95767	130798	6933
1592	立马控股集团	95752	134521	2390
1593	弘生集团	95750	180858	2105
1594	罗蒙集团	95694	180000	4320
1595	云南南磷集团股份有限公司	95585	106900	1773
1596	内蒙古蒙西高新技术集团有限公司	95537	297545	4335
1597	昆明中铁大型养路机械集团有限公司	95323	137538	1002
1598	浙江星鹏铜材集团	95315	72880	1022
1599	大连新型企业集团有限公司	95082	331027	2190

邮政编码	地　址	电　话
325603	浙江省温州乐清市北白象镇温州大桥工业区	0577-62888699
510050	广东省广州市越秀区环市中路 316 号金鹰大厦东楼 16 楼	020-83540366
213167	江苏省常州市武进区南夏墅镇庙桥	0519-6461340
310005	浙江省杭州市莫干山路 100 号耀江国际大厦 B 座	0571-88383183
100085	北京市海淀上地开拓路 15 号	010-62986688-1252
213153	江苏省常州市武进加泽工业园 138 号	0519-3807906
300050	天津市和平区马场道 66 号	022-23023683
362700	福建省石狮市长福工业区福林大厦	0595-88702892
250013	山东省济南市历下区解放路 166 号	0531-86566950
435006	湖北省黄石市铁山区	0714-5416688
453731	河南省新乡市新乡县七里营镇新庄村	0373-5681188
314000	浙江省嘉兴市南湖区角里街 70 号	0573-2839188
130031	吉林省长春市经济技术开发区北海路 1372 号	0431-2909903
214061	江苏省无锡市湖滨路 11 号	0510-85802978-635
045001	山西省阳泉市南庄路 231 号	0353-2188294
610036	四川省成都市蜀西路 28 号汇源科技大厦 8 楼	028-87506999
350005	福建省福州市白马路黎明街 8 号	0591-83720618
310053	浙江省杭州市滨江区浦沿镇镇前路 305 号	0571-86617799-6666
266071	山东省青岛市辽宁路 280 号	0532-85718989
311251	浙江省杭州市萧山区临浦镇桥里村	0571-82482078
471000	河南省洛阳市中州中路 497 号	0379-63346998
518014	广东省深圳市人民南路国贸大厦 39、42 楼	0755-82210950
409000	重庆市黔江区城西路 118 号	023-79230113
200085	上海市虹口区四川北路 838 号 6 楼	021-63646083
528100	广东省佛山市三水区西南镇	0757-87762710
200011	上海市黄浦区中山南路 1228 号楼	021-63135410
300050	天津市和平区重庆道 148 号	022-84402972
274000	山东省菏泽市黄河路 758 号	0530-3968076
434000	湖北省荆州市沙市区江汉北路	0716-8565468
271113	山东省莱芜市莱城区张家洼街道办事处	0634-6811238
325200	浙江省温州市瑞安经济开发区毓蒙路 1169 号	0577-65609883
230061	安徽省合肥市庐阳区安庆路 310 号	0551-2838334
321100	浙江省金华市兰溪市灵洞乡	0579-8251366
316000	浙江省舟山市定海区弘生大道 111 号	0580-2681052
315504	浙江省宁波市奉化市江口镇	0574-88888888-8801
620021	云南省昆明市护国北路 69 号	0871-3138337
016014	内蒙古鄂尔多斯市鄂托克旗蒙西工业园	0473-2552260
650215	云南省昆明市官渡区金马镇方旺办事处 384 号	0871-3920080
312300	浙江省绍兴市上虞市经济开发区	0575-2189038
116033	辽宁省大连市沙河口区敦煌路 11 号	0411-84403414

续表 40

序　号	企业集团名称	营业收入（万元）	资产总计（万元）	从业人员（人）
1600	六枝工矿(集团)有限责任公司	95067	146090	8368
1601	湖北省工业建筑总承包集团	94819	127470	17506
1602	贝发集团	94670	66596	4981
1603	安徽省轻工进出口集团	94442	56509	228
1604	浙江华威建材集团有限公司	94439	93767	756
1605	上海东升电子(集团)股份有限公司	94057	64724	1011
1606	浙江省农村发展集团有限公司	94001	199884	681
1607	湖北金安集团	93922	172702	4355
1608	中国轻工业对外经济技术合作公司	93751	100311	272
1609	北京中加实业集团有限公司	93426	162174	466
1610	江苏牧羊集团有限公司	93369	57904	1265
1611	浙江建华集团	93258	91554	3217
1612	邯郸市雪驰集团	93245	63212	7500
1613	河南邦杰集团	93224	93030	1600
1614	潍坊昌大建设集团	93206	122013	1337
1615	深圳市城市建设开发(集团)公司	93119	291990	2494
1616	贵州赤天化集团有限责任公司	92986	290050	2905
1617	长春星宇集团	92907	185347	1294
1618	浙江上风控股集团	92791	131988	1009
1619	北京市顺义大龙城乡建设开发总公司	92603	205089	1553
1620	北京矿冶研究总院	92595	138497	3222
1621	大众报业集团	92577	172171	2628
1622	青岛天泰集团	92480	265174	1038
1623	浙江省旅游集团	92458	190592	1606
1624	威海光威集团	92301	79605	4178
1625	济南二机床集团有限公司	92272	134531	4647
1626	上海城建建设实业(集团)有限公司	91951	84597	28120
1627	四川省棉麻集团	91922	80260	3443
1628	厦门古龙集团	91887	134042	2063
1629	江苏北方氯碱集团有限公司	91515	92850	2789
1630	广州珠江实业集团有限公司	91462	299836	2067
1631	中国纺织科学研究院	91390	141627	2302
1632	浙江钱清热电集团	91339	159045	1207
1633	武汉健民药业集团	91302	106097	937
1634	当代投资集团有限公司	91137	238637	786
1635	河南鑫旺集团	91101	130479	2460
1636	杭州钱江电气集团	90910	106155	1054
1637	江苏紫金电子集团有限公司	90733	121313	3358
1638	重庆市水务控股集团	90617	1081233	4058
1639	中国上海外经(集团)有限公司	90530	118105	609

邮政编码	地　址	电　话
553400	贵州省六枝特区平寨镇人民路 22 号	0858-5713358
430064	湖北省武汉市武昌区雄楚大街 42 号	027-88022148
315801	浙江省宁波市北仑区红联泥湾	0574-86186888
230022	安徽省合肥市蜀山区梅山路 19 号	0551-2826868
310009	浙江省杭州市杭海路 366 号	0571-87245585
201908	上海市宝山区月罗路 2255 号	021-66865270
310006	浙江省杭州市武林路 437 号	0571-85813023
434301	湖北省荆州市公安县斗湖堤镇长江路 91 号	0716-5155394
100011	北京市西城区德外大街甲 10 号	010-58302600
101500	北京市密云农机路 7 号	010-89096386
225127	江苏省扬州市邗江工业园牧羊路 1 号	0514-7848888-8153
310015	浙江省杭州市拱墅区沈半路 2 号	0571-88022222
056001	河北省邯郸市雪驰路 81 号	0310-8033912
466002	河南省周口市邦杰路 9 号	0394-8383542
261031	山东省潍坊市奎文区潍州路 696 号	0536-2108288
518010	广东省深圳市红岭南路金华街一号	0755-82270344
564707	贵州省遵义市赤水市	0852-2876941
130061	吉林省长春市朝阳区建设街 2577 号	0431-8506033
312375	浙江省绍兴市上虞市上浦开发区	0575-2361398
101300	北京市顺义五里仓小区南	010-69440514
100044	北京市西直门外文兴街一号	010-68321370
250014	山东省济南市经十路 46 号	0531-85196068
266100	山东省青岛市香港东路 99 号	0532-88016363
310006	浙江省杭州市环城西路 2 号	0571-87020106
264202	山东省威海世昌大道 265 号	0631-5251625
250022	山东省济南市槐荫区机床二厂路 4 号	0531-87118686
200081	上海市虹口区青云路 158 号	021-56722288
610017	四川省成都市青羊区的丝街 56 号	028-86750724
361004	福建省厦门市思明区禾祥西路 4 号鸿升大厦 18 层	0592-2395555-612
221007	江苏省徐州市鼓楼区复兴北路 219 号	0516-83658687
510095	广东省广州市越秀区环市东路 371-351 号南塔 28,29 楼	020-87609683
100025	北京市朝外大街延静里中街 3 号	010-65024795
312025	浙江省绍兴市绍兴县钱清镇	0575-4051744
430052	湖北省武汉市汉阳区鹦鹉大道 484 号	027-50537949
100028	北京市东城东直们香河园路 1 号	010-84488866-8803
451263	河南省巩义市米河镇	0371-64335913
311243	浙江省杭州市萧山区坎山镇光明工业区	0571-82583188
210028	江苏省南京经济技术开发区(东井亭 100 号)	025-85553007
400050	重庆市江北区红黄路中北大楼	023-67502449
200021	上海市卢湾区淮海中路 200 号	021-63861988

续表 41

序　号	企业集团名称	营业收入（万元）	资产总计（万元）	从业人员（人）
1640	山东聊建集团总公司	90279	136685	3609
1641	重庆市涪陵水利电力投资集团	90197	525040	3863
1642	鄂尔多斯东方路桥集团	90179	177636	4385
1643	上海中城企业(集团)有限公司	89824	313553	960
1644	宝鸡忠诚机床集团	89819	68291	2237
1645	耶莉娅集团	89542	55678	3412
1646	上海万源投资(集团)有限公司	89134	84967	401
1647	太原市洪达(集团)有限公司	88935	96249	5340
1648	浙江中国轻纺城集团股份有限公司	88786	443383	3673
1649	华迪钢业集团	88417	53047	1029
1650	四川出版集团	88417	161293	1616
1651	武汉一棉集团	88321	96023	3970
1652	山东齐鲁味精集团	88310	66996	2674
1653	北亚实业(集团)股份有限公司	88053	411613	710
1654	山东齐天化学集团	88015	64131	1579
1655	浙江省机电集团有限公司	87969	125091	2628
1656	上海宝华企业集团有限公司	87858	91193	78
1657	武汉葛化集团	87794	130842	3072
1658	上海市东湖(集团)公司	87773	654499	4222
1659	耀华电器集团有限公司	87769	92709	2392
1660	浙江丰球集团	87691	71380	965
1661	杰克控股集团	87607	52959	1656
1662	西安民生集团	87224	110406	2704
1663	山东樱花纺织集团	87165	147248	6035
1664	山东宏河矿业集团有限公司	87144	132334	7416
1665	北京天恒置业集团	87121	259421	129
1666	湖北化纤集团	87121	213538	4679
1667	杭州萧宏建设集团有限公司	87003	77415	296
1668	上海金外滩集团	86594	419354	571
1669	杭州滨江房产集团	86532	339698	79
1670	翔宇实业集团有限公司	86342	79242	427
1671	天津钢线钢缆集团	86165	120671	1435
1672	上海环境集团	85974	636498	6953
1673	天津市房地产开发经营集团	85970	571884	1346
1674	湖南省白沙煤电集团有限责任公司	85826	106813	14311
1675	浙江温州新世纪集团股份有限公司	85651	61797	157
1676	天津投资集团公司	85624	964317	507
1677	中国农业机械化科学研究院	85566	112670	4097
1678	山东光大电力集团	85546	81025	1804
1679	宁夏西北奔牛实业集团有限公司	85449	57987	2086

邮政编码	地　址	电　话
252000	山东省聊城市东昌东路 139 号	065-8266032
408000	重庆市涪陵区望州路 20 号	023-72286661
017000	内蒙古鄂尔多斯市东胜区伊煤路 22 号	0477-8568708
200020	上海市卢湾区瑞金一路 139 号 5 楼	021-53060308
721004	陕西省宝鸡市金台区东风路 34 号	0917-3566856
261021	山东省潍坊市潍城区北宫西街 126 号	0536-8957833
200127	上海市浦东新区锦绣路 2150 号	021-58396888
030027	山西太原市迎泽区建设南路 370 号	0351-5647890
312030	浙江省绍兴市绍兴县柯桥鉴湖路 1 号	0575-4119963
325024	浙江省温州市龙湾永中镇标路 24-32 号	0577-86887225
610031	四川省成都市槐树街 2 号	028-86259224
430050	湖北省武汉市汉阳晴川街汉南路 70 号	027-84712911
252100	山东省聊城市茌平齐鲁生态工业园	0635-4232231
150001	黑龙江省哈尔滨市南岗区红军街 16 号	0451-53600777
272021	山东省济宁市太白西路	0537-2782042
310009	浙江省杭州市上城区解放路 163 号	0571-87812859
200060	上海市普陀区长寿路 285 号 10 楼	021-62279797*126
430078	湖北省武汉市洪山区化工路 31 号	027-87602669
200030	上海市徐汇区宛平路 9 号甲	021-64740275
325604	浙江省温州乐清市柳市镇东风工业区	0577-62760089
311800	浙江省绍兴市诸暨市暨阳街道	0575-7132002
318010	浙江省台州市椒江区机场南路 15 号	0576-8177790
710005	陕西省西安市解放路 103 号	029-87481872
272035	山东省济宁市太白东路 30 号	0537-2388016
273514	山东省济宁市邹城市平阳寺镇横河村	0537-5305112
100035	北京市西城西海北沿 26 号	010-84050010
441133	湖北省襄樊市樊城区陈家湖	0710-2108338
311201	浙江省杭州市萧山区北干工业园纬五路 2 号	0571-82607328
200001	上海市黄浦区福建中路 66 号	021-63266326
310016	浙江省杭州市庆春东路 38 号	0571-86986665
276004	山东省临沂市金源路 307 号	0539-2958901
300171	天津市河东区津塘公路 23 号余门	022-24151295
200040	上海市静安区铜仁路 331 号 2 楼	021-62899600
300074	天津市和平区西康路云翔大厦 11 层	022-83850221
421800	湖南省耒阳市白沙路 1 号	0734-4712029
325000	浙江省温州市人民西路锦园大厦 17、18 层	0577-88257715
300042	天津市和平区泰安道 1 号	022-23148681
100083	北京市朝阳区德胜门外北沙滩一号	010-64882223
251200	山东省德州地区禹城市人民路 339 号	0534-7268923
753000	宁夏石嘴山市大武口区金工路	0952-2174580

续表 42

序　号	企业集团名称	营业收入（万元）	资产总计（万元）	从业人员（人）
1680	山东滨州环宇纺织集团有限责任公司	85442	107397	3900
1681	新疆宏景投资有限责任公司	85330	127593	2200
1682	邯郸市阳光百货集团	85141	73186	3509
1683	宁夏东方有色金属集团有限公司	84981	204808	3554
1684	中国检验认证(集团)有限公司	84620	100171	2479
1685	哈尔滨轴承集团公司	84589	385233	10208
1686	安徽宁国司尔特化肥集团	84491	93761	1531
1687	安徽省安庆环新集团	84270	127057	2001
1688	上海裕科(集团)有限公司	84268	73697	658
1689	濮阳三强电力集团	84160	131570	6282
1690	山西宏达钢铁集团有限公司	83983	67840	2000
1691	广东宝丽华集团有限公司	83848	265311	3250
1692	烟台三环锁业集团	83791	50900	4976
1693	浙江新亚太机电集团	83785	97974	1212
1694	唐山惠达陶瓷集团	83661	102257	8048
1695	方圆集团	83616	82914	3421
1696	天津二商集团	83605	264024	3712
1697	大连市热电集团	83346	339361	1603
1698	上海青浦工业园区发展(集团)有限公司	83232	625490	309
1699	包头草原糖业集团	82993	251903	2778
1700	唐山建设集团	82815	81538	2253
1701	兽王集团有限公司	82565	135027	2970
1702	云南英茂集团股份有限公司	82427	152852	3952
1703	凤凰光学集团有限公司	82377	143013	3887
1704	星月集团	82376	164917	3681
1705	青岛交运集团	82055	116557	6674
1706	陕西旅游集团	81954	317039	4799
1707	上海华盛企业(集团)有限公司	81678	105416	2622
1708	福建实达电脑集团	81605	121453	1935
1709	上海嘉实(集团)有限公司	81478	100381	3156
1710	山东乐化集团有限公司	81361	80068	2600
1711	绿都控股集团	81175	191594	511
1712	浙江化工科技集团有限公司	81152	102843	1185
1713	宁波海运集团	81121	178290	907
1714	陕西渭河煤化工集团	81015	407318	2571
1715	新疆伊力特集团有限公司	80984	253416	6607
1716	宁波飞翔集团	80937	71954	3532
1717	邯郸交通运输集团	80859	77468	2900
1718	浙江兆山建材集团	80812	73750	1768
1719	上海康德莱企业发展集团有限公司	80737	60416	3405

邮政编码	地　　址	电　　话
256617	山东省滨州市渤海三路 524 号	0543-3209385
830000	新疆乌鲁木齐市新华南路 68 号	0991-3738800
056002	河北省邯郸市丛台区中华北大街 29 号	0310-3122688
753000	宁夏石嘴山市大武口区冶金街	0952-2098034
100088	北京市海淀马甸东路 9 号 B 座	010-82262838
150036	黑龙江省哈尔滨市香坊区红旗大街 14 号	0451-55646197
242300	安徽省宣城市宁国市经济技术开发区	0563-4181506
246005	安徽安庆市开发区迎宾大道 16 号区	0556-5357175
200050	上海市长宁区延安西路 889 号太平洋中心 12 楼	021-52402211
457000	河南省濮阳市胜利西 249 号三强大厦	0393-8968056
043300	山西省运城市河津市僧楼镇小张村	0359-5358029
514788	广东省梅州市梅县华侨城	0753-2523988
264000	山东省烟台市芝罘区西南河路 47 号	0535-6254401-223
311203	浙江省杭州市萧山区亚太路 1399 号	0571-82761316
063307	河北省唐山市丰南区黄各庄镇	0315-8526088
265100	山东省烟台市海阳市面上方圆工业园	0535-6221111
300041	天津市和平区山东路 112 号	022-27110117
116021	辽宁省大连市西岗区沿海街 90 号	0411-84422999-6344
201700	上海市青浦区漕盈路 2500 号	021-69228046
014045	内蒙古包头市东河区东兴 2 街	0472-6957501
063000	河北省唐山市路南区国防道 21 号	0315-2814263
310015	浙江省杭州市中山北路 592 号	0571-85399509
650228	云南省昆明市滇池路英茂集团大楼	0871-4639413
334000	江西省上饶市光学路 1 号	0793-8260788
321307	浙江省金华市永康市古山工业区	0579-7511127
266034	山东省青岛市市北区无棣路 4 号	0532-86661868
710061	陕西省西安市雁塔区朱雀大街 297 号	029-85259511
200063	上海市普陀区曹杨路 1040 弄中友大厦 27 楼	021-62432118
350002	福建省福州市洪山园路 68 号	0591-83703333
201804	上海市嘉定区曹安路 4800 号	021-69589518
262412	山东省潍坊市昌乐县红河镇工业园	0536-6681427
311201	浙江省杭州市萧山区金城路 718 号	0571-82377888
310023	浙江省杭州市西溪路 926 号	0571-85228334
315020	浙江省宁波市江北区中马路 568 号	0574-87356271
714000	陕西省渭南市经济开发区	0913-2106048
835000	新疆伊宁市胜利街 98 号	0999-8038058
315326	浙江省宁波市慈溪市长河镇余庵公路西 281 号	0574-63023918
056001	河北省邯郸市邯山区中华路	0310-3022309
311832	浙江省绍兴市诸暨市浣东街道	0575-7391262
201803	上海市嘉定区华江路 668 弄 18 号	021-59116478

续表 43

序 号	企业集团名称	营业收入（万元）	资产总计（万元）	从业人员（人）
1720	常州市侨裕集团有限公司	80673	104564	2105
1721	晋江市百宏集团	80613	115386	2358
1722	成都康弘药业集团	80489	99753	1970
1723	博能集团	80467	125617	1700
1724	上海医药工业研究院	80442	90610	2036
1725	江苏天霸集团	80129	64497	2715
1726	安徽氯碱化工集团	80044	95582	3007
1727	四川久大盐业(集团)公司	80029	158414	5145
1728	甘肃铝业(集团)有限责任公司	79989	82871	3085
1729	杭州永盛集团有限公司	79960	51922	977
1730	上海开天建设(集团)有限公司	79804	440772	622
1731	陕西华圣企业集团	79785	146453	482
1732	青岛红领集团有限公司	79766	117957	3751
1733	上海中发电气(集团)有限公司	79620	100837	471
1734	河南日报报业集团	79342	121098	8163
1735	浙江华日集团	79335	104581	731
1736	福建永大集团	79238	153058	622
1737	深圳市康达尔(集团)股份有限公司	79221	109727	1844
1738	山东凤阳集团股份有限公司	79169	81784	590
1739	德意控股集团有限公司	79038	62419	917
1740	青海省公路桥梁工程集团有限公司	79023	82707	2436
1741	浙江开山集团	78968	50637	2675
1742	华通路桥集团有限公司	78958	80667	3400
1743	上海宏泉集团有限公司	78887	170899	919
1744	少林汽车集团	78865	94534	2157
1745	江苏三友集团	78605	87198	2518
1746	南京金箔集团有限责任公司	78533	117692	3285
1747	四川东材企业集团有限公司	78453	84746	1679
1748	青岛三恩集团有限公司	78409	62822	2015
1749	公元塑业集团	78320	64087	1961
1750	江苏虎豹集团	78279	52981	1895
1751	北京京棉纺织集团有限责任公司	78274	169330	5128
1752	山东裕隆矿业集团	78080	104526	4764
1753	桂林三金集团	78008	82363	2224
1754	中国河南国际合作集团	77885	70240	237
1755	安徽宁国中鼎集团	77756	101186	6348
1756	湖南湘江涂料集团	77710	79480	1184
1757	方大集团股份有限公司	77603	120128	1885
1758	浙江中豪房开建筑集团	77481	147674	4265
1759	天津海泰控股集团	77465	960935	776

邮政编码	地　址	电　话
213147	江苏省常州市西门外卜弋镇西	0519-3567810
362241	福建省晋江市龙湖镇枫林工业区	0595-85228888
610036	四川省成都市金牛区蜀西路 36 号	028-87509966
334000	江西省上饶市信州区抗建路 12 号	0793-8217275
200040	上海市北京西路 1320 号	021-62472530
215635	江苏省苏州市张家港市金港镇德积工业开发区	0512-58750056
230011	安徽省合肥市瑶海区郎溪路 10 号	0551-4521688
643000	四川省自贡市自流井区东兴寺街 89 号	0813-8220052
730079	甘肃省兰州市安宁区焦家庄一号	0931-7701616
311223	浙江省杭州市萧山区靖江镇商贸街 298 号	0571-82191678
201613	上海市松江区荣乐东路 111 号 4F	021-57744407
710068	陕西省西安市碑林区含光北路 16 号	029-88429288
266200	山东省青岛市即墨市红领大街 17 号	0532-88598017
200060	上海市普陀区长寿路 99 号世纪商务大厦 16 楼	021-62777711
450008	河南省郑州市农业路东段 28 号	0371-65795618
310019	浙江省杭州市江干区航海路 1059 号	0571-86901988
363000	福建省漳州市金峰工业区	0596-2528903
518003	广东省深圳市深南东路 1086 号集浩大厦二、三楼	0755-25417643
255300	山东省淄博市周村区凤阳路 138 号	0533-6452436
311215	浙江省杭州市萧山经济技术开发区建设三路	0571-82862226
810001	青海省西宁市昆仑路 18 号	0971-6139700
324002	浙江省衢州市经济开发区凯旋西路 9 号	0570-3662234
045000	山西省阳泉市南大西街 188 号	0353-2153333
200333	上海市普陀区梅川路 1357 号	021-52759178
450100	河南省荥阳市京城路 001 号	0371-64618210
226008	江苏省南通市崇川区人民东路 218 号	0513-85238100
211100	江苏省南京市江宁科学园成墟路 288 号	025-52133313
621000	四川省绵阳市游仙区东兴路 6 号	0816-2972888
266109	山东省青岛市城阳区 204 路 123 号	0532-87869228
318020	浙江省台州市黄岩经济开发区埭西路 2 号	0576-4277185
225127	江苏省扬州市邗江区汊河镇	0514-7840090
100025	北京市朝阳八里庄东里 1 号	010-65584499-2220
273100	山东省济宁市曲阜市天华路 2 号	0537-4401083-8015
541004	广西桂林市高新区骖鸾路 12 号	0773-5843213
450004	河南省郑州市东明路北 11 号	0371-66360275
242300	安徽宣城市宁国经济开发区	0563-4181880
410003	湖南省长沙市德雅路 790 号	0731-4218088
518055	广东省深圳市南山区西丽龙井方大城	0755-26788571-4402
310020	浙江省杭州市秋涛北路 67 号	0571-86045098
300384	天津新技术产业园区梅苑路 6 号海泰大厦	022-83715730

续表 44

序　号	企业集团名称	营业收入（万元）	资产总计（万元）	从业人员（人）
1760	广州市农工商集团有限公司	77417	383770	2524
1761	大连市自来水集团	77268	267210	3102
1762	荣光集团有限公司	77244	90379	8850
1763	上海南江(集团)有限公司	76958	231270	213
1764	厦门星鲨药业集团	76951	56075	1058
1765	吉林敖东药业集团	76732	252090	4043
1766	麦科特集团有限公司	76636	285940	3306
1767	山西粟海集团有限公司	76601	66868	2000
1768	浙江银轮实业发展股份有限公司	76587	116989	2294
1769	内蒙古河套酒业集团股份有限公司	76391	92328	4517
1770	泰山体育产业集团	76314	72132	1817
1771	北京新东方教育科技(集团)有限公司	76147	95603	4130
1772	东亚联合控股(集团)有限公司	76075	81046	2267
1773	浙江中维丝绸集团	76052	68273	839
1774	临亚集团	75937	78715	8144
1775	中炬高新技术实业(集团)股份有限公司	75876	233073	1657
1776	深圳广田集团有限公司	75824	78154	1253
1777	广东中旅(集团)有限公司	75796	105022	1221
1778	甘肃成州矿冶集团公司	75692	117848	1627
1779	杭州机床集团	75472	83737	2660
1780	浙江四方集团	75267	53570	1544
1781	上海大江(集团)股份有限公司	75199	108089	3233
1782	深圳市金众(集团)股份有限公司	75173	112560	5097
1783	烟台交运集团有限公司	75156	94805	3658
1784	浙江恒达实业集团有限公司	75126	73997	1409
1785	甘肃祁连山水泥集团股份有限公司	75067	218726	3813
1786	深圳经济特区房地产(集团)股份有限公司	75047	241847	1762
1787	青岛公交集团	75046	139740	13234
1788	威海华联集团公司	74821	51237	2137
1789	武汉人福高科技集团	74790	204492	2701
1790	湖北稻花香集团	74782	83672	2637
1791	广西河池化学工业集团公司	74749	167039	3454
1792	山东永泰化工集团有限公司	74597	81812	1820
1793	舜杰建设(集团)有限公司	74498	76955	5064
1794	江西省石化集团公司	74418	386005	6673
1795	郑州燃气集团	74357	208372	1696
1796	山西离柳焦煤集团有限公司	74345	169673	4184
1797	茂名市建筑集团有限公司	74031	75412	11256
1798	山东省高青县供销企业集团总公司	73911	100664	3124
1799	江苏新伍集团公司	73637	75094	2190

邮政编码	地　址	电　话
510010	广东省广州市荔湾区站前横路 20 号	020-86683636
116011	辽宁省大连市西岗区高尔基路 42 号	0411-83624774
325200	浙江省温州瑞安市瑞光大道 941 号	0577-65608885
200011	上海市黄浦区陆家浜路 1322 号 20 楼	021-63772413
361005	福建省厦门市思明区沙坡尾 58 号	0592-2099061
133700	吉林省延边州敦化市敖东南大街 88 号	0433-6253810
516001	广东省惠州市麦科特大道 63 号	0752-2119692
044507	山西省运城市永济市卿头镇许家营村	0359-8120108
317200	浙江省台州市天台县交通运输机械工业园区	0576-3882289
015400	内蒙古巴彦淖尔市陕坝镇建设街 39 号	0478-6622924
253600	山东省德州市乐陵市经济开发区	0534-6295888
100080	北京市海淀海淀中街 6 号	010-62605566
200002	上海市黄浦区南苏州路 381 号	021-33134520-191
313000	浙江省湖州市中心广场富城商楼南区 13 座 5 楼	0572-2022338
317005	浙江省台州市临海市东塍中街	0576-5999268
528437	广东省中山市火炬开发区	0760-5596818
518028	广东省深圳市福田区华强北上步工业区 304 栋 2 层	0755-83236328
510115	广东省广州市越秀区人民街侨光路 10 号	020-83336888-3504
742500	甘肃省陇南市成县城关镇南桥路 3 号	0939-3221881
310022	浙江省杭州市石祥路 124 号	0571-85809877
321315	浙江省金华市永康市永拖路 57 号	0579-7156677
201600	上海市松江区谷阳南路 26 号	021-34225023
518048	广东省深圳市福田区新沙路国都高尔夫花园二期三楼	0755-83619888
264000	山东省烟台市开发区衡山路 58 号	0535-6937019
311217	浙江省杭州市萧山区新街镇海塘路	0571-82856099
730030	甘肃省兰州市城关区力行新村 3 号	0931-4900692
518001	广东省深圳市罗湖区人民南路深房广场 45-48 楼	0755-82293000-4664
266071	山东省青岛市市南区香港中路 73 号	0532-85928708
264200	山东省威海市新威路 58 号	0631-5222888-3168
430074	湖北省武汉市洪山区关山街鲁磨路 369 号	027-87596718
443112	湖北省宜昌市夷陵区龙泉镇	0717-7761666
547007	广西河池市金城江区六甲镇	0778-2266881
257335	山东省东营市广饶县大王镇	0546-6891586
200070	上海市闸北区秣陵路 355 号铁路大厦 18F	021-51017272
330029	江西省南昌市青山湖区北京东路 98 号	0791-8181831
450006	河南省郑州市陇海西路 352 号	0371-6881078
032302	山西吕梁市孝义市兑镇	0358-7651588
525000	广东省茂名市迎宾路 23 号	0668-2889344
256300	山东省淄博市高青县县城黄河路 82 号	0533-6961560
214422	江苏省无锡市江阴市云亭镇新伍村	0510-86013128

续表 45

序　号	企业集团名称	营业收入（万元）	资产总计（万元）	从业人员（人）
1800	天津天女化工集团	73495	107640	1422
1801	新疆昌吉州粮油购销集团	73384	186821	1050
1802	合肥建工集团	73299	65312	7477
1803	江苏振阳集团	73226	88006	3850
1804	九鼎建设集团	73139	114647	3052
1805	武汉市燃气集团	72917	260079	2727
1806	南京金陵饭店集团有限公司	72646	136203	2133
1807	山西运城制版集团股份有限公司	72573	167785	7396
1808	中国印刷集团公司	72530	126144	2892
1809	广州广重企业集团	72526	262759	2929
1810	绿谷(集团)有限公司	72432	89380	2767
1811	山东省医药集团有限公司	72378	66833	2407
1812	陕西路桥集团	72308	85990	3021
1813	江苏恒顺集团有限公司	72201	322152	2120
1814	无锡宏源集团有限责任公司	72133	74460	1368
1815	舜宇集团	72063	74682	4077
1816	四川省机场集团	72043	354292	3418
1817	安徽省农垦集团	71996	128513	43717
1818	丹东东宝电器(集团)总公司	71965	64999	1218
1819	浙江万达集团	71793	61037	2091
1820	海南民生燃气(集团)股份有限公司	71746	490840	357
1821	上海界龙发展有限公司	71574	140503	2833
1822	柳州立宇集团有限责任公司	71445	74624	5135
1823	江苏梁丰食品集团有限公司	71417	54257	1516
1824	陕西华山化工集团	71289	128330	3613
1825	青岛市市政工程集团有限公司	71281	144274	1541
1826	中国种子集团公司	71253	95533	929
1827	唐山开元企业集团	71016	84463	1036
1828	天津双街钢管集团	70975	131176	911
1829	青岛东生集团公司	70715	97193	2362
1830	江苏通裕纺织集团公司	70629	56932	2893
1831	杭州东华链条集团	70588	63731	2260
1832	湖南省涟邵矿业集团有限公司	70581	103163	11422
1833	湖北安琪生物集团	70531	109194	1673
1834	辽宁能源投资(集团)有限责任公司	70500	580041	1667
1835	江苏省江建集团有限公司	70486	112722	6839
1836	新疆哈密煤业(集团)有限责任公司	70362	185281	9440
1837	广东梅雁企业(集团)股份有限公司	70252	906299	3613
1838	苏州精细化工有限公司	70248	112018	1551
1839	山东石岛水产集团	70241	140835	2152

邮政编码	地　　址	电　　话
300300	天津市东丽区程林庄街津赤路 9 号	022-84783830
831100	新疆昌吉市延安北路 183 号	0994-2331670
230061	安徽省合肥市长江中路 330 号	0551-2652485
224300	江苏省盐城市射阳县城黄海北路 8 号	0515-2359988
318050	浙江省台州市路桥区金水路 58 号	0576-2550209
430015	湖北省武汉市汉口台北路 225 号	027-85783791
210005	江苏省南京市鼓楼区汉中路 2 号	025-84711888
044000	山西省运城市黄河大道中段	0359-2160735
100044	北京市西城区车公庄大街甲 4 号物华大厦三层	010-68001661
510250	广东省广州市海珠区昌岗中路 33 号	020-84369817
201203	上海市浦东新区牛顿路 421 号	021-50504988
250013	山东省济南市解放路 11 号	0531-80660011
710075	陕西省西安市南二环西段 180 号财富中心 C 座 22-24 层	029-83118863
212004	江苏省镇江市中山西路 84 号	0511-5233758
214062	江苏省无锡市梁溪路 11 号	0510-85867456-133
315400	浙江省宁波市余姚市舜宇路 66-68 号	0574-62530863
610202	四川省成都市火车南站至机场 12 公里处	028-85205064
230001	安徽省合肥市包河区巢湖路 283 号	0551-2653170
118002	辽宁省丹东市振兴区国桢路 14 号	0415-6161027
311258	浙江省杭州市萧山区闻堰镇三江路 8 号	0571-82301088
570208	海南省海口市海甸四东路民生大厦	0898-66196114
201205	上海市浦东新区川周路界龙大道 288 号	021-58942513
545002	广西柳州柳北区胜利路 4 号	0772-2527818
215600	江苏省苏州市张家港市港城大道 245 号	0512-58221624
714100	陕西省渭南瓜坡镇	0913-4016515
266003	山东省青岛市市南区龙江路 25 号	0532-82870764
100029	北京市朝阳区安贞西里四区甲 1 号	010-64438526
063000	河北省唐山市高新技术开发区火炬路 189 号	0315-3859602
300400	天津市北辰区京津公路引河桥北	022-26970071
266600	山东省青岛莱西市威海东路 80 号	0532-88489784
225009	江苏省扬州市江阳中路 7 号	0514-7858688
310021	浙江省杭州市江干区机场路 218 号	0571-85045780
417000	湖南省娄底市娄星区底星路	0738-8224368
443003	湖北省宜昌市中南路 24 号	0717-6369660
110014	辽宁省沈阳市沈河区青年大街 106 号	024-22705408
225200	江苏省扬州市江都市引江路 11 号	0514-6086100
839003	新疆哈密市三道岭人民南路 1 号	0902-6182915
514011	广东省梅州市湾水塘	0753-2225882
215001	江苏省苏州市工业园区娄葑镇 312 国道	0512-67602196
264309	山东省威海市荣成市石岛区黄海路 118 号	0631-7382248

续表 46

序　号	企业集团名称	营业收入（万元）	资产总计（万元）	从业人员（人）
1840	河南飘安集团	70063	79466	2300
1841	安徽金种子集团	70000	226774	3253
1842	河南金山化工集团	69968	72737	2500
1843	福建地矿建设集团	69702	60190	2790
1844	西藏华西药业集团有限公司	69681	120915	958
1845	金田集团	69634	78353	568
1846	惠尔康集团	69394	60694	2260
1847	百仙控股集团	69333	78828	2323
1848	广西黑五类食品有限责任公司	69247	57131	3110
1849	福建东百集团	69183	101420	713
1850	河南省宛西制药股份有限公司	69135	103030	5293
1851	牡丹江恒丰纸业集团有限责任公司	69059	174783	2375
1852	新疆对外经济贸易集团	69045	164355	2576
1853	桂林客车工业集团公司	69043	108911	1940
1854	湛江纺织企业(集团)公司	68944	100144	2530
1855	天津市公共交通集团	68902	133896	13192
1856	核工业华东建设工程集团公司	68848	63600	3622
1857	山东滨州印染集团有限责任公司	68809	115970	2286
1858	山西亚宝药业集团股份有限公司	68707	113478	3816
1859	山东兴创纸业集团有限公司	68605	56238	2126
1860	广州羊城兆业企业集团有限公司	68500	61778	2129
1861	天津安达集团	68357	55855	900
1862	南京同创信息产业集团有限公司	68336	185175	866
1863	烟台港集团有限公司	68327	310192	7496
1864	上海广电电气(集团)有限公司	68276	73700	148
1865	浙江云森集团有限公司	67956	82594	1903
1866	陕西兴化企业集团	67822	98169	3492
1867	中利达集团	67520	90458	1128
1868	成都倍特发展集团	67424	183822	1460
1869	潍坊迈特钢管集团有限公司	67419	60920	861
1870	天津环球磁卡集团	67330	743406	2635
1871	广宇集团股份有限公司	67272	214395	184
1872	郑州三全食品股份有限公司	67114	63644	9100
1873	福建闽南(漳州)经济发展股份有限公司	67084	171122	367
1874	天津市鸿发投资集团	67065	103939	281
1875	盘固水泥集团有限公司	67025	98816	1269
1876	齐翔建工集团	67007	81767	3219
1877	上海永业企业(集团)有限公司	66968	351395	213
1878	山东绿源化工集团	66788	52874	985
1879	宁夏铁路多元化发展集团有限公司	66641	99757	4282

邮政编码	地　　址	电　　话
453400	河南省长垣县飘安工业园	0373-8701792
236018	安徽省阜阳市莲花路 259 号	0558-2210000
454750	河南省焦作市孟州西工区	0391-8192831
350003	福建省福州市杨桥路 145 号	0591-87643509
850000	西藏拉萨市北京中路 93 号	0891-6835809
325802	浙江省温州市苍南县龙港镇龙洲路 248 号	0577-64299999
361100	福建省厦门市同安区汀西镇隘头村	0592-7157504
200030	上海市徐汇区凯旋路 3131 号 1301 室	021-54071777
530022	广西容县容城镇城西路 299 号	0771-5308622
350001	福建省福州市六一北路 84 号	0591-83177201
474500	河南省南阳市西峡县仲景大道 168 号	0377-64665688
157013	黑龙江省牡丹江市阳明区光华街造纸路 11 号	0453-6331111-6287
830001	新疆乌鲁木齐市团结东路 45 号	0991-5589702
541002	广西桂林市象山区翠竹路 18 号	0773-3835551
524022	广东省湛江市人民大道中 75 号	0759-3622602
300142	天津市河北区辰纬路 3 号	022-26293224
330046	江西省南昌市西湖区北京西路 160 号	0791-6351393
256617	山东滨州市黄河二路 819 号	0543-3288402
044600	山西省运城市芮城县富民路 43 号	0359-3088100
262218	山东省维坊市兴创产业园兴中路 38 号	0536-6521311
510120	广东省广州市越秀区惠福西路 38 号	020-81309206
300300	天津市东丽区外环线张贵庄铁路桥东	022-24963247
210061	江苏省南京高新技术开发区高科二路 9 号	025-58846818
264000	山东省烟台市北马路 155 号	0535-6742134
201400	上海市奉贤区南桥镇南桥路 865 号	021-67101608
311402	浙江省杭州市富阳市高桥镇高富路 68 号	0571-63432688
713100	陕西省咸阳市兴平市东城	0910-8838018
313216	浙江省湖州市德清县乾元镇北郊路 23 号	0572-8422905
610041	四川省成都市九兴大道 8 号	028-85123500
261011	山东省维坊市潍城区春鸢路 28 号	0536-8187070
300201	天津市河西区友谊路 3 号友城名居 10 号楼	022-88370501
310006	浙江省杭州市上城区平海路 8 号	0571-87018788
450044	河南省郑州市惠济区综合投资区长兴路 28 号	0371-63984891
363000	福建省漳州市胜利东路漳州发展广场 21 层	0596-2671753
300457	天津市开发区黄海路 172 号	022-25295588-817
213245	江苏省常州市金坛市薛埠镇	0519-2666890
161005	黑龙江省齐齐哈尔市龙沙区合意大街 28 号	0452-2458625
200021	上海市卢湾区淮海中路 138 号 32F	021-63756198
253500	山东德州市陵县开发区	0534-8261715
750011	宁夏银川市西夏区怀远路	0951-3925224

续表 47

序 号	企业集团名称	营业收入（万元）	资产总计（万元）	从业人员（人）
1880	贵州神奇集团	66600	134503	2037
1881	河南省宏力集团	66538	118869	4289
1882	天马控股集团有限公司	66489	76016	2892
1883	浙江虎山集团	66388	131561	1398
1884	济南齐鲁化纤集团	66388	62624	8321
1885	山东齐峰化轻集团有限公司	66297	99814	854
1886	远中建设开发(上海)集团有限公司	66170	267218	52
1887	沁和能源集团有限公司	66117	206141	4949
1888	黑龙江省图书音像发行集团	66014	52974	3272
1889	中国储备棉管理总公司	66008	929567	626
1890	吉林正业集团	65882	162926	1790
1891	绵阳新华内燃机集团有限公司	65864	79379	1394
1892	杭州复兴建设集团有限公司	65863	119523	124
1893	天津市铁路集团	65857	181437	2041
1894	武汉江南实业集团	65721	104405	5413
1895	中国扬子集团	65711	140152	4485
1896	山东高虹电力集团	65667	58245	2680
1897	上海市轻纺集团有限公司	65534	79601	176
1898	上海申一实业(集团)有限公司	65525	77484	72
1899	温州长运集团	65520	84978	3081
1900	兰州黄河企业集团公司	65345	141587	2580
1901	青岛中泰集团有限责任公司	65320	55192	1426
1902	重庆银钢科技集团	65260	56793	957
1903	江苏洋河集团有限公司	65253	127226	4049
1904	宝鸡商场(集团)股份有限公司	65195	95887	3146
1905	沁阳市铝电集团	65096	175036	2899
1906	亚达科技集团	64958	80384	3200
1907	柳州两面针股份有限公司	64812	215918	1685
1908	苏州交通工程集团有限公司	64811	72949	1933
1909	甘肃金昌化工(集团)有限责任公司	64727	141683	2931
1910	黑龙江富华集团	64691	87195	1680
1911	浙江天乐集团	64619	66458	4348
1912	力西特集团	64587	95961	861
1913	德州皇明太阳能集团	64540	69777	2030
1914	山东佳宝集团有限公司	64270	83056	2041
1915	威海市山花地毯集团	64116	54504	2059
1916	天津现代集团	64059	269609	151
1917	天津贻成集团	63994	153300	103
1918	河南中轴集团	63948	54048	2532
1919	江苏九鼎集团	63830	50123	1467

邮政编码	地　址	电　话
550004	贵州省贵阳市北京路 1 号	0851-6768888-7813
453400	河南省新乡市长垣县建蒲路中段	0373-8888300
310015	浙江省杭州市石祥路 208 号	0571-88282988-8588
324103	浙江省衢州市江山市上铺	0570-4211012
250100	山东省济南市历下区化纤厂路 6 号	0531-88068371
255432	山东省淄博市临淄区朱台镇朱台路 22 号	0533-7780161
200051	上海市长宁区仙霞路 319 号 31 楼	021-62709999
048205	山西省晋城市沁水县加丰镇	0356-7089100
150010	黑龙江省哈尔滨市道里区地段街 183 号	0451-84675532
100032	北京市西诚区金融街 33 号通泰大厦 B 座 12 层	010-88087312
130051	吉林省长春市宽城区长江路 57 号	0431-6113010
621000	四川省绵阳市涪城区剑门路西段 228 号	0816-2370125
310008	浙江省杭州市上城区秋涛路 18 号 18-19 楼	0571-86814271
300060	天津市河西区黑牛城道 268 号	022-23380132
430063	湖北省武汉市武昌区杨园街余家头特一号	027-86552491-2135
239000	安徽省滁州市扬子工业区	0550-3063688
264300	山东省威海市荣成市成山大道东首	0631-7597124
301824	上海市嘉定区曹安路 1618 号	021-59188888
200020	上海市卢湾区永嘉路 41 号 701 室	021-54650893
325027	浙江省温州飞霞南路朝阳大楼 D 栋	0577-88820292
730050	甘肃省兰州市七里河区郑家庄 108 号	0931-2318600
266042	山东省青岛市四流南路 126 号	0532-84962030
400709	重庆市北碚去同兴南路 71 号	023-68327878
223800	江苏省宿迁市洋河镇 118 号	0527-4938001
721000	陕西省宝鸡市经二路 114 号	0917-3215032
454591	河南省沁阳市西向镇沁北工业区	0391-5090702-2430
317102	浙江省台州市三门县高枧乡吴岙村	0576-3310302
545001	广西柳州市长风路 2 号	0772-2608207
215131	江苏省苏州市上高路立交西侧	0512-67523452
737000	甘肃金昌化工(集团)有限责任公司	0935--7351687
162103	黑龙江省齐齐哈尔市甘南县甘南镇文明大街 75 号	0452-5759001
312400	浙江省绍兴市嵊州市经济开发区天乐路 28 号	0575-3365088
325016	浙江省温州市瓯海瞿溪镇延川路 18 号	0577-86266566
253023	山东省德州市德城区湖滨北路 37 号	0534-2312771
250002	山东省济南市市中区六里山南路 30 号	0531-82707904
264200	山东省威海市和平路 113 号	0631-5980861
300051	天津市和平区云南路 12 号清华园 B-4-7	022-83525598
300451	天津市塘沽区河北路 15 号	022-25866031
454003	河南省焦作市建设东路 137 号	0391-3933051
226500	江苏省南通市如皋市如城镇环城西路 88 号	0513-87513474

续表 48

序　号	企业集团名称	营业收入（万元）	资产总计（万元）	从业人员（人）
1920	辽宁金帝建设集团股份有限公司	63453	69020	1012
1921	上海华东电器集团有限公司	63321	166960	520
1922	黑龙江粮油集团	63229	197393	1072
1923	上海柘中集团	63216	103740	1142
1924	河北衡水远大集团	63188	86833	7980
1925	上海昌鑫(集团)有限公司	63165	235646	623
1926	湖北美尔雅集团	63008	181072	5615
1927	保定商达集团	62941	85879	4443
1928	陕西众兴企业集团	62820	72881	341
1929	云南国资水泥有限公司	62706	161665	2546
1930	洛阳路桥建设集团有限责任公司	62646	65344	8926
1931	四川日报报业集团	62566	96435	2343
1932	上海新新(集团)有限公司	62543	79594	2747
1933	临沂桃源集团有限责任公司	62483	81405	2901
1934	红楼集团	62390	252532	2979
1935	四川成都全兴集团	62261	244649	1503
1936	河南科隆电器股份有限公司	62231	76283	871
1937	浙江神鹰集团	62213	57532	1659
1938	沈阳北泰方向集团有限公司	62048	241137	3050
1939	武汉医药集团	62024	101806	427
1940	安徽富煌轻型建材集团	62000	69877	2913
1941	山东东佳集团	61922	87007	2020
1942	三门峡黄河明珠集团	61736	160478	3493
1943	北京王府井东安集团有限责任公司	61699	109550	1959
1944	张家口制药集团	61522	141182	1830
1945	深圳市旅游(集团)公司	61437	81566	2029
1946	湖北黄麦岭磷化工集团	61390	361854	3360
1947	三牛实业控股集团有限公司	61345	67522	7215
1948	华通机电集团	61258	58152	1825
1949	上海扬子江建设(集团)有限公司	61205	182007	3190
1950	卫华集团	61204	62042	3348
1951	上海印刷(集团)有限公司	61134	157482	2387
1952	上海凯托(集团)有限公司	61063	156725	1877
1953	福建三农集团	60945	109133	1421
1954	长江计算机(集团)公司	60820	199850	973
1955	安徽全力集团	60662	57290	2306
1956	甘肃刘化(集团)有限责任公司	60474	52707	2082
1957	河北天山实业集团	60457	111250	8056
1958	武汉长江通信产业集团	60439	153844	467
1959	上海金球(集团)公司	60282	104748	457

邮政编码	地　址	电　话
110014	辽宁省沈阳市沈河区青年大街 118 号	024-22855838
200002	上海市黄浦区河南中路 500 号	021-63297777
150001	黑龙江省哈尔滨市南岗区东大直街 100 号	0451-82527328
201400	上海市奉贤区分奉浦大道 18 号	021-67100000
053000	河北省衡水市和平中路 90 号	0318-7903327
200435	上海市宝山区共江路 978 号	021-36090291
435003	湖北省黄石市团城山开发区 8 号	0714-6360226
071051	河北省保定市东风中路 68 号	0312-3073238
710004	陕西省西安市新城区西新街海星大厦 7 层	029-87235235
650021	云南省昆明市二环西路 449 号	0871-3163671
471000	河南省洛阳市九都路 12 号	0379-63231742
610012	四川省成都市红星路二段 70 号	028-86968292
200001	上海市黄浦区浙江中路 400 号 16 楼	021-63519608
276003	山东省临沂市金雀山路 130 号	0539-8107346
310003	浙江省杭州市新华路 218 号	0571-85196316
610036	四川省成都市蜀汉路 148 号	028-87574967
453000	河南省新乡市化工路 25 号	0373-5068937
311800	浙江省绍兴市诸暨市陶朱街道友谊路	0575-7213048
110034	辽宁省沈阳市于洪区白山路 108 号	024-86318011
430014	湖北省武汉市江岸区胜利街 114 号	027-82836634
238076	安徽省巢湖市居巢区黄麓镇	0565-8562648
255200	山东省淄博市博山区山头镇秋谷横里河 55 号	0533-4180979
472000	河南省三门峡市崤山路中段	0398-2992350
100006	北京东城区王府井大街 138 号	010-62164976
075000	河北省张家口市桥东区建国路 24 号	0313-5919990
518001	广东省深圳市罗湖区建设路 2016 号南方证券大厦 A 座 11、12 楼	0755-82215382
432818	湖北省孝感市大悟县阳平镇	0712-7422043
215301	江苏省苏州市昆山市陆杨镇长江北路三牛工业城	0512-57647085
325604	浙江省温州市乐清市经济开发区华通大厦	0577-62731018
200070	上海市闸北区天目西路 218 号嘉里不夜城 1 座 28 楼	021-63545899
453400	河南省新乡市长垣县文明西路工业园区	0373-8887658
200071	上海市闸北区河南北路 485 号	021-63642288
201415	上海市奉贤区沪杭公路 1986 号	021-57463666
365000	福建省三明市梅列区列东街北段 1829 号	0598-8238008
200001	上海市黄浦区山东中路 337 号	021-63517084
246300	安徽省潜山县舒州东路 49 号	0556-8925018
731603	甘肃省临夏州永靖县化工路 38 号	0930-8832419
050801	河北省石家庄市天山大街 109 号	0311-85388379
430070	湖北省武汉市东湖开发区关东工业园东信路 18 号	027-67840220
201102	上海市闵行区沪闵路 7388 号	021-64120380

续表 49

序 号	企业集团名称	营业收入（万元）	资产总计（万元）	从业人员（人）
1960	青岛一木集团有限责任公司	60222	144214	997
1961	时代集团公司	60207	112062	3143
1962	浙江中贝九洲集团	59943	72007	1314
1963	上海包装造纸(集团)有限公司	59603	95845	1727
1964	江苏炜赋集团	59501	87409	948
1965	山东矿机集团有限公司	59347	67495	968
1966	兰州炭素集团有限责任公司	59175	199101	4297
1967	广西鱼峰集团水泥有限公司	59163	136269	1705
1968	肇庆星湖生物科技股份有限公司	58984	134534	2279
1969	广州食品企业集团	58872	84010	934
1970	中国电影集团公司	58682	196047	1827
1971	云南机场集团公司	58569	262163	2571
1972	安徽应流集团	58562	61548	2377
1973	大连盛道集团	58399	97839	1096
1974	山东环日集团	58340	50313	3250
1975	时间房地产建设集团	58216	185067	1320
1976	青岛海润自来水集团	58067	213544	2081
1977	安徽铜峰电子集团	58015	160262	2225
1978	山东新光实业集团有限公司	58003	103554	3097
1979	重庆市长江农工商控股集团	57936	138209	4542
1980	保定天鹅化纤集团	57933	187437	6997
1981	上海九华商业集团有限公司	57894	112056	1679
1982	名流置业集团股份有限公司	57794	105834	157
1983	北京铜牛针织集团有限责任公司	57569	87767	1767
1984	中国纺织工业设计院	57567	97718	604
1985	秦皇岛北方玻璃集团	57436	87886	1387
1986	北京万兴建筑集团有限公司	57432	50784	727
1987	首控聚友集团有限公司	57359	376224	925
1988	江西联合重工业集团	57335	69041	2394
1989	宁夏建材集团有限责任公司	57006	164419	2858
1990	上海虹房(集团)有限公司	56950	452250	1564
1991	山东贵和纸业集团有限公司	56857	90088	923
1992	大连染化集团	56816	89385	2713
1993	贵州久联企业集团有限责任公司	56777	111068	3041
1994	广西国发投资集团有限公司	56774	156774	2091
1995	金华八达集团	56765	98556	1128
1996	海马集团公司	56687	69809	2321
1997	上海华敏置业(集团)有限公司	56671	206625	800
1998	杭州热电集团	56645	105715	789
1999	福建新大陆科技集团	56423	158402	1235

邮政编码	地　　址	电　　话
266031	山东省青岛市四方区	0532-83757075
100085	北京市海淀上地信息产业基地开拓路	010-62980818
318000	浙江省台州市椒江区外沙路 99 号	0576-8827582
200060	上海市普陀区长寿路 285 号 24 楼	021-62272929-1112
226009	江苏省南通开发区星湖大厦	0513-85960716
262400	山东省潍坊市昌乐县城建设路 8 号	0536-6228254
730084	甘肃省兰州市红古区海石湾 354 号	0931-6239049
545008	广西柳州柳太路 62 号	0772-3883452
526040	广东省肇庆市工农北路 67 号	0758-2291194
510170	广东省广州市荔湾区荔湾路小梅大街 17 号	020-81267685
100088	北京市海淀区新外大街 25 号	010-62254488
650200	云南省昆明巫家坝国际机场	0871-7114907
230601	安徽省合肥市齐云路 26 号	0551-3821999
116013	辽宁省大连市中山区捷山街奋斗巷 30 号	0411-82672193
261413	山东省烟台市莱州土山镇潘家村	0535-2335206
318000	浙江省台州市椒江区赤山东路 321 号	0576-8535555
266002	山东省青岛市太平路 55 号	0352-86017039
244000	安徽省铜陵市石城大道 168 号	0562-2819203
276017	山东省临沂市罗庄区罗六路	0539-8288820
400020	重庆市江北区华唐路 2 号	023-67765295
071055	河北省保定市盛兴西路 1 号	0312-3136736
200051	上海市长宁区中山西路 1265 弄 18 号 8 楼	021-62515611
650031	云南省昆明市国防路 129 号恒安写字楼 5 楼	0871-3610134
100025	北京市朝阳区太平庄 142 号	010-65025221
100037	北京市海淀区增光路 21 号	010-68395161
066004	河北省秦皇岛市海港区先锋路 1 号	0335-3887949
102600	北京市大兴黄村镇龙河路 18 号	010-69257337
518051	广东省深圳市南山区高新技术产业园区北区郎山一路聚友创业中心 7 楼	0755-26982557
330001	江西省南昌市青云谱区迎宾大道 913 号	0791-5206968
750021	宁夏银川市西夏区新小线	0951-2052235
200081	上海市虹口区曲阳路 1 号	021-65070697
256408	山东省淄博市桓台县章索路 5 号	0533-8086990
116113	辽宁省大连市甘井子区振兴路 188 号	0411-86861065
550001	贵州省贵阳市云岩区宝山北路 213 号	0851-6759070
536000	广西北海市北部湾东路 78 号国发药业大厦	0779-6813078
321001	浙江省金华市解放西路 480 号	0579-2052350
264200	山东省威海市和平路 110 号	0631-5225880
200050	上海市长宁区延安西路 728 号 1 楼 B 座	021-62288888
310011	浙江省杭州市拱墅区莫干山路 809 号	0571-88192562
350005	福建省福州市高桥路 26 号阳光酒店 14 层	0591-83330658

续表 50

序　号	企业集团名称	营业收入（万元）	资产总计（万元）	从业人员（人）
2000	温州交通建设集团	56299	98265	3812
2001	双鸽集团	56265	90305	2567
2002	山西太兴集团有限公司	56105	91680	1237
2003	威海木机集团	55980	89910	3910
2004	美林正大投资集团有限公司	55974	117069	508
2005	杭州钱潮建材集团	55974	142630	1028
2006	吉林华星电子集团	55819	155694	1829
2007	泛海建设集团股份有限公司	55808	378983	696
2008	山东省物资集团总公司	55766	92403	929
2009	浙江灯塔工贸集团	55623	67807	1100
2010	陕西秦岭水泥(集团)股份有限公司	55430	206967	4479
2011	山西省介休市茂胜冶炼企业(集团)公司	55310	131132	2080
2012	青岛海珊服装服饰集团	55183	97097	3949
2013	北京市排水集团有限责任公司	54838	1174073	1117
2014	黑龙江中盟集团有限公司	54816	189313	2099
2015	福州一化集团	54616	65550	1353
2016	天津市房地产信托集团	54572	170345	912
2017	青岛融商投资发展集团有限公司	54351	80659	905
2018	浙江恒风集团	53946	107349	3266
2019	福建凤竹集团	53932	105797	1775
2020	华鹏集团公司	53877	69217	2112
2021	新疆泰昌实业有限责任公司	53860	97973	3496
2022	江苏旷达集团	53832	114077	1231
2023	山东省丝绸集团有限公司	53657	355703	6377
2024	泛海集团	53320	1258550	1251
2025	南阳金冠集团	53237	159529	3586
2026	淄博华辰集团有限责任公司	53210	76340	3236
2027	上海奉贤建设发展(集团)有限公司	53033	333910	298
2028	中国寰岛(集团)公司	52998	214918	1812
2029	南京市交通建设投资控股(集团)有限责任公司	52935	1950460	1042
2030	福建中旅集团	52862	90257	2518
2031	安徽华光玻璃集团	52725	146595	2228
2032	山东王晁煤电集团有限公司	52651	69616	2872
2033	安徽巢东集团	52641	143868	4924
2034	浙江通天星集团	52516	72630	622
2035	上海中祥(集团)有限公司	52449	206160	127
2036	新理益集团有限公司	52420	160646	2042
2037	上海鹏欣(集团)有限公司	52386	1059305	328
2038	山东省对外贸易集团	52213	57727	435
2039	常州大诚纺织集团有限公司	52197	64248	2651

邮政编码	地　　址	电　　话
325000	浙江省温州市牛山北路 56 号	0577-88606198
318020	浙江省台州市黄岩区大桥路 888 号	0576-4066588
043300	山西省运城市河津市僧楼镇人民村西	0359-5328222
264205	山东省威海市齐鲁大道 642 号	0631-5925136
100089	北京市海淀紫竹院路 33 号美林花园 5 号楼	010-88551166
310023	浙江省杭州市天目山路 517 号	0571-85227666-849
132013	吉林省吉林市丰满区长江街 100 号	0432-4662099
518026	广东省深圳市福田区福华一路国际商会大厦 A 座 16	0755-82985998
250021	山东省济南市经六路 245 号	0531-87945026
310004	浙江省杭州市石桥镇灯塔村	0571-85370792
727100	陕西省铜川市耀州区东郊	0919-6231303
032000	介休市连福镇大许村	0354-1395130
266071	山东省青岛市市南区宁夏路 266 号	0532-85768911
100061	北京市崇文龙潭北 4 号	010-67100700
150001	黑龙江省哈尔滨市南岗区长江路 61 号	0451-82665958
350011	福建省福州市晋安区福马路 164 号	0591-83656440
300050	天津市和平区睦南道 74 号	022-23323341
266100	山东省青岛市崂山区创业大厦	0532-83864885
322000	浙江省金华市义乌市宾王路 223 号	0579-5561308
362200	福建省晋江市青阳镇凤竹工业区	0595-85656841
212211	江苏省镇江市扬中新坝镇港中北路 202 号	0511-8411156
841000	新疆巴州尉犁县西尼尔镇	0996-2100888
213179	江苏省常州市武进区潘家镇	0519-6540237
250001	山东省济南市永庆街 2 号	0531-86106885
261041	山东省潍坊市鸢飞路 529 号	0536-8250797
473000	河南省南阳市中州路 366 号	0377-62080862
255086	山东省淄博市开发工业园	0533-3581118
201400	上海市奉贤区南桥镇城乡路 333 号	021-67185785
100062	北京市崇文区广渠门内大街 80 号通正国际大厦 10 层	010-51696570
210008	江苏省南京市中山路 26 号	025-83199197
350001	福建省福州市湖东路 171 号	0591-87625188
233054	安徽省蚌埠市涂山路 767 号	0552-4083358
277400	山东省枣庄市台儿庄区长捷路	0632-6619289
238001	安徽省巢湖市长江西路 269 号	0565-2389218
324000	浙江省衢州市荷花一路 39 号	0570-3089927
201105	上海市闵行区吴中路 2768 弄 23 号	021-54798558
200002	上海市黄浦区河南南路 1 号星腾大厦 8 楼	021-63736433
200336	上海市长宁区虹桥路 2188 弄	021-62615599-219
266002	山东省青岛市市南区太平路 51 号	0532-82971188
213001	江苏省常州市和平南路 25 号	0519-8112079

续表 51

序　号	企业集团名称	营业收入（万元）	资产总计（万元）	从业人员（人）
2040	河北晶牛集团	52062	107066	3133
2041	深圳市鸿基(集团)股份有限公司	52039	215308	2450
2042	河南思念食品股份有限公司	51898	116054	5000
2043	北京中恒兴业科技集团有限公司	51864	87514	415
2044	中国国际展览中心集团公司	51846	96532	604
2045	桂林福达集团有限公司	51651	69582	2248
2046	沈阳红梅企业集团有限责任公司	51603	67628	1272
2047	北京众义达商贸集团有限公司	51530	105712	418
2048	广东省粤旅集团有限公司	51265	135723	1980
2049	泰山集团股份有限公司	51082	70247	1598
2050	浙江豪盛集团	51006	61317	434
2051	天津市天海集团	50998	144376	1903
2052	安阳市昌泰纺织有限责任公司	50877	82038	3438
2053	江苏众星摩托集团有限公司	50816	53007	1200
2054	武汉重型机床集团	50770	156080	2430
2055	青岛麦迪绅集团股份有限公司	50742	57688	102
2056	山东华盛中天机械集团有限公司	50708	71686	1493
2057	山西大同齿轮集团有限责任公司	50694	80125	1507
2058	新疆华凌工贸(集团)有限公司	50656	455380	3212
2059	浙江经发实业集团	50604	55596	737
2060	山东省微山湖矿业集团	50473	78084	3556
2061	北京光华纺织集团	50360	93423	2106
2062	青岛热电集团	50274	146969	2132
2063	甘肃荣华生化集团	50187	311742	4600

邮政编码	地　址	电　话
054000	河北省邢台市钢铁北路 33 号	0319-2685303
518001	广东省深圳市罗湖区东门中路 1011 号鸿基大厦 26 楼	0755-82367732
450008	河南省郑州市水科路北侧	0371-5697081
100085	北京市海淀信息路 22 号上地科技综合楼 B 座八层 8008 室	010-82784858
100028	北京市朝阳北三环东路 6 号	010-84600085
541004	广西桂林市环城南一路 16 号	0773-5805836
110026	辽宁省沈阳市铁西区卫工北街 44 号	024-25820821-8037
100070	北京市丰台花乡马家楼 4 号	010-83606015
510010	广东省广州市越秀区环市西路 179 号	020-86666889
271000	山东省泰安市高新技术开发区长城路中段	0538-6619610
324000	浙江省衢州市狮桥街 1 号工贸大厦九楼	0570-2359988
300204	天津市河西区马场道 207 号	022-23288000-8401
455100	河南省安阳市新市政府南	0372-2517060
214104	江苏省无锡市锡山区安镇	0510-88715118
430077	湖北省武汉市武昌区中北路 108 号	027-67810240
266071	山东省青岛市市南区江西路 105 号	0532-85721707
276017	山东省临沂市高新区中天路 1 号	0539-8488658
037006	山西省大同市城区新开北路 81 号	0352-2416384
830017	新疆乌鲁木齐市河难北路 38 号	0991-5188490
311800	浙江省绍兴市诸暨市暨阳街道	0575-7255193
277600	山东省济宁市微山县欢城镇	0537-8610112
100026	北京朝阳光华路 8 号	010-65815258
266034	山东省青岛市市北区南京路 262 号	0532-86661299
733000	甘肃省武威市凉州区东关街荣华路 1 号	0935-6151222

8.2 各行业营业收入和资产总计均在5亿元及以上企业集团名单

序号	企业集团名称	营业收入（万元）	资产总计（万元）	从业人员（人）
农 业				
1	中国新建集团	6926883	13861196	671112
2	黑龙江北大荒农垦集团总公司	3823884	4171046	544052
3	上海农工商（集团）有限公司	2854347	3361596	56922
4	江苏省农垦集团有限公司	741455	316983	96559
5	广东省农垦集团	536117	1250816	69482
6	福建超大现代农业发展有限公司	230942	644842	12280
7	宁夏农垦企业集团有限责任公司	135062	189240	28554
8	安徽省皖中集团	95767	130798	6933
9	安徽省农垦集团	71996	128513	43717
10	中国种子集团公司	71253	95533	929
林 业				
1	中国龙江森林工业（集团）总公司	362579	1868704	291897
2	吉林森工集团总公司	284212	402023	45246
3	云南农垦集团有限责任公司	249352	550999	91329
4	中国内蒙古森林工业集团有限责任公司	237938	1191575	95313
5	大兴安岭林业集团公司	210018	1008249	74862
6	吉林延边林业集团	189357	425741	54952
畜牧业				
1	天津农垦集团	215621	487983	4901
2	北京华都集团有限责任公司	152822	151321	6611
3	深圳市康达尔（集团）股份有限公司	79221	109727	1844
渔 业				
1	中国农业发展集团总公司	669700	881202	28248
2	上海水产（集团）总公司	301158	182839	4286
3	辽渔集团	156148	159512	3123
农、林、牧、渔服务业				
1	中国农垦（集团）总公司	212942	280778	2472
煤炭开采和洗选业				
1	神华集团有限责任公司	6123839	18881400	89559
2	中国中煤能源集团公司	5225055	4587985	85100
3	兖矿集团	2642029	4450874	92695
4	大同煤矿集团	2580628	3378239	154196
5	山西焦煤集团有限责任公司	2484700	4391113	136730
6	平顶山煤业集团	1631709	1919209	134407
7	枣庄矿业（集团）有限责任公司	1622836	1523377	55688
8	新汶矿业集团	1528160	2436329	77100
9	山西晋城无烟煤矿业集团有限责任公司	1394503	2567148	68336
10	阳泉煤业（集团）有限责任公司	1389928	2500532	94863

邮政编码	地　址	电　话
830002	新疆乌鲁木齐市光明路15号	0991-2890755
150036	黑龙江省哈尔滨市香坊区红旗大街175号	0451-55198365
200040	上海市静安区华山路263弄7号	021-62474500
210008	江苏省南京市新街口街道珠江路4号	025-57715852
510612	广东省广州市天河区粤垦路88号省农垦总局大院	020-87290231
350003	福建省福州市鼓楼区铜盘路29号	0591-87835933-3135
750001	宁夏银川市兴庆区民族北街	0951-3971913
230061	安徽省合肥市庐阳区安庆路310号	0551-2838334
230001	安徽省合肥市包河区巢湖路283号	0551-2653170
100029	北京市朝阳区安贞西里四区甲1号	010-64438526
150008	黑龙江省哈尔滨市南岗区文昌街66号	0451-82600332
130021	吉林省长春市人民大街4036号	0431-8916094
650041	云南省昆明市东风东路11号	0871-3344645
022150	内蒙古牙克石市兴安中街29号	0470-7425729
165000	黑龙江省加格达奇	0457-2730325
133001	吉林省延边州延吉市长白路323号	0433-2909956
300074	天津市河西区气象台路96号	022-23331630
100088	北京市西城德外冰窖口胡同75号	010-82079047
518003	广东省深圳市深南东路1086号集浩大厦二、三楼	0755-25417643
100032	北京市西城区西单民丰胡同31号	010-88067008
200082	上海市杨浦区丹东路18号	021-55211060
116113	辽宁省大连市甘井子区大连湾街8号	0411-87127000
100810	北京市西城西四砖塔胡同56号	010-66181153
100011	北京市东城区安定门西滨河路22号	010-58131817
100011	北京市朝阳区黄寺大街1号	010-82256688
273500	山东省邹城市凫山南路298号	053-75383848
037003	山西省大同市矿区新平旺东门街11号	0352-7014368
030024	山西省太原市万柏林区新晋祠路一段1号	0351-8305033
467000	河南省平顶山市矿工中路21号	0375-2921770
277000	山东省枣庄市薛城区	0632-4081134
271233	山东省泰安市新泰新汶办事处	0538-7872199
048006	山西省晋城市城区北石店镇	0356-3665954
045000	山西省阳泉市北大西街5号	0353-7073112

续表 1

序　号	企业集团名称	营业收入（万元）	资产总计（万元）	从业人员（人）
11	山西潞安矿业（集团）有限责任公司	1356087	1710056	49476
12	淮南矿业集团	1259814	2194605	71271
13	淮北矿业集团	1184546	1866141	106691
14	开滦集团	1175679	1693774	90299
15	永城煤电集团	1165397	1340243	25251
16	徐州矿务集团有限公司	1082969	1487237	57249
17	陕西煤业集团有限责任公司	906765	1533531	85020
18	淄博矿业集团有限责任公司	903100	1046800	20955
19	河北金牛能源集团	751819	1086563	40380
20	黑龙江龙煤矿业集团有限责任公司	669228	2122094	93071
21	安徽省皖北煤电集团	614620	1247622	40688
22	义马煤业（集团）	597919	892187	48858
23	铁法煤业（集团）有限责任公司	555042	931317	41152
24	河南神火集团	545688	857568	17119
25	峰峰集团	544421	776283	42633
26	内蒙古伊泰集团有限公司	520002	492367	2527
27	云南煤化工集团有限公司	518419	1161580	24552
28	福建省煤炭工业集团	516371	830111	22771
29	北京京煤集团有限责任公司	511812	741337	26856
30	鹤壁煤业（集团）	481578	564177	43838
31	重庆煤炭（集团）有限责任公司	475435	701299	54543
32	抚顺矿业集团有限责任公司	468248	728112	27687
33	肥城矿业集团	460164	759050	22270
34	郑州煤炭工业（集团）	454179	722134	38185
35	焦作煤业（集团）有限责任公司	431353	450785	32516
36	七台河矿业精煤（集团）有限责任公司	403518	693045	65034
37	龙口矿业集团	385996	403632	13696
38	四川省煤炭产业集团	363686	820823	61627
39	沈阳煤业（集团）有限责任公司	360860	566695	25142
40	盘江煤电（集团）有限责任公司	300021	685024	28076
41	临沂矿务局	284953	363413	10963
42	鸡西矿业（集团）有限责任公司	284269	480278	61683
43	山西兰花煤炭实业集团有限公司	266869	525816	17233
44	鹤岗矿业集团有限责任公司	257979	412949	50332
45	济宁矿业集团	245714	494422	9910
46	华亭煤业集团有限责任公司	224173	573510	17845
47	内蒙古平庄煤业（集团）有限责任公司	212158	527528	21721
48	萍乡矿业集团	194257	436842	26300
49	水城矿业（集团）有限责任公司	172585	498547	23566
50	江苏天能集团公司	137923	138005	13009

邮政编码	地　址	电　话
046204	山西省长治市襄垣县侯堡镇	0355-5923000
232001	安徽省淮南市田家庵区洞山中路 1 号	0554-7625555
235006	安徽省淮北市相山区孟山路 1 号	0561-4951956
063018	河北省唐山市新华东道 70 号	0315-3022914
476600	河南省永城市光明路中段	0370-5197886
221006	江苏省徐州市泉山区淮海西路 235 号	0516-85320593
710054	陕西省西安市太乙路 182 号	029-87859051
255120	山东省淄博市淄川区江洪山镇般阳东路 215 号	0533-5851344
054021	河北省邢台市桥西区中兴西大街 191 号	0319-2068223
150090	黑龙江省哈尔滨市南岗区闽江路 237 号	0451-82279208
234000	安徽省宿州市西昌路 159 号	0557-3915461
472300	河南省三门峡市义马市千秋路 6 号	0398-5898365
112700	辽宁省调兵山市	0410-6835417
476600	河南省商丘市永城市光明路中段	0370-5982995
056201	河北省邯郸市峰峰矿区峰峰镇太中路 2 号	0310-7710305
017000	内蒙古鄂尔多斯市东胜区天骄北路	0477-8565623
650041	云南省昆明市东风东路 118 号	0871-3331459
350001	福建省福州市省府路 1 号	0591-87550044
102300	北京市门头沟新桥南大街 2 号	010-69842461-21215
458000	河南省鹤壁市山城区红旗街 98 号	0392-2911012
400060	重庆市南坪北路 5 号 (西南大酒店)	023-62659442
113008	辽宁省抚顺市新抚区中央大街 25 号	0413-2533377
271608	山东省泰安市肥城市王瓜店镇	0538-3127230
452371	河南省郑州市郑州矿区西街一号	0371-69782700
454002	河南省焦作市解放中路 239 号	0391-3532715
154600	黑龙江省七台河市桃山区东进街 43 号	0464-8790234
265700	山东省烟台市龙口振兴路 249 号	0535-8658830
610031	四川省成都市青羊区过街楼街 99 号	028-68086608
110122	辽宁省沈阳市新城子区虎石台镇	024-62540246
553536	贵州省盘县红果镇干沟桥	0858-3700356
276017	山东省临沂市罗庄区龙潭路东段	0539-7108076
158100	黑龙江省鸡西市鸡冠区红旗路 10 号	0467-2723531
048000	山西省晋城市凤台东街 2288 号	0356-2189513
154100	黑龙江省鹤岗市向阳区红军街 188 号	0468-3733838
272000	山东省济宁市供销路 25 号	0537-2379009
744100	甘肃省平凉市华亭县东大街 132 号	0933-7731421
024076	内蒙古赤峰市元宝山区平庄镇哈河街中段	0476-3324318
337000	江西省萍乡市昭萍东路 27 号	0799-6333803
553000	贵州省六盘水市钟山区开拓路 16 号	0858-8179800
221006	江苏省徐州市泉山区淮海西路 182 号	0516-85735500

续表 2

序　号	企业集团名称	营业收入（万元）	资产总计（万元）	从业人员（人）
51	阳泉市南庄煤炭集团有限责任公司	97836	135593	8674
52	六枝工矿（集团）有限责任公司	95067	146090	8368
53	山东宏河矿业集团有限公司	87144	132334	7416
54	湖南省白沙煤电集团有限责任公司	85826	106813	14311
55	山东裕隆矿业集团	78080	104526	4764
56	山西离柳焦煤集团有限公司	74345	169673	4184
57	湖南省涟邵矿业集团有限公司	70581	103163	11422
58	新疆哈密煤业（集团）有限责任公司	70362	185281	9440
59	沁和能源集团有限公司	66117	206141	4949
60	山东王晁煤电集团有限公司	52651	69616	2872
61	山东省微山湖矿业集团	50473	78084	3556
石油和天然气开采业				
1	中国石油天然气集团公司	72255888	116022473	1002481
2	中国海洋石油总公司	8887523	19142827	40995
3	陕西延长石油（集团）有限责任公司	3036333	4689066	55728
黑色金属矿采选业				
1	抚顺罕王实业集团有限公司	207256	244579	3623
2	山东北金集团有限公司	195293	118215	2500
3	唐山市荣贸实业集团	193251	123981	3210
4	山东金顺达集团有限公司	150017	158055	2306
5	浙江漓铁集团	137093	66178	1370
6	鲁中冶金矿业集团公司	95843	113891	4949
有色金属矿采选业				
1	中国黄金集团公司	659366	703008	31723
2	山东招金集团	530000	523489	11918
3	中国有色矿业集团有限公司	521741	702366	13405
4	山东黄金集团	511623	825286	19038
5	紫金矿业集团	307693	561786	4418
6	江西钨业集团有限公司	244708	237151	11007
7	甘肃成州矿冶集团公司	75692	117848	1627
非金属矿采选业				
1	中国盐业总公司	420047	862557	19933
2	吉兰泰盐化集团有限公司	168308	314880	4639
3	江苏省盐业集团有限责任公司	150390	276814	18972
4	四川久大盐业（集团）公司	80029	158414	5145
农副食品加工业				
1	河南省漯河市双汇实业集团	2018654	609400	35501
2	四川新希望集团	1638809	968901	37266

邮政编码	地　址	电　话
045001	山西省阳泉市南庄路 231 号	0353-2188294
553400	贵州省六枝特区平寨镇人民路 22 号	0858-5713358
273514	山东省济宁市邹城市平阳寺镇横河村	0537-5305112
421800	湖南省耒阳市白沙路 1 号	0734-4712029
273100	山东省济宁市曲阜市天华路 2 号	0537-4401083-8015
032302	山西吕梁市孝义市兑镇	0358-7651588
417000	湖南省娄底市娄星区底星路	0738-8224368
839003	新疆哈密市三道岭人民南路 1 号	0902-6182915
048205	山西省晋城市沁水县加丰镇	0356-7089100
277400	山东省枣庄市台儿庄区长捷路	0632-6619289
277600	山东省济宁市微山县欢城镇	0537-8610112
100724	北京市西城区六铺炕街 6 号	010-62094929
100027	北京市东城区东直门外小街 6 号	010-84521999
719000	陕西省延安市宝塔区七里铺	0911-2493001
113001	辽宁省抚顺市经济开发区丹东路西段 21 号	0413-6693355
255419	山东省淄博市临淄区凤凰镇北金村	0533-7602106
064405	河北省迁安市马兰庄镇	0315-7033136
255419	山东省淄博市临淄区凤凰镇东召西村	0533-7600849
312041	浙江省绍兴市绍兴县漓诸镇东矿	0575-4600190
271113	山东省莱芜市莱城区张家洼街道办事处	0634-6811238
100011	北京市东城区安外青年湖北街 1 号	010-84123635
265400	山东省烟台市招远市文化路 2 号	0535-8227500
100055	北京市西客站南广场中国有色大厦	010-51809051
250014	山东省济南市解放路 16 号	0531-88561860
364200	福建省龙岩市上杭县紫金大道 1 号	0597-3833105
330046	江西省南昌市北京西路 88 号	0791-6277864
742500	甘肃省陇南市成县城关镇南桥路 3 号	0939-3221881
100055	北京市丰台区莲花池	010-63273366
750333	内蒙古阿拉善盟左旗吉兰泰镇	0483-8826602
210036	江苏省南京市鼓楼区定淮门大街 9 号	025-86216687
643000	四川省自贡市自流井区东兴寺街 89 号	0813-8220052
462000	河南省漯河市双汇路 1 号	0395-2676321
610041	四川省成都市航空路 7 号华尔兹广场 B 幢四楼	028-85236660

续表 3

序　号	企业集团名称	营业收入（万元）	资产总计（万元）	从业人员（人）
3	山东金锣企业集团总公司	1367061	392687	22829
4	江苏雨润食品产业集团有限公司	1032368	803120	18242
5	长春大成实业集团	997300	193960	2600
6	通威集团	841100	253764	5138
7	大连华农集团	534398	168125	850
8	东方希望集团有限公司	488848	605772	4607
9	内蒙古草原兴发集团	465673	415396	5247
10	山东西王集团有限公司	454296	424103	4005
11	得利斯集团有限公司	317682	277601	4316
12	北京顺鑫农业发展集团	314884	370456	7548
13	山东凤祥集团	304870	321574	12023
14	山东鲁花集团有限公司	304649	295370	2950
15	辽宁富虹油品集团	293579	202995	1740
16	龙大食品集团	260208	195716	20903
17	山东香驰豆业集团	250011	83498	416
18	河南华英禽业集团	240911	81760	5800
19	漯河市汇通集团	224852	100585	3652
20	湖南唐人神集团	219251	74390	3376
21	好当家集团	213994	244702	3385
22	青岛九联集团股份有限公司	204904	80974	7800
23	青岛万福集团	203099	72977	3112
24	湖南正虹科技发展股份公司	191319	137959	1867
25	正邦集团有限公司	182604	74582	2087
26	山东省高唐蓝山集团	173058	120883	2088
27	柳州凤山糖业集团有限责任公司	166096	156385	7480
28	东莞东糖集团	164533	286714	1803
29	山东靖海实业集团	158116	63210	3300
30	青岛康大外贸集团有限公司	156555	70941	981
31	广西农垦糖业集团	154384	301662	7387
32	山东华瑞集团	146625	105221	2032
33	日照市水产集团总公司	140823	106750	3835
34	广西贵糖企业集团	137213	235684	6002
35	河南众品食业股份有限公司	130983	59079	1250
36	山东省鲁州食品集团有限公司	127173	73539	3885
37	赤山集团	126970	122349	3000
38	吉林省长春皓月集团	126504	194138	2513
39	青岛正进集团	116812	145269	4878
40	合肥华泰集团	111511	98849	8050
41	山东乐悟集团	110876	121823	2000
42	河南省龙云集团	108472	79314	2726

邮政编码	地　址	电　话
276036	山东省临沂市兰山区半程镇	0539-2977800
210041	江苏省南京市建邺区雨润路 17 号	025-86800888
130111	吉林省长春市宽城区西环城路 886 号	0431-7870773
610041	四川省成都市高新区创业路 2 号	028-85188888
116101	辽宁省大连市金州区石河镇 138 号	0411-87262269
200120	上海市浦东新区松林路 57 号	021-68768730
024076	内蒙古赤峰市元宝山区平庄镇英河街中段	0476-3512279
256209	山东省滨州市邹平县西王工业园	0543-4610571
262216	山东省维坊市诸城市昌城镇得利斯工业园区	0536-6339999
101300	北京市顺义站前西街 2 号	010-81485990
252325	山东省聊城市阳谷凤祥工业园	0635-6779260
265200	山东省烟台市莱阳龙门东路 39 号	0535-7288568
111000	辽宁省辽阳市白塔区胜利路 5-6 段	0419-2268815
265209	山东省烟台市莱阳市龙旺庄街道办事处龙大工业园	0535-7717011
256505	山东省滨州市博兴县博城五路 172 号	0543-2510047
465150	河南省信阳市潢川县跃进东路 308 号	0397-3931030
462000	河南省漯河市漯舞路 106 号	0395-2116398
412002	湖南省株洲市芦淞区	0733-8591298
264305	山东省威海市荣成市好当家工业园区	0631-7438002
266611	山东省青岛莱西市上海西路	0532-87461243
266600	山东省青岛市莱西市威海路 68 号	0532-88438762
414418	湖南省岳阳市屈原管理区	0730-5728005
330006	江西省南昌市东湖区南京西路 277 号	0791-6397601
252800	山东省聊城市高唐滨湖北路 2 号	0635-3962186
545002	广西壮族自治区柳州市北雀路 45-2 号	0772-2362379
523120	广东省东莞市东城区莞樟路 8 号	0769-22613931
264307	山东省威海市荣成市人和镇沙窝岛	0631-7461294
266400	山东省青岛市胶南经济开发区	0532-86172907
530022	广西南宁市民族大道 82 号	0771-2814653
274012	山东省菏泽市丹阳路 204 号	0530-5335371
276826	山东省日照市北京路 231 号	0633-2219668
537102	广西贵港市幸福路 100 号	077-54201504
461500	河南省许昌市长葛市长社路 21 号	0374-6226316
276400	山东省临沂市沂水县鲁州路 18 号	0539-2323019
264308	山东省威海市荣成市黄海中路 218 号	0631-7321100
130021	吉林省长春市绿园区长农公路零公里	0431-2611649
266109	山东省青岛市城阳区双元路 18 号	0532-87726633
230601	安徽省合肥经济技术开发区莲花路 1307 号	0551-7122828
253500	山东省德州市陵县经济开发区	0534-8228396
462600	河南省漯河市临颍县杜曲镇	0395-8166086

续表 4

序　号	企业集团名称	营业收入（万元）	资产总计（万元）	从业人员（人）
43	山东谷神集团	101808	58304	1268
44	山东禹王集团	101514	56581	966
45	河南邦杰集团	93224	93030	1600
46	包头草原糖业集团	82993	251903	2778
47	云南英茂集团股份有限公司	82427	152852	3952
48	山西粟海集团有限公司	76601	66868	2000
49	上海大江（集团）股份有限公司	75199	108089	3233
50	青岛东生集团公司	70715	97193	2362
51	山东石岛水产集团	70241	140835	2152
52	广西黑五类食品有限责任公司	69247	57131	3110
53	吉林正业集团	65882	162926	1790
54	甘肃荣华生化集团	50187	311742	4600
食品制造业				
1	内蒙古伊利实业集团股份有限公司	1218412	545046	10369
2	内蒙古蒙牛乳业（集团）股份有限公司	1081169	599064	28900
3	石家庄三鹿集团	747306	203269	7912
4	安徽丰原集团	653900	1132207	19974
5	上海益民食品一厂(集团）有限公司	418465	704348	12264
6	河南省莲花味精集团	388015	605850	15952
7	北京三元集团有限责任公司	366425	884087	13841
8	河南省南街村集团	328281	182008	13322
9	山东九发集团	314112	289394	3580
10	华龙日清食品有限公司	193405	246259	9700
11	哈尔滨工大集团股份有限公司	185358	1294427	11700
12	焦作市黄河集团	162941	79745	5000
13	菱花集团	158103	130749	6800
14	天津天狮集团	143880	234838	1890
15	河北三太子实业集团	123607	79887	8500
16	河南省科迪食品集团	121596	163650	5580
17	河南省北徐（集团）	117332	89439	2758
18	深圳市光明集团有限公司	112319	95098	3536
19	厦门古龙集团	91887	134042	2063
20	山东齐鲁味精集团	88310	66996	2674
21	广州市农工商集团有限公司	77417	383770	2524
22	中炬高新技术实业（集团）股份有限公司	75876	233073	1657
23	江苏恒顺集团有限公司	72201	322152	2120
24	江苏梁丰食品集团有限公司	71417	54257	1516
25	湖北安琪生物集团	70531	109194	1673
26	郑州三全食品股份有限公司	67114	63644	9100
27	黑龙江富华集团	64691	87195	1680

邮政编码	地　址	电　话
253500	山东省德州市陵县经济开发区	0534-8321437
251200	山东省德州地区禹城市通衢路北首	0534-7420820
466002	河南省周口市邦杰路 9 号	0394-8383542
014045	内蒙古包头市东河区东兴 2 街	0472-6957501
650228	云南省昆明市滇池路英茂集团大楼	0871-4639413
044507	山西省运城市永济市卿头镇许家营村	0359-8120108
201600	上海市松江区谷阳南路 26 号	021-34225023
266600	山东省青岛莱西市威海东路 80 号	0532-88489784
264309	山东省威海市荣成市石岛区黄海路 118 号	0631-7382248
530022	广西容县容城镇城西路 299 号	0771-5308622
130051	吉林省长春市宽城区长江路 57 号	0431-6113010
733000	甘肃省武威市凉州区东关街荣华路 1 号	0935-6151222
010080	内蒙古呼和浩特市金川开发区金四路 8 号	0471-3601621
011517	内蒙古呼和浩特市和林县盛乐经济园区	0471-7391108
050071	河北省石家庄市和平西路 539 号	0311-88615365
233010	安徽省蚌埠市大庆路 73 号	0552-4927833
200031	上海市徐汇区肇嘉浜路 376 号	021-64159898
466200	河南省周口市项城市莲花大道 18 号	0394-4298868
100029	北京市西城裕民中路 4 号	010-62003668
462600	河南省漯河市临颍县城关镇南街村	0395-8851353
264100	山东省烟台市牟平区牟玉路 1 号	0535-4798203
055350	河北省邢台市莲子镇东范村	0319-6598505
150006	黑龙江省哈尔滨市南岗区西大直街 118 号	0451-86245017
454981	河南省焦作市武陟县西陶镇西滑封村	0391-7566639
272073	山东省济宁市开发区柳行	0537-2085100
301700	天津市武清经济开发区源泉路 6 号	022-82124400
055350	河北省邢台市隆尧县莲子镇村	0319-6597862
476343	河南省商丘市虞城县利民镇工贸区 18 号	0370-4471305
462609	河南省漯河市临颍县杜曲镇北徐庄村	0395-8166053
518107	广东省深圳市宝安区光明街道办光明大街	0755-27400080
361004	福建省厦门市思明区禾祥西路 4 号鸿升大厦 18 层	0592-2395555-612
252100	山东省聊城市茌平齐鲁生态工业园	0635-4232231
510010	广东省广州市荔湾区站前横路 20 号	020-86683636
528437	广东省中山市火炬开发区	0760-5596818
212004	江苏省镇江市中山西路 84 号	0511-5233758
215600	江苏省苏州市张家港市港城大道 245 号	0512-58221624
443003	湖北省宜昌市中南路 24 号	0717-6369660
450044	河南省郑州市惠济区综合投资区长兴路 28 号	0371-63984891
162103	黑龙江省齐齐哈尔市甘南县甘南镇文明大街 75 号	0452-5759001

续表 5

序 号	企业集团名称	营业收入（万元）	资产总计（万元）	从业人员（人）
28	山东佳宝集团有限公司	64270	83056	2041
29	重庆市长江农工商控股集团	57936	138209	4542
30	河南思念食品股份有限公司	51898	116054	5000
31	沈阳红梅企业集团有限责任公司	51603	67628	1272
饮料制造业				
1	四川省宜宾五粮液集团有限公司	1953451	1925405	29209
2	杭州娃哈哈集团	1406492	886720	5187
3	青岛啤酒集团	1013565	1095247	27397
4	维维集团	975326	450064	13890
5	北京燕京啤酒集团公司	860898	1346442	29514
6	中国贵州茅台酒厂有限责任公司	430681	1091517	9246
7	广州珠江啤酒集团有限公司	429457	542162	5657
8	重庆轻纺控股（集团）公司	411431	717652	28678
9	天津实发集团	349598	447152	7813
10	蓝剑（集团）有限责任公司	340027	401273	7305
11	烟台张裕集团	312701	282838	3265
12	泸州老窖集团有限责任公司	239559	290094	3316
13	四川剑南春集团有限责任公司	228553	389932	5872
14	山西杏花村汾酒集团有限责任公司	191784	242139	7582
15	金星啤酒集团	187685	157124	5324
16	河南天冠企业集团	176873	235595	4820
17	安徽古井集团	163068	339432	8736
18	椰树集团有限公司	157849	164492	3928
19	中国绍兴黄酒集团	142948	394674	4223
20	山东天府集团公司	128917	100117	2100
21	露露集团	127525	213499	2156
22	北京汇源饮料食品集团有限公司	122676	420106	5434
23	金可达集团	114523	128356	2355
24	厦门银鹭集团	113124	159200	2457
25	四川沱牌集团有限公司	106515	292724	7949
26	广东健力宝集团有限公司	96076	379275	3700
27	浙江中国轻纺城集团股份有限公司	88786	443383	3673
28	新疆伊力特集团有限公司	80984	253416	6607
29	内蒙古河套酒业集团股份有限公司	76391	92328	4517
30	湖北稻花香集团	74782	83672	2637
31	安徽金种子集团	70000	226774	3253
32	惠尔康集团	69394	60694	2260
33	兰州黄河企业集团公司	65345	141587	2580
34	江苏洋河集团有限公司	65253	127226	4049
35	四川成都全兴集团	62261	244649	1503

邮政编码	地　址	电　话
250002	山东省济南市市中区六里山南路 30 号	0531-82707904
400020	重庆市江北区华唐路 2 号	023-67765295
450008	河南省郑州市水科路北侧	0371-5697081
110026	辽宁省沈阳市铁西区卫工北街 44 号	024-25820821-8037

邮政编码	地　址	电　话
644007	四川省宜宾市岷江西路 150 号	0831-3553988
310018	浙江省杭州市杭州经济技术开发区 12 号大街 5 号	0571-86032866
266071	山东省青岛市香港中路青啤大厦	0532-85711991
221111	江苏省徐州市云龙区维维大道 300 号	0516-83398890
101300	北京市顺义双河路九号	010-89492241
564501	贵州省仁怀市茅台镇	0852-2386074
510308	广东省广州市海珠区新港东路磨碟沙	020-84206636
400015	重庆市渝中区上清寺嘉陵桥东村 56 号	023-63861350
300074	天津市河西区宾友道 1 号	022-28356929
618400	四川省德阳市什邡蓝剑大道	0838-8202507
264000	山东省烟台市芝罘区世回尧路 174 号	0535-6691243
646000	四川省泸州市江阳区国窖广场	0830-2398873
618200	四川省绵竹市春溢街 289 号	0838-6202206
032205	山西省吕梁地区汾阳市杏花村	0358-7229920
450009	河南省郑州市管城区新郑路 188 号	0371-66720053
473000	河南省南阳市建设路 16 号	0377-63036626
236820	安徽省亳州市古井镇	0558-5710760
570102	海南省海口市龙华路 41 号	0898-66796000-5110
312000	浙江省绍兴市越城区北海桥	0575-5176051
265217	山东省烟台市莱阳市团旺镇驻地	0535-7541002
067000	河北省承德市高新技术产业开发西区 6 号	0314-2059098
101315	北京市顺义北小营镇	010-60483388-8709
325003	浙江省温州市垟儿路 47 号	0577-88829028
361111	福建省厦门市同安区银鹭高科技园区	0592-7177936
629209	四川省遂宁市射洪县柳树镇中街 149 号	0825-6618698
528100	广东省佛山市三水区西南镇	0757-87762710
312030	浙江省绍兴市绍兴县柯桥鉴湖路 1 号	0575-4119963
835000	新疆伊宁市胜利街 98 号	0999-8038058
015400	内蒙古巴彦淖尔市陕坝镇建设街 39 号	0478-6622924
443112	湖北省宜昌市夷陵区龙泉镇	0717-7761666
236018	安徽省阜阳市莲花路 259 号	0558-2210000
361100	福建省厦门市同安区汀西镇隘头村	0592-7157504
730050	甘肃省兰州市七里河区郑家庄 108 号	0931-2318600
223800	江苏省宿迁市洋河镇 118 号	0527-4938001
610036	四川省成都市蜀汉路 148 号	028-87574967

续表 6

序　号	企业集团名称	营业收入（万元）	资产总计（万元）	从业人员（人）
烟草制品业				
1	红塔烟草（集团）有限责任公司	2770575	5590226	13498
2	上海烟草（集团）公司	2638031	4078256	6993
3	武汉烟草集团	1107034	1127383	5458
4	颐中集团	810648	1346089	8214
5	将军烟草集团	693617	829907	3887
6	许昌卷烟总厂	506002	477898	4053
7	河南新郑烟草（集团）公司	495582	397294	3655
8	郑州卷烟总厂	304245	298514	2221
饮料制造业				
1	山东魏桥创业集团有限公司	3566927	2569088	110257
2	华芳集团有限公司	2011731	704367	34503
3	江苏阳光集团有限公司	1518234	903764	12100
4	南山集团	1260991	1734525	35602
5	山东如意科技集团	1155240	660591	13715
6	宁波维科集团	699736	465484	7800
7	纵横控股集团	680584	504321	5800
8	上海申达（集团）有限公司	613460	419341	8220
9	内蒙古鄂尔多斯羊绒集团有限责任公司	530286	1334990	23589
10	上海协通（集团）有限公司	457997	197451	3571
11	江苏澳洋实业集团有限公司	450883	271858	5977
12	江苏骏马集团	409663	403865	4642
13	浙江永通染织集团	386972	148475	7361
14	青岛即发集团	386747	223983	11943
15	江苏倪家巷集团有限公司	368196	277575	4065
16	华孚集团	368150	242681	10800
17	无锡庆丰集团有限公司	358102	267098	7169
18	天地集团	354808	352003	4520
19	苏州市相城区江南化纤集团有限公司	342823	317785	2927
20	上海龙头（集团）股份有限公司	342731	368757	8198
21	升汇投资集团	339923	711240	8917
22	浙江翔盛集团有限公司	339782	201185	2293
23	石家庄常山纺织集团	324017	642895	30390
24	中国华诚集团	313514	542635	30172
25	浙江航民实业集团	297317	263749	8344
26	江苏吴江丝绸集团有限公司	290484	372352	5508
27	天龙控股集团	274967	215057	3585
28	江苏神羊投资集团有限公司	262105	230083	1966
29	山东德棉集团	259051	241896	13542
30	山东华乐集团公司	243503	101203	3600

邮政编码	地址	电话
653100	云南省玉溪市红塔区红塔大道 118 号	0877-2968165
200082	上海市杨浦区许昌路 1061 号	021-61666868
430051	湖北省武汉市汉阳区广升路 22 号	027-68848384
266021	山东省青岛市市北区华阳路 20 号	0532-83804552
250100	山东省济南市历城区将军路 80 号	0531-88776007
461000	河南省许昌市帝豪路 666 号	0374-3351268
451150	河南省郑州市新郑市烟厂大街 16 号	0371-62619838
450000	河南省郑州市陇海东路 72 号	0371-66393238

邮政编码	地址	电话
256200	山东省滨州市邹平县经济技术开发区魏纺路 1 号	0543-4161111
215611	江苏省苏州市张家港市塘桥人民南路一号	0512-58438803
214426	江苏省无锡市江阴市新桥镇	0510-6121888-6518
265718	山东省烟台市龙口市东江镇南山村	0535-8616001
272073	山东省济宁市高新区如意工业园	0537-2933032
315010	浙江省宁波市海曙区和义路 99 号	0574-87260679
312071	浙江省绍兴市袍江工业区	0575-8030163
200042	上海市静安区余姚路 288 号 5A	021-62325221
017000	内蒙古鄂尔多斯市达拉特南路 102 号	0477-8543668
200001	上海市嘉定区曹安路 4671 号	021-63511888
215618	江苏省苏州市张家港市杨舍镇塘市	0512-58591299
215617	江苏省苏州市张家港市杨舍镇乘航河东路 80 号	0512-58140216
312025	浙江省绍兴市绍兴县钱清镇车站路 30 号	0575-4056011
266221	山东省青岛即墨市黄河二路即发工业基地	0532-87569666
214423	江苏省无锡市江阴市周庄镇倪家巷	0510-86221608
310009	浙江省杭州市解放路 26 号 19F	0571-87853566
214008	江苏省无锡市锡沪西路 203 号	0510-82830188
210008	江苏省南京市北京东路和平大厦 21 楼	025-86882777
215143	江苏省苏州市相城区黄埭镇	0512-65715240
200030	上海市徐汇区肇嘉浜路 736 号	021-34061116
361003	福建省厦门市思明区厦禾路海岸街 59 号	0592-5891302
311245	浙江省杭州市萧山区党山镇工业园区	0571-82525278
050011	河北省石家庄市和平东路 260 号	0311-86046786
100013	北京市朝阳区和平街 13 区 35 号煤炭大厦 11 层	010-184264706
311241	浙江省杭州市萧山区瓜沥镇航民村	0571-82551588-2128
215228	江苏省苏州市吴江市盛泽镇市场路丝绸大厦 A 座	0512-63527951
312003	浙江省绍兴市绍兴县华舍街道	0575-4086889
214107	江苏省无锡市锡山区羊尖镇	0510-8731238
253002	山东省德州市顺河西路 18 号	0534-2436001
253614	山东省德州市乐陵市寨头堡乡	0534-6708838

续表 7

序　号	企业集团名称	营业收入（万元）	资产总计（万元）	从业人员（人）
31	上海华申国际企业（集团）有限公司	238941	191581	5961
32	内蒙古东达蒙古王集团有限公司	237470	173033	4720
33	山东大海集团有限公司	232441	195723	4200
34	鲁泰集团	226812	441568	11260
35	江苏大生集团	221710	227627	9741
36	青岛喜盈门集团	211725	238656	4820
37	江西纺织集团公司	205882	316159	8664
38	山东龙喜集团	202564	153726	2570
39	盛虹集团有限公司	197222	254309	6600
40	富丽达集团	196805	291177	4360
41	浙江兴惠化纤集团有限公司	195120	103826	2012
42	上海海欣集团股份有限公司	191207	381274	8499
43	泰丰纺织集团	181330	146279	6300
44	河南新野纺织集团	180544	139592	8535
45	福建经纬集团	176416	104758	4340
46	山东岱银纺织集团	174670	82367	5720
47	山东亚光纺织集团	171306	252812	6762
48	天津纺织集团	165657	255448	9268
49	山东省冠县冠星纺织集团	164867	59158	3050
50	浙江大港纺织印染集团	161518	111167	1355
51	安徽华茂集团	160643	236524	7177
52	浙江永利实业集团	157101	223723	2458
53	湖南华升工贸进出口（集团）公司	155839	209674	9797
54	金轮集团	151307	293192	6441
55	上海三毛企业（集团）股份有限公司	148614	84902	2169
56	富润控股集团	148044	223844	4191
57	浙江金鹰集团	145309	233106	14970
58	黑牡丹（集团）股份有限公司	137606	145883	2559
59	兰雁集团	132905	175447	4838
60	青岛纺联集团	124495	203500	9661
61	浙江天马印染集团	122808	109033	2281
62	浙江新澳集团	119839	50528	1468
63	浙江丝得莉集团	117745	61121	2449
64	河南嵩岳集团	117084	208419	15748
65	北京雪莲毛纺服装集团公司	116052	179371	4247
66	洛阳白马集团	114450	152554	6136
67	南阳纺织集团	114355	134003	7325
68	湖北孝棉实业集团	111095	104780	5200
69	浙江华欣控股集团有限公司	107283	58729	1312
70	江苏宏大集团	105490	92721	3050

邮政编码	地　址	电　话
200090	上海市杨浦区黄兴路 156 号 10 楼	021-55808005
014300	内蒙古鄂尔多斯市达拉特旗树林召镇	0477-5295311
257336	山东省东营市广饶县稻庄镇	0546-6495320
255100	山东省淄博市淄川区松龄路 81 号	0533-5285166
226002	江苏省南通市港闸区唐闸镇南市街 14 号	0513-85551171
266109	山东省青岛市城阳区正阳街 188 号	0532-87869888
330029	江西省南昌市东湖区北京东路 125 号	0791-8334133
265705	山东省烟台市龙口市诸由观镇西台村	0535-8565858
215228	江苏省苏州市盛泽镇坛丘新东村	0512-63551949
311228	浙江省杭州市萧山区新湾镇东农二场	0571-82127258
311209	浙江省杭州市萧山区衙前镇吟龙村	0571-82784830
201619	上海市松江区洞泾镇长兴路 688 号	021-57698905
271100	山东省莱芜市大桥路 63 号	0634-8856668
473500	河南省南阳市新野县书院路 15 号	0377-66221552
350211	福建省长乐市金峰镇六林路	0591-28672101
271000	山东省泰安市泰山区东岳大街东首	0538-6122011
256651	山东省滨州市滨城区滨北镇经二路 8 号	0543-3512878
300041	天津市和平区赤峰道 33 号	022-23317846
252500	山东省聊城市冠县冠城镇振兴东路 221 号	0635-5281013
313008	浙江省湖州市吴兴区织里镇吴兴大道 88 号	0572-3193518
246018	安徽安庆市纺织南路 80 号	0556-5919891
312028	浙江省绍兴市绍兴县杨汛桥镇	0575-4069469
410015	湖南省长沙市芙蓉中路三段 420 号	0731-5237802
315301	浙江省宁波市慈溪市宗汉街道金轮开发区	0574-63218808
200023	上海市卢湾区斜土路 791 号 B 楼	021-63028180
311800	浙江省绍兴市诸暨市陶朱南路 12 号	0575-7113268
316051	浙江省舟山市定海区小沙镇	0580-8020089
213001	江苏省常州市和平南路 47 号	0519-8111238
255300	山东省淄博市周村区东门路 161 号	0533-6432862
266011	山东省青岛市市北区馆陶路 3 号	0532-82801164
312072	浙江省绍兴市绍兴县马鞍镇姚家埠	0575-5625857
314511	浙江省嘉兴市桐乡市崇福镇西门	0573-8455868
313012	浙江省湖州市南浔区双林镇丝得莉工业园	0572-3600313
450007	河南省郑州市棉纺西路 1-1 号	0371-67974917
100021	北京市朝阳区松榆南路 107 号	010-87311909
471009	河南省洛阳市纱厂西路 60 号	0379-63171224
473125	河南省南阳市长江路 200 号	0377-63112659
432000	湖北省孝感市广砀街交通路 293 号	0712-2060208
311222	浙江省杭州市萧山区河庄工业园区	0571-82174881
224015	江苏省盐城市仓头路 8 号	0515-8594188

续表 8

序　号	企业集团名称	营业收入（万元）	资产总计（万元）	从业人员（人）
71	湖北金安集团	93922	172702	4355
72	武汉一棉集团	88321	96023	3970
73	山东樱花纺织集团	87165	147248	6035
74	山东滨州环宇纺织集团有限责任公司	85442	107397	3900
75	晋江市百宏集团	80613	115386	2358
76	江苏天霸集团	80129	64497	2715
77	杭州永盛集团有限公司	79960	51922	977
78	北京京棉纺织集团有限责任公司	78274	169330	5128
79	山东省高青县供销企业集团总公司	73911	100664	3124
80	江苏新伍集团公司	73637	75094	2190
81	江苏振阳集团	73226	88006	3850
82	柳州立宇集团有限责任公司	71445	74624	5135
83	江苏通裕纺织集团公司	70629	56932	2893
84	湛江纺织企业（集团）公司	68944	100144	2530
85	山东滨州印染集团有限责任公司	68809	115970	2286
86	浙江云森集团有限公司	67956	82594	1903
87	武汉江南实业集团	65721	104405	5413
88	河北衡水远大集团	63188	86833	7980
89	山东新光实业集团有限公司	58003	103554	3097
90	北京铜牛针织集团有限责任公司	57569	87767	1767
91	福建凤竹集团	53932	105797	1775
92	新疆泰昌实业有限责任公司	53860	97973	3496
93	江苏旷达集团	53832	114077	1231
94	常州大诚纺织集团有限公司	52197	64248	2651
95	安阳市昌泰纺织有限责任公司	50877	82038	3438
96	北京光华纺织集团	50360	93423	2106
纺织服装、鞋、帽制造业				
1	雅戈尔集团	1676696	1502531	28640
2	红豆集团有限公司	1173014	648001	16594
3	海澜集团公司	1085185	790128	15000
4	杉杉投资控股有限公司	830281	590163	13310
5	波司登股份有限公司	659454	430454	10340
6	江苏梦兰集团有限公司	533538	219249	2329
7	江苏综艺集团	508916	318364	6000
8	江苏吴中集团有限公司	422538	631668	4025
9	大杨企业集团	199918	121923	7950
10	花园工贸集团	187028	172885	5300
11	森马集团有限公司	182320	54635	2193
12	宁波太平鸟投资集团	181512	73175	2684
13	报喜鸟集团	181366	106278	2753

邮政编码	地　址	电　话
434301	湖北省荆州市公安县斗湖堤镇长江路 91 号	0716-5155394
430050	湖北省武汉市汉阳晴川街汉南路 70 号	027-84712911
272035	山东省济宁市太白东路 30 号	0537-2388016
256617	山东省滨州市渤海三路 524 号	0543-3209385
362241	福建省晋江市龙湖镇枫林工业区	0595-85228888
215635	江苏省苏州市张家港市金港镇德积工业开发区	0512-58750056
311223	浙江省杭州市萧山区靖江镇商贸街 298 号	0571-82191678
100025	北京市朝阳八里庄东里 1 号	010-65584499-2220
256300	山东省淄博市高青县县城黄河路 82 号	0533-6961560
214422	江苏省无锡市江阴市云亭镇新伍村	0510-86013128
224300	江苏省盐城市射阳县城黄海北路 8 号	0515-2359988
545002	广西柳州柳北区胜利路 4 号	0772-2527818
225009	江苏省扬州市江阳中路 7 号	0514-7858688
524022	广东省湛江市人民大道中 75 号	0759-3622602
256617	山东滨州市黄河二路 819 号	0543-3288402
311402	浙江省杭州市富阳市高桥镇高富路 68 号	0571-63432688
430063	湖北省武汉市武昌区杨园街余家头特一号	027-86552491-2135
053000	河北省衡水市和平中路 90 号	0318-7903327
276017	山东省临沂市罗庄区罗六路	0539-8288820
100025	北京市朝阳区太平庄 142 号	010-65025221
362200	福建省晋江市青阳镇凤竹工业区	0595-85656841
841000	新疆巴州尉犁县西尼尔镇	0996-2100888
213179	江苏省常州市武进区潘家镇	0519-6540237
213001	江苏省常州市和平南路 25 号	0519-8112079
455100	河南省安阳市新市政府南	0372-2517060
100026	北京朝阳光华路 8 号	010-65815258

邮政编码	地　址	电　话
315153	浙江省宁波市鄞县大道西段 2 号	0574-88252695
214199	江苏省无锡市锡山区东港镇	051-088358218
214426	江苏省无锡市江阴市新桥镇	0510-86121388-3256
200122	上海浦东张江高科技园区郭守敬路 351 号楼 673-01 室	0574-88323708
215532	江苏省苏州市常熟市古里镇白茆	0512-52532888
215500	江苏省苏州市常熟市虞山镇梦兰村	0512-52831886
226376	江苏省南通市通州市兴东镇综艺数码城	0513-86639999
215128	江苏省苏州市宝带东路 388 号	0512-65258984
116215	辽宁省大连市普兰店市杨树房经济开发小区	0411-82561888-8800
322121	浙江省金华市东阳市南马花园	0579-6270288
325006	浙江省温州市六虹桥路 1189 号森马大厦	0577-88098660
315011	浙江省宁波市海曙区环城西路南段 826 号	0574-87471888
325105	浙江省温州市永嘉县报喜鸟工业区	0577-67315987

续表 9

序　号	企业集团名称	营业收入（万元）	资产总计（万元）	从业人员（人）
14	常州服装集团有限公司	174091	117437	10315
15	浙江华鼎集团有限责任公司	172154	129370	8489
16	上海服装（集团）有限公司	167685	127578	4437
17	宁波洛兹集团	167228	99185	3352
18	山东新郎希努尔集团股份有限公司	162386	155728	3658
19	庄吉集团	150235	89399	2498
20	万事利集团	147971	166928	2068
21	山东桑莎制衣集团	140201	96005	2085
22	江苏老三集团公司	134174	61045	6039
23	江苏新雅鹿集团有限公司	124848	134015	3390
24	南益集团	120434	248015	22581
25	恒柏集团	105048	86247	1868
26	浙江野风集团	104722	332963	2552
27	东华纺织集团有限公司	103000	74256	2027
28	罗蒙集团	95694	180000	4320
29	耶莉娅集团	89542	55678	3412
30	青岛红领集团有限公司	79766	117957	3751
31	江苏三友集团	78605	87198	2518
32	江苏虎豹集团	78279	52981	1895
33	湖北美尔雅集团	63008	181072	5615
34	上海新新（集团）有限公司	62543	79594	2747
35	浙江神鹰集团	62213	57532	1659
36	三牛实业控股集团有限公司	61345	67522	7215
37	上海凯托（集团）有限公司	61063	156725	1877
38	青岛海珊服装服饰集团	55183	97097	3949
皮革、毛皮、羽毛（绒）及其制品业				
1	浙江卡森集团	537940	544643	11923
2	江苏森达集团有限公司	386573	282797	15422
3	福建大丰投资集团	245668	98181	22600
4	富可达控股股份有限公司	243841	75627	3906
5	柳桥集团有限公司	226385	169374	3036
6	威海市金猴集团	220129	80492	2680
7	奥康集团有限公司	215895	91946	5320
8	河南鞋城皮革集团	207904	157629	4827
9	红蜻蜓集团	154296	68784	4506
10	康奈集团	150025	62146	3831
11	浙江三弘集团有限公司	128681	81092	2400
12	石狮市富贵鸟集团	99061	50399	5025
13	邯郸市雪驰集团	93245	63212	7500
14	兽王集团有限公司	82565	135027	2970

邮政编码	地　址	电　话
213001	江苏省常州市兰陵路34号-2	0519-6657992
311100	浙江省杭州市余杭区经济开发区北沙东路56号	0571-86259003
200336	上海市长宁区茅台路567号	021-62748598
315153	浙江省宁波市鄞州区石契东路	0574-88443622
262200	山东省维坊市诸城市东外环路北首	0536-6081356
325011	浙江省温州经济开发区2号小区	0577-86666666
310021	浙江省杭州市江干区机场路309号	0571-85148888
262200	山东省维坊市诸城市广场路16号	0536-6212934
213018	江苏省常州市凤凰路9号	0519-8829184
215428	江苏省苏州市太仓市璜泾镇	0512-53820580
362000	福建省泉州市丰泽区田安北路	0595-22916995
312026	浙江省绍兴市绍兴县夏履镇	0575-4061150
322105	浙江省金华市东阳市歌山镇	0579-6730191
213161	江苏省常州市武进高新区古方路1号	0519-6555497
315504	浙江省宁波市奉化市江口镇	0574-88888888-8801
261021	山东省潍坊市潍城区北宫西街126号	0536-8957833
266200	山东省青岛市即墨市红领大街17号	0532-88598017
226008	江苏省南通市崇川区人民东路218号	0513-85238100
225127	江苏省扬州市邗江区汊河镇	0514-7840090
435003	湖北省黄石市团城山开发区8号	0714-6360226
200001	上海市黄浦区浙江中路400号16楼	021-63519608
311800	浙江省绍兴市诸暨市陶朱街道友谊路	0575-7213048
215301	江苏省苏州市昆山市陆杨镇长江北路三牛工业城	0512-57647085
201415	上海市奉贤区沪杭公路1986号	021-57463666
266071	山东省青岛市市南区宁夏路266号	0532-85768911
314403	浙江省嘉兴市海宁市斜桥镇华丰村	0573-7218002
224700	江苏省盐城市建湖县建宝路888号	0515-6290088
350018	福建省福州市仓山城门排下洋	0591-83497668
311256	浙江省杭州市萧山区义桥镇东方路88号	0571-82407888
311201	浙江省杭州市萧山区大通路851号	0571-82727286
264200	山东省威海市和平路106号	0631-5289210
325101	浙江省温州市永嘉县瓯北镇千石工业园	0577-67284444
477293	河南省周口市鹿邑县玄武镇	0394-7588189
325105	浙江省温州市永嘉县瓯北镇三桥工业区	0577-67370058
325007	浙江省温州市双屿中国鞋都产业园康奈工业园	0577-88768819
311251	浙江省杭州市萧山区临浦镇新大桥西侧1-1号	0571-82475666
362700	福建省石狮市长福工业区福林大厦	0595-88702892
056001	河北省邯郸市雪驰路81号	0310-8033912
310015	浙江省杭州市中山北路592号	0571-85399509

续表 10

序 号	企业集团名称	营业收入（万元）	资产总计（万元）	从业人员（人）
15	力西特集团	64587	95961	861
16	浙江通天星集团	52516	72630	622
木材加工及木、竹、藤、棕、草制品业				
1	大亚科技集团有限公司	559005	683610	9326
2	宜华企业（集团）有限公司	274753	247464	3100
3	德华集团	133256	137666	5182
4	德仁集团	112532	109942	2323
5	鲁丽集团有限公司	102811	80779	3500
6	山东贺友集团	100648	83813	1359
7	浙江灯塔工贸集团	55623	67807	1100
家具制造业				
1	天津隆庆集团	1194955	971047	9755
2	月星集团有限公司	205000	121993	2450
3	新疆美克投资集团有限公司	160504	195158	6022
4	山东凤阳集团股份有限公司	79169	81784	590
5	青岛一木集团有限责任公司	60222	144214	997
6	江苏炜赋集团	59501	87409	948
造纸及纸制品业				
1	山东晨鸣纸业集团	1739299	1780385	16754
2	华泰集团有限公司	751289	819269	5860
3	山东太阳纸业集团	688447	489153	6490
4	山东博汇集团有限公司	522241	550328	9350
5	湖南泰格林纸集团	445990	959815	10060
6	福建省轻纺（控股）有限责任公司	408233	673131	11495
7	恒安集团	331943	410647	19397
8	胜达集团	263660	113098	4236
9	山东（临清）银河纸业集团	234735	246079	5150
10	广州造纸集团	201457	501098	2901
11	山东照东方纸业集团	189293	144601	2600
12	漯河银鸽实业集团	182840	196353	3997
13	江门甘化企业集团	156418	270250	5734
14	山东华金集团	152051	181072	4478
15	马鞍山市山鹰纸业集团	148454	197984	1396
16	宁夏美利纸业集团有限责任公司	127899	566956	7819
17	浙江永泰纸业集团股份有限公司	113995	119586	1692
18	新乡新亚纸业集团	98610	115730	3580
19	民丰集团	98365	266781	2799
20	牡丹江恒丰纸业集团有限责任公司	69059	174783	2375
21	山东兴创纸业集团有限公司	68605	56238	2126

邮政编码	地　　址	电　　话
325016	浙江省温州市瓯海瞿溪镇延川路 18 号	0577-86266566
324000	浙江省衢州市荷花一路 39 号	0570-3089927
212300	江苏省镇江市丹阳市开发区金陵西路 95 号	0511-6882222
515834	广东省汕头市澄海区莲下大坪工业区	0754-5164898
313200	浙江省湖州市德清县武康镇永安街 199 号	0572-8067823
317000	浙江省台州市临海经济开发区	0576-5125630
262724	山东省潍坊市寿光市侯镇西河南村	0536-5361300
251200	山东省德州地区禹城市贺友路 1 号	0534-2128132
310004	浙江省杭州市石桥镇灯塔村	0571-85370792
300102	天津市东丽区空港物流加工区	022-27372110
213004	江苏省常州市光华路 198 号	0519-8859918
830011	新疆乌鲁木齐市北京南路 26 号	0991-3628188
255300	山东省淄博市周村区凤阳路 138 号	0533-6452436
266031	山东省青岛市四方区	0532-83757075
226009	江苏省南通开发区星湖大厦	0513-85960716
262700	山东省潍坊市寿光市晨鸣工业园	0536-2158000
257335	山东省东营市广饶县潍高路 251 号	0546-6888721-8853
272100	山东省济宁市兖州市西关大街 66	0537-3658710
256405	山东省淄博市桓台县马桥镇	0533-8530542
410100	湖南省长沙市星沙技术开发区	0731-4025821
350001	福建省福州市省府路 1 号金皇大厦 18 楼	0591-87552758
362261	福建省晋江市安海镇恒安工业城	0595-85708713
311215	浙江省杭州市萧山区经济技术开发区北塘河 2 号	0571-82875076
252600	山东省聊城市临清市西门里街 297 号	0635-2432919
510281	广东省广州市海珠区工业大道广纸路 40 号	020-84336888
253109	山东省德州市平原县王凤楼工业	0534-2168015
462000	河南省漯河市人民东路 95 号	0395-2355016
529075	广东省江门市蓬江区甘化路 62 号	0750-3119888
273201	山东省济宁市泗水县金庄	0537-4036821
243021	安徽省马鞍山市金家庄区勤俭路 3 号	0555-2810496
755000	宁夏吴忠市中卫市美利街	0955-7679417
311421	浙江省杭州市富阳市春江街道新建村	0571-63587918
453731	河南省新乡市新乡县七里营镇新庄村	0373-5681188
314000	浙江省嘉兴市南湖区角里街 70 号	0573-2839188
157013	黑龙江省牡丹江市阳明区光华街造纸路 11 号	0453-6331111-6287
262218	山东省维坊市兴创产业园兴中路 38 号	0536-6521311

续表 11

序　号	企业集团名称	营业收入（万元）	资产总计（万元）	从业人员（人）
22	山东齐峰化轻集团有限公司	66297	99814	854
23	山东贵和纸业集团有限公司	56857	90088	923
印刷业和记录媒介的复制业				
1	黄山永佳集团	123646	100642	2397
2	深圳劲嘉彩印集团股份有限公司	110158	147406	2663
3	山西运城制版集团股份有限公司	72573	167785	7396
4	中国印刷集团公司	72530	126144	2892
5	上海界龙发展有限公司	71574	140503	2833
6	天津环球磁卡集团	67330	743406	2635
7	上海印刷（集团）有限公司	61134	157482	2387
8	上海包装造纸（集团）有限公司	59603	95845	1727
9	大连盛道集团	58399	97839	1096
文教体育用品制造业				
1	中国第一铅笔股份有限公司	303962	160738	1951
2	华茂集团	286056	166036	2359
3	好孩子集团有限公司	246201	162672	5544
4	广州珠江钢琴集团有限公司	111925	170135	3144
5	贝发集团	94670	66596	4981
6	威海光威集团	92301	79605	4178
7	陕西渭河煤化工集团	81015	407318	2571
8	泰山体育产业集团	76314	72132	1817
9	亚达科技集团	64958	80384	3200
石油加工、炼焦及核燃料加工业				
1	中国石油化工集团公司	85720183	72985318	693958
2	山东滨化集团	1043139	321661	2839
3	青岛广源发集团	666177	395535	3855
4	泰州陵光石化集团	564665	216346	1655
5	利华益集团	522829	396036	3060
6	山东东明石化集团	505361	279707	2060
7	山东华星石油化工集团有限公司	463157	333449	1061
8	正和集团股份有限公司	389241	176367	2031
9	山西安泰集团股份有限责任公司	382947	555105	7100
10	江苏金浦集团	331874	310065	3000
11	山东石大科技集团	322435	78352	1321
12	山西潞宝集团有限责任公司	310963	213803	2811
13	山西阳光焦化（集团）有限公司	184497	291507	3390
14	山东恒源石油化工集团	165214	149044	2387
15	黑龙江黑化集团	132920	293690	6344
16	四川圣达集团	129728	164329	2150

邮政编码	地　　址	电　　话
255432	山东省淄博市临淄区朱台镇朱台路 22 号	0533-7780161
256408	山东省淄博市桓台县章索路 5 号	0533-8086990
245061	安徽省黄山市徽州区永佳大道 668 号	0559-3511142
518103	广东省深圳市宝安区福永街道怀德南路怀德工业区 1 栋	0755-27300555
044000	山西省运城市黄河大道中段	0359-2160735
100044	北京市西城区车公庄大街甲 4 号物华大厦三层	010-68001661
201205	上海市浦东新区川周路界龙大道 288 号	021-58942513
300201	天津市河西区友谊路 3 号友城名居 10 号楼	022-88370501
200071	上海市闸北区河南北路 485 号	021-63642288
200060	上海市普陀区长寿路 285 号 24 楼	021-62272929-1112
116013	辽宁省大连市中山区捷山街奋斗巷 30 号	0411-82672193
201206	上海市浦东新区川桥路 1295 号	021-58549624
315175	浙江省宁波市鄞州区高桥镇望春工业区	0574-88055778
215331	江苏省苏州市昆山市陆家镇陆溪路 20 号	0512-57871070
510388	广东省广州市荔湾区花地大道南渔尾西路 8 号	020-81502729
315801	浙江省宁波市北仑区红联泥湾	0574-86186888
264202	山东省威海世昌大道 265 号	0631-5251625
714000	陕西省渭南市经济开发区	0913-2106048
253600	山东省德州市乐陵市经济开发区	0534-6295888
317102	浙江省台州市三门县高枧乡吴岙村	0576-3310302
100029	北京市朝阳区惠新东街甲 6 号	010-64999249
256600	山东省滨州市黄河五路 560 号	0543-2118069
266107	山东省青岛市城阳区夏庄街道	0532-87785168
225300	江苏省泰州市江洲北路 36 号	0523-6558888
257400	山东省东营市利津县大桥路 29 号	0546-5621310
274500	山东省菏泽市东明县石化大道 27 号	0530-7281888
257335	山东省东营市广饶县大王镇	0546-6872758
257342	山东省东营市广饶县石村	0546-6261074-2025
032002	山西省晋中市介休市义安镇安泰工业区	0354-7531002
210009	江苏省南京市鼓楼区马台街 99 号	025-83799972
257061	山东省东营市北二路能源巷 1 号	0546-83951596
046000	山西省长治市潞城市店上镇常庄村	0355-2033897
043300	山西省运城市河津市清涧街道办事处	0359-5250099
251500	山东省德州市临邑县恒源路 111 号	0534-4233715
161041	黑龙江省齐齐哈尔市富拉尔基区向阳大街 2 号	0452-8927904
610041	四川省成都市高新区天府大道北段 20 号高新国际广场 B 座	028-85322966

续表 12

序　号	企业集团名称	营业收入（万元）	资产总计（万元）	从业人员（人）
17	山西金业煤焦化集团有限公司	102887	643617	2649
18	山西太兴集团有限公司	56105	91680	1237
19	山西省介休市茂胜冶炼企业（集团）公司	55310	131132	2080
化学原料及化学制品制造业				
1	中国化工集团公司	3575257	5221012	115410
2	上海华谊（集团）公司	2720239	3307625	42057
3	天津渤海化工集团公司	2327000	3261737	49794
4	山东海化集团	1557148	1396207	18971
5	云天化集团有限责任公司	1105496	2044292	28011
6	江阴澄星实业集团有限公司	1075362	655956	4100
7	四川宏达（集团）有限公司	755174	988452	15285
8	山东鲁北企业集团总公司	648383	527135	3196
9	湖北宜化集团	638194	696217	9071
10	巨化集团	630281	917483	17271
11	中国神马集团	597036	750018	13644
12	纳爱斯集团	596439	341908	3298
13	辽宁华锦化工（集团）有限责任公司	571500	974852	10646
14	四川化工控股集团	553589	971587	16827
15	江苏隆力奇集团有限公司	506872	213149	4895
16	青岛海湾集团	433162	565913	13337
17	传化集团	413629	483504	4132
18	烟台万华合成革集团	410415	579731	3480
19	浙江龙盛控股集团	405037	289354	3511
20	亚邦化工集团有限公司	386688	270141	3440
21	宜宾天原股份有限公司	382138	402604	6860
22	红太阳集团有限公司	372881	464271	4022
23	山东聊城鲁西化工集团	371520	452967	8595
24	大化集团	368198	946970	10246
25	沈阳化工集团有限公司	364827	411909	5600
26	泸天化（集团）有限责任公司	349581	652239	6073
27	唐山三友集团	347771	605750	9551
28	江苏索普（集团）有限公司	342452	342816	4216
29	浙江化纤联合集团	327068	264576	2133
30	江苏苏化集团有限公司	324128	285294	3972
31	华峰集团	306459	219405	1731
32	山东胜通集团股份有限公司	300172	150789	2200
33	锦化化工（集团）有限责任公司	297023	589027	10872
34	龙达集团有限公司	296431	120393	970
35	南风化工集团股份有限公司	295774	369189	11101
36	福建石油化工集团	283574	531729	8412

邮政编码	地　址	电　话
030012	山西省太原市长治路西巷四号	0351-5623384
043300	山西省运城市河津市僧楼镇人民村西	0359-5328222
032000	介休市连福镇大许村	0354-1395130

邮政编码	地　址	电　话
100080	北京海淀区北四环西路 62 号	010-82677234
200025	上海市卢湾区徐家汇路 560 号	021-64736060-3303
300040	天津市和平区湖北路 10 号	022-23393621
262737	山东省潍坊市滨海经济开发区	0536-5329888
650228	云南省昆明市滇池路 1417 号	0871-6242631
214432	江苏省无锡市江阴市澄张路 18 号	0510-86276565
618408	四川省什邡市民主镇	028-86129918
251909	山东省滨州市无棣县埕口镇	0543-6451265
443000	湖北省宜昌市西陵区东山大道 102 号	0717-6443782
324004	浙江省衢州市巨化集团公司	0570-3096668
467000	河南省平顶山市建设路中段 63 号	0375-3921901
323000	浙江省丽水市莲都区上水南 3 号	0578-2179983
124021	辽宁省盘锦市双台子区红旗大街	0427-5855113
610041	四川省成都市二环路南三段 15 号天华大厦	028-85144033-4096
215555	江苏省苏州市常熟市隆力奇生物工业园	0512-52482515
266071	山东省青岛市香港中路 52 号时代广场	0532-85759200
311215	浙江省杭州市萧山区宁围镇宁新村	0571-82602688-8141
264002	山东省烟台市芝罘区幸福南路 2 号	0535-6837888
312368	浙江省绍兴市上虞市道墟镇	0575-2042127
213163	江苏省常州市武进区牛塘镇	0519-6396718
644004	四川省宜宾市翠屏区下江北	0831-3608263
211300	江苏省南京市高淳县宝塔路 269 号	025-57885868
252000	山东聊城市鲁化路 68 号	0635-8334515
116032	辽宁省大连市甘井子区工兴路 10 号	0411-86892623
110006	辽宁省沈阳市和平区高雄路 2 号	024-23865035
646300	四川省泸州市纳溪区安富镇	0830-4122121
063305	河北省唐山市南堡开发区	0315-8511297
212006	江苏省镇江市京口区长岗	0511-8995088
312000	浙江省绍兴市会稽路 243 号	0575-8368272
215007	江苏省苏州市南门路 1 号	0512-65251605
325206	浙江省温州瑞安市莘塍镇工业园区	0577-65178888
257506	山东省东营市垦利县胜坨镇	0546-2065328
125001	辽宁省葫芦岛市连山区化工街	0429-2709197
311217	浙江省杭州市萧山区新街镇山未址村	0571-82617798
044000	山西省运城市盐湖区解放路 294 号	0359-8967022
350001	福建省福州市东街 33 号武夷中心十一层	0591-87525308

续表 13

序 号	企业集团名称	营业收入（万元）	资产总计（万元）	从业人员（人）
37	江苏三木集团有限公司	282540	161409	2800
38	无锡化工集团有限责任公司	280640	139828	2844
39	华联发展集团	274860	998913	2253
40	山东东岳集团	264650	202596	2380
41	天脊煤化工集团有限公司	261058	629096	11940
42	铜陵化学工业集团	256541	395137	7569
43	广州化工集团有限公司	256083	325350	6094
44	湖北楚源集团	252614	141195	5810
45	广东省开平涤纶企业集团	249401	515914	2086
46	太原化学工业集团有限公司	245237	698670	9497
47	山东联盟化工集团有限公司	243214	160258	3121
48	贵州开磷有限责任公司	235816	348425	6186
49	浙江闰土化工集团	234165	117150	2812
50	四川金路集团股份有限公司	230201	317792	5461
51	华鲁控股集团有限公司	228031	472181	3771
52	江苏扬农化工集团	227358	231714	3065
53	上海家化（集团）有限公司	222974	333258	2543
54	常州常化集团	221008	212385	1801
55	中国乐凯胶片集团公司	214732	367676	7847
56	山东东辰实业集团有限公司	208939	96286	610
57	河北沧州化工实业集团	208386	415000	3922
58	山东翔龙实业集团	205283	143157	3396
59	上海白猫（集团）有限公司	202249	123112	3178
60	江苏华昌（集团）有限公司	200298	287329	3775
61	山西丰喜肥业（集团）股份有限公司	198403	336814	9794
62	自贡鸿鹤化工（集团）有限责任公司	194282	275785	9138
63	沙隆达集团	187119	235804	5570
64	河南蓝天集团	185777	705130	4439
65	江苏康泰化学集团有限公司	183668	82360	1256
66	秦皇岛市化工集团	175820	62272	2110
67	四川龙蟒集团有限责任公司	168266	201489	6582
68	青海盐湖工业集团有限公司	165130	569096	5218
69	河北沧州大化集团	163425	357917	6903
70	宜昌兴发集团	163136	312447	4607
71	湖南株洲化工集团有限责任公司	162133	242658	5406
72	杜邦中国集团有限公司	156107	194049	309
73	山西三维华邦集团有限公司	155141	278349	2957
74	北京化学工业集团	152692	442781	7590
75	山东金沂蒙集团有限公司	150016	67394	2002
76	山东金岭集团公司	146700	116247	1568

邮政编码	地　址	电　话
214258	江苏省无锡市宜兴官林镇都山村	0510-87233008
214041	江苏省无锡市锡澄路274号	0510-83101601-8111
518031	广东省深圳市深南中路2008号华联大厦	0755-83667175
256401	山东省淄博市桓台县唐山镇	0533-8520204
047507	山西省长治市潞城市中华东大街	0355-6898259
244023	安徽省铜陵市沿江路10号	0562-3801769
510055	广东省广州市越秀区较场东路19号9楼	020-83750819
434400	湖北省荆州石首市高新技术园区	0716-7225753
529325	广东省江门市开平市沙冈区美华路1号	0750-2213758
030021	山西省太原市晋源区义井街20号	0351-6071451
262700	山东省潍坊市寿光市建新街199号	0536-5201201
550002	贵州省贵阳市开阳县金中镇	0851-5861104
312368	浙江省绍兴市上虞市道墟镇	0575-2042973
618009	四川省德阳市岷江西路二段57号	0838-2207116
250000	山东省济南市榜棚街	0531-86118827
225009	江苏省扬州市文峰路39号	0514-7568841
200080	上海市虹口区天潼路133号	021-63242288
213004	江苏省常州市清凉路165号	0519-8811413
071054	河北省保定市乐凯南大街6号	0312-7923000
257506	山东省东营市垦利县胜坨镇	0546-2068589
061000	河北省沧州市南环路18号	0317-3042644
276004	山东省临沂市沂蒙路352号	0539-8328689
200231	上海市徐汇区龙吴路1900号	021-54098000
215600	江苏省苏州市张家港市杨舍镇城北路28号	0512-58683240-2005
044000	山西省运城市黄河大道279号	0359-2168144
643000	四川省自贡市自流井区鸿鹤坝	0813-4665830
434001	湖北省荆州市北京东路93号	0716-8208718
463000	河南省驻马店解放路68号	0396-2958011
213225	江苏省常州金坛市儒林镇	0519-2561216
066001	河北省秦皇岛市海港区燕山大街61号	0335-3601251-8501
618200	四川省绵竹市南轩南路	0838-6101476
816000	青海省格尔木市黄河路1号	0979-8448091
061000	河北省沧州市北环路	0317-3556486
443711	湖北省宜昌市兴山县古夫镇	0717-2587777
412004	湖南省株洲市清水塘	0733-2382393
518040	广东省深圳市车公庙工业区第五小区	0755-83307848
041603	山西省临汾市洪洞县赵城镇	0357-6663422
100176	北京市亦庄经济技术开发区西环北路23号	010-67883888-612
276700	山东省临沂市临沭县兴大西街99号	0539-6268012
257335	山东省东营市广饶县大王镇	0546-6881718

续表 14

序 号	企业集团名称	营业收入（万元）	资产总计（万元）	从业人员（人）
77	青岛红星化工集团	146673	331520	6119
78	湖北双环化工集团	142529	338010	3551
79	山东德齐龙化工集团	135868	174202	2500
80	潍坊亚星集团	135495	250360	2685
81	山东华阳农药化工集团	132958	192346	8478
82	合肥四方集团	130869	113158	3540
83	青岛海晶化工集团	127191	112857	2078
84	柳州化学工业集团有限公司	122892	198269	3621
85	内蒙古伊化集团	120900	330959	4230
86	山东大成化工集团有限公司	120566	162731	4972
87	安徽八一化工集团	113241	102849	2587
88	河南省中原大化集团	112632	242499	2318
89	南宁化工集团有限公司	107562	150435	3602
90	东港工贸集团	106030	105355	1623
91	安阳化学工业集团	102787	184602	3453
92	江苏中东集团有限公司	99832	77925	2100
93	杭州电化集团	96994	72224	1468
94	青岛金王集团	96832	71659	2129
95	贵州赤天化集团有限责任公司	92986	290050	2905
96	江苏北方氯碱集团有限公司	91515	92850	2789
97	山东齐天化学集团	88015	64131	1579
98	武汉葛化集团	87794	130842	3072
99	安徽宁国司尔特化肥集团	84491	93761	1531
100	山东乐化集团有限公司	81361	80068	2600
101	浙江化工科技集团有限公司	81152	102843	1185
102	安徽氯碱化工集团	80044	95582	3007
103	湖南湘江涂料集团	77710	79480	1184
104	广西河池化学工业集团公司	74749	167039	3454
105	江西省石化集团公司	74418	386005	6673
106	天津天女化工集团	73495	107640	1422
107	陕西华山化工集团	71289	128330	3613
108	苏州精细化工有限公司	70248	112018	1551
109	河南金山化工集团	69968	72737	2500
110	陕西兴化企业集团	67822	98169	3492
111	山东绿源化工集团	66788	52874	985
112	柳州两面针股份有限公司	64812	215918	1685
113	甘肃金昌化工（集团）有限责任公司	64727	141683	2931
114	山东东佳集团	61922	87007	2020
115	湖北黄麦岭磷化工集团	61390	361854	3360
116	福建三农集团	60945	109133	1421

邮政编码	地　址	电　话
266011	山东省青岛市济阳路 8 号	0532-82850016
432407	湖北省孝感应城市东马坊	0712-3591215
253100	山东省德州市平原县立交东路 15 号	0534-4381625
261031	山东省潍坊市奎文区鸢飞路 899 号	0536-8591026
271411	山东省泰安市宁阳县磁窑镇	0538-5826001
230022	安徽省合肥市蜀山区祁门路 12 号	0551-3515000
266042	山东省青岛市四方区唐河路 8 号	0532-88086216
545002	广西柳州柳北区北雀路 67 号	0772-2514313
017000	内蒙古鄂尔多斯市鄂尔多斯西街 6 号	0477-8537417
255009	山东省淄博市张店区洪沟路 25 号	0533-2111999
233000	安徽省蚌埠市淮滨路 379 号	0552-3023735
457004	河南省濮阳市人民路 98 号	0393-8956436
530031	广西南宁市江南区亭洪路 80 号	0771-4821025
318000	浙江省台州市椒江区解放北路 83 号	0576-8894755
455133	河南省安阳市龙安区漳武街	0372-5400888
213153	江苏省常州市武进加泽工业园 138 号	0519-3807906
310053	浙江省杭州市滨江区浦沿镇镇前路 305 号	0571-86617799-6666
266071	山东省青岛市辽宁路 280 号	0532-85718989
564707	贵州省遵义市赤水市	0852-2876941
221007	江苏省徐州市鼓楼区复兴北路 219 号	0516-83658687
272021	山东省济宁市太白西路	0537-2782042
430078	湖北省武汉市洪山区化工路 31 号	027-87602669
242300	安徽省宣城市宁国市经济技术开发区	0563-4181506
262412	山东省潍坊市昌乐县红河镇工业园	0536-6681427
310023	浙江省杭州市西溪路 926 号	0571-85228334
230011	安徽省合肥市瑶海区郎溪路 10 号	0551-4521688
410003	湖南省长沙市德雅路 790 号	0731-4218088
547007	广西河池市金城江区六甲镇	0778-2266881
330029	江西省南昌市青山湖区北京东路 98 号	0791-8181831
300300	天津市东丽区程林庄街津赤路 9 号	022-84783830
714100	陕西省渭南瓜坡镇	0913-4016515
215001	江苏省苏州市工业园区娄葑镇 312 国道	0512-67602196
454750	河南省焦作市孟州西工区	0391-8192831
713100	陕西省咸阳市兴平市东城	0910-8838018
253500	山东德州市陵县开发区	0534-8261715
545001	广西柳州市长风路 2 号	0772-2608207
737000	甘肃金昌化工（集团）有限责任公司	0935--7351687
255200	山东省淄博市博山区山头镇秋谷横里河 55 号	0533-4180979
432818	湖北省孝感市大悟县阳平镇	0712-7422043
365000	福建省三明市梅列区列东街北段 1829 号	0598-8238008

续表 15

序号	企业集团名称	营业收入（万元）	资产总计（万元）	从业人员（人）
117	安徽全力集团	60662	57290	2306
118	甘肃刘化（集团）有限责任公司	60474	52707	2082
119	大连染化集团	56816	89385	2713
120	贵州久联企业集团有限责任公司	56777	111068	3041
121	黑龙江中盟集团有限公司	54816	189313	2099
122	福州一化集团	54616	65550	1353
医药制造业				
1	中国华源集团有限公司	6067640	5314477	112863
2	上海复星高科技（集团）有限公司	3219836	3717552	29058
3	天津市医药集团	1168349	1568150	20952
4	广州医药集团有限公司	1158120	871971	16068
5	扬子江药业集团	1011728	421483	1249
6	南京医药产业集团	984317	807960	11133
7	哈药集团	902647	1159063	18789
8	华北制药集团有限责任公司	683915	1401308	19194
9	三九企业集团（深圳南方制药厂）	655543	752213	21882
10	新华鲁抗药业集团有限责任公司	652521	631226	14267
11	石家庄制药集团	630394	971148	13550
12	太极集团有限公司	519601	709402	12500
13	杭州华东医药集团	479310	368833	3999
14	天津金耀集团	442835	1098885	4035
15	东北制药集团有限责任公司	412408	583641	8342
16	升华集团	404198	372758	5207
17	深圳海王集团股份有限公司	401164	697256	8982
18	天津天士力集团	348749	670173	4942
19	中国北京同仁堂（集团）有限责任公司	345142	522060	6421
20	修正药业集团	313637	270937	2618
21	中国生物技术集团公司	305195	511347	9264
22	云南医药集团有限公司	263668	299095	1955
23	四川科伦实业集团	254175	132186	5679
24	健康元药业集团股份有限公司	249453	439920	8020
25	河南省华中医药集团	248036	249228	4370
26	陕西东盛集团	247685	540099	8017
27	河南辅仁集团	237198	256054	8786
28	浙江海正集团	236235	360134	3452
29	亿利资源集团公司	230200	484501	3197
30	齐鲁制药有限公司（集团）	194225	258659	3988
31	康恩贝集团	164663	284053	3498
32	京卫医药科技集团有限公司	155741	83332	775
33	金河集团实业有限公司	152379	102769	1944

邮政编码	地　址	电　话
246300	安徽省潜山县舒州东路 49 号	0556–8925018
731603	甘肃省临夏州永靖县化工路 38 号	0930–8832419
116113	辽宁省大连市甘井子区振兴路 188 号	0411–86861065
550001	贵州省贵阳市云岩区宝山北路 213 号	0851–6759070
150001	黑龙江省哈尔滨市南岗区长江路 61 号	0451–82665958
350011	福建省福州市晋安区福马路 164 号	0591–83656440

200063	上海市普陀区中山北路 1958 号华源世界广场	021–62031188
200010	上海市黄浦区复兴东路 2 号	021–63325858
300204	天津市河西区友谊北路 29 号	022–23268813
510130	广东省广州市荔湾区沙面北街 45 号	020–81218046
225321	江苏省泰州市高港区扬子江南路 1 号	0523–6914769
210002	江苏省南京市中山东路 486 号	025–84547589
150018	黑龙江省哈尔滨市道里区友谊路 431 号	0451–84851994
050015	河北省石家庄市和平东路 388 号	0311–85992038
518029	广东省深圳市福田区北环大道 1028 号	0755–83360999
255032	山东省淄博市张店区新村西路 109 号	0533–2211359
050051	河北省石家庄市中山西路 276 号	0311–87037015
408000	重庆市涪陵区百花路	023–72800613
310011	浙江省杭州市莫干山路 866 号	0571–89903388
300171	天津市河东区八纬路 109 号	022–24160853
110026	辽宁省沈阳市铁西区重工北街 37 号	024–25806555
313220	浙江省湖州市德清县钟管镇南湖路	0572–8401888
518054	广东省深圳市南山区南油大道海王大厦 26 层	0755–26649838
300402	天津市北辰科技园区辽河东路 1 号	022–26736130
100062	北京市崇问区东兴隆街 52 号	010–67171762
134000	吉林省通化市修正路 36 号	0435–3943029
100037	北京市西城区阜外大街甲 28 号京润大厦 17 层	010–68041929
650051	云南省昆明市北京路 547 号	0871–3134771
610072	四川省成都市锦里西路 107 号南 18 楼	028–86131122
518008	广东省深圳市罗湖区地王大厦 23 层	0755–82463888
463000	河南省驻马店市光明路 2 号	0396–3823266
710075	陕西省西安市雁塔区高新区唐延路 23 号	029–88332288
466334	河南省周口市鹿邑县玄武经济开发区	0394–7585084
318000	浙江省台州市椒江区外沙路 46 号	0576–8827890
017000	内蒙古鄂尔多斯市鄂尔多斯西街 30 号	0477–8372290
250100	山东省济南市高新区七里河路北段 2 号	0531–83126883
310052	浙江省杭州市滨江区长河镇滨康路 568 号	0571–87774393
100070	北京市丰台海鹰路 3 号	010–63716688
010200	内蒙古呼和浩特市托县双河镇新坪路 71 号	0471–8511111

续表 16

序 号	企业集团名称	营业收入（万元）	资产总计（万元）	从业人员（人）
34	中国（杭州）青春宝集团有限公司	147509	178159	3491
35	河南省郸城财鑫集团	137430	81010	3028
36	利君企业集团	133934	179453	4133
37	无锡山禾集团有限公司	132128	118563	2920
38	大连美罗集团	129388	320998	1913
39	河北省高营企业集团	129266	128471	5597
40	江西济民可信集团有限公司	126560	79795	3054
41	成都地奥集团	116592	238026	4363
42	江西江中制药（集团）有限责任公司	116171	391650	4571
43	邹平怡康集团有限公司	113016	141449	729
44	鲁南制药集团股份有限公司	110399	256849	2816
45	九芝堂股份有限公司	105222	130332	2324
46	杭州民生药业集团	104407	102881	2993
47	武汉健民药业集团	91302	106097	937
48	成都康弘药业集团	80489	99753	1970
49	桂林三金集团	78008	82363	2224
50	厦门星鲨药业集团	76951	56075	1058
51	吉林敖东药业集团	76732	252090	4043
52	武汉人福高科技集团	74790	204492	2701
53	绿谷（集团）有限公司	72432	89380	2767
54	河南飘安集团	70063	79466	2300
55	西藏华西药业集团有限公司	69681	120915	958
56	河南省宛西制药股份有限公司	69135	103030	5293
57	山西亚宝药业集团股份有限公司	68707	113478	3816
58	贵州神奇集团	66600	134503	2037
59	张家口制药集团	61522	141182	1830
60	浙江中贝九洲集团	59943	72007	1314
61	肇庆星湖生物科技股份有限公司	58984	134534	2279
62	广西国发投资集团有限公司	56774	156774	2091
63	新理益集团有限公司	52420	160646	2042
化学纤维制造业				
1	江苏三房巷集团有限公司	1603859	918960	6800
2	浙江恒逸集团	1049813	633369	4122
3	桐昆集团	974686	280673	6205
4	万杰集团	746368	1320623	11300
5	荣盛化纤集团有限公司	703463	381470	2660
6	浙江远东化纤集团	637086	494348	3019
7	恒力集团	461503	511176	7212
8	浙江赐富化纤集团	419258	457708	2647
9	吉林化纤集团	353673	464722	10779

邮政编码	地　　址	电　　话
310023	浙江省杭州市西湖区西溪路 555 号	0571-85121024
477150	河南省周口市郸城县城关镇东环路 37 号	0394-3196638
710077	陕西省西安市汉城南路 151 号	029-84271417
214031	江苏省无锡市人民西路 94 号	0510-2734183
116025	辽宁省大连市高新园区七贤岭敬贤街 29 号	0411-84790666-301
050034	河北省石家庄市高营大街	0311-85068417
330029	江西省南昌市青山湖区顺外路 98 号	0791-8161363
610041	四川省成都市高新区创业路 26 号	028-82900686
330077	江西省南昌市高新区火炬大道 888 号	0791-8520040
256200	山东省滨州市邹平会仙二路 1208	0543-4306596
276005	山东省临沂市红旗路 209 号	0539-8336079
410008	湖南省长沙市芙蓉中路一段 129 号	0731-4499738
310011	浙江省杭州市余杭塘路 108 号	0571-88886119
430052	湖北省武汉市汉阳区鹦鹉大道 484 号	027-50537949
610036	四川省成都市金牛区蜀西路 36 号	028-87509966
541004	广西桂林市高新区骖鸾路 12 号	0773-5843213
361005	福建省厦门市思明区沙坡尾 58 号	0592-2099061
133700	吉林省延边州敦化市敖东南大街 88 号	0433-6253810
430074	湖北省武汉市洪山区关山街鲁磨路 369 号	027-87596718
201203	上海市浦东新区牛顿路 421 号	021-50504988
453400	河南省长垣县飘安工业园	0373-8701792
850000	西藏拉萨市北京中路 93 号	0891-6835809
474500	河南省南阳市西峡县仲景大道 168 号	0377-64665688
044600	山西省运城市芮城县富民路 43 号	0359-3088100
550004	贵州省贵阳市北京路 1 号	0851-6768888-7813
075000	河北省张家口市桥东区建国路 24 号	0313-5919990
318000	浙江省台州市椒江区外沙路 99 号	0576-8827582
526040	广东省肇庆市工农北路 67 号	0758-2291194
536000	广西北海市北部湾东路 78 号国发药业大厦	0779-6813078
200002	上海市黄浦区河南南路 1 号星腾大厦 8 楼	021-63736433
214423	江苏省无锡市江阴市周庄镇三房巷村	0510-86229580
311209	浙江省杭州市萧山区衙前镇	0571-82797666
314500	浙江省嘉兴市桐乡市开发区光明路	0573-8187776
255213	山东省淄博市博山经济开发区	0533-4654114
311247	浙江省杭州市萧山区益农镇红阳路 98 号	0571-82520089
312072	浙江省绍兴市绍兴县马鞍镇	0575-4817206
215226	江苏省苏州市吴江市盛泽镇南麻经济开发区恒力路 1 号	0512-63837111
312072	浙江省绍兴市绍兴县马鞍镇车站南路 102 号	0575-5101428-8847
132115	吉林省吉林市昌邑区九站街 516-1 号	0432-3502708

续表 17

序　号	企业集团名称	营业收入（万元）	资产总计（万元）	从业人员（人）
10	杭州道远化纤集团有限公司	300057	99352	696
11	开氏集团有限公司	260474	187020	2162
12	潍坊巨龙化纤集团	215228	426229	8059
13	广东新会美达锦纶股份有限公司	177422	210687	3154
14	新乡白鹭化纤集团	158841	393348	9320
15	安徽皖维集团	130934	204611	4362
16	山东宏祥化纤集团	129889	55454	426
17	宜宾丝丽雅集团有限公司	127490	300325	6161
18	仪化集团	125921	188833	3524
19	浙江大普集团	103110	124914	869
20	烟台氨纶集团	102290	154327	907
21	甘肃亚盛集团	101483	442084	15190
22	湖北化纤集团	87121	213538	4679
23	济南齐鲁化纤集团	66388	62624	8321
24	青岛中泰集团有限责任公司	65320	55192	1426
25	保定天鹅化纤集团	57933	187437	6997
橡胶制品业				
1	双星集团	798887	600912	20276
2	杭州橡胶集团	760308	558602	13929
3	山东成山橡胶集团	690459	297088	5382
4	三角集团	605415	377895	6015
5	河南轮胎集团	374464	391620	5255
6	山东西水橡胶集团有限公司	319789	226034	6300
7	贵州前进轮胎（集团）有限公司	308403	340506	7796
8	青岛黄海橡胶集团	263415	776280	8741
9	山东泸河集团有限公司	206655	100887	2482
10	天津市万达轮胎集团	126719	72510	4250
11	浙江富轮橡胶化工集团	111856	139877	1735
12	广州橡胶企业集团公司	104456	218942	5868
13	安徽宁国中鼎集团	77756	101186	6348
14	荣光集团有限公司	77244	90379	8850
15	山东永泰化工集团有限公司	74597	81812	1820
塑料制品业				
1	申达集团有限公司	831448	655542	2982
2	江南百兴集团	615232	164468	3172
3	常州塑料集团公司	527940	325703	4478
4	浙江大东南集团	510166	296043	2250
5	佛山塑料集团股份有限公司	454260	466326	4843
6	上海紫江企业集团股份有限公司	352981	708318	4621
7	安徽国风集团	323185	436658	2849

邮政编码	地　址	电　话
311217	浙江省杭州市萧山区新街镇新盛村	0571-82855913
311209	浙江省杭州市萧山区衙前镇里东徐村	0571-82783388
261100	山东省潍坊市寒亭区海龙路 555 号	0536-2275129
529100	广东省江门市新会区会城镇江会路上浅口	0750-6103333
453011	河南省新乡市凤泉区锦园路	0373-3978902
238002	安徽省巢湖市巢维路 56 号	0565-2386497
253500	山东省德州市陵县经济开发区	0534-8261351
644002	四川省宜宾市南岸航天路中段	0831-2360048
211900	江苏省扬州市仪征市胥浦镇	0514-3235595
312361	浙江省绍兴市上虞市丰慧镇	0575-2820895
264006	山东省烟台市开发区黑龙江路 10 号	0535-6375445
730030	甘肃省兰州市城关区南滨河东路 753 号	0931-4603398
441133	湖北省襄樊市樊城区陈家湖	0710-2108338
250100	山东省济南市历下区化纤厂路 6 号	0531-88068371
266042	山东省青岛市四流南路 126 号	0532-84962030
071055	河北省保定市盛兴西路 1 号	0312-3136736
266002	山东省青岛市贵州路 5 号	0532-82680528
310008	浙江省杭州市上城区海潮路 1 号	0571-86053939
264300	山东省威海市荣成市南山北路 98 号	0631-7523999
264200	山东省威海市青岛中路 56 号	0631-5305566
454003	河南省焦作市焦东南路 48 号	0391-3999331
257336	山东省东营市广饶县西水磨村	0546-6980800
550008	贵州省贵阳市白花大道 41 号	0851-4767448
266041	山东省青岛市李沧区沧安路 1 号	0532-84678777
262216	山东省维坊市诸城市昌城镇道口	0536-6336001
300402	天津市北辰区宜兴埠	022-26990915
311402	浙江省杭州市富阳市高桥镇高富路 1 号	0571-63435111
510250	广东省广州市海珠区金沙路 9 号	020-84340559
242300	安徽宣城市宁国经济开发区	0563-4181880
325200	浙江省温州瑞安市瑞光大道 941 号	0577-65608885
257335	山东省东营市广饶县大王镇	0546-6891586
214443	江苏省无锡市江阴申港镇澄江路 999#	0510-86621666
213176	江苏省常州市武进区礼嘉镇	0519-6233888
213003	江苏省常州市博爱路 129 号	0519-6635402
311800	浙江省绍兴市诸暨市城关跨湖路 65 号	0575-7215790
528000	广东省佛山市禅城区汾江中路 82 号	0757-83988188
201108	上海市闵行区申富路 618 号	021-54421100
230001	安徽省合肥市长江东路 46 号	0551-4322111-3109

续表 18

序　号	企业集团名称	营业收入（万元）	资产总计（万元）	从业人员（人）
8	汕头海洋集团	271239	209875	1508
9	大连实德集团	268161	1042240	2367
10	河北宝硕集团	231013	371697	6138
11	伟星集团	187288	229345	5820
12	浙江无名皮塑集团	132761	70492	1317
13	河南省华林塑料集团	125877	356316	1857
14	江苏琼花集团	114898	129365	2160
15	天津塑料集团	100993	132625	2960
16	浙江中财招商投资集团	100182	108419	1681
17	内蒙古蒙西高新技术集团有限公司	95537	297545	4335
18	浙江建华集团	93258	91554	3217
19	公元塑业集团	78320	64087	1961
非金属矿物制品业				
1	安徽海螺集团	2117368	2342407	19435
2	中国建筑材料集团公司	1388407	2020136	31289
3	中国材料工业科工集团公司	1167077	1846610	32243
4	西洋集团	1010979	726057	15501
5	北京金隅集团有限责任公司	851078	1397529	15228
6	浙江红山集团	765736	674769	8295
7	力诺集团有限责任公司	445321	684235	10858
8	吉林亚泰集团	444105	759038	5672
9	山东山水水泥集团有限公司	400729	440916	5971
10	上海建筑材料(集团)总公司	365197	893832	11247
11	江苏华尔润集团	358644	521436	8400
12	营口青花耐火材料集团	356899	130042	4136
13	光宇集团	346534	770133	3517
14	江苏省方源集团有限公司	317334	351871	22597
15	河北省冀东水泥集团	304944	819548	9043
16	河南黄河实业集团	302697	224260	4125
17	福耀玻璃工业集团	293378	655051	6072
18	华新集团	263949	626254	7599
19	山东沂州水泥集团总公司	235061	207968	4380
20	中国南玻集团股份有限公司	230549	552333	4900
21	山东蓝星玻璃集团	204053	211001	4807
22	浙江三狮集团	203961	340230	4327
23	宁波浙东建材集团	203750	100786	3109
24	天津建筑材料集团	180745	686440	7274
25	河南省西保集团	178236	105268	2687
26	中国耀华玻璃集团	177337	348237	6763
27	后英集团	173530	251798	7351

邮政编码	地　　址	电　　话
515041	广东省汕头市龙眼路 85 号	0754-8250515
116011	辽宁省大连市西岗区高尔基路 38 号	0411-83622218
071005	河北保定向阳南路 117 号	0312-3209683
317025	浙江省台州市临海市尤溪镇	0576-5125009
312046	浙江省绍兴市绍兴县福全镇青店头	0575-4029818
466700	河南省周口市淮阳县西城区华林工业园	0394-2678088
225111	江苏省扬州市邗江区杭集镇	0514-7271301-8012
300381	天津市西青区梨园头津淄公路	022-83968682
310005	浙江省杭州市莫干山路 100 号耀江国际大厦 B 座	0571-88383183
016014	内蒙古鄂尔多斯市鄂托克旗蒙西工业园	0473-2552260
310015	浙江省杭州市拱墅区沈半路 2 号	0571-88022222
318020	浙江省台州市黄岩经济开发区埭西路 2 号	0576-4277185

邮政编码	地　　址	电　　话
241000	安徽省芜湖市镜湖区北京东路 207 号	0553-3118688-8560
100044	北京市海淀区紫竹院南路 2 号	010-88416688-6318
100035	北京市西城区西直门内北顺城街 11 号	010-82229208
114213	辽宁省鞍山市海城英落镇西洋村	0412-3599510
100031	北京市西城宣武门西大街甲 129 号	010-66411587
311234	浙江省杭州市萧山区红山农场	0571-82699006
250103	山东省济南市经十东路 8169 号	0531-88729031
130031	吉林省长春市二道区吉林大路 1801 号	0431-4973120
250307	山东省济南市长请区崮山山水工业园	0531-88360186
200002	上海市黄浦区北京东路 240 号	021-63217238
215625	江苏省苏州市张家港市锦丰镇	0512-58550102
115100	辽宁省营口市大石桥市青花区	0417-5631826
312028	浙江省绍兴市绍兴县杨汛桥镇	0575-4501681
210036	江苏省南京市江东北路 188 号	025-86256026
063031	河北省唐山市丰润区林荫路	0315-3083305
461500	河南省许昌市长葛市人民路 200 号	0374-6108891
350301	福建省福清市福耀工业村	0591-85363312
435002	湖北省黄石市黄石港区华新路 16 号	0714-6328808
276018	山东省临沂市罗庄区付庄镇	0539-8928027
518067	广东省深圳市蛇口工业六路一号	0755-26860666
264205	山东省威海市经区环山路西	0631-5997778
310003	浙江省杭州市凤起路 422 号	0571-85068496
315101	浙江省宁波市鄞州区邱隘盛莫路 42 号	0574-88359779
300051	天津市和平区贵州路 4 号	022-23046666
474500	河南省南阳市西峡县仲景路 412 号	0377-64691030
066013	河北省秦皇岛市海港区	0335-3285206
114213	辽宁省鞍山海城市英落镇后英村	0412-3273056

续表 19

序　号	企业集团名称	营业收入（万元）	资产总计（万元）	从业人员（人）
28	广东塔牌集团有限公司	168650	227216	2966
29	河南省中联集团	168004	365993	19574
30	杭州诺贝尔集团有限公司	156924	190447	5533
31	巨石集团	155952	322881	6396
32	中国洛阳浮法玻璃集团	155149	416272	7328
33	广东佛陶集团股份有限公司	151290	384751	5382
34	重庆市博赛矿业集团	150790	134312	3862
35	吉林炭素集团	149388	325989	5996
36	广州越秀水泥集团有限公司	149191	414686	2906
37	金晶(集团)有限公司	140970	312187	1814
38	浙江尖峰集团	128182	240503	3639
39	嘉晨集团有限公司	125097	168024	3200
40	石家庄宝石集团	112663	382632	4333
41	浙江华东钢业集团有限公司	110857	57959	544
42	浙江山鹰建材集团	103337	152487	1190
43	山东崔军集团公司	103317	62545	3960
44	福建省建材(控股)有限责任公司	102914	181561	2620
45	德州晶华集团	102207	377452	8458
46	立马控股集团	95752	134521	2390
47	浙江华威建材集团有限公司	94439	93767	756
48	唐山惠达陶瓷集团	83661	102257	8048
49	浙江兆山建材集团	80812	73750	1768
50	甘肃祁连山水泥集团股份有限公司	75067	218726	3813
51	中利达集团	67520	90458	1128
52	盘固水泥集团有限公司	67025	98816	1269
53	浙江虎山集团	66388	131561	1398
54	江苏九鼎集团	63830	50123	1467
55	云南国资水泥有限公司	62706	161665	2546
56	兰州炭素集团有限责任公司	59175	199101	4297
57	广西鱼峰集团水泥有限公司	59163	136269	1705
58	秦皇岛北方玻璃集团	57436	87886	1387
59	宁夏建材集团有限责任公司	57006	164419	2858
60	杭州钱潮建材集团	55974	142630	1028
61	陕西秦岭水泥(集团)股份有限公司	55430	206967	4479
62	淄博华辰集团有限责任公司	53210	76340	3236
63	安徽华光玻璃集团	52725	146595	2228
64	安徽巢东集团	52641	143868	4924
65	河北晶牛集团	52062	107066	3133

邮政编码	地　址	电　话
514100	广东省梅州市蕉岭县桂岭大道中	0753-7887029
450003	河南省郑州市经四路 3 号	0371-65990898
311122	浙江省杭州市余杭区闭林西路 36 号	0571-88686818
314500	浙江省嘉兴市桐乡市梧桐经济开发区	0573-8181099
471009	河南省洛阳市西工区唐宫中路 9 号	0379-63908632
528031	广东省佛山市禅城区和平路 5 号	0757--82261034
400010	重庆市渝中区邹容路 131 号世界贸易中心 47 楼	023-63886310
132002	吉林省吉林市昌邑区和平街 9 号	0432-2749897
510160	广东省广州市荔湾区西湾路 148 号	020-86521262
255200	山东省淄博市博山区双山街 216 号	0533-4180805
321000	浙江省金华市婺江东路 88 号	0579-2326868-3806
115101	辽宁省大石桥市分水	0417-5330888
050035	河北省石家庄市黄河大道 9 号	0311-85054586
311201	浙江省杭州市萧山区萧然东路 318 号	0571-22888060
313116	浙江省湖州市长兴县小浦镇	0572-6307222
255051	山东省淄博市张店区南定镇崔军村	0533-2982414
350001	福建省福州市北大路 242 号	0591-87853455
253007	山东省德州市湖滨南路 55 号	0534-2612213
321100	浙江省金华市兰溪市灵洞乡	0579-8251366
310009	浙江省杭州市杭海路 366 号	0571-87245585
063307	河北省唐山市丰南区黄各庄镇	0315-8526088
311832	浙江省绍兴市诸暨市浣东街道	0575-7391262
730030	甘肃省兰州市城关区力行新村 3 号	0931-4900692
313216	浙江省湖州市德清县乾元镇北郊路 23 号	0572-8422905
213245	江苏省常州市金坛市薛埠镇	0519-2666890
324103	浙江省衢州市江山市上铺	0570-4211012
226500	江苏省南通市如皋市如城镇环城西路 88 号	0513-87513474
650021	云南省昆明市二环西路 449 号	0871-3163671
730084	甘肃省兰州市红古区海石湾 354 号	0931-6239049
545008	广西柳州柳太路 62 号	0772-3883452
066004	河北省秦皇岛市海港区先锋路 1 号	0335-3887949
750021	宁夏银川市西夏区新小线	0951-2052235
310023	浙江省杭州市天目山路 517 号	0571-85227666-849
727100	陕西省铜川市耀州区东郊	0919-6231303
255086	山东省淄博市开发工业园	0533-3581118
233054	安徽省蚌埠市涂山路 767 号	0552-4083358
238001	安徽省巢湖市长江西路 269 号	0565-2389218
054000	河北省邢台市钢铁北路 33 号	0319-2685303

续表 20

序 号	企业集团名称	营业收入（万元）	资产总计（万元）	从业人员（人）
黑色金属冶炼及压延加工业				
1	宝钢集团有限公司	17680446	21404690	92682
2	首钢集团	7075888	7781499	79385
3	鞍山钢铁集团公司	6978947	7572957	107078
4	武汉钢铁(集团)公司	5520876	7109864	95824
5	攀钢集团	4385280	4910293	112269
6	江苏沙钢集团有限公司	4059532	3453543	10039
7	莱芜钢铁集团有限公司	3938486	3401745	37861
8	济南钢铁集团	3860828	3373483	19214
9	唐山钢铁集团	3768847	3760743	35483
10	太原钢铁集团	3746986	3956055	51397
11	马钢集团	3374883	4408987	61887
12	邯郸钢铁集团	3232504	3046143	35566
13	湖南华菱钢铁集团有限责任公司	3187338	4503778	44607
14	江苏华西集团公司	3096647	1458709	19428
15	北台钢铁(集团)有限责任公司	2988765	2627608	26632
16	本钢集团	2885946	4027374	66521
17	南京钢铁集团有限公司	2857138	2127486	15140
18	包钢(集团)公司	2815746	3662259	62393
19	杭州钢铁集团	2557140	2459417	14887
20	江西省冶金集团公司	2395894	2030028	48099
21	青岛钢铁控股集团有限责任公司	2371843	1306140	14646
22	天津天铁冶金集团	2040138	1486646	26391
23	安阳钢铁集团	2040000	1750000	33194
24	广州钢铁企业集团	1851023	2280236	14672
25	酒泉钢铁(集团)有限责任公司	1734079	2859159	38675
26	新兴铸管集团有限公司	1707679	1904175	71321
27	广西柳州钢铁集团公司	1687435	1430324	16190
28	广东省韶关钢铁集团有限公司	1687036	1689609	19240
29	江苏永钢集团有限公司	1674008	726477	3911
30	天津钢铁有限公司	1626839	2075543	16021
31	天津荣程联合钢铁集团	1547161	437155	7601
32	昆明钢铁控股有限公司	1412512	2150578	25164
33	福建省冶金(控股)有限责任公司	1350880	1362859	20578
34	东北特殊钢集团	1178212	1700242	19856
35	重庆钢铁集团	1162467	1422911	25975
36	中天钢铁集团有限公司	1156112	780784	3689
37	宣化钢铁集团	1054952	782943	30888
38	新疆八一钢铁集团有限责任公司	972560	1648239	30804
39	河北敬业企业集团	927741	304253	6468

邮政编码	地　址	电　话
200122	上海市浦东新区浦电路 370 号	021-58358888
100041	北京市石景山区	010-88293520
114021	辽宁省鞍山市铁西区环钢路 1 号	0412-6723090
430083	湖北省武汉市青山区厂前	027-86863718
617024	四川省攀枝花市东区向阳村	0812-3394261
215625	江苏省苏州市张家港市锦丰镇	0512-58568800
271104	山东省莱芜市钢城区友谊大街 38 号	0634-6821260
250101	山东省济南市历城区工业北路 21 号	0531-88869748
063016	河北省唐山市路北区滨河路 9 号	0315-2702409
030003	山西省太原市尖草坪街 2 号	0351-3012615
243003	安徽省马鞍山市雨山区红旗路 8 号	0555-2883492
056015	河北省邯郸市复兴区复兴路 232 号	0310-6072140
410011	湖南省长沙市芙蓉路二段 111 号华菱大厦 20 楼	0731-2565997
214420	江苏省无锡市江阴市华士镇华西村	0510-6216292
117022	辽宁省本溪市明山区环山路 36 号	0414-4868855
117000	辽宁省本溪市平山区人民路 16 号	0414-7827523
210035	江苏省南京市六合区卸甲甸	025-57056780
014010	内蒙古包头市昆区河西工业区	0472-2189134
310022	浙江省杭州市拱墅区半山路 178 号	0571-88144380
330046	江西省南昌市北京西路 118 号	0791-6260984
266043	山东省青岛市李沧区遵义路 5 号	0532-84816857
300050	天津市和平区马场道 148 号	022-23243512
455004	河南省安阳市殷都区梅园庄	0372-3122219
510381	广东省广州市荔湾区芳村白鹤洞芳村大道一号	020-81891212
735100	甘肃省嘉峪关市雄关东路 12 号	0937-6712394
100070	北京市丰台新村一里 15 号	010-63790493
545002	广西柳州北雀路 117 号	0772-2592651
510160	广东省广州市西增路内协和路 10 号	020-86521341
215628	江苏省苏州市张家港市永联工业园区	0512-58619328
300180	天津市河东区富民路街张达庄 1 号	022-84366833
300352	天津市津南区葛沽镇冶金工业园区	022-28697370
650302	云南省安宁市郎家庄	0871-8603459
350001	福建省福州市省府路 1 号	0591-87553584
116031	辽宁省大连市甘井子区工兴路 4 号	0411-86674909
400080	重庆市大渡口区大堰三村 1 栋 1 号	023-68843548
213011	江苏省常州市遥观镇印墅村 312 国道旁	0519-8771301
075103	河北省张家口市宣化区牌楼东街 30 号	0313-8674421
830022	新疆乌鲁木齐市头屯河区八一路	0991-3893186
050400	河北省石家庄市平山县南甸镇	0311-82872391

续表 21

序　号	企业集团名称	营业收入（万元）	资产总计（万元）	从业人员（人）
40	华盛江泉集团	917990	816232	18000
41	吉林省通化钢铁集团	912545	1573262	19128
42	承德钢铁集团	853114	1200466	15365
43	日照钢铁控股集团有限公司	818013	617328	3846
44	江苏淮钢集团有限公司	750434	615030	3520
45	山东石横特钢集团有限公司	714566	361385	4769
46	四川省川威集团有限公司	704258	484436	7432
47	山西海鑫钢铁集团有限公司	701908	687945	9860
48	长治钢铁(集团)有限公司	673583	530172	15121
49	凌源钢铁集团有限责任公司	662106	494827	9463
50	水城钢铁(集团)有限责任公司	634043	826801	22558
51	陕西龙门钢铁集团	621826	460104	8224
52	江苏锡兴集团有限公司	548918	289503	3990
53	四平红嘴集团	520018	444084	8936
54	山东寿光巨能电力集团	516008	355423	2181
55	山东泰山钢铁集团	505881	323774	7364
56	南金兆集团有限公司	504930	650974	4019
57	河北滦河实业集团	452643	235078	5894
58	河南济源钢铁(集团)	427964	320460	4772
59	潍坊钢铁集团公司	419356	587903	4658
60	四川省达州钢铁集团有限公司	417039	216153	5617
61	河北唐山半壁店钢铁集团	391226	347532	6040
62	江苏苏钢集团有限公司	390373	526555	3902
63	西林钢铁集团	357654	380545	10329
64	唐山宝业实业集团	334045	265625	2152
65	江苏锡钢集团有限公司	307516	238829	3154
66	福建三安集团	295491	597450	2714
67	浙江久立集团	287558	121972	1540
68	西宁特殊钢集团有限责任公司	261873	717854	7390
69	江苏旋力集团股份有限公司	256492	340391	2993
70	河南省定角企业集团	241355	148121	3500
71	山西常平集团有限公司	231812	251757	4800
72	江苏江南实业集团有限公司	215750	200234	3646
73	合肥钢铁集团	213975	379017	12877
74	金洲集团	207917	173040	1841
75	安徽天大集团	199482	186988	4400
76	天津星河工贸集团	176529	86488	1715
77	西峡县龙成集团	151683	164233	2535
78	攀华集团有限公司	147803	142541	865
79	浙江威陵金属集团有限公司	125131	96643	3484

邮政编码	地　址	电　话
276017	山东省临沂市罗庄区工业大道东	0539-7100006
134003	吉林省通化市二道江区东盛路 14 号	0435-3793130
067002	河北省承德市双滦区滦河镇	0314-4073272
276806	山东省日照市黄海一路 86 号	0633-8188088
223002	江苏省淮安市清浦区化工路 53 号	0517-3630253
271612	山东省泰安市肥城市石横镇	0538-3692510
642469	四川省内江市威远县连界镇	0832-8833145
043801	山西省运城市闻喜县东镇	0359-7302916
046031	山西省长治市故县东大街九号	0355-5087774
122500	辽宁省凌源市钢铁路 3 号	0421-6838003
553028	贵州省六盘水市钟山区	0858-8922795
715405	陕西省渭南市韩城市龙门镇	0913-5182310
214151	江苏省无锡市惠山区钱桥镇钱威路 65 号	0510-83215502
136000	吉林省四平市铁西区红嘴路 28 号	0434-3611194
262700	山东省潍坊市寿光市圣城街办渤海路 268 号	0536-5223888
271100	山东莱芜莱城新甫路 1 号	0634-6114430
255419	山东省淄博市临淄区宏鲁工业园	0533-7606789
063021	河北省唐山市场开平区滦河大厦	0315-3382149
454650	河南省济源市天坛区济水大街 205 号	0391-6688018
261201	山东省潍坊市奎文区钢城街办	0536-7673828
635002	四川省达州市通川区西河路 25 号	0818-2520361-9416
063021	河北省唐山市开平区半壁店村	0315-3389776
215151	江苏省苏州市高新区浒墅关镇	0512-65391619
153025	黑龙江省伊春市西林区	0458-3788278
063021	河北省唐山市开平区半壁店村	0315-3384125
214026	江苏省无锡市塘南路 124 号	0510-85750341
361009	福建省厦门市思明区吕岭路 1721-1725 号	0592-5937086
313012	浙江省湖州市南浔区镇西	0572-7362999
810005	青海省西宁市柴达木路 57 号	0971-5295006
215511	江苏省苏州市常熟市梅李镇梅南路 26 号	0512-52261628
456592	河南省林州市姚村定角	0372-6518580
047300	山西省长治市壶关县常平村	0355-8778215
213119	江苏省常州市武进区横山桥镇王一村	0519-8601794-8158
230011	安徽省合肥市瑶海区和平路 1 号	0551-4401241
313000	浙江省湖州市二里桥路 57 号	0572-2072542
239311	安徽省滁州市天长市铜城镇振兴路	0550-7518555
300282	天津市大港区太平镇郭庄子村	022-63105127
474500	河南省南阳市西峡县仲景大道	0377-64693899
215634	江苏省苏州市张家港保税区十字港东	0512-58387217
310051	浙江省杭州市滨江区滨安路 175 号	0571-86685988

续表 22

序　号	企业集团名称	营业收入（万元）	资产总计（万元）	从业人员（人）
80	襄汾县星原钢铁集团有限公司	122305	57095	2193
81	广西八一铁合金(集团)有限责任公司	122009	165628	3383
82	华迪钢业集团	88417	53047	1029
83	山西宏达钢铁集团有限公司	83983	67840	2000
84	青岛三恩集团有限公司	78409	62822	2015
85	天津双街钢管集团	70975	131176	911
86	潍坊迈特钢管集团有限公司	67419	60920	861
有色金属冶炼及压延加工业				
1	中国铝业公司	6290651	10785190	162563
2	江西铜业集团公司	2101204	1857346	31752
3	铜陵有色金属集团	2024888	1850526	22404
4	金川集团有限公司	1832309	1728066	31561
5	云南铜业(集团)有限公司	1531816	1434913	13100
6	海亮集团	1166270	260170	3215
7	宁波金田铜业集团	1156378	231320	5056
8	上海有色金属(集团)有限公司	1154552	1111800	9922
9	云南冶金集团总公司	796862	1091770	18385
10	株洲冶炼集团有限责任公司	687053	466016	6027
11	辽宁忠旺集团	677369	1461392	6251
12	山东信发铝电集团	658202	1131049	9256
13	云南锡业集团有限责任公司	576477	892225	29964
14	金龙铜管集团	530087	418544	3610
15	青铜峡铝业集团有限公司	528152	857743	8230
16	葫芦岛有色金属集团有限公司	525296	1092764	14081
17	江苏张铜集团有限公司	431527	160767	2424
18	河南豫光金铅集团	402173	270092	4947
19	洛阳栾川钼业集团	368064	242594	3882
20	山东丛林集团	306742	385580	4231
21	中条山有色金属集团有限公司	303905	300092	10240
22	震雄铜业集团有限公司	289604	128282	1900
23	河南豫联能源集团	288480	436557	4404
24	焦作市万方集团	271934	355275	3732
25	柳州华锡集团有限责任公司	259678	418761	14194
26	安徽楚江集团	254978	85055	3122
27	株洲硬质合金集团有限公司	242355	302799	8122
28	河南省商电铝业集团	226907	250699	4640
29	天津中迈投资集团	208254	710921	6368
30	烟台有色金属集团	196880	194077	1647
31	广东兴发集团有限公司	181808	167317	2900
32	徐州环宇钼业集团	170910	156735	2413

邮政编码	地　　址	电　　话
041500	山西省临汾市襄汾县	0357-5500811
546102	广西来宾市兴宾区凤凰镇	0772-6689888
325024	浙江省温州市龙湾永中镇标路 24-32 号	0577-86887225
043300	山西省运城市河津市僧楼镇小张村	0359-5358029
266109	山东省青岛市城阳区 204 路 123 号	0532-87869228
300400	天津市北辰区京津公路引河桥北	022-26970071
261011	山东省维坊市潍城区春鸢路 28 号	0536-8187070

邮政编码	地　　址	电　　话
100088	北京市西直门北大街 62 号	010-82298888
335424	江西省鹰潭市贵溪冶金大道 15 号	0701-3777070
244000	安徽省铜陵市	0562-5860108
737100	甘肃省金昌市金川区金川路 98 号	0935-8812230
650051	云南省昆明市人民东路 111 号	0871-3175096
311814	浙江省绍兴市诸暨市店口镇湄池江东路 107 号	0575-7068887
315034	浙江省宁波市江北区慈城城西路 1 号	0574-87597760
200083	上海市虹口区中山北一路 82 号	021-65873399
650051	云南省昆明市盘龙区白塔路 208 号	0871-3162041
412004	湖南省株洲市石峰区清水塘	0733-8391231
111003	辽宁省辽阳市宏伟区曙光乡徐家村	0419-4150232
252100	山东省聊城市茌平县北顺河街 241 号	0635-4281517
661000	云南省红河州个旧市金湖东路 121 号	0873-2123381
453000	河南省新乡市人民西路 191 号	0373-2682802
751603	宁夏青铜峡市	0953-3034161
125003	辽宁省葫芦岛市龙港区锌厂路 24 号	0429-2025040
215600	江苏省苏州市张家港市杨舍经济开发区	0512-58987039
454650	河南省济源市济水大街中段 525 号	0391-665979
471500	河南省洛阳市栾川县城君山西路 374 号	0379-66819822
265705	山东省烟台市龙口诸由观镇政府驻地	0535-8563138
043700	山西省运城市垣曲县	0359-6031386
215332	江苏省苏州市昆山市花桥镇花园路	0512-57695808
451200	河南省郑州市巩义市新华路 31 号	0371-64569068
454003	河南省焦作市塔南路 160 号	0391-3903899
545006	广西柳州市桂中大道华锡大厦	0772-2610111
241008	安徽省芜湖市鸠江区九华北路 778 号	0553-5313232
412000	湖南省株洲市荷塘区钻石路	0733-8260305
476000	河南省商丘市青年路 251 号	0370-2806860
300384	天津市南开区华苑产业区梅苑路 6 号 18 层	022-83718511
264002	山东省烟台市芝罘区幸福中路 178 号	0535-6530629
528061	广东省佛山市禅城区南庄镇人和路	0757-85387606
221003	江苏省徐州市九里区临黄村	0516-82185971

续表 23

序　号	企业集团名称	营业收入（万元）	资产总计（万元）	从业人员（人）
33	天津有色金属集团	156769	87289	816
34	新疆有色金属工业(集团)有限责任公司	152679	402539	8549
35	三门峡天元铝业(集团)	134643	180747	2305
36	河南省淅川铝业(集团)有限公司	132958	72375	1152
37	芜湖恒鑫集团	117313	69023	750
38	山西振兴集团有限公司	105511	319728	4168
39	烟台恒邦集团	100901	94196	2165
40	浙江星鹏铜材集团	95315	72880	1022
41	河南鑫旺集团	91101	130479	2460
42	宁夏东方有色金属集团有限公司	84981	204808	3554
43	甘肃铝业(集团)有限责任公司	79989	82871	3085
44	沁阳市铝电集团	65096	175036	2899
金属制品业				
1	中国国际海运集装箱(集团)股份有限公司	3095931	1717307	31208
2	法尔胜集团公司	955808	507752	3058
3	江苏新长江实业集团公司	712564	661989	4118
4	春风实业集团	666530	235806	20962
5	江苏新华昌集团有限公司	312070	207799	3587
6	盼盼集团	281344	126752	7303
7	山东金升有色集团有限公司	266054	92882	600
8	天津市金桥焊材集团	238229	66171	1147
9	浙江大东吴集团	203309	113229	7586
10	浙江元立金属制品集团	195418	139004	4667
11	新牟国际集团	189715	330580	5425
12	江苏天工集团有限公司	182039	140646	6816
13	苏泊尔集团	173545	238502	6556
14	浙江东南网架集团	137155	336826	2858
15	天津大桥焊材集团	136837	52829	2000
16	步阳集团	129806	97384	2600
17	四川大西洋集团有限责任公司	125871	146231	2962
18	江苏宏宝集团有限公司	119631	104360	3910
19	贵州钢绳(集团)有限责任公司	112953	178633	5873
20	浙江泰仑电力集团	102557	128577	1763
21	天津钢线钢缆集团	86165	120671	1435
22	烟台三环锁业集团	83791	50900	4976
23	上海华盛企业(集团)有限公司	81678	105416	2622
24	常州市侨裕集团有限公司	80673	104564	2105
25	福建永大集团	79238	153058	622
26	方大集团股份有限公司	77603	120128	1885
27	浙江恒达实业集团有限公司	75126	73997	1409

邮政编码	地　址	电　话
300110	天津市南开区长江道 94 号	022-27683062
830000	新疆乌鲁木齐市友好北路 8 号	0991-4840582
472000	河南省三门峡市东风南路 10 号	0398-2916517
474450	河南省南阳市淅川县灌河路 406 号	0377-64260907
241009	安徽省芜湖市鸠江区褐山北路	0553-5810111
043300	山西省运城市河津市樊村镇干涧村	0359-5301027
264100	山东省烟台市牟平区北关大街 33 号	0535-4266539
312300	浙江省绍兴市上虞市经济开发区	0575-2189038
451263	河南省巩义市米河镇	0371-64335913
753000	宁夏石嘴山市大武口区冶金街	0952-2098034
730079	甘肃省兰州市安宁区焦家庄一号	0931-7701616
454591	河南省沁阳市西向镇沁北工业区	0391-5090702-2430
518067	广东省深圳市南山区蛇口港湾大道 2 号	0755-26691130
214433	江苏省无锡市江阴市通江北路 203 号	0510-86105518
214442	江苏省无锡市江阴市夏港镇长江村	0510-86167999
053200	河北省冀州市冀新西路 86 号	0318-8313833
213102	江苏省常州市东门外遥观镇	0519-8701088-5007
115116	辽宁省大石桥市水源镇	0417-5179131
276037	山东省临沂市兰山区南坊	0539-8611213
300300	天津市东丽区六经路 1 号	022-24994924
313000	浙江省湖州市东门外三里桥路 685 号	0572-2568919
323302	浙江省丽水市遂昌县妙高镇庄山	0578-8195017
264100	山东省烟台市牟平区通海路 250 号	0535-4259560
212312	江苏省镇江市丹阳后巷镇前巷村	0511-6322030
317604	浙江省台州市玉环县陈屿镇	0571-85380101
311209	浙江省杭州市萧山区衙前镇	0571-82783998
300381	天津市西青区大寺镇	022-23971632
321300	浙江省金华市永康市汤店山 88 号	0579-7271166
643010	四川省自贡市大安区马冲口街 2 号	0813-5103714
215636	江苏省苏州市张家港市大新镇	0512-58715128
563000	贵州省遵义市红花岗区桃溪路 47 号	0852-8419283
313000	浙江省湖州市南街 161 号	0572-2427777
300171	天津市河东区津塘公路 23 号余门	022-24151295
264000	山东省烟台市芝罘区西南河路 47 号	0535-6254401-223
200063	上海市普陀区曹杨路 1040 弄中友大厦 27 楼	021-62432118
213147	江苏省常州市西门外卜弋镇西	0519-3567810
363000	福建省漳州市金峰工业区	0596-2528903
518055	广东省深圳市南山区西丽龙井方大城	0755-26788571-4402
311217	浙江省杭州市萧山区新街镇海塘路	0571-82856099

续表 24

序　号	企业集团名称	营业收入（万元）	资产总计（万元）	从业人员（人）
28	浙江万达集团	71793	61037	2091
29	安徽富煌轻型建材集团	62000	69877	2913
30	山东环日集团	58340	50313	3250
制造业通用设备				
1	上海电气(集团)总公司	5028192	8917841	69733
2	哈尔滨电站设备集团公司	2018191	3816924	25757
3	徐州工程机械集团有限公司	1731718	679043	15736
4	横店集团	1486616	1666842	43889
5	大连冰山集团有限公司	1037050	1065140	13039
6	大连机床集团公司	773838	485231	7740
7	江苏双良集团有限公司	694483	736497	4371
8	杭州汽轮动力集团	631493	509877	3738
9	沈阳机床(集团)有限责任公司	557304	657016	12773
10	西子电梯集团	494155	642101	4618
11	广州广日集团有限公司	485862	607031	3572
12	太原重型机械集团有限公司	457294	838454	18876
13	上海海立(集团)股份有限公司	440592	351372	7258
14	瓦房店轴承集团有限责任公司	379414	457432	13592
15	江苏常发实业集团有限公司	362324	553403	4725
16	三花控股集团	343124	392195	6238
17	人本集团	338086	168797	8765
18	杭州制氧机集团	303473	365140	3942
19	武汉锅炉集团	300941	565055	3346
20	江阴江东集团公司	295653	153015	6250
21	江苏江动集团	222548	263190	6559
22	陕西鼓风机集团	222337	344782	3407
23	山东九羊企业集团总公司	206894	351868	3800
24	青岛捷能电工电子集团	206592	321620	3537
25	烟台冰轮集团	204840	194095	4579
26	安徽叉车集团	203795	239402	5355
27	江苏通润机电集团有限公司	201714	128528	1996
28	常柴集团有限公司	195509	317199	4612
29	长江润发集团有限公司	176944	152192	3421
30	广州机电集团(控股)有限公司	166242	532467	3793
31	天瑞集团有限公司	156240	369238	8525
32	山东华夏集团	154074	75690	1500
33	江苏金鼎电动工具集团有限公司	151084	76963	5561
34	杭州前进齿轮箱集团	133696	141634	4710
35	济南锅炉集团有限公司	130090	308281	2075
36	上海凯泉泵业(集团)有限公司	124732	109445	2007

邮政编码	地　址	电　话
311258	浙江省杭州市萧山区闻堰镇三江路 8 号	0571-82301088
238076	安徽省巢湖市居巢区黄麓镇	0565-8562648
261413	山东省烟台市莱州土山镇潘家村	0535-2335206

邮政编码	地　址	电　话
200002	上海市黄浦区四川中路 110 号	021-63215530
150040	黑龙江省哈尔滨市三大动力路 39 号	0451-82135807
221006	江苏省徐州市苏堤北路 5 号	0516-87739418
322118	浙江省金华市东阳市横店镇	0579-6551511-2416
116033	辽宁省大连市沙河口区西南路 888 号	0411-86538888
116022	辽宁省大连市西岗区鞍山路 38 号	0411-87549118
214444	江苏省无锡市江阴市利港镇西利路 88 号	0510-86638803
310004	浙江省杭州市环城北路 167 号	0571-85096860
110025	辽宁省沈阳市铁西区北二东路 10-1 号	024-25878003
310003	浙江省杭州市凤起路 420 号	0571-85178111
510030	广东省广州市越秀区越华路 185 号 6 楼	020-83647263
030024	山西省太原市万柏林区玉河街 53 号	0351-6361214
201206	上海市浦东新区宁桥路 888 号	021-58547777
116300	辽宁省大连市瓦房店市北共济街一段一号	0411-88922747
213022	江苏省常州市武进区礼加镇	0519-5119680
312500	浙江省绍兴市新昌县城关镇下礼泉	0575-6225025
325011	浙江省温州市经济技术开发区 5 号小区	0577-86555012
310004	浙江省杭州市下城区东新路 388 号	0571-85869038
430070	湖北省武汉市武昌区武珞路 586 号	027-87657139
214423	江苏省无锡市江阴市周庄镇北新东路 75 号	0510-86228788
224001	江苏省盐城市环城西路 213 号	0515-8881888
710611	陕西省西安市临潼区代王镇	029-81392410
271118	山东莱芜莱城	0634-6521333
266042	山东省青岛市四方区四流南路 102 号	0532-86125356
264000	山东省烟台市芝罘区西山路 80 号	0535-6243451
230022	安徽省合肥市蜀山区望江西路 15 号	0551-3632133
215500	江苏省苏州市常熟市枫林路 19 号	0512-52880518-3222
213003	江苏省常州市西横街 61 号	0519-6621320
215633	江苏省苏州市张家港市金港镇长江西路 98 号	0512-58318168
510120	广东省广州市越秀区大德路 187 号	020-83337404
467500	河南省汝州市丹阳路 28 号	0375-6032203
264205	山东省威海市经济技术开发区华夏工业园	0631-5983619
213151	江苏省常州市武进区湟里镇	0519-3341245
311203	浙江省杭州市萧山区萧金路 45 号	0571-82673888
250023	山东省济南市天桥区黄岗路 8 号	0531-85974222-6452
201804	上海市嘉定区黄渡镇联西村	021-69591918

续表 25

序 号	企业集团名称	营业收入（万元）	资产总计（万元）	从业人员（人）
37	山东中大空调集团	120067	95816	1899
38	广东明珠企业集团	118570	177660	2634
39	京山轻机集团	116131	173927	2773
40	秦川机床集团有限公司	113625	163392	3760
41	四川空分设备(集团)有限责任公司	110282	167573	2713
42	江苏扬力集团	108383	79359	2785
43	安徽全柴集团	106764	160409	3146
44	浙江春晖集团	102698	115818	2100
45	山东通裕集团	100640	70861	690
46	黄石东贝机电集团	98646	133862	4095
47	无锡开源机床集团有限公司	97888	109971	3184
48	浙江上风控股集团	92791	131988	1009
49	济南二机床集团有限公司	92272	134531	4647
50	宝鸡忠诚机床集团	89819	68291	2237
51	浙江丰球集团	87691	71380	965
52	哈尔滨轴承集团公司	84589	385233	10208
53	浙江开山集团	78968	50637	2675
54	杭州机床集团	75472	83737	2660
55	广州广重企业集团	72526	262759	2929
56	唐山开元企业集团	71016	84463	1036
57	杭州东华链条集团	70588	63731	2260
58	天马控股集团有限公司	66489	76016	2892
59	河南科隆电器股份有限公司	62231	76283	871
60	卫华集团	61204	62042	3348
61	安徽应流集团	58562	61548	2377
62	江西联合重工业集团	57335	69041	2394
63	泰山集团股份有限公司	51082	70247	1598
64	武汉重型机床集团	50770	156080	2430
65	山东华盛中天机械集团有限公司	50708	71686	1493
专用设备制造业				
1	中国恒天集团公司	1520381	1740271	44366
2	山东时风集团	1166781	316614	26077
3	沈阳机电装备工业集团	976856	1880937	25917
4	中国第一拖拉机工程机械集团	795688	755687	22136
5	山东工程机械集团	772792	677933	9134
6	大连重工起重集团有限公司	567895	718470	4774
7	山东五征集团	548699	111365	6805
8	广西柳工集团有限公司	530860	404556	7131
9	三一集团有限公司	444361	777938	10267
10	中山市张家边企业集团有限公司	439888	491283	20188

邮政编码	地　址	电　话
253022	山东省德州市经济开发区晶华路	0534-2299210
514500	广东省梅州市兴宁市兴城赤巷口	0753-3337950
431800	湖北省荆门市京山县工业园区	0724-7224900
721009	陕西省宝鸡市渭滨区姜谭路 22 号	0917-3670665
641400	四川省简阳市建设中路 239 号	0832-3186015
225127	江苏省扬州市扬子江中路 99 号	0514-7848295
239500	安徽省滁州市全椒县建设东路 70 号	0550-5018888
312352	浙江省绍兴市上虞市曹娥街道	0575-2164484
251200	山东省德州地区禹城市房寺镇	0534-7520698
435006	湖北省黄石市铁山区	0714-5416688
214061	江苏省无锡市湖滨路 11 号	0510-85802978-635
312375	浙江省绍兴市上虞市上浦开发区	0575-2361398
250022	山东省济南市槐荫区机床二厂路 4 号	0531-87118686
721004	陕西省宝鸡市金台区东风路 34 号	0917-3566856
311800	浙江省绍兴市诸暨市暨阳街道	0575-7132002
150036	黑龙江省哈尔滨市香坊区红旗大街 14 号	0451-55646197
324002	浙江省衢州市经济开发区凯旋西路 9 号	0570-3662234
310022	浙江省杭州市石祥路 124 号	0571-85809877
510250	广东省广州市海珠区昌岗中路 33 号	020-84369817
063000	河北省唐山市高新技术开发区火炬路 189 号	0315-3859602
310021	浙江省杭州市江干区机场路 218 号	0571-85045780
310015	浙江省杭州市石祥路 208 号	0571-88282988-8588
453000	河南省新乡市化工路 25 号	0373-5068937
453400	河南省新乡市长垣县文明西路工业园区	0373-8887658
230601	安徽省合肥市齐云路 26 号	0551-3821999
330001	江西省南昌市青云谱区迎宾大道 913 号	0791-5206968
271000	山东省泰安市高新技术开发区长城路中段	0538-6619610
430077	湖北省武汉市武昌区中北路 108 号	027-67810240
276017	山东省临沂市高新区中天路 1 号	0539-8488658

邮政编码	地　址	电　话
100020	北京市朝阳区建国路 99 号中服大厦	010-65816688
252800	山东省聊城市高唐县时风路 1 号	0635-3953153
110004	辽宁省沈阳市和平区文化路 41 号	024-23880708
471004	河南省洛阳市涧西区建设路 154 号	0379-64967280
250014	山东济宁市吴泰闸东路 71 号	0531-82623818
116013	辽宁省大连市西岗区八一路 169 号	0411-86852159
262300	山东省日照市五莲县长青路 23 号	0633-5321166
545007	广西柳州市柳南区柳太路一号	0772-3886001
410100	湖南省长沙经济技术开发区	0731-4031888
528436	广东省中山市火炬开发区康乐大道 51 号	0760-5596078

续表 26

序　号	企业集团名称	营业收入（万元）	资产总计（万元）	从业人员（人）
11	厦门厦工集团	416142	362474	6279
12	福建龙工集团	381587	178041	3628
13	中国烟草机械集团有限责任公司	361895	489026	4704
14	中国第二重型机械集团	303350	655800	11859
15	福马集团	290261	335526	5018
16	中国第一重型机械集团	284170	746793	11931
17	精功集团	261186	416153	5058
18	成都神钢工程机械集团	255413	245335	2708
19	飞跃集团	211056	208170	2772
20	天洁集团	209590	129030	2026
21	青岛星火纺机纺织集团股份有限公司	201369	74664	2108
22	中大集团	194085	107690	5750
23	江苏沃得机电集团有限公司	190289	235153	6000
24	上工申贝(集团)股份有限公司	150606	244215	4712
25	郑州煤矿机械集团	139993	122572	3246
26	兰州兰石集团有限公司	137095	215679	5501
27	浙江菲达机电集团	126425	192166	1753
28	威高集团	125252	175560	5696
29	山东常林机械集团	119874	69558	3798
30	邢台机械轧辊集团	113833	147647	5124
31	中国标准缝纫机集团	111391	184185	3114
32	江苏牧羊集团有限公司	93369	57904	1265
33	杰克控股集团	87607	52959	1656
34	宁夏西北奔牛实业集团有限公司	85449	57987	2086
35	方圆集团	83616	82914	3421
36	上海康德莱企业发展集团有限公司	80737	60416	3405
37	浙江四方集团	75267	53570	1544
38	无锡宏源集团有限责任公司	72133	74460	1368
39	山东矿机集团有限公司	59347	67495	968
40	双鸽集团	56265	90305	2567
41	威海木机集团	55980	89910	3910
交通运输设备制造业				
1	中国第一汽车集团公司	12998429	10739810	116653
2	上海汽车工业(集团)总公司	11824051	13035362	82675
3	东风汽车公司	11662245	12981335	129025
4	广州汽车工业集团有限公司	5091115	4688949	17959
5	北京汽车工业控股有限责任公司	4792047	2750684	34880
6	万向集团	2527976	1684710	24420
7	中国南方机车车辆工业集团	2302330	2845960	95937
8	中国北方机车车辆工业集团公司	2103159	2690349	97009

邮政编码	地　址	电　话
361004	福建省厦门市思明区禾祥东路 11 号	0592-5170733
364000	福建省龙岩市新罗区石桥红岭路 11 号	0597-2522188
100055	北京宣武广外大街 9 号	010-63601471
618013	四川省德阳市旌阳区	0838-234119
100029	北京市朝阳区安苑路 20 号世纪兴源大厦	010-84898622
161042	黑龙江省齐市富区重机厂前路九号	0452-6811075
312030	浙江省绍兴市绍兴县柯桥镇精工大厦	0575-4138675
610110	四川省成都市龙泉驿区洪河中路 1 号	028-82854867
318000	浙江省台州市椒江机场中路 109 号	0576-8155828
311825	浙江省绍兴市诸暨市牌头镇	0575-7051717
266425	山东省青岛市胶南市王台镇	0532-83131059
224003	江苏省盐城市开放大道 100 号	0515-8333888
212311	江苏省镇江市丹阳埤城工业园区	0511-6348222
200122	上海市浦东新区世纪大道 1500 号	021-68407700
450013	河南省郑州市华山路 105 号	0371-67891059
730050	甘肃省兰州市七里河区西津西路 194 号	0931-2333465
311800	浙江省绍兴市诸暨市望云路	0575-7212055
264209	山东省威海市世昌大道 312	0631-5622517
276700	山东省临沂市临沭县常林西大街 112 号	0539-6260989
054025	河北省邢台市桥西区新兴路 1 号	0319-2116296
710068	陕西省西安市太白南路 335 号	029-88279353
225127	江苏省扬州市邗江工业园牧羊路 1 号	0514-7848888-8153
318010	浙江省台州市椒江区机场南路 15 号	0576-8177790
753000	宁夏石嘴山市大武口区金工路	0952-2174580
265100	山东省烟台市海阳市面上方圆工业园	0535-6221111
201803	上海市嘉定区华江路 668 弄 18 号	021-59116478
321315	浙江省金华市永康市永拖路 57 号	0579-7156677
214062	江苏省无锡市梁溪路 11 号	0510-85867456-133
262400	山东省潍坊市昌乐县城建设路 8 号	0536-6228254
318020	浙江省台州市黄岩区大桥路 888 号	0576-4066588
264205	山东省威海市齐鲁大道 642 号	0631-5925136

邮政编码	地　址	电　话
130011	吉林省长春市东风大街 2259 号	043-15730701
200031	上海市徐汇区武康路 390 号	021-24011000
430015	湖北省武汉市汉口建设大道 747 号	027-84285000
510030	广东省广州市越秀区东风中路 448 号成悦大厦 19 楼	020-83150505
100021	北京市朝阳东三环南路 25 号	010-67699888-6601
311215	浙江省杭州市萧山经济技术开发区	0571-82832999
100038	北京市海淀区羊坊店路 11 号	010-51862033
100038	北京市海淀区羊坊店路 11 号	010-51862200

续表 27

序　号	企业集团名称	营业收入（万元）	资产总计（万元）	从业人员（人）
9	江苏悦达集团	2093956	1282590	15225
10	中国重型汽车集团有限公司	1515820	1896801	15836
11	安徽江淮汽车集团	1255606	914716	11381
12	广西玉柴机器集团有限公司	1213750	958865	14030
13	江铃汽车集团公司	1123467	1009468	16587
14	无锡威孚集团有限公司	1016109	438786	9888
15	跃进汽车集团	973458	1174416	14224
16	苏州创元(集团)有限公司	968215	642118	17519
17	钱江集团	911715	862942	11043
18	重庆机电控股(集团)公司	870427	1156588	33211
19	湘火炬汽车集团股份有限公司	802411	823651	19613
20	郑州宇通企业集团	789738	599216	10370
21	重庆力帆实业集团有限公司	763678	477562	9010
22	江门市大长江集团	736584	417437	8938
23	浙江吉利控股集团	678669	904497	7114
24	宗申产业集团有限公司	561409	444184	9975
25	隆鑫控股集团	527478	253963	4971
26	福建省汽车工业集团	502973	467605	3353
27	陕西汽车集团	462658	515594	10920
28	三环集团	456428	731287	17108
29	长丰集团	453347	626075	6134
30	柳州五菱汽车有限责任公司	443279	376071	5225
31	青岛泰发集团	442818	98349	9300
32	重庆庆铃汽车集团	406042	1034098	4071
33	天津摩托集团	382037	276515	6342
34	中国轻骑集团	369380	679502	7279
35	中国铁路通信信号集团公司	338554	447405	20421
36	山东只楚集团	335300	170463	4500
37	辽宁曙光汽车集团股份有限公司	265826	250961	5640
38	万丰奥特控股集团	224737	213029	4856
39	华翔集团	202858	435653	4500
40	广州天马集团有限公司	201228	79218	2887
41	福建省船舶工业集团	198537	426557	3785
42	山东省交通工业集团总公司	191109	274600	4942
43	江阴模塑集团有限公司	184097	322185	3600
44	云南力帆骏马车辆有限公司	166717	68865	4160
45	昆明云内动力(集团)公司	164683	209828	3402
46	南京晨光集团有限责任公司	149592	282032	4658
47	山东隆基集团有限公司	149436	76701	3200
48	西湖汽车零部件集团	142379	88153	2050

邮政编码	地　址	电　话
224002	江苏省盐城市开放大道 78 号	0515-8202912
250002	山东省济南市市中区英雄山路 165 号	0531-85582114
230022	安徽省合肥市包河区东流路 176 号	0551-2296747
537005	广西玉林市天桥路 168 号	0775-3287020
330001	江西省南昌市迎宾北大道 666 号	0791-5229200
214031	江苏省无锡市人民西路 107 号	0510-82708345
210037	江苏省南京市鼓楼区中央路 331 号	025-83409029
215007	江苏省苏州市南门东二路四号	0512-65206601
317500	浙江省台州市温岭市太平镇万昌路 318 号	0576-6139001
400015	重庆市渝中区中山三路 155 号	023-63891163
412001	湖南省株洲市石峰区	0733-8450478
450061	河南省郑州市管城区十八里河宇通工业园	0371-66718892
400037	重庆市沙坪坝区上桥张家湾 60 号	023-61663112
529030	广东省江门市建达北路 5 号	0750-3288999
318050	浙江省台州市路桥区吉利大道	0571-87700136
400054	重庆市巴南区花溪镇民主村宗申工业园	023-66372897
400051	重庆市九龙坡区石坪桥横街特 5 号	023-89062152
350003	福建省福州市华林路 212 号	0591-87843267
710043	陕西省西安市新城区幸福北路 39 号	029-83388330
430070	湖北省武汉市武昌区武珞路 356 号	027-87300033
410011	湖南省长沙市芙蓉中路 111 号	0731-2881697
545007	广西柳州河西路 18 号	0772-3750455
266431	山东青岛市胶南市隐珠镇	0532-83195608
400052	重庆市九龙坡区中梁山协兴村 1 号	023-65262233
300113	天津市南开区红旗路 204 号	022-27644582
250014	山东省济南市和平路 34 号	0531-86599533
100071	北京市丰台区西四环南路乙 49 号	010-51846662
264002	山东省烟台市芝罘区只楚路 75 号	0535-6530635
118001	辽宁省丹东市振安区曙光路 50 号	0415-4139255
312500	浙江省绍兴市新昌县万丰科技园	0575-6298205
315722	浙江省宁波市象山县西周镇镇安路 104 号	0574-65837888
510925	广东省广州市从化市江埔街从樟路 3 号	020-87982688
350004	福建省福州市群众路 27 号	0591-83333969
250031	山东省济南市天桥区济洛路 168 号	0531-88321317
214423	江苏省无锡市江阴市周庄镇长青路 8 号	0510-86904988
671005	云南省大理市凤仪镇	0872-2494917
650224	云南省昆明市穿金路 715 号	0871-5633185-3331
210006	江苏省南京市中华门外正学路 1 号	025-52407124
265700	山东省烟台市龙港开发区隆基路 1 号	0535-8842175
311000	浙江省杭州市余杭区运河镇道墩坝工业区	0571-86183939

续表 28

序　号	企业集团名称	营业收入（万元）	资产总计（万元）	从业人员（人）
49	安徽星马汽车集团	135961	203436	1777
50	山东渤海活塞集团有限责任公司	135461	172986	4571
51	上海中路(集团)有限公司	127704	128287	1528
52	浙江中誉(控股)集团	126676	198484	790
53	信义集团公司	123690	138659	2016
54	山东金麒麟集团	120399	105372	1950
55	长春一汽四环集团	112590	182346	5698
56	正兴车轮集团	107404	143173	2448
57	山西三联技术产业集团有限公司	107386	127628	2065
58	青特集团有限公司	106381	162024	2012
59	四川银河汽车集团	97586	73343	1119
60	瑞立集团	95839	187266	2692
61	昆明中铁大型养路机械集团有限公司	95323	137538	1002
62	安徽省安庆环新集团	84270	127057	2001
63	浙江新亚太机电集团	83785	97974	1212
64	星月集团	82376	164917	3681
65	少林汽车集团	78865	94534	2157
66	浙江银轮实业发展股份有限公司	76587	116989	2294
67	桂林客车工业集团公司	69043	108911	1940
68	绵阳新华内燃机集团有限公司	65864	79379	1394
69	中国扬子集团	65711	140152	4485
70	重庆银钢科技集团	65260	56793	957
71	河南中轴集团	63948	54048	2532
72	上海柘中集团	63216	103740	1142
73	桂林福达集团有限公司	51651	69582	2248
74	江苏众星摩托集团有限公司	50816	53007	1200
75	山西大同齿轮集团有限责任公司	50694	80125	1507
电气机械及器材制造业				
1	海尔集团	10393583	4214278	52835
2	美的集团有限公司	4233504	2608041	73000
3	珠海格力集团公司	1988581	1834374	20222
4	中国东方电气集团公司	1845641	3673102	23224
5	正泰集团	1506432	507055	15000
6	北京京城机电控股有限责任公司	1357666	2643806	26396
7	广东格兰仕集团有限公司	1352682	834582	30295
8	春兰集团	1237159	1601987	8285
9	德力西集团	1186330	514350	14200
10	奥克斯集团	1096993	685541	11141
11	广州万宝集团有限公司	1085801	805309	14652
12	广州轻工工贸企业集团	903316	1420698	13619

邮政编码	地　址	电　话
243061	安徽省马鞍山市经济技术开发区	0555-8323550
256602	山东省滨州市渤海二十路 999 号	0543-3289000
201204	上海市浦东新区花木路 832 号	021-50591378
311217	浙江省杭州市萧山区市心北路 299 号	0571-82619506
257335	山东省东营市广饶县大王镇	0546-6881189
253600	山东省德州市乐陵枣城北大街 84 号	0534-2119918
130011	吉林省长春市绿园区锦程大街 69 号	0431-5988911-3229
363000	福建省漳州市北环城国道 319 线 73 公里右侧	0596-2600928
043300	山西省运城市河津市铸造工业园区	0359-5288123
266109	山东省青岛市城阳区不其路 25 号	0532-87865678
610036	四川省成都市蜀西路 28 号汇源科技大厦 8 楼	028-87506999
325200	浙江省温州市瑞安经济开发区毓蒙路 1169 号	0577-65609883
650215	云南省昆明市官渡区金马镇方旺办事处 384 号	0871-3920080
246005	安徽安庆市开发区迎宾大道 16 号区	0556-5357175
311203	浙江省杭州市萧山区亚太路 1399 号	0571-82761316
321307	浙江省金华市永康市古山工业区	0579-7511127
450100	河南省荥阳市京城路 001 号	0371-64618210
317200	浙江省台州市天台县交通运输机械工业园区	0576-3882289
541002	广西桂林市象山区翠竹路 18 号	0773-3835551
621000	四川省绵阳市涪城区剑门路西段 228 号	0816-2370125
239000	安徽省滁州市扬子工业区	0550-3063688
400709	重庆市北碚去同兴南路 71 号	023-68327878
454003	河南省焦作市建设东路 137 号	0391-3933051
201400	上海市奉贤区分奉浦大道 18 号	021-67100000
541004	广西桂林市环城南一路 16 号	0773-5805836
214104	江苏省无锡市锡山区安镇	0510-88715118
037006	山西省大同市城区新开北路 81 号	0352-2416384

266103	山东省青岛市高科园海尔路 1 号	0532-88938999
528311	广东省佛山市顺德区北窖	0757-26339097
519020	广东省珠海市石花西路 211 号	0756-8131888
610036	四川省成都蜀汉路 333 号	028-87583075
325604	浙江省温州乐清市柳市镇工业区正泰大厦	0577-62877777
100022	北京市朝阳东三环中路 59 号京城机电大厦(富力双子座 A 座)	010-67756668
528305	广东省佛山市顺德区容桂大道南 25 号	0757-28886389
225300	江苏省泰州市口泰路 68 号	0523-6227410
325604	浙江省温州乐清市柳市镇车站路 183 号	0577-62723888
315104	浙江省宁波市鄞州区鄞州大道 566 号	0574-88220157
510220	广东省广州市海珠区江南大道中 111 号	020-89093689
510120	广东省广州市越秀区沿江西路 147 号	020-83343392

续表 29

序　号	企业集团名称	营业收入（万元）	资产总计（万元）	从业人员（人）
13	宁波富邦控股集团	880254	651484	12736
14	人民电器集团	818605	160447	5289
15	江苏输变电设备集团有限公司	748697	443949	5537
16	天正集团	722603	211257	6348
17	青岛澳柯玛集团	673650	893388	5812
18	中国西电集团	634786	956073	16286
19	许继集团	518129	1059222	4636
20	宝胜集团	506239	271187	5532
21	万达集团股份有限公司	490626	306879	3182
22	新疆特变电工股份有限公司	451445	678394	8000
23	盾安控股集团	437636	214826	4785
24	保定天威集团	422391	450132	4713
25	河南新飞电器(集团)	386566	380214	5308
26	广东万和集团有限公司	338406	108328	4983
27	合肥荣事达集团	330553	348078	4368
28	富通集团	323266	387008	2896
29	浙江富春江通信集团	320905	321130	3016
30	铜陵精达铜材集团	319902	216680	1090
31	合肥美菱集团	295269	373012	5415
32	青岛变压器集团	289650	253162	7139
33	亨通集团有限公司	288617	459090	3567
34	宏安集团	283762	204995	1280
35	深圳市特发集团有限公司	267798	572900	5418
36	浙江万马集团	265173	380607	4024
37	大全集团有限公司	262378	239300	4223
38	杭州金鱼电器集团	238351	142155	3168
39	青岛汉缆集团	226247	102312	1845
40	华凌集团有限公司	222194	235753	3094
41	湖南通用电气集团	218006	314116	11446
42	永鼎集团有限公司	216168	218550	1054
43	华伦集团	209265	238309	4462
44	卧龙控股集团	205998	276592	4548
45	星星集团	201982	218880	6012
46	山东阳谷电缆集团	200715	169487	2005
47	平高集团	193181	467998	4529
48	北京雪花电器集团公司	172791	240709	2295
49	泰开电气集团有限公司	170090	121505	3254
50	世纪阳光控股集团	163425	166473	5360
51	辽宁万兴达集团	156669	58956	905
52	中利科技集团有限公司	152322	96724	1617

邮政编码	地　　址	电　　话
315010	浙江省宁波市海曙区长春路 2 号	0574–87307334
325604	浙江省温州乐清市经济开发区柳市人民工业区	0577–62730631
213002	江苏省常州市常新路 145 号	0519–3266537
325604	浙江省温州乐清市柳市镇东风工业区	0577–62777313
266510	山东省青岛经济技术开发区前湾港路 315 号	0532–86765688
710077	陕西省西安市莲湖区丰登北路 29 号	029–84261442
461000	河南省许昌市许继大道 38 号	0374–3212286
225800	江苏省盐城市宝应县宝胜中路 1 号	0514–8238888
257506	山东省东营市垦利县胜坨镇永莘路 68 号	0546–2063989
831100	新疆昌吉市延安南路 52 号	0994–6553016
310009	浙江省杭州市滨江区泰安路	0571–87899610
071056	河北省保定市高新区化纤北路 128 号	0312–3308672
453002	河南省新乡市红旗区北干道 370 号	0373–5119701
528305	广东省佛山市顺德区容桂红旗中路 80 号	0757–28982663
230088	安徽省合肥市高新区科学大道 96 号	0551–5318332
311400	浙江省杭州市富阳市富通路 18 号	0571–63322660
311400	浙江省杭州市富阳市江滨东大道 5 号	0571–63371406
244000	安徽省铜陵经济开发区	0562–2806425
230001	安徽省合肥市包河区芜湖路 48 号	0551–2869268
266109	山东省青岛市城阳区长城路南段	0532–87716888
215234	江苏省苏州市吴江市七都镇	0512–63435216
264400	山东省威海文登市横山路 88 号	0631–8088602
518057	广东省深圳市南山区科技园科丰路 2 号特发信息大厦 6–7 楼	0755–26934270
311300	浙江省杭州市临安市锦城万马路 1 号	0571–63757133
212111	江苏省镇江市扬中新坝镇南街 66 号	0511–8411200
310014	浙江省杭州市拱墅区长板巷 115 号	0571–88083986
266102	山东省青岛市崂山区汉河	0532–88818466
510515	广东省广州市白云区沙河同和	020–37241762
411101	湖南省湘潭市下摄司街 302 号	0732–8595919
215211	江苏省苏州市吴江市芦墟镇	0512–63271972
311400	浙江省杭州市富阳市迎宾北路 199–200 号	0571–87223158
312300	浙江省绍兴市上虞市经济开发区	0575–2219460
318015	浙江省台州市椒江区洪家	0576–8022888
252311	山东省聊城市阳谷县西湖 14 号	0635–2155325
467001	河南省平顶山市南环东路 22 号	0375–3804582
102600	北京市大兴黄村镇兴华大街三段 1 号	010–69243911–8609
271000	山东省泰安市泰山区高新技术开发区	0538–8514044
312300	浙江省绍兴市上虞市凤山路 485 号	0575–2218580
111200	辽宁省辽阳市辽阳县首山乡兰唐路 43 号	0419–7470555–8013
215542	江苏省苏州市常熟市东南经济技术开发区	0512–52571188

续表 30

序　号	企业集团名称	营业收入（万元）	资产总计（万元）	从业人员（人）
53	南瑞集团	146935	238766	1596
54	宁夏天净电能开发集团有限公司	146356	129692	3229
55	山东华力电机集团	145272	63526	2227
56	河南森源集团公司	142108	55823	2746
57	广东万家乐股份有限公司	141681	268776	2778
58	河南环宇集团	138257	174505	8760
59	宁波天安集团	135794	181168	2967
60	沈阳九星企业集团	135221	54920	521
61	江苏通鼎集团	131266	53151	518
62	中国长江动力集团	128000	258353	3115
63	双菱集团	123431	145419	1785
64	江苏常恒集团有限公司	121711	155278	6156
65	帅康集团	120526	107874	3083
66	浙江华达集团	116551	136658	1093
67	杭州老板实业集团	114003	62885	1146
68	安徽天康集团	105003	66681	1560
69	华仪电器集团	103938	82208	2289
70	南阳防爆集团	102568	75945	3021
71	江苏鸿联集团	101273	97780	4500
72	长城电器集团	100844	69231	2018
73	环宇集团	100575	56293	3111
74	浙江永翔集团有限公司	96737	152409	3690
75	天津三源电力集团	96029	144171	1526
76	上海东升电子(集团)股份有限公司	94057	64724	1011
77	杭州钱江电气集团	90910	106155	1054
78	耀华电器集团有限公司	87769	92709	2392
79	上海裕科(集团)有限公司	84268	73697	658
80	宁波飞翔集团	80937	71954	3532
81	博能集团	80467	125617	1700
82	上海中发电气(集团)有限公司	79620	100837	471
83	浙江华日集团	79335	104581	731
84	德意控股集团有限公司	79038	62419	917
85	四川东材企业集团有限公司	78453	84746	1679
86	金田集团	69634	78353	568
87	上海广电电气(集团)有限公司	68276	73700	148
88	德州皇明太阳能集团	64540	69777	2030
89	上海华东电器集团有限公司	63321	166960	520
90	临沂桃源集团有限责任公司	62483	81405	2901
91	华通机电集团	61258	58152	1825
92	华鹏集团公司	53877	69217	2112

邮政编码	地　址	电　话
210003	江苏省南京市南瑞路 8 号	025–83429900
640104	宁夏银川市开发区	0951–4918800
264300	山东省威海市荣成市明珠路 89 号	0631–7551153
461500	河南省许昌市长葛市人民路北段	0374–6108359
528333	广东省佛山市顺德区峰山工业区	0757–22321220
453002	河南省新乡市环宇大道三里桥	0373–2688066
315709	浙江省宁波市象山县天安路 1118 号	0574–65728118
110141	辽宁省沈阳市于洪区洪湖北街 78–6 号	024–25315710
215233	江苏省苏州市吴江市震泽镇八都经济开发区小平大道 18 号	0512–63877888
430074	湖北省武汉市洪山区关山一路 124 号	027–87801035
318050	浙江省台州市路桥新安南街 689 号	0576–2410216
213127	江苏省常州市新北区春江镇新华村	0519–5712670
315491	浙江省宁波市余姚市低塘镇历山	0574–62243888
311400	浙江省杭州市富阳市富春街道文教路 88 号	0571–63366299
311100	浙江省杭州市余杭区临平大道 592 号	0571–89176332
239300	安徽省滁州市天长市仁和南路 20 号	0550–7308865
325600	浙江省温州市乐清市宁康西路 138 号	0577–62558836
473008	河南省南阳市仲景路	0377–63258302
213101	江苏省常州市武进区横林镇古槐路 125 号	0519–8780568
325604	浙江省温州乐清市柳市长城大厦	0577–62722888
325603	浙江省温州乐清市北白象镇温州大桥工业区	0577–62888699
311251	浙江省杭州市萧山区临浦镇桥里村	0571–82482078
300050	天津市和平区重庆道 148 号	022–84402972
201908	上海市宝山区月罗路 2255 号	021–66865270
311243	浙江省杭州市萧山区坎山镇光明工业区	0571–82583188
325604	浙江省温州乐清市柳市镇东风工业区	0577–62760089
200050	上海市长宁区延安西路 889 号太平洋中心 12 楼	021–52402211
315326	浙江省宁波市慈溪市长河镇余庵公路西 281 号	0574–63023918
334000	江西省上饶市信州区抗建路 12 号	0793–8217275
200060	上海市普陀区长寿路 99 号世纪商务大厦 16 楼	021–62777711
310019	浙江省杭州市江干区航海路 1059 号	0571–86901988
311215	浙江省杭州市萧山经济技术开发区建设三路	0571–82862226
621000	四川省绵阳市游仙区东兴路 6 号	0816–2972888
325802	浙江省温州市苍南县龙港镇龙洲路 248 号	0577–64299999
201400	上海市奉贤区南桥镇南桥路 865 号	021–67101608
253023	山东省德州市德城区湖滨北路 37 号	0534–2312771
200002	上海市黄浦区河南中路 500 号	021–63297777
276003	山东省临沂市金雀山路 130 号	0539–8107346
325604	浙江省温州市乐清市经济开发区华通大厦	0577–62731018
212211	江苏省镇江市扬中新坝镇港中北路 202 号	0511–8411156

续表31

序 号	企业集团名称	营业收入（万元）	资产总计（万元）	从业人员（人）
通信设备、计算机及其他电子设备制造业				
1	联想集团	10818936	6225452	27033
2	TCL集团股份有限公司	5214954	2951693	65506
3	海信集团	3587066	1576488	11688
4	熊猫电子集团	2810595	1911172	11628
5	北京北大方正集团公司	2448860	2552813	17982
6	中兴通讯股份有限公司	2159170	2177913	25577
7	四川长虹电子集团有限公司	1811114	1528073	39103
8	北京电子控股有限责任公司	1809341	3865871	34445
9	清华控股有限公司	1735180	2361742	21766
10	南京斯威特集团有限公司	1685714	1900203	26014
11	华侨城集团公司	1674765	2916502	29404
12	深圳华强集团有限公司	1551176	888617	33000
13	浪潮集团有限公司	1258725	359867	3950
14	惠州市德赛集团有限公司	1185713	652568	21408
15	上海贝尔阿尔卡特股份有限公司	1155337	1627057	6044
16	宁波电子信息集团	1036399	505907	3179
17	惠州市华阳集团有限公司	1035712	324540	19672
18	大连大显集团	906757	1205512	15175
19	深圳市赛格集团有限公司	891098	1332457	9373
20	深圳长城开发科技股份有限公司	815141	427212	6245
21	科达集团股份有限公司	549103	393504	10160
22	江苏新科电子集团有限公司	516861	391096	9051
23	万利达集团	514942	329767	12691
24	江苏远东集团有限公司	513837	276324	2756
25	华东电子集团	511890	719526	8649
26	彩虹集团公司	503925	798967	22430
27	西安海星科技投资控股(集团)有限公司	496678	457576	5718
28	河南安彩集团	411131	1111503	10138
29	中国华录集团	376516	370536	4287
30	上海仪电控股(集团)公司	371733	1307244	14957
31	电信科学技术研究院	342603	983407	10497
32	福建省电子信息集团	307169	556657	5437
33	长白计算机集团公司	278409	363140	2301
34	中国大恒(集团)有限公司	259720	115287	1189
35	四川九洲电器企业集团	256393	395642	6988
36	武汉邮电科学研究院	248350	595181	6825
37	宁波韵升股份有限公司	236716	160081	2056
38	咸阳偏转集团公司	221104	289525	6606

邮政编码	地　址	电　话
100080	北京市海淀区科学院南路 2 号融科资讯中心 A 座 10 层	010-62509440
516001	广东省惠州市惠城区鹅岭南路 6 号	0752-2288333
266071	山东省青岛市市南区东海西路 17 号	0532-83878888
210002	江苏省南京市中山东路 301 号	025-84801442
100871	北京市海淀区成府路 298 号	010-82529966
518057	广东省深圳市南山区科技南路中兴通讯大厦	0755-26770000
621000	四川省绵阳市绵兴东路 35 号	0816-2418378
100027	北京市朝阳三里屯西大街 6 号	010-84544208
100084	北京市海淀清华科技园科技大厦 A 座 25 层	010-82150915
210006	江苏省南京市秦淮区集庆路 198 号	025-52207772
518053	广东省深圳南山区华侨城	075-526600248
518031	广东省深圳市深南中路华强路口华强集团一号楼	0755-83030111
250014	山东省济南市历下区山大路 224 号	0531-85106276
516003	广东省惠州市惠城区江北云山西路十二号二十三楼	0752-2833888
201206	上海市浦东新区宁桥路 388 号	021-58541240
315010	浙江省宁波市海曙区龙湾新村 27 号	0574-87293061
516007	广东省惠州市惠城区演达一路化阳大厦 23 楼	0752-2556607
116620	辽宁省大连市双 D 港辽河东路 2 号	0411-87407788
518028	广东省深圳市华强北路赛格科技工业园 4 栋 11 楼	0755-83768999
518035	广东省深圳市福田区彩田路 7006 号	0755-83032149
257335	山东省东营市广饶县大王镇	0546-6872883
213161	江苏省常州市武进区古方东路 1 号	0519-6563668-8041
361006	福建省厦门市湖里区嘉禾路 618 号	0592-5700999
214257	江苏省无锡市宜兴市范道镇远东路 6 号	0510-87242001
210028	江苏省南京市栖霞区迈皋桥华电路 1 号	025-84700090-268
712021	北京市海淀区	0910-3334138
710075	陕西省西安市高新区科技二路 62 号	029-82307529
455000	河南省安阳市中州路南段	0372-3932916
116023	辽宁省大连市高新园区华路 1 号	0411-84790599
200030	上海市徐汇区肇嘉浜路 746 号	021-64676000
100083	北京市海淀区学院路 40 号	010-62301913
350005	福建省福州市五一北路 169 号福日大厦	0591-83379833
110003	辽宁省沈阳市和平区三好街 55 号	024-23988382
100080	北京市海淀中关村路 29 号	010-82827856
621000	四川省绵阳市涪城区跃进路 16 号	0816-2468306
430074	湖北省武汉市洪山区邮科院路 88 号	027-87694020
315040	浙江省宁波市江东区民安路 348 号	0574-87777229
712021	陕西省咸阳市渭阳西路 70 号	0910-3628114

续表 32

序 号	企业集团名称	营业收入（万元）	资产总计（万元）	从业人员（人）
39	镇江江奎集团有限公司	207002	130330	810
40	广州无线电集团	204168	289942	3342
41	西湖电子集团	204034	260524	1151
42	天津通信广播集团	201089	185720	1814
43	深圳市新天下集团有限公司	193458	126199	2766
44	正海集团	188770	341472	1752
45	江西省电子集团公司	180794	348411	14315
46	广东风华高新科技集团有限公司	179835	489359	8404
47	中国振华电子集团	174366	417143	10689
48	江苏新潮科技集团有限公司	163562	313832	3130
49	汕头超声电子(集团)公司	141558	249467	3769
50	深圳兰光电子集团有限公司	139549	202532	1860
51	成都国腾实业集团	138771	178546	940
52	广东昭信企业集团有限公司	138569	62554	9548
53	烟台东方电子信息产业集团	132438	219425	2002
54	威海北洋电气集团	132056	88655	2693
55	云南南天电子信息产业股份公司	129400	113239	1304
56	江门市金羚企业集团	123114	100216	2057
57	武汉华中科技大产业集团	109643	233595	5695
58	东冠通信集团	108384	121490	2727
59	江苏远宇电子集团公司	100320	74724	5000
60	弘生集团	95750	180858	2105
61	江苏紫金电子集团有限公司	90733	121313	3358
62	福建实达电脑集团	81605	121453	1935
63	麦科特集团有限公司	76636	285940	3306
64	丹东东宝电器(集团)总公司	71965	64999	1218
65	南京同创信息产业集团有限公司	68336	185175	866
66	浙江天乐集团	64619	66458	4348
67	沈阳北泰方向集团有限公司	62048	241137	3050
68	长江计算机(集团)公司	60820	199850	973
69	武汉长江通信产业集团	60439	153844	467
70	安徽铜峰电子集团	58015	160262	2225
71	福建新大陆科技集团	56423	158402	1235
72	吉林华星电子集团	55819	155694	1829
73	南阳金冠集团	53237	159529	3586
仪器仪表及文化、办公机械制造业				
1	华立集团	1146809	1083676	12332
2	四川汇源集团	280054	218395	4020
3	中国四联仪器仪表集团有限公司	261285	297659	9846
4	思奇科技控股有限公司	102674	215541	1456

邮政编码	地　址	电　话
212009	江苏省镇江市经济技术开发区经八路 53 号	0511-88888188
510656	广东省广州市天河区黄埔大道西平云路 163 号	020-38699999
310012	浙江省杭州市教工路 1 号	0571-88271000
300140	天津市河北区新大路 185 号	022-26237420
518112	广东省深圳市龙岗区坂雪岗工业区新天下工业城	0755-84710100
264006	山东省烟台市经济技术开发区珠江路 22 号	0535-6397105
330029	江西省南昌市高新技术产业开发区京东箬道 168 号	0791-8161868
526020	广东省肇庆市风华路 18 号	0758-2847084
550018	贵州省贵阳市新天大道北段 268 号	0851-6301046
214431	江苏省无锡市江阴市滨江中路 275 号	0510-86854189-215
515041	广东省汕头市金平区兴业路 21 号	0754-8245666-4305
518031	广东省深圳市振华路 56 号兰光大厦	0755-61357848
611731	四川省成都市高新西区国腾园	028-87827222
528251	广东省佛山市南海平洲南港大道昭信广场	0757-86775882
264000	山东省烟台市芝罘区市世回尧路 228 号	0535-6582508
264200	山东省威海市新威路 11 号	0631-5231031
650041	云南省昆明市环城东路 455 号	0871-3332302
529040	广东省江门市江海区江翠路 162 号	0750-3811611
430074	湖北省武汉市武昌区珞瑜路 243 号华工科技产业大厦 A 座楼	027-87407996
310053	浙江省杭州市滨江区江南大道 4288 号	0571-87796132
213167	江苏省常州市武进区南夏墅镇庙桥	0519-6461340
316000	浙江省舟山市定海区弘生大道 111 号	0580-2681052
210028	江苏省南京经济技术开发区(东井亭 100 号)	025-85553007
350002	福建省福州市洪山园路 68 号	0591-83703333
516001	广东省惠州市麦科特大道 63 号	0752-2119692
118002	辽宁省丹东市振兴区国桢路 14 号	0415-6161027
210061	江苏省南京高新技术开发区高科二路 9 号	025-58846818
312400	浙江省绍兴市嵊州市经济开发区天乐路 28 号	0575-3365088
110034	辽宁省沈阳市于洪区白山路 108 号	024-86318011
200001	上海市黄浦区山东中路 337 号	021-63517084
430070	湖北省武汉市东湖开发区关东工业园东信路 18 号	027-67840220
244000	安徽省铜陵市石城大道 168 号	0562-2819203
350005	福建省福州市高桥路 26 号阳光酒店 14 层	0591-83330658
132013	吉林省吉林市丰满区长江街 100 号	0432-4662099
473000	河南省南阳市中州路 366 号	0377-62080862
310005	浙江省杭州市莫干山路 501 号	0571-88900723
610041	四川省成都市蜀西路 28 号	028-66602888
400700	重庆市北碚区碚峡路人民村 1 号	023-68862766
100016	北京市朝阳霄云路 26 号鹏润大厦 A 座 2301 室	010-84580599-808

续表 33

序　号	企业集团名称	营业收入（万元）	资产总计（万元）	从业人员（人）
5	凤凰光学集团有限公司	82377	143013	3887
6	舜宇集团	72063	74682	4077
7	时代集团公司	60207	112062	3143
工艺品及其他制造业				
1	江苏三笑集团	227403	82191	5510
2	浙江日月首饰集团	150597	153364	1050
3	南京金箔集团有限责任公司	78533	117692	3285
4	临亚集团	75937	78715	8144
5	威海市山花地毯集团	64116	54504	2059
6	海马集团公司	56687	69809	2321
电力、热力的生产和供应业				
1	国家电网公司	72102853	116969844	671654
2	中国南方电网有限责任公司	19286033	27011890	158574
3	华能集团公司	7363959	22688634	63875
4	中国大唐集团公司	5551182	18300669	81184
5	中国华电集团公司	4520648	14671015	84402
6	中国国电集团公司	4301974	13229045	77239
7	中国电力投资集团公司	3856312	13834242	84527
8	广东省粤电集团有限公司	2564415	7206368	12063
9	浙江省能源集团有限公司	2345659	5568883	10578
10	山东鲁能集团有限公司	2272336	7380494	567
11	中国长江三峡工程开发总公司	1400267	15000705	9151
12	申能(集团)有限公司	1155912	3761820	12136
13	中国广东核电集团	1073163	5749270	6549
14	深圳市能源集团有限公司	938913	2093028	2750
15	广州发展集团	787454	2117218	3838
16	四川省投资集团	679016	5459989	13971
17	伊川电力集团	673446	1571626	5238
18	贵州金元集团	637034	3238233	7243
19	山西晋能集团有限公司	630723	611477	8437
20	洛阳新安电力集团	578841	723407	9671
21	北京能源投资(集团)有限公司	535651	3480328	5296
22	山东淄博付山企业集团有限公司	500959	320833	6493
23	皖能集团	454426	1216660	4513
24	苏源集团有限公司	446453	537165	397
25	山西国际电力集团有限公司	436881	2222920	8114
26	登封电厂集团	375344	633732	8135
27	佛山电建集团公司	367291	1060925	760
28	山东临清彩虹集团	338147	237607	2292
29	杭州锦江集团	324621	821794	5275

邮政编码	地　址	电　话
334000	江西省上饶市光学路1号	0793-8260788
315400	浙江省宁波市余姚市舜宇路66-68号	0574-62530863
100085	北京市海淀上地信息产业基地开拓路	010-62980818
225111	江苏省扬州市邗江区杭集镇	0514-7278478
312046	浙江省绍兴市绍兴县福全镇	0575-4025665
211100	江苏省南京市江宁科学园成墟路288号	025-52133313
317005	浙江省台州市临海市东塍中街	0576-5999268
264200	山东省威海市和平路113号	0631-5980861
264200	山东省威海市和平路110号	0631-5225880
100031	北京市西城区西长安街86号	010-66598109
510623	广东省广州市天河区珠江新城华穗路6号	020-38865670
100088	北京市海淀区学院南路40号	010-62291888
100032	北京市西城区广宁伯街1号	010-66586076
100035	北京市西城区西直门内大街273号	010-62256666
100034	北京市西城区阜城门北大街6-8号	010-58682001
100053	北京市西城区金融大街28号院3号楼	010-66298806
510630	广东省广州市天河区天河东路2号粤电广场	020-85136269
310006	浙江省杭州市华浙广场1号华浙大厦9层	0571-86669566
250001	山东省济南市经三路61号	0531-86932341
443002	湖北省宜昌市西坝建设路1号	0717-6276666
200021	上海市卢湾区复兴中路1号24层	021-63900888
518031	广东省深圳市福田区上步中路1001号科技大厦19层	0755-83699860
518031	广东省深圳市福田区深南中路2068号	0755-83684127
510045	广东省广州市越秀区东风中路509号建银大厦28-29楼	020-37850852
610015	四川省成都市小南街23号	028-86098891
471300	河南省洛阳市伊川县城人民西路12号	0379-68303221
550004	贵州省贵阳市瑞金北路136号	0851-6992890
030001	山西省太原市南肖墙12号	0351-4012108
471832	河南省洛阳市新安县铁门镇	0379-67332057
100031	北京市西城复兴门南大街甲2号	010-66419966-6003
255084	山东省淄博市高新区卫固镇付山村	0533-3785716
230011	安徽省合肥市马鞍山路99号	0551-2225706
210024	江苏省南京市北京西路20号	025-85083293
030009	山西省太原市杏花岭区东缉虎营37号	0351-3111510
452477	河南省郑州市登封市阳城工业区	0371-2952301
528000	广东省佛山市禅城区季华五路22号	075783383003-882
252600	山东省聊城市临清市西门里街384号	0635-2433520
310005	浙江省杭州市湖墅南路111号锦江大厦	0571-88389111

续表 34

序　号	企业集团名称	营业收入（万元）	资产总计（万元）	从业人员（人）
30	山东里能集团	324477	769374	3545
31	汉江水利水电集团	320351	537542	9734
32	鲁能泰山电缆电器有限责任公司	282840	501398	4567
33	山东齐星集团	251044	583133	3445
34	北京市热力集团有限责任公司	244871	1374816	7029
35	佛山市南海龙光集团公司	213964	200268	1804
36	江苏八菱集团有限公司	192983	421845	2475
37	广州恒运企业集团	172937	351331	831
38	福建省亿力电力集团	159909	284248	543
39	石家庄东方热电集团	131322	517622	3372
40	宁夏英利特电力集团股份有限公司	126131	302038	4362
41	昌泰集团	112019	199673	2630
42	湖南郴电国际发展股份有限公司	105449	205594	2296
43	重庆乌江实业(集团)有限公司	96242	324258	1636
44	浙江钱清热电集团	91339	159045	1207
45	重庆市涪陵水利电力投资集团	90197	525040	3863
46	山东光大电力集团	85546	81025	1804
47	濮阳三强电力集团	84160	131570	6282
48	大连市热电集团	83346	339361	1603
49	广东梅雁企业(集团)股份有限公司	70252	906299	3613
50	山东高虹电力集团	65667	58245	2680
51	三门峡黄河明珠集团	61736	160478	3493
52	杭州热电集团	56645	105715	789
53	青岛热电集团	50274	146969	2132
燃气生产和供应业				
1	北京控股集团有限公司	1991260	4277535	54503
2	深圳市燃气集团有限公司	667487	311218	3487
3	新奥集团	624729	1508122	16168
4	天津市燃气集团	226449	513732	7875
5	重庆燃气(集团)有限责任公司	144589	164469	2521
6	青岛泰能燃气集团	123901	448772	2416
7	郑州燃气集团	74357	208372	1696
8	武汉市燃气集团	72917	260079	2727
9	海南民生燃气(集团)股份有限公司	71746	490840	357
水的生产和供应业				
1	北京市自来水集团有限责任公司	249260	1176240	6479
2	深圳市水务(集团)有限公司	189893	769361	2219
3	天津市自来水集团	143366	595968	4874
4	重庆市水务控股集团	90617	1081233	4058
5	大连市自来水集团	77268	267210	3102

邮政编码	地　　址	电　　话
273517	山东省济宁市邹城市太平镇里彦	0537-2910011
442700	湖北省十堰市丹江口市环形街 3 号	0719-5375229
271000	山东省泰安市泰山区普照寺路 5 号	0538-8539818
256200	山东省滨州市邹平县黛溪三路 69 号	0543-4301168
100026	北京市朝阳西大望路 1 号温特莱中心 A 座	010-65339500
528212	广东省佛山市南海区南海大道 29 号	0757-86822168
224001	江苏省盐城市人民中路 17 号	0515-8316215
510730	广东省广州市萝岗区开发大道 789 号	020-82068019
350003	福建省福州市北大路 133 号省物价大厦 7 层	0591-87023850
050031	河北省石家庄市建华南大街 161 号	0311-85053924
750001	宁夏银川市长城路	0951-4912585
325028	浙江省温州经济开发区 13 号小区	0577-88336803
423000	湖南省郴州市青年路万国大厦	0735-2339236
409000	重庆市黔江区城西路 118 号	023-79230113
312025	浙江省绍兴市绍兴县钱清镇	0575-4051744
408000	重庆市涪陵区望州路 20 号	023-72286661
251200	山东省德州地区禹城市人民路 339 号	0534-7268923
457000	河南省濮阳市胜利西 249 号三强大厦	0393-8968056
116021	辽宁省大连市西岗区沿海街 90 号	0411-84422999-6344
514011	广东省梅州市湾水塘	0753-2225882
264300	山东省威海市荣成市成山大道东首	0631-7597124
472000	河南省三门峡市崤山路中段	0398-2992350
310011	浙江省杭州市拱墅区莫干山路 809 号	0571-88192562
266034	山东省青岛市市北区南京路 262 号	0532-86661299
100031	北京市西城金融街 19 号富凯大厦 B 座 9 层	010-66573888-8078
518040	广东省深圳市福田区深南大道 6021 号	0755-83459791
065001	河北省廊坊市开发区平祥路 2 号	0316-6079711
300070	天津市和平区吴家窑二号路 44 号	022-23348515
400020	重庆市江北区小苑一村 30 号	023-67850685
266071	山东省青岛市宁夏路 123 号	0532-86688882
450006	河南省郑州市陇海西路 352 号	0371-6881078
430015	湖北省武汉市汉口台北路 225 号	027-85783791
570208	海南省海口市海甸四东路民生大厦	0898-66196114
100031	北京市西城宣武门西大街甲 121 号	010-66411763
518031	广东省深圳市福田区深南中路 1019 号	0755-82137284
300040	天津市和平区建设路 54 号	022-2339-1067
400050	重庆市江北区红黄路中北大楼	023-67502449
116011	辽宁省大连市西岗区高尔基路 42 号	0411-83624774

续表 35

序 号	企业集团名称	营业收入（万元）	资产总计（万元）	从业人员（人）
6	福建闽南(漳州)经济发展股份有限公司	67084	171122	367
7	青岛海润自来水集团	58067	213544	2081
8	北京市排水集团有限责任公司	54838	1174073	1117
房屋和土木工程建筑业				
1	中国铁路工程总公司	12625555	10142232	267663
2	中国铁道建筑总公司	11657974	8201477	210941
3	中国建筑工程总公司	11571164	10558312	335450
4	中国冶金科工集团公司	6915933	5586278	103299
5	中国港湾建设(集团)总公司	5783823	5020611	47464
6	中国水利水电建设集团	3208030	3435879	125503
7	太平洋建设集团	3066025	1266710	101630
8	上海建工(集团)总公司	2762333	2944222	33159
9	中国路桥(集团)总公司	2747940	2274435	27349
10	广厦控股创业投资有限公司	2567002	1673798	56723
11	浙江省建设投资集团	1496866	631932	8674
12	北京城建集团有限责任公司	1479011	2585443	26674
13	广州市建筑集团	1402006	640173	9007
14	北京建工集团有限责任公司	1248907	1898395	15423
15	四川华西集团	1185759	875183	57343
16	广东省广晟资产经营有限公司	1086958	2718424	25823
17	中天建设集团	1081608	451141	57249
18	广东省建筑工程集团	1029594	712577	15068
19	中国葛洲坝水利水电工程集团	980000	1530000	34933
20	上海城建(集团)公司	955320	1117580	11067
21	江苏省苏中建设集团	831989	727574	60686
22	浙江中成控股集团	785383	400148	38858
23	天津市建工集团	771415	545772	14926
24	广西建工集团有限责任公司	714279	557088	42167
25	北京市市政工程总公司	712098	1058705	14240
26	重庆建工集团	709566	558173	12376
27	山东三箭集团	671168	581982	48781
28	龙元建设集团	659434	543451	58000
29	陕西建工集团	648673	898526	17690
30	江苏南通二建集团	630471	497872	38344
31	云南建工集团总公司	590533	412922	33475
32	天津城建集团	581630	858620	10284
33	五洋建设集团	560040	598552	21978
34	正太集团	558984	248289	46535
35	青岛建设集团	546771	627457	9778
36	山西建筑工程(集团)总公司	530232	632167	14343

邮政编码	地　　址	电　　话
363000	福建省漳州市胜利东路漳州发展广场 21 层	0596-2671753
266002	山东省青岛市太平路 55 号	0352-86017039
100061	北京市崇文龙潭北 4 号	010-67100700

100055	北京市西客站南广场中铁工程大厦	010-51871631
100855	北京市复兴路四十号大院	010-51888114
100037	北京市海淀区三里河路 15 号中建大厦 A 座	010-88082860
100081	北京市海淀区高梁桥斜街 11 号	010-82169530
100027	北京市东城区东直门外春秀路 9 号	010-64154455
100044	北京市海淀区车公庄西路 22 号	010-58382876
210029	江苏省南京市五台山一号	025-57911111
200120	上海市浦东新区福山路 33 号	021-58885666
100001	北京市东城区安外大街丙 88 号	010-64285687
310013	浙江省杭州市西湖区玉古路 166 号	0571-87970891
310012	浙江省杭州市文三路 20 号	0571-88238886
100088	北京市海淀区北太平庄路 18 号	010-62091875
510030	广东省广州市越秀区广卫路 4 号建工大厦	020-83339431
100055	北京市宣武广莲路 1 号	010-63928996
610081	四川省成都市解放路二段 95 号	028-83332050
510600	广东省广州市越秀区广州大道中明一路广州凯旋华美达大酒店 15 楼	020-87369545
310008	浙江省杭州市之江中路中天商务楼	0571-28801612
510635	广东省广州市天河区天润路 87 号	020-38486634
443002	湖北省宜昌市清波路 1#	0717-6712923
200023	上海市卢湾区蒙自路 654 号	021-63017388
226600	江苏省南通市海安县海安镇中坝南路 18 号	0513-88826120
312000	浙江省绍兴市中兴中路 375 号	0575-8268360
300384	天津新技术产业园区华苑产业区开华道 1 号	022-58393228
530012	广西南宁市朝阳路 49 号	0771-2827902
100045	北京市西城南礼士路 17 号	010-68052447
400013	重庆市渝中区捍卫路 8 号	023-63529606
250100	山东省济南市历城区东外环路中段 2668 号	0531-88326038
200434	上海市虹口区逸仙路 768 号	021-65442225
710003	陕西省西安市莲湖区北大街 199 号	029-87231922
226200	江苏省南通市启东市人民中路 683 号	0513-83316463
650051	云南省昆明市东风东路 36 号	0871-3173712
300073	天津市和平区成都道 133 号	022-23050282
310009	浙江省杭州市上城区庆春路 1 号凯旋门商业中心 5 楼	0571-87234888-527
225500	江苏省省镇江市姜堰市三水大道 188 号	0523-8280515
266071	山东省青岛市市南区南海支路 5 号	0532-88257767
030006	山西省太原市新建路 9 号	0351-2021831

续表 36

序　号	企业集团名称	营业收入（万元）	资产总计（万元）	从业人员（人）
37	南通三建集团	528362	277502	50894
38	宝业集团股份有限公司	498407	418754	43050
39	北京住总集团有限责任公司	496537	1077349	9886
40	福建建工集团	476218	603155	17107
41	新疆建工(集团)有限责任公司	446627	708721	18233
42	成都建筑工程集团	441305	635968	29206
43	浙江昆仑控股集团	440106	296456	17626
44	山东省建设建工(集团)有限责任公司	400000	407331	20476
45	长春建工集团	321529	400235	9393
46	宁波建工集团	317795	223536	1943
47	天元建设集团	316013	319216	23239
48	河北建设集团	309472	327397	4472
49	四川公路桥梁建设集团	295396	485831	7968
50	浙江国泰建设集团有限公司	293995	155805	24541
51	北京城乡建设集团有限责任公司	287190	423705	3659
52	中国地质工程集团公司	266799	267994	12049
53	方远建设集团	265025	122117	9995
54	宁波华丰建设集团	264127	203793	9995
55	福州建工集团	250231	161462	9968
56	贵州建工集团总公司	237484	267824	27602
57	河北建工集团	235349	177188	9766
58	中国建筑科学研究院	233555	139293	2528
59	宏润建设集团	232772	105229	14861
60	安徽建工集团	232321	227616	13419
61	青岛市胶州建设集团有限公司	222528	161746	20346
62	江苏常乐建工集团有限公司	220894	224179	11476
63	江苏金土木建设集团	219891	239479	13997
64	北京市朝阳田华建筑集团公司	219611	144031	9110
65	湖南高岭建设集团	218777	79206	21822
66	温州中城建设集团	217380	307337	9912
67	江西省建工集团公司	217206	273959	14352
68	腾达建设集团	214746	173519	7701
69	湖州市建工集团	207353	110013	2125
70	武汉新八建筑集团	204126	54081	13140
71	广州市市政集团	203926	152721	2498
72	浙江中南建设集团	202418	145934	3639
73	烟台建设集团有限公司	196904	187580	1632
74	上海广厦(集团)有限公司	194858	106681	1310
75	汕头市建安(集团)公司	186829	173123	10212
76	云南官房企业集团	186129	476805	25016

邮政编码	地　址	电　话
226100	江苏省南通市海门市海门镇狮山路 131 号	0513-82315288
312030	浙江省绍兴市绍兴县柯桥	0575-4135836
100020	北京市朝阳东三环中路 25 号	010-65061425
350001	福建省福州市五四路 89 号置地广场 36 层	0591-83170000
830002	新疆乌鲁木齐市青年路 19 号	0991-8844060
610031	四川省成都市八宝街 111 号	028-86635512
310007	浙江省杭州市西湖区体育场路 580 号	0571-85151190
250014	山东省济南市济王路 164 号	0531-88934871-3023
130041	吉林省长春市南关区解放大路 338 号	0431-8688050
315040	浙江省宁波市江东区兴宁路 46 号	0574-87889898
276003	山东省临沂市银雀山路 63 号	0539-8115585
071051	河北省保定市五四西路 139 号	0312-3311011
610041	四川省成都市高新区九兴大道 12 号	028-85126078
311201	浙江省杭州市萧山区金惠路 398 号	0571-82896102
100067	北京市丰台草桥东路 8 号院 7 号楼	010-87888866
100093	北京市海淀区西五道口 45 号乙	010-82408536
318000	浙江省台州市椒江区中山西路 56-2 号	0576-8816962
315040	浙江省宁波市科技园区江南公路 1017 号	0574-87900898
350004	福建省福州市台江区群众东路 99 号	0591-83305759
550001	贵州省贵阳市延安中路 81 号	0851-6907010
050051	河北省石家庄市友谊北大街 146 号	0311-87084344-3212
100013	北京市朝阳区北三环东路 30 号	010-84272233-2985
200235	上海市徐汇区龙漕路 200 弄 28 号	021-64081888
230001	安徽省合肥市包河区芜湖路 325 号	0551-2865001
266300	山东省青岛市胶州市福州南路 92 号	0532-87212796
226124	江苏省南通市海门市常乐镇玉竹村	0513-82603105
215500	江苏省苏州市常熟市李闸路 102 号	0512-52876699
100026	北京市朝阳金台里甲 25 号楼	010-85995936
410153	湖南省长沙市开福区捞刀河镇彭家巷 468 号	0731-6672381
325005	浙江省温州将军桥长城大厦二楼	0577-88521213
330046	江西省南昌市北京西路 176 号	0791-6224205
318050	浙江省台州市路桥区路桥大道	0576-2522526
313000	浙江省湖州市劳动路 127 号	0572-2022066
430033	湖北省武汉市桥口区中山大道 228 号	027-83781798
510060	广东省广州市越秀区环市东路 338 号	020-83862335
310052	浙江省杭州市滨江区长河街道江边	0571-86624038
264000	山东省烟台市芝罘南洪街 100 号	0535-6657689
201108	上海市闵行区颛兴东路 1675 号	021-64423925
515041	广东省汕头市中山路 167 号	0754-8561023
650233	云南省昆明市关上宝海路 219 号	0871-5619888-61919

续表 37

序　号	企业集团名称	营业收入（万元）	资产总计（万元）	从业人员（人）
77	中国大连国际经济技术合作集团	185056	332032	1343
78	浙江大华集团	182706	174669	8708
79	湖北山河建工集团	182382	85179	14301
80	中煤第三建设集团	175518	165032	7156
81	北京韩建集团有限公司	174871	273163	5315
82	武汉建工集团	172892	285367	1602
83	苏州二建建筑集团有限公司	170827	154415	1886
84	福建六建建工集团	168326	112591	6276
85	宁夏建设集团有限责任公司	167336	200651	16317
86	大连金广建设集团	165527	264886	21081
87	曙光控股集团	163798	105205	12754
88	北京市房山城建集团有限公司	152383	88388	9070
89	浙江中强建工集团	142880	108600	7800
90	济南四建(集团)有限责任公司	142637	169474	13079
91	江苏苏州一建建设工程集团	130817	76767	1614
92	安徽省交通投资集团	129110	1196126	2898
93	广州工程总承包集团有限公司	126840	108934	2636
94	上海南汇建工(集团)公司	119073	68163	2797
95	北京怀建集团有限公司	117429	51145	3599
96	福建二建建设集团	116441	105890	5324
97	威海建设集团	114593	127803	3108
98	宁波市政工程建设集团	113823	108172	3320
99	大连金港集团有限公司	113330	228248	6300
100	河北路桥集团	108582	167123	870
101	北京龙建集团有限公司	108312	102444	12788
102	广东新广国际集团有限公司	107956	258827	713
103	重庆城建控股集团	107789	161384	5297
104	吉林省一建集团	106245	181072	2948
105	山东鲁通集团	104840	197483	2863
106	绵阳启明星集团有限公司	103376	166796	3759
107	邯郸建工集团	103143	133162	11261
108	江苏邗建集团有限公司	102819	110023	14800
109	深圳市越众(集团)股份有限公司	101803	56778	1889
110	济南一建集团	101431	193415	8724
111	河南六建建筑集团	96530	91084	10464
112	湖北省工业建筑总承包集团	94819	127470	17506
113	潍坊昌大建设集团	93206	122013	1337
114	长春星宇集团	92907	185347	1294
115	上海城建建设实业(集团)有限公司	91951	84597	28120
116	山东聊建集团总公司	90279	136685	3609

邮政编码	地　　址	电　　话
116011	辽宁省大连市西岗区黄河路 219 号	0411-83780098
311300	浙江省杭州市临安市锦城街道钱王街 751 号	0571-63759698
438800	湖北省黄冈市团风县团方大道 11 号	0713-6158988
234000	安徽省宿州市汴河路 181 号	0557-2177380
100073	北京市海淀区吴家村路 6 号	010-63484017
430022	湖北省武汉市汉口火车站财神广场	027-85878866
215131	江苏省苏州市相城区澄阳路 88 号	0512-65798521
350005	福建省福州市鼓楼区龙庭路 10 号	0591-83334613
750021	宁夏银川市西夏区怀远路 201 号	0951-2080209
116011	辽宁省大连市西岗区新开路 89 号	0411-83787080
317500	浙江省台州市温岭市三星大道 158 号	0576-6208878
102400	北京市房山房山燕房路 1 号北 2	010-69310254
311256	浙江省杭州市萧山区东方路 76 号	0571-82408008
250031	山东省济南市济洛路 163 号	0531-85953151
215002	江苏省苏州市锦帆路 49 号	0512-65241884
230011	安徽省合肥市瑶海区长江东路 1157 号	0551-4298910
510620	广东省广州市天河区体育东路体育东横街 3 号	020-87548428
201300	上海市南汇区沪南路 9999 号	021-68009802
101400	北京市怀柔青春路 44 号	010-69644121-8030
350003	福建省福州市鼓楼区冶山路 105 号	0591-87823324
264200	山东省威海市昆明路 13 号	0631-5224880
315012	浙江省宁波市海曙区新典路 21 号	0574-87471999
116620	辽宁省大连市开发区辽河中路 59#	0411-87305991
050011	河北省石家庄市建设南大街 70 号	0311-86011909
102488	北京市房山良乡月华大街 3 号	010-89367735
510600	广东省广州市越秀区寺右新马路 111-115 号五羊新城广场 20 楼	020-61225088
400015	重庆市渝中区人民支路 2 号	023-63617226
130061	吉林省长春市朝阳区东民主大街 222 号	0431-8926277
250001	山东省济南市经三路 77 号	0531-86052191
621000	四川省绵阳市涪城区新益大厦南二楼	0816-2432266
056001	河北省邯郸市中华南大街 11 号	0310-3022832
225009	江苏省扬州市邗江中路 326 号	0514-7891005
518040	广东省深圳市福田区竹子林紫竹六道 9 号	0755-83718599
250100	山东省济南市工业北路 295 号	0531-88617000
471000	河南省洛阳市中州中路 497 号	0379-63346998
430064	湖北省武汉市武昌区雄楚大街 42 号	027-88022148
261031	山东省潍坊市奎文区潍州路 696 号	0536-2108288
130061	吉林省长春市朝阳区建设街 2577 号	0431-8506033
200081	上海市虹口区青云路 158 号	021-56722288
252000	山东省聊城市东昌东路 139 号	065-8266032

续表 38

序　号	企业集团名称	营业收入（万元）	资产总计（万元）	从业人员（人）
117	鄂尔多斯东方路桥集团	90179	177636	4385
118	杭州萧宏建设集团有限公司	87003	77415	296
119	广东宝丽华集团有限公司	83848	265311	3250
120	唐山建设集团	82815	81538	2253
121	上海嘉实(集团)有限公司	81478	100381	3156
122	上海开天建设(集团)有限公司	79804	440772	622
123	青海省公路桥梁工程集团有限公司	79023	82707	2436
124	华通路桥集团有限公司	78958	80667	3400
125	中国河南国际合作集团	77885	70240	237
126	浙江中豪房开建筑集团	77481	147674	4265
127	东亚联合控股(集团)有限公司	76075	81046	2267
128	深圳市金众(集团)股份有限公司	75173	112560	5097
129	舜杰建设(集团)有限公司	74498	76955	5064
130	茂名市建筑集团有限公司	74031	75412	11256
131	合肥建工集团	73299	65312	7477
132	九鼎建设集团	73139	114647	3052
133	陕西路桥集团	72308	85990	3021
134	青岛市市政工程集团有限公司	71281	144274	1541
135	江苏省江建集团有限公司	70486	112722	6839
136	福建地矿建设集团	69702	60190	2790
137	百仙控股集团	69333	78828	2323
138	核工业华东建设工程集团公司	68848	63600	3622
139	齐翔建工集团	67007	81767	3219
140	河南省宏力集团	66538	118869	4289
141	苏州交通工程集团有限公司	64811	72949	1933
142	辽宁金帝建设集团股份有限公司	63453	69020	1012
143	洛阳路桥建设集团有限责任公司	62646	65344	8926
144	上海扬子江建设(集团)有限公司	61205	182007	3190
145	河北天山实业集团	60457	111250	8056
146	北京万兴建筑集团有限公司	57432	50784	727
147	金华八达集团	56765	98556	1128
148	温州交通建设集团	56299	98265	3812
建筑安装业				
1	中国化学工程集团公司	1343563	1034186	38144
2	上海久隆电力(集团)有限公司	350389	502462	1698
3	山东冠鲁集团	239839	202514	20182
4	山东金宇建筑集团	169934	185262	9486
建筑装饰业				
1	沈阳远大铝业集团有限公司	201169	135589	4062

邮政编码	地　址	电　话
017000	内蒙古鄂尔多斯市东胜区伊煤路 22 号	0477-8568708
311201	浙江省杭州市萧山区北干工业园纬五路 2 号	0571-82607328
514788	广东省梅州市梅县华侨城	0753-2523988
063000	河北省唐山市路南区国防道 21 号	0315-2814263
201804	上海市嘉定区曹安路 4800 号	021-69589518
201613	上海市松江区荣乐东路 111 号 4F	021-57744407
810001	青海省西宁市昆仑路 18 号	0971-6139700
045000	山西省阳泉市南大西街 188 号	0353-2153333
450004	河南省郑州市东明路北 11 号	0371-66360275
310020	浙江省杭州市秋涛北路 67 号	0571-86045098
200002	上海市黄浦区南苏州路 381 号	021-33134520-191
518048	广东省深圳市福田区新沙路国都高尔夫花园二期三楼	0755-83619888
200070	上海市闸北区秣陵路 355 号铁路大厦 18F	021-51017272
525000	广东省茂名市迎宾路 23 号	0668-2889344
230061	安徽省合肥市长江中路 330 号	0551-2652485
318050	浙江省台州市路桥区金水路 58 号	0576-2550209
710075	陕西省西安市南二环西段 180 号财富中心 C 座 22-24 层	029-83118863
266003	山东省青岛市市南区龙江路 25 号	0532-82870764
225200	江苏省扬州市江都市引江路 11 号	0514-6086100
350003	福建省福州市杨桥路 145 号	0591-87643509
200030	上海市徐汇区凯旋路 3131 号 1301 室	021-54071777
330046	江西省南昌市西湖区北京西路 160 号	0791-6351393
161005	黑龙江省齐齐哈尔市龙沙区合意大街 28 号	0452-2458625
453400	河南省新乡市长垣县建蒲路中段	0373-8888300
215131	江苏省苏州市上高路立交西侧	0512-67523452
110014	辽宁省沈阳市沈河区青年大街 118 号	024-22855838
471000	河南省洛阳市九都路 12 号	0379-63231742
200070	上海市闸北区天目西路 218 号嘉里不夜城 1 座 28 楼	021-63545899
050801	河北省石家庄市天山大街 109 号	0311-85388379
102600	北京市大兴黄村镇龙河路 18 号	010-69257337
321001	浙江省金华市解放西路 480 号	0579-2052350
325000	浙江省温州市牛山北路 56 号	0577-88606198

邮政编码	地　址	电　话
100029	北京市朝阳区安苑路 20 号	010-84897684
200070	上海市闸北区民立路 183 号	021-63547110
273300	山东省临沂市平邑县浚河路 207 号	0539-4228668
257335	山东省东营市广饶县大王镇	0546-6858986

邮政编码	地　址	电　话
110161	辽宁省沈阳市东陵区东陵路 30-2 号	024-88456522

续表 39

序　号	企业集团名称	营业收入（万元）	资产总计（万元）	从业人员（人）
2	苏州金螳螂企业(集团)有限公司	130733	123949	3626
3	上海致达科技(集团)股份有限公司	118979	291767	5294
铁路运输业				
1	广州铁路(集团)公司	3236866	9585805	167496
2	北亚实业(集团)股份有限公司	88053	411613	710
3	天津市铁路集团	65857	181437	2041
道路运输业				
1	广东省交通集团	1393164	11753679	38738
2	江苏交通控股有限公司	1324462	10306301	17000
3	浙江省交通投资集团有限公司	1037878	6395285	11945
4	山东省高速公路集团有限公司	808528	4300783	12306
5	上海交运(集团)公司	270021	487085	18326
6	陕西省高速公路建设集团	130800	2590811	4910
7	菏泽交通集团总公司	95968	101940	8179
8	邯郸交通运输集团	80859	77468	2900
9	天津安达集团	68357	55855	900
10	浙江恒风集团	53946	107349	3266
11	深圳市鸿基(集团)股份有限公司	52039	215308	2450
城市公共交通业				
1	上海交通投资(集团)有限公司	588527	1306415	56073
2	北京市公共交通控股(集团)公司	537004	1572424	94453
3	大众交通(集团)股份有限公司	402657	689745	45344
4	上海强生集团有限公司	258512	573687	14200
5	郑州交通运输集团	149234	147379	7196
6	上海申通地铁集团有限公司	141659	7751435	840
7	深圳巴士集团股份有限公司	138379	155248	12122
8	武汉市公共交通集团	127879	161091	18243
9	重庆市公共交通控股(集团)有限公司	106340	198262	21542
10	青岛交运集团	82055	116557	6674
11	烟台交运集团有限公司	75156	94805	3658
12	青岛公交集团	75046	139740	13234
13	天津市公共交通集团	68902	133896	13192
14	温州长运集团	65520	84978	3081
水上运输业				
1	中国远洋运输集团	11445639	13720008	44239
2	中国海运(集团)总公司	5399485	6423026	40503
3	中国对外贸易运输集团	4405261	3332502	32211
4	中国长江航运集团	1870428	2224359	48719
5	上海国际港务(集团)股份有限公司	955006	4548742	24522

邮政编码	地　址	电　话
215004	江苏省苏州市西环路 888 号	0512-68262030
200042	上海市静安区延平路 121 号 29 楼	021-62462233
510088	广东省广州市中山一路 151 号	020-61322159
150001	黑龙江省哈尔滨市南岗区红军街 16 号	0451-53600777
300060	天津市河西区黑牛城道 268 号	022-23380132
510101	广东省广州市越秀区白云路 27 号	020-83730155
210049	江苏省南京市马群街 38 号	025-84363920
310014	浙江省杭州市文晖路 303 号	0571-85391291
250002	山东省济南市舜耕路 21 号	0531-85693533
200070	上海市闸北区恒丰路 288 号	021-32109588
710054	陕西省西安市碑林区友谊东路 428 号	029-87832119
274000	山东省菏泽市黄河路 758 号	0530-3968076
056001	河北省邯郸市邯山区中华路	0310-3022309
300300	天津市东丽区外环线张贵庄铁路桥东	022-24963247
322000	浙江省金华市义乌市宾王路 223 号	0579-5561308
518001	广东省深圳市罗湖区东门中路 1011 号鸿基大厦 26 楼	0755-82367732
200025	上海市卢湾区建国东路 525 号巴士大厦 16-18 楼	021-63860658
100073	北京市丰台莲花西里 29 号	010-63960088
200235	上海市徐汇区中山西路 1515 号	021-64288888
200041	上海市静安区南京西路 920 号	021-62151515
450052	河南省郑州市二七区交通路 133 号	0371-66776900
200031	上海市徐汇区衡山路 12 号	021-63189188
508036	广东省深圳市福田区莲花支路一号	0755-83643576
430034	湖北省武汉市桥口区长丰乡	027-83302885
400014	重庆市渝中区长江一路 1 号	023-63893167
266034	山东省青岛市市北区无棣路 4 号	0532-86661868
264000	山东省烟台市开发区衡山路 58 号	0535-6937019
266071	山东省青岛市市南区香港中路 73 号	0532-85928708
300142	天津市河北区辰纬路 3 号	022-26293224
325027	浙江省温州飞霞南路朝阳大楼 D 栋	0577-88820292
100031	北京市西城区复兴门内大街 158 号 F11-12	010-66493388
200080	上海市虹口区东大名路 700 号	021-65966666
100044	北京市海淀区西直门北大街甲 43 号金运大厦 A 座	010-62295584
430021	湖北省武汉市沿江大道 69 号	027-82833391
200082	上海市虹口区杨树浦路 18 号	021-63290660-41342

续表 40

序　号	企业集团名称	营业收入（万元）	资产总计（万元）	从业人员（人）
6	青岛港集团	571120	1534021	14598
7	金花企业集团	509344	800480	4870
8	日照港(集团)有限公司	350354	1117330	7497
9	中国南山开发(集团)股份有限公司	322124	876894	1791
10	大连港集团	314051	2029165	7062
11	广州港集团有限公司	289307	1109616	12687
12	天津港集团	237971	639065	3376
13	厦门港务控股有限公司	236063	989871	11658
14	广东省航运集团	234529	429952	2883
15	福建省交通运输(控股)有限责任公司	229357	532333	9811
16	中国海洋航空集团公司	201759	258284	5600
17	上海青年实业(集团)有限公司	158547	78958	2331
18	湛江港集团有限公司	112691	484344	10022
19	宁波海运集团	81121	178290	907
20	烟台港集团有限公司	68327	310192	7496
21	天津市天海集团	50998	144376	1903
航空运输业				
1	中国航空集团	4113696	7675413	37426
2	中国南方航空集团公司	3959763	7678044	42005
3	中国航空油料集团公司	3478151	1457058	7685
4	中国东方航空集团	3193646	6355533	28949
5	海航集团有限公司	1389994	4753531	20951
6	首都机场集团公司	916365	5360415	26166
7	上海航空股份有限公司	804247	932333	6331
8	深圳市机场(集团)有限公司	467641	710575	4709
9	山东航空集团	298594	729462	2656
10	广东省机场管理集团公司	245724	1638530	12532
11	中国民航信息集团公司	173973	616682	2507
12	上海机场(集团)有限公司	122746	2699873	11494
13	厦门国际航空港集团	103234	480455	3707
14	四川省机场集团	72043	354292	3418
15	云南机场集团公司	58569	262163	2571
装卸搬运和其他运输服务业				
1	深圳市盐田港集团有限公司	110603	1267571	1884
仓储业				
1	中国储备粮管理总公司	2258531	9551608	19048
2	新疆昌吉州粮油购销集团	73384	186821	1050
3	中国储备棉管理总公司	66008	929567	626

邮政编码	地　址	电　话
266011	山东省青岛市港青路6号	0532-82982780
710068	陕西省西安市雁塔区振兴路1号	029-88404188
276826	山东省日照市黄海一路91号	0633-8382461
518068	广东省深圳市南山区蛇口区赤湾	0755-26831032
116011	辽宁省大连市中山区港湾街一号	0411-82622139
510700	广东省广州市黄埔区港前路531号	020-82279412
300456	天津市塘沽区新港二号路	022-25705404
361012	福建省厦门市湖里区东渡路127号	0592-6013616
510111	广东省广州市越秀区八旗二马路48号广东航运大厦	020-83295476
350001	福建省福州市鼓楼区东水路交通综合大楼东楼21-23f	0591-87077999
100036	北京市海淀区翠微路36号	010-63984675
200052	上海市长宁区延安西路1088号202室	021-62110248
524027	广东省湛江市霞山区友谊路1号	0759-2250136
315020	浙江省宁波市江北区中马路568号	0574-87356271
264000	山东省烟台市北马路155号	0535-6742134
300204	天津市河西区马场道207号	022-23288000-8401
100027	北京市朝阳区霄云路36号	010-84488888
510405	广东省广州市白云区机场路278号	020-86134168
100088	北京市海淀区马甸中航油大厦	010-82001153
200335	上海市长宁区虹桥路2550号	021-62686868
570206	海南省海口市海秀路29号	0898-66799901
100621	北京朝阳北京首都机场航安路	010-64597024
200041	上海市静安区江宁路212号	021-62558888
518128	广东省深圳市宝安区宝安国际机场	0755-27776789
250014	山东省济南市二环东路5746号	0531-85698673
510406	广东省广州市白云区机场路282号	020-86120719
100710	北京市东城区东四西大街155号乙东厅	010-84099742
201206	上海市浦东新区新金桥路18号	021-50554618
361006	福建省厦门市湖里区高崎国际机场	0592-5708161
610202	四川省成都市火车南站至机场12公里处	028-85205064
650200	云南省昆明巫家坝国际机场	0871-7114907
518081	广东省深圳市盐田区盐田港海港大厦21-26层	0755-25291050
100044	北京市西城区西外大街甲143号	010-88016900
831100	新疆昌吉市延安北路183号	0994-2331670
100032	北京市西诚区金融街33号通泰大厦B座12层	010-88087312

续表 41

序　号	企业集团名称	营业收入（万元）	资产总计（万元）	从业人员（人）
电信和其他信息传输服务业				
1	中国移动通信集团公司	23578982	54128968	301902
2	中国电信集团公司	18991432	54677305	407982
3	中国网络通信集团公司	9689494	27768143	267834
4	中国联合通信有限公司	8216971	22608790	147218
5	中国铁通集团有限公司	1573452	5441369	74508
6	中国卫星通信集团公司	103721	528598	2253
7	首控聚友集团有限公司	57359	376224	925
计算机服务业				
1	亿阳集团	209898	540186	2004
软件业				
1	东软集团有限公司	256232	598011	8000
2	北京用友软件股份有限公司	100118	149248	5049
批发业				
1	中国中化集团公司	17308244	6308081	16094
2	中国粮油食品(集团)有限公司	12070294	7268085	50722
3	中国五矿集团	11750780	5690976	33174
4	中国华润总公司	7984141	13687542	143500
5	中国铁路物资总公司	5138286	1890963	8069
6	浙江物产集团	4418092	1423759	6234
7	珠海振戎公司	4359185	239649	1238
8	苏宁电器集团	4074092	677353	74650
9	上海埃力生(集团)有限公司	4034811	2289694	6873
10	中国机械工业集团公司	3443491	3267921	46625
11	中国医药集团总公司	2583498	1489166	14713
12	广东省广新外贸集团有限公司	2529197	1010071	7878
13	广东物资集团公司	2510339	1104306	4153
14	东方国际集团	2376527	940728	3410
15	厦门建发集团	2376332	1727467	10592
16	东方集团	2275920	4418917	68117
17	浙江省兴合集团	2201517	928031	6084
18	中国邮电器材集团公司	1827326	891456	14111
19	中国工艺品进出口总公司	1787529	526980	2393
20	中国远大集团公司	1731525	641739	488
21	中国中纺集团公司	1558789	707204	9849
22	江苏国泰国际集团有限公司	1406671	481338	10680
23	厦门国贸集团	1351347	414160	1244
24	中谷粮油集团	1283396	1327341	4448
25	中国诚通控股公司	1270968	1210740	10840

邮政编码	地　址	电　话
100032	北京市西城区金融大街 29 号	010-66006688-1926
100032	北京市西城区金融大街 31 号	010-58501688
100031	北京市复兴门内大街 156 号 C 座	010-66169571
100032	北京市西城区西单北大街甲 133 号	010-66505588
100045	北京市西城区月坛北街 2 号	010-51890088
100083	北京市海淀区学院路 42 号	010-62303569
518051	广东省深圳市南山区高新技术产业园区北区郎山一路聚友创业中心7 楼	0755-26982557
150090	黑龙江省哈尔滨市南岗区嵩山路创业中心 1 号楼	0451-82326789
110179	辽宁省沈阳市浑南产业开发区东大软件园	024-83662766
100085	北京市海淀上地开拓路 15 号	010-62986688-1252
100045	北京市复兴门外大街 A2 号	010-88079936
100005	北京市建国门内大街 8 号中粮广场 A 座	010-65268888
100044	北京市海淀区三里河路五号	010-68495888
100005	北京市东城区建国门北大街 8 号华润大厦 27 层	010-85192661
100032	北京市西城区华远街 11 号	010-51895160
310006	浙江省杭州市凤起路 78 号	0571-87054509
100108	北京市朝阳区大屯里 121 号华悦国际公寓 J 座	010-52025900-6577
210005	江苏省南京市淮海路 68 号	025-84418888
200010	上海市黄浦区福佑路 8 号埃力生国际大厦 2 楼	021-51118818
100080	北京市海淀区丹棱街 3 号	010-82688765
100088	北京市海淀区知春路 20 号	010-62019988-1053
510087	广东省广州市越秀区东风东路 774 号广东外贸大厦 7-8 楼	020-87337022
510050	广东省广州市越秀区北较场横路 12 号	020-83834274
200336	上海市长宁区娄山关路 85 号 A 座	021-62789999
361001	福建省厦门市思明区鹭江道 52 号海滨大厦 9 层	0592-2263660
150001	黑龙江省哈尔滨市南岗区花园街 235 号	0451-53967766
310006	浙江省杭州市延安路 312 号	0571-87074290
100031	北京市复兴门内大街 156 号 D 座	010-66426031
100020	北京市朝阳门外吉祥里 103 号	010-65531074
100101	北京市朝阳慧忠路 5 号远大中心	010-84891818-6216
100005	北京市东城区建国门内大街 19 号中纺大厦	010-65281122
215600	江苏省苏州市张家港市国泰大厦 32 楼	0512-58696128
361004	福建省厦门市思明区湖滨南路 388 号国贸大厦 8-18 层	0592-5898537
100036	北京市西三环中路 5 号	010-88518866-6398
100070	北京市南四环西路 188 号总部基地 6 区 17 号楼	010-83673073

续表 42

序号	企业集团名称	营业收入（万元）	资产总计（万元）	从业人员（人）
26	广东省广弘资产经营有限公司	1229109	467626	7654
27	广东省丝绸(集团)公司	1176748	340435	2879
28	浙江东方集团控股有限公司	1115714	438253	1153
29	安徽省徽商集团	1071483	519036	7236
30	山西煤炭进出口集团公司	1067667	676468	5055
31	江苏舜天国际集团	1063579	564679	1069
32	上海华冶钢铁集团有限公司	1032893	370787	611
33	浙江中大集团控股有限公司	992866	678859	823
34	上海世博(集团)有限公司	938842	726701	3717
35	中国工艺美术(集团)公司	934529	338472	2236
36	上海兰生(集团)有限公司	892963	309788	2868
37	南京物资实业集团总公司	855434	432780	2666
38	上海市糖业烟酒(集团)有限公司	807459	691471	6512
39	中国轻工业品进出口总公司	795548	379179	1992
40	江苏开元国际集团	712832	333631	1585
41	苏州进出口(集团)有限公司	694377	94544	697
42	中国化工供销(集团)总公司	678357	174325	841
43	江苏汇鸿国际集团	673443	91318	675
44	宁波海田集团	672306	281293	504
45	上海电信实业(集团)有限公司	653696	557895	4691
46	江苏省海外企业集团有限公司	648659	410166	790
47	浙江省商业集团	640504	693121	2706
48	浙江省丝绸集团	628441	364235	9482
49	山东省商业集团总公司	625781	1046694	11000
50	广州纺织工贸企业集团有限公司	614309	380295	4855
51	陕西东岭集团	610742	388581	3024
52	厦门夏商集团	601327	218313	2931
53	新华锦集团	592897	342063	3660
54	中国新兴(集团)总公司	586442	669053	11913
55	辽宁成大集团有限公司	581336	316153	270
56	吉林粮食集团	577973	318869	2694
57	广州佳都集团有限公司	563073	184541	1045
58	上海良友(集团)有限公司	546554	974103	7405
59	厦门象屿集团	504179	404711	1852
60	上海浦东新区东昌企业(集团)有限公司	477423	564129	5506
61	中国华孚贸易发展集团公司	465987	390625	2967
62	北方国际集团	460490	448035	3686
63	山东省供销社集团总公司	450282	494063	877
64	新世纪控股集团	450157	51410	396
65	山东省机械进出口集团	443186	228398	596

邮政编码	地　址	电　话
510031	广东省广州市越秀区东风中路 305 号省府大院 8 号楼	020-87732048
510180	广东省广州市越秀区东风西路 198 号	020-83337448
310006	浙江省杭州市上城区庆春路 199 号	0571-87214482
230061	安徽省合肥市包河区芜湖路 258 号	0551-2862307
030002	山西省太原市府西街 36 号	0351-2025016
210004	江苏省南京市建邺路 98 号	025-84201781
200941	上海市宝山区锦乐路 288 号	021-56391539
310003	浙江省杭州市中大广场 A 坐	0571-85777388
200041	上海市浦东新区张杨路 655 号 706 室	021-62892666-8426
100031	北京市西城区复兴门内大街 101 号	010-66012255
200021	上海市卢湾区淮海中路 8 号 32-33 楼	021-63191010
210002	江苏省南京市白下区中山东路 416 号	025-84569506
200032	上海市徐汇区大木桥路 620 号	021-64188188
100021	北京市朝阳区劲松 9 区 910 号	010-67766688
210004	江苏省南京市建邺路 100 号	025-84464466-1411
215004	江苏省苏州市西环路 1638 号经贸大厦 18 楼	0512-68262677
100013	北京市东城区和平里七区 4 号楼	010-84250872
210001	江苏省南京市白下区白下路 91 号	025-84691010
315000	浙江省宁波市海曙区老实巷 66 号	0574-87195360
200050	上海市长宁区江苏路 500 号 19-25 楼	021-62253551
210005	江苏省南京市中山路 55 号新华大厦	025-84795805
310002	浙江省杭州市上城区惠民路 56 号	0571-87071624
310004	浙江省杭州市体育场路 117 号	0571-85193899
250014	山东省济南市山师东路四号	0531-83175723
510040	广东省广州市越秀区东风中路 438 号广德大厦	020-83348898-1106
721004	陕西省宝鸡市渭滨区马营路东段	0917-3452431
361004	福建省厦门市思明区厦禾路 939 号 17-18 楼	0592-5891182
266071	山东省青岛市东海中路 11 号甲	0532-85967066
100036	北京市海淀区西三环中路 17 号	010-68166688-8603
116001	辽宁省大连市中山区人民路 71 号	0411-82512345
130022	吉林省长春市南关区人民大街 7008 号	0431-5598015
510665	广东省广州市天河区建中路 48-50 号	020-85529888
200122	上海市浦东新区张杨路 88 号	021-68871118
361006	福建省厦门市湖里区象屿保税区银盛大厦九楼	0592-5603359
200122	上海市浦东新区峨山路 91 弄 160 号	021-50586633
100044	北京市西直门外大街 110 号	010-68360727
300050	天津市和平区常德道 49 号	022-23133578
250013	山东省济南市历下区解放路 26 号	0531-88596607
318000	浙江省台州市椒江区工人西路 618 号	0576-8322530
266002	山东省青岛市市南区瞿塘峡路 1 号	0532-82661672

续表 43

序 号	企业集团名称	营业收入（万元）	资产总计（万元）	从业人员（人）
66	江苏省丝绸集团	429080	178521	435
67	中国化工建设总公司	420628	271798	1904
68	北京二商集团有限责任公司	418378	485415	11948
69	江苏丰立集团有限公司	411969	414435	1130
70	中国江苏国际集团	411365	186968	14593
71	新疆自治区棉花企业集团	410101	842714	6760
72	浙江省手工业合作社联合社	408160	220232	1541
73	中国华星集团公司	379719	509420	2055
74	湖南物资产业集团有限公司	368060	253611	2307
75	中轻集团	365852	188911	1631
76	中华棉花集团有限公司	365681	610153	508
77	河南物资集团	346743	235166	3406
78	上海舜业钢铁集团	338235	141426	219
79	江苏弘业国际集团有限公司	328922	184957	509
80	中国航空器材进出口集团	324794	248869	751
81	新疆农资(集团)有限责任公司	316422	261100	956
82	宁波联合集团	312961	383988	904
83	北京一商集团有限责任公司	303853	440327	5490
84	欧美投资集团	293794	164751	2335
85	润华集团股份有限公司	288979	250803	667
86	唐山市冀东物贸集团	288841	165728	1832
87	上海南部投资(集团)有限公司	287660	129532	78
88	江苏省纺织(集团)总公司	282709	105984	724
89	重庆市物资集团	279308	85138	1765
90	湖北联谊实业集团	276268	127963	305
91	安徽辉隆农资集团	273456	93345	473
92	福建三木集团	271420	294940	635
93	北京粮食集团有限责任公司	263690	418745	3644
94	四川新华发行集团	255535	341878	7570
95	安徽省粮油食品进出口集团	255212	138172	615
96	上海昊元(集团)有限公司	249967	115821	480
97	中国高科集团股份有限公司	244321	108950	560
98	深圳市粮食集团有限公司	242970	260109	946
99	大汉控股集团有限公司	242659	139763	716
100	浙江万丰企业集团	238754	111407	1757
101	中国林业国际合作集团公司	231925	269404	5289
102	重庆新华书店集团	231009	188546	5411
103	中国丝绸进出口总公司	229908	165611	1970
104	青岛益佳国际贸易集团	219290	187094	632
105	福建省农资集团	214017	122642	655

邮政编码	地　　址	电　　话
210005	江苏省南京市白下区中山南路 8 号	025-84785101
100029	北京市安贞西里三区十五楼	010-64419045
100053	北京宣武槐柏树街 2 号	010-63021825
215636	江苏省苏州市张家港市大新镇沿江开发区渡泾港东侧	0512-58715622
210008	江苏省南京市北京西路 5 号	025-83309288
830000	新疆乌鲁木齐市奇台路 134 号银星大酒店	0991-5821780
310009	浙江省杭州市佑圣观路 74 号	0571-87810253
100055	北京市广安门外大街 180 号新纪元大厦 6 层	010-63260501
410011	湖南省长沙市芙蓉区五一大道 33 号	0731-4425648
100027	北京市东城区新中西街 2 号	010-65073857
100032	北京市西城金融街 33 号通泰大厦 C 段 11 层	010-88086853-210/11
450008	河南省郑州市政七街 4 号	0371-65953441
200437	上海市虹口区中山北一路 1250 号 2 号楼 7 楼	021-65364545
210001	江苏省南京市中华路 50 号弘业大厦	025-52301288
100022	北京市顺义区空港工业区天柱路乙 8 号	010-65682255
830002	新疆乌鲁木齐市中山路 185 号	0991-2834456
315803	浙江省宁波市北仑区小港东海路 1 号	0574-86221328
100010	北京市东城钱粮胡同 38 号	010-64033603
266071	山东省青岛市市南区东海路 35 号 4 栋 12 层	0532-85717919
250117	山东省济南市经十西路 239 号	0531-87527579
063700	河北省唐山市滦县火车站广场东侧	0315-7181556
200080	上海市虹口区黄浦路 53 号 13 楼	021-53931180
210002	江苏省南京市中山东路 482 号	025-84507344
400013	重庆市渝中区领事巷 15 号	023-89037715
430071	湖北省武汉市武昌区中北路 1 号楚天都市花园 B 区 21 层	027-87312188-8101
230061	安徽省合肥市庐江路 123 号	0551-2611667
350005	福建省福州市群众路 93 号	0591-83341508
100022	北京市朝阳东三环中路 16 号	010-51672099
610016	四川省成都市人民南路一段 86 号城市之心 12 楼	028-86202126
230061	安徽省合肥市庐阳区金寨路 389-399 盛安广场	0551-2831091
200070	上海市闸北区恒丰路 1 号	021-63817043
201206	上海市浦东新区新金桥路 1122 号 9、10 楼	021-61462222
518033	广东省深圳市福虹路 9 号世界贸易广场 A 座 13 楼	0755-83778300
417009	湖南省娄底市娄星北路	0738-8658710
311203	浙江省杭州市萧山区城厢街道人民路 51 号	0571-82622956
100714	北京市东城区和平里东街 18 号	010-84238342
400010	重庆市渝中区民权路 10 号	023-63814724
100006	北京市东城区北河沿大街 105 号	010-65262110
266071	山东省青岛市香港中路 6 号世贸中心 A 座	0532-85918278
350001	福建省福州市鼓楼区尚宾路 32 号	0591-87551020

续表 44

序 号	企业集团名称	营业收入（万元）	资产总计（万元）	从业人员（人）
106	甘肃省物产集团	213081	97625	2833
107	河北圣仑进出口集团	208402	59355	514
108	辽宁物产集团有限责任公司	207877	69555	242
109	深圳市深南石油(集团)有限公司	207674	168809	1111
110	江西丰源电力(集团)有限责任公司	204190	360152	4618
111	浙江华瑞集团	200424	115043	194
112	福建厦门经贸集团	193705	76890	442
113	山西省物资产业集团公司	189699	200762	2193
114	福建省商业集团	187495	105296	1854
115	中国深圳对外贸易(集团)有限公司	181314	235326	1230
116	辽宁时代集团有限责任公司	181205	116115	4885
117	河南粮油食品进出口集团	178699	91083	812
118	上海宝闽钢铁集团有限公司	178308	57116	231
119	云南新华书店集团有限公司	177723	111353	3816
120	中国中钢集团公司	177578	602686	14678
121	上海市机械设备成套(集团)有限公司	176690	75507	180
122	中商企业集团公司	176246	316057	2753
123	新疆药业(集团)有限责任公司	174029	161459	4239
124	福建天成集团	173957	136863	4418
125	湖南省轻工盐业集团	171787	178359	6169
126	天津市粮油集团	171033	387249	3266
127	浙江万利工具集团有限公司	167081	58296	1468
128	浙江省轻纺集团	162120	311051	766
129	山西省医药集团有限责任公司	160087	158096	4345
130	中达国际经贸集团有限责任公司	158121	67209	1872
131	辽宁省供销社集团总公司	157217	187196	409
132	陕西华远医药商业集团	154104	52083	1291
133	山东绮丽集团	152675	86377	2363
134	中国金币总公司	151220	289405	344
135	中国出国人员服务总公司	150685	171334	1443
136	山东华丰企业集团	150168	156542	4660
137	中国(福建)对外贸易中心集团	148377	253186	695
138	山东汽车工业集团有限公司	146301	135194	6691
139	宁波四海集团	142469	158065	2029
140	华夏董氏兄弟商贸(集团)有限责任公司	139354	54985	375
141	福建省物资集团	137693	96221	816
142	湖南省粮油食品进出口集团有限公司	134356	107152	998
143	均瑶集团	133480	164208	2300
144	永恩集团	132587	87524	3957
145	福建新华发行集团	131771	150481	3995

邮政编码	地　址	电　话
730030	甘肃省兰州市城关区酒泉路 181 号	0931-8459349
050061	河北省石家庄市和平西路 499 号	0311-88618887
110003	辽宁省沈阳市和平区三好街 54 号	024-23899802
518067	广东省深圳市蛇口新街蛇口大厦七楼	0755-26862000
330029	江西省南昌市高新开发区火炬大街 188 号	0791-8113839
311201	浙江省杭州市萧山区瓜沥镇友谊路 89 号	0571-82718253-831
361012	福建省厦门市思明区湖滨北路 10 号新港广场 11 层	0592-5312205
030006	山西省太原市小店区长风街 11 号	0351-7040638
350003	福建省福州市中山路 23 号商业大厦八楼	0591-87850476
518001	广东省深圳市罗湖区中兴路 239 号 A 座外贸集团大厦 7-8 楼	0755-82287788
116001	辽宁省大连市中山区港湾街 7 号时代大厦	0411-82798360
450002	河南省郑州市经七路 23 号	0371--63944901
200434	上海市杨浦区逸仙路 661 号新海商务大厦 16 楼	021-51269061
650051	云南省昆明市吴井路 269 号	0871-3194057
100031	北京市西城区西长安街乙 17 号	010-66067733
200060	上海市普陀区长寿路 285 号恒达大厦	021-62270300
100045	北京市西城区三里河东路 5 号	010-68535009
830002	新疆乌鲁木齐市新民路 9 号	0991-2629919
350001	福建省福州市东街 33 号武夷中心 19 层	0591-87503388
410005	湖南省长沙市建湘路 519 号	0731-4449289
300041	天津市和平区解放北路 34 号	022-23035284
310052	浙江省杭州市滨江区长河街道	0571-86624183
310009	浙江省杭州市梅花碑 8 号	0571-87805083
030012	山西省太原市双塔寺街 155 号	0351-4048995
100738	北京市东城东长安街 1 号东方广场 E2 座 15 层	010-85183888-527
110031	辽宁省沈阳市皇姑区黄河南大街 48 号	024-86842863
710032	陕西省西安市新城区兴庆路 60 号	029-83222399
266071	山东省青岛市市南区南京路 2 号	0532-85797010
100052	北京市宣武宣外大街 6 号庄胜广场北楼东区 14 层	010-63102266
100029	北京市朝阳区惠新东街 4 号	010-84639084
276005	山东省临沂市兰山区	0539-8295971
350001	福建省福州市五四路 71 号国贸广场 31 层	0591-87533575
250011	山东省济南市历下区泺源大街 53 号	0531-86155069
315300	浙江省宁波市慈溪市浒山街道朱家桥路 21 号	0574-63813531
100010	北京市东城隆福寺街 99 号金隆基大厦 11D-10	010-84095959
350003	福建省福州市五四路 239 号	0591-87851343
410001	湖南省长沙市竹园路 7 号	0731-2280475
200000	上海市徐汇区肇嘉浜路 789 号	021-51155505
351100	福建省莆田市荔城区畅林村	0594-2782722
350001	福建省福州市鼓楼区五一北路 126 号	0591-87501312

续表 45

序　号	企业集团名称	营业收入（万元）	资产总计（万元）	从业人员（人）
146	福建省机电(控股)有限责任公司	130203	156148	4537
147	无锡新中润国际集团有限公司	130104	51568	171
148	联通租赁集团	128881	97685	220
149	焦作电力集团	126423	93769	907
150	中国农业机械华北集团	125215	106085	595
151	新疆玛纳斯新玛实业集团	123155	137919	2865
152	云南物资集团	117608	115710	554
153	广东省商业企业集团	114072	164530	1743
154	日照兴业集团有限公司	110357	115746	1712
155	大连海昌集团有限公司	110121	338745	181
156	江苏省粮食集团有限责任公司	109082	197644	833
157	上海开开(集团)有限公司	108435	181182	4465
158	临沂市医药集团总公司	104652	69664	3480
159	福建吉马集团	103179	88584	1416
160	东方科学仪器进出口集团有限公司	103012	95663	377
161	吉林省吴太医药集团	98178	128531	3031
162	上海大祥(集团)公司	96174	78726	1013
163	上海中恒(集团)有限公司	96070	119784	1291
164	云南南磷集团股份有限公司	95585	106900	1773
165	安徽省轻工进出口集团	94442	56509	228
166	中国轻工业对外经济技术合作公司	93751	100311	272
167	四川省棉麻集团	91922	80260	3443
168	浙江省机电集团有限公司	87969	125091	2628
169	翔宇实业集团有限公司	86342	79242	427
170	浙江温州新世纪集团股份有限公司	85651	61797	157
171	天津二商集团	83605	264024	3712
172	浙江中维丝绸集团	76052	68273	839
173	山东省医药集团有限公司	72378	66833	2407
174	新疆对外经济贸易集团	69045	164355	2576
175	宁夏铁路多元化发展集团有限公司	66641	99757	4282
176	黑龙江省图书音像发行集团	66014	52974	3272
177	上海市轻纺集团有限公司	65534	79601	176
178	上海申一实业(集团)有限公司	65525	77484	72
179	黑龙江粮油集团	63229	197393	1072
180	武汉医药集团	62024	101806	427
181	广州食品企业集团	58872	84010	934
182	山东省物资集团总公司	55766	92403	929
183	山东省丝绸集团有限公司	53657	355703	6377
184	山东省对外贸易集团	52213	57727	435
185	北京中恒兴业科技集团有限公司	51864	87514	415
186	浙江经发实业集团	50604	55596	737

邮政编码	地　址	电　话
350001	福建省福州市省府路 1 号 11 座三层	0591-87619395
214001	江苏省无锡市中山路 395 号	0510-82708858
310007	浙江省杭州市曙光路 122 号世贸中心 16 楼	0571-87950260
454001	河南省焦作市解放区建设西路 1 号	0391-3522578
300041	天津市和平区赤峰道 10 号	022-85586615-688
832200	新疆昌吉州玛纳斯县中华路 336 号	0994-6661234
650031	云南省昆明市五华区翠湖北路 76 号	0871-5320930
510080	广东省广州市越秀区新河浦路 66 号	020-87775852
276800	山东省日照市海曲东路 70 号	0633-3698876
116001	辽宁省大连市中山区人民路 86 号	0411-82825666
210005	江苏省南京市长江路 99 号 17 楼	025-84798926
200041	上海市静安区南京西路 819 号 7 楼	021-52138127
276003	山东省临沂市解放路东段	0539-8211709
363000	福建省漳州市东岳新村 33 幢 3-4 楼	0596-2945380
100036	北京市海淀阜成路 67 号银都大厦	010-68729910
130031	吉林省长春市经济技术开发区北海路 1372 号	0431-2909903
200085	上海市虹口区四川北路 838 号 6 楼	021-63646083
200011	上海市黄浦区中山南路 1228 号楼	021-63135410
620021	云南省昆明市护国北路 69 号	0871-3138337
230022	安徽省合肥市蜀山区梅山路 19 号	0551-2826868
100011	北京市西城区德外大街甲 10 号	010-58302600
610017	四川省成都市青羊区的丝街 56 号	028-86750724
310009	浙江省杭州市上城区解放路 163 号	0571-87812859
276004	山东省临沂市金源路 307 号	0539-2958901
325000	浙江省温州市人民西路锦园大厦 17、18 层	0577-88257715
300041	天津市和平区山东路 112 号	022-27110117
313000	浙江省湖州市中心广场富城商楼南区 13 座 5 楼	0572-2022338
250013	山东省济南市解放路 11 号	0531-80660011
830001	新疆乌鲁木齐市团结东路 45 号	0991-5589702
750011	宁夏银川市西夏区怀远路	0951-3925224
150010	黑龙江省哈尔滨市道里区地段街 183 号	0451-84675532
301824	上海市嘉定区曹安路 1618 号	021-59188888
200020	上海市卢湾区永嘉路 41 号 701 室	021-54650893
150001	黑龙江省哈尔滨市南岗区东大直街 100 号	0451-82527328
430014	湖北省武汉市江岸区胜利街 114 号	027-82836634
510170	广东省广州市荔湾区荔湾路小梅大街 17 号	020-81267685
250021	山东省济南市经六路 245 号	0531-87945026
250001	山东省济南市永庆街 2 号	0531-86106885
266002	山东省青岛市市南区太平路 51 号	0532-82971188
100085	北京市海淀信息路 22 号上地科技综合楼 B 座八层 8008 室	010-82784858
311800	浙江省绍兴市诸暨市暨阳街道	0575-7255193

续表 46

序　号	企业集团名称	营业收入（万元）	资产总计（万元）	从业人员（人）
零售业				
1	百联集团有限公司	6021085	2812817	53060
2	北京物美投资集团有限公司	1418133	608051	14459
3	重庆商社集团	1125655	654064	13891
4	大连大商集团有限公司	1104198	1003536	25752
5	天津一商集团	1042581	394987	5473
6	江苏文峰集团	1018960	222946	6988
7	三联集团	986490	1063993	6351
8	天津家世界连锁商业集团	918664	813370	19951
9	红星家具集团有限公司	852511	478598	10091
10	重庆化医控股(集团)公司	799224	1066745	24878
11	江苏凤凰传媒集团有限公司	634602	460618	7073
12	利群集团	583601	260036	4713
13	香江集团有限公司	550146	803553	20000
14	武汉中百集团	527843	305389	8923
15	南京金鹰国际集团有限公司	525934	808076	4227
16	北京京客隆超市连锁集团有限公司	477998	209787	4548
17	天津劝业华联集团	469415	372051	3600
18	人人乐连锁商业(集团)有限公司	463378	135927	11927
19	广州百货企业集团	458840	367542	4693
20	武汉武商集团	454877	327440	7683
21	上海新世界(集团)有限公司	454653	901277	11167
22	江苏宏图三胞高科技术股份有限公司	405318	93668	4248
23	山东潍坊百货集团股份有限公司	369804	110767	5144
24	江苏无锡商业大厦集团有限公司	359082	168782	1872
25	广西物资集团	354511	173401	4290
26	湖北圣泽集团	345608	163401	1376
27	浙江康桥汽车工贸集团	318762	173769	2600
28	合肥百货大楼集团	252087	207594	5138
29	烟台市振华百货集团	249927	118825	2219
30	上海东亚(集团)有限公司	248246	277449	1263
31	湖南友谊阿波罗股份有限公司	242736	165412	4460
32	武汉中商集团	236218	234112	4946
33	石家庄北国人百集团	221229	147541	4630
34	广东新协力集团有限公司	217568	103428	1407
35	杭州旅游集团	211665	210970	2844
36	安徽宁国亚夏集团	196353	55482	1226
37	大连友谊集团有限公司	192471	317808	3218
38	河北汽车集团	188914	133010	975
39	浙江省经协集团有限公司	188846	76831	108

邮政编码	地址	电话
200120	上海市浦东新区张杨路 501 号 19 楼	021-58363636
100049	北京市石景山玉泉大厦	010-88259488-1611
400010	重庆市渝中区青年路 18 号	023-63803262
116001	辽宁省大连市中山区青三街一号	0411-83880502
300171	天津市和平区唐山道 54 号	022-24381008
226007	江苏省南通市崇川区青年东路 5 号	0513-85011556
250011	山东省济南市趵突泉北路 12 号	0531-86086351-66658
300300	天津市东丽经济开发区二经路一号	022-24993636-3801
213017	江苏省常州市北环路 32 号	0519-5312328
400010	重庆市渝中区五四路 28 号赛格尔大厦 8 楼	023-89887261
210000	江苏省南京市中央路 165 号	025-83244573
266102	山东省青岛市崂山区崂山路 67 号	0532-88807070
511442	广东省广州市海珠区江南大道南 411 号	020-34761998
430021	湖北省武汉市江汉路 129 号	027-82842067
210029	江苏省南京市汉中路 89 号	025-84708898
100027	北京市朝阳新源街 45 号	010-64688233
300051	天津市和平区贵州路 4 号	022-27828552
518052	广东省深圳市南山区前海路心语家园二层	0755-86058139
510030	广东省广州市越秀区西湖路 12 号 23 楼	020-83323815
430022	湖北省武汉市汉口解放大道 688 号武汉广场 47 楼	027-85714846
200001	上海市黄浦区九江路 619 号	021-63606090
210009	江苏省南京市中山北路 219 号	025-83274999
261041	山东省潍坊市胜利东街甲 1 号	0536-8580007
214001	江苏省无锡市中山路 343 号	0510-82766978
530012	广西南宁市新民路 43 号	0771-2282821
430015	湖北省武汉市汉口建设大道建银大厦 30F	027-59502222
310015	浙江省杭州市大关路 301 号	0571-88283386
230001	安徽省合肥市长江中路 150 号	0551-2686000
264000	山东省烟台市芝罘区西大街八号	0535-6584288
200030	上海市徐汇区零陵路 800 号东亚大厦 1511 室	021-64390437
410001	湖南省长沙市车站中路 345 号	0731-2299448-3071
430071	湖北省武汉市武昌区中南路 9 号	027-87824232
050011	河北省石家庄市中山东路 188 号	0311-85261928
528300	广东省佛山市顺德区大良广珠公路	0757-22337333-209
310006	浙江省杭州市延安路 484 号 2 号楼 6 楼	0571-85155427
242300	安徽省宣城市宁国市经济开发区亚夏汽车城	0563-4181222
116001	辽宁省大连市中山区人民路 8-1 号	0411-82825888
050031	河北省石家庄市裕华东路 456 号	0311-85969967
310005	浙江省杭州市米市巷潮王路 208 号	0571-88388230

续表 47

序　号	企业集团名称	营业收入（万元）	资产总计（万元）	从业人员（人）
40	北京西单友谊集团	182917	300575	6564
41	青岛维客集团	182039	89360	2367
42	上海徐家汇商城(集团)有限公司	180860	209291	1725
43	佛山市顺德区乐从供销集团有限公司	176272	152363	2848
44	济南华达企业集团总公司	175201	190601	1564
45	上海九百(集团)有限公司	172266	404038	2512
46	西安解放集团	166796	116264	1089
47	天津滨江集团	163734	255122	2373
48	新疆友好(集团)股份有限公司	161674	206941	2087
49	开封机电集团	154070	101620	402
50	北京华普产业集团有限公司	153870	433178	3021
51	山西大昌汽车集团有限公司	150463	69151	531
52	上海淮海商业(集团)有限公司	150283	115275	4152
53	深圳中联广深医药(集团)股份有限公司	147751	52611	2118
54	翠微大厦股份有限公司	147264	125546	1965
55	成都三和企业集团	136215	69884	812
56	济南华联商厦集团股份有限公司	134288	89857	648
57	山东德州百货大楼(集团)有限责任公司	132860	52369	2100
58	百大集团	131037	96336	1024
59	成都人民商场集团	125519	127798	4754
60	杭州解百集团	124937	75498	1219
61	山西华宇集团有限公司	122882	198590	2700
62	北京发行集团有限责任公司	114892	202376	3697
63	深圳国有免税商品(集团)有限公司	107756	140964	813
64	青海数码网络投资(集团)股份有限公司	107687	95822	2652
65	唐山百货大楼集团	107159	63341	3122
66	长沙通程实业集团有限公司	102660	200379	2023
67	哈尔滨中央红集团股份有限公司	102641	69055	2960
68	福建省黎明企业集团	97181	87289	1518
69	太原市洪达(集团)有限公司	88935	96249	5340
70	西安民生集团	87224	110406	2704
71	新疆宏景投资有限责任公司	85330	127593	2200
72	邯郸市阳光百货集团	85141	73186	3509
73	威海华联集团公司	74821	51237	2137
74	福建东百集团	69183	101420	713
75	宝鸡商场(集团)股份有限公司	65195	95887	3146
76	保定商达集团	62941	85879	4443
77	陕西众兴企业集团	62820	72881	341
78	红楼集团	62390	252532	2979
79	北京王府井东安集团有限责任公司	61699	109550	1959
80	北京众义达商贸集团有限公司	51530	105712	418

邮政编码	地　址	电　话
100031	北京市西城西单北大街120号	010-66565511
266100	山东省青岛市李沧区向阳路65号	0532-87618888-3072
200030	上海市徐汇区肇嘉浜路1000号A-10F	021-64269090
528315	广东省佛山市顺德区乐从镇乐从供销大厦	0757-28333617
250014	山东省济南市历下和平路中段燕山小区中心公建	0531-88932999
200041	上海市静安区南京路993号19楼	021-62181063
710001	陕西省西安市东大街解放市场6号	029-87217854
300022	天津市和平区滨江道193号	022-27118152
830000	新疆乌鲁木齐市友好南路30号	0991-4554702
475002	河南省开封市东京大道路北	0378-2585909
100020	北京市朝阳19号华普大厦17层	010-65803388
030031	山西省太原市太榆路88号	0351-8728038
200020	上海市卢湾区淮海中路700号	021-63867700
518002	广东省深圳市罗湖区深南东路2023号广深大厦四.五楼	0755-82354461
100036	北京市海淀复兴路33号	010-68132614
610041	四川省成都市高新区机场路新加坡工业园新园南一路2号	028-85176666
250021	山东省济南市经二路571号	0531-87082966
253013	山东省德州市湖滨南路14号	0534-2693702
310006	浙江省杭州市下城区延安路546号	0571-85158800
610011	四川省成都市锦江区东御街19号	028-86660965
310001	浙江省杭州市上城区解放路251号	0571-87016888
030002	山西省太原市开化寺街87号	0351-8308036
100031	北京市西城西长安街丙17号	010-66012263
518002	广东省深圳市文锦渡春风路联城大厦一至三楼	0755-25103004
810000	青海省西宁市五四大街39号	0971-6144912
063000	河北省唐山市路北区新华东道125号	0315-2821672
410007	湖南省长沙市劳动路589号	0731-5551143
150070	黑龙江省哈尔滨市道里区埃德蒙顿路73号	0451-84885117
350005	福建省福州市白马路黎明街8号	0591-83720618
030027	山西太原市迎泽区建设南路370号	0351-5647890
710005	陕西省西安市解放路103号	029-87481872
830000	新疆乌鲁木齐市新华南路68号	0991-3738800
056002	河北省邯郸市丛台区中华北大街29号	0310-3122688
264200	山东省威海市新威路58号	0631-5222888-3168
350001	福建省福州市六一北路84号	0591-83177201
721000	陕西省宝鸡市经二路114号	0917-3215032
071051	河北省保定市东风中路68号	0312-3073238
710004	陕西省西安市新城区西新街海星大厦7层	029-87235235
310003	浙江省杭州市新华路218号	0571-85196316
100006	北京东城区王府井大街138号	010-62164976
100070	北京市丰台花乡马家楼4号	010-83606015

续表 48

序　号	企业集团名称	营业收入（万元）	资产总计（万元）	从业人员（人）
住宿业				
1	北京首都旅游集团有限责任公司	1461725	1837119	40061
2	锦江国际(集团)有限公司	922529	1504311	42375
3	华天实业控股集团有限公司	146081	350690	9029
4	上海市东湖(集团)公司	87773	654499	4222
5	南京金陵饭店集团有限公司	72646	136203	2133
6	广州羊城兆业企业集团有限公司	68500	61778	2129
银行业				
1	中国光大(集团)总公司	1747145	55236711	14335
证券业				
1	无锡市国联发展(集团)有限公司	455342	1506200	6726
2	河北旭日集团	322299	136461	1303
保险业				
1	中国平安保险(集团)股份有限公司	6759315	28810374	42381
2	中国太平洋保险(集团)股份有限公司	5090727	15419584	55799
其他金融活动业				
1	中国中信集团公司	6500963	80245663	70588
2	广东省广业资产经营有限公司	863316	847011	14959
3	青海省投资集团有限公司	397460	1005699	7921
4	深圳市天略发展集团有限公司	121169	57232	521
5	江苏省国有资产经营(控股)有限公司	107658	742855	1774
6	广东粤财投资控股有限公司	100426	616466	1825
7	辽宁能源投资(集团)有限责任公司	70500	580041	1667
8	青岛融商投资发展集团有限公司	54351	80659	905
房地产业				
1	上海绿地集团	1489480	1897747	10212
2	新疆广汇实业投资(集团)有限责任公司	1050748	1197839	15536
3	上海地产(集团)有限公司	1007350	3422550	3240
4	上海外高桥(集团)有限公司	799721	1485238	720
5	大连万达集团股份有限公司	759366	1368261	802
6	北京城市开发集团有限责任公司	580067	2301458	4470
7	北京天鸿集团公司	534372	2634006	5144
8	大华集团	494697	1273390	6558
9	世纪金源投资集团	403535	1060063	6721
10	西安高科集团	359777	1113948	4594
11	大连亿达集团	348697	840811	13756
12	北京北辰实业集团公司	331679	1091032	9067
13	宁波银亿集团	319366	325087	2565
14	深圳市东部开发(集团)有限公司	315046	424936	12430

邮政编码	地　址	电　话
100020	北京市北京朝阳雅宝路 10 号	010-85629988-8606
200002	上海市黄浦区延安东路 100 号 23 楼	021-63264000
410011	湖南省长沙市解放东路 300 号	0731-4442888-80933
200030	上海市徐汇区宛平路 9 号甲	021-64740275
210005	江苏省南京市鼓楼区汉中路 2 号	025-84711888
510120	广东省广州市越秀区惠福西路 38 号	020-81309206
100045	北京市复兴门外大街 6 号光大大厦	010-68560088
214002	江苏省无锡市县前东街 8 号	0510-82830188
053202	河北省冀州市和平路 8 号	0318-8613039
518029	广东省深圳市福田区八卦三路平安大厦	0755-82262888
200120	上海市浦东新区银城中路 190 号	021-58776688
100004	北京市朝阳区新源南路 6 号	010-64661710
510030	广东省广州市越秀区东风中路 350 号瑞兴大厦 22 楼	020-83484617
810008	青海省西宁市新宁路 36 号	0971-6363892
518026	广东省深圳市福田区彩田南路中深花园 A 栋 01、03、05、06、08 室	0755-82996644
210008	江苏省南京市中山路 348 号中信大厦 20 层	025-83192139
510050	广东省广州市越秀区环市中路 316 号金鹰大厦东楼 16 楼	020-83540366
110014	辽宁省沈阳市沈河区青年大街 106 号	024-22705408
266100	山东省青岛市崂山区创业大厦	0532-83864885
200063	上海市普陀区宁夏路 201 号	021-52352832
830001	新疆乌鲁木齐市新华南路 68 号	0991-2871172
200031	上海市徐汇区东湖路 9 号	021-54050999
200131	上海市浦东新区外高桥保税区富特西一路 159 号	021-58668577
116001	辽宁省大连市西岗区长江路 539 号	0411-82813858
100045	北京市西城复兴门内大街 156 号	010-66428080
100009	北京市东城沙滩后街 22 号	010-64059761
200442	上海市宝山区华灵路 698 号	021-66344153
100089	北京市海淀蓝晴路甲 1 号	010-88468888-215
710075	陕西省西安市高新区沣惠南路水晶岛写字楼 5 层	029-88337385
116021	辽宁省大连市沙河口区东北路 99 号	0411-84547635
100101	北京市朝阳北四环中路 8 号	010-84980325
315010	浙江省宁波市海曙区永丰路 199 弄 8 号	0574-87243433
518046	广东省深圳市红岭大厦三座	0755-25866988

续表 49

序　号	企业集团名称	营业收入（万元）	资产总计（万元）	从业人员（人）
15	上海陆家嘴(集团)有限公司	302099	1779582	3468
16	上海城开(集团)有限公司	281129	760750	7240
17	北京阳光壹佰置业集团有限公司	278086	451866	145
18	顺天通开发集团有限公司	271224	534449	804
19	金地(集团)股份有限公司	257766	660741	3698
20	中国房地产开发集团	245828	1390621	6723
21	苏州高新区经济发展集团总公司	231647	1430863	2624
22	广州市宏宇集团股份有限公司	230111	430920	1418
23	重庆华宇集团	224305	319564	3799
24	浙江新湖集团股份有限公司	223996	482864	440
25	江苏新城实业集团有限公司	209398	426462	1550
26	中国宝安集团股份有限公司	207315	488813	628
27	金融街控股股份有限公司	200490	732238	363
28	开元旅业集团有限公司	187712	496121	7055
29	中国金茂(集团)股份有限公司	181866	601191	2592
30	四川富临实业集团有限公司	173759	283516	3693
31	上海中环投资开发(集团)有限公司	172983	340252	1244
32	天津万隆集团	164924	805339	452
33	武汉地产开发投资集团	162650	555628	632
34	上海精文置业(集团)有限公司	155091	304390	259
35	上海由由(集团)股份有限公司	152773	299444	2436
36	浙江省耀江实业集团	151859	847119	557
37	上海张江(集团)有限公司	145391	1402194	849
38	深圳市振业(集团)股份有限公司	145033	255307	1604
39	天津优联投资发展集团	143832	270631	80
40	绿城房地产集团	140275	1031190	750
41	南京栖霞建设集团	139270	441112	1129
42	上海金桥(集团)有限公司	138695	702451	190
43	深圳市南光(集团)股份有限公司	137247	147573	4537
44	宝龙集团	136074	285451	2520
45	上海恒大(集团)有限公司	129541	249956	1018
46	祥生实业集团	128260	176581	558
47	上海新长宁(集团)有限公司	127475	1250057	2081
48	深圳泰然(集团)股份有限公司	119168	197873	1533
49	北京市华远集团	116443	453307	704
50	上海静安地产(集团)有限公司	115720	285921	537
51	上海汇成(集团)有限公司	112979	194862	1164
52	深圳鹏基(集团)有限公司	112457	291051	5716
53	上海西部企业(集团)有限公司	112134	658454	5422
54	浙江汇宇营建集团	111796	129693	2518

邮政编码	地　　址	电　　话
200135	上海市浦东新区浦东大道 981 号	021-58878888
200032	上海市徐汇区肇嘉浜路 333 号 9-10f	021-64222666
100026	北京市朝阳光华路 2 号阳光 100 写字楼	010-65060100-130
102218	北京市房山长沟镇房易路西侧 10 米	010-84816642
518048	广东省深圳市福田区福强路金地商业大楼	0755-83844338
100037	北京市海淀区首体南路 38 号八层	010-58892214
215011	江苏省苏州市高新区狮山路 35 号金河国际大厦 36 楼	0512-68096173
510075	广东省广州市天河区天河北路 189 号中国市长大厦 1803	020-87552828
400039	重庆市九龙坡区陈家坪朝田村 118 号	023-68857864
310004	浙江省杭州市体育场四家桥 2 号	0571-85173431
213003	江苏省常州市武进湖塘人民中路 187 号	0519-8151156
518020	广东省深圳市罗湖区笋岗东路 1002 号宝安广场 A-28	0755-25170370
100032	北京市西城金融大街 19 号富凯大厦 B 座 5 层	010-88086154
311202	浙江省杭州市萧山区市心中路 818 号 17 楼	0571-82888888
200121	上海市浦东新区世纪大道 88 号 8 楼	021-50476688
621000	四川省绵阳市高新区富普明东路北段 588 号	0816-2531367
200060	上海市普陀区长寿路 468 号	021-62770068
300171	天津市河东区十一经路 78 号	022-84180502
430022	湖北省武汉市汉口新华路 25 号伟业大厦	027-68855314
200125	上海市浦东新区临沂路 63-67 号	021-66283514
200127	上海市浦东新区浦建路 929 号	021-58758888-1408
310007	浙江省杭州市杭大路 15 号嘉华国际商务中心 16 楼	0571-87168670
201203	上海市浦东新区张江路 69 号	021-50801818
518008	广东省深圳市宝安南路振业大厦 B 座 11-16 层	0755-25863016
300171	天津市河东区十一经路 78 号万隆太平洋大厦 6 层	022-24215688
310007	浙江省杭州市杭大路 1 号黄龙世纪广场 A 座 10 楼	0571-88988888
210037	江苏省南京市龙蟠路 218 号	025-85506648
201206	上海市浦东新区新金桥路 27 号	021-50301818
518031	广东省深圳市福田区深南中路 3024 号航空大厦 32 层	0755-83689888-13225
361012	福建省厦门市思明区嘉禾路 305 号宝龙中心二期	0592-5211111
200126	上海市浦东新区成山路 216 号	021-58478577
311800	浙江省绍兴市诸暨市暨阳街道 17 号	0575-7020137
200336	上海市长宁区仙霞路 618 号	021-62625600
518040	广东省深圳市福田区车公庙泰然四路劲松大厦 21 楼	0755-83890881
100037	北京市西城南礼士路 36 号华远大厦七层	010-68037025
200040	上海市静安区富民路 118 号	021-54050088
200030	上海市徐汇区淮海中路 1857 弄 63 号	021-64313920
518029	广东省深圳市福田区八卦二路 611 栋	0755-82263757
200060	上海市普陀区长寿路 767 号	021-62327111
311200	浙江省杭州市萧山区通惠南路 2 号	0571-56122609

续表 50

序 号	企业集团名称	营业收入（万元）	资产总计（万元）	从业人员（人）
55	天津顺驰集团	111227	208507	502
56	上海瀛通(集团)有限公司	110520	278932	3343
57	南海能兴(控股)集团有限公司	110367	207434	2384
58	北京实创高科技发展总公司	108931	365884	1494
59	重庆南方集团有限公司	105747	166720	3017
60	建业住宅集团	103297	264989	1455
61	明园集团有限公司	101494	106990	242
62	天津住宅建设发展集团	99321	474281	1768
63	深圳市物业发展(集团)股份有限公司	96497	179254	1781
64	大连新型企业集团有限公司	95082	331027	2190
65	浙江省农村发展集团有限公司	94001	199884	681
66	北京中加实业集团有限公司	93426	162174	466
67	深圳市城市建设开发(集团)公司	93119	291990	2494
68	北京市顺义大龙城乡建设开发总公司	92603	205089	1553
69	青岛天泰集团	92480	265174	1038
70	广州珠江实业集团有限公司	91462	299836	2067
71	当代投资集团有限公司	91137	238637	786
72	上海中城企业(集团)有限公司	89824	313553	960
73	上海万源投资(集团)有限公司	89134	84967	401
74	上海宝华企业集团有限公司	87858	91193	78
75	北京天恒置业集团	87121	259421	129
76	上海金外滩集团	86594	419354	571
77	杭州滨江房产集团	86532	339698	79
78	天津市房地产开发经营集团	85970	571884	1346
79	绿都控股集团	81175	191594	511
80	上海宏泉集团有限公司	78887	170899	919
81	天津海泰控股集团	77465	960935	776
82	上海南江(集团)有限公司	76958	231270	213
83	深圳经济特区房地产(集团)股份有限公司	75047	241847	1762
84	成都倍特发展集团	67424	183822	1460
85	广宇集团股份有限公司	67272	214395	184
86	天津市鸿发投资集团	67065	103939	281
87	上海永业企业(集团)有限公司	66968	351395	213
88	远中建设开发(上海)集团有限公司	66170	267218	52
89	杭州复兴建设集团有限公司	65863	119523	124
90	天津现代集团	64059	269609	151
91	天津贻成集团	63994	153300	103
92	上海昌鑫(集团)有限公司	63165	235646	623
93	上海金球(集团)公司	60282	104748	457
94	时间房地产建设集团	58216	185067	1320

邮政编码	地　址	电　话
300381	天津市南开区卫津南路76号	022-23930326
202150	上海市崇明县城桥镇北门路328号	021-69616431
528200	广东省佛山市南海区桂城佛平二路99号	0757-86329999
100085	北京市海淀上地信息路22号	010-62981808
400041	重庆市高新区科园四路195号	023-68521111
450002	河南省郑州市建业路建业城市花园88号	0371-66529216
200031	上海市徐汇区复兴中路1199号	021-64661199
300050	天津市和平区马场道66号	022-23023683
518014	广东省深圳市人民南路国贸大厦39、42楼	0755-82210950
116033	辽宁省大连市沙河口区敦煌路11号	0411-84403414
310006	浙江省杭州市武林路437号	0571-85813023
101500	北京市密云农机路7号	010-89096386
518010	广东省深圳市红岭南路金华街一号	0755-82270344
101300	北京市顺义五里仓小区南	010-69440514
266100	山东省青岛市香港东路99号	0532-88016363
510095	广东省广州市越秀区环市东路371-351号南塔28,29楼	020-87609683
100028	北京市东城东直们香河园路1号	010-84488866-8803
200020	上海市卢湾区瑞金一路139号5楼	021-53060308
200127	上海市浦东新区锦绣路2150号	021-58396888
200060	上海市普陀区长寿路285号10楼	021-62279797-126
100035	北京市西城西海北沿26号	010-84050010
200001	上海市黄浦区福建中路66号	021-63266326
310016	浙江省杭州市庆春东路38号	0571-86986665
300074	天津市和平区西康路云翔大厦11层	022-83850221
311201	浙江省杭州市萧山区金城路718号	0571-82377888
200333	上海市普陀区梅川路1357号	021-52759178
300384	天津新技术产业园区梅苑路6号海泰大厦	022-83715730
200011	上海市黄浦区陆家浜路1322号20楼	021-63772413
518001	广东省深圳市罗湖区人民南路深房广场45-48楼	0755-82293000-4664
610041	四川省成都市九兴大道8号	028-85123500
310006	浙江省杭州市上城区平海路8号	0571-87018788
300457	天津市开发区黄海路172号	022-25295588-817
200021	上海市卢湾区淮海中路138号32F	021-63756198
200051	上海市长宁区仙霞路319号31楼	021-62709999
310008	浙江省杭州市上城区秋涛路18号18-19楼	0571-86814271
300051	天津市和平区云南路12号清华园B-4-7	022-83525598
300451	天津市塘沽区河北路15号	022-25866031
200435	上海市宝山区共江路978号	021-36090291
201102	上海市闵行区沪闵路7388号	021-64120380
318000	浙江省台州市椒江区赤山东路321号	0576-8535555

续表 51

序 号	企业集团名称	营业收入（万元）	资产总计（万元）	从业人员（人）
95	名流置业集团股份有限公司	57794	105834	157
96	上海虹房(集团)有限公司	56950	452250	1564
97	上海华敏置业(集团)有限公司	56671	206625	800
98	美林正大投资集团有限公司	55974	117069	508
99	泛海建设集团股份有限公司	55808	378983	696
100	天津市房地产信托集团	54572	170345	912
101	泛海集团	53320	1258550	1251
102	上海中祥(集团)有限公司	52449	206160	127
103	上海鹏欣(集团)有限公司	52386	1059305	328
104	浙江豪盛集团	51006	61317	434
105	青岛麦迪绅集团股份有限公司	50742	57688	102
106	新疆华凌工贸(集团)有限公司	50656	455380	3212
商务服务业				
1	中国电子信息产业集团公司	5368227	5763532	60203
2	招商局集团	1961093	7704027	21302
3	天津泰达投资控股有限公司	1856602	7547149	12760
4	国投集团	1853673	9358899	47649
5	通用技术集团	1073540	1823973	5084
6	广东粤港投资控股有限公司	1042043	4226577	8824
7	上海工业投资(集团)有限公司	1030721	1639484	1996
8	上海永达控股(集团)有限公司	925749	216048	2368
9	中国节能投资公司	867169	1488129	9619
10	中国保利集团公司	643779	2278670	7099
11	北京首都创业集团有限公司	618213	4968694	7750
12	江苏省国信资产管理集团有限公司	553877	3148143	8095
13	广西投资(集团)有限公司	513459	1531127	9054
14	北京外企服务集团有限责任公司	475007	232269	10186
15	中国国旅集团公司	454456	350544	5248
16	中国成套设备进出口(集团)总公司	382104	601220	2756
17	上海浦东发展(集团)有限公司	363360	3247602	8445
18	江苏省惠隆资产管理有限公司	360859	118296	441
19	中科实业集团(控股)公司	357510	754856	1670
20	上海外经贸投资(集团)有限公司	308204	159759	496
21	北京一轻控股有限责任公司	290083	860841	8155
22	中国高新投资集团公司	269030	466417	3025
23	北京对外经贸控股有限责任公司	253809	600578	1815
24	中青旅控股股份有限公司	232916	304051	2202
25	中国中旅(集团)公司	199686	296371	3744
26	中国新时代控股(集团)公司	184290	223876	2533
27	长江经济联合发展(集团)股份有限公司	183162	460029	3306

邮政编码	地　址	电　话
650031	云南省昆明市国防路 129 号恒安写字楼 5 楼	0871-3610134
200081	上海市虹口区曲阳路 1 号	021-65070697
200050	上海市长宁区延安西路 728 号 1 楼 B 座	021-62288888
100089	北京市海淀紫竹院路 33 号美林花园 5 号楼	010-88551166
518026	广东省深圳市福田区福华一路国际商会大厦 A 座 16	0755-82985998
300050	天津市和平区睦南道 74 号	022-23323341
261041	山东省潍坊市鸢飞路 529 号	0536-8250797
201105	上海市闵行区吴中路 2768 弄 23 号	021-54798558
200336	上海市长宁区虹桥路 2188 弄	021-62615599-219
324000	浙江省衢州市狮桥街 1 号工贸大厦九楼	0570-2359988
266071	山东省青岛市市南区江西路 105 号	0532-85721707
830017	新疆乌鲁木齐市河难北路 38 号	0991-5188490

邮政编码	地　址	电　话
100846	北京市海淀区万寿路 27 号	010-68207131
100022	北京市朝阳区建国路 118 号	010-65687548
300457	天津市开发区宏达街 19 号	022-25202580
100034	北京市阜成门北大街 6-6 号	010-66579097
100055	北京市丰台区西三环中路 90 号通用技术大厦	010-63349980
510045	广东省广州市越秀区东风东路 555 号粤海集团大厦 31 楼	020-83843933
200002	上海市黄浦区江西中路 181 号	021-33134633
200023	上海市卢湾区瑞金南路 299 号	021-63026789
100037	北京市西城区阜外大街 1 号四川大厦东塔	010-62247336
100027	北京市东直门南大街 14 号保利大厦	010-65003334-630
100027	北京市东城朝阳门北大街 6 号首创大厦	010-58385566-1545
210005	江苏省南京市长江路 88 号	025-84784769
530022	广西南宁市民族大道 109 号	0771-5533059
100020	北京市朝阳朝阳门南大街 14 号	010-85611575
100027	北京东城区东直门外小街甲 2 号-1	010-84478866
100011	北京市东城区西滨河路 9 号	010-64219796
200120	上海市浦东新区浦东大道 288 号 5-8 楼	021-58793088
210003	江苏省南京市中山北路 283 号	025-83435415
100080	北京市海淀中关村大街 22 号	010-62563334
200041	上海市静安区江宁路 445 号 12 楼	021-62185008
100050	北京市宣武东经路 5 号	010-63157941
100055	北京市宣武区广外大街南滨河路 1 号高新大厦	010-63288611
100013	北京市朝阳和平里小黄庄北街 2 号	010-84282855
100007	北京市东城东直门南大街 5 号	010-58158888
100028	北京市北三环东路 2 号中旅大厦 7 层	010-64612508
100088	北京市海淀区花园路 7 号新时代大厦	010-82803366
200052	上海市长宁区新华路 315 号	021-62800565

续表 52

序　号	企业集团名称	营业收入（万元）	资产总计（万元）	从业人员（人）
28	上海上实(集团)有限公司	182928	1946111	247
29	西上海(集团)有限公司	168621	177918	2100
30	浙江中国小商品城集团	157074	485718	3124
31	中国包装总公司	147953	133693	3924
32	上海国际集团有限公司	137975	2061253	1363
33	江苏东恒国际集团有限公司	133401	103734	410
34	上海盛勤(集团)有限公司	112567	66148	1287
35	江苏航空产业集团有限责任公司	103565	192115	379
36	山东省鲁信投资控股集团有限公司	98776	2111703	418
37	湖北天发集团	95889	521267	2552
38	浙江省旅游集团	92458	190592	1606
39	天津投资集团公司	85624	964317	507
40	上海青浦工业园区发展(集团)有限公司	83232	625490	309
41	陕西华圣企业集团	79785	146453	482
42	深圳广田集团有限公司	75824	78154	1253
43	广东中旅(集团)有限公司	75796	105022	1221
44	深圳市旅游(集团)公司	61437	81566	2029
45	上海九华商业集团有限公司	57894	112056	1679
46	上海奉贤建设发展(集团)有限公司	53033	333910	298
47	南京市交通建设投资控股(集团)有限责任公司	52935	1950460	1042
48	福建中旅集团	52862	90257	2518
49	中国国际展览中心集团公司	51846	96532	604
50	广东省粤旅集团有限公司	51265	135723	1980
研究与试验发展业				
1	煤炭科学研究总院	399695	434263	6564
2	钢铁研究总院	255125	417878	4071
3	北京有色金属研究总院	134461	225215	2967
4	长沙矿冶研究院	124771	162837	3573
5	机械科学研究总院	118528	203465	3970
6	北京矿冶研究总院	92595	138497	3222
7	中国纺织科学研究院	91390	141627	2302
8	中国农业机械化科学研究院	85566	112670	4097
9	上海医药工业研究院	80442	90610	2036
专业技术服务业				
1	中国电力工程顾问集团公司	465274	498927	8393
2	中国水电工程顾问集团公司	413966	583438	12273
3	上海现代建筑设计(集团)有限公司	128764	115696	3599
4	中国建筑设计研究院集团	122199	123104	4127
5	中国海诚国际工程投资总院	117948	77864	5104
6	中煤国际工程设计研究总院	108474	99832	3704

邮政编码	地址	电话
200021	上海市卢湾区淮海中路98号21楼	021-53828866
201805	上海市嘉定区安亭镇曹安路5555号	021-39570402
322000	浙江省金华市义乌市宾王路158号	0579-5182869
100037	北京西城区百万庄大街8号凌奇宾馆	010-68303335
200002	上海市黄浦区九江路111号	021-63231111
210001	江苏省南京市中华路50号	025-52327631
200025	上海市卢湾区重庆南路310号1401室	021-64451350
210029	江苏省南京市汉中路180号星汉大厦27楼	025-86500407
250013	山东省济南市历下区解放路166号	0531-86566950
434000	湖北省荆州市沙市区江汉北路	0716-8565468
310006	浙江省杭州市环城西路2号	0571-87020106
300042	天津市和平区泰安道1号	022-23148681
201700	上海市青浦区漕盈路2500号	021-69228046
710068	陕西省西安市碑林区含光北路16号	029-88429288
518028	广东省深圳市福田区华强北上步工业区304栋2层	0755-83236328
510115	广东省广州市越秀区人民街侨光路10号	020-83336888-3504
518001	广东省深圳市罗湖区建设路2016号南方证券大厦A座11、12楼	0755-82215382
200051	上海市长宁区中山西路1265弄18号8楼	021-62515611
201400	上海市奉贤区南桥镇城乡路333号	021-67185785
210008	江苏省南京市中山路26号	025-83199197
350001	福建省福州市湖东路171号	0591-87625188
100028	北京市朝阳北三环东路6号	010-84600085
510010	广东省广州市越秀区环市西路179号	020-86666889

邮政编码	地址	电话
100013	北京市朝阳区和平里青年沟路5号	010-84262316
100081	北京市海淀区学院南路76号	010-62182602
100088	北京市西城区新街口外大街2号	010-82241878
410012	湖南省长沙市麓山南路966号	0731-8657357
100044	北京市海淀区首体南路2号	010-88301811
100044	北京市西直门外文兴街一号	010-68321370
100025	北京市朝外大街延静里中街3号	010-65024795
100083	北京市朝阳区德胜门外北沙滩一号	010-64882223
200040	上海市北京西路1320号	021-62472530

邮政编码	地址	电话
100011	北京市西城区安德路65号	010-58388308
100011	北京市西城区六铺炕一区北小街2号	010-62364496
200041	上海市静安区石门二路258号	021-52524567
100044	北京市西城区车公庄大街19号	010-88374340
100026	北京市朝阳区白家庄东里42号院	010-88855952
100011	北京市西城区安德路67号	010-62015762

续表 53

序　号	企业集团名称	营业收入（万元）	资产总计（万元）	从业人员（人）
7	中国纺织工业设计院	57567	97718	604
地质勘查业				
1	中国冶金地质勘查工程总局	254894	349967	13039
2	中国煤炭地质总局	243685	305936	17368
水利管理业				
1	中国水利投资公司	264291	721816	2718
环境管理业				
1	上海环境集团	85974	636498	6953
公共设施管理业				
1	陕西旅游集团	81954	317039	4799
其他服务业				
1	中国国际技术智力合作公司	450290	82824	1287
2	中国上海外经(集团)有限公司	90530	118105	609
3	中国检验认证(集团)有限公司	84620	100171	2479
4	中国寰岛(集团)公司	52998	214918	1812
教育业				
1	北京新东方教育科技(集团)有限公司	76147	95603	4130
新闻出版业				
1	湖南出版投资控股集团有限公司	594993	601669	12404
2	广东省出版集团	255281	381967	2788
3	解放日报报业集团	123298	204483	2009
4	文汇新民联合报业集团	104647	430154	2774
5	大众报业集团	92577	172171	2628
6	四川出版集团	88417	161293	1616
7	河南日报报业集团	79342	121098	8163
8	四川日报报业集团	62566	96435	2343
广播、电视、电影和音像业				
1	上海文化广播影视集团	626599	1588395	13863
2	中国电影集团公司	58682	196047	1827

邮政编码	地　　址	电　　话
100037	北京市海淀区增光路 21 号	010-68395161
100028	北京市朝阳区西坝河东里甲 16 号	010-84515546
100039	北京市丰台区靛厂 299 号	010-88246688
100053	北京市宣武区白广路二条 12 号	010-63581188-2841
200040	上海市静安区铜仁路 331 号 2 楼	021-62899600
710061	陕西省西安市雁塔区朱雀大街 297 号	029-85259511
100004	北京市朝阳区光华路七号汉威大厦	010-65613920
200021	上海市卢湾区淮海中路 200 号	021-63861988
100088	北京市海淀马甸东路 9 号 B 座	010-82262838
100062	北京市崇文区广渠门内大街 80 号通正国际大厦 10 层	010-51696570
100080	北京市海淀海淀中街 6 号	010-62605566
410005	湖南省长沙市营盘东路 38 号	0731-4302555
510075	广东省广州市越秀区水荫路 11 号	020-37606288-225
200001	上海市黄浦区汉口路 300 号	021-63516141
200040	上海市静安区威海路 755 号	021-52921234
250014	山东省济南市经十路 46 号	0531-85196068
610031	四川省成都市槐树街 2 号	028-86259224
450008	河南省郑州市农业路东段 28 号	0371-65795618
610012	四川省成都市红星路二段 70 号	028-86968292
200002	上海市黄浦区北京东路 2 号	021-53088177
100088	北京市海淀区新外大街 25 号	010-62254488

8.3 各地区营业收入和资产总计均在5亿元及以上企业集团名单

序　号	企业集团名称	营业收入（万元）	资产总计（万元）	从业人员（人）
北　京				
1	中国石油化工集团公司	85720183	72985318	693958
2	中国石油天然气集团公司	72255888	116022473	1002481
3	国家电网公司	72102853	116969844	671654
4	中国移动通信集团公司	23578982	54128968	301902
5	中国电信集团公司	18991432	54677305	407982
6	中国中化集团公司	17308244	6308081	16094
7	中国铁路工程总公司	12625555	10142232	267663
8	中国粮油食品(集团)有限公司	12070294	7268085	50722
9	中国五矿集团	11750780	5690976	33174
10	中国铁道建筑总公司	11657974	8201477	210941
11	中国建筑工程总公司	11571164	10558312	335450
12	中国远洋运输集团	11445639	13720008	44239
13	联想集团	10818936	6225452	27033
14	中国网络通信集团公司	9689494	27768143	267834
15	中国海洋石油总公司	8887523	19142827	40995
16	中国联合通信有限公司	8216971	22608790	147218
17	中国华润总公司	7984141	13687542	143500
18	华能集团公司	7363959	22688634	63875
19	首钢集团	7075888	7781499	79385
20	中国冶金科工集团公司	6915933	5586278	103299
21	中国中信集团公司	6500963	80245663	70588
22	中国铝业公司	6290651	10785190	162563
23	神华集团有限责任公司	6123839	18881400	89559
24	中国港湾建设(集团)总公司	5783823	5020611	47464
25	中国大唐集团公司	5551182	18300669	81184
26	中国电子信息产业集团公司	5368227	5763532	60203
27	中国中煤能源集团公司	5225055	4587985	85100
28	中国铁路物资总公司	5138286	1890963	8069
29	北京汽车工业控股有限责任公司	4792047	2750684	34880
30	中国华电集团公司	4520648	14671015	84402
31	中国对外贸易运输集团	4405261	3332502	32211
32	珠海振戎公司	4359185	239649	1238
33	中国国电集团公司	4301974	13229045	77239
34	中国航空集团	4113696	7675413	37426
35	中国电力投资集团公司	3856312	13834242	84527
36	中国化工集团公司	3575257	5221012	115410
37	中国航空油料集团公司	3478151	1457058	7685
38	中国机械工业集团公司	3443491	3267921	46625
39	中国水利水电建设集团	3208030	3435879	125503

邮政编码	地　址	电　话
100029	北京市朝阳区惠新东街甲 6 号	010-64999249
100724	北京市西城区六铺炕街 6 号	010-62094929
100031	北京市西城区西长安街 86 号	010-66598109
100032	北京市西城区金融大街 29 号	010-66006688-1926
100032	北京市西城区金融大街 31 号	010-58501688
100045	北京市复兴门外大街 A2 号	010-88079936
100055	北京市西客站南广场中铁工程大厦	010-51871631
100005	北京市建国门内大街 8 号中粮广场 A 座	010-65268888
100044	北京市海淀区三里河路五号	010-68495888
100855	北京市复兴路四十号大院	010-51888114
100037	北京市海淀区三里河路 15 号中建大厦 A 座	010-88082860
100031	北京市西城区复兴门内大街 158 号 F11-12	010-66493388
100080	北京市海淀区科学院南路 2 号融科资讯中心 A 座 10 层	010-62509440
100031	北京市复兴门内大街 156 号 C 座	010-66169571
100027	北京市东城区东直门外小街 6 号	010-84521999
100032	北京市西城区西单北大街甲 133 号	010-66505588
100005	北京市东城区建国门北大街 8 号华润大厦 27 层	010-85192661
100088	北京市海淀区学院南路 40 号	010-62291888
100041	北京市石景山区	010-88293520
100081	北京市海淀区高梁桥斜街 11 号	010-82169530
100004	北京市朝阳区新源南路 6 号	010-64661710
100088	北京市西直门北大街 62 号	010-82298888
100011	北京市东城区安定门西滨河路 22 号	010-58131817
100027	北京市东城区东直门外春秀路 9 号	010-64154455
100032	北京市西城区广宁伯街 1 号	010-66586076
100846	北京市海淀区万寿路 27 号	010-68207131
100011	北京市朝阳区黄寺大街 1 号	010-82256688
100032	北京市西城区华远街 11 号	010-51895160
100021	北京市朝阳东三环南路 25 号	010-67699888-6601
100035	北京市西城区西直门内大街 273 号	010-62256666
100044	北京市海淀区西直门北大街甲 43 号金运大厦 A 座	010-62295584
100108	北京市朝阳区大屯里 121 号华悦国际公寓 J 座	010-52025900-6577
100034	北京市西城区阜城门北大街 6-8 号	010-58682001
100027	北京市朝阳区霄云路 36 号	010-84488888
100053	北京市西城区金融大街 28 号院 3 号楼	010-66298806
100080	北京海淀区北四环西路 62 号	010-82677234
100088	北京市海淀区马甸中航油大厦	010-82001153
100080	北京市海淀区丹棱街 3 号	010-82688765
100044	北京市海淀区车公庄西路 22 号	010-58382876

续表 1

序　号	企业集团名称	营业收入（万元）	资产总计（万元）	从业人员（人）
40	中国路桥(集团)总公司	2747940	2274435	27349
41	中国医药集团总公司	2583498	1489166	14713
42	北京北大方正集团公司	2448860	2552813	17982
43	中国南方机车车辆工业集团	2302330	2845960	95937
44	中国储备粮管理总公司	2258531	9551608	19048
45	中国北方机车车辆工业集团公司	2103159	2690349	97009
46	北京控股集团有限公司	1991260	4277535	54503
47	招商局集团	1961093	7704027	21302
48	国投集团	1853673	9358899	47649
49	中国邮电器材集团公司	1827326	891456	14111
50	北京电子控股有限责任公司	1809341	3865871	34445
51	中国工艺品进出口总公司	1787529	526980	2393
52	中国光大(集团)总公司	1747145	55236711	14335
53	清华控股有限公司	1735180	2361742	21766
54	中国远大集团公司	1731525	641739	488
55	新兴铸管集团有限公司	1707679	1904175	71321
56	中国铁通集团有限公司	1573452	5441369	74508
57	中国中纺集团公司	1558789	707204	9849
58	中国恒天集团公司	1520381	1740271	44366
59	北京城建集团有限责任公司	1479011	2585443	26674
60	北京首都旅游集团有限责任公司	1461725	1837119	40061
61	北京物美投资集团有限公司	1418133	608051	14459
62	中国建筑材料集团公司	1388407	2020136	31289
63	北京京城机电控股有限责任公司	1357666	2643806	26396
64	中国化学工程集团公司	1343563	1034186	38144
65	中谷粮油集团	1283396	1327341	4448
66	中国诚通控股公司	1270968	1210740	10840
67	北京建工集团有限责任公司	1248907	1898395	15423
68	中国材料工业科工集团公司	1167077	1846610	32243
69	通用技术集团	1073540	1823973	5084
70	中国工艺美术(集团)公司	934529	338472	2236
71	首都机场集团公司	916365	5360415	26166
72	中国节能投资公司	867169	1488129	9619
73	北京燕京啤酒集团公司	860898	1346442	29514
74	北京金隅集团有限责任公司	851078	1397529	15228
75	中国轻工业品进出口总公司	795548	379179	1992
76	北京市市政工程总公司	712098	1058705	14240
77	中国化工供销(集团)总公司	678357	174325	841
78	中国农业发展集团总公司	669700	881202	28248

邮政编码	地　　址	电　　话
100001	北京市东城区安外大街丙 88 号	010-64285687
100088	北京市海淀区知春路 20 号	010-62019988-1053
100871	北京市海淀区成府路 298 号	010-82529966
100038	北京市海淀区羊坊店路 11 号	010-51862033
100044	北京市西城区西外大街甲 143 号	010-88016900
100038	北京市海淀区羊坊店路 11 号	010-51862200
100031	北京市西城金融街 19 号富凯大厦 B 座 9 层	010-66573888-8078
100022	北京市朝阳区建国路 118 号	010-65687548
100034	北京市阜成门北大街 6-6 号	010-66579097
100031	北京市复兴门内大街 156 号 D 座	010-66426031
100027	北京市朝阳三里屯西大街 6 号	010-84544208
100020	北京市朝阳门外吉祥里 103 号	010-65531074
100045	北京市复兴门外大街 6 号光大大厦	010-68560088
100084	北京市海淀清华科技园科技大厦 A 座 25 层	010-82150915
100101	北京市朝阳慧忠路 5 号远大中心	010-84891818-6216
100070	北京市丰台新村一里 15 号	010-63790493
100045	北京市西城区月坛北街 2 号	010-51890088
100005	北京市东城区建国门内大街 19 号中纺大厦	010-65281122
100020	北京市朝阳区建国路 99 号中服大厦	010-65816688
100088	北京市海淀区北太平庄路 18 号	010-62091875
100020	北京市北京朝阳雅宝路 10 号	010-85629988-8606
100049	北京市石景山玉泉大厦	010-88259488-1611
100044	北京市海淀区紫竹院南路 2 号	010-88416688-6318
100022	北京市朝阳东三环中路 59 号京城机电大厦(富力双子座 A 座)	010-67756668
100029	北京市朝阳区安苑路 20 号	010-84897684
100036	北京市西三环中路 5 号	010-88518866-6398
100070	北京市南四环西路 188 号总部基地 6 区 17 号楼	010-83673073
100055	北京市宣武广莲路 1 号	010-63928996
100035	北京市西城区西直门内北顺城街 11 号	010-82229208
100055	北京市丰台区西三环中路 90 号通用技术大厦	010-63349980
100031	北京市西城区复兴门内大街 101 号	010-66012255
100621	北京朝阳北京首都机场航安路	010-64597024
100037	北京市西城区阜外大街 1 号四川大厦东塔	010-62247336
101300	北京市顺义双河路九号	010-89492241
100031	北京市西城宣武门西大街甲 129 号	010-66411587
100021	北京市朝阳区劲松 9 区 910 号	010-67766688
100045	北京市西城南礼士路 17 号	010-68052447
100013	北京市东城区和平里七区 4 号楼	010-84250872
100032	北京市西城区西单民丰胡同 31 号	010-88067008

续表 2

序　号	企业集团名称	营业收入（万元）	资产总计（万元）	从业人员（人）
79	中国黄金集团公司	659366	703008	31723
80	中国保利集团公司	643779	2278670	7099
81	北京首都创业集团有限公司	618213	4968694	7750
82	中国新兴(集团)总公司	586442	669053	11913
83	北京城市开发集团有限责任公司	580067	2301458	4470
84	北京市公共交通控股(集团)公司	537004	1572424	94453
85	北京能源投资(集团)有限公司	535651	3480328	5296
86	北京天鸿集团公司	534372	2634006	5144
87	中国有色矿业集团有限公司	521741	702366	13405
88	北京京煤集团有限责任公司	511812	741337	26856
89	彩虹集团公司	503925	798967	22430
90	北京住总集团有限责任公司	496537	1077349	9886
91	北京京客隆超市连锁集团有限公司	477998	209787	4548
92	北京外企服务集团有限责任公司	475007	232269	10186
93	中国华孚贸易发展集团公司	465987	390625	2967
94	中国电力工程顾问集团公司	465274	498927	8393
95	中国国旅集团公司	454456	350544	5248
96	中国国际技术智力合作公司	450290	82824	1287
97	中国化工建设总公司	420628	271798	1904
98	中国盐业总公司	420047	862557	19933
99	北京二商集团有限责任公司	418378	485415	11948
100	中国水电工程顾问集团公司	413966	583438	12273
101	世纪金源投资集团	403535	1060063	6721
102	煤炭科学研究总院	399695	434263	6564
103	中国成套设备进出口(集团)总公司	382104	601220	2756
104	中国华星集团公司	379719	509420	2055
105	北京三元集团有限责任公司	366425	884087	13841
106	中轻集团	365852	188911	1631
107	中华棉花集团有限公司	365681	610153	508
108	中国烟草机械集团有限责任公司	361895	489026	4704
109	中科实业集团(控股)公司	357510	754856	1670
110	中国北京同仁堂(集团)有限责任公司	345142	522060	6421
111	电信科学技术研究院	342603	983407	10497
112	中国铁路通信信号集团公司	338554	447405	20421
113	北京北辰实业集团公司	331679	1091032	9067
114	中国航空器材进出口集团	324794	248869	751
115	北京顺鑫农业发展集团	314884	370456	7548
116	中国华诚集团	313514	542635	30172
117	中国生物技术集团公司	305195	511347	9264
118	北京一商集团有限责任公司	303853	440327	5490

邮政编码	地　址	电　话
100011	北京市东城区安外青年湖北街 1 号	010-84123635
100027	北京市东直门南大街 14 号保利大厦	010-65003334-630
100027	北京市东城朝阳门北大街 6 号首创大厦	010-58385566-1545
100036	北京市海淀区西三环中路 17 号	010-68166688-8603
100045	北京市西城复兴门内大街 156 号	010-66428080
100073	北京市丰台莲花西里 29 号	010-63960088
100031	北京市西城复兴门南大街甲 2 号	010-66419966-6003
100009	北京市东城沙滩后街 22 号	010-64059761
100055	北京市西客站南广场中国有色大厦	010-51809051
102300	北京市门头沟新桥南大街 2 号	010-69842461-21215
712021	北京市海淀区	0910-3334138
100020	北京市朝阳东三环中路 25 号	010-65061425
100027	北京市朝阳新源街 45 号	010-64688233
100020	北京市朝阳朝阳门南大街 14 号	010-85611575
100044	北京市西直门外大街 110 号	010-68360727
100011	北京市西城区安德路 65 号	010-58388308
100027	北京东城区东直门外小街甲 2 号-1	010-84478866
100004	北京市朝阳区光华路七号汉威大厦	010-65613920
100029	北京市安贞西里三区十五楼	010-64419045
100055	北京市丰台区莲花池	010-63273366
100053	北京宣武槐柏树街 2 号	010-63021825
100011	北京市西城区六铺炕一区北小街 2 号	010-62364496
100089	北京市海淀蓝晴路甲 1 号	010-88468888-215
100013	北京市朝阳区和平里青年沟路 5 号	010-84262316
100011	北京市东城区西滨河路 9 号	010-64219796
100055	北京市广安门外大街 180 号新纪元大厦 6 层	010-63260501
100029	北京市西城裕民中路 4 号	010-62003668
100027	北京市东城区新中西街 2 号	010-65073857
100032	北京市西城金融街 33 号通泰大厦 C 段 11 层	010-88086853-210/11
100055	北京宣武广外大街 9 号	010-63601471
100080	北京市海淀中关村大街 22 号	010-62563334
100062	北京市崇文区东兴隆街 52 号	010-67171762
100083	北京市海淀区学院路 40 号	010-62301913
100071	北京市丰台区西四环南路乙 49 号	010-51846662
100101	北京市朝阳北四环中路 8 号	010-84980325
100022	北京市顺义区空港工业区天柱路乙 8 号	010-65682255
101300	北京市顺义站前西街 2 号	010-81485990
100013	北京市朝阳区和平街 13 区 35 号煤炭大厦 11 层	010-184264706
100037	北京市西城区阜外大街甲 28 号京润大厦 17 层	010-68041929
100010	北京市东城钱粮胡同 38 号	010-64033603

续表 3

序　号	企业集团名称	营业收入（万元）	资产总计（万元）	从业人员（人）
119	福马集团	290261	335526	5018
120	北京一轻控股有限责任公司	290083	860841	8155
121	北京城乡建设集团有限责任公司	287190	423705	3659
122	北京阳光壹佰置业集团有限公司	278086	451866	145
123	顺天通开发集团有限公司	271224	534449	804
124	中国高新投资集团公司	269030	466417	3025
125	中国地质工程集团公司	266799	267994	12049
126	中国水利投资公司	264291	721816	2718
127	北京粮食集团有限责任公司	263690	418745	3644
128	中国大恒(集团)有限公司	259720	115287	1189
129	钢铁研究总院	255125	417878	4071
130	中国冶金地质勘查工程总局	254894	349967	13039
131	北京对外经贸控股有限责任公司	253809	600578	1815
132	北京市自来水集团有限责任公司	249260	1176240	6479
133	中国房地产开发集团	245828	1390621	6723
134	北京市热力集团有限责任公司	244871	1374816	7029
135	中国煤炭地质总局	243685	305936	17368
136	中国建筑科学研究院	233555	139293	2528
137	中青旅控股股份有限公司	232916	304051	2202
138	中国林业国际合作集团公司	231925	269404	5289
139	中国丝绸进出口总公司	229908	165611	1970
140	北京市朝阳田华建筑集团公司	219611	144031	9110
141	中国农垦(集团)总公司	212942	280778	2472
142	中国海洋航空集团公司	201759	258284	5600
143	金融街控股股份有限公司	200490	732238	363
144	中国中旅(集团)公司	199686	296371	3744
145	中国新时代控股(集团)公司	184290	223876	2533
146	北京西单友谊集团	182917	300575	6564
147	中国中钢集团公司	177578	602686	14678
148	中商企业集团公司	176246	316057	2753
149	北京韩建集团有限公司	174871	273163	5315
150	中国民航信息集团公司	173973	616682	2507
151	北京雪花电器集团公司	172791	240709	2295
152	中达国际经贸集团有限责任公司	158121	67209	1872
153	京卫医药科技集团有限公司	155741	83332	775
154	北京华普产业集团有限公司	153870	433178	3021
155	北京华都集团有限责任公司	152822	151321	6611
156	北京化学工业集团	152692	442781	7590
157	北京市房山城建集团有限公司	152383	88388	9070
158	中国金币总公司	151220	289405	344

邮政编码	地　　址	电　　话
100029	北京市朝阳区安苑路 20 号世纪兴源大厦	010-84898622
100050	北京市宣武东经路 5 号	010-63157941
100067	北京市丰台草桥东路 8 号院 7 号楼	010-87888866
100026	北京市朝阳光华路 2 号阳光 100 写字楼	010-65060100-130
102218	北京市房山长沟镇房易路西侧 10 米	010-84816642
100055	北京市宣武区广外大街南滨河路 1 号高新大厦	010-63288611
100093	北京市海淀区西五道口 45 号乙	010-82408536
100053	北京市宣武区白广路二条 12 号	010-63581188-2841
100022	北京市朝阳东三环中路 16 号	010-51672099
100080	北京市海淀中关村路 29 号	010-82827856
100081	北京市海淀区学院南路 76 号	010-62182602
100028	北京市朝阳区西坝河东里甲 16 号	010-84515546
100013	北京市朝阳和平里小黄庄北街 2 号	010-84282855
100031	北京市西城宣武门西大街甲 121 号	010-66411763
100037	北京市海淀区首体南路 38 号八层	010-58892214
100026	北京市朝阳西大望路 1 号温特莱中心 A 座	010-65339500
100039	北京市丰台区靛厂 299 号	010-88246688
100013	北京市朝阳区北三环东路 30 号	010-84272233-2985
100007	北京市东城东直门南大街 5 号	010-58158888
100714	北京市东城区和平里东街 18 号	010-84238342
100006	北京市东城区北河沿大街 105 号	010-65262110
100026	北京市朝阳金台里甲 25 号楼	010-85995936
100810	北京市西城西四砖塔胡同 56 号	010-66181153
100036	北京市海淀区翠微路 36 号	010-63984675
100032	北京市西城金融大街 19 号富凯大厦 B 座 5 层	010-88086154
100028	北京市北三环东路 2 号中旅大厦 7 层	010-64612508
100088	北京市海淀区花园路 7 号新时代大厦	010-82803366
100031	北京市西城西单北大街 120 号	010-66565511
100031	北京市西城区西长安街乙 17 号	010-66067733
100045	北京市西城区三里河东路 5 号	010-68535009
100073	北京市海淀区吴家村路 6 号	010-63484017
100710	北京市东城区东四西大街 155 号乙东厅	010-84099742
102600	北京市大兴黄村镇兴华大街三段 1 号	010-69243911-8609
100738	北京市东城东长安街 1 号东方广场 E2 座 15 层	010-85183888-527
100070	北京市丰台海鹰路 3 号	010-63716688
100020	北京市朝阳 19 号华普大厦 17 层	010-65803388
100088	北京市西城德外冰窖口胡同 75 号	010-82079047
100176	北京市亦庄经济技术开发区西环北路 23 号	010-67883888-612
102400	北京市房山房山燕房路 1 号北 2	010-69310254
100052	北京市宣武宣外大街 6 号庄胜广场北楼东区 14 层	010-63102266

续表 4

序 号	企业集团名称	营业收入（万元）	资产总计（万元）	从业人员（人）
159	中国出国人员服务总公司	150685	171334	1443
160	中国包装总公司	147953	133693	3924
161	翠微大厦股份有限公司	147264	125546	1965
162	华夏董氏兄弟商贸(集团)有限责任公司	139354	54985	375
163	北京有色金属研究总院	134461	225215	2967
164	北京汇源饮料食品集团有限公司	122676	420106	5434
165	中国建筑设计研究院集团	122199	123104	4127
166	机械科学研究总院	118528	203465	3970
167	中国海诚国际工程投资总院	117948	77864	5104
168	北京怀建集团有限公司	117429	51145	3599
169	北京市华远集团	116443	453307	704
170	北京雪莲毛纺服装集团公司	116052	179371	4247
171	北京发行集团有限责任公司	114892	202376	3697
172	北京实创高科技发展总公司	108931	365884	1494
173	中煤国际工程设计研究总院	108474	99832	3704
174	北京龙建集团有限公司	108312	102444	12788
175	中国卫星通信集团公司	103721	528598	2253
176	东方科学仪器进出口集团有限公司	103012	95663	377
177	思奇科技控股有限公司	102674	215541	1456
178	北京用友软件股份有限公司	100118	149248	5049
179	中国轻工业对外经济技术合作公司	93751	100311	272
180	北京中加实业集团有限公司	93426	162174	466
181	北京市顺义大龙城乡建设开发总公司	92603	205089	1553
182	北京矿冶研究总院	92595	138497	3222
183	中国纺织科学研究院	91390	141627	2302
184	当代投资集团有限公司	91137	238637	786
185	北京天恒置业集团	87121	259421	129
186	中国农业机械化科学研究院	85566	112670	4097
187	中国检验认证(集团)有限公司	84620	100171	2479
188	北京京棉纺织集团有限责任公司	78274	169330	5128
189	北京新东方教育科技(集团)有限公司	76147	95603	4130
190	中国印刷集团公司	72530	126144	2892
191	中国种子集团公司	71253	95533	929
192	中国储备棉管理总公司	66008	929567	626
193	北京王府井东安集团有限责任公司	61699	109550	1959
194	时代集团公司	60207	112062	3143
195	中国电影集团公司	58682	196047	1827
196	北京铜牛针织集团有限责任公司	57569	87767	1767
197	中国纺织工业设计院	57567	97718	604
198	北京万兴建筑集团有限公司	57432	50784	727

邮政编码	地　址	电　话
100029	北京市朝阳区惠新东街 4 号	010-84639084
100037	北京西城区百万庄大街 8 号凌奇宾馆	010-68303335
100036	北京市海淀复兴路 33 号	010-68132614
100010	北京市东城隆福寺街 99 号金隆基大厦 11D-10	010-84095959
100088	北京市西城区新街口外大街 2 号	010-82241878
101315	北京市顺义北小营镇	010-60483388-8709
100044	北京市西城区车公庄大街 19 号	010-88374340
100044	北京市海淀区首体南路 2 号	010-88301811
100026	北京市朝阳区白家庄东里 42 号院	010-88855952
101400	北京市怀柔青春路 44 号	010-69644121-8030
100037	北京市西城南礼士路 36 号华远大厦七层	010-68037025
100021	北京市朝阳区松榆南路 107 号	010-87311909
100031	北京市西城西长安街丙 17 号	010-66012263
100085	北京市海淀上地信息路 22 号	010-62981808
100011	北京市西城区安德路 67 号	010-62015762
102488	北京市房山良乡月华大街 3 号	010-89367735
100083	北京市海淀区学院路 42 号	010-62303569
100036	北京市海淀阜成路 67 号银都大厦	010-68729910
100016	北京市朝阳霄云路 26 号鹏润大厦 A 座 2301 室	010-84580599-808
100085	北京市海淀上地开拓路 15 号	010-62986688-1252
100011	北京市西城区德外大街甲 10 号	010-58302600
101500	北京市密云农机路 7 号	010-89096386
101300	北京市顺义五里仓小区南	010-69440514
100044	北京市西直门外文兴街一号	010-68321370
100025	北京市朝外大街延静里中街 3 号	010-65024795
100028	北京市东城东直们香河园路 1 号	010-84488866-8803
100035	北京市西城西海北沿 26 号	010-84050010
100083	北京市朝阳区德胜门外北沙滩一号	010-64882223
100088	北京市海淀马甸东路 9 号 B 座	010-82262838
100025	北京市朝阳八里庄东里 1 号	010-65584499-2220
100080	北京市海淀海淀中街 6 号	010-62605566
100044	北京市西城区车公庄大街甲 4 号物华大厦三层	010-68001661
100029	北京市朝阳区安贞西里四区甲 1 号	010-64438526
100032	北京市西诚区金融街 33 号通泰大厦 B 座 12 层	010-88087312
100006	北京东城区王府井大街 138 号	010-62164976
100085	北京市海淀上地信息产业基地开拓路	010-62980818
100088	北京市海淀区新外大街 25 号	010-62254488
100025	北京市朝阳区太平庄 142 号	010-65025221
100037	北京市海淀区增光路 21 号	010-68395161
102600	北京市大兴黄村镇龙河路 18 号	010-69257337

续表 5

序　号	企业集团名称	营业收入（万元）	资产总计（万元）	从业人员（人）
199	美林正大投资集团有限公司	55974	117069	508
200	北京市排水集团有限责任公司	54838	1174073	1117
201	中国寰岛(集团)公司	52998	214918	1812
202	北京中恒兴业科技集团有限公司	51864	87514	415
203	中国国际展览中心集团公司	51846	96532	604
204	北京众义达商贸集团有限公司	51530	105712	418
205	北京光华纺织集团	50360	93423	2106
天　津				
1	天津渤海化工集团公司	2327000	3261737	49794
2	天津天铁冶金集团	2040138	1486646	26391
3	天津泰达投资控股有限公司	1856602	7547149	12760
4	天津钢铁有限公司	1626839	2075543	16021
5	天津荣程联合钢铁集团	1547161	437155	7601
6	天津隆庆集团	1194955	971047	9755
7	天津市医药集团	1168349	1568150	20952
8	天津一商集团	1042581	394987	5473
9	天津家世界连锁商业集团	918664	813370	19951
10	天津市建工集团	771415	545772	14926
11	天津城建集团	581630	858620	10284
12	天津劝业华联集团	469415	372051	3600
13	北方国际集团	460490	448035	3686
14	天津金耀集团	442835	1098885	4035
15	天津摩托集团	382037	276515	6342
16	天津实发集团	349598	447152	7813
17	天津天士力集团	348749	670173	4942
18	天津市金桥焊材集团	238229	66171	1147
19	天津港集团	237971	639065	3376
20	天津市燃气集团	226449	513732	7875
21	天津农垦集团	215621	487983	4901
22	天津中迈投资集团	208254	710921	6368
23	天津通信广播集团	201089	185720	1814
24	天津建筑材料集团	180745	686440	7274
25	天津星河工贸集团	176529	86488	1715
26	天津市粮油集团	171033	387249	3266
27	天津纺织集团	165657	255448	9268
28	天津万隆集团	164924	805339	452
29	天津滨江集团	163734	255122	2373
30	天津有色金属集团	156769	87289	816
31	天津天狮集团	143880	234838	1890
32	天津优联投资发展集团	143832	270631	80

邮政编码	地　　址	电　　话
100089	北京市海淀紫竹院路 33 号美林花园 5 号楼	010-88551166
100061	北京市崇文龙潭北 4 号	010-67100700
100062	北京市崇文区广渠门内大街 80 号通正国际大厦 10 层	010-51696570
100085	北京市海淀信息路 22 号上地科技综合楼 B 座八层 8008 室	010-82784858
100028	北京市朝阳北三环东路 6 号	010-84600085
100070	北京市丰台花乡马家楼 4 号	010-83606015
100026	北京朝阳光华路 8 号	010-65815258
300040	天津市和平区湖北路 10 号	022-23393621
300050	天津市和平区马场道 148 号	022-23243512
300457	天津市开发区宏达街 19 号	022-25202580
300180	天津市河东区富民路街张达庄 1 号	022-84366833
300352	天津市津南区葛沽镇冶金工业园区	022-28697370
300102	天津市东丽区空港物流加工区	022-27372110
300204	天津市河西区友谊北路 29 号	022-23268813
300171	天津市和平区唐山道 54 号	022-24381008
300300	天津市东丽经济开发区二经路一号	022-24993636-3801
300384	天津新技术产业园区华苑产业区开华道 1 号	022-58393228
300073	天津市和平区成都道 133 号	022-23050282
300051	天津市和平区贵州路 4 号	022-27828552
300050	天津市和平区常德道 49 号	022-23133578
300171	天津市河东区八纬路 109 号	022-24160853
300113	天津市南开区红旗路 204 号	022-27644582
300074	天津市河西区宾友道 1 号	022-28356929
300402	天津市北辰科技园区辽河东路 1 号	022-26736130
300300	天津市东丽区六经路 1 号	022-24994924
300456	天津市塘沽区新港二号路	022-25705404
300070	天津市和平区吴家窑二号路 44 号	022-23348515
300074	天津市河西区气象台路 96 号	022-23331630
300384	天津市南开区华苑产业区梅苑路 6 号 18 层	022-83718511
300140	天津市河北区新大路 185 号	022-26237420
300051	天津市和平区贵州路 4 号	022-23046666
300282	天津市大港区太平镇郭庄子村	022-63105127
300041	天津市和平区解放北路 34 号	022-23035284
300041	天津市和平区赤峰道 33 号	022-23317846
300171	天津市河东区十一经路 78 号	022-84180502
300022	天津市和平区滨江道 193 号	022-27118152
300110	天津市南开区长江道 94 号	022-27683062
301700	天津市武清经济开发区源泉路 6 号	022-82124400
300171	天津市河东区十一经路 78 号万隆太平洋大厦 6 层	022-24215688

续表 6

序号	企业集团名称	营业收入（万元）	资产总计（万元）	从业人员（人）
33	天津市自来水集团	143366	595968	4874
34	天津大桥焊材集团	136837	52829	2000
35	天津市万达轮胎集团	126719	72510	4250
36	中国农业机械华北集团	125215	106085	595
37	天津顺驰集团	111227	208507	502
38	天津塑料集团	100993	132625	2960
39	天津住宅建设发展集团	99321	474281	1768
40	天津三源电力集团	96029	144171	1526
41	天津钢线钢缆集团	86165	120671	1435
42	天津市房地产开发经营集团	85970	571884	1346
43	天津投资集团公司	85624	964317	507
44	天津二商集团	83605	264024	3712
45	天津海泰控股集团	77465	960935	776
46	天津天女化工集团	73495	107640	1422
47	天津双街钢管集团	70975	131176	911
48	天津市公共交通集团	68902	133896	13192
49	天津安达集团	68357	55855	900
50	天津环球磁卡集团	67330	743406	2635
51	天津市鸿发投资集团	67065	103939	281
52	天津市铁路集团	65857	181437	2041
53	天津现代集团	64059	269609	151
54	天津贻成集团	63994	153300	103
55	天津市房地产信托集团	54572	170345	912
56	天津市天海集团	50998	144376	1903
河　北				
1	唐山钢铁集团	3768847	3760743	35483
2	邯郸钢铁集团	3232504	3046143	35566
3	开滦集团	1175679	1693774	90299
4	宣化钢铁集团	1054952	782943	30888
5	河北敬业企业集团	927741	304253	6468
6	承德钢铁集团	853114	1200466	15365
7	河北金牛能源集团	751819	1086563	40380
8	石家庄三鹿集团	747306	203269	7912
9	华北制药集团有限责任公司	683915	1401308	19194
10	春风实业集团	666530	235806	20962
11	石家庄制药集团	630394	971148	13550
12	新奥集团	624729	1508122	16168
13	峰峰集团	544421	776283	42633
14	河北滦河实业集团	452643	235078	5894
15	保定天威集团	422391	450132	4713

邮政编码	地　址	电　话
300040	天津市和平区建设路 54 号	022-2339-1067
300381	天津市西青区大寺镇	022-23971632
300402	天津市北辰区宜兴埠	022-26990915
300041	天津市和平区赤峰道 10 号	022-85586615-688
300381	天津市南开区卫津南路 76 号	022-23930326
300381	天津市西青区梨园头津淄公路	022-83968682
300050	天津市和平区马场道 66 号	022-23023683
300050	天津市和平区重庆道 148 号	022-84402972
300171	天津市河东区津塘公路 23 号余门	022-24151295
300074	天津市和平区西康路云翔大厦 11 层	022-83850221
300042	天津市和平区泰安道 1 号	022-23148681
300041	天津市和平区山东路 112 号	022-27110117
300384	天津新技术产业园区梅苑路 6 号海泰大厦	022-83715730
300300	天津市东丽区程林庄街津赤路 9 号	022-84783830
300400	天津市北辰区京津公路引河桥北	022-26970071
300142	天津市河北区辰纬路 3 号	022-26293224
300300	天津市东丽区外环线张贵庄铁路桥东	022-24963247
300201	天津市河西区友谊路 3 号友城名居 10 号楼	022-88370501
300457	天津市开发区黄海路 172 号	022-25295588-817
300060	天津市河西区黑牛城道 268 号	022-23380132
300051	天津市和平区云南路 12 号清华园 B-4-7	022-83525598
300451	天津市塘沽区河北路 15 号	022-25866031
300050	天津市和平区睦南道 74 号	022-23323341
300204	天津市河西区马场道 207 号	022-23288000-8401

063016	河北省唐山市路北区滨河路 9 号	0315-2702409
056015	河北省邯郸市复兴区复兴路 232 号	0310-6072140
063018	河北省唐山市新华东道 70 号	0315-3022914
075103	河北省张家口市宣化区牌楼东街 30 号	0313-8674421
050400	河北省石家庄市平山县南甸镇	0311-82872391
067002	河北省承德市双滦区滦河镇	0314-4073272
054021	河北省邢台市桥西区中兴西大街 191 号	0319-2068223
050071	河北省石家庄市和平西路 539 号	0311-88615365
050015	河北省石家庄市和平东路 388 号	0311-85992038
053200	河北省冀州市冀新西路 86 号	0318-8313833
050051	河北省石家庄市中山西路 276 号	0311-87037015
065001	河北省廊坊市开发区平祥路 2 号	0316-6079711
056201	河北省邯郸市峰峰矿区峰峰镇太中路 2 号	0310-7710305
063021	河北省唐山市场开平区滦河大厦	0315-3382149
071056	河北省保定市高新区化纤北路 128 号	0312-3308672

续表 7

序　号	企业集团名称	营业收入（万元）	资产总计（万元）	从业人员（人）
16	河北唐山半壁店钢铁集团	391226	347532	6040
17	唐山三友集团	347771	605750	9551
18	唐山宝业实业集团	334045	265625	2152
19	石家庄常山纺织集团	324017	642895	30390
20	河北旭日集团	322299	136461	1303
21	河北建设集团	309472	327397	4472
22	河北省冀东水泥集团	304944	819548	9043
23	唐山市冀东物贸集团	288841	165728	1832
24	河北建工集团	235349	177188	9766
25	河北宝硕集团	231013	371697	6138
26	石家庄北国人百集团	221229	147541	4630
27	中国乐凯胶片集团公司	214732	367676	7847
28	河北圣仑进出口集团	208402	59355	514
29	河北沧州化工实业集团	208386	415000	3922
30	华龙日清食品有限公司	193405	246259	9700
31	唐山市荣贸实业集团	193251	123981	3210
32	河北汽车集团	188914	133010	975
33	中国耀华玻璃集团	177337	348237	6763
34	秦皇岛市化工集团	175820	62272	2110
35	河北沧州大化集团	163425	357917	6903
36	石家庄东方热电集团	131322	517622	3372
37	河北省高营企业集团	129266	128471	5597
38	露露集团	127525	213499	2156
39	河北三太子实业集团	123607	79887	8500
40	邢台机械轧辊集团	113833	147647	5124
41	石家庄宝石集团	112663	382632	4333
42	河北路桥集团	108582	167123	870
43	唐山百货大楼集团	107159	63341	3122
44	邯郸建工集团	103143	133162	11261
45	邯郸市雪驰集团	93245	63212	7500
46	邯郸市阳光百货集团	85141	73186	3509
47	唐山惠达陶瓷集团	83661	102257	8048
48	唐山建设集团	82815	81538	2253
49	邯郸交通运输集团	80859	77468	2900
50	唐山开元企业集团	71016	84463	1036
51	河北衡水远大集团	63188	86833	7980
52	保定商达集团	62941	85879	4443
53	张家口制药集团	61522	141182	1830
54	河北天山实业集团	60457	111250	8056
55	保定天鹅化纤集团	57933	187437	6997

邮政编码	地　址	电　话
063021	河北省唐山市开平区半壁店村	0315-3389776
063305	河北省唐山市南堡开发区	0315-8511297
063021	河北省唐山市开平区半壁店村	0315-3384125
050011	河北省石家庄市和平东路 260 号	0311-86046786
053202	河北省冀州市和平路 8 号	0318-8613039
071051	河北省保定市五四西路 139 号	0312-3311011
063031	河北省唐山市丰润区林荫路	0315-3083305
063700	河北省唐山市滦县火车站广场东侧	0315-7181556
050051	河北省石家庄市友谊北大街 146 号	0311-87084344-3212
071005	河北保定向阳南路 117 号	0312-3209683
050011	河北省石家庄市中山东路 188 号	0311-85261928
071054	河北省保定市乐凯南大街 6 号	0312-7923000
050061	河北省石家庄市和平西路 499 号	0311-88618887
061000	河北省沧州市南环路 18 号	0317-3042644
055350	河北省邢台市莲子镇东范村	0319-6598505
064405	河北省迁安市马兰庄镇	0315-7033136
050031	河北省石家庄市裕华东路 456 号	0311-85969967
066013	河北省秦皇岛市海港区	0335-3285206
066001	河北省秦皇岛市海港区燕山大街 61 号	0335-3601251-8501
061000	河北省沧州市北环路	0317-3556486
050031	河北省石家庄市建华南大街 161 号	0311-85053924
050034	河北省石家庄市高营大街	0311-85068417
067000	河北省承德市高新技术产业开发西区 6 号	0314-2059098
055350	河北省邢台市隆尧县莲子镇村	0319-6597862
054025	河北省邢台市桥西区新兴路 1 号	0319-2116296
050035	河北省石家庄市黄河大道 9 号	0311-85054586
050011	河北省石家庄市建设南大街 70 号	0311-86011909
063000	河北省唐山市路北区新华东道 125 号	0315-2821672
056001	河北省邯郸市中华南大街 11 号	0310-3022832
056001	河北省邯郸市雪驰路 81 号	0310-8033912
056002	河北省邯郸市丛台区中华北大街 29 号	0310-3122688
063307	河北省唐山市丰南区黄各庄镇	0315-8526088
063000	河北省唐山市路南区国防道 21 号	0315-2814263
056001	河北省邯郸市邯山区中华路	0310-3022309
063000	河北省唐山市高新技术开发区火炬路 189 号	0315-3859602
053000	河北省衡水市和平中路 90 号	0318-7903327
071051	河北省保定市东风中路 68 号	0312-3073238
075000	河北省张家口市桥东区建国路 24 号	0313-5919990
050801	河北省石家庄市天山大街 109 号	0311-85388379
071055	河北省保定市盛兴西路 1 号	0312-3136736

续表 8

序　号	企业集团名称	营业收入（万元）	资产总计（万元）	从业人员（人）
56	秦皇岛北方玻璃集团	57436	87886	1387
57	河北晶牛集团	52062	107066	3133
山　西				
1	太原钢铁集团	3746986	3956055	51397
2	大同煤矿集团	2580628	3378239	154196
3	山西焦煤集团有限责任公司	2484700	4391113	136730
4	山西晋城无烟煤矿业集团有限责任公司	1394503	2567148	68336
5	阳泉煤业（集团）有限责任公司	1389928	2500532	94863
6	山西潞安矿业（集团）有限责任公司	1356087	1710056	49476
7	山西煤炭进出口集团公司	1067667	676468	5055
8	山西海鑫钢铁集团有限公司	701908	687945	9860
9	长治钢铁（集团）有限公司	673583	530172	15121
10	山西晋能集团有限公司	630723	611477	8437
11	山西建筑工程（集团）总公司	530232	632167	14343
12	太原重型机械集团有限公司	457294	838454	18876
13	山西国际电力集团有限公司	436881	2222920	8114
14	山西安泰集团股份有限责任公司	382947	555105	7100
15	山西潞宝集团有限责任公司	310963	213803	2811
16	中条山有色金属集团有限公司	303905	300092	10240
17	南风化工集团股份有限公司	295774	369189	11101
18	山西兰花煤炭实业集团有限公司	266869	525816	17233
19	天脊煤化工集团有限公司	261058	629096	11940
20	太原化学工业集团有限公司	245237	698670	9497
21	山西常平集团有限公司	231812	251757	4800
22	山西丰喜肥业（集团）股份有限公司	198403	336814	9794
23	山西杏花村汾酒集团有限责任公司	191784	242139	7582
24	山西省物资产业集团公司	189699	200762	2193
25	山西阳光焦化（集团）有限公司	184497	291507	3390
26	山西省医药集团有限责任公司	160087	158096	4345
27	山西三维华邦集团有限公司	155141	278349	2957
28	山西大昌汽车集团有限公司	150463	69151	531
29	山西华宇集团有限公司	122882	198590	2700
30	襄汾县星原钢铁集团有限公司	122305	57095	2193
31	山西三联技术产业集团有限公司	107386	127628	2065
32	山西振兴集团有限公司	105511	319728	4168
33	山西金业煤焦化集团有限公司	102887	643617	2649
34	阳泉市南庄煤炭集团有限责任公司	97836	135593	8674
35	太原市洪达（集团）有限公司	88935	96249	5340
36	山西宏达钢铁集团有限公司	83983	67840	2000
37	华通路桥集团有限公司	78958	80667	3400

邮政编码	地　址	电　话
066004	河北省秦皇岛市海港区先锋路1号	0335-3887949
054000	河北省邢台市钢铁北路33号	0319-2685303

030003	山西省太原市尖草坪街2号	0351-3012615
037003	山西省大同市矿区新平旺东门街11号	0352-7014368
030024	山西省太原市万柏林区新晋祠路一段1号	0351-8305033
048006	山西省晋城市城区北石店镇	0356-3665954
045000	山西省阳泉市北大西街5号	0353-7073112
046204	山西省长治市襄垣县侯堡镇	0355-5923000
030002	山西省太原市府西街36号	0351-2025016
043801	山西省运城市闻喜县东镇	0359-7302916
046031	山西省长治市故县东大街九号	0355-5087774
030001	山西省太原市南肖墙12号	0351-4012108
030006	山西省太原市新建路9号	0351-2021831
030024	山西省太原市万柏林区玉河街53号	0351-6361214
030009	山西省太原市杏花岭区东缉虎营37号	0351-3111510
032002	山西省晋中市介休市义安镇安泰工业区	0354-7531002
046000	山西省长治市潞城市店上镇常庄村	0355-2033897
043700	山西省运城市垣曲县	0359-6031386
044000	山西省运城市盐湖区解放路294号	0359-8967022
048000	山西省晋城市凤台东街2288号	0356-2189513
047507	山西省长治市潞城市中华东大街	0355-6898259
030021	山西省太原市晋源区义井街20号	0351-6071451
047300	山西省长治市壶关县常平村	0355-8778215
044000	山西省运城市黄河大道279号	0359-2168144
032205	山西省吕梁地区汾阳市杏花村	0358-7229920
030006	山西省太原市小店区长风街11号	0351-7040638
043300	山西省运城市河津市清涧街道办事处	0359-5250099
030012	山西省太原市双塔寺街155号	0351-4048995
041603	山西省临汾市洪洞县赵城镇	0357-6663422
030031	山西省太原市太榆路88号	0351-8728038
030002	山西省太原市开化寺街87号	0351-8308036
041500	山西省临汾市襄汾县	0357-5500811
043300	山西省运城市河津市铸造工业园区	0359-5288123
043300	山西省运城市河津市樊村镇干涧村	0359-5301027
030012	山西省太原市长治路西巷四号	0351-5623384
045001	山西省阳泉市南庄路231号	0353-2188294
030027	山西太原市迎泽区建设南路370号	0351-5647890
043300	山西省运城市河津市僧楼镇小张村	0359-5358029
045000	山西省阳泉市南大西街188号	0353-2153333

续表 9

序　号	企业集团名称	营业收入（万元）	资产总计（万元）	从业人员（人）
38	山西粟海集团有限公司	76601	66868	2000
39	山西离柳焦煤集团有限公司	74345	169673	4184
40	山西运城制版集团股份有限公司	72573	167785	7396
41	山西亚宝药业集团股份有限公司	68707	113478	3816
42	沁和能源集团有限公司	66117	206141	4949
43	山西太兴集团有限公司	56105	91680	1237
44	山西省介休市茂胜冶炼企业（集团）公司	55310	131132	2080
45	山西大同齿轮集团有限责任公司	50694	80125	1507
内蒙古				
1	包钢（集团）公司	2815746	3662259	62393
2	内蒙古伊利实业集团股份有限公司	1218412	545046	10369
3	内蒙古蒙牛乳业（集团）股份有限公司	1081169	599064	28900
4	内蒙古鄂尔多斯羊绒集团有限责任公司	530286	1334990	23589
5	内蒙古伊泰集团有限公司	520002	492367	2527
6	内蒙古草原兴发集团	465673	415396	5247
7	中国内蒙古森林工业集团有限责任公司	237938	1191575	95313
8	内蒙古东达蒙古王集团有限公司	237470	173033	4720
9	亿利资源集团公司	230200	484501	3197
10	内蒙古平庄煤业（集团）有限责任公司	212158	527528	21721
11	吉兰泰盐化集团有限公司	168308	314880	4639
12	金河集团实业有限公司	152379	102769	1944
13	内蒙古伊化集团	120900	330959	4230
14	内蒙古蒙西高新技术集团有限公司	95537	297545	4335
15	鄂尔多斯东方路桥集团	90179	177636	4385
16	包头草原糖业集团	82993	251903	2778
17	内蒙古河套酒业集团股份有限公司	76391	92328	4517
辽　宁				
1	鞍山钢铁集团公司	6978947	7572957	107078
2	北台钢铁（集团）有限责任公司	2988765	2627608	26632
3	本钢集团	2885946	4027374	66521
4	东北特殊钢集团	1178212	1700242	19856
5	大连大商集团有限公司	1104198	1003536	25752
6	大连冰山集团有限公司	1037050	1065140	13039
7	西洋集团	1010979	726057	15501
8	沈阳机电装备工业集团	976856	1880937	25917
9	大连大显集团	906757	1205512	15175
10	大连机床集团公司	773838	485231	7740
11	大连万达集团股份有限公司	759366	1368261	802
12	辽宁忠旺集团	677369	1461392	6251
13	凌源钢铁集团有限责任公司	662106	494827	9463

邮政编码	地　址	电　话
044507	山西省运城市永济市卿头镇许家营村	0359-8120108
032302	山西吕梁市孝义市兑镇	0358-7651588
044000	山西省运城市黄河大道中段	0359-2160735
044600	山西省运城市芮城县富民路 43 号	0359-3088100
048205	山西省晋城市沁水县加丰镇	0356-7089100
043300	山西省运城市河津市僧楼镇人民村西	0359-5328222
032000	介休市连福镇大许村	0354-1395130
037006	山西省大同市城区新开北路 81 号	0352-2416384
014010	内蒙古包头市昆区河西工业区	0472-2189134
010080	内蒙古呼和浩特市金川开发区金四路 8 号	0471-3601621
011517	内蒙古呼和浩特市和林县盛乐经济园区	0471-7391108
017000	内蒙古鄂尔多斯市达拉特南路 102 号	0477-8543668
017000	内蒙古鄂尔多斯市东胜区天骄北路	0477-8565623
024076	内蒙古赤峰市元宝山区平庄镇英河街中段	0476-3512279
022150	内蒙古牙克石市兴安中街 29 号	0470-7425729
014300	内蒙古鄂尔多斯市达拉特旗树林召镇	0477-5295311
017000	内蒙古鄂尔多斯市鄂尔多斯西街 30 号	0477-8372290
024076	内蒙古赤峰市元宝山区平庄镇哈河街中段	0476-3324318
750333	内蒙古阿拉善盟左旗吉兰泰镇	0483-8826602
010200	内蒙古呼和浩特市托县双河镇新坪路 71 号	0471-8511111
017000	内蒙古鄂尔多斯市鄂尔多斯西街 6 号	0477-8537417
016014	内蒙古鄂尔多斯市鄂托克旗蒙西工业园	0473-2552260
017000	内蒙古鄂尔多斯市东胜区伊煤路 22 号	0477-8568708
014045	内蒙古包头市东河区东兴 2 街	0472-6957501
015400	内蒙古巴彦淖尔市陕坝镇建设街 39 号	0478-6622924
114021	辽宁省鞍山市铁西区环钢路 1 号	0412-6723090
117022	辽宁省本溪市明山区环山路 36 号	0414-4868855
117000	辽宁省本溪市平山区人民路 16 号	0414-7827523
116031	辽宁省大连市甘井子区工兴路 4 号	0411-86674909
116001	辽宁省大连市中山区青三街一号	0411-83880502
116033	辽宁省大连市沙河口区西南路 888 号	0411-86538888
114213	辽宁省鞍山市海城英落镇西洋村	0412-3599510
110004	辽宁省沈阳市和平区文化路 41 号	024-23880708
116620	辽宁省大连市双 D 港辽河东路 2 号	0411-87407788
116022	辽宁省大连市西岗区鞍山路 38 号	0411-87549118
116001	辽宁省大连市西岗区长江路 539 号	0411-82813858
111003	辽宁省辽阳市宏伟区曙光乡徐家村	0419-4150232
122500	辽宁省凌源市钢铁路 3 号	0421-6838003

续表 10

序　号	企业集团名称	营业收入（万元）	资产总计（万元）	从业人员（人）
14	辽宁成大集团有限公司	581336	316153	270
15	辽宁华锦化工（集团）有限责任公司	571500	974852	10646
16	大连重工起重集团有限公司	567895	718470	4774
17	沈阳机床（集团）有限责任公司	557304	657016	12773
18	铁法煤业（集团）有限责任公司	555042	931317	41152
19	大连华农集团	534398	168125	850
20	葫芦岛有色金属集团有限公司	525296	1092764	14081
21	抚顺矿业集团有限责任公司	468248	728112	27687
22	东北制药集团有限责任公司	412408	583641	8342
23	瓦房店轴承集团有限责任公司	379414	457432	13592
24	中国华录集团	376516	370536	4287
25	大化集团	368198	946970	10246
26	沈阳化工集团有限公司	364827	411909	5600
27	沈阳煤业（集团）有限责任公司	360860	566695	25142
28	营口青花耐火材料集团	356899	130042	4136
29	大连亿达集团	348697	840811	13756
30	大连港集团	314051	2029165	7062
31	锦化化工（集团）有限责任公司	297023	589027	10872
32	辽宁富虹油品集团	293579	202995	1740
33	盼盼集团	281344	126752	7303
34	长白计算机集团公司	278409	363140	2301
35	大连实德集团	268161	1042240	2367
36	辽宁曙光汽车集团股份有限公司	265826	250961	5640
37	东软集团有限公司	256232	598011	8000
38	辽宁物产集团有限责任公司	207877	69555	242
39	抚顺罕王实业集团有限公司	207256	244579	3623
40	沈阳远大铝业集团有限公司	201169	135589	4062
41	大杨企业集团	199918	121923	7950
42	大连友谊集团有限公司	192471	317808	3218
43	中国大连国际经济技术合作集团	185056	332032	1343
44	辽宁时代集团有限责任公司	181205	116115	4885
45	后英集团	173530	251798	7351
46	大连金广建设集团	165527	264886	21081
47	辽宁省供销社集团总公司	157217	187196	409
48	辽宁万兴达集团	156669	58956	905
49	辽渔集团	156148	159512	3123
50	沈阳九星企业集团	135221	54920	521
51	大连美罗集团	129388	320998	1913
52	嘉晨集团有限公司	125097	168024	3200
53	大连金港集团有限公司	113330	228248	6300

邮政编码	地　　址	电　　话
116001	辽宁省大连市中山区人民路 71 号	0411-82512345
124021	辽宁省盘锦市双台子区红旗大街	0427-5855113
116013	辽宁省大连市西岗区八一路 169 号	0411-86852159
110025	辽宁省沈阳市铁西区北二东路 10-1 号	024-25878003
112700	辽宁省调兵山市	0410-6835417
116101	辽宁省大连市金州区石河镇 138 号	0411-87262269
125003	辽宁省葫芦岛市龙港区锌厂路 24 号	0429-2025040
113008	辽宁省抚顺市新抚区中央大街 25 号	0413-2533377
110026	辽宁省沈阳市铁西区重工北街 37 号	024-25806555
116300	辽宁省大连市瓦房店市北共济街一段一号	0411-88922747
116023	辽宁省大连市高新园区华路 1 号	0411-84790599
116032	辽宁省大连市甘井子区工兴路 10 号	0411-86892623
110006	辽宁省沈阳市和平区高雄路 2 号	024-23865035
110122	辽宁省沈阳市新城子区虎石台镇	024-62540246
115100	辽宁省营口市大石桥市青花区	0417-5631826
116021	辽宁省大连市沙河口区东北路 99 号	0411-84547635
116011	辽宁省大连市中山区港湾街一号	0411-82622139
125001	辽宁省葫芦岛市连山区化工街	0429-2709197
111000	辽宁省辽阳市白塔区胜利路 5-6 段	0419-2268815
115116	辽宁省大石桥市水源镇	0417-5179131
110003	辽宁省沈阳市和平区三好街 55 号	024-23988382
116011	辽宁省大连市西岗区高尔基路 38 号	0411-83622218
118001	辽宁省丹东市振安区曙光路 50 号	0415-4139255
110179	辽宁省沈阳市浑南产业开发区东大软件园	024-83662766
110003	辽宁省沈阳市和平区三好街 54 号	024-23899802
113001	辽宁省抚顺市经济开发区丹东路西段 21 号	0413-6693355
110161	辽宁省沈阳市东陵区东陵路 30-2 号	024-88456522
116215	辽宁省大连市普兰店市杨树房经济开发小区	0411-82561888-8800
116001	辽宁省大连市中山区人民路 8-1 号	0411-82825888
116011	辽宁省大连市西岗区黄河路 219 号	0411-83780098
116001	辽宁省大连市中山区港湾街 7 号时代大厦	0411-82798360
114213	辽宁省鞍山海城市英落镇后英村	0412-3273056
116011	辽宁省大连市西岗区新开路 89 号	0411-83787080
110031	辽宁省沈阳市皇姑区黄河南大街 48 号	024-86842863
111200	辽宁省辽阳市辽阳县首山乡兰唐路 43 号	0419-7470555-8013
116113	辽宁省大连市甘井子区大连湾街 8 号	0411-87127000
110141	辽宁省沈阳市于洪区洪湖北街 78-6 号	024-25315710
116025	辽宁省大连市高新园区七贤岭敬贤街 29 号	0411-84790666-301
115101	辽宁省大石桥市分水	0417-5330888
116620	辽宁省大连市开发区辽河中路 59#	0411-87305991

续表 11

序　号	企业集团名称	营业收入（万元）	资产总计（万元）	从业人员（人）
54	大连海昌集团有限公司	110121	338745	181
55	大连新型企业集团有限公司	95082	331027	2190
56	大连市热电集团	83346	339361	1603
57	大连市自来水集团	77268	267210	3102
58	丹东东宝电器（集团）总公司	71965	64999	1218
59	辽宁能源投资（集团）有限责任公司	70500	580041	1667
60	辽宁金帝建设集团股份有限公司	63453	69020	1012
61	沈阳北泰方向集团有限公司	62048	241137	3050
62	大连盛道集团	58399	97839	1096
63	大连染化集团	56816	89385	2713
64	沈阳红梅企业集团有限责任公司	51603	67628	1272
吉　林				
1	中国第一汽车集团公司	12998429	10739810	116653
2	长春大成实业集团	997300	193960	2600
3	吉林省通化钢铁集团	912545	1573262	19128
4	吉林粮食集团	577973	318869	2694
5	四平红嘴集团	520018	444084	8936
6	吉林亚泰集团	444105	759038	5672
7	吉林化纤集团	353673	464722	10779
8	长春建工集团	321529	400235	9393
9	修正药业集团	313637	270937	2618
10	吉林森工集团总公司	284212	402023	45246
11	吉林延边林业集团	189357	425741	54952
12	吉林炭素集团	149388	325989	5996
13	吉林省长春皓月集团	126504	194138	2513
14	长春一汽四环集团	112590	182346	5698
15	吉林省一建集团	106245	181072	2948
16	吉林省吴太医药集团	98178	128531	3031
17	长春星宇集团	92907	185347	1294
18	吉林敖东药业集团	76732	252090	4043
19	吉林正业集团	65882	162926	1790
20	吉林华星电子集团	55819	155694	1829
黑龙江				
1	黑龙江北大荒农垦集团总公司	3823884	4171046	544052
2	东方集团	2275920	4418917	68117
3	哈尔滨电站设备集团公司	2018191	3816924	25757
4	哈药集团	902647	1159063	18789
5	黑龙江龙煤矿业集团有限责任公司	669228	2122094	93071
6	七台河矿业精煤（集团）有限责任公司	403518	693045	65034

邮政编码	地　址	电　话
116001	辽宁省大连市中山区人民路 86 号	0411-82825666
116033	辽宁省大连市沙河口区敦煌路 11 号	0411-84403414
116021	辽宁省大连市西岗区沿海街 90 号	0411-84422999-6344
116011	辽宁省大连市西岗区高尔基路 42 号	0411-83624774
118002	辽宁省丹东市振兴区国桢路 14 号	0415-6161027
110014	辽宁省沈阳市沈河区青年大街 106 号	024-22705408
110014	辽宁省沈阳市沈河区青年大街 118 号	024-22855838
110034	辽宁省沈阳市于洪区白山路 108 号	024-86318011
116013	辽宁省大连市中山区捷山街奋斗巷 30 号	0411-82672193
116113	辽宁省大连市甘井子区振兴路 188 号	0411-86861065
110026	辽宁省沈阳市铁西区卫工北街 44 号	024-25820821-8037
130011	吉林省长春市东风大街 2259 号	043-15730701
130111	吉林省长春市宽城区西环城路 886 号	0431-7870773
134003	吉林省通化市二道江区东盛路 14 号	0435-3793130
130022	吉林省长春市南关区人民大街 7008 号	0431-5598015
136000	吉林省四平市铁西区红嘴路 28 号	0434-3611194
130031	吉林省长春市二道区吉林大路 1801 号	0431-4973120
132115	吉林省吉林市昌邑区九站街 516-1 号	0432-3502708
130041	吉林省长春市南关区解放大路 338 号	0431-8688050
134000	吉林省通化市修正路 36 号	0435-3943029
130021	吉林省长春市人民大街 4036 号	0431-8916094
133001	吉林省延边州延吉市长白路 323 号	0433-2909956
132002	吉林省吉林市昌邑区和平街 9 号	0432-2749897
130021	吉林省长春市绿园区长农公路零公里	0431-2611649
130011	吉林省长春市绿园区锦程大街 69 号	0431-5988911-3229
130061	吉林省长春市朝阳区东民主大街 222 号	0431-8926277
130031	吉林省长春市经济技术开发区北海路 1372 号	0431-2909903
130061	吉林省长春市朝阳区建设街 2577 号	0431-8506033
133700	吉林省延边州敦化市敖东南大街 88 号	0433-6253810
130051	吉林省长春市宽城区长江路 57 号	0431-6113010
132013	吉林省吉林市丰满区长江街 100 号	0432-4662099
150036	黑龙江省哈尔滨市香坊区红旗大街 175 号	0451-55198365
150001	黑龙江省哈尔滨市南岗区花园街 235 号	0451-53967766
150040	黑龙江省哈尔滨市三大动力路 39 号	0451-82135807
150018	黑龙江省哈尔滨市道里区友谊路 431 号	0451-84851994
150090	黑龙江省哈尔滨市南岗区闽江路 237 号	0451-82279208
154600	黑龙江省七台河市桃山区东进街 43 号	0464-8790234

续表 12

序　号	企业集团名称	营业收入（万元）	资产总计（万元）	从业人员（人）
7	中国龙江森林工业（集团）总公司	362579	1868704	291897
8	西林钢铁集团	357654	380545	10329
9	鸡西矿业（集团）有限责任公司	284269	480278	61683
10	中国第一重型机械集团	284170	746793	11931
11	鹤岗矿业集团有限责任公司	257979	412949	50332
12	大兴安岭林业集团公司	210018	1008249	74862
13	亿阳集团	209898	540186	2004
14	哈尔滨工大集团股份有限公司	185358	1294427	11700
15	黑龙江黑化集团	132920	293690	6344
16	哈尔滨中央红集团股份有限公司	102641	69055	2960
17	北亚实业（集团）股份有限公司	88053	411613	710
18	哈尔滨轴承集团公司	84589	385233	10208
19	牡丹江恒丰纸业集团有限责任公司	69059	174783	2375
20	齐翔建工集团	67007	81767	3219
21	黑龙江省图书音像发行集团	66014	52974	3272
22	黑龙江富华集团	64691	87195	1680
23	黑龙江粮油集团	63229	197393	1072
24	黑龙江中盟集团有限公司	54816	189313	2099
上　海				
1	宝钢集团有限公司	17680446	21404690	92682
2	上海汽车工业（集团）总公司	11824051	13035362	82675
3	中国华源集团有限公司	6067640	5314477	112863
4	百联集团有限公司	6021085	2812817	53060
5	中国海运（集团）总公司	5399485	6423026	40503
6	中国太平洋保险（集团）股份有限公司	5090727	15419584	55799
7	上海电气（集团）总公司	5028192	8917841	69733
8	上海埃力生（集团）有限公司	4034811	2289694	6873
9	上海复星高科技（集团）有限公司	3219836	3717552	29058
10	中国东方航空集团	3193646	6355533	28949
11	上海农工商（集团）有限公司	2854347	3361596	56922
12	上海建工（集团）总公司	2762333	2944222	33159
13	上海华谊（集团）公司	2720239	3307625	42057
14	上海烟草（集团）公司	2638031	4078256	6993
15	东方国际集团	2376527	940728	3410
16	上海绿地集团	1489480	1897747	10212
17	申能（集团）有限公司	1155912	3761820	12136
18	上海贝尔阿尔卡特股份有限公司	1155337	1627057	6044
19	上海有色金属（集团）有限公司	1154552	1111800	9922
20	上海华冶钢铁集团有限公司	1032893	370787	611
21	上海工业投资（集团）有限公司	1030721	1639484	1996

邮政编码	地　　址	电　　话
150008	黑龙江省哈尔滨市南岗区文昌街 66 号	0451-82600332
153025	黑龙江省伊春市西林区	0458-3788278
158100	黑龙江省鸡西市鸡冠区红旗路 10 号	0467-2723531
161042	黑龙江省齐市富区重机厂前路九号	0452-6811075
154100	黑龙江省鹤岗市向阳区红军街 188 号	0468-3733838
165000	黑龙江省加格达奇	0457-2730325
150090	黑龙江省哈尔滨市南岗区嵩山路创业中心 1 号楼	0451-82326789
150006	黑龙江省哈尔滨市南岗区西大直街 118 号	0451-86245017
161041	黑龙江省齐齐哈尔市富拉尔基区向阳大街 2 号	0452-8927904
150070	黑龙江省哈尔滨市道里区埃德蒙顿路 73 号	0451-84885117
150001	黑龙江省哈尔滨市南岗区红军街 16 号	0451-53600777
150036	黑龙江省哈尔滨市香坊区红旗大街 14 号	0451-55646197
157013	黑龙江省牡丹江市阳明区光华街造纸路 11 号	0453-6331111-6287
161005	黑龙江省齐齐哈尔市龙沙区合意大街 28 号	0452-2458625
150010	黑龙江省哈尔滨市道里区地段街 183 号	0451-84675532
162103	黑龙江省齐齐哈尔市甘南县甘南镇文明大街 75 号	0452-5759001
150001	黑龙江省哈尔滨市南岗区东大直街 100 号	0451-82527328
150001	黑龙江省哈尔滨市南岗区长江路 61 号	0451-82665958

邮政编码	地　　址	电　　话
200122	上海市浦东新区浦电路 370 号	021-58358888
200031	上海市徐汇区武康路 390 号	021-24011000
200063	上海市普陀区中山北路 1958 号华源世界广场	021-62031188
200120	上海市浦东新区张杨路 501 号 19 楼	021-58363636
200080	上海市虹口区东大名路 700 号	021-65966666
200120	上海市浦东新区银城中路 190 号	021-58776688
200002	上海市黄浦区四川中路 110 号	021-63215530
200010	上海市黄浦区福佑路 8 号埃力生国际大厦 2 楼	021-51118818
200010	上海市黄浦区复兴东路 2 号	021-63325858
200335	上海市长宁区虹桥路 2550 号	021-62686868
200040	上海市静安区华山路 263 弄 7 号	021-62474500
200120	上海市浦东新区福山路 33 号	021-58885666
200025	上海市卢湾区徐家汇路 560 号	021-64736060-3303
200082	上海市杨浦区许昌路 1061 号	021-61666868
200336	上海市长宁区娄山关路 85 号 A 座	021-62789999
200063	上海市普陀区宁夏路 201 号	021-52352832
200021	上海市卢湾区复兴中路 1 号 24 层	021-63900888
201206	上海市浦东新区宁桥路 388 号	021-58541240
200083	上海市虹口区中山北一路 82 号	021-65873399
200941	上海市宝山区锦乐路 288 号	021-56391539
200002	上海市黄浦区江西中路 181 号	021-33134633

续表 13

序　号	企业集团名称	营业收入（万元）	资产总计（万元）	从业人员（人）
22	上海地产（集团）有限公司	1007350	3422550	3240
23	上海城建（集团）公司	955320	1117580	11067
24	上海国际港务（集团）股份有限公司	955006	4548742	24522
25	上海世博（集团）有限公司	938842	726701	3717
26	上海永达控股（集团）有限公司	925749	216048	2368
27	锦江国际（集团）有限公司	922529	1504311	42375
28	上海兰生（集团）有限公司	892963	309788	2868
29	上海市糖业烟酒（集团）有限公司	807459	691471	6512
30	上海航空股份有限公司	804247	932333	6331
31	上海外高桥（集团）有限公司	799721	1485238	720
32	上海电信实业（集团）有限公司	653696	557895	4691
33	上海文化广播影视集团	626599	1588395	13863
34	上海申达（集团）有限公司	613460	419341	8220
35	上海交通投资（集团）有限公司	588527	1306415	56073
36	上海良友（集团）有限公司	546554	974103	7405
37	大华集团	494697	1273390	6558
38	东方希望集团有限公司	488848	605772	4607
39	上海浦东新区东昌企业（集团）有限公司	477423	564129	5506
40	上海协通（集团）有限公司	457997	197451	3571
41	上海新世界（集团）有限公司	454653	901277	11167
42	上海海立（集团）股份有限公司	440592	351372	7258
43	上海益民食品一厂（集团）有限公司	418465	704348	12264
44	大众交通（集团）股份有限公司	402657	689745	45344
45	上海仪电控股（集团）公司	371733	1307244	14957
46	上海建筑材料（集团）总公司	365197	893832	11247
47	上海浦东发展（集团）有限公司	363360	3247602	8445
48	上海紫江企业集团股份有限公司	352981	708318	4621
49	上海久隆电力（集团）有限公司	350389	502462	1698
50	上海龙头（集团）股份有限公司	342731	368757	8198
51	上海舜业钢铁集团	338235	141426	219
52	上海外经贸投资（集团）有限公司	308204	159759	496
53	中国第一铅笔股份有限公司	303962	160738	1951
54	上海陆家嘴（集团）有限公司	302099	1779582	3468
55	上海水产（集团）总公司	301158	182839	4286
56	上海南部投资（集团）有限公司	287660	129532	78
57	上海城开（集团）有限公司	281129	760750	7240
58	上海交运（集团）公司	270021	487085	18326
59	上海强生集团有限公司	258512	573687	14200
60	上海昊元（集团）有限公司	249967	115821	480
61	上海东亚（集团）有限公司	248246	277449	1263

邮政编码	地　址	电　话
200031	上海市徐汇区东湖路 9 号	021-54050999
200023	上海市卢湾区蒙自路 654 号	021-63017388
200082	上海市虹口区杨树浦路 18 号	021-63290660-41342
200041	上海市浦东新区张杨路 655 号 706 室	021-62892666-8426
200023	上海市卢湾区瑞金南路 299 号	021-63026789
200002	上海市黄浦区延安东路 100 号 23 楼	021-63264000
200021	上海市卢湾区淮海中路 8 号 32-33 楼	021-63191010
200032	上海市徐汇区大木桥路 620 号	021-64188188
200041	上海市静安区江宁路 212 号	021-62558888
200131	上海市浦东新区外高桥保税区富特西一路 159 号	021-58668577
200050	上海市长宁区江苏路 500 号 19-25 楼	021-62253551
200002	上海市黄浦区北京东路 2 号	021-53088177
200042	上海市静安区余姚路 288 号 5A	021-62325221
200025	上海市卢湾区建国东路 525 号巴士大厦 16-18 楼	021-63860658
200122	上海市浦东新区张杨路 88 号	021-68871118
200442	上海市宝山区华灵路 698 号	021-66344153
200120	上海市浦东新区松林路 57 号	021-68768730
200122	上海市浦东新区峨山路 91 弄 160 号	021-50586633
200001	上海市嘉定区曹安路 4671 号	021-63511888
200001	上海市黄浦区九江路 619 号	021-63606090
201206	上海市浦东新区宁桥路 888 号	021-58547777
200031	上海市徐汇区肇嘉浜路 376 号	021-64159898
200235	上海市徐汇区中山西路 1515 号	021-64288888
200030	上海市徐汇区肇嘉浜路 746 号	021-64676000
200002	上海市黄浦区北京东路 240 号	021-63217238
200120	上海市浦东新区浦东大道 288 号 5-8 楼	021-58793088
201108	上海市闵行区申富路 618 号	021-54421100
200070	上海市闸北区民立路 183 号	021-63547110
200030	上海市徐汇区肇嘉浜路 736 号	021-34061116
200437	上海市虹口区中山北一路 1250 号 2 号楼 7 楼	021-65364545
200041	上海市静安区江宁路 445 号 12 楼	021-62185008
201206	上海市浦东新区川桥路 1295 号	021-58549624
200135	上海市浦东新区浦东大道 981 号	021-58878888
200082	上海市杨浦区丹东路 18 号	021-55211060
200080	上海市虹口区黄浦路 53 号 13 楼	021-53931180
200032	上海市徐汇区肇嘉浜路 333 号 9-10f	021-64222666
200070	上海市闸北区恒丰路 288 号	021-32109588
200041	上海市静安区南京西路 920 号	021-62151515
200070	上海市闸北区恒丰路 1 号	021-63817043
200030	上海市徐汇区零陵路 800 号东亚大厦 1511 室	021-64390437

续表 14

序　号	企业集团名称	营业收入（万元）	资产总计（万元）	从业人员（人）
62	中国高科集团股份有限公司	244321	108950	560
63	上海华申国际企业（集团）有限公司	238941	191581	5961
64	上海家化（集团）有限公司	222974	333258	2543
65	上海白猫（集团）有限公司	202249	123112	3178
66	上海广厦（集团）有限公司	194858	106681	1310
67	上海海欣集团股份有限公司	191207	381274	8499
68	长江经济联合发展（集团）股份有限公司	183162	460029	3306
69	上海上实（集团）有限公司	182928	1946111	247
70	中国金茂（集团）股份有限公司	181866	601191	2592
71	上海徐家汇商城（集团）有限公司	180860	209291	1725
72	上海宝闽钢铁集团有限公司	178308	57116	231
73	上海市机械设备成套（集团）有限公司	176690	75507	180
74	上海中环投资开发（集团）有限公司	172983	340252	1244
75	上海九百（集团）有限公司	172266	404038	2512
76	西上海（集团）有限公司	168621	177918	2100
77	上海服装（集团）有限公司	167685	127578	4437
78	上海青年实业（集团）有限公司	158547	78958	2331
79	上海精文置业（集团）有限公司	155091	304390	259
80	上海由由（集团）股份有限公司	152773	299444	2436
81	上工申贝（集团）股份有限公司	150606	244215	4712
82	上海淮海商业（集团）有限公司	150283	115275	4152
83	上海三毛企业（集团）股份有限公司	148614	84902	2169
84	上海张江（集团）有限公司	145391	1402194	849
85	上海申通地铁集团有限公司	141659	7751435	840
86	上海金桥（集团）有限公司	138695	702451	190
87	上海国际集团有限公司	137975	2061253	1363
88	上海恒大（集团）有限公司	129541	249956	1018
89	上海现代建筑设计（集团）有限公司	128764	115696	3599
90	上海中路（集团）有限公司	127704	128287	1528
91	上海新长宁（集团）有限公司	127475	1250057	2081
92	上海凯泉泵业（集团）有限公司	124732	109445	2007
93	解放日报报业集团	123298	204483	2009
94	上海机场（集团）有限公司	122746	2699873	11494
95	上海南汇建工（集团）公司	119073	68163	2797
96	上海致达科技（集团）股份有限公司	118979	291767	5294
97	上海静安地产（集团）有限公司	115720	285921	537
98	上海汇成（集团）有限公司	112979	194862	1164
99	上海盛勤（集团）有限公司	112567	66148	1287
100	上海西部企业（集团）有限公司	112134	658454	5422
101	上海瀛通（集团）有限公司	110520	278932	3343

邮政编码	地　址	电　话
201206	上海市浦东新区新金桥路 1122 号 9、10 楼	021-61462222
200090	上海市杨浦区黄兴路 156 号 10 楼	021-55808005
200080	上海市虹口区天潼路 133 号	021-63242288
200231	上海市徐汇区龙吴路 1900 号	021-54098000
201108	上海市闵行区颛兴东路 1675 号	021-64423925
201619	上海市松江区洞泾镇长兴路 688 号	021-57698905
200052	上海市长宁区新华路 315 号	021-62800565
200021	上海市卢湾区淮海中路 98 号 21 楼	021-53828866
200121	上海市浦东新区世纪大道 88 号 8 楼	021-50476688
200030	上海市徐汇区肇嘉浜路 1000 号 A-10F	021-64269090
200434	上海市杨浦区逸仙路 661 号新海商务大厦 16 楼	021-51269061
200060	上海市普陀区长寿路 285 号恒达大厦	021-62270300
200060	上海市普陀区长寿路 468 号	021-62770068
200041	上海市静安区南京路 993 号 19 楼	021-62181063
201805	上海市嘉定区安亭镇曹安路 5555 号	021-39570402
200336	上海市长宁区茅台路 567 号	021-62748598
200052	上海市长宁区延安西路 1088 号 202 室	021-62110248
200125	上海市浦东新区临沂路 63-67 号	021-66283514
200127	上海市浦东新区浦建路 929 号	021-58758888-1408
200122	上海市浦东新区世纪大道 1500 号	021-68407700
200020	上海市卢湾区淮海中路 700 号	021-63867700
200023	上海市卢湾区斜土路 791 号 B 楼	021-63028180
201203	上海市浦东新区张江路 69 号	021-50801818
200031	上海市徐汇区衡山路 12 号	021-63189188
201206	上海市浦东新区新金桥路 27 号	021-50301818
200002	上海市黄浦区九江路 111 号	021-63231111
200126	上海市浦东新区成山路 216 号	021-58478577
200041	上海市静安区石门二路 258 号	021-52524567
201204	上海市浦东新区花木路 832 号	021-50591378
200336	上海市长宁区仙霞路 618 号	021-62625600
201804	上海市嘉定区黄渡镇联西村	021-69591918
200001	上海市黄浦区汉口路 300 号	021-63516141
201206	上海市浦东新区新金桥路 18 号	021-50554618
201300	上海市南汇区沪南路 9999 号	021-68009802
200042	上海市静安区延平路 121 号 29 楼	021-62462233
200040	上海市静安区富民路 118 号	021-54050088
200030	上海市徐汇区淮海中路 1857 弄 63 号	021-64313920
200025	上海市卢湾区重庆南路 310 号 1401 室	021-64451350
200060	上海市普陀区长寿路 767 号	021-62327111
202150	上海市崇明县城桥镇北门路 328 号	021-69616431

续表 15

序号	企业集团名称	营业收入（万元）	资产总计（万元）	从业人员（人）
102	上海开开（集团）有限公司	108435	181182	4465
103	文汇新民联合报业集团	104647	430154	2774
104	明园集团有限公司	101494	106990	242
105	上海大祥（集团）公司	96174	78726	1013
106	上海中恒（集团）有限公司	96070	119784	1291
107	上海东升电子（集团）股份有限公司	94057	64724	1011
108	上海城建建设实业（集团）有限公司	91951	84597	28120
109	中国上海外经（集团）有限公司	90530	118105	609
110	上海中城企业（集团）有限公司	89824	313553	960
111	上海万源投资（集团）有限公司	89134	84967	401
112	上海宝华企业集团有限公司	87858	91193	78
113	上海市东湖（集团）公司	87773	654499	4222
114	上海金外滩集团	86594	419354	571
115	上海环境集团	85974	636498	6953
116	上海裕科（集团）有限公司	84268	73697	658
117	上海青浦工业园区发展（集团）有限公司	83232	625490	309
118	上海华盛企业（集团）有限公司	81678	105416	2622
119	上海嘉实（集团）有限公司	81478	100381	3156
120	上海康德莱企业发展集团有限公司	80737	60416	3405
121	上海医药工业研究院	80442	90610	2036
122	上海开天建设（集团）有限公司	79804	440772	622
123	上海中发电气（集团）有限公司	79620	100837	471
124	上海宏泉集团有限公司	78887	170899	919
125	上海南江（集团）有限公司	76958	231270	213
126	东亚联合控股（集团）有限公司	76075	81046	2267
127	上海大江（集团）股份有限公司	75199	108089	3233
128	舜杰建设（集团）有限公司	74498	76955	5064
129	绿谷（集团）有限公司	72432	89380	2767
130	上海界龙发展有限公司	71574	140503	2833
131	百仙控股集团	69333	78828	2323
132	上海广电电气（集团）有限公司	68276	73700	148
133	上海永业企业（集团）有限公司	66968	351395	213
134	远中建设开发（上海）集团有限公司	66170	267218	52
135	上海市轻纺集团有限公司	65534	79601	176
136	上海申一实业（集团）有限公司	65525	77484	72
137	上海华东电器集团有限公司	63321	166960	520
138	上海柘中集团	63216	103740	1142
139	上海昌鑫（集团）有限公司	63165	235646	623
140	上海新新（集团）有限公司	62543	79594	2747
141	上海扬子江建设（集团）有限公司	61205	182007	3190

邮政编码	地　　址	电　　话
200041	上海市静安区南京西路 819 号 7 楼	021-52138127
200040	上海市静安区威海路 755 号	021-52921234
200031	上海市徐汇区复兴中路 1199 号	021-64661199
200085	上海市虹口区四川北路 838 号 6 楼	021-63646083
200011	上海市黄浦区中山南路 1228 号楼	021-63135410
201908	上海市宝山区月罗路 2255 号	021-66865270
200081	上海市虹口区青云路 158 号	021-56722288
200021	上海市卢湾区淮海中路 200 号	021-63861988
200020	上海市卢湾区瑞金一路 139 号 5 楼	021-53060308
200127	上海市浦东新区锦绣路 2150 号	021-58396888
200060	上海市普陀区长寿路 285 号 10 楼	021-62279797-126
200030	上海市徐汇区宛平路 9 号甲	021-64740275
200001	上海市黄浦区福建中路 66 号	021-63266326
200040	上海市静安区铜仁路 331 号 2 楼	021-62899600
200050	上海市长宁区延安西路 889 号太平洋中心 12 楼	021-52402211
201700	上海市青浦区漕盈路 2500 号	021-69228046
200063	上海市普陀区曹杨路 1040 弄中友大厦 27 楼	021-62432118
201804	上海市嘉定区曹安路 4800 号	021-69589518
201803	上海市嘉定区华江路 668 弄 18 号	021-59116478
200040	上海市北京西路 1320 号	021-62472530
201613	上海市松江区荣乐东路 111 号 4F	021-57744407
200060	上海市普陀区长寿路 99 号世纪商务大厦 16 楼	021-62777711
200333	上海市普陀区梅川路 1357 号	021-52759178
200011	上海市黄浦区陆家浜路 1322 号 20 楼	021-63772413
200002	上海市黄浦区南苏州路 381 号	021-33134520-191
201600	上海市松江区谷阳南路 26 号	021-34225023
200070	上海市闸北区秣陵路 355 号铁路大厦 18F	021-51017272
201203	上海市浦东新区牛顿路 421 号	021-50504988
201205	上海市浦东新区川周路界龙大道 288 号	021-58942513
200030	上海市徐汇区凯旋路 3131 号 1301 室	021-54071777
201400	上海市奉贤区南桥镇南桥路 865 号	021-67101608
200021	上海市卢湾区淮海中路 138 号 32F	021-63756198
200051	上海市长宁区仙霞路 319 号 31 楼	021-62709999
301824	上海市嘉定区曹安路 1618 号	021-59188888
200020	上海市卢湾区永嘉路 41 号 701 室	021-54650893
200002	上海市黄浦区河南中路 500 号	021-63297777
201400	上海市奉贤区分奉浦大道 18 号	021-67100000
200435	上海市宝山区共江路 978 号	021-36090291
200001	上海市黄浦区浙江中路 400 号 16 楼	021-63519608
200070	上海市闸北区天目西路 218 号嘉里不夜城 1 座 28 楼	021-63545899

续表 16

序　号	企业集团名称	营业收入（万元）	资产总计（万元）	从业人员（人）
142	上海印刷（集团）有限公司	61134	157482	2387
143	上海凯托（集团）有限公司	61063	156725	1877
144	长江计算机（集团）公司	60820	199850	973
145	上海金球（集团）公司	60282	104748	457
146	上海包装造纸（集团）有限公司	59603	95845	1727
147	上海九华商业集团有限公司	57894	112056	1679
148	上海虹房（集团）有限公司	56950	452250	1564
149	上海华敏置业（集团）有限公司	56671	206625	800
150	上海奉贤建设发展（集团）有限公司	53033	333910	298
151	上海中祥（集团）有限公司	52449	206160	127
152	新理益集团有限公司	52420	160646	2042
153	上海鹏欣（集团）有限公司	52386	1059305	328
江　苏				
1	苏宁电器集团	4074092	677353	74650
2	江苏沙钢集团有限公司	4059532	3453543	10039
3	江苏华西集团公司	3096647	1458709	19428
4	太平洋建设集团	3066025	1266710	101630
5	南京钢铁集团有限公司	2857138	2127486	15140
6	熊猫电子集团	2810595	1911172	11628
7	江苏悦达集团	2093956	1282590	15225
8	华芳集团有限公司	2011731	704367	34503
9	徐州工程机械集团有限公司	1731718	679043	15736
10	南京斯威特集团有限公司	1685714	1900203	26014
11	江苏永钢集团有限公司	1674008	726477	3911
12	江苏三房巷集团有限公司	1603859	918960	6800
13	江苏阳光集团有限公司	1518234	903764	12100
14	江苏国泰国际集团有限公司	1406671	481338	10680
15	江苏交通控股有限公司	1324462	10306301	17000
16	春兰集团	1237159	1601987	8285
17	红豆集团有限公司	1173014	648001	16594
18	中天钢铁集团有限公司	1156112	780784	3689
19	海澜集团公司	1085185	790128	15000
20	徐州矿务集团有限公司	1082969	1487237	57249
21	江阴澄星实业集团有限公司	1075362	655956	4100
22	江苏舜天国际集团	1063579	564679	1069
23	江苏雨润食品产业集团有限公司	1032368	803120	18242
24	江苏文峰集团	1018960	222946	6988
25	无锡威孚集团有限公司	1016109	438786	9888
26	扬子江药业集团	1011728	421483	1249
27	南京医药产业集团	984317	807960	11133

邮政编码	地　址	电　话
200071	上海市闸北区河南北路 485 号	021-63642288
201415	上海市奉贤区沪杭公路 1986 号	021-57463666
200001	上海市黄浦区山东中路 337 号	021-63517084
201102	上海市闵行区沪闵路 7388 号	021-64120380
200060	上海市普陀区长寿路 285 号 24 楼	021-62272929-1112
200051	上海市长宁区中山西路 1265 弄 18 号 8 楼	021-62515611
200081	上海市虹口区曲阳路 1 号	021-65070697
200050	上海市长宁区延安西路 728 号 1 楼 B 座	021-62288888
201400	上海市奉贤区南桥镇城乡路 333 号	021-67185785
201105	上海市闵行区吴中路 2768 弄 23 号	021-54798558
200002	上海市黄浦区河南南路 1 号星腾大厦 8 楼	021-63736433
200336	上海市长宁区虹桥路 2188 弄	021-62615599-219
210005	江苏省南京市淮海路 68 号	025-84418888
215625	江苏省苏州市张家港市锦丰镇	0512-58568800
214420	江苏省无锡市江阴市华士镇华西村	0510-6216292
210029	江苏省南京市五台山一号	025-57911111
210035	江苏省南京市六合区卸甲甸	025-57056780
210002	江苏省南京市中山东路 301 号	025-84801442
224002	江苏省盐城市开放大道 78 号	0515-8202912
215611	江苏省苏州市张家港市塘桥人民南路一号	0512-58438803
221006	江苏省徐州市苏堤北路 5 号	0516-87739418
210006	江苏省南京市秦淮区集庆路 198 号	025-52207772
215628	江苏省苏州市张家港市永联工业园区	0512-58619328
214423	江苏省无锡市江阴市周庄镇三房巷村	0510-86229580
214426	江苏省无锡市江阴市新桥镇	0510-6121888-6518
215600	江苏省苏州市张家港市国泰大厦 32 楼	0512-58696128
210049	江苏省南京市马群街 38 号	025-84363920
225300	江苏省泰州市口泰路 68 号	0523-6227410
214199	江苏省无锡市锡山区东港镇	051-088358218
213011	江苏省常州市遥观镇印墅村 312 国道旁	0519-8771301
214426	江苏省无锡市江阴市新桥镇	0510-86121388-3256
221006	江苏省徐州市泉山区淮海西路 235 号	0516-85320593
214432	江苏省无锡市江阴市澄张路 18 号	0510-86276565
210004	江苏省南京市建邺路 98 号	025-84201781
210041	江苏省南京市建邺区雨润路 17 号	025-86800888
226007	江苏省南通市崇川区青年东路 5 号	0513-85011556
214031	江苏省无锡市人民西路 107 号	0510-82708345
225321	江苏省泰州市高港区扬子江南路 1 号	0523-6914769
210002	江苏省南京市中山东路 486 号	025-84547589

续表 17

序　号	企业集团名称	营业收入（万元）	资产总计（万元）	从业人员（人）
28	维维集团	975326	450064	13890
29	跃进汽车集团	973458	1174416	14224
30	苏州创元（集团）有限公司	968215	642118	17519
31	法尔胜集团公司	955808	507752	3058
32	南京物资实业集团总公司	855434	432780	2666
33	红星家具集团有限公司	852511	478598	10091
34	江苏省苏中建设集团	831989	727574	60686
35	申达集团有限公司	831448	655542	2982
36	江苏淮钢集团有限公司	750434	615030	3520
37	江苏输变电设备集团有限公司	748697	443949	5537
38	江苏省农垦集团有限公司	741455	316983	96559
39	江苏开元国际集团	712832	333631	1585
40	江苏新长江实业集团公司	712564	661989	4118
41	江苏双良集团有限公司	694483	736497	4371
42	苏州进出口（集团）有限公司	694377	94544	697
43	江苏汇鸿国际集团	673443	91318	675
44	波司登股份有限公司	659454	430454	10340
45	江苏省海外企业集团有限公司	648659	410166	790
46	江苏凤凰传媒集团有限公司	634602	460618	7073
47	江苏南通二建集团	630471	497872	38344
48	江南百兴集团	615232	164468	3172
49	泰州陵光石化集团	564665	216346	1655
50	大亚科技集团有限公司	559005	683610	9326
51	正太集团	558984	248289	46535
52	江苏省国信资产管理集团有限公司	553877	3148143	8095
53	江苏锡兴集团有限公司	548918	289503	3990
54	江苏梦兰集团有限公司	533538	219249	2329
55	南通三建集团	528362	277502	50894
56	常州塑料集团公司	527940	325703	4478
57	南京金鹰国际集团有限公司	525934	808076	4227
58	江苏新科电子集团有限公司	516861	391096	9051
59	江苏远东集团有限公司	513837	276324	2756
60	华东电子集团	511890	719526	8649
61	江苏综艺集团	508916	318364	6000
62	江苏隆力奇集团有限公司	506872	213149	4895
63	宝胜集团	506239	271187	5532
64	恒力集团	461503	511176	7212
65	无锡市国联发展（集团）有限公司	455342	1506200	6726
66	江苏澳洋实业集团有限公司	450883	271858	5977
67	苏源集团有限公司	446453	537165	397

邮政编码	地　址	电　话
221111	江苏省徐州市云龙区维维大道 300 号	0516-83398890
210037	江苏省南京市鼓楼区中央路 331 号	025-83409029
215007	江苏省苏州市南门东二路四号	0512-65206601
214433	江苏省无锡市江阴市通江北路 203 号	0510-86105518
210002	江苏省南京市白下区中山东路 416 号	025-84569506
213017	江苏省常州市北环路 32 号	0519-5312328
226600	江苏省南通市海安县海安镇中坝南路 18 号	0513-88826120
214443	江苏省无锡市江阴申港镇澄江路 999#	0510-86621666
223002	江苏省淮安市清浦区化工路 53 号	0517-3630253
213002	江苏省常州市常新路 145 号	0519-3266537
210008	江苏省南京市新街口街道珠江路 4 号	025-57715852
210004	江苏省南京市建邺路 100 号	025-84464466-1411
214442	江苏省无锡市江阴市戛港镇长江村	0510-86167999
214444	江苏省无锡市江阴市利港镇西利路 88 号	0510-86638803
215004	江苏省苏州市西环路 1638 号经贸大厦 18 楼	0512-68262677
210001	江苏省南京市白下区白下路 91 号	025-84691010
215532	江苏省苏州市常熟市古里镇白茆	0512-52532888
210005	江苏省南京市中山路 55 号新华大厦	025-84795805
210000	江苏省南京市中央路 165 号	025-83244573
226200	江苏省南通市启东市人民中路 683 号	0513-83316463
213176	江苏省常州市武进区礼嘉镇	0519-6233888
225300	江苏省泰州市江洲北路 36 号	0523-6558888
212300	江苏省镇江市丹阳市开发区金陵西路 95 号	0511-6882222
225500	江苏省省镇江市姜堰市三水大道 188 号	0523-8280515
210005	江苏省南京市长江路 88 号	025-84784769
214151	江苏省无锡市惠山区钱桥镇钱威路 65 号	0510-83215502
215500	江苏省苏州市常熟市虞山镇梦兰村	0512-52831886
226100	江苏省南通市海门市海门镇狮山路 131 号	0513-82315288
213003	江苏省常州市博爱路 129 号	0519-6635402
210029	江苏省南京市汉中路 89 号	025-84708898
213161	江苏省常州市武进区古方东路 1 号	0519-6563668-8041
214257	江苏省无锡市宜兴市范道镇远东路 6 号	0510-87242001
210028	江苏省南京市栖霞区迈皋桥华电路 1 号	025-84700090-268
226376	江苏省南通市通州市兴东镇综艺数码城	0513-86639999
215555	江苏省苏州市常熟市隆力奇生物工业园	0512-52482515
225800	江苏省盐城市宝应县宝胜中路 1 号	0514-8238888
215226	江苏省苏州市吴江市盛泽镇南麻经济开发区恒力路 1 号	0512-63837111
214002	江苏省无锡市县前东街 8 号	0510-82830188
215618	江苏省苏州市张家港市杨舍镇塘市	0512-58591299
210024	江苏省南京市北京西路 20 号	025-85083293

续表 18

序　号	企业集团名称	营业收入（万元）	资产总计（万元）	从业人员（人）
68	江苏张铜集团有限公司	431527	160767	2424
69	江苏省丝绸集团	429080	178521	435
70	江苏吴中集团有限公司	422538	631668	4025
71	江苏丰立集团有限公司	411969	414435	1130
72	中国江苏国际集团	411365	186968	14593
73	江苏骏马集团	409663	403865	4642
74	江苏宏图三胞高科技术股份有限公司	405318	93668	4248
75	江苏苏钢集团有限公司	390373	526555	3902
76	亚邦化工集团有限公司	386688	270141	3440
77	江苏森达集团有限公司	386573	282797	15422
78	红太阳集团有限公司	372881	464271	4022
79	江苏倪家巷集团有限公司	368196	277575	4065
80	江苏常发实业集团有限公司	362324	553403	4725
81	江苏省惠隆资产管理有限公司	360859	118296	441
82	江苏无锡商业大厦集团有限公司	359082	168782	1872
83	江苏华尔润集团	358644	521436	8400
84	无锡庆丰集团有限公司	358102	267098	7169
85	天地集团	354808	352003	4520
86	苏州市相城区江南化纤集团有限公司	342823	317785	2927
87	江苏索普（集团）有限公司	342452	342816	4216
88	江苏金浦集团	331874	310065	3000
89	江苏弘业国际集团有限公司	328922	184957	509
90	江苏苏化集团有限公司	324128	285294	3972
91	江苏省方源集团有限公司	317334	351871	22597
92	江苏新华昌集团有限公司	312070	207799	3587
93	江苏锡钢集团有限公司	307516	238829	3154
94	江阴江东集团公司	295653	153015	6250
95	江苏吴江丝绸集团有限公司	290484	372352	5508
96	震雄铜业集团有限公司	289604	128282	1900
97	亨通集团有限公司	288617	459090	3567
98	江苏省纺织（集团）总公司	282709	105984	724
99	江苏三木集团有限公司	282540	161409	2800
100	无锡化工集团有限责任公司	280640	139828	2844
101	大全集团有限公司	262378	239300	4223
102	江苏神羊投资集团有限公司	262105	230083	1966
103	江苏旋力集团股份有限公司	256492	340391	2993
104	好孩子集团有限公司	246201	162672	5544
105	苏州高新区经济发展集团总公司	231647	1430863	2624
106	江苏三笑集团	227403	82191	5510
107	江苏扬农化工集团	227358	231714	3065

邮政编码	地　址	电　话
215600	江苏省苏州市张家港市杨舍经济开发区	0512-58987039
210005	江苏省南京市白下区中山南路 8 号	025-84785101
215128	江苏省苏州市宝带东路 388 号	0512-65258984
215636	江苏省苏州市张家港市大新镇沿江开发区渡泾港东侧	0512-58715622
210008	江苏省南京市北京西路 5 号	025-83309288
215617	江苏省苏州市张家港市杨舍镇乘航河东路 80 号	0512-58140216
210009	江苏省南京市中山北路 219 号	025-83274999
215151	江苏省苏州市高新区浒墅关镇	0512-65391619
213163	江苏省常州市武进区牛塘镇	0519-6396718
224700	江苏省盐城市建湖县建宝路 888 号	0515-6290088
211300	江苏省南京市高淳县宝塔路 269 号	025-57885868
214423	江苏省无锡市江阴市周庄镇倪家巷	0510-86221608
213022	江苏省常州市武进区礼加镇	0519-5119680
210003	江苏省南京市中山北路 283 号	025-83435415
214001	江苏省无锡市中山路 343 号	0510-82766978
215625	江苏省苏州市张家港市锦丰镇	0512-58550102
214008	江苏省无锡市锡沪西路 203 号	0510-82830188
210008	江苏省南京市北京东路和平大厦 21 楼	025-86882777
215143	江苏省苏州市相城区黄埭镇	0512-65715240
212006	江苏省镇江市京口区长岗	0511-8995088
210009	江苏省南京市鼓楼区马台街 99 号	025-83799972
210001	江苏省南京市中华路 50 号弘业大厦	025-52301288
215007	江苏省苏州市南门路 1 号	0512-65251605
210036	江苏省南京市江东北路 188 号	025-86256026
213102	江苏省常州市东门外遥观镇	0519-8701088-5007
214026	江苏省无锡市塘南路 124 号	0510-85750341
214423	江苏省无锡市江阴市周庄镇北新东路 75 号	0510-86228788
215228	江苏省苏州市吴江市盛泽镇市场路丝绸大厦 A 座	0512-63527951
215332	江苏省苏州市昆山市花桥镇花园路	0512-57695808
215234	江苏省苏州市吴江市七都镇	0512-63435216
210002	江苏省南京市中山东路 482 号	025-84507344
214258	江苏省无锡市宜兴官林镇都山村	0510-87233008
214041	江苏省无锡市锡澄路 274 号	0510-83101601-8111
212111	江苏省镇江市扬中新坝镇南街 66 号	0511-8411200
214107	江苏省无锡市锡山区羊尖镇	0510-8731238
215511	江苏省苏州市常熟市梅李镇梅南路 26 号	0512-52261628
215331	江苏省苏州市昆山市陆家镇陆溪路 20 号	0512-57871070
215011	江苏省苏州市高新区狮山路 35 号金河国际大厦 36 楼	0512-68096173
225111	江苏省扬州市邗江区杭集镇	0514-7278478
225009	江苏省扬州市文峰路 39 号	0514-7568841

续表 19

序　号	企业集团名称	营业收入（万元）	资产总计（万元）	从业人员（人）
108	江苏江动集团	222548	263190	6559
109	江苏大生集团	221710	227627	9741
110	常州常化集团	221008	212385	1801
111	江苏常乐建工集团有限公司	220894	224179	11476
112	江苏金土木建设集团	219891	239479	13997
113	永鼎集团有限公司	216168	218550	1054
114	江苏江南实业集团有限公司	215750	200234	3646
115	江苏新城实业集团有限公司	209398	426462	1550
116	镇江江奎集团有限公司	207002	130330	810
117	月星集团有限公司	205000	121993	2450
118	江苏通润机电集团有限公司	201714	128528	1996
119	江苏华昌（集团）有限公司	200298	287329	3775
120	盛虹集团有限公司	197222	254309	6600
121	常柴集团有限公司	195509	317199	4612
122	中大集团	194085	107690	5750
123	江苏八菱集团有限公司	192983	421845	2475
124	江苏沃得机电集团有限公司	190289	235153	6000
125	江阴模塑集团有限公司	184097	322185	3600
126	江苏康泰化学集团有限公司	183668	82360	1256
127	江苏天工集团有限公司	182039	140646	6816
128	长江润发集团有限公司	176944	152192	3421
129	常州服装集团有限公司	174091	117437	10315
130	徐州环宇钼业集团	170910	156735	2413
131	苏州二建建筑集团有限公司	170827	154415	1886
132	江苏新潮科技集团有限公司	163562	313832	3130
133	中利科技集团有限公司	152322	96724	1617
134	江苏金鼎电动工具集团有限公司	151084	76963	5561
135	江苏省盐业集团有限责任公司	150390	276814	18972
136	南京晨光集团有限责任公司	149592	282032	4658
137	攀华集团有限公司	147803	142541	865
138	南瑞集团	146935	238766	1596
139	南京栖霞建设集团	139270	441112	1129
140	江苏天能集团公司	137923	138005	13009
141	黑牡丹（集团）股份有限公司	137606	145883	2559
142	江苏老三集团公司	134174	61045	6039
143	江苏东恒国际集团有限公司	133401	103734	410
144	无锡山禾集团有限公司	132128	118563	2920
145	江苏通鼎集团	131266	53151	518
146	江苏苏州一建建设工程集团	130817	76767	1614
147	苏州金螳螂企业（集团）有限公司	130733	123949	3626

邮政编码	地　　址	电　　话
224001	江苏省盐城市环城西路213号	0515-8881888
226002	江苏省南通市港闸区唐闸镇南市街14号	0513-85551171
213004	江苏省常州市清凉路165号	0519-8811413
226124	江苏省南通市海门市常乐镇玉竹村	0513-82603105
215500	江苏省苏州市常熟市李闸路102号	0512-52876699
215211	江苏省苏州市吴江市芦墟镇	0512-63271972
213119	江苏省常州市武进区横山桥镇王一村	0519-8601794-8158
213003	江苏省常州市武进湖塘人民中路187号	0519-8151156
212009	江苏省镇江市经济技术开发区经八路53号	0511-88888188
213004	江苏省常州市光华路198号	0519-8859918
215500	江苏省苏州市常熟市枫林路19号	0512-52880518-3222
215600	江苏省苏州市张家港市杨舍镇城北路28号	0512-58683240-2005
215228	江苏省苏州市盛泽镇坛丘新东村	0512-63551949
213003	江苏省常州市西横街61号	0519-6621320
224003	江苏省盐城市开放大道100号	0515-8333888
224001	江苏省盐城市人民中路17号	0515-8316215
212311	江苏省镇江市丹阳埤城工业园区	0511-6348222
214423	江苏省无锡市江阴市周庄镇长青路8号	0510-86904988
213225	江苏省常州金坛市儒林镇	0519-2561216
212312	江苏省镇江市丹阳后巷镇前巷村	0511-6322030
215633	江苏省苏州市张家港市金港镇长江西路98号	0512-58318168
213001	江苏省常州市兰陵路34号-2	0519-6657992
221003	江苏省徐州市九里区临黄村	0516-82185971
215131	江苏省苏州市相城区澄阳路88号	0512-65798521
214431	江苏省无锡市江阴市滨江中路275号	0510-86854189-215
215542	江苏省苏州市常熟市东南经济技术开发区	0512-52571188
213151	江苏省常州市武进区湟里镇	0519-3341245
210036	江苏省南京市鼓楼区定淮门大街9号	025-86216687
210006	江苏省南京市中华门外正学路1号	025-52407124
215634	江苏省苏州市张家港保税区十字港东	0512-58387217
210003	江苏省南京市南瑞路8号	025-83429900
210037	江苏省南京市龙蟠路218号	025-85506648
221006	江苏省徐州市泉山区淮海西路182号	0516-85735500
213001	江苏省常州市和平南路47号	0519-8111238
213018	江苏省常州市凤凰路9号	0519-8829184
210001	江苏省南京市中华路50号	025-52327631
214031	江苏省无锡市人民西路94号	0510-2734183
215233	江苏省苏州市吴江市震泽镇八都经济开发区小平大道18号	0512-63877888
215002	江苏省苏州市锦帆路49号	0512-65241884
215004	江苏省苏州市西环路888号	0512-68262030

续表 20

序　号	企业集团名称	营业收入（万元）	资产总计（万元）	从业人员（人）
148	无锡新中润国际集团有限公司	130104	51568	171
149	仪化集团	125921	188833	3524
150	江苏新雅鹿集团有限公司	124848	134015	3390
151	江苏常恒集团有限公司	121711	155278	6156
152	江苏宏宝集团有限公司	119631	104360	3910
153	江苏琼花集团	114898	129365	2160
154	江苏省粮食集团有限责任公司	109082	197644	833
155	江苏扬力集团	108383	79359	2785
156	江苏省国有资产经营（控股）有限公司	107658	742855	1774
157	江苏宏大集团	105490	92721	3050
158	江苏航空产业集团有限责任公司	103565	192115	379
159	东华纺织集团有限公司	103000	74256	2027
160	江苏邗建集团有限公司	102819	110023	14800
161	江苏鸿联集团	101273	97780	4500
162	江苏远宇电子集团公司	100320	74724	5000
163	江苏中东集团有限公司	99832	77925	2100
164	无锡开源机床集团有限公司	97888	109971	3184
165	江苏牧羊集团有限公司	93369	57904	1265
166	江苏北方氯碱集团有限公司	91515	92850	2789
167	江苏紫金电子集团有限公司	90733	121313	3358
168	常州市侨裕集团有限公司	80673	104564	2105
169	江苏天霸集团	80129	64497	2715
170	江苏三友集团	78605	87198	2518
171	南京金箔集团有限责任公司	78533	117692	3285
172	江苏虎豹集团	78279	52981	1895
173	江苏新伍集团公司	73637	75094	2190
174	江苏振阳集团	73226	88006	3850
175	南京金陵饭店集团有限公司	72646	136203	2133
176	江苏恒顺集团有限公司	72201	322152	2120
177	无锡宏源集团有限责任公司	72133	74460	1368
178	江苏梁丰食品集团有限公司	71417	54257	1516
179	江苏通裕纺织集团公司	70629	56932	2893
180	江苏省江建集团有限公司	70486	112722	6839
181	苏州精细化工有限公司	70248	112018	1551
182	南京同创信息产业集团有限公司	68336	185175	866
183	盘固水泥集团有限公司	67025	98816	1269
184	江苏洋河集团有限公司	65253	127226	4049
185	苏州交通工程集团有限公司	64811	72949	1933
186	江苏九鼎集团	63830	50123	1467
187	三牛实业控股集团有限公司	61345	67522	7215

邮政编码	地　　址	电　　话
214001	江苏省无锡市中山路 395 号	0510-82708858
211900	江苏省扬州市仪征市胥浦镇	0514-3235595
215428	江苏省苏州市太仓市璜泾镇	0512-53820580
213127	江苏省常州市新北区春江镇新华村	0519-5712670
215636	江苏省苏州市张家港市大新镇	0512-58715128
225111	江苏省扬州市邗江区杭集镇	0514-7271301-8012
210005	江苏省南京市长江路 99 号 17 楼	025-84798926
225127	江苏省扬州市扬子江中路 99 号	0514-7848295
210008	江苏省南京市中山路 348 号中信大厦 20 层	025-83192139
224015	江苏省盐城市仓头路 8 号	0515-8594188
210029	江苏省南京市汉中路 180 号星汉大厦 27 楼	025-86500407
213161	江苏省常州市武进高新区古方路 1 号	0519-6555497
225009	江苏省扬州市邗江中路 326 号	0514-7891005
213101	江苏省常州市武进区横林镇古槐路 125 号	0519-8780568
213167	江苏省常州市武进区南夏墅镇庙桥	0519-6461340
213153	江苏省常州市武进加泽工业园 138 号	0519-3807906
214061	江苏省无锡市湖滨路 11 号	0510-85802978-635
225127	江苏省扬州市邗江工业园牧羊路 1 号	0514-7848888-8153
221007	江苏省徐州市鼓楼区复兴北路 219 号	0516-83658687
210028	江苏省南京经济技术开发区（东井亭 100 号）	025-85553007
213147	江苏省常州市西门外卜弋镇西	0519-3567810
215635	江苏省苏州市张家港市金港镇德积工业开发区	0512-58750056
226008	江苏省南通市崇川区人民东路 218 号	0513-85238100
211100	江苏省南京市江宁科学园成墟路 288 号	025-52133313
225127	江苏省扬州市邗江区汊河镇	0514-7840090
214422	江苏省无锡市江阴市云亭镇新伍村	0510-86013128
224300	江苏省盐城市射阳县城黄海北路 8 号	0515-2359988
210005	江苏省南京市鼓楼区汉中路 2 号	025-84711888
212004	江苏省镇江市中山西路 84 号	0511-5233758
214062	江苏省无锡市梁溪路 11 号	0510-85867456-133
215600	江苏省苏州市张家港市港城大道 245 号	0512-58221624
225009	江苏省扬州市江阳中路 7 号	0514-7858688
225200	江苏省扬州市江都市引江路 11 号	0514-6086100
215001	江苏省苏州市工业园区娄葑镇 312 国道	0512-67602196
210061	江苏省南京高新技术开发区高科二路 9 号	025-58846818
213245	江苏省常州市金坛市薛埠镇	0519-2666890
223800	江苏省宿迁市洋河镇 118 号	0527-4938001
215131	江苏省苏州市上高路立交西侧	0512-67523452
226500	江苏省南通市如皋市如城镇环城西路 88 号	0513-87513474
215301	江苏省苏州市昆山市陆杨镇长江北路三牛工业城	0512-57647085

续表 21

序　号	企业集团名称	营业收入（万元）	资产总计（万元）	从业人员（人）
188	江苏炜赋集团	59501	87409	948
189	华鹏集团公司	53877	69217	2112
190	江苏旷达集团	53832	114077	1231
191	南京市交通建设投资控股(集团)有限责任公司	52935	1950460	1042
192	常州大诚纺织集团有限公司	52197	64248	2651
193	江苏众星摩托集团有限公司	50816	53007	1200
浙　江				
1	浙江物产集团	4418092	1423759	6234
2	广厦控股创业投资有限公司	2567002	1673798	56723
3	杭州钢铁集团	2557140	2459417	14887
4	万向集团	2527976	1684710	24420
5	浙江省能源集团有限公司	2345659	5568883	10578
6	浙江省兴合集团	2201517	928031	6084
7	雅戈尔集团	1676696	1502531	28640
8	正泰集团	1506432	507055	15000
9	浙江省建设投资集团	1496866	631932	8674
10	横店集团	1486616	1666842	43889
11	杭州娃哈哈集团	1406492	886720	5187
12	德力西集团	1186330	514350	14200
13	海亮集团	1166270	260170	3215
14	宁波金田铜业集团	1156378	231320	5056
15	华立集团	1146809	1083676	12332
16	浙江东方集团控股有限公司	1115714	438253	1153
17	奥克斯集团	1096993	685541	11141
18	中天建设集团	1081608	451141	57249
19	浙江恒逸集团	1049813	633369	4122
20	浙江省交通投资集团有限公司	1037878	6395285	11945
21	宁波电子信息集团	1036399	505907	3179
22	浙江中大集团控股有限公司	992866	678859	823
23	桐昆集团	974686	280673	6205
24	钱江集团	911715	862942	11043
25	宁波富邦控股集团	880254	651484	12736
26	杉杉投资控股有限公司	830281	590163	13310
27	人民电器集团	818605	160447	5289
28	浙江中成控股集团	785383	400148	38858
29	浙江红山集团	765736	674769	8295
30	杭州橡胶集团	760308	558602	13929
31	天正集团	722603	211257	6348
32	荣盛化纤集团有限公司	703463	381470	2660
33	宁波维科集团	699736	465484	7800

邮政编码	地　　址	电　　话
226009	江苏省南通开发区星湖大厦	0513-85960716
212211	江苏省镇江市扬中新坝镇港中北路 202 号	0511-8411156
213179	江苏省常州市武进区潘家镇	0519-6540237
210008	江苏省南京市中山路 26 号	025-83199197
213001	江苏省常州市和平南路 25 号	0519-8112079
214104	江苏省无锡市锡山区安镇	0510-88715118

邮政编码	地　　址	电　　话
310006	浙江省杭州市凤起路 78 号	0571-87054509
310013	浙江省杭州市西湖区玉古路 166 号	0571-87970891
310022	浙江省杭州市拱墅区半山路 178 号	0571-88144380
311215	浙江省杭州市萧山经济技术开发区	0571-82832999
310006	浙江省杭州市华浙广场 1 号华浙大厦 9 层	0571-86669566
310006	浙江省杭州市延安路 312 号	0571-87074290
315153	浙江省宁波市鄞县大道西段 2 号	0574-88252695
325604	浙江省温州乐清市柳市镇工业区正泰大厦	0577-62877777
310012	浙江省杭州市文三路 20 号	0571-88238886
322118	浙江省金华市东阳市横店镇	0579-6551511-2416
310018	浙江省杭州市杭州经济技术开发区 12 号大街 5 号	0571-86032866
325604	浙江省温州乐清市柳市镇车站路 183 号	0577-62723888
311814	浙江省绍兴市诸暨市店口镇湄池江东路 107 号	0575-7068887
315034	浙江省宁波市江北区慈城城西路 1 号	0574-87597760
310005	浙江省杭州市莫干山路 501 号	0571-88900723
310006	浙江省杭州市上城区庆春路 199 号	0571-87214482
315104	浙江省宁波市鄞州区鄞州大道 566 号	0574-88220157
310008	浙江省杭州市之江中路中天商务楼	0571-28801612
311209	浙江省杭州市萧山区衙前镇	0571-82797666
310014	浙江省杭州市文晖路 303 号	0571-85391291
315010	浙江省宁波市海曙区龙湾新村 27 号	0574-87293061
310003	浙江省杭州市中大广场 A 坐	0571-85777388
314500	浙江省嘉兴市桐乡市开发区光明路	0573-8187776
317500	浙江省台州市温岭市太平镇万昌路 318 号	0576-6139001
315010	浙江省宁波市海曙区长春路 2 号	0574-87307334
200122	上海浦东张江高科技园区郭守敬路 351 号楼 673-01 室	0574-88323708
325604	浙江省温州乐清市经济开发区柳市人民工业区	0577-62730631
312000	浙江省绍兴市中兴中路 375 号	0575-8268360
311234	浙江省杭州市萧山区红山农场	0571-82699006
310008	浙江省杭州市上城区海潮路 1 号	0571-86053939
325604	浙江省温州乐清市柳市镇东风工业区	0577-62777313
311247	浙江省杭州市萧山区益农镇红阳路 98 号	0571-82520089
315010	浙江省宁波市海曙区和义路 99 号	0574-87260679

续表 22

序　号	企业集团名称	营业收入（万元）	资产总计（万元）	从业人员（人）
34	纵横控股集团	680584	504321	5800
35	浙江吉利控股集团	678669	904497	7114
36	宁波海田集团	672306	281293	504
37	龙元建设集团	659434	543451	58000
38	浙江省商业集团	640504	693121	2706
39	浙江远东化纤集团	637086	494348	3019
40	杭州汽轮动力集团	631493	509877	3738
41	巨化集团	630281	917483	17271
42	浙江省丝绸集团	628441	364235	9482
43	纳爱斯集团	596439	341908	3298
44	五洋建设集团	560040	598552	21978
45	浙江卡森集团	537940	544643	11923
46	浙江大东南集团	510166	296043	2250
47	宝业集团股份有限公司	498407	418754	43050
48	西子电梯集团	494155	642101	4618
49	杭州华东医药集团	479310	368833	3999
50	新世纪控股集团	450157	51410	396
51	浙江昆仑控股集团	440106	296456	17626
52	盾安控股集团	437636	214826	4785
53	浙江赐富化纤集团	419258	457708	2647
54	传化集团	413629	483504	4132
55	浙江省手工业合作社联合社	408160	220232	1541
56	浙江龙盛控股集团	405037	289354	3511
57	升华集团	404198	372758	5207
58	浙江永通染织集团	386972	148475	7361
59	华孚集团	368150	242681	10800
60	光宇集团	346534	770133	3517
61	三花控股集团	343124	392195	6238
62	浙江翔盛集团有限公司	339782	201185	2293
63	人本集团	338086	168797	8765
64	浙江化纤联合集团	327068	264576	2133
65	杭州锦江集团	324621	821794	5275
66	富通集团	323266	387008	2896
67	浙江富春江通信集团	320905	321130	3016
68	宁波银亿集团	319366	325087	2565
69	浙江康桥汽车工贸集团	318762	173769	2600
70	宁波建工集团	317795	223536	1943
71	宁波联合集团	312961	383988	904
72	华峰集团	306459	219405	1731
73	杭州制氧机集团	303473	365140	3942

邮政编码	地　址	电　话
312071	浙江省绍兴市袍江工业区	0575-8030163
318050	浙江省台州市路桥区吉利大道	0571-87700136
315000	浙江省宁波市海曙区老实巷 66 号	0574-87195360
200434	上海市虹口区逸仙路 768 号	021-65442225
310002	浙江省杭州市上城区惠民路 56 号	0571-87071624
312072	浙江省绍兴市绍兴县马鞍镇	0575-4817206
310004	浙江省杭州市环城北路 167 号	0571-85096860
324004	浙江省衢州市巨化集团公司	0570-3096668
310004	浙江省杭州市体育场路 117 号	0571-85193899
323000	浙江省丽水市莲都区上水南 3 号	0578-2179983
310009	浙江省杭州市上城区庆春路 1 号凯旋门商业中心 5 楼	0571-87234888-527
314403	浙江省嘉兴市海宁市斜桥镇华丰村	0573-7218002
311800	浙江省绍兴市诸暨市城关跨湖路 65 号	0575-7215790
312030	浙江省绍兴市绍兴县柯桥	0575-4135836
310003	浙江省杭州市凤起路 420 号	0571-85178111
310011	浙江省杭州市莫干山路 866 号	0571-89903388
318000	浙江省台州市椒江区工人西路 618 号	0576-8322530
310007	浙江省杭州市西湖区体育场路 580 号	0571-85151190
310009	浙江省杭州市滨江区泰安路	0571-87899610
312072	浙江省绍兴市绍兴县马鞍镇车站南路 102 号	0575-5101428-8847
311215	浙江省杭州市萧山区宁围镇宁新村	0571-82602688-8141
310009	浙江省杭州市佑圣观路 74 号	0571-87810253
312368	浙江省绍兴市上虞市道墟镇	0575-2042127
313220	浙江省湖州市德清县钟管镇南湖路	0572-8401888
312025	浙江省绍兴市绍兴县钱清镇车站路 30 号	0575-4056011
310009	浙江省杭州市解放路 26 号 19F	0571-87853566
312028	浙江省绍兴市绍兴县杨汛桥镇	0575-4501681
312500	浙江省绍兴市新昌县城关镇下礼泉	0575-6225025
311245	浙江省杭州市萧山区党山镇工业园区	0571-82525278
325011	浙江省温州市经济技术开发区 5 号小区	0577-86555012
312000	浙江省绍兴市会稽路 243 号	0575-8368272
310005	浙江省杭州市湖墅南路 111 号锦江大厦	0571-88389111
311400	浙江省杭州市富阳市富通路 18 号	0571-63322660
311400	浙江省杭州市富阳市江滨东大道 5 号	0571-63371406
315010	浙江省宁波市海曙区永丰路 199 弄 8 号	0574-87243433
310015	浙江省杭州市大关路 301 号	0571-88283386
315040	浙江省宁波市江东区兴宁路 46 号	0574-87889898
315803	浙江省宁波市北仑区小港东海路 1 号	0574-86221328
325206	浙江省温州瑞安市莘塍镇工业园区	0577-65178888
310004	浙江省杭州市下城区东新路 388 号	0571-85869038

续表 23

序　号	企业集团名称	营业收入（万元）	资产总计（万元）	从业人员（人）
74	杭州道远化纤集团有限公司	300057	99352	696
75	浙江航民实业集团	297317	263749	8344
76	龙达集团有限公司	296431	120393	970
77	浙江国泰建设集团有限公司	293995	155805	24541
78	浙江久立集团	287558	121972	1540
79	华茂集团	286056	166036	2359
80	天龙控股集团	274967	215057	3585
81	浙江万马集团	265173	380607	4024
82	方远建设集团	265025	122117	9995
83	宁波华丰建设集团	264127	203793	9995
84	胜达集团	263660	113098	4236
85	精功集团	261186	416153	5058
86	开氏集团有限公司	260474	187020	2162
87	富可达控股股份有限公司	243841	75627	3906
88	浙江万丰企业集团	238754	111407	1757
89	杭州金鱼电器集团	238351	142155	3168
90	宁波韵升股份有限公司	236716	160081	2056
91	浙江海正集团	236235	360134	3452
92	浙江闰土化工集团	234165	117150	2812
93	宏润建设集团	232772	105229	14861
94	柳桥集团有限公司	226385	169374	3036
95	万丰奥特控股集团	224737	213029	4856
96	浙江新湖集团股份有限公司	223996	482864	440
97	温州中城建设集团	217380	307337	9912
98	奥康集团有限公司	215895	91946	5320
99	腾达建设集团	214746	173519	7701
100	杭州旅游集团	211665	210970	2844
101	飞跃集团	211056	208170	2772
102	天洁集团	209590	129030	2026
103	华伦集团	209265	238309	4462
104	金洲集团	207917	173040	1841
105	湖州市建工集团	207353	110013	2125
106	卧龙控股集团	205998	276592	4548
107	西湖电子集团	204034	260524	1151
108	浙江三狮集团	203961	340230	4327
109	宁波浙东建材集团	203750	100786	3109
110	浙江大东吴集团	203309	113229	7586
111	华翔集团	202858	435653	4500
112	浙江中南建设集团	202418	145934	3639
113	星星集团	201982	218880	6012

邮政编码	地　　址	电　　话
311217	浙江省杭州市萧山区新街镇新盛村	0571-82855913
311241	浙江省杭州市萧山区瓜沥镇航民村	0571-82551588-2128
311217	浙江省杭州市萧山区新街镇山未址村	0571-82617798
311201	浙江省杭州市萧山区金惠路 398 号	0571-82896102
313012	浙江省湖州市南浔区镇西	0572-7362999
315175	浙江省宁波市鄞州区高桥镇望春工业区	0574-88055778
312003	浙江省绍兴市绍兴县华舍街道	0575-4086889
311300	浙江省杭州市临安市锦城万马路 1 号	0571-63757133
318000	浙江省台州市椒江区中山西路 56-2 号	0576-8816962
315040	浙江省宁波市科技园区江南公路 1017 号	0574-87900898
311215	浙江省杭州市萧山区经济技术开发区北塘河 2 号	0571-82875076
312030	浙江省绍兴市绍兴县柯桥镇精工大厦	0575-4138675
311209	浙江省杭州市萧山区衙前镇里东徐村	0571-82783388
311256	浙江省杭州市萧山区义桥镇东方路 88 号	0571-82407888
311203	浙江省杭州市萧山区城厢街道人民路 51 号	0571-82622956
310014	浙江省杭州市拱墅区长板巷 115 号	0571-88083986
315040	浙江省宁波市江东区民安路 348 号	0574-87777229
318000	浙江省台州市椒江区外沙路 46 号	0576-8827890
312368	浙江省绍兴市上虞市道墟镇	0575-2042973
200235	上海市徐汇区龙漕路 200 弄 28 号	021-64081888
311201	浙江省杭州市萧山区大通路 851 号	0571-82727286
312500	浙江省绍兴市新昌县万丰科技园	0575-6298205
310004	浙江省杭州市体育场四家桥 2 号	0571-85173431
325005	浙江省温州将军桥长城大厦二楼	0577-88521213
325101	浙江省温州市永嘉县瓯北镇千石工业园	0577-67284444
318050	浙江省台州市路桥区路桥大道	0576-2522526
310006	浙江省杭州市延安路 484 号 2 号楼 6 楼	0571-85155427
318000	浙江省台州市椒江机场中路 109 号	0576-8155828
311825	浙江省绍兴市诸暨市牌头镇	0575-7051717
311400	浙江省杭州市富阳市迎宾北路 199-200 号	0571-87223158
313000	浙江省湖州市二里桥路 57 号	0572-2072542
313000	浙江省湖州市劳动路 127 号	0572-2022066
312300	浙江省绍兴市上虞市经济开发区	0575-2219460
310012	浙江省杭州市教工路 1 号	0571-88271000
310003	浙江省杭州市凤起路 422 号	0571-85068496
315101	浙江省宁波市鄞州区邱隘盛莫路 42 号	0574-88359779
313000	浙江省湖州市东门外三里桥路 685 号	0572-2568919
315722	浙江省宁波市象山县西周镇镇安路 104 号	0574-65837888
310052	浙江省杭州市滨江区长河街道江边	0571-86624038
318015	浙江省台州市椒江区洪家	0576-8022888

续表 24

序　号	企业集团名称	营业收入（万元）	资产总计（万元）	从业人员（人）
114	浙江华瑞集团	200424	115043	194
115	富丽达集团	196805	291177	4360
116	浙江元立金属制品集团	195418	139004	4667
117	浙江兴惠化纤集团有限公司	195120	103826	2012
118	浙江省经协集团有限公司	188846	76831	108
119	开元旅业集团有限公司	187712	496121	7055
120	伟星集团	187288	229345	5820
121	花园工贸集团	187028	172885	5300
122	浙江大华集团	182706	174669	8708
123	森马集团有限公司	182320	54635	2193
124	宁波太平鸟投资集团	181512	73175	2684
125	报喜鸟集团	181366	106278	2753
126	苏泊尔集团	173545	238502	6556
127	浙江华鼎集团有限责任公司	172154	129370	8489
128	宁波洛兹集团	167228	99185	3352
129	浙江万利工具集团有限公司	167081	58296	1468
130	康恩贝集团	164663	284053	3498
131	曙光控股集团	163798	105205	12754
132	世纪阳光控股集团	163425	166473	5360
133	浙江省轻纺集团	162120	311051	766
134	浙江大港纺织印染集团	161518	111167	1355
135	浙江永利实业集团	157101	223723	2458
136	浙江中国小商品城集团	157074	485718	3124
137	杭州诺贝尔集团有限公司	156924	190447	5533
138	巨石集团	155952	322881	6396
139	红蜻蜓集团	154296	68784	4506
140	浙江省耀江实业集团	151859	847119	557
141	金轮集团	151307	293192	6441
142	浙江日月首饰集团	150597	153364	1050
143	庄吉集团	150235	89399	2498
144	康奈集团	150025	62146	3831
145	富润控股集团	148044	223844	4191
146	万事利集团	147971	166928	2068
147	中国（杭州）青春宝集团有限公司	147509	178159	3491
148	浙江金鹰集团	145309	233106	14970
149	中国绍兴黄酒集团	142948	394674	4223
150	浙江中强建工集团	142880	108600	7800
151	宁波四海集团	142469	158065	2029
152	西湖汽车零部件集团	142379	88153	2050
153	绿城房地产集团	140275	1031190	750

邮政编码	地　　址	电　　话
311201	浙江省杭州市萧山区瓜沥镇友谊路 89 号	0571-82718253-831
311228	浙江省杭州市萧山区新湾镇东农二场	0571-82127258
323302	浙江省丽水市遂昌县妙高镇庄山	0578-8195017
311209	浙江省杭州市萧山区衙前镇吟龙村	0571-82784830
310005	浙江省杭州市米市巷潮王路 208 号	0571-88388230
311202	浙江省杭州市萧山区市心中路 818 号 17 楼	0571-82888888
317025	浙江省台州市临海市尤溪镇	0576-5125009
322121	浙江省金华市东阳市南马花园	0579-6270288
311300	浙江省杭州市临安市锦城街道钱王街 751 号	0571-63759698
325006	浙江省温州市六虹桥路 1189 号森马大厦	0577-88098660
315011	浙江省宁波市海曙区环城西路南段 826 号	0574-87471888
325105	浙江省温州市永嘉县报喜鸟工业区	0577-67315987
317604	浙江省台州市玉环县陈屿镇	0571-85380101
311100	浙江省杭州市余杭区经济开发区北沙东路 56 号	0571-86259003
315153	浙江省宁波市鄞州区石契东路	0574-88443622
310052	浙江省杭州市滨江区长河街道	0571-86624183
310052	浙江省杭州市滨江区长河镇滨康路 568 号	0571-87774393
317500	浙江省台州市温岭市三星大道 158 号	0576-6208878
312300	浙江省绍兴市上虞市凤山路 485 号	0575-2218580
310009	浙江省杭州市梅花碑 8 号	0571-87805083
313008	浙江省湖州市吴兴区织里镇吴兴大道 88 号	0572-3193518
312028	浙江省绍兴市绍兴县杨汛桥镇	0575-4069469
322000	浙江省金华市义乌市宾王路 158 号	0579-5182869
311122	浙江省杭州市余杭区闲林西路 36 号	0571-88686818
314500	浙江省嘉兴市桐乡市梧桐经济开发区	0573-8181099
325105	浙江省温州市永嘉县瓯北镇三桥工业区	0577-67370058
310007	浙江省杭州市杭大路 15 号嘉华国际商务中心 16 楼	0571-87168670
315301	浙江省宁波市慈溪市宗汉街道金轮开发区	0574-63218808
312046	浙江省绍兴市绍兴县福全镇	0575-4025665
325011	浙江省温州经济开发区 2 号小区	0577-86666666
325007	浙江省温州市双屿中国鞋都产业园康奈工业园	0577-88768819
311800	浙江省绍兴市诸暨市陶朱南路 12 号	0575-7113268
310021	浙江省杭州市江干区机场路 309 号	0571-85148888
310023	浙江省杭州市西湖区西溪路 555 号	0571-85121024
316051	浙江省舟山市定海区小沙镇	0580-8020089
312000	浙江省绍兴市越城区北海桥	0575-5176051
311256	浙江省杭州市萧山区东方路 76 号	0571-82408008
315300	浙江省宁波市慈溪市浒山街道朱家桥路 21 号	0574-63813531
311000	浙江省杭州市余杭区运河镇道墩坝工业区	0571-86183939
310007	浙江省杭州市杭大路 1 号黄龙世纪广场 A 座 10 楼	0571-88988888

续表 25

序 号	企业集团名称	营业收入（万元）	资产总计（万元）	从业人员（人）
154	浙江东南网架集团	137155	336826	2858
155	浙江漓铁集团	137093	66178	1370
156	宁波天安集团	135794	181168	2967
157	杭州前进齿轮箱集团	133696	141634	4710
158	均瑶集团	133480	164208	2300
159	德华集团	133256	137666	5182
160	浙江无名皮塑集团	132761	70492	1317
161	百大集团	131037	96336	1024
162	步阳集团	129806	97384	2600
163	联通租赁集团	128881	97685	220
164	浙江三弘集团有限公司	128681	81092	2400
165	祥生实业集团	128260	176581	558
166	浙江尖峰集团	128182	240503	3639
167	浙江中誉（控股）集团	126676	198484	790
168	浙江菲达机电集团	126425	192166	1753
169	浙江威陵金属集团有限公司	125131	96643	3484
170	杭州解百集团	124937	75498	1219
171	双菱集团	123431	145419	1785
172	浙江天马印染集团	122808	109033	2281
173	帅康集团	120526	107874	3083
174	浙江新澳集团	119839	50528	1468
175	浙江丝得莉集团	117745	61121	2449
176	浙江华达集团	116551	136658	1093
177	金可达集团	114523	128356	2355
178	杭州老板实业集团	114003	62885	1146
179	浙江永泰纸业集团股份有限公司	113995	119586	1692
180	宁波市政工程建设集团	113823	108172	3320
181	德仁集团	112532	109942	2323
182	昌泰集团	112019	199673	2630
183	浙江富轮橡胶化工集团	111856	139877	1735
184	浙江汇宇营建集团	111796	129693	2518
185	浙江华东钢业集团有限公司	110857	57959	544
186	东冠通信集团	108384	121490	2727
187	浙江华欣控股集团有限公司	107283	58729	1312
188	东港工贸集团	106030	105355	1623
189	恒柏集团	105048	86247	1868
190	浙江野风集团	104722	332963	2552
191	杭州民生药业集团	104407	102881	2993
192	华仪电器集团	103938	82208	2289
193	浙江山鹰建材集团	103337	152487	1190

邮政编码	地　址	电　话
311209	浙江省杭州市萧山区衙前镇	0571-82783998
312041	浙江省绍兴市绍兴县漓诸镇东矿	0575-4600190
315709	浙江省宁波市象山县天安路 1118 号	0574-65728118
311203	浙江省杭州市萧山区萧金路 45 号	0571-82673888
200000	上海市徐汇区肇嘉浜路 789 号	021-51155505
313200	浙江省湖州市德清县武康镇永安街 199 号	0572-8067823
312046	浙江省绍兴市绍兴县福全镇青店头	0575-4029818
310006	浙江省杭州市下城区延安路 546 号	0571-85158800
321300	浙江省金华市永康市汤店山 88 号	0579-7271166
310007	浙江省杭州市曙光路 122 号世贸中心 16 楼	0571-87950260
311251	浙江省杭州市萧山区临浦镇新大桥西侧 1-1 号	0571-82475666
311800	浙江省绍兴市诸暨市暨阳街道 17 号	0575-7020137
321000	浙江省金华市婺江东路 88 号	0579-2326868-3806
311217	浙江省杭州市萧山区市心北路 299 号	0571-82619506
311800	浙江省绍兴市诸暨市望云路	0575-7212055
310051	浙江省杭州市滨江区滨安路 175 号	0571-86685988
310001	浙江省杭州市上城区解放路 251 号	0571-87016888
318050	浙江省台州市路桥新安南街 689 号	0576-2410216
312072	浙江省绍兴市绍兴县马鞍镇姚家埠	0575-5625857
315491	浙江省宁波市余姚市低塘镇历山	0574-62243888
314511	浙江省嘉兴市桐乡市崇福镇西门	0573-8455868
313012	浙江省湖州市南浔区双林镇丝得莉工业园	0572-3600313
311400	浙江省杭州市富阳市富春街道文教路 88 号	0571-63366299
325003	浙江省温州市垟儿路 47 号	0577-88829028
311100	浙江省杭州市余杭区临平大道 592 号	0571-89176332
311421	浙江省杭州市富阳市春江街道新建村	0571-63587918
315012	浙江省宁波市海曙区新典路 21 号	0574-87471999
317000	浙江省台州市临海经济开发区	0576-5125630
325028	浙江省温州经济开发区 13 号小区	0577-88336803
311402	浙江省杭州市富阳市高桥镇高富路 1 号	0571-63435111
311200	浙江省杭州市萧山区通惠南路 2 号	0571-56122609
311201	浙江省杭州市萧山区萧然东路 318 号	0571-22888060
310053	浙江省杭州市滨江区江南大道 4288 号	0571-87796132
311222	浙江省杭州市萧山区河庄工业园区	0571-82174881
318000	浙江省台州市椒江区解放北路 83 号	0576-8894755
312026	浙江省绍兴市绍兴县夏履镇	0575-4061150
322105	浙江省金华市东阳市歌山镇	0579-6730191
310011	浙江省杭州市余杭塘路 108 号	0571-88886119
325600	浙江省温州市乐清市宁康西路 138 号	0577-62558836
313116	浙江省湖州市长兴县小浦镇	0572-6307222

续表 26

序　号	企业集团名称	营业收入（万元）	资产总计（万元）	从业人员（人）
194	浙江大普集团	103110	124914	869
195	浙江春晖集团	102698	115818	2100
196	浙江泰仑电力集团	102557	128577	1763
197	长城电器集团	100844	69231	2018
198	环宇集团	100575	56293	3111
199	浙江中财招商投资集团	100182	108419	1681
200	民丰集团	98365	266781	2799
201	杭州电化集团	96994	72224	1468
202	浙江永翔集团有限公司	96737	152409	3690
203	瑞立集团	95839	187266	2692
204	立马控股集团	95752	134521	2390
205	弘生集团	95750	180858	2105
206	罗蒙集团	95694	180000	4320
207	浙江星鹏铜材集团	95315	72880	1022
208	贝发集团	94670	66596	4981
209	浙江华威建材集团有限公司	94439	93767	756
210	浙江省农村发展集团有限公司	94001	199884	681
211	浙江建华集团	93258	91554	3217
212	浙江上风控股集团	92791	131988	1009
213	浙江省旅游集团	92458	190592	1606
214	浙江钱清热电集团	91339	159045	1207
215	杭州钱江电气集团	90910	106155	1054
216	浙江中国轻纺城集团股份有限公司	88786	443383	3673
217	华迪钢业集团	88417	53047	1029
218	浙江省机电集团有限公司	87969	125091	2628
219	耀华电器集团有限公司	87769	92709	2392
220	浙江丰球集团	87691	71380	965
221	杰克控股集团	87607	52959	1656
222	杭州萧宏建设集团有限公司	87003	77415	296
223	杭州滨江房产集团	86532	339698	79
224	浙江温州新世纪集团股份有限公司	85651	61797	157
225	浙江新亚太机电集团	83785	97974	1212
226	兽王集团有限公司	82565	135027	2970
227	星月集团	82376	164917	3681
228	绿都控股集团	81175	191594	511
229	浙江化工科技集团有限公司	81152	102843	1185
230	宁波海运集团	81121	178290	907
231	宁波飞翔集团	80937	71954	3532
232	浙江兆山建材集团	80812	73750	1768
233	杭州永盛集团有限公司	79960	51922	977

邮政编码	地　址	电　话
312361	浙江省绍兴市上虞市丰慧镇	0575-2820895
312352	浙江省绍兴市上虞市曹娥街道	0575-2164484
313000	浙江省湖州市南街 161 号	0572-2427777
325604	浙江省温州乐清市柳市长城大厦	0577-62722888
325603	浙江省温州乐清市北白象镇温州大桥工业区	0577-62888699
310005	浙江省杭州市莫干山路 100 号耀江国际大厦 B 座	0571-88383183
314000	浙江省嘉兴市南湖区角里街 70 号	0573-2839188
310053	浙江省杭州市滨江区浦沿镇镇前路 305 号	0571-86617799-6666
311251	浙江省杭州市萧山区临浦镇桥里村	0571-82482078
325200	浙江省温州市瑞安经济开发区毓蒙路 1169 号	0577-65609883
321100	浙江省金华市兰溪市灵洞乡	0579-8251366
316000	浙江省舟山市定海区弘生大道 111 号	0580-2681052
315504	浙江省宁波市奉化市江口镇	0574-88888888-8801
312300	浙江省绍兴市上虞市经济开发区	0575-2189038
315801	浙江省宁波市北仑区红联泥湾	0574-86186888
310009	浙江省杭州市杭海路 366 号	0571-87245585
310006	浙江省杭州市武林路 437 号	0571-85813023
310015	浙江省杭州市拱墅区沈半路 2 号	0571-88022222
312375	浙江省绍兴市上虞市上浦开发区	0575-2361398
310006	浙江省杭州市环城西路 2 号	0571-87020106
312025	浙江省绍兴市绍兴县钱清镇	0575-4051744
311243	浙江省杭州市萧山区坎山镇光明工业区	0571-82583188
312030	浙江省绍兴市绍兴县柯桥鉴湖路 1 号	0575-4119963
325024	浙江省温州市龙湾永中镇标路 24-32 号	0577-86887225
310009	浙江省杭州市上城区解放路 163 号	0571-87812859
325604	浙江省温州乐清市柳市镇东风工业区	0577-62760089
311800	浙江省绍兴市诸暨市暨阳街道	0575-7132002
318010	浙江省台州市椒江区机场南路 15 号	0576-8177790
311201	浙江省杭州市萧山区北干工业园纬五路 2 号	0571-82607328
310016	浙江省杭州市庆春东路 38 号	0571-86986665
325000	浙江省温州市人民西路锦园大厦 17、18 层	0577-88257715
311203	浙江省杭州市萧山区亚太路 1399 号	0571-82761316
310015	浙江省杭州市中山北路 592 号	0571-85399509
321307	浙江省金华市永康市古山工业区	0579-7511127
311201	浙江省杭州市萧山区金城路 718 号	0571-82377888
310023	浙江省杭州市西溪路 926 号	0571-85228334
315020	浙江省宁波市江北区中马路 568 号	0574-87356271
315326	浙江省宁波市慈溪市长河镇余瘫公路西 281 号	0574-63023918
311832	浙江省绍兴市诸暨市浣东街道	0575-7391262
311223	浙江省杭州市萧山区靖江镇商贸街 298 号	0571-82191678

续表 27

序　号	企业集团名称	营业收入（万元）	资产总计（万元）	从业人员（人）
234	浙江华日集团	79335	104581	731
235	德意控股集团有限公司	79038	62419	917
236	浙江开山集团	78968	50637	2675
237	公元塑业集团	78320	64087	1961
238	浙江中豪房开建筑集团	77481	147674	4265
239	荣光集团有限公司	77244	90379	8850
240	浙江银轮实业发展股份有限公司	76587	116989	2294
241	浙江中维丝绸集团	76052	68273	839
242	临亚集团	75937	78715	8144
243	杭州机床集团	75472	83737	2660
244	浙江四方集团	75267	53570	1544
245	浙江恒达实业集团有限公司	75126	73997	1409
246	九鼎建设集团	73139	114647	3052
247	舜宇集团	72063	74682	4077
248	浙江万达集团	71793	61037	2091
249	杭州东华链条集团	70588	63731	2260
250	金田集团	69634	78353	568
251	浙江云森集团有限公司	67956	82594	1903
252	中利达集团	67520	90458	1128
253	广宇集团股份有限公司	67272	214395	184
254	天马控股集团有限公司	66489	76016	2892
255	浙江虎山集团	66388	131561	1398
256	杭州复兴建设集团有限公司	65863	119523	124
257	温州长运集团	65520	84978	3081
258	亚达科技集团	64958	80384	3200
259	浙江天乐集团	64619	66458	4348
260	力西特集团	64587	95961	861
261	红楼集团	62390	252532	2979
262	浙江神鹰集团	62213	57532	1659
263	华通机电集团	61258	58152	1825
264	浙江中贝九洲集团	59943	72007	1314
265	时间房地产建设集团	58216	185067	1320
266	金华八达集团	56765	98556	1128
267	杭州热电集团	56645	105715	789
268	温州交通建设集团	56299	98265	3812
269	双鸽集团	56265	90305	2567
270	杭州钱潮建材集团	55974	142630	1028
271	浙江灯塔工贸集团	55623	67807	1100
272	浙江恒风集团	53946	107349	3266
273	浙江通天星集团	52516	72630	622

邮政编码	地　址	电　话
310019	浙江省杭州市江干区航海路 1059 号	0571-86901988
311215	浙江省杭州市萧山经济技术开发区建设三路	0571-82862226
324002	浙江省衢州市经济开发区凯旋西路 9 号	0570-3662234
318020	浙江省台州市黄岩经济开发区埭西路 2 号	0576-4277185
310020	浙江省杭州市秋涛北路 67 号	0571-86045098
325200	浙江省温州瑞安市瑞光大道 941 号	0577-65608885
317200	浙江省台州市天台县交通运输机械工业园区	0576-3882289
313000	浙江省湖州市中心广场富城商楼南区 13 座 5 楼	0572-2022338
317005	浙江省台州市临海市东塍中街	0576-5999268
310022	浙江省杭州市石祥路 124 号	0571-85809877
321315	浙江省金华市永康市永拖路 57 号	0579-7156677
311217	浙江省杭州市萧山区新街镇海塘路	0571-82856099
318050	浙江省台州市路桥区金水路 58 号	0576-2550209
315400	浙江省宁波市余姚市舜宇路 66-68 号	0574-62530863
311258	浙江省杭州市萧山区闻堰镇三江路 8 号	0571-82301088
310021	浙江省杭州市江干区机场路 218 号	0571-85045780
325802	浙江省温州市苍南县龙港镇龙洲路 248 号	0577-64299999
311402	浙江省杭州市富阳市高桥镇高富路 68 号	0571-63432688
313216	浙江省湖州市德清县乾元镇北郊路 23 号	0572-8422905
310006	浙江省杭州市上城区平海路 8 号	0571-87018788
310015	浙江省杭州市石祥路 208 号	0571-88282988-8588
324103	浙江省衢州市江山市上铺	0570-4211012
310008	浙江省杭州市上城区秋涛路 18 号 18-19 楼	0571-86814271
325027	浙江省温州飞霞南路朝阳大楼 D 栋	0577-88820292
317102	浙江省台州市三门县高枧乡吴岙村	0576-3310302
312400	浙江省绍兴市嵊州市经济开发区天乐路 28 号	0575-3365088
325016	浙江省温州市瓯海瞿溪镇延川路 18 号	0577-86266566
310003	浙江省杭州市新华路 218 号	0571-85196316
311800	浙江省绍兴市诸暨市陶朱街道友谊路	0575-7213048
325604	浙江省温州市乐清市经济开发区华通大厦	0577-62731018
318000	浙江省台州市椒江区外沙路 99 号	0576-8827582
318000	浙江省台州市椒江区赤山东路 321 号	0576-8535555
321001	浙江省金华市解放西路 480 号	0579-2052350
310011	浙江省杭州市拱墅区莫干山路 809 号	0571-88192562
325000	浙江省温州市牛山北路 56 号	0577-88606198
318020	浙江省台州市黄岩区大桥路 888 号	0576-4066588
310023	浙江省杭州市天目山路 517 号	0571-85227666-849
310004	浙江省杭州市石桥镇灯塔村	0571-85370792
322000	浙江省金华市义乌市宾王路 223 号	0579-5561308
324000	浙江省衢州市荷花一路 39 号	0570-3089927

续表 28

序　号	企业集团名称	营业收入（万元）	资产总计（万元）	从业人员（人）
274	浙江豪盛集团	51006	61317	434
275	浙江经发实业集团	50604	55596	737
安　徽				
1	马钢集团	3374883	4408987	61887
2	安徽海螺集团	2117368	2342407	19435
3	铜陵有色金属集团	2024888	1850526	22404
4	淮南矿业集团	1259814	2194605	71271
5	安徽江淮汽车集团	1255606	914716	11381
6	淮北矿业集团	1184546	1866141	106691
7	安徽省徽商集团	1071483	519036	7236
8	安徽丰原集团	653900	1132207	19974
9	安徽省皖北煤电集团	614620	1247622	40688
10	皖能集团	454426	1216660	4513
11	合肥荣事达集团	330553	348078	4368
12	安徽国风集团	323185	436658	2849
13	铜陵精达铜材集团	319902	216680	1090
14	合肥美菱集团	295269	373012	5415
15	安徽辉隆农资集团	273456	93345	473
16	铜陵化学工业集团	256541	395137	7569
17	安徽省粮油食品进出口集团	255212	138172	615
18	安徽楚江集团	254978	85055	3122
19	合肥百货大楼集团	252087	207594	5138
20	安徽建工集团	232321	227616	13419
21	合肥钢铁集团	213975	379017	12877
22	安徽叉车集团	203795	239402	5355
23	安徽天大集团	199482	186988	4400
24	安徽宁国亚夏集团	196353	55482	1226
25	中煤第三建设集团	175518	165032	7156
26	安徽古井集团	163068	339432	8736
27	安徽华茂集团	160643	236524	7177
28	马鞍山市山鹰纸业集团	148454	197984	1396
29	安徽星马汽车集团	135961	203436	1777
30	安徽皖维集团	130934	204611	4362
31	合肥四方集团	130869	113158	3540
32	安徽省交通投资集团	129110	1196126	2898
33	黄山永佳集团	123646	100642	2397
34	芜湖恒鑫集团	117313	69023	750
35	安徽八一化工集团	113241	102849	2587
36	合肥华泰集团	111511	98849	8050
37	安徽全柴集团	106764	160409	3146

邮政编码	地　址	电　话
324000	浙江省衢州市狮桥街 1 号工贸大厦九楼	0570-2359988
311800	浙江省绍兴市诸暨市暨阳街道	0575-7255193

邮政编码	地　址	电　话
243003	安徽省马鞍山市雨山区红旗路 8 号	0555-2883492
241000	安徽省芜湖市镜湖区北京东路 207 号	0553-3118688-8560
244000	安徽省铜陵市	0562-5860108
232001	安徽省淮南市田家庵区洞山中路 1 号	0554-7625555
230022	安徽省合肥市包河区东流路 176 号	0551-2296747
235006	安徽省淮北市相山区孟山路 1 号	0561-4951956
230061	安徽省合肥市包河区芜湖路 258 号	0551-2862307
233010	安徽省蚌埠市大庆路 73 号	0552-4927833
234000	安徽省宿州市西昌路 159 号	0557-3915461
230011	安徽省合肥市马鞍山路 99 号	0551-2225706
230088	安徽省合肥市高新区科学大道 96 号	0551-5318332
230001	安徽省合肥市长江东路 46 号	0551-4322111-3109
244000	安徽省铜陵经济开发区	0562-2806425
230001	安徽省合肥市包河区芜湖路 48 号	0551-2869268
230061	安徽省合肥市庐江路 123 号	0551-2611667
244023	安徽省铜陵市沿江路 10 号	0562-3801769
230061	安徽省合肥市庐阳区金寨路 389-399 盛安广场	0551-2831091
241008	安徽省芜湖市鸠江区九华北路 778 号	0553-5313232
230001	安徽省合肥市长江中路 150 号	0551-2686000
230001	安徽省合肥市包河区芜湖路 325 号	0551-2865001
230011	安徽省合肥市瑶海区和平路 1 号	0551-4401241
230022	安徽省合肥市蜀山区望江西路 15 号	0551-3632133
239311	安徽省滁州市天长市铜城镇振兴路	0550-7518555
242300	安徽省宣城市宁国市经济开发区亚夏汽车城	0563-4181222
234000	安徽省宿州市汴河路 181 号	0557-2177380
236820	安徽省亳州市古井镇	0558-5710760
246018	安徽安庆市纺织南路 80 号	0556-5919891
243021	安徽省马鞍山市金家庄区勤俭路 3 号	0555-2810496
243061	安徽省马鞍山市经济技术开发区	0555-8323550
238002	安徽省巢湖市巢维路 56 号	0565-2386497
230022	安徽省合肥市蜀山区祁门路 12 号	0551-3515000
230011	安徽省合肥市瑶海区长江东路 1157 号	0551-4298910
245061	安徽省黄山市徽州区永佳大道 668 号	0559-3511142
241009	安徽省芜湖市鸠江区褐山北路	0553-5810111
233000	安徽省蚌埠市淮滨路 379 号	0552-3023735
230601	安徽省合肥经济技术开发区莲花路 1307 号	0551-7122828
239500	安徽省滁州市全椒县建设东路 70 号	0550-5018888

续表 29

序　号	企业集团名称	营业收入（万元）	资产总计（万元）	从业人员（人）
38	安徽天康集团	105003	66681	1560
39	安徽省皖中集团	95767	130798	6933
40	安徽省轻工进出口集团	94442	56509	228
41	安徽宁国司尔特化肥集团	84491	93761	1531
42	安徽省安庆环新集团	84270	127057	2001
43	安徽氯碱化工集团	80044	95582	3007
44	安徽宁国中鼎集团	77756	101186	6348
45	合肥建工集团	73299	65312	7477
46	安徽省农垦集团	71996	128513	43717
47	安徽金种子集团	70000	226774	3253
48	中国扬子集团	65711	140152	4485
49	安徽富煌轻型建材集团	62000	69877	2913
50	安徽全力集团	60662	57290	2306
51	安徽应流集团	58562	61548	2377
52	安徽铜峰电子集团	58015	160262	2225
53	安徽华光玻璃集团	52725	146595	2228
54	安徽巢东集团	52641	143868	4924
福　建				
1	厦门建发集团	2376332	1727467	10592
2	厦门国贸集团	1351347	414160	1244
3	福建省冶金（控股）有限责任公司	1350880	1362859	20578
4	厦门夏商集团	601327	218313	2931
5	福建省煤炭工业集团	516371	830111	22771
6	万利达集团	514942	329767	12691
7	厦门象屿集团	504179	404711	1852
8	福建省汽车工业集团	502973	467605	3353
9	福建建工集团	476218	603155	17107
10	厦门厦工集团	416142	362474	6279
11	福建省轻纺（控股）有限责任公司	408233	673131	11495
12	福建龙工集团	381587	178041	3628
13	升汇投资集团	339923	711240	8917
14	恒安集团	331943	410647	19397
15	紫金矿业集团	307693	561786	4418
16	福建省电子信息集团	307169	556657	5437
17	福建三安集团	295491	597450	2714
18	福耀玻璃工业集团	293378	655051	6072
19	福建石油化工集团	283574	531729	8412
20	福建三木集团	271420	294940	635
21	福州建工集团	250231	161462	9968
22	福建大丰投资集团	245668	98181	22600

邮政编码	地　址	电　话
239300	安徽省滁州市天长市仁和南路 20 号	0550-7308865
230061	安徽省合肥市庐阳区安庆路 310 号	0551-2838334
230022	安徽省合肥市蜀山区梅山路 19 号	0551-2826868
242300	安徽省宣城市宁国市经济技术开发区	0563-4181506
246005	安徽安庆市开发区迎宾大道 16 号区	0556-5357175
230011	安徽省合肥市瑶海区郎溪路 10 号	0551-4521688
242300	安徽宣城市宁国经济开发区	0563-4181880
230061	安徽省合肥市长江中路 330 号	0551-2652485
230001	安徽省合肥市包河区巢湖路 283 号	0551-2653170
236018	安徽省阜阳市莲花路 259 号	0558-2210000
239000	安徽省滁州市扬子工业区	0550-3063688
238076	安徽省巢湖市居巢区黄麓镇	0565-8562648
246300	安徽省潜山县舒州东路 49 号	0556-8925018
230601	安徽省合肥市齐云路 26 号	0551-3821999
244000	安徽省铜陵市石城大道 168 号	0562-2819203
233054	安徽省蚌埠市涂山路 767 号	0552-4083358
238001	安徽省巢湖市长江西路 269 号	0565-2389218

邮政编码	地　址	电　话
361001	福建省厦门市思明区鹭江道 52 号海滨大厦 9 层	0592-2263660
361004	福建省厦门市思明区湖滨南路 388 号国贸大厦 8-18 层	0592-5898537
350001	福建省福州市省府路 1 号	0591-87553584
361004	福建省厦门市思明区厦禾路 939 号 17-18 楼	0592-5891182
350001	福建省福州市省府路 1 号	0591-87550044
361006	福建省厦门市湖里区嘉禾路 618 号	0592-5700999
361006	福建省厦门市湖里区象屿保税区银盛大厦九楼	0592-5603359
350003	福建省福州市华林路 212 号	0591-87843267
350001	福建省福州市五四路 89 号置地广场 36 层	0591-83170000
361004	福建省厦门市思明区禾祥东路 11 号	0592-5170733
350001	福建省福州市省府路 1 号金皇大厦 18 楼	0591-87552758
364000	福建省龙岩市新罗区石桥红岭路 11 号	0597-2522188
361003	福建省厦门市思明区厦禾路海岸街 59 号	0592-5891302
362261	福建省晋江市安海镇恒安工业城	0595-85708713
364200	福建省龙岩市上杭县紫金大道 1 号	0597-3833105
350005	福建省福州市五一北路 169 号福日大厦	0591-83379833
361009	福建省厦门市思明区吕岭路 1721-1725 号	0592-5937086
350301	福建省福清市福耀工业村	0591-85363312
350001	福建省福州市东街 33 号武夷中心十一层	0591-87525308
350005	福建省福州市群众路 93 号	0591-83341508
350004	福建省福州市台江区群众东路 99 号	0591-83305759
350018	福建省福州市仓山城门排下洋	0591-83497668

续表 30

序　号	企业集团名称	营业收入（万元）	资产总计（万元）	从业人员（人）
23	厦门港务控股有限公司	236063	989871	11658
24	福建超大现代农业发展有限公司	230942	644842	12280
25	福建省交通运输（控股）有限责任公司	229357	532333	9811
26	福建省农资集团	214017	122642	655
27	福建省船舶工业集团	198537	426557	3785
28	福建厦门经贸集团	193705	76890	442
29	福建省商业集团	187495	105296	1854
30	福建经纬集团	176416	104758	4340
31	福建天成集团	173957	136863	4418
32	福建六建建工集团	168326	112591	6276
33	福建省亿力电力集团	159909	284248	543
34	中国（福建）对外贸易中心集团	148377	253186	695
35	福建省物资集团	137693	96221	816
36	宝龙集团	136074	285451	2520
37	永恩集团	132587	87524	3957
38	福建新华发行集团	131771	150481	3995
39	福建省机电（控股）有限责任公司	130203	156148	4537
40	南益集团	120434	248015	22581
41	福建二建建设集团	116441	105890	5324
42	厦门银鹭集团	113124	159200	2457
43	正兴车轮集团	107404	143173	2448
44	厦门国际航空港集团	103234	480455	3707
45	福建吉马集团	103179	88584	1416
46	福建省建材（控股）有限责任公司	102914	181561	2620
47	石狮市富贵鸟集团	99061	50399	5025
48	福建省黎明企业集团	97181	87289	1518
49	厦门古龙集团	91887	134042	2063
50	福建实达电脑集团	81605	121453	1935
51	晋江市百宏集团	80613	115386	2358
52	福建永大集团	79238	153058	622
53	厦门星鲨药业集团	76951	56075	1058
54	福建地矿建设集团	69702	60190	2790
55	惠尔康集团	69394	60694	2260
56	福建东百集团	69183	101420	713
57	福建闽南（漳州）经济发展股份有限公司	67084	171122	367
58	福建三农集团	60945	109133	1421
59	福建新大陆科技集团	56423	158402	1235
60	福州一化集团	54616	65550	1353
61	福建凤竹集团	53932	105797	1775
62	福建中旅集团	52862	90257	2518

邮政编码	地　址	电　话
361012	福建省厦门市湖里区东渡路127号	0592-6013616
350003	福建省福州市鼓楼区铜盘路29号	0591-87835933-3135
350001	福建省福州市鼓楼区东水路交通综合大楼东楼21-23f	0591-87077999
350001	福建省福州市鼓楼区尚宾路32号	0591-87551020
350004	福建省福州市群众路27号	0591-83333969
361012	福建省厦门市思明区湖滨北路10号新港广场11层	0592-5312205
350003	福建省福州市中山路23号商业大厦八楼	0591-87850476
350211	福建省长乐市金峰镇六林路	0591-28672101
350001	福建省福州市东街33号武夷中心19层	0591-87503388
350005	福建省福州市鼓楼区龙庭路10号	0591-83334613
350003	福建省福州市北大路133号省物价大厦7层	0591-87023850
350001	福建省福州市五四路71号国贸广场31层	0591-87533575
350003	福建省福州市五四路239号	0591-87851343
361012	福建省厦门市思明区嘉禾路305号宝龙中心二期	0592-5211111
351100	福建省莆田市荔城区畅林村	0594-2782722
350001	福建省福州市鼓楼区五一北路126号	0591-87501312
350001	福建省福州市省府路1号11座三层	0591-87619395
362000	福建省泉州市丰泽区田安北路	0595-22916995
350003	福建省福州市鼓楼区冶山路105号	0591-87823324
361111	福建省厦门市同安区银鹭高科技园区	0592-7177936
363000	福建省漳州市北环城国道319线73公里右侧	0596-2600928
361006	福建省厦门市湖里区高崎国际机场	0592-5708161
363000	福建省漳州市东岳新村33幢3-4楼	0596-2945380
350001	福建省福州市北大路242号	0591-87853455
362700	福建省石狮市长福工业区福林大厦	0595-88702892
350005	福建省福州市白马路黎明街8号	0591-83720618
361004	福建省厦门市思明区禾祥西路4号鸿升大厦18层	0592-2395555-612
350002	福建省福州市洪山园路68号	0591-83703333
362241	福建省晋江市龙湖镇枫林工业区	0595-85228888
363000	福建省漳州市金峰工业区	0596-2528903
361005	福建省厦门市思明区沙坡尾58号	0592-2099061
350003	福建省福州市杨桥路145号	0591-87643509
361100	福建省厦门市同安区汀西镇隘头村	0592-7157504
350001	福建省福州市六一北路84号	0591-83177201
363000	福建省漳州市胜利东路漳州发展广场21层	0596-2671753
365000	福建省三明市梅列区列东街北段1829号	0598-8238008
350005	福建省福州市高桥路26号阳光酒店14层	0591-83330658
350011	福建省福州市晋安区福马路164号	0591-83656440
362200	福建省晋江市青阳镇凤竹工业区	0595-85656841
350001	福建省福州市湖东路171号	0591-87625188

续表 31

序　号	企业集团名称	营业收入（万元）	资产总计（万元）	从业人员（人）
江　西				
1	江西省冶金集团公司	2395894	2030028	48099
2	江西铜业集团公司	2101204	1857346	31752
3	江铃汽车集团公司	1123467	1009468	16587
4	江西钨业集团有限公司	244708	237151	11007
5	江西省建工集团公司	217206	273959	14352
6	江西纺织集团公司	205882	316159	8664
7	江西丰源电力（集团）有限责任公司	204190	360152	4618
8	萍乡矿业集团	194257	436842	26300
9	正邦集团有限公司	182604	74582	2087
10	江西省电子集团公司	180794	348411	14315
11	江西济民可信集团有限公司	126560	79795	3054
12	江西江中制药（集团）有限责任公司	116171	391650	4571
13	凤凰光学集团有限公司	82377	143013	3887
14	博能集团	80467	125617	1700
15	江西省石化集团公司	74418	386005	6673
16	核工业华东建设工程集团公司	68848	63600	3622
17	江西联合重工业集团	57335	69041	2394
山　东				
1	海尔集团	10393583	4214278	52835
2	莱芜钢铁集团有限公司	3938486	3401745	37861
3	济南钢铁集团	3860828	3373483	19214
4	海信集团	3587066	1576488	11688
5	山东魏桥创业集团有限公司	3566927	2569088	110257
6	兖矿集团	2642029	4450874	92695
7	青岛钢铁控股集团有限责任公司	2371843	1306140	14646
8	山东鲁能集团有限公司	2272336	7380494	567
9	山东晨鸣纸业集团	1739299	1780385	16754
10	枣庄矿业（集团）有限责任公司	1622836	1523377	55688
11	山东海化集团	1557148	1396207	18971
12	新汶矿业集团	1528160	2436329	77100
13	中国重型汽车集团有限公司	1515820	1896801	15836
14	山东金锣企业集团总公司	1367061	392687	22829
15	南山集团	1260991	1734525	35602
16	浪潮集团有限公司	1258725	359867	3950
17	山东时风集团	1166781	316614	26077
18	山东如意科技集团	1155240	660591	13715
19	山东滨化集团	1043139	321661	2839
20	青岛啤酒集团	1013565	1095247	27397
21	三联集团	986490	1063993	6351

邮政编码	地　址	电　话
330046	江西省南昌市北京西路 118 号	0791-6260984
335424	江西省鹰潭市贵溪冶金大道 15 号	0701-3777070
330001	江西省南昌市迎宾北大道 666 号	0791-5229200
330046	江西省南昌市北京西路 88 号	0791-6277864
330046	江西省南昌市北京西路 176 号	0791-6224205
330029	江西省南昌市东湖区北京东路 125 号	0791-8334133
330029	江西省南昌市高新开发区火炬大街 188 号	0791-8113839
337000	江西省萍乡市昭萍东路 27 号	0799-6333803
330006	江西省南昌市东湖区南京西路 277 号	0791-6397601
330029	江西省南昌市高新技术产业开发区京东答道 168 号	0791-8161868
330029	江西省南昌市青山湖区顺外路 98 号	0791-8161363
330077	江西省南昌市高新区火炬大道 888 号	0791-8520040
334000	江西省上饶市光学路 1 号	0793-8260788
334000	江西省上饶市信州区抗建路 12 号	0793-8217275
330029	江西省南昌市青山湖区北京东路 98 号	0791-8181831
330046	江西省南昌市西湖区北京西路 160 号	0791-6351393
330001	江西省南昌市青云谱区迎宾大道 913 号	0791-5206968
266103	山东省青岛市高科园海尔路 1 号	0532-88938999
271104	山东省莱芜市钢城区友谊大街 38 号	0634-6821260
250101	山东省济南市历城区工业北路 21 号	0531-88869748
266071	山东省青岛市市南区东海西路 17 号	0532-83878888
256200	山东省滨州市邹平县经济技术开发区魏纺路 1 号	0543-4161111
273500	山东省邹城市凫山南路 298 号	053-75383848
266043	山东省青岛市李沧区遵义路 5 号	0532-84816857
250001	山东省济南市经三路 61 号	0531-86932341
262700	山东省潍坊市寿光市晨鸣工业园	0536-2158000
277000	山东省枣庄市薛城区	0632-4081134
262737	山东省潍坊市滨海经济开发区	0536-5329888
271233	山东省泰安市新泰新汶办事处	0538-7872199
250002	山东省济南市市中区英雄山路 165 号	0531-85582114
276036	山东省临沂市兰山区半程镇	0539-2977800
265718	山东省烟台市龙口市东江镇南山村	0535-8616001
250014	山东省济南市历下区山大路 224 号	0531-85106276
252800	山东省聊城市高唐县时风路 1 号	0635-3953153
272073	山东省济宁市高新区如意工业园	0537-2933032
256600	山东省滨州市黄河五路 560 号	0543-2118069
266071	山东省青岛市香港中路青啤大厦	0532-85711991
250011	山东省济南市趵突泉北路 12 号	0531-86086351-66658

续表 32

序　号	企业集团名称	营业收入（万元）	资产总计（万元）	从业人员（人）
22	华盛江泉集团	917990	816232	18000
23	淄博矿业集团有限责任公司	903100	1046800	20955
24	日照钢铁控股集团有限公司	818013	617328	3846
25	颐中集团	810648	1346089	8214
26	山东省高速公路集团有限公司	808528	4300783	12306
27	双星集团	798887	600912	20276
28	山东工程机械集团	772792	677933	9134
29	华泰集团有限公司	751289	819269	5860
30	万杰集团	746368	1320623	11300
31	山东石横特钢集团有限公司	714566	361385	4769
32	将军烟草集团	693617	829907	3887
33	山东成山橡胶集团	690459	297088	5382
34	山东太阳纸业集团	688447	489153	6490
35	青岛澳柯玛集团	673650	893388	5812
36	山东三箭集团	671168	581982	48781
37	青岛广源发集团	666177	395535	3855
38	山东信发铝电集团	658202	1131049	9256
39	新华鲁抗药业集团有限责任公司	652521	631226	14267
40	山东鲁北企业集团总公司	648383	527135	3196
41	山东省商业集团总公司	625781	1046694	11000
42	三角集团	605415	377895	6015
43	新华锦集团	592897	342063	3660
44	利群集团	583601	260036	4713
45	青岛港集团	571120	1534021	14598
46	科达集团股份有限公司	549103	393504	10160
47	山东五征集团	548699	111365	6805
48	青岛建设集团	546771	627457	9778
49	山东招金集团	530000	523489	11918
50	利华益集团	522829	396036	3060
51	山东博汇集团有限公司	522241	550328	9350
52	山东寿光巨能电力集团	516008	355423	2181
53	山东黄金集团	511623	825286	19038
54	山东泰山钢铁集团	505881	323774	7364
55	山东东明石化集团	505361	279707	2060
56	南金兆集团有限公司	504930	650974	4019
57	山东淄博付山企业集团有限公司	500959	320833	6493
58	万达集团股份有限公司	490626	306879	3182
59	山东华星石油化工集团有限公司	463157	333449	1061
60	肥城矿业集团	460164	759050	22270
61	山东西王集团有限公司	454296	424103	4005

邮政编码	地　址	电　话
276017	山东省临沂市罗庄区工业大道东	0539-7100006
255120	山东省淄博市淄川区江洪山镇般阳东路 215 号	0533-5851344
276806	山东省日照市黄海一路 86 号	0633-8188088
266021	山东省青岛市市北区华阳路 20 号	0532-83804552
250002	山东省济南市舜耕路 21 号	0531-85693533
266002	山东省青岛市贵州路 5 号	0532-82680528
250014	山东济宁市吴泰闸东路 71 号	0531-82623818
257335	山东省东营市广饶县潍高路 251 号	0546-6888721-8853
255213	山东省淄博市博山经济开发区	0533-4654114
271612	山东省泰安市肥城市石横镇	0538-3692510
250100	山东省济南市历城区将军路 80 号	0531-88776007
264300	山东省威海市荣成市南山北路 98 号	0631-7523999
272100	山东省济宁市兖州市西关大街 66	0537-3658710
266510	山东省青岛经济技术开发区前湾港路 315 号	0532-86765688
250100	山东省济南市历城区东外环路中段 2668 号	0531-88326038
266107	山东省青岛市城阳区夏庄街道	0532-87785168
252100	山东省聊城市茌平县北顺河街 241 号	0635-4281517
255032	山东省淄博市张店区新村西路 109 号	0533-2211359
251909	山东省滨州市无棣县埕口镇	0543-6451265
250014	山东省济南市山师东路四号	0531-83175723
264200	山东省威海市青岛中路 56 号	0631-5305566
266071	山东省青岛市东海中路 11 号甲	0532-85967066
266102	山东省青岛市崂山区崂山路 67 号	0532-88807070
266011	山东省青岛市港青路 6 号	0532-82982780
257335	山东省东营市广饶县大王镇	0546-6872883
262300	山东省日照市五莲县长青路 23 号	0633-5321166
266071	山东省青岛市市南区南海支路 5 号	0532-88257767
265400	山东省烟台市招远市文化路 2 号	0535-8227500
257400	山东省东营市利津县大桥路 29 号	0546-5621310
256405	山东省淄博市桓台县马桥镇	0533-8530542
262700	山东省潍坊市寿光市圣城街办渤海路 268 号	0536-5223888
250014	山东省济南市解放路 16 号	0531-88561860
271100	山东莱芜莱城新甫路 1 号	0634-6114430
274500	山东省菏泽市东明县石化大道 27 号	0530-7281888
255419	山东省淄博市临淄区宏鲁工业园	0533-7606789
255084	山东省淄博市高新区卫固镇付山村	0533-3785716
257506	山东省东营市垦利县胜坨镇永莘路 68 号	0546-2063989
257335	山东省东营市广饶县大王镇	0546-6872758
271608	山东省泰安市肥城市王瓜店镇	0538-3127230
256209	山东省滨州市邹平县西王工业园	0543-4610571

续表 33

序 号	企业集团名称	营业收入（万元）	资产总计（万元）	从业人员（人）
62	山东省供销社集团总公司	450282	494063	877
63	力诺集团有限责任公司	445321	684235	10858
64	山东省机械进出口集团	443186	228398	596
65	青岛泰发集团	442818	98349	9300
66	青岛海湾集团	433162	565913	13337
67	潍坊钢铁集团公司	419356	587903	4658
68	烟台万华合成革集团	410415	579731	3480
69	山东山水水泥集团有限公司	400729	440916	5971
70	山东省建设建工（集团）有限责任公司	400000	407331	20476
71	正和集团股份有限公司	389241	176367	2031
72	青岛即发集团	386747	223983	11943
73	龙口矿业集团	385996	403632	13696
74	山东聊城鲁西化工集团	371520	452967	8595
75	山东潍坊百货集团股份有限公司	369804	110767	5144
76	中国轻骑集团	369380	679502	7279
77	日照港（集团）有限公司	350354	1117330	7497
78	山东临清彩虹集团	338147	237607	2292
79	山东只楚集团	335300	170463	4500
80	山东里能集团	324477	769374	3545
81	山东石大科技集团	322435	78352	1321
82	山东西水橡胶集团有限公司	319789	226034	6300
83	得利斯集团有限公司	317682	277601	4316
84	天元建设集团	316013	319216	23239
85	山东九发集团	314112	289394	3580
86	烟台张裕集团	312701	282838	3265
87	山东丛林集团	306742	385580	4231
88	山东凤祥集团	304870	321574	12023
89	山东鲁花集团有限公司	304649	295370	2950
90	山东胜通集团股份有限公司	300172	150789	2200
91	山东航空集团	298594	729462	2656
92	欧美投资集团	293794	164751	2335
93	青岛变压器集团	289650	253162	7139
94	润华集团股份有限公司	288979	250803	667
95	临沂矿务局	284953	363413	10963
96	宏安集团	283762	204995	1280
97	鲁能泰山电缆电器有限责任公司	282840	501398	4567
98	山东金升有色集团有限公司	266054	92882	600
99	山东东岳集团	264650	202596	2380
100	青岛黄海橡胶集团	263415	776280	8741
101	龙大食品集团	260208	195716	20903

邮政编码	地　址	电　话
250013	山东省济南市历下区解放路 26 号	0531-88596607
250103	山东省济南市经十东路 8169 号	0531-88729031
266002	山东省青岛市市南区瞿塘峡路 1 号	0532-82661672
266431	山东青岛市胶南市隐珠镇	0532-83195608
266071	山东省青岛市香港中路 52 号时代广场	0532-85759200
261201	山东省潍坊市奎文区钢城街办	0536-7673828
264002	山东省烟台市芝罘区幸福南路 2 号	0535-6837888
250307	山东省济南市长请区崮山山水工业园	0531-88360186
250014	山东省济南市济王路 164 号	0531-88934871-3023
257342	山东省东营市广饶县石村	0546-6261074-2025
266221	山东省青岛即墨市黄河二路即发工业基地	0532-87569666
265700	山东省烟台市龙口振兴路 249 号	0535-8658830
252000	山东聊城市鲁化路 68 号	0635-8334515
261041	山东省潍坊市胜利东街甲 1 号	0536-8580007
250014	山东省济南市和平路 34 号	0531-86599533
276826	山东省日照市黄海一路 91 号	0633-8382461
252600	山东省聊城市临清市西门里街 384 号	0635-2433520
264002	山东省烟台市芝罘区只楚路 75 号	0535-6530635
273517	山东省济宁市邹城市太平镇里彦	0537-2910011
257061	山东省东营市北二路能源巷 1 号	0546-83951596
257336	山东省东营市广饶县西水磨村	0546-6980800
262216	山东省维坊市诸城市昌城镇得利斯工业园区	0536-6339999
276003	山东省临沂市银雀山路 63 号	0539-8115585
264100	山东省烟台市牟平区牟玉路 1 号	0535-4798203
264000	山东省烟台市芝罘区世回尧路 174 号	0535-6691243
265705	山东省烟台市龙口诸由观镇政府驻地	0535-8563138
252325	山东省聊城市阳谷凤祥工业园	0635-6779260
265200	山东省烟台市莱阳龙门东路 39 号	0535-7288568
257506	山东省东营市垦利县胜坨镇	0546-2065328
250014	山东省济南市二环东路 5746 号	0531-85698673
266071	山东省青岛市市南区东海路 35 号 4 栋 12 层	0532-85717919
266109	山东省青岛市城阳区长城路南段	0532-87716888
250117	山东省济南市经十西路 239 号	0531-87527579
276017	山东省临沂市罗庄区龙潭路东段	0539-7108076
264400	山东省威海文登市横山路 88 号	0631-8088602
271000	山东省泰安市泰山区普照寺路 5 号	0538-8539818
276037	山东省临沂市兰山区南坊	0539-8611213
256401	山东省淄博市桓台县唐山镇	0533-8520204
266041	山东省青岛市李沧区沧安路 1 号	0532-84678777
265209	山东省烟台市莱阳市龙旺庄街道办事处龙大工业园	0535-7717011

续表 34

序 号	企业集团名称	营业收入（万元）	资产总计（万元）	从业人员（人）
102	山东德棉集团	259051	241896	13542
103	山东齐星集团	251044	583133	3445
104	山东香驰豆业集团	250011	83498	416
105	烟台市振华百货集团	249927	118825	2219
106	济宁矿业集团	245714	494422	9910
107	山东华乐集团公司	243503	101203	3600
108	山东联盟化工集团有限公司	243214	160258	3121
109	山东冠鲁集团	239839	202514	20182
110	山东沂州水泥集团总公司	235061	207968	4380
111	山东（临清）银河纸业集团	234735	246079	5150
112	山东大海集团有限公司	232441	195723	4200
113	华鲁控股集团有限公司	228031	472181	3771
114	鲁泰集团	226812	441568	11260
115	青岛汉缆集团	226247	102312	1845
116	青岛市胶州建设集团有限公司	222528	161746	20346
117	威海市金猴集团	220129	80492	2680
118	青岛益佳国际贸易集团	219290	187094	632
119	潍坊巨龙化纤集团	215228	426229	8059
120	好当家集团	213994	244702	3385
121	青岛喜盈门集团	211725	238656	4820
122	山东东辰实业集团有限公司	208939	96286	610
123	山东九羊企业集团总公司	206894	351868	3800
124	山东泸河集团有限公司	206655	100887	2482
125	青岛捷能电工电子集团	206592	321620	3537
126	山东翔龙实业集团	205283	143157	3396
127	青岛九联集团股份有限公司	204904	80974	7800
128	烟台冰轮集团	204840	194095	4579
129	山东蓝星玻璃集团	204053	211001	4807
130	青岛万福集团	203099	72977	3112
131	山东龙喜集团	202564	153726	2570
132	青岛星火纺机纺织集团股份有限公司	201369	74664	2108
133	山东阳谷电缆集团	200715	169487	2005
134	烟台建设集团有限公司	196904	187580	1632
135	烟台有色金属集团	196880	194077	1647
136	山东北金集团有限公司	195293	118215	2500
137	齐鲁制药有限公司（集团）	194225	258659	3988
138	山东省交通工业集团总公司	191109	274600	4942
139	新牟国际集团	189715	330580	5425
140	山东照东方纸业集团	189293	144601	2600
141	正海集团	188770	341472	1752

邮政编码	地　址	电　话
253002	山东省德州市顺河西路 18 号	0534-2436001
256200	山东省滨州市邹平县黛溪三路 69 号	0543-4301168
256505	山东省滨州市博兴县博城五路 172 号	0543-2510047
264000	山东省烟台市芝罘区西大街八号	0535-6584288
272000	山东省济宁市供销路 25 号	0537-2379009
253614	山东省德州市乐陵市寨头堡乡	0534-6708838
262700	山东省潍坊市寿光市建新街 199 号	0536-5201201
273300	山东省临沂市平邑县浚河路 207 号	0539-4228668
276018	山东省临沂市罗庄区付庄镇	0539-8928027
252600	山东省聊城市临清市西门里街 297 号	0635-2432919
257336	山东省东营市广饶县稻庄镇	0546-6495320
250000	山东省济南市榜棚街	0531-86118827
255100	山东省淄博市淄川区松龄路 81 号	0533-5285166
266102	山东省青岛市崂山区汉河	0532-88818466
266300	山东省青岛市胶州市福州南路 92 号	0532-87212796
264200	山东省威海市和平路 106 号	0631-5289210
266071	山东省青岛市香港中路 6 号世贸中心 A 座	0532-85918278
261100	山东省潍坊市寒亭区海龙路 555 号	0536-2275129
264305	山东省威海市荣成市好当家工业园区	0631-7438002
266109	山东省青岛市城阳区正阳街 188 号	0532-87869888
257506	山东省东营市垦利县胜坨镇	0546-2068589
271118	山东莱芜莱城	0634-6521333
262216	山东省维坊市诸城市昌城镇道口	0536-6336001
266042	山东省青岛市四方区四流南路 102 号	0532-86125356
276004	山东省临沂市沂蒙路 352 号	0539-8328689
266611	山东省青岛莱西市上海西路	0532-87461243
264000	山东省烟台市芝罘区西山路 80 号	0535-6243451
264205	山东省威海市经区环山路西	0631-5997778
266600	山东省青岛市莱西市威海路 68 号	0532-88438762
265705	山东省烟台市龙口市诸由观镇西台村	0535-8565858
266425	山东省青岛市胶南市王台镇	0532-83131059
252311	山东省聊城市阳谷县西湖 14 号	0635-2155325
264000	山东省烟台市芝罘南洪街 100 号	0535-6657689
264002	山东省烟台市芝罘区幸福中路 178 号	0535-6530629
255419	山东省淄博市临淄区凤凰镇北金村	0533-7602106
250100	山东省济南市高新区七里河路北段 2 号	0531-83126883
250031	山东省济南市天桥区济洛路 168 号	0531-88321317
264100	山东省烟台市牟平区通海路 250 号	0535-4259560
253109	山东省德州市平原县王凤楼工业	0534-2168015
264006	山东省烟台市经济技术开发区珠江路 22 号	0535-6397105

续表 35

序　号	企业集团名称	营业收入（万元）	资产总计（万元）	从业人员（人）
142	青岛维客集团	182039	89360	2367
143	泰丰纺织集团	181330	146279	6300
144	济南华达企业集团总公司	175201	190601	1564
145	山东岱银纺织集团	174670	82367	5720
146	山东省高唐蓝山集团	173058	120883	2088
147	山东亚光纺织集团	171306	252812	6762
148	泰开电气集团有限公司	170090	121505	3254
149	山东金宇建筑集团	169934	185262	9486
150	山东恒源石油化工集团	165214	149044	2387
151	山东省冠县冠星纺织集团	164867	59158	3050
152	山东新郎希努尔集团股份有限公司	162386	155728	3658
153	山东靖海实业集团	158116	63210	3300
154	菱花集团	158103	130749	6800
155	青岛康大外贸集团有限公司	156555	70941	981
156	山东华夏集团	154074	75690	1500
157	山东绮丽集团	152675	86377	2363
158	山东华金集团	152051	181072	4478
159	山东华丰企业集团	150168	156542	4660
160	山东金顺达集团有限公司	150017	158055	2306
161	山东金沂蒙集团有限公司	150016	67394	2002
162	山东隆基集团有限公司	149436	76701	3200
163	山东金岭集团公司	146700	116247	1568
164	青岛红星化工集团	146673	331520	6119
165	山东华瑞集团	146625	105221	2032
166	山东汽车工业集团有限公司	146301	135194	6691
167	山东华力电机集团	145272	63526	2227
168	济南四建（集团）有限责任公司	142637	169474	13079
169	金晶（集团）有限公司	140970	312187	1814
170	日照市水产集团总公司	140823	106750	3835
171	山东桑莎制衣集团	140201	96005	2085
172	山东德齐龙化工集团	135868	174202	2500
173	潍坊亚星集团	135495	250360	2685
174	山东渤海活塞集团有限责任公司	135461	172986	4571
175	济南华联商厦集团股份有限公司	134288	89857	648
176	山东华阳农药化工集团	132958	192346	8478
177	兰雁集团	132905	175447	4838
178	山东德州百货大楼（集团）有限责任公司	132860	52369	2100
179	烟台东方电子信息产业集团	132438	219425	2002
180	威海北洋电气集团	132056	88655	2693
181	济南锅炉集团有限公司	130090	308281	2075

邮政编码	地　　址	电　　话
266100	山东省青岛市李沧区向阳路65号	0532-87618888-3072
271100	山东省莱芜市大桥路63号	0634-8856668
250014	山东省济南市历下和平路中段燕山小区中心公建	0531-88932999
271000	山东省泰安市泰山区东岳大街东首	0538-6122011
252800	山东省聊城市高唐滨湖北路2号	0635-3962186
256651	山东省滨州市滨城区滨北镇经二路8号	0543-3512878
271000	山东省泰安市泰山区高新技术开发区	0538-8514044
257335	山东省东营市广饶县大王镇	0546-6858986
251500	山东省德州市临邑县恒源路111号	0534-4233715
252500	山东省聊城市冠县冠城镇振兴东路221号	0635-5281013
262200	山东省维坊市诸城市东外环路北首	0536-6081356
264307	山东省威海市荣成市人和镇沙窝岛	0631-7461294
272073	山东省济宁市开发区柳行	0537-2085100
266400	山东省青岛市胶南经济开发区	0532-86172907
264205	山东省威海市经济技术开发区华夏工业园	0631-5983619
266071	山东省青岛市市南区南京路2号	0532-85797010
273201	山东省济宁市泗水县金庄	0537-4036821
276005	山东省临沂市兰山区	0539-8295971
255419	山东省淄博市临淄区凤凰镇东召西村	0533-7600849
276700	山东省临沂市临沭县兴大西街99号	0539-6268012
265700	山东省烟台市龙港开发区隆基路1号	0535-8842175
257335	山东省东营市广饶县大王镇	0546-6881718
266011	山东省青岛市济阳路8号	0532-82850016
274012	山东省菏泽市丹阳路204号	0530-5335371
250011	山东省济南市历下区泺源大街53号	0531-86155069
264300	山东省威海市荣成市明珠路89号	0631-7551153
250031	山东省济南市济洛路163号	0531-85953151
255200	山东省淄博市博山区双山街216号	0533-4180805
276826	山东省日照市北京路231号	0633-2219668
262200	山东省维坊市诸城市广场路16号	0536-6212934
253100	山东省德州市平原县立交东路15号	0534-4381625
261031	山东省潍坊市奎文区鸢飞路899号	0536-8591026
256602	山东省滨州市渤海二十路999号	0543-3289000
250021	山东省济南市经二路571号	0531-87082966
271411	山东省泰安市宁阳县磁窑镇	0538-5826001
255300	山东省淄博市周村区东门路161号	0533-6432862
253013	山东省德州市湖滨南路14号	0534-2693702
264000	山东省烟台市芝罘区市世回尧路228号	0535-6582508
264200	山东省威海市新威路11号	0631-5231031
250023	山东省济南市天桥区黄岗路8号	0531-85974222-6452

续表 36

序　号	企业集团名称	营业收入（万元）	资产总计（万元）	从业人员（人）
182	山东宏祥化纤集团	129889	55454	426
183	山东天府集团公司	128917	100117	2100
184	青岛海晶化工集团	127191	112857	2078
185	山东省鲁州食品集团有限公司	127173	73539	3885
186	赤山集团	126970	122349	3000
187	威高集团	125252	175560	5696
188	青岛纺联集团	124495	203500	9661
189	青岛泰能燃气集团	123901	448772	2416
190	信义集团公司	123690	138659	2016
191	山东大成化工集团有限公司	120566	162731	4972
192	山东金麒麟集团	120399	105372	1950
193	山东中大空调集团	120067	95816	1899
194	山东常林机械集团	119874	69558	3798
195	青岛正进集团	116812	145269	4878
196	威海建设集团	114593	127803	3108
197	邹平怡康集团有限公司	113016	141449	729
198	山东乐悟集团	110876	121823	2000
199	鲁南制药集团股份有限公司	110399	256849	2816
200	日照兴业集团有限公司	110357	115746	1712
201	青特集团有限公司	106381	162024	2012
202	山东鲁通集团	104840	197483	2863
203	临沂市医药集团总公司	104652	69664	3480
204	山东崔军集团公司	103317	62545	3960
205	鲁丽集团有限公司	102811	80779	3500
206	烟台氨纶集团	102290	154327	907
207	德州晶华集团	102207	377452	8458
208	山东谷神集团	101808	58304	1268
209	山东禹王集团	101514	56581	966
210	济南一建集团	101431	193415	8724
211	烟台恒邦集团	100901	94196	2165
212	山东贺友集团	100648	83813	1359
213	山东通裕集团	100640	70861	690
214	山东省鲁信投资控股集团有限公司	98776	2111703	418
215	青岛金王集团	96832	71659	2129
216	菏泽交通集团总公司	95968	101940	8179
217	鲁中冶金矿业集团公司	95843	113891	4949
218	潍坊昌大建设集团	93206	122013	1337
219	大众报业集团	92577	172171	2628
220	青岛天泰集团	92480	265174	1038
221	威海光威集团	92301	79605	4178

邮政编码	地　址	电　话
253500	山东省德州市陵县经济开发区	0534-8261351
265217	山东省烟台市莱阳市团旺镇驻地	0535-7541002
266042	山东省青岛市四方区唐河路 8 号	0532-88086216
276400	山东省临沂市沂水县鲁州路 18 号	0539-2323019
264308	山东省威海市荣成市黄海中路 218 号	0631-7321100
264209	山东省威海市世昌大道 312	0631-5622517
266011	山东省青岛市市北区馆陶路 3 号	0532-82801164
266071	山东省青岛市宁夏路 123 号	0532-86688882
257335	山东省东营市广饶县大王镇	0546-6881189
255009	山东省淄博市张店区洪沟路 25 号	0533-2111999
253600	山东省德州市乐陵枣城北大街 84 号	0534-2119918
253022	山东省德州市经济开发区晶华路	0534-2299210
276700	山东省临沂市临沭县常林西大街 112 号	0539-6260989
266109	山东省青岛市城阳区双元路 18 号	0532-87726633
264200	山东省威海市昆明路 13 号	0631-5224880
256200	山东省滨州市邹平会仙二路 1208	0543-4306596
253500	山东省德州市陵县经济开发区	0534-8228396
276005	山东省临沂市红旗路 209 号	0539-8336079
276800	山东省日照市海曲东路 70 号	0633-3698876
266109	山东省青岛市城阳区不其路 25 号	0532-87865678
250001	山东省济南市经三路 77 号	0531-86052191
276003	山东省临沂市解放路东段	0539-8211709
255051	山东省淄博市张店区南定镇崔军村	0533-2982414
262724	山东省潍坊市寿光市侯镇西河南村	0536-5361300
264006	山东省烟台市开发区黑龙江路 10 号	0535-6375445
253007	山东省德州市湖滨南路 55 号	0534-2612213
253500	山东省德州市陵县经济开发区	0534-8321437
251200	山东省德州地区禹城市通衢路北首	0534-7420820
250100	山东省济南市工业北路 295 号	0531-88617000
264100	山东省烟台市牟平区北关大街 33 号	0535-4266539
251200	山东省德州地区禹城市贺友路 1 号	0534-2128132
251200	山东省德州地区禹城市房寺镇	0534-7520698
250013	山东省济南市历下区解放路 166 号	0531-86566950
266071	山东省青岛市辽宁路 280 号	0532-85718989
274000	山东省菏泽市黄河路 758 号	0530-3968076
271113	山东省莱芜市莱城区张家洼街道办事处	0634-6811238
261031	山东省潍坊市奎文区潍州路 696 号	0536-2108288
250014	山东省济南市经十路 46 号	0531-85196068
266100	山东省青岛市香港东路 99 号	0532-88016363
264202	山东省威海世昌大道 265 号	0631-5251625

续表 37

序　号	企业集团名称	营业收入（万元）	资产总计（万元）	从业人员（人）
222	济南二机床集团有限公司	92272	134531	4647
223	山东聊建集团总公司	90279	136685	3609
224	耶莉娅集团	89542	55678	3412
225	山东齐鲁味精集团	88310	66996	2674
226	山东齐天化学集团	88015	64131	1579
227	山东樱花纺织集团	87165	147248	6035
228	山东宏河矿业集团有限公司	87144	132334	7416
229	翔宇实业集团有限公司	86342	79242	427
230	山东光大电力集团	85546	81025	1804
231	山东滨州环宇纺织集团有限责任公司	85442	107397	3900
232	烟台三环锁业集团	83791	50900	4976
233	方圆集团	83616	82914	3421
234	青岛交运集团	82055	116557	6674
235	山东乐化集团有限公司	81361	80068	2600
236	青岛红领集团有限公司	79766	117957	3751
237	山东凤阳集团股份有限公司	79169	81784	590
238	青岛三恩集团有限公司	78409	62822	2015
239	山东裕隆矿业集团	78080	104526	4764
240	泰山体育产业集团	76314	72132	1817
241	烟台交运集团有限公司	75156	94805	3658
242	青岛公交集团	75046	139740	13234
243	威海华联集团公司	74821	51237	2137
244	山东永泰化工集团有限公司	74597	81812	1820
245	山东省高青县供销企业集团总公司	73911	100664	3124
246	山东省医药集团有限公司	72378	66833	2407
247	青岛市市政工程集团有限公司	71281	144274	1541
248	青岛东生集团公司	70715	97193	2362
249	山东石岛水产集团	70241	140835	2152
250	山东滨州印染集团有限责任公司	68809	115970	2286
251	山东兴创纸业集团有限公司	68605	56238	2126
252	烟台港集团有限公司	68327	310192	7496
253	潍坊迈特钢管集团有限公司	67419	60920	861
254	山东绿源化工集团	66788	52874	985
255	济南齐鲁化纤集团	66388	62624	8321
256	山东齐峰化轻集团有限公司	66297	99814	854
257	山东高虹电力集团	65667	58245	2680
258	青岛中泰集团有限责任公司	65320	55192	1426
259	德州皇明太阳能集团	64540	69777	2030
260	山东佳宝集团有限公司	64270	83056	2041
261	威海市山花地毯集团	64116	54504	2059

邮政编码	地　　址	电　　话
250022	山东省济南市槐荫区机床二厂路 4 号	0531-87118686
252000	山东省聊城市东昌东路 139 号	065-8266032
261021	山东省潍坊市潍城区北宫西街 126 号	0536-8957833
252100	山东省聊城市茌平齐鲁生态工业园	0635-4232231
272021	山东省济宁市太白西路	0537-2782042
272035	山东省济宁市太白东路 30 号	0537-2388016
273514	山东省济宁市邹城市平阳寺镇横河村	0537-5305112
276004	山东省临沂市金源路 307 号	0539-2958901
251200	山东省德州地区禹城市人民路 339 号	0534-7268923
256617	山东省滨州市渤海三路 524 号	0543-3209385
264000	山东省烟台市芝罘区西南河路 47 号	0535-6254401-223
265100	山东省烟台市海阳市面上方圆工业园	0535-6221111
266034	山东省青岛市市北区无棣路 4 号	0532-86661868
262412	山东省潍坊市昌乐县红河镇工业园	0536-6681427
266200	山东省青岛市即墨市红领大街 17 号	0532-88598017
255300	山东省淄博市周村区凤阳路 138 号	0533-6452436
266109	山东省青岛市城阳区 204 路 123 号	0532-87869228
273100	山东省济宁市曲阜市天华路 2 号	0537-4401083-8015
253600	山东省德州市乐陵市经济开发区	0534-6295888
264000	山东省烟台市开发区衡山路 58 号	0535-6937019
266071	山东省青岛市市南区香港中路 73 号	0532-85928708
264200	山东省威海市新威路 58 号	0631-5222888-3168
257335	山东省东营市广饶县大王镇	0546-6891586
256300	山东省淄博市高青县县城黄河路 82 号	0533-6961560
250013	山东省济南市解放路 11 号	0531-80660011
266003	山东省青岛市市南区龙江路 25 号	0532-82870764
266600	山东省青岛莱西市威海东路 80 号	0532-88489784
264309	山东省威海市荣成市石岛区黄海路 118 号	0631-7382248
256617	山东滨州市黄河二路 819 号	0543-3288402
262218	山东省维坊市兴创产业园兴中路 38 号	0536-6521311
264000	山东省烟台市北马路 155 号	0535-6742134
261011	山东省维坊市潍城区春鸢路 28 号	0536-8187070
253500	山东德州市陵县开发区	0534-8261715
250100	山东省济南市历下区化纤厂路 6 号	0531-88068371
255432	山东省淄博市临淄区朱台镇朱台路 22 号	0533-7780161
264300	山东省威海市荣成市成山大道东首	0631-7597124
266042	山东省青岛市四流南路 126 号	0532-84962030
253023	山东省德州市德城区湖滨北路 37 号	0534-2312771
250002	山东省济南市市中区六里山南路 30 号	0531-82707904
264200	山东省威海市和平路 113 号	0631-5980861

续表 38

序　号	企业集团名称	营业收入（万元）	资产总计（万元）	从业人员（人）
262	临沂桃源集团有限责任公司	62483	81405	2901
263	山东东佳集团	61922	87007	2020
264	青岛一木集团有限责任公司	60222	144214	997
265	山东矿机集团有限公司	59347	67495	968
266	山东环日集团	58340	50313	3250
267	青岛海润自来水集团	58067	213544	2081
268	山东新光实业集团有限公司	58003	103554	3097
269	山东贵和纸业集团有限公司	56857	90088	923
270	海马集团公司	56687	69809	2321
271	威海木机集团	55980	89910	3910
272	山东省物资集团总公司	55766	92403	929
273	青岛海珊服装服饰集团	55183	97097	3949
274	青岛融商投资发展集团有限公司	54351	80659	905
275	山东省丝绸集团有限公司	53657	355703	6377
276	泛海集团	53320	1258550	1251
277	淄博华辰集团有限责任公司	53210	76340	3236
278	山东王晁煤电集团有限公司	52651	69616	2872
279	山东省对外贸易集团	52213	57727	435
280	泰山集团股份有限公司	51082	70247	1598
281	青岛麦迪绅集团股份有限公司	50742	57688	102
282	山东华盛中天机械集团有限公司	50708	71686	1493
283	山东省微山湖矿业集团	50473	78084	3556
284	青岛热电集团	50274	146969	2132
河　南				
1	安阳钢铁集团	2040000	1750000	33194
2	河南省漯河市双汇实业集团	2018654	609400	35501
3	平顶山煤业集团	1631709	1919209	134407
4	永城煤电集团	1165397	1340243	25251
5	中国第一拖拉机工程机械集团	795688	755687	22136
6	郑州宇通企业集团	789738	599216	10370
7	伊川电力集团	673446	1571626	5238
8	义马煤业（集团）	597919	892187	48858
9	中国神马集团	597036	750018	13644
10	洛阳新安电力集团	578841	723407	9671
11	河南神火集团	545688	857568	17119
12	金龙铜管集团	530087	418544	3610
13	许继集团	518129	1059222	4636
14	许昌卷烟总厂	506002	477898	4053
15	河南新郑烟草（集团）公司	495582	397294	3655
16	鹤壁煤业（集团）	481578	564177	43838

邮政编码	地　　址	电　　话
276003	山东省临沂市金雀山路 130 号	0539–8107346
255200	山东省淄博市博山区山头镇秋谷横里河 55 号	0533–4180979
266031	山东省青岛市四方区	0532–83757075
262400	山东省潍坊市昌乐县城建设路 8 号	0536–6228254
261413	山东省烟台市莱州土山镇潘家村	0535–2335206
266002	山东省青岛市太平路 55 号	0352–86017039
276017	山东省临沂市罗庄区罗六路	0539–8288820
256408	山东省淄博市桓台县章索路 5 号	0533–8086990
264200	山东省威海市和平路 110 号	0631–5225880
264205	山东省威海市齐鲁大道 642 号	0631–5925136
250021	山东省济南市经六路 245 号	0531–87945026
266071	山东省青岛市市南区宁夏路 266 号	0532–85768911
266100	山东省青岛市崂山区创业大厦	0532–83864885
250001	山东省济南市永庆街 2 号	0531–86106885
261041	山东省潍坊市鸢飞路 529 号	0536–8250797
255086	山东省淄博市开发工业园	0533–3581118
277400	山东省枣庄市台儿庄区长捷路	0632–6619289
266002	山东省青岛市市南区太平路 51 号	0532–82971188
271000	山东省泰安市高新技术开发区长城路中段	0538–6619610
266071	山东省青岛市市南区江西路 105 号	0532–85721707
276017	山东省临沂市高新区中天路 1 号	0539–8488658
277600	山东省济宁市微山县欢城镇	0537–8610112
266034	山东省青岛市市北区南京路 262 号	0532–86661299

邮政编码	地　　址	电　　话
455004	河南省安阳市殷都区梅园庄	0372–3122219
462000	河南省漯河市双汇路 1 号	0395–2676321
467000	河南省平顶山市矿工中路 21 号	0375–2921770
476600	河南省永城市光明路中段	0370–5197886
471004	河南省洛阳市涧西区建设路 154 号	0379–64967280
450061	河南省郑州市管城区十八里河宇通工业园	0371–66718892
471300	河南省洛阳市伊川县城人民西路 12 号	0379–68303221
472300	河南省三门峡市义马市千秋路 6 号	0398–5898365
467000	河南省平顶山市建设路中段 63 号	0375–3921901
471832	河南省洛阳市新安县铁门镇	0379–67332057
476600	河南省商丘市永城市光明路中段	0370–5982995
453000	河南省新乡市人民西路 191 号	0373–2682802
461000	河南省许昌市许继大道 38 号	0374–3212286
461000	河南省许昌市帝豪路 666 号	0374–3351268
451150	河南省郑州市新郑市烟厂大街 16 号	0371–62619838
458000	河南省鹤壁市山城区红旗街 98 号	0392–2911012

续表 39

序　号	企业集团名称	营业收入（万元）	资产总计（万元）	从业人员（人）
17	郑州煤炭工业（集团）	454179	722134	38185
18	焦作煤业（集团）有限责任公司	431353	450785	32516
19	河南济源钢铁（集团）	427964	320460	4772
20	河南安彩集团	411131	1111503	10138
21	河南豫光金铅集团	402173	270092	4947
22	河南省莲花味精集团	388015	605850	15952
23	河南新飞电器（集团）	386566	380214	5308
24	登封电厂集团	375344	633732	8135
25	河南轮胎集团	374464	391620	5255
26	洛阳栾川钼业集团	368064	242594	3882
27	河南物资集团	346743	235166	3406
28	河南省南街村集团	328281	182008	13322
29	郑州卷烟总厂	304245	298514	2221
30	河南黄河实业集团	302697	224260	4125
31	河南豫联能源集团	288480	436557	4404
32	焦作市万方集团	271934	355275	3732
33	河南省华中医药集团	248036	249228	4370
34	河南省定角企业集团	241355	148121	3500
35	河南华英禽业集团	240911	81760	5800
36	河南辅仁集团	237198	256054	8786
37	河南省商电铝业集团	226907	250699	4640
38	漯河市汇通集团	224852	100585	3652
39	河南鞋城皮革集团	207904	157629	4827
40	平高集团	193181	467998	4529
41	金星啤酒集团	187685	157124	5324
42	河南蓝天集团	185777	705130	4439
43	漯河银鸽实业集团	182840	196353	3997
44	河南新野纺织集团	180544	139592	8535
45	河南粮油食品进出口集团	178699	91083	812
46	河南省西保集团	178236	105268	2687
47	河南天冠企业集团	176873	235595	4820
48	河南省中联集团	168004	365993	19574
49	焦作市黄河集团	162941	79745	5000
50	新乡白鹭化纤集团	158841	393348	9320
51	天瑞集团有限公司	156240	369238	8525
52	中国洛阳浮法玻璃集团	155149	416272	7328
53	开封机电集团	154070	101620	402
54	西峡县龙成集团	151683	164233	2535
55	郑州交通运输集团	149234	147379	7196
56	河南森源集团公司	142108	55823	2746

邮政编码	地　址	电　话
452371	河南省郑州市郑州矿区西街一号	0371-69782700
454002	河南省焦作市解放中路 239 号	0391-3532715
454650	河南省济源市天坛区济水大街 205 号	0391-6688018
455000	河南省安阳市中州路南段	0372-3932916
454650	河南省济源市济水大街中段 525 号	0391-665979
466200	河南省周口市项城市莲花大道 18 号	0394-4298868
453002	河南省新乡市红旗区北干道 370 号	0373-5119701
452477	河南省郑州市登封市阳城工业区	0371-2952301
454003	河南省焦作市焦东南路 48 号	0391-3999331
471500	河南省洛阳市栾川县城君山西路 374 号	0379-66819822
450008	河南省郑州市政七街 4 号	0371-65953441
462600	河南省漯河市临颍县城关镇南街村	0395-8851353
450000	河南省郑州市陇海东路 72 号	0371-66393238
461500	河南省许昌市长葛市人民路 200 号	0374-6108891
451200	河南省郑州市巩义市新华路 31 号	0371-64569068
454003	河南省焦作市塔南路 160 号	0391-3903899
463000	河南省驻马店市光明路 2 号	0396-3823266
456592	河南省林州市姚村定角	0372-6518580
465150	河南省信阳市潢川县跃进东路 308 号	0397-3931030
466334	河南省周口市鹿邑县玄武经济开发区	0394-7585084
476000	河南省商丘市青年路 251 号	0370-2806860
462000	河南省漯河市漯舞路 106 号	0395-2116398
477293	河南省周口市鹿邑县玄武镇	0394-7588189
467001	河南省平顶山市南环东路 22 号	0375-3804582
450009	河南省郑州市管城区新郑路 188 号	0371-66720053
463000	河南省驻马店解放路 68 号	0396-2958011
462000	河南省漯河市人民东路 95 号	0395-2355016
473500	河南省南阳市新野县书院路 15 号	0377-66221552
450002	河南省郑州市经七路 23 号	0371--63944901
474500	河南省南阳市西峡县仲景路 412 号	0377-64691030
473000	河南省南阳市建设路 16 号	0377-63036626
450003	河南省郑州市经四路 3 号	0371-65990898
454981	河南省焦作市武陟县西陶镇西滑封村	0391-7566639
453011	河南省新乡市凤泉区锦园路	0373-3978902
467500	河南省汝州市丹阳路 28 号	0375-6032203
471009	河南省洛阳市西工区唐宫中路 9 号	0379-63908632
475002	河南省开封市东京大道路北	0378-2585909
474500	河南省南阳市西峡县仲景大道	0377-64693899
450052	河南省郑州市二七区交通路 133 号	0371-66776900
461500	河南省许昌市长葛市人民路北段	0374-6108359

续表 40

序 号	企业集团名称	营业收入（万元）	资产总计（万元）	从业人员（人）
57	郑州煤矿机械集团	139993	122572	3246
58	河南环宇集团	138257	174505	8760
59	河南省郸城财鑫集团	137430	81010	3028
60	三门峡天元铝业（集团）	134643	180747	2305
61	河南省淅川铝业（集团）有限公司	132958	72375	1152
62	河南众品食业股份有限公司	130983	59079	1250
63	焦作电力集团	126423	93769	907
64	河南省华林塑料集团	125877	356316	1857
65	河南省科迪食品集团	121596	163650	5580
66	河南省北徐（集团）	117332	89439	2758
67	河南嵩岳集团	117084	208419	15748
68	洛阳白马集团	114450	152554	6136
69	南阳纺织集团	114355	134003	7325
70	河南省中原大化集团	112632	242499	2318
71	河南省龙云集团	108472	79314	2726
72	建业住宅集团	103297	264989	1455
73	安阳化学工业集团	102787	184602	3453
74	南阳防爆集团	102568	75945	3021
75	新乡新亚纸业集团	98610	115730	3580
76	河南六建建筑集团	96530	91084	10464
77	河南邦杰集团	93224	93030	1600
78	河南鑫旺集团	91101	130479	2460
79	濮阳三强电力集团	84160	131570	6282
80	河南日报报业集团	79342	121098	8163
81	少林汽车集团	78865	94534	2157
82	中国河南国际合作集团	77885	70240	237
83	郑州燃气集团	74357	208372	1696
84	河南飘安集团	70063	79466	2300
85	河南金山化工集团	69968	72737	2500
86	河南省宛西制药股份有限公司	69135	103030	5293
87	郑州三全食品股份有限公司	67114	63644	9100
88	河南省宏力集团	66538	118869	4289
89	沁阳市铝电集团	65096	175036	2899
90	河南中轴集团	63948	54048	2532
91	洛阳路桥建设集团有限责任公司	62646	65344	8926
92	河南科隆电器股份有限公司	62231	76283	871
93	三门峡黄河明珠集团	61736	160478	3493
94	卫华集团	61204	62042	3348
95	南阳金冠集团	53237	159529	3586
96	河南思念食品股份有限公司	51898	116054	5000
97	安阳市昌泰纺织有限责任公司	50877	82038	3438

邮政编码	地　　址	电　　话
450013	河南省郑州市华山路 105 号	0371-67891059
453002	河南省新乡市环宇大道三里桥	0373-2688066
477150	河南省周口市郸城县城关镇东环路 37 号	0394-3196638
472000	河南省三门峡市东风南路 10 号	0398-2916517
474450	河南省南阳市淅川县灌河路 406 号	0377-64260907
461500	河南省许昌市长葛市长社路 21 号	0374-6226316
454001	河南省焦作市解放区建设西路 1 号	0391-3522578
466700	河南省周口市淮阳县西城区华林工业园	0394-2678088
476343	河南省商丘市虞城县利民镇工贸区 18 号	0370-4471305
462609	河南省漯河市临颍县杜曲镇北徐庄村	0395-8166053
450007	河南省郑州市棉纺西路 1-1 号	0371-67974917
471009	河南省洛阳市纱厂西路 60 号	0379-63171224
473125	河南省南阳市长江路 200 号	0377-63112659
457004	河南省濮阳市人民路 98 号	0393-8956436
462600	河南省漯河市临颍县杜曲镇	0395-8166086
450002	河南省郑州市建业路建业城市花园 88 号	0371-66529216
455133	河南省安阳市龙安区漳武街	0372-5400888
473008	河南省南阳市仲景路	0377-63258302
453731	河南省新乡市新乡县七里营镇新庄村	0373-5681188
471000	河南省洛阳市中州中路 497 号	0379-63346998
466002	河南省周口市邦杰路 9 号	0394-8383542
451263	河南省巩义市米河镇	0371-64335913
457000	河南省濮阳市胜利西 249 号三强大厦	0393-8968056
450008	河南省郑州市农业路东段 28 号	0371-65795618
450100	河南省荥阳市京城路 001 号	0371-64618210
450004	河南省郑州市东明路北 11 号	0371-66360275
450006	河南省郑州市陇海西路 352 号	0371-6881078
453400	河南省长垣县飘安工业园	0373-8701792
454750	河南省焦作市孟州西工区	0391-8192831
474500	河南省南阳市西峡县仲景大道 168 号	0377-64665688
450044	河南省郑州市惠济区综合投资区长兴路 28 号	0371-63984891
453400	河南省新乡市长垣县建蒲路中段	0373-8888300
454591	河南省沁阳市西向镇沁北工业区	0391-5090702-2430
454003	河南省焦作市建设东路 137 号	0391-3933051
471000	河南省洛阳市九都路 12 号	0379-63231742
453000	河南省新乡市化工路 25 号	0373-5068937
472000	河南省三门峡市崤山路中段	0398-2992350
453400	河南省新乡市长垣县文明西路工业园区	0373-8887658
473000	河南省南阳市中州路 366 号	0377-62080862
450008	河南省郑州市水科路北侧	0371-5697081
455100	河南省安阳市新市政府南	0372-2517060

续表 41

序　号	企业集团名称	营业收入（万元）	资产总计（万元）	从业人员（人）
湖　北				
1	东风汽车公司	11662245	12981335	129025
2	武汉钢铁（集团）公司	5520876	7109864	95824
3	中国长江航运集团	1870428	2224359	48719
4	中国长江三峡工程开发总公司	1400267	15000705	9151
5	武汉烟草集团	1107034	1127383	5458
6	中国葛洲坝水利水电工程集团	980000	1530000	34933
7	湖北宜化集团	638194	696217	9071
8	武汉中百集团	527843	305389	8923
9	三环集团	456428	731287	17108
10	武汉武商集团	454877	327440	7683
11	湖北圣泽集团	345608	163401	1376
12	汉江水利水电集团	320351	537542	9734
13	武汉锅炉集团	300941	565055	3346
14	湖北联谊实业集团	276268	127963	305
15	华新集团	263949	626254	7599
16	湖北楚源集团	252614	141195	5810
17	武汉邮电科学研究院	248350	595181	6825
18	武汉中商集团	236218	234112	4946
19	武汉新八建筑集团	204126	54081	13140
20	沙隆达集团	187119	235804	5570
21	湖北山河建工集团	182382	85179	14301
22	武汉建工集团	172892	285367	1602
23	宜昌兴发集团	163136	312447	4607
24	武汉地产开发投资集团	162650	555628	632
25	湖北双环化工集团	142529	338010	3551
26	中国长江动力集团	128000	258353	3115
27	武汉市公共交通集团	127879	161091	18243
28	京山轻机集团	116131	173927	2773
29	湖北孝棉实业集团	111095	104780	5200
30	武汉华中科技大产业集团	109643	233595	5695
31	黄石东贝机电集团	98646	133862	4095
32	湖北天发集团	95889	521267	2552
33	湖北省工业建筑总承包集团	94819	127470	17506
34	湖北金安集团	93922	172702	4355
35	武汉健民药业集团	91302	106097	937
36	武汉一棉集团	88321	96023	3970
37	武汉葛化集团	87794	130842	3072
38	湖北化纤集团	87121	213538	4679
39	武汉人福高科技集团	74790	204492	2701

邮政编码	地　址	电　话
430015	湖北省武汉市汉口建设大道 747 号	027-84285000
430083	湖北省武汉市青山区厂前	027-86863718
430021	湖北省武汉市沿江大道 69 号	027-82833391
443002	湖北省宜昌市西坝建设路 1 号	0717-6276666
430051	湖北省武汉市汉阳区广升路 22 号	027-68848384
443002	湖北省宜昌市清波路 1#	0717-6712923
443000	湖北省宜昌市西陵区东山大道 102 号	0717-6443782
430021	湖北省武汉市江汉路 129 号	027-82842067
430070	湖北省武汉市武昌区武珞路 356 号	027-87300033
430022	湖北省武汉市汉口解放大道 688 号武汉广场 47 楼	027-85714846
430015	湖北省武汉市汉口建设大道建银大厦 30F	027-59502222
442700	湖北省十堰市丹江口市环形街 3 号	0719-5375229
430070	湖北省武汉市武昌区武珞路 586 号	027-87657139
430071	湖北省武汉市武昌区中北路 1 号楚天都市花园 B 区 21 层	027-87312188-8101
435002	湖北省黄石市黄石港区华新路 16 号	0714-6328808
434400	湖北省荆州石首市高新技术园区	0716-7225753
430074	湖北省武汉市洪山区邮科院路 88 号	027-87694020
430071	湖北省武汉市武昌区中南路 9 号	027-87824232
430033	湖北省武汉市桥口区中山大道 228 号	027-83781798
434001	湖北省荆州市北京东路 93 号	0716-8208718
438800	湖北省黄冈市团风县团方大道 11 号	0713-6158988
430022	湖北省武汉市汉口火车站财神广场	027-85878866
443711	湖北省宜昌市兴山县古夫镇	0717-2587777
430022	湖北省武汉市汉口新华路 25 号伟业大厦	027-68855314
432407	湖北省孝感应城市东马坊	0712-3591215
430074	湖北省武汉市洪山区关山一路 124 号	027-87801035
430034	湖北省武汉市桥口区长丰乡	027-83302885
431800	湖北省荆门市京山县工业园区	0724-7224900
432000	湖北省孝感市广砀街交通路 293 号	0712-2060208
430074	湖北省武汉市武昌区珞瑜路 243 号华工科技产业大厦 A 座楼	027-87407996
435006	湖北省黄石市铁山区	0714-5416688
434000	湖北省荆州市沙市区江汉北路	0716-8565468
430064	湖北省武汉市武昌区雄楚大街 42 号	027-88022148
434301	湖北省荆州市公安县斗湖堤镇长江路 91 号	0716-5155394
430052	湖北省武汉市汉阳区鹦鹉大道 484 号	027-50537949
430050	湖北省武汉市汉阳晴川街汉南路 70 号	027-84712911
430078	湖北省武汉市洪山区化工路 31 号	027-87602669
441133	湖北省襄樊市樊城区陈家湖	0710-2108338
430074	湖北省武汉市洪山区关山街鲁磨路 369 号	027-87596718

续表 42

序　号	企业集团名称	营业收入（万元）	资产总计（万元）	从业人员（人）
40	湖北稻花香集团	74782	83672	2637
41	武汉市燃气集团	72917	260079	2727
42	湖北安琪生物集团	70531	109194	1673
43	武汉江南实业集团	65721	104405	5413
44	湖北美尔雅集团	63008	181072	5615
45	武汉医药集团	62024	101806	427
46	湖北黄麦岭磷化工集团	61390	361854	3360
47	武汉长江通信产业集团	60439	153844	467
48	武汉重型机床集团	50770	156080	2430
湖　南				
1	湖南华菱钢铁集团有限责任公司	3187338	4503778	44607
2	湘火炬汽车集团股份有限公司	802411	823651	19613
3	株洲冶炼集团有限责任公司	687053	466016	6027
4	湖南出版投资控股集团有限公司	594993	601669	12404
5	长丰集团	453347	626075	6134
6	湖南泰格林纸集团	445990	959815	10060
7	三一集团有限公司	444361	777938	10267
8	湖南物资产业集团有限公司	368060	253611	2307
9	湖南友谊阿波罗股份有限公司	242736	165412	4460
10	大汉控股集团有限公司	242659	139763	716
11	株洲硬质合金集团有限公司	242355	302799	8122
12	湖南唐人神集团	219251	74390	3376
13	湖南高岭建设集团	218777	79206	21822
14	湖南通用电气集团	218006	314116	11446
15	湖南正虹科技发展股份公司	191319	137959	1867
16	湖南省轻工盐业集团	171787	178359	6169
17	湖南株洲化工集团有限责任公司	162133	242658	5406
18	湖南华升工贸进出口（集团）公司	155839	209674	9797
19	华天实业控股集团有限公司	146081	350690	9029
20	湖南省粮油食品进出口集团有限公司	134356	107152	998
21	长沙矿冶研究院	124771	162837	3573
22	湖南郴电国际发展股份有限公司	105449	205594	2296
23	九芝堂股份有限公司	105222	130332	2324
24	长沙通程实业集团有限公司	102660	200379	2023
25	湖南省白沙煤电集团有限责任公司	85826	106813	14311
26	湖南湘江涂料集团	77710	79480	1184
27	湖南省涟邵矿业集团有限公司	70581	103163	11422
广　东				
1	中国南方电网有限责任公司	19286033	27011890	158574

邮政编码	地　　址	电　　话
443112	湖北省宜昌市夷陵区龙泉镇	0717-7761666
430015	湖北省武汉市汉口台北路 225 号	027-85783791
443003	湖北省宜昌市中南路 24 号	0717-6369660
430063	湖北省武汉市武昌区杨园街余家头特一号	027-86552491-2135
435003	湖北省黄石市团城山开发区 8 号	0714-6360226
430014	湖北省武汉市江岸区胜利街 114 号	027-82836634
432818	湖北省孝感市大悟县阳平镇	0712-7422043
430070	湖北省武汉市东湖开发区关东工业园东信路 18 号	027-67840220
430077	湖北省武汉市武昌区中北路 108 号	027-67810240
410011	湖南省长沙市芙蓉路二段 111 号华菱大厦 20 楼	0731-2565997
412001	湖南省株洲市石峰区	0733-8450478
412004	湖南省株洲市石峰区清水塘	0733-8391231
410005	湖南省长沙市营盘东路 38 号	0731-4302555
410011	湖南省长沙市芙蓉中路 111 号	0731-2881697
410100	湖南省长沙市星沙技术开发区	0731-4025821
410100	湖南省长沙经济技术开发区	0731-4031888
410011	湖南省长沙市芙蓉区五一大道 33 号	0731-4425648
410001	湖南省长沙市车站中路 345 号	0731-2299448-3071
417009	湖南省娄底市娄星北路	0738-8658710
412000	湖南省株洲市荷塘区钻石路	0733-8260305
412002	湖南省株洲市芦淞区	0733-8591298
410153	湖南省长沙市开福区捞刀河镇彭家巷 468 号	0731-6672381
411101	湖南省湘潭市下摄司街 302 号	0732-8595919
414418	湖南省岳阳市屈原管理区	0730-5728005
410005	湖南省长沙市建湘路 519 号	0731-4449289
412004	湖南省株洲市清水塘	0733-2382393
410015	湖南省长沙市芙蓉中路三段 420 号	0731-5237802
410011	湖南省长沙市解放东路 300 号	0731-4442888-80933
410001	湖南省长沙市竹园路 7 号	0731-2280475
410012	湖南省长沙市麓山南路 966 号	0731-8657357
423000	湖南省郴州市青年路万国大厦	0735-2339236
410008	湖南省长沙市芙蓉中路一段 129 号	0731-4499738
410007	湖南省长沙市劳动路 589 号	0731-5551143
421800	湖南省耒阳市白沙路 1 号	0734-4712029
410003	湖南省长沙市德雅路 790 号	0731-4218088
417000	湖南省娄底市娄星区底星路	0738-8224368
510623	广东省广州市天河区珠江新城华穗路 6 号	020-38865670

续表 43

序　号	企业集团名称	营业收入（万元）	资产总计（万元）	从业人员（人）
2	中国平安保险（集团）股份有限公司	6759315	28810374	42381
3	TCL 集团股份有限公司	5214954	2951693	65506
4	广州汽车工业集团有限公司	5091115	4688949	17959
5	美的集团有限公司	4233504	2608041	73000
6	中国南方航空集团公司	3959763	7678044	42005
7	广州铁路（集团）公司	3236866	9585805	167496
8	中国国际海运集装箱（集团）股份有限公司	3095931	1717307	31208
9	广东省粤电集团有限公司	2564415	7206368	12063
10	广东省广新外贸集团有限公司	2529197	1010071	7878
11	广东物资集团公司	2510339	1104306	4153
12	中兴通讯股份有限公司	2159170	2177913	25577
13	珠海格力集团公司	1988581	1834374	20222
14	广州钢铁企业集团	1851023	2280236	14672
15	广东省韶关钢铁集团有限公司	1687036	1689609	19240
16	华侨城集团公司	1674765	2916502	29404
17	深圳华强集团有限公司	1551176	888617	33000
18	广州市建筑集团	1402006	640173	9007
19	广东省交通集团	1393164	11753679	38738
20	广东格兰仕集团有限公司	1352682	834582	30295
21	广东省广弘资产经营有限公司	1229109	467626	7654
22	惠州市德赛集团有限公司	1185713	652568	21408
23	广东省丝绸（集团）公司	1176748	340435	2879
24	广州医药集团有限公司	1158120	871971	16068
25	广东省广晟资产经营有限公司	1086958	2718424	25823
26	广州万宝集团有限公司	1085801	805309	14652
27	中国广东核电集团	1073163	5749270	6549
28	广东粤港投资控股有限公司	1042043	4226577	8824
29	惠州市华阳集团有限公司	1035712	324540	19672
30	广东省建筑工程集团	1029594	712577	15068
31	深圳市能源集团有限公司	938913	2093028	2750
32	广州轻工工贸企业集团	903316	1420698	13619
33	深圳市赛格集团有限公司	891098	1332457	9373
34	广东省广业资产经营有限公司	863316	847011	14959
35	深圳长城开发科技股份有限公司	815141	427212	6245
36	广州发展集团	787454	2117218	3838
37	江门市大长江集团	736584	417437	8938
38	深圳市燃气集团有限公司	667487	311218	3487
39	三九企业集团（深圳南方制药厂）	655543	752213	21882
40	广州纺织工贸企业集团有限公司	614309	380295	4855
41	广州佳都集团有限公司	563073	184541	1045

邮政编码	地　址	电　话
518029	广东省深圳市福田区八卦三路平安大厦	0755-82262888
516001	广东省惠州市惠城区鹅岭南路 6 号	0752-2288333
510030	广东省广州市越秀区东风中路 448 号成悦大厦 19 楼	020-83150505
528311	广东省佛山市顺德区北窖	0757-26339097
510405	广东省广州市白云区机场路 278 号	020-86134168
510088	广东省广州市中山一路 151 号	020-61322159
518067	广东省深圳市南山区蛇口港湾大道 2 号	0755-26691130
510630	广东省广州市天河区天河东路 2 号粤电广场	020-85136269
510087	广东省广州市越秀区东风东路 774 号广东外贸大厦 7-8 楼	020-87337022
510050	广东省广州市越秀区北较场横路 12 号	020-83834274
518057	广东省深圳市南山区科技南路中兴通讯大厦	0755-26770000
519020	广东省珠海市石花西路 211 号	0756-8131888
510381	广东省广州市荔湾区芳村白鹤洞芳村大道一号	020-81891212
510160	广东省广州市西增路内协和路 10 号	020-86521341
518053	广东省深圳南山区华侨城	075-526600248
518031	广东省深圳市深南中路华强路口华强集团一号楼	0755-83030111
510030	广东省广州市越秀区广卫路 4 号建工大厦	020-83339431
510101	广东省广州市越秀区白云路 27 号	020-83730155
528305	广东省佛山市顺德区容桂大道南 25 号	0757-28886389
510031	广东省广州市越秀区东风中路 305 号省府大院 8 号楼	020-87732048
516003	广东省惠州市惠城区江北云山西路十二号二十三楼	0752-2833888
510180	广东省广州市越秀区东风西路 198 号	020-83337448
510130	广东省广州市荔湾区沙面北街 45 号	020-81218046
510600	广东省广州市越秀区广州大道中明一路广州凯旋华美达大酒店 15 楼	020-87369545
510220	广东省广州市海珠区江南大道中 111 号	020-89093689
518031	广东省深圳市福田区上步中路 1001 号科技大厦 19 层	0755-83699860
510045	广东省广州市越秀区东风东路 555 号粤海集团大厦 31 楼	020-83843933
516007	广东省惠州市惠城区演达一路化阳大厦 23 楼	0752-2556607
510635	广东省广州市天河区天润路 87 号	020-38486634
518031	广东省深圳市福田区深南中路 2068 号	0755-83684127
510120	广东省广州市越秀区沿江西路 147 号	020-83343392
518028	广东省深圳市华强北路赛格科技工业园 4 栋 11 楼	0755-83768999
510030	广东省广州市越秀区东风中路 350 号瑞兴大厦 22 楼	020-83484617
518035	广东省深圳市福田区彩田路 7006 号	0755-83032149
510045	广东省广州市越秀区东风中路 509 号建银大厦 28-29 楼	020-37850852
529030	广东省江门市建达北路 5 号	0750-3288999
518040	广东省深圳市福田区深南大道 6021 号	0755-83459791
518029	广东省深圳市福田区北环大道 1028 号	0755-83360999
510040	广东省广州市越秀区东风中路 438 号广德大厦	020-83348898-1106
510665	广东省广州市天河区建中路 48-50 号	020-85529888

续表 44

序　号	企业集团名称	营业收入（万元）	资产总计（万元）	从业人员（人）
42	香江集团有限公司	550146	803553	20000
43	广东省农垦集团	536117	1250816	69482
44	广州广日集团有限公司	485862	607031	3572
45	深圳市机场（集团）有限公司	467641	710575	4709
46	人人乐连锁商业（集团）有限公司	463378	135927	11927
47	广州百货企业集团	458840	367542	4693
48	佛山塑料集团股份有限公司	454260	466326	4843
49	中山市张家边企业集团有限公司	439888	491283	20188
50	广州珠江啤酒集团有限公司	429457	542162	5657
51	深圳海王集团股份有限公司	401164	697256	8982
52	佛山电建集团公司	367291	1060925	760
53	广东万和集团有限公司	338406	108328	4983
54	中国南山开发（集团）股份有限公司	322124	876894	1791
55	深圳市东部开发（集团）有限公司	315046	424936	12430
56	广州港集团有限公司	289307	1109616	12687
57	华联发展集团	274860	998913	2253
58	宜华企业（集团）有限公司	274753	247464	3100
59	汕头海洋集团	271239	209875	1508
60	深圳市特发集团有限公司	267798	572900	5418
61	金地（集团）股份有限公司	257766	660741	3698
62	广州化工集团有限公司	256083	325350	6094
63	广东省出版集团	255281	381967	2788
64	健康元药业集团股份有限公司	249453	439920	8020
65	广东省开平涤纶企业集团	249401	515914	2086
66	广东省机场管理集团公司	245724	1638530	12532
67	深圳市粮食集团有限公司	242970	260109	946
68	广东省航运集团	234529	429952	2883
69	中国南玻集团股份有限公司	230549	552333	4900
70	广州市宏宇集团股份有限公司	230111	430920	1418
71	华凌集团有限公司	222194	235753	3094
72	广东新协力集团有限公司	217568	103428	1407
73	佛山市南海龙光集团公司	213964	200268	1804
74	深圳市深南石油（集团）有限公司	207674	168809	1111
75	中国宝安集团股份有限公司	207315	488813	628
76	广州无线电集团	204168	289942	3342
77	广州市市政集团	203926	152721	2498
78	广州造纸集团	201457	501098	2901
79	广州天马集团有限公司	201228	79218	2887
80	深圳市新天下集团有限公司	193458	126199	2766
81	深圳市水务（集团）有限公司	189893	769361	2219

邮政编码	地　　址	电　话
511442	广东省广州市海珠区江南大道南 411 号	020-34761998
510612	广东省广州市天河区粤垦路 88 号省农垦总局大院	020-87290231
510030	广东省广州市越秀区越华路 185 号 6 楼	020-83647263
518128	广东省深圳市宝安区宝安国际机场	0755-27776789
518052	广东省深圳市南山区前海路心语家园二层	0755-86058139
510030	广东省广州市越秀区西湖路 12 号 23 楼	020-83323815
528000	广东省佛山市禅城区汾江中路 82 号	0757-83988188
528436	广东省中山市火炬开发区康乐大道 51 号	0760-5596078
510308	广东省广州市海珠区新港东路磨碟沙	020-84206636
518054	广东省深圳市南山区南油大道海王大厦 26 层	0755-26649838
528000	广东省佛山市禅城区季华五路 22 号	075783383003-882
528305	广东省佛山市顺德区容桂红旗中路 80 号	0757-28982663
518068	广东省深圳市南山区蛇口区赤湾	0755-26831032
518046	广东省深圳市红岭大厦三座	0755-25866988
510700	广东省广州市黄埔区港前路 531 号	020-82279412
518031	广东省深圳市深南中路 2008 号华联大厦	0755-83667175
515834	广东省汕头市澄海区莲下大坪工业区	0754-5164898
515041	广东省汕头市龙眼路 85 号	0754-8250515
518057	广东省深圳市南山区科技园科丰路 2 号特发信息大厦 6-7 楼	0755-26934270
518048	广东省深圳市福田区福强路金地商业大楼	0755-83844338
510055	广东省广州市越秀区较场东路 19 号 9 楼	020-83750819
510075	广东省广州市越秀区水荫路 11 号	020-37606288-225
518008	广东省深圳市罗湖区地王大厦 23 层	0755-82463888
529325	广东省江门市开平市沙冈区美华路 1 号	0750-2213758
510406	广东省广州市白云区机场路 282 号	020-86120719
518033	广东省深圳市福虹路 9 号世界贸易广场 A 座 13 楼	0755-83778300
510111	广东省广州市越秀区八旗二马路 48 号广东航运大厦	020-83295476
518067	广东省深圳市蛇口工业六路一号	0755-26860666
510075	广东省广州市天河区天河北路 189 号中国市长大厦 1803	020-87552828
510515	广东省广州市白云区沙河同和	020-37241762
528300	广东省佛山市顺德区大良广珠公路	0757-22337333-209
528212	广东省佛山市南海区南海大道 29 号	0757-86822168
518067	广东省深圳市蛇口新街蛇口大厦七楼	0755-26862000
518020	广东省深圳市罗湖区笋岗东路 1002 号宝安广场 A-28	0755-25170370
510656	广东省广州市天河区黄埔大道西平云路 163 号	020-38699999
510060	广东省广州市越秀区环市东路 338 号	020-83862335
510281	广东省广州市海珠区工业大道广纸路 40 号	020-84336888
510925	广东省广州市从化市江埔街从樟路 3 号	020-87982688
518112	广东省深圳市龙岗区坂雪岗工业区新天下工业城	0755-84710100
518031	广东省深圳市福田区深南中路 1019 号	0755-82137284

续表 45

序　号	企业集团名称	营业收入（万元）	资产总计（万元）	从业人员（人）
82	汕头市建安（集团）公司	186829	173123	10212
83	广东兴发集团有限公司	181808	167317	2900
84	中国深圳对外贸易（集团）有限公司	181314	235326	1230
85	广东风华高新科技集团有限公司	179835	489359	8404
86	广东新会美达锦纶股份有限公司	177422	210687	3154
87	佛山市顺德区乐从供销集团有限公司	176272	152363	2848
88	广州恒运企业集团	172937	351331	831
89	广东塔牌集团有限公司	168650	227216	2966
90	广州机电集团（控股）有限公司	166242	532467	3793
91	东莞东糖集团	164533	286714	1803
92	江门甘化企业集团	156418	270250	5734
93	杜邦中国集团有限公司	156107	194049	309
94	广东佛陶集团股份有限公司	151290	384751	5382
95	广州越秀水泥集团有限公司	149191	414686	2906
96	深圳中联广深医药（集团）股份有限公司	147751	52611	2118
97	深圳市振业（集团）股份有限公司	145033	255307	1604
98	广东万家乐股份有限公司	141681	268776	2778
99	汕头超声电子（集团）公司	141558	249467	3769
100	深圳兰光电子集团有限公司	139549	202532	1860
101	广东昭信企业集团有限公司	138569	62554	9548
102	深圳巴士集团股份有限公司	138379	155248	12122
103	深圳市南光（集团）股份有限公司	137247	147573	4537
104	广州工程总承包集团有限公司	126840	108934	2636
105	江门市金羚企业集团	123114	100216	2057
106	深圳市天略发展集团有限公司	121169	57232	521
107	深圳泰然（集团）股份有限公司	119168	197873	1533
108	广东明珠企业集团	118570	177660	2634
109	广东省商业企业集团	114072	164530	1743
110	湛江港集团有限公司	112691	484344	10022
111	深圳鹏基（集团）有限公司	112457	291051	5716
112	深圳市光明集团有限公司	112319	95098	3536
113	广州珠江钢琴集团有限公司	111925	170135	3144
114	深圳市盐田港集团有限公司	110603	1267571	1884
115	南海能兴（控股）集团有限公司	110367	207434	2384
116	深圳劲嘉彩印集团股份有限公司	110158	147406	2663
117	广东新广国际集团有限公司	107956	258827	713
118	深圳国有免税商品（集团）有限公司	107756	140964	813
119	广州橡胶企业集团公司	104456	218942	5868
120	深圳市越众（集团）股份有限公司	101803	56778	1889
121	广东粤财投资控股有限公司	100426	616466	1825

邮政编码	地　　址	电　　话
515041	广东省汕头市中山路 167 号	0754–8561023
528061	广东省佛山市禅城区南庄镇人和路	0757–85387606
518001	广东省深圳市罗湖区中兴路 239 号 A 座外贸集团大厦 7–8 楼	0755–82287788
526020	广东省肇庆市风华路 18 号	0758–2847084
529100	广东省江门市新会区会城镇江会路上浅口	0750–6103333
528315	广东省佛山市顺德区乐从镇乐从供销大厦	0757–28333617
510730	广东省广州市萝岗区开发大道 789 号	020–82068019
514100	广东省梅州市蕉岭县桂岭大道中	0753–7887029
510120	广东省广州市越秀区大德路 187 号	020–83337404
523120	广东省东莞市东城区莞樟路 8 号	0769–22613931
529075	广东省江门市蓬江区甘化路 62 号	0750–3119888
518040	广东省深圳市车公庙工业区第五小区	0755–83307848
528031	广东省佛山市禅城区和平路 5 号	0757––82261034
510160	广东省广州市荔湾区西湾路 148 号	020–86521262
518002	广东省深圳市罗湖区深南东路 2023 号广深大厦四.五楼	0755–82354461
518008	广东省深圳市宝安南路振业大厦 B 座 11–16 层	0755–25863016
528333	广东省佛山市顺德区峰山工业区	0757–22321220
515041	广东省汕头市金平区兴业路 21 号	0754–8245666–4305
518031	广东省深圳市振华路 56 号兰光大厦	0755–61357848
528251	广东省佛山市南海平洲南港大道昭信广场	0757–86775882
508036	广东省深圳市福田区莲花支路一号	0755–83643576
518031	广东省深圳市福田区深南中路 3024 号航空大厦 32 层	0755–83689888–13225
510620	广东省广州市天河区体育东路体育东横街 3 号	020–87548428
529040	广东省江门市江海区江翠路 162 号	0750–3811611
518026	广东省深圳市福田区彩田南路中深花园 A 栋 01、03、05、06、08 室	0755–82996644
518040	广东省深圳市福田区车公庙泰然四路劲松大厦 21 楼	0755–83890881
514500	广东省梅州市兴宁市兴城赤巷口	0753–3337950
510080	广东省广州市越秀区新河浦路 66 号	020–87775852
524027	广东省湛江市霞山区友谊路 1 号	0759–2250136
518029	广东省深圳市福田区八卦二路 611 栋	0755–82263757
518107	广东省深圳市宝安区光明街道办光明大街	0755–27400080
510388	广东省广州市荔湾区花地大道南渔尾西路 8 号	020–81502729
518081	广东省深圳市盐田区盐田港海港大厦 21–26 层	0755–25291050
528200	广东省佛山市南海区桂城佛平二路 99 号	0757–86329999
518103	广东省深圳市宝安区福永街道怀德南路怀德工业区 1 栋	0755–27300555
510600	广东省广州市越秀区寺右新马路 111–115 号五羊新城广场 20 楼	020–61225088
518002	广东省深圳市文锦渡春风路联城大厦一至三楼	0755–25103004
510250	广东省广州市海珠区金沙路 9 号	020–84340559
518040	广东省深圳市福田区竹子林紫竹六道 9 号	0755–83718599
510050	广东省广州市越秀区环市中路 316 号金鹰大厦东楼 16 楼	020–83540366

续表 46

序 号	企业集团名称	营业收入（万元）	资产总计（万元）	从业人员（人）
122	深圳市物业发展（集团）股份有限公司	96497	179254	1781
123	广东健力宝集团有限公司	96076	379275	3700
124	深圳市城市建设开发（集团）公司	93119	291990	2494
125	广州珠江实业集团有限公司	91462	299836	2067
126	广东宝丽华集团有限公司	83848	265311	3250
127	深圳市康达尔（集团）股份有限公司	79221	109727	1844
128	方大集团股份有限公司	77603	120128	1885
129	广州市农工商集团有限公司	77417	383770	2524
130	麦科特集团有限公司	76636	285940	3306
131	中炬高新技术实业（集团）股份有限公司	75876	233073	1657
132	深圳广田集团有限公司	75824	78154	1253
133	广东中旅（集团）有限公司	75796	105022	1221
134	深圳市金众（集团）股份有限公司	75173	112560	5097
135	深圳经济特区房地产（集团）股份有限公司	75047	241847	1762
136	茂名市建筑集团有限公司	74031	75412	11256
137	广州广重企业集团	72526	262759	2929
138	广东梅雁企业（集团）股份有限公司	70252	906299	3613
139	湛江纺织企业（集团）公司	68944	100144	2530
140	广州羊城兆业企业集团有限公司	68500	61778	2129
141	深圳市旅游（集团）公司	61437	81566	2029
142	肇庆星湖生物科技股份有限公司	58984	134534	2279
143	广州食品企业集团	58872	84010	934
144	首控聚友集团有限公司	57359	376224	925
145	泛海建设集团股份有限公司	55808	378983	696
146	深圳市鸿基（集团）股份有限公司	52039	215308	2450
147	广东省粤旅集团有限公司	51265	135723	1980
广 西				
1	广西柳州钢铁集团公司	1687435	1430324	16190
2	广西玉柴机器集团有限公司	1213750	958865	14030
3	广西建工集团有限责任公司	714279	557088	42167
4	广西柳工集团有限公司	530860	404556	7131
5	广西投资（集团）有限公司	513459	1531127	9054
6	柳州五菱汽车有限责任公司	443279	376071	5225
7	广西物资集团	354511	173401	4290
8	柳州华锡集团有限责任公司	259678	418761	14194
9	柳州凤山糖业集团有限责任公司	166096	156385	7480
10	广西农垦糖业集团	154384	301662	7387
11	广西贵糖企业集团	137213	235684	6002
12	柳州化学工业集团有限公司	122892	198269	3621
13	广西八一铁合金（集团）有限责任公司	122009	165628	3383

邮政编码	地　址	电　话
518014	广东省深圳市人民南路国贸大厦 39、42 楼	0755-82210950
528100	广东省佛山市三水区西南镇	0757-87762710
518010	广东省深圳市红岭南路金华街一号	0755-82270344
510095	广东省广州市越秀区环市东路 371-351 号南塔 28,29 楼	020-87609683
514788	广东省梅州市梅县华侨城	0753-2523988
518003	广东省深圳市深南东路 1086 号集浩大厦二、三楼	0755-25417643
518055	广东省深圳市南山区西丽龙井方大城	0755-26788571-4402
510010	广东省广州市荔湾区站前横路 20 号	020-86683636
516001	广东省惠州市麦科特大道 63 号	0752-2119692
528437	广东省中山市火炬开发区	0760-5596818
518028	广东省深圳市福田区华强北上步工业区 304 栋 2 层	0755-83236328
510115	广东省广州市越秀区人民街侨光路 10 号	020-83336888-3504
518048	广东省深圳市福田区新沙路国都高尔夫花园二期三楼	0755-83619888
518001	广东省深圳市罗湖区人民南路深房广场 45-48 楼	0755-82293000-4664
525000	广东省茂名市迎宾路 23 号	0668-2889344
510250	广东省广州市海珠区昌岗中路 33 号	020-84369817
514011	广东省梅州市湾水塘	0753-2225882
524022	广东省湛江市人民大道中 75 号	0759-3622602
510120	广东省广州市越秀区惠福西路 38 号	020-81309206
518001	广东省深圳市罗湖区建设路 2016 号南方证券大厦 A 座 11、12 楼	0755-82215382
526040	广东省肇庆市工农北路 67 号	0758-2291194
510170	广东省广州市荔湾区荔湾路小梅大街 17 号	020-81267685
518051	广东省深圳市南山区高新技术产业园区北区郎山一路聚友创业中心 7 楼	0755-26982557
518026	广东省深圳市福田区福华一路国际商会大厦 A 座 16	0755-82985998
518001	广东省深圳市罗湖区东门中路 1011 号鸿基大厦 26 楼	0755-82367732
510010	广东省广州市越秀区环市西路 179 号	020-86666889

邮政编码	地　址	电　话
545002	广西柳州北雀路 117 号	0772-2592651
537005	广西玉林市天桥路 168 号	0775-3287020
530012	广西南宁市朝阳路 49 号	0771-2827902
545007	广西柳州市柳南区柳太路一号	0772-3886001
530022	广西南宁市民族大道 109 号	0771-5533059
545007	广西柳州河西路 18 号	0772-3750455
530012	广西南宁市新民路 43 号	0771-2282821
545006	广西柳州市桂中大道华锡大厦	0772-2610111
545002	广西壮族自治区柳州市北雀路 45-2 号	0772-2362379
530022	广西南宁市民族大道 82 号	0771-2814653
537102	广西贵港市幸福路 100 号	077-54201504
545002	广西柳州柳北区北雀路 67 号	0772-2514313
546102	广西来宾市兴宾区凤凰镇	0772-6689888

续表 47

序　号	企业集团名称	营业收入（万元）	资产总计（万元）	从业人员（人）
14	南宁化工集团有限公司	107562	150435	3602
15	桂林三金集团	78008	82363	2224
16	广西河池化学工业集团公司	74749	167039	3454
17	柳州立宇集团有限责任公司	71445	74624	5135
18	广西黑五类食品有限责任公司	69247	57131	3110
19	桂林客车工业集团公司	69043	108911	1940
20	柳州两面针股份有限公司	64812	215918	1685
21	广西鱼峰集团水泥有限公司	59163	136269	1705
22	广西国发投资集团有限公司	56774	156774	2091
23	桂林福达集团有限公司	51651	69582	2248
海　南				
1	海航集团有限公司	1389994	4753531	20951
2	椰树集团有限公司	157849	164492	3928
3	海南民生燃气（集团）股份有限公司	71746	490840	357
重　庆				
1	重庆钢铁集团	1162467	1422911	25975
2	重庆商社集团	1125655	654064	13891
3	重庆机电控股（集团）公司	870427	1156588	33211
4	重庆化医控股（集团）公司	799224	1066745	24878
5	重庆力帆实业集团有限公司	763678	477562	9010
6	重庆建工集团	709566	558173	12376
7	宗申产业集团有限公司	561409	444184	9975
8	隆鑫控股集团	527478	253963	4971
9	太极集团有限公司	519601	709402	12500
10	重庆煤炭（集团）有限责任公司	475435	701299	54543
11	重庆轻纺控股（集团）公司	411431	717652	28678
12	重庆庆铃汽车集团	406042	1034098	4071
13	重庆市物资集团	279308	85138	1765
14	中国四联仪器仪表集团有限公司	261285	297659	9846
15	重庆新华书店集团	231009	188546	5411
16	重庆华宇集团	224305	319564	3799
17	重庆市博赛矿业集团	150790	134312	3862
18	重庆燃气（集团）有限责任公司	144589	164469	2521
19	重庆城建控股集团	107789	161384	5297
20	重庆市公共交通控股（集团）有限公司	106340	198262	21542
21	重庆南方集团有限公司	105747	166720	3017
22	重庆乌江实业（集团）有限公司	96242	324258	1636
23	重庆市水务控股集团	90617	1081233	4058
24	重庆市涪陵水利电力投资集团	90197	525040	3863
25	重庆银钢科技集团	65260	56793	957

邮政编码	地　址	电　话
530031	广西南宁市江南区亭洪路 80 号	0771-4821025
541004	广西桂林市高新区骖鸾路 12 号	0773-5843213
547007	广西河池市金城江区六甲镇	0778-2266881
545002	广西柳州柳北区胜利路 4 号	0772-2527818
530022	广西容县容城镇城西路 299 号	0771-5308622
541002	广西桂林市象山区翠竹路 18 号	0773-3835551
545001	广西柳州市长风路 2 号	0772-2608207
545008	广西柳州柳太路 62 号	0772-3883452
536000	广西北海市北部湾东路 78 号国发药业大厦	0779-6813078
541004	广西桂林市环城南一路 16 号	0773-5805836
570206	海南省海口市海秀路 29 号	0898-66799901
570102	海南省海口市龙华路 41 号	0898-66796000-5110
570208	海南省海口市海甸四东路民生大厦	0898-66196114
400080	重庆市大渡口区大堰三村 1 栋 1 号	023-68843548
400010	重庆市渝中区青年路 18 号	023-63803262
400015	重庆市渝中区中山三路 155 号	023-63891163
400010	重庆市渝中区五四路 28 号赛格尔大厦 8 楼	023-89887261
400037	重庆市沙坪坝区上桥张家湾 60 号	023-61663112
400013	重庆市渝中区捍卫路 8 号	023-63529606
400054	重庆市巴南区花溪镇民主村宗申工业园	023-66372897
400051	重庆市九龙坡区石坪桥横街特 5 号	023-89062152
408000	重庆市涪陵区百花路	023-72800613
400060	重庆市南坪北路 5 号（西南大酒店）	023-62659442
400015	重庆市渝中区上清寺嘉陵桥东村 56 号	023-63861350
400052	重庆市九龙坡区中梁山协兴村 1 号	023-65262233
400013	重庆市渝中区领事巷 15 号	023-89037715
400700	重庆市北碚区碚峡路人民村 1 号	023-68862766
400010	重庆市渝中区民权路 10 号	023-63814724
400039	重庆市九龙坡区陈家坪朝田村 118 号	023-68857864
400010	重庆市渝中区邹容路 131 号世界贸易中心 47 楼	023-63886310
400020	重庆市江北区小苑一村 30 号	023-67850685
400015	重庆市渝中区人民支路 2 号	023-63617226
400014	重庆市渝中区长江一路 1 号	023-63893167
400041	重庆市高新区科园四路 195 号	023-68521111
409000	重庆市黔江区城西路 118 号	023-79230113
400050	重庆市江北区红黄路中北大楼	023-67502449
408000	重庆市涪陵区望州路 20 号	023-72286661
400709	重庆市北碚去同兴南路 71 号	023-68327878

续表 48

序　号	企业集团名称	营业收入（万元）	资产总计（万元）	从业人员（人）
26	重庆市长江农工商控股集团	57936	138209	4542
四　川				
1	攀钢集团	4385280	4910293	112269
2	四川省宜宾五粮液集团有限公司	1953451	1925405	29209
3	中国东方电气集团公司	1845641	3673102	23224
4	四川长虹电子集团有限公司	1811114	1528073	39103
5	四川新希望集团	1638809	968901	37266
6	四川华西集团	1185759	875183	57343
7	通威集团	841100	253764	5138
8	四川宏达（集团）有限公司	755174	988452	15285
9	四川省川威集团有限公司	704258	484436	7432
10	四川省投资集团	679016	5459989	13971
11	四川化工控股集团	553589	971587	16827
12	成都建筑工程集团	441305	635968	29206
13	四川省达州钢铁集团有限公司	417039	216153	5617
14	宜宾天原股份有限公司	382138	402604	6860
15	四川省煤炭产业集团	363686	820823	61627
16	泸天化（集团）有限责任公司	349581	652239	6073
17	蓝剑（集团）有限责任公司	340027	401273	7305
18	中国第二重型机械集团	303350	655800	11859
19	四川公路桥梁建设集团	295396	485831	7968
20	四川汇源集团	280054	218395	4020
21	四川九洲电器企业集团	256393	395642	6988
22	四川新华发行集团	255535	341878	7570
23	成都神钢工程机械集团	255413	245335	2708
24	四川科伦实业集团	254175	132186	5679
25	泸州老窖集团有限责任公司	239559	290094	3316
26	四川金路集团股份有限公司	230201	317792	5461
27	四川剑南春集团有限责任公司	228553	389932	5872
28	自贡鸿鹤化工（集团）有限责任公司	194282	275785	9138
29	四川富临实业集团有限公司	173759	283516	3693
30	四川龙蟒集团有限责任公司	168266	201489	6582
31	成都国腾实业集团	138771	178546	940
32	成都三和企业集团	136215	69884	812
33	四川圣达集团	129728	164329	2150
34	宜宾丝丽雅集团有限公司	127490	300325	6161
35	四川大西洋集团有限责任公司	125871	146231	2962
36	成都人民商场集团	125519	127798	4754
37	成都地奥集团	116592	238026	4363
38	四川空分设备（集团）有限责任公司	110282	167573	2713

邮政编码	地　址	电　话
400020	重庆市江北区华唐路 2 号	023-67765295
617024	四川省攀枝花市东区向阳村	0812-3394261
644007	四川省宜宾市岷江西路 150 号	0831-3553988
610036	四川省成都蜀汉路 333 号	028-87583075
621000	四川省绵阳市绵兴东路 35 号	0816-2418378
610041	四川省成都市航空路 7 号华尔兹广场 B 幢四楼	028-85236660
610081	四川省成都市解放路二段 95 号	028-83332050
610041	四川省成都市高新区创业路 2 号	028-85188888
618408	四川省什邡市民主镇	028-86129918
642469	四川省内江市威远县连界镇	0832-8833145
610015	四川省成都市小南街 23 号	028-86098891
610041	四川省成都市二环路南三段 15 号天华大厦	028-85144033-4096
610031	四川省成都市八宝街 111 号	028-86635512
635002	四川省达州市通川区西河路 25 号	0818-2520361-9416
644004	四川省宜宾市翠屏区下江北	0831-3608263
610031	四川省成都市青羊区过街楼街 99 号	028-68086608
646300	四川省泸州市纳溪区安富镇	0830-4122121
618400	四川省德阳市什邡蓝剑大道	0838-8202507
618013	四川省德阳市旌阳区	0838-234119
610041	四川省成都市高新区九兴大道 12 号	028-85126078
610041	四川省成都市蜀西路 28 号	028-66602888
621000	四川省绵阳市涪城区跃进路 16 号	0816-2468306
610016	四川省成都市人民南路一段 86 号城市之心 12 楼	028-86202126
610110	四川省成都市龙泉驿区洪河中路 1 号	028-82854867
610072	四川省成都市锦里西路 107 号南 18 楼	028-86131122
646000	四川省泸州市江阳区国窖广场	0830-2398873
618009	四川省德阳市岷江西路二段 57 号	0838-2207116
618200	四川省绵竹市春溢街 289 号	0838-6202206
643000	四川省自贡市自流井区鸿鹤坝	0813-4665830
621000	四川省绵阳市高新区富普明东路北段 588 号	0816-2531367
618200	四川省绵竹市南轩南路	0838-6101476
611731	四川省成都市高新西区国腾园	028-87827222
610041	四川省成都市高新区机场路新加坡工业园新园南一路 2 号	028-85176666
610041	四川省成都市高新区天府大道北段 20 号高新国际广场 B 座	028-85322966
644002	四川省宜宾市南岸航天路中段	0831-2360048
643010	四川省自贡市大安区马冲口街 2 号	0813-5103714
610011	四川省成都市锦江区东御街 19 号	028-86660965
610041	四川省成都市高新区创业路 26 号	028-82900686
641400	四川省简阳市建设中路 239 号	0832-3186015

续表 49

序　号	企业集团名称	营业收入（万元）	资产总计（万元）	从业人员（人）
39	四川沱牌集团有限公司	106515	292724	7949
40	绵阳启明星集团有限公司	103376	166796	3759
41	四川银河汽车集团	97586	73343	1119
42	四川省棉麻集团	91922	80260	3443
43	四川出版集团	88417	161293	1616
44	成都康弘药业集团	80489	99753	1970
45	四川久大盐业（集团）公司	80029	158414	5145
46	四川东材企业集团有限公司	78453	84746	1679
47	四川省机场集团	72043	354292	3418
48	成都倍特发展集团	67424	183822	1460
49	绵阳新华内燃机集团有限公司	65864	79379	1394
50	四川日报报业集团	62566	96435	2343
51	四川成都全兴集团	62261	244649	1503
贵　州				
1	贵州金元集团	637034	3238233	7243
2	水城钢铁（集团）有限责任公司	634043	826801	22558
3	中国贵州茅台酒厂有限责任公司	430681	1091517	9246
4	贵州前进轮胎（集团）有限公司	308403	340506	7796
5	盘江煤电（集团）有限责任公司	300021	685024	28076
6	贵州建工集团总公司	237484	267824	27602
7	贵州开磷有限责任公司	235816	348425	6186
8	中国振华电子集团	174366	417143	10689
9	水城矿业（集团）有限责任公司	172585	498547	23566
10	贵州钢绳（集团）有限责任公司	112953	178633	5873
11	六枝工矿（集团）有限责任公司	95067	146090	8368
12	贵州赤天化集团有限责任公司	92986	290050	2905
13	贵州神奇集团	66600	134503	2037
14	贵州久联企业集团有限责任公司	56777	111068	3041
云　南				
1	红塔烟草（集团）有限责任公司	2770575	5590226	13498
2	云南铜业（集团）有限公司	1531816	1434913	13100
3	昆明钢铁控股有限公司	1412512	2150578	25164
4	云天化集团有限责任公司	1105496	2044292	28011
5	云南冶金集团总公司	796862	1091770	18385
6	云南建工集团总公司	590533	412922	33475
7	云南锡业集团有限责任公司	576477	892225	29964
8	云南煤化工集团有限公司	518419	1161580	24552
9	云南医药集团有限公司	263668	299095	1955
10	云南农垦集团有限责任公司	249352	550999	91329

邮政编码	地　　址	电　　话
629209	四川省遂宁市射洪县柳树镇中街 149 号	0825-6618698
621000	四川省绵阳市涪城区新益大厦南二楼	0816-2432266
610036	四川省成都市蜀西路 28 号汇源科技大厦 8 楼	028-87506999
610017	四川省成都市青羊区的丝街 56 号	028-86750724
610031	四川省成都市槐树街 2 号	028-86259224
610036	四川省成都市金牛区蜀西路 36 号	028-87509966
643000	四川省自贡市自流井区东兴寺街 89 号	0813-8220052
621000	四川省绵阳市游仙区东兴路 6 号	0816-2972888
610202	四川省成都市火车南站至机场 12 公里处	028-85205064
610041	四川省成都市九兴大道 8 号	028-85123500
621000	四川省绵阳市涪城区剑门路西段 228 号	0816-2370125
610012	四川省成都市红星路二段 70 号	028-86968292
610036	四川省成都市蜀汉路 148 号	028-87574967
550004	贵州省贵阳市瑞金北路 136 号	0851-6992890
553028	贵州省六盘水市钟山区	0858-8922795
564501	贵州省仁怀市茅台镇	0852-2386074
550008	贵州省贵阳市白花大道 41 号	0851-4767448
553536	贵州省盘县红果镇干沟桥	0858-3700356
550001	贵州省贵阳市延安中路 81 号	0851-6907010
550002	贵州省贵阳市开阳县金中镇	0851-5861104
550018	贵州省贵阳市新天大道北段 268 号	0851-6301046
553000	贵州省六盘水市钟山区开拓路 16 号	0858-8179800
563000	贵州省遵义市红花岗区桃溪路 47 号	0852-8419283
553400	贵州省六枝特区平寨镇人民路 22 号	0858-5713358
564707	贵州省遵义市赤水市	0852-2876941
550004	贵州省贵阳市北京路 1 号	0851-6768888-7813
550001	贵州省贵阳市云岩区宝山北路 213 号	0851-6759070
653100	云南省玉溪市红塔区红塔大道 118 号	0877-2968165
650051	云南省昆明市人民东路 111 号	0871-3175096
650302	云南省安宁市郎家庄	0871-8603459
650228	云南省昆明市滇池路 1417 号	0871-6242631
650051	云南省昆明市盘龙区白塔路 208 号	0871-3162041
650051	云南省昆明市东风东路 36 号	0871-3173712
661000	云南省红河州个旧市金湖东路 121 号	0873-2123381
650041	云南省昆明市东风东路 118 号	0871-3331459
650051	云南省昆明市北京路 547 号	0871-3134771
650041	云南省昆明市东风东路 11 号	0871-3344645

续表 50

序　号	企业集团名称	营业收入（万元）	资产总计（万元）	从业人员（人）
11	云南官房企业集团	186129	476805	25016
12	云南新华书店集团有限公司	177723	111353	3816
13	云南力帆骏马车辆有限公司	166717	68865	4160
14	昆明云内动力（集团）公司	164683	209828	3402
15	云南南天电子信息产业股份公司	129400	113239	1304
16	云南物资集团	117608	115710	554
17	云南南磷集团股份有限公司	95585	106900	1773
18	昆明中铁大型养路机械集团有限公司	95323	137538	1002
19	云南英茂集团股份有限公司	82427	152852	3952
20	云南国资水泥有限公司	62706	161665	2546
21	云南机场集团公司	58569	262163	2571
22	名流置业集团股份有限公司	57794	105834	157
西　藏				
1	西藏华西药业集团有限公司	69681	120915	958
陕　西				
1	陕西延长石油（集团）有限责任公司	3036333	4689066	55728
2	陕西煤业集团有限责任公司	906765	1533531	85020
3	陕西建工集团	648673	898526	17690
4	中国西电集团	634786	956073	16286
5	陕西龙门钢铁集团	621826	460104	8224
6	陕西东岭集团	610742	388581	3024
7	金花企业集团	509344	800480	4870
8	西安海星科技投资控股（集团）有限公司	496678	457576	5718
9	陕西汽车集团	462658	515594	10920
10	西安高科集团	359777	1113948	4594
11	陕西东盛集团	247685	540099	8017
12	陕西鼓风机集团	222337	344782	3407
13	咸阳偏转集团公司	221104	289525	6606
14	西安解放集团	166796	116264	1089
15	陕西华远医药商业集团	154104	52083	1291
16	利君企业集团	133934	179453	4133
17	陕西省高速公路建设集团	130800	2590811	4910
18	秦川机床集团有限公司	113625	163392	3760
19	中国标准缝纫机集团	111391	184185	3114
20	宝鸡忠诚机床集团	89819	68291	2237
21	西安民生集团	87224	110406	2704
22	陕西旅游集团	81954	317039	4799
23	陕西渭河煤化工集团	81015	407318	2571
24	陕西华圣企业集团	79785	146453	482
25	陕西路桥集团	72308	85990	3021

邮政编码	地　址	电　话
650233	云南省昆明市关上宝海路 219 号	0871-5619888-61919
650051	云南省昆明市吴井路 269 号	0871-3194057
671005	云南省大理市凤仪镇	0872-2494917
650224	云南省昆明市穿金路 715 号	0871-5633185-3331
650041	云南省昆明市环城东路 455 号	0871-3332302
650031	云南省昆明市五华区翠湖北路 76 号	0871-5320930
620021	云南省昆明市护国北路 69 号	0871-3138337
650215	云南省昆明市官渡区金马镇方旺办事处 384 号	0871-3920080
650228	云南省昆明市滇池路英茂集团大楼	0871-4639413
650021	云南省昆明市二环西路 449 号	0871-3163671
650200	云南省昆明巫家坝国际机场	0871-7114907
650031	云南省昆明市国防路 129 号恒安写字楼 5 楼	0871-3610134
850000	西藏拉萨市北京中路 93 号	0891-6835809
719000	陕西省延安市宝塔区七里铺	0911-2493001
710054	陕西省西安市太乙路 182 号	029-87859051
710003	陕西省西安市莲湖区北大街 199 号	029-87231922
710077	陕西省西安市莲湖区丰登北路 29 号	029-84261442
715405	陕西省渭南市韩城市龙门镇	0913-5182310
721004	陕西省宝鸡市渭滨区马营路东段	0917-3452431
710068	陕西省西安市雁塔区振兴路 1 号	029-88404188
710075	陕西省西安市高新区科技二路 62 号	029-82307529
710043	陕西省西安市新城区幸福北路 39 号	029-83388330
710075	陕西省西安市高新区沣惠南路水晶岛写字楼 5 层	029-88337385
710075	陕西省西安市雁塔区高新区唐延路 23 号	029-88332288
710611	陕西省西安市临潼区代王镇	029-81392410
712021	陕西省咸阳市渭阳西路 70 号	0910-3628114
710001	陕西省西安市东大街解放市场 6 号	029-87217854
710032	陕西省西安市新城区兴庆路 60 号	029-83222399
710077	陕西省西安市汉城南路 151 号	029-84271417
710054	陕西省西安市碑林区友谊东路 428 号	029-87832119
721009	陕西省宝鸡市渭滨区姜谭路 22 号	0917-3670665
710068	陕西省西安市太白南路 335 号	029-88279353
721004	陕西省宝鸡市金台区东风路 34 号	0917-3566856
710005	陕西省西安市解放路 103 号	029-87481872
710061	陕西省西安市雁塔区朱雀大街 297 号	029-85259511
714000	陕西省渭南市经济开发区	0913-2106048
710068	陕西省西安市碑林区含光北路 16 号	029-88429288
710075	陕西省西安市南二环西段 180 号财富中心 C 座 22-24 层	029-83118863

续表 51

序　号	企业集团名称	营业收入（万元）	资产总计（万元）	从业人员（人）
26	陕西华山化工集团	71289	128330	3613
27	陕西兴化企业集团	67822	98169	3492
28	宝鸡商场（集团）股份有限公司	65195	95887	3146
29	陕西众兴企业集团	62820	72881	341
30	陕西秦岭水泥（集团）股份有限公司	55430	206967	4479
甘　肃				
1	金川集团有限公司	1832309	1728066	31561
2	酒泉钢铁（集团）有限责任公司	1734079	2859159	38675
3	华亭煤业集团有限责任公司	224173	573510	17845
4	甘肃省物产集团	213081	97625	2833
5	兰州兰石集团有限公司	137095	215679	5501
6	甘肃亚盛集团	101483	442084	15190
7	甘肃铝业（集团）有限责任公司	79989	82871	3085
8	甘肃成州矿冶集团公司	75692	117848	1627
9	甘肃祁连山水泥集团股份有限公司	75067	218726	3813
10	兰州黄河企业集团公司	65345	141587	2580
11	甘肃金昌化工（集团）有限责任公司	64727	141683	2931
12	甘肃刘化（集团）有限责任公司	60474	52707	2082
13	兰州炭素集团有限责任公司	59175	199101	4297
14	甘肃荣华生化集团	50187	311742	4600
青　海				
1	青海省投资集团有限公司	397460	1005699	7921
2	西宁特殊钢集团有限责任公司	261873	717854	7390
3	青海盐湖工业集团有限公司	165130	569096	5218
4	青海数码网络投资（集团）股份有限公司	107687	95822	2652
5	青海省公路桥梁工程集团有限公司	79023	82707	2436
宁　夏				
1	青铜峡铝业集团有限公司	528152	857743	8230
2	宁夏建设集团有限责任公司	167336	200651	16317
3	宁夏天净电能开发集团有限公司	146356	129692	3229
4	宁夏农垦企业集团有限责任公司	135062	189240	28554
5	宁夏美利纸业集团有限责任公司	127899	566956	7819
6	宁夏英利特电力集团股份有限公司	126131	302038	4362
7	宁夏西北奔牛实业集团有限公司	85449	57987	2086
8	宁夏东方有色金属集团有限公司	84981	204808	3554
9	宁夏铁路多元化发展集团有限公司	66641	99757	4282
10	宁夏建材集团有限责任公司	57006	164419	2858
新　疆				
1	中国新建集团	6926883	13861196	671112

邮政编码	地　　址	电　　话
714100	陕西省渭南瓜坡镇	0913–4016515
713100	陕西省咸阳市兴平市东城	0910–8838018
721000	陕西省宝鸡市经二路 114 号	0917–3215032
710004	陕西省西安市新城区西新街海星大厦 7 层	029–87235235
727100	陕西省铜川市耀州区东郊	0919–6231303
737100	甘肃省金昌市金川区金川路 98 号	0935–8812230
735100	甘肃省嘉峪关市雄关东路 12 号	0937–6712394
744100	甘肃省平凉市华亭县东大街 132 号	0933–7731421
730030	甘肃省兰州市城关区酒泉路 181 号	0931–8459349
730050	甘肃省兰州市七里河区西津西路 194 号	0931–2333465
730030	甘肃省兰州市城关区南滨河东路 753 号	0931–4603398
730079	甘肃省兰州市安宁区焦家庄一号	0931–7701616
742500	甘肃省陇南市成县城关镇南桥路 3 号	0939–3221881
730030	甘肃省兰州市城关区力行新村 3 号	0931–4900692
730050	甘肃省兰州市七里河区郑家庄 108 号	0931–2318600
737000	甘肃金昌化工 (集团) 有限责任公司	0935––7351687
731603	甘肃省临夏州永靖县化工路 38 号	0930–8832419
730084	甘肃省兰州市红古区海石湾 354 号	0931–6239049
733000	甘肃省武威市凉州区东关街荣华路 1 号	0935–6151222
810008	青海省西宁市新宁路 36 号	0971–6363892
810005	青海省西宁市柴达木路 57 号	0971–5295006
816000	青海省格尔木市黄河路 1 号	0979–8448091
810000	青海省西宁市五四大街 39 号	0971–6144912
810001	青海省西宁市昆仑路 18 号	0971–6139700
751603	宁夏青铜峡市	0953–3034161
750021	宁夏银川市西夏区怀远路 201 号	0951–2080209
640104	宁夏银川市开发区	0951–4918800
750001	宁夏银川市兴庆区民族北街	0951–3971913
755000	宁夏吴忠市中卫市美利街	0955–7679417
750001	宁夏银川市长城路	0951–4912585
753000	宁夏石嘴山市大武口区金工路	0952–2174580
753000	宁夏石嘴山市大武口区冶金街	0952–2098034
750011	宁夏银川市西夏区怀远路	0951–3925224
750021	宁夏银川市西夏区新小线	0951–2052235
830002	新疆乌鲁木齐市光明路 15 号	0991–2890755

续表 52

序　号	企业集团名称	营业收入（万元）	资产总计（万元）	从业人员（人）
2	新疆广汇实业投资（集团）有限责任公司	1050748	1197839	15536
3	新疆八一钢铁集团有限责任公司	972560	1648239	30804
4	新疆特变电工股份有限公司	451445	678394	8000
5	新疆建工（集团）有限责任公司	446627	708721	18233
6	新疆自治区棉花企业集团	410101	842714	6760
7	新疆农资（集团）有限责任公司	316422	261100	956
8	新疆药业（集团）有限责任公司	174029	161459	4239
9	新疆友好（集团）股份有限公司	161674	206941	2087
10	新疆美克投资集团有限公司	160504	195158	6022
11	新疆有色金属工业（集团）有限责任公司	152679	402539	8549
12	新疆玛纳斯新玛实业集团	123155	137919	2865
13	新疆宏景投资有限责任公司	85330	127593	2200
14	新疆伊力特集团有限公司	80984	253416	6607
15	新疆昌吉州粮油购销集团	73384	186821	1050
16	新疆哈密煤业（集团）有限责任公司	70362	185281	9440
17	新疆对外经济贸易集团	69045	164355	2576
18	新疆泰昌实业有限责任公司	53860	97973	3496
19	新疆华凌工贸（集团）有限公司	50656	455380	3212

邮政编码	地　址	电　话
830001	新疆乌鲁木齐市新华南路 68 号	0991-2871172
830022	新疆乌鲁木齐市头屯河区八一路	0991-3893186
831100	新疆昌吉市延安南路 52 号	0994-6553016
830002	新疆乌鲁木齐市青年路 19 号	0991-8844060
830000	新疆乌鲁木齐市奇台路 134 号银星大酒店	0991-5821780
830002	新疆乌鲁木齐市中山路 185 号	0991-2834456
830002	新疆乌鲁木齐市新民路 9 号	0991-2629919
830000	新疆乌鲁木齐市友好南路 30 号	0991-4554702
830011	新疆乌鲁木齐市北京南路 26 号	0991-3628188
830000	新疆乌鲁木齐市友好北路 8 号	0991-4840582
832200	新疆昌吉州玛纳斯县中华路 336 号	0994-6661234
830000	新疆乌鲁木齐市新华南路 68 号	0991-3738800
835000	新疆伊宁市胜利街 98 号	0999-8038058
831100	新疆昌吉市延安北路 183 号	0994-2331670
839003	新疆哈密市三道岭人民南路 1 号	0902-6182915
830001	新疆乌鲁木齐市团结东路 45 号	0991-5589702
841000	新疆巴州尉犁县西尼尔镇	0996-2100888
830017	新疆乌鲁木齐市河滩北路 38 号	0991-5188490